Friedrich Wilhelm Jähns

Carl Maria von Weber in seinen Werken

Chronologisch-thematisches Verzeichnis seiner sämtlichen Kompositionen

Friedrich Wilhelm Jähns

Carl Maria von Weber in seinen Werken
Chronologisch-thematisches Verzeichnis seiner sämtlichen Kompositionen

ISBN/EAN: 9783742897695

Hergestellt in Europa, USA, Kanada, Australien, Japan

Cover: Foto ©Thomas Meinert / pixelio.de

Manufactured and distributed by brebook publishing software
(www.brebook.com)

Friedrich Wilhelm Jähns

Carl Maria von Weber in seinen Werken

CARL MARIA von WEBER

in seinen Werken.

Chronologisch-thematisches Verzeichniss

seiner sämmtlichen Compositionen

nebst Angabe

der unvollständigen, verloren gegangenen, zweifelhaften und untergeschobenen

mit

Beschreibung der Autographen, Angabe der Ausgaben und Arrangements,
kritischen, kunsthistorischen und biographischen Anmerkungen, unter Benutzung
von Weber's Briefen und Tagebüchern und einer Beigabe von Nachbildungen
seiner Handschrift

von

Friedr. Wilh. Jähns,

Königl. Preuss. Professor und Musikdirector zu Berlin.

Berlin 1871.

Verlag der Schlesinger'schen Buch- und Musikhandlung

Rob. Lienau).

ALLEN DEUTSCHEN

GEWIDMET.

Inhalt.

EINLEITUNG.

In einer Epoche, die mit eben so grossem wissenschaftlichen Ernst als entschlossenem Zurückgreifen auf die Stoffe unsrer altnationalen Dichtung nach einer Neubegründung des musikalischen Dramas ringt, in einer solchen Epoche lebhafter, ja oft heftiger Kämpfe und mannigfacher Irrgänge scheint es sehr an der Zeit, einmal wieder ernsthaft und gründlich das Studium desjenigen Meisters anzuregen und zu fördern, der — wie kein andrer vor und nach ihm — dramatisch und deutsch war im besten und im höchsten Sinne des Worts.

Durch Alles, was Carl Maria von Weber geschrieben, auch durch seine Lyrik und seine Instrumentalmusik, strömt ein dramatischer Zug von seltner Grösse und Kraft. Dieser Zug musste Weber früh zur Oper leiten, musste ihn grade in dieser Gattung sein Höchstes leisten lassen. Alle Schwächen, die den conventionellen Formen der italienischen oder französischen Oper heut vorgerechnet werden, alle jene, theils so gerechten, theils auch wohl übertriebenen Einwürfe, die gegenwärtig als ästhetische Gemeinplätze in Jedermanns Munde sind — Keiner hatte sie lebhafter empfunden, Niemand hatte sie energischer ausgesprochen, Niemand war mehr zu einer reformatorischen Rolle auf dem Gebiete der dramatischen Musik berufen, als eben Weber. Ihn durchdrang die tiefe Ueberzeugung, dass die Oper aufhören müsse, aus einzelnen bunten Bruchstücken kaleidoskopisch zusammen zu schiessen. Er verwirft »jene unstät wandelnden Geistesblitze, die »uns Einzelnes liebgewinnen und das Ganze vergessen machen«.* Künstlerische Einheit begehrt er von der Oper, »von der Oper, die der Deutsche will: Ein »in sich abgeschlossenes Kunstwerk, wo alle Theile und Beiträge der verwandten »und benutzten Künste in einander schmelzend verschwinden und auf gewisse »Weise untergehend eine neue Welt bilden«.** Mit diesen einfachen Worten bietet Weber schon im Jahre 1809 den besten Kern der heut so viel bewunderten und viel gescholtenen Lehre vom »Kunstwerk der Zukunft«; aber er glaubt damit keineswegs ein Arcanum gefunden zu haben, und nichts liegt ihm ferner, als um jenes Gedankens willen die altbewährten festen Kunstformen über Bord

---

*) Hinterlassene Schriften von Carl Maria von Weber. 3 Bde. Dresden und Leipzig, Arnoldische Buchhandlung. 1828. — Bd. 1, p. 53.
**) Ebend.

zu werfen. »Jedes Musikstück«, so sagt er, »erscheint durch den ihm zukommen-
»den Bau als ein selbständig in sich abgeschlossenes Wesen, und
»doch soll es als Theil des Gebäudes verschwinden in der Anschauung des
»Ganzen. . . . . Hierin liegt das grosse tiefe Geheimniss der dramatischen Musik,
»das sich wohl fühlen, aber nicht aussprechen lässt.«[*] — Nicht aussprechen
in Worten, wohl aber durch Thaten; und in glückgekröntem Streben hat Weber
es auszusprechen gesucht durch seine Werke. Diesem Streben entspringen die
bedeutsamsten und fruchtbarsten Vorzüge seiner Opern: jene Einheit des
Colorits, die jeder von ihnen eine so eigenthümliche und in sich vollkommne
Harmonie gewährt, jenes strenge Durchführen aller einzelnen Charactere, zu
dessen Gunsten Er zuerst planvoll angewendete Leitmotive einführt, ferner
jene Ausgestaltung des Recitativs zu dramatischer und musikalischer
Freiheit, durch die es sich ebenbürtig der Arie und dem Ensemblestücke anreiht
und sich in Rede und Gegenrede zu einer seltnen Grösse und Energie erhebt, und
endlich jene neuen Klangmischungen und Bereicherungen der Instrumentation, welche dem Orchester selbst eine fast unmittelbare Theilnahme
an der dramatischen Entwicklung eröffneten und zugleich die Schöpfung einer
ganz neuen Art der Ouvertüre gestatteten, deren der Oper selbst entnom-
mene Themata die Seele des Hörers für das Kommende zu geheimnissvoller Re-
sonanz bestimmen. — Aber bei alledem bleibt Weber immer maassvoll;[**]
immer bleibt ihm die musikalische Rede Gesang, und mit welcher wonnevollen
Fülle, mit welchem Zauber melodischer Schönheit strömt der von seiner Lippe!

Voll heiligen Ernstes liebte der Meister seine Kunst. Der Erfolg, weit entfernt, ihn zu blenden, steigerte nur seine Anforderungen an sich selbst. Nach
den grossen Triumphen, welche der »Freischütz« errungen, versenkt in die Composition seiner »Euryanthe«, schreibt er seinem Jugendfreunde Ignaz Susann:
»Ich durchlebe noch einmal in der Erinnerung jene schöne Zeit, wo man sich
»glücklich fühlt, so viel zu wollen, und sich das Vollbringen gar so herrlich denkt.
»Wie oft enthielten meine höchsten Wünsche, die ich für unerreichbar hielt, das
»nun Erreichte, und um wie vieles schob sich doch das wahre schöne Ziel immer
»weiter und weiter hinaus in meiner Ueberzeugung, und wie wenig genügte ich
»mir selbst in dem, was Anderen zu genügen scheint. — Glaube mir, ein hoher
»Beifall lastet wie eine grosse Schuldforderung auf der Seele des Künstlers, der
»es redlich meint, und er bezahlt sie nie, wie er wohl möchte. Was die Erfahrung
»zulegt, nimmt die dahinschwindende Jugendkraft wieder hinweg, und nur der
»Trost bleibt, dass Alles unvollkommen ist und man that — was man thun
»konnte«. — Es klingt durch diese Worte wie eine Vorahnung frühen Todes!

Wahrlich, wenn Weber ein längeres Dasein vergönnt gewesen wäre, wenn
solch ein Geist, der mit der klarsten Erkenntniss der Principien seiner Kunst
auch die edelste Begabung und höchste Stärke des Willens verband, wenn ein
solcher Mann, frei schaffend, sich glücklich hätte zu Ende leben können — wie
viele Kämpfe wären uns erspart geblieben, wieviel helleren Auges würden wir

---

[*] Ebend. p. 54.
[**] Weber sagt einmal: »Die Ueberbietung der Mittel ist der erste Schritt, der zurück in das
»Chaos führt. Hüten wir uns davor; die Klippen sind unübersehbar«. Aus Helmina von Chezy's
»Unvergessenes«.) — Wir haben seitdem erlebt, wie wahr dies Wort des Meisters ist, zumal wenn
sich zur Ueberbietung der Mittel noch das Aufgeben der Kunstgestalt des einzelnen Musikstückes
in der Oper zu Gunsten des natürlich dennoch nicht erreichten Totaleindrucks gesellt.

hineinschauen in die Arena der Wettstreiter von heut, in der jetzt der aufgewirbelte Staub Ziel und Renner, beide, verschleiert.

Aber Weber ist früh, im aufsteigenden Aste seiner eignen Entwicklung, er ist zu früh von uns genommen worden. — So wie er jetzt historisch dasteht, kann man ihn nicht als den Reformator des gesammten musikalischen Dramas ansprechen; man darf ihn nur den Schöpfer der romantischen Oper nennen. Dies aber darf und muss man! Denn obgleich ja schon Gluck in der »Armide«, Mozart in der »Zauberflöte« und im »Don Juan«, Spohr im »Faust« entschieden romantische Stoffe behandelt hatten, so berechtigt zu jener Bezeichnung unbedingt der Hinblick auf die analogen Kategorieen der Literaturgeschichte. Herder in seinem »Cid«, Goethe im »Götz«, Wieland im »Oberon«, diesem »Ritt in's alte romantische Land«, haben ja ohne Zweifel längst den romantischen Boden betreten, bevor die eigentliche »romantische Schule« von Tieck und den beiden Schlegel förmlich inaugurirt ward. Jene Dichter aber zählen mit Recht noch zu den Classikern, während die Namen der letzteren für alle Zeit mit dem Begriff und der Genesis der romantischen Poesie verbunden sind. In der Kunst sind ja nun einmal alle Grenzen flüssig; die Lebensäusserungen der entscheidenden Persönlichkeiten erscheinen wie Kreise, die fort und fort ineinander übergreifen; wer da die Gattungen sondern will, der muss auf die Mittelpunkte zurückgehn, auf diejenigen Geister nemlich, in denen zum ersten Male eine bestimmte Weltanschauung oder Darstellungsform typisch wird; sie werden ihm Maass und Norm. — Und solcher Geist ist der C. M. v. Weber's als des Schöpfers der romantischen Oper.

Unvergleichlich wichtiger noch als der Stoff ist bei einem Kunstwerke der Sinn, in dem es empfangen, die seelische Sprache, in der es geboren worden ist. Und dies entscheidet für Weber! Denn was ist denn romantisch? — Als die Welt des werdenden Mittelalters sich der überlieferten antik-classischen Bildung neu und eigenartig entgegensetzte, da wurde es zu ihrem besonderen Kennzeichen, dass sie das bisherige Verhältniss zwischen Seele und Körper, zwischen Idee und Erscheinung, in welchem zumeist die sinnliche, die plastische Seite überwogen hatte, zu Gunsten des spirituellen Momentes umwandelte und das bisher verborgene Leben des Gemüthes enthüllte, entfesselte und steigerte. Ein schwärmerischer bis dahin unbekannte Geist breitete seine Schwingen aus und zog wunderbare Kreise — dem Wandervogel gleich, dem die geheimnissvolle Ahnung den gefiederten Busen schwellt, dass es anderswo lichter, wärmer, wonnevoller sei, als hier in dem nordischen Lande, über dessen rauschenden Wäldern er schwebt. Dieses ahnungsvolle Kreisen vor dem Antritt grosser Wanderfahrt, dieser sehnsuchtsvolle fragende Ruf — das ist romantisch, das ist musikalisch zugleich; und erst mit der Romantik, erst im Mittelalter wächst die Musik empor zu einer grossen Kunst der Menschen. — Als die romantische Dichtung des 19. Jahrhunderts sich so schulgerecht begründete und mit so grosser Absichtlichkeit nach der »blauen Blume« zu suchen begann, da zeigte sich bald, dass die Dichter sie nicht finden würden. Vergebens überreizten sie die Sprache zu stilistischen Sprüngen und Silbenspielen: Das Wortgeklingel wollte nicht zum vollen Festgeläute werden; die ahnungsvollen Visionen und der logische Satzbau, Kette und Einschlag, wollten nirgends stimmen; es wurde kein Gewebe daraus. — Da kam die rechte Kunstform: die Musik; da kam der Mann, der sich selbst den »Töneweber« nannte — und er wirkte

1 *

der Romantik «lebendiges» Kleid». In Weber's Musik hat sich der edelste und köstlichste Gehalt der Romantik unvergleichlich viel reiner und tiefer ausgesprochen, als in irgend einem poetischen Kunstwerk der gesammten romantischen Dichterschule.

Das Auftreten der Romantik in der Cultur ist gleichzeitig mit dem Auftreten der germanischen Völker in der Geschichte. Innige Bethätigung überschwänglichen Gemüthslebens ist ein vorzugsweise germanischer Zug. Wie wenige andre Völker ist das deutsche zu solcher holden und tiefsinnigen Schwärmerei befähigt und geneigt. Hier liegt das verbindende Moment, die Möglichkeit, ja der Beruf, als Schöpfer der romantischen Oper auch zugleich Schöpfer der eigentlich deutschen Oper zu werden. Und auch als solchen müssen wir C. M. v. Weber betrachten.

Weber steht in nationaler Beziehung durchaus anders als seine Vorgänger. — Gluck's imposante Sprache hat etwas von dem Lateinischen, diesem neutralen Idiome der Gelehrten-Republik; dasselbe gilt von Händel, und so steht auch Jener mit dem einen Fusse in Frankreich, Dieser ebenso, ja fast mit beiden Füssen, auf britischem Boden. — Die Oesterreicher: der liebenswürdige Haydn, wie der grosse Mozart sind die Vertreter der italienischen Renaissance auf dem Gebiete der Musik: Mozart ist ihr Rafael; es ist dieselbe Mannigfaltigkeit im Einzelnen und doch eine erstaunenswerthe Grossheit und Einheit in den edlen classischen Grundformen, ganz wie bei den bildenden Künstlern der Renaissance-Periode. Die nationalen Regungen und Stimmungen, welche bei beiden Meistern zuweilen so anmuthenden und innigen Ausdruck finden — sie geben doch keineswegs ihrer Musik das Gepräge und den entscheidenden Stempel. — Dies gilt auch von Beethoven, dessen umfassende und gewaltige Natur eine symphonische Weltsprache schuf, welche die Goethe'schen Ideen von einer Weltliteratur auf dem Gebiete der Musik zur Wahrheit machte. — Aber Weber steht anders! — Wie die Lyrik Goethe's, wie die dramatische Sprache Schiller's, so ist Weber's Musik specifisch deutsch, und es unterliegt keinem Zweifel, dass sich die Nation durch seine Musik und in derselben ihrer Eigenartigkeit in musikalischer Beziehung erst voll bewusst geworden ist.

Und ganz wunderbar schlägt der Puls der Zeit in Weber's Werken. Wie er den Zorn und den kriegerischen Enthusiasmus seines Volkes in gewaltigen Kriegs- und Sieges-Weisen zu herzergreifendem Ausdruck bringt, so spiegelt im «Freischütz» jene gemüthvolle sinnige Einkehr bei sich selber wieder, jene Frömmigkeit und Schwärmerei, jener Zug zum Geheimnissvollen, Schauerlichen des vaterländischen Sagenwesens, denen sich, nach dem Verhallen des Schlachtendonners, die Deutschen eine Zeit lang so ausschliesslich hingegeben haben; in «Preciosa» und «Euryanthe» athmet dann ein ganz anderer Sinn, der einer abenteuerdurstigen Ritterlichkeit, welche das dichtende Deutschland damals so sehnsuchtsvoll hinüberschauen liess nach Spanien, der Heimath des vergötterten Calderon, oder nach den «Thalen der Provence, wo der Minnesang entsprossen». Und endlich — wie der alte Goethe sich aufgemacht «im reinen Osten Patriarchenluft zu kosten», wie Platen Ghaselen flicht, Rückert «köstliche Rosen» bricht, so führt auch Weber mit seinem «Oberon» hinaus in die bunte Wunderwelt des Morgenlandes. Aber die üppigen, narkotisch duftenden Blumen des Orients, sie werden in Weber's Musik wie von erquickendem Meereswinde geschaukelt; der weht von West herüber, und mit sich führt er holder Elfen Schaaren, wie sie zuerst Shakespeare beflügelt im »Sommernachtstraum«. — Und mit diesem Schwanenliede auf den Lippen entschlummert Weber zu dem Sommernachtstraum, von dem er niemals mehr erwachen sollte. .5. Juni 1826.]

Aber wenn er auch inmitten seiner glanzvollen Wanderschaft dahingegangen ist: er gehört zu den Unsterblichen, deren Werke ihren Namen immer neu gebären. Der Genius des Volkes — sei es das deutsche selbst, sei es ein von deutscher Weise und Tiefe nur berührtes, das Volk ist ihm treu geblieben bis zu dieser Stunde. — In der Welt der Künstler und Kunstgelehrten scheint zur Zeit sein Werth kaum in dem Maasse hoch angeschlagen zu werden, wie es billig und gerecht wäre und wie es Weber's grossartige, freilich aber oft verkannte Wirkung grade auf die Gegenwart gebietet. In bewunderungs-würdiger Hingabe dem Cultus eines so ausserordentlichen Genius wie Beethoven geweiht; in das Detailstudium eines so grossen Altmeisters wie Bach vertieft; schwelgend in den berauschenden Herzensergiessungen wunderbarer Lyriker wie Schubert und Schumann, oder festgehalten, ja erschöpft in dem meist so leidenschaftlich geführten Kampfe um die Principien seltner um die Werke der »Zukunfts-musik« — ist die Empfänglichkeit der modernen Welt für Erscheinungen der Vergangenheit, welche weniger classisches Interesse in Anspruch zu nehmen scheinen oder deren Werth und Bedeutung minder streitig ist, weit mehr herabgestimmt, als eigentlich erlaubt ist, durchaus zum Schaden der richtigen Würdigung der Gegenwart. Aber die Zeit vollen Verständnisses und tiefgehender Theilnahme wird auch für jene edlen Geister wiederkehren; zumal Weber's grunddeutsches Wesen wird erneute Triumphe feiern, jemehr das deutsche Volk, sein staatliches Haus vollendend, sich des eignen Heerdes und der eignen Art zu freuen beginnt. — Dafür möge uns das Wort eines Meisters bürgen, der mehr, als irgend ein Andrer, den Werken Weber's verdankt und der vor Allen berufen war, in feierlicher Stunde Zeugniss für ihn abzulegen.

Als neulich Weber's irdische Reste 1844 von London herübergeführt waren zu ihrer letzten Ruhestätte auf dem Friedhofe zu Dresden, da redete an des Meisters Gruft der Mann, dessen rastloses Ringen nach einer Reform des deutschen musikalischen Drama's so oftmals die Wege kreuzt, eine Strecke auf ihnen wandelt, sie dann verlässt und abermals kreuzt, auf denen Weber's harmonischer Geist seinem schönen Ziele zugestrebt. Es war Richard Wagner, welcher Weber's Asche im Boden der Heimath willkommen hiess und der dabei sprach: »— Nie hat ein deutscherer Musiker gelebt als Du! Wohin Dich auch Dein Genius trug, in welches bodenlose Reich der Fantasie, immer bliebst Du doch mit jenen zarten Fasern an dies deutsche Volksherz gekettet, mit dem Du weintest und lachtest wie ein gläubiges Kind, wenn es den Mährchen und Sagen der Heimath lauscht. Ja, die Kindlichkeit war es, die Deinen männlichen Geist wie sein guter Engel geleitete, ihn stets rein und keusch bewahrte, und in dieser Keuschheit lag Deine Eigenthümlichkeit. Wie Du diese herrliche Tugend stets ungetrübt erhieltest, brauchtest Du nichts zu erdenken, nichts zu erfinden; — Du brauchtest nur zu empfinden, so hattest Du auch das Ursprünglichste erfunden. Du bewahrtest sie bis an den Tod, diese höchste Tugend, Du konntest sie nie opfern, dieses schönen Erbmaales Deiner deutschen Abkunft Dich nie entäussern, — Du konntest uns nie verrathen! — Sieh, nun lässt der Brite Dir Gerechtigkeit widerfahren, es bewundert Dich der Franzose, aber lieben — kann

Dich nur der Deutsche; Du bist sein, ein schöner Tag aus seinem Leben, ein warmer Tropfen seines Blutes, ein Stück von seinem Herzen! — *)

Es war seiner Natur innerste Begabung, welche Weber auf diesen grund-deutschen Pfad führte, und er wäre ihn wohl unter allen Umständen gewandelt; denn lernen und leisten kann doch der Mensch nur, was ihm gemäss ist. Aber hiezu kam noch, dass die Männer, welche ihn musikalisch bildeten, Deutsche waren: Heuschkel und Kalcher, Michael Haydn und vor Allen Abt Vogler. Dieser letztere merkwürdige Mann äusserte den tiefgehendsten Einfluss auf Weber; er war eine ausserordentlich anregende Natur und hat, wie auf unsern Meister, so auch auf Meyerbeer bedeutend gewirkt, freilich mit andersgearteter Frucht. Vogler war sich solcher Einwirkung vollständig bewusst und erwartete sich das Grösste von diesen Jüngern. »O, wenn ich hätte von der Welt scheiden sollen«, so rief er einst prophetisch aus, »ehe ich C. M. v. Weber und Meyerbeer ausbilden konnte, welche Wehmuth würde ich empfunden haben! Es ruht etwas in mir, was ich nicht herausrufen konnte. Diese Beiden werden es thun! Ohne Rafael würden Fra Bartolomeo und Perugino unverständlich geblieben sein; erst Rafael hielt, was Jene versprochen hatten.«

Seine italienische Bildung im Gesange empfing Weber durch Valesi. Dieselbe war durchaus gründlich, und vollkommen wurde Carl Maria des ita-lienischen Stiles Herr. Aber es war nur die formale Seite desselben, die Ein-fluss auf ihn gewann und der zu Liebe er auch gelegentlich und vorübergehend in diesem Stile schrieb. **) Im Uebrigen lag dieser zu weit ab von der Bahn, auf welche den Meister von Anfang an sein Genius wies und auf welcher ihm Ziele gesteckt waren, welche weit hinaus lagen über die des italienischen Musikstrebens, für welches eine absolute Gesanglichkeit allzeit erstes und letztes Gesetz gewesen ist. Dies Gesetz kannte und würdigte Weber sehr wohl; er ist auch niemals in eigentlichen Gegensatz zu ihm getreten; aber er erhob sich zuweilen darüber zu Gunsten höherer Gesetze, zumal in der dramatischen Musik, und seine grössten Kühnheiten in dieser Richtung sind deshalb nichts weniger als Extravaganzen — sie sind vielmehr grade Zeugniss für das treuste Beharren des Meisters in sich selbst. ***)

Weber's Werke bilden fünf Hauptgruppen: Opern, Cantaten, Kirchenmusik, Lieder und Gesänge, Instrumentalia. — Ueber die Opern ist bereits gesprochen worden; sie sind es, die Weber's Namen vorzugsweise berühmt gemacht. — Die Cantaten wurden weniger bekannt; nur der geringere Theil davon wurde ge-druckt; er schrieb sie meist als Gelegenheitsstücke. Doch findet sich unter ihnen Einzelnes von höchstem Werth, wie denn z. B. eine Anzahl Nummern aus »Kampf und Sieg«, der umfangreichsten von allen, zu dem Gewaltigsten gehören, was jemals in dieser Gattung geschrieben worden; und man darf behaupten, dass künstlerisch niemals wieder das welthistorische Pathos der deutschen Freiheits-kriege so wuchtigen und monumentalen Ausdruck gefunden, als eben in dieser Cantate.

---

*) Genau nach R. Wagner's mir vorliegendem Original-Manuscripte.
**) Vgl. 107 Anm. a u. 181 Anm. d.
***) Siehe »Oberon« 306 Anm. d. Paris, zum Schluss Berlioz' dahingehendes Urtheil.

Ganz eigen und befremdend hat sich die Kunstkritik zu der Kirchenmusik (zwei Messen) unsres Meisters gestellt. Dem Verfasser dieses Buches, der dieselbe sehr genau kennt, (was leider Wenige sagen dürfen,) ist es in keiner Weise zweifelhaft, dass Weber auch in dieser Kunstform, namentlich in der grossen Esdur-Messe 224, die ganze Fülle und Macht seines Genius offenbart und auch hier Herrliches geleistet hat. Aber bei Erfüllung aller Anforderungen polyphoner Schreibart und contrapunktischer Arbeit im Allgemeinen schlägt freilich auch in seiner geistlichen Musik der dramatische Puls; alle die wechselnden, ewig grossen Situationen und Stimmungen, welche der heilige Text darbietet, sie sind mit der ganzen Innigkeit eines gläubigen begeisterten Gemüthes, aber auch mit allen Mitteln, die diesem zu Gebote standen, und ohne irgend welche alterthümelnde Zurückhaltung zu vollem und freien Ausdruck gebracht. Dies aber sagt so Vielen nicht zu; denn wie in der Malerei die christliche Schule Overbeck's zurückging auf die vor-rafaelische Zeit und in deren Gestalten den höchstgültigen Canon kirchlicher Kunst erblickte, so treten auch viele unsrer ausgezeichnetsten Musikkenner mit befremdlicher Strenge auf gegen jede moderne Linienführung, jeden starken, ungebrochenen Gegensatz von Licht und Schatten in der kirchlichen Musik. Es ist das eine Principienfrage. — Wir sind überzeugt: Das Lebendige wird leben. — Allerdings, wenn sich Musik lebendig zeigen soll, muss man sie aufführen.

Mit Liedern im Volke leben — das ist ein schönes, viel ersehntes Ziel der Componisten. — Wir besitzen einen uralten Schatz von Melodieen und Gesängen, die sich seit Jahrhunderten im Volke gehalten haben. Bleiben auch jetzt vielleicht manche davon die Antwort schuldig auf das kritische »Warum?«, will uns der Werth einzelner von ihnen nicht mehr allzu hoch erscheinen — es steht doch fest, dass sie zu der Zeit, in der sie entstanden, höchsten Werth hatten, dass sich das Volk in ihnen selbst wiederfand, so völlig, so ganz, dass es den Namen des Erfinders vergass und sie sein eigen nannte. Sie wurden zu — Volksliedern. Neue Lieder gewinnen neben diesem alten Schatz nur sehr selten Dauer im Volk; wenn das aber einmal der Fall ist, dann gehören sie auch gewiss zum Besten der sonst so leicht verzehrten Tageshabe, dann sind sie sicherlich auch würdig, hinzugeschlagen zu werden zu dem alten Kapital des Volksgesanges, um fest zu haften im Gedächtniss der Nation und Erinnerungsmaal zu bleiben an eine grosse Zeit und grosse That, oder an eine viele Kreise der Menschen gleichmässig anheimelnde, innig vertraute gemüthliche Stimmung. Was ein halbes Jahrhundert lang lebendig blieb auf der Lippe des Volks, das pflegt zu solchem Schatze zu werden. Und damit stellt sich Weber zu den Sängern des Volkslieds. Denn aus »Leyer und Schwert« sind »Lützow's Jagd« und das »Schwertlied« 1813 so tief eingedrungen in das innerste Volksherz, wie sehr wenige Lieder unsrer ganzen Geschichte; auch ein Wiegenlied »Schlaf, Herzenssöhnchen« 1810 und ein Festgesang »Schmückt das Haus mit grünen Zweigen« 1818 * sind Lieblinge der Deutschen, und wohl keine Opernnummer der Welt überträfe den »Jungfernkranz« ** und den »Jägerchor« aus dem »Freischütz« 1821, in Vertrautheit mit dem Volke. — Zur ganzen reichen Fülle von Liedern, die Weber

---

* Ursprünglich »Schöne Ahnung ist erglommen«, auch »Singet dem Gesang zu Ehren« und mit vielen anderen Texten. S. 288.

** S. über denselben als altes Volkslied: »Freischütz« 277. Anm. g.

schuf, gehalten, im Ganzen 128 *) scheint das freilich sehr wenig; und fast wehmüthig berührt es, wenn man erwägt, dass auch als Kunstgesang in Haus und Saal nicht mehr viele seiner Lieder erklingen, dieser Lieder, die doch so schön, so fein gestaltet, so melodievoll, tief und characteristisch sind. Man scheint vergessen zu haben, dass Weber auch als der Schöpfer des modernen Liedes anzusehen ist. — Aber unser Meister theilt dies Geschick mit allen Lyrikern, den musikalischen wie den poetischen, ja das seine ist immer noch besser, als das der meisten von ihnen; denn mit Recht bezeichnet Platen als das »Loos des Lyrikers«, dass man noch immer seinen Namen rühme, wenn man sich doch längst nicht mehr versenken mag in seine Schöpfungen. — Im Liede mehr noch als in jeder andern Kunstform spricht sich der eigenthümlichste, subjectiveste Sinn der Zeiten aus; das Interesse, mit dem wir zu den älteren Lyrikern zurückkehren, hat meist einen leisen historischen Beigeschmack; unmittelbar dagegen reisst uns das Lied der Zeitgenossen hin; und wie die holden Gesänge unsrer grossen classischen Dichter sanft zurückgewichen sind vor den modernste Stimmung athmenden Liedern Lenau's und Heine's: so hat auch, gegenüber den musikalischen Brüdern dieser Dichter, gegenüber Schubert und Schumann, der Antheil an allem minder leidenschaftlichen, minder modern empfindenden Vorgängern, und unter ihnen an Weber, ganz unleugbar abgenommen. Schwerlich für immer! Denn jede neue Epoche sucht nach ihren Verwandten in der Vergangenheit und zieht die halb und ganz Vergessenen wieder an's Licht, um triumphirend den eignen alten Adel an ihnen darzuthun. Diese Stunde wird auch für Weber's Lyrik schlagen; denn so rein Menschliches, wie sie, erzeugt sich immer wieder.

Auch an Instrumental-Compositionen ist Weber sehr fruchtbar gewesen. Orchester, Violine, Viola, Violoncell, Flöte, Clarinett, Fagott, Horn, Pianoforte, Guitarre, ja Harmonichord haben seiner Muse für reiche Gaben zu danken. Den ersten Rang unter den Werken dieser Art nehmen indessen diejenigen ein, welche für das Pianoforte geschrieben sind, auf dem Weber selbst Meister, ja einer der ersten wahrhaft grossen Virtuosen gewesen ist. A. B. Marx urtheilte über diese Clavier-Werke, dass sie »nächst den Beethoven'schen unstreitig die wichtigsten und werthvollsten der ganzen neuern Zeit seien, ja an Grossartigkeit und Durcharbeitung selbst jene oft noch überböten.«**) Eins ist gewiss: der staunenswerthe Reichthum an neuen musikalischen Gedanken, an neuen Combinationen, Wendungen und Steigerungen und vor allem an Melodie, welchen diese Werke offenbaren, ist so gross, dass man ihnen gegenüber erst vollständig begreift und schmerzlich beklagt, welch' eine Seele voll Gesang in Weber allzufrüh verstummte. Als Krone seiner Schöpfungen auf diesem Gebiete erscheinen die vier grossen Sonaten, op. 24, 39, 49 u. 70; sie überragen selbst seine Concerte op. 32 und 69, seine »Aufforderung zum Tanz«, seine beiden grossen Polonaisen op. 21 und 72 und seine vorzüglichsten grossen Variationen-Werke op. 7 u. 28. — Demnächst sind unter Weber's Instrumental-Compositionen, als in der Literatur des betreffenden Instruments vorzugsweise epochemachend, sämmtliche sechs für das Clarinett hervorzuheben.

---

*) Davon 100 Nummern, revid. u. herausg. von F. W. Jähns. Berlin, Schlesinger (Lienau), 2 Bde., jeder 2 Thlr. Prachtausg. 1869.

**) Berliner Allgem. Musik-Zeitung. Jahrg. 1, 1824, p. 217.

Aus dem Gesagten erhellt, dass Weber sich in allen Gebieten der musikalischen Kunst bethätigt hat. Aber so vielseitig er sich dabei auch bewährt,
so unerschöpflich und immer neu auch seine köstlichen Gaben erscheinen — überall zeigt sich doch sein Genius als eine ganz scharf bestimmte Individualität,
deutlich erkennbar und der Art einheitlich in sich selbst, dass ein Vorgang, der
wohl bei jedem Meister gelegentlich erscheint, bei Weber fast zu einem künstlerischen Charakterzuge wird, nemlich das bewusste und stets sehr geistreiche
Benutzen eignen älteren Materials für neue Zwecke. Aus den verschiedensten Lebenszeiten, aus den verschiedensten musikalischen Gestaltungen
heraus wählt er Goldkörner und Edelsteine, welche da und dort, etwa in vergessenen Jugendarbeiten oder zufälligen Gelegenheitssachen minderen Werthes
verstreut liegen, um sie in Gebilde von allgemeiner Gültigkeit und unsterblicher
Dauer einzureihen, und so ganz bleibt Weber trotz aller mächtigen Fortentwick-
lung seinem innersten Wesen getreu, dass dennoch immer Alles aus einem Guss
erscheint und der alte Schmuck nur zum Beweis wird beständiger Jugend.
Man wird jenem Zuge an vielen Stellen dieses Buches begegnen. Niemand
dürfte auf den kleinlichen Gedanken kommen, hierin bei einem der melodie-
reichsten aller unsrer Tondichter etwa ein Zeichen von Armuth zu erblicken.
Denn wie vielmehr nur der rohe Emporkömmling ohne Plan verschwendet, während ein reicher und eben so weiser Mann bei der hochsinnigsten Freigebigkeit
niemals das Gold zwecklos fortwirft, sondern sich jeglichen Besitzes an der Stelle
erinnert, wo er Nutzen damit stiften kann, so ist auch jener Characterzug Weber's
grade ein Zeichen gediegensten Reichthums.

Das vorliegende Buch hat die Compositionen Weber's nicht nach den eben
besprochenen Gattungen eingetheilt und geschildert, sondern es führt dieselben
in chronologischer Reihenfolge auf. — Es kam darauf an, Weber in seinen
Werken darzustellen; dazu war die Erkennbarmachung seines künstlerischen
Entwicklungsganges erstes Erforderniss. Auch hierin, wie in allen anderen formalen Beziehungen, folgt mein Buch seinem ausgezeichneten Vorgänger, dem
»Chronologisch-thematischen Verzeichniss der sämmtlichen Tonwerke Mozart's
von Dr. Ludwig Ritter von Köchel. Leipzig bei Breitkopf und Härtel. 1862.«
Wenn einmal eine so zulängliche und vortreffliche Form gefunden und eingeführt
ist, so wäre es ein Fehlgriff, sie nicht ebenfalls innezuhalten, selbst wenn man sie
in untergeordneten Punkten anders wünschte. Aber dies ist hier nicht einmal
der Fall. Denn die v. Köchel'sche Anordnung gestattet innerhalb ihrer mit der
sorgfältigsten Erwägung eingerichteten Abtheilungen jede Freiheit und Bereicherung, und von beiden ist denn auch, wie Vergleiche ergeben werden, voller
Gebrauch gemacht. Aber auch dass dies geschah, dass mehr Stoff aufgenommen
wurde in den von L. v. Köchel geschaffenen Rahmen, ist nicht Folge von will-
kürlichem Belieben; es ging das vielmehr hervor aus dem verschiedenen Character
der beiden grossen Lebensgeschichten, dort Mozart's von Otto Jahn, hier
Weber's von Max Maria von Weber, denen chronologische Werk-Verzeich-
nisse ergänzend an die Seite zu stellen waren. Jahn's berühmtes Buch über Mozart
hat eine ganz vorzugsweise Richtung auf das eigentlichst Musikalische; es ist eine
Biographie, aber es ist zugleich die gründlichste und feinsinnigste Fachschrift
über Mozart. v. Köchel hat deshalb sehr Recht, wenn er sich in seinem »Verzeichniss etc.« der Characteristiken und Beurtheilungen der Werke meist enthält

und auf die betreffenden Besprechungen des Jahn'schen Buches entweder lediglich verweist oder in kurzen Auszügen davon mittheilt. — Die Biographie seines Vaters, welche Max Maria von Weber geschrieben*), hat aber ein ganz anderes Gepräge als das Werk von Jahn. Sie ist ohne Frage eine der mit dem freisten Umblick verfassten Lebensbeschreibungen unsrer neuern Literatur. Ihr hervorragendstes Verdienst ist das Culturgeschichtliche: nicht nur durch die frische und hohe Lebendigkeit der Zeitbilder, sondern vor Allem durch geistvolle Verbindung zwischen den Lebensbedingungen und Entwicklungsmöglichkeiten des Einzelnen und denen grosser Gesellschaftsgruppen, ja des ganzen Volkes. Hier liegt der Schwerpunkt dieses Werkes über Weber, und weil eben allgemein culturhistorische Betrachtung, nicht aber speciell musikalische Anschauung das tragende Knochengerüst dieses Buches von Max M. v. Weber ausmacht, so blieben mir nach dem Erscheinen desselben und unter voller Würdigung auch seiner musikalischen Eigenschaften immer noch Möglichkeit und Wunsch, noch genauer und sachgemässer auf Carl Maria's Werke einzugehn und namentlich das Verzeichniss am Schlusse des Weber'schen Buches, welches ich, rücksichtlich seines musikalischen Theils, damals provisorisch zusammengestellt, nicht nur thematisch auszuführen, zu vervollständigen und zu ergänzen, sondern auch der innern Geschichte und der Charakteristik der einzelnen Werke, der Beleuchtung ihres Zusammenhanges, so wie der Stellung der Kritik zu ihnen einen grösseren Spielraum zu gewähren, als dies bei v. Köchel's Buche über Mozart nothwendig gewesen. — Mit dem innigsten Freundesdank erkenne ich es an, in wie umfassender Weise Herr Freiherr Max Maria von Weber, kais. königl. Hofrath zu Wien, mich hiebei gefördert hat, nicht nur durch den mir zu freier Benutzung gestatteten ganzen autographischen Nachlass Carl Maria's — dessen musikalische Werke, dessen Tagebücher und zahlreiche Briefe —, sondern auch durch Ueberlassung des gesammten reichen Materials, welches er selbst in jahrelanger Correspondenz für seine Arbeit gesammelt hatte, und dessen Ergänzung und Bereicherung ich dann meinerseits durch wiederholte Reisen nach den verschiedensten Städten Deutschlands und einen ebenfalls vieljährigen Briefwechsel — ich darf es wohl sagen — in vollster Hingabe an die Sache aufgenommen habe. — Liegt schon in diesen Umständen die Möglichkeit, ja die Pflicht, weiterzugehn als v. Köchel, so kommt nun noch hinzu, dass über Weber, als die uns in der Zeit näherstehende Persönlichkeit, schon an sich ein reicheres Material vorhanden ist, als über Mozart, zunächst in seinen Tagebüchern, dann aber auch in einer grossen Menge von Briefen, von denen hier nur die an seine Gattin, Ign. Susann, Danzi, Gottfried Weber, Gänsbacher, Fr. Rochlitz, Hinr. Lichtenstein, F. Flemming, Friederike Koch, L. Spohr, Fr. Kind, Spontini, Planché und Kemble als die wichtigsten hervorgehoben werden sollen. — Endlich aber veranlasste mich — so sehr ich auch dem grossen Stoffe gegenüber mich zurückzuhalten bemüht war — zu grösserer Ausführlichkeit: mein eignes persönliches Verhältniss, erstlich zur Weber'schen Muse, die den Cultus meiner Jugend und ein vornehmstes Studium meines ganzen Lebens ausgemacht, und ferner zu Carl Maria's Hinterbliebenen, mit denen mich ein nunmehr vierzigjähriges Freundschaftsband verknüpft, welches der genausten Kenntnissnahme jenes mächtigen Materials natürlich ganz besonders günstig war. — Zu nicht ganz wenigen der Weber'schen

---

*) »Carl Maria von Weber.« Ein Lebensbild von Max Maria von Weber. 3 Bde. Leipzig, Keil. 1864—66.

Werke stehe ich noch in so fern in besonderer Beziehung, als ich 1. *a*: eine Anzahl meist wichtiger Werke nach kritischer Revision neu edirte, oder *b*: von anderen den Clavier-Auszug verfasste, noch andere *c*: auf Wunsch der Verlagshandlung herausgab in nach Partitur und Weber's Clavier-Auszug zugleich umgearbeitetem neuen Clavier-Auszuge, oder wiederum andere *d*: für Pianoforte zu vier Händen arrangirte* — und dass ich 2. eine ziemlich grosse Anzahl von Weber's Arbeiten entweder durch rechtzeitige Abschrift (indem manche nur im Autograph vorhandene später verloren gingen) erhalten, oder schon verschollene wiederaufgefunden habe zusammen gegen 80. Auch schon diese Umstände erforderten zuweilen eine detaillirtere Behandlungsweise.

Die **Anordnung**, in welcher die einzelnen Weber'schen Werke besprochen werden, ist nun im Speciellen folgende:

I. **Thematische Aufführung und Datirung jedes vollständigen Werkes.**

II. **Beschreibung des Autographs.** Die musikalischen Original-Manuscripte haben mir fast sämmtlich selbst vorgelegen so wie auch alle im Texte des Buches benutzten Briefe Weber's, mit Ausnahme der in Schikh's Wiener Zeitschrift 1813 abgedruckten an Susann und der theils in der «Caecilia» Bd. 7 und 8 enthaltenen, theils copirten an Gottfried Weber. Ein grosser Theil gehört der handschriftlichen Nachlassenschaft des Meisters an, welche Eigenthum seines Sohnes Max Maria ist und mir, wie schon oben bemerkt, von demselben unbeschränkt zur Einsicht verstattet wurde. Dasselbe freundliche Entgegenkommen fand ich bei den vielen Besitzern Weber'scher Autographe, sowohl öffentlicher Institute als privater Persönlichkeiten. — Ausserdem befindet sich in meinem eignen Besitze eine nicht unbedeutende Sammlung von Manuscripten des Meisters, und zwar der verschiedensten Art.

III. **Angabe der Ausgaben und Arrangements des Werkes.** — Die sehr schwierigen, zumal durch die ehemaligen Nachdruckverhältnisse ungemein verwickelten und delicaten Beziehungen dieses Punktes sind für den Kenner solcher Verhältnisse in die Augen springend. — Absolute Vollständigkeit ist bei Aufzählung der Ausgaben wohl kaum erreichbar; so weit mir aber irgend möglich, habe ich sie angestrebt. Mein Zweck war dabei der, für alle einschläglichen bibliographischen Studien eine feste Unterlage zu schaffen und zugleich durch einen Ueberblick über die grössere oder geringere Verbreitung jedes Werkes den Grad der Popularität desselben im Reflex zu veranschaulichen. Auch auf diesem Gebiete unterstützte mich meine eigne sehr reichhaltige Sammlung. — Paraphrasen und dergl. sind, bei nur äusserst wenigen Ausnahmen in wichtigen Fällen, ausgeschlossen geblieben.

IV. **Anmerkungen.** — Diese enthalten:
a Meine eigne Charakterisirung oder Beurtheilung des Werkes.
b Geschichte des Textes wo ein solcher besteht.
c Geschichte der Composition.

---

* *a*: Weber's 100 Lieder und Gesänge, — *b*: Gr. Quintett aus «Rübezahl», Arie alla Polacca und Duett in den «Freibrief», Romanza Siciliana mit Flöte, — *c*: Oper «Oberon» in neuem Clav.-Ausz., desgl. die ganze «Preciosa», — *d*: 2te Sinfonie, die 4 gr. Sonaten, Es-dur-Concert, gr. Trio, Ouverturen zu «Freischütz» und «Preciosa», die 6 gr. Concertarien, zusammen 21 Werke ausser den 100 Liedern. Sämmtlich erschienen in der Schlesinger'schen Verlagshandlung, Berlin.

d Geschichte der Verbreitung des Werks. Aufführungen.

e Weber's eigne Aussprüche über sein Werk, enthalten in seinen Briefen und Tagebüchern.

f Urtheile Anderer und zwar vorzugsweise von Zeitgenossen. — Wer einen Künstler wirklich verstehen will, muss ihn aus seiner Zeit heraus beurtheilen lernen; darum ist die Mittheilung zeitgenössischer Kritiken so sehr wichtig. Unter den Mitlebenden aber verdienen wieder diejenigen vorzugsweise Gehör, welche bei allgemein anerkannter Gediegenheit und Freiheit des Urtheils zugleich dem Künstler selbst wahlverwandt und sympathisch waren: denn es unterliegt keinem Zweifel, dass Solche seinen Intentionen am besten zu folgen im Stande sind. Aus diesem Grunde wurden so häufig die Kritiken der Leipziger »Allgemeinen Musikalischen Zeitung« angeführt, für welche Friedr. Rochlitz seine ausgezeichneten Referate schrieb. Rochlitz ist auf das Ehrenvollste anerkannt. Er glänzte durch feinsinniges und geistreiches Urtheil auf verschiedenen Kunstgebieten, und grade dies gab, wie Moritz Hauptmann bemerkt, »seiner parteilosen musikalischen Kritik einen freieren Standpunkt«. Der gelehrte Ignaz v. Mosel sagt: »Die grösste Ehre gebührt Rochlitz als musikalischem Rezensenten. Wohl noch nie war ein Mann mit allen Erfordernissen eines Kunstrichters so vollkommen, so reich ausgestattet, wie er. Die gründlichsten, theoretischen und ästhetischen Kenntnisse, der geläutertste Geschmack und eine wahrhaft religiöse Unparteilichkeit wiesen ihm die oberste Stelle unter den musikalischen Kunstrichtern Deutschlands an«. — Weber selbst schreibt am 26. Nov. 1815 an Rochlitz aus Prag: »—Ja, hätte ich Sie hier! Sie wären mir eine Welt; ich würde für Sie, »für Ihr Urtheil, für unsre Freude arbeiten, und davon würde die übrige Welt »auch etwas haben. Aber ohne Anstoss ist doch wahrhaftig die beste Kugel ein »fauler Klotz, und das ärgert mich eben«. — Und ein andermal 27. Febr. 1817 schreibt er ihm aus Dresden in Bezug auf Rochlitz' Verhältniss zur Leipz. All. Mus. Ztg.: »ich versichere Sie auf Ehre, dass Sie, nur Sie derjenige sind, um »dessen hohen Verdienstes um die Kunst willen kein andres ähnliches Blatt »erschienen ist, weil es eine Art Kunstfrevel wäre, einer Zeitung, die unter Ihrer »Leitung steht, eine andre gegenüber stellen zu wollen. Sollten Sie aber jemals »veranlasst sein, diese Redaction aufzugeben, so wird dies das Signal zum augen-»blicklichen Erscheinen einer andern sein.« — Zeugnisse solcher Männer würden genügen zur Begründung des vorzugsweisen Citirens grade dieses zeitgenössischen Kunstrichters, spräche nicht sein Name schon vollgültig für ihn.

g Angabe der Compositions-Daten nach Weber's Tagebuche.

h Beziehungen der Werke untereinander. Eventuelle Verwerthung älteren Materials. »Benutztes.«

i Ouverture — Leitmotive bei den Opern.

k Vermeintliche Entlehnungen.

l Bearbeitungen, resp. Umgestaltungen durch Weber und Andere. — Kürzungen durch Weber u. And. bei einzelnen Werken. — Arrangements, resp. Entstellungen Weber'scher Arbeiten.

m Angabe der Instrumentirung der Werke mit Orchester.*

n Metronomisirung durch Weber und Andre bei einigen Werken. Rück-

---

* Wenn das Autograph der Partitur mir vorlag, gab ich jedesmal Weber's Aufstellung der Instrumente hier wieder, indem ich sie von oben herab der Reihe nach nannte.

sichtlich der meinigen bin ich ferne davon, dieselben etwa für unbedingt maassgebend darbieten zu wollen; nur Beachtung dürfen und sollen sie für sich in
Anspruch nehmen, insofern sie aus der allgemeinen Kenntniss und Durchdringung
des Meisters, wie der speciellen des jedesmal vorliegenden Stückes hervorgegangen
sind. [Vergl. 291 Anm. *e.*, ferner 138 Anm. *a.*] Die Tempi des »Freischütz«
anlangend verweise ich auf 277 Anm. *g.*

o Abweichungen in der Numerirung der einzelnen Stücke einiger
Opern rücksichtlich ihrer verschiedenen Partituren und Clavier-Auszüge.

p Literatur. Curiosa.

Das Buch schliesst mit einem **Anhange**; dieser umfasst:

a Die unvollständigen Werke: 1) im Laufe der Zeit unvollständig
gewordene, 2 unvollendet gebliebene.

b Verloren gegangene »verschollene« Werke.

Es sind namentlich Feuersbrünste, welche Ursache solcher Verluste geworden;
so der Brand bei Weber's Lehrer Kalcher in München, bei dem ein Schrank zerstört wurde, der fast alle frühesten Jugendarbeiten Weber's einschloss; so der
Brand von Hamburg, bei dem die ältesten Weber'schen bei Böhme gestochenen
Lieder zu Grunde gingen; so die Brände der Hoftheater zu Dresden altes Opern-
haus und Semper'sches Theater, so ferner die in Berlin, München, Weimar
und Breslau, welche zugleich die Bibliotheken dieser Bühnen ganz oder theilweis verwüsteten.

c Zweifelhafte Werke.

d Untergeschobene.

e »Die Rückkehr in's Dörfchen«, Singspiel von C. Blum nach
Weber's Liedern.

f Opern, die von Weber intendirt gewesen.

Wenn nun bei Alledem von Manchem meiner Leser ein durchgreifendes Eingehen auf die namentlich in den alten Weber'schen Original-Ausgaben vielfach
vorkommenden Druckfehler vermisst werden könnte, so musste ich mir dennoch
ein solches bei der Grösse der sonstigen Aufgabe versagen. Für die seit dem
Erlöschen des ausschliesslichen Eigenthumsrechtes auf Weber's Werke erschienenen
zahlreichen neuen Ausgaben aber wurde eine derartige Besprechung von nunmehr alten und neuen Erraten deshalb noch weniger möglich, und nur ganz
sinnentstellender Unrichtigkeiten konnte Erwähnung geschehen. — Aus demselben Grunde musste auch von der allgemeinen Würdigung der neuen Ausgaben
abgesehen werden und ist auch hier nur in besonders wichtigen Fällen darauf
eingegangen worden.

Dies ist die Anordnung meines Buchs, und wie aus ihr hervorgeht, ist fast
jede Abtheilung durchzogen von Mittheilungen aus Weber's eigner Feder.[*] Ein
grosser Theil und zwar grade der für die Welt wichtigste Theil seines Lebens
stellt sich hier in seinen Werken dar. Wie ein heller, klarer Spiegel werfen sie
das Bild dieses edlen Geistes zurück, und in solchem Sinne nenne ich mein Buch:
Weber in seinen Werken.

Allen denen, welche mir bei meiner Arbeit mit Rath und That zur Seite
gestanden und sie gefördert oder ihr Erscheinen ermöglicht haben — es sind treff-

---

[*] Weber's Orthographie wurde hiebei stets genau beibehalten.

liche Männer und Frauen fast in allen Ländern Europa's, deren ich hiebei gedenke — ihnen Allen sei zum Schlusse ehrerbietiger, herzlichster und treugemeinter Dank gesagt. Vornemlich sei derselbe dargebracht: dem Königl. Preuss. Kammerherrn, General-Intendanten der Königl. Schauspiele Herrn von Hülsen zu Berlin, der General-Direction des Königl. Sächs. Hoftheaters zu Dresden und Denjenigen, die durch fortgesetzte jahrelange Correspondenz mir die weitschichtige, oft sehr complicirte Beschäftigung mit meiner Aufgabe in unermüdlicher Freundlichkeit erleichterten, den Herren: Dr. Max Abraham und Julius Friedländer, Besitzer des Bureau de Musique Peters in Leipzig, Königl. Bayr. Hofmusiker Carl Baermann zu München, Kapellmeister Julius von Benedict zu London, Sr. Excellenz dem Königl. dänisch. Staats-Minister und Ober-Präsidenten Braestrup zu Kopenhagen, Musikalienhändler Esslinger zu Berlin, Königl. Sächs. Kammer-Musiker und Custos der Musikalien-Sammlung Sr. Maj. des Königs von Sachsen Moritz Fürstenau, Kapellmeister Georg Goltermann zu Frankfurt a. M., Hofpianisten Sr. Maj. des Kaisers von Russland, General-Inspecteur der Kais. Musik-institute, Adolf von Henselt zu St. Petersburg, Baron Leo von Lauer-Münchhofen zu London, Professor Ludwig Nohl zu München, Professor Promberger zu St. Petersburg, Professor Schafhäutl zu München, Director Thomé zu Prag, Dr. jur. utriusq. Leopold von Sonnleithner zu Wien, Tonkünstler Herrmann Wohlers zu London, Musikalienhändler R. Zumsteeg zu Stuttgart, Fräulein Antonie Weber zu Darmstadt — wie ich schliesslich Herrn Kaufmann C. A. Semler zu Berlin und Frau Staatsanwalt Wiegener, geb. Krug, zu Samter ebenfalls meinen wärmsten Dank ausspreche für die seltnen autographischen Gaben, mit denen dieselben nicht nur mein Werk unterstützten, sondern zugleich meine Sammlung von Weber'schen Handschriften bereicherten.

Möge mein Buch in dem Sinne aufgenommen werden, in welchem es gegeben wird, und möge es meine Kunstgenossen auffordern, für die von ihnen vorzugsweise geliebten und studirten Meister ähnliche Arbeiten zu unternehmen, damit in der Ruhmeshalle unsrer Kunst die Standbilder der Heroen festgefugte und unverrückbare Sockel finden und immer mehr genügt werde der Goethe'schen Mahnung:

»Haltet das Bild der Würdigen fest! Wie leuchtende Sterne
Theilte sie aus die Natur durch den unendlichen Raum.«

Berlin, am 5. Juni 1870.

F. W. Jähns.

Einige Abkürzungen Betreffendes.

1 »Auswahl I« =: Auswahl der beliebtesten Lieder und Gesänge für 1 Singstimme mit Begleitung des Pianoforte von C. M. v. Weber. Querformat. — »Auswahl II« =: Zweite Sammlung von Weber's beliebtesten Gesängen und Liedern für 1 Singstimme, Sopran oder Tenor, mit Pianoforte. Hochformat. — »Auswahl III« =: Auswahl von Weber's Gesängen und Liedern für Alt oder Bariton oder für diese Stimmen transponirt, mit Pianoforte. — Sämmtlich erschienen Berlin bei Schlesinger.

2 »Im verscholl. grün. Hft.« =: Enthalten in dem verschollenen grünen Heft, in welches Weber seine älteren Gesänge und einige andere seiner Compositionen eingetragen hatte. Näheres hierüber siehe 27 Die Kerze« unter Autograph.

3 »Lpz. A. Mus. Ztg.« = Allgemeine Musikalische Zeitung, erschienen Leipzig bei Breitkopf u. Härtel. 50 Jahrgänge, von 1798 bis 1848. Die lateinische Ziffer zeigt deren Jahrgang an, die arabische die betreffende Seite.

4 »Orig.-Ausg.« =: Ausgabe, nach dem vom Componisten zum Stich gegebenen Original.

5 »Tageb.« =: Carl Maria von Weber's Tagebuch. Dasselbe umfasst 17 kleine Octav-Hefte in 9 grünen Futteralen, enthaltend Notizen über den Zeitraum vom 26. Febr. 1810 (Weber's Fortgang von Stuttgart) bis 3. Juni 1826 (2 Tage vor seinem Tode in London). Sie sind höchst wichtige historische Quellen über Weber's Leben im Allgemeinen, wie über seine musikalische wie schriftstellerische Thätigkeit.

6) »W.« =: Carl Maria von Weber. — »Max v. Weber's Lebensbild W's.« =: Carl Maria von Weber. Ein Lebensbild von Max Maria von Weber. Leipzig, Keil. 3 Bde. 1864—66.

7 »Werk-Verz., gedr.« oder »geschr.« =: Gedrucktes oder geschriebenes Verzeichniss der Werke Weber's, beide verfasst von ihm selber; das erstere befindet sich am Schlusse des 3. Bandes von »Hinterlassene Schriften von C. M. v. Weber«. Dresden u. Leipzig, Arnold, 1828; das zweite besitzt in Weber's Autograph Herr Heinrich Schlesinger in Berlin; beide gehen bis Euryanthe 1823 incl. Das erstere ist chronologisch, das zweite nach den Opus-Zahlen geordnet: sie zeigen gegenseitig mancherlei nicht unbedeutende Verschiedenheiten. Die Zeit, in der sie verfasst wurden, lässt sich nicht bestimmen. Nach seinem Tagebuche hat Weber das letztere am 29. Sept. 1812 begonnen, beide aber nach und nach vervollständigt.

Zahlen in fetter Schrift beziehen sich auf die im chronologisch-thematischen Verzeichniss der vollständigen Compositionen durchgeführte Numerirung jeder einzelnen derselben.

Carl Maria Friedrich Ernest von Weber,

geboren zu Eutin 18. Dezember 1786,
gestorben zu London 5. Juni 1826.

— — — —

(Betreffs des nicht mit unbedingter Gewissheit zu bestimmenden Geburts- und Todes-Tages siehe des Verfassers diesen Gegenstand ausführlich erörternden Aufsatz in der Berliner Musik-Zeitung von Bote u. Bock. 1853 p. 415.)

Uebersicht

der vollständigen Compositionen

nach ihren Gattungen.

In Summa (incl. N. 47 A) = 309 Nummern.

—

I. Messen. Offertorien.

II. Cantaten. Hymne.

III. Fest- und Trauer-Musik.

IV. Opern u. grössere dram. Werke.

3 *

V. Theater-Musik.

1) Für Orch. oder einzelne Instrum. — 2) Für
Gesang, ein- und mehrstimmig, mit und ohne
Begleitung.

VI. Mehrstimmiges für Gesang.

Mit u. ohne Begleitung des Orch. oder des Pfte.

VII. Einzelne Arien mit Orchester.

VIII. Gesänge und Lieder für eine Stimme mit Pianoforte.

XI. Concerte, Concertinos, Concert-
stücke (Variationen etc.) mit
Orchester.

6 Variationen für Alt-Viola.
Thema: »A Schüsserl und a Reindrlu.

19.

Grand Pot-Pourri für Vcello.

op. 20.) 61.

Andante und Rondo Ungarese für Alt-Viola.

79. (= hier 158.)

Variationen für Violoncell.

Andante. Thema.

Nachl. (s. Nr. XV.) 94.

Concert N. I für Pianoforte.

Allegro.

op. 11. 98.

Concertino für Clarinett.

Allegro ma non troppo.

op. 26. 109.

Concert N. I für Clarinett.

Allegro moderato.

op. 73. 111.

Adagio und Rondo für Harmonichord.

Adagio molto.

Nachl. N. 15. 115.

Concert N. II für Clarinett.

Allegro.

op. 74. 118.

Concert für Fagott.

Allegro ma non troppo.

op. 75. 127.

Concert N. II für Pianoforte.

Allegro maestoso.

op. 32. 155.

Andante u. Rondo Ungarese für Fagott.

op. 35. 158. (= hier 79.)

Concertino für Horn.

Adagio. Solo.

op. 45. 188.

Concertstück für Pianoforte.

Larghetto ma non troppo.

op. 79. 281.

dolce

XII. Sonaten für Pianoforte, mit
und ohne Begleitung.

99 bis 104: 6 Sonaten für Violine.

Allegro.

(21es) 99.
Opus-Sonate
10. mit Vio-
N. 1. line.
Liv. I.
N. 1.

Carattere espagnuolo. Moderato.

(21es) 100.
Opus-Sonate
10. m. Vlne.
N. 2. Liv. I.
N. 2.

Air russe. Allegretto moderato.

(21es) 101.
Opus-Sonate
10. m. Vlne.
N. 3. Liv. I.
N. 3.

Moderato.

(21es) 102.
Opus-Sonate
10. m. Vlne.
N. 4. Liv. II.
N. 1.

Variationen. Thema aus Silvana.

Andante con moto.

(21es) 103.
Opus-Sonate
10. m. Vlne.
N. 5. Liv. II.
N. 2.
(s. XIV.)

Allegro con fuoco.

(21es) 104.
Opus-Sonate
10. m. Vlne.
N. 6. Liv. II.
N. 3.

Grosse Sonate für Pfte. N. I.

Allegro.

op. 24. 138.

Grosse Sonate für Pfte. N. II.

Allegro moderato.

op. 39. 199.

Grosse Sonate für Pfte. N. III.

Allegro feroce.

op. 49. 206.

Grosse Sonate für Pfte. N. IV.

Moderato.

op. 70. 287.

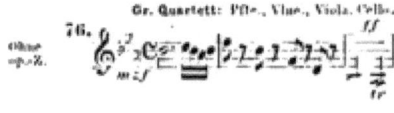

con duolo

XIII. Quintett, Quartett, Trio, Duo.

Gr. Quartett: Pfte., Vine., Viola, Cello.

76.

ohne op. Z.

Gr. Quintett: obligate Clarinett mit Streichquartett.

Allegro.

op. 34. 182.

Gr. Duo concertant: Pfte. u. Clarinett.

Allegro con fuoco.

op. 48. 204.

Gr. Trio: Pfte., Flöte, Cello.

Allegro moderato.

op. 63. 259.

XIV. Variationen für Pianoforte, mit und ohne Begleitung.

Amoroso. — Pfte.
Thema.

op. 2. 7.
Orig.-Thema. 6 Var.

Andante. — Pfte.
Thema.

op. 5.) 40.
Castor u. Pollux. 4 Var.

pp dolce

Andante un poco. — Pfte., Vine., Cello.
Thema.

op. 6.) 43.
Samson. 6 Var.

pp

207. Satz 3. (s. XV.)

Moderato. — Pfte.
Thema.

op. 55. 219.
Zigeunerlied. 7 Var.

265. (s. XV.)

XV. Einzelstücke.

Piécen, Rondos, Polacras, Capriccis, Divertimento etc., für Pfte. mit u. ohne Begl.; auch für andere Instrum. mit u. ohne Orchester.

9—14: op. 3. Six petites Piéces faciles. Pfte à 4 m.

Sonatine. Moderato.

op. 3. N. 1. 9.

Pfte. à 4 m.

Romanze. Andantino.

op. 3. N. 2. 10.

Pfte. à 4 m.

Menuett. Presto.

op. 3. N. 3. 11.

Pfte. à 4 m.

143 bis 148: 6 Favorit-Walzer für Pfte.

Tiempo mosso.

143.
Ohne 6 Fav.-
op.-Z. Walz.
N. 1.

144.
6 Fav.-
Walz.
N. 2.

145.
6 Fav.-
Walz.
N. 3.

146.
6 Fav.-
Walz.
N. 4.

147.
6 Fav.-
Walz.
N. 5.

148.
6 Fav.-
Walz.
N. 6.

Walzer mit W.'s Liede »Maienblümlein« als Trio für Harmonie-Musik.

149.

Deutscher (Original-Walz.) f. Orchester.

Ohne 185.
op.-Z.

Tedesco für Orchester.
Tiempo.

191.

Horn.

266. (s. XV.)

Marsch für 10 Trompeten.
Tiempo.

288.

Marsch für Harmonie-Musik, auch für
grosses Orch. mit Chor. »Zu den
Fluren des heimischen Herdes.«

307.

Nachl.
N. s. u.
N. 13.

(s. XV. 13.)

Chronologisches Verzeichniss

der vollständigen Compositionen.

N. 1 bis 308.

Vom Jahre 1798 bis 1826.

1—6.
Sechs Fughetten.

Comp. 1798. vor dem 1. Sept. zu Salzburg: *s. Anm. a. u. W.'s gedr. Werk-Verz. in dessen »Hinterlassene Schriften«. Dresden, Arnoldi. 1828. III. 158. wie das geschr. Werk-Verz. W.'s — op. 1. — s. Anm. a.*

1. »Fuga I.« Sopr. Alt. Ten. Bass.   **2.** »Fuga II.« S. A. T. B.

3. »Fuga III.« S. A. T. B.

4. »Fuga IV.« S. A. T. B.

5. »Fuga V.« S. A. T. B.   **6.** »Fuga VI.« S. A. T. B.

Autograph: Unbekannt.

Ausgaben: Erste Orig.-Ausg. *Partitur.* »Salzburg, in Kommission der Mayrischen Buchhandlung.« Typendr. Klein-Quart-Querformat. 12 xr. Diese Ausgabe ist äusserst selten geworden. ‖ Neue Prachtausg. v. C. Reinecke 1870: Berlin, Schlesinger (Lienau) 2½ sgr. u. ! Leipzig, Friese, in Heft 6 d. Samml. v. Musikst. alter u. neuer Zeit; als Zugabe zur »Neuen Zeitschr. für Musik. ‖ Leipzig u. New-York, J. Schuberth u. C. Neue correcte Ausg. mit Anmerk. 1863 hrsg. v. Jähns.

Anmerkungen. a. Carl Maria's Vater Franz Anton, geb. 1734 ✝ 1812, liess diese kleine *Arbeit* des elfjährigen Knaben drucken, nachdem Michael Haydn, W.'s damaliger Lehrer, sich besonders anerkennend über dieselbe geäussert hatte. — Die *Widmung* lautet 1) auf dem Titel: »Sechs Fugetten, dem Herrn Edmund von Weber in Hessen-»kassel, meinem geliebten Bruder, zugeeignet von Karl Marie v. Weber in Salzburg.«

5 *

2) auf p. 2: »Dir, als Kenner, als Tonkünstler, als Lehrer, und endlich als Bruder
»weyhet im eilften Jahre seines Alters die Erstlinge seiner musikalischen Arbeit dein
»dich zärtlich liebender Bruder Karl Marie v. Weber. Salzburg, den 1ten September
»1798.« — Auf C. M.'s Handexemplar des Werkchens, im Besitze seines Sohnes Max
Maria zu Wien, hat er eigenhändig gesetzt: »op. 1.«; eben so findet sich dasselbe in W.'s
gedr. u. geschr. Werk-Verz. mit »op. 1« bezeichnet. s. **7.** Anm. **c.** — **b.** Bei dieser
Arbeit W.'s, als seiner ersten veröffentlichten, sei eine *Rezension* hier vollständig mitgetheilt, die die Lpz. A. Mus. Ztg. Jahrg. 1. N. 2 v. 10. Oct. 1798 p. 32 über dieselbe
bringt; sie lautet: »Dass ein junger Künstler, wie der Verfasser, im 11ten Jahre Fughetten componirt, und so brave Fughetten, ist gewiss eine ausgezeichnete und ungemein
vielversprechende Seltenheit. Der junge Komponist ist einige Zeit Schüler des berühmten
Michael Haydn gewesen und macht seinem grossen Lehrer Ehre. Sie sind sämmtlich
4stimmig, die Themas anständig, die Antworten richtig. N. 3 u. 4 haben ein Thema.
Wir bedauern nur, dass der Druck so fehlerhaft ist.« Das Urtheil ist mit »z....« unterzeichnet, also wohl von Rochlitz. — **c.** Die eben erwähnten *Druckfehler* sind: in IV
Tact 3 die 3 Bassnoten; man setze dafür die Tenor-Noten eine Quarte tiefer aus Tact 3
der gleichthematigen Fughette III. Ebend. müssen Tact 6 die 6 letzten Noten im Tenor-
Schlüssel auf der Basszeile wegfallen, so wie in V das ♮ vor *d'* im Alt. In VI, Tact 10,
muss im Alt *g* stehen für *a.* — **d.** *Benutzt* durch W. sind später: I zu dem Sätzchen
Tact 25 bis 33 incl.; im Quartett N. 17 von W.'s Oper Peter Schmoll; s. **8.** Anm. **f.**;
ferner dieselbe Fughette: zur Fuge des Osanna im Sanctus von W.'s Esdur-Messe,
comp. 1818; s. **224.** Anm. **c.**; ferner: II, zur Fuge »Cum sancto spiritu« im Gloria
ebend. bei umgewandeltem ³⁄₁ - in den ⁴⁄₁-Tact; ferner: VI, zum »Et incarnatus est« im
Credo ebend. — **8.** auch Max v. Weber's »Lebensbild« W.'s. I. 41.

Zwischen dieser und der folgenden Nummer liegen, dem Jahre 1799 angehörig, die
Oper: »Die Macht der Liebe und des Weins« und eine Anzahl anderer
Compositionen, sämmtlich verloren gegangen und besprochen im Anhange unter 1
und 6 bis 26.

1800.

7.

op. 2.

»Sechs Variationen für's Klavier oder Piano-Forte«
über ein Original-Thema.

Comp. 1800, vor dem 6. Juni zu München. *W.'s gedr. Werk-Verz. u. Anm.* **a.** — *op. 2.* —
S. gedr. u. geschr. Werk-Verz. u. Anm. **c.** — No. 1 der Variationen-Werke für Pfte.
Gewidmet seinem Lehrer J. N. Kalcher, Hoforganisten zu München. s. *Anm.* **a.**

Thema. Amoroso.

112 Tacte ohne Reprisen.
Ausg. München b. d. Verfasser.

Autograph: Unbekannt.

Ausgaben: Erste Orig.-Ausg. München: »Zu haben bei dem Verfasser.« Pr. 24 xr.«
Incunabel des lithographischen Notendrucks. s. Anm. **b.** ‖ Berlin, Schlesinger 10 ggr. ‖ Neue
Prachtausg. hrsg. v. C. Reinecke 1870. Ebend. 5 sgr. *n.* ‖ Braunschweig, Spehr. 10 ngr. ‖ Als
N. 1 zus. mit op. 5 u. 12 v. W. im Heft 24 des musikal. Ehrentempels: Hamburg, Böhme.
10 ggl. ‖ Hannover, Bachmann. 8 ggl. ‖ N. 6 in den »Compositions de W.« Leipzig, Peters: 13 Num.
zus. 12 ngr. *n.* N. 10 in Oeuvr. compl. pour Pfte. seul de W. 20 Num. Ebend. zus. 25 sgr. *n.* ‖ London,

Chappell u. C. hrsg. v. J. Moscheles. 2ᵉ 6ᵈ. | Cramer u C. 2ᵉ 6ᵈ. ‖ Paris. Brandus u. Dufour.
1 fr. 50 c. | Lemoine. 1 fr. 50 c. | Richault. 5 fr. ‖ Wien. Leidesdorf. A. Berka u. C. Oeuvr.
compl. de Ch. M. de W. p. Pfte. seul. N. 1. Tome I av. Portr. v. Vogel. ‖ **Für Orgel zu 4
Händen.** — London. Novello u. C. als N. 9 in Book IV in Hiles' short voluntaries; Book 1ᵉ 3ᵈ.

Anmerkungen. a. Die *Dedication* des Werkes durch den 13jährigen Componisten
an seinen Lehrer lautet in der 1. Ausgabe — 1) auf dem Titel: »VI Variationen | Fürs
»Klavier oder Piano Forte. | Dem Herrn Joh: Nep: Kalcher, berühmten Klavier-Meister
»und Compositeur in München dem unvergesslich verehrungswürdigsten Freunde, | ach-
»tungsvoll gewidmet und componiert | von Carl Marie von Weber. ✕✕ | Nro. 1.« —
2) Auf pag. 2: »Ihnen! verehrungswürdigster Mann! — Ihnen und Ihrer grossen Kunst
»habe ich die Erweiterung meines kleinen Talents einzig und wahrhaft zu verdanken,
»und nehme mir daher die Freyheit, dieses kleine Werk von meiner Arbeit Ihnen zu
»widmen. Nehmen Sie es gütig auf, mit der wahren Versicherung: dass ich Ihre grosse
»Leitung niemals vergessen, und ewig mit wahrer Achtung, Liebe, und Verehrung seyn,
»und bleiben werde — Ihr — wahrer Freund und Diener — Carl Marie von Weber. —
»München den 6ᵗᵉⁿ Juny 1800.« — **b.** Diese Variationen sind freilich ein Knabenwerk;
aber sie sind immerhin eine *Arbeit*, die deutlich von Erfindungsgabe zeugt, namentlich
von einem bereits anerkennenswerthen Grade geschickter Behandlung des Instruments.
Dass sich hie und da Ungelenkes und Härten finden, ist erklärlich; kann doch Carl
Maria erst seinem zehnten Lebensjahre nahe gewesen sein, als er zum erstenmal die Bahn
des eignen Schaffens betrat, was allerdings bei einigen andern Talenten noch früher geschah, z. B. bei dem noch nicht fünfjährigen Mozart; jedenfalls bleiben W.'s erste
Compositionsversuche, als die eines talentvollen strebenden Knaben, beachtenswerth. —
In der Lpz. A. Mus. Ztg. finden sich Jahrg. II. 596 u. III 256 zwei Beurtheilungen
dieser Variationen op. 2; die erste ist wohl von Rochlitz. Es heisst darin unter Anderm:
»— Es ist Schade, dass der Stich so fehlerhaft ist. Die Variationen sind gar nicht übel
und zur flüchtigen Unterhaltung und zweckmässigen Uebung der Hand recht brauchbar.
Sie verdienen desto mehr eine gelindere Kritik, da der noch sehr junge und hoffnungs-
volle Künstler derjenige ist, von dem p. 32 des Jahrg. I dieser Ztg. gesprochen wurde.«
(s. 1—6 **Anm. b.**) — Die 2ᵗᵉ Kritik steht in etwas schärferer Fassung aber besonders
ihres Schlusses wegen hier, welcher lautet: » — auch ist der **Stich auf Stein un-
korrekt und von einem Graveur besorgt, der gar nichts von Noten und
ihrer Geltung zu verstehen scheint.«** — Von diesem Urtheil werden Componist wie Graveur wenig befriedigt gewesen sein, denn beide waren eben **ein und dieselbe Person.** Schon in seiner Selbstbiographie (s. W.'s hinterl. Schrift. I p. VII
sagt Carl Maria: »Der rege, jugendliche Geist, der alles Neue und Aufsehn Erregende
»mit Hast sich anzueignen suchte, erregte auch in mir die Idee, dem damals von Sene-
»felder neu erfundenen Steindrucke den Rang abzulaufen. Ich glaubte endlich die Erfin-
»dung auch gemacht zu haben, und zwar mit einer zweckmässigeren Maschine versehen.
»Der Wille, diese Sache in's Grosse zu treiben, bewog uns, nach Freyberg zu ziehen,
»wo alles Material am bequemsten zur Hand schien. Die Weitläufigkeit und das Mecha-
»nische, Geisttödtende des Geschäfts liessen mich aber bald die Sache aufgeben und mit
»verdoppelter Lust die Composition fortsetzen.« Diese Mittheilung, zusammengehalten
mit mancherlei in der graphischen Ausstattung wiedergegebenen Schrift-Eigenthümlich-
keiten W.'s (z. B. den beiden Zügen ✕✕ auf dem Titel, die W. fast auf alle seine Manuscripte zum Abschluss des Haupttitels setzte — s. Anm. a.) musste schon früher bei mir
die Ansicht hervorrufen, dass das ganze Opus möglicherweise von W. selber auf Stein
geschrieben sein könne. eine Ansicht die vor einigen Jahren den directen Beweis erhalten
hat durch einen von mir aufgefundenen Brief C. M. v. W.'s an die Handlung Artaria in
Wien vom 9. Dez. 1800 (jetzt noch im Besitz derselben), worin W. diese Variationen
nicht nur zum Verlag, sondern sein Verfahren (»Arcanum«) zum Kauf anbietet — Notenschrift in neuer Weise zu vervielfältigen. Zugleich legt er einen Ausschnitt aus der
obigen »auf Stein gravierten« Orig.-Ausgabe bei, enthaltend: Thema; auf der Rückseite
Variat. II: über ersteres hat er noch ausdrücklich an seiner Statt von der Hand des Vaters
setzen lassen: »**Von meiner Arbeit.«**, wie denn auch der Brief an Artaria nicht von
C. Maria's Hand sondern ebenfalls von der seines Vaters Franz Anton, jedoch im Namen
des Sohnes mit der Unterzeichnung »Carl Marie von Weber« geschrieben ist. — Das
Bedenken, das sich bei der Schlussnotiz des Titels: »Auf Stein graviert von Theob:

Senefelder- aufdrängt, erledigt sich einfach dadurch, dass C. Maria wie dessen Vater der Gebrüder Senefelder Officin in München für die Zeit ihres Aufenthaltes daselbst zu ihrer Arbeitsstätte benutzten. (S. Max v. Weber's »Lebensbild« W.'s. I 47—18.) — Mit der selbständigen Herstellung der Ausgabe von Seiten C. Maria's hängt unbedingt auch die Bemerkung auf dem Titel zusammen : »zu haben in München bei dem Verfasser.«, so wie auch die auf allen Exemplaren befindliche geschriebene Preisbestimmung »24 xr.« von der Hand des Vaters. — Die Ausgabe zeugt jedenfalls in graphischer Hinsicht von grosser Ungeübtheit des Lithographen, selbst für bescheidene Ansprüche, und so war denn jene Kritik über den Stich wohl begründet. Diese höchst selten gewordene Ausgabe der Variationen ist mithin nicht nur als Incunabel des lithographischen Notendrucks überhaupt, sondern als *Lithographirung von C. M. v. Weber's Hand* noch besonders merkwürdig. — **C.** Alle ältern Ausgaben tragen die falsche *Opus-Zahl* 1 statt der richtigen 2. — Die Bezeichnung auf dem Titel der Orig.-Ausg. »Nro: I« (als N. 1 der Variationen-Werke) ist Grund dieses Irrthums. Das wirkliche »op. 1.« sind die 6 Fughetten 1—6. — Und so möge denn hier noch auf die fast überall statthabende Verwirrung in den Opus-Zahlen von W.'s Variationen-Werken für Pfte. aufmerksam gemacht werden. Sie entstand dadurch, dass bei den Auflagen von Seiten der verschiedensten Handlungen des In- und Auslandes die eigentliche op.-Zahl mit der Zahl des Variationen-Werkes als solches verwechselt wurde. Die von mir neben der op.-Zahl stets bemerkte Zahl des Variationen-Werks wird die Irrthümer nach dieser Richtung hin leicht aufklären. — Angekündigt wurde das Opus 1801 (Jubilate) im Sortiments-Catalog v. Breitkopf u. Härtel als: »6 Variationen für's Clavier oder Fortepiano. 6 gr. (Maria von Weber.) Im Selbstverlage.«

1801.

Ohne
op.-Zahl.

8.

Peter Schmoll und seine Nachbarn. Oper in 2 Aufzügen.

Text nach K. G. Cramer's gleichnamigem Roman von Joseph Türke. Weber's 3tes dramatisches Werk. Ohne opus-Zahl.

Comp. 1801 zu Salzburg ; *s. Autograph* a. u. *Anm.* b.

Ouvertüre.

Instrumentirung: 2 Fl., 2 Ob., 2 Hörn., 2 Tromp., 2 Pkn., 2 V., Viola, Bässe.

Act I. N. 1. Introduction. Terzett. Minette. Schmoll. Bast. *»Das sind die schönen Früchte«*

Instr.: 2 Ob., 2 Hörn., 2 V., Viola, Bässe.

N. 2. Terzett. Min., Schmoll, Bast. *»Spiele, alter Esel, du«*
Allegro.   Schmoll.

Spie-le, al-ter E - sel, du im-merhin die blin-de Kuh'

Instr.: 2 Fl., 2 Hörn., 2 V., Viola, Bässe.

N. 3. Romanze. Minette. *»Im Rheinland eine Dirne war«*
Tempo giusto.

Hörn.   Im Rheinland ei - ne Dir-ne war, recht lieblich schön und rein,

Instr.: 1 Solo-Fl., 2 Hörn., 2 Fag., 2 Violen, Cello u. Bass.

N. 4. Arie. Oberbereiter. *»Der Wüstling verschwendet«*
Allegro.   Horn. Solo.

Der Wüst-ling verschwendet

Instr.: 2 Ob., 2 Hörn., 2 V., Viola, Cello u. Bass.

N. 5. Arietta. Bast. *»Die Menschen sind schon so!«*
Moderato.

Die Menschen sind schon so! Erst furchtsam wie die Kin-der,

Instr.: 2 V., Viola, Bässe.

N. 6. Terzett. Min., Niclas, Bast. *»Wenn er nur Ruh' und Ordnung hält,«*
Moderato.   Bast.

Wenn er nur Ruh' und Ordnung hält, so ist er schon ein Mann.

Instr.: 2 Ob., 2 Hörn., 2 V., Viola, Bässe.

N. 7. Aria. Bast. »Hans Bast! Gieb Acht, Hans Bast!«
Moderato.

Hans Bast! Gieb Acht, Hans Bast! Mit Nett-chen ih-rem Gast,

86 Tacte. Autogr. a.

Instr.: 2 Fl. picc., 2 Hörn., 2 V., Viola, Bässe.

N. 8. Arie. Oberbereiter. »O Hoffnung, gütigste der Feen.«
Allegro.

Clar. Solo.

O Hoffnung, gü-tigste der Fe-en, geuss Balsam in mein

186 Tacte. Autogr. a.

Instr.: 2 Ob., 2 Cl., 2 Hörn., 2 V., Viola, Bässe.

N. 9. Duett. Min., Oberbereiter. »Dich an dies Herz zu drücken« Umgearbeitet 13. Oct. 1809.
S. Anm. d.

Amoroso. Oberbereiter.

Fag. Solo.

Dich an dies Herz zu drü- cken,

132 Tacte. Autogr. a.

Instr.: 2 Fl., 2 Fag., 2 V., Viola, Bässe.

N. 10. Duett. Min., Bast. »Der edle schöne junge Mann«
Allegretto.

Horn Solo.

Chalmeau.

Der ed-le schö- ne jun-ge Mann

110 Tacte. Autogr. a.

pizz.

Instr.: Clar. Solo Chalmeau, Horn Solo, 2 V., Viola, Bässe.

N. 11. Terzett. Min., Oberbereiter, Bast. »Es ist das seligste Vergnügen.«
Allegro. Min.

ff

Es ist das se-lig-ste Ver-gnü-gen

52 Tacte. Autogr. a.

Instr.: 2 Fl., 2 Ob., 2 Cl., 2 Hörn., 2 Tromp., 2 Pkn., 2 V., Viola, Bässe.

Act II. N. 12. Arie. Minette. *»Du fröhlicher Jüngling«*

Instr.: 2 Hörn., 2 Fag., 2 V., Viola, Bässe.

N. 13. Arie. Schmoll. *»Ja Gottes Erde ist doch schön.«*

Instr.: 2 Cl., 2 Hörn., 2 V., Viola, Bässe.

N. 14. Terzett. Min., Oberbereiter, Greis. *»Empfanget hier«* s. Anm. e.

Instr.: 2 Flauti dolci, 2 Bassethörner Chalmeau, 2 Fag., 2 V., Viola, Bässe.

N. 15. Arie. Greis. *»Wie der bange Pilger zittert«*

Instr.: 2 Fl. picc., 2 Hörn., 2 Alt-Posaunen, 2 V., Viola, Bässe.

N. 16. Ariette. Bast. *»Ein Lügner ist ein grosser Mann.«*

Instr.: 2 Ob., 2 Hörn., 2 V., Viola, Bässe.

N. 17. Quartett. Min., Oberbereiter, Schmoll, Bast. *»Fort von hier!«* (s. Anm. f.)

Vivace.

Schmoll: Fort, fort von hier! Er ist es nicht, bei mei-nem Eh - renwort!

103 Tacte. Autogr. a.

Instr.: 2 Fl., 2 Hörn., 2 Tromp., 2 Pkn., 2 V., Viola, Bässe.

N. 18. Arie. Bast. *»Fürwahr! Fürwahr!«*

Andante. Bast.

Fürwahr!

Fürwahr!

Fag.

107 Tacte. Autogr. a.

Instr.: 2 Fl. picc., 2 Hörn., 2 Fag., 2 V., Viola, Bässe.

N. 19. Duett. Minette, Oberbereiter. *»O grosser Gott!«*

Adagio. Oboi. Min.

doler

O grosser Gott ich dan - ke dir!

Hörn.

143 Tacte. Autogr. a.

Fag.

Instr.: 2 Ob., 2 Hörn., 2 Fag., 2 V., Viola, Bässe.

N. 20. Finale. Min., Oberber., Schmoll, Greis, Bast. *»So hab' ich, nach schmerzlich«* (s. Anm. g.)

Con spirito. Oberbereiter.

ff

So hab' ich, nach schmerzlich ver - trau - er - ten Stun - den, welch'

255 Tacte. Autogr. a.

Instr.: 2 Fl., 2 Ob., 2 Hörn., 2 Tromp., 2 Pkn., 2 Fag., 2 V., Viola, Bässe.

Die ganze Oper enthält 2498 Tacte.

Autographe: 2 Partituren. **a:** *Partitur I.* In Besitz von Max M. Frhrn. v. Weber zu Wien. (1870. J.) In 2 festen, etwas abgenutzten, braun marmorirten Original-Bänden, Querfolio mit Lederrücken, darauf oben: Opern-Titel; unten: W.'s Namen. Durchweg festes gelbliches Papier. — Band I: Innen-Titel — »Peter Schmoll | und | seine Nachbarn. | Eine Oper in zwey Aufzügen | nach Cramer bearbeitet von | Joseph Türke. | in Musik gesetzt | von | Carl Maria von Weber. | erster Act.« | Rechts seitwärts steht in kleinster Schrift auf 1 Zoll langer Zeile »Carl Maria von Weber ver-

fertigt 1802 mppr.,« was sich also auf diese Niederschrift der Oper, nicht auf deren Composition bezieht, da W. überdies in seinen hinterl. Schrift. Bd. 1 p. IX u. in seinem
Werk-Verz. ebend. p. 158 das Jahr 1801 ausdrücklich als das der Composition der Oper
»in Salzburg« bezeichnet. 259 Seiten Partitur incl. 1 Seite Titel ; p. 290 leer. — Band 2 :
Titel fehlte ; der jetzige von meiner Hand. 213 Seiten Partitur; davor 2 Seiten, *a* u. *b* :
a mit dem Titel, *b* leer, ebenso p. 214 z. Schluss. — Beide Bände zeigen in der Notenschrift : W.'s, in der Textschrift eine fremde Hand mit österreichischem Ductus (nach
Vergleich mit Sig. Neukomm's Handschrift könnte sie diesem angehören, in sofern ihm W.
damals in Salzburg nah befreundet war) ; nur bei N. 18 u. 20 sind Noten und Text
zugleich Original-Handschrift des Componisten, so wie p. 263 u. 264 die Worte : »hat
ganz mein Herz entzücket« und p. 84 diese : »und doch auch nicht zu matt«. — Das
ganze Manuscr. zeigt die älteste steife, weniger bekannte Schreibweise W.'s, obwohl
mehrfach nüancirt, mit Ausnahme der Nummern 18 u. 20, die später (etwa 1803—4)
aufgeschrieben sein mögen; die Manuscripte zu »Waldmädchen« u. »Rübezahl« geben dafür
den Anhalt. Die Titelschrift zu Bd. 1 macht den Eindruck von Fremdartigkeit und
plumper Geziertheit. Papier 5zeilig, Partitur 5zeilig bei N. 5. — Pap. 8z., Part. 7z. bei N. 4.
7, 12, 13, 16. — Pap. 8z., Part. 8z. bei N. 3, 8, 9, 10, 15, 18. — Pap. 10z., Part. 9z. bei N. 1, 2,
6, 19. — Pap. u. Part. 10z. bei Ouvert. u. N. 14. — Pap. u. Part. 12z. bei N. 17. — Pap. 16z.,
Part. 14z. bei N. 11. — Pap. 16z., Part. 15z. bei N. 20. — **b:** *Partitur II.* Seit 1865 in
Besitz von F. W. Jähns. In einem abgenutzten, befleckten, etwas aufgelockerten, starken,
hellgrünen Original-Bande in Pappe, die am Rücken fehlt : Querfolio. Auf dem obern
Deckel ein weisses Blättchen, worauf von W.'s Hand : »Peter Schmoll | und | Seine
Nachburn | Eine | Oper in zwey Aufzügen. | in Musik gesetzt | von | Carl Marie von
Weber. | ≈ « Der Innen-Titel zu Act I, ebenfalls von Carl Maria's Hand, lautet :
»Peter Schmoll | und | Seine Nachbarn. | eine Oper in zwey Aufzügen. | nach Cramer
bearbeitet von Joseph Türk | in Musik gesetzt. | von | Carl Marie von Weber. | Erster
Act.« — Mit Ausnahme dieses Titels ist der ganze erste Act von der Hand von
Carl Maria's Vater, Franz Anton von Weber. Er beginnt auf der Rückseite
des Titels mit p. 2 und geht, incl. eines Instrumental-Anhanges für N. 11, bis
p. 162 incl. — P. 163 enthält die Worte »Zweiter Act« und p. 164 eine Notiz von
meiner Hand. Der ganze zweite Act von p. 165 bis 295 incl. ist Carl Maria's
Handschrift in Noten und Text in seiner alten, obwohl schon weniger steifen, flüssigeren, stets sehr sauberen Schreibweise, weshalb, wie aus noch andern Gründen, diese
Partitur II als eine nach obiger Partitur I ausgeschriebene angesehen werden muss.
Ein Blatt, p. 251 u. 252, fehlt. Die Schrift ist wie auch die der Part. I durchweg
in's Bräunliche ausgeblasst; p. 296 leer. Der Inhalt der Part. II ist ganz dem der Part. I
gleich, nur befinden sich die in Part. I von W. gemachten zusätzlichen Aeuderungen in
N. 14 nicht darin. Das ehemals leere Blatt vor dem Titel des 1. Acts enthält jetzt ein
Vorwort von mir betreffs beider Original-Partituren. Ein neuer grüner fester Umschlag
umschliesst den Band. Act 2 Papier 10zeilig, Partitur 5zeilig bei N. 12, 13, 16. — Pap. 10z.,
Part. 8z. bei N. 15, 18. — Pap. 10z., Part. 9z. bei N. 19. — Pap. u. Part. 10z. bei N. 14. —
Pap. u. Part. 12z. bei N. 17. — Pap. 16z., Part. 15z. bei N. 20. — Wegen des Autographs
der Umarbeitung des Duetts N. 9 u. im Allgemeinen über dasselbe s. **77,** auch hier
unten unter Anm. d.

Ausgaben der Oper im Ganzen fehlen. — Die **Ouverture** *s. Anm. e.* erschien in Orchester-Stimmen u. Clav.-Auszug als op. 8 [17] und zwar so durchgreifend umgestaltet, dass
hier auf sie als auf ein besonderes Werk »Ouverture à plusieurs Instruments« unter 54 verwiesen wird. — **Duett N. 9,** im Clav.-Ausz. der Umarbeitung desselben aus dem J. 1809,
s. 77 und auch hier Anm. d.

Anmerkungen. a. *Singende Personen* der Oper: Minette, Sopran; Oberbereiter, Niclas, Tenore; Schmoll, Bast, Greis, Bässe. Das Textbuch ist
vollständig verschollen; auch Cramer's gleichnamiger Roman, aus welchem es entstand,
ist mir, trotz allem Forschen danach, nicht erreichbar gewesen. — **b.** Die Oper wurde in
Augsburg aufgeführt; ob auch anderswo, habe ich nicht erfahren können. Das Datum
dieser *Aufführung* lässt sich nicht bestimmt angeben; doch würde es in die erste Hälfte
von 1803 fallen, wenn die Voraussetzung richtig, dass W. u. dessen Vater bei ihrer Gegenwart in Augsburg von Dez. 1802 bis etwa Ende Juli 1803 die Ausführung betrieben haben
dürften. — W.'s kurze Selbstbiographie (s. dessen hinterl. Schrift. Bd. 1 p. IX)

sagt schon bei seiner Oper »Das Waldmädchen« : »Ein Artikel der Musik-Zeitung weckte »die Idee in mir, auf ganz andere Weise zu schreiben, ältere vergessene Instrumente »wieder in Gebrauch zu bringen« (eine Idee, die er im »Schmoll« ebenfalls durchführte; »s. hier Anm. f.). — »Nach Salzburg gereist, schrieb ich da, meinen neuen Plänen ge- »mäss, die Oper »Peter Schmoll u. seine Nachbarn« (1801), die meinen alten, durch man- »ches Neue darin höchlich erfreuten Lehrer, Michael Haydn, bewog, mir ein überaus »gütiges Zeugniss darüber zu ertheilen; sie wurde in Augsburg aufgeführt, ohne sonder- »lichen Erfolg, wie natürlich. Die Ouvertüre habe ich später umgearbeitet und stechen »lassen bei Gombart.« Das erwähnte Zeugniss M. Haydn's und noch ein zweites von Jos. Otter, Conzertmeister in Salzburg, sind abgedruckt in Gerber's Neuem Lexikon der Ton- künstler; Leipzig, 1813. IV. 526. Haydn sagt: »2. Juni 1802. Salzburg. Mit wahrem Vergnügen habe ich gestern einer freundschaftlichen Probe der von meinem lieben Zög- linge, Herrn Carl Maria von Weber, componirten Oper: Peter Schmoll und seine Nach- barn, beygewohnt, und kann nicht anders, als mit Wahrheit und meiner Einsicht und vollkommnen Ueberzeugung gemäss attestiren, dass diese Oper mannhaft und vollkommen nach den wahren Regeln des Contrapunktes bearbeitet, mit vielem Feuer und Delicatesse und dem Texte ganz angemessen von ihm componirt, und dass derselbe zugleich ein ganz ausgezeichnet starker Klavierspieler seiner Zeit sey, und daher es für gerecht und billig finde, diesen meinen lieben Zögling der ganzen musikalischen gefühlvollen Welt zur besten Aufnahme zu empfehlen.« Otter sagt: »Endesgesetzter hat mehrere Musikstücke aus der Oper: Peter Schmoll des jungen fürtrefflichen Tonsetzers und Klavierspielers des Freyherrn von Weber, nicht nur mit grösstem Vergnügen angehört, sondern vielmehr seinen reinen Satz und männlichen Geist angestaunt. Wahrlich — erit mature ut Mozart.« — Jedenfalls ist in dieser dritten Oper W.'s ein wesentlicher *Fortschritt* gegen das vorangegangene »Waldmädchen« wahrzunehmen, so weit dies aus den 214 von letz- terem erhaltenen Tacten zu beurtheilen ist. Wenn der junge Componist natür- licherweise noch von den eben herrschenden Geschmackseigenthümlichkeiten beeinflusst erscheint, wenn mancherlei Unreifes zu Tage liegt, über das des gütigen Lehrers Urtheil namentlich hinwegzusehn für gut befand, so ist das Ganze doch ein sprechender Beleg für höchst bedeutende Begabung betreffs melodischer Erfindung und besonders musika- lischer Characterisirung der Personen. Das glänzendste Stück der Oper ist wohl der Schlussgesang derselben, dessen ersten Theil W. nicht verschmähte, zum Schlusschor seines letzten dramatischen Werkes, des Oberon, in mächtiger Weise wirkend, zu be- nutzen, und zwar bei nur durch Piccoli, Clarinetten, 2 Hörner, türkische Musik und 3 Posaunen verstärkter Instrumentirung, doch in sonst ganz unveränderter Gestalt. (s. Anm. d. u. e.) — **c.** Schon in der *Ouvertüre* dieser Jugendoper W.'s zeigt sich seine später mit so grosser Wirkung auftretende Eigenthümlichkeit, dieselbe vorwiegend aus Motiven der Oper zu gestalten. Hier sind das 2te Hauptthema, zuerst in der Domi- nante, gegen den Schluss in der Tonica der Arie N. 8, so wie der Anfang des Largo dem Terzett N. 11 entnommen. Mehrfach sind ausserdem kurze, namentlich Instrumental- Figuren-Motive aus verschiedenen Nummern in den Fluss der Ouvertüre verwebt. — **d.** *Umgearbeitet* hat W. die Ouvertüre im J. 1807 in durchgreifendster Weise und sie in dieser neuen Gestalt als »Ouv. à Plusieurs Instruments« bei Gombart in Orchester- Stimmen stechen lassen. Alles dieselbe Betreffende s. unter 54. — Das Duett N. 9 enthält im Autograph **a.** von W.'s Hand über der ersten Zeile die Notiz »Umgearbeitet 13. 8^{br} 1809.« Diese Umarbeitung ist als nachgelassenes Werk »Zum Freibrief«, im Clav.-Ausz. von mir herausgegeben, erschienen. Ausführliches darüber an seiner Stelle unter 77. — Im Terzett N. 11 finden sich vielfache Aenderungen in der Instrumen- tirung von W.'s Hand, in späterer Zeit zugeschrieben; zu welchem Zwecke, ist nicht zu ermitteln gewesen; möglicherweise war es derselbe, der die Umarbeitung des vorerwähnten Duetts N. 9 herbeiführte. (Vergl. 77.) — Betreffs der Umarbeitung der Stelle des Schlussgesanges »Vivace« Finale II Tact 1 bis 20 zur Benutzung für den Oberon s. die folg. Anm. — **e.** *Benutztes.* Im Quartett N. 17 ist das Sätzchen Tact 25 bis 32 der ersten der 6 Fughetten op. 1 gleich. (s. 1. Anm. **b.**) — Ausserdem hat W. aus dieser Oper, da er sie als der Vergessenheit überantwortet betrachtete, mancherlei zu zweien seiner spätern Werke benutzt, und zwar α) zur Festcantate »L'Accoglienza« v. 1817 (s. **221** Anm. **b.**) wie folgt: 1) Schmoll, Arie N. 8 Allo. ℭ Tact 54 bis 60 incl. = zu N. 5

der Cantate. Tact 32 bis 38 incl. — 2) Schmoll, Finale II Vivace T. 10 bis 13; ≡ zu
N. 5 der Cant. T. 39 b. 42. — 3) Schmoll, Terzett N. 11 T. 2 b. 21 u. T. 32; ≡ zu
N. 1 der Cant. T. 8 bis 32. — 4) Schmoll, Fin. II Vivace T. 37 u. 38; ≡ zu N. 7 d. Cant.
Allo. T. 61 u. 62. — β) zu seinem »Oberon«, und zwar: Schmoll, Fin. II Vivace
T. 1 b. 8 u. T. 9. b. 20; ≡ Oberon Fin. III, Schlusschor. Allo. vivace, T. 5 b. 12
(2 mal) u. T. 21 b. 32. (s. 306 Anm. c. 2.) — f. In der *Instrumentirung* des Schmoll
ist eigenthümlich der Gebrauch von Flauti piccoli in N. 7, von 2 Violen ohne Violinen
in N. 3, des Bassethorns als Chalumeau in N. 10 u. 12 u. zweier Flauti dolci in N. 15.
— S. auch Max v. Weber »Lebensbild« W.'s Bd. I p. 65 u. ff. u. 73.

9—14.

»Six petites Pièces Faciles pour le Piano-Forte à quatre mains

composées et dédiées en Marque d'estime à M. P. Schulthesius.« *s. Anm. b.*

Comp. 1801. *W.'s gedr. Werk-Verz. s. Anm. b. — op. 3. s. Anm. c.*

9. N. 1. Sonatina. Moderato e con amore.

10. N. 2. Romance. Andantino quasi Adagio.

11. N. 3. Menuetto. Presto.

12. N. 4. Andante con Variazioni. Amoroso.

13. N. 5. Marcia maestoso. s. Anm. 4.

14. N. 6. Rondo. Allegramente.

Autograph: Unbekannt.

Ausgaben: Erste Orig.-Ausg. Augsburg, Gombart u. C. 1 fl. 36 xr. Sehr selten geworden.) ‖ Amsterdam, Theune u. C. als Livre I der: Morceaux d'amusement. 1 Gl. 70 cs. ‖ Berlin, Bote u. Bock. 20 sgr. ‖ Schlesinger. 17½ sgr. ‖ Neue Prchtausg., ebend. hrsg. v. C. Reinecke. 12½ sgr. u. ‖ Bonn u. Berlin, Simrock. 12½ sgr. ‖ Braunschweig, Litolff. 5 sgr. ‖ Meyer. 20 sgr. ‖ Spehr. 17½ sgr. ‖ Hamburg, Cranz. 20 sgr. ‖ Hannover, Bachmann. 14 sgr. ‖ Leipzig, Hofmeister. 17½ ngr. ‖ Xouv. édit. Ebend. 15 ngr. ‖ Peters: mit op. 10 u. 60 zus. 12 ngr. u. 40. ‖ Siegel. 20 ngr. ‖ Leipzig u. New-York, J. Schuberth u. C. in 3 Heften à 4½ ngr. hrsg. v. Klauser. ‖ London, Chappell u. C. Book 1 der »12 Morceaux agréables.« 6s. ‖ Cramer u. C. 6s. ‖ Mailand, Ricordi. 2 fr. ‖ Paris, Lemoine: 1) en format Lemoine. 1 fr. 15 c. 2) en gr. form. 8 fr. ‖ Richault. 6 auch 9 fr. ‖ Als op. 3. N. 1.« Wolfenbüttel, Holle. 5 sgr. **Zu 2 Hdn.** — Berlin, Bote u. Bock. 15 sgr. ‖ N. 3, 4, 5 u. 6 facilité p. Brissler. Schlesinger. 10 sgr. ‖ Braunschweig, Litolff. 5 sgr. ‖ Dresden, Paul. 10 sgr. ‖ Hamburg, Cranz. 16 gr. ‖ Niemeyer. 12½ sgr. ‖ Schuberth u. Niemeyer. Ohne N. 5.« Typendruck. ‖ Leipzig, Hofmeister. 15 ngr. ‖ Wolfenbüttel, Holle. Ohne N. 5. 3 sgr. ‖ **Einzeln daraus zu 2 Hdn.** — N. 3 u. 4. Leipzig, Hofmeister. 5 ngr.

Anmerkungen. a. Von diesem Werke dürfte im Allgemeinen dasselbe gelten, was ich in Anm. **a.** der 12 Allemanden op. 1 15—26 ausspreche; ähnlich war das das *Urtheil* der Lpz. A. Mus. Ztg. VI 252, worin Rochlitz es »gut im Gesang, fliessend u. correct« nennt und hinzusetzt: »Rezensent kennt grössere Arbeiten des Hrn. v. W., welche viel von diesem jungen talentvollen Künstler versprechen.« — **b.** Die **Zeit** der Composition dieses Opus ist genauer als mit der Jahreszahl 1801 nicht anzugeben. Befremdend ist es aber, dass W. in seinem Briefe vom 25. Nov. 1801 an André (s. Anh. 20 bis 26) diesem das op. 3 n i c h t zum Verlage anbietet, wie er dies doch in demselben Briefe in Bezug auf das op. 4 (die 12 Walzer [Allemanden]) thut. Man möchte annehmen, dass bei Absendung dieses Briefes das op. 3 noch gar nicht, oder dass es mindestens später als die Allemanden op. 4

componirt sei, zumal op. 3 den Eindruck grösserer Reife an sich trägt. — **Wo** das Opus componirt wurde, lässt sich ebenso nur annähernd bestimmen; auf der Reise über Nürnberg, Augsburg und München nach Salzburg, vielleicht auch in Salzburg selbst. Jedenfalls hatte W. auf dieser Reise den damals renommirten Clavierspieler und Componisten Paul Schulthesius kennen gelernt; diesem dedicirte er das Werkchen, und Schulthesius, der fast alle seine eignen Werke bei Gombart verlegte, hatte ihn an Letzteren empfohlen; so erschienen die Six pièces op. 3 nun als erstes W.'sches Werk Gombart'schen Verlages. Zuerst a n g e k ü n d i g t fand ich es im Böhme'schen Sortiments-Catalog, Hamburg 1801; es scheint Ende 1803 erschienen zu sein. — **C.** Diese »Six petites Pièces faciles« werden (s. Ausg.) in deutsch., franz., engl. u. holländ. Catalogen mit dem Opus 10, den »Six Pièces à 4 mains«, als »*12 Pièces*« in 2 zusammengehörigen Abtheilungen, Livres, Books, aufgeführt, wo es dann stets das Livre etc. I bekommt; selbst auf dem Titel der ersten Orig.-Ausg. Gombart steht: »Liv;« bei leergelassenem Raume für I od. II, obwohl op. 3 u. op. 10 doch nichts mit einander gemein haben und ihre Composition laut W.'s gedr. Werk-Verz. 8 Jahre auseinanderliegt. — Oft hat dies auch zu Verwechslungen mit op. 10 Veranlassung gegeben, wie vielleicht auch in Max v. Weber's »Lebensbild« W.'s I. 66, da das an dieser Stelle für op. 3 Ausgesprochene vollgültig auf op. 10 anwendbar ist, indess für das op. 3 das oben in Anm. **a** Gesagte als genügende Anerkennung ausreicht. (Vergl. **81—86** Anm. a.) — **d.** Der *Marsch* N. 5 ist dadurch besonders bemerkenswerth, dass er unter den glänzendsten Verhältnissen am Schlusse der Lebens- und Künstler-Bahn unsres Meisters aus dem Dunkel der Vergessenheit wiederum an's Licht trat. S. hierüber **307.**

15—26.

(op. 4.)

»Douze Allemandes pour le Piano Forte,
composées et dédiées à Mad^lle Lisette d'Arnhard.« N. 11. 12 à 4 m.

Comp. 1801, vor dem 25. Nov. *s. Anm.* **b.** — *(op. 4.)* *W.'s gedr. u. geschr. Werk-Verz.*

15. N. 1.

16. N. 2.

17. N. 3.

Autograph: Unbekannt.

Ausgaben: Erste Orig.-Ausg. Augsburg, Gombart u. C. Gross Quer-Octav. 45 xr. Diese Ausgabe ist höchst selten geworden. ‖ Prchtausg. hrsg. v. C. Reinecke. Berlin, Schlesinger (Lienau). 7½ sgr. ℞. | Folgende Ausgaben sind unvollständig: Hamburg, Cranz: als »Six Walses à 2 et à 4 mains« mit N. 2. 4. 5. 7. 11 u. 12. ‖ Paris, Lemoine: als »Valses brillantes« mit N. 1 bis 9 incl. ‖ Wien, Leidesdorf (A. Berka u. C.) in Oeuvr. compl. p. Pfte. seul N. 14. Tome 1 mit N. 1 bis 9 incl.

Anmerkungen. a. Wie op. 2 ebenfalls eine rechte, ächte, bescheidene Jugend-*Arbeit;* trotz der grossen Mannigfaltigkeit in den 48 Theilen: bedächtige Beschränkung in Behandlung des instrumentalen Mittels; des Genius Flügel noch eng geschlossen, nur hier und dort ein Zeichen schlummernder Spannkraft und Originalität. — Ich möchte das Jahr 1801 nur auf das E r s c h e i n e n des Opus beziehen und seine C o m p o s i t i o n vor die Oper Peter Schmoll (8) setzen, denn erst in dieser sind die Flügel gelüftet und regen sich freier und immer freier. — **b.** In seinem gedr. wie geschr. Werk-Verz. führt W. »*12 Walzer,* op. 4, Augsburg bei Gombart« auf; von 12 A l l e m a n d e n spricht keinerlei Notiz im schriftl. Nachlasse. Die 12 Allemanden und die 12 Walzer sind aber ein und dasselbe Werk. Jeder Zweifel darüber fällt fort bei Vergleichung der Dedication an Mlle. d'Arnhard mit folgender Tagebuchs-Notiz W.'s vom 8. April 1811 München: »— ich fand« (in der Harmonie daselbst) »Frl. v. Arnhard, der ich einst Walzer dedicirt »hatte, als Fr. v. Matterni wieder.« — Wenn nun ferner W. am 25. Nov. 1801 der Handlung André in Offenbach »1 2 d e u t s c h e T ä n z e« zum Verlag anbietet, so konnten auch diese nur die 12 Allemanden (resp. Walzer) sein, die erst später, als André sie (laut noch vorhandenen Schreibens) abgelehnt hatte und nun Gombart sie druckte, die damals beliebte Bezeichnung solcher deutschen Walzer als »Allemanden« (schwäbische Tänze in ²/₄, ³/₄ oder ³/₈) erhielten. — **c.** Zu erwähnen ist noch, dass das Hofmeister'sche Handbuch der musikal. Literatur, 3. Aufl. Bd. II p. 304 die »12 Allemandes (ohne op.-Zahl) bei Gombart, Pr. 45 xr.« anführt, aber auch zugleich auf p. 246 daselbst

»12 Walses von C. M. v. W. op. 4 bei Gombart, Pr. 45 xr.« Ein Exemplar dieser
12 Walzer habe ich nicht auffinden können; es wird deren Anführung beruhen auf der
in Anm! b. erwähnten, durch W. selbst für ein und dasselbe Werk gebrauchten zwie-
fachen Bezeichnung.

—— 1802. ——

27.

Ungedr.

Die Kerze. *»Ungern flieht das süsse Leben«*
Lied für 1 Singstimme mit Begleitung des Claviers.
Text von Matthisson. 5 Strophen.
Comp. 1802 im Oct. zu Hamburg. *Autogr.*

Autograph: Im musikalischen Nachlasse W.'s befand sich noch Anfangs der vierziger
Jahre ein Heft mit 32 Liedern u. Gesängen etc. seiner Composition, auf sehr
starkes gelbliches rauhes Querfolio durchaus eigenhändig von ihm geschrieben, in dünne
grün überzogene Pappe gebunden. Dies Heft ist seitdem spurlos verschollen, nachdem ich jedoch schon früher von dessen Inhalt Copie genommen. Nur das Titelblatt,
auf dessen Rückseite zugleich das Autograph des ersten der 32 Lieder »Die Kerze«
sich befand, ist von mir in neuerer Zeit wieder aufgefunden. Es befindet sich im Besitz
des Schulantheiles der Grossherzl. Oldenburg. Bibliothek zu Eutin, der
Geburtsstadt W.'s. Auf diesem Titelblatte steht: »Zwey und dreissig | Lieder und Ge-
»sänge | Canons etc. | Mit Begleitung des Klaviers | oder der | Guittarre | componirt
»von | Carl Marie von Weber. | ∾∾.« Unten: »Vom October 1802 bis zum März 1811.«
Das auf der Rückseite dieses Titels befindliche Lied trägt die Ueberschrift: »No. 1. Die
Kerze. Componirt in Hamburg im October 1802.« Es ist auf 2 einzelne Notenzeilen
geschrieben, deren oberste mit der Singstimme zugleich auch die rechte Hand der Clavier-
Begleitung enthält. Der Text von Str. 2 bis 5 ist abgesondert darunter gesetzt. — Nachträglich ist noch zu erwähnen, dass sich auf der letzten Seite des »grünen« Heftes eine
kleine Gesangcomposition befand, eigenhändig geschrieben, unterzeichnet u. wahrscheinlich auch verfasst vom Fürsten Anton Radziwill, dem Componisten des Faust u.
besonderen Gönner W.'s. — Auf dies verschollene Heft nun zu verweisen, ist im Verlauf vorliegender Arbeit die Bezeichnung »im verscholl. grün. Heft« der Kürze
wegen gewählt.

Ausgaben: Keine.

Anmerkungen. Dies kleine anspruchslose Lied ist das älteste erhaltene W.'s, vielleicht das älteste aller seiner Lieder überhaupt, denn das von ihm verfasste gedruckte
Verzeichniss seiner Werke (Hinterl. Schrift. v. C. M. v. W. III 159. 1. Ausg.) führt
Lieder erst mit dem Jahre 1802 auf; möglich, dass »Die Kerze« unter denen gedruckt
erschien, die er ebendort mit den Worten aufführt: »1802. Einzelne Lieder, gestochen
bei Böhme in Hamburg.« Diese Lieder sind jedoch in dieser Handlung gänzlich verschollen. Der Brand von 1842 hat die letzten Reste jener ältesten Verlagsartikel derselben vernichtet.

28.

Umsonst. »*Umsonst entsagt' ich der lockenden Liebe*«

Lied für 1 Singstimme mit Clavier-Begleitung.

Text von ? — Durchcomponirt.

Comp. 1802 im Oct. *Autogr. N. 4 im op. 71,* Heft 17 d. Ges.

Autograph: Stand als N. 2 im verscholl. grün. Heft. *s.* 27. *Autogr.* (1840. J.) Ueberschrift: »Comp. im Oct. 1802 in Hamburg; dedicirt der Mad. Scharf und gestochen bei Böhme.« — Wer diese Mad. Scharf gewesen, war nicht zu ermitteln.

Ausgaben: Erste Orig.-Ausg. als N. 4 des Opus, zus. mit **105, 229, 243, 256, 267.** B e r l i n, S c h l e s i n g e r. Opus: 1 thlr. ‖ Hamburg, Böhme. Opus: 12 gr. ‖ Als N. 2 in Heft 18 d. Ausw. 1 zus. mit 229. Berlin, Schlesinger. 6 gr. ‖ Als N. 111 im Arion, Braunschweig, Busse. ‖ Als N. 2 in C. Blum's Liederspiel »Die Rückkehr in's Dörfchen«. Cl.-Ausz. Berlin, Schlesinger. Cl.-A. 2½ thlr. 's. Anh. 121. **Einzeln.** Zuerst erschienen 1802 unter: »Einzelne Lieder« Hamburg, Böhme. *s. Autogr. u. Anm.* Als N. 80 der Prehtausg. hrsg. v. Jähns. 1869. Ebend. Schlesinger Lienau'. 2½ sgr. **Mit Guit.** Zus. mit 117 arr. v. Gaude. Hamburg, Cranz. 4 gr.

Anmerkungen. Dies melodievolle Lied mit dramatischer Färbung, das älteste und erste aller erwiesen erschienenen von W., ist im ersten Stich, Hamburg, Böhme, verschollen. *S.* 27. *Anm.* a. — Ein Lied desselben Anfangs, comp. v. B. A. Weber, wird in einem alten Catalog v. J. A. Böhme, Hamburg, angekündigt.

29—34.

»Sechs Ecossaisen fürs Forte Piano

komponirt und zugeeignet Dem schönen Geschlecht in Hamburg.«

Comp. 1802. *W.'s gedr. Werk-Verz.* Ohne op.-Zahl.

29. N. 1. Con fuoco. **30.** N. 2. Con tenerezza.

31. N. 3. **32.** N. 4.

7 *

33. N. 5.   **34.** N. 6. Affettuoso.

Autograph: Unbekannt.

Ausgabe: Erste Orig.-Ausg. mit obiger Widmung. Hamburg, Böhme. 8 sl. 5 sgr. Prchtausg. hrsg. v. C. Reinecke. Berlin, Schlesinger Lienau. 2½ sgr. n.

Anmerkungen. Hier begegnen wir, wie oft in dieser Periode W.'s, seiner Hinneigung zu J. Haydn in besonders hervorstechender Weise, wohl noch gesteigert durch persönliche Begegnung mit demselben in Wien 1802. — Sämmtliche noch übrige Exemplare der 1. Orig.-Ausg. gingen bei dem grossen Brande 1842 in Hamburg verloren, weshalb diese äusserst selten geworden ist.

N. 6 im
op. 13.

35.

Canon *»Mädchen, ach meide Männerschmeichelein«*

für drei Singstimmen. Text von Breiting, nach der Composition verfasst. *s. Autogr.*

Comp. 1802 im Dez. zu Augsburg; *s. Autogr.* *N. 6* in dem, W.'s Freunde, Hofkammerrath Aug. Hoffmann zu Darmstadt gewidmeten *op. 13*, Heft 1 d. Gesänge.

Mäd - chen, ach   mei - de   Män-ner-schmeiche - lei n! Die ko - sen-den

32 Tacte. Partit. incl. 14 Tacte Repr. u. 1 Tact Coda. Ausg. Gombart.

Autograph: Stand als N. 3 im verscholl. grün. Heft. *s. 27. Autogr.* Die Ueberschrift lautete : »Comp. im Dez. 1802 in Augsburg, wo ich erst die Musik und (dann) Dr. Breiting den Text darunter machte.« (1840. J.)

Ausgaben: Erste Orig.-Ausg. als N. 6 des Opus, zus. mit **52, 72, 92, 96, 97**: Augsburg, Gombart. Opus 45 xr.; gänzlich vergriffen. | 2. Ausg. Ebend. 45 xr. *s. Anm.* b. | Hamburg, Böhme. Opus 9 ggr.; 11½ ngr. ‖ Einzeln als Facsimile des Autogr. ist der Canon gestochen: Lpz. A. Mus. Ztg. XXX p. 289, wie W. ihn am 20. Dez. 1825 in Berlin dem Kriegsrath u. Musikgelehrten Andr. Kretzschmer in dessen Stammbuch schrieb.

Anmerkungen. a. Ueber diesen anmuthigen Canon schreibt W. an Gottfried Weber 16. Mai 1811 von München : »Meine Guitarrlieder wirst du erhalten haben und daraus »sehn, dass ich kein Accomp. zum »Mädchen« gesetzt habe. Wie kannst du nur glauben, »dass ich so ein Esel sein würde.« — **b.** Laut W.'s Tageb. erhielt er die ersten gestochenen Exemplare des Opus: 1811, 25. Apr.; in der Lpz. A. Mus. Ztg. XIX, Intelligenz-Blatt v. Febr., kündigt Gombart es als »neu gestochen« an; es erschien also dort 1817 in d. 2. Ausg. — S. auch Max v. Weber »Lebensbild« W.'s. I. 197. 199.

1803.

36.

Ungedruckt.

Dreistimmiges Lied »*Ein Gärtchen und ein Häuschen drin*«
für »Canto. Tenore e Basso« ohne Begleitung.

Text von ? — 1 Strophe.

»Comp. wahrscheinlich in Augsburg 1803 im Januar.« *Bemerk. zum Autogr.*

Andante.

Autograph: Stand als N. 4 im verscholl. grün. Heft. *s.* **27**. *Autogr.* (1840. J.)

Ausgaben: Keine. — **Abschrift** nahm F. W. Jähns 1840.

Anmerkung. Die Weise J. Haydn's characterisirt auch diese kleine Composition. W. schreibt 11. Nov. 1803 von Wien seinem Freunde Ign. Susann *s.* **39**. *Anm.*) nach Salzburg darüber: »—Du hast Recht; in der strengen Schreibart darf keine Stimme »die andere überschreiten, weil jede Stimme für sich ein Ganzes ausmachen muss, aber »in der freien Schreibart, wie hier, wo alle drei Stimmen, besonders auch dem Text nach, »ein Ganzes ausmachen, scheint es mir sehr erlaubt. Es ist sehr schlimm, dass wir in »unsrer Kunst keine andre Norm haben, als die Erfahrungen oder vielmehr die zu Re-»geln gewordenen Gewohnheiten unsrer ersten Tonsetzer; der grosse Haufe hilft sich mit »dem, dass er bei einer solchen Frage das Verfahren grosser Meister zur Regel und zum »Beweise macht. Weh dem, der in solchen Fällen kein richtiges Kunstgefühl hat, und »hat er es, es nicht entscheiden lässt. Durch Vogler's System fällt nun freilich das »Herumtappen in der Finsterniss fort, aber wie Wenige kennen es, wie lange wird es »brauchen, die verjährten Vorurtheile auszurotten und es durchgängig einzuführen?«

37.

N. 6 des Nachlasses.

Grablied »*Leis wandeln wir, wie Geisterhauch*« *s. Autogr. II. u. Anm. b.*
für »Canto. 2 Tenore u. Bass« *s. Autogr.*

Text von — *s. Autogr.* 4 Strophen.

Begleitung: 2 Oboen, 2 Clarinetten, 2 Hörner, 2 Fagotte u. Bassposaune; *s. Autogr.*
Comp. 1803, 12. Febr. zu Augsburg im Vocalsatz; instrumentirt 1804, 19. Nov. in
Breslau; *s. Autogr.* — *N. 6 des Nachlasses.*

Largo. Canto.

Autograph. I: Partitur. Stand als N. 5 im verscholl. grün. Heft. *s.* **27**. *Autogr.*
(1840. J.) Es zeigte den Vocalsatz abgesondert vom Instrumentalsatze: bei
ersterem fand sich ausser Obigem bei »Comp.« noch der Zusatz: »Aus dem Brocken-

mädchen II Theil p. 111«; bei letzterem: »Dies Akkompagnement zu vorstehendem Liede componirt in Breslau d. 19. Nov. 1804 zum Begräbniss der Mad. Hayn am 20.« Diese war die Gattin des Mitdirektors am Breslauer Theater, dessen Kapellmeister W. in seinem 18. Jahre (1804) wurde. — II: Partitur in Besitz von Adolf Henselt in St. Petersburg. Für Canto, Alto, Tenore, Bass mit Begl. von 1 Flöte, 2 Clarinetten, 2 Hörnern, 3 Posaunen, 2 Fagotten zu anderem Text: »Zerrissen hat des Todes Hand«, als Schlusssatz der Trauer-Musik für M. Heigel in München 1811; 2 Seiten Querfolio. S. 116.

Ausgaben: Erste Orig.-Ausg. als N. 6 d. nachgel. Werke W.'s, hrsg. v. Jähns: Voll-ständige Partitur mit daruntergesetztem Clav.-Ausz. Berlin, Schlesinger. ⅓ thlr. | Sing-stimmen einzeln. Ebend. 5 sgr. | Clav.-Ausz. mit d. Singstimmen. Ebend. ⅓ thlr. | Partitur der Singst. Als N. 15a von V. Schurig's »Liederperlen«: Dresden, Meinhold, 11. Bd. 2. Heft. H. 7½ ngr. | Für 1 Singst. mit Pfte. Als N. 100 d. neuen Prehtausg. hrsg. v. Jähns. 1869. Ebend. Schlesinger. 2½ sgr. n. | Als N. 4 im W.-Album. Ebend. Alb. 1 thlr. | Für 4 Männerst. ohne Begl. Partitur u. Stimm. arr. v. J. P. Schmidt. Ebend. ⅓ thlr. ‖ Arr. v. Jähns als N. 15h »Hoff-nung auf Jenseits« in Schurig's »Liederperlen«: Dresden, Meinhold. 1870. II. Band. 2. Heft. H. 7½ ngr. | Die 4 Männ.-Stimmen einzeln. Berlin, Schlesinger ½ Thlr. — Das Lied ist in d. Orig.-Ausg. »Dem Andenken des hochs. Königs Friedr. Wilh.'s III von Preussen geweiht.«

Anmerkungen. a. Max v. Weber's »Lebensbild« W.'s sagt I 105 von dieser Com-position: »Dieselbe ist einfach, schlicht, bedeutsam;« — ich muss hinzufügen: sie ist schöngegliedert, bei leisem Anflug von Romantik rührend- feierlich. Der ergreifende Schluss erinnert an jenen von »Hör' uns, Allmächtiger!« aus »Leyer und Schwert«. Die Lpz. A. Mus. Ztg. sagt XXXXII 580: »Das Lied gehört zu den besten Compositionen der Hinterlassenschaft W.'s.« — **b.** W. benutzte die kleine Arbeit nochmals in einer Trauer-Musik für einen in München verstorbenen Freund. S. Autograph II.

Unge-druckt.

38.

Lied »*Entfliehet schnell von mir,*«
für 1 Singstimme mit Begleitung des Pianoforte.
Text von Franz E. J. Frhrn. von Seida. *Autogr.* 3 Strophen.
Comp. 1803, 19. Febr. in Augsburg. *Autogr.*

Ent-flie - het schnell von mir, ihr freu-den-lee-ren

Strophe: 11 Tacte. *Autogr.*

Autograph: N. 6 im verscholl. grün. Heft. s. 27. *Autogr.* 1810. J.

Ausgaben: Keine. — **Abschrift** nahm 1810 F. W. Jähns.

Anmerkung. Leidenschaftlich; bei hoher Stimmlage gesanglich dankbar.

39.

Der Clavier-Auszug der Oper »Samori« v. Vogler.
Verfasst von W. 1803 im Oct. zu Wien. (s. Anm. a.)

Autograph: Unbekannt.

Ausgabe: Vollständiger Clav.-Ausz. Wien, T. Mollo u. C. Querfolio. 159 gestochene Seiten, enthaltend Ouverture und 18 Nummern. Der Titel lautet: »Samori, eine grosse he-roische Oper in 2 Acten für das Pianoforte eingerichtet u. Sr. Hochfürstl. Durchlaucht dem regierenden Herrn Fürsten Lobkowitz etc. gewidmet vom Verfasser Abt Vogler.«

Anmerkungen. Der Titel des Clav.-Auszugs nennt W. als Verfasser desselben nicht, wohl aber spricht er das Arrangement Vogler selber zu. Dies erklärt sich wohl dadurch, dass Letzterer es im Interesse des Werkes und Verlegers vortheilhafter finden musste, den Clav.-Ausz. von ihm selber herrührend zu bezeichnen, als von einem seiner Schüler; auch hatte er W.'s Arbeit unbedingt redigirt. Aber aus authentischer Quelle ist es erwiesen, dass W. das Arrangement wirklich ausgeführt, und zwar von Vogler selbst dazu aufgefordert: an seinen Freund Ign. Susann (flüchtigen Flötisten, Componisten, seit 1816 Criminaladjuncten zu Ried bei Salzburg) schreibt nämlich W. am 8. Oct. 1803 von Wien: »— Vogler spielte mir die Ouverture und einige andere Stücke der »Oper vor. Es ist ganz göttliche Musik, und dann — was meinst du — giebt er mir »sogar seine eigenhändige Partitur der Ouvertüre mit, um so nach und nach die Oper in »Clavierauszug zu setzen.« — Den 18. Oct. schreibt W. ferner an Susann: »— Wien »hält mich wohl gefesselt, aber in Arbeitsfesseln, denn du wirst wohl wissen, dass ein »Clavier-Auszug von einer so grossen Oper keine Kleinigkeit ist.« — Ausserdem erwähnt er das Erscheinen dieses Clav.-Ausz. noch ausdrücklich in seiner kurzen Lebensskizze, p. XI Bd. I seiner hinterl. Schrift, Dresden, Arnold, 1828, indem er sagt: »— Oeffentlich erschien in dieser Zeit (1804) nichts von mir, als ein paar Werkchen »Variationen **(40. 43.)** und der Clavier-Auszug der Vogler'schen Oper Samori.« — Die von Franz Xav. Huber herrührende erste Gestalt des Textes dieser Oper arbeitete W. später, ebenfalls auf Vogler's Veranlassung, um. Das Tageb. W.'s sagt darüber: Darmstadt, 1811, 29. Janr. »— Samoris-Buch umgearbeitet.« — Die Oper Samori wurde zum ersten Male aufgeführt: 1804, 17. Mai im Theater an der Wien zu Wien.

- - -

1804.

40.
»Huit Variations pour le Piano Forte
sur l'Air de Ballet de Castor et Pollux par Mr. l'Abbé Vogler.«

Comp. 1804, gegen Ende des März zu Wien; *s. Anm.* **b.** — *(op. 5.) W.'s gedr. Werk-Verz.* — N. 2 der Variationen-Werke für Pfte. *W.'s geschr. Werk-Verz.* — Gewidmet der Kaiserin Maria Theresia, Gemalin Kaisers Franz II.

Thema. Andante.

pp dol. .... 128 Tacte incl. 216 Tacte Reprise. Ausg. Eder.

Autograph: Unbekannt.

Ausgaben: Erste Orig.-Ausg. Sehr selten. Wien, Jos. Eder. 40 xr. Ohne op.-Zahl. Prchtausg. hrsg. v. C. Reinecke. Berlin, Schlesinger Lienau. 5 sgr. u. ‖ Braunschweig. Litolff. 2½ sgr. ‖ Hamburg, Böhme; als N. 2 im Heft 21 des musikal. Ehrentempels zus. mit op. 2 u. 12. 10 ggr. ‖ Hamburg u. Itzehoe, Schuberth u. Niemeyer. Typendruck. ‖ Leipzig. Peters; in W.'s »Compositions« 13 Num. zus. 12 ggr. u. S**. ‖ in Oeuvr. compl. pour Pfte. seul d. W. 20 Num. Ebend. zus. 25 ngr. u. S**. ‖ Probst. 10 ngr. ‖ London, Chappell u. C. hrsg. v. J. Moscheles. 3*. ‖ Cramer u. C. ebenso. 3*. ‖ Paris, Brandus u. Dufour. 6 fr. ‖ Lemoine. 4 fr. 50 c. ‖ Richault. als op. 5 bis 5 fr. ‖ Wien, Beermann. 30 xr. ‖ Leidesdorf (Berka u. C.) als N. 2 in Tome I d. Oeuvr. compl. de W. pour le Pfte. ‖ Wolfenbüttel. Holle. 2½ sgr. **Zu 4 Hdn.** Hannover, Bachmann. ‖ Nagel. 20 sgr.

Anmerkungen. a. Wenn die Lpz. A. Mus. Ztg. VII 275 im Wesentlichen über dies Opus sagt: »Var. 1: Mit vollem Rechte con grazia überschrieben; Var. 2: Zu gesucht in ihren 4stimmig liegenden Verwebungen; Var. 4: Von vorzüglich guter Wirkung; Var. 6 (muss heissen 7): Melodie in der Linken, in der Rechten eine neue Melodie hinzu; zu verkünstelt; Var. 7 (muss heissen 8): Ein ächt masurischer Tanz, der an sich sehr hübsch u. hier recht gut am Platze ist« — so ist diesen Aussprüchen im Allgemeinen beizutreten; doch erscheinen die 2te, wie die oben nicht erwähnte 5te Variation (Minore) durch ihren harmonischen Inhalt die bei weitem bedeutendsten von allen, wie auch der 6te gedacht werden muss wegen der erst in neuerer Zeit durch Adolf Henselt in Aufnahme gekommenen schmeichelnden, nicht leichten Figur in der rechten Hand. — **b.** W.'s gedr. Werk-Verz. weist für die Zeit der Composition dieser Variationen nichts als die Jahreszahl 1803 auf. Diese Angabe erscheint als unrichtig zufolge einer brieflichen Aeusserung W.'s von Wien, 2. Apr. 1804 an seinen Jugendfreund Ign. Susann, welche ihres noch anderweitigen Interesses wegen hier stehen möge: »— (das »neue Werk) sind Variationen für's Clavier über ein Thema aus Vogler's Castor und »Pollux, denen Vogler einen ausgezeichneten Beifall schenkte. Ja, es war auch keine »Kleinigkeit für eine schreibfähige Seele, an einem so viel gebührenden Orte beynahe »neun Monate zu sitzen und — keine Note zu komponiren; aber es war mein Vorsatz, »lange zu hören, zu sammeln, zu studiren, ehe ich wieder etwas schreiben würde. Fest »hielt ich bis jetzt meinen Vorsatz, bis mich Vogler selbst dazu aufforderte. — Sie »werden bei Eder gestochen; sobald sie heraus sind. schicke ich ein Exemplar, wo du »sie dann selbst beurtheilen kannst. Sie sind nach dem Vogler'schen System geschrieben, »und ich sage dir gleich im Voraus: ärgere dich nicht über die etwa darin befindlichen »Quinten. — Vor Ostern« (1. Apr.) »war ich bei beiden Majestäten, wobei ich zugleich »I. Maj. der Kaiserin obige Variationen überreichte.« — Durch die erst in späterer Zeit von W. vorgenommene Abfassung seines gedr. u. geschr. Werk-Verzeichnisses erklärt sich also leicht der Irrthum im Datum für das vorliegende Werk, was mithin nicht 1803 sondern 1804 componirt ist. — Eben so ist auch bei den Variationen op. 6 über ein Thema aus Samori **(43)** 1803 nicht als das richtige Compositions-Jahr anzusehen, wohl aber 1804, da nach W.'s gedr. Werk-Verz. er dieselben ebenfalls in Wien nach jener Arbeitspause, die vom op. 5 unterbrochen wurde, geschrieben hat.

Unge-
druckt.

41.

Lied *»Ich sah sie hingesunken«*

für 1 Singstimme mit Begleitung des Pianoforte.

Text von Swoboda. Durchcomponirt.

Comp. 1804, 5. Mai zu Wien. *Autogr.*

Andantino.

Ich sah sie hin-ge-sun-ken am Al-tar zur Gottheit fleh'n;

31 Tacte. Autogr.

Autograph: Stand als N. 7 im verscholl. grün. Heft. *s.* 27. *Autogr.* (1840. J.)

Ausgaben: Keine. *s. Anm.* b. — **Abschrift** nahm F. W. Jähns 1840.

Anmerkungen. a. Ein Gedicht, dem der Schelm im Nacken sitzt; der Componist hat den Schalk anfänglich nur verborgen, um ihn nachher desto wirksamer hervortreten zu lassen. Nach dem anscheinend ernsten Anfange täuscht er nochmals in einem schmerzlich erregten Mittelsatz, um im Schluss die Larve lachend abzuziehen. Durch und durch eine fein, fast zu fein angelegte Humoreske. — **b.** W. schreibt an Ign. Susann, *s.* 39 *Anm.*, 1804, 12. Juni von Augsburg: »Vergiss nicht mein Lied: »Ich sah sie »hingesunken« an die Musik-Zeitung zu schicken« — d. h. zur Rezension. Man dürfte hieraus schliessen, dass das Lied damals schon gedruckt gewesen sei und zu denen gehört habe, die W. in seinem gedruckten Werk-Verz. 1802 aufführt als »Einzelne Lieder bei Böhme in Hamburg gestochen«, von denen nach Bericht dieser Handlung sämmtliche Exemplare bei dem grossen Brande 1812 vernichtet wurden.

42.

Wiedersehn. *»Jüngst sass ich am Grabe der Trauten allein.«*
Lied für 1 Singstimme mit Begleitung des Pianoforte.
Text von Wallner. Durchcomponirt.

Comp. 1804, 1. Juni in Salzburg; *s. Autogr. u. Anm.* **a.** — *N. 1* in dem der Mad.
Amalie Beer gewidmeten *op. 30: (s. Anm.* **b.)** Heft 5 d. Gesänge.

Andante con moto. Parlando e semplice.

Jüngst sass ich am Gra-be der Trauten al - lein, es schwirrten die Sai-ten im

75 Tacte. Autogr.

Autograph: Stand als N. 8 im verscholl. grün. Heft. *s.* **27** *Autogr.* Die Ueberschrift lautete: »comp. 4. Juni 1804 in Salzburg auf der Durchreise von Wien nach
Breslau auf Susan's Zimmer.« (1840 J.)

Ausgaben: Erste Orig.-Ausg. als N. 1 des Opus, zus. mit **156, 157, 159, 160, 161.**
Berlin, Schlesinger. Opus: 1⅓ thlr. | 2te mit eleganterem Titel. Ebend. Opus: 1⅓ thlr.
Mannheim, Abelshauser. Opus 18 gr. | **Einzeln:** Als N. 26 d. neu. Prachtausg. hrsg. v. Jähns.
1869. Berlin, Schlesinger (Lienau'. 2½ sgr. *n.* ‖ Hamburg, Böhme. 4 gr.

Anmerkungen. a. Nachdem W. am Schluss seiner ersten Studienperiode bei
Vogler in Wien durch diesen für Annahme der Kapellmeisterstelle an der Bühne zu
Breslau bestimmt worden, reiste er durch Salzburg, um seinen alten Vater Franz Anton
nach dieser zu dessen Wohnort bestimmten Stadt zu geleiten. Hier war es, wo er bei
seinem Freunde Ignaz Susann (*s.* **39.** *Anm.*) obiges Lied componirte, vielleicht als Nachklang der »Lösung eines sehr zärtlichen Verhältnisses mit einer vornehmen Dame«, wie
Max v. Weber im »Lebensbild« W.'s I 87 sagt; jedenfalls ist es eine phantastische
Liebesklage, voll von ächt Weber'schem, rührenden Melodie-Zuge und schöner harmonischer Bewegung. — **b.** Das ganze Opus ist gewidmet »der Madame Amalie Beer in
Berlin«, der Mutter Meyerbeer's, W.'s eifriger Gönnerin und thätiger Freundin bis zu
seinem Tode. — **c.** Die op.-Zahl 30 steht auf der gestochenen Orig.-Ausg.; im geschr.
wie im gedr. Werk-Verz. W.'s trägt das Werk jedoch das op. 31, wogegen in diesen
Verzeichnissen die op.-Zahl 30 den der Königin v. Bayern gewidmeten 6 ital. Duetten
von W. zuertheilt ist, die, gestochen, wieder das op. 31 tragen. — **d.** W. bekam
von Schlesinger die ersten gedr. Exemplare dieses Liederheftes 1815, 2. März. (*Tageb.*) —
1814 im Dez. wird dasselbe bereits vom Verleger in d. Lpz. A. Mus. Ztg. XVI, Intellig.-
Bl. 8 angekündigt; Rezension ebend. XVII p. 191.

43.

»Six Variations pour le Piano-Forté

avec accompagnement d'un Violon et Violoncelle ad libitum sur l'air de Naga: *Wobei
mag dies wohl kommen? aus Vogler's Oper Samori.«*

Comp. 1804 vor d. 31. Aug. (s. Autogr.) — (*op. 6.*) *W.'s gedr. u. geschr. Werk-Verz.* —
N. 3 der Variationen-Werke für Pfte. — Gewidmet dem Abt Vogler, W.'s Lehrer.

Andante un poco. Thema. M. M. ♩=108. Moscheles.Ausg. Chappell.

col Violino (Var. 3: ♩=126. —Var. 4: ♩=96. —Var. 5: ♩=126.
pp col Cello. — Var. 6: ♩=69. — Coda: ♩=88.)

221 Tacte ohne Reprisen.
Ausg. Wien,
Magazin de l'imprim. chym.

Autograph: Clavierpartie im Besitz der Musikalien-Verlagshandl. von Haslinger zu Wien. (1865. J.) 3 Bogen Querfolio; letzte Seite leer. Pag. 1 trägt ausser dem unter »Ausgaben« aufgeführten Titel bis zum Worte »Breslau«, der wahrscheinlich von Vogler geschrieben ist, noch die von demselben zweifellos herrührende Bemerkung: »Als Eigenthum der chymie. Druckerei cedirt den 31. Aug. 1804. Die übrigen 5 Thema folgen noch nach. Ab. Vogler. Pensionär, Dr. der Academie.«, eine Bemerkung, deren vollständige Bedeutung jetzt nicht mehr zu erklären, aus der aber doch mit Bestimmtheit hervorgeht, dass das Werk am 31. Aug. 1804 bereits komponirt war; der Titel W.'s als Musikdirector zu Breslau ist jedoch anticipirt, da er erst im Sept. dahin abreiste. — Der Inhalt der folgenden 10 Seiten zeigt W.'s Handschrift sehr klar und schwarz; hie u. da radirte Correcturen, sonst sehr wenige Abweichungen vom Stich. Einzelne Noten und Vortragszeichen erscheinen von Vogler's Hand, wie sich solche auch in der Violin- u. Cello-Stimme finden, welche sonst durchweg Copie sind.

Ausgaben: Erste Orig.-Ausg. mit Violine u. Vcello ad libit.; ohne op.-Zahl, lithographirt. Der vollständige Titel lautet: »Six Variations pour le Piano-Forté avec accompagnement d'un Violon et Violoncello ad libitum sur l'air de Naga: *Weber mag dies wohl kommen?* De l'opéra: Samori. Composées et dédiées à l'Auteur Monsieur l'Abbé Vogler, Directeur de l'Academie royale de Musique en Suède par son élève Charles Marie de Weber, Directeur de la Musique de Theatre royal de Breslau. A Vienne au Magasin de l'imprimerie chymique Imper: Roy: privil: 1 fl. | 2te Ausg. Ebend. b. Steiner. 48 xr. | Haslinger. 1 fl. ‖ Berlin, Schlesinger. 25 sgr. später 17½ sgr. als op. 2, wie alle übrigen Ausgaben mit Ausnahme der Prchtausg. v. C. Reinecke. Ebend. 10 sgr. n. ‖ Leipzig, Peters. N. 7 in W.'s »Compositions« 13 Num. zus. 12 ngr. n. 8°. | Ebend. N. 11 in Oeuvr. compl. pour Pfte. seul de W. »Edit. pop.« 20 Num. zus. 25 ngr. n. 8°. ‖ London, Chappell u. C. bręg. v. J. Moscheles. 3°. | Cramer u. C. ebenso, 3°. ‖ Paris, Brandus u. Dufour. 6 fr. | Lemoine. 6 fr. | Richault. 6 fr. | **Ohne Begleit.** Wolfenbüttel, Holle. 5 sgr. | **Zu 4 Hdn. ohne Viol. u. Cello.** Braunschweig, Litolff. 5 sgr. | Hamburg, Cranz; mit Anderem zus. 20 sgr. in Heft 17 u. 18 der Thalia. | **Für Guitarre u. Cello.** Paris, Richault. 4 fr. 50 c. **Für Guitarre u. Flöte.** Ebend. 3 fr.

Anmerkungen. a. Dies Opus nimmt, gegen das ihm vorausgehende Variationen-Werk op. 5 (**40**) gehalten, keine wesentlich höhere Stelle ein; nur an die Virtuosität werden etwas gesteigerte Ansprüche gemacht. Der bedeutendste Satz ist wohl Variat. 5, der Trauermarsch, mit seinen ganz eigenthümlichen harmonischen Wendungen im 2ten Theil. Die Begleitung von Violine u. Cello ist zwar ad libitum, angewendet wirkt sie fördernd. — **b.** In W.'s gedr. Werk-Verz. ist die Composition in das Jahr 1803 gestellt; dies ist eine Verwechslung; es muss 1804 heissen. Die Gründe dafür siehe Variat. über Castor etc. op. 5. **40.** — **c.** Obwohl W. dem Werke die op.-Zahl 6 gegeben, so trägt nur der Titel der ersten Orig.-Ausg. keine solche, wie dies bei den ersten Werken W.'s beinahe überall der Fall. Bei fast allen Ausgaben des op. 6 hat sich aber die falsche op.-Zahl 2 eingebürgert, die doch den Variationen 7 gebührt. Ueber den Grund dieser Verwechslungen etc. siehe dort Anm. **c.**

——— 1804—1805. ———

15, 16: ungedr. 47: N. 1 Nachl.

44. 45. 46.

3 Stücke aus »Rübezahl«. Oper in 2 Aufzügen.

Text von J. G. Rhode. 4tes dramatisches Werk Weber's.

Comp. 1804—5 zu Breslau; *s. W.'s hinterl. Schrift. III.* 159 *im Werk-Verz. u. ebend. I. Vorw. p. XI.*

44. N. 3. Geisterchor hinter der Scene. 3 Chöre, jeder: 1 Sopr., 2 Ten. u. 1 Bass.

Erster Chor: Süss lacht die Lie - be den Jüngling an,

35 Tacte. Autogr.

Ohne Begleitung.

45. N. 7. Recitativ und Ariette. Kurt u. Gnomen.

Begleit.: 2 Oboen, 2 Hörn., 2 Fag., 2 V., Viola, Cello u. Bass.

46. N. 10. Quintett. (1 Sopr. u. 1 Bass.) Prinzessin, Klärchen, Kunigunde, Elsbeth, Rübezahl.

Begleit.: 2 Fl., 2 Ob., 2 Cl., 2 H., 2 Fag., 2 V., Viola, Cello u. Bass.

Autograph: *Von N. 3:* Partitur in Besitz von F. W. Jähns. — 2 lose graugelbliche lange Querfolioblätter; 4 beschriebene Seiten; Papier u. Partitur 12zeilig;
steife, ziemlich grosse lateinische Textschrift; Noten mittelgross. Ueberschrift: »No. 3.
Andante. Geister-Chor hinter der Scene.« — *Von N. 7:* Partitur in Besitz von
F. W. Jähns. — 5 lose graugrünliche lange Querfolioblätter; 9 beschriebene Seiten;
die letzte enthält nur mein Zeugniss für die Aechtheit als W.'s Autograph; steife
mittelgrosse deutsche Textschrift; Noten mittelgross. Ueberschrift: »Recitativ. 6te
Scene.« Das 4te, von W. mit 19 u. 20 paginirt gewesene Blatt fehlt. — *Von N. 10:*
Partitur in Besitz von Max M. Frhrn. v. Weber zu Wien. — 10 einzelne geheftete,
graugrünliche, ganz beschriebene, lange Querfolioblätter; 20 Seiten; Papier u. Partitur
14zeilig; steife kleinere Textschrift, in ihrem Ductus zwischen Waldmädchen und
Schmoll-Partitur II stehend; Noten mittelgross. Ueberschrift: »Quintetto No. 10.
»Rübezahl. versuche es! Deine Augen werden dich überzeugen! — Prinzessin. Es sei
»gewagt! — : Die Prinzessin pflanzt die 3 Rüben und nennt die Nahmen. :«

Ausgaben: Von N. 3 u. 7: keine. Von N. 10: **Clav.-Ausz.** v. F. W. Jähns nach dem
Orig.-Partitur als N. 1 der nachgel. Werke W.'s. Berlin, Schlesinger. 1 thlr.

Anmerkungen. 31. Als W. auf Empfehlung Vogler's 1803, also 17 Jahre alt, die
Stelle eines Kapellmeisters am Theater zu Breslau antrat, fand er daselbst als Director
dieser Bühne Lessing's gelehrten und geistvollen Freund J. G. Rhode, späteren Professor
an der Kriegsschule zu Breslau. Dieser hatte den Operntext »Rübezahl« geschrieben und
denselben in der von ihm redigirten Wochenschrift »Der Breslauer Erzähler« erscheinen
lassen. W. ergriff die Composition dieser Dichtung mit Lebhaftigkeit und beschäftigte
sich mit ihr die ganze Zeit seines dortigen Aufenthaltes, Oct. 1804 bis Mai 1806. —
Der 1ste Act der Oper enthält 15 Scenen, der 2te 12. *Singende Personen:* 1. Prinzessin, 2. Klärchen, 3. Kunigunde, 4. Elsbeth, ihre Gespielinnen, sämmtlich Soprane;
5. Rübezahl, 6. Kurt, Bässe; 7. der König, 8. Prinz Ratibor; 9. u. 10. 1ster u. 2ter
Genius; 11. eine Nymphe; von welchen Stimmen 7 bis 11 gesungen werden sollten,
ist unbekannt; ausserdem zeigt das Buch Chöre von Geistern, Gnomen, Genien und
Nymphen. Nur obige 3 Nummern der Composition sind auf uns gekommen; *wenn* W.
sie schrieb, kann genauer nicht nachgewiesen werden, da die einzige Quelle dafür, W.'s
hinterl. Schriften, nichts weiter mittheilt, als in W.'s Werk-Verz. unter »1804—5« die
Notiz: »Bruchstücke der Oper Rübezahl«. Von der ebenfalls dazu componirten *Ouvertüre*
ist nichts erhalten als 11 Tacte (s. Anh. 27.); W. hat diese Ouvertüre 1811 umgearbeitet

s*

und sie »zum Beherrscher der Geister« benannt. Ob noch andere Nummern componirt worden, ist nicht festzustellen, weil alle Nachrichten darüber fehlen. — **b.** Besondere Bemerkungen: *Zur Ouvertüre.* Siehe Anh. 27. — *Zu N. 3:* Geisterchor. — Er entbehrt hauptsächlich der W. eigenthümlichen Kraft, das Leben der Geisterwelt neu und characteristisch in Tönen darzustellen; die Stimmenführung ist hie und da ungefügig; polyphone Durchführung fehlt ganz. Laut Tageb. führte W. den Chor am 31. März 1810 im Concert des Mannheimer Museums auf. — *Zu N. 7:* Recit. u. Ariette des Kurt. — Wenngleich dieselbe unvollständig, da 2 Seiten der Orig.-Partitur fehlen, so ist aus dem Vorhandenen (9 Seiten) doch der leichte humoristische Fluss des Ganzen zu erkennen, so wie ein graziöses Passagen-Wesen in den Streichinstrumenten, was dem Gesange zu erfrischendem Schmucke dient. — *Zu N. 10:* Quintett. — Dies umfangreiche Stück, im Ganzen glänzend und von breit angelegtem Periodenbau, bringt W.'s Eigenthümlichkeiten mehrfach zum Durchbruch, obwohl es manche Länge hat und im Schlusse an Frische verliert. Die Lpz. A. Mus. Ztg. bezeichnet es XXXXII 315 als »lebhaft, und theatralisch wirksam«. Von den Glanzpunkten dieses Quintetts hat W. später sehr effectvoll *benutzt:* Tact 61 bis 64, 72 bis 75 zu Tact 135 bis 138 seiner Jubel-Ouvertüre; wie die Tacte 78—88, 91—101 zu Tact 139—158 ebenderselben: ferner: Tact 1—24 u. Tact 32 zu Tact 1—4, 9—28 u. 29 der No. 3 der Festcantate »L'Accoglienza« (s. **221.** Anm. **b.**); ferner: Tact 23—25 (u. 27—29) zu Tact 54—57 der N. 2 ebenderselben, wie zu seinem Oberon im Finale I, Arie der Rezia, Allegro con moto, in Tact 46—49 u. zwar in mehrfacher Anwendung daselbst. S. auch Max v. Weber's »Lebensbild« W.'s I. 99. 105.

1805.

47.

Romanza siciliana per il Flauto principale.

Begleitung: 2 Oboen, 2 Clarinetten, 2 Hörner, 2 Fagotte, Bass-Posaune, 2 Pauken, 2 Violinen, 2 Violen, Cello u. Bass.

Comp. 1805, 24. Dez. zu Breslau für seinen Freund C. J. Zahn daselbst: s. *Anm.*

Gedr. im Nachl. N. 2.

Autograph: Partitur im Besitz des ehemal. Inhabers der Schlesinger'schen Musikalien-Verlagshandlung Heinrich Schlesinger in Berlin. (1867. J.) 4 einzelne Blätter, sämmtlich an der Heftung eingerissen; dünneres, grünliches 10zeiliges langes Querfolio; alle 12 Seiten beschrieben; grosse, klare, schwarze Schrift. Ueberschrift links: »Romanza. Siciliana. per il Flauto principale.«, rechts: »componirt Breslau für H. Kauffmann Zahn den 24ten December. 1805.«; p. 1 unten am Rande Zeugniss von meiner Hand für die Aechtheit des Autographs W.'s.

Ausgabe: Erste Orig.-Ausg. Orchester-Stimmen. Berlin, Schlesinger als op. inedita N. 2. 20 sgr. ¶ Arr. für Flöte u. Pfte. v. Mockwitz. Ebend. 10 sgr.

Anmerkungen. Max v. Weber's »Lebensbild« W.'s I 105 bezeichnet diese Romanze als »mit saracenisch-sicilianischen Original-Motiven«: etwas von fremdartiger südlicher Melancholie ist wohl dem auch sonst interessanten Tonbilde zuzusprechen. Das Referat der Lpz. A. Mus. Ztg. XXXXI p. 1042 berücksichtigt die genannte nationale Seite des Stückes nicht, spricht sich aber sehr günstig über die anderen Eigenschaften desselben aus, indem es sagt: »eine im wesentlichen ⁶⁄₈-Tacte in G moll schön empfundene Romanzenmelodie, welche die Flöte meist ganz ungeschmückt wie einen weichen Hirtengesang vorträgt; nur einige Male klingen mässige Bravouren hinein. Das ebenso einfach begleitende Orchester oder Klavier hebt die ungesuchte wehmüthige Melodie durch sinnige und schöne Harmonieen und durch kräftige Zwischenschläge in den Zwischenspielen, so dass das Ganze sehr anziehend erscheint. etc.»

—— 1806. ——

47 A.

Tusch für 20 Trompeten.

Comp. 1806 um den 15. Oct. zu Carlsruhe in Schlesien; s. Autogr.

Ungedruckt.

N. 3 im
op. 66.

Autograph: Im Besitz des General-Consuls G. M. Clauss zu Leipzig. (1863. J.) ¹/₄ Seite eines graugelblichen 10zeiligen halben Querfoliobogens; mittelgrosse dunkle Schrift. Ueberschrift: »Kleiner Tusch von 20 Trompetten, geblasen am 15ᵗᵉⁿ October «1806 in C.arlsruhe), vermischt mit einigen Mittelsätzen von zwey schlecht geblasenen «Flöte douceu». Auf der 10zeiligen Rückseite steht ein Stück Entwurf zum 1. Finale der Oper Silvana von W. (s. N. 87. Autogr. zu 0.)

Ausgaben: Keine.

Anmerkung. Zu welchem gelegentlichen Zwecke dieser Tusch von W. geschrieben und welche Beziehungen die unter Autograph mitgetheilte Ueberschrift desselben haben dürfte, ist nicht mehr zu bestimmen. Seiner Curiosität und Kürze wegen wird er hier vollständig gegeben.

48.

»Ich denke dein!«

Lied für 1 Singstimme mit Begleitung des Pianoforte.

Text von Fr. v. Matthisson. Durchcomponirt.

Comp. 1806 im Nov. zu Carlsruhe in Schlesien. *Autogr.* — *N. 3* im *op. 66;* Heft 15 der Gesänge.

Adagio ma non troppo.

Ich den-ke dein, wenn durch den Hain der Nachti-gal-len Ac-cor-de

2ᵉ Tacte. Autogr.

tranquillo

Autograph: Stand als N. 9 im verscholl. grün. Heft. s. 27. *Autogr.* (1810. J.)

Ausgaben: Erste Orig.-Ausg. als N. 3 des Opus, zus. mit 66, 134, 213, 217, 238. Querform. Berlin, Schlesinger, Opus: 18 sgr. Neue Ausgabe, Hochform, Ebend. Opus: 17½ sgr. | Zus. mit 213 u. 217 als Heft 16 A der Ausw. 1. Ebend. 8 gr. | Als N. 73 d. Prehtausg. hrsg. v. Jähns. 1869. 2 Bände. à Bd. 2 thlr. Ebend. | Als N. 33 im W.-Album. Ebend. Alb.: 1 thlr. Als N. 100 im Avion; Braunschweig, Busse. | Als N. 70 u. 871 in Fink's musik. Hausschatz; Leipzig, Mayer u. Wigand. | Als N. 32 d. 40 ausgew. Lieder W.'s. Peters. Zus. 10 ngr. n. | Hamburg, Böhme. Op.: 12 ggr. | **Einzeln.** — N. 73 der Prehtausg. Berlin, Schlesinger. 2½ sgr. n. **Mit Guit.** — Arr. v. Gaude. Hamburg, Cranz. 4 ggr.

Anmerkung. Zärtliches Liebeslied mit schönen Steigerungen im Mittelsatz; ziemlich ohne den Stempel von W.'s Originalität; im Schlusse etwas gedehnt zu Gunsten des Sängers; fast wie hergebrachte Floskel tritt es uns aus demselben entgegen, ein im Bereiche W.'scher Tonschöpfung höchst seltner Fall. — W. sendete das Opus zum Stich 1819. 26. Aug.

Unge-
druckt.

49.

Sechs Variationen für die Alt-Viola

mit Begleitung des Orchesters (s. Anm. b.) über das Thema: *»A Schüsserl und a Reindl rl.«*

Comp. in erster Bearbeitung: nicht zu bestimmen, wann; umgearbeitet: 1806, 19. Dez. zu Carlsruhe in Schlesien; s. *Autogr.*

Thema. Viola. Solo.

Violine.

In erster Gestalt 128 Tacte; Umarbeitung 129 Tacte ohne Reprisen. Autogr.

Instrumentirung s. Anm. b.

Autograph: Zwei Partituren: erste und zweite Bearbeitung in ein u. demselben Autograph ineinander geschrieben; im Besitz des Musikalien-Verlegers R. Zumsteeg in Stuttgart. (1565. J.) Die 1ᵗᵉ Bearbeitung in vergilbter Tinte, die 2ᵗᵉ in schwarzer, glänzender; beide sehr leicht zu unterscheiden. An vielen Stellen ist die erste ausradirt, jedoch noch überall lesbar. 1 Bogen starkes gelbliches Querfolio: alle Seiten beschrieben, sämmtlich 10zeilig, alle mit 9 Zeilen Noten, nur bei Var. 1 mit 10. Auf p. 1 steht als Ueberschrift: »Variationi per L'Alto Viola Di Carlo Maria di Weber«; unten noch von fremder Hand: »Original Handschrift des Componisten. (sic?) S. Scheffauer.« — Zum Schluss der letzten Seite von W.'s Hand: »Renovatum. Carlsruh den 19. Dez. 1806. C. M. v. Weber«.

Ausgaben: Keine. **Abschrift** nahm F. W. Jähns.

Anmerkungen. a. Die Entdeckung dieser Variationen bei meinen Forschungen in Stuttgart war um so überraschender, als nirgendwo in W.'s hinterlassenen Notizen eine Andeutung von der Existenz dieses Werkes sich vorfindet. Es bedürfte keines Beweises seiner Aechtheit, selbst wenn es nicht im Autograph vorläge (worin es sogar 2 mal den Namen W.'s aufweist), so sehr erscheint es durch seinen Inhalt als dessen Werk, obwohl er darin hauptsächlich nur Gelegenheit genommen, sich als unterrichteter Kenner des Instruments zu zeigen. — *Wann* es ursprünglich entstand, lässt sich nicht angeben; die Umarbeitung wurde vom Componisten in die erste Niederschrift hineingeschrieben, u. zwar am 19. Dez. 1806 zu Carlsruhe in Schlesien, vielleicht für einen der beiden Bratschisten an der dortigen Hof-Musik, Ricordeau oder Barretzky, als W. daselbst »Musik-Intendant« des Prinzen Eugen von Württemberg war. — **b.** Die *erste Bearbeitung* bringt im Orchester: 2 Flöten, 2 Hörner, 2 Fagotte, 2 Violinen, Viola Principale, Basso (mit Vcello.); die *Umarbeitung* nur 1 Flöte, jedoch 2 Oboen und noch eine Ripien-Viola; auch hat sie in der letzten Variation 1 Tact mehr. Die 1ᵗᵉ Variation ist aber nicht nur im Orchester umgearbeitet, wie dies sonst fast überall geschehen, sondern an Stelle der ursprünglichen durch die ganze Variation gehenden Doppelgriffe ist eine Kette complicirter Passagen gesetzt. — **c.** Das *Thema* ist das österreich. Volkslied: »A Schüsserl und a Reindrl ist all' mei Kuchelgschirr«; in Schwaben wird die Melodie auf Hebel's Worte gesungen: »Es gefällt mi nummen eini«. S. Silcher's deutsche Volkslieder mit Melodieen. Heft I N. 1 p. 14. — W. hat das Thema später auch zu einem Variationen-Solfeggio für eine Bassstimme benutzt; s. 88.

1807.

50.

(op. 19.)

»Sinfonia in C.« (N. I.)

(Instrumentirung s. Autogr.)

Comp. 1807. 2. Janr. zu Carlsruhe in Schlesien. Gottfried Weber in Mannheim gewidmet; s. *Ausgaben.*

Autograph: Partitur. In Besitz von Max M. Frhrn. v. Weber zu Wien. (1870. J.) 4 Lagen zusammengehefteter halber Querfoliobogen. Lage 1: 1. Satz. 10 Blatt, graugrünlich; p. 1 u. 2: 13=, die übrigen p. 12zeilig; p. 1: Titel: »Sinfonia in »C. | composta di Carlo Maria B.«(arone) »di Weber. | op. 1. delle Sinfonie | Flauto | 2 »Oboi | 2 Corni in C. A. Es. | 2 Fagotti. | 2 Clarini in C. | Timpani. | Violini. | Viole » e | Bassi.|« (Hierauf die 1ten 4 Tacte des 1. Allo. in der 1. Violin-Stimme in Noten.) Unten: »cominciata il 14 Dec: 1806 Carlsruh, e Finita il 2do Gennaio 1807«. — Pag. 7 u. 17 finden sich umgearbeitete Sätzchen eingeklebt. — Lage 2: Andante. 3 Blatt, das erste grünlichgrau, die andern gelblich; 9zeilig; auf vorletzter Seite 4 Tacte eingeklebt. — Lage 3: Scherzo. 2 Blatt, graugrünlich. — Lage 4: Finale. 9 Blatt, gelblich, verschieden stark. — Durchweg kleinere schwarze Schrift. — Zum Schluss des ersten Satzes »Finito il 22 Dec. 1806.«, des 2ten: »Den 29 December 1806.«, des 3ten: »Den 26. December 1806.«, des 4ten: »Finita il 2do Gennaio 1807 alla mezza notte.« — Auf p. 1 aller 4 Sätze ist am oberen Rande von mir bemerkt, dass das Exemplar W.'s Orig.-Handschrift sei; auch das »(No. II)« neben »Sinfonia in C« auf dem Haupttitel ist von mir hinzugefügt.

Ausgaben: Erste Orig.-Ausg. **Orchester-Stimmen.** Offenbach, André. 4 fl. 30 xr. Der Titel giebt nach Aufzählung der Instrumente noch die Widmung »A son ami Géofroi Weber de Mannheim«. | Neue Ausg. Ebend. 4 fl. 30 xr. ‖ Paris, Richault. 18 fr. | **Als Quintett für 4 Violinen, 2 Violen u. Cello** arr. v. Kahles. Offenbach, André. 1 fl. ‖ Paris, Richault. 9 fr. | **Für Pfte. zu 4 Hdn.** — Offenbach, André. 3 fl. | Neue Ausg. 2 fl. 42 xr. ‖ Arr. v. F. Köhler. Breslau, Förster. 1 thlr. | Weinhold. 1 thlr. ‖ Arr. v. Roubier. Paris, Richault. 15 fr. | **Für Pfte. zu 2 Hdn.** — Ebend. Schonenberger. 1 fr. 50 c. a. 9º.

Anmerkungen. **a.** W. schrieb diese Symphonie so wie die ebenfalls in Cdur stehende N. II **(51)** für die Carlsruher Capelle des Herzogs Eugen v. Württemberg. Sie hat mit der Symphonie N. II das Gemeinsame, dass sie die eigenthümlichen Characterzüge von W.'s Genius nur wenig an sich trägt, durch welche sich andere Werke aus dieser Periode schon sehr hervortretend kennzeichnen; ferner fehlen ihr wie jener die Clarinetten, und Oboe und Horn sind vorzugsweise als Soli benutzt. Die letzteren Besonderheiten wurden wohl durch äusserliche Umstände herbeigeführt; wahrscheinlich hatte die Carlsruher Capelle keine Clarinettisten und dagegen gute Solisten für Oboe u. Horn, wie denn das letztere durch Dautrevaux in der That vorzüglich vertreten war. — Was die vorliegende Symphonie No. I im Besondern anlangt, so erscheint ihr erster Satz entschieden kraus; so wenig weiss er sich zusammenzuhalten, so sehr heterogene Elemente, Pathetisches, Wildes und Naives, selbst an fremde Volksweisen Erinnerndes, verschlingt er ineinander; auch im Andante waltet noch Aehnliches vor, wobei einzelne ausdrucksvolle Melodieenzüge dem sehr unruhigen Harmonieen-Wechsel von Zeit zu Zeit entsteigen; Scherzo dagegen höchst reizend, voll Humor und Grazie; Finale ganz sprudelnde Laune, wohl der gelungenste Satz des Ganzen. Die Stelle mit der Sechszehntel-Passage als Gegensatz des Themas ist in Passage u. harmonischem Fortschritt fast gleich mit einer Stelle in der Introduction zu W.'s unvollendeter Oper: »Die drei Pinto's«; in der Aufstellung beider Themata gegeneinander wird man zugleich lebhaft an die sehr ähnliche im Rondo der grossen Asdur-Sonate W.'s, op. 39. erinnert, wo sie im Mittelsatz Cdur) und im Schluss mit so herrlicher Wirkung auftreten. — **b.** *Ueber dies Werk schreibt W.* von Prag 9. März 1813 an Gottfried Weber: »Bei der Symphonie bemerke, dass ich sie 1807 geschrieben habe, und dass das erste Allo. »mehr Ouvertüren- als ächter Symphonie-Styl ist«. Uebereinstimmend damit, nur ausgeführter, findet sich W.'s Ansicht über dieselbe im Briefe an Rochlitz vom 14. März 1815

aus Prag: »— dass ich an meiner Sinfonie manches jetzt anders schreiben würde, das
»weiss Gott: ich bin eigentlich mit nichts darin ganz zufrieden als mit der Minuett u.
»allenfalls dem Adagio. Das 1ste Allegro ist ein toller Phantasiesatz, im Ouvertüren-
»Style allenfalls, in abgerissenen Sätzen, und das letzte könnte noch ausgeführter sein. —
»Item ich schrieb sie in meinem 16ten Jahre. —« Hier irrt sich W. um vier Jahre;
ihm mochten, als er dies schrieb, die neun seit 1806 verflossenen Jahre innerlich sich
wohl als ein w e i t e r e r Schritt dargestellt haben ; war doch aus dem strebenden Jünglinge
ein Mann und Meister geworden. — **c.** W. giebt in seinem gedr. u. geschr. Werk-
Verz. dieser Symphonie die *op.-Zahl* 19 ; keine Ausgabe zeigt jedoch dieselbe. —
d. Die *Arrangements* für Pfte. sind gut ; nur das Köhler'sche zu 4 Händen ist sehr
mittelmässig; namentlich ist das Andante durch willkürlich hingestreute verbrauchte
Läufer entstellt. — **e.** W. s e n d e t die Symphonie an André 1810, 20. Sept. und er-
hält sie *gestochen* von diesem 1812, 25. Sept. — Die Lpz. A. Mus. Ztg. enthält
XII 502 u. ff. eine sehr ausführliche *Rezension* durch Gottfried Weber. — S. auch
Max v. Weber's »Lebensbild« W.'s. I. 113. 151—155, 210. — W. als *Symphonieen-
Componist:* s. **51.** Anm. **c.**

51.
Ohne
Op.-Zahl.

»Sinfonia in C.« (N. II.)

(Instrumentirung s. Autogr.)

Comp. vom 22. bis 25. Janr. 1807, in 7 Tagen, zu Carlsruhe in Schlesien.

Autograph: P a r t i t u r, in Besitz von M a x M. Frhrn. v. W e b e r zu Wien.
(1870. J.) 21 graugelbliche 10zeilige halbe Querfoliobogen ; geheftet ; mittelgrosse
klare schwarze Schrift. 40 Seiten Noten. P. 42 : leer ; p. 1 : Titel — »Sinfonia in C: |
»Composta da Carlo Maria B.(arone) di Weber. | Op: 2de delle Sinfonie. | Flauto | Due
»Oboi | Due Corni in C et F. | Due Fagotti. | Due Trombe in C et D. | Timpani in C. |
»Due Violini | Due Viole | Violonzelli e Contrabasso.« (Hierauf die ersten 4 Tacte des
1. Allo. harmonisch in Noten.) Unten: »Cominciata il 22 Gennaio 1807 Carlsruhe. |
»Finita il 25 — — — —« Ueber dem in 9zeiliger Partitur geschriebenen Adagio steht mit
Bleistift von W.'s Hand: »Benuzt. Festspiel 1822.« Diese Notiz bezieht sich auf Benutzung dieses Adagio's zu dem Festspiel bei Gelegenheit der Vermählungsfeier des
damaligen Prinzen, jetzigen Königs, Johann v. Sachsen. Ueber die Art der Benutzung
s. **289.** Anm. **a.** — Die Worte am oberen Rande von p. 1 u. das »(No. II,« neben
»Sinfonia in C« ebend. sind von meiner Hand.

Ausgaben: Erste Orig.-Ausg., **Orchester-Stimmen**. Berlin, Schlesinger, 2 thlr. | Für Pfte. zu 4 Hdn. — Nach der Orig.-Part. arr. v. Jähns. Ebend. als N. 1. der Oeuvr. posth. 2 thlr. ‖ London, Novello u. C. ‖ Paris, Maur. Schlesinger | Für Pfte. zu 2 Hdn. — Paris, Schonenberger. 95 c. *n.* *S.* *s.* Anm. **b.**

Anmerkungen. a. W. schrieb diese Symphonie so wie die ebenfalls in Cdur stehende N. I (50) für die Carlsruher Kapelle des Herzogs Eugen v. Württemberg (s. dort Anm. **a.**). Im Allgemeinen ist sie von ruhigerem Fluss und nicht so bunt wie jene in deren ersten beiden Sätzen. Vielleicht aus Rücksicht für W.'s fürstlichen Gönner, der Haydn besonders liebte, lehnt grade sie durch melodische Leichtigkeit vorwiegend an diesen an, obwohl sie vielfach pikante harmonische, wieder W. eigenthümliche Züge in Spannung hält. Die bedeutendsten Sätze sind das erste Allegro in seiner wohlgeordneten Structur, seiner heitren Kraft, seinem zuweilen sehr feinen Gepräge und das Adagio voll melodischen Schmelzes, harmonischen Reichthums und effectvoller Instrumentation; wie bei Symph. I sind Oboe und Horn Träger der Soli; wenn auch musikalisch ganz verschieden von jenem Finale, ist das vorliegende ihm dennoch ähnlich durch die Lebendigkeit seines frisch-keeken Humors. — **b.** Das sehr gute *Arrangement* zu 2 Händen, Paris, Schonenberger, enthält einige harmonische Aenderungen und Zusätze. Der 24ste Tact vor dem Schluss des 1sten Satzes der Orig.-Part. ist weggelassen, ebenso im Anfange des Finale's: Tact 16 bis 19 incl. — Die Lpz. A. Mus. Ztg. giebt XXXXII 315 eine *Rezension* des Werks. — S. auch Max v. Weber's »Lebensbild« W.'s I. 113. — **c.** Indem wir *die symphonischen Compositionen W.'s* mit dieser seiner letzten verlassen, wenden wir uns nochmals zu dem Worte aus dem Jahre 1815 zurück, welches als briefliche Aeusserung von ihm an Rochlitz bei Symphonie I Anm. **b.** mitgetheilt wurde: »dass ich an meiner Sinfonie jetzt manches anders schreiben würde, das weiss Gott! etc.« — Hier drängt sich einem die Frage auf: »Würde wohl W., wenn er 1815 oder später wieder zur Composition einer Symphonie geschritten wäre, dieser musikalischen Gestaltung jemals sich so innig haben verbinden können, dass sein Genius, frei in ihr schaltend, die hohen Ziele erreicht haben würde, welche derselben gesteckt sind? Würde W. dies in gleicher Weise h i e r vermocht haben, wie es durch ihn auf dem Gebiete der dramatischen Musik geschah? — Welche Schritte auf der Stufenleiter vom Schmoll zur Silvana, von dieser zum Freischütz, vom Freischütz bis hinauf zur Euryanthe! Schritte, gethan durch willenskräftige Pflege der angebornen Anlagen, durch bewundernswürdige Beharrlichkeit in der Herausarbeitung seines seelischen Vermögens zu dessen immer freierer und höherer künstlerischer Verkörperung! Würde es W. gelungen sein, durch diese Eigenschaften seines Wesens sich auf jenem anderen Gebiete in gleich seltner Weise zu steigern? — Ehe noch die Frage beantwortet ist, — was so schwer, wenn es überhaupt möglich — hört man schon den zur Mode gewordenen Ausspruch, der leichter zu thun, als zu vertreten ist: »Dazu beherrschte er das Reich der musikalischen Formenwelt nicht genug!« — Aber W. hatte so gründliche Studien gemacht, und zwar in verschiednen Lebensperioden mit so tiefem Ernste, dass, wo es galt und es ihm nothwendig erschien, Zeugniss davon abzulegen, dies durch bedeutungsvolle Arbeiten strenger Form von ihm geschehen ist; und was wäre einem Geiste wie dem seinigen auch nach dieser Seite noch w e i t e r zu erreichen wohl versagt gewesen? — — Aber es war eben nicht der Zug seines Genius, der ihn zur Symphonie führte; der Hauch, der seine Segel blähte, die Flut, die sein Schiff dahintrug, sie trieben dem Sterne d r a m a t i s c h e r Dichtung zu. Fast alle Instrumental-Compositionen W.'s durchdringt ein Element, das naturgemäss im musikalischen Drama seine höchste und vollste Verwendung finden musste. — Die Frage also: »Hätte W. ein grosser Symphonie-Componist werden können?« möchte wohl ausreichend nicht zu beantworten sein: jenem tiefsten Zuge seines Genius war unleugbar die Symphonie n a h e n i c h t verwandt.

N. 3 im
op. 13.

52.

Liebeszauber. *»Mädel, schau mir in's Gesicht«*

Lied für 1 Singstimme mit Begleitung der Guitarre.

Text von **J. H. Bürger.** 8 Strophen. *s. Anm.*

Comp. 1807 zu Stuttgart: *Autogr.* — *N. 3 im op. 135* Heft 1 der Ges. Widmung s. **35.**

Allegro.

Mä-del, schau mir in-s Ge-sicht! Schelmenau-ge, blinz-le nicht!

89 Tacte, excl. 2 Strophen D. C. mit 39 Tacten. Autogr.

Guitarre.

Autograph: Stand als N. 10 im verscholl. grün. Heft. *s.* 27, *Autogr.* (1810, J.)

Ausgaben: Erste Orig.-Ausg. als N. 3 des Opus, zus. mit **35, 72, 91, 96, 97.** Augsburg. Gombart. Opus: 45 xr. | 2te Orig.-Ausg. Ebend. 45 xr. ‖ Hamburg, Böhme. Opus: 9 ggr. | **Einzeln mit Pfte. od. Guit.** — Hamburg, Cranz. 5 sgr. | **Mit Pfte.** — Berlin. Schlesinger. 1/4 thlr. | Als N. 3 d. Prchtausg. herausg. v. Jahns. 1869. Ebend. 33 1/3 sgr. *n.* | Als N. 186 d. Ausw. 11. Ebend. 1/4 thlr. | **Für Alt oder Barit. in Es mit Pfte.** — Ebend. 1/2 thlr.

Anmerkungen. a. Der kecke, frische Scherz des Liedes ist maassvoller Behandlung zu empfehlen, indem die ihm innewohnende Feinheit durch ein »Zuviel« im Vortrage leicht verwischt und der Eindruck trotzigen Herausforderns hervorgerufen werden kann, was vor Allem zu vermeiden ist. — **b.** Strophe 1, 5 bis 8 sind in der Composition sich gleich; Strophe 2, 3 sind besonders durchcomponirt; 4 hat einen Tact weniger als 1, 5 bis 8. — **c.** Die op.-Zahl 13 tragen unrichtigerweise auch einige der vielen Ausgaben von 53. — **d.** W. erhielt das Heft gestochen 1811, 25. Apr. durch Gombart. Als neu gestochen kündigt es dieser wieder 1817 an in d. Lpz. A. Mus. Ztg. XIX Intellig.-Bl. 1. — Von wem die Pfte.-Begleit. herrührt, ist nicht bekannt.

53.

»Sept Variations pour le Piano-Forte

op. 7.

sur l'Air: »Vien quà, Dorina bella etc.« par Bianchi »dédiées à Sa Majesté la Reine de Westphalie«; *s. Anm.* **b.**

Comp. 1807 zu — ?; *s. Anm.* **b.** — *op.* 7; *s. Anm.* **c.** — N. 4 der Variationen-Werke für Pfte.

Thema. Andante. M. M. ♩ = 80; Moscheles. Ausg. London, Chappell.

Vien quà, Do-ri-na bel-la, vien quà, ti vo abbracciar,

311 Tacte, incl. 23 Tacte D. C. u. 12 Tacte Repetier. Ausg. Gombart.

Var. 2: ♩ = 96. | Var. 4: ♪. = 69. | Var. 5: ♩ = 72. | Var. 6: ♩ = 80. | Var. 7: ♩ = 100.)

Autograph: Unbekannt.

Ausgaben: Erste Orig.-Ausg. mit Dedication: Augsburg, Gombart u. C. Ohne op.-Zahl. 1 fl. Sehr selten. | 2te Ausgabe. Ebend. Ebenfalls selten. Es fehlt ihr die Dedication, wie allen übrigen; sie trägt die geschrieb. op.-Zahlen »7 von 12«. ‖ Berlin, Bote u. Bock. 3 1/2 sgr. | Challier. 15 sgr. | Concha. 14 ggr. | Kuhn. 14 ggr. | Leo. op. 13. 6 sgr. Lischke. 14 ggr. | Paez. 15 sgr. | Schlesinger. 14 ggr. | Ebend. Nouv. édit. 1/2 thlr. | Ebend. Neue Prchtausg. v. C. Reinecke. 10 sgr. *n.* ‖ Bonn, Simrock. 2 fr. Neue Ausg. 7 1/2 sgr. *d.* | Braunschweig, Litolff. 5 sgr. | Mit 21 and. Compos. W.'s. Ebend. zus. 11 1/4 thlr. | Meyer. 12 ggr. | Spehr. 15 sgr. ‖ Cöln, Eck u. C. 15 sgr. ‖ Frankfurt a'M. Dunst. 54 xr. ‖ Hamburg, Cranz. 15 sgr. | Steinmetz. 17 1/2 sgr. ‖ Hannover, Bachmann. 12 ggr. | Nagel. 12 ggr. Leipzig, Breitkopf u. Härtel. 12 ngr. | Forberg. 7 1/2 ngr. | Kistner. 15 ngr. | Peters: In W.'s »Compositions«. 13 Num. zus. 12 ngr. *n.* 80. | In Oeuvr. compl. pour Pfte. seul de W. Ebend. zus. 25 ngr. *n.* 80, 20 Num. | Stoll. 7 1/2 ngr. ‖ London, Chappell u. C. hrsg. v. J. Moscheles. 3s. 6d. | Cramer u. C. desgl. ‖ New-York, Scharfenberg u. C. 8 ggr. ‖ Paris, Brandus u. Dufour. 5 fr. | Lemoine. 5 fr. | Richault. 4 fr. 50 c. | Maur. Schlesinger. 4 fr. 50 c. Wien, Diabelli u. C. 40 xr. | Haslinger. Concurrenz-Ausg. 54 xr. = 12 ngr. | Leidesdorf. Berka u. C. N. 3 in Oeuvr. compl. de W. | Spina, 40 xr. ‖ Wolfenbüttel. Hartmann. 11 gr.

Holle. 5 sgr. | **Polacca daraus Var. 7.** — Berlin. Challier u. C. 7½ sgr. | **Adagio u. Rondo daraus.** Hannover, Bachmann. 8 ggr. | **Für Pfte. u. Violine.** — Arr. v. Schaab. Leipzig, Forberg. 25 ngr. | **Für Pfte. zu 4 Hdn.** — Berlin, Bote u. Bock. 1 thlr. | Braunschweig. Meyer. 1 thlr. | Arr. v. C. Czerny. Spehr. 1 thlr. | Ebend. ein Arrangement ohne Namen des Arrangeurs. 20 sgr. *s. Anm.* d. || Hannover, Bachmann. Arr. v. C. Czerny. 1 thlr. || Hamburg, Cranz. 20 sgr. || Paris, Richault. 7 fr. 50 c.

Anmerkungen. a. Dies Werk ist der älteste Eckstein der Berühmtheit unsres Meisters; durch dasselbe gelang es ihm, zum ersten Male laut genannt zu werden. In der Entwicklung der Claviercomposition brach es seiner Zeit eine durchaus neue Bahn, und auch jetzt noch steht es in reizender Frische da. In W.'s eigner Entwicklung bildet es zugleich einen Wendepunkt, oder vielmehr den deutlich erkennbaren Ausgangspunkt für das grade ihm eigenthümliche Wesen musikalischer Gestaltung; denn theils angedeutet, theils eng zusammengedrängt findet sich hier all' jener Zauber und jene Besonderheit, mit denen W. sich später so unzählige enthusiastische Bewunderer gewann. Er hat in seinen Claviercompositionen kaum irgendwo seine Originalität präziser ausgesprochen, als in den 3 Variationen N. 1, 3 u. 7 dieses Werks, die zugleich zu dem Schönsten gehören, was er überhaupt geschrieben. — Wie wunderbar wirkt in Nr. 1 das geheimnissvolle Halbdunkel, in das die Melodie des Themas gehüllt ist durch die tiefen Farben jener sanft bald wogenden, bald gleitenden Melismen, die das Ganze wie ein Gewebe von Bratschen- und Cello-Tönen erscheinen lassen. — Wie mächtig, kühn und urkräftig die ununterbrochenen Gänge und Sprünge des Basses in Variation 3! Hier ist jeder Schritt ein Characterzug, weit verschieden von der etüdenartigen Behandlung, mit der seitdem so viele ähnliche Variationen geschrieben wurden, in denen irgend eine Figur bis zu gänzlicher Farblosigkeit durch eine unaufhörlich strömende Flut von Wiederholungen gezogen wird. — Und nun die mit »Polacca« überschriebene N. 7? Welch eine Vielseitigkeit und Farbenpracht! Sie ist ein Bild, aber zugleich eines, welches lebt. Man sieht die keck und graziös auftretenden Gestalten, man hört aber auch die wie mit Sporengeklirr scharf markirten Rhythmen, unter denen die Reihen sich immer wilder und wilder verschlingen, bis bei der prächtig überraschenden Wendung nach Asdur das Thema plötzlich hoch über dem Ganzen schwebt, worauf das fremdartige Bild von vorher unter dem mächtigen Hereinbrechen eines verminderten Septimenaccordes schnell erlischt und wie auf geebneter Flut, still getragen, das Thema nochmals, nun im ursprünglichen Cdur, aus der Tiefe emportaucht; sanft befriedigt singt es jetzt wie eine ausdrucksvolle Bassstimme, unter einer ruhig schaukelnden Triolenfigur immer mehr und mehr hinabsteigend, um endlich tief unten zu verklingen. — Noch ist der glücklich gewählten Characteristik jeder einzelnen der 7 Variationen und deren so wirkungsvollen Gruppirung untereinander zu gedenken, durch welche sich eine von der andern so trefflich abhebt und eine seltne Steigerung des Kunstwerks in sich als Ganzes hervorgebracht wird. — W.'s persönlicher Vortrag desselben soll, nach mündlicher Mittheilung von musikalischen Autoritäten als Ohrenzeugen, von überwältigender Wirkung gewesen sein, dadurch noch besonders gehoben, dass er in engeren Kreisen diesen Vortrag in der Weise einzuleiten pflegte, dass er mit seiner zwar nicht bedeutenden, doch des feinsten Ausdrucks fähigen Stimme das Thema singend den Variationen vorausschickte. — **b.** W.'s schriftl. Nachlass enthält ausser der Jahreszahl 1807 keinerlei Nachweis über Ort und Datum der Composition des Opus. Vielleicht ist es bald nach Antritt seines Aufenthaltes in Stuttgart, 17. Juli 1807, daselbst entstanden; die Dedication an die Königin v. Westphalen, geb. Przss. Katharina v. Württemberg, lässt sich wohl dahin deuten. Da W. jedoch vor Stuttgart und nach Carlsruhe in Schlesien, was er am 23. Febr. 1807 verliess, seinen Aufenthaltsort auf einer Kunstreise überaus häufig wechselte, so ist Bestimmtes über Ort und Zeit der Entstehung dieses für ihn so bedeutungsvollen Werkes nicht festzustellen. — **c.** W. zählt in seinem gedr. u. geschr. Werk-Verz. das Opus mit 7; dennoch fehlt die *Op.-Zahl* auf den 1ten Orig.-Ausgaben und schwankt bei den vielen übrigen Nachdrücken zwischen 7, 12 u. 13. (s. Ausg.) — **d.** Die Ausg. Braunschweig. Spehr, zu 4 Hdn., ohne Namen des Arrangeurs ist eine arge *Entstellung* des Werks. Eine 16 Tacte lange Einleitung ist zugesetzt und Var. 6 »Quasi Chorale«, ursprünglich nur langsam daherschreitende Accorde, zu einem brillant sein sollenden 16tel-Sextolen-Läuferwesen umgestaltet, nach den 32tel-Passagen der Var. 5 doppelt unpassend, wie denn zugleich die Bearbeitung alles Uebrigen durchaus verfehlt erscheinen muss. — *Zuerst angekündigt* findet sich das Opus im ältesten Gombart'schen Catalog von frühestens Ende 1810; es scheint also vielleicht Anfangs 1811 erschienen zu sein.

54.

»Grande Ouverture à Plusieurs Instruments«,

auch genannt: »Ouverture zu Peter Schmoll«; auch: »Ouvertüre pour les Fêtes musicales d'Allemagne«; auch: »Concert-Ouvertüre«; auch: »Ouvertüre in Es«;
(s. Ausg. u. Anm. c. u. d.)

Für: 2 Violinen, Viola, Violoncell, Bass, 2 Flöten, 2 Oboen, 2 Clarinetten, 2 Fagotte, 2 Hörner, 2 Trompeten, Bassposaune, 3 Pauken. — »Umarbeitung der Ouverture von Peter Schmoll« zur vorliegenden vollzogen »1807, in Es (als) *op. 8*. *W.'s gedr. u. gesch. Werk-Verz.* Gewidmet dem Könige Jérôme von Westphalen; *s. Anm. c.*

Autograph: Unbekannt.

Ausgaben: Erste Orig.-Ausg. **Orchester-Stimmen.** Augsburg, Gombart u. C. 2 fl. Sehr selten. Ein vollständ. Exempl. besitzt das Bureau de Musique (Peters) zu Leipzig. ‖ Paris, Richault. 18 fr. als Ouvert. à gr. orch. comp. pour les Fêtes musicales d'Allemagne. op. 17. | **Für Pfte. zu 4 Hdn.** — Berlin, Schlesinger. 3 sgr. u. ‖ Braunschweig, Litolff. 5 sgr. | Leipzig, Hofmeister. Als op. 8. 15 ngr. | Peters. In allen 10 Ouvert. W.'s, zus. 15 sgr. u. 1868. ‖, London, Augener u. C. ‖ Paris, Brandus u. Dufour. 6 fr. | Société pour la Publication de Musiq. class. et moderne. (Lemoine.) 6 fr. ‖ Wien, Leidesdorf, 12 gr. ‖ Wolfenbüttel, Holle. 5 sgr. | **Für Pfte. zu 2 Hdn.** — Berlin, Schlesinger. Prchtausg. 5 sgr. u. 1868. ‖ Braunschweig, Litolff. 2½ sgr. | In allen 10 Ouvert. W.'s. Ebend. zus. 10 sgr. | Leipzig, Hofmeister. 10 gr. | Peters. In allen 10 Ouvert. W.'s; zus. 12 ngr. u. 1868. | London, Augener u. C. ‖ Paris, Richault. 5 fr. ‖ Wolfenbüttel. 2½ sgr. | **Für Pfte. mit Violine.** — Berlin, Schlesinger. 7½ sgr.

Anmerkungen. a. Was diese, laut W.'s Werk-Verz., im Jahr 1807 erfolgte *Umarbeitung* der 1801 componirten Peter Schmoll-Ouverture betrifft, so hat sie das ursprüngliche Wesen der alten Arbeit in Form und Inhalt so durchgreifend verändert, dass sie nun selber als besonderes Werk anzusehen ist, welches deshalb nun auch hier von der Oper Peter Schmoll getrennt aufgeführt wird. Im grossen Ganzen ist aus der Umarbeitung eine bei weitem symmetrischer construirte Gestalt hervorgegangen und die zwar lebhaften und ansprechenden, doch nicht grade bedeutenden Motive sind in ein so viel glänzenderes Gewand gekleidet worden, dass eine jederzeit wirksame Concert-Ouvertüre entstand. Aber obwohl diese aus den Hauptmotiven der Oper gewoben ist (wie stets bei W.), geht ihr dennoch jene Characteristik durchaus ab, die sämmtliche übrige Ouvertüren W., mit Ausnahme der zu Silvana, zu so ausserordentlichen Erscheinungen auf diesem Gebiete ausprägt. Speziell ist in Rücksicht auf die Umschmelzung hauptsächlich hervorzuheben: Die Umwandlung des ersten Allegro-Thema's, vielfache neu hinzugekommene wirksame Zwischensätze, interessantere Harmonisirung und eine fast durchgehends neue Instrumentation bei Hinzunahme von 2 Clarinetten, 1 Posaune u. einer dritten Pauke, wie andrerseits umfassende geeignete Weglassungen. Im Ganzen sind in der neuen Gestalt gegen die alte 25 Tacte hinzugekommen. — **b.** Unter dem neu Hinzugefügten findet sich in den 3 Tacten 98 — 100 eine W. eigenthümliche *Weise, abzubrechen und* zugleich für das Folgende *vorzubereiten*, die sich besonders hervortretend wiederfindet in der Preciosa-Ouvertüre, Allegro, Tact 24—25, 81—82; ebend. im Chor »Im Wald!« Ritornell, Tact 11—14; ferner in N. 2 der 8 Pièces à 4 ms. op. 60, Tact 19, 72 u. 73; ebenso im Oberon. Ensemble N. 1, Tact 72. — **c.** Obwohl die gestochenen Ausgaben die *Widmung* an den König v. Westphalen. Jérôme, vermählt mit Katharina, Prinzessin von Württemberg, nicht tragen, so ist sie erwiesen durch W.'s Aeusserung in einem Brief an Gänsbacher von Prag 15. März 1811, welche lautet: »Die Ouverture, die du in Botzen von mir hörtest, wird wohl die aus »Es dur sein, dem weiland König von Westphalen dedicirt.« Diese Notiz ist in Uebereinstimmung mit einer alten Copie dieser Ouvertüre im Besitz der musikalischen Academie zu München, betitelt: »Ouverture à grand Orchestre, composée et dediée A sa Majesté Le Roi de Westphalie par Ch. M. de Weber. — **d.** An diese Ouvertüre knüpfen sich noch gewisse andere *Beziehungen* und Fragen, deren Erörterung zwar in den Anhang hätte verwiesen werden können, die aber am geeignetsten doch hier ihre Stelle findet. — W. führte diese Ouvertüre mit höchster Wahrscheinlichkeit in Prag 18. Oct. 1815 vor Gubitz's patriotischem Schauspiel »Lieb' und Versöhnen oder Die Schlacht bei Leipzig« auf. Er sagt in seinem Tagebuche an diesem Tage: »Overture aus Es von mir, »und Lieb' und Versöhnen von Gubitz.« Hiermit kann keine andere gemeint sein, als die Umarbeitung der zu Schmoll; denn in obigem Briefe an Gänsbacher (s. Anm. c.) und einer Notiz in W.'s Tagebuche vom 19. Nov. 1810, lautend: »Concert im Mannheimer Museum, »drin wurde gegeben meine Ouverture in Es etc.«, bezeichnet er offenbar dasselbe Werk mit der »Ouverture aus Es dur« vom 18. Oct. 1815 in Prag. Eine andere von W. »in Es« ist nicht bekannt, ausser der zu Euryanthe, 1823 componirt, denn die sogenannte »Ouvertüre zur Ernte-Cantate« in Es, angeblich von W. (s. Anh. 107), ist nicht von ihm. An die Ouvertüre in Es dur mit »Ludwigsburg« bezeichnet, von der ich vor Kurzem durch eine alte Copie Kenntniss erhielt, und deren Aechtheit zwar nicht unwahrscheinlich, aber doch noch zu beweisen ist (s. Anh. 83), kann hier ebenfalls nicht gedacht werden; diese ist mindestens von so grosser jugendlicher Unreife, dass W. sie nicht einmal 1810 im Mannheimer Museum, viel weniger 1815 zur Feier der Schlacht bei Leipzig verwendet haben würde, zu welcher sie überhaupt in keiner Hinsicht geeignet gewesen wäre. — Ob nun bei der Aufführung von »Lieb' und Versöhnen« in Berlin am 3. u. 17. April 1816 die umgearbeitete Schmoll-Ouvertüre ebenfalls ausgeführt wurde, ist bis jetzt nicht zu ermitteln gewesen, jedoch nicht wahrscheinlich. Die Ankündigung der damaligen Vorstellungen sagt zum Titel des Stücks: »Ouvertüre und Chor von C. M. v. Weber«. Der Chor war der eigens dazu componirte **186**; über die Ouvertüre fehlt jede bestimmte Nachricht; vielleicht nimmt darauf Bezug eine Ankündigung des Dichters Gubitz aus dem Jahre 1837 »zum Besten des Vaterländischen Vereins«, für welchen auch jene Vorstellungen 1816 stattfanden. Diese Ankündigung ladet zu einer Lotterie ein, unter deren Gewinnen auch »eine ungedruckte Ouverture und mehre Lieder von Weber« genannt werden. Zu den »Liedern« werden wohl die beiden zu Lieb' u. Versöhnen **186** u. **187** gehören, die seitdem in der Vereinsbuchhandlung (Gubitz' zu Berlin in Orchester-Partitur gedruckt erschienen sind. Meine Nachforschungen bei dem Dichter waren erfolglos, da ihm die Manuscripte zur Zeit nicht zugänglich. Möglicherweise tritt später eine zu diesem Schauspiele von W. besonders componirte Ouvertüre oder musikalische Einleitung an's Licht, die einzige von mir aufgefundene Recension über jene Vorstellungen in Berlin (Voss'sche Zeitung 1816. N. 12) ist ungenügend; sie sagt: »Die Musik-Einleitung von C. Maria von Weber zu dem kleinen Schauspiel etc. war sehr kurz, aber zweckmässig. Ergreifender wirkt indess die Melodie des Volksliedes: »Heil dir im Siegerkranz« am Schlusse auf alle für König u. Vaterland treu fühlende Herzen«. Der hier gebrauchte Ausdruck »sehr kurz« ist eben auf die vorliegende Ouvertüre nicht anzuwenden, da sie sogar von ziemlicher Länge ist; mit »Heil dir im Siegerkranz« (wenn die darauf zielende Bemerkung die Ouvertüre trifft) schliesst sie aber nun vollends nicht. Aus denselben Gründen kann von Verwendung der mit »Ludwigsburg« bezeichneten schon oben erwähnten Ouvertüre in Es (Anh. 83) ebenfalls hier nicht die Rede sein, ganz abgesehen von deren innerer Ungeeignetheit. — So muss denn also von der Zeit die Beantwortung dieser Frage erwartet werden. Möglich, dass W. zu den Berliner Vorstellungen, 1816 im April, kurz vorher noch eine kleine Ouvertüre, vielleicht nur eine »kurze Einleitung« geschrieben hat, deren Notirung im Tagebuch er unterliess; denn bei Erwähnung der Composition der Lieder am 10. u. 12. Oct. 1815 sagt W. nichts von einer Ouverture, eben so wenig in einem Briefe an Gottfried Weber vom 2. Febr. 1816, wo er nur von der Composition der Lieder spricht. — Für die Prager Aufführung des Schauspiels am 18. Oct. 1815 hat er neben den Liedern die umgearbeitete Schmoll-Ouvertüre wohl unbedingt benutzt. — **e.** Erwiesenermaassen aber hat W. diese Ouvertüre zu seiner 1817 componirten Festcantate »L'Accoglienza«

bei deren Aufführung am Dresdner Hoftheater 29. Oct. d. J. ausführen lassen (s. **221.** Aber auch i n der Cantate hat er die Ouvertüre mehrfach *benutzt* u. zwar wie folgt: 1) Hauptmotiv des Allo. vivace der Ouv. Tact 1—6 incl. zu: N. 7 der Cant., Allo. Tact 1—6 incl. — 2' Ouv. Allo. T. 1—7 u. 19—27 zu: N. 4 d. Cant. T. 2—9 u. 11—19. — 3) Ouv. Allo. T. 7—18 zu: N. 7 d. Cant. Allo. T. 7—18. — 4 Ouv., die letzten 16 Schlusstacte zu: N. 7 d. Cant., die letzten 16 Schlusstacte. — **f.** Die *Op.-Zahl 8* giebt dem Werke W.'s geschr. u. gedr. Werk - Verz. Die erste Orig.-Ausg. hat keine op.-Zahl; andere zeigen die op.-Zahl 17. (s. Ausg.) — *Angekündigt* fand ich zuerst die Ouvert.: Lpz. A. Mus. Ztg. XXI. Intel.-Bl. 1. — S. auch Max v. Weber »Lebensbild« W.'s. I, 111, 232.

1808.

55.

»Thème original, varié pour le Piano-Forté.«   (op. 9.)

7 Variationen.

Comp. 1808; *W.'s gedr. Werk-Verz.* — **op. 9;** *s. Anm.* **b.** — N. 5 der Variationen-Werke für Pfte.

Thema. Andante. M. M. ♩ = 108: Moscheles. Ausg. London, Chappell.

28 Tacte, incl. 184 Repe. Ausg. André.

Var. 3. ♩ = 120. | Var. 4. ♩ = 108. | Var. 5. ♩ = 88. | Var. 6. ♩ = 50.,

Autograph: Unbekannt.

Ausgaben: Erste Orig.-Ausg. ohne op.-Zahl: Offenbach a M., J. André. 48 xr. Querfol. | Ausg. 4 u. 5, Hochfol. ohne op.-Zahl als »Oeuvre 5 des Variations«. Ebend. 48 xr. Ausg. 6 von 1865, Hochfol. als op. 9. Ebend. 1 fl. g Berlin, Schlesinger Lienau. Prchtausg. hrsg. v. C. Reinecke. 7½ sgr. u. | Braunschweig, Litolff. Mit 21 and. Compos. W.'s zus. 1½ thlr. | Leipzig, Peters. In W.'s »Compositions« 13 Num. zus. 12 ngr. u. 8°. | In Oeuvr. compl. pour Pfte. seul de W. 20 Num. Ebend. zus. 25 ngr. u. 8°. | London, Chappell u. C. hrsg. v. J. Moscheles als op. 22. 3°. | Cramer u. C. ebenso. | Paris, Lemoine. op. 22 bis. 5 fr. | Richault. op. 5. 5 fr. | Wien, Leidesdorf. Berka u. C. Als N. 5 Tome 1 des Oeuvr. compl. de W. als op. 22. | **Zu 4 Hdn.** — Paris, Lemoine. op. 5. s. Anm. b. | **Für Orgel zu 4 Hdn.** — Das Thema als »Air« in Book XVI von Hiles' short voluntaries: London, Novello u. C. Book 1°. 3d.

Anmerkungen. a. So anmuthig, oft brillant, stets dankbar dies Werk auch ist, so steht es doch sehr merklich hinter seinem unmittelbaren Vorläufer auf demselben Gebiete, den Variationen über »Vien quà, Dorina bella« zurück. Der geniale Schwung, die Gewalt originaler Erfindung dieses letzteren Meisterwerkes fehlt ihnen durchaus, trotz oben erwähnter lobenswerthen Eigenschaften; es ist in Rückblick auf dasselbe etwas wie Selbst-Copie darin, was namentlich die Gestalt des Ganzen anlangt. Die beiden mir bekannt gewordenen *Rezensionen* sprechen sich im Allgemeinen anerkennend aus; es sind die der Berliner Vossischen Zeitung von 1811, N. 3 und die der Lpz. A. Mus. Ztg. XII, 887. Letztere vergleicht das Werk mit Beethovens grösseren Variationen und hebt die Var. 4, das Spagnuolo, N. 6, die Fantasie, N. 7 als in der Coda besonders effectvoll hervor, tadelt jedoch »die zu weit beanspruchte Fingerspanung«, eine Eigenthümlichkeit von W.'s Schreibweise, sonst schon mehrfach angegriffen, die in seiner selten dehnbaren Hand, (er griff die Duodecime) einestheils ihren Grund haben mochte, obgleich sie wohl niemals nutzlos, sondern immer mit bestimmter Wirkung in wahrhaft künstlerischer Absicht angewendet wurde. (Vergl. Rochlitz's Ansichten davon **199.** Anm. c.) — **b.** Die *Opus-Zahl* 9 ist für dies Werk die gebräuchlichste geworden, ob-

wohl W. in s. Werk-Verz. demselben die Zahl 10 giebt; es ist aber zweckmässig, 9 beizubehalten, da diese Zahl kein anderes Werk W.'s trägt. Gleichfalls zu verwerfen ist
die Zählung anderer Ausgaben mit 5 und 22, von denen bei de pariser von Lemoine sogar
die für 2 Hde. mit 22bis, die für 1 Hde. mit 5 bezeichnen. Das falsche »op. 5« stammt
aus einer Verwechslung der Spezial-Nummer innerhalb der Reihe der Variationen-Werke
für Pfte. mit der op.-Zahl in der Reihe sämmtlicher Compositionen W.'s.

op. 12.

56.
»Momento capriccioso per il Pianoforte«,
auch »Capriccio« genannt.

Comp. 1808 (zu Stuttgart); *W.'s gedr. u. geschr. Werk-Verz. (s. Anm. b.)* — *op. 12.*
Gewidmet seinem Freunde Giacomo Meyerbeer »al suo amico Meyer-Beer, Compo-
sitore e Professore di Cembalo«.

Prestissimo. M. M. ♩ = 126: Moscheles. Ausg. London, Chappel.

Autograph: Unbekannt.
    Ausgaben: Erste Orig.-Ausg. Augsburg, Gombart u. C. op. 12. 36 xr. Die einzige
mit ital. Dedication an Meyerbeer. Sehr selten. ‖ Amsterdam, Theune u. C. ‖ Gl. ‖ Berlin,
Gröbenschütz u. Seiler. 8 gr. ‖ Schlesinger. 8 ggr. ‖ Neue Ausg. Ebend. mit Fingersatz v. C.
Czerny. 10 sgr. ‖ Facilité par Brissler. Ebend. 10 sgr. ‖ Neueste Prchtausg. hrsg. v. C. Rei-
necke. 5 sgr. n. 1868. ‖ Kritisch revidirt und für das Selbststudium mit Fingersatz sowie
mit technischen und Vortragserläuterungen versehen von Franz Kroll. Fürstner. 7½ sgr. ‖
Bonn, Simrock. 1½ fr. ‖ Bonn u. Berlin. Ebend. Neue Ausg. 5 sgr. n. ‖ Braunschweig,
Litolff. 5 sgr. ‖ Zus. mit op. 21, 62, 65, 72, Adieux u. Allo. di Br. Ebend. 10 sgr. ‖
Mit 21 and. Compos. W.'s. Ebend. zus. 15 thlr. ‖ Spehr. 10 sgr. ‖ Hamburg, Böhme.
Als N. 13 im Musik. Ehrentempel, Heft 24. Zus. mit op. 2 u. 5. 10 ggr. ‖ Niemeyer. 10 sgr. ‖
Hamburg u. Itzehoe, Schuberth u. Niemeyer. ‖ Hannover, Bachmann. 8 ggr. ‖ Leipzig, Breit-
kopf u. Härtel, 6 ngr. ‖ Forberg. 6 ngr. ‖ Peters. 1º. Mit op. 21, 62, 65, 72 u. 79 zus.
12 ngr. n. ‖ In W.'s »Compositions« 13 Num. Ebend. zus. 12 ngr. n. 8º. ‖ In Oeuvr. compl. de
W. pour Pfte. seul. 20 Num. Ebend. Zus. 25 ngr. n. 8º. ‖ London, Chappell u. C. hrsg. v.
J. Moscheles. 3º. ‖ Desgl. Cramer u. C. 3º. ‖ Mailand, Ricordi. In »L'arte antica« Bd. 7.
à 7 fr. ‖ Paris, Richault. 5 fr. ‖ Wien, Diabelli u. C. Mit Fingersatz v. C. Czerny. 40 xr. ‖
Haslinger. 30 xr. = 6 ngr. ‖ Leidesdorf. Als N. 4 in den Oeuvr. compl. de W. ‖ Mollo. ‖ Riedl.
6 gr. ‖ Wolfenbüttel, Holle. 3 sgr. ‖ Zu 4 Hdn. arr. — Braunschweig, Spehr. 17½ sgr. ‖ Hamburg, Cranz. 12½ sgr. ‖ Hannover, Bachmann. 14 ggr. ‖ London, Mills. 4º. ‖ Paris, Lemoine.
1 fr. 50 c. ‖ Pleyel. ‖ **Für Orchester** hat Concertmeister J. Töpler in Coburg das Opus sehr
zweckmässig und wirkungsvoll instrumentirt. Abschrift von demselben zu beziehen.
    Anmerkungen. **a.** Dies im Bereich des Pikanten und Eigenartigen für W. beson-
ders characteristische Stück ist auch jetzt noch auf dem Felde keck zu lösender Schwierigkeiten sehr beliebt, obwohl ihm jener feine Reiz fehlen dürfte, der spätere Compositionen dieses Genre's, z. B. seine Sonaten-Scherzi, bei vollendeterer Form auszeichnet. — Nach einer brieflichen Aeusserung W.'s an Gottfried Weber aus München
3. Juli 1811 bezieht sich »das p...... pianissim. etc. im Momento auf die Haupttendenz
»des ganzen Vortrages«. — **b.** Das *Compositions-Datum* lässt sich genau nicht feststellen, da W.'s Tageb. nicht bis 1808 zurückgreift. Das opus ist wohl in Stuttgart,
vielleicht auch Ludwigsburg geschrieben, zwischen welchen beiden Orten damals sein
Aufenthalt rücksichtlich seiner Stellung zum Herzoge Louis v. Württemberg getheilt
war. — **c.** Ursprünglich hat W. dies Stück »Momento capriccioso« benannt; später erst
haben die vielfachen Nachdrücke dafür *»Capriccio«* eingeführt. — **d.** In W.'s beiden
Werk-Verz. ist das opus mit 12 gezählt; wo diese *Op.-Zahl* sich anderswo auf ein Werk
W.'s angewendet findet, wie z. B. bei den Variat. zu »Vien quà«, Dorina bella«, da liegt
ein Irrthum vor. — W. erhält am 3. Apr. 1811 von Gombart die *ersten* 8 gestochenen
Exemplare.

57.

Er an Sie. »*Ein Echo kenn' ich*«

Lied für 1 Singstimme »mit Begleitung des Claviers«.
Text von Hofrath Lehr in Stuttgart. Durchcomponirt.

Comp. 1808 zu Ludwigsburg. *Autogr.* — *N. 6* in dem W.'s Freunde, dem Sänger
L. **Berger** in Stuttgart gewidmeten *op. 15;* Heft 2 der Gesänge.

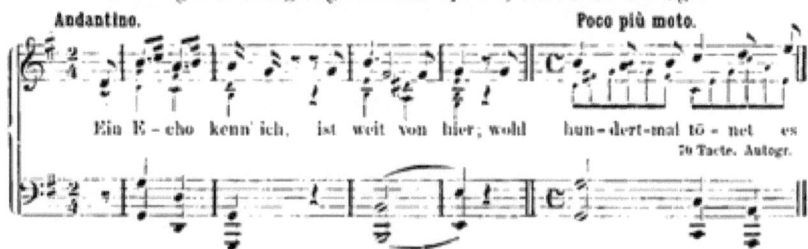

Autograph: Stand als N. 11 im verscholl. grün. Heft: *s.* 27 *Autogr.* (1840. J.)

Ausgaben: Erste Orig.-Ausg. als N. 6 des Opus (dem aber in dieser 1sten Ausgabe die
op.-Zahl fehlt', zus. mit **63, 67, 68, 73, 74.** Bonn, Simrock. Opus: 2 fr. | Neue Ausg. Ebend.
10 sgr. ‖ Als N. 8 im W.-Album, Berlin, Schlesinger Lienau', Alb. 1 thlr. ‖ Hamburg, Böhme.
Opus: 14 ggr. | Ebend. Cranz. Opus: 17½ sgr. | Als N. 8 in: Ausgew. Lieder v. W. Leipzig.
Peters. Ausw. 10 ngr. *n.* ‖ Wien, Haas. Opus: 54 xr. | **Einzeln.** — Bonn, Simrock. 1 fr. | Neue
Ausg. Ebend. 3¾ sgr. ‖ Als N. 11 d. Prchtausg. hrsg. v. Jähns. 1869. Berlin, Schlesinger
Lienau'. 3¾ sgr. ‖ Hamburg. Böhme. 5 ggr. | **Mit Guit.** — Bonn, Simrock. Opus: 2 fr. | **Ein-**
zeln mit Guit. — Ebend. 50 c.

Anmerkung. Dies Lied, melodisch von seltener Anmuth und reizender Innigkeit,
beginnt in jeder Strophe gleich: der jedesmalige Mittelsatz bringt jedoch stets eine neue
überraschende harmonische Wendung, die schliesslich eben so überraschend und fein
wieder zur ursprünglichen Tonart zurückführt. Diese Behandlung ist derjenigen sehr
ähnlich, welche W. bei seinem Liede: »Was ist des Sängers Vaterland« (**177**) mit nur
noch höherer Wirkung angewendet hat.

58.

ohne
op.-Zahl

Der Erste Ton.

Gedicht von Fr. Rochlitz mit Musik zur Declamation und Schlusschor für Sopran, Alt,
Tenor und Bass.
Begleitung: 2 Flöten, 2 Oboen, 2 Hörner, 2 Clarinetten, 3 Trompeten, 2 Pauken,
2 Fagotte, 2 Violinen, 2 Violen, 2 Violoncelle, Bass.

Comp. 1808, 20. März zu Stuttgart; *Autogr. I.* **Umarbeitung** des Schlusschors: 1810,
1. Sept. zu Darmstadt; *Autogr. III.* Gewidmet W.'s Freunde, dem Kapellmeister
Franz Danzi zu Stuttgart; *Autogr. I.*

Autographe: N. 1. *Partitur excl. Schlusschor.* Im Besitz des Musikalien-
Verlegers Fr. **Simrock** zu Berlin. (1866. J.) Grüner dünner Pappband mit Deckel-

Titel von unbekannter Hand. Starkes Querfolio. 42 Seiten; 12zeilig. Seite 1: leer;
Seite 3 (als Pag. 1 gezählt) mit dem Titel, von W. geschrieben: »Der erste Ton. Gedicht
»von Rochlitz mit Musick zur Declamation componirt und seinem Freunde Franz Danzi
»aus Achtung und Liebe zugeeignet von Carl Marie Freiherr von Weber.« Unten: »Voll-
»endet in Stuttgart d. 20. März 1808.« Die Dedications-Zeile »componirt« bis »zugeeig-
»net« ist in den steif geschriebenen ursprünglichen Titel mit flüssigeren, späterer Zeit
angehörigen Schriftzügen hineingefügt. Sie steht offenbar in Verbindung mit den ebenso
geschriebenen Zeilen auf der links gegenüberliegenden unpaginirten Seite 2: »Der
»Töne freundlich mächtigem Meister widmet den ersten Ton, zwar schwachtönend der
»Leyer, aber voll und Stark dem reinsten Einklange des Herzens entsprossen, Sein innig-
»ster Verehrer und Freund C. M. v. Weber.« Weiter unten: »an des Kapellmstr. Danzi
»Geburtstag, auf der Solitüde gefeiert, ihm übergeben Anno 1808 den . . . . . .« Seite 4
(Pag. 2) beginnt das Noten-Manuscript, am Ende von p. 40 abbrechend; der nun fol-
gende Schlusschor (in erster Gestalt) ist herausgeschnitten. (s. *Autogr. II.*) Das Autograph zeigt sowohl die ältere steile Notenschrift als die liegende aus der mittleren
Periode, selbst die spätere freie und gleichwohl sehr exacte, besonders an vielen Stellen
der Einleitung, wo wesentlich nach instrumentirt zu sein scheint. Die Worte haben
den eckig steifen Ductus sehr früher Zeit; die Tinte ist sehr verschieden. — N. II.
Partitur des Schlusschors in erster Gestalt bei fehlenden 10 Schlusstacten.
Im Besitz von Henry Vieuxtemps, Violin-Virtuosen und Componisten in Frankfurt a. M. (1866. J.) 10 Seiten mit 41 bis 50 paginirt, unmittelbar an das vorige
Autograph anschliessend; festes, gelbliches 16zeiliges Querfolio, verblasste Tinte; kleine
schöne Schrift in Noten und Text; leere Zeilen: keine. Die Instrumentation hat eine
Trompete weniger als die 2te Bearbeitung. — Die erwähnten fehlenden 10 Schlusstacte befinden sich in Singstimmen und Streichquartett — das andere ist abgeschnitten —
auf der Rückseite des Autographs von 274 im Besitz von F. W. Jähns. — N. III.
Partitur des Schlusschors in zweiter Gestalt, der später gestochenen. Im Besitz von
Frl. Antonie Weber in Darmstadt, der Tochter Gottfried Weber's. (1866. J.)
4 geheftete Bogen; mittelstarkes, ziemlich weisses 16zeiliges Querfolio; saubere mittelgrosse Schrift; letzte Seite (16) leer; p. 15 die Bemerkung W.'s enthaltend: »umgear-
»beitet den 1. September 1810 in Darmstadt.« Rechts oben von meiner Hand: »Umarbeitung der Fuge zum »Ersten Ton«. Autograph C. M. v. Weber's.« — N. IV. *Clavier-
Auszug des Schlusschors in zweiter Gestalt.* Im Besitz v. F. Simrock in Berlin.
(1866. J.) 2 Bogen 12zeiliges sehr starkes Querfolio. Zum Schluss ½ Seite leer und
1 Zeile Stecher-Notiz; der Raum für die Singstimmen ist leer, nur im Anfangs- und
Schlusstaet sind sie ausgeschrieben; leichtflüssige blasse Schrift.

Ausgaben: Erste Orig.-Ausg.: **Orchester- nebst 4 Singstimmen.** — Bonn, Simrock. 12 fr.
Clav.-Ausz. vom Compon. — Ebendl. 3 fr.; jetzt 1¼ sgr. | **Einzeln in Clav.-Ausz. nebst 4
Chorstimmen.** — Schlusschor. Ebendl. 3 fr. 50 c.; jetzt ⅞ sgr. | **Die 4 Chorstimmen einzeln.** —
Ebendl. 1 fr.; jetzt 5 sgr. | **Für Pfte. zu 4 Hdn. allein.** — Arr. v. C. Geissler. Ebendl. 4 fr.
(s. Anm. d.)

Anmerkungen. a. Mit dieser *Composition* erschien W. auf einem von ihm bis
dahin unbetretenen Felde, dem des grösseren Styles im Allgemeinen und dem der höheren Cantate im Besonderen, obwohl das Werk vornehmlich Instrumental-Composition ist
und sich erst in seiner zweiten kleineren Hälfte dem Charakter der Cantate in engerem
und strengeren Sinne durch Einführung einer ziemlich langen Fuge zuwendet. Es bildet
mithin einen wesentlichen Abschnitt in W.'s künstlerischer Entwicklung. Wenn es
hinter den zwei anderen Arbeiten dieser Gattung (154 u. 190) in der Fuge noch zurücksteht, indem diese namentlich Mangel an Fluss und mancherlei Härten aufweist, so überragt
es die zweite Composition dieses Genres (154) bedeutend an Erfindung im sehr ausgeführten einleitenden, frei behandelten Theile der Schilderung des Chaos vor Erschaffung des
Tons. Diese Einleitung ist eine so kühne harmonische Gestaltung, dass sie dadurch,
und vorzüglich in dieser Arbeits-Periode W.'s, eine ganz besonders hervorragende Stellung
einnimmt. — So musste sie auf das musikalische Publikum von damals diejenige Wirkung machen, in der sämmtliche Berichte über Aufführungen derselben in Mannheim,
München, Prag, Leipzig und Frankfurt a. M. übereinstimmen. Schon Danzi giebt ein
sehr günstiges Urtheil in der Lpz. A. Mus. Ztg. X. 556. Ebend. heisst es XII. 503:

»— Den ausgezeichnet vortheilhaften Stoff hat W. höchst glücklich benutzt und verarbeitet. Die Schilderung der abwechselnden Situationen und Empfindungen ist meisterhaft gehalten. Die wenigen, mit eingeschlossenen Tonmalereien sind treffend und reizend, und sehr glücklich ist die Idee, bei dem Jubel 'der Welt über die Schöpfung des Tons) 'mit welchem das Gedicht schliesst, einen Chor an die Stelle der Declamation treten zu lassen.« Dieselbe Zeitg. sagt ferner XIV. 47 nach der Aufführung zu Prag am 20. Dez. 1811: »— Eine majestätische Haltung herrscht durch das Ganze. Vom Chaos bis zur Schöpfung des Ersten Tons führt W. durch die Macht seines Werks uns bald erstaunt, bald entzückt umher und krönt mit einer kräftigen Fuge sein Meisterwerk.« Weiter besprochen wird die Composition ebend. noch: XIV. 79 u. 393, XXXVI. 192, XXXX. 370, XXXXVII. 320. — **b.** Die *Umarbeitung der Fuge* scheint W. lebhaft beschäftigt zu haben. An Gottfried Weber schreibt er von Darmstadt 1810, 23. Sept.: »— Die Fuge vom 1. Ton habe ich umgearbeitet, und das ist jetzt ein ganz anderer »Bissen geworden.« Einen Tag später schreibt er an Gänsbacher: »— arbeitete die Fuge »vom ersten Ton um, bei der ich das  zum Contrasubject »nahm und mit dem der Papa» (Vogler) »so zufrieden war, dass ich es Ihnen gar nicht »wiedersagen mag.« Dennoch fühlte W. später den eignen Fortschritt von der Fuge des Ersten Tons zu der grossen seiner Hymne op. 36 (**154**) sehr merklich, so dass er an Gottfr. Weber 9. März 1813 schreibt: »Die Fuge vom 1. Ton ist mit dieser« (der der Hymne) »gar nicht zu vergleichen; wie holprich sind dort alle Stimmen etc.« Jedenfalls zeigt selbst die gestochene Umarbeitung der Fuge manche der oben in Anm. **a** erwähnten Härten, deren übrigens die erste Gestalt (Autogr. II) nicht aufweist. — **c.** Das gestochene Exemplar trägt keine *Opus-Zahl.* In W.'s geschr. u. gedr. Werk-Verz. zählt das Opus mit 14, im Hofmeister'schen Allgem. Musik-Catalog dagegen mit 16, mit welcher Ziffer in W.'s beiden Werk-Verzeichnissen das Rec. u. Rondo **93** zählt, welches im Stich keine op.-Zahl trägt. — **d.** Zu den schon bedenklichen *Arrangements* zählt das für Pfte. zu 4 Händen von C. Geissler, wenngleich es sich selbst auf dem Titel als »Uebertragung« ankündigt. Abgesehn von kleineren Veränderungen zeigt es 42 Tacte an Wiederholungen, die das Original nicht hat. Wodurch aber 19 Tacte ganz neuer Zusätze nothwendig geworden sind, ist nicht einzusehen, da die zu sprechenden Worte des Gedichts mit aufgenommen sind, diese Zusätze als etwa nöthig gewordene Verbindungsglieder also nicht anerkannt werden können, auch die ganze Bearbeitung durchaus nicht den Character etwa einer Paraphrase trägt. Die sonstige Geschicklichkeit und das sichtliche Interesse des Bearbeiters für das Werk dürfen dagegen nicht unerwähnt bleiben. — Das Arrangement ist erst neuerdings erschienen. — Siehe noch die interessanten Mittheilungen in Max v. Weber's »Lebensbild« W.'s: I. 158. 161. 187—88 (über die erste Aufführung des Werks mit Esslair in Mannheim 2. Apr. 1810.) ferner 201. 218. 220. 266. 267. 295. 312. 321.

59. *op. 21.*

»Grande Polonaise pour le Pianoforte.« In Es.

Comp. 1808, 1. Juni zu Ludwigsburg; s. *Autogr.* — **op. 21.** — Gewidmet der
Schauspielerin Margarethe Lang: s. *Anm.* d.

Autograph: Im Besitz des Musikalien-Verlegers Fr. Simrock zu Berlin. (1865 J.) 3 in einandergelegte Bogen, wohl erhalten; grau gelbliches starkes 10zeiliges Querfolio. Pag. 1: Titel »Grande Polonaise pour le Pianoforte, composée par Charles Marie B. (aron) de Weber. ⚙« Pag. 2 bis 9 incl.: ältere saubere Notenschrift ohne jede Correctur; pag. 10 bis 12 leer. Am Schluss zwischen Zeile 9 und 10 die Bemerkung: »composta per uso della mia cara amica M: L: il 4tro Junio 1808. Ludwigsburgo«. op.-Zahl fehlt.

Ausgaben: Erste Orig.-Ausg. (1810.) Bonn, Simrock. 1 fr. 50 c. Diese wie eine Reihe von Ausgaben ebend. ohne op.-Zahl. | Erleichtert, ebend. 1½ fr. | Neue Ausg. Ebend. Bonn u. Berlin. 6¼ sgr. | Berlin, Schlesinger. 12½ sgr. | Nouv. Ed. Ebend. 12½ sgr. | Prchtausg. v. C. Reinecke. Ebend. 1868. 5 sgr. n. | Mit Bezeichnung des Fingersatzes bearb. v. Brissler. Ebend. 12½ sgr. | Kritisch revid. u. f. d. Selbststudium mit Fingersatz sowie mit technischen u. Vortrags-erläuterungen versehen v. Franz Kroll. Fürstner. 10 sgr. | Braunschweig, Litolff. 3 sgr. | Zus. mit op. 12, 62, 65, 72. Adieux u. Allo. di Br. Ebend. 10 ngr. | Meyer. 8 ggr. | Hamburg, Böhme. 10 sgr. | Cranz. 10 sgr. | Hannover, Bachmann. 8 ggr. | Nagel. 10 ngr. | Leipzig, Breitkopf u. Härtel. 9 Ngr. | Forberg. 6 ngr. | Peters. 40. Zus. mit op. 12, 62, 65, 72, 79, 12 ngr. n. | In W.'s Compositionen. 13 Num. zus. 12 ngr. n. ⁵⁰. | In Oeuvr. compl. de W. pour Pfte. seul. Ebend. 20 Num. zus. 25 ngr. n. ⁵⁰. | Siegel. 12½ ngr. | London. Chappell u. C. hrsg. v. J. Moscheles. ⁵⁰. | Cramer u. C. ebenso. | New-York, Scharfenberg u. Luis. 6 ggr. | Paris, Lemoine. Als op. 50, 9 fr. | A. Meissonnier. 4 fr. 50 c. | Pleyel. 4 fr. 50 c. | Richault. 4 fr. 50 c. Als op. 50. Maur, Schlesinger. 4 fr. 50 c. | Wien, Diabelli u. C. 45 xr. | Haslinger. 40 xr. ⚙ 8 ngr. Leidesdorf. Berka u. C ⁵ X, 8, Tome I als op. 50 in Oeuvr. compl. de W. | Wolfenbüttel, Holle. 3 sgr. | **Zu 4 Hde.** — Arr. v. Stegmann. Bonn, Simrock. 2 fr. | Neue Ausg. Ebend. Bonn u. Berlin. 7½ sgr. | Arr. v. Brissler. Berlin, Schlesinger. 16 ggr. | Arr. v. Klage. Ebend. 10 sgr. n. | Arr. v. C. Czerny. Braunschweig, Spehr. 15 sgr. | Hamburg, Böhme. 12½ sgr. Cranz. 12½ sgr. | Hannover, Bachmann. 12 ggr. | **Für Pfte. u. Violine.** — Arr. v. Kessel. Berlin, Schlesinger. 10 sgr. n. | Braunschweig, Spehr. 12 ggr. | Hannover, Bachmann. 10 ggr. | **Für Pfte. u. Flöte.** — Braunschweig, Spehr. 12 sgr. | Hannover, Bachmann. 10 ggr. | Paris, Richault. Als op. 50. 6 fr. | **Für 2 Flöten.** — Zus. mit Polacca op. 72. (268.) Braunschweig, Meyer. 20 sgr. — **Für 1 Flöte.** — Ebend. Ebenso. 12½ ngr.

Anmerkungen. a. Diese Pianoforte-*Composition* ist eine von denen, durch welche W. nicht nur bald der bevorzugte Componist für dies Instrument wurde, sondern für welche, trotz der hochgehenden Wogen unablässig sich überbietenden Virtuosenthums, ein fast gleich frisches Interesse bis heute lebendig blieb. Ist doch diese Polonaise mit aller der Originalität, alle dem Glanz und mannigfaltigen, fesselnden Reiz ausgestattet, wie die ein Jahr früher geschriebenen Variationen »Vien quà, Dorina bella«. Beide Werke sind als vorzugsweise Epoche machend in der Geschichte des Clavierspiels zu nennen. — **b.** Ueber die von F. Liszt unternommene ungerechtfertigte *Verwendung* des tief originalen *Largo* dieses Werks als Einleitung der von ihm für Pfte. und Orchester bearbeiteten Polacca brillante op. 72; s. **268.** — **c.** Obwohl die Original-Ausg. und manche andere eine *Op.-Zahl* nicht tragen, so geht doch aus der Uebereinstimmung von W.'s gedr. u. geschr. Werk-Verz. hervor, dass ihm die op.-Zahl 21 zukomme, wie diese auch die späteren Ausgaben fast alle zeigen. Das öfter hierfür vorkommende op. 50 ist durchaus unrichtig. — **d.** Das »M: L:« in der Dedication des Autographs bedeutet »Margarethe Lang«, die talentvolle und geistreiche Schauspielerin am Stuttgarter Theater, den Liebling des damaligen dortigen Publikums. — S. auch Max v. Weber's »Lebensbild« W.'s I. 201.

Ohne op.-Zahl.

60.

Komisches musikalisches Sendschreiben. »*Theuerster Herr Kapellmeister*«

für 1 Singstimme mit bezifiertem Bass.

Text vom Componisten. Durchcomponirt; s. *Anm.* b.

Comp. 1808, 15. Juni zu Ludwigsburg. An W.'s Freund, den Kapellmeister Franz Danzi in Stuttgart; s. *Autogr.*

Theuer-ster Herr Kapell-mei-ster, ich bren - ne vor Sehnsucht, Sie wie-der-zu-sehn.
(Krautsallat *singt.*)
55 Tacte mit Adresse. Autogr.

Autograph: Franz Danzi's Sohn, der Geh. Finanzrath Danzi zu Carlsruhe, besass es bis zu seinem Tode 1861 daselbst: der jetzige Besitzer ist unbekannt. (1863. J.) Auf einem Bogen grünlichen Post-Quartformats hatte es vollständig die Form eines Briefes, äusserlich und dem Inhalte nach. Die Aussenseite trug die Adresse in 4 Zeilen, wie folgt:

Sei-ner Wohl-ge-bo-ren   Herrn Ka-pell-mei-ster Dan-zi   in Stuttgart.

Ausgaben: Vollständig mitgetheilt in »Carl Maria v. Weber. Ein Lebensbild von Max Maria v. Weber«. Bd. 1. 146—149. Leipzig, Keil.

Anmerkungen. a. Der übermüthige harmlose Scherz des Vorliegenden steht im engsten Zusammenhange mit W.'s damaligen geselligen Beziehungen in Stuttgart, die sich aus dem Abschnitt VI, 120 bis 161, obigen Werkes ausführlich ergeben; daher auch z. B. der Name »Krautsallat« für W. — **b.** Was das Thema

anlangt, dessen erste 8 Tacte auch in diesem Sendschreiben vorkommen, so muss daran erinnert werden, dass es zugleich das Thema zu den Variationen von **83** ist, dass es ferner von W. zum 2. Male variirt wurde in **64**, und zum 3. Male in **94**, welches der Annahme Vorschub leistet, dass dies von W. so bevorzugte Thema, dem aber das i h m Characteristische abgeht, vielleicht von Danzi herrühren dürfte, zumal wir es hier direct in Beziehung auf diesen von W. verwendet finden.

61.

op. 22

»9 Variations sur un Air Norvégien

pour Pianoforte et Violon concertants.«

Comp. 1808; W.'s gedr. u. gesch. Werk=Verz. (s. Anm. **b.**) — op. **22.** — N 6 der Variationen-Werke f. Pfte. »Dédiées à Monsieur Kleinwächter à Prague«. (s. Anm. **c.**)

Thema. Andante. ♩ = 84. Moscheles. Ausg. Chappell.

Autograph: Unbekannt.

Ausgaben: Erste Orig.-Ausg. Berlin, Schlesinger. 11 ggr. | Nouv. édit. 17½ sgr. | Neueste Prchtausg. Partitur u. Violin-St. hrsg. v. E. Rudorff. 1869. Ebend. 10 sgr. n. | London, Chappell u. Co. In Partitur hrsg. v. J. Moscheles. 1s. | Cramer u. C. ebenso. | Paris, Brandus u. Dufour. 6 fr. | Lemoine. 6 fr. | Pleyel. 5 fr. | Richault. 6, auch 4½ fr. | **Für die Orgel zu 4 Hdn.** — Das Thema als N. 8 in Book XVI in Hiles' short voluntaries. London, Novello u. C. Book: 1s. 3d.

Anmerkungen. a. Ueber dies interessante und sehr eigenthümliche Variationen-Werk hat Fr. Rochlitz in d. Lpz. A. Mus. Ztg. XV. 792 ein so treffendes und erschöpfendes **Urtheil** abgegeben, dass es in seinen Hauptzügen hier stehen möge. Es lautet: »Ein höchst einfaches Thema wird durchgehends mit Geist, Gefühl und geübter, sicherer Kunst, originell, aber etwas gesucht, reich ohne Verschwendung der Mittel, in gutem Wechsel sowohl des Characters der einzelnen Stücke, als der eng und sehr effectvoll verbundenen Instrumente — kurz wird s o ausgezeichnet variirt, dass das Werk fast in jeder Hinsicht unter die vorzüglichsten dieser Gattung zu zählen ist«, wohinzu ich noch bemerken muss, dass die Variationen bei aller ihrer Verschiedenheit untereinander sich sämmtlich dennoch bewegen in der Charactersphäre der wunderbar schwermüthigen nationalen Melodie des Themas. — **b.** Die Zeit der Composition lässt sich nicht genauer bestimmen als durch die Jahreszahl. Vollendet ist das Werk wohl noch in erster Hälfte von 1808.

Als op. 22 folgt es hier dem op. 21, obwohl das gedr. Werk-Verz. op. 22 früher aufführt als op. 21. — **c.** Als W. im Dez. 1811 auf seinen Kunstreisen auch nach Prag
kam, um dort Concert zu geben, »führte ihn«, so erzählt Max v. Weber's »Lebensbild«
W.'s I. 311, »die Noth um einen guten Flügel in das liebenswürdige Haus des Banquier
Kleinwächter, wo er, vor dessen trefflicher Familie und dem eben anwesenden Dr. Jungh
auf einem schönen Streicher'schen Instrumente phantasirend, erst durch sein Spiel,
sodann durch sich selbst die Herzen schnell u. für immer gewann, so dass das Jungh'sche
und das Kleinwächter'sche Haus ihm später eine zweite Heimath wurden.« Dies die
Veranlassung zu den nachmals erfolgten *Dedicationen* obiger Variationen an Kleinwächter und des grossen Trio, op. 63, an Dr. Jungh. Am 13. Janr. 1813 übergab W. (nach
dessen Tagebuch) diese Variationen an Kleinwächter bei Gelegenheit eines Quartett-
Abends bei diesem ; sie waren kurz zuvor, am 10. Dez. 1812 bei Schlesinger *erschienen.*
— **d.** W. spielte *dies Werk* gern öffentlich, in *Berlin* 2 mal : am 7. Nov. 1816 mit
Conzertmeister Seidler u. am 25. Juni 1821 mit dem genialen Boucher. Letzterer legte
dabei als Huldigung für W. eine Cadenz ein, in die er eine grosse Zahl von Thematen
aus dem 8 Tage vorher zum Ersten Male über die Bühne gegangenen »Freischütz« kunstvoll verwob, worauf er, plötzlich abbrechend, W. unter lautem Beifalle des Publikums,
leidenschaftlich umarmte und ausrief: »Ah grand maître ! Que je t'aime, que je t'admire ;
Erst nach längerer Unterbrechung erfolgte der Schluss des Ganzen. Der bescheidene W.
gedenkt dieses beispiellosen Ereignisses in seinem Tagebuche mit den einfachen Worten :
»Boucher brachte in seiner Cadenz eine Menge Themas aus meiner Oper vor.« — S. auch
Max v. Weber »Lebensbild« W.'s II. 326.

N. 1 im
op. 23.

62.

Meine Farben. *»Wollt ihr sie kennen?«*

Lied für 1 Singstimme mit Begleitung des Pianoforte.

Text von Hofrath Lehr in Stuttgart. Durchcomponirt.

Comp. 1808 zu Ludwigsburg : *Autogr.* — *N. 1 im op. 23;* Heft 3 der Gesänge.

Autograph: Stand als N. 12 im verscholl. grün. Heft. s. 27 *Autogr.* (1810. J.)

Ausgaben: Erste Orig.-Ausg. als N. 1 des Opus, zus. mit **70, 117, 130, 133, 136** in
Typendruck. Berlin. Schlesinger. Opus : 1 thlr. | 2te Orig.-Ausg., gestochen. Ebend. Op.
18 sgr. | Als N. 1 Heft 1 der Ausw. 1. zus. mit **70** u. **117.** Ebend. 8 gr. | Als N. 9 im W.-
Album. Ebend. Alb. : 1 thlr. || Zus. mit **234,** Anh. 114 u. Anh. 111. Hannover, Bachmann.
10 sgr. || Als N. 53 im Arion. Braunschweig, Busse. || Als N. 9 in »Ausgew. Lieder v. W.«
Leipzig. Peters. Ausw. 10 ngr. u. | Einzeln. — Als N. 12 d. Prchtausg. hrsg. v. Jähns. 1869.
Berlin. Schlesinger. Lienau. 2½ sgr. u. || Mannheim, Heckel. 9 xr. | Mit Pfte. od. Guit. — Zus.
mit **70** u. **117** in Heft 1 der Auswahl etc. Berlin, Schlesinger. 8 gr. | Mit Guit. — Arr. v. Gaude.
Hamburg, Cranz. 4 gr.

Anmerkungen. Dies zierliche Liebesliedchen *erschien* in seinem Opus : 1812,
13. Oct. bei Schlesinger. Angekündigt findet es sich erst 1813 in der Lpz. A. Mus.
Ztg. XV. Intellig.-Bl. 2. Rezension des op. ebend. XV. 65.

63.

Klage. *»Ein steter Kampf ist unser Leben«*

Lied für 1 Singstimme »mit Begleitung des Claviers«.

Text von C. Müchler. Durchcomponirt.

Comp. 1808. 21. Oct. zu Stuttgart; *Autogr.* — *N. 2 im op. 15:* Heft 2 der Gesänge.

Widmung s. 57.

Allegro con fuoco energico.

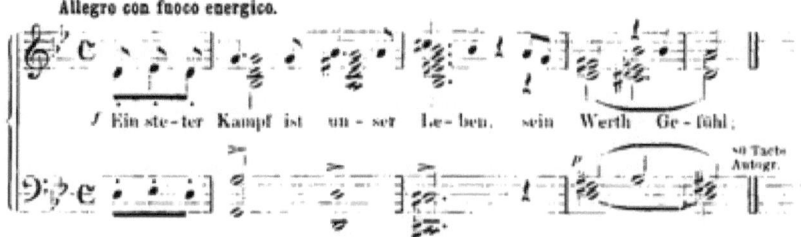

Autograph: Stand als N. 13 im verscholl. grün. Heft. s. 27 *Autogr.* (1840. J.)

Ausgaben: Erste Orig.-Ausg. als N. 2 des Opus dem aber in dieser 1. Ausgabe die op.-Zahl fehlt, zus. mit 57, 67, 68, 73, 74. Bonn, Simrock. Opus: 2 fr., jetzt 10 sgr. | Hamburg, Böhme. Opus: 14 ggr. | Ebend. Cranz. Opus: 17½ sgr. ‖ Wien, Haas. Opus: 54 xr. | Als N. 4 im W.-Album. Berlin, Schlesinger Lienau . Alb.: 1 thlr. ‖ Als N. 154 im Arion. Braunschweig, Busse. ‖ Als N. 4 in 38 ausgew. Lieder v. W. Leipzig, Peters. Ausw. 10 sgr. u. | Einzeln. — Bonn, Simrock. 1 fr. | Neue Ausg. Ebend. 2½ sgr. ‖ Als N. 7 d. Prebtausg. hrsg. v. Jähns. 1869. Berlin, Schlesinger Lienau . 2½ sgr. u. | Mit Guit. — Im Opus: Bonn. Simrock. 2 fr. | Einzeln mit Guit. — Ebend. 50 c. ‖ Hamburg, Böhme. 5 sgr.

Anmerkung. Diese schwermüthig-schwärmerische Composition voll tiefer innerlicher Erregung ist im Arrest geschrieben, als W. bei König Friedrich v. Württemberg durch eine satyrische Bemerkung über denselben in Ungnade gefallen. Vergl. C. M. v. Weber, Lebensbild von Max M. v. Weber.« 1. 135. Leipz. Keil.

64.

»Grand Pot-Pourri pour le Violoncelle

avec accompagnement de l'Orchestre«:

2 Violinen, 2 Violen, 2 Flöten, 2 Oboen, 2 Clarinetten. 2 Hörner, 2 Fagotte. 2 Trompeten, 2 Pauken u. Bässe.

Comp. 1808. 31. Dez. zu Stuttgart; *Autogr.* — *op. 20.* — *Gedr. u. gesche. Werk-Verz.*

Gewidmet W.'s Freunde Graff; s. *Autogr.*

Maestoso.   Andante con 3 Variazioni.

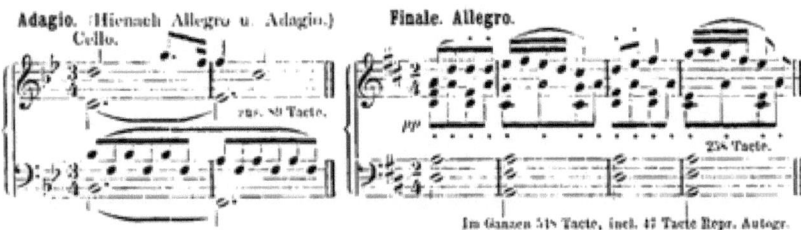

Adagio. (Hienach Allegro u. Adagio.) Cello. — Finale. Allegro.

ırs. 89 Tacte. — 25 Tacte.

Im Ganzen 518 Tacte, incl. 47 Tacte Repr. Autogr.

Autograph: Im Besitz des Musikalien-Verlegers Fr. Simrock zu Berlin. (1865. J.) Gut erhaltener braunmarmorirter Band in dünner Pappe. Querfolio: sehr starkes 12zeiliges Papier. Pag. 1: Titel. »Grand Pottpourri pour le Violonzelle a grand orchestre »composé e dedié à son Ami Graff, Professeur de Violoncelle au service de sa Majesté le »Roi de Wirtemberg par Charles Marie B.(aron) de Weber. (commencé) le 18. Decembre.« (commencé nicht von W.'s Hand.) Darauf volle 60 Seiten Notenschrift, von p. 2 bis 61. Am Schluss: »Composta per il mio amico Graff. e Finita« (s. Anm. a.) »il 31ᵐᵒ Decembre »1808. Stuttgardo.« — P. 62 leer.

Ausgaben: Erste Orig.-Ausg.: **Orchester-Stimmen.** Ohne op.-Zahl: Bonn, Simrock. 7 fr. 50 c. ‖ Arr. mit **Streichquartett.** Paris, Pleyel. 6 fr. | Für Pfte. u. Cello. — Arr. v. Stolze. Bonn, Simrock. Ohne op.-Zahl. 3 fr.; jetzt 12½ sgr.

Anmerkungen. 41. Dieses brillante für Violoncell sehr dankbare *Musikstück* erfordert eine schon virtuose Leistungsfähigkeit; das rein melodische Element ist weniger darin vertreten. Es scheint früher eine andere Gestalt gehabt zu haben und einer Umarbeitung unterworfen worden zu sein, aus welcher die jetzige Form hervorging; mehrfache Spuren im Autograph sprechen für diese Annahme. So mag das Opus auch wohl ursprünglich den Titel »Fantasie« getragen haben, worauf die Schlussbemerkung im Autograph »composta« und »finita« zu zielen scheint, die auf »den« oder »das Potpourri« nicht bezogen werden kann. Die letztere Benennung wäre also eine später angenommene. — **b.** Der Titel lässt zugleich auf *Benutzung* von schon Bekanntem schliessen. Das Thema des Finale ist denn auch eine Melodie von Danzi, welche die sogenannten »Harmoniebücher« unter N. 121 im Königl. Hoftheater-Archive zu Stuttgart aufbewahrt haben. (S. Anh. 31.) Das »Lebensbild« W.'s von Max v. Weber giebt diese Melodie ebenfalls und zwar mit der Mittheilung, dass sie von besonders anregendem Einfluss auf W. geworden sein solle. Wie weit nun solches grade durch dies Thema möglich gewesen, muss dahin gestellt bleiben. Immerhin befremdet es, dass W. dasselbe hier zu einem rondoartigen Finale für Cello benutzte, nachdem er es in gleicher Weise für Cello von Danzi bearbeitet gefunden, wie jene Melodie des »Lebensbildes« ebenfalls ausspricht. — Das Andante-Thema der 3 Variationen des vorliegenden Werkes muss aus dem Grunde der Betitelung des Werks als »Potpourri« ebenso als bereits bekannt angesehen werden. Ob es vielleicht auch von Danzi herrühre, habe ich nicht feststellen können; der Character desselben lässt dies jedoch fast annehmen. Jedenfalls war W. auch von diesem 2ᵗᵉⁿ Thema angezogen; denn nicht nur hier benutzt er es, sondern dies geschieht noch in 2 anderen Werken: 1) in dem Andante con Variazioni der 6 Piècen für Pfte. à 4 mains op. 10 (**83**), 2) in den ungedruckten Alex. v. Dusch gewidmeten Cello-Variationen (**94**). Dass W. dies Thema auch noch in dem komischen musikalischen Sendschreiben an Danzi (**60**) diesem vorführt, macht es übrigens noch wahrscheinlicher, dass dasselbe von Danzi selbst herrühre. — **c.** In seinem Aufsatz über den Kunstzustand Stuttgarts nennt W. *Graff* als einen »vorzüglichen fertigen Künstler auf dem Violoncell«. S. s. hinterl. Schriften II. 12. — *Angekündigt* als neu ist das Potpourri in Gottfried W.'s Caecilia 1824 Ostern. Intell. Bl. N. 1. — S. noch Max v. Webers »Lebensbild« W.'s I. 152. 201.

——⁂ 1809. ⁂——

65.

Ohne op.-Zahl.

Serenade. »*Horch, leise horch! Geliebte, horch!*«

Für 1 Singstimme mit Begleitung des Pianoforte oder der Guitarre.

Text von Jens Baggesen. 10 Strophen. Durchcomponirt.

Comp. 1809. 22. Febr. zu Stuttgart; *Autogr.*

Autograph: Stand als N. 14 im verscholl. grün. Heft. *s.* 27 *Autogr.* (1840. J.) Die Ueberschrift lautete: »comp. in Stuttgart d. 22. Febr. 1809. Zuerst als Beilage zum Morgenblatt gedruckt, dann vielfältig nachgestochen. André, Simrock etc.« (s. Ausg.)

Ausgaben: Zuerst gedr. als Beilage zum Morgenblatt von 1810, 8. Janr. in N. 7, nur mit Pfte.-Begleit.; 9 Seiten. Im gedr. Werk-Verz. W.'s heisst es »Morgenblatt, dann Simrock, André etc.« Vergl. Autogr. **Mit Pfte. od. Guit.** — Berlin, Concha. 10 ggr. | Paez. Ebend. 12½ sgr. ‖ Bonn, Simrock. 1 fr. 50 c. ‖ Hamburg, Böhme. 9 ggr. | Ebend. Cranz. 8 gr. ‖ Hannover, Bachmann. 10 ngr. ‖ Kopenhagen, Lose. Mit dän. Text. 20 sch. ‖ Leipzig, Hofmeister. 10 ngr. ‖ Als »Hark, dearest hark«, »Horch, leise horch«, London, Williams. 2s. ‖ München. Aibl. 45 xr. | Ebend. Falter. 45 xr. ‖ Offenbach, André. 1 fl. ‖ Prag, Haas. 45 xr. | Als »Viens« Paris, Richault. 3 fr. | Wien, Haas. 45 xr. | **Mit Pfte.** — Als N. 89 d. Prchtausg. hrsg. v. Jähns. 1869. Berlin, Schlesinger Lienau. 3½ sgr. *n.* | Als N. 10 d. W.-Albums. Ebend. Alb.: 1 thlr. ‖ Bonn, Simrock. 7½ sgr. ‖ Als N. 15 d. ausgew. Lieder. Leipzig, Breitkopf u. Härtel. Bd. 18 ngr. *n.* ‖ **Mit Guit.**— Als: »Hark, dearest hark«, »Horch, leise horch«, London Williams. 2s. | **Für Alt od. Bariton mit Pfte.** — In *G* transp. Berlin, Schlesinger. 10 sgr.

Anmerkung. Trotz der grossen Gedehntheit des Gedichts hat der Componist es meisterhaft verstanden, die musikalische Form seiner Strophe 1 durch die 9 nachfolgenden festzuhalten, diese letzteren aber mit Abänderungen zu versehen, die nicht allzu wesentlich eingreifen, doch so mannigfaltig und mit so grosser Feinheit durchgeführt sind, dass sie das Interesse stets rege erhalten und bis zum Schlusse steigern. Das Gedicht hat sich in Form und Ausdruck überlebt; die musikalische Leistung aber hat nichts von ihrem Werthe verloren, obwohl seitdem 60 Jahre verflossen. Für fein gebildete Sänger, die wahre Empfindung des Vortrags nicht in süsslicher Behandlung des Melodischen und in Verschleppung des Tempos suchen, ist diese Serenade eine sehr dankbare Aufgabe, und es gilt noch vollständig, was d. Lpz. A. Mus. Ztg. XIV. 148 schon 1812 sagt: »Dies zarte, liebliche Liedchen ist hier recht eigenthümlich als Serenade behandelt, und in dieser Art nicht nur überhaupt ungemein reizend, sondern auch ungeachtet der grössten Simplicität mit einer Wahrheit des Ausdrucks componirt, wie diese nur ein Künstler, wirklich von Geist und Gefühl u. gründlicher Kunstbildung, zeigen kann. — Die Begleitung nimmt sich auf beiden Instrumenten vortheilhaft aus, auf der Guitarre aber am vortheilhaftesten. Umfang *e'* bis *e''*, ist also von allen Stimmen ausführbar. — S. auch Max v. Weber: »Lebensbild« W.'s. I. 136. 189.

66.

N. 5 in op. 66.

Die Lethe des Lebens. »*Wenn, Brüder, wie wir täglich sehen*«

Trinklied für Solo-Bass und gemischten Chor mit Begleitung des Pianoforte.

Text von Jens Baggesen. 5 Strophen.

Comp. 1809, 28. Febr. zu Stuttgart: *Autogr.* — N. 5 (in späteren Ausgaben N. 6 im op. 66: Heft 15 der Gesänge.

Moderato. Fest.

Wenn, Brüder, wie wir täg-lich se-hen, der Weis' in Ar-muth nieder-sinkt,

Strophe: 20 Tacte. Autogr.

Autograph: Stand als N. 15 im verscholl. grün. Heft. s. 27. *Autogr.* (1840. J.)

Ausgaben: Erste Orig.-Ausg. als N. 5 des Opus. zus. mit **48, 134, 213, 217, 238.** Querform. Berlin. Schlesinger. Opus: 18 ggr. | Als N. 6 in neuer Ausg. Hochform. Ebend. Opus: 17½ sgr. | Als N. 2 in Heft 16 B der Ausw. I. zus. mit **134.** Ebend. 7½ sgr. ‖ Hamburg. Böhme. Opus: 12 ggr. ‖ Als N. 383 in A. Härtel's deutsch. Lieder-Lexik. Leipzig. Reclam jun. | **Einzeln.** — Als N. 76 d. Prchtausg. hrsg. v. Jähns. 1869. Berlin. Schlesinger Lienau. 2½ sgr. u. | **Für Sopr. od. Ten.** — Ebend. 5 sgr. | **Einzeln mit Guit.** — Arr. v. Gaude. Hamburg. Cranz. 4 gr.

Anmerkung. Ein kräftiges Lied von edlem Schwunge; die 2 Tacte seines besonders markig einherschreitenden Schlusses mit gemischtem Chor sind in Melodie und Harmonie nahezu gleich den 2 Schlusstacten des Gesanges in der Introduction N. 1 in Spohr's »Jessonda«, componirt 1823. — W. sendete das Opus zum Stich 1819. 26. Aug.

67.

Das Röschen. *»Ich sah ein Röschen am Wege stehn.«*
Lied für 1 Singstimme »mit Begleitung des Claviers«.
Text von C. Müchler. 4 Strophen.
Comp. 1809. 1. April zu Stuttgart, *Autogr.* — *N. 5* in *op. 15:* Heft 2 der Gesänge.
Widmung s. 57.

Moderato.

Ich sah ein Rös-chen am We-ge stehn, es war so blü-hend und wunder-

Strophe: 12 Tacte. Autogr.

Autograph: Stand als N. 16 im verscholl. grün. Heft. s. 27. *Autogr.* (1810. J.)

Ausgaben: Erste Orig.-Ausg. als N. 5 des Opus 'dem aber in dieser Ausgabe die op.-Zahl fehlt . zus. mit **57, 63, 68, 73, 74.** Bonn, Simrock. Opus: 2 fr. ‖ Hamburg, Böhme. Opus: 14 ggr. | Ebend. Cranz. Opus: 17½ sgr. ‖ Wien, Haas. Opus: 54 xr. ‖ Als N. 7 im W.-Album. Berlin, Schlesinger Lienau. Alb. 1 thlr. ‖ Als N. 20 im Arion. Braunschweig. Busse. ‖ Als N. 7 in »Ausgew. Lieder v. W.« Leipzig, Peters. Ausw. 10 ngr. u. | Als N. 161 in L. Schubert's »Concordia« Bd. 1. in G dur. Schäfer. ‖ Als N. 3 in Heft 3 im »Musikalischen Blumenkörbchen«. Prag, Bohmann's Erben. | **Einzeln.** — Bonn, Simrock. 65 c. Neue Ausg. 2½ sgr. ‖ Als N. 10 d. Prchtausg. hrsg. v. Jähns. 1869. Berlin, Schlesinger 'Lienau'. 2½ sgr. ‖ Als »The rose«. London, Ashdown u. Parry. 4s. 6d. | Als: Ballad »For as the waters of that still tide«. Rec. und Air. Ebend. Cramer u. C. 2s. | **Einzeln mit Pfte. od. Guit.** — Hamburg. Cranz. 5 sgr. | **Mit Guit.** — Als N. 5 des Opus. Bonn, Simrock. Opus: 2 fr. | **Einzeln mit Guit.** — Ebend. 25 c. ‖ Als »The rose«. London, Ashdown u. Parry. 4s. 6d.

Anmerkungen. Das reizende Liedchen ist ein Repräsentant jener Gattung einfachster Gestaltungen für Gesang, die dem Vortrag dennoch ein weites Feld feiner Färbungen frei lassen. — Die englische Ausgabe als »Ballad« ist von fremder Hand mit einem Recitativ versehen; auch ist die Melodie des Liedes einige Male geändert, namentlich Str. 2 u. 3. Es ist eins von den allgemein beliebten Gesangstücken, die, dem Brauche nach, aus Rücksicht gegen das englische Publicum, mehrfach in den Freischütz eingelegt wurden, um demselben bei seiner Einführung in England desto leichter Ein-

gang zu verschaffen. — Die Ausgabe im »musikal. Blumenkörbchen«, Prag, Bohmann's
Erben, ist in der Melodie sehr entstellt, aus dem $^1/_4$ Tact in den $^3/_4$ umgewandelt, auch
nach G transponirt.

68.

Lied. »Was zieht zu deinem Zauberkreise«

für 1 Singstimme »mit Begleitung des Clavier's«.

Text von C. Müchler. 3 Strophen.

Comp. 1809. 2. April zu Stuttgart. *Autogr.* — *N. 4* im *op. 15*; Heft 2 der Gesänge.
Widmung s. **57.**

12 Tacte, ohne D. C. von Str. 2. Autogr.

Autograph: Stand als N. 17 im verscholl. grün. Heft. s. **27** *Autogr.* (1810. J.)

Ausgaben: Erste Orig.-Ausg. als N. 4 des Opus (dem aber in dieser Ausgabe die op.-
Zahl fehlt), zus. mit **37, 63, 67, 73, 74.** Bonn, Simrock, Opus: 2 fr. ‖ Hamburg, Böhme,
Opus: 14 ggr. | Ebend. Cranz. Opus: 17½ sgr. ‖ Wien, Haas, Opus: 51 xr. ‖ Als N. 6 im
W.-Album. Berlin, Schlesinger (Lienau). Alb.: 1 thlr. ‖ Als N. 83 im Arion. Braunschweig,
Busse. ‖ Als N. 6 in »Ausgew. Lieder v. W.« Leipzig, Peters. Ausw. 10 ngr. s. | Einzeln. —
Bonn, Simrock, 65 c. Neue Ausg. 2½ sgr. ‖ Als »Tweestryd« holländisch u. deutsch. Amster-
dam, Theune u. C. 60 c. ‖ Als N. 9 d. Prchtausg. hrsg. v. Jähns. 1869. Berlin, Schlesinger
(Lienau). 2½ sgr. ‖ Hamburg, Böhme. 4 gr. ‖ Als »The Spell. »What draws me near thy magic
circle«, »Was zieht zu etc.« London, Ashdown u. Parry. 2°. 6ᵈ. | Als »The magic spell«, »Was
zieht zu etc.« Ebend. Chappell u. C. 1°. 6ᵈ. | Mit deutsch. Text unter »German and Swiss
Songs.« Ebend. 1°. | Als »The Spell.« Ebend. 2°. | Als »From dreams of sorrows«, »Was
zieht etc.« Ebend. 1°. 6ᵈ. | Als »O say«, whate strange restless feelings. »The spell. Cramer
u. C. 2°. | Als »Magic Longings«, »Was zieht etc.« für Barit. London u. Brighton, Augener u. C.
1°. 6ᵈ. | **Mit Pfte. od. Guit.** — Als N. 4 in 5 ausgewählte Lieder. Leipzig. Hofmeister. 15 ngr.
| **Einzeln.** — Berlin, Paez. 30 c. | **Mit Guit.** — Bonn, Simrock. Opus: 2 fr. | **Einzeln mit Guit.** —
Ebend. 50 c. ‖ Braunschweig, Meyer. 5 sgr. | **Mit Pfte., Flöte u. Guit.** — Zus. mit 5 Liedern
anderer Compon. Arr. v. Theuss. Leipzig. Hofmeister. 25 ngr. | **Für Orgel zu 4 Hdn.** — In
Book V von Hiles' short voluntaries als »The enchantress«. London, Novello u. C. Book: 1°. 2ᵈ.

Anmerkung. Dies innige Lied voll leidenschaftlicher Erregung war, nach mündlicher Mittheilung der Wittwe W.'s, dasjenige, das er von allen seinen Liedern am
seelenvollsten selber sang, und dessen tiefer Eindruck auf sie mir mit besonderer Rührung wiederholt von ihr geschildert wurde.

69.

Chorlied

für Sopran, Alt, Tenor und Bass ohne Begleitung.

Text fehlt.

Comp. 1809, im April oder Mai, zu Stuttgart oder Ludwigsburg; s. *Autogr.* Zu des
Kapellmeister Franz Danzi zu Stuttgart Geburtstag.

32 Tacte. Autogr.

Autograph: (1810. J.) Stand als N. 18 im verscholl. grün. Heft. (s. 27. Anm.) unter der Ueberschrift: »componirt zu des Kapell-Mstr. Danzi Geburtstag d:« (Datum fehlt) »gesungen in Hohenheim von Mlle. Lang, Danzi, Löhle und mir« und zwar zwischen den Autographen von **68** (comp. 2. Apr. 1809 zu Stuttgart) und **70** (comp. 30. Mai 1809 zu Ludwigsburg) woraus auf das Datum der Composition ungefähr geschlossen werden kann (s. oben »comp.«), denn W. hatte in das verscholl. grüne Heft streng chronologisch geordnet eingetragen. Genau kann das Datum nicht gegeben werden, weil der Tag der Geburt Danzi's nirgends aufzufinden, ja nicht einmal aus dem von seiner Geburtsstadt Mannheim mir zugegangenen Taufscheine festzustellen war. Im Autograph befanden sich einige Schreibfehler.

Ausgabe: Keine. — **Abschrift** nahm Jähns.

Anmerkungen. Ein schönes, sanft und feierlich dahinfliessendes Stück, bei dem zu bedauern, dass der ursprüngliche Text verloren ging und damit die vollständige Einsicht in die Lösung der durch ihn gestellten Aufgabe.

S. 2 im op. 23.

70.

Rhapsodie (auch: **Die Blume**). *»Traurig, einsam welkst du hin,«*

für 1 Singstimme mit Begleitung des Pianoforte.

Text von Fr. Haug. Durchcomponirt.

Comp. 1809, 30. Mai zu Ludwigsburg; *Autogr.* — *N. 2 im op. 23;* Heft 3 d. Gesänge.

Largo. (Recitando con anima.) s. Ausg. Morgenblatt.

Traurig, ein-sam welkst du hin, Blu-me! 31 Tacte. Autogr.

Autograph: Stand als N. 19 im verscholl. grün. Heft. *s.* 27. *Autogr.* (1810. J.)

Ausgaben: Erste Orig.-Ausg. in Typendruck als N. 2 des Opus, zus. mit 62, 117, 130, 133, 136. Berlin, Schlesinger. Opus: 1 thlr. | 2te Ausg., gestochen. Ebend. Opus: 18 sgr. | Als N. 177 in Arion, Braunschweig, Busse. | Einzeln. — Zuerst erschienen im Morgenblatt 1810 N. 241; Typendruck, 4 Seiten; Ueberschrift: »Die Blume. Comp. von Carl Marie von Weber. Largo. Recitando con anima.« | Als N. 13 d. Prchtausg. hrsg. v. Jähns. 1869. Berlin, Schlesinger (Lienau). 2½ sgr. | Als »La vie et la fleur«. Paris, Richault. 2 fr. 50 c. | **Mit Pfte. od. Guit.** — In d. Ausw. etc. als N. 2, Heft 1, zus. mit 62 u. 117. Berlin, Schlesinger. 10 sgr.

Anmerkungen. a. Die Ueberschrift des Liedes »Rhapsodie« passt mehr auf die schwermüthige Erregtheit des Gesangstücks und dessen Vortrag als auf das Gedicht, weshalb dieselbe auch wohl von W. herrühren möchte, da die Composition in ihrem ersten Abdruck im Morgenblatt (s. Ausgab.) »Die Blume« überschrieben war. — **b.** W. erhielt das erste Exemplar des gestochenen Opus von Schlesinger 1812, 24. Oct. — Die Lpz. A. Mus. Ztg. bringt XV. 65 eine Rezension desselben.

»Opus-op-Zahl.

71.

Romanze. (Die Ruinen.) *»Süsse Ahnung dehnt den Busen,«*

für 1 Singstimme mit Begleitung des Pianoforte.

Text von Georg Reinbeck. Durchcomponirt.

Comp. 1809, 15. Juni zu Ludwigsburg; *Autogr.*

Andantino.

dolce

Süs-se Ah - nung dehnt den Bu - sen, füllt den

Autograph: Stand als N. 20 im verscholl. grün. Heft. s. **27.** *Autogr.* 1810. J. Die Ueberschrift lautete: »Romanze der Laura aus der Erzählung Giovanni Altieri von Reinbeck. comp. d. 15. Juny 1809. Ludwigsburg: abgedruckt im Bande »»Winterblüthen von Reinbeck««. Die Ueberschrift der Ausgabe Hofmeister lautet: »Romanze der Laura aus Steinbecks Giovani. In den Ruinen eines alten Bergschlosses gesungen«.

Ausgaben: Zuerst mit Typen gedruckt in den »Winterblüten« von G. Reinbeck. 1 Bd. p. 138. Leipzig, W. Rein. 1810. | Als N. 1 in »1 Gesänge aus Reinbeck's Schriften u. Abu Hassan«. Ohne op.-Zahl. Hofmeister. Zus. 1 thlr. s. Autogr.' | **Einzeln.** — Als »Die Ruinen«. Hamburg, Cranz. 6 gr. || Als N. 99 d. Prchtausg. hrsg. v. Jähns. 1869. Berlin Schlesinger (Lienau). 3³/₄ sgr. || Als: »Light my heart with joy is bounding«, »Die Ruinen« London, Ahsdown u. Parry. 2ˢ. 6ᵈ. | Ebenso. Ebend. Williams. 2ˢ. 6ᵈ. | **Einzeln mit Guit.** — Als »Die Ruinen«. Hamburg, Cranz. 5 sgr. || Als N. 6 Heft III der Lieder etc. v. W. arr. v. Gaude als »Die Ruinen«. Ebend. Heft 1 12 gr.

Anmerkungen. Das pathetisch gespreizte Gedicht trägt einen Theil der Schuld an der Unbedeutenheit und Gedehntheit der Composition, deren im Allgemeinen gefälliger melodischer Reiz nicht für den Mangel an Frische und innerm Gehalt entschädigt: aus dem Ganzen spricht etwas wie veraltete Manier, wie sie selbst bei den ältesten Liedern W.'s kaum vorkommt.

N. 1 im op. 13.

72.

Lied. *»Sanftes Licht, weiche nicht.«*
Auch mit der Ueberschrift: An den Mond
Für 1 Singstimme mit Begleitung der Guitarre
Text von G. Reinbeck. 3 Strophen.

Comp. 1809. 25. Juni zu Stuttgart; *Autogr.* — *N. 4 im op. 13;* Heft 1 der Gesänge. Widmung s. **35.**

Andante. Con anima ed amore.

dolce Sanf-tes Licht, wei-che nicht. Guitarre. Alle 3 Strophen zus. 37 Takte. Autogr.

Autograph: Stand als N. 21 im verscholl. grün. Heft. s. **27.** *Autogr.* (1810. J.) Die Ueberschrift lautete: »Lied aus dem 1ᵗᵉⁿ Theil der Erzählungen v. Reinbeck. comp. 25. Juni 1809 Stuttgart; abgedruckt im 2ᵗᵉⁿ Theile der Winterblüthen und in der Sammlung »Lieder bei Gombart«.

Ausgaben: Erste Orig.-Ausg. mit Guit. als N. 4 des Opus, zus. mit **35, 52, 91, 96, 97.** Augsburg, Gombart. 2 Ausgaben; die 1ˢᵗᵉ 1811, die 2ᵗᵉ 1817. Opus: 45 xr. || Hamburg, Böhme. Opus: 9 ggr. | **Einzeln mit Guit.** — Als N. 7 Heft III: W.'s Lieder, Ges. u. Balladen mit leicht. Begl. v. Gaude. Ueberschr. »An den Mond«. s. *tom. b.*' Hamburg, Cranz. Heft 12 ggr. | **Mit Guit. od. Pfte.** — Als: »An den Mond«. Ebend. 1 gr. | **Mit Pfte.** — *) Als N. 2 in »1 Ges. aus Reinbeck's Schriften u. Abu Hassan«. 71 u. Abu II. N. 2 u. 5. Ohne op.-Zahl. Leipzig, Hofmeister. zus. 1 thlr. | **Einzeln mit Pfte.** — Als N. 4 d. Prchtausg. hrsg. v. Jähns. 1869. Berlin, Schlesinger (Lienau). 2½ sgr. | Nach G transp. Ebend. 7⅓ sgr. | Nach Es transp. Ebend. 7½ sgr.

Anmerkungen. a. W. erhielt am 25. April 1811 von Gombart das erste gestochene Exemplar des op. 13 mit dem vorliegenden sanft melodischen, doch durch nichts besonders ausgezeichneten Liede, dessen spätere, aber nicht allgemein eingeführte Ueberschrift »An den Mond« zum Verständniss des Gedichtes nothwendig ist. Dies Gedicht erschien nebst einer Composition desselben von einem Ungenannten in N. 1. p. 40 in Reinbeck's »Erzählungen« Leipzig, Rein. 1809. Der 1. Theil von Reinbeck's »Winterblüten«, ebend. 1810, enthält als Beigabe noch 2 Compositionen dieses Gedichts; die eine ist die obige von W., die andere von dem Stuttgarter Tenoristen Berger, dem W. sein op. 15 widmete. — **b.** Die beiden mit einem *) versehenen Ausgaben haben nach den 3 Liedstro-

ben noch eine Fortsetzung, ein Adagio von 10 Tacten in Es dur ⁴⁄₄, beginnend mit
Lebewohl! des Schicksals Ruf heisst Scheiden». Ueber diese als Composition W.'s zweifelhafte Pièce s. Anh. 95.

73.

Lied. »Meine Lieder, meine Sänge«

für 1 Singstimme »mit Begleitung des Clavier's».
Text von Wilhelm, Grafen v. Löwenstein-Werthheim. Durchcomponirt.
Comp. 1809, 5. Juli zu Ludwigsburg; *Autogr.* — *N. 1 im op. 15;* Heft 2 der Gesänge.
Widmung s. 57.

Adagio; con tranquillità.

Autograph: Stand als N. 21 im verscholl. grün. Heft. *s. 27. Autogr.* (1810. J.)

Ausgaben: Erste Orig.-Ausg. als N. 1 des op. 'dem aber in dieser Ausgabe die op.-
Zahl fehlt, zus. mit 57, 63, 67, 68, 74. Bonn, Simrock. Opus: 2 fr., jetzt 10 sgr. ‖ Ham-
burg, Böhme. Opus: 11 ggr. | Ebend. Cranz. Opus: 17½ sgr. ‖ Wien, Haas. Opus: 54 xr. ‖ Als
N. 3 im W.-Album. Berlin, Schlesinger Lienau. Alb., 1 thlr. ‖ Als N. 14 im Arion. Braun-
schweig, Busse. ‖ Als N. 5 in »Ausgew. Lied. v. W.« Leipzig, Peters. Ausw. 10 ngr. u. ‖ Als
N. 16 in C. Blum's Liederspiel »Die Rückkehr in's Dörfchen«. Berlin. Schlesinger. Cl.-Ausz.
2½ thlr. | Einzeln. — Bonn, Simrock. 65 c., jetzt 2½ sgr. ‖ Als N. 6 d. Prchtausg. hrsg. v.
Jahns. 1869, Berlin, Schlesinger Lienau. 2½ sgr. u. ‖ Hamburg, Böhme. 1 gr. ‖ Als »Sweetest
Carols«. London, Augener u. C. 1s. 6d. | Mit Guit. — Als N. 1 des op. 15. Bonn, Simrock.
Opus: 2 fr. | Einzeln mit Guit. — Ebend. 50 c.

Anmerkung. Eins der tiefgefühltesten und zugleich gesanglichsten Lieder unsres
Meisters.

74.

Der kleine Fritz an seine jungen Freunde. »Ach, wenn ich nur ein
Liebchen hätte,«

Lied für 1 Singstimme »mit Begleitung des Clavier«.
Text aus »Fliegendes Blatt«. 4 Strophen.
Comp. 1809, 5. Juli zu Ludwigsburg; *Autogr.* — *N. 3 im op. 15;* Heft 2 der Gesänge.
Widmung s. 57.

Moderato.

Autograph: Stand als N. 23 im verscholl. grün. Heft. *s. 27. Autogr.* (1810. J.)

Ausgaben: Erste Orig.-Ausg. als N. 3 des Opus 'dem aber in dieser Ausgabe die op.-
Zahl fehlt, zus. mit 57, 63, 67, 68, 73. Bonn, Simrock. Opus: 2 fr., jetzt 10 sgr. ‖ Ham-
burg, Böhme. Opus: 14 ggr. | Cranz. Opus: 17½ sgr. ‖ Wien, Haas. Opus: 54 xr. |

Als N. 5 im W.-Album. Berlin, Schlesinger Lienau. Alb. 1 thlr. ‖ Als N. 17 im Arion.
Braunschweig, Busse. ‖ Als N. 5 in Ausgew. Lieder v. W. Leipzig, Peters. Ausw. 10 ngr. »
Einzeln. — Bonn, Simrock. 65 c., jetzt 2½ sgr. ‖ Als N. 8 d. Prchtausg. hrsg. v. Jahns.
1809. Berlin, Schlesinger (Lienau). 2½ sgr. [Zus. mit **96.** Ebend. 5 sgr. | In G dur für Sopr.
od. Ten. zus. mit **96.** Ebend. 5 sgr. | Als N. 154 A in Es transp. in Ausw. 111. Ebend. zus.
mit **96.** 5 sgr. ‖ Hamburg, Böhme. 4 gr. ‖ Als: Marions complaint «Since thruth hath left»
London, Williams. 2s. | **Einzeln mit Pfte. od. Guit.** — Hannover, Nagel. 5 ngr. ‖ Als N. 2 in
5 ausgewählte Lieder. Leipzig, Hofmeister, 15 ngr. ‖ Mainz, Schott. 8 xr.

Anmerkung. Einer der naivsten Liederscherze W.'s; der Text ein treues Spiegel-
bild seiner Zeit.

75.
Musik zu Turandot.

Schauspiel in 5 Acten von Fr. v. Schiller.

Für 1 Piccolo, 1 Flöte, 2 Oboen, 2 Clarinetten, 2 Hörner, 2 Trompeten, ordinaire
Trommel, 3 Pauken, 2 Fagotte, Bassposaune, Triangel, Becken, türkische Trommel,
2 Violinen, 2 Violen u. Bässe.

Comp. die Märsche etc. 1809, 12. Sept. zu Ludwigsburg zu der ebenfalls zu Ludwigsburg 1809 umgearb. Ouvertüre; *Autogr., gedr. Werk-Verz.; s. Anm. a. u. b.* — *op. 37.*

Autograph: Partitur. Im Besitz von Max M. Frhr. v. Weber zu Wien. (1869. J.) Blau und braun marmorirter Band in dünner Pappe mit unbeschriebener Deckelvignette. 8½ Bogen, starkes, festes 12zeiliges Querfolio; ziemlich grosse Schrift. P. 1. Titel: »Overture und Märsche etc.: | zu dem Schauspiele | Turandot. | von | »Schiller. | componirt von | Carl Marie Fhr. von Weber«. Weiter unten: »Die Overture »ist nach einem ächt Chinesischen Thema, welches sich im Dictionaire de Music | von »J. J. Rousseau befindet. — — Zuerst in Breslau d: 1¹ Juni 1806. | Gänzlich umge-»arbeitet aber, und die Märsche | etc: dazu componirt, in Ludwigsburg | d: 12¹ »September 1809.« — Hierauf von p. 2 bis 33 die Composition, p. 34 leer. In der Ouvertüre ist das chinesische Originalthema, um es recht hervortreten zu lassen, in allen denjenigen Instrumenten — und sie haben es stets auf derselben Stelle des Systems, auf welcher es zuerst auftritt — mit rother Tinte geschrieben, die darin vorkommenden zufälligen Versetzungszeichen aber mit schwarzer. — Vor N. 2 stehen von W.'s Hand die Stichworte: »Zweiter Aufzug. Erster Auftritt. Brigella: »Was aber kommt« bis Truffaldin: »keinen Mann zu kriegen!« — Vor N. 3: »Zweiter Act. 3ter Auftritt. = Kalaf. — »Unwiderstehlich« bis »mächtiger als ich«. — Vor N. 4: »Zweiter Act. Vierter Auftritt. Doctoren. »Optime! Optime!« bis »es ist das Jahr!« — Vor N. 5. »Doctoren.« »Optime!« bis »Es ist das Auge!« Vor N. 6: Doctoren. »Der Pflug!« bis »Es ist der Pflug!« Vor N. 7: »Fünfter Aufzug. Erster Auftritt. Altoum: »Zeit ist's«, bis »Haupt gehäuft«.

Ausgaben: Erste Orig.-Ausg.: **Orchester-Stimmen.** Berlin, Schlesinger. 2 thlr. 10 sgr. **Ouvertüre einzeln in Partitur.** — Ebend. 1 thlr. 22½ sgr. | **Ouvertüre für Pfte. zu 4 Hdn.** — Ebend. 15 sgr. | Neueste Prchtausg. Ebend. 5 sgr. *u.* ‖ Braunschweig, Litolff. 5 sgr. ‖ Leipzig, Peters. Alle 10 Ouvert. W.'s. zus. 15 sgr. *u.* 1868. ‖ Wien, Diabelli u. C. 30 xr. | Leidesdorf. 12 ggr. | Wolfenbüttel, Holle. 5 sgr. | **Ouvertüre für Pfte. zu 2 Hdn.** — Arr. vom Comp. Berlin, Schlesinger. 10 sgr. | Neueste Prchtausg. Ebend. 5 sgr. *u.* ‖ Braunschweig, Litolff. 2½ sgr. | Alle 10 Ouvert. Ebend. 10 sgr. ‖ Leipzig. Hofmeister. 6 ggr. | Peters. Alle 10 Ouvert. 8⁰. zus. 12 sgr. *u.* 1868. ‖ Prag, Berra. 24 xr. ‖ Wolfenbüttel, Holle. 2½ sgr. | **Ouvertüre für Pfte. u. Viol.** — Arr. v. Ressel. Berlin, Schlesinger. 10 sgr. *u.*

Anmerkungen. №. In dem gedruckten Werk-Verzeichniss seiner hinterl. Schriften III p. 159 führt W. bereits unter 1804—5 die *Ouvertüre* als »Overtura Chinesa« auf; der Zusatz »in Stuttgart umgearbeitet, gest. Schlesinger, auch Klav. Op. 37« bezieht sich auf das Jahr 1809 der Umarbeitung und die 1818 erfolgte Herausgabe des Clavier-Auszuges. Die erste Gestalt der Ouvertüre als »Overtura Chinesa« ist verloren gegangen (s. Anh. 28). Auch das Autograph der Umarbeitung giebt keinen Aufschluss über jene ursprüngliche Gestalt. W. scheint die Overtura Chinesa ohne Hinblick auf Schillers Turandot geschrie-ben zu haben, nachdem er durch das in Rousseau's Dictionnaire de musique enthaltene, hier vollständig folgende Thema dazu angeregt worden.

Air chinois.　　　　　　　Dictionnaire de Musique par J. J. Rousseau. Tome II. Planche X.
　　　　　　　　　　　　　　Genau so zur Ouvertüre Turandot von W. benutzt.

Erst 1809 entschloss sich W., die alte »Overtura Chinesa« auf Schillers Turandot an-zuwenden: dazu arbeitete er, wie das Autograph ausspricht, (s. oben Autogr.) dieselbe gänzlich um und schrieb nun noch die zur Handlung des Dramas nöthige *übrige Musik* hinzu. Dergleichen scharf zu characterisirenden Arbeiten überhaupt geneigt, hatte sich W. augenscheinlich das Ziel gesteckt, dem ungelenken, fast unzugänglichen chinesischen Thema als Repräsentanten einer bizarr-starren nationalen Eigenthümlichkeit in strengster Form gerecht zu werden, und diese Aufgabe löste er durchweg, besonders aber in der uns vorliegenden Ouvertüre, in ebenso consequenter wie geistreicher Weise, wobei es ihm freilich abseits liegen durfte, ein im gewöhnlichen Sinne musikalisch »ansprechen-des« Tonbild zu geben. Spricht er sich selbst doch in dieser Hinsicht betreffs der Ouvertüre in seinen hinterl. Schrift. II. 178, wie folgt, aus: »Trommeln und Pfeifen tragen »die seltsame, bizarre Melodie vor, die dann, vom Orchester ergriffen, in verschiedenen »Formen, Figuren und Modulationen festgehalten und ausgeführt ist. Gefälligen Eindruck »kann es, ohne sich ganz an die Tendenz der Sache zu halten, nicht her- »vorbringen; aber ein ehrenwerth gedachtes Characterstück mag es sein«. — Die Märsche und kleinen melodramatischen Zwischensätze lehnen, wie schon bemerkt, sämmtlich eng an das Thema an, mit Ausnahme von N. 3, die, obwohl sehr characteristisch, doch etwas befreiter von der Bizarrerie der National-Melodie gehalten ist. · N. 2 ist grösstentheils der Ouvertüre entnommen, nur marschmässiger als dort behandelt und am Schlusse stär- ker instrumentirt. Die 3 kleinen Sätzchen nach Lösung der 3 Räthsel benutzen ebenfalls das chinesische Thema, so wie der durch die langgezogenen Klagetöne der Flöten. Oboen und Clarinetten höchst eigenthümliche und ausdrucksvolle Trauermarsch N. 7 ausschliess- lich den monotonen Rhythmus desselben beibehält. — Im Allgemeinen ist die Wirkung der ganzen Composition eine höchst fremdartige, trotz ihrer apathischen Rhythmik fast wilde, jedenfalls aber der Scene in hohem Grade entsprechend. Sie ist dashalb an nicht wenigen Orten zur Aufführung gelangt, in neuester Zeit zu Dresden 1868. — **b.** Einer Vorführung der Ouvertüre in *Strassburg* am 31. Dec. 1811 muss noch als eines Curio- sums gedacht werden. Die Lpz. A. Mus. Ztg. XVII. 306 giebt folgenden Bericht aus Strassburg darüber: »Die Ouvertüre wurde angezeigt als: Chinesisches Nationallied für Trommel und Pfeife, für Orchester in Dissonanzen variirt; die Execution gelang in der That, und Referent kann behaupten, dass dies Werk als Probirstein für Instrumentisten gelten kann«. — **c.** Schliesslich sei eines entstellenden Schreibfehlers im Autograph wie in der gedruckten Stimme erwähnt: im Trauermarsch N. 7 muss im 2ten Tact des 2ten Theils das 2te Es-Horn ein ♮ vor dem *f* haben, da die Harmonie ein *a* statt des vorhan- denen *as* erfordert. — Den *Clar.-Ausz.* der Ouvertüre verfasste W. am 23. Oct. 1817 und sendete ihn an Schlesinger zum Stich am 27. Oct. d. J. Die Correctur dieses Clav.- Auszugs schickte W. an eben denselben durch seine berliner Freundin Friedr. Koch erst am 10. Sept. 1818.

·76.

Ohne Op.-Zahl.

»**Grand Quatuor pour le Pianoforte, Violon, Alto et Violoncelle.**«

Comp. 1809, 25. Sept. zu Ludwigsburg; *s. Autogr.* — *Ohne Op.-Zahl* gestochen; *s. Anm.* **b.**

Autograph: Partitur. Im Besitz des Musikalien-Verlegers Fr. Simrock zu Berlin. (1865, J.) Dünner, grau marmorirter Pappband. 52 Seiten; sehr starkes 10zeiliges Querfolio; sehr saubere Schrift ohne jede Correctur. Titel auf dem Deckel von fremder, der auf p. 1 von W.'s Hand, lautend: «Grand Quatuor pour le Piano-Forte, Violon, Alte e Violoncelle composée par Charles Marie B:⸗aron⸗ «de Weber. ⸗ Am Schluss des Adagio p. 29: 5 Zeilen leer und die Bemerkung «Vollendet den 15ᵗ 8ᵇᵉ 1806 in Carlsruhe in Schlesien». Nach dem Menuetto p. 33 leer. Zum Schluss des Ganzen von W.'s Hand: «d. 25. September 1809 in Ludwigsburg». Nur die 26 Blätter, nicht die Seiten, sind von W. mit Bleistift paginirt.

Ausgaben: Erste Orig.-Ausg. Bonn, Simrock. 5 fr., jetzt 18¼ sgr. ‖ Hrsg. v. J. Moscheles; London, Chappell u. C. 10ˢ, 6ᵈ. ‖ Cramer u. C. ebenso, 10ˢ, 6ᵈ. ‖ Mailand, Ricordi, 6 fr. ‖ Paris, Richault. 12 fr. ‖ Maur. Schlesinger, 6 fr. ‖ **In Partitur u. Stimmen.** — Prchtausg. hrsg. v. E. Rudorff; Berlin, Schlesinger (Lienau). 1 thlr. ₐ. | **Zu 4 Hdn. für Pfte. allein.** — Bonn, Simrock. 6½ fr. ‖ Arr. v. Roubier; Paris, Richault. 12 fr. ‖ Arr. v. Leidesdorf; Wien, Diabelli u. C. 2 fl. 45 xr.

Anmerkungen. a. Dieser Quatuor ist ein Stück ächter Kammermusik. W. bewegt sich in ihm sehr glücklich, sowohl in Anwendung strenger Formen, als auch in reicher Erfindung. Diese letztere trägt jedoch nicht so ausgeprägt den Stempel seiner Originalität, wie dies bei anderen ähnlichen seiner Werke der Fall, z. B. dem Trio op. 63, dem Duo op. 48. Ueber den Quatuor ist ein fast durchaus heiterer Himmel ausgespannt; der Ernst zieht zwar zuweilen darüber hin, breitet sich aber niemals bleibend aus; jederzeit jedoch sehen wir interessante contrapunktische Arbeit und diese nimmt durch ihre Bedeutsamkeit oft unsre ganze Theilnahme und zwar auf überraschendste Weise in Anspruch. Die 4 Instrumente kommen in gleicher Weise zu ihrem Recht; das Pianoforte hat vielleicht dabei die glänzendste Parthie. So ist es denn auch als vollkommen zutreffend anzuerkennen, wenn es in der Lpz. A. Mus. Ztg. XII. 502 unter Anderem heisst: »Der Componist nähert sich dem Styl aus Beethovens früheren und mittleren Zeiten; er ist gelehrt und doch fliessend, neu und ungewöhnlich, ohne bizarr zu sein; letzteres mit wenigen Ausnahmen. Auszeichnenswerth ist die besondere Einsicht in die Behandlung des Hauptinstruments. — S. diese Ztg. noch XXXIX. 656. 771. XXXXV. 633. XXXXVIII. 429. —

b. Gestochen ist das Werk ohne *Op.-Zahl*; W.'s gedr. und geschr. Werk-Verz. führt es als op. 11 auf; 11 aber ist die Op.-Zahl des Cdur-Concerts N. 1 im Stich, wogegen W. diesem Concert in seinen beiden Werk-Verz. das op. 18 giebt; in der Pariser Ausgabe Richault trägt der Quatuor das op. 5. — W. erhielt das *erste* gestochene *Exemplar* 1811, 7. Janr. — S. auch Max v. Weber's »Lebensbild« W.'s I. 187, 188, 264, 276.

77.

Markl. ohne N

Rondo alla Polacca für Tenor. *«Was ich da thu', das fragt Er mich?»*

in Haiden's (Haydn's) Oper «Der Freybrief».

Begleitung: Flöte, 2 Oboen, 2 Hörner, 2 Fagotte, 2 Violinen, 2 Violen, Violoncell u. Bass.

Comp. 1809, 10. Oct. zu Ludwigsburg: *Autogr.*

Alla Polacca.
Michel.

Was ich da thu', das fragt Er mich? Frag' Er doch nicht so wun-derlich!

74 Tacte. Autogr.

Autograph: Im Besitz von Max M. Frhrn. v. Weber, zu Wien. (1870, J.) 3 Bogen sehr starken gelblichen 10zeiligen Querfolios; geheftet; 12 volle Seiten. Ueberschrift: »No 5. Alla Polacca« — «In den Freybrief componirt d. 10ᵗ 8ᵇᵉʳ 1809. Ludwigsburg». Klare, grössere, dunkelbräunliche Schrift.

Ausgaben: Erste Orig.-Ausg. **Clav.-Ausz.** v Jahns. Berlin, Schlesinger. In gr
Zuerst erschienen als N. 1 im Album III neuster Original-Compos. für Gesang u. Pfte. g Paris.
Maur Schlesinger.

Anmerkungen. Die Composition trägt schon, wie andere aus dieser Zeit W.'s, deutlich den Stempel seiner Eigenthümlichkeit. Der Text weicht etwas vom ursprünglichen
der N. 5 der Oper »Der Freybrief« von Haiden ab, für welche bei Gelegenheit ihrer Aufführung in Stuttgart W. dies Rondo componirte. Die Oper hat wohl Jos. Haydn zum
Componisten (s. **78** Anm. **b. u. c.**)

78.

Sach|
N. 3.

Duett. *»Dich an dies Herz zu drücken«*

für Sopran und Tenor in Haiden's (Haydn's) Oper »Der Freybrief«; s. **Anm. b. u. c.**
Begleitung: 2 Flöten, 2 Clarinetten, 2 Fagotte, 2 Violinen, Viola, Violoncell u. Bass.
Umgearbeitet: 1809. 13. Oct. zu Ludwigsburg aus W.'s Oper »Peter Schmoll« N. 9 ;
s. **Anm. a. u. b.**

Andante amoroso.

Autograph: Im Besitz des vormal. Chefs der A. M. Schlesinger'schen Verlags-
Handlung Heinrich Schlesinger zu Berlin. 2 Bogen sehr starken gelblichen 10zei-
ligen Querfolios; geheftet, 8 volle Seiten. Ueberschrift: »Duett N. 2«. — »Zum Freybrief umgearbeitet d: 13t 8br 1809. Ludwigsburg«. Klare, grössere dunkelbräunliche
Schrift. (1867. J.)

Ausgaben: Erste Orig.-Ausg. **Clav.-Ausz.** v. Jahns. Berlin, Schlesinger. Als Ge-
sang-Duett. Nachgel. Werk. No. 3, 10 sgr. g London, Ashdown u. Parry. Als »Upon this
heart to press thee«. 2, 6d. s. **6.** Ausg. u. Anm. **d.**

Anmerkungen. a. Dies Duett ist ursprünglich das zwischen Minette und dem
Oberbereiter. N. 9 in W.'s Oper: »Peter Schmoll und seine Nachbarn« (8) dessen Worte
hier beibehalten sind. Die **Umarbeitung** zeigt, gegen die erste Gestalt desselben gehalten,
Folgendes: 1. 6/8 Tact statt des früheren 4/4, so dass 1 Tact 6/8, aus 2 früheren 3/4-Tac-
ten besteht. 2.) In der Einleitung fallen 8 der 3/4 Tacte fort. 3.) Die Singstimmen sind
fast unberührt geblieben : dagegen ist die Harmonie hie und da interessanter geworden,
die Instrumentirung gegen die ältere wesentlich reicher und mannigfaltiger gefärbt : 2
Clarinetten sind hinzugekommen. Die neue Behandlung der Blasinstrumente zeigt die
zu höherer Reife gediehene Beherrschung dieser Kunstmittel. — **b.** Ueber die **Bestimmung** dieser Umarbeitung ist folgendes zu sagen : Es gab ein altes Singspiel von »Haiden«
»Der Freibrief«, das in Stuttgart bei W.'s dortigem Aufenthalte von 1807 bis 1810 mehrfach gegeben wurde. Durch seine Stellung zum Hofe sah sich W. veranlasst, zu dieser
Oper 2 neue Nummern zu schreiben : ein Duett, No. 2, zwischen Lenchen und Michel
und ein Rondo alla Polacca. N. 5, für Michel. (s. **77.**) In einem noch erhaltenen Arienbuche der Oper mit der Jahreszahl 1797, ohne Ortsangabe, findet sich nur ein Duett,
N. 2, zwischen Lenchen und Michel »Ach der Liebe Glück empfinden «; an Stelle dieses
Duetts trat nun in Stuttgart 1809 das von W. ein, mit jenem übereinstimmend als »N. 2«
und »Lenchen und Michel« bezeichnet. — **c.** Betreffs des Componisten des »Freybriefs«
v. **Haiden«**, wie es auf jenem alten Arienbuche heisst, kann an den gleichnamigen des
16. Jahrhunderts nicht gedacht werden; wohl aber ward er »Freybrief« wahrscheinlich eine
Oper Jos. Haydn's, die zu einer Zeit entstand, wo man es mit der Rechtschreibung,
selbst der Eigennamen, nicht so genau nahm, und die, wie bekanntlich viele seiner
anderen Opern, verloren gegangen sein dürfte, denn nirgends habe ich eine Spur von
ihr auffinden können. — **Recension:** Lpz. A. Mus. Ztg. XXXXII. 315.

Andante und Rondo Ungarese für die Alt-Viola.

Begleitung: 2 Violinen, 2 Violen, 2 Flöten, 2 Oboen, 2 Hörner, 2 Fagotte, Cello u. Bass.

Comp. 1809, 18. Oct. zu Ludwigsburg; s. *Autogr.* Gewidmet Fritz von Weber, dem Bruder Carl Maria's; s. *Autogr.* u. *Anm.* c.

Andante. Viola principale.

Ungarese. Allegretto.

Autograph: Partitur. Im Besitz von F. W. Jähns. Braun- u. grünmarmorirter Pappband mit 38 Seiten; klare, ins Dunkelbraune geblasste mittelgrosse Schrift; sehr starkes gelbliches Querfolio mit 10, im Rondo mit 12 Zeilen; Schlussseite leer. Titel auf p. 1: »Andante e Rondo Ungarese | per L'Alto Viola Sola | con gran Orchestro. | composta | di | Carlo Maria di Weber. | ⚹⚹⚹« Am Schluss in vertikaler Zeile: »Vollendet d: 18¹ 8ᵇʳᵉ 1809. Für Bruder Fritz in Ludwigsburg«. Oben auf dem Deckel von fremder Hand: »C. M. v. Weber«. Innen, dem Titel gegenüber, eine Notiz von mir in 18 Zeilen über Auffindung und Schenkung des Autographs. ('s. Anm. a.)

Ausgaben: Keine.

Anmerkungen. a. Die vorliegende Composition ist die ursprüngliche Gestalt des Andante e Rondo Ungarese für Fagott op. 35 (**158**), welche W.'s gedr. u. geschr. Werk-Verz. mit »Concertino per la Viola (1813), gänzlich umgeschmolzen für Fagott« aufführt. Nachdem W. sie dem berühmten Bratschen-Virtuosen Franz Xav. Semler im Autograph verehrt, war sie lange Jahre verschollen, bis ich sie im Nachlasse des Ebengenannten auffand, worauf ich sie von dessen Sohne, Herrn F. C. A. Semler zu Berlin, zum Geschenk erhielt. Obgleich das »Concertino per la Viola« mit dem »Andante e Rondo Ungarese für Fagott« (**158**) in Form wie Hauptmotiven völlig identisch ist, so ist letzteres Werk von ersterem doch sehr wesentlich unterschieden durch die Instrumentation des 2ᵗᵉⁿ Theils des Rondo und durch die dem Fagott gemässe, fast durchgängig vorgenommene Umschmelzung der Solo-Partie, wobei überdies im Andante 3 Tacte hinzukamen und im Rondo 1 Tact ausfiel, die Reprisen excl. — **b.** Mit dem *Urtheil* der Lpz. A. Mus. Ztg. XV. 177 über die reizende und originelle Composition, wenn es sich auch zunächst nur auf deren Bearbeitung für Fagott bezieht, muss man sich durchaus einverstanden bekennen. Das Wesentlichste davon ist **158** Anm. c. mitgetheilt. — **c.** Es ist nicht festzustellen gewesen, ob W. das vorliegende Werk zu einem besonderen Zweck für seinen Bruder Fritz geschrieben; doch scheint es mit C. M.'s damaliger Thätigkeit bei den musikalischen Aufführungen der Stuttgarter und Ludwigsburger Theater zusammenzuhangen; schrieb W. für diese doch gerade einige Tage vor Vollendung desselben die Stücke **77** u. **78** in die wahrscheinlich J. Haydn'sche Operette »Der Freybrief«.

80.

Trinklied. *»Weil es also Gott gefügt.«*

Für 1 Singstimme mit Begleitung des Claviers.
Text von Lehr; *Anm.* e. 6 Strophen.

Comp. 1809. 17. Nov. zu Stuttgart; *Autogr.*

Herzlich.

Uugedruckt.

Weil es al - so Gott ge - fügt, dass beim vol - len Be - cher

Strophe: 20 Tacte
Autogr.

Autograph: Stand als N. 24 im verscholl. grün. Heft *s.* 27. *Autogr.* (1810. J.)
Ausgaben: Keine. — **Abschrift** nahm Jähns.
Anmerkungen. a. Kräftig, schlicht und herzlich, ein ächtes, rechtes Trinklied in Art der älteren deutschen Weisen; wäre es seiner Zeit veröffentlicht worden, dürfte es leicht in den Mund des Volkes übergegangen sein. — **b.** Nach Mittheilungen von Frhrn. Max M. v. Weber hat derselbe dies Lied früher als Männer-Quartett wiederholt singen hören, es muss also von W. oder von anderer Hand dazu arrangirt gewesen sein; es ist mir aber nicht gelungen, etwas darüber zu ermitteln. Das Gedicht ist, als N. 2091 auf die Melodie »Mihi est propositum« angewendet, abgedruckt im Allgem. Deutsch. Lied.-Lexikon Bd. 4. Leipzig, Thenau. 1847. — **c.** *Lehr* war k. Württemb. Bibliothekar in Stuttgart. W., zu dessen nächsten Freunden gehörig, verdankt dessen Anleitung einen nicht unwesentlichen Theil seiner tieferen philosophischen und kritischen Bildung. Siehe darüber Max M. v. Weber »Lebensbild W.'s. I. 137.

81—86.

Six Pièces pour le Pianoforte à quatre mains

gewidmet »à Leurs Altesses Sérénissimes Mesdames les Princesses Marie et Amélie de Württemberg«. 1. Aufl. — *s. Autogr. u. Anm.* e.

text op. 10.

Comp. 1809. 27. Nov. zu Stuttgart; *s. Autogr.* — **op. 10.** (*s.* Anm. b.)

81. N. 1. Moderato. ♩ = 100. Jähns.

Primo. *mezza voce.*
101 Tacte, incl. 36 T. Reprisen. Autogr.

Secondo.

82. N. 2. -Andantino- con moto. ♪ = 108. J.

Primo.
80 Tacte, incl. 21 T. Reprisen. Autogr.

Secondo.

83. N. 3. Andante con Variazioni. ♩ = 112. J.

Primo.
dolce

Var. 2: ♩ = 132. | Var. 3: ♩ = 116. J.
p
128 Tacte, incl. 64 T. Repr. Autogr.

Secondo.

84. N. 4. Masurik. ♩. = 72. J.

Primo.
138 Tacte, incl. 10 T. Repr. Autogr.
p

Vivace assai e marcato.

Secondo.

85. N. 5. Adagio. ♩ = 63.

86. N. 6. Rondo. Allegro.
(«Presto», W.'s Autogr.) ♩ = 84.

Autograph: Im Besitz von Max M. Frhrn. v. Weber zu Wien. (1870. J.) Sehr starkes, rauhes kleineres Querfolio, gelblich, 10zeilig, 28 Seiten in 1 ungehefteten Lagen; mittelgrosse klare Schrift; p. 28 leer. P. 1: Titel «Six Petits Pièces à quatre Mains ∙composées et dediées | a Leurs Altesses Serenessimes Mesdames les Princesses | Marie ∙et Amelie | de Würtemberg | par | Charles Marie de Weber.» ∿ | geendigt d: 27. «November 1809», | bey Gombart gestochen im December 1809». Pag. 9 und 16 unten 2 Zeilen leer. p. 18 desgl. 6; pag. 19: die 20 Anfangstacte von N. 1 nochmals, jedoch durchstrichen; p. 21 zum Schluss des Adagio: «d: 20t 9ber 1809. Stuttgart».

Ausgaben: Erste Orig.-Ausg., Querformat: Augsburg, Gombart u. C. 2 fl. Ohne op.-Zahl. Seit 15 Jahren gänzlich vergriffen. ∥ Amsterdam, Theune. Als Livre II der «Morceaux d'amusements». 2 Gl. ∥ Berlin, Bote u. Bock. 27½ sgr. | Paez. 25 sgr. | Schlesinger. 22½ sgr. | Neue Prchtausg. hrsg. v. C. Reinecke. Ebend. 15 sgr. ». ∥ Bonn u. Berlin, Simrock. 15 sgr. ∥ Braunschweig, Litolff. 7½ sgr. | Meyer. 25 sgr. | Spehr. 22½ sgr. ∥ Hamburg, Christiani. 20 ngr. | Cranz. 20 ngr. | Niemeyer. 20 ngr. ∥ Hannover, Bachmann. 18 sgr. ∥ Leipzig, Breitkopf u. Härtel. 18 ngr. ». | Hofmeister. 25 ngr. | Nouvelle Edit. Ebend. 20 ngr. | Peters. In W.'s Orig.-Compos. zu 4 Hdn. 1e. zus. 12 ngr. ». | Siegel. 25 ngr. | Leipzig u. New-York. Schuberth u. C. Nouv. Edit. p. Klauser. Cah. I. N. 4 u. 2: 4½ ngr. Cah. II. N. 3 u. 4: 4½ ngr. Cah. III. N. 5 u. 6: 6 ngr. ». ∥ London, Chappell u. C. hrsg. v. J. Moscheles als Book II der «12 Morceaux agréables». op. 3. 6s. | Cramer u. C. ebenso. ∥ Mailand, Ricordi. Als «Sei pezzi facili». 4 fr. ∥ Paris, Lemoine. Als Livre II der 12 petites Pièce. facil. op. 3. 7 fr. 50 c. | Richault. Als op. 64 und 3te Suite der dort in 2 Suiten erschienenen «Huit Pièces à 4 m. op. 60». 9 fr. ∥ Wolfenbüttel, Holle. Als op. 3. N. 11. 7½ ngr. | **N. 6 daraus einzeln.** — Braunschweig, Spehr. 10 ngr. ∥ Hamburg, Cranz. 7½ ngr. ∥ Hannover, Bachmann. 8 sgr. | **Zu 2 Hdn. arr.** — Berlin, Bote u. Bock. 25 sgr. ∥ Dresden, Paul. 17½ ngr. ∥ Hamburg, Cranz. 14 ngr. | Hamburg u. Itzehoe, Schuberth u. Niemeyer; in: Ausw. des Vorzüglichst. aus W.'s Werk, mit Portr. u. Lebenslauf. ∥ Leipzig, Hofmeister. 17½ ngr. | **N. 2 daraus.** — Als N. 2 des Musik. Kinderfreund. Mannheim, Heckel. | **N. 4 daraus.** — Arr. v. Horwitz. Berlin, Paez. 5 ngr. | **N. 4 u. 6 zus.** — Facilité p. Brissler. Berlin, Schlesinger. 10 sgr. Leipzig, Hofmeister. 7½ ngr. | Klemm. 5 sgr. | **N. 5 u. 6 zus.** — Braunschweig, Spehr. 10 sgr. ∥ Hannover, Bachmann. 8 sgr. Als N. 1 der Mustersammml. etc. | **Für die Orgel.** — N. 2 daraus als «Andante C minor» in den «Arrangements from the Scores of the Great Masters for the Organ with pedal obligato». | **Für Orchester** hat Concertmeister Töpler in Coburg N. 2, 4 u. 5 sehr wirksam instrumentirt. Manuscript von ihm zu beziehen.

Anmerkungen. a. Eins der populärsten Werke W.'s. Wo irgend zwei Spieler sich zusammen finden, nicht nur im deutschen Vaterlande, nein, in der weiten Welt; wohin nur die allverständliche Sprache der Töne gedrungen und wo nur das Pianoforte sich eingebürgert, da erklingen auch die eben so berühmten, wie ihren Ruhm verdienenden «Weber'schen Pièces à quatre mains». Der ausserordentliche Erfolg, dieser ebenso einfachen, wie mit dem lieblichsten Melodieenzauber ausgestatteten Stücke beruht vorzugsweise in der reizvollen N. 1, der tiefsinnigen, durch ihre contrapunktische Behandlung überdies noch ausgezeichneten N. 2, den interessanten, resp. humoristischen Variationen 1 u. 2 in N. 3, dem pikant nationalen Masurik N. 4 und der schönen, schwärmerischen N. 5, wie dies schon allein die seit 50 Jahren sich immer noch mehrenden deutschen, französischen, englischen, italienischen, holländischen Ausgaben beweisen, der jenseits des Ozeans erschienenen nicht zu gedenken. — **b.** Der gedruckte *Titel* der Orig.-Ausgabe unterscheidet sich von dem des Autographs durch Weglassung der Wörter «petites» und «faciles», indem er einfach «Six pièces à 4 m.» lautet. Dabei bringen neuere Ausgaben das Op. 10 einzeln fast gar nicht, und fassen es mit Op. 3 (9.—14) als «12 pièces faciles» oder «morceaux agréables» oder dito «d'amusement» oder dergl. zusammen.

(Vergl. Ausg.) Hiebei wird gewöhnlich op. 3 mit Livre I, op. 10 mit Liv. II benannt, oft aber auch die richtige *Opus-Zahl* vertauscht oder weggelassen, was Anlass zu vielfachen Verwechslungen gegeben hat. — Wenn übrigens W. selbst in seinem gedr. und geschr. Werk-Verz. dem vorliegenden Opus 10 ursprünglich das op. 9 gegeben hat, so ist die op.-Zahl 10 für dasselbe dennoch beizubehalten, weil sie im Allgemeinen einmal dafür eingeführt ist und weil der Stich des »Thème original varié« **(55)** schon das op. 9 trägt, welchem Opus W. wieder in seinem gedr. u. geschr. Werk-Verz. das op. 10 zuertheilte. (Vergl. **55.**) Die Verwirrung zu vergrössern, trägt die op.-Zahl 10 noch der Stich der »6 Sonaten mit Violine« **(99—104)**, denen W. in jenen Verzeichnissen das op. 17 gab, welche Zahl, abweichend davon, wieder die »Ouverture à plusieurs instruments« **(54)** trägt. — **c.** Die Prinzessinnen Marie und Amélie, denen das op. 10 *dedicirt* ist, waren die Töchter des Prinzen Ludwig von Württemberg, dessen Hofe W. von 1807 an als Geschäftsführer mit dem Titel »Geheimer Secretär S. k. H.« attachirt war. Später erst trat W. ausserdem in seine künstlerische Stellung zu dem Prinzen und dessen Familie, wodurch er Lehrer der genannten Prinzessinnen wurde. — **d.** Ob das *Thema* der Variationen der N. 3 ein W.'sches Original sei, oder vielleicht von Danzi herrühre, an dessen Schreibweise es lebhaft erinnert und an den W. sich damals eng anschloss, hat sich nicht feststellen lassen. Dass es aber W. besonders anzog, ergiebt sich daraus, dass er es nicht nur bereits 1808 in seinem Potpourri op. 20 (vergl. **64**), sondern auch 1810 in den für A. v. Dusch geschriebenen Variationen **(94)** verwendete. Im letzteren Werke benutzte er ausserdem unverändert die 2te Variation, wie die harmonische Behandlung der 3ten dieser N. 3 unseres op. 10. (Vergl. **94** *Anm.*) Auch in dem komischen musik. Sendschreiben W.'s an Danzi **(60)** findet es sich vor. — **e.** »Die Six »petites pièces à 4 m. gehören »zu den graziösesten und weihevollsten früheren Clavier- »compositionen W.'s und sind in diesen Eigenschaften wenig übertroffen«. Mit diesen Worten charakterisirt Max v. Weber's »Lebensbild« W.'s I. 66 das Op. 3 und verwechselt es dabei wohl mit dem vorliegenden Op. 10, dem welches diese Anerkennung unbeschränkt passt, was in Bezug auf Op. 3 nicht der Fall ist. (Vergl. oben *Anm.* b. u. **9—14** *Anm.* a. u. c.). — *Gestochen* wurde op. 10 bei Gombart im Dez. 1809 *s. Autogr.* Als »neu angekommen« kündigt es die Lpz. A. Mus. Ztg. XIII (1811 im April) in Breitkopf und Härtels Sortiments-Artikeln an.

1810.

87.

Silvana. Romantische Oper in 3 Acten. *s. Anm.* e.

Text von Franz Karl Hiemer,

auch »Silvana, das Waldmädchen« oder »Das stumme Waldmädchen« genannt; nicht zu verwechseln mit der Oper »Das Waldmädchen« von W. aus dem Jahre 1800; *s. im Anhang I.* — *Ohne Opus-Zahl.* — Weber's 6tes dramatisches Werk.

Comp. 1810, 23. Februar zu Stuttgart; *s. Autogr. u. Anm.* b.

Instrumentirung: 2 Fl., 2 Ob., 2 Hörn., 2 Tromp., 2 Pkn., 2 V., Viola, Basse. Später schrieb W. noch 2 Clar. u. 1 Bass-Pos. hinzu. — S. Autogr. »h« u. »zu h« u. Anm. e.

Act I. N. 1. Introduction. Jäger-Chor mit **Fust. Silvana** stumm. *»Das Hifthorn schallt.«*

Adagio. Allegro. Chor. 2 Ten.

pp

Hörn.
270 Tacte, excl. 21 Tacte Repeti-en. Autogr. — Im Cl.-Ausg. 220 Tacte.

Das Hifthorn schallt.

Instr. 2 Ob., 2 Cl., 2 Tromp., 2 Fag., 2 V., Viola, Bässe.   4 Hörn. auf der Bühne.

N. 2. Arie. Krips. *»Liegt so ein Unthier ausgestreckt.«*

Allegro.

f

Bläser

83 Tacte. Autogr.

Krips. Liegt so ein Unthier ausgestreckt, dann lacht sich's freilich gut.

Instr.: 2 Fl., 2 Ob., 2 Fag., 2 Tromp., 2 Pkn., 2 V., Viola, Bässe.

N. 3. Jägerchor. 2 T. 1 B. *»Halloh, im Wald nur lebt sich's froh!«*

Marcia. 2 Ten.

4 Hörn.
u. 2 Tromp. *ff*   *p*   Hal-loh! Halloh!   Im Wald nur lebt sich's froh.
60 Tacte. Autogr.

Bass.

Instr.: 2 Fl., 2 Ob., 2 Cl., 4 Horn., 2 Tromp., 2 Fag., 2 V., Viola, Bässe.

N. 4ᵃ. Arie. Rudolf. *»Arme Mathilde.«* Durch W. 1812 verworfen und durch N. 4ᵇ ersetzt.
S. Anm. o.

Adagio.
Fl. Solo.   Recit.

p   Rudolph. Ar - me Ma-thil-de!
216 Tacte. Autogr.

Fag. Solo.

f

Instr.: 2 Fl., 2 Ob., 2 Clar., 2 Horn., 2 Fag., 2 V., Viola, Basse.

N. 4b. Arie. Rudolf. *»So soll denn dieses Herz«* (für die von W. verworfene N. 4a 1812 componirt. S. Anm. o. »Zu N. 4b«.)

Adagio.
Viol.   Recit. Rudolph.

p

Cello   *p*So soll denn dieses Herz nie   Liebe finden? Dies
157 Tacte. Autogr.

Viola

Instr.: 2 Fl., 2 Cl., 4 Hörn., 2 Fag., 2 Tromp., 2 Pkn., 2 V., Viola, Bässe.

N. 5. Duett. Rudolf u. Krips. *»So geh' und führ' aus jener Höhle«*
Allegro moderato. S. Anm. o. »Zu N. 5« Rudolph.

mezza voce Violinen.

f

So geh' und führ' aus jener Höhle das Mädchen her!
170 Tacte. Autogr.

Instr.: 2 Fl., 2 Cl., 2 Hörn., 2 Fag., 2 V., Viola, Bässe.

N. 6. Ariette. Krips. *»Ein Mädchen ohne Mängel.«*
Allegro.

ff

Krips. Ein Mädchen oh - ne   Mängel,   der   Anmuth Mei - ster - stück,
34 Tacte ohne 2. und 3. Str. Autogr.

Instr.: Solo-Fl., Solo-Fag., 2 V., Viola, Bässe.

N. 7. Scene. Rudolph mit Silvana. *»Willst du nicht diesen Aufenthalt«*
Andante con moto.
Violini con sordini.

Rudolph

Cello senza sordini

Willst du nicht diesen Aufent-halt
167 Tacte. Autogr.

Instr.: 2 Violini (con sordini), Viola, Cello (senza sordini), Bässe.

N. 8. Finale. Silvana. Chor (2 T. 1 B.). **Rudolph.** *»Geniesst, jedoch bescheiden«*

Vivace. *Tanz der Silvana.*

Oboe 1mo. Rudolph.

pp — Ge - niesst, je - doch be - schei - den,

333 Tacte, excl. 15 Tacte Reprisen in Silvana's Tanz, doch incl. der 1 ausgeschriebenen Str. des Liedes mit Chor, Mod. C dur ³/₄, u. incl. der ausgeschriebenen, später gestrichenen Wiederholung von Tact 21 bis incl. 44 des Allo. C dur ⁶/₈. — (Im Clav.-Ausz. 245 Tacte.) (S. Anm. e. zu N. 8.)

Instr.: Flöte u. Picc., 2 Ob., 2 Cl., 2 Hörn., 2 Fag., 2 V., Viola, Bässe. Im Anhang
zum Finale noch 2 Tromp. u. 2 Pkn.

Act II. N. 9. Duett. Mechtilde. Adelhart. *»Wag' es, mir zu widerstreben!«*

Allegro risoluto.

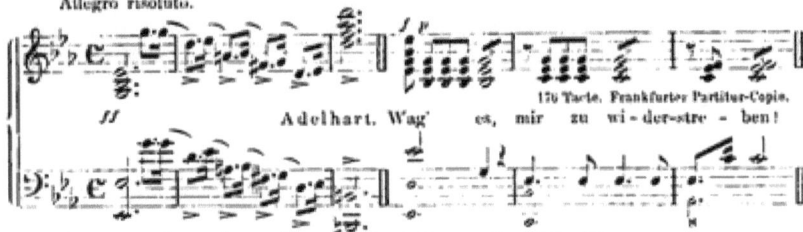

ff — Adelhart. Wag' es, mir zu wi - der-stre - ben!

176 Tacte. Frankfurter Partitur-Copie.

Instr.: 2 Fl., 2 Ob., 2 Hörn., 2 Cl., 2 Fag., 2 V., Viola, Bässe.

N. 10ᵃ. Arie. Mechtilde. *»Weh mir, es ist geschehn!«* (Von W. 1812 verworfen u. durch
10ᵇ ersetzt. S. Anm. e. »zu N. 10ᵃ.«)

Allegro. Recit. Andantino. Clar. Solo.

f — Weh mir. es ist geschehn!

238 Tacte. Frankfurter Part.

Cello.

Instr.: 2 Fl., 2 Ob., 2 Cl., 2 Hörn., 2 Fag., 2 Tromp., 2 Pkn., 2 V., Viola, Bässe.

N. 10ᵇ. Arie. Mechtilde. *»Er geht! Er hört mich nicht!«* (Für die von W. verworfene N. 10ᵃ
1812 componirt. S. Anm. e. »zu N. 10ᵇ.«)

Recit. Andante.

f — Er geht! Er hört mich nicht! Wie war ich so hei - ter, so

134 Tacte. Autogr.

Instr.: 2 Fl., 2 Ob., 2 Hörn., 2 Fag., 2 V., Viola, Bässe.

N. 11. Quartett. Mechtilde, Klärchen, Albert, Kurt. »Mechtilde!

Mechtilde.
Ge - lieb - - ter!
171 Tacte. Frankfurter u. berliner Partitur-Copieen. (Im Clav.-Ausz. 169 Tacte.)
Albert: Mechtil-de! Mech-til - - - de!

Instr.: 2 Fl., 2 Cl., 2 Hörn., 2 Fag., 2 V., Viola, Cello u. Bass.

N. 12. Ballo. (Tanz.)

102 Tacte, excl. 2* Reprisen. Frankfurter u. berliner Partitur-Copieen.

Instr.: 2 Fl., 2 Ob., 2 Hörn., 2 Tromp., 2 Pkn., 2 Fag., 2 V., Viola, Cello u. Bass.

N. 13. Arie. Rudolph. »Ich liebe dich!«

(Zu Silvana.)
Ich lie-be dich! Darf ich dich fragen,
17* Tacte. Frankf. u. berl. Partitur-Copieen.

Instr.: Oboe Solo, 2 Cl., 2 Hörn., 2 Fag., 2 V., Viola, Bässe.

N. 14. Arietta. Krips. »Sah sonst ich ein Mädchen«

64 Tacte, ohne Str. 2 u. 3. Frankf. u. berl. Part.-Copieen.
Krips: Sah sonst ich ein Mäd-chen be-scheiden u. stumm

Instr.: Violino Solo, 2 Clar., 2 Hörn., 2 V., Viola, Bässe.

13 *

N. 15. Finale. Chor. (S. A. T. B.) **Mecht., Rud., Alb., Herold, Adelhart.** *»Triumph!«*

Marcia maestoso.   Chor. S. A.

ff   Tri - umph!   Tri - umph! Tri-umph dem

Zus. 161 Tacte, excl. 21 Tacte Reprisen. Frankf. u. beet. Part.-Copieen. (183 Tacte im Clav.-Ausz.)

Ten. Bass.

con 8va·······················   bis

Instr.: 2 Fl., 2 Ob., 2 Cl., 4 Hörn., 2 Tromp., 2 Pkn., 2 Fag., Bass-Pos., 2 V., Viola, Bässe.

Act III. N. 16. Albert. Chor. (2 T. 1 B.) *»Wie furchtbar die Wolken sich schwärzen!«*

Allegro.

pp   ff   113 Tacte. Autogr.

Chor. (2 T. 1 B.) Wie furchtbar die Wol - ken sich schwärzen!

trem.

Instr.: 1 Fl. u. 1 Picc., 2 Cl., 4 Hörn., 2 Fag., Bass-Pos., 2 Pkn., 2 V., Viola, Bässe.

N. 17. Arie. Adelhart. *»Welch schrecklich Loos fiel mir vom Himmel zu!«*

Andante.   Bläser.   Recit.

pp   121 Tacte. Autogr.

Adelhart: Welch schrecklich Loos fiel mir vom Him-mel zu!

ff

Instr.: 2 Fl., 2 Ob., 2 Hörn., 2 Fag., 2 Tromp., 2 Pkn., 2 V., Viola, Bässe.

N. 18. Terzett. Mechtilde, Rudolph, Adelhart (u. Silvana). *»Nieder mit ihr!«*

Allegro vivace.   Adagio.   Mecht.

Der sich er-bar - mend naht.

238 Tacte. Autogr.

Adelhart: Nie-der mit ihr!   Adelh.   Rud.

Ha, schändlicher Verrath! Doch an-ders muss sich's wenden!

Instr.: 2 Fl., 2 Ob., 2 Cl., 2 Hörn., 2 Fag., 2 V., Viola, Bässe.

N. 19. Finale. Chor. (S. A. T. B.) *»Mit dem Liebesgott im Bunde«*

Chor. (Dann Fackeltanz.)

Instr.: 2 Fl., 2 Ob., 2 Cl., 2 Hörn. (noch 2 Hörn. im Anh. des Finales), 2 Tromp., 2 Pkn., 2 Fag., 1 Bass-Pos., 2 V., Viola, Bässe.

Diese Oper hat im Ganzen **3826** Tacte, excl. 174 Tacte Reprisen; auch die D. C. und die nur angezeigte Wiederholung von Gesangstrophen sind dabei nicht mitgezählt.

Autographe. Partitur, unvollständig. — Davon *unbekannt:* Act II mit Ausnahme der Arie N. 10^b. — *Bekannt: a.)* Act I. — *b.)* Act III. — *c.)* Die Arie N. 1^b. — *d.)* Die Arie N. 10^b. (*c* u. *d*, 1812 nachcomponirt: jede einzeln; s. Anm. *e*.) — *a, b, c, d,* in Besitz von M a x M. Frhrn. v. W e b e r zu Wien. (1870, J.) — *e.)* Skizze zum neuen Schluss von Finale I, im Besitz des General-Consuls G. M. Clauss zu Leipzig (1870. J.) — *f.)* Partitur einer von W. aus der Erinnerung aufgeschriebenen Seite des Finales II, im Besitz der Bibliothek der »Gesellschaft der Musikfreunde« zu Wien. (1863. J.) — *g.)* 2 Clarinetten u. 1 Bassposaune zur Ouvertüre, 1822 von W. hinzucomponirt, im Besitz von M a x M. Frhrn. v. W e b e r zu Wien. (1870. J.) — *Bemerkungen zu diesen Autographen: Zu a.)* Starker gut erhaltener Halbfrzbd., braun marmorirt; auf dem Rücken in Gold: »Silvana | I. Act. | »(unten)« C. M. v. Weber. Durchweg sehr starkes gelbliches Querfolio. 196 Seiten. Titel von meiner Hand. Davon leer: p. 108, 136, 144, 192, 196. Mittelgrosse, sehr deutliche Schrift mit äusserst wenigen Correcturen: im Texte noch der steifere Ductus aus früherer Zeit, wie in den beiden Partituren von »Peter Schmoll«. — *Ouvertüre:* Zum Schluss von W.'s Hand »renovata il 23. Marzo 1809«. — *N. 1:* Zum Schluss »Finito il 2do Marzo 1809«. — *N. 2:* Zum Schluss »d. 20. März 1809«. — *N. 3:* z. Schl. »d. 18. Juli 1808. Ludwigsb(urg) comp: notirt d. 13. März 1809«. — *N. 4:* Zu Anfang überschrieben »d. 13. December 1808«. — *N. 5:* Z. Schl. »Finito il 16ten Marzo 1809 Stuttgart«. — *N. 6:* Z. Schl. »d. 25. März 1809«. Text von Strophe 2 u. 3 auf p. 113, darunter »×× (s. 7 *Anm. b*.) — *N. 7:* Z. Schl. »Notirt d. 12. April 1809«. — *N. 8:* Dazu p. 193 bis Hälfte 195: Anhang, 2 Trompeten u. 2 Pauken »zum Finale N. 8. Vivace«. — *Zu b.)* Ungebunden in 13 Lagen, Querfolio mit 104 Seiten; davon leer: p. 20. Papier und Format der ersten 8 Lagen von p. 1 bis 80: wie bei Act I; die letzten 5 Lagen: grau bläuliches Querfolio. Schrift überall wie bei Act I. Auf p. 1 von W.'s Hand mit Bleistift »Silvana III^{ter} Act«. — *N. 16:* Z. Schl. »Stuttgart d. 5. Januar 1810«. — *N. 18:* Z. Schl. »d. 7. Januar 1810 in Stuttgart«. — *N. 19:* z. Schl. »Componirt d. 8^t Februar 1810 in der Nacht nach der Versiegelung, instrumentirt d: 23^t Februar. (Vergl. Max v. Weber »Lebensbild« W.'s. I. 170—177.) p. 104: Anhang von 2 Hörnern in D zu »Coro Finale, Fackeltanz, Coro Presto«. — Von diesen Acten I u. III ist: Papier 10zeilig, Partitur 7zeilig bei N. 6 und 7; — Pap. u. Part. 10z. in Ouvert., N. 2, N. 4 in Satz 1, Cmoll u. Esdur u. N. 5, — Pap. 12z., Part. 11z in N. 17. — Pap. u. Part. 12z. in N. 1, 3, 4 im Schluss-Allo. Cdur) S. 16, u. 18. — Pap. u. Part. 11z. in N. 19. — *Zu c.)* 5 Bogen grau grünliches grosses Querfolio. 17 beschriebene Seiten, die letzten 3 leer; Papier 14zeilig, Partitur 12zeilig; Schrift mittelgross. P. 1 von W. überschrieben »zur Oper Silvana comp: in Berlin d. 30^t »Juny 1812. C. M. v. Weber. Dabei einige Bemerkungen von mir mit Bleistift. — *Zu d.)* 3^{1}/$_{2}$ Bogen grau grünliches (auf p. 1 sehr vergilbtes) grosses Querfolio: 13 beschriebene Seiten, letzte leer; Papier 10zeilig, Part. 9zeil. Schrift mittelgross. P. 1 von W. überschrieben mit Bleistift »Zur Silvana II^{ter} Act«. Ausserdem Bemerkungen von mir mit Bleistift. — *Zu e.)* 1 Seite eines grau gelblichen 10zeiligen halben Bogens Querfolio. Die 31 letzten Tacte des Moderato Cdur $^4/_4$. Finale I. Kleinere Schrift. Auf der Rückseite das Autograph von **47 A.** — ***Zu f.)*** 1 Seite Querfolio. Die Tacte **50** bis **61** incl. des letzten Allo. Esdur $^4/_4$; 1822 von W. in Wien aus der Erinnerung aufgeschrieben zur Aufführung des 2. Finales der Oper daselbst. Die Instrumentirung ist abweichend von der der Copieen der Orig.-Part., auch ist hier der Chor vier-, wo er dort dreistimmig. — ***Zu g.)*** 1 Blatt starkes gelbliches Querfolio, 14zeilig, $1^1/_2$ Seite beschrieben. Als W. 1822 die Ouvertüre als Einleitung zum Festspiel **289** verwendete, schrieb er diese Clarinetten und Bass-Posaune zur alten Instrumentirung der Ouvertüre hinzu; jetzt ist dies Autograph zwischen p. 2 u. 3 des Autographs *a* eingeklebt. *S. Anm.* **e.** Ouvertüre. — (Ueber die Abweichungen der alten frankfurter und berliner Copieen und des neuen Clav.-Auszugs von der Original-Partitur siehe unten *Anm.* **e.**)

Ausgaben: ***I. In ursprünglicher Gestalt:*** **Vollständige Orchester-Partitur.** Angekündigt von der Schlesinger'schen Musikalien-Verlagshandlung in Berlin; noch nicht erschienen. | **Partitur der Ouvertüre.** — Berlin, Schlesinger. 8°. $1^3/_4$ thlr. *n.* (Siehe Anm. **e.** Ouvertüre.) ‖ Paris, Richault. Petit Form. 4 fr. 50 c. *n.* | **Orchester-Stimmen 1) der Ouvertüre.** — Berlin, Schlesinger. $1^5/_{12}$ thlr. — **2) der Arie 4**[b]: *»Er geht«.* Ebend. $1^1/_3$ thlr. — ***II. Arrangements:*** **A. Mit Text: 1) Clav.-Auszug** vom Compon. Erste Orig.-Ausg. in Typendruck, 1812 erschienen als »Heroisch-komische Oper«. Berlin, Schlesinger. 3 Thlr. Es fehlen darin N. 1, 2, 3, 12, 15, 16 u. 19. | Neue vollständige Ausg. arr. v. Comp. Ouvertüre u. alle 19 Nummern. Mit deutschem u. ital. Text. 1828. Ebend. $6^1/_2$ thlr., jetzt 2 thlr. *n.* — **2) Alle Nummern einzeln im Clav.-Ausz.** Ebend. ‖ Hamburg, Cranz. ‖ Mainz, Schott. ‖ Offenbach a. M., André. — **3) Diverse Nummern einzeln. a. Im Clav.-Ausz.** — Berlin, Schlesinger. | Auch in C. Blum's »Rückkehr in's Dörfchen« als N. 4, 12, 14. Ebend. ‖ Leipzig, Hofmeister. ‖ Mainz, Schott. | Offenbach a. M., André. ‖ Prag, Berra. | Wien, Witzendorf. — **b. Mit Pfte. u. Flöte ad lib.** — Berlin, Paez. — **c. Mit Pfte. od. Guit.** — Ebend. Concha. — **d. Mit Guit. u. Flöte.** — Ebend. Paez. — **e. Mit Guit.** — Bremen, Stock. — **B. Ouvertüre einzeln in Arrangements: a. Für Pfte. zu 4 Hdn.** — Berlin, Schlesinger. $^2/_3$ thlr. | Neue Prachtausg. Ebend. $^1/_4$ thlr. *n.* ‖ Braunschweig, Litolff. $^1/_6$ thlr. | Spehr. $^1/_2$ thlr. ‖ Hamburg, Cranz. $^1/_2$ thlr. ‖ Hannover, Bachmann. $^1/_2$ thlr. ‖ Arr. v. V. Cranz: Leipzig, Hofmeister. $^1/_2$ thlr. | Peters. Alle 10 Ouvert. W.'s. zus. $^1/_2$ thlr. ‖ London, Augener u. C. | Arr. v. Rimbault: Cramer u. C. 4 P. ‖ Paris, Brandus u. Dufour. 6 fr. | Lemoine. 6 fr. | Richault. 4 fr. 50 c. ‖ Wien, Sauer u. Leidesdorf. ‖ Wolfenbüttel, Holle. 5 sgr. — **b. Für Pfte. zu 2 Hdn.** — Arr. v. Comp. Berlin, Schlesinger. 8 ggr. | Neue Prachtausg. Ebend. 5 sgr. *n.* ‖ Braunschweig, Litolff. $2^1/_2$ sgr. | Alle 10 Ouvert. zus. 10 sgr. *n.* ‖ Leipzig, Peters. Alle 10 Ouvert. W.'s. zus. 12 ngr. ‖ London, Augener u. C. ‖ Prag, Berra. 24 xr. ‖ Wolfenbüttel, Holle. $2^1/_2$ sgr. — **C. Arrangements ohne Text: 1) Die vollständige Oper. a. Für Pfte. zu 4 Hdn.** — Arr. v. Girschner. Berlin, Schlesinger. 5 thlr., jetzt 2 thlr. — **b. Für Pfte. zu 2 Hdn.** Ebend. $2^2/_3$ thlr. — **2) Diverse Nummern. — a. Für Pfte. zu 4 Hdn.** — Hamburg, Cranz. — **b. Für Pfte. zu 2 Hdn.** — Berlin, Schlesinger. ‖ Hamburg, Cranz. ‖ Hannover, Kruschwitz. ‖ Leipzig, Hofmeister. ‖ Prag, Berra. ‖ Wien, Witzendorf.

Anmerkungen. a. ***Entstehung, Characterisirung.*** Silvana ist aus der zweiten Oper W.'s »Das Waldmädchen« von 1800, hervorgegangen; W. selbst sagt (s. dessen hinterl. Schriften Bd. I. Vorwort p. XII. Dresden. 1828): »In Stuttgart schrieb ich eine Oper Silvana nach dem Süjet des früheren Waldmädchens, von Hiemer neu bearbeitet«. Silvana wird deshalb oft mit jener alten, jetzt bis auf einige Fragmente verschollenen Oper »Das Waldmädchen« verwechselt, um so mehr, als Silvana bei ihren Aufführungen hie und da »Silvana, das Waldmädchen« oder »das stumme Waldmädchen«, genannt wurde; hatte doch der Dichter sogar einige Personen-Namen (Silvana, Krips, Mechtilde) aus dem alten »Waldmädchen« in die neue »Silvana« mit herübergenommen. (*s.* Themata: N. 4[a], *Anm.* **f.** und »Das Waldmädchen« Anh. 1.) Fr. Rochlitz, den W. wohl mit seiner Jugendgeschichte näher bekannt gemacht, scheint von demselben noch ausführlichere Mittheilungen über Benutzung jenes früheren musikalischen Materials zu Silvana empfangen zu haben, wie er dies in der Beurtheilung von deren neuem Clav.-Auszuge in der Lpz. A. Mus. Ztg. 1828 p. 517 andeutet. — Als W. 1807 nach Stuttgart kam, lernte er bald den als Dichter mehrerer beliebter Operntexte bekannten Franz Karl Hiemer kennen; W. veranlasste ihn, den Inhalt des in Dichtung und Composition unreifen vergessenen »Waldmädchens« neu zu bearbeiten, und zwar, wie es scheint, mit besonderem Hinblick auf Erhaltung von Einzelnem der Musik der alten Oper, wenn auch nur betreffs der Grundideen derselben. Die Benutzung der *Ouvertüre* des Waldmädchens zu der der Silvana konnte am leichtesten geschehen, weil keine Rücksicht auf den Text zu nehmen war, und das »renovata« des Autographs der Silvana-Ouvertüre bestätigt augenscheinlich die Erneuerung der alten Ouvertüre zu diesem späteren Zweck. In wie weit diese Erneuerung eine Umarbeitung war, lässt sich nicht

mehr feststellen; jedenfalls trägt sie wohl am deutlichsten die Schwächen der ersten
Gestalt an sich, da sie weit hinter dem Gehalte und der characteristischen Bedeutung der
übrigen Oper zurücksteht. Aus der Benutzung *anderer Theile* des alten Waldmädchens
zur Silvana (s. *Anm.* f.), welche vielleicht umfassender war, als man bei der vorliegenden Gestalt der Oper glauben möchte, würde es nun erklärlich erscheinen, dass Einzelnes
derselben an Werth ziemlich auffallend contrastirt gegen Anderes, das uns den reifenden
Meister deutlich erkennen lässt; denn, abgesehn von mancherlei Gefälligem, Reizvollen,
ja Geistreichen in den kleineren Stücken, wobei jedoch auch des in breiteren Verhältnissen ausgesponnenen schönen Quartetts N. 11 besonders zu gedenken ist, zeigt uns
das 2te Finale durch Lösung einer complicirteren dramatischen Aufgabe eine so mächtige
Gestaltungs- und Steigerungs-Kraft — die an späteres Bedeutendes von W., ja sogar
an Aehnliches in Euryanthe erinnert —, dass die Oper, wenn auch ungleich im Ganzen,
sich dennoch als der erste Schritt zu seiner Meisterschaft als dramatischer Componist
kennzeichnet und dadurch höchst bedeutungsvoll wird. Ich kann mich deshalb mit Otto
Jahn's Aeusserung in einem Briefe an W.'s Sohn (v. 9. Mai 1861) nicht einverstanden
erklären, wenn er sagt: »Der Fortschritt von Silvana zum Freischütz ist mir fast unbegreiflich gewesen«. Die den Uebergang zum Freischütz vorbereitenden und vermitteln-
den Elemente sind mir bei immer genauerer Kenntniss der Silvana fortgesetzt deutlicher
darin zu Tage getreten. Und wie schwer wiegen 8 Jahre im Entwickelungsprozess eines
hochbegabten Geistes! — Sehr bedeutsam und characteristisch über Silvana und seine
Ziele als Componist überhaupt hat W. sich selbst ausgesprochen in der Selbstbetrachtung, welche er in der Zeit der Proben zu den Berliner Aufführungen 1812 in sein Tagebuch schrieb, worauf hiemit angelegentlich verwiesen wird. (S. hier unten *Anm.* e.)
Ausserdem sei nochmals aufmerksam gemacht auf die schon anfangs dieser Anm. erwähnte
Besprechung der Oper in der Lpz. A. M. Ztg. von 1828, und zwar diesmal besonders
des Pro und Contra wegen, welche darin betreffs dieser Jugendarbeit des nicht lange
vorher entschlafenen Meisters streng erwogen werden. (S. mehr unter *Anm.* e. Berlin.)

b. Die *Compositions-Daten* von 10 Nummern des I. u. III. Acts der Oper giebt
W.'s Autograph der Partitur; sie erstrecken sich über den Zeitraum vom 18. Juli 1808
bis 23. Febr. 1810. (S. Beschr. des Autogr.) Die später so ergiebige Quelle von W.'s
Tagebuch fliesst hierfür noch nicht, da W. dasselbe erst mit dem 26. Febr. 1810,
dem Tage, wo er für immer Stuttgart verlässt, beginnt. Ebenso giebt das Autograph die
Compositions-Daten der nachcomponirten Arien 4b und 10b (s. Autogr. c u. d). — Der
alte, unvollständige *Clavier-Auszug* von 1812 wurde laut Tageb. zwischen dem 27. Juli
und 14. Aug. 1812 von W. verfasst; er erhielt ihn *gedruckt* am 24. Oct. von Schlesinger; der neue, vollständige *erschien* erst 1828 nach W.'s Tode; die dem alten fehlenden, hier hinzugekommenen Nummern 1, 2, 3, 12, 15, 16 und 19, die das Tageb. nicht
nennt, sind wohl nicht von ihm arrangirt. N. 6 und 11, die schon der alte Cl.-Auszug
enthält, hatte W. schon am 20. Sept. 1810 bei André in Stich gegeben (Tageb.).

c. *Aufführungen, Urtheile.* Singende Personen der Oper: 1. Mechtilde, 2. Klara:
Soprane; 3. Rudolph, 4. Albert, 5. ein Herold, letzterer singend nur im Clav.-Auszuge
aufgeführt: Tenore; 6. Adelhart, 7. Krips, 8. Fust, 9. Kurt: Bässe; Chor: Sopr., Alt, 2
Tenore, Bass; bei der ersten aller Aufführungen, der zu **Frankfurt a. M.** am 16. Sept.
1810, laut mir vorliegendem Theater-Zettel, gesungen: 1. und 2. von den Mlls. Lang und
Isermann, 3. und 4. von den Herren Mohrhardt und Hill, 6. 7. 8. 9 von den Herren
Berthold, Lux, Leissring, Krönner. — Die Oper gefiel hiebei sehr, trotz mancher äusserlichen Hindernisse und dem Wegfall der Arien des Rudolph, der Mechtilde und des Adelhart; W. wurde sogar herausgerufen. (Vergl. Morgenblatt 1810 p. 918 u. 976.) — Ent-
scheidender aber war der Erfolg der von ihm selbst dirigirten ersten Aufführung zu
Berlin am 10. Juli 1812, bei welcher er auf manchen Widerstand stiess und unter Anderm mit der Abneigung Righini's und B. A. Weber's zu kämpfen hatte, und welche
eine Polemik der dortigen politischen Blätter hervorrief, die sich einerseits bis zu einem
Sonett zu Ehren des Componisten steigerte, andrerseits bis zu schneidendem Spotte gegen
denselben hinabstieg. (S N. 87 d. berl. Voss. Ztg. 1812.) Dieser Polemik folgten aber bald
von Berlin aus zwei dem Werke günstige Rezensionen in der Lpz. A. Mus. Ztg. XIV. p. 532
u. 572 ff., deren letztere dasselbe kritisch ruhig und eingehend beleuchtet, und ihr Urtheil
dahin zusammenfasst: »Silvana ist ein Werk, in dem der Künstler den höheren Forde-

rungen an die dramatische Musik mit sichtbar glücklichem Erfolge zu genügen gestrebt hat. Feste Haltung und Einheit der Charactere, Wahrheit des musikalischen Ausdrucks, lebendiges inniges Gefühl, originelle und doch nie überladene Instrumental-Begleitung, verbunden mit vorzüglicher Reinheit des Satzes: dies sind die wesentlichen Vorzüge, die der Oper einen bleibenden Werth geben«. — Diese Berliner Aufführungen wurden zugleich Veranlassung zur Niederschrift einer bedeutungsvollen k ü n s t l e r i s c h e n *Selbstbetrachtung W.'s*, die uns dessen Tagebuch aufbewahrt hat und die nicht nur von Interesse hinsichtlich seiner Silvana, sondern zugleich ein so wichtiger Beitrag zur Kenntniss von W.'s Character ist, dass dieselbe hier unverkürzt Platz finden möge. — Als nemlich der später durch seine Forschungen im Gebiete altgriechischer Musik so bekannt gewordene Componist Friedr. v. D r i e b e r g, ein Freund W.'s, diesem in der Zeit der Einstudirung der Oper seine Meinung über dieselbe mitgetheilt, schreibt W. am 13. Mai 1812 in sein Tagebuch: »Früh zu Drieberg gegangen. Er sagte mir, dass alles mit meiner Oper gut »gehen würde, und machte mir verschiedene Bemerkungen: ich hasche nach Effecten, »das Instrumentale sei die brillanteste Seite, die Singstimmen zuweilen vernachlässigt, und »ein Stück sähe dem andern ziemlich ähnlich, so dass eine gewisse Eintönigkeit sich über »das Ganze verbreite. — An der ersten Bemerkung finde ich viel Wahres; meine Oper »Abu Hassan« (1811) »ist bei weitem klarer und gediegener, und eine neue Oper, die ich »schreibe, wird gewiss höchst einfach und mit wenigem Aufwand effectuirt. manche Stükke, »die erste Arie des Rudolph und die der Mechtilde« (die W. vor der berliner Aufführung noch verwarf und für die er zwei neue. Ende Juni und Anfangs Juli, schrieb) »haben durch »Streichen derselben ihren ursprünglichen musikalischen Zusammenhang verlohren und »sind nun bunt geworden etc. Die Instrumentation ist freylich stärker, als ich sie jetzt »machen würde, aber doch um nichts mehr als eine Mozart'sche etc. beladen. — Die »l e t z t e Bemerkung machte mich sehr traurig, weil ich ihre Wahr- oder Unwahrheit »nicht beurtheilen kann. Sollte ich keine Mannigfaltigkeit der Ideen besitzen, so fehlt »mir offenbar Genie, und sollte ich mein ganzes Leben hindurch alle mein Streben, alle »meinen Fleiss, alle meine glühende Liebe einer Kunst geopfert haben, zu welcher Gott »nicht den ächten Beruf in meine Seele gelegt hätte? — Diese Ungewissheit macht mich »höchst unglücklich. um keinen Preiss möchte ich in der Mittelklasse von den 1000 und »1000 Compositeurleins stehen; kann ich nicht eine hohe eigne Stuffe erklimmen, möchte »ich lieber gar nicht leben, oder als Klavier-Professionist mein Brod mit Lectionen zu- »sammen betteln. — — Doch ich will meinem Wahlspruch keine Schande machen, B e- »h a r r l i c h k e i t führt zum Ziel — ich werde streng über mir wachen, und die Zeit »wird mich und die Welt belehren, ob ich mit Nuzzen diese ächt aufrichtige Meynung »benuzzt habe«. — Der gute Erfolg der Oper in Berlin am 10. Juli hob auf seine Haupt- bedenken und liess ihn zwar denselben mit fortgesetzter Selbstprüfung betrachten, jedoch auch an diesem Abend in sein Tagebuch schreiben: »Abends endlich nach allen Kaba- »len und Erklärmlichkeiten die erste Aufführung der Silvana. Gleich die Overt: wurde »applaudirt und die Introd: dann Eunikes Arie« (N. 1) »das Duett« (N. 5) »das »Vielleicht« »(N. 6) »und das Finale unmenschlich. im 2¹ Akt auch Vieles, besonders das Finale. »nach dem 3ᵗᵉⁿ Akt ein allgemeines Bravo im Hause. Mlle. Maass (Silvana) herausge- »rufen, Eunike rasend beklatscht, wie er abdankte. und so hat also Gott sey Dank die »gute Sache gesiegt. Die Aufführung gieng vortrefflich. Chöre, Orchester, alles mit der »grössten Präzision. Durch die neuen Arien (4ᵇ u. 10ᵇ) hat die Oper sehr gewonnen. »erst hier ist mir die wahre Ansicht über Arien-Form erschienen. Die alten waren zu »lang, dann gestrichen, verlohren sie den ächten Zusammenhang und wurden zu bunt. »ich habe auch bemerkt, dass ich sehr über meiner Manier wachen muss, um nicht mono- »ton zu werden. in meinen Melodie-Formen sind die Vorhalte zu oft und zu vorherr- »schend. auch in Hinsicht des Tempos und des Rythmus muss ich künftig mehr Ab- »wechslung suchen. hingegen finde ich Instrumentation gut. Alles machte Effekt, ganz »anders wie in Frankfurt und die Singstimmen traten schön hervor. Selbst meine Feinde »gestehen mir Genie zu, und so will ich denn bei Anerkennung meiner Fehler doch mein »Selbstvertrauen nicht verliehren und, muthig und vorsichtig über mir wachend. fort- »schreiten auf der Bahn der Kunst«. — Wie treu W. gestrebt hat, die hier gewonnene Erkenntniss in der Folge auf sich wirken zu lassen, hat die Erfahrung gelehrt, obwohl manche Ansicht, z. B. die über Arien-Form, er später zu ändern sich veranlasst fand und wieder Anderes zu tief in seinen Anlagen begründet lag, um es zu seinem Vortheil ganz aus seinem Wesen auszuscheiden. — Unter den Aufführungen der Oper in n e u e r e r Zeit ist am erwähnenswerthesten die zu **Dresden** Ende Juli 1855, über welche der berliner Vossischen Zeitung vom 21. Aug. d. J. von dort aus unter Anderm geschrieben wird: »Silvana ist eine gesunde Musik, trotz mancher kleiner Auswüchse, die auf eine frühe Entstehung deuten.« — »Wenn auch die klar ausgeprägte Genialität der späteren Werke in diesem nicht so prägnant und scharf hervortritt, so begegnet uns doch schon die reiche, unversiegliche Quelle von Melodien, die characteristische Wahrheit und Eigenheit der harmonischen Behandlung, die leichte, gefällige und anmuthige Gestaltung der Form, die W.'s vollendetere Erzeugnisse characterisiren und sie zu Lieblingen nicht nur der Kunstfreunde, sondern im besten Sinne des Wortes zu Lieblingen ganzer Völker gemacht haben«. — — Die Oper wurde zu **Berlin** 1814 u. 1826 neu einstudirt, wie auch 1858 auf der dortigen Kroll'schen Bühne aufgeführt. Ausserdem wurde sie gegeben zu **Bremen** 1817, neu einstud. 1829; zu **Dresden** zuerst um 1815 von der dortigen Seconda'schen Truppe; zu **Leipzig** 1818; zu **Königsberg** 1821, neu einstud. 1830; zu **Riga** 1823; zu **Prag** 1817, neu einstud. 1825; zu **Weimar** 1831; zu **Würzburg** (1811?); das 2te Finale der Oper im Concert zu **Wien** 1822. — Die Oper, deren ausführlicher Titel in der Original-Partitur fehlt, wurde laut Theater-Zettel der ersten Aufführung zu Frankfurt a. M. »heroisch« genannt, anderweitig, z. B. im alten Clav.-Auszug von 1812 »heroisch-komisch«, in der alten Frankfurter Partitur und im neuen Clav.-Ausz. von 1828 »romantisch«; auch finden sich die Personen-Namen »Mechtilde, Albert und Klara« in den verschiedenen Partituren u. Clav.-Auszügen mit »Mathilde, Philipp und Klärchen« vertauscht.

d. Von den vielen Silvana betreffenden *brieflichen Mittheilungen W.'s*, die mir vorliegen, mögen einige hier stehen, da sie uns seine stets fesselnde geistige Erscheinung wieder besonders lebendig zur Anschauung bringen. So schreibt denn W. seinem Freunde Gänsbacher 16. Mai 1812 von Berlin: »Ich glaube, dir schon früher geschrieben zu »haben, dass Rhigini Kabale macht, weil er damals die Oper liegen liess und erklärte, »man könne sie nicht aufführen. Den 11. d. war endlich eine grosse Probe, die ich selbst »dirigirte; das Orchester liebt mich sehr und alles ging so vortrefflich, als ob wir es schon »10mal probirt hätten; alle waren erstaunt, erkannten die Musik nicht wieder, und nun »hoffe ich, soll der Aufführung nichts mehr entgegenstehen.« — Gleich nach seinem Antritt als K. Sächs. Kapellmeister zu Dresden erfuhr W. durch seine Braut von Prag aus die günstige Stimmung für die eben dort einstudirte Silvana in den Proben und deren schliessliche glänzende Aufnahme. Dies musste ihn besonders angenehm berühren, da er daselbst 4 Jahre hindurch Leiter der Oper gewesen und dabei über mangelnde Anerkennung seiner Leistungen nicht selten zu klagen gehabt hatte. Er schrieb deshalb freudig erregt seiner Braut, der Darstellerin der Silvana (des »Waldmädchens«), am 28. Janr. 1817 von Dresden: »Also den 2: Febr. wird meine Silvana losgelassen. Möchte sie wohl hören »und wie die Herrn Prager sie aufnehmen. Vielleicht haben sie jetzt eine Art Liebe zu »mir bekommen. Mein Muks (Kosename für ihn und die Braut) »wird gewiss ein treff-»liches Waldteuferl sein. Wenn nicht gerade denselben Tag hier die 2te Vorstellung von »Joseph angesezt wäre, wie weiss, was ich thäte. Was würdest du sagen, wenn auf »einmal Muks dirigirte und dich anguttte (anguckte)?« Ich glaube, wir sprängen zusammen, »du hinunter, ich hinauf und bussten uns zur Freude aller Menschen! — Ach was helfen »die schönen Träume! Es geht nicht!« — Ferner am 3. Febr. »Du machst mich ja »ordentlich neugierig auf die alte Silvana, so viel Schönes erzählst du mir davon. Wenn »nur kein hinkender Bote nachkommt, so wäre recht schade, für gar viele Mühe. Das »Gute hat es für mich, dass ich mich recht freuen werde, wenn es gut ausfällt, und eben »nicht todt schiessen, wenn es den Herrn Pragern n i c h t gefällt«. — Ferner am 7ten nach erhaltener Nachricht des glänzenden Erfolges der Aufführung am 2ten: »Endlich »deinen lieben und fröhlichen Brief N. 26 bekommen und m i t ihm g l e i c h e Posaunen-»Engel, jeder nach seiner Art, von Grünbaum's, Gned und Bayer. Ich habe mich wirk-»lich recht von Herzen gefreut, indem diese Aufnahme meine kühnsten Erwartungen »übertroffen hat und ich darin eine schöne Belohnung sehe dafür, was ich von jeher für »Anderer Arbeiten gethan habe. Am Erfreulichsten und Rührendsten ist mir die Liebe »mit der Alte arbeiteten. Deine Freude, mein guter, geliebter Hammel kann ich mir den-»ken und die des guten Jungh's« (W.'s Arztes und Freundes) »ihr mögt euch schön ab-

»gehetzt und geängstigt haben, während ich denselben Abend ziemlich ruhig daran dachte
»und eigentlich nur an dich, du armer Schneefuss, wie du dich abzappeln und tanzen
»und hopsen müsstest. Nun bist du aber gewiss dafür belohnt durch den schönen Erfolg;
»denn du hast ja eigentlich auch die Oper componirt« (W.'s Braut war schon in Frankfurt 1810 die erste Silvana unter seiner Direction gewesen) »und die Choristen hatten
»gar nicht Unrecht, dir die Hand dafür zu küssen. Hätte wohl dabei sein mögen und die
»Sache mit ansehn! So gut soll es mir aber nun nicht werden. — Wenn ich ein Vöglein
»wär', flög ich zu dir! etc.« —

　　c. _Bemerkungen über einzelne Nummern der Oper._ Das Autograph der
Partitur weicht in mancherlei Beziehungen ab von den durch W. in Frankfurt a. M. 1810
und Berlin 1812 benutzten und mit Bemerkungen versehenen Copieen der Original-Partitur, wie auch von dem 1828 nach W.'s Tode erschienenen Clav.-Auszuge, in welchem,
als von ihm mit Bestimmtheit arrangirt, nur erwiesen sind: Ouvertüre und die Nummern
1 bis 11 incl. so wie N. 13, 14, 17 u. 18. — Neben Besprechung von Anderem sind
vorzugsweise diese Abweichungen Gegenstand der Betrachtung in diesen Bemerkungen. —
Zu Act I. — Ouvertüre. Dass sie eine Umarbeitung der Ouvertüre zur 2ten Oper W.'s
»Das Waldmädchen« ist, steht fest. Ausser den schon oben in Anm. **a.** mitgetheilten
Gründen spricht noch der auffällige Umstand dafür, dass die Silvana-Ouvertüre nicht so
organisch aus Motiven dieser Oper aufgebaut ist, wie dies W. bei allen seinen andern
Opern-Ouvertüren gehalten hat, selbst die zu Peter Schmoll nicht ausgenommen. Indem
W. eine neue Musik zur Oper Silvana schaffen musste, und doch die alte Ouvertüre
zum Waldmädchen beibehalten und sie nur umarbeiten wollte, konnten jene erwähnten Beziehungen der Ouvertüre zur Oper selbst nicht Platz greifen, wenigstens nur in ge-
ringerem Maasse. So finden sich denn auch nur drei Stellen der Ouvertüre in der übrigen
Silvana wieder: 1.) die ersten 3 Tacte = im Finale II als Begleitung des ersten Dankes
beim Turnier; 2.) die Tacte 7 bis 20 des Andante = im Tanz N. 12, Tact 10 bis 23; 3.)
das 2te Thema derselben in A dur, Tact 28 bis 35 = in der alten Arie N. 4a von 1808
und der neuen N. 4b von 1812, freilich aber in beiden nicht etwa als Hauptmotiv, sondern wie aus der Ouvertüre in diese nur hineingestreut. — Die Instrumentirung
derselben anlangend, ist ausser dem unter »Autograph g« und ebendort bei »Zu g.« erwähnten Zusatz von 2 Clarinetten und Bassposaune zu der ursprünglichen Instrumentirung ohne Posaune noch eines Zusatzes von Bassposaune allein (ohne Clarinetten) zu
gedenken, denn die Octav-Ausgabe der Partitur der Ouvertüre zeigt. Diese letztere Posaune unterscheidet sich in 33 Tacten von der 1822 mit den 2 Clarinetten zugleich hinzugefügten. Ob diese Posaune von W. herrühre, etwa als Zusatz zur Ouvertüre noch vor
1822, oder ob dieselbe von anderer Hand bei Erscheinen der Partitur nach W.'s Tode
hinzugefügt worden, lässt sich jetzt nicht mehr feststellen. — _Zu N. 1._) Dem einleitenden Andante fehlt im Clav.-Auszuge die Andeutung der Hornstösse, die, von verschiedenen Seiten kommend, den darauf folgenden Jägerchor in ähnlicher Weise einleiten,
wie dies in Euryanthe Act III geschieht. — Tact 130 bis 141 des Autographs im Allo.
6/4 fehlen im Clav.-Ausz.; in diesem stehen dafür 2 andere Tacte. — Adagio des Autograph hat ₵, Clavier-Auszug C. — Tact 7 des letzten Allo. 6/4 im Autogr. fehlt im Cl.-
Ausz. — Diese Nummer zählt im Clav.-Ausz. 11 Tacte weniger als im Autogr., also
nur 259. — _Zu N. 4a._) Der alten Arie des Rudolph von 1808. — W. verwarf sie, weil
sie ihm bei den Aufführungen zu Frankfurt zu lang, und, nach ihrer Kürzung um 60
Tacte, ohne Zusammenhang erschienen war; (s. in Num. c., Berlin, beide Citate aus W.'s
Tageb.) auch in den alten Cl.-Ausz. von 1812 nahm er sie nicht auf. Die Arie ist
gross im Styl und glänzend und erscheint mir fast bedeutender als die neue N. 4b; aber
ihre grosse Länge (sie hat 111 Tacte mehr als die letztere) und namentlich ihr übermässi-
ger Stimmumfang (von As bis e') mussten sie unpraktisch machen. — Sie bietet übrigens
einen der merkwürdigsten Belege für W.'s eigenthümliche Fähigkeit, aus dem Bereiche
von bei Seite gelegtem Material sich später eines Zuges, eines Motivs (seien sie auch
noch so unscheinbar) zu erinnern, um sie geeigneten Ortes bei neuer Arbeit zu verwenden. Jene 2 dämonischen Fermaten auf dem, einen Trugschluss bildenden Sextaccord
von Fis moll am Schlusse der Arie Caspar's im Freischütz auf den Worten »die Rache
gelingt« stehen genau eben so am Schlusse dieser Arie der Silvana. Wie hier, sich kurz
hintereinander folgend, finden sie sich dort, um hier wie dort, nach den gleichen, zum

3. Male wiederkehrenden vorhergehenden Accorden endlich den Ganzschluss folgen zu lassen. — Noch ist zu bemerken, dass W. aus dem Allo. unmittelbar nach dem Largo die Tacte 32 bis 42 incl., die schon in der Ouvertüre als 2tes Thema in A dur erscheinen, in die neue Arie des Rudolph N. 4^b, Tact 56 bis 67, hinübergenommen hat. — Zu N. 4^a), der zu den berliner Aufführungen für den Sänger Eunike von 1812 an Stelle der vorigen 1^a neu componirten Arie. — Text vom Referendar Toll in Berlin. (Vergl. W.'s über beide Arien ausgesprochene Ansichten in den Citaten aus seinem Tageb. unter Anm. c. **Berlin.**) Die Tacte 56 bis 67 dieser Arie hat W. aus der alten Arie N. 4^a herüber genommen. (S. »Zu N. 4^a.) — Zu N. 5.) Das Autogr. hat zu Anfang »Allegro moderato«, der Cl.-Ausz. nur »Allegro«. — Zu N. 6.) Die Ueberschrift des Autographs »Allegro« fehlt im Cl.-Ausz. — Zu N. 7.) Erster Satz 𝄵, im Autogr. überschrieben »Andante«, im Cl.-Ausz. ⁴/₁ »Andante con moto«. — Der Cmoll-Satz, beginnend mit »So komm!« im Autogr.: ff, ohne Tempobezeichnung ≡ im Cl.-Ausz. ohne ff »Allegro«. — Zu N. 8.) Bei dem Liede mit Chor »Geniesst« im Aut. alle 4 Strophen ausgeschrieben, die 3te später von W. durchstrichen ≡ im Clav.-Ausz. dagegen Str. 1 u. 2 zusammengestochen, 3. allein, 4. fehlt ganz, so, dass auf p. 53 vor der 16^{tel}-Passage 29 Tacte ganz ausfallen. — Im Schluss-Allegro des Aut. Tact 23 bis 44, zusammen 22 Tacte, von W. durchstrichen; sie fehlen im Cl.-Ausz. — Tactzahl des Autogr. im Ganzen: 333, die des Cl.-Ausz.: 245. — Zu Act II. — Da das Autogr. dieses Actes nicht bekannt ist, so kann eine Vergleichung des Cl.-Ausz. nur mit den ältesten, für die frankfurter und berliner Aufführungen angefertigten Copieen nach der Orig.-Partitur statt finden. — Zu N. 9.) In der berliner Part. sind zu der oben unter den Thematen mitgetheilten Instrumentirung noch 2 Trompeten und Pauken hinzugefügt; sie treten erst auf der Fermate vor dem »Poco più moto« ein. — Ebendort geht diesem »Poco più moto« 9 Tacte früher ein »più moto« voran. — Zu N. 10^a), der alten Arie der Mechtilde. Nur die frankf. Part. scheint sie vor gänzlichem Verschollensein bewahrt zu haben, da eben das Autogr. des 2. Acts so wie die sie wahrscheinlich enthaltende Partitur der dresdener Seconda'schen Truppe von 1815 unbekannt sind, W. sie aber aus der berliner Part., in der sie bis auf p. 1 fehlt, selbst entfernt zu haben scheint, und später andern Theatern die neue Arie 10^b gesendet haben wird. W. verwarf sie (wie N. 4^a) weil sie ihm zu lang und nach ihrer Kürzung um 43 Tacte ohne Zusammenhang erschien. (s. in Anm. c., **Berlin**, beide Citate aus W.'s Tagebuch.) Auch in den Cl.-Ausz. von 1812 nahm er sie nicht auf. — Die Arie, obgleich effectvoll, leidet, ganz abgesehn von den für die frankf. Aufführungen von W. vorgenommenen Kürzungen, schon in ihrer ersten Gestalt auffallend an einer den Zusammenhang störenden Buntheit; so erscheint denn ihre gänzliche Verwerfung gerechtfertigt. Durch ihre Erhaltung wurde aber die bisher vergebliche Frage nach dem später benutzten »Thema aus Silvana« beantwortet, das sich nur in ihr allein vorfindet, und das W. in zweien seiner gestochenen Werke variirt hat: in Sonate II des Livre 2 der 6 Sonaten für Pfte. u. Violine op. 10 und in den Variationen für Pfte. mit Clarinette op. 33. — Zu N. 10^b), der zu den berliner Aufführungen der Oper für die Sängerin Mad. Müller neu componirten Arie von 1812 an Stelle der vorigen, N. 10^a; Text vom Referendar Toll in Berlin. (s. Anm. c. **Berlin.**) Die ersten 2 Tacte ihres letzten Satzes erinnern lebhaft an die 2 ersten Tacte der ungedruckten ital. Arie 126. — Im Autogr. ist der letzte Satz nur mit »Allegro« bezeichnet, wo im Cl.-Ausz. »Allegro moderato« steht. — Bei Aufführung des Abu Hassan in Berlin wurde die Arie mit geändertem Texte zwischen N. 1 u. 2 dieser Oper eingelegt. — Zu N. 11.) Quartett. Von den mehrstimmigen Nummern der Silvana, die Finales ausgenommen, die vorzüglichste in Form und Inhalt, selbst heut noch von schönster Wirkung, zugleich für die Stimmen höchst dankbar. — Gegen die frankf. u. berl. Part. gehalten fehlen im Cl.-Ausz. die Tacte 24 bis 29; jene haben 174 im Ganzen, dieser nur 169. — Zu N. 12.) Frankf. u. berl. Part. haben mit dem Cl.-Ausz. gleiche Tactzahl. — Zu N. 13.) In der berl. Part. ist die Hälfte des 113. Tactes und das Folgende bis Tact 135 incl. gestrichen, in der frankf. nicht. — Zu N. 14.) Ueberall gleiche Tactzahl. Statt der None B c' des Gesanges in 18. Tact steht im Cl.-Ausz. die Terz as c'. — Zu N. 15.) Diese Nummer enthält die meisten Abweichungen zwischen den beiden Partituren und dem Cl.-Ausz., so dass die Gesammtsumme der Tacte der ersteren 464, die des letzteren 403 beträgt. — Marcia u. Coro vivace überall darin gleich. Andante maestoso: Tact 13 bis 16 im Cl.-Ausz. Gesang des Heroldes; in frankf. u. berl.

Part. keine Musik, nur Rede desselben. — Moderato: An Stelle der Noten der beiden
Fanfaren des Cl.-Ausz. steht in den frankf. u. berl. Part. nur das Wort »Tusch«. Ebend.
Tact 12 bis 15 so wie Tact 27 bis 30 in frankf. u. berl. Part.: nur Rede des Herolds,
wo im Cl.-Ausz. dieser singt. — Nach dem 30. Tacte des Cl.-Ausz. stehen in der
frankf. Part. 12 Tacte der Mechtilde; darauf wieder eine Fanfare und Rede des Herolds
(der 1te Dank); dann erst kommt der Satz Tact 31 bis 42 des Cl.-Auszugs »Den Helmschmuck euch zu spenden«, der aber in der frankf. Part. gestrichen ist, eben so wie die
Schlussfanfare in Tact 43 des Cl.-Ausz. — In der berl. Part. stehen an dieser Stelle
(zwischen Tact 30 u. 31 des Cl.-Ausz.) 12 Tacte der Mechtilde »Nehmt diese goldnen
Sporen«, die aber durchstrichen sind; danach »Tusch« und jener Satz 31 bis 43 des
Cl.-Auszugs »Den Helmschmuck euch zu spenden«, der eben in der frankf. Part. durchstrichen ist. — Das Da Capo des Coro vivace in frankf. Part. und im Cl.-Ausz. nur an-
gezeigt, in der berl. Part. ausgeschrieben. — Im Maestoso moderato ³/₁ Bdur fehlen zwischen Tact 36 u. 37 des Cl.-Ausz. 19 Tacte der frankf. und berl. Part. — Adagio, Più
Allegro, Risoluto: überall gleich. — Im Allegro Esdur zwischen Tact 88 u. 89 des Cl.-
Ausz. haben frankf. u. berl. Part. noch 45 Tacte, die aber durchstrichen sind. — Tact
101 bis 101 des Cl.-Ausz. sind in der frankf. Part. ebenfalls gestrichen.— *Zu Act III.* —
Zu N. 16.) Im Aut. ist in dieser Nummer nichts gestrichen; zu frankf. u. berl. Part.
sind es die Tacte 54 bis 91 incl. — Bemerkenswerth ist die Bassfigur der Tacte 3 u. ff.
und 91 u. ff., die sich nicht nur in W.'s Abu Hassan N. 7 Tact 27 u. ff. obwohl in Dur,
sondern auch in Kampf und Sieg N. 8 Allegro, Tacte 11 bis 28, ebenfalls in Dur
vorfindet, wie sie auch in Euryanthe jene düster erhabene Wirkung hervorbringt, die
den Schlusssatz des 2ten Finales so mächtig vorbereitet. — *Zu N. 17.*) Die berl. Part.
zeigt in Tact 4 vor dem Schluss ein »accelerando«. — *Zu N. 18.*) Allegro vivace. Im
Aut. hat W. 31 Tacte, 109 bis 139, gestrichen, die auch im Cl.-Ausz. p. 154, zwischen Tact 5 u. 6, wegbleiben, aber genau die Wiederholung sind von Tact 8 auf p.
152 bis 154 incl.; nur Tact 109 des Aut., der diesem Satz bei der Wiederholung vorausgeht, fällt im Cl. Ausz. weg. Die berl. Part. streicht bei Wiederholung der Stelle
nur die Tacte 112 bis 116, 128 bis 137 des Aut. Ebenso sind im Aut. und in der berl.
Part. 4 Tacte gestrichen, der 9te bis 12te incl. vom Schlusse rückwärts, die auch im
Cl.-Ausz. fehlen, wobei jedoch die nothwendig gewordenen harmonischen Veränderungen
im 1sten Tact nach der Weglassung darin aufgenommen wurden; in der frankf. Part.
sind diese 4 Tacte nicht gestrichen. In dieser Nummer steht in der berl. Part. von W.'s
Hand in Tact 7: »langsam vorwärts«, in Tact 14: »zurück!«, in Tact 27: »Tempo 1mo«,
in Tact 77 »ritard.«, in Tact 145: »un poco accel.« — Die Tactzahl im Ganzen zwischen
der ursprünglichen Gestalt des Aut. und dem Cl.-Ausz. stellt sich 236 gegen 204.
— *Zu N. 19.*) Im Schlusschor Presto haben Aut., frankf. u. berl. Part. Alla breve,
der Cl.-Ausz. jedoch ¹⁄₂ Tact. S. noch *Autogr.* Zu b. N. 19.

f. Für die *Benutzung* der Musik *des alten „Waldmädchens" zu „Silvana"*
ist nur ein directer Beleg vorhanden: das Gesangs-Thema von N. 2, Arie des Krips, in
Silvana ist durch 4 Tacte genau dasselbe mit dem Ritornell des Terzett, Bruchstück **b**,
des Waldmädchens. — Abgesehen davon, dass »Mathilde« und »Mechtilde« (Hiemer nahm
Mechtilde für Mathilde an) dieselben Namen sind, so giebt zugleich der Beginn der
Arie des Rudolph N. 1ª »Arme Mathilde« einen Fingerzeig, wie W. bei Composition der
Silvana in dem alten Waldmädchen lebte, indem er hier den alten Namen der singenden
weiblichen Hauptperson niederschreibt. — — (S. auch Max v. Weber's »Lebensbild«
W.'s I. 139, 144, 153, 215 u. ff., 326, 345 u. ff., 364, 462.)

Nachl.
N. 44.

88.

Canzonette. (Italiänisches Ständchen.) *»Sicchè t'inganni, o Clori,«*

»Wie sehr du mich verkanntest,«

Deutsch von Rich. Pohl.

Für eine Bassstimme mit Begleitung des Pianoforte (oder Harfe).

．Comp. 1810, 25. Febr. zu Stuttgart; *Autogr.*

Pfte. (od. Harfe.) Voce.

Sic - chè t'in - ganni, o Clo - ri, sic-chè un' in-giu-sta se — i
Wie sehr du mich verkanntest, wie stolz du auch ver-schmä-het.

145 Tacte. Ausg. Peters.

Autograph: (1864. J.) Im Besitz der Verlagshandlung Otto Aug. Schulz in Leipzig. 2 Bogen sehr starkes grau gelbliches 10zeiliges Querfolio. Letzte Seite leer; sonst überall 9 Zeilen beschrieben; grosse Schrift. Ueberschrift: »Canzonetta«. Am Schlusse: »d. 25. Februar 1810, letzter Tag in Stuttgart«. Vor der Singstimme »Voce«; vor der Begleitung fehlt ein Hinweis, ob W. diese für Pfte. oder Harfe oder etwa für beide bestimmte, obwohl die Ausg. Peters hier »Pfte. oder Harfe« aufweist. Die rothe Schrift des deutschen Textes rührt vom Autor desselben her.

Ausgabe: Erste Orig.-Ausg. Leipzig. Peters. Mit Pfte. od. Harfe, als N. 11 der nachgelassenen Werke. 15 ngr.

Anmerkungen. a. W. thut dieser Arbeit nirgends Erwähnung; sein Tageb. beginnt erst mit dem 26. Febr. 1810. — **b.** Die Notiz auf dem Titel der Ausgabe »Zum Abschied von Stuttgart« ist wohl aus einer zu weit gehenden Ansicht über die Schlussbemerkung des Autographs »Letzter Tag in Stuttgart« hervorgegangen, da die Composition nichts weniger als der Ausdruck eines Abschiedes, und nichts weiter ist, als ein in Form von 5 Variationen gehaltenes zweckmässiges Solfeggio für eine Bassstimme über ein Thema, dem das süddeutsche Volkslied »A Schüsserl und a Reindl« zu Grunde liegt, worüber W. bereits 1806 Bratschen-Variationen geschrieben hatte. (s. 49.)

89.

Canon: *»Die Sonate soll ich spielen,«*

für 3 Singstimmen. Text von C. M. v. Weber.

Hier zum 1. Mal gedruckt.

Comp. 1810, 17. März zu Mannheim; *Autogr. I.* Für Gottfried Weber.

¦ »Als mir W.... schrieb, ich solle seine neue Sonate Abends spielen« :¦ s. Anm

Fleutando.

Die So-na-te soll ich spielen, welche namen-lo-se Pein! Ach ich zitt're wie ein Stein!

6 Tacte. Autogr.

D. C.

Autographe: *I.* Stand als N. 25 im verscholl. grün. Heft. *s. 27. Autogr.* (1810. J.) — Die Ueberschrift lautete: »Canone a tre, componirt, als mir W.... schrieb, ich solle seine neue Sonate Abends spielen«. Comp. 17. März 1810 in Mannheim. — *II.* Auf einem Blättchen im Besitz von Fräul. Antonie Weber, Tochter Gottfried Weber's, zu Darmstadt mit den, zum Schlusse der unten folgenden Anmerkung mitgetheilten, unter den Canon gesetzten Reimzeilen.

Ausgaben: Hier zum ersten Male gedruckt nach Autogr. I.

Anmerkungen. Gottfried Weber sagt in seiner Caecilia XV, Heft 57. p. 37: »Während W.'s Aufenthalt in Mannheim hatten wir es eine Zeit lang eingeführt, dass alle Billette, welche Einer dem Andern von Haus zu Haus schrieb, in Canons geschrieben sein mussten«. Diesem Umstande verdankt dieser Canon seine *Entstehung*. Gottfried hatte eine Sonate ernsten Characters, die einzige, die er überhaupt componirt, an Carl Maria mit der Bitte gesendet, sie »Abends« zu spielen, um deren beabsichtigten Eindruck bei diesem desto sicherer zu stellen. Carl Maria sandte nun obigen Canon, welcher in der Klageweise seiner chromatischen Gänge Gottfried's Wunsch humoristisch persiflirt, an diesen als Antwort, mit folgenden scherzhaften Reimzeilen darunter, deren Schluss auf Gottfried's wohl noch ausgesprochene Bitte, möglichst bald zu ihm zu kommen, zielen dürfte: »Doch was die Götter beschliessen, | darf keinen Menschen ver-»driessen. || Und dieser Beschluss verdriesst mich ja nicht, | er lacht mir sogar noch ins »Angesicht. | Drum schwör' ich beim wüthenden Eber: | Es trockne zu Pech meine »Leber, | erscheine nicht zur Stund' || Euer || Weber. || Geschrieben nach einer lust'gen »Nacht, | und daher mit einigem Kopfweh vollbracht«. — — Ueber oben erwähnte, von Gottfried unserm Carl Maria dedicirte Sonate (Bonn, bei Simrock) hat Letzterer eine Rezension geschrieben, enthalten Lpz. A. Mus. Ztg. XIV. 179, abgedruckt in Max M. v. Weber's »Lebensbild« W.'s III. 52.

Ohne
op.-Zahl.

90.

Dreistimmiger Canon. »*Canons zu zwey sind nicht drey.*«

Comp. 1810, 19. März zu Mannheim; *Autogr*.

»Canone a tre in Mannheim comp. 19. März. 1810.«

Ca-nons zu   zwey sind nicht   drey.

»1) Zu Violin- Discant- und Tenor-Schlüssel.«
»2) *Umgekehrt* zu Bass- Violin- und Alt-Schlüssel.«
»3) *Im Spiegel* zu Violin- Tenor- und Alt« (-Schlüssel).
»4) *Im Spiegel umgekehrt* zu Bass- Alt- u. Violin« (-Schlüssel).

Autograph: Genau gleich mit obiger Notenzeile und den 4 Schriftzeilen stand es als N. 26 im verscholl. grün. Hefte. (*s.* **27.** *Autogr.*) (1840. J.)

Ausgaben: Zuerst gedruckt in der musikalischen Zeitschrift »Der musikalische Hausfreund« 1822—28; 1822—24 hrsg. v. F. S. Gassner, 1825—28 von Gottfried Weber, Mainz, Schott.) auf dem Titelblatt des 1. Jahrganges mit der Ueberschrift: »Canon von Gottfried Weber in L. Spohr's Stammbuch«; später in Gottfried Weber's »Caecilia« Mainz, Schott) Bd. I. Heft 2. p. 132 u. Heft 3. p. 280 (1824); ferner ebend. Bd. II. Heft 7. p. 209 u. Bd. III. Heft 12. p. 293 (1825).

Anmerkung. Die in den obigen Schriftzeilen 1.) bis 4.) von W. ausführlich angegebene Auflösung sei zuvörderst in Noten dargestellt, wie folgt:

An dies kleine Cabinetstück gelehrten Formenspiels knüpfen sich folgende besondere Umstände. — Die *Autorschaft Carl Maria's* an diesem Canon spricht sich im Autograph desselben deutlich aus in der Ueberschrift dazu: »Canone a tre. In Mannheim comp. 19. März 1810«. — Mit Befremden fand ich daher in Gottfried Weber's »Caecilia« von 1824, Bd. I. Heft 2, p. 132 einen Räthselcanon (in Kreisform wie hier) von ihm mitgetheilt, zu dessen Auflösung er einlädt, welche im Heft 3, p. 280 ebenfalls von ihm erst eingeleitet, dann aber 1825 Bd. II. Heft 7, p. 209 u. Bd. III. Heft 12. p. 293 u. ff. genau so gegeben wird, wie schon Carl Maria's oben abschriftlich verzeichnetes Autograph vom Jahre 1810 sie ausspricht — jedoch o h n e dass Gottfried den A u t o r seiner Aufgabe und ihrer Lösung nennt. — Bei meinen nun angestellten weitern Nachforschungen deshalb ergab sich, dass derselbe Canon sich bereits vorfinde auf dem lithographirten Titelblatt mit Vignette *) zum I. Jahrgang der musikalischen Zeitschrift von 1822 »Der musikalische Hausfreund«, in ihren zwei ersten Jahrgängen von Gassner, später von Gottfried Weber edirt, Mainz bei Schott. Hier aber hatte der Canon zu meinem noch grösseren Befremden die Ueberschrift »Canon *von Gottfried Weber* in L. S p o h r's S t a m m b u c h«. — In der That enthält dies Stammbuch den Canon von Gottfrieds Hand (1865. J.) und zwar genau in derselben Gestalt, wie ihn die Vignette des »musikalischen Hausfreundes« zeigt, nur ohne die dort gegebenen Worte. **) — In ein neues Licht tritt nun aber dieser

---

* Auf dieser Vignette umstehen 5 Personen das auf ein Notenpult gestellte Blatt mit dem Canon; alle Gesichter tragen den unzweideutigen, obwohl bei Jedem verschieden, immer aber komisch gegebenen Ausdruck tiefen, jedoch vergeblichen Nachdenkens; denn Keiner von ihnen scheint den Canon auflösen zu können. Als sechste Person sitzt, leicht erkennbar, Gottfried Weber zur Seite, die lange Tabakspfeife in der einen Hand, die andre Hand am Ohr, offen nach aussen gekehrt, mit schelmisch lächelnder Miene auf die ausbleibende Auflösung des Canons lauschend. Ueber das ganze Bildchen hin ziehen sich in grossen lateinischen Buchstaben die Worte: »Canon von Gottfried Weber in L. Spohr's Stammbuch«. Der Canon ist ganz so, wie in Gottfried's Inscription in jenes Stammbuch notirt, nur stehen unterhalb desselben die Zeilen »Ach, wie gelehrt umgekehrt!«, darunter in Spiegelschrift: »Nun wird's zu toll!« 's Maass ist voll!«, oberhalb des Canons die Zeilen: »Das ist ein Canon zu Drey«, und darüber in Spiegelschrift: Ey, welch Scandal! Noch einmal!« — Warum das Notenblatt auf dem Pult umgekehrt steht — somit die erste einfache Umkehrung des Canons sich hier also in positiver Stellung präsentirt und die eigentlich positive Stellung als erste Umkehrung u. s. w. — ist nicht einzusehen.

**)

Mainz am 5. Jan. 1816.　　　　　　　　　　Gottfried Weber.

Parallelismus zwischen Carl Maria und Gottfried Weber durch Folgendes : Unter diese
Inscription Gottfrieds hat nemlich Carl Maria (wahrscheinlich als ihm Spohr das Stammbuch Behufs einer Inscription seinerseits im Nov. 1819 übergeben) eigenhändig gesetzt :

»Beim Nahmen des Gebers { des Canons.«
»Gedenke des Webers

Das heisst: Beim Namen des »Gebers des Canons« an Spohr, (nemlich Gottfrieds)
gedenke zugleich des »Webers des Canons«, d. i. desjenigen, der den Canon »gewoben«
(componirt) hat , der der eigentliche Töne-Weber davon ist (wie Carl Maria sich selber
ja oft nennt) und der zugleich auch Weber heisst ; eine Art, seine Autorschaft für
sich geltend zu machen , die eben so fein und treffend ist , wie characteristisch für Carl
Maria. — Ob nun diese Inanspruchnahme seiner Autorschaft an dem Canon seitens Carl
Maria's zu Gottfried's Kenntniss gelangte oder nicht, ist nicht bekannt ; jedenfalls ist es
jedoch bemerkenswerth , dass Gottfried nirgends in der »Caecilia« den Autor des Canons
nennt, weder 1824 bei Aufgabe, noch 1825 bei Auflösung desselben, welche dem Autograph
Carl Maria's vollkommen gleich ist. Gassner, mit Gottfried nahe befreundet, muss vor dieser Zeit durch Letzteren von seiner Inscription in Spohr's Stammbuch Kenntniss erlangt,
so wie den Canon dabei selbst von Gottfried erhalten haben, und die Annahme scheint
unbedenklich, dass Gassner den Canon als Quasi-Huldigung für Gottfried zum Titelblatt
des »Musikalischen Hausfreundes« von 1822 benutzte, und zwar, ebenso wahrscheinlich,
ohne Wissen Gottfried's, worauf die zwei Jahre später fallende Veröffentlichung des
Canons durch diesen, NB. ohne Nennung des Autornamens , eben zu deuten scheint. —
Des Letzteren Inscription in Spohr's Stammbuch hat übrigens wohl den Begriff seiner
(Gottfrieds) Autorschaft gar nicht in sich geschlossen. Der Canon war von ihm für
Spohr vielleicht nur notirt zur Erinnerung an eine Besprechung über eine derartige Benutzung der Scala als Thema ; wie sollte wohl sonst einem Künstler wie Spohr Gottfried
einen nahezu aufgelösten Räthsel-Canon haben darbieten wollen ? In Rücksicht darauf
wäre also anzunehmen, dass Gottfried durch seine Inscription diese (Carl Maria v. W.'sche)
Arbeit gar nicht für sich beansprucht hätte ; auch waren beide Männer viel zu gerade
und ehrenhaft , und zumal viel zu innige Freunde, als dass ein absichtliches Täuschen-
wollen bei einem derselben vorausgesetzt werden könnte. — — Was nun den von Carl
Maria gebrauchten Ausdruck »Canon componirt« (von C. M. v. W.) an und für sich
anlangt, (d. h. ganz abgesehn von dem Conflict mit Gottfried's Inscription) so muss darüber Folgendes bemerkt werden. Das Thema des Canons scheint nach Erwägung aller
Umstände Vogler'scher Schule entsprossen zu sein ; mag nun Carl Maria dasselbe von
Vogler direct empfangen haben, oder durch sein Leben und Weben in der Sphäre dieses
Meisters auf dasselbe geführt worden sein. Bekanntlich studirte Carl Maria 1810 zum
zweiten Male bei Abt Vogler (das erste Mal 1803 zu Wien). Eine Haupteigenthümlichkeit
von Vogler's Lehrmethode war , sein ganzes »System der Tonwissenschaft« aus der Scala
zu entwickeln ; erwiesenermaassen liebte er es, seine Schüler auf die Wichtigkeit der
Benutzung derselben zu contrapunktischen Arbeiten aufmerksam zu machen und ihnen
dahin schlagende Aufgaben zur Lösung vorzulegen. Schon in den »Betrachtungen der
Mannheimer Tonschule« (Mai 1781) giebt er ähnliche Beispiele, wo er vom Canon han-
delt und die Scala als Thema nimmt. Im Canone chiuso ed infinito giebt er sogar folgendes Beispiel,

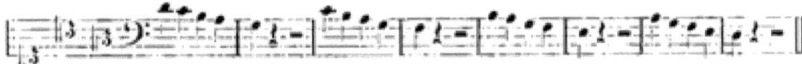

welches dem Canon Carl Maria's sehr nahe liegt ; hat Vogler doch sogar den ganzen
letzten Satz seiner Cdur-Sinfonie (1799) über die Scala geschrieben ; das Thema wird
darin in ausserordentlicher contrapunktischer Mannigfaltigkeit vor- und rückwärts per
augmentationem, abbreviationem, diminutionem, restrictionem und synkopisch und zwar
durch 378 Tacte durchgeführt. — Sollte nun Carl Maria , in jener Zeit unausgesetzt auf
dieses seines Meisters geistigen Wegen wandelnd , nicht auf die Erfindung des in Rede
stehenden einfachen aus einer Scala bestehenden Themas haben geführt werden können?
Und selbst auch dies nicht zugestanden — musste mindestens dessen selbständige
contrapunktische Verwendung in der überaus sinnreichen Kunstgestalt, wie sie

uns eben vorliegt, und eben diese l e t z t e r e ganz besonders, Carl Maria nicht wohl be-
rechtigen, den Ausdruck »Canon componirt« in Bezug auf diese seine Arbeit zu gebrauchen? Aus eben diesem letzteren Grunde scheint diese Berechtigung selbst d a n n noch
wohlbegründet, wenn etwa unserm Carl Maria aus seinem Wiener Aufenthalte bei Vogler 1803 noch die Erinnerung lebendig geblieben wäre an »d a s T h e m a, bestehend aus
3 Tacten C dur-Scala in alla breve eingetheilt«, welches Vogler nach einer Soirée bei
Sonnleithner in Wien zu freier Fantasie B e e t h o v e n angab, wie Gänsbacher, C. M.'s
späterer Mitschüler bei Vogler, erzählt. (Berliner Spener'sche Zeitung 1866, N. 190 Beilage in E. G e r b e r's Aufsatz »Abt Vogler«.) — Jedenfalls hat wohl d i e Annahme am meisten für sich, dass dem Verhältnisse Carl Maria's zu Vogler die in Rede stehende Arbeit
des Ersteren ihren Ursprung verdanke; und so mag denn wohl auch Gottfried, der 1810
in engen Beziehungen zu Carl Maria und Vogler stand, von derselben Kenntniss erlangt
haben und dadurch mittelbar jener spätere Conflict zwischen ihm und C. M. herbeigeführt worden sein. — Schliesslich sei noch bemerkt, dass Gottfried nach der 1825 in
seiner »Caecilia« mitgetheilten Auflösung des Canons noch 2 andre Auflösungen davon
giebt, die eine vierstimmig von X. C. H a r t i g, die andre 6stimmig von L. S p o h r;
ebenso, dass des Themas unsres Canons gedacht wird in einer interessanten Abhandlung
des berliner Musikgelehrten W. T a p p e r t, und zwar im »Musikalischen Wochenblatt«
1870, N. 14 u. 15 (Leipzig, Fritzsch) unter dem Titel: »Ein wandernder Canon«. ——
Hiemit dürften die Mittheilungen über diesen merkwürdigen Gegenstand an dieser Stelle
als abgeschlossen zu betrachten sein, obwohl eine Menge Nebenumstände, namentlich
in Bezug auf die Gassner'sche Veröffentlichung des Canons im »Musikal. Hausfreunde«
ihn noch interessanter gemacht, namentlich zusammenhängender dargestellt haben würden. Ihre Besprechung muss jedoch für eine andere Stelle aufbewahrt bleiben.

91.

Die Schäferstunde. (Auch **Damon und Chloe.**)

»Endlich hatte Damon sie gefunden,«

Für 1 Singstimme mit Begleitung der Guitarre.

Text von F. K. Hiemer. Durchcomponirt.

Comp. 1810, 15. April zu Aschaffenburg; *Autogr.* — *N. 1 im op. 13;* Heft 1 der
Gesänge. — Widmung s. **35** Titel.

N. 1 im
op. 13.

Autograph: Stand als N. 27 im verscholl. grün. Heft. *s.* **27.** *Autogr.* (1810. J.)

Ausgaben: Erste u. zweite Orig.-Ausg. als N. 1 des Opus, zus. mit **35, 52, 72, 96, 97.**
Augsburg, Gombart. Opus: 15 xr. ‖ Hamburg, Böhme. 11½ ngr. | Einzeln mit Pfte. — Als
N. 1 d. Prachtausg. hrsg. v. Jähns. 1869, Berlin, Schlesinger (Lienau). 2½ sgr. (s. Anm.)

Anmerkungen. Die erotische Tändelei des Gedichts ist mit leicht geführten melodischen Zügen musikalisch fein wiedergegeben. Die in der Neuzeit fast ganz verdrängte
Begleitung der Guitarre dürfte freilich besonders geeignet sein, den zarten Hauch zu
wahren, der auf dieser Composition ruht. Die Aenderung der Ueberschrift, die Ueberarbeitung des Textes, die Herstellung einer der ursprünglichen Begleitung entsprechenden, bisher noch fehlenden Pianoforte-Begleitung, wie sie, sämmtlich von dem Verfasser dieses Buches herrührend, die N. 1 der Prachtausgabe von 100 Gesängen W.'s
(Berlin, Schlesinger-Lienau) bietet — schienen Forderungen der Zeit. — Ueber das
Erscheinen des Opus s. **35** Anm. b. — S. auch Max v. Weber »Lebensbild« W.'s
1. 189. 252. 267.

92.

Das neue Lied. *»Ein neues Lied!«*

Für 1 Singstimme mit Begleitung des Pianoforte.

Text von Herder. 5 Strophen.

Comp. 1810, 15. Mai zu Heidelberg; *Autogr.*

Con simplicità.

Ein neu-es Lied, ein neu-es Lied! Ge-sundheit und ein froh Ge-müth!

11 Tacte. Autogr.

Autograph: Stand als N. 28 im verscholl. grün. Heft. s. 27. *Autogr.* (1810. J.) Nur die Singstimme war notirt, für eine Pfte.-Begleitung waren zwei Notensyteme leer gelassen; darüber stand die Bemerkung: »Erhalten vom Prof. Schreiber; comp. für sein »Taschenbuch auf Roeck's Zimmer, d. 15. Mai 1810 zu Heidelberg«.

Ausgaben: S. Anm. — **Abschrift** nahm Jähns.

Anmerkungen. Ueber dies in älterer Weise überaus einfach gehaltene Lied giebt W.'s Tagebuch nichts als nachfolgende Notiz vom 22. Juli 1810: »An Schreiber Musik zu dem Herder'schen Liede geschickt«. Das Heidelberger Taschenbuch auf 1811, hrsg. von Aloys Schreiber, Mannheim bei Löffler, enthält wohl das Herder'sche Gedicht, nicht aber die Composition desselben, die W. nach seiner Notiz zum Autograph doch zur musik. Beigabe des Taschenbuchs bestimmt hatte. Es ist also von dieser Seite her die Clavierbegleitung des Liedes nicht zu ergänzen. — Den obengenannten (Ludwig) R o e c k, einen der früheren Jugendfreunde W.'s aus der Heidelberger Zeit, anlangend, war derselbe 1860 noch Bürgermeister von Lübeck.

93.

Recitativ und Rondo. *»Il momento s'avvicina«*, »Ja, der Augenblick erscheinet,«
für eine Sopranstimme.

Begleitung: 2 Clarinetten, 2 Hörner, 2 Fagotte, 2 Violinen, 2 Violen, 2 Bässe.

Comp. 1810, 19. Mai zu Heidelberg. (s. Autogr.) — *Ohne op.-Zahl* erschienen, mit op. 16 gezählt. (s. Anm. b.) — Für die Sängerin L u i s e F r a n k in Mannheim geschrieben. (s. Autogr. u. Max v. Weber's »Lebensbild« W.'s I. 181.)

Recitativ. Allegro.   **Rondo. Allegretto.**

Il mo-men-to s'av-vi-ci-na.   La dol-ce spe-ranza,che ac-
Ja, der Au-genblick er-scheinet,   O theurer Ge-liebter,bald

Recitativ 12 Tacte. Autogr.   Rondo 133 Tacte. Autogr.

Autograph: Im Besitz des K. Sächs. Hofkapellmeisters Dr. J u l i u s R i e t z zu Dresden. (1861. J.) 6 geheftete Bogen gelblichen mittelstarken 12zeiligen Querfolios: p. 23 u. 24 leer. Der Titel p. 1 lautet »Rondo ⚡La dolce speranza, ch'accende il mio core⚡ | »composto per la Signora L. Frank | di | Carlo Maria di Weber | ∼∼« Der ital. u. deutsche Text, so wie die ganze Singstimme sind nicht W.'s Handschrift, auch nicht das Orchester zum Recit., mit Ausschluss der Namen der Instrumente u. der Vorzeichnung, die von W. geschrieben sind. Dagegen ist die ganze Instrumentirung des Rondo's, mit Ausnahme der Vorzeichnung, Autograph W.'s. Alles, was nicht von dessen Hand her-

rührt, ist von der Gottfried Weber's. nur der deutsche Text von einer mir unbekannten
Hand. Zum Schluss hat Carl Maria bemerkt: »componirt d. ...... in Mannheim. Instrumentirt d. 29. May in Heidelberg.« — Das Tagebuch W.'s sagt Mannheim 19. Mai
1810: »Rondo für die Frank comp.«

Ausgaben: Erste Orig.-Ausg. **Orchester-Stimmen mit Clavier-Auszug.** Mit ital. u. deutsch.
Text. Offenbach, André. 1 fl. 18 xr. | Neue Ausg. ebenso. Ebend. 1 fl. 48 xr. | **Clav.-Ausz.
allein.** — Ebend. 36 xr. ‖ Berlin, Schlesinger Lienau. Prehtausg. 1870, 5 sgr. *n.*

Anmerkungen. a. Diese ansprechende, gesanglich sehr dankbare Composition ist
von den 6 italiänischen Concert-Arien W.'s **93, 121, 126, 142, 178, 181** der Zeit nach
die zuerst entstandene, ihrem Umfange nach die kürzeste. Sie erwarb sich bei ihren Aufführungen grossen Beifall. Wir begegnen ihr auch als eingelegte Arie in Ant. Fischer's
zu Frankfurt a. M. gegebener Operette: »Die Verwandlungen«. — Zum *ersten Mal*
wurde sie in W.'s Concert zu Heidelberg, 30. Mai 1810 von Luise Frank gesungen.
(s. Widmung oben im Titel.) Ueber W.'s italiänische Gesangs-Compositionen im Allgemeinen s. **181** Anm. **d.** — **b.** W. zählt in seinem gedr. u. geschr. Werk-Verz. das
Werk mit **op. 16,** wie auch der Hofmeister'sche Allgem. Musik-Catalog, der jedoch den
Ersten Ton* ebenfalls mit op. 16 belegt. — **c.** W. erhält von André 28. Sept. 1810
die erste Correctur des Cl.-Ausz., welchen er am 18. Oct. durch André an L. Frank sendet. — Die *Ankündigung* des Werks mit Orchester erfolgt in d. Lpz. A. Mus. Ztg.
XIV. im Intell.-Bl. 10.

94.
Variationen für das Violoncell.

Begleitung : 2 Flöten, 2 Oboen, 2 Fagotte, 2 Hörner, 2 Violinen, 2 Violen, Cello u. Bass.

Comp. 1810, 28. Mai zu Mannheim für W.'s Freund **Alexander von Dusch**;
s. Autogr. u. Anm. — *N. 9 des Nachlasses.*

Autograph: War 1864 im Besitz von O. A. S c h u l z, Buchhändler zu Leipzig
und ist seitdem »nach E n g l a n d verkauft«. Sauber geschriebene P a r t i t u r. (1863. J.)
7 Bogen sehr starkes Querfolio, 12zeilig. Titel: »Variationen für das | Violoncell | für
»seinen Freund Alexander von Dusch | componirt von | Carl Marie von Weber. | ✳✳«
Zum Schluss die Bemerkung: »In 8 Stunden vollendet. Mannheim 28. Mai 1810«.

Ausgaben: Erste Orig.-Ausg. mit **Orchester-Stimmen:** Leipzig, Bureau de Mu-
sique. Peters.) 1 thlr. | Mit **Clav.-Ausz.** Ebend. 25 ngr. ‖ Paris, Brandus u. Dufour, 7 fr. 50 c.

Anmerkungen. Von dieser gesangvollen, nicht schwer ausführbaren und dennoch
brillanten Composition ist der grössere Theil schon in 2 früheren Werken von W.
benutzt. Das 2te Andante bringt ein Thema, welches schon das Potpourri op. 20 **(64)** u.
die N. 3 der 6 Pièces à 4 m. op. 10 **(83)** enthält ; auch in W.'s komisches musik. Sendschreiben an Danzi **(60)** ist es verwoben. Ob es nun von W. ist, und nicht vielleicht
ein fremdes, etwa von Danzi, dessen Styl es zeigt, lässt sich nicht nachweisen. (Vergl.
64 Anm. **b.,** 83 Anm. **d.** u. 60 Anm. **b.**) Die erste u. zweite Variation stehen in 64 an
derselben Stelle, die dritte dagegen ist die zweite in 83. Variat. 5 ist harmonisch sehr
ähnlich der Var. 3 in 83 behandelt. Var. 6 jedoch fast gleich der Var. 3 von 64, in Solo
wie Begleitung. Ganz neu erscheinen nur : Introduction (Andante I., Var. 1 u. Coda. Zu

dieser überwiegenden Benutzung älterer Arbeiten gab der Umstand die Veranlassung, dass W. eine neue Cello-Solo-Piece für ein in Heidelberg am 30. Mai 1810 zu gebendes Concert nöthig hatte, zu dem er das schwerere Potpourri nicht wohl gebrauchen konnte, da sein Freund A. v. Dusch, der ein Cello-Solo ausführen sollte, zwar ein fertiger und geistreicher Dilettant, aber für das Potpourri nicht genug Virtuose war. Bei der geforderten Eile wurde das Stück mit Benutzung der leichteren Theile des Pot-Pourris und des op. 10 »in 8 Stunden vollendet«, eine freilich überaus geringe Zeit, denn die benutzten Variationen bedurften einer neuen Instrumentirung, da nur ein kleines Orchester zu Gebote stand. — Ueber die Ausführung bei einem Concert in Mannheim 1812 s. Lpz. A. Mus. Ztg. XIV. 740.

95.

hier com
1. Mal
gedruckt.

Canon: *»Leck' mich im Angesicht.«*

für 3 Singstimmen. Text von —?

Comp. 1810 (Mai) zu Mannheim: *Facsimile des Autogr.*

15 Tacte. Facsimile des Autogr.

Autograph: Jetzt unbekannt. Früher besass es Musikalienhändler Gitter zu Augsburg. — Durch Prof. L. Nohl zu München wurde mir das Facsimile eines Briefes von W. an seinen Freund J. Gänsbacher v. 30. Mai 1810 aus Mannheim, der zum Schluss diesen Canon giebt. W. führt ihn mit den Worten ein: »Hier haben Sie meinen neusten Canon!« Die Composition kann deshalb unbedenklich in die zweite Hälfte Mai's gesetzt werden.

Ausgaben: Hier zum ersten Male gedruckt. Facsimile, ausgeführt nach dem Autograph durch Hofrath Dr. Dessauer in München, besitzt Jähns.

Anmerkung. Der Canon scheint angeregt durch Mozart's bekannten dieser Gattung »Lectu mihi Mars«.

96.

N. 2 au
op. 13.

Wiegenlied. *»Schlaf, Herzenssöhnchen, mein Liebling bist du!«*

Lied für 1 Singstimme mit Begleitung der Guitarre.

Text von F. K. Hiemer. 4 Strophen.

»Erhalten und **comp.** 1810, 13. Sept. in Frankfurt a. M.«: *Autogr. u. W.'s Tageb.* — *N. 2 im op. 13;* Heft 1 der Gesänge. — Widmung s. **35** Titel.

Andante con moto.

Autograph: Stand als N. 29 im verscholl. grün. Heft. s. **27.** *Autogr.* (1810. J.)

Ausgaben: Erste u. zweite Orig.-Ausg. als N. 2 des Opus, zus. mit **35, 52, 72, 91, 97.** Augsburg, Gombart. Opus: 18 xr. ‖ Hamburg, Böhme. Opus: 11¼ sgr. | **Einzeln.** — München, Falter. 8 xr. | **Mit Guit. od. Pfte.** — Zuerst einzeln in N. 3 der Eleganten Zeit. 1812;

in Typendruck. ‖ Berlin, Schlesinger: Für Alt oder Bariton im ursprüngl. Ton zus. mit **74**; letztere Num. ohne Guit. 5 sgr. ‖ Hamburg, Böhme. 3 ggr. | Cranz. 5 sgr. ‖ Hannover, Bachmann. Zus. mit **97**. 5 sgr. | Nagel. 5 sgr. ‖ Als N. 5 in »5 ausgewählte Lieder v. W.« Leipzig, Hofmeister. Heft: ½ thlr. ‖ Als: Das Ständchen »Entschlummre schön Liebchen« N. 55 der Ausw. v. Arien etc. Mainz. Schott. ꞥ xr. ‖ Mit Pfte. — Als N. 2 d. Prchtausg. hrsg. v. Jähns. 1869, Berlin, Schlesinger (Lienau). 2½ sgr. n. | Als N. 1 im W.-Album. Ebend. Alb.: 1 thlr. n. | Für Sopr. od. Ten., in D, zus. mit **74**. Ebend. 5 sgr. ‖ Als N. 18 im Arion: Braunschweig, Busse. | Hannover, Bachmann. 2½ ngr. ‖ Als N. 14 in d. ausgew. Lied. Leipzig, Breitkopf u. Härtel. Bd. 18 ngr. n. | Klemm. 2½ ngr. | Als N. 70 u. 871 in Fink's musik. Hausschatz. 1. Aufl. Mayer u. Wigand. | Als N. 1 in »Ausgew. Lied. v. W.« Peters. Ausw.: 10 ngr. n. | Als N. 639 in A. Härtel's deutsch. Lied.-Lexik. Reclam jun. | Als N. 305 in 1. Schubert's »Concordia«. 1. Bd. Schäfer. ‖ Als: »Cradle Song«. Hamburg, Schuberth u. C. 3 ngr. ‖ Als: »Cradle Hymn« mit deutsch. Text. London u. Brighton, Augener u. C. 2ꞩ. ‖ Als: »Enfant, dormez«. Berlin, Schlesinger. 4 gr. ‖ Als: »Le berceau«. Paris, Brandus u. C. 3 fr. ‖ Als: »Berceuse«. Flaxland. | Als: »Dormez, enfants«. Richault. 2 fr. 50 c. ‖ Als Duettino f. 2 Sopr. in C. Blum's Liederspiel »Die Rückkehr in's Dörfchen«. (Anh. 121.) Cl.-Ausz. Berlin, Schlesinger. 2½ thlr. **Für Pfte. ohne Worte.** — Arr. v. Horwitz: Leipzig, Klemm. 2½ ngr.

Anmerkungen. Ausser dem »Jungfernkranz« im Freischütz vielleicht das verbreitetste aller Lieder W.'s. Es verdankt diesen Erfolg zuvörderst wohl dem schönen, eben so einfach wie tief Liebe, Glück u. Sorge einer Mutter aussprechenden Gedichte, dem sich die Composition gleich einfach, innig und sinnvoll anzuschmiegen gewusst hat. — Die Clavier-Begleitungen sind sehr verschieden von einander arrangirt; von W. selbst rührt wohl keine derselben her. — Wegen der *Op.-Zahl* s. **35**, ebendaselbst über das *Erscheinen* des Opus in Anm. **b**.

97.

N. 5 im op. 13.

Die Zeit. *»Es sitzt die Zeit im weissen Kleid«*

Lied für 1 Singstimme mit Begleitung der Guitarre.
Text von Jos. Ludw. Stoll. 2 Strophen. Durchcomponirt.

Comp. 1810. 17. Nov. zu Mannheim; *Autogr.* — *N. 5 im op. 13:* Heft 1 der Gesänge.
Widmung: s. hier *Anm.* u. **35** Titel.

Adagio, ma non troppo.

Autograph: Stand als N. 30 im verscholl. grün. Heft. s. **27**. *Autogr.* (1810. J.)

Ausgaben: Erste u. zweite Orig.-Ausg. als N. 5 des Opus, zus. mit **35, 52, 72, 91, 96**. Augsburg, Gombart. Opus: 45 xr. ‖ Hamburg, Böhme. 11¼ ngr. ‖ Als N. 2 in »Ausgew. Lieder v. W.« Leipzig, Peters. Ausw.: 10 ngr. n. | Mit Guit. od. Pfte. — Zus. mit **96**. Hamburg, Cranz. 4 gr. ‖ Hannover, Bachmann. 4 ggr. | Nagel. 4 gr. | Mit Guit. od. Pfte. einzeln. — Hannover, Nagel. 2 ggr. ‖ Mit Pfte. — Als N. 2 im W.-Album. Berlin, Schlesinger (Lienau). Alb.: 1 thlr. n. | Einzeln mit Pfte. — Als N. 5 d. Prchtausg. hrsg. v. Jähns. 1869. Ebend. 2½ sgr. n.

Anmerkungen. a. Eins von denjenigen der älteren Lieder W.'s, die vorzugsweise der Begleitung der Guitarre bedürfen, um zu eigentlicher Wirkung zu gelangen; denn nur ihre Begleitung bildet den angemessenen duftigen, dann wie aus leisen Geisterstimmen gewobenen Hintergrund zu der tief schwermüthigen Melodie. — **b.** Das Lied wurde auf Wunsch der Gräfin Bentzel-Sternau componirt. — Ueber das *Erscheinen* des Opus s. **35**. Anm. **b**.

»Grand Concerto en Ut majeur (C dur.)« (No. I) »pour Piano-Forté.«

Begleitung: 2 Flöten, 2 Oboen, 2 Hörner, 2 Fagotte, 2 Trompeten, 2 Pauken, 2 Violinen, 2 Violen, 2 Violoncelle u. Bass.

Comp. 1810, 1. Oct. zu Darmstadt; *Autogr.* — *op. 11.* — N. I der Concerte für Pianoforte.

201 Tacte, incl. 32 Tacte Reprisen. Autogr.

Autograph: Partitur: Im Besitz des K. Professors Ernst Rudorff zu Berlin. (1865. J.) Ziemlich gut erhaltener grau-violetter Pappband; 76 Seiten 12zeiliges Querfolio; p. 76 leer. p. 1 zeigt den Titel: »Grand Concert pour le Piano-Forte composé par Charles Marie de Weber. ∾∾ Mannheim und Darmstadt im Jahr 1810«. Zum Schluss von Satz 1: »comp. im September 1810 in Darmstadt: ganz vollendet d. 1t Sbr«. — Zum Schluss von Satz 2 p. 10: »d 21 May 1810 in Mannheim«. — Zum Schluss des Finales p. 75: »componirt d (22) May 1810 in Mannheim«. (s. Anm. **b.**)

Ausgaben: Erste Orig.-Ausg. Querfol. **Ptte. mit Orchester-Stimmen**: Offenbach a. M., J. André, 5 fl. | Nouv. Edit. Ptte. Hochfol. 5 fl. ‖ Revid. u. hrsg. v. E. Rudorff; Berlin, Schlesinger (Lienau), Prchtausg. 3 thlr. ‖ Paris, Lemoine, 25 fr. | Richault, 18 fr. | **Mit Streich-Quartett.** — Offenbach, André, 3 fl. ‖ **Für Ptte. allein.** — Ebend. 1 fl. 18 xr. | 2te Edit. Ebend. 1 fl. 18 xr. ‖ Revid. u. hrsg. v. E. Rudorff; Berlin, Schlesinger (Lienau), Prchtausg. 15 sgr. n. | Alle 3 Ptte.-Concerte op. 11, 32 n, 79 zus. Ebend. in 1 Bde. 1 thlr. n. ‖ Die 3 Concerte zus. 20 sgr. Braunschweig, Litolff. ‖ Leipzig, Peters, Alle 3 Concerte. ∾, zus. 12 ngr. n. ‖ Hrsg. v. J. Moscheles: London, Chappell u. C. 7°. ‖ Cramer, Ebenso, ‖ Paris, Lemoine, 10 fr. | Richault, 9 fr. | **Rondo-Finale daraus zu 4 Hdn.** — Arr. v. Spahn: Offenbach, André, 1 fl. 48 xr. | Arr. v. Petersen: Hamburg, Böhme, 1 thlr.

Anmerkungen. a. Dies, der Zeit nach, *erste* Clav.-Concert W.'s *characterisirt* sich dahin, dass des Meisters originale Gedankenfülle, ebenso wie die ihm eigenthümliche Behandlungsweise des Instruments, hier am wenigsten merklich hervortreten, wenn wir seine spätern zwei Concerte damit vergleichen; es schliesst sich dem Kammerstyl enger an diese an; es steht an Inhalt und Form der Mozart'schen Behandlung des Concerts bei weitem näher als jene beiden, deren letztes, das Concertstück in F, von vollständig dramatischen Elementen getragen wird. Der Mangel dieser Eigenschaften im vorliegenden Concerte raubt ihm selbstverständlich nichts von jenem Werthe, der ihm von der Kritik im Allgemeinen, insbesondre aber von der Lpz. A. Mus. Ztg. XV. 721 zugesprochen wird, in der es unter Anderm heisst: »— besonders er-

wähnenswerth erscheint: die schöne Abrundung und Verflechtung der Solosätze des
kurzen ersten Allegros mit den als leuchtende Folie für erstere erscheinenden Eintritten
des vollen Orchesters; — das wohlthuendste Ebenmaass herrscht zwischen beiden; erhe-
bend und wirkungsvoll, und oft angenehm überraschend greift eins ins andre; beide vereint
machen ein schönes Ganze aus. Das Adagio gewinnt eine treffliche Haltung durch die
gewählte Art der Begleitung (Viola, 2 Celli, Bass, 2 Hörner u. Pauke) etc. — Die
Krone des Ganzen ist das Finale: ein Thema voll Glanz und Feuer, erst für sich allein
einherblitzend, dann mit einem lieblich singenden zweiten Thema abwechselnd und zuletzt aufs anmuthigste mit demselben in Eins verflochten, und das Alles einfach, sich wie
von selbst ergebend und ungezwungen etc.« — **b.** W.'s Tageb. giebt an *Compo-*
sitions-Daten für dies Concert folgende: Mannheim 1810, 21. Mai »Adagio comp.«,
22. »Rondo comp.«, 23. Aug. »componirt am Allegro des Conc.« — Dazu kommen an
Daten aus seiner *Correspondenz* von 1810: 1.) an Gänsbacher von Darmstadt, 24. Sept.
»componirt das 1ste Allegro zu meinem Concert, womit der Papa« (d. i. Vogler) »sehr
»zufrieden ist«. 2.) an Gottfried Weber von ebenda, 30. Aug.: »Mein erstes Allo: zum
»Concert ist fertig und, wie man sagt, gelungen«. 8. Oct.: »mein Klavier-Concert ist fix
»und fertig, ja sogar abgeschrieben habe ich es selbst«. — Ueber die ersten *Erfolge*
mit diesem Werke sagt das Tagebuch: Mannheim 1810, 26. Mai »Concert im« (Mannheimer) »Museum. Mein« (Concert-) »Adagio und Rondo gespielt mit so viel Beifall,
»dass es wiederholt werden musste«. — ferner: Mannheim 19. Nov. 1810 »Mein Con-
»cert zum erstenmal ganz, alles gieng sehr gut und es gefiel sehr« — ferner: Prag, 17.
Febr. 1815 »Im Concert mit Hermstedt. Ich spielte Adagio und Rondo aus dem Cdur-
»Concert und trug den Sieg davon, eben so mit den Liedern« (aus Leyer und Schwert). —
c. Auf seiner Kunstreise 1811 *arrangirt* W. am 26. Aug. zu Winterthur wegen
mangelnden Orchesters schnell die Begleitung dieses Concertes für Streichquartett und
ruft nach der undankbaren Beschäftigung damit im Tagebuch aus: »Mein Concert zum
»Quartett arrangirt! Teufelsarbeit!« Leider ist dies Arrangement gänzlich verschollen;
1810 sah ich es noch im Autograph unter W.'s hinterlass. Papieren. — **d.** Der Stich
trägt die *Op.-Zahl* 11; W.'s gedr. u. gesch. Werk-Verz. giebt dem Conc. das »op. 18,
jenes op. 11 aber dem Quatuor für Pfte., Violine, Viola u. Cello **(76)**, welches in allen
Ausgaben ohne op.-Zahl erschien. — W. sendete das Werk *zum Stich* 1810, 18. Oct.
an André und erhielt es von diesem *gestochen* erst 1812, 28. Sept. Im Intell.-Bl. 5 d.
Lpz. A. Mus. Ztg. XV wird es zuerst *angekündigt*. — S. auch Max v. Weber's »Lebensbild« W.'s I. 205, 210, 214, 216, 232, 287. 487.

20tes op.
10. (erstes
op. 11—16.)

99—104.

»Six Sonates progressives pour le Pianoforte avec Violon obligé

dédiées aux Amateurs.«

2 Livres, chaque à 3 Sonates.

Comp. 1810 vom 20. Sept. bis 17. Oct. zu Darmstadt; *Tageb.* (s. Themate.)

Zweites op. 10; s. Anm. e.

99. N. 1. Allegro. ♩ = 132.   **Romanze. Larghetto.**   **Rondo amabile.**

Moscheles (Ausg. Chappell)   ♪ = 92. Moscheles.   ♩ = 104. Moscheles u. Jähns.
u. Jähns.   ♪ = 108. Jähns.

100 Tacte incl. 33 T. Reprisen.   78 Tacte incl. 8 T. Repr.   117 Tacte incl. 47 T. Repr.
Ausg. Simrock.   *sempre pp.*

comp. 6. Oct. 1810.   comp. im Oct.   comp. 6. Oct.

100. **N. 2. Moderato.** ♩= 116. M. u. J. Carattere espagnuolo. **Adagio.** ♩= 66. M. — ♩= 69. J. **Rondo. Allegro.** ♩= 138. J.

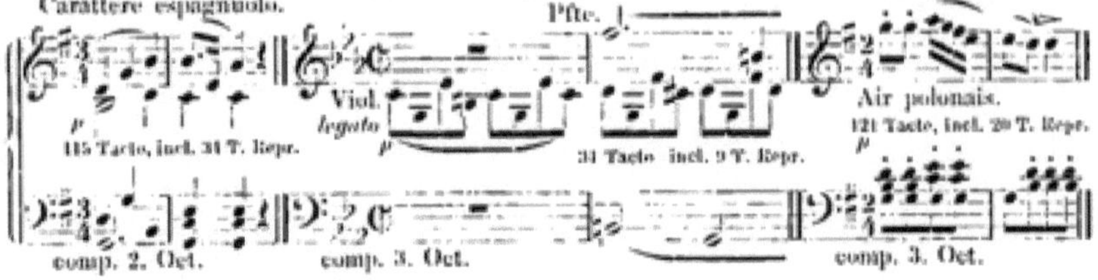

101. **N. 3. Allegretto moderato.** ♩= 92. J. **Rondo. Presto.** ♩. = 100. J.

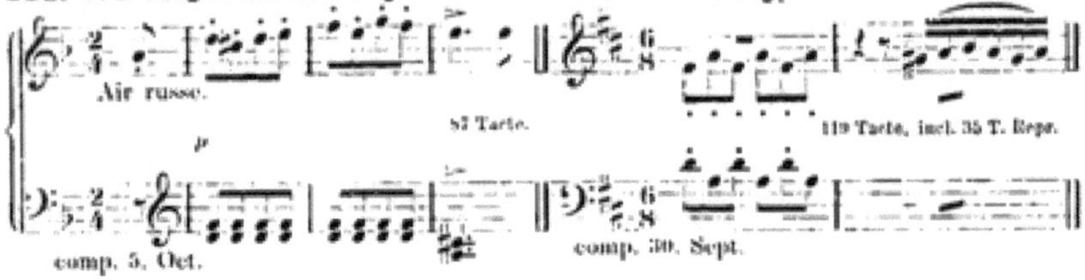

102. **N. 4. Moderato.** ♩= 144. M. — ♩= 120. J. **Rondo vivace.** ♩= 138. M. — ♩= 126. J.

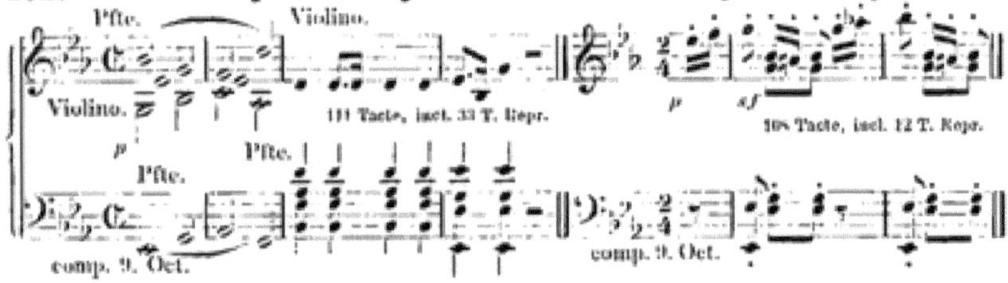

103. **N. 5. Andante con moto.** ♩= 108. M. u. J. **Finale. Siciliano.** ♪= 160. M. — ♩. = 76. J.

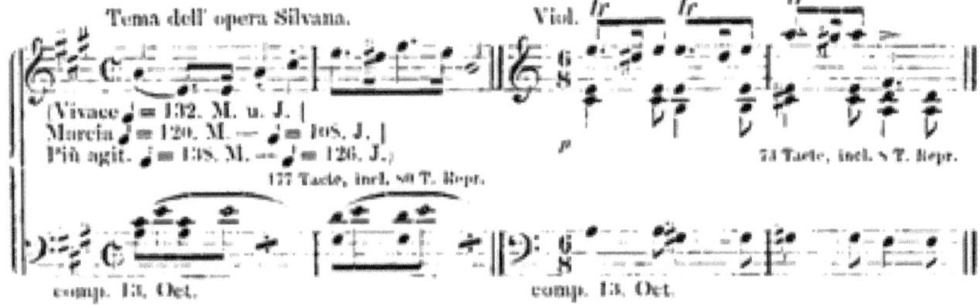

104. **N. 6. Allegro con fuoco.** ♩= 160. M. u. J. **Largo.** ♪= 69. M. u. J. **Polacca.** ♩= 104. M. u. J.

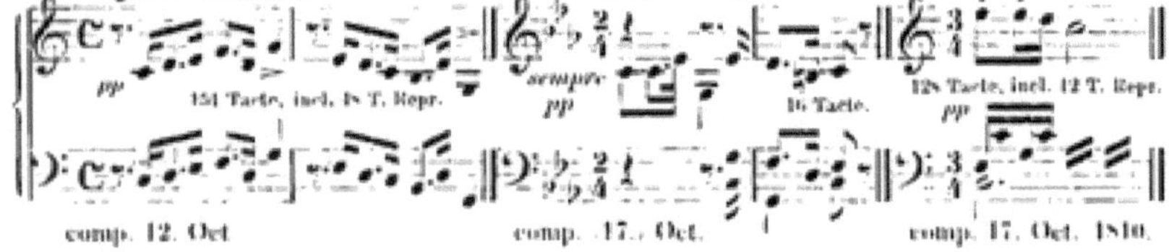

Autograph: Unbekannt.

Ausgaben: Erste Orig.-Ausg. Bonn, Simrock. 2 Livrais., jede 3 fr. Jetzt Liv. I. 10 sgr.
II. 13½ sgr. ‖ Berlin. Schlesinger. Neue Prchtausg. Partitur u. Violinstimme, hrsg. v. E. Rudorff. 1869. 2 Lief.; jede 20 sgr., als op. 13. Die 5 ersten Sonaten N. 1 in F, N. 2 in G,
N. 3 in D, N. 4 in Es, N. 5 in A, jede auch einzeln 7½ sgr, N. 6 in C 10 sgr. ‖ Braunschweig.
Meyer. Alle Num. zus. 2 thlr. 4 ggr. ‖ Leipzig, Peters. Alle Num. zus. 4ᵗᵉ, 12 sgr. n. | Schuberth u. C. In 3 Cah. hrsg. v. Hermann. Cah. 1: 20 ngr., 2: 15 ngr., 3: 20 ngr. zusammen.
Chappell u. C. hrsg. v. J. Moscheles. 2 Books, jedes 6ˢ. | Cramer u. C. ebenso. ‖ Paris, Lemoine. 2 Livr. jede 9 fr. | Pleyel. à Liv. 6 fr. | Richault. 2 Livr. jede 7 fr. 50 c. | **Für Pfte.
u. Flöte.** — Bonn, Simrock. 2 Livrais. jede 3 fr.; jetzt jede 12½ sgr. | **Für Pfte. zu 4 Hdn. allein.** —
Braunschweig, Litolff. Alle Num. zus. 15 sgr. | Meyer. 2 Livr. zus. 2 thlr. 4 ggr. ‖ Hamburg,
Cranz. 2 Livr. jede 1 thlr. ‖ Paris, Richault. 2 Suiten; 1ᵉ: 10 fr., 2ᵉ: 12 fr. ‖ Wolfenbüttel,
Holle. Alle Num. zus. 15 sgr.

Anmerkungen. a. In dem *Urtheil* über dies Opus in der Lpz. A. Mus. Ztg.
XVII. 609 wird bei Hervorhebung der musikalisch-pädagogischen Seite desselben unter
Anderm auch gesagt: »— Diesem schönen Werke ist nicht nur im Ganzen, sondern
auch in jedem einzelnen Stücke, oft nur von ganz geringem Umfange, der Stempel des
Vorzüglichen aufgedrückt etc.« — Vielleicht ist dieser Ausspruch denn doch zu warm
zu Gunsten desselben ausgefallen. Gewiss muss anerkannt werden die grosse Gedankenfrische, die mannigfalte Färbung der einzelnen Nummern, von denen 2 in polnischem,
1 in russischem, 1 in spanischem und 1 in sicilianischem National-Charakter sprechend
gehalten sind, zumal bei der schwierigen Durchführung der gedrängten Form des kleinen
Styls in allen Nummern; einzelnes ist sogar von hohem Reiz, wie z. B. beide Sätze der
Sonaten I u. II des Livre II. — dennoch hat W. in derartigen kleineren Arbeiten sehr
viel Bedeutenderes geleistet, z. B. in den »Six pièces à 4 m.« (dem ersten op. 10), der
unübertrefflichen »Huit pièces à 4 m.« (op. 60) gar nicht zu gedenken. Die Clavierparthie ist zuweilen allzu karg und kleinartig behandelt und möchte den Componisten der
kurz vorher geschriebenen Variationen »Vien quà, Dorina bella« und der Polonaise Es dur
(op. 21) zuweilen merklich vermissen lassen. Vielleicht hat die Kürze der Zeit, in der das
Opus geschrieben werden musste. — 15 Nummern in 18 Tagen — einen ungünstigen Einfluss ausgeübt, und es scheint, trotz dem äusserlich schnell gelungenen Gusse der Arbeit,
der innerliche Fluss derselben wiederholt ins Stocken gerathen zu sein. Schreibt doch W.
an Gottfried Weber von Darmstadt 1810, 23. Sept.: »— Eine Hundsfüttische Arbeit
»habe ich jetzt vor. 6 kleine Sonaten mit 1 Violin für André« kostet mich mehr Schweiss
»als so viel Simphonien. aber was ist zu machen«. Am 12. Oct.: »— Ich bin leider seit
»einem paar Tagen in der schrecklichen Stimmung, nicht arbeiten zu können; von denen
»verfluchten 6 Sonaten sind 5 fertig, und die letzte kann ich nicht zusammenkriegen, und
»doch möchte ich sie André schicken, damit ich ihrer fortkomme«. — **b.** Das *Thema*
zu den Variationen der Sonate II des Livre II ist überschrieben: »dell' opera Silvana«.
Es ist enthalten in der verschollen gewesenen Arie (N. 10) der Mechtilde zu W.'s Oper
Silvana »Warum musst' ich dich je erblicken?« — Diese Oper wurde zum 1ᵗᵉⁿ Male
am 16. Sept. 1810 zu Frankfurt a. M. gegeben, und zwar mit 2 Arien, der vorgenannten N. 10 und einer N. 1, die W. beide 1812 für die Berliner Aufführungen durch zwei
ganz neu componirte ersetzte. Da nun das Autograph des 2ᵗᵉⁿ Actes der Oper, und mit
ihm das der alten Arie N. 10 verschollen ist und der Clavierauszug derselben nur die
beiden neuen Arien enthält, so wurde das Dunkel über die Zugehörigkeit des Themas
dieser Variationen zur Silvana erst gelichtet, als ich die alte Partitur derselben im Frankfurter Theater-Archiv auffand. — Thema und Variat. 1, 2 u. 4 des obengenannten Sonaten-Satzes hat W. 1811 zu den Variationen für Pfte. u. Clarinett op. 33 benutzt, wobei nur Var. 1 u. Coda von Var. 4 eine dem Clarinett gemässe Umwandlung erhielten,
während Var. 2 ganz unverändert blieb. — **c.** Das Werk trägt im Stich mit den Six
pièces à 4 m. dieselbe *Op.-Zahl:* 10. W. hatte dafür ursprünglich die Zahl 17 bestimmt,
welche im Stich die »Gr. Ouvert. à plusieurs instrum.« (Schmoll) **54** aufweist, der W. wieder
ursprünglich das op. 8 gegeben hatte. (Gedr. u. geschr. Werk-Verz.) Die neue Prachtausgabe Berlin, Schlesinger (Lienau) giebt dem Werke das »op. 13«. — **d.** Einen Tag
nach Vollendung des Werkes sendete es W. an die Handlung André zu Offenbach, die
es ihm, als er am 29. dieselbe besuchte, bereits zurückgeschickt hatte. Er schreibt deshalb an Gottfried Weber 1. Nov. 1810: »den 29. ging ich zu André und hatte die Gelegenheit, mich weidlich zu ärgern. Der — hatte mir meine Sonaten zurückgeschickt

«unter dem vortrefflichen Grunde — sie seyen zu gut, das müsste viel platter sein, «die Violine sei nicht obligat etc., kurz wie die von Demar, (nun, so was schlechtes giebt's «gar nicht mehr auf der Welt, als diese sind) ich erklärte ihm kurz und bündig, dass ich «solchen Dr... nicht schreiben könnte, nie schreiben würde, und somit gingen wir «ziemlich verdriesslich auseinander». — 1811 übernahm die Handlung Simrock den *Verlag*, denn W.'s Tagebuch sagt am 24. Juni d. J.: «Von Falter die von Simrock an- «gewiesene Summe für die 6 Sonaten mit 44 fl. erhalten». — **c.** Die durch J. Mosche- les für die Handlung Chappell u. Co. zu London unternommene *Revision dieses Opus* muss mindestens eine Ueberarbeitung genannt werden. Wenngleich des bewährten Meisters warmer Hingabe an das Werk die grösste Anerkennung zu zollen, ist seine Arbeit doch so eingreifend ausgefallen, dass eine wesentlich reichere Gestalt als die erste vor uns steht. Abgesehen von den Aenderungen und von 1 der Partitur durchaus neu hinzugefügten Tacten, ist die Violin-Parthie mit vielfachen Zusätzen bedacht, zusam- men 99 und 3/4 Tacten (Tactwerth in Rücksicht auf die jedesmalige Tactart); dem Pfte. sind weniger Zusätze gegeben, die gegebenen kommen aber, bei der Kargheit der Pfte.- Behandlung W.'s, sogar dem Werke zu Gute. Die Bestimmung des erlaubten Maasses einer derartigen Bearbeitung wird freilich stets schwierig sein. Als ein wirklicher und nicht unwichtiger Gewinn, der bei der vorliegenden dem Werke erwachsen ist, muss angesehen werden die Umgestaltung einiger auffallend fraglichen, wie es scheint incor- recten Stellen, die die Original-Gestalt darbietet. — Noch ist hier des im Allgemeinen höchst zweckmässigen und wirkungsvollen Arrangements zu vier Händen v. C. Czerny (bei Cranz in Hamburg) zu gedenken.

N. 6 im op. 71.

105.

Des Künstlers Abschied. *»Auf die stürm'sche See hinaus«*

Lied für 1 Singstimme mit Begleitung der Guitarre oder des Pianoforte.

Text von Alexander v. Dusch; *s. Anm.* **a.** Durchcomponirt.

Comp. 1810, 8. Dez. zu Mannheim; *Tageb. u. Autogr.* — *N. 6 im op. 71;* Heft 17 der Gesänge.

Vivace.

Autograph: Stand als N. 31 im verscholl. grün. Heft. *s.* **27.** *Autogr.*) (1810. J.) Die Ueberschrift lautete: »Mein Abschied von M:(annheim) von Alexander von Dusch — u. comp. d. 8. Dezemb. 1810 in Mannheim».

Ausgaben. Erste Orig.-Ausg. als N. 6 des Opus, zus. mit **28, 229, 243, 256, 267.** Ber- lin, Schlesinger. Opus: 1 thlr. ‖ Hamburg, Böhme. Opus: 12 gr. | **Einzeln mit Guit. od.** Pfte. — Als Heft 19 der Ausw. I. Berlin, Schlesinger. 8 gr. ‖ Hamburg, Cranz. 4 gr. | **Einzeln mit Pfte.** — Als N. 82 d. Prchtausg. hrsg. v. Jähns. 1860. Berlin, Schlesinger Lienau]. 2½ sgr. *n.*

Anmerkungen. Diese *Composition* gehört zu den allerdings wenigen W.'s, die an und für sich nicht geeignet gewesen sein würden, seinen Namen weiter zu tragen; sie ist allzu eng mit ihrer Entstehungsgeschichte verbunden. In Bezug auf diese schreibt der Verfasser des Gedichts, der bis zum heutigen Tage mit rührender Treue den früh ge- schiedenen Jugendfreund verehrende vormalige Grossh. badische Staatsminister *A. v.* *Dusch*, in seinen mir handschriftlich vorliegenden »Erinnerungen an W.«: — »Die Tren- nung von C. Maria in Mannheim 1810, zu der es endlich doch kommen musste, war eine sehr schwere und schmerzliche für uns Alle. Es schwebte darüber die Ahnung, dass es ein Abschied für lange, für sehr lange, vielleicht für immer sein könnte, und noch ging er (W.) doch, obwohl so herrlich begabt und ausgerüstet, einem unsichern Schick- sal entgegen. Das war der Gedanke, dem das kleine Lied: »Weber's Abschied« seine

Entstehung verdankt. Wenige Tage vor W.'s Abreise ward es auf meinem Zimmer in Eile von mir niedergeschrieben und sogleich von ihm componirt. Die Strophen des Liedes sind durchcomponirt, und besonders die letzte Strophe machte jedesmal eine grosse Wirkung beim Vortrage. Es ist bei Schlesinger mit der geänderten Ueberschrift: »Künstlers Abschied« erschienen. — Ich habe den Theuren nicht mehr gesehen!« — Aus der von A. v. Dusch hier erwähnten Eile, womit nicht nur Gedicht sondern auch Composition niedergeschrieben wurden, ist der auffallende Mangel an Zusammenhang und Durcharbeitung des Liedes, eine gewisse Hast zu erklären, mit der das Ganze zum Schlusse drängt, ohne doch innerlich ausgestaltet zu sein. Die Clavier-Begleitung, die W. später dazu schrieb, bringt vollends eine höchst nachtheilige Schwere hinzu, die die ursprüngliche Begleitung der Guitarre nicht hat. Hauptsächlich der damaligen momentanen Situation muss die Wirkung zugeschrieben werden, von welcher A. v. Dusch berichtet. — W. sendet das Opus 71 *zum Stich* an Schlesinger 1819. 26. Aug.

— 1811. —

106.

Ohne op.-Zahl.

Abu Hassan.

Singspiel in 1 Act. Text von Franz Carl Hiemer; (s. Silvana *Anm. a.*) Sr. K. H. dem Grossherzoge von Hessen Ludwig I. gewidmet. Weber's 7tes dramatisches Werk.

Comp. 1811, 12. Janr. zu Darmstadt; *Autogr. Part. I.* (s. Anm. d. über N. 4.)

Abkürzungen in Bezug auf die Numerirung der einzelnen Musikstücke:

O.-P. I. = Original-Partitur (Autograph) N. I.
O.-P. II. = Original-Partitur (Autograph) N. II.
Cl.-A. = Clavier-Auszug. Bonn, bei Simrock.

Oavertüre. — O.-P. I. u. II. u. Cl.-A. ohne Nummer.

Presto.

238 Tacte, excl. 2 Tacte bis s. Autogr. Partitur I.

Instrumentirung: 1 Fl., 1 Picc., 2 Ob., 2 Clar., 2 Hörn., 2 Tromp., 2 Pkn., 2 Fag., Bass-Pos., Triangel, Becken, Trommel, 2 Violinen, Viola, Cello, Bass.

N. I. — Ohne Nummer in O.-P. I. u. II. — Cl.-A. = N. I.

Introduction. Duett. Fatime, Hassan. *»Liebes Weibchen, reiche Wein!«*

Allegro con moto.

Hassan.

Lie-bes Weib - chen, rei - che Wein!

75 Tacte. Autogr.

Instr.: 2 Fl., 2 Hörn., 2 V., Viola, Bässe.

16*

N. 2. = O.-P. I. u. II. u. Cl.-A.

Arie. Hassan. »*Was nun zu machen?*«

Moderato.

Instr.: 2 Fl., 2 Ob., 2 Hörn., 2 Tromp., 2 Pkn., 2 Fag., 2 Guit., 2 V., Viola, Bässe.

N. 3. = O.-P. I. u. II. u. Cl.-A.

Chor der Gläubiger (2 T. u. 1 Bass) mit **Hassan** u. **Omar.** »*Geld! Geld! Geld!*«

Vivace assai.

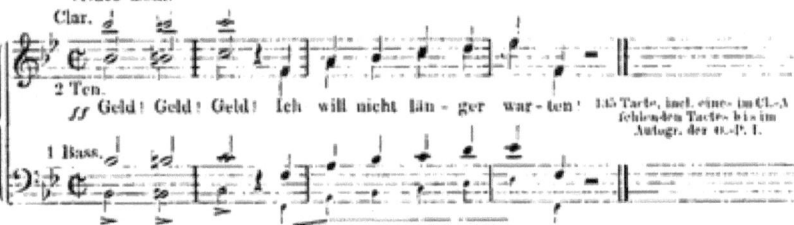

Instr.: 2 Fl., 2 Clar., 2 Hörn., 2 Fag., 2 V., Viola, Bässe.

N. 4. = O.-P. I. u. Cl.-A. — Fehlt in O.-P. II.

Duett. Fatime, Hassan. »*Thränen sollst du nicht vergiessen.*« (nachcomponirt 1812).

Instr.: 2 Fl., 2 Cl., 2 Hörn., 2 Fag., 2 V., Viola, Bässe.

N. 5. = O.-P. I. früher N. 1. u. Cl.-A. — O.-P. II. = N. 4.

Arie. Fatime. »*Wird Philomele trauern.*«

Instr.: 2 Ob., 2 Horn., 2 Fag., 2 V., 2 Solo-Violen, Cello obligato, Bässe.

N. 6. = O.-P. I. (früher N. 5.) u. Cl.-A. — O.-P. II. = N. 5.

Duett. Fatime, Omar. »Siehst du diese grosse Menge.«

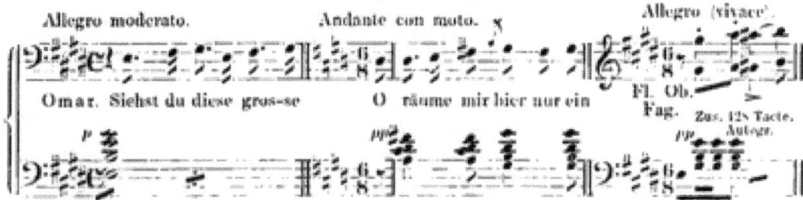

Instr.: 2 Fl., 2 Ob., 2 Fag., 1 Solo-Violine, 2 V. rip., Viola, Bässe.

N. 7. = O.-P. I. (früher N. 6.) u. Cl.-A. — O.-P. II. = N. 6.

Terzett. Fatime, Hassan, Omar. »Schlüssel-Terzett« »Ich such', ich such in allen Ecken.«

Instr.: 2 Clar., 2 Hörn., 2 Fag., 2 V., Viola, Bässe.

N. 8. = O.-P. I. — Fehlt in O.-P. II. — Cl.-A. = N. 10 als Anhang. — Siehe Anm. 4. über N. 8.)

Arie. Fatime. »Hier liegt, welch martervolles Loos,« (nachcomponiert 1823.

Larghetto.

Instr.: 2 Ob., 2 Cl., 2 Fag., 2 V., Viola, Bässe.

N. 9. = O.-P. I. (früher N. 7. — O.-P. II. = N. 7. — Cl.-A = N. 8.

Terzett (Fatime, Hassan, Omar) mit Chor (S., T., B. »Aengstlich klopft es mir im Herzen.«

Allegro moderato.

Instr.: 2 Piccoli, 2 Ob., 2 Cl., 2 Hörn., 2 Fag., Becken, Triang. auf dem Theater: 2 Clar., 2 Tromp., 2 Pkn., 2 Fag., Bass-Pos., Türkische Musik, 2 V., Viola, Bässe.

N. 10. = O.-P. I. (Früher N. 8.) — O.-P. II. = N. 8. — Cl.-A. = N. 9.
Schlusschor. Tutti. (Chor: 1 S., 1 T., 1 B.) »*Heil ist dem Haus beschieden.*«

Instr.: 2 Piccoli, 2 Ob., 2 Hörn., 2 Cl., 2 Tromp., 2 Pkn., 2 Fag., 2 V., Viola, Bässe,
1 Bass-Pos., Türkische Musik.

Die Musik der ganzen Oper enthält 1284 Tacte, excl. 11 Tacte Reprisen.

Autographe: Es sind 2 autographische Partituren, a u. b, und ein Autograph
des Clavier-Auszugs, c, bekannt. — **a. Partitur I,** das ältere Manuscript (s.
Anm. e.). Im Besitz von Max M. Frhrn. v. Weber zu Wien. (1870. J.) Pappband in
gewöhnlichem blauen Papier mit braunem Lederrücken und dergl. Ecken. Querfolio. Auf
dem Rücken u. der Deckelseite auf weissen Blättchen »Abu Hassan«, auf dem Rücken-
leder selbst: »B. 104.« Die zu verschiedenen Zeiten, 1810 u. 1811, 1812 u. 1823, componirten Theile hat W. diesergestalt zusammenbinden lassen. 122 Seiten. P. 7 u. 122
leer. Pag. 1 bis 52, 71 bis 102, 104 bis 122: starkes, festes gross-Quartformatiges
weisses Papier; von p. 53 bis 70: kleineres Format; fest, grünlich; p. 103 bis 106:
mittelgrosses Format; fest, gelblich. Schrift durchweg klar, mittelgross; äusserst wenige
Aenderungen. Der innere Titel lautet: »Abu Hassan. | Singspiel in 1 Akt | nach |
Einem Märchen aus Tausend und einer Nacht | frey bearbeitet von | J.« (sic!) »F. Hiemer. |
in Musik gesetzt von Carl Marie von Weber. | 1810 |« (Unten:) »comp. in Mannheim und
Darmstadt. zwischen d: 1¹ 9ᵇʳ 1810 und 12¹ Jan: 1811. « — *Bemerkungen:* Zur Ouvertüre. In Roth ein »bis« über Tact 119 u. 120, das im gestoch. Clav.-Ausz. fehlt; zum
Schluss: »d: 12¹ Januar 1811 in Darmstadt vollendet. — *Zu N. 1.* Zum Schluss: »comp.
d: 2¹ November 1810 in Darmstadt«. — *Zu N. 3.* Tact 75 ist mit einem später roth
nachgetragenen »bis« versehen, was sich natürlich nur auf die einzige Note dieses Tactes,
das F im Bass, bezieht; die Achtel-Passage tritt also erst ein bei der Wiederholung dieses Tacts, der nun zum 76ᵗᵉⁿ wird und mit einem »Tempo 1ᵐᵒ« von W. nachträglich
versehen ist; im Clavier-Auszug fehlt der Tact 75. Zum Schluss: »d: 3¹ 9ᵇʳ in Darmstadt 1810«. (s. Anm. a.) — *Zu N. 4.* Ueberschrift: »5ᵗᵉ Scene. Fatime — ich wollte,
ich hätte meine vergossenen Thränen wieder, so wenig sie mir auch der Schmerz ausge-
presst hat und so gut sie mir bezahlt worden sind«. Zum Schluss: »componirt in Gotha
d: . . . . . December 1812. vollendet instrumentirt in Leipzig d: 2¹ Januar 1813 auf
Musikd: Schulze seiner Stube.« (s. Anm. d.) — *Zu N. 5.* Der Satz in ³⁄₄, mit »Allo moderato« überschrieben (s. Partitur II *Zu N. 4.*); durchweg 2 Accoladen, jede zu 8 Zeilen
auf dem 16zeiligen Papier. 7 Tacte vor Schluss Umarbeitung von 6 Tacten im Cello
obligato in Roth auf der Zeile der Oboen; die erste Lesart des Cello roth durchstrichen;
der Clav.-Auszug zeigt in einer 3ᵗᵉⁿ Lesart zugleich mancherlei aus den 2 andern Lesarten
der Partitur. Die »Due Violini« stehen auf einer Zeile. Zum Schluss: »comp d: 13¹ Nov.
1810 in Darmstadt«. — *Zu N. 6.* In Tact 16 des Allegro ³⁄₄ hat W. über die letzten 6 16ᵗᵉˡ
eis, dis, e, dis, fis, e das 3gestrich. Octave 6 andere *eis''' a'' e'' e'' eis''' a'* für jene als Ersatz notirt, der also auch für die 2 folgenden ganz gleichen Tacte gilt, aber nicht in den
Clav.-Ausz. aufgenommen ist. Zum Schlusse: »d: 1¹ 9ᵇʳ 1810 in Darmstadt«. — *Zu N. 7.*
Zum Schlusse »d: 12¹ 9ᵇʳ in Mannheim 1810«. — *Zu N. 8.* Zum Schlusse: »d: 2¹ März
1823 Dresden, zu der Oper Abu Hassan nachcomp. C. M. v. Weber«. — *Zu N. 9.*
Nachträglich von W. mit »Allo. molto« bezeichnet. Zu Anfang der Notenzeilen der »Oboi
e Corni sul Teatro« hat W. gesetzt: »Clarinetti in C. Piatti e Triangulo e Fagotti«, bei
Tact 21, wo die Theatermusik wirklich eintritt, dasselbe; dazu noch mit Bleistift »Clari-
netti coi Oboi. Fagotti coi Corni«; sämmtliche Worte und Noten von Fagott. Triangel u.
Becken sind dieselbe Kleinschrift ganz im Character der nachcomponirten N. 8, also, wie

diese, wohl ebenfalls durch die dresdener Aufführung von 1823 veranlasst. Zum Schluss:
»d: 10¹ 9ᵇʳ in Mannheim 1810«. — *Zu N. 10.* Das Tempo des Clav.-Ausz. »Presto« fehlt
hier. Zum Schlusse: »d. 10¹ 9ᵇʳ 1810 in Mannheim. Die ganze Oper aber vollendet
d: 12¹ Januar 1811 in Darmstadt. Fine dell' opera. ∾∾∾ « Papier u. Partitur 10zeilig in
N. 4. — Pap. 12z., Part. 8z. in N. 8. — Pap. 12z., Part. 10z. in N. 6 u. 7. — Pap. u. Part.
12z. in N. 3. — Pap. u. Part. 14z. in N. 2. — Pap. 16z. mit 8zeiligen Partitur-Accoladen in
N. 1 u. 5. — Pap. u. Part. 16z. in Ouverture, N. 9 u. 10. — **b.** *Partitur II.* Das spätere Manuscript, (s. Anm. **e.**) im Besitz Sr. K. H. des **Grossherzogs von Hessen.**
(1861. J.) Rother Saffianband mit Goldverzierungen auf Rücken u. Deckel, Goldschnitt,
Querfolio. Von fremder Hand auf dünnerem Vorsatzblatt Titel und Widmung an den
Grossherzog (Ludwig I.) von Hessen. Unten von W. »Original-Partitur«. Es folgen 120
Seiten Partitur. Papier fest, weiss. Grösser gehaltene Abschrift von W.'s Hand nach
dem ältern Original-Manuscript, Partitur I; dem Grossherzog am 11. Janr. 1811 übersendet. Pag. 1 leer. — *Bemerkungen:* In *N. 3* fehlt das in Part. I bei Tact 75 hinzu-
gesetzte **bis** (s. Part. I). Zum Schlusse: »comp. d 3. 9ᵇʳ 1810 in Darmstadt, instrumentirt
in Mannheim«. — (N. 4 der Part. I fehlt, als erst im Dez. 1812 componirt.) — In *N. 4* Arie
(N. 5 der Part. I): Der Satz in ³⁄₄ hier mit »Tempo di Polacca« überschrieben; im Cello
obligato die alte in Part. I roth durchstrichene Lesart. — In *N. 5* (N. 6 der Part. I) zum
Schluss »d 4 Nov. 1810 in Darmstadt«. — In *N. 6* (N. 7 Part. I) bei Fatimens Einsatz
die Bemerkung: »sucht während des ganzen Terzetts emsig überall«. Das Compositions-
Datum am Schluss ist wegradirt, das »d« steht noch. Die in Part. I hier folgende Arie
N. 8 fehlt, als 1823 componirt. — *N. 7* (N. 9 Part. I): Die bei dieser Nummer in
Part. I der Theatermusik zugesetzten Clarinetten, Fagotte, Becken u. Triangel fehlen hier.
Zum Schlusse »d 10 November 1810 in Mannheim«. — In *N. 8* (N. 10 Part. I) fehlt
das Tempo des Clav.-Auszugs »Presto«. Zum Schluss »den 10¹ 9ᵇʳ 1810 in Mannheim.
Fine dell' Opera ∾∾∾ « — **c.** Autograph des *Clavier-Auszuges* der Oper. Im Besitz des
Musikalien-Verlegers **Simrock** in **Berlin**, (1861. J.) von W. zwischen dem 29. Mai
u. 9. Juni 1819 niedergeschrieben. Ouverture: 1 Bogen ziemlich starkes 10zeil. Querfolio; mittelgrosse Schrift; Kopf-Titel auf p. 1: »Abu Hassan, Oper in 1 Akt. Gedicht
von J. F. Hiemer. Musik von Carl Maria von Weber. Vollständiger Klavier-Auszug
vom Komponisten. ∾∾∾ « 238 Tacte. (S. Autogr. der Part. I. Bemerk. zur Ouvert.)
Die Gesangsnummern umfassen 13 Bogen mit 52 Seiten; kleinere spätere Schrift. Die
Singstimmen, so wie alle Schlüssel u. Vorzeichnungen von fremder Hand.

Ausgaben: *I. In ursprünglicher Gestalt:* Orchester-Stimmen der Ouvertüre. Bonn,
Simrock. 9 fr., jetzt 27½ sgr. — *II. Arrangements:* — A. Mit Text: 1) a. Vollständiger
Clavierauszug der Oper vom Componisten. Erste Orig.-Ausg. Ebend. 10 fr., jetzt 1 thlr.
13½ sgr. — b. Die Oper mit Guitarre-Begleit. Ebend. 8 fr. — 2) Alle Nummern im Clav.-
Ausz. einzeln. Ebend. — 3) Diverse Nummern einzeln: a. im Clav.-Auszuge. Ebend. | Augs-
burg, Gombart u. C. ‖ Braunschweig, Busse. Im Arion. ‖ Hamburg, Böhme. ‖ Cranz. ‖ *Mit dän.
Text.* Kopenhagen, Lose. ‖ Leipzig, Hofmeister. | b. Mit Guit. — Bonn, Simrock. — B. Ouver-
türe einzeln in Arrangements: 1) Als Quartette. a. Als Streichquartett. Ebend. 2 fr. —
b. Für Flöte, Violine, Viola u. Bass. Ebend. 2 fr. — 2) Für Pfte. zu 4 Hdn. Arr. v. Steg-
mann: Ebend. 1 fr. 50 c., jetzt 6½ sgr. ‖ Berlin, Schlesinger Lienau, Prchtausg. arr. v.
Klage. 5 sgr. ‖ Braunschweig, Litolff. 5 sgr. ‖ In »Sämmtl. Orig.-Compos. f. Pfte. zu 4 Hdn.
u. 10 Ouvert.« 4°. Ebend. zus. 2⅔ thlr. ‖ Hamburg, Böhme. ½ thlr. ‖ Cranz. ⅓ thlr. ‖ Ebend.
Leicht arr. ⅓ thlr. ‖ Leipzig, Peters. Alle 10 Ouvert. W.'s 15 sgr. ‖ London, Augener
u. C. ‖ Paris, Brandus u Dufour. 6 fr. ‖ Letmoine. 4 fr. 50 c. ‖ Wien, Diabelli u. C
½ thlr. ‖ Leidesdorf. ½ thlr. ‖ Wolfenbüttel, Holle. 5 sgr. — 3) Für Pfte. zu 2 Hdn. Bonn,
Simrock. 1 fr. 50 c., jetzt 5 sgr. ‖ Berlin, Schlesinger Lienau. Prchtausg. 5 sgr. n. ‖ Braun
schweig, Litolff. 2½ sgr. Alle 10 Ouvert. W.'s. Ebend. 10 sgr. ‖ Spehr. 7½ sgr. ‖ Hamburg, Böhme.
7 gr. ‖ Cranz. 6 gr. ‖ Leipzig, Peters. Alle 10 Ouvert. W.'s: 12 sgr. ‖ London, Cramer u. C.
2ˢ. 6ᵈ. ‖ Paris, Schonenberger. ˢ⁹. 35 c. ‖ Wolfenbüttel, Holle. 2½ sgr. — *C.* Arrangements
ohne Text: a. Die vollständ. Oper als Streichquartett. Bonn, Simrock. 9 fr., jetzt 1 thlr. 7½ sgr.
— b. Für Pfte. mit Violine od. Flöte. Arr. v. Zulehner: Ebend. 7 fr. 50 c

Anmerkungen. a. Der *Text* der Oper hat die Täuschung drängender Gläubiger
durch den erheuchelten Tod der Schuldner, eines lebenslustigen Ehepaares, zum Gegenstand; die *Musik* ist durchaus heiter und humoristisch, dabei so natürlich wie pikant; in
N. 3, dem Chor der Gläubiger, in N. 7 u. in der Ouvertüre alla turca voll Feuer und Schelmerei, verräth sie aber am deutlichsten den geistreichen Componisten. Rochlitz sagt in einer
Beurtheilung der Oper in der Leipz. A. Mus. Ztg. XXII. 550 unter Anderm im Allgemeinen über dieselbe: »Es findet sich hier wie in der Silvana ein eigenthümlicher Geist

und eine belebte Ausführung, zugleich ein gefälliger, wohlerwogener, ziemlich fliessender, darum aber doch nicht gewöhnlicher oder uncharacteristischer Gesang. Die Begleitung ist zwar immer interessant, aber keineswegs verkünstelt oder überladen; die Harmonie leicht zu fassen und Alles in der Art und innerhalb der Schranken abgefasst, die diese Gattung verlangt, ohne dass darum der jetzigen Stufe der Opernkunst oder auch den Sängern die Gelegenheit benommen worden, sich vortheilhaft hervorzuthun«. — Betreffs des obengenannten *Chors der Gläubiger* N. 3 »Geld! Geld! Geld!« erscheint es characteristisch, dass W. gerade ihn, allen übrigen Nummern der Oper voraus, *zuerst* in Angriff nahm. Er hatte das Buch des Abu Hassan aus Stuttgart am 29. März 1810 zu Mannheim durch dessen Dichter, seinen Freund Hiemer, erhalten; aber wiederholtes Hin- und Herreisen verzögerte den Beginn der Composition. Endlich ging er, in den ersten Tagen des August nach Mannheim zurückgekehrt, wirklich an die Arbeit, um sie freilich gleich darauf wieder bis November zurückzustellen; über deren Anfang im August aber schreibt er ins Tagebuch am 11ten: »Chor componirt«. Dies »componirt« heisst bei W. aber noch keineswegs *aufgeschrieben*; in diesem Falle sagt er »notirt«. Die »Notirung« erfolgte bei ihm oft lange Zeit nach der »Composition«, unter welcher die Tagebuchsnotizen stets die innerliche Arbeit, die eigentliche »Conception« verstehen. Ein andrer Chor als einer von denen in Abu H. kann, der damaligen Sachlage nach, nicht in Betracht kommen. Unter diesen ist nun aber der am 11. Aug. »componirte« unzweifelhaft der mit »Geld! Geld! Geld!« beginnende, welcher nicht nur dramatisch derjenige Punkt ist, von dem aus sich das Ganze entwickelt, sondern der auch nur allzusehr jenen peinlichen persönlichen Situationen entsprach, die W. nicht minder als der Dichter in Stuttgart genau genug kennen gelernt und die ihnen gradezu den Gedanken zu dieser Oper eingegeben hatten. Gewiss hegte W. die Ueberzeugung, jene anstürmenden Gläubiger besonders drastisch wiedergeben zu können; und in der That ist die schlagende Wahrheit seiner musikalischen Charaktervzeichnung zum schärfsten Spottbilde seiner ehemaligen Quäler geworden. Es war sehr natürlich und ganz W.'s Art gemäss, sich vor Allem mit diesen Gestalten abzufinden, die für ihn den Schwerpunkt der Handlung bildeten, und so entstand denn der »Geld«-Chor als die erste Nummer Abu Hassan's am 11. Aug. und wurde als solche auch allen übrigen voraus — am 3. Nov. — »notirt«, nachdem am 2. Nov. die Introduction concipirt (oder wie das Tagebuch sagt »componirt«) worden war. Grade so hat er auch später von jeder Oper zuerst das ihm persönlich am meisten Anmuthende herausgegriffen und in Tönen gestaltet: beim Freischütz das Duett zwischen Agathe und Aennchen, weil es ihn vor Allem drängte, dem Aennchen, diesem holden Spiegelbilde seiner Braut, Leben zu geben — in der Euryanthe die grosse Arie Adolar's, weil dieser am Entschiedensten jene edle Ritterlichkeit zur Darstellung bringen konnte, die für ihn der Hauptkern des ganzen Opernwar — im Oberon unzweifelhaft das Leben und Weben der Elfenwelt, obgleich er in seinen Aufzeichnungen am 23. Janr. 1825 nur sagt: »Die ersten Ideen zu Oberon gefasst«. — Im vorliegenden Falle von Abu Hassan erschien es übrigens wie ein Humor des Schicksals, dass der Grossherzog von Hessen nach Empfang der ihm von W. dedicirten Oper als ein zweiter Kalif den bedrängten Weber-Hassan durch das wahrhaft fürstliche Honorar von 440 Gulden seinen Drängern, wenn auch nur momentan, doch immerhin sehr wirksam entzog.

b. Die *Compositions-Daten* sämmtlicher Nummern giebt das Autograph a. Part, I. Nur bei N. 2 fehlt dies Datum; auch das Tagebuch zeigt es nicht. Das bei N. 4 vor »Dez. 1812« fehlende aber ergänzt sich daraus mit dem »13. u. 14«. Aus dieser Quelle gehen auch 1. Dez. 1810 u. 1. Janr. 1811 als die Tage hervor, an denen die Instrumentirung der N. 1 statt fand. Der Clav.-Auszug, den W., nach seiner Krankheit im Mai 1819, verfasste, *erschien* am 18. Dec. d. J. — Die 1823 nachcomponirte Arie der Fatime N. 8 (s. Anm. d. Schluss.) war in ihm noch nicht enthalten; sie erschien nachträglich als Anhang desselben unter der N. 10. —

c. *Aufführungen. Singende Personen* der Oper: 1. Fatime, Sopran; 2. Abu Hassan, Tenor; 3. Omar, Bass; Chor: 1 Sopr., 2 Ten., 1 Bass; bei der ersten aller *Aufführungen* auf der Hofbühne zu **München** am 4. Juni 1811 gesungen 1. von Mad. Flerk, 2. u. 3. von den Herren Mittermaier und Muck, neu einstudirt 1824 u. 1868. Ausserdem wurde die Oper gegeben: zu **Berlin** 1813, zuerst d. 20. Juli, neu einstudirt 1825; auf der Kroll'schen Bühne daselbst 1858; zu **Danzig** 181?; **Darm-**

stadt 1815; **Dresden** 1813, neu durch W. einstud. 1823; zu **Frankfurt a. M.** 1811; **Gotha**
(s. Anm. d.) 1812; **Hamburg** 1823; **Königsberg** 1813; **Kopenhagen**, dänisch, 1824; zu **London**
zum 1. Male im Theater Drurylane am 1. Apr. 1825 mit vielem Beifall; für die Saison
1870 wird Abu Hassan soeben für dasselbe Theater zur Aufführung mit italienischem
Texte vorbereitet; zu **Prag** 1813; **Riga** 1824; zu **Paris** (s. Berlioz' hinterl. Schriften, deutsch v.
R. Pohl, Leipzig, Heinze, 1865, Bd. 1, 303); **Stuttgart** 1811, 1815 u. 1825 n. e.; **Wien** 1813;
Wiesbaden 1870; **Würzburg** 1811. — Das «Arienbuch» der Berliner Aufführungen von 1825
zeigt als N. 2 einen in dieser Oper ursprünglich nicht enthaltenen Arientext. Er gehört zu der
aus W.'s «Silvana» hier eingelegten Arie N. 10ᵇ; die zweite Textstrophe ist jedoch verändert.

d. *Bemerkungen zu einzelnen Nummern* des Werks. — Auch bei Abu Hassan,
wie bei allen seinen übrigen Opern, hat W. die Ouvertüre aus Motiven der Oper hervorgehen lassen und zwar in vortrefflicher Verwebung dieser Motive. Von den 238 Tacten
der Ouvertüre im Cl.-Ausz. finden sich 106 in den einzelnen Nummern wieder. Es sind:
Tact 1 bis 4 incl., 16—19, 125—128, 180—183 der Ouvert.: = in N. 1, Tact 26—29;
Tact 72—78, 90—96, 137—146 der Ouvert.: = in N. 2 Allegro T. 1—8, 13—14.
41—47; | Tact 97—101 der Ouvert.: = in N. 2. T. 18—53; | Tact 1—8, 16—18.
125—128, 180—182 der Ouvert.: = im Schlusschor T. 1—8; | Tact 36—51, 168—
175, 220—232 der Ouvert.: = im Schlusschor T. 11—26. — Bei *N. 2* finden sich in
der berliner Hoftheater-Partitur 2 Geigen im Unisono mit Pizzicato-Sechzehntelfiguren
zum Ersatz der 2 Guitarren der Original-Partituren notirt, jedoch von fremder Hand. —
Im Allo. derselben Num. stehen in der berliner Part. in Tact 35 ein «poco ritenuto», T. 41
ein «Poco più Allo.» und T. 50 ein «sempre accelerando il Tempo» von W. notirt. — Zur
Composition der *N. 4* wurde W. durch den Prinzen **Friedrich v. Gotha** bei seinem dortigen
Aufenthalte im Nov. u. Dez. 1812 veranlasst. Er hatte laut Tagebuchs demselben den
Abu Hassan am 2. Dez. «vorgelesen und vorgespielt» und die Oper «dem Prinzen zur Auf-
führung» auf dem (Prinzl.?) Privattheater «auf der Steinmühle» bei Gotha «geben müssen».
Am 3. Dez. fand schon eine «Theater-Conferenz beim Prinzen» deshalb statt. Ob und wann
die Oper auf diesem Theater gegeben worden, darüber fehlen die Nachrichten. Das
Tagebuch berichtet nur noch über tägliche Proben des Abu H. vom 14. bis 19. Dez.,
worauf W. am 20. Dez. Gotha verlässt und die Instrumentirung des Duetts N. 4 erst
am 2. Janr. 1811 in Leipzig beendet. — Das in *N. 7* bei Tact 27 eintretende Triolen-
Motiv findet sich nicht bloss in Silvana in N. 16 Tact 3 u. ff. (hier in Moll)
wieder, sondern auch in «Kampf und Sieg» N. 8, Tact 7 u. ff., und gegen das Ende
des 2. Finales der Euryanthe bei den Worten «Ha, die Verrätherin». — Die Arie
N. 8 wurde von W. für Aufführung der Oper in Dresden am 10. März 1823 den 2. März
daselbst geschrieben. So tritt sie denn selbstverständlich aus dem Kreis der alten Nummern heraus, obwohl nicht aus dem allgemeinen Character der Oper, sondern durch die
vollendete Meisterschaft in Characterisirung eines fingirten und deshalb karikirten
Schmerzes, hinter welchem Komus lächelnd lauscht. Die Lösung dieser kleinen Aufgabe
musste dem eben tief in die Composition der Euryanthe versenkten W. ein heiter er-
quickliches Ausruhen werden; hier vertauschte er, wie zu neckendem Spiel, auf eine
Stunde den tiefen Ernst jener mächtigen Schöpfung mit dem Spott auf eine zum Scherz
erheuchelte Betrübniss, durch deren falsche Klagelaute dieser Spott verständlich und
spitz hindurch klingt. — *Leitmotiv* (s. Einleitung p. 2): In N. 1, Duett, Tact 26 bis
29, (Abu Hassan auf Brod und Wasser beschränkt) u. T. 58 bis 61 (Fatime ihn an Ma-
homets Weinverbot erinnernd) = zum Schlusschor Tact 1 bis 6, (der Kalif erscheint
bei Abu H. u. erlöst ihn von seinen Gläubigern).

e. Hofrath E. **Pasqué** in Darmstadt giebt in der Lpz. Allg. Mus. Ztg., Neue Folge
1864, 17. Febr. N. 7 einen sehr interessanten Aufsatz über Abu Hassan, in welchem
von ihm die *Original-Partitur II* als die ältere angesprochen wird. Ich kann
dieser Annahme mich nicht anschliessen, und sehe deren Grund nur in dem mir durch
den Herrn Verfasser später selbst mitgetheilten Umstande, dass demselben die Orig.-Parti-
tur *I* unbekannt gewesen ist, ihm also nicht die Vergleichung beider Partituren möglich
wurde. — Nach Erwägung aller Anzeichen und Umstände ist das Dedicationsexemplar
durch sofortige schleunige Abschrift einer jeden eben vollendeten Nummer entstanden.
Nach Copie der letzten, der am 12. Janr. 1811 vollendeten Ouvertüre, wurde nun das
Ganze rasch gebunden, und so konnte W. schon am 11. sein zweites Manuscript als

Dedications-Exemplar dem Grossherzoge senden. Die Copie desselben durch W. muss in allen Theilen sehr eilig geschehen sein, dafür spricht die sehr flüchtige Schrift, mehrfache Flecken, Ausgewischtes etc. Gegen die Partitur I gehalten, ist die Schrift breiter, weitläufiger, das Papier besser, dessen Benutzung splendider; die Abbreviaturen der Partitur I sind meist vermieden; 2 Accoladen auf Einer Seite, als zu gedrängt erscheinend, kommen nicht vor; die 2 Tenore im Chor: hier stets auf 2 Zeilen, dort auf einer; die Stricharten und Vortragsbezeichnungen : hier bei weitem sorgfältiger und in grösserer Anzahl als dort: eine gewisse Gleichmässigkeit im Schriftcharacter geht durch, wogegen in Part. I die Schrift bei den einzelnen Nummern etwas verschieden an Grösse und Stimmungs-Ausdruck ist; alles Merkmale, die bei einer Copie sich seltener vorfinden. Wenn freilich die im Dedications-Exemplar befindlichen 4 Compositions-Daten befremden müssen, so ist es doch geradezu unwahrscheinlich, dass W. seine Partitur für den Grossherzog trei aufgeschrieben und nach zurückbehaltenen Seizzen später eine zweite Partitur aufs Neue zusammengeschrieben haben sollte. Das wäre fast eine Wiederholung der Arbeit des Instrumentirens gewesen und beide Partituren wären gewiss nicht so genau in jeder Note übereinstimmend geworden, wie im vorliegenden Falle; denn erst aus späterer Zeit, wie unter Autogr. a. Partitur I gezeigt wurde, stammt alles das, was diese, gegen Partitur II gehalten, an Zusätzen und Aenderungen aller Art aufweist, weshalb auch Part. I die wichtigere und allein maassgebende bleibt. Sie war in ihrer ersten Gestalt der Part. II vollkommen gleich, vermehrte sich aber in der Folge durch jene 2 später hinzucomponirten Nummern 4 u. 8, die W., nach 1823 erst, mit den ältern acht nun in der Ordnung, wie sie im Stücke aufeinander folgen, binden liess. Die Darmstädter Partitur, indem sie die 1812 und 1823 componirten beiden Nummern nicht enthält, kann diese eben nicht enthalten, weil sie seit 1811 in des Grossherzogs Händen war, und ist schliesslich aus oben angeführten Gründen W.'s Copie der ersten Niederschrift der Oper in Partiturgestalt, wie diese sich in Partitur I neben den später entstandenen und noch später hinzugebundenen beiden Nummern 4 u. 8. darstellt. — Vergl. in Bezug auf diese Oper Max M. v. Weber's »Lebensbild« W.'s I. p. 161, 202, 212, 240 ff., 269, 272 ff., 280, 389.

107.

Duett: »*Se il mio ben*«, »*Wenn mein Herz*,« ursprünglich für 2 tiefe Altstimmen mit Begleitung von obligater Clarinette, 2 Hörnern, 2 Violinen, Viola, Violoncello u. Bass. **Comp.** 1811, 27. Janr. zu Darmstadt. **Umgearbeitet** 1811, im Nov. für 2 Soprane mit Begleitung des Pianoforte, Esdur, als *N.* 3 in dem l. M. der Königin Carolina von Bayern gewidmeten *op.* 31; *Tageb.*

Andante. 2 Alti. Se il mio ben, Wenn mein Herz, 108 Tacte. Abschrift s. Autogr. und Anm. b.

Autograph: Unbekannt in beiden Gestalten. Von der ersten besitzt der vormal. Grossh. Hess. Kapellmstr. Wilh. Mangold in Darmstadt die Partitur in einer Copie, auf welcher von W.'s Hand steht: »Zum Andenken an C. M. v. Weber«. (S. Anm. **b.**)

Ausgaben: In erster Gestalt für **2 Altstimmen** ungedruckt. — Erste Orig.-Ausg. für **2 Soprane mit Pfte. in Es** als Nr. 3 des Opus, mit ital. Text, zus. mit **123** u. **125.** Berlin, Schlesinger. Opus: 1 thlr. 4 gr. | 2te Ausg. mit ital. u. deutsch. Text. Ebend. Opus: 1 thlr. | Neue Prchtausg. v. Jähns, 1869; ital. u. deutsch. Schlesinger Lienau. 8¾ sgr. n. || Bonn, Simrock. Ebenso. Opus: 3 fr. | Neue Ausg. ital. als op. 30. Ebend. 3 fr., jetzt 10 sgr. | Ital. u. deutsch als op. 31. Ebend. 3 fr., jetzt 10 sgr. || Hamburg, Böhme. Ebenso. Opus: 18 ggr. | Ein Nachstich im Druckort. Ebenso. | **Einzeln.** — Mit ital. u. deutsch. Text. Als N. 34 d. Prchtausg. hrsg. v. Jähns. Berlin, Schlesinger Lienau . 5 sgr. n. | **Mit Pfte. od. Guit.** — Ebenso. Hamburg. Cranz. Opus: 20 ngr.

Anmerkungen. a. Die Duette op. 31 u. die Canzonetten op. 29 sind sämmtlich in so treffend italienischer Weise gehalten, dass sie einen interessanten Beleg abgeben, nicht nur für W.'s Studien italienischer Schreibart u. italienischen Gesanges, als auch für seine Vielseitigkeit und sein Vermögen, sich fremde Eigenthümlichkeit wirkungsvoll zu eigen zu machen. Anm. c. u. **181** Anm. d. — Die Berliner All. Mus. Ztg. (A. B. Marx sagt I. 217: »Alle 3 Duette wetteifern mit den besten italienischen Duetten und über- treffen die meisten an wahrer Innigkeit und Tiefe«. — **b.** W. componirte das vorliegende Duett für **Charlotte Mangold** u. Frau **Schönberger** — beides tiefe, höchst ausge- zeichnete Altstimmen, letztere s o tief, dass die Parthie des Belmonte von ihr in der Tenorlage gesungen wurde — die obligate Clarinette aber für seinen Freund **Heinr. Baermann**, den berühmten Virtuosen, damals in Darmstadt anwesend. In dieser Gestalt ist das Duett von selten schöner Wirkung; die grosse Haltung und die schöne Stimmführung des An- dante treten dabei überraschend ins hellste Licht. Durch die Transposition für 2 Soprane nach B für den Stich hat es namentlich in diesem Satze an Grösse und Adel des Aus- drucks verloren, im Allegro durch den Wegfall der Clarinette aber an seinem Glanz. — Das Duett hat in beiden Gestalten die gleiche Tactzahl. — W.'s gedr. Werk-Verz. sagt 1811: »Duetto p. 2 Flauti für Mad. Schönberger etc.« Hier ist »Flauti« ein Druckfehler statt »Alti«. W. hat kein Duett für 2 Flöten geschrieben. — **c.** Das Duett wurde *zuerst* in ursprünglicher Gestalt am 6. Febr. 1811 zu Darmstadt im Concert gesungen, wo es den lebhaftesten Beifall fand. Es finden sich darüber folgende Bemerkungen in W.'s Tageb.: Darmstadt 1811, 27. Janr.: »Duett für Mangold u. Schönberger comp.« 1. Febr.: »Duett instrumentirt«. 6. Febr. nach dem Concert: »Das Duett musste wiederholt wer- »den«. An Gottfr. Weber schreibt er im Febr. 1811: »Sie« (die Sängerinnen) »singen ein »Duett, welches ich componirt habe, in einem so verflucht italiänischen Styl, dass man »glauben sollte, es wäre von Farinelli etc.; es gefällt aber höllisch«. — Am 26. Nov. 1811 sagt W.'s Tageb.: »Der Königin« (v. Bayern) »meine Canzonetten und Duette über- »reicht. Sie war überaus gnädig, und da ich mich wegen solcher Kleinigkeiten entschul- »digte, so sagte sie, »Alles was von Ihnen kommt, kann nicht anders als schön sein«. Am 29. Nov.: »Zum König und zur Königin; von letzterer eine süperbe Medaille erhalten mit »ihrem Bild und der Inschrift: »Zum Andenken«. — **d.** Die Verlagshdlg. **Haas** in Prag hatte 1813, 26. Juni die Duette zuerst von W. käuflich erworben. Nach W.'s Tageb. zog er das Werk 1814, 13. Mai unter Rückzahlung des Honorars zurück, wonach es 5. Aug. 1814 in **Schlesinger's** Verlag überging. Am 21. Janr. 1815 macht W. Correc- tur der Duette. — **e.** Das Heft trägt gestochen die *Op.-Zahl* 31, in W.'s gescbr. u. gedr. Werk-Verz. 30, wie in Simrock's Verl.-Catal. jedoch 30 u. 31. Die Op.-Zahl 30 tragen aber im Stich die Lieder, Heft 5 der Ges., der Mutter Meyerbeer's gewidmet. — **f.** Gen.-Mus.-Direktor **Franz Lachner** in München hat die Begleitung dieses Duetts in B, so wie auch die beiden anderen dieses Opus *instrumentirt* für Streichquartett, 1 Flöte, 2 Clarinetten, 2 Fagotte u. 2 Hörner. — Zuerst *angekündigt* ist W.'s Opus Lpz. A. Mus. Ztg. XVI. Intell.-Bl. 8. — *Rezension* ebendas. XVII. 457. — S. auch Max v. Weber »Lebensbild« W.'s I. 212 u. 305.

108.

Canzonette: *»Ah, dove siete«, »Weh, dass geschieden«* für eine Sopranstimme mit Begleitung der Guitarre oder des Pianoforte. **Comp.** 1811, 14. März zu Bamberg auf der Durchreise nach München: *Tageb.* **N. 1** im *op. 29*; I. M. der Königin Carolina von Bayern gewidmet; s. *Anm. c.*

Allegro moderato e con molto affetto.

Ah, do - ve sie - te,   oh lu - ci bel - le!
Weh, dass ge - schieden   ihr Zwil - lings - ster - ne.

Autograph: Stand mit Guitarre-Begleitung als N. 32 im verscholl. grün. Heft. s. 27. *Autogr.* (1810, J.) Dabei die Notiz von W.'s Hand: «Canzonetta, comp. 4. März 1811 in Bamberg unter der der Königin von Baiern überreichten Sammlung».

Ausgaben: Erste Orig.-Ausg. mit Pfte. od. **Guit.** mit ital. Text als N. 1 des Opus, zus. mit **120 u. 124.** Prag, **Haas.** 54 xr. s. Anm. **c.** ‖ Uebergegangen an **Simrock,** Bonn. Opus: 2 fr. 50 c., jetzt 11¼ sgr. ‖ Mit ital. u. deutsch. Text. Leipzig, Hofmeister, Opus: 15 ngr. ‖ **Mit Pfte.** — Mit ital. u. deutsch. Text. Bonn, Simrock, Opus: 2 fr. 50 c. ‖ Leipzig, Hofmeister.: Opus: ½ thlr. s. Anh. 108. ‖ **Einzeln.** — Als N. 23 d. Prchtausg. hrsg. v. Jähns, 1869, Berlin, Schlesinger Lienau. 2½ sgr. a. ‖ Als »Dans ma nacelle«: Paris, Richault. 2 fr. 50 c. ‖ Mit ital. Text. Ebend. 2 fr. 50 c. ‖ Mit **Guit. allein.** — Bonn, Simrock. Opus: 2 fr. 50 c.

Anmerkungen. a. Unter Hinweis auf das bei **107** Anm. **a.** im Allgemeinen über den italienischen Character von W.'s Canzonetten und Duetten Gesagte ist zu bemerken, dass die galante Grazie dieser Gattung bei vorliegender Canzonette dem geschickten Sänger sich besonders dankbar erzeigen wird. — **b.** Zwei Tacte gegen den Schluss »con passione« überschrieben, finden sich wieder im **Oberon,** Finale I bei Rezia's zum erstenmale gesungenen Worten »Dass dich nicht verrath' ein Wort!« — **c.** Die Handlung **Haas** in Prag hatte die Canzonetten bereits stechen lassen, als ein Zerwürfniss mit W. diesen veranlasste, 1811, 13. Mai das Opus zurückzuziehen. Es ging nun gestochen in den Besitz von **Simrock** in Bonn über; dieser kündigt es 1815 im April an. Die Ausg. Haas ist mit einer Titelvignette verziert: der Titel lautet: III Canzonetti per una voce di Soprano coll' accompagnamento di Pianoforte ove di Chitarra, composti e dedicati a Sua Maestà Carolina, Regina di Baviera, dal suo umilissimo e devotissimo servitore Carlo Maria di Weber. Praga presso Haas. Opera 29. Prezzo —.

109.

Concertino für Clarinette.

Begleitung: 2 Violinen, Viola, 1 Flöte, 2 Oboen, 2 Hörner, 2 Fagotte, 2 Trompeten, 2 Pauken, Bässe. (Clar. principale auf Zeile 1.)

Comp. 1811, 2. April zu München. Seinem Freunde Heinrich Baermann gewidmet; s. *Autogr.* u. *Anm.* **a. b.** — op. **26**: Nr. 1 der Werke für Clarinette.

Autograph: Im Besitz von Max M. Frhrn. v. Weber zu Wien. (1870, J.) Partitur. Ungeheftet, 2 Lagen, zus. 6 Bogen, 24 Seiten; davon 21 mittelgross beschrieben, p. 22, 23, 24 leer; 12zeiliges Querfolio, gelblich, mittelstark, sehr breit; 11zeilige Partitur. P. 1: Titel »Concertino | per il | Clarinetto principale. | composto per uso | dell Signore Enrico Baermann. | ed eseguitato la prima volta al mio | Concerto alla Salla dell Teatro a Monaco. | di | Carlo Maria de Weber. | ~~~ | op. 26. | Vollendet d: 2¹ Aprill 1811 in München«. — Zum Schluss in verticaler Zeile: »Vollendet d: 2¹ Aprill 1811 in München. Carl Marie von Weber«; das Tageb. sagt dagegen »1811, 3. Aprill. Früh vollendet das Concertino für Bärmann«. Das Autogr. hat im Andante (con Var.) ₵, einige Ausgaben dafür ₵. (s. **114** Aut. Part. **b.**)

Ausgaben: Erste Orig.-Ausg. Mit **Orchester-Stimmen**: Leipzig, Bureau de Musique (Peters). 1 thlr. ‖ Paris, Gambaro. 7 fr. 50 c. | Richault. 12 fr. | **Für Clar. u. Pfte.** — Leipzig, Peters. 15 ngr. ‖ Berlin, Schlesinger (Lienau). Prchtausg. 1870. Part. Revid., metronom. u. hrsg. v. Carl Baermann. 10 sgr. n. s. Anm. a. ‖ Paris, Richault. 6 fr. | **Für Violine u. Pfte.** — Leipzig, Peters. 15 ngr. ‖ Arr. v. Fr. Hermann: Berlin, Schlesinger (Lienau). Prchtausg. 1870. Part. 10 sgr. n. s. Anm. a. ‖ Paris, Richault. 5 fr. | **Für Flöte u. Pfte.** — Arr. v. C. G. Belcke: Leipzig, Peters. 20 ngr. | **Für Pfte. allein zu 4 Hdn.** — Ebend. 25 ngr.

Anmerkungen. a. Mit diesem Concertino vom Jahre 1811 eröffnete W. eine *Reihe von sechs Musterwerken* für die obligate *Clarinette*. Es folgten demselben noch im Laufe dieses Jahres 3 andere: 2 grosse Concerte mit Orchester, op. 73 u. 74 und die Variationen mit Pfte. op. 33; erst 1815 schrieb er das Quintett mit Streichquartett op. 31, dann 1816 das grosse Duo concertant mit Pfte. op. 48. Angeregt zur Composition der 5 ersten Werke durch seines Freundes Heinrich Baermann bis dahin noch unerreichte Schönheit, Feinheit und Grösse der virtuosen Behandlung der Clarinette, widmete er dieselben auch diesem Meister. Alle 6 aber haben sich bis auf diesen Tag in gleicher Höhe der Bedeutung für dies Instrument erhalten und sich ebenso durch absolute — musikalische — wie relative — instrumentale — Trefflichkeit gegen jede Wandlung des Zeitgeschmackes behauptet. Dies beweist unter Anderm deren neue bei Schlesinger (Lienau) in Berlin erschienene Prachtausgabe durch Heinrich Baermann's Sohn Carl und Enkel Carl Baermann zu München, ersterer k. Bayr. Hof-Musiker, ein Virtuose ersten Ranges auf dem Clarinett, letzterer ein ausgezeichneter Pianist, Lehrer an der königl. Musikschule. Diese Revision wurde zugleich dadurch eine sehr wichtige für diese Werke, dass sie sich auf die Traditionen stützt, welche der ältere Carl Baermann von seinem Vater Heinrich über den Vortrag und den in der alten incorrecten Ausgabe theilweis entstellten Inhalt der Compositionen empfing. S. **114**. Autogr. Part. II. Auch die zu gleicher Zeit in derselben Verlagshandlung erschienene von Fr. Hermann in Leipzig für die Violine an Stelle der Clarinette bearbeitete Ausgabe ist eben so gelungen als der Werke würdig. — **b.** Das *Concertino* besteht aus einem ausdrucksvollen ernsten Adagio, 4 durch Tutti's verbundenen glänzenden Variationen und einem an Abwechslung reichen Schluss-Allegro. Es wurde *zuerst* in W.'s Concert zu München am 5. Apr. 1811 mit H. Baermann so ausserordentlich trefflich ausgeführt und errang so grossen Beifall, dass der König Max I. von Bayern W. mit Composition zweier grosser Concerte beauftragte. — W. berichtet darüber an Gottfried Weber von München 20. Apr. 1811: »Seit ich für Baermann das Concertino componirt habe, ist das ganze Orchester des Teufels und will Concerte von mir haben. Sie überlaufen den König und die Intendance, und wirklich ist dermalen für ziemliches Preiss bei mir bestellt: 2 Clarinett-Concerte : wovon eines aus Fmoll schon beinah ganz fertig ist :, 2 grosse Arien, ein Violoncellconcert für Legrand, 1 Fagottconcert«. — **c.** Im Nachlass des als k. Bayr. Hofmusiker verstorbenen Oboebläsers Anton Flad hat sich das Concertino *für Oboe* mit Orchester arrangirt vorgefunden. Diese Bearbeitung soll jedoch nach zuverlässigem Bericht so mangelhaft sein, als unmöglich, anzunehmen, sie rühre von W. her. (s. Anh. 39.) — W. sendet das Manuscript 1812, 23. Sept. nach Leipzig an Kühnel, den damaligen Besitzer des Bureau de Musique. — *Angekündigt* wird das gestoch. Werk in d. Lpz. A. Mus. Ztg. XVI. Intell.-Bl. 7. Nov. 1811. — S. auch Max v. Weber »Lebensbild« W.'s I. 262, 266—67, 369—71, 377, 395.

110.

»Ueber die Berge mit Ungestüm«

Lied des Gaswin in A. v. Kotzebue's Schauspiel: »Der arme Minnesinger«, Scene 1,
für eine Singstimme mit Begleitung der Guitarre oder des Pianoforte. 3 Strophen.

Comp. 1811, 8. Mai zu München; *Tageb.* — *N. 2 im op. 25;* Heft 4 der Gesänge.

Allegro vivace.

p Ue-ber die Ber-ge mit Un-gestüm vor der Lie-be ein Jüngling lief,

Strophe: 16 Tacte. Ausg. Gröbenschütz.

Guitarre.

Autograph: Unbekannt.

Ausgaben: Erste Orig.-Ausg. mit Guit. u. Pfte. als N. 2 des Opus, zus. mit **112, 113,
137, 140.** Berlin, Gröbenschütz u. Seiler. Opus: 16 ggr. ‖ 2te Orig.-Ausg. Hamburg
u. Leipzig, Schuberth u. C. Opus: 14 ggr. ‖ Leipzig, Hofmeister. Opus: 17½ ngr. ‖ Zus.
mit **137.** Hannover, Nagel. 5 ngr. | **Einzeln.** — Berlin, Lischke. 5 sgr. ‖ Hamburg, Cranz.
5 ngr. ‖ Abz: Amor og Ynglingen »Höit over Fjeldene«. Kopenhagen, Lose. 20 sch. ‖ Leipzig,
Hofmeister. 5 ngr. ‖ Mainz, Schott. 8 xr. | **Mit Pfte. allein.** — Als N. 11 im W.-Album. Berlin,
Schlesinger. Alb.: 1 thlr. u. ‖ Als N. 88 im Arion. Braunschweig, Busse. ‖ Als N. 12 in »Ausgew.
Lieder v. W.« Leipzig, Peters. Ausw.: 10 ngr. u. | **Einzeln mit Pfte. allein.** — Als N. 19 d.
Prachtausg. hrsg. v. Jähns, 1869. Berlin, Schlesinger Lienau. 2½ sgr. u. **Einzeln mit Guit. allein.** —
Bonn, Simrock. 30 c. ‖ Mit dän. Text. (s. oben. Kopenhagen, Lose. 20 sch.

Anmerkungen. a. In diesem unübertrefflichen Liede ist in seltner Weise die Lösung der schwierigen Aufgabe gelungen, mit natürlicher Liedform und reizvoller Melodie die
strengste Declamation des balladenartigen Textes zu verbinden. — W. schrieb es laut Tageb.
an ein und demselben Tage, 8. Mai 1811, mit den drei andern zu Kotzebue's
Schauspiel »Der arme Minnesinger« gehörigen Liedern an diesem durch seine beispiellose
Fruchtbarkeit merkwürdigen Tage, an welchem er *noch* 2 S grosse Folio-Seiten zum
Clarinett-Concert F moll **114** instrumentirte. (!) Die Lieder wurden zum ersten Male mit
dem Schauspiel ausgeführt München 9. Juni 1811. Siehe darüber **113** Anm. — **b.** W.
hatte die Lieder für diese Aufführungen nur mit Guitarre-Begleitung geschrieben. Erst
⁵/₁ Jahre später, 26. Aug. 1812, verfasste er auf Wunsch der Verleger die Pfte.-Begleitung
dazu, **111** ausgenommen, welche Nummer er überhaupt nicht zum Stiche gab. Aber auch
zu dem »Bettlerlied« **117** und zu »Liebe-Glühen« **140,** ebenfalls ursprünglich mit Guit.-
Begleitung componirt, so wie zu dem 4stimm. Liede »Geiger u. Pfeiffer« ohne Begleitung,
(welche drei er mit den zum Minnesinger componirten **110, 112** u. **113** für jene Verleger
zu dem Op. 25 vereinigte) setzte er auf deren Wunsch nachträglich noch eine Pfte.-Beglei-
tung an eben jenem 26. Aug., wie sich dies aus seinem Tagebuch ergibt, wo es unter
diesem Datum heisst: »die 6 Lieder, op. 17., für Gröbenschütz arr.«(angirt für Pfte.)
»Liebe-Glühen, die 3 Lieder im Minnesinger, I und mein junges Weib« (Bettlerlied) »u.
»das Tanzlied« (Geiger u. Pfeiffer). — Hieraus geht nun noch zweierlei hervor: **c.** 1.)
W. zählte das *Opus 25* ursprünglich mit 17; denn erst am 2. Oct. 1812 schreibt er auch
an die Familie Türeke in Berlin »Bitte, Gröbenschütz sagen zu lassen, dass das opus
»auf meinen Liedern op. 25 heissen müsse. 2.) Auch das Tanzlied war ursprünglich
in dies op. 25 von W. bestimmt, wurde aber von den Verlegern davon getrennt u. ohne
op.-Zahl besonders herausgegeben. — **d.** Ausnahmsweise sei des *Honorars* von 18
Thlrn. erwähnt, was doch allzu bemerkenswerth, indem es ein damals schon sehr anerkannter Componist empfing (Silvana war sogar eben in Berlin mit vielem Beifall in Scene
gegangen) für 6 Lieder, von denen vier (**110, 112, 135** u. **137**) einen seltenen Erfolg
hatten und bald vielfach nachgestochen wurden und von denen namentlich das vorliegende
zu den schönsten des Componisten gehört. In der That constatirt W.'s Tageb. v. 30. Aug.
1812 dies Honorar mit den dürren Worten: »Von Gröbenschütz für die 6 Lieder erhal-
»ten = 18 Thlr.«, was er auch nochmals in der Uebersicht seiner Einnahmen vom Aug.

1812 aufführt mit »für 6 Lieder von Gröbenschütz op. 25 = 18 Thlr.« — Tempora mu=
tantur! — **c.** Ueber Rochlitz' *Rezension* des op. 25 in der Lpz. A. Mus. Ztg. XVI.
194 *schreibt W.* diesem 1811, 21. Juni: »Mit welchem liebevollen, scharfsinnigen Ge=
»müth haben Sie meine Lieder beurtheilt und wie sehr erkenne ich und werde es zu be=
»herzigen wissen, was Sie mir zuwinken«.

111.
»Rase, Sturmwind, blase«

Unge=
druckt.

Lied des Goswin in A. v. Kotzebue's Schauspiel: »Der arme Minnesinger«. Scene 5,
für eine Singstimme mit Begleitung der Guitarre. 1 Strophe.

Comp. 1811, 8. Mai zu München; *Tageb.*

Allegro moderato.

Ra — se, Sturm-wind, bla — — — se durch die
Guitarre.

5 Tacte. Autogr.

Autograph: Im Besitz von F. W. Jähns, zusammen mit **112** auf erster und **113**
auf zweiter Seite eines starken, grossen halben Querfoliobogens; grosse schwarze
Schrift; Text fehlt. Diese drei Stücke sind resp. mit »No. 34«, »No. 35«, »No. 36«
von W. bezeichnet, so wie die Blattseiten mit »3« u. »4« paginirt. Die andere Hälfte
desselben Bogens, p. 1 u. 2, enthielt unzweifelhaft das zu den 4 Liedern zum Minne=
singer noch gehörige Autograph des ersten derselben (**110**), was demnach die »No. 33«
getragen haben wird. Die Autographe der 4 Lieder 110 bis 113 sind mithin als die
Fortsetzung jenes grünen Heftes mit »32 Liedern etc.« anzusehen, das bei den betreffen=
den Compositionen jedesmal als verschollen erwähnt worden. Als weitere Fortführung
dieses Heftes — weil in Papier und Schrift mit allen diesen Autographen genau überein=
stimmend, obwohl von W. nicht paginirt, — muss nun auch das Autograph der 10 Lie=
der aus »Leyer und Schwert« s. **168.** *Autogr.*, ferner **164** bis **167** betrachtet werden.
Sämmtliche ergeben sich danach als von W. nach ihrer ersten Niederschrift vollzogene
Copieen. Es ist also wohl die Anlage einer vollständigen eigenhändigen Sammlung aller
seiner Gesangscompositionen von W. anfänglich intendirt gewesen, die er später, von
der immer höher gehenden Flut seiner Arbeiten gedrängt, hat aufgeben müssen.

Ausgaben: Keine.

Anmerkung. Das kleine Lied ist eine anspruchslose melodiöse Wiedergabe der 4
Textzeilen. Unzweifelhaft dessen Unscheinbarkeit wegen gab W. es nicht zum Stich mit
den 3 übrigen zu Kotzebue's Schauspiel gehörigen Liedern. — Weiteres s. **110.** Anm.
a. und b.

112.
»Lass mich schlummern, Herzlein, schweige,«

N. 3 im
op. 25.

Lied des Goswin in A. v. Kotzebue's Schauspiel: »Der arme Minnesinger«, Scene 5,
für eine Singstimme mit Begleitung der Guitarre oder des Pianoforte.
2 Strophen. Durchcomponirt.

Comp. 1811, 8. Mai zu München; *Tageb.* — *N. 3* im *op. 25;* Heft 4 der Gesänge.

Andante.

Lass mich schlummern, Herz-lein, schwei-ge, sei nicht
20 Tacte. Autogr. 21 Tacte. Ausg. Gröbenschütz.
Guitarre.

Autograph: Das mit Pfte.-Begleit. ist unbekannt, das mit Guit. im Besitz von F. W. Jähns, zus. mit 111 auf erster und 113 auf zweiter Seite eines starken, grossen halben Querfoliobogens; grosse schwarze Schrift; Text fehlt. Das Autogr. weicht von der Orig.-Ausgabe dahin ab, dass für den 18 u. 19. Tact der letzteren das erstere nur 1 Tact giebt; das Ddur des ganzen 18. Tacts und das Hmoll des ganzen 19. im Stich nimmt jedes im Autograph nur ¹⁄₂ Tact ein; ausserdem hat an dieser Stelle die Guit.-Begleitung des Autographs den Dreiklang von Hmoll, wo der Stich den Sexten-Accord giebt, was nur ein Druckfehler zu sein scheint, da die Pfte.-Begleitung hier den Dreiklang zeigt. — Weiteres s. 111 *Autogr.*

Ausgaben: Erste Orig.-Ausg. mit Guit. u. Pfte. als N. 3 des Opus, zus. mit 110, 113, 137, 140. Berlin, Gröbenschütz u. Seiler. Opus: 16 ggr. ‖ Zweite Orig.-Ausg. Hamburg u. Leipzig, Schuberth u. C. Opus: 14 ggr. ‖ Leipzig, Hofmeister. Opus: 17½ ngr. | Einzeln. — Hamburg, Böhme. 2½ ngr. ‖ Mainz. Schott. 8 xr. | Mit Pfte. allein. — Als N. 20 d. Prchtausg. hrsg. v. Jähns. 1869. Berlin, Schlesinger Lienau. 2½ sgr. *n.* ‖ Als N. 27 im Arion. Braunschweig, Busse. ‖ Als N. 678 in Desdur in L. Schubert's Concordia. Leipzig, Schäfer. Einzeln mit Guit. — München, Falter. 8 xr. *s. Anm. b.*

Anmerkungen. **a.** »Ein süsses Lied.« — Welch verbrauchtes, welch gemissbrauchtes Wort! — und dennoch ist ihm eine treffendere Bezeichnung kaum zu geben; es ist auf das vollkommenste dazu berechtigt und zwar im besten Sinne. — **b.** Die *Rezension* des op. 25 in d. Lpz. A. Mus. Zeit. bringt XVI. 194 einen vollständigen Abdruck des Liedes. — Weiteres s. 110 Anm. **a. b. c. d. e.**

N. 5 im op. 25.

113.
»Umringt vom mutherfüllten Heere«

Lied des Goswin in A. v. Kotzebue's Schauspiel: »Der arme Minnesinger«. für eine Singstimme mit 4stimmigem Männerchor und Begleitung der Guitarre oder des Pianoforte.

Text zur Schlussscene des Schauspiels verfasst von Max Heigel. *s.* 116. *Anm.* b.) 3 Strophen.
Comp. 1811, 5. Mai zu München: *Tageb.* — *N. 5 im op. 25;* Heft 4 der Gesänge.

Maestoso ed animato.

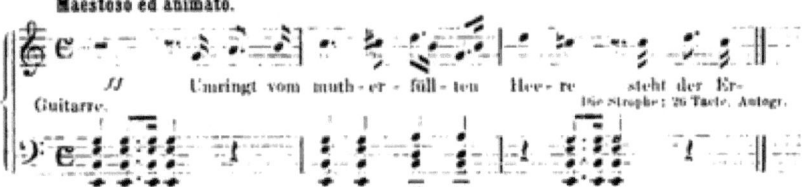

Autograph: Das mit Pfte.-Begleit. ist unbekannt, das mit Guit. im Besitz von F. W. Jähns, zus. mit 111 u. 112 auf einem starken, grossen halben Querfoliobogen; Text fehlt. — Das Autograph der Guit.-Parthie weicht dahin von der Orig.-Ausg. ab, dass der Accord des 3. Viertels in Tact 2 so wie jede Sextole in Tact 19 als 4tes Sechszehntel oben ein *f'''* hat, wo der Stich ein *g'''* zeigt. Das *g* ist unbedenklich überall Druckfehler; auch bringt die Pfte.-Begleitung an diesen Stellen stets Septimen-Accorde. — Weiteres s. 111 *Autogr.*

Ausgaben: Erste Orig.-Ausg. mit Guit. od. Pfte. als N. 5 des Opus, zus. mit 110, 112, 137, 140. Berlin, Gröbenschütz u. Seiler. Opus: 16 ggr. ‖ Zweite Orig.-Ausg. Hamburg u. Leipzig, Schuberth u. C. Opus: 14 ggr. ‖ Leipzig, Hofmeister. Opus: 17½ ngr. | Einzeln. — Ebend. 5 ngr. — Einzeln mit Pfte. allein. — Als N. 22 d. Prchtausg. hrsg. v. Jähns. 1869. Berlin, Schlesinger Lienau. 2½ sgr. *n.*

Anmerkungen. Dies Lied erscheint, auch unverglichen mit den zwei reizenden 110 u. 112 zu Kotzebue's Schauspiel gehörigen Liedern, an sich unbedeutend in so besonderem Grade, dass dessen Erfolg bei der ersten Aufführung des Schauspiels zu München. 9. Juni 1811, fast unerklärlich ist. W.'s Tagebuch sagt nemlich darüber: »Abends »der Minnesänger mit meinen Guitarreliedern, die ausserordentlich gefielen, so dass sie »das letzte« (das vorliegende) »wiederholt haben wollten; es kam aber Hr. Augusti heraus »und bedankte sich, weil er glaubte, herausgerufen zu sein«. Weiteres s. 110 Anm. **a. b. c. d. e.**

114.

Concert für Clarinette. No. I. In Fmoll.

Begleitung: 2 Violinen, Viola, 2 Flöten, 2 Oboen, 3 Hörner, 2 Fagotte, 2 Trompeten, 2 Pauken, Bässe. (Clar. principale Zeile 1.)

Comp. 1811, 17. Mai zu München; s. *Autogr. I. u. Anm.* **o.** Seinem Freunde **Heinrich Baermann** gewidmet; s. *Autogr.* — *op. 73*; N. 2 der Werke für Clarinette.

Allegro moderato. ♩ = 108. Carl Baermann. (S. 109. Anm. a.)

Adagio ma non troppo. ♩ = 16. C. B. (Poco più animato: ♩ = 66. C. B.)

Rondo Allegretto. Allegro. ♩ = 120. C. B.

Autographe: 2 Partituren. *Partitur I.* In Besitz von Max M. Frhrn. v. Weber zu Wien. (1870. J.) Dünner blauer Pappband. Auf dem Deckel: Titel von meiner Hand. Innen 44 Seiten 12zeiliges Querfolio; bläulich weiss, mittelstark, sehr breit; mittelgrosse Schrift; durch Satz I u. III: eine, durch II: drei Zeilen leer. Pag. 1: Titel »Gran Concerto in Fa♭: per il Clarinetto Principale. — | Composto per uso dell suo Amico, (hier ein »il« durchstrichen) Signore Baermann di Carlo Maria de Weber | ∞ | Monaco il 17 Majo 1811«. — Satz I: p. 2 bis 19 incl. — Satz II; p. 20 bis 25, ohne Trompeten u. Pauken, mit 3 Hörnern con sordini; für den Fall, dass nicht 3 Hörner disponibel sind, hat W. die den Hörnern bestimmten Sätze in Tact 41 bis 65 u. Tact 79 bis zum Schluss für Violine 1 u. 2 u. Cello bestimmt und dort mit kleinerer Schrift notirt; dabei von meiner Hand 6 Bleistiftzeilen, darauf bezüglich. (s. Anm. d.) — Satz III: von p. 26 bis 43. Zum Schluss: »Vollendet den 17. May 1811 in München«; p. 44 leer. Alle sonstigen Bleistiftnotizen sind von mir und beziehen sich auf Vortragsbezeichnungen von H. Baermanns Hand, in Partitur *II* befindlich. — *Partitur II.* Im Besitz des K. Bayr. Hofmusikers Carl Baermann zu München, Sohn von Heinr. Baermann (s. 109 Anm. a). (1865. J.) Zusammengebunden mit dem 2ten Autograph der Partitur des 2ten Clarinett-Concerts in Es op. 74 und der abschriftlichen Partitur des Concertino's op. 26. Ganz in rothem Saffian: goldner Schnitt, goldne Rand- u. Rückenverzierungen ohne aufgedruckten Titel. Das Fmoll-Concert eröffnet den Band. Gelbliches dünnes 12zeiliges Querfolio mit 86 Seiten; kleinere Schrift; durch Satz I u. III: eine, durch II: 3 Zeilen leer. P. 1: Titel »Gran Concerto per il Clarinetto Principale composto all' uso Dell Signore Enrico Baermann di Carlo Maria de Weber. ✱✱ Monaco. Majo 1811«. — Satz I: p. 2 bis 34. In Tact 141. 142, 143 ist die Clav.-Passage geändert, 144 ganz gestrichen; dafür sind 16 neue Tacte nebst Cadenz eingefügt; die Solo-Parthie ist in diesen 19 Tacten von Heinr. Baermann, die Instrumentirung der letzten 17 von Täglichsbeck. — Satz II: p. 35 bis 45. Bei den 3 Hörnern fehlt das »con sordini« von Partitur *I*. Der unten in Anm. d. besprochene Text steht bei Tact 41 von H. Baermann's Hand angefangen. — Satz III: p. 46 bis 85. Nach Tact 124 ist von H. Baermann 1 Tact General-Pause eingeschaltet; p. 86 leer.

Ausgaben: Erste Orig.-Ausg. mit Orchester-Stimmen. Berlin, Schlesinger. 2⅔ thlr. | Paris, Richault. 20 fr. | Mit Pfte.-Begleitung. - Berlin, Schlesinger. 1½ thlr. | Neue Prchtausg. 1870. Partit. Revid., metronom. u. hrsg. v. Carl Baermann, Ebend. 26 sgr. n. ‖ Paris, Richault. 12 fr. | Für Violine mit Orchester-Stimmen. — Arr. v. Fr. Hermann. 1870. Berlin, Schlesinger (Lienau). 2⅓ thlr. | Für Violine u. Pfte. — Arr. v. Fr. Hermann. Prchtausg. 1870. Partit. Ebend. 20 sgr. n. | Für Flöte u. Pfte. — Arr. v. C. G. Belcke. Ebend. 1½ thlr.

Anmerkungen. a. Zuvörderst gehört hieher das **109** Anm. a. über W.'s *sämmtliche Clarinett-Werke* im Allgemeinen Gesagte. — **b.** Die auf Befehl des Königs Max I. v. Bayern geschriebenen beiden grossen Concerte op. 73 u. 74 bilden unter den 6 Compositionen W.'s für obligate Clarinette die Gipfelpunkte eben so neuer, wie schöner und glänzender virtuoser Behandlung dieses Instruments. Es ist schwer zu entscheiden, welches von beiden an Frische, Fantasie und Reichthum der Erfindung am höchsten stehe. Das vorliegende kennzeichnet sich durch die elegische Leidenschaftlichkeit der Allegros, die süsse, seelenvolle Melodiefülle des Adagios, im Rondo aber durch den kecken Wechsel des melodischen Characters, des Rhythmus und der Modulation und die mit immer neuem u. überraschenden Reiz auftretende Wiederkehr des Hauptthemas. — **c.** Das Werk wurde zum *ersten* Male in München 1811, 13. Juni in Fr. Kaufmann's Concert (s. **115**) mit H. Baermann ausgeführt und mit enthusiastischem Beifall aufgenommen. Schon in der Probe ereignete sich Ungewöhnliches. Als sich nemlich ein Capellmitglied über die Composition herabsetzend äusserte, geriethen dessen Collegen in eine solche Aufregung, dass nur W.'s Einschreiten dessen fernere Gegenwart vermitteln konnte. (W.'s Tageb. v. 11. Juni 1811.) — **d.** Wenn die damalige begeisterte Aufnahme der Clarinett-Compositionen W.'s einem Theile nach gewiss H. Baermann's unübertrefflicher Ausführung zuzuschreiben ist, so beweist Nachstehendes, wie dieser wiederum W.'s grosse Leistungen dieser Gattung in treuer Liebe würdigte. Das oben erwähnte *Adagio* enthält in seiner Mitte und am Ende zwei feierliche kürzere Sätze in *Es* u. *C* von 25 resp. 8 Tacten für 3 Hörner con sordini, über denen das Clarinett in klagenden Zügen, wie recitirend, leise dahin schreitet. Die Ausführung dieser Sätze übertrug H. Baermann bei seinem Concerte in Berlin 1831, also 5 Jahre nach W.'s Tode, 3 Männerstimmen, übernommen von den damaligen dortigen ersten Künstlern, den unübertroffenen Bader an der Spitze. Die dazu von Eduard v. Schenk gedichtete Strophe lautete: »Er ist dahin, der Schöpfer dieser Klänge! Der hohe Meister, der von hinnen schied, er lehrt den Engelchören nun Gesänge; doch ewig lebt auf Erden auch sein Lied!« Die laut Concertzettel »den Manen Weber's« dargebrachte Huldigung, der ich selbst beiwohnte, war von ergreifendster Wirkung. (s. *Anlage*. Partitur *I*.) — **e.** W.'s Tageb. giebt folgende *Compositions-Daten* dieses Opus: München 1811, 18. Apr. »Concert Fmoll für Clarinette angefangen«. 24. »1stes Allegro des Clarinett-Concerts Fmoll fertig.« 29. »Am Rondo aus F für Clarinett gearbeitet.« 30. »Rondo vollendet.« 8. Mai. »Das 1te Allegro aus Fmoll instrumentirt«; NB: acht und zwanzig eng geschriebene Folioseiten, wonebon W. laut Tageb. noch an demselben Tage die vier Lieder zu Kotzebue's »Minnesinger« **110, 111, 112, 113** componirte. (!!!) 9. Mai. »Adagio in's Fmoll Concert notirt.« 17. »Concert p. Clarin. aus Fmoll ganz vollendet fertig.« — **f.** Dies Concert, im Stich mit op. 73, in W.'s gedr. Werk-Verz. gar nicht gezählt, wird im geschriebenen mit op. 72 belegt, welche *Op.-Zahl* im Stich die Polacca brillante Edur für Pfte. **268** trägt. — W. sendete das Concert an Schlesinger *zum Stich* 1822, 17. Oct. — S. auch Max v. Weber's »Lebensbild« W.'s I, 266, 273, 276, 281, 284. 351.

115.

»Adagio und Rondo für das Harmonichord« (oder Harmonium).

Begleitung: 2 Flöten, 2 Oboen, 2 Fagotte, 2 Hörner, 2 Trompeten, 2 Pauken, 2 Violinen, 2 Violen, Cello u. Bass.

Comp. 1811, 12. Juni zu München »zum Gebrauche des Herrn Friedr. Kauffmann«; *Tageb.* (*s. Anm.* b.)

Autograph: Unbekannt. (s. Anm. c.)

Ausgaben: Erste Orig.-Ausg. als »Nachgelassenes Werk. No. 15«. Partitur. Leipzig, Bureau de Musique. Peters. 1 thlr. — **Mit Orchester-Stimmen.** — Ebend. 1 thlr. 10 ngr. | **Mit Pfte.-Begl.** — Arr. v. Fr. Kauffmann. Ebend. 20 ngr.

Anmerkungen. **a.** W. äussert sich 1811, 27. Juni von München aus gegen seinen Freund Gänsbacher über das von Fr. Kauffmann 1808 erfundene *Harmonichord und seine dafür geschriebene Composition,* wie folgt : »— es war eine verdammte Arbeit, für »ein Instrument zu schreiben, dessen Ton so eigen ist und so fremd, dass man die lebhafteste »Phantasie zu Hilfe nehmen muss, um es gehörig wirkend mit den andern Instrumenten »ins Licht zu setzen. Es ist ein Geschwisterkind der Harmonica, und hat das besonders »eigen, dass die Octave so besonders hervorsticht bei jedem gehaltenen Tone, weil durch »Reibung von Holzstäbchen, und durch diese erst wieder Saiten in Schwingung gebracht »werden«. — Das dem gedruckten Werke beigegebene Vorwort sagt erläuternd: »— Die »Drahtsaiten werden durch Reibung eines mit Leder überzogenen und mit Colophonium »durcharbeiteten Cylinders zum Ertönen gebracht«. — Dennoch scheint es sehr geschickt von W. benutzt worden zu sein. Ueberall zeigen sich Harmonichord und Orchester interessant in ihrer Verbindung wie in ihrem gesonderten Auftreten; grosse Mannigfaltigkeit entwickelt sich zugleich im Wechsel beider Anwendungen sowohl im melodieusen Adagio, wie im bewegt gehaltenen Allegretto pastoralen Characters, wo alle Effecte des Solo-Instruments zur Geltung gebracht scheinen; auch der besonders trefflich organisirten musikalischen Gestaltung des Ganzen muss noch gedacht werden. — **b.** W.'s Tagebuch giebt nur zwei *Compositions-Daten* des Werks: München, 31. Mai 1811: »Adagio und Rondo für das Harmoniechord von Kauffmann componirt«. 12. Juni: »früh das Adagio u. Rondo für Harmoniechord vollendet«. — Die *erste* Aufführung fand in Kauffmanns Concert, München 13. Juni 1811 statt. Nach andern von Kauffmann gespielten Piëcen, wobei das Harmonichord (wie W. an Gottfried Weber 1811, 3. Juli meldet) »zuerst »wenig gefiel, erfolgte der wüthendste Beifall«. — **c.** Fr. Kauffmann's Sohn in Dresden besitzt eine Copie des Autographs (Partitur) mit dem Titel von W.'s Hand: »Adagio und »Rondo für die Harmonica mit Begleitung des ganzen Orchesters componirt von Carl »Maria von Weber. op. 37«. (Das Wort »Harmonica« ist hierin später von einer fremden Hand in »Harmonichord« umgeändert.) Im gedr. Werk-Verz. ist das Werk ohne **Op.-Zahl,** im geschr. gar nicht genannt: dabei ist zu bemerken, dass das »op. 37« schon die Musik zu Turandot trägt, welche op.-Zahl die Schlesinger'sche Verlagshandlung zugleich W.'s Variationen über »Schöne Minka« **179** zuertheilt. — **d.** Der Zusatz auf dem gestochenen Titel »oder Harmonium« ist von der Verlagshandlung gegeben; letzteres konnte W. nicht im Auge haben, da es aus der Physharmonica entstand, welche erst in den 20ger Jahren erfunden wurde.

116.

Trauer-Musik. *»Hörst du der Klage dumpfen Schall«*

für gemischten Chor mit Bariton - Solo.

Begleitung : 1 Flöte, 2 Clarinetten, 2 Hörner, 3 Posaunen, 2 Fagotte.

Verfasser des Textes — ? *s. Anm.* **b.**

Comp. 1811, 24. Juni zu München ; *Tageb.* Zur Trauerfeierlichkeit für den Schauspieler M a x H e i g e l daselbst ; *s. Anm.* **b.**

Autograph: P a r t i t u r. Im Besitz von A d o l f v o n H e n s e l t, Hofpianisten des Kaisers von Russland zu St. Petersburg, pp. (1870. J.) 1 lose geheftete 12zeilige Bogen : festes
gelbliches Querfolio ; ganz ohne Titel. Auf der Titel s e i t e E n t w u r f des Stückes aus
dem D u e t t N. 6 im »F r e i s c h ü t z« von den Worten »(ent)behren in solch altem Eulennest« bis incl. des letzten Tactes vor »Grillen sind mir« (zum 1. Male) ; nur beide Solo-
stimmen ausgeführt, hie und da Bass oder obligates Instrument angedeutet ; kleine saubere
Schrift, vollständig Lesart der späteren Ausführung, nur 1 Tact verworfen ; für das 1tel nebst
8tel auf »doch dem« stand im Entwurfe zuerst ein besonderer Tact mit zwei $^{3}/_{4}$-Noten auf
diesen 2 Worten ; dieser ist durchstrichen und die beiden auf *gis* auf »doch dem« sind in
den vorhergehenden Tact gestellt. Unten am Rande steht : »d 12 Julj«, genau übereinstimmend mit W.'s Tagebuch. — P. 2 beginnt die T r a u e r - M u s i k. 11zeilige Partitur ; Schrift mittelgross, ziemlich blass ; p. 12 u. 16 leer. Das Stück besteht aus : Chor,
Adagio ma non troppo, 33 Tacte ; Solo, Recit. 9 T.; Solo, Andante, 24 T.; Chor, Tempo
I⁰⁰⁰, 28 T.; Chorlied, Adagio 20 Tacte (4 Strophen) ; Coda : Solo mit Chor , 13 T. Tag
und Zweck der Composition sind nicht vermerkt. Auf p. 8 sind die Singstimmen aus den
Tacten 62 bis 88 des Gloria aus W.'s E s d u r = M e s s e N. I und noch 3 andre unbekannte
Tacte mit sehr stumpfer Feder auf die 4 Systeme der Posaunen und des Soprans der
Trauermusik durch W. (ohne Worte) notirt.

Ausgaben : Keine.

Anmerkungen. **a.** Die Composition ist durchweg von sehr edlem und rührenden
Character, höchst wohlklingend und dankbar sowohl für Chor als Solo. — Das Chorlied
zum Schlusse »Zerrissen hat des Todes Hand« ist das Grablied, 1803 in Augsburg von W.
componirt **(37)**, 1804 zum Begräbniss der Mad. Hayn in Breslau zum ersten, hier zum
zweiten Mal instrumentirt. Der Trauermusik für Heigel entnahm W. die Tacte 22 bis 27
des 1sten Adagios zu Tact 28 bis 33 des Kyrie seiner Esdur-Messe N. I, die am Schlusse
des Kyrie nochmals wiederkehren ; ferner verwendete er aus jener Musik deren ganzes
Andante zu dem »Christe eleison« des Kyrie derselben Messe, Tact 1 bis 5 zum Schlusse
des »Christe«. — **b.** Max H e i g e l, Schauspieler und Dichter (z. B. von W.'s Liede
113), 31 Jahre lang an der Hofbühne zu München , starb daselbst 14. Juni 1811, 59
Jahre alt, allgemein verehrt. Bei seiner Gedächtnissfeier wurde Winter's grosses Requiem
aufgeführt, W.'s Trauermusik n i c h t. worüber dessen Tageb. 1811. 26. Juni sagt :
»Heute sollte die Todtenfeier Heigel's von mir gegeben werden ; aber durch die Faulheit
»und Nachlässigkeit seines Sohnes kam es nicht dazu. Sendtner (vielleicht der Dichter
»des Textes) »und ich haben das Unsrige gethan und ihm unsre Achtung und Liebe noch
»im Grabe bewiesen, und das ist genug. er ruhe in Frieden«. — S. auch Max v. Weber
»Lebensbild« W.'s. 1. 274. 276.

117.

Maienblümlein. »*Maienblümlein, so schön,*«

Lied für 1 Singstimme mit Begleitung des Pianoforte.

Text von Aug. Eckschläger; *Anm. c.* 4 Strophen.

Comp. 1811, 26. Juni zu München; *Tageb.* — *s. Anm.* **a.** — *N. 3 im op. 23;*
Heft 3 der Gesänge.

Mai - en - blüm - lein, so schön, mag euch gern blü - hen sehn!

Autograph: Als Lied unbekannt; als Walzer s. 149. (s. auch hier Anm. a.)

Ausgaben: Erste Orig.-Ausg. als N. 3 des Opus, zus. mit **62, 70, 130, 133, 136.** Typendruck. Berlin, Schlesinger. Opus: 1 thlr. | Zweite Orig.-Ausg. gestochen. Ebend. Opus: 18 ggr. | Als N. 3 Heft 1 der Ausw. 1. zus. mit **62** u. **70.** Ebend. ¾ ggr. || Als N. 6 im Arion. Braunschweig, Busse. || Als N. 195 u. 856 in Fink's musik. Hausschatz, Leipzig. Mayer u. Wigand. 1. Ausg. | Als N. 785 in J. Schubert's Concordia. Schäfer. || Als N. 52 im Mildheimischen Liederbuch, 1822. || Als N. 1 in C. Blum's Liederspiel »Die Rückkehr in's Dörfchen«. Berlin, Schlesinger. Clav.-Ausz. 2½ thlr. | Einzeln mit Pfte. — Als N. 14 d. Prchtausg. hrsg. v. Jähns. 1869. Ebend. 2½ sgr. n. || Mannheim, Heckel, 8°, 6 xr. || Als »Fleur de Printemps« N. 12 Recueil de Romanc. Livr. 2. Leipzig, Kistner. | Als N. 2 — 20 ngr. || Als »Le muguet«. Paris, Richault. 2 fr. 50 c. | Ebend. Maur. Schlesinger. | Mit Pfte. od. Guit. — Zus. mit **62** u. **70** als N. 3 Heft 1 der Ausw. etc. Berlin, Schlesinger. ¾ ggr. | Mit Guit. —Arr. v. Gaude zus. mit **28.** Hamburg, Cranz. 4 ggr.

Anmerkungen. a. Es *erschien* dies naiv anmuthige Lied in der 1. Ausg. des Opus 1812, 13. Oct. Angekündigt wurde es erst 1813 in d. Lpz. A. Mus. Ztg. XV. Intellig.-Bl. 2. Es scheint aber schon vor seiner Veröffentlichung warme Freunde gefunden zu haben; denn zum Geburtsfeste des Herzogs Leopold August von Gotha, W.'s fürstlichen Gönners, arrangirt er, nächst 4 vom Herzoge componirten Liedern, das obige als Trio eines »Walzers für Harmonie-Musik«, mit deren Ausführung er den Herzog am Morgen des Tages überrascht. In Bezug auf das von W. vollzogene Arrangement seines eignen Liedes zum Walzer, scheint er dasselbe mit Widerstreben unternommen zu haben, denn er sagt im Tageb. 1812, 17. Nov.: »dann noch das Mayenblümlein zum *Walzer* derangirt«. S. mehr darüber **149** u. **150—153.**) — **b.** Das Lied ist vollständig auch noch abgedruckt in der *Rezension* des op. 23; Lpz. A. Mus. Ztg. XV. 65. Diese sagt über das Maienblümlein: »Dies sinnige Lied ist von so anziehender, reizender Lieblichkeit, wie das duftende Maienblümlein, dessen Namen es trägt.« — **C.** Eckschläger war Secretär der vereinigten Theater von Pressburg und Baden.

118.

Concert für Clarinette. No. II. In Es.

Begleitung: 2 Violinen, Viola, 2 Flöten, 2 Oboen, 2 Hörner, 2 Fagotte, 2 Trompeten, 2 Pauken, Bässe. (Clar. principale, Zeile 1.)

Comp. 1811 zu München, vollendet 17. Juli zu Starenberg bei München; *s. Autogr. I.* Seinem Freunde Heinrich Baermann gewidmet. — *op. 74: N. 3 der Werke für Clarinette.*

Allegro. ♩ = 108. Carl Baermann. *s.* **109.** Anm. **a.**

Tutti. *ff*

Romanze.
Andante. Andante con moto. ♪ = 92. C. B.

Autographe: 2 Partituren. *Partitur I.* In Besitz des K. Bayr. Hofmusikers Carl Baermann zu München, Sohn von Heinr. Baermann (s. **109**. Anm. **a.**) (1865, J.) Zusammengebunden mit dem zweiten Autograph der Partitur des ersten Clarinett-Concerts op. 73 und der abschriftlichen Partitur des Concertinos op. 26. Ueber den Einband s. bei **114** Autogr. Partit. *II.* — Das vorliegende Concert folgt im Bande dem Opus 73. 12zeiliges gelbliches dünneres Querfolio mit 74 Seiten; kleinere Schrift. Durch Satz I u. III: eine, durch II: 2 Zeilen leer. P. 1: Titel »Gran Concerto in E♭« per il Clarinetto Principale | composto per uso | Del Signnore« (sic) »Enrico Baermann | da | Carlo Maria de Weber. | ⚹⚹ | op 2 delle concerte per il Clar: | Monaco Mese Julio 1811«. | — Satz I, p. 2 bis 33 incl.: hier zum Schluss Bemerkung von H. Baermann's Hand: »Spielt 10 Minuten«; p. 34 leer. — Satz II, p. 35 bis 44; hierin hat das Cello eine besondere Zeile; zum Schluss von W.'s Hand: »d 17. July in Starenberg comp: 1811« und von der H. B.'s: »Spielt 8 Minuten«. — Satz III, p. 45 bis 73; zum Schluss von W.'s Hand »d 29. Juni 1811 in München« und von der H. B.'s: »8½ Minuten«: p. 74 leer. — *Partitur II.* Im Besitz von Max M. Frhrn. v. Weber zu Wien. (1870, J.) 5 ungeheftete Lagen, 72 Seiten, kleinere Schrift: p. 72 leer; gelbliches dünneres unbeschnittenes 12zeiliges Querfolio. Durch Satz I u. III: eine, durch II: 2 Zeilen leer. P. 1: Titel »Gran Concerto in Es♭. | per il | Clarinetto Principale | composto per uso | Del Signore Enrico Baermann | da | Carlo Maria de Weber. | ⚹⚹ | op: 3 dell conc. il op: 2 delle gran Conc: p. il Cl. | Monaco Mese Julio 1811«. — Satz I, p. 2 bis 32. — Satz II, p. 32 bis 42: das Cello hat eine besondere Zeile: zum Schluss von W.'s Hand »d 17. July in Starenberg comp: 1811«. — Satz III. p. 43 bis 71: zum Schluss von W.'s Hand »d 29. Juni 1811 in München«. Zum Schluss der 3 Sätze von meiner Hand die die Zeitdauer derselben betreffenden Angaben v. H. B. aus Part. *I.* — P. 56 steht durch 7 Tacte in Violine 1 u. 2 und Viola, ausser W.'s mit Tinte geschriebener Lesart, eine zweite von ihm componirte, hier von mir mit Bleistift verzeichnete mit der Bemerkung von mir: »Die Tinten-Noten standen an dieser Stelle ursprünglich im Autograph Partit. *I*; W. ersetzte sie später durch die hier mit Bleistift von mir eingetragenen«.

Ausgaben: Erste Orig.-Ausg. **Mit Orchester-Stimmen.** Berlin, Schlesinger. 2⅔ thlr. Paris, Richault. 20 fr. | **Mit Pfte.-Begleitung.** — Berlin, Schlesinger. 2 thlr. | Neue Prachtausg. Partit. 1870. Revid., metronom. u. hrsg. v. Carl Baermann. Ebend. 25 sgr. u. Paris, Richault. 12 fr. | **Für Violine mit Orchester-Stimmen.** — Arr. v. Fr. Hermann. Prachtausg. 1870. Berlin, Schlesinger Lienau. 2⅔ thlr. | **Für Pfte. u. Violine.** — Arr. v. Fr. Hermann. Prachtausg. Partit. 1870. Berlin, Schlesinger Lienau. 25 sgr. u.

Anmerkungen. **a.** Zuvörderst gehört hieher das **109** Anm. **a.** über W.'s *sämmtliche Clarinett-Werke* im Allgemeinen Gesagte. — **b.** Schon bei dem ersten Clar.-

Concert in F moll op. 73 **(114)** musste, in Bezug auf das vorliegende zweite, der eben so neuen, wie schönen und glänzenden virtuosen Behandlung dieses Instruments gedacht werden. Speciell *characterisirt* sich letzteres durch die höchst glanzvolle und edle Gestaltung des Allegro's, den dramatischen Reiz schmelzender Melodie in der Romanze, die während 11 Tacte ein förmliches Recitativ ist, und schliesslich durch die überaus brillante grosse Polacca mit ihren prächtigen Passagen, indem zugleich eine Fülle von schönen gesanglichen Motiven alle drei Sätze durchzieht. — Auch dies Opus wurde auf Befehl des Königs Max I. von Bayern geschrieben. — **c.** Ausser den oben bei Autograph *I u. II* gegebenen Compositions-Daten über Adagio und Polacca dieses Werks enthält W.'s Tagebuch keine weitere brauchbare Notiz. — **d.** Es wurde *zuerst* aufgeführt in einer vom Sänger W e i x e l b a u m in München gegebenen Akademie 1811, 25. Nov. und zwar, wie W.'s Tagebuch sagt »mit rasendem Beifall, da es Baermann göttlich blies«. — **e.** Das Concert, im Stich mit op. 74, in W.'s gedr. Werk-Verz. gar nicht gezählt, wird in dessen geschr. W.-Verz. mit op. 73 belegt, welches die *Op.-Zahl* des Stichs des F moll-Clarinett-Concerts **114** ist; dagegen trägt in W.'s geschr. W.-Verz. sein Fagott-Concert **127** die op.-Zahl 71, welches Werk im Stich das »op. 75« aufweist. S. auch Max v. Weber's »Lebensbild« W.'s I, 273, 306.

119.
Melodie ohne Begleitung.

Unge-
druckt.

Comp. für W.'s Freund H e i n r i c h B a e r m a n n, wahrscheinlich 1811 (im Nov.) zu München.

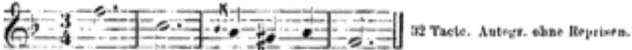

32 Tacte. Autogr. ohne Reprisen.

Autograph: Im Besitz von H e n r i P a n o f k a, Violin-Virtuosen und Professor des Gesanges zu Paris. Vergilbter schmaler Papier-Streifen mit 2 Notenzeilen, wovon 1½ Zeile beschrieben, mit Siegellack auf ein anderes Notenblättchen befestigt, mit der Bemerkung von H. Baermann's Hand: »Carl Maria von Weber's Handschrift; an Freund Panofka überlassen von Heinr. Baermann.«

Ausgaben: Dies kleine Stück soll nach Panofka's Mittheilung bei Boosey u. C. in London, als Walzer für Pianoforte arrangirt, erschienen sein; es ist mir auf wiederholte directe Anfrage bei dieser Handlung nicht gelungen, das Arrangement zu erlangen. Ich habe seitdem selber zwei Pianoforte-Begleitungen dazu geschrieben, eine einfache u. eine glänzende.

Anmerkung. Die sehr schöne, im Character eines Tanzes sich graziös wiegende Melodie in 2 Theilen ist unzweifelhaft zunächst von W. für seinen als Clarinett-Virtuosen hochberühmten Freund Heinrich Baermann geschrieben (*s. Autogr.*), der sie dem jetzigen Besitzer geschenkt. Baermann besass, nach Mittheilung seines Sohnes Carl, ersten K. Hof-Musikers auf der Clarinette in München, eine Anzahl solcher Skizzen W.'s, die ihm 1831—32 auf einer Kunstreise entwendet und wohl vernichtet wurden, um die Spur einer andern damit verbundenen Veruntreuung abzuschneiden.

120.
Canzonette: *»Ch'io mai vi possa«* *»In euren Blicken«*

N. 3 in
op. 29.

Für eine Sopranstimme mit Begleitung des Pianoforte oder der Guitarre.

Comp. 1811, 20. Aug. zu Schaffhausen; *Tageb.* — *N. 3 im op. 29.* — Titel u. Widmung s. **108** *Anm.* **c.**

Allegro.

Ch'io mai vi pos-sa lasciar d'a-ma-re, non lo cre-
In eu-ren Blicken, ihr lie-ben Augen, nicht se-lig

32 Tacte.
Ausg. Haas.

Autograph: Unbekannt.

Ausgaben: Erste Orig.-Ausg. **mit Pfte. od. Guit.**, und ital. Text als N. 3 des Opus, zus. mit **108 u. 124.** Prag. Haas, 54 xr. s. **108** Anm. c. Uebergegangen an Simrock, Bonn. Opus: 2 fr. 50 c., jetzt 11½ sgr. ‖ Ital. u. deutsch. Leipzig, Hofmeister. ½ thlr. | **Mit Pfte.** — Ital. u. deutsch. Bonn, Simrock. Opus: 2 fr. 50 c. ‖ Leipzig, Hofmeister. ½ thlr. | **Einzeln mit Pfte.** — Als N. 25 d. Prchtausg. hrsg. v. Jähns. 1869. Berlin, Schlesinger (Lienau. 2½ sgr. n. | Ital. Paris, Richault. 2 fr. 50 c. | Als »Nos amours«. Ebend. 2 fr. 50 c. | **Mit Guit.** — Bonn, Simrock. Opus: 2 fr. 50 c. s. Anh. 108.)

Anmerkungen. Rücksichtlich des bei **107** Anm. a. über den italienischen Character von W.'s Canzonetten u. Duetten Gesagten ist dies für die vorliegende Canzonette, als im Allgemeinen gültig, ebenfalls anzuerkennen; dennoch ist sie wohl die am wenigsten bedeutende hinsichts der von dieser Gattung geforderten eigenthümlichen Reize, mit Ausnahme des Schlusses, der dieser Gattung vollkommen entspricht. — S. Anm. c. zu **108**, ferner **181** Anm. d. — Vergl. Max v. Weber's »Lebensbild« W.'s I. 285 u. 305.

121.

Scena ed Aria d'Atalia. (Soprano.) »*Misera me!*« »*O wehe mir!*«
für eine Sopranstimme.

Begleitung: 2 Flöten, 2 Clarinetten, 2 Hörner, 2 Fagotte, 2 Trompeten, 2 Pauken, 2 Violinen, 2 Violen u. Bässe.

Comp. 1811. 2. Oct. zu Jegisdorf bei Bern für Mad. Beyermann (s. *Autogr. u. Anm.* **b.**), auf dem Schlosse des Hrn. v. Ollri. (d'Ollory.) *Tageb.* — **op. 50.**

Allegro. ♩ = 80. | Adagio. ♪ = 76. | Allo. viv. ♩ = 152. J.

Autograph: Partitur; im Besitz von Max M. Frhrn. v. Weber zu Wien. (1870. J.) Geheftet; gelb u. lila marmorirter Deckel von steifem Papier; 6 Bogen festes gelbliches, 12zeiliges Querfolio; alle Seiten beschrieben; überall Zeile 1 leer. P. 1: Titel »Scena ed Aria D'Atalia. Composta per Uso della Signora Beyermann da Carlo Maria de Weber. | ∽∼ ' — In der Schweiz soll sich noch ein zweites Autogr. W.'s dieser Arie befinden: wahrscheinlich ist es ein damals dort die Frau Beyermann geschriebenes.

Ausgaben: Erste Orig.-Ausg. **Clav.-Ausz. vom Compon. mit den Orchester-Stimmen.** Mit ital. Text. Berlin, Schlesinger. 2 thlr. 10 ggr. | Mit ital. u. deutsch. Text v. C. Grünbaum. Ebend. 2 thlr. 12½ sgr. | **Clav.-Ausz. allein.** — Mit ital. Text. Ebend. 18 ggr. | Neue Prchtausg. bearb. nach W.'s Clav.-Arrangem. u. Partitur v. F. W. Jähns; mit ital. u. deutsch. Text. Ebend. 10 sgr. n. ‖ Als »Athalie. Scene et Air de Concert pour Soprano avec accomp. d'orchestre, comp. sur le texte ital. p. Ch. M. de Weber. Paroles franç. de Plouvier, adaptées par J. Conecme. Paris, Richault. 9 fr. ‖ Transp. Clav.-Ausz. für Altstimme. Als Heft 23 Ausw. 1. Berlin, Schlesinger. 18 ggr.

Anmerkungen. **a.** Ueber diese herrliche Scene, der Zeit nach die zweite der 6 grossen ital. Concert-Arien W.'s (**93, 121, 126, 142, 178, 181**), giebt Rochlitz in d. Lpz. A. Mus. Ztg. XX. 880 ein so treffendes *Urtheil*, dass die Hauptzüge desselben hier, wie folgt, stehen mögen: »— Der Komponist unterstützt hier die für das Ernste und Grosse ausgebildeten Sängerinnen durch ein Concertstück, wie sie ihrer nicht viele besitzen. Mit der Composition, die sie hier erhalten, werden sie zwar glänzen, aber noch viel mehr die nicht gemeinen Zuhörer anziehen u. festhalten. — Referent hält dies Werk von Hrn. v. W. von allen, welche zur Gattung des Vorliegenden gehören, für das eigenthümlichste, charactervollste, so auch für das dem ächten Gesange gemässeste und, vollkommen vorgetragen, für das hinreissendste. — Ganz überraschend, hoch spannend und wirklich gross ist der Uebergang der Harmonie vom letzten Fdur nach Cdur und dann nach der Dominante von Esmoll, wobei das »O Dei! Non posso!« aufs Tiefste ins Herz dringt. etc.« — S. auch Berliner Voss'sche Ztg. 1814. N. 150; ferner Berliner A. Mus. Ztg. (Marx) Schlesinger. I (1824). 217: auch **181**, Anm. d. — **b.** W.'s *Tagebuch* : Jegisdorf 1811, 25. Sept. »angefangen an der Scene für Mad. B. zu comp.« 29. »Allo. scizzirt.« 30. »Die Scene D'Atalia vollendet.« 1. u. 2. Oct. »Scene für Mad. B: instrumentirt.« — Dresden. 1817, 26. oct. »Gearbeitet; Klavierauszüge der beiden Arien in Es u. F.« (**121 u. 181**). 27. oct. »Beide Arien an Schlesinger geschickt.« — In Bezug auf die *Widmung* der Scene sagt das Tageb. Jegisdorf 1811. 9. Sept.: »Bei Hrn. v. Ollri »vortrefflich aufgenommen etc. ein sehr angenehmer Abend passirt, besonders durch den »sehr braven Gesang der Mad. Peyermann«; auch an Gottfr. Weber schreibt Carl Maria, Basel 1811, 9. Oct.: »— componirte eine grosse Scene für eine Mad: Peyermann, die herrlich singt«. — W. hielt selbst viel auf diese Arie. Kurz vor seinem Tode in London liess er sie noch in seinem Concert, 10. April 1826, daselbst durch die berühmte Paton singen, die 2 Tage darauf bei der 1. Aufführung seines Oberon die Rezia gab. — **c.** Woher der *Text* zu dieser Scene, ob er aus irgend einer Oper Athalia entnommen, oder, sich nur dem bekannten Sujet anschliessend, für W. besonders geschrieben wurde, hat sich nicht ermitteln lassen; mit Composition einer Oper dieses Namens hat W. sich jedoch niemals beschäftigt. — S. auch Max v. Weber's »Lebensbild« W.'s I. 301. 303. 307. II. 81.

122.
Ouvertüre zum Beherrscher der Geister.
Auch Ouvertüre »zu Rübezahl« genannt; s. Anh. 27.
Für 1 Piccolo, 1 Flöte, 2 Oboen, 2 Clarinetten, 2 Fagotte, 4 Hörner, 2 Trompeten, 3 Posaunen, 3 Pauken, 2 Violinen, Viola, Cello u. Bass.

Comp. 1811, 5. Nov. zu München. Gänzliche Umarbeitung von W.'s alter Ouvertüre zu Rübezahl aus d. J. 1804—5. (s. **44—46** Anm. a. u. Anh. 27.) — *op. 27.*

Presto. ♩ = 92 96. Jähns.

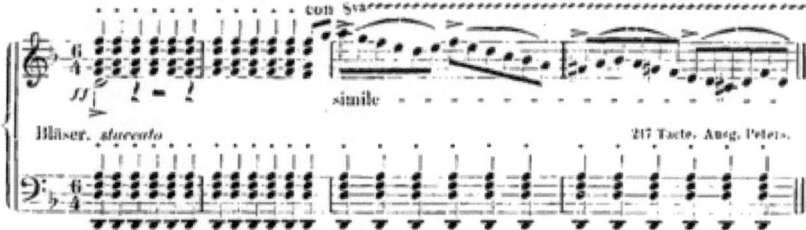

Autograph: Unbekannt.

Ausgaben: Erste Orig.-Ausg. Partitur. Leipzig. Bureau de Musique. (Peters. 8º. 1 thlr. 5 ngr. | In Orchester-Stimmen. — Ebend. 1 thlr. 20 ngr. ‖ Paris, Richault. 12 fr. 18 fr.) | Für Pfte. zu 4 Hdn. — Arr. v. G. M. Schmidt: Leipzig, Peters. 17½ ngr. | Alle 10 Ouvert. zus. 15 ngr. u. 1868. ‖ Berlin, Schlesinger. Neue Prehtausg. 1868. 5 sgr. u. ‖ Braunschweig. Litolff. Als »zu Rübezahl«. 5 sgr. | In »Sämmtl. Orig.-Compos. f. Pfte. zu 4 Hdn. u. 10 Ouvert.« Ebend. Zus. 2½ thlr. ‖ Hamburg, Cranz. 17½ sgr. ‖ Prag, Berra. 54 xr. ‖ Wien, Leidesdorf. 16 ggr. ‖ Wolfenbüttel, Holle. 5 sgr. | Zu 2 Hdn. — Leipzig, Peters. Alle 10 Ouvert. zus. 12 ngr. u. ‖ Berlin, Schlesinger. Prehtausg. 1865. 5 sgr. u. ‖ Braunschweig, Litolff: als »zu Rübezahl«. 2½ sgr. u. ‖ Alle 10 Ouvert. zus. Ebend. 10 sgr. u. ‖ Braunschweig, Cramer u. C. hrsg. v. Hatton als »to the Ruler of the spirits«. 2s. 6d. ‖ Paris, Schonenberger: als »du Roi des Génies. 8º. 55 c. ‖ Wolfenbüttel, Holle. 2½ sgr. u. | Für Pfte. u. Violine. — Arr. v. Ressel: Berlin, Schlesinger. 10 ngr. u. | Für Pfte. u. Flöte. — Ebend. 10 sgr. u.

Anmerkungen. a. Diese Ouvertüre ist nach W.'s gedr. Werk-Verz. »eine ganz neue *Bearbeitung*« der jetzt verschollenen *Ouvertüre zu »Rübezahl«* aus seiner Breslauer Periode 1804—5. (s. **44—46** Anm. a. u. Anh. 27.) Da die Umarbeitung nicht mehr den Zweck haben konnte, zu jener von W. rücksichtlich ihrer Vollendung aufgegebenen Oper als Einleitung zu dienen, ihrem musikalischen Inhalte nach jedoch eines

Hinweises auf denselben bedurfte, so gab er ihr den Namen »Ouvertüre zum Beherrscher der Geister«, mit welchem, ohne directe Beziehung auf ein bestimmtes poetisches
oder musikalisch-dramatisches Werk, die Sphäre genügend angedeutet erschien, als zu welcher gehörig er diese Ouvertüre betrachtet haben wollte. — Diese Umarbeitung muss sehr
durchgreifend ausgefallen sein, denn schon nach dem einzigen Ueberbleibsel jener alten
Ouvertüre, einer defecten I. Violin-Stimme mit 11 Tacten, schloss dieselbe, obwohl mit
jener ähnlichem Motive, jedoch in Moll, wogegen die neue in Dur schliesst. W. äussert
sich am 15. Nov. 1811 von München aus gegen Gottfried Weber über letztere bei Gelegenheit ihrer ersten Aufführung am 11. Nov. 1811 zu München und *characterisirt*
sie mit den Worten: »Die Ouverture wurde göttlich executirt und sie ist gewiss das
»Kraftvollste und Klarste, was ich geschrieben habe« — ein Ausspruch, welcher,
so umfassend hingestellt, sich wohl erklärt durch das noch frisch-Erfülltsein von der
eben vollendeten Arbeit und dem Eindruck nach deren erstem Hören, und welcher auch
seine Berechtigung hatte, da die Ouvertüre unter den von W. bis dahin geschriebenen
die bedeutendste, ja an und für sich so bedeutend ist, dass sie seinen späteren ausserordentlichen Schöpfungen auf diesem Gebiete am nächsten steht. Wenn sie ihnen nicht
gleich steht, so hat dies eben seinen Grund darin, dass W.'s Genius sich überhaupt
noch nicht zu der Grösse und Macht, der Tiefe und Innigkeit entfaltet hatte, wie dies
später der Fall war, dass er Grösse und Macht damals mehr in der Anwendung äusserer
Mittel, Tiefe und Innigkeit mehr in der Anwendung schmelzender und lieblicher Melodik
suchte und er bei diesem Werke mehr, als es ihm selbst wohl klar geworden, abhängig
war von der Conception des verworrenen Urbildes zu Rübezahl und seinem damaligen
Streben und Drängen, etwas Aussergewöhnliches, Gewaltiges zu leisten. Kraftvoll
muss sie allerdings genannt werden wegen der Kühnheit der Hauptidee und der ver-
schwenderisch benutzten Orchester-Mittel, derentwegen W. wohl auch in einem scherzhaften Briefe an seine Berliner Freunde vom Jahre 1812 sie einen »Artillerie Park«
nennt; ihre Klarheit aber dürfte durch den geringsten Mangel an höchster Vortrefflichkeit in der Ausführung leicht gefährdet sein: denn so fesselnd und überraschend, ja
bewunderungswürdig die contrapunktischen Combinationen des Mittelsatzes sind, werden
diese dennoch, wie so manches in diesem Werke, jenes höchsten Grades meisterhafter
Ausführung unerlässlich bedürftig sein; nur wenn diese Bedingung erfüllt wird, ist auch
die Wirkung eine grosse. Die Ouvertüre ist anzusehn als ein mächtiges Orchester-Effect-
stück voll der glänzendsten Momente, anfangs in wildem Sturze daherbrausend, dann
wieder still in sanftem Bett einherfliessend, aber immer wieder aufs Neue emporschäu-
mend und sich aufbäumend, um schliesslich in mächtigem allgemeinen Aufruhr zu enden.
Als solches Effectstück wird sie eben bis auf den heutigen Tag von allen grossen Orche-
stern des In- und Auslandes oft mit sehr hohem Beifall vorgeführt. Besondere Belege dafür,
unter vielen andern seit der *ersten* Aufführung in **München**, geben folgende Aufführungen:
— die am 20. Dez. 1811 zu **Prag**, über welche die Lpz. A. Mus. Ztg. XIV. 45 einen
enthusiastischen Bericht erstattet; — die zu **Mailand** 1816 in der Moller'schen Akademie,
worüber dieselbe Zeitschrift XVIII. 492 sagt »die Italiäner waren durch dieselbe ganz überrascht und staunten nicht wenig, wieder ein neues, ihnen noch unbekanntes musikalisches
Genie Deutschlands zu finden«; ferner die zu **Dresden** am 15. Mai 1818, nach welcher
jene Zeitung XX. 421 die Ouvert. »ein Werk voll Geist, Feuer und harmonischer Kunst«
nennt; — ebenso die zu **Paris** im Febr. 1839, bei der man, nach derselben Zeitschrift
XXXXI. 178, »zum ersten Male in Frankreich von dieser Arbeit W.'s entzückt ist« —
und schliesslich die zu **London** am 8. Apr. 1826, von der W. seiner Gattin schreibt, dass
die Ouv. habe wiederholt werden müssen. Einer höchst ausgezeichneten Aufführung in den
Berliner Sinfonie-Soiréen des k. Orchesters unter Taubert's Leitung im Dez. 1869 wohnte
ich bei; hier kamen zum erstenmale für mich zur Geltung all die Schönheiten und die
gewaltige Pracht, welche mir früher bei Aufführungen durch geringere Orchester vollkommen
verloren gegangen waren. — Eine ausführliche *Beurtheilung* dieser Composition von
Gottfried W. bringt die Lpz. A. Mus. Ztg. XV. 621. — Von allen W.'schen Ouvertüren
ist sie am Claviere, selbst vierhändig, ausgeführt, die am wenigsten dankbare. — **b.** Als
W. seine Musik *zu* Müllner's *Yngurd* an den Intendanten Grafen Brühl zu der in Berlin am 9. Juni 1817 stattfindenden Aufführung dieses Trauerspiels sendet, schlägt er
demselben als Ouvertüre dazu die zum Beherrscher der Geister vor, die dann auch bei

den Aufführungen des Yngurd ausgeführt wurde. — *Zum Stich* sendet W. die Ouvert.
an Kühnel (Bur. de Mus.) 1812, 23. Sept. (Tageb.) — Angekündigt wird sie als
grand Orchestre» zuerst Lpz. A. Mus. Ztg. XVI. Intell.-Bl. 7.

123.

N. 1 im
op. 31.

Duett: *»Mille volte«*, *»Immer wieder,«*

für 2 Sopranstimmen mit Begleitung des Pianoforte.

Comp. 1811. 19. Nov. zu München: *Tageb.* — *N. 1* im *op. 31.* — Widmung s. **107**
Titel u. ebend. *Anm.* c.

Autograph: Im Besitz von Max M. Frhrn. v. Weber zu Wien. (1870. J.) Zus.
mit **124** u. **125** (**125** unvollständig . 2 feste gelbliche 12zeilige Querfolio-Bogen; Titel-
seite leer; mittelgrosse schwarze Schrift.

Ausgaben: Erste Orig.-Ausg. als N. 1 des Opus mit ital. Text, zus. mit **107** u. **125.**
Berlin, Schlesinger. Opus: 1 thlr. 4 gr. | Zweite Ausg. mit ital. u. deutsch. Text. Ebend.
Opus: 1 thlr. | Neue Prchtausg. v. Jähns. 1869. Ital. u. deutsch. Schlesinger Lienau . 3³/₄ sgr. n.
| Bonn, Simrock. Ebenso. Opus: 3 fr. | Neue Ausg. ital. als op. 30.' Ebend. Opus: 3 fr., jetzt
10 sgr. Ital. u. deutsch als op. 31. Ebend. 3 fr., jetzt 10 sgr. | Ebenso. Hamburg, Böhme. Opus:
18 ggr. | Ein Nachstich ohne Verlagsort. Ebenso, | **Einzeln.** — Ebenso. Als N. 32 d. Prchtausg.
hrsg. v. Jähns. 1869. Berlin , Schlesinger Lienau . 3³/₄ sgr. | **Mit Pfte. od. Guit.** — Hamburg,
Cranz. Opus: 20 sgr.

Anmerkungen. Unter Hinweis auf das bei **107** Anm. a. im Allgemeinen über den
italienischen *Character* von W.'s Duetten u. Canzonetten Gesagte ist das vorliegende
Duett als das anmuthigste und gesanglich dankbarste in diesem Opus zu bezeichnen. Im
Uebrigen siehe **107** die Anm. a, c, e, f, ferner zu **181** die Anm. d. u. Max v. Weber's
»Lebensbilde« W.'s I. 305. — Gen.-Mus.-Director Franz Lachner hat die Begleitung
dieses Duetts, wie die der andern dieses Opus, für Orchester *instrumentirt.* (Manuscript.)

124.

N. 2 im
op. 29.

Canzonette: *»Ninfe se liete«*, *»Heitere Tage«*

für 1 Sopranstimme mit Begleitung des Pianoforte oder der Guitarre.

Comp. 1811, 20. Nov. Nachts zu München: *Tageb.* — *N. 2* im *op. 29.* — Titel u.
Widmung s. **108** *Anm.* c.

Autograph: In Besitz von **Max M.** Freihrn. v. **Weber** zu Wien. (1870. J.) Zus. mit **123** u. **125**. — (s. im Uebrigen **123**. *Autogr.*)

Ausgaben: Erste Orig.-Ausg. **mit Pfte. od. Guit.** mit ital. Text als N. 2 des Opus, zus. mit **108** u. **120**. Prag, Haas. 54 xr. s. **108**. Anm. e.) Uebergegangen an **Simrock, Bonn.** Opus: 2 fr. 50 c. ‖ Ital. u. deutsch. Text. Leipzig, Hofmeister. Opus: ½ thlr. | **Mit Pfte.** — Ital. u. deutsch. Bonn, Simrock. Opus: 2 fr. 50 c., jetzt 11¼ sgr. ‖ Leipzig, Hofmeister. Opus: ½ thlr. ‖ Als N. 257 im Arion. Braunschweig, Busse. | **Einzeln mit Pfte.** — Als N. 24 d. Prchtausg. hrsg. v. Jähns, 1869. Berlin, Schlesinger (Lienau). n. ‖ Ital. Paris, Richault. 2 fr. 50 c. | Als »Il nous oublie«. Ebend. 2 fr. 50 c. | **Mit Guit.** — Bonn, Simrock. Opus: 2 fr. 50 c. s. Anh. 108.)

Anmerkungen. Bei Hinweis auf das zu **107** Anm. **a.** über den italienischen Character von W.'s Canzonetten u. Duetten Gesagte, sei noch auf die graziöse Schelmerei aufmerksam gemacht, die, zwar zeitweise gehemmt vom erregten Ausbruche der Warnung vor dem betrügerischen Amor »E un traditore«, doch fast durch das Ganze getragen wird von einer emsig arbeitenden, aber fein und leicht sich hin und her schwingenden Sechszehntel-Bewegung. Vor dem letzten Wiedereintritt des Themas schimmert zugleich W.'s Eigenthümlichkeit so weit durch, dass man die Einleitung zum ersten Wiedereintritt des Thema's in Aennchens Freischütz=Arie »Kommt ein schlanker Bursch« zu hören glaubt. Der wiederholte Einfall des Ddur in das Fdur erscheint fast wie eine allzu scharfe Herbheit in dem sonst so überaus glatten Fluss des Stücks. — (S. **108** Anm. **c.** ferner **181** Anm. **d.**)

125.

Duett: »*Va, ti consola*«, »*Trage, Geliebte*.«

für 2 Sopranstimmen mit Begleitung des Pianoforte.

Comp. 1811, 21. Nov. zu München: *Tageb.* — *N. 2* im *op. 31.* — Widmung s. **107** Titel u. ebend. *Anm.* **c.**

Autograph: Im Besitz von **Max M.** Frhrn. v. **Weber** zu Wien. (1870. J.) Zus. mit **123** u. **124**, jedoch unvollständig, da es am Schluss der Seite 8 mit dem 11ten Tacte des Allegros abbricht; es beginnt auf der Mitte p. 7; mittelgrosse schwarze Schrift, 12-zeiliges gelbliches Querfolio. s. **123**. *Autogr.*

Ausgaben: Erste Orig.-Ausg. als N. 2 des Opus mit ital. Text zus. mit **107** u. **123**. Berlin, Schlesinger. Opus: 1 thlr. 4 gr. | Zweite Ausg. mit ital. u. deutsch. Text. Ebend. Opus: 1 thlr. | Neue Prchtausg. v. Jähns, 1869. Ital. u. deutsch. Schlesinger (Lienau). ⅞ sgr. n. Bonn, Simrock. Opus: 3 fr. | Neue Ausg. ital. als op. 30. Ebend. Opus: 3 fr., jetzt 10 sgr. | Ital. u. deutsch 'als op. 31. Ebend. 3 fr., jetzt 10 sgr. | Ebenso. Hamburg, Böhme. Opus: 18 ggr. ‖ Ein Nachstich ohne Druckort. Ebenso. | **Einzeln.** — Ebenso. Als N. 33 d. Prchtausg. hrsg. v. Jähns, 1869. Berlin, Schlesinger (Lienau). ⅜ sgr. n. — **Mit Pfte. od. Guit.** — Hamburg, Cranz. Opus: 20 sgr.

Anmerkungen. Im Hinweis auf das bei **107** Anm. **a.** im Allgemeinen über den italienischen **Character** von W.'s Duetten und Canzonetten Gesagte ist bei dem vorliegenden Duett zu bemerken, dass es von den dreien dieses Opus den grössesten Ernst bei entschiedener Leidenschaftlichkeit aufweist, wobei es gesanglich stets höchst dankbar bleibt. Im Uebrigen s. **107** die Anm. **a, c, e, f**, ferner die Anm. **d.** zu **181** u. Max v. Weber's Lebensbild W.'s I. 305. Gen.-Mus.-Direktor Franz **Lachner** hat die Begleitung dieses Duetts vortrefflich *instrumentirt* für Streichquartett, 1 Flöte, 2 Clarinetten, 2 Hörner, 2 Fagotte. (Manuscript.)

Unge-
druckt.

126.

Scena ed Aria. (Tenore con Coro.) *»Qual altro attendi«*

Für eine Tenor-Stimme mit Chor (2 Tenore u. 1 Bass).

Begleitung: 2 Flöten, 2 Oboen, 2 Hörner, 2 Fagotte, 2 Trompeten, 2 Pauken, 2 Violinen, 2 Violen u. Bässe.

Comp. 1811, 22. Nov. zu München für den Tenoristen W e i x e l b a u m ;
Tageb. u. Autogr.

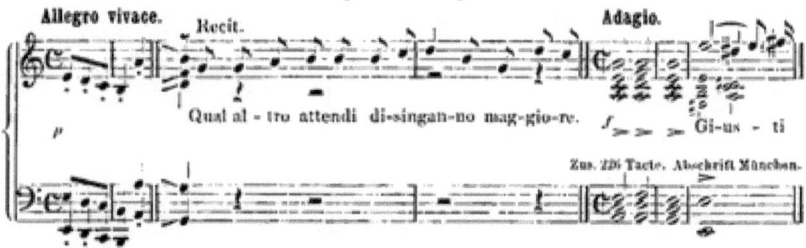

Autograph: Partitur; im Besitz von M a x M. Frhrn. v. W e b e r zu Wien. (1870.
J.) Es sind nur 5 Bogen erhalten, der 6te fehlt. Dieser enthielt, wie aus der vollständigen Copie, im Besitze der Münchener Musik.-Akademie, hervorgeht, p. 13 u. 14 mit
24 Tacten u. p. 23 u. 24 mit den 5 Schlusstacten und dem Anhange der Trompeten und
Pauken a parte. Das vorhandene Autograph besteht aus 2 losen Lagen gelblichen mittelstarken 12zeiligen Querfolios: mittelgrosse saubere Schrift; Zeile 1 überall leer. Titel
p. 1: »Scena ed Aria | con Coro | composta per Uso dell Signore Weixelbaum | da
Carlo Maria de Weber. | ⚜« Unten: »Monaco il 22. 9bre 1811«.

Ausgaben: Keine. — Abschriften besitzen die Musikalische Akademie zu München
und F. W. Jähns.

Anmerkungen. a. Diese *Composition* ist der Zeit nach die dritte der 6 grossen
ital. Concert-Arien W.'s (93, 121, 126, 142, 178, 181), ihrem Werthe nach würde sie
aber als die letzte derselben zu setzen sein. denn, obwohl sie durchweg edel und an vielen
Stellen voll Ausdruck ist, fehlt ihr bei allen weiter unten ausführlicher erwähnten lobenswerthen Eigenschaften doch ein Etwas, das die fünf anderen ital. Arien besitzen: eine
gewisse Frische, Kraft und Wärme, hauptsächlich aber den Stempel der Originalität, die
jene so sehr auszeichnet. Im Uebrigen ergiebt sie sich nach dem einleitenden belebten
Recitative als gesanglich dankbar, nicht nur durch die schöne Cantilene des Adagios, sondern auch durch das ansprechende Thema des durch harmonische Wendungen interessanten Allegro's, das in seinen 2 ersten Tacten an die des Allegro's der gestochenen
Arie 10b in W.'s Silvana erinnert. Die brillante Stretta ergeht sich in ziemlich schwierigen Coloraturen. Der Chor für 2 Tenore u. Bass, der erst im Allegro nach dem Hauptthema eintritt, ist durchgehends einfach behandelt, aber zweckgemäss zur Steigerung
der Wirkung des Ganzen. Das Orchester begleitet zuerst mit Zurückhaltung seiner
Kräfte, steigert sich aber in seiner Theilnahme bis zum Schluss. Die Stimmlage der
Solo=Parthie ist nach unten *e*, nach oben wird *g'* vielfach beansprucht, *a'* nur sehr wenig,
h' u. *c'* nur ein Mal und sehr bequem vorbereitet; letztere sind nöthigenfalls durch
tiefere Noten leicht zu ersetzen. (S. **181** Anm. d.) — **b.** W.'s Tageb. sagt: München
1811, 18. Nov. »Arie für Weixelbaum skizzirt.« 22. »Arie für Weixelb. vollendet.«
Dieser sang sie *zum 1. Male* in seinem Concert 1811, 25. Nov. zu München. — **c.**
Die Arie bespricht die bisher hoffnungslose Liebe eines gewissen »Bartene« (oder »Bar-
sene«) zu einer »Alceste« und schliesst in muthigem Hinblick auf endlichen Gewinn des
geliebten Gegenstandes.

127.

Concert für das Fagott.

Begleitung: 2 Violinen, 2 Violen, 2 Flöten, 2 Oboen, 2 Hörner, 2 Fagotte, 2 Trompeten, 2 Pauken, Cello u. Bass.

Comp. 1811. 27. Nov. zu München für G. Fr. **Brandt**, ersten K. Hof-Musiker zu München auf dem Fagott. **Umgearbeitet** 1822, 1. u. 3. Aug. zu Dresden; *s. Anm.* b. **op. 75.**

Autograph: Im Besitz von **Max M. Frhrn. v. Weber zu Wien.** (1870. J.) Dasselbe giebt die **Partitur** zwar im Allgemeinen in der ursprünglichen Niederschrift von 1811, ist jedoch durch die Umarbeitung von 1822 an manchen Stellen verändert, an andern sind die verworfenen Tacte mit den neuen über-, ausserdem 2 halbe Bogen Umarbeitung hineingeklebt. Festes gelbliches 12zeiliges Querfolio, lose geheftet; bei Satz I u. III nur 11 Zeilen beschrieben, bei Satz II alle in 2 sechszeiligen Accoladen; zusammen 14 Seiten. Pag. 1: Titel »Concerto | per | il Fagotto Principale | composto per uso | dell Signore Brandt | da | Carlo Maria de Weber | ⚮«. Von meiner Hand unten links »op. 75. comp. 27. Nov. 1811; umgearbeitet 3. Aug. 1822«. Satz I: p. 3 u. 4 eingeklebt; eine neue pag. 12 (rückseitig leer) angeklebt an die alte p. 12, auf welcher 6 durchstrichene Tacte und 8 gültige, die auf die neue p. 12 folgen. Der Schluss von Satz I fällt Seite 23 nur zur einen Hälfte, die andere ist davon abgeschnitten. Adagio: sehr wenig geändert. Im Rondo sind 5 Tacte auf p. 34 für ursprünglich einen, p. 35 5 neue T. für 5 alte eingeklebt. — Die Tactzahl der Umarbeitung stimmt mit dem Stich überein. — Ein Stück autographischen Entwurfs des 1. Satzes erfüllt 1 Seite des Autographs der Skizzen zu **Euryanthe** in meinem Besitze.

Ausgaben: Erste Orig.-Ausg. **Orchester-Stimmen.** Berlin. Schlesinger. 2½ thlr. | Neue Ausg. 2½ thlr. | **Mit Pfte.** — Arr. v. Fr. Hermann. Ebend. 25 sgr. *n.* | **Für Cello mit Pfte.** — Desgl. Ebend. 25 sgr. *n.*

Anmerkungen. a. *Characterisirung.* — Ein Hauptzug der künstlerischen Eigenthümlichkeit W.'s war die Fähigkeit, auf das Schärfste zu characterisiren, sei es eine dramatische Gestalt, sei es ein Instrument. In weitestem Umfang aber wird letzterem sein Recht bei einer demselben ausschliesslich gewidmeten Composition. Auf vorliegendes Concert angewendet, erscheint das Fagott durch die 3 Sätze desselben in seinen Haupteigenthümlichkeiten auf das Erschöpfendste und zugleich Wirksamste benutzt: in Satz I vorwiegend in seinem Ernst, seiner Würde und Kraft, im Adagio in seiner Eigenschaft, zu singen, im Rondo in der Humoristik, deren es fähig. Ueberall sind dabei musikalischer Gedanke wie Form neu und fesselnd. — *Wo* und *wann* Brandt diese Composition *zuerst* vorgetragen, ist nicht bekannt; die Lpz. A. Mus. Ztg. erwähnt XV. 176 eines von demselben zu Prag am 19. Febr. 1813 gegebenen Concertes, wo er dieses Concert blies und wobei unter andern Specialitäten desselben besonders und mit Recht hervorgehoben werden: der Eintritt des 1sten Solo mit der Pauke und der wiederholte im 2ten Theile dieses Satzes mit veränderter Harmonie, so wie im Adagio der 3stimmige Satz des Fagotts mit 2 Hörnern und der darauf folgende Eingang in das Thema, etc. — **b.** W.'s Tageb. giebt folgende *Daten* über die Entstehung des Werks: München, 1811, 14. Nov. »Adagio comp. in Brandt's Concert.« 17. »Rondo für Brandt vollendet.« 26. »Allegro für Brandt vollendet.« 27. »Fagott-Rondo instrumentirt«. — Dresden, 1822, 1. u. 3. Aug. »Fagott-Concert vollendet umgearbeitet«. — **c.** Auf dem gestochenen Titel wird das Werk »*Primo Concerto*« genannt; ein 2tes Concert für Fagott ist nicht erschienen, wenn nicht das Adagio u. Rondo Ungarese op. 35 (79) als solches gerechnet werden soll. — In W.'s geschr. Werk-Verz. ist dies Concert mit 74 (op.-Zahl des Clarinett-Concerts No. II in Es) gezählt, im gedr. wird es nicht aufgeführt. — An Schlesinger sendete W. das Manuscript *zum Stich* 1822, 17. Oct.

<h1 style="text-align:center">128.</h1>

op. 33.

<h2 style="text-align:center">Sieben Variationen für Clarinette und Pianoforte</h2>

über ein Thema aus W.'s Oper »Silvana«. s. Anm. b.

Comp. 1811, 14. Dez. zu Prag; s. *Autogr. u. Anm.* **d.** u. **e.** — Für seinen Freund Heinrich Baermann geschrieben. — *op. 33.* — N. 4 der Werke für Clarinette; N. 8 der Variationen-Werke für Pianoforte.

Tema. Andante con moto. ♩= 69. Carl Baermann. s. 169. Anm. a.

Var. 1: ♩= 108. | Var. 3: ♩= 40. | Var. 4: ♩= 120. | Var. 5: ♩= 120. | Var. 6: ♩= 56. | Var. 7: ♩= 104. — Andante: ♩= 63. C. B.

Autographe: Zwei. — *Autogr.* **a.** Partitur. Im Besitz des Freihrn. Dr. J. Wolf von Ehrenstein zu Dresden. (1863. J.) Als N. 1 in ein Album gebunden. 6 Seiten graugelbliches Gross-Querfolio; 12zeilig, mittelgrosse Schrift. Ueberschrieben mit »Variationen für Clarinette und Fortepiano componirt von Carl Maria von Weber«. — Das Autogr. enthält die beiden Coda-Tacte des Themas nicht, welche die Ausgaben zeigen; die Tactart des Autographs ist durchgehend C mit Ausnahme der Variation 6, Minore; die Ausgaben zeigen dagegen überall den ¹/₄ Tact. — Var. 5 hat im Autogr. gar keine Vorzeichnung, indem sie sich unmittelbar der Var. 4 anschliesst. Ausserdem vertheilt das Autogr. in Tact 11 des Themas den Accord so, dass in der rechten Hand der Pfte.-Parthie in den guten Achteln *g, des', g'* zusammen an- und in den schlechten *b* nachgeschlagen werden. — Tact 13 in Var. 1 des Autogr. giebt die letzten 4 Achtel des Pfte. eine Quinte höher. — Diese verschiedenen Lesarten mögen dadurch entstanden sein, dass W. dies Werk zweimal aufschrieb. Das Tageb. sagt hierüber 1.) Prag 1811, 14. Dez.: »Variationen in B ⁴/₄ über das Thema aus Silvana für Pfte. u. Clarinett componirt«. 2.) Gotha 1812, 11. Sept.: »Variationen für Clavier und Clarinett notirt«. In der Uebersicht des im Sept. 1812 Geleisteten heisst es im Tageb.: »Neu aufschreiben müssen die Variationen für Clav. u. Pfte. B dur«. Auf diese Weise entstand also ein zweites

Autograph b, aufgeschrieben für die Grossfürstin Maria Paulowna in Weimar, wie ein Brief an Prof. Lichtenstein in Berlin vom 1. Nov. 1812 feststellt, indem es darin heisst: »— Zeitraubende Arbeiten hielten mich auf, z. B. das Aufschreiben von alten Variationen »für die Grossfürstin«, von welcher W. diese auch laut seines Tagebuchs am 27. Oct. 1812 spielen hörte. Das Autograph *b* ist unbekannt; bei meinen Nachforschungen hat es sich im Nachlasse der Grossfürstin nicht vorgefunden, wohl aber fand sich darin eine Copie, die mit dem Autogr. *a* vollständig übereinstimmt, bis auf das C, welches in dieser Abschrift die Var. 4 ebenfalls trägt, statt des C des Autographs *a* an dieser Stelle.

Ausgaben: Erste Orig.-Ausg. Querfolio. Berlin, Schlesinger. 12 ggr. | Neue correcte Ausg. in Hochfolio. Partitur mit Clav.-Stimme. Ebend. 17½ sgr. | Neueste Prchtausg. 1870. Hochfolio. Revid., metronom. u. hrsg. v. Carl Baermann. 10 sgr. *n.* 's. **109** Anm. a. | Bonn, Simrock. 2 fr. ‖ Paris, Brandus u. Dufour. 6 fr. | Lemoine. 6 fr. | Pleyel. 5 fr. | Richault. 6, auch 7 fr. | **Mit Clarinett od. Violine.** — Berlin, Schlesinger. 17½ sgr. ‖ Hamburg, Böhme. ‖ Hrsg. v. J. Moscheles: London, Chappell u. C. 5ª. | Cramer. Ebenso. 5ª. | **Mit Violine.** — Prchtausg. 1870. Arr. v. Fr. Hermann: Berlin, Schlesinger Lienau. 10 sgr. *n.* Paris, Richault. 5 fr. | **Mit Violoncello.** — Arr. v. M. Ganz: Berlin, Schlesinger. 17½ sgr. | **Für Pfte. allein zu 4 Hdn.** — Arr. v. Mockwitz: Leipzig. Kistner. ½ thlr. ‖ Paris, Richault. 9 fr.

Anmerkungen. a. Zuvörderst gehört hieher das **109** Anm. **a.** über W.'s sämmtliche Clarinett-Compositionen im Allgemeinen Ausgesprochene. — **b.** *Rochlitz* sagt in d. Lpz. A. Mus. Ztg. XVI. p. 622 unter Anderm sehr bezeichnend über dies Werk: »— Ueber ein angenehmes singbares Thema sind diese Variationen sämmtlich wahre Variationen und nicht etwa blosse Auflösungen der Akkorde in diese oder jene gebräuchlichen Figürchen«; besonders wird noch »die richtige und wirkungsvolle Behandlung jedes Instruments« hervorgehoben. — **c.** Das *Thema* ist in der bisher verschollen gewesenen, von mir wieder aufgefundenen alten Arie N. 10ª der Mechtilde zu W.'s Oper »Silvana« enthalten, sowohl im Andantino auf den Worten »Warum musst' ich dich je erblicken?« als auch in dessen Ritornell mit obligater Clarinette. (s. Silvana, **87** Anm. **e.**) — Ausserdem wurde schon früher als bei den vorliegenden Variationen benutzt dasselbe Thema und die Variationen 1, 2 u. 7 (nur in A dur): im 1sten Satz der Sonate II **(103)** in II der beiden Livres »à 3 Sonates progressives pour Pfte. et Violon obligé, op. 10« **(99—104**, componirt 13. Oct. 1810). Das Thema trägt hier die Ueberschrift »Dell' opera Silvana«, die unserem op. 33 fehlt. Pfte. u. Violin-Parthie geben also bei **103** die ursprüngliche Erfindung. Bei Anwendung der Clarinette erfuhren die Variat. 1 u. 7 natürlich eine Umgestaltung, da wo auch das Pfte. in den benutzten Nummern glänzender gehalten wurde; Var. 2 ist im op. 10 u. op. 33 ganz gleich. S. noch **99—104** Anm. **b.** — **d.** *W. schreibt* an Gottfr. Weber von Leipzig 31. Dez. 1811: »— Componirt habe ich in Prag Variationen für Baermann und mich, die nicht schlecht sind«. Nach Bericht des K. Bayr. Hofmusikers Carl Baermann in München, Sohn von *Heinrich B.,* hat Letzterer Antheil an der Composition, so fern die Clarinett-Parthie des Adagio's Var. 6 von demselben herrührt. — **e.** Laut Tageb. spielte W. das Opus mit Baermann *zum 1. Male* bei Graf Firmian am Abend desselben Tages, an welchem es in der Frühe wahrscheinlich nur vollendet (W. sagt »componirt«) worden, 14. Dez. 1811. — Es *erschien* 1814, 22. April laut Ablieferungs-Catalog der Handlung Schlesinger. — S. auch Max v. Weber's »Lebensbild« W.'s. I. 516.

1812.

129.

Romanze. (Wiedersehn.) *»Um Rettung bietet ein güld'nes Geschmeide«* für 1 Singstimme mit Begleitung des Pianoforte.

Text aus einem Romane des Herzogs Leopold August von Gotha.

Comp. 1812, 31. März zu Berlin: *Tageb.* (Anm. b.) Für den Verfasser des Textes.

Andante.

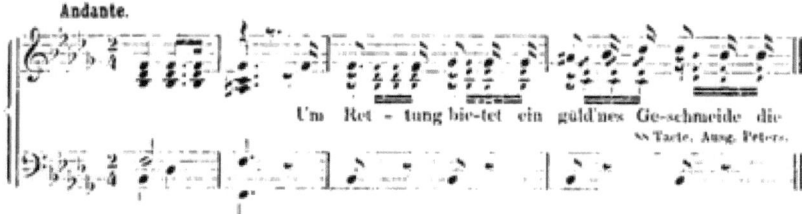

Um Ret - tung bie-tet ein güld'nes Ge-schmeide die

ss Tacte. Ausg. Peters.

Autograph: Unbekannt.

Ausgaben: Zuerst erschienen als Beitrag zur Polyhymnia auf 1826, hrsg. v. Fr. Kind und H. Marschner. Leipzig, Hermann. | Als N. 10 der nachgel. Werke W.'s. Peters. 12 ngr. | Wien, Lithogr. Institut.

Anmerkungen. a. Unter den aus dem Nachlass W.'s veröffentlichten Werken ist diese Romanze eins der wenigst bedeutenden und ist anzunehmen, dass sie der Componist dem Stiche nicht übergeben haben würde. Diese Arbeit war die Lösung eines Versprechens, seit längerer Zeit gegeben seinem hohen Gönner, dem Herzog Leopold August v. Gotha, dessen Dichtung durch ihre dunkle Sprache im Zusammenhang mit dem unbekannten Romane, zu dem sie gehört, der Composition viel widerstrebende Elemente darbietet. — **b.** W.'s *Tagebuch* hat folgende Notizen darüber: »Gotha 1812, 24. Janr.: »Der Herzog trug mir auf, ein neues Gedicht von ihm »Wiedersehn« zu componiren«. 31. März: »früh das Lied des Herzogs von Gotha aufgeschrieben«. In der Uebersicht des im März Componirten heisst es: »Das Lied der braun verhüllten Emilie comp.«.

130.

Nr. 1. im op. 23.

Sonett. *»Du liebes, holdes, himmelsüsses Wesen.«*

Für 1 Singstimme mit Begleitung des Pianoforte.

Text von Streckfuss.

Comp. 1812, 5. Mai zu Berlin: *Tageb.* — *N. 4 im op. 23;* Heft 3 der Gesänge.

Allegretto con molto tenerezza ed anima.

dolce Du lie - bes, hol-des, him-mel-süs-ses We - sen.

Autograph: Unbekannt.

Ausgaben: Erste Orig.-Ausg. als N. 4 des Opus, zus. mit 62, 70, 117, 133, 136. In Typendruck. Berlin, Schlesinger. Opus: 1 thlr. | Zweite Orig.-Ausg., gestochen. Ebend. Opus: 18 ngr. ‖ Als N. 162 im Arion. Braunschweig, Busse. ‖ Als N. 9 in W.'s ausgew. Lied. Leipzig, Breitkopf u. Härtel. Bd. 18 ngr. a. | Als N. 10 in »Ausgew. Lied. v. W.« Peters. Ausw. 10 ngr. a. | **Einzeln.** — Als N. 15 d. Prchtausg. hrsg. v. Jähns. 1869. Berlin, Schlesinger. Lienau. 2½ sgr. a. ‖ Als »O toi, par qui je vis«. Paris, Choudens. | Richault. 2 fr. 50 c. **Mit Guit.** — Arr. v. Gaude: Hamburg, Cranz.

Anmerkungen. a. W. componirte 2 Sonette, dies und **175.** In beiden ist es ihm gelungen, der schwierigen *Form* des Sonetts meisterhaft Herr zu werden, im vorliegenden, indem er seine leidenschaftlich erregte Composition zugleich mit liebenswürdigster Innigkeit und idealem Schwunge durchdrang. — S. auch Max v. Weber's »Lebensbild« W.'s. Leipz., Keil. I. 359 u. Lpz., A. Mus. Ztg. XV. 65. — **b.** W.'s Tageb. sagt Berlin, 1812, 5. Mai: »Das Sonett v. Streckfuss comp. du liebes holdes himmelsüsses Wesen«. 6. Mai: »Das Sonett aufgeschrieben«.

131.

Sechsstimmiges Lied. *»Lenz erwacht, und Nachtigallen«*

für 2 Soprane, 2 Tenore u. 2 Bässe, Chor u. Soli, mit Begleitung des Pianoforte.

Text von —? Durchcomponirt.

Comp. 1812. 3. Juni zu Berlin für die k. Preuss. Hofschauspielerin Mad. Schröck daselbst; *Tageb.* (s. Anm. b.)

Autograph: Unbekannt.

Ausgaben: Keine. — Abschrift nahm Jähns nach einer alten Copie der Singstimmen.

Anmerkungen. a. Dies frische und sehr reizvolle Gesangstück zeichnet sich besonders im Anfangs- und Schluss-Theile durch die Lebendigkeit seiner schön bewegten
Stimmführung aus, zu der ein breit und sehr edel gehaltener Mittelsatz für 4 Männerstimmen einen trefflichen Contrast bildet. Eine Pfte.-Begleitung fehlt; sie ist aber vorhanden gewesen, wie die gleichzeitige 3malige Pause von jedesmal 2 Tacten beweist.
Der vollständige Vocalsatz ist übrigens so durchaus ein Selbständiges, dass nirgendwo
der Mangel der Begleitung fühlbar wird, deren 6 Solo-Tacte sich überdies sehr leicht ergänzen lassen würden. Ich fand die Copie dieser bis vor Kurzem verschollenen Composition
im Nachlass von Frl. Friederike Koch (s. 133. Anm. b.) auf. Dieser Abschrift, von der
Hand eines bekannten Berliner Copisten der damaligen Zeit, war ein Arrangement für 4
Stimmen (Sopran, Alt, Tenor, Bass) beigelegt mit Worten allgemeinern Inhalts »Freude
strahlt aus allen Blicken«, geschrieben von der Hand von Fried. Koch. Von wem dies
Arrangement herrührt, lässt sich nicht nachweisen; auch davon nahm ich Abschrift. —
b. W.'s Tageb. sagt Berlin, 1812, 3. Juni: »Früh das Gedicht zu Mad: Schröck's Geburtstag »componirt, um 12 Uhr es abgeliefert«. — 5. Juni: »Abends bei Mad. Schröck wegen
»ihres Geburtstages, meine Musik wurde gesungen — 6stimmig »Lenz erwacht und
»Nachtigallen etc.« Die Dichtung ist höchst wahrscheinlich von F. W. Gubitz in Berlin,
dem Schwager der Mad. Schröck. — c. W.'s Tageb. sagt ferner Prag, 1814, 24. Mai:
»Frau Liebich's« (der Gattin des damaligen Theater-Directors zu Prag) »Namenstag, die
»wir mit dem 6stimmigen Gesang von mir weckten«. Es ist unbedingt keine andere Composition damit gemeint, als die vorliegende; in W.'s Nachlass fand sich nichts, was auf
einen andern 6stimmigen, damals schon componirten Gesang hinweist.

132.

Das Turnierbankett. *»Füllet die Humpen, muthige Knappen,«*

für 2 vierstimmige Männerchöre mit Bass-Solo und 2 Tenor-Soli ohne Begleitung.

Text von F. W. Bornemann.

Comp. 1812, 11. Juni zu Berlin für die Zelter'sche Liedertafel daselbst. — N. 1 in
den W.'s Freunde Friedrich Wollank (s. Anm. c.) gewidmeten 6 Gesängen für
Männer-Stimmen ohne Begleitung. — op. 68: Heft 16 der Gesänge. — Heft 3 der
Gesänge für 4 Männer-Stimmen.

Fül-let die Huma-pen, mu-thi-ge Knappen. Sie-ger sind wir!

Autograph: Unbekannt.

Ausgaben: Erste Orig.-Ausg. **Partitur u. Stimmen,** als N. 1 des Opus, zus. mit 261, 262, 263, 284, 285. Berlin, Schlesinger, Opus: 2 thlr. ‖ Paris, Maur. Schlesinger. Wien, Steiner. ‖ **Einzeln.** — Partit. u. Stimm. 8º. als N. 1 Lief. 1 der Ges. für 4st. Männ.-Gesang. Berlin. Schlesinger. ³/₄ thlr.

Anmerkungen. a. Das *Turnierbankett* ist eine von W.'s charactervollsten Compositionen für Männergesang, voll Originalität und Frische in ihrer schwungvollen romantischen Pracht. Im Refrain des Chors, der das Ganze einleitet und abschliesst und jedesmal die Soli von Strophe zu Strophe verbindet, lässt er auf dem *a* des ersten Basses ein unablässig pulsirendes »La, la, la, la« (♪ ♪ ♪ ♪) ganz eben so scharf rhythmisirend auftreten, wie er dies später auch im Refrain des Jägerchors im Freischütz gethan hat. — **b.** Das Stück wurde zum *ersten Mal* 1812, 23. Juni in Berlin von der Zelter'schen Liedertafel ausgeführt und »erwarb den höchsten Beifall der Gesellschaft, ja selbst die Billigung Zelter's und blieb lange Zeit ein Paradestück bei den Vorträgen des Vereins. (Max v. Weber »Lebensbild« W.'s. I. 312.) — **c.** Fr. Wollank, geb. 1782, Justizrath in Berlin, seit 1810 engbefreundet mit W. bis zu dessen Tode, war zugleich talentreicher und ansprechender Componist von mehreren Opern, mancherlei Kirchen- und Instrumentalsachen und vielen Liedern und Gesängen; 32 Jahr Mitglied der Singakademie, Mitbegründer der Zelter'schen Liedertafel und Mitstifter der philharmonischen Gesellschaft zu Berlin, starb er als eins der ersten Opfer der Cholera 1831 daselbst. — **d.** In d. Lpz. A. Mus. Ztg. heisst es XXVI. 670: »Königsberg 5. März 1824. Musikdirector Riel führte das Turnierbankett für 4stimm. Männergesang mit untermischten Soli's von C. M. v. W. auf, hier für *Orchester*-Begleitung bearbeitet. Die Soli der Ritter waren nemlich als Cantus firmus behandelt und der ersten Strophe eine Posaune, den übrigen Strophen aber Variationen für Fagott, [Flöte oder Clarinette beigefügt; die Duette der Minnesänger wurden von den Streichinstrumenten pizzicato (Harfen imitirend) begleitet, die letzten Strophen von 4 Stimmen gesungen: Pauken und Trompeten ertönten beim Chor. — **e.** Das Opus muss Ende Febr. 1823 *erschienen* sein, denn W. sendet das Widmungs-Exemplar am 4. März d. J. an Wollank.

N. 6 als
op. 23.

133.

An eine Freundin. *»Zur Freude ward geboren.«*

Lied für »Canto, 2 Tenori e Bassi« (1. *Ausg. Schlesinger.*) mit Begleitung des Pianoforte ad libitum.

Text von Voigt. Tageb. Durchcomponirt.

Comp. 1812, 17. Juni zu Berlin. — *N. 6 in op. 23;* Heft 3 der Gesänge.

Widmung s. *Anm. a. u. b.*

Allegro vivace.

Zur Freu-de ward ge-bo-ren, was un-ter'm Mon-de lebt. Im

62 Tacte. Ausg. Schlesing. r.

Autograph: Unbekannt.

Ausgaben: Erste Orig.-Ausg. in Typendruck als N. 6 des Opus, zus. mit **62, 70, 117, 130, 136.** Berlin, Schlesinger. Opus: 4 thlr. | Zweite Ausg. gestochen. Ebend. 18 ggr. | Als N. 2 in: Deux Choeurs à 4 voix. Sopr. 2 Ten. et Basse »Plaisirs! en nos demeures«. Paris, Richault. Cah.: 1 fr. 50 c. | **Einzeln.** — Als N. 17 d. Prchtausg. hrsg. v. Jähns, 1869. Berlin. Schlesinger Lienau. 2½ sgr. u. | **Mit Guit. 4stimm.** — Arr. v. Gaude: Hamburg. Cranz.

Anmerkungen. 44. W.'s *Tageb.* sagt: Berlin 1812, 17. Juni »Das Lied comp. zu Mlle. Koch Geburtstage. Cdur. Zur Freude ward geboren«. — »um ½6 bei Mad. Schröck »das Lied probirt« — 18. Juni »früh 6 Uhr zu Mad. Schröck und die gute Koch überrascht; »ihre grosse Freude«. — **b.** Friedrike Koch, 60 Jahre Mitglied der Berliner Singakademie und 30 Jahre Vorsteherin an derselben, † 1857, war 1812 die Verlobte des 1813 verstorbenen Dr. F. F. Flemming, des als Componist durch sein »Integer vitae« vorzugsweise bekannt gewordenen Freundes W.'s: die ihr gewidmete *Composition* ist mit ihrem besonders melodisch schönen heitern Anfangs- und Schluss- und ihrem ernsteren Mittel-Satze uns als ein Erinnerungszeichen verblieben an das gemüth- u. bedeutungsvolle Kunstleben jenes damaligen Berliner Freundeskreises, als dessen Mittelpunkt W. angesehen werden muss. — Die Lpz. A. Mus. Ztg. bringt XV. 65 eine *Rezension* des Opus.

134.

N. 6 (4 op. 66.)

Lebensansicht. *»Frei und froh mit muntern Sinnen«*

Lied für eine Bassstimme mit Begleitung des Pianoforte.

Text von —? 4 Strophen.

Comp. 1812, 3. Aug. zu Berlin, für den Sänger G. Gern an der K. Hofbühne zu Berlin; *Tageb.* — *N. 5 in op. 66;* Heft 15 der Gesänge.

Allegro. Heiter.

Frei und froh mit mun-tern Sin-nen wandl ich durch die schö-ne Welt,

Strophe: 19 Tacte. Ausg. Schlesinger.

Autograph: Unbekannt.

Ausgaben: Erste Orig.-Ausg. als N. 1 des Opus, zus. mit **48, 66, 213, 217, 238.** Querform. Berlin, Schlesinger. Opus: 18 ggr. | Neue Ausg. als N. 5 des Opus. Hochform. Ebend. Opus: 17½ sgr. | Hamburg. Böhme. Opus: 12 ggr. | Als Heft 16 B. d. Ausw. I. zus. mit **66.** Berlin, Schlesinger. 6 gr. | **Einzeln.** — Als N. 75 d. Prchtausg. v. Jähns, 1869. Ebend. 2½ sgr. u. | **Mit Guit.** — Zus. mit **213,** arr. v. Gaude: Hamburg, Cranz. 5 sgr. Auch einzeln. Ebend.

Anmerkungen. Ein für tiefen Bass besonders wirkungsreiches Lied voller Würde bei aller seiner Heiterkeit. — W. sendete das Opus *zum Stich* 1819, 26. Aug.

135.

Ohne p.-Zahl.

Schwäbisches Tanzlied. *»Geiger und Pfeiffer.«*

für »Canto, 2 Tenori, Bassos (1. Aug. Gräbenschütz mit Begleitung des Pianoforte ad libit.

Text von Sauter. 4 Strophen.

Comp. 1812, 6. Aug. zu Berlin: *Tageb.* — *Ohne Op.-Zahl.* — Widmung s. Anm. a.

Allegro animato.

Canto.

Gei-ger und Pfeif-fer, hier habt ihr Geld dar-auf.

Pfte.

Strophe: 18 Tacte. Ausg. Gräbenschütz.

Autograph: Unbekannt.

Ausgaben: Erste Orig.-Ausg. Für Sopr., 2 Ten. u. Bass mit Pfte. ad libit. Ohne op.-Zahl. Berlin, Gröbenschütz u. Seiler. 8 ggr. ‖ Später übergegangen an den Verlag von Ende in Berlin, wo das Lied für 2, 3 oder 4 Stimmen mit Pfte. erschien. Pr. 7½ sgr. ‖ Für Sopr., Alt, Ten. u. Bass ohne Begl. — Arr. v. G. Meyer; Hamburg, Cranz. 5 sgr. ‖ Als N. 112 im Orpheus. Braunschweig, Busse. ‖ Für 1 Stimme mit Pfte. od. Guit. — Als N. 3 in 5 ausgew. Lieder v. W.» Leipzig, Hofmeister. Zus. 12 gr. ‖ Desgl. einzeln. — Stuttgart, Zumsteeg. 9 xr. ‖ Desgl. mit Pfte. allein. — Als N. 90 d. Prchtausg. hrsg. v. Jähns, 1869. Berlin, Schlesinger 'Lienau'. 2½ sgr. n.

Anmerkungen. a. W. hatte dies Lied mit den 5 Liedern des op. 25 zusammen den Verlegern überlassen; diese trennten die 5 einstimmigen Lieder von demselben, und so, einzeln gestochen, verlor es die Op.-Zahl und erschien ohne eine solche. Weiteres s. 110 Anm. b. c. d. — **b.** W.'s *Tageb.* sagt Berlin, 1812, 6. Aug.: »ein 4st. Lied »von Sauter, Tanzlied, componirt in B dur, für Jordan-Friedel's, ganz nach der Eigen-»thümlichkeit der Schwäbischen Walzer«. Mad. Jordan-Friedel war eine talentvolle Sängerin, in deren gastfreiem Hause W. damals viel verkehrte. — **c.** *W. schreibt* 1817, 27. Juli von Dresden an die Braut bei Gelegenheit seines Berichtes an dieselbe über Aufführung einer Festmusik für die Prinzessin Maria Anna an diesem Tage: »Darauf »sangen wir noch andre Sachen, von denen mein Tanzlied »»Geiger und Pfeiffer«« Alle »so zur Lustigkeit hinriss, dass der Hofmarschall die Obersthofmeisterin erwischte und »mit ihr im Saale herumwalzte zum grossen Jubel Allers«. — **d.** Die Lpz. A. Mus. Ztg. giebt XVI. 139 folgendes treffende *Urtheil* über dies nationalen Humor sprudelnde Lied: »Dieser schwäbische Schleifer erfordert einen geübten und gewandten Sopran. Die andern Stimmen haben wenig Töne und sind sehr leicht. Die Sopranstimme ist mit der Clavier-Begleitung gestochen, so dass das Liedchen auch allein gesungen werden kann; es verliert aber sehr, besonders an komischem Effekt des 2ten Theiles. Die Sängerin, die das National-Schwäbische nicht kennt, bitten wir, die einzelnen gestrichenen Achtel im Wechsel gegen die gebundenen Sechszehntel auf Seite 2 — jene ja recht bestimmt abzusetzen, und diese recht eng zu verbinden; auch die allerliebst benutzte Eigenthümlichkeit des schwäbischen Volksgesangs, die lange Note im 1. u. 3. Tacte der 2. Zeile der Seite 1 genau s o vorzutragen:

, so nämlich, dass das Achtel wie in einem Anstoss des Jauchzens herausgeschnellt wird«.

136.

»Heisse, stille Liebe schwebet«

N. 5 im
op. 25.

Lied für »Canto, 2 Tenori, Basso« (1. *Ausg. Schlesinger*) mit Begleitung des Pianoforte ad libitum.

Text von —? Durchcomponirt.

Comp. 1812, 5. Aug. zu Berlin. — *N. 6 im op. 23;* Heft 3 der Gesänge.

Allegro moderato.

f Heisse, stille Liebe schwebet rings um al-le Wel-ten, um al-le Wel-ten hin.

41 Tacte.- Ausg. Schlesinger.

Autograph: Unbekannt.

Ausgaben: Erste Orig.-Ausg. in Typendruck als N. 5 des Opus, zus. mit 62, 70, 117, **130, 133.** Berlin, Schlesinger. Opus: 1 thlr. ‖ Zweite Ausg. gestochen. Ebend. 18 ggr. Als N. 4 in: Deux Choeurs à 4 voix Sopr., 2 Ten. et Basso »Comme un ange aux yeux de flammes. Paris, Richault. Cah. 4 fr. 5 c. ‖ Einzeln. — Als N. 16 d. Prchtausg. hrsg. v. Jähns. 1869. Berlin, Schlesinger 'Lienau'. 2½ sgr. n.

Anmerkungen. a. W.'s Tageb. sagt: Berlin 1812, 8. Aug. »früh gearbeitet. ein 1stimmiges Lied in Es comp: Heisse stille Liebe schwebet«. (Abends) »zur Koch. Die neuen Lieder gesungen«. — **b.** Diese Composition ist für denselben Kreis geschrieben, dem **133** seine Entstehung verdankt. (Vergl. **133** Anm. **a.** u. **b.**) Was schon die Lpz. A. Mus. Ztg. XV. 65 bei *Beurtheilung* beider Stücke sagt — dass sie in Behandlung der Mittelstimmen und in den schön gewählten Lagen die Meisterhand verrathen, **133** aber an melodischen, **136** an harmonischen Schönheiten reicher sei — dies muss noch heut als vollkommen gültig anerkannt werden.

137.

Bettlerlied. »*I und mein junges Weib*«

Für eine Singstimme mit Begleitung der Guitarre oder des Pianoforte.

Text im Volksmunde aus Büsching's u. von der Hagen's »Deutsche Volkslieder«. 5 Strophen.

Comp. 1812, 16. Aug. zu Berlin; *Tageb.* — *N. 4* im *op. 25; Heft 4 der Gesänge.

Autograph: Unbekannt.

Ausgaben: Erste Orig.-Ausg. mit **Guit. od. Pfte.** als N. 1 des Opus, zus. mit **110, 112, 113, 140.** Berlin, Gröbenschütz u. Seiler, Opus: 16 ggr. | Zweite Orig.-Ausg. Hamburg u. Leipzig, Schuberth u. C. Opus: 14 ggr. ‖ Leipzig, Hofmeister, Opus: 17½ ngr. | Als N. 160 in Fink's musik. Hausschatz, Mayer u. Wigand. 1. Aufl. ‖ Als N. 390 in A. Härtel's deutsch. Lieder-Lexikon. Reclam jun. | Als N. 137 in L. Schubert's Concordia. Schäfer. ‖ Zus. mit **234.** Hamburg, Cranz. 4 gr. ‖ Zus. mit **110.** Hannover, Nagel. 5 ngr. | **Einzeln.** — Hamburg, Cranz. 5 sgr. ‖ Leipzig. Hofmeister. 5 ngr u. Leipzig u. Prag, ohne Firma, 4 gr. ‖ Mainz, Schott. 8 xr. | **Einzeln mit Pfte. allein.** — Als N. 21 d. Prchtausg. hrsg. v. Jähns. 1869, Berlin. Schlesinger (Lienau). 2½ sgr. u. | **Für 4 Männerstimmen.** — Als N. 3 Heft 11 in Erk's Volkslied. für 1 Männ.-Stimm. Essen, Baedeker. | **Für 1 Stimme ohne Begl.** — Als N. 200 im Liederb. für Künstler. Berlin, Vereinsbuchhandl.

Anmerkungen. Alles was sich über dies vorzüglich charakterisirte kleine Stück sagen lässt, erschöpft die *Rezension* d. Lpz. A. Mus. Ztg. XVI. 191, indem sie sagt: »Das schnurrige Bettlerlied im bayrischen Dialekt ist in der Musik, ungeachtet der sehr sparsam angewendeten Kunstmittel, ein so lustig verwogenes trotziges Ding als irgend eins und seine Wirkung vollkommen wie sie sein soll« — »Das ganz unvermuthete Hereinplumpen des einzelnen ²/₄ Tacts in den ³/₄ Tact des Ganzen ist nicht nur in seinem stössigen Uebermuth ganz charakteristisch, sondern es trifft u. schreibt es auch Niemand ohne Genialität, so natürlich es auch aussieht, steht's einmal da«. — W.'s Tagebuch nennt das Lied »Bettlertanz«. — S. noch **110** Anm. **b. c. d. e.**

138.

Grosse Sonate für Pianoforte. C dur. N. 1. *op. 24.*

Comp. 1812, 18. Aug. zu Berlin; *s. Anm. c.* — Gewidmet »A Son Altesse Impériale Madame la Grande-Duchesse Marie Paulowna, Princesse héréditaire de Saxe Weimar«.

Autograph: Unbekannt.

Ausgaben: Erste Orig.-Ausg. Querfolio: Berlin, Schlesinger. 1 thlr. 8 gr. s. Anm. o. Neue Ausg. Querfolio. Ebend. 1 thlr. 8 gr. Edit. orig. nouv. et corrigé. Hochfolio. Ebend. 1½ thlr. Als Nr. 1 in Bd. II der Gesammt-Ausg. von W.'s Werken; neueste, correcte, elegante u. billige Prachtausg. 1868. Hochfolio. Revid. v. C. Reinecke. Ebend. 17½ sgr. n. Alle 4 Sonaten zus. 1⅔ thlr. n. ‖ Amsterdam, Theune u. C. 2 Gl. 50 Cs. ‖ Kritisch revid. u. für d. Selbststudium mit Fingersatz so wie mit technischen u. Vortragserläuterungen versehen v. Franz Kroll: Berlin, Fürstner. 22½ sgr. ‖ Braunschweig, Litolff. 8 sgr. | Alle 4 gr. Sonat. op. 24, 39, 49 u. 70 zus. Ebend. 15 sgr. ‖ Leipzig, Breitkopf u. Härtel. Hochfol. 21 ngr. n. | Alle 4 Sonat. zus. Octav-Ausg. Ebend. 1 thlr. Forberg. 15 ngr. Bur. de Mus. Peters. Alle 4 Sonat. № 12 ngr. | Desgl. 1°. Ebend. 15 ngr. ‖ Hrsg. u. metronom. v. J. Moscheles: London, Chappell u. C. 6°. | Cramer u. C. Ebenso. 6°. ‖ Mailand, Ricordi. In Bd. 7 von »L'arte antica«. Bd. 7 fr. | Paris, Brandus u. Dufour 9 fr. | Lemoine. Gr. Format. 9 fr. | »En Format Lemoine.« Ebend. 4 fr. 50 c. | Meissonnier fils. 7 fr. | Richault 9 fr. | M. Schlesinger. 9 fr. | Schonenberger. In N. 2. Vol. 6. Bibl. class. des Pianist. av. Biogr. de l'Auteur et Analyse raisonnée de ses Oeuvr. p. Fétis. Vol. à 7 fr. n. ‖ Wien, Haslinger. | Leidesdorf. Berka u. C. Als N. 1, Tome II des oeuvr. compl. de W. pour Pfte. ‖ Wolfenbüttel, Holle. 8 sgr. | Zu 4 Hdn. — Arrangirt v. F. W. Jähns: Berlin, Schlesinger. 1½ thlr. ‖ Arrangirt v. Mockwitz: Leipzig, Kistner. 1½ thlr. ‖ Arrangirt v. Roubier: Paris, Richault. 12 fr. | Als «Erstes Quintett von W.» für 2 Violinen, 2 Violen u. Bass. — Paris, Richault. 12 fr. | Einzeln daraus das Rondo Presto, von W. »L'Infatigable« genannt, s. Anm. c. : — 1 Als »Perpetuum mobile«. Berlin, Schlesinger. 15 sgr. | Facilité v. Brissler. Ebend. 15 sgr. ‖ Amsterdam, Theune u. C. 1 Gl. ‖ Bonn u. Berlin, Simrock. 7½ sgr. ‖ Dresden, Meser. 15 ngr. ‖ Wien, Haslinger. 40 xr. — 8 sgr. — 2 Als »Mouvement perpétuel«, Paris, Brandus u. Dufour. 6 fr. | Flaxland. N. 2 in Vol. II de Bonnes Traductions du Pianiste. Vol. à 7 fr. n. | Lemoine. 6 fr. | Als »Mouvement perpétuel et Rondo de Concert. Ponsard. 6 fr. — 3 Als »Allegro brillant«; London, Augener u. C. 2s. 6d. — 4 Als »Brilliant Rondo«, London, Chappell u. C. 3s. | Cramer u. C. 3s. — 5 Als »Moto continuo«. London, Chappell u. C. 3s. — 6 Als »Il moto perpetuo«. Mailand, Ricordi. 2 fr. 50 c.

Anmerkungen. **a.** Ueber W.'s 4 grosse Sonaten *im Allgemeinen.* Die Sonaten op. 24, 39, 49 u. 70 sind die umfangreichsten aller Instrumental-Werke W.'s, denn sie haben, incl. 885 Tacte Reprisen u. Da Capo's, zusammen 4486 Tacte, also nur 64 Tacte weniger als seine umfangreichste Oper, »Euryanthe« mit 4550 Tacten, incl. 88 T. Reprisen. (Zahlen der gestochenen Orig.-Ausgaben, ihrem Inhalte nach, mit der Tactzahl der Autographe gleich.) — Aber nicht nur durch ihre äusserliche Ausdehnung ragen sie über alles von W. componirte Instrumentale hinaus; durch ihren innern Gehalt und ihre hohe Bedeutung als Kunstwerke stehen sie zugleich über Allem auf diesem Gebiete, in welchen Beziehungen sie lange noch nicht genug gewürdigt sind. — Eine meist ebenso eigenthümliche, wie oft sehr schwierige Technik behindert von aussen her ein leichtes Eingehen auf sie; in noch höherem Maasse aber wird die Ergründung des innern Kernes dieser originalen Schöpfungen streng gefordert; mangelt davon die Erkenntniss und glaubt man diesen Werken etwa nur mit Hülfe einer gewissen modernen Technik nahe treten zu können, so wird man entweder auf Zusammenhangslosigkeit oder Mangel an Wirkungen oder dergl. zu stossen meinen, wo doch jedes dieser ausserordentlichen Werke ein besonderes Characterbild in seltenster Schärfe abspiegelt. Namentlich wird die Sinn und Gesang — auch den Gesang der Passage — vernichtende Uebersetzung der lebhafteren Tempi, selbst für den geübtesten Hörer, zu einem fast unübersteiglich aufgerichteten Bollwerk gegen Verständniss und Würdigung der Composition; es kann daher vor diesem Fehler nicht genug gewarnt werden. — Leider hat die Metronomisirung dieser und der meisten andern Clavier-Werke W.'s, wie sie von einem mit Recht verehrten Meister gegeben wurde, solche die Werke beschädigende Neigung des modernen Clavier-Virtuosenthums gefördert. Bei den durch J. Moscheles in seiner Gesammt-Ausgabe der W.'schen Clavier-Werke (London, Chappell) niedergelegten metronomischen Bezeichnungen ist, meiner Ansicht nach, vorwiegend bei den bewegteren Sätzen über das geeignete Maass hinausgegangen, oft sehr weit. Die Metronomisirung der Pariser Ausgabe »en Format Lemoine« ist dagegen meist vortrefflich, und es erscheint deshalb fast überflüssig, wenn ich die von Franz Kroll, kritischem Herausgeber W.'-scher Pianoforte-Compositionen bei einigen, und die meinige hier und bei wenigen andern Werken W.'s ebenfalls gegeben habe. Aber die Vergleichung dieser verschiedenen Tempo-Auffassungen giebt vielleicht einen Anhalt für das positiv Richtige, in so weit von solchem überhaupt gesprochen werden kann, wenn des Componisten eigne Metronomisirung fehlt; wenngleich selbst diese noch ihre bedenklichen Seiten hat, wie dies von W. so einleuchtend und geistreich ausgesprochen wird in den seiner Metronomisirung der Euryanthen-Tempi beigegebenen Betrachtungen, in diesem Buche vollständig enthalten in der letzten »Anmerkung« zu jener Oper **(291)**, deren Beachtung dem Leser hiemit dringend empfohlen wird. — — Eine ausführliche Analyse der Werke W.'s verbietet der meiner Arbeit gestattete Raum; es kann deshalb für jede der 4 Sonaten nur gegeben werden eine allgemeine **b.** *Characterisirung.* Das vorliegende Opus 24 hat unter den 4 genannten die klarste Form, den ruhigsten Fluss, die wenigste Schwierigkeit im Verständniss des innern Zusammenhanges; es ist unter ihnen vielleicht am meisten Pianoforte-Werk. Das *Rondo,* dessen sich die musikalische Welt erst in den letzten Jahrzehnten als »Perpetuum mobile« mit besonderer Vorliebe bemächtigt hat, dürfte als vorzüglicher Beleg dafür gelten. Das ganze Opus aber erscheint als ein ruhigerer, in sich befriedigterer Ausfluss musikalisch-seelischer Bewegung, als die andern drei Sonaten-Werke. — **c.** Die *Daten* des W.'schen Tagebuchs über die *Composition* dieses Opus lauten: Berlin, 1812, 12. Apr. »Rondo in C: L'infatigable componirt.« 15. »Rondo in C vollendet.« 14. Juni u. 15. Juli »An der Sonate componirt Cdur.« 31. Juli »Menuett u. Rondo aufgeschrieben.« 18. Aug. »Adagio comp. zur Sonate.« Hier ergiebt sich beiläufig, dass schon W. selbst das Rondo, zuerst von Alkan in Paris, jetzt gewöhnlich »Perpetuum mobile« genannt, (s. Ausgaben) mit der besonderen, bezeichnenden Benennung »L'Infatigable« zu versehen beabsichtigte, was er später wieder aufgab. — **d.** Von brieflichen *Mittheilungen* W.'s über diese Sonate sind bemerkenswerth: 1.) die an seinen Freund Prof. H. Lichtenstein in Berlin von Prag 22. Apr. 1814: »In den letzten »Tagen meiner Krankheit habe ich mich damit amüsirt, das Rondo meiner Sonate in C »aus dem cis zu spielen als Studium. Seit einem paar Tagen spiele ich überhaupt viel, »und es thut auch Noth, denn meine Finger wollen ganz einrosten«. — 2.) Im Briefe von Weimar 1. Nov. 1812 an denselben sagt W. ferner: »Die Grossfürstin will gern die So- »nate unter meiner Leitung spielen, hat aber selber schon öfter gesagt, sie glaube, sie »lerne sie in ihrem ganzen Leben nicht ordentlich; und wenn Sie keine Grossfürstin »wäre, würde ich so frei sein, ihr vollkommen Recht zu geben; aber so — muss »man sehen, wie weit man es bringt«. — 3.) An Rochlitz schreibt W. von Gotha am 12. Sept.: »— Die Grossfürstin hat mich vor der Hand dringend um die Sonate gebeten, »die denn auch in sauberem Saffian-Ueberrock künftige Woche hinüberspazieren wird« (nach Weimar). — 4.) In einem humoristischen Briefe an seine Freunde in Berlin vom selben Datum sagt W.: »Die Grossfürstin verlangt mit Ungeduld die Auslieferung einer »gewissen berüchtigten« (diesen Freunden wohlbekannten) »Sonate, die ich soeben zusen- »den werde, und nach meinem Gothaischen Aufenthalte Höchstselbst vordresche«. — **e.** Schliesslich ist hier zu erwähnen eines sehr störenden *Druckfehlers* fast aller Ausgaben im 7ten Tact des Adagio, den sogar manche Gegner W.'s sich nicht entblödet haben, als von ihm hier beabsichtigt zu erklären. Er betrifft die das Ohr höchst verletzende Quin- ten-Folge *D—a'* und *C—g'* auf dem 3ten u. 1ten Achtel in den Aussenstimmen; die überaus selten gewordene erste Orig.-Ausg. von 1812 (zu erkennen an dem Titel ohne Verlagsnummer [52], welche alle übrigen Ausgaben tragen) bringt die richtige Lesart: *D—a'* u. *C—a'*. — S. A. B. Marx' Urtheil über W.'s Pianoforte-Werke, (Berliner Allg. Mus. Ztg. Jahrg. I. 1824. p. 217), auszugsweise hier mitgetheilt in der Einleitung p. 8. — Gottfr. Weber giebt eine ausführliche *Beurtheilung* des Opus 24 in d. Lpz. A. Mus. Ztg. XV. 595. — Die Sonate *erschien* am 30. Nov. 1812; am 30. Dez. erhielt W. das erste gestochene Exemplar davon. — S. auch Max v. Weber's »Lebensbild« W.'s I, 359—61, 72, 77, 82, 84.

Unge-
druckt.

139.

Kriegs-Eid. »*Wir stehn vor Gott,*«

Lied für Männerstimmen im Unisono.

Begleitung: 2 Trompeten, 3 Hörner, 1 Fagott, Bass-Posaune.

Text von H. J. Edler von Collin. 6 Strophen.

Comp. 1812. 19. Aug. zu Berlin; *W.'s Tageb.* — s. Anm.

Strophe: 20 Tacte. Autogr.

Autograph: Partitur: im Besitz v. F. W. Jähns; 1863 im März von demselben aufgefunden; die Composition war bis dahin gänzlich verschollen, nur W.'s Tageb. sprach davon. (s. Anm.) Ein ausgebessertes Blatt Querfolio: 10zeilig; das Lied füllt nur die erste Seite; mittelgrosse Schrift. Von W.'s Hand sind die Noten u. die Ueberschrift »Kriegseid von Collin. in Musik gesext von Carl Marie von Weber«, ferner die Aufführung der Singstimme u. Instrumente u. die Bezeichnung »kräftig« zu Anfang, wie die Bemerkung auf der Rückseite »S. Wohlgebohren Herrn Prediger Mann Jeru«(?)(salemer?) »Strasse No 12, Apotheke«. Die einzige Textstrophe, so wie die Noten auf der Rückseite sind von fremder Hand.

    Ausgaben: Keine.

    Anmerkung. Ueber diese *Composition*, die als Vorläufer von W.'s späterem, weltberühmt gewordenen patriotischen Liedercyklus »Leyer u. Schwert« anzusehen ist, enthielt bisher nur W.'s Tagebuch folgende Notizen: »Berlin. 1812, 19. Aug. Lied von »Collin: Kriegseid comp. Ddur, für die Brandenburgische Brigade und ihren Prediger »Dr. Mann, unter dem Namen Werden bekannt als Schriftsteller.« »23. Aug. Lied für's »Militär instrumentirt und expedirt.« »26. Aug. Nach Tisch von ¹/₂3 bis 5 Uhr bei dem »Hauptmann in der Caserne am Oranienburger Thor gewesen. Die Soldaten sangen ihre »Lieder, und endlich wurde auch meines, der Kriegseid, versucht; ging über Erwarten »gut u. rührte den Prediger Mann und den Hauptmann zu Thränen.« —— Es folgt hieraus noch, dass das vorliegende Autograph die hinsichts der Tonart vorgenommene Aenderung der ursprünglichen Gestalt zeigt. Der ernstere, gehobene Character des Esdur ist in seiner Wirkung unbedingt geeigneter für das in grossen, einfachen Zügen gehaltene Lied. —— Der Prediger Mann war später Superintendent in Charlottenburg bei Berlin. —— Das Lied wurde 1863, 26. Juni in London durch Julius v. Benedict, W.'s Schüler, in einem Monstre-Concert mit deutschem Text *aufgeführt.*

140.

Liebe - Glühen. *»In der Berge Riesenschatten,«*

Lied für eine Singstimme mit Begleitung der Guitarre oder des Pianoforte.

Text von F. W. Gubitz. 4 Strophen.

Comp. 1812, 19. August zu Berlin; *Tageb.* —— *N. 1* im *op. 25;* Heft 4 der Gesänge.

Strophe: 19 Tacte. Ausg. Gröbenschütz.

    Autograph: Unbekannt.

    Ausgaben. Erste Orig.-Ausg. mit Guit. od. Pfte. als N. 1 des Opus; zus. mit 110, 112, 113, 137. Berlin. Gröbenschütz u. Seiler. Opus: 16 ggr. || Zweite Orig.-Ausg. Hamburg u. Leipzig. Schuberth u. C. Opus: 14 ggr. || Leipzig, Hofmeister. Opus: 17½ ngr. | **Einzeln mit Pfte.** — Als N. 18 d. Prchtausg. hrsg. v. Jähns. 1869. Berlin, Schlesinger (Lienau). 2½ sgr. n. | Als N. 10 im W.-Album. Ebend. Alb.: 1 thlr. n. || Als N. 11 in »Ausgew. Lieder v. W.« Leipzig, Peters. Ausw.: 10 ngr. n.

    Anmerkung. Ein tief bedeutungsvolles Lied, durchdrungen von niedergehaltener, nur am Schlusse hervorbrechender Leidenschaftlichkeit. Es wurde von W. ursprünglich mit Guit.-Begleitung componirt; erst am 26. Aug. 1812 schrieb er die Pfte.-Begleitung dazu. — S. Weiteres 110. Anm. b. c. d. e.

141.

Sieben Variationen für das Pianoforte

über die Romanze aus Méhul's Oper »Joseph«: »*A peine au sortir de l'enfance*« »Ein Knabe noch war ich an Jahren«.

Comp. 1812, 22. Sept. zu Gotha; *Tageb.* Gewidmet seiner Schülerin Fräulein Fanny von Wiebeking zu München. — *op. 28.* — N. 7 der Variationen-Werke für Pfte.

Thema. Andante. ♪ = 76. Moscheles. Ausg. London, Chappell. — ♪ = 84. Jähns.

dol. A peine au sor - tir de l'en - fan - ce,
Ein Kna-be noch war ich an Jah - ren,
Zus. 270 Tacte, incl. 25 T. Repetien. Ausg. Kühnel. (Peters.)

(Var. 1: ♪ = 126. Jähns. | Var. 2: ♪ = 138. M. ♪ = 132. J. | Var. 3: ♪ = 88. J. | Var. 4:
♪ = 108. M. ♪ = 69. J. | Var. 5: ♪ = 116. M. ♪ = 96. J. | Var. 6: ♪ = 60. M.
u. J. | Var. 7: ♪ = 138. M. ♪ = 126. J.)

Autograph: Unbekannt.

Ausgaben: Erste Orig.-Ausg. Querfolio. Leipzig, Bureau de Musique. (Kühnel.)
12 gr. | Neue Aufl. Querfolio. Ebend. (Peters.) 12 gr. | Leipzig, Peters. In W.'s »Compositions«
13 Num. 8°. zus. 12 ngr. n. | Ebend. In W.'s »Oeuvr. compl.« 20 Num. 8°. zus. 25 ngr.
Berlin, Lischke. 10 ggr. | Prachtausg. hrsg. v. C. Reinecke: Schlesinger (Lienau). 7½ sgr. n.
Westphal. 10 ggr. ‖ Braunschweig, Litolff. 4 sgr. | Mit andern 21 Compos. W.'s zus. 1½ thlr.
London, Chappell u. C. hrsg. v. J. Moscheles. 4°. | Cramer u. C. Ebenso. ‖ Paris, Brandus u.
Dufour. 6 fr. | Lemoine: als »Fantaisie et Variations etc.« | Richault. 6 fr. ‖ Wien, Leidesdorf:
als N. 6 Tome I in »Oeuvr. compl. de W.« ‖ Wolfenbüttel, Holle. 4 sgr. | Zu 4 Hdn. — Ham-
burg, Cranz. 22½ sgr. ‖ Arr. v. Roubier: Paris, Richault. 9 fr.

Anmerkungen. a. *Characterisirung:* Wir haben es hier mit dem am höchsten
stehenden Variationen-Werke W.'s zu thun; es ist eben so neu wie gediegen, so fanta-
siereich wie streng durchgeführt, so gesangvoll wie brillant, so dankbar wie alle Wirkungen des Instruments benutzend, und es steht in allen diesen Eigenschaften, obwohl
verwandt mit den Variationen »Vien qua, Dorina bella«, doch noch über diesem Werk,
so hoch das letztere auch gestellt werden muss, so gleich schöne Themata beide Werke
auch zur Grundlage haben. Von den Variationen über Joseph ist kaum eine der andern
vorzuziehen; dennoch nehmen unsre besondre Bewundrung in Anspruch: Var. 3 durch
ihre zum streng festgehaltenen Thema stetig durchgeführte grossartig daherschreitende
Bassbewegung; Var. 4 durch den mit hoher Feinheit und Grazie ausgesponnenen Melo-
diefaden in der rechten Hand und die Schlussvariation N. 7, eine Steigerung gewaltigster
Art in ununterbrochenem Staccato beider Hände, beginnend mit einem *pp* zusammen-
gehenden bis zum höchsten *ff* immer kühner gegeneinander arbeitender Triolen-Passagen
in Octaven; die Unterbrechung derselben durch den Eintritt des Themas in Moll wirkt eben
so rührend, wie dessen darauf folgende canonische Durchführung ergreifend. Das Opus
ist ein Pianoforte-Stück ersten Ranges, sowohl seiner rein musikalischen wie virtuosen Bedeutung nach. — **b.** Die *Veranlassung* zur Composition dieser Variationen ist wohl
in dem von W. am 11. Nov. 1811 zu München gegebenen Concerte zu suchen, bei welchem die Königin Carolina von Bayern das Thema W. zu einer freien Fantasie bezeichnete. Ueber die Lösung dieser Aufgabe schreibt er an Gottfried Weber von München
am 15. Nov.: »— ich war glücklich disponirt u. es misslang nichts. Dieses Kunststück
»hat allgemein höllische Sensation erregt und meinen wenigen Feinden das Maul ver-
»leimt«. — Seitdem mochte ihm wohl die Fixirung der Hauptzüge dieser Improvisation wünschenswerth erschienen sein und schliesslich ihn gewirkt haben. — **c.** Die
Daten des Tagebuchs über diese Composition beschränken sich auf folgende: Gotha,
1812, 16. Sept. »gearbeit. an den Variat. zu Joseph«. 18. »7te Var. zu Joseph comp.«
22. »die Variat. aus C über Joseph vollendet.« In einem Briefe an seinen Freund Flemming
in Berlin sagt er noch von Gotha 1812, 19. Sept.: »— Die Var: über Joseph sind fertig
»und, ich glaube, nicht das Schlechteste, was ich gemacht habe«. Noch nennt er in einem
scherzhaften Briefe an seine Berliner Freunde vom 12. Sept. 1812, neben der als »Artil-
lerie-Park« bezeichneten Ouvertüre zum Beherrscher der Geister, das vorliegende Werk
»ein leichtes Bataillon eben mobil zu machender Variationen«. — **d.** W. spielte sie zum
ersten Male im Hofconcert zu Gotha 1812, 30. Sept. und sagt darüber im Tagebuch:

»Verdammt verstimmtes Clavier; verstimmte mich auch, doch spielte ich die neuen
»Josephs-Variationen gut, zum erstenmale öffentlich«. — **e.** Fanny von Wiebeking,
der er das Werk widmete, war seine ausgezeichnete Schülerin zu München gewesen,
die er als solche sehr hoch schätzte. Ihr Vater war der berühmte Wasserbaumeister
C. F. v. Wiebeking, dessen Hause W., während seines Münchener Aufenthaltes 1811
eng befreundet war. — **f.** Das Manuscript sendete er an Kühnel in Leipzig zum Stich
1812, 23. Sept., einen Tag nach der Vollendung und empfing das Opus *gestochen* am
30. Dez. d. J. — Das Register zur Lpz. A. Mus. Ztg. weist Theil I. p. 131 auf eine
Rezension desselben hin, welche sich aber nicht in dem darin bezeichneten Jahrgange
XVI, sondern in XV, 660 dieser Zeitschrift vorfindet. — S. Max v. Weber's »Lebensbild«
W.'s: I, p. 377, 380 u. 395.

142.

»Scena ed Aria d'Ines de Castro (Tenore) con Cori.«

»Signor, se padre sei,« »Ist dir der Sohn noch theuer.«

Für eine Tenor-Stimme mit 2 Chören: a) Sopr., Alt, Ten.. Bass; b) Bass.

Begleitung: 2 Violinen, 2 Violen. Violoncello, Bass, 2 Flöten, 2 Clarinetten, 2 Fagotte,
2 Hörner, 2 Trompeten, 2 Pauken.

Comp. 1812, 11. Oct. zu Gotha im Auftrage des Prinzen Friedrich v. Gotha für
dessen Tenorstimme.

(Allegro agitato »La morte!«: ♩ = 92. Agitato: ♩ = 76. Adagio: ♩ = 80. Allegro: ♩ = 72. J.)

Autograph: Jetzt unbekannt. (1810. J.) Eine meiner Notizen von damals lautet:
»6 Bogen Hochfolio; vollständige Partitur«.

Ausgaben: Erste Orig.-Ausg. Clav.-Ausz. vom Compon. mit den Singstimmen beider Chöre
u. den Orchester-Stimmen. Mit ital. Text. Berlin, Schlesinger. 2 thlr. 14 ggr. | Mit ital.
u. deutsch. Text: letzterer v. C. Grünbaum. Ebend. 2 thlr. 17½ sgr. | **Clav.-Ausz. allein.** —
Mit ital. Text. Ebend. 18 ggr. | Neue Prchtausg. bearb. nach W.'s Clav.-Arrangement u.
Partitur v. F. W. Jähns; mit ital. u. deutsch. Text. Ebend. 12½ sgr. *n*.

Anmerkungen. a. Der *Text* dieser Composition, der Zeit nach die vierte der 6
grossen ital. Concert-Arien W.'s 93, 121, 126, 142, 178, 181, behandelt das bekannte
geschichtliche Factum, das der schönen Episode des dritten Gesanges in Camoëns' Lusiaden
zum Grunde liegt. Möglicherweise ist er einer Oper »Ines de Castro« entnommen, worauf
der Titel zu 181 hinzuweisen scheint, wo es ausdrücklich heisst »Aria dell' opera
Ines de Castro«; mit Composition einer Oper dieses Namens hat sich jedoch W. niemals beschäftigt. — Der Gegenstand der vorliegenden Scene ist folgender: König Alfonso
(hier Tenor-Solo) hatte die heimliche Vermählung seines Sohnes Pietro (Pedro) mit Inez
entdeckt. Er will ihn strafen; das Volk (4stimm. gemischter Chor) fleht um Gnade für Pietro; Krieger und Priester (Bässe im Unisono) heischen seine Bestrafung, die am Schlusse
der Scene jedoch vom zürnenden Vater nur angedroht, nicht verhängt wird. — **b.** Die
musikalische Ausführung ist W. vorzüglich gelungen. Die Einleitung durch beide
contrastirende Chöre ist edel und characteristisch; die darauf folgenden Recitative zwischen Alfonso und Pietro, voll bewegter Leidenschaft, sind von ergreifender Wirkung.
In der zweiten Hälfte des Stücks, wo Alfonso mit den Chören allein bleibt, wogt die stür-
mische Empfindung desselben zwischen Liebe und Zorn des gekränkten Vaters musika-

lisch eben so rührend wie fortreissend hin und wieder, wobei der Chor sich abwechselnd
betheiligt, um das Ganze dann in ernsten Accorden beruhigend abzuschliessen. Manches
sowohl im Recitativ wie im Ensemble, namentlich das Agitato, erinnert an die grossartige
Behandlung ähnlich erregter Momente in Euryanthe. Die volle dramatische Wirkung der
Schluss-Passagen des Alfonso ist jedoch von der Ausführung eines besonders verständnissvollen Sängers abhängig, da dieselben zwar sehr edel, doch oft mehr glänzend, als
einem zürnenden Vatermunde entflossen, erscheinen. Letzteres erklärt sich freilich durch
die Anforderungen an den Abschluss einer ital. Concert-Arie, welchem hier durch den
Wortsinn fast unüberwindliche Schwierigkeiten in den Weg gelegt wurden; indess wird der
Eindruck davon nur besonders fühlbar durch den Gegensatz zu dem Geist einfacher Grösse,
der übrigens die ganze Composition durchdringt. — Diese Scene ist unter den 6 ital. Concert-Arien die am höchsten stehende und unbedingt dem Besten mindestens gleich zu stellen,
was ältere ital. Meister in diesem Style geschrieben. noch höher als **178**, ja selbst höher als
die von Rochlitz so hochgestellte Arie **121** dieses Cyclus; die vorliegende scheint Rochlitz
nicht gekannt zu haben. Schliesslich ist als harmonisch neu und frappant noch darin zu erwähnen der kühnen Vermischung des Accordes a, es', fis', c' im Chor mit dem C-moll-Drei-
klang des Orchesters in Tact 135 u. 137. — Die Parthie des Pietro ist im Diskant-Schlüssel
gestochen. — S. noch das über W.'s ital. Gesangs-Compositionen im Allgemeinen Gesagte bei **181** Anm. d. — **c.** W.'s *Tageb.* sagt: Gotha, 1811, 22. Janr. »Mittag beym
»Prinz Friedrich sehr angenehm: viel gespielt, gesungen etc. Der Prinz trug mir auf,
»ihm eine Scene zu componiren.« Gotha, 1812. 6. u. 7. Oct.: »Comp. Die Scene für den
»Prinz. Friedrich vollendet notirt.« 11.: »Arie für den Prinzen vollendet instrumentirt.«
17. Dez.: »Zum 1. Mal aufgeführt im Hofconcert. Pr. Friedrich sang meine Scene recht
»brav: machte Furore und ging excellent«. Hosterwitz. 1819, 23. Juni.: »Klav. Ausz.
»der Arie für d. Pr. Fr. v. Gotha vollendet«. Dresden. 1822. 17. Oct.: »Tenor-Arie
»an Schlesinger ***zum Stich*** gesendet«. — **d.** Die *Opus-Zahl* 53 dieser Scene trägt auch
das Heft Festgesänge für 4 Männ.-Stim. mit **165, 218, 228**. — S. auch Max v. Weber's
»Lebensbild« W.'s 1, 381, 391.

143—148.

»Sechs Favorit-Walzer der Kaiserin von Frankreich. Marie Louise.

Ohne
op.-Zahl.

Bei ihrer Ankunft in Strassburg aufgeführt von der Kaiserl. Garde.
Für das Pianoforte. III^{te} Lieferung.«

Comp. 1812. 20. Oct. zu Gotha; *W.'s Tageb.* — *Ohne Opus-Zahl u. Autor-Namen.*
s. Anm. c.

143. N. 1. Vivace assai.

144. N. 2.

145. N. 3.

146. N. 4.

147. N. 5.

148. N. 6.

Autograph: Unbekannt.

Ausgaben: Erste Orig.-Ausg. Ohne Autor. Querfolio, Leipzig, Bureau de Musique (Kühnel), 8 gr. | Neue Aufl. Ohne Autor. Querfolio, Ebend. (Peters.) 8 gr. | Neueste Ausg. Mit Autor-Namen. Hochfolio. Ebend. Leipzig u. Berlin. ½ thlr. || Berlin, Schlesinger (Lienau). Prchtausg. hrsg. v. C. Reinecke u. E. Rudorff. 1868. 5 sgr. n.

Anmerkungen. a. Diese Walzer waren lange Jahre verschollen, selbst die Verlagshandlung des Bureau de Musique hatte keine Kenntniss von ihrem Vorhandensein; leicht erklärlich, da der Componist eben auf dem Titel ungenannt geblieben war. Nach den eifrigen Nachforschungen der Handlung, angeregt durch meine Angaben, ist es möglich geworden, die unläugbare *Aechtheit* dieser Walzer als Werk W.'s durch folgende Data festzustellen: Kühnel (der damalige Besitzer des Bureau de Musique zu Leipzig) schreibt nemlich an W. 1812, 10. Oct.: »— und wie wär's, wenn Sie mir allerliebste Walzer im Geschmack der ersten Favoritwalzer der Kaiserin schickten, die ich als 3tes Heft geben könnte?« (Handlungsbücher des Bur. de Mus.) — W.'s Tageb. sagt Gotha, 1812, 21. Oct.: »— 6 Walzer für Kühnel componirt in a. b. c. d. es. e«. (NB. Die Tonarten der gestochenen Walzer (Heft III) folgen in dieser Ordnung: d, c, es, a, b, e.) — Ferner W.'s Tageb. 1812, 21. Oct.: »— Die Walzer an Kühnel gesendet«. — Kühnel an W. 1812, 1. Nov.: »— Mit der schnellen Einsendung der zu Strassburg executirten Walzer haben Sie mir eine Freude gemacht«. — W.'s Tageb. 1812, 20. Dez.: »— Meine »Walzer von Kühnel erhalten«. — **b.** Diese *Walzer* gehören keineswegs zu denjenigen Tonwerken, die, wie andere aus dieser Zeit, W.'s Originalität etwa in hervortretender

Weise zur Geltung bringen, obwohl Mancherlei, besonders rhythmische Wendungen, seine
Art erkennen lassen; dennoch hat er nicht angestanden, einiges daraus in spätere Arbeiten mit hinüber zu nehmen. So ist N. 1 vollständig (nur mit kleiner Aenderung in Tact
5, 6 u. 7 im 2. Theil des Trio's) zu einem »Tedesco« **(191)** für die Liebich'schen Bälle
in Prag, Winter 1816, von W. benutzt und »am 20. Janr.« d. Jahres von ihm »instrumentirt« worden. Die Tacte 1, 2, 5, 6, 9 bis 14 des Walzers N. 1 aber, wie dieselben
Tacte des Tedesco finden sich genau, und zwar mit Wirkung verwendet, wieder in »Preciosa« Ballo 4. — **c.** Bei den Nachforschungen über diese 6 Walzer fanden sich zugleich
n o c h 2 H e f t e »Favoritwalzer etc.«, mit »*Lief. I u. II*« bezeichnet, sonst g a n z g e n a u
denselben Titel tragend wie das vorliegende, als bestimmt von W. herrührend erwiesene
Heft »Lief. III« dieser demnach also aus 18 Walzern bestehenden Sammlung. Lief. I u.
II sind aber nicht nur der äussern Form, sondern auch dem innern Gehalte nach so genau
übereinstimmend mit der Lief. III, dass es nicht ungerechtfertigt erscheinen konnte, als
die Verlagshandlung die beiden ersten Lieferungen, wie auch die dritte, bei der neuesten
Herausgabe 1861 mit W.'s Namen, als dem des Autors, versah. Derselbe Grund, wes-
wegen W. seinen Namen bei dem dritten Heft dem Publicum verbarg, hatte — so ist fast
bis zur Gewissheit anzunehmen — auch bei den ersten beiden Heften vorgewaltet, nemlich
d e r, vor der Welt nicht als Walzer-Componist figuriren zu wollen. Dies wird vollends
klar durch die Stelle eines Briefes von W. vom 30. Nov. 1812 an seinen Freund F l e m -
m i n g in Berlin (in meinem Besitze), welche lautet : »Componirt habe ich unter andern
»rühmlichen Sachen auch 6 Walzer, die als 3**tes** Heft der Favorit-Walzer der Kayserin
»von Frankreich bei Kühnel erscheinen. Dass dies ein Geheimniss ist, versteht sich von
»selbst ; ich that's Kühnel zu gefallen«. Also ein G e h e i m n i s s sollte die Composition der
Walzer bleiben, und sie blieb es, grade so wie sie ein Geheimniss bei den ersten beiden
Heften geblieben war, welche Kühnel in seinem oben angeführten Briefe vom 10. Oct.
1812 (Anm. **a.**) wohl nicht die »e r s t e n« nennen würde, wenn sie nicht ebenfalls von
W. componirt gewesen wären ; denn Kühnel konnte doch wahrlich nicht voraussetzen,
dass W. alle damals erscheinenden W a l z e r genau kennen würde, wenn diese »e r s t e n
Favorit-Walzer« nicht eben von ihm selbst früher componirt worden waren. — S. Anh.
84. — **d.** Das 1. Heft fand sich auch in Orchesterstimmen gestochen vor, und da
sämmtliche 18 Walzer (siehe deren Titel und vergl. Kühnel's obige Aeusserung vom
1. Nov. 1812) vor der Kaiserin im Orchester ausgeführt wurden, so
möchte man annehmen, dass W. alle 3 Hefte auch *instrumentirt* habe, zumal das e r s t e
Heft höchst charakteristische Spuren W.'scher Instrumentation aufweist. — Kurz nach
der Entdeckung der 18 Walzer, von denen ich nur die vorstehenden 6, als e r w i e s e n
von W. herrührend, an dieser Stelle glaubte vorführen zu dürfen, habe ich eine a u s -
f ü h r l i c h e Beleuchtung dieser Angelegenheit geschrieben, auf welche ich hiemit
verweise; sie steht in der Lpz. A. Mus. Ztg. Neue Folge. 1861. N. 50.

149.

Walzer mit W.'s Liede »**Maienblümlein**« als Trio.

Für Harmonie-Musik.

1 Flöte, 2 Clarinetten, 2 Hörner, 1 Trompete u. 2 Fagotte.

Comp. 1812, 17. Nov. zu Gotha zum Geburtsfest des Herzogs E m i l L e o p o l d
A u g u s t von G o t h a. (S. folgende Nummer u. **117.**)

Unge-
druckt.

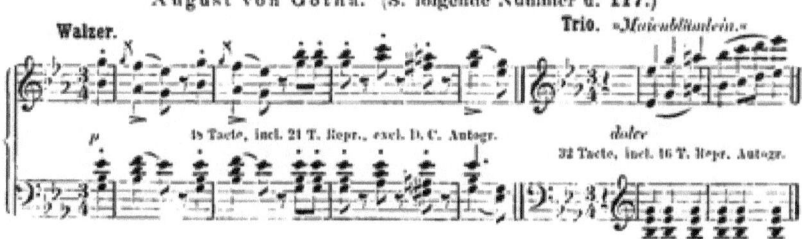

Autograph: Partitur in Besitz von F. W. Jähns. Zusammen mit den folgenden Nummern 150—153 als N. 4 des Autographs derselben.

Ausgaben: Keine.

Anmerkungen. **a.** Dem leichtgehaltenen ersten Theile des Walzers stellt sich der melodiöse, angenehm bewegte Forte-Satz des zweiten wirksam entgegen, worauf das Trio die Melodie des »Maienblümlein« in der Octave (Flöte u. Clarinett) ganz unverändert bringt. — **b.** W.'s Tageb. sagt 1812, 17. Nov.: »— 4 von des Herzogs Liedern für 7 Blasinstrumente arrangirt etc. dann auch das Maienblümlein zum *Walzer* de rangirt«.

Ungedruckt.

150—153.

Instrumentirung von 4 Liedern,

Compositionen des Herzogs Emil Leopold August von Gotha.

N. 1, 2. 3: für 1 Flöte, 2 Clarinetten, 2 Hörner, 2 Fagotte; N. 4 mit noch einer Trompete dazu.

Instrumentirt 1812, 17. Nov. zu Gotha zum Geburtsfeste des Herzogs: *Tageb.*

(s. Anm. **a.**)

150. N. 1. Allegretto.   **151.** N. 2. Serenade. Andante.

»Ihr kleinen Vögelein«   »Lebe wohl, mein süsses Leben,«

57 Tacte, excl. D. C. Autogr.   61 Tacte. Autogr.

152. N. 3. Andante con moto.   **153.** N. 4. Andante con moto.

»Die verliebte Schäferin,«   »Beim kindlichen Strahl des erwachenden Phoibos.«

31 Tacte, excl. D. C. Autogr.   29 Tacte, excl. D. C. Autogr.

Autograph: Partitur im Besitz von F. W. Jähns. Zusammen mit dem zum Walzer ebenso arrangirten Liede »Maienblümlein« (s. Anm. **a.**) 1½ Bogen; bläuliches hohes 14zeiliges Querfolio, ganz beschrieben; kleinere Schrift, jede Seite mit 2 Accoladen: das »Maienblümlein« geht den in obiger Ordnung folgenden 4 Liedern voraus.

Ausgaben: Keine.

Anmerkungen. **a.** Als W. sich vom 6. Sept. bis 20. Dez. 1812 bei dem Herzoge Leop. Aug. v. Gotha als dessen Gast am Hofe zu Gotha aufhielt, überraschte er diesen »zu dessen grosser Freude« an dessen Geburtstage, d. 23. Nov., mit der Aufführung der Instrumentirung der obigen 4 vom Herzoge componirten Lieder, denen er noch die von diesem gewünschte Instrumentirung des eignen Liedes »Maienblümlein« 117 hinzufügte. (s. vor. No.) Da die Lieder des Herzogs in ihrer ursprünglichen Gestalt nicht erhalten sind, auch letztere im Gewande der Instrumentirung nicht klar vorliegt, zugleich der Text der Gesänge unbekannt ist, so ist ein eingehenderes Urtheil über ihren musikalischen Werth als solche nicht möglich. Die vorliegende Gestalt lässt mannigfach frische Rhythmen und anmuthige Melodie erkennen. — **b.** Es wurden in neuerer Zeit Zweifel laut,

dass der Herzog überhaupt componirt habe. Diese werden durch folgende Data gehoben.
1812, 30. Nov. schreibt W. von Gotha aus seinem Freunde Flemming nach Berlin
»— d. 23. war des Herzogs Geburtstag; da hatte ich einige Lieder von seiner Composi-
»tion für Blasinstrumente arrangirt etc.« und am 20. Janr. 1813, nach dem Hofconcert
in Gotha am 17. Dez. 1812 »— eine 8händige Phantasie auf 2 Pianofortes von der Com-
»position des Herzogs machte den Beschluss etc.«, welche Nachricht ebenfalls W.'s
Tageb. vom 17. Dez. bringt, wie folgt: »— Concert bei Hofe etc. — dann die 8händige
»Phantasie von Sr. Durchlaucht dem Herzog, gespielt vom Maestro« (des Prinzen Friedrich
v. Gotha, de Cesiris) »Caroline« (Schlick, W.'s Schülerin zu Gotha) »Mlle. Grobstich
»und mir. Der Herzog war ganz glücklich«. S. Max v. Weber's »Lebensbild« W.'s I. 391.

154. op. 36.

Hymne. »*In seiner Ordnung schafft der Herr,*«
Für 4 Solostimmen (S. A. T. B.), Chor (S. A. T. B.) und Orchester.
Text von Fr. Rochlitz.
Begleitung: 2 Flöten, 2 Oboen, 2 Clarinetten, 2 Hörner, 2 Fagotte, 2 Trompeten,
2 Pauken, Bass-Posaune, 2 Violinen, 2 Violen, Violoncell u. Bass.

Comp. 1812. 25. Nov. zu Gotha; *Tageb. u. Autogr.* — *op. 36.* — »Der löblichen
Schweizerischen grossen Musik-Gesellschaft zugeeignet«. (s. *Anm.* c.)

Andante maestoso. *(Autogr.)* Andante moderato ma con moto. *[Orig.-Ausg.]*

Autograph: Vollständige Partitur. In Besitz von Max M. Frhrn. v. Weber
zu Wien. (1870. J.) 9 geheftete Bogen; grosses, mässig starkes, grau gelbliches, 16zei-
liges Querfolio; mittelkleine Schrift; 16zeilige Partitur mit Ausnahme von p. 11 u. 12,
wo 4 Zeilen und p. 13, wo 3 leer; p. 36 unbeschrieben. P. 1: Titel »Hymne | == In
seiner Ordnung schafft der Herr == | von | Friedrich Rochlitz | — | in Musik gesetzt
von | Carl Marie von Weber. | ✕ | Gotha, im November 1812.« Statt des ⁴⁄₄ Tacts im
Stich zeigt das Autograph: ₵ zu Anfang des Stücks.

Ausgaben: Erste Orig.-Ausg. **Clavier-Ausz.** v. Fr. Wollank. (s. **132** Anm. e.) Berlin,
Schlesinger. 1 thlr. 4 gr. | **Einzeln.** — Die Schlussfuge als N. 1 in Heft 12 von Gottschalg's
Repertorium für Orgel, Harmonium u. Pedal-Flügel. Bearbeitet unter Revision und mit
Beiträgen von Fr. Liszt. Leipzig u. New-York, J. Schuberth u. C. (Am Schlusse um 10 Tacte
verkürzt.)

Anmerkungen. a. *Characterisirung.* Diese Hymne nimmt unter W.'s Compositionen dieser Gattung eine besonders hervorragende Stelle ein. Voll würdigen Ernstes
im Ganzen ist sie von sehr edler Haltung in den einzelnen Theilen. Die Spitze des
Werkes bildet die grosse mächtige Fuge am Schlusse. Es ist in neuerer Zeit wenig zur
Aufführung gekommen u. um desswillen auch jetzt wenig bekannt. Dem gegenüber
folge hier einiges, von der Kritik betreffs früherer Aufführungen Geäusserte, wenn auch
nur auszüglich. Die Lpz. A. Mus. Ztg. sagt XV. 31: »— Gewiss eine der würdigsten
Arbeiten dieses Meisters. Das Ganze sehr ernst und feierlich gefasst; die Ausführung
des Einzelnen bei möglichster Einfalt mit so viel Geist, Kunst und Sorgfalt vollendet,
dass jedes Wort ästhetisch und technisch sein Recht erhält. Bis zur letzten Wiederholung der Stelle: »In seiner Ordnung« ist alles in einem einfachen, höchst würdigen Chor

mit einzelnen Solostellen zusammengefasst — dies aber auf die bestimmteste, treuste und
eindringlichste Weise«. Nun folgt die Erwähnung mehrerer »besonders meisterhafter
Stellen«; die Wirkung der Choral-Strophe »Drum lerne still dich fassen« wird »unwiderstehlich« genannt; schliesslich heisst es: »Nun hebt mit den Worten »Gelobt sei Gott«
der grosse Schlusschor in bedeutenden Noten und langen Accenten (die später in die
Fuge verwebt sind) an, und jetzt erst treten allmählig alle Instrumente des Orchesters zusammen, bis mit den Worten »Im Wettersturm« die herrliche Fuge beginnt, die mit reicher
Kunst und bewunderungswürdiger Kraft durchgeführt wird und mit immer steigender
Gewalt in einem freien glänzenden, wahrhaft jubelvollen Schluss sich endigt«. — Ebend.
heisst es XXIV. 700 nach einer Aufführung zu Königsberg: »Ergreifend und genial,
effectreich in hohem Grade, nur hin und wieder Maass und Ziel überschreitend, für diese
Gattung nemlich«. — Die Berliner Voss'sche Zeitung sagt 1814 in N. 105 nach einer
Aufführung am 26. Aug. d. J. unter W.'s Leitung: »Die Bässe beginnen unisono das Ritor-
nell und deuten das Entsteigen der Wunderwerke aus dem »Grund der Ewigkeit« an. Die
Frage »Mag das Geschöpf den Schöpfer übereilen?« wird vom Chor sehr bedeutungsvoll
herausgehoben; dann kehrt das Thema »In seiner Ordnung« wieder. Nun wechseln die
Solostimmen, Sopr., Ten. u. Bass, mit einander ab. Besonders lieblich ist der Gesang
der Jungfrau, leise an Haydn, vielleicht nicht zwecklos, erinnernd. Bei dem Bass-Solo
»So schwebt die dumpfe Nacht« dominirte die Cello-Begleitung u. wahrhaft tröstend tritt
der choralmässige Satz »Drum lerne still dich fassen« ein, welcher ohne alle Begleitung
noch mehr wirken dürfte. (Er ist in der Partitur nur von den Bässen begleitet.) »Das
verstärkte Eintreten des Chors und Orchesters in der letzten Strophe »Gelobt sei Gott«
so wie die prachtvolle, aber sehr schwere Fuge am Schluss, ist von grossem Effect und
bewährt den Meister. Nur kann dem Referenten der Schluss zu gross gegen die vor-
herige Haltung der Hymne vor, welche bis zur Fuge cantatenmässiger behandelt zu sein
scheint; doch hat darüber der denkende Tonsetzer wahrscheinlich mit dem gelehrten
Dichter nähere Abrede genommen«. —- S. ausserdem Lpz. A. Mus. Ztg. XV. 25. XIX. 681;
letzteres besonders ausführliches, streng kritisirendes, jedoch sehr anerkennendes Referat;
ferner XXXXVIII. 91; auch Max v. Weber's »Lebensbild« W.'s I. 355. 369. 372. 386—
88. 392—94. 407. 460. — **b.** Für die *Geschichte* der Composition des Werkes und
für W.'s eigne Anschauungen von demselben sind die besten Quellen seine *Tagebücher und Briefe. Aus ersteren* Folgendes: Berlin. 1812, 4. Juli »Hymne von
»Rochlitz erhalten«. Gotha, 21. Sept.: »gearb. an der Hymne«. 25. »comp. an der Fuge«.
26. »comp. An Schicht geschrieben u. Fuge geschickt«. 9. Oct. »Brief von Schicht«.
10. Nov. »comp. Hymne«. 13. »Hymne bis zur Fuge vollendet«. 14. »Hymne comp.
»gearb. Fuge«. 15. »Fuge ziemlich vollendet«. 18. »Hymne vollendet seizzirt«. 21. »instrumentirt«. 25. »Hymne ganz vollendet«. — 1813. 1. Janr. Leipzig. »Das grosse
»Neujahrsconcert. Meine Hymne machte den Anfang und wurde zum *erstenmale* aufge-
»führt. Sie ging gut bis auf den Choral, wo Mlle. Campagnuoli schrecklich herunterzog,
»so dass mir der kalte Schweiss ausbrach; wurde sehr applaudirt«. 3. Janr. »Mit Schicht
»die Fuge der Hymne durchgegangen, womit er äusserst zufrieden war«. (s. Max M. v.
Weber's »Lebensbild« W.'s I. 391.) — *Aus Briefen W.'s:* An Rochlitz schreibt er,
von Berlin 1812, 14. Juli: »Ihre herrliche Cantate ist ein Fang, den man sobald nicht
»wieder loslässt, wenn er einem gezeigt wird. Wie können Sie glauben, dass ich nicht
»mit der grössten Liebe eine Ihrer Dichtungen umfassen und alles Uebrige darüber liegen
»lassen würde! Ich danke Ihnen herzlich für diesen Vorzug und für das aus demselben
»leuchtende Vertrauen zu mir«. — Von Gotha 12. Sept.: »Es geht fleissig an die Hymne;
»ich trage sie im Herzen und brüte darüber«. — An Gänsbacher, Gotha, 25. Nov.:
»So eben habe ich die letzte Note an der Hymne geschrieben; ich hoffe, sie soll Dir
»Freude machen; 's ist ein klanes Fugerl drin zum Schluss«. — An Rochlitz. Gotha.
25. Nov. »Unsre Hymne ist Gott sei Dank vollendet; ich habe sie mit grosser Liebe und
»Fleiss gearbeitet, wovon ich Ihnen zur Zeit Rechenschaft ablegen werde. Sie wird 15
»bis 16 Minuten spielen«. — An Gottfried Weber. Prag, 9. März 1813.: »Wie ist
»es möglich, dass wir einmal so eine verschiedene Ansicht haben konnten bei der Hymne?
»Grade das, was der Dichter, wie ich es ausführte (nämlich diese Mittelsätze blos vor-
»übergehend, ohne dabei zu verweilen, zu behandeln, da sie nur gleichsam ein kurzer
»Commentar oder Beispiele sind zu dem Grund-Satze »In seiner Ordnung schafft der

»Herr«), grade das findest du schlecht und willst es mit Prätension behandelt haben , wo
»meine und des Dichters Ansicht es war, es gänzlich ohne Prätensionen zu geben! Diese
»gleichartige Melodie und Schlussfälle in den verwandtesten Tönen ist ganz planmässig
»von mir hingestellt, weil alles analog ist und immer auf dasselbe zurückkommt. Was
»Du mir von dem »Doch steht seine Herrschaft« sagst, ist wahr und werde ich so ändern;
»die Wiederholung der Worte »Der Herr« finde ich aber nicht so unsinnig. Mit dem
»Worte »Herr«, besonders in Beziehung auf Gott , verbindet man einen ehrfurchterregen-
»den Begriff und dadurch eben wollte ich das noch sanctioniren »In seiner Ordnung«.
»Die Melodie des Chorals ist die alte »Befiehl du deine Wege« und du kannst Recht
»haben, dass die Schlüsse in E oft wiederkehren ; aber es war darum zu thun, die Tonart
»recht zu begründen, und dann kommen auch nie zwei auf einander ; das macht einen
»Unterschied. Das »Gelobt sei Gott« werde ich nach Deinem Vorschlag schreiben , weil
»es richtiger und besser ist. Warum ist aber dem Herrn Grübler ein wahrhafter Decla-
»mationsfehler im Rezitativ entwischt, den ich erst in Leipzig bemerkte und verbesserte?
»Es heisst nämlich

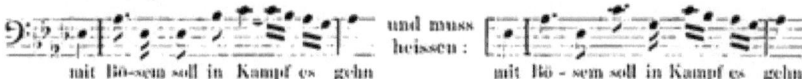

und muss heissen :

»welches ich dich zu corrigiren bitte. Auf dem letzten Stück, mit dem Du so zufrieden bist,
»beruht eigentlich das Ganze , und hier erst konnte man sich des Breitern und Weitern
»gehen lassen, welches ich denn auch gethan habe. Der Eintritt der Fuge ist hoffentlich
»neu und bestimmt recht die Festigkeit des Ganzen. In der Fuge hast Du Gespenster
»gesehn. Wo ist denn da ein Contrathema zu finden? Ich habe wenigstens keins hinein-
»gemacht und also wird auch die Antwort richtig sein, da weder gefragt noch geantwortet
»wird. Das »Gelobt sei Gott« ist in der Instrumentation und zuletzt auch in den Sing-
»stimmen mit dem Hauptthema verbunden , aber sonst nichts. Alle Mittelsätze, Fort-
»führungen etc. sind aber natürlich aus dem Thema genommen. — Wie Du in der Ein-
»leitung Wildheit finden kannst, ist mir durchaus unbegreiflich: es ist eine grosse,
»kräftig ruhige Fortschreitung mit Bezug auf die Fuge , und der Plan der ersten Hälfte
»gewiss eben so genau zur Wirkung berechnet , die sie auch thut und in der ich etwas
»Fehlerhaftes gar nicht finden kann. — Wegen der Tempos«, (am Schlusse des ersten
Satzes) »so geben die ritard.-Triolen den ⁶/₈ Tact an, und das darauf Folgende ist wieder
»Tempo primo , so dass eigentlich durchaus da nur ein Tempo ist und der ⁶/₈ Tact nur
»etwas langsamere ⁴tel in Triolen giebt. Ausschweifende Modulationen giebt es vollends
»gar keine, denn es geht ja gar nicht aus dem C heraus. Dass bei dem »Es drängen sich
»Wetter etc.« die Fortschreitung etwas hart ist, will ich zugeben, wenn Du willst, obwohl
»es natürlich durch die Ligata herbeigeführt wird. — Die Fuge vom »Ersten Ton« ist
»mit dieser gar nicht zu vergleichen ; wie holprich sind dort alle Stimmen etc. A propos
»auch. Du nimmst mir's doch nicht übel, dass ich widersprochen habe? — **c.** Betreffs
der *Dedication* »an die Schweizerische grosse Musik-Gesellschaft« , wurde selbige dadurch veranlasst, dass diese Gesellschaft W. bei seinem Aufenthalte in Zürich im Sept.
1811 mit sehr grosser Auszeichnung aufgenommen und darauf zu ihrem Ehrenmitgliede
ernannt hatte. — An Schlesinger trat W. das Werk am 15. Aug. 1811 contractlich ab.

155.

op. 32.

»Grand Concerto« **(Es dur. N. II.)** »pour le Piano-Forte

dedié A Son Altesse Serenissime Monseigneur le Duc régnant de Saxe - Gotha et Altenburg,
Emil Leopold August.«

Begleitung: 2 Flöten , 2 Clarinetten , 2 Hörner . 2 Fagotte , 2 Trompeten , 2 Pauken,
2 Violinen (im Adagio 1 con sordini). 2 Violen, Cello u. Bass.

Comp. 1812, 12. Dez. zu Gotha; s. *Anm.* b. — op. 32; N. II der Concerte für Pfte.

22 *

Allegro maestoso. ♩ = 144. Moscheles. Ausg. Chappell. — ♩ = 116. Jähns.

Tutti. ff — 219 Tacte. Autogr.

Adagio. ♪ = 92. Moscheles u. Jähns.

4 Violini pp con sordini. Con espressione. — 65 Tacte. Autogr.

»Jede Violine zweifach besetzt.« — Viola.

Rondo. Presto. ♩ = 104. M. u. J.

fp — 300 Tacte. Autogr.

Autograph: Partitur. Im Besitz von Max M. Frhrn. v. Weber zu Wien. (1870. J.) Dünner blauer Pappband. Auf weissem Blättchen des Deckels von meiner Hand: »Grosses Concert in Es. No. II für Clavier mit Orchester. Original-Partitur von Carl Maria von Weber«. Innen 19 Bogen mit 76 Seiten. Pag. 1: leer, nur »op 32.« von W.'s Hand darauf. Satz I und II, p. 2 bis 44: grosse Schrift auf starkem grünlichen grossen Querfolio; Satz III, p. 45 bis 74, kleinere Schrift, etwas schmaleres, dünneres gelbliches Querfolio, nur oben beschnitten; p. 75 u. 76 leer. Durchaus 12zeilig. — Am Schluss von Satz I von W.'s Hand: »vollendet d: 10t December 1812 in Gotha«. — von Satz II: »vollendet d 12t December 1812 in Gotha und hiemit das ganze Concert. Te Deum laudamus«. — von Satz III: »d 7t 9br 1811 in München vollendet«. Auf pag. 73 in der Clavier-Parthie ein eingeklebtes Blättchen, auf dem eine, später in den Stich aufgenommene Umänderung der ursprünglichen Lesart. — In dem in meinem Besitz befindlichen Stich-Exemplar des Concerts mit vollständigem autographischen Titel und vielen Innen-Bemerkungen von W.'s Hand steht zu Anfang des Adagio: »: NB: Jede Violine (von den 4 con sordini), »muss zweyfach besetzt sein : «

Ausgaben: Erste Orig.-Ausg. **Plte. mit Orchester-Stimmen,** beides Hochfolio: Berlin, Schlesinger. 3 thlr. ‖ Paris, Lemoine. 25fr. ‖ Richault. 15fr. 18fr. **Mit Streichquintett.** — Arr. vom Grafen Waldersee: Berlin, Schlesinger. 2 thlr. 7½ sgr. ‖ London, Chappell u. C. ‖ **Für Plte. zu 4 Hdn.** — Arr. v. Jähns: Berlin, Schlesinger. 1 thlr. 20 sgr. ‖ **Für Plte. zu 2 Hdn. allein.** — Arr. v. Vierling. Ebend. 1½ thlr. ‖ Prchtausg. rev. v. E. Rudorff. 1869. Ebend. Hochfolio. 15 sgr. u. ‖ Alle 3 Plte.-Concerte. op. 11, 32 u. 79, Prchtausg. rev. v. Rudorff. Hochfolio. Der Gesammt-Ausg. Weber'scher Werke Band III. Ebend. 1 thlr. u. ‖ Alle 3 Concerte zus.: Braunschweig, Litolff. 4°. 20 sgr. ‖ Leipzig, Peters. Alle 3 Concerte. 8°. zus. 12 ngr. u. ‖ Ebend. in »Oeuvr. compl. de W.« pour Plte. seul. 8°. 20 Num. zus. 25 ngr. u. ‖ London, Chappell u. C. hrsg. v. J. Moscheles. 7°. ‖ Cramer. Ebenso. ‖ Paris, Colombier. 9 fr. ‖ Lemoine. 10 fr. ‖ Richault. 9 fr. ‖ **Allegro maestoso daraus für Plte. allein.** — London, Augener u. C. 2°. 6d. ‖ **Adagio u. Rondo daraus für 2 Pltes. zu 4 Hdn.** — Arr. v. Promberger: Berlin, Schlesinger. 1 thlr. 20 sgr.

Anmerkungen. a. Dies, der Zeit nach, zweite Clav.-Concert W.'s kann dahin *characterisirt* werden, dass es, wie in der Zeit, auch in Form u. Inhalt zwischen den andern beiden Werken dieser Gattung, **98** u. **282**, mitteninne steht. Denn wie N. 1, das Cdur-Concert, sich ganz entfernt hält von jenen dramatischen Elementen, zu welchen der Componist sich bei N. 3, dem Concertstück, bekennt, (nicht sowohl durch das Werk selbst, als auch durch das, was er, von ihm nach dieser Richtung als beabsichtigt, noch besonders ausspricht (**282** Anm. **a.**), so wendet sich das vorliegende Concert den characteristischen Merkmalen der beiden andern Concerte in gleichem Maasse zu. Die Form des Kammerstils, die W. im Cdur-Concert entschieden inne hält, hier ist sie noch klar und bestimmt ausgeprägt, aber innig vermischt mit einer Freiheit, Kraft u. Frische in der Bewegung der formalen Gestaltung, namentlich des zweiten u. dritten Satzes, wodurch jenes dramatische Element schon sehr merklich thätig wird, welches das Concertstück kennzeichnet; und so ist Rochlitz' Ausspruch über das Esdur-Concert in vollster Geltung anzuerkennen, wenn dieser Lpz. A. Mus. Ztg. XV, p. 32 sagt, dass »kaum in einigen wenigen Werken dieser Art von andern Meistern also verbunden angetroffen werden: so viel Originalität der Ideen ohne alle Bizarrerie und phantastische Ausschweifung, so viel gründliche Kunst ohne alle wirkungslose Künstelei oder Schwerfälligkeit, so viel Feuer und Glanz bei so sprechenden Melodieen und zartem Ausdruck, und auch bei solchem Reichthum ganz eigenthümlicher Instrumentirung so schöner Effect des Hauptinstruments«. — Wenn aber schon ganz im Allgemeinen und abgesehen von dem Vergleich mit dem Cdur-Concert und dem Concertstück, das Esdur-Concert unsere Anerkennung in hohem Grade erregt durch seine edle und grossartige Haltung im Ganzen, durch seine Fülle von Glanz, Melodieen und kühnen Zügen, so muss doch noch schliesslich gedacht werden seines durch den Zauber einer darin waltenden Romantik wunderbaren Adagios in Hdur, über welches Ambros in seinen meisterhaft gezeichneten »culturhistorischen Bildern aus dem Musikleben der Gegenwart« p. 17 so treffend sagt: »man wird bei dem von getheilten Geigen eingeleiteten« (u. durchwobenen) »Adagio an die ,mondbeglänzte Zaubernacht' der Romantiker gemahnt«. — **b.** An *Daten* über die Composition giebt W.'s Tagebuch: München, 1811, 7. Nov. »Rondo des Esdur Clav. Concerts vollendet.« Gotha, 1812, 14. Oct.: »comp. am Conc: Allo:« 20. »Allo. in Es vollendet« (notirt.) 27. Nov.: »comp. am Concert. Adagio«. 4. Dez.: »Abends am Adagio comp.«. 8. »instrumentirt und notirt. Vollendet das 1te Allo. des Concerts.« 12. »Adagio und hiemit das ganze Concert vollendet.« — **c.** An eignen *Aeusserungen W.'s* über dies Werk sind folgende erhalten 1.) durch sein Tagebuch: Gotha, 1812, 17. Dec. »Hofconcert. Zum *erstenmale* mein neues Concert aus Es; machte Furore und gieng excellent, ich spielte es auch nicht schlecht.« — Leipzig, 1813, 1. Janr.: »ich spielte« (im grossen Neujahrsconcert) »mein neues Concert aus Es nicht sonderlich; im Rondo versah ich sogar einen Tact, was mir noch nie geschehen ist. es wurde gut acc'ompagnirt« besonders »das Adagio und erregte wahren enthusiastischen Beifall«. Prag, 1813, 6. März: »Mein erstes Concert in diesem Jahre. — Mein Concert excellent accomp. und ich gut gespielt. »Teuflischer Beyfall«. — 2.) Von brieflichen Aeusserungen finden sich *a*) an Gottfried Weber von München 1811, 15. Nov.: »Das neue Rondo, zu dem ich das alte Allo. »und Adagio« (des Cdur-Concert op. 11) »spielte, ist von einem ganz anderen Character »und noch viel brillanter und schwerer als das Erste, ein wahrer übermäßiger Sturm »und Drang« — von Prag 1813, 26. Janr.: »den 1. Janr. spielte ich« (in Leipzig) »mein »neues Concert mit einem Beyfall, der vielleicht in Leipzig noch nicht erlebt worden. »Man erklärte es für das erste Clavierconcert in Effect und Neuheit. Wirklich auf den »Händen hat mich das sonst so kalte Volk getragen«. — *b*) an seinen Freund Flemming in Berlin (s. Anm. **133**) von Prag 1813, 20. Janr.: »Das sonst nicht sehr feurige »Leipziger Publikum war wirklich rein des Teufels bei meinem neuen Concert. Besonders »das Adagio Hdur mit 4 Violinen con sordini pp. und das Rondo wirkte sehr auf sie — »obwohl ich für mein Theil schon besser gespielt hatte, als an diesem Abend. Dass es »übrigens das schwerste ist, aber auch dankbarste Klavier-Concert ist, das je die Sonne »: oder vielmehr die Lichter: beschienen, ist gewiss«. — **d.** 1811, 15. Febr. schickte W. die Correctur des Stichs an Schlesinger; am 20. Dez. *erschien* das Concert: gestochene Honorar-Exemplare erhielt W. am 2. März 1815. — S. auch Max v. Weber's »Lebensbild« W.'s I, 306, 307, 388, 391, 460.

——— 1813. ———

156.

Lied: *»Sind es Schmerzen, sind es Freuden,«*
für eine Singstimme mit Begleitung des Pianoforte.
Text von Ludwig Tieck. Durchcomponirt.

Comp. 1813, 29. Janr. zu Prag; *Tageb.* — *N. 6* in *op. 30;* Heft 5 der Gesänge.
Widmung s. **42.**

Allegro agitato. *cresc.*

p Sind es Schmerzen, sind es Freu-den, die durch

84 Tacte Ausg. Schlesinger.

Autograph: Unbekannt.

Ausgaben: Erste Orig.-Ausg. als N. 6 im Opus, zus. mit **42, 157, 159, 160, 161.** Berlin, Schlesinger. Opus: 1¼ thlr. | Zweite Ausg. mit elegg. Titel. Ebend. 1½ thlr. ‖ Mannheim, Abelshauser. 18 ggr. ‖ Als N. 16 in W.-Album. Berlin, Schlesinger Lienau. Alb.: 1 thlr. *n.* Als N. 17 in »Ausgew. Lieder v. W.« Leipzig, Peters. Ausw.: 10 ngr. *n.* | **Einzeln.** — Als N. 181 d. Ausw. H. in D. Berlin, Schlesinger. 10 sgr. | Als N. 31 d. Prchtausg. hrsg. v. Jähns. 1869. Ebend. 3¾ sgr. *n.* ‖ Hamburg, Böhme. 5 ggr. ‖ Als »Is it sorrow, is it pleasure?« auch deutsch. London, Ashdown u. Parry. 2s.

Anmerkungen. An diesen schönen, schmerzlich-leidenschaftlich bewegten Gesang knüpft sich folgende Mittheilung von W.'s Berliner Freunde, Prof. Lichtenstein, in des Letzteren Vorwort zu den von ihm aufbewahrten Briefen W.'s. Nachdem L. den ernsten Eindruck seiner eignen Festrede bei Gelegenheit der ergreifenden Feier, die für W. (vor seiner Ende Aug. 1812 stattfindenden Abreise von Berlin) am 19. d. Mts. seitens seiner Freunde veranstaltet worden, geschildert hat, sagt er: »W. zeigte sich am meisten davon ergriffen und wehmüthig, wie wir ihn noch nicht gesehn. Nachdem er mich umarmt hatte, setzte er sich nicht wieder an den Tisch, sondern an das Clavier und sang nach einem längeren Vorspiel ein wenige Tage vorher componirtes Lied, das den Dank für Freundschaft, das Verheissen treuer Anhänglichkeit ausdrückte und eine allgemeine Rührung hervorbrachte, eine tiefere, als eigentlich das Fest haben sollte. Die Worte des Liedes waren von ihm selbst und drückten einige in seinem damaligen Gemüthszustande noch liegende Reste von Bitterkeit und Missmuth aus. Er wollte das Lied nie hergeben, so sehr wir ihn baten, hat aber später in dem Tieck'schen Gedicht »Sind es Schmerzen, sind es Freuden«, einen Text gefunden, der ganz zu dem Character seiner Musik passte und sich mit einigen Abänderungen ihr unterlegen liess. So ist es in dem reichen Heft op. 30 1815 mitherausgekommen. Einige unsrer Freunde behaupten, die Musik gehöre ursprünglich dem Tieck'schen Liede an, und W. habe nur für jenen Abend sich die Worte geändert, was sich auch hören lässt«. — W.'s Tagebuch aber sagt nun ohne weitere Bemerkung: »Comp. ein Lied von Tieck, Sind es Schmerzen, sind es Freuden« und zwar am 29. Janr. 1813, ein obiger Mittheilung seines sonst so zuverlässigen Freundes Lichtenstein zuwiderlaufendes Datum, wenn man nicht annehmen will, dass die Musik ursprünglich zu den Weber'schen Worten componirt war, er aber dieser am 29. Janr. 1813 den Tieck'schen Text unterlegte, indem er sie vielleicht überhaupt zum ersten Male notirte. — Ueber *Widmung, Zahl* und *Erscheinen* des Opus s. **42.** Anm. **b. c. d.** — *Rezension* in d. Lpz. A. Mus. Ztg. XVII. 191. — S. auch Max v. Weber's »Lebensbild« W.'s I, 365. 495.

157.

Unbefangenheit. »*Frage mich immer, fragest umsonst!*«

Lied für eine Singstimme mit Begleitung des Pianoforte.

Text von —? Durchcomponirt.

Comp. 1813, 15. Febr. zu Prag; *Tageb.* — *N. 3* im *op. 30;* Heft 5 der Gesänge.
Widmung s. **42.**

Fra-ge mich im-mer — fra-gest um-sonst!

85 Tacte. Ausg. Schlesinger.

Autograph: Unbekannt.

Ausgaben: Erste Orig.-Ausg. als N. 3 des Opus, zus. mit **42, 156, 159, 160, 161.** Berlin, Schlesinger. Opus: 1½ thlr. | Zweite Ausg. mit elegant. Titel. Ebend. Opus: 1½ thlr. | Mannheim, Abelshauser. Opus: 18 ggr. || Als N. 13 im W.-Album. Berlin, Schlesinger (Lienau). Alb.: 1 thlr. u. || Als N. 124 im Arion. Braunschweig, Busse. || Als N. 6 d. ausgew. Lieder. Leipzig, Breitkopf u. Härtel. Zus. 18 ngr. u. || Als N. 14 in »Ausgew. Lieder v. W.« Peters. Ausw.: 10 ngr. u. | Einzeln. — Hamburg, Böhme. 5 ggr. || Als »Ask me for ever« »Frage mich«. London, Ashdown u. Parry. 2s. || Als N. 28 d. Prachtausg. hrsg. v. Jähns. 1869, Berlin, Schlesinger (Lienau). 3¾ sgr. u. | Als N. 2 in Heft 2 zus. mit **161** in d. Ausw. I. Ebend. 10 gr. | Als N. 179 der Ausw. II. Ebend. 10 sgr. | Mit Guit. — Arr. v. Gaude als N. 3 in Heft 5 der Ges. v. W. Hamburg, Cranz. Heft: 12 ggr.

Anmerkungen. a. Reizende Schelmerei, gepaart mit inniger Wärme der Empfindung, verleihen diesem dankbaren Gesangstück einen besonderen Zauber; es ist zugleich ganz originell und durchaus ein glänzender Repräsentant seiner Gattung. — **b.** Ueber das *Datum* der Composition sagt W.'s Tageb.: Prag 1813, 15. Febr. »Lied componirt »,Frage nur immer, fragest umsonst' aus C.« 17. März: »Unbefangenheit aufgeschrieben«. — **c.** Ueber *Widmung, Zahl* und *Erscheinen* des Opus s. **42.** Anm. b. c. d. — *Recension* in d. Lpz. A. Mus. Ztg. XVII. 191.

158.

op. 35.

»Andante e Rondo Ungarese per il Fagotto principale.«

Begleitung: 2 Violinen, 2 Violen, 2 Flöten, 2 Oboen, 2 Hörner, 2 Fagotte, 2 Trompeten. 2 Pauken, Violoncell u. Bass.

Umarbeitung von **79:** 1813, 16.—18. Febr. zu Prag; *s. Anm.* a. u. b. — *op. 35.*

Ungarese. Allegretto. ♩ = 96, Jähns.

Autograph: Partitur. Im Besitz von Max M. Frhrn. v. Weber zu Wien. (1870. J.) 28 Seiten: graues, mittelstarkes Querfolio; geheftet, 12zeilig, 11 Zeilen benutzt, mittelgrosse klare Schrift. Schlussseite leer. Titel p. 1: »Andante e Rondo Ungarese | per il Fagotto principale | con gran Orch: | composto da | Carlo Maria de Weber. | ✠ | Prag. | op. 35«. Hierunter 2 Zeilen von mir, diese und die erste Gestalt des Werks betreffend.

Ausgaben: Erste Orig.-Ausg. mit **Orchester-Stimmen:** Berlin, Schlesinger. 1½ thlr. | Neue Ausg. 1½ thlr. ‖ Av. Orchestre: Paris, Richault. 15 fr. ‖ **Mit Plte.** — Arr. v. Fr. Hermann. 1870. Berlin. Schlesinger Lienau. ½ thlr. *n.* | **Für Cello mit Plte.** — Desgl. Ebend. ½ thlr. *n.*

Anmerkungen. a. Dies Werk ist eine *Umarbeitung* von W.'s seit langen Jahren verschollen gewesener, vor Kurzem erst von mir wieder aufgefundener (s. **79** Anm. **a.**), 1809 geschriebener Composition »Andante e Rondo Ungarese per L'Alto Viola Solo«, aufgeführt in seinem gedr. u. geschr. Werk-Verz. als »Concertino per la Viola« mit dem Zusatz »gänzlich umgeschmolzen für Fagott«. W.'s *Tagebuch* sagt über dies Opus: 1813, 18. Febr. Prag. »Rondo für Brandt« (einem von W.'s früheren Münchener Freunden) »vollendet.« 19. »Abends Brandt's Concert, — er blies das neue Ungarese recht brav und mit grossem Beyfall, es gieng alles gut und machte Effekt.« — **b.** Diese Umarbeitung ist in Hauptmotiven und Form der vorgenannten ersten Gestalt des Werks gleich; sie *unterscheidet sich* aber von demselben besonders durch eine neue Instrumentation der zweiten Hälfte des Rondo und eine dem Wesen des Fagotts gemässe, fast durchgängig vorgenommene Umschmelzung der Solo-Partie; das Andante gewann dabei 3 Tacte, das Rondo verlor 1 Tact, excl. Reprisen. — **c.** Die melodievolle und originelle *Composition* fand in der Lpz. A. Mus. Ztg. XV. 177 eine ausführliche Beurtheilung. Es heisst darin: »Die sanfte und ausdrucksvolle Melodie im Andante nach Art eines Siciliano kehrt zweimal mit leichter und neuer Begleitung wieder. Der schöne Mittelsatz in As macht sich durch Zusammenstellung von 2 Fagotts und Hörnern vorzüglich interessant. Im Rondo Ungarese herrscht durchaus eine dem Thema getreue Haltung. Die Eintritte in dasselbe, bald mit dem Fagott, bald mit dem ganzen, auch getheilten Orchester in immer neuen Wendungen sind von belebender Wirkung. W. hat in diesem Produkt sein herrliches Talent für edlen herzansprechenden Gesang und effectvolle Instrumentirung, so wie die Benutzung gemachter Erfahrungen und seine reichen harmonischen Kenntnisse neuerdings rühmlich bewiesen«. — **d.** Die Ausgabe Schlesinger ist mit dem Autograph gleich; jedoch stehen von den in derselben enthaltenen Reprisen nur die zweite (Tact 25—32) und die mit »risoluto« bezeichnete (Tact 121—124) in letzterem. — W. schickte das Manuscript an Schlesinger 1814, 15. Febr. zum Stich; *angekündigt* wird derselbe zuerst in der Lpz. A. Mus. Ztg. XVIII. 1816. Intell.-Bl. 7.

N. 5 im
op. 30.

159.

Reigen. *»Sagt mir an, was schmunzelt ihr?«*
Lied für eine Singstimme mit Begleitung des Pianoforte.
Text von Joh. Heinr. Voss. Durchcomponirt.
Comp. 1813, 3. März zu Prag; *Tageb.* — **N. 5** im *op. 30;* Heft 5 der Gesänge.
Widmung s. **42.**

Sagt mir an, was schmunzelt ihr?
147 Tacte. Ausg. Schlesinger.

Autograph: Unbekannt.

Ausgaben: Erste Orig.-Ausg. als N. 5 des Opus, zus. mit **42, 156, 157, 160, 161.** Berlin, Schlesinger. Opus: 1⅓ thlr. | Zweite, mit elegant. Titel. Ebend. Opus: 1⅓ thlr. | Mannheim, Abelshauser, Opus: 18 ggr. ‖ Als N. 15. d. W.-Album. Berlin, Schlesinger (Lienau. Alb.: 1 thlr. n. ‖ Als N. 7 d. ausgew. Lieder. Leipzig, Breitkopf u. Härtel. Heft 18 ngr. n. | Als N. 16 in »Ausgew. Lied. v. W.« Peters. Ausw.: 10 ngr. n. | Als N. 247 im Arion. Braunschweig, Busse. | **Einzeln.** — Als Heft 3 der Ausw. I. Berlin, Schlesinger. 8 ggr. | Als N. 180 d. Ausw. II. in A. Ebend. 10 sgr. | Als N. 30 d. Prchtausg. hrsg. v. Jähns, 1869. Ebend. 3¾ sgr. n. | **Mit Guit.** — Als N. 4, Heft 4 d. Ges. v. W. arr. v. Gaude: Hamburg, Cranz. Heft: 12 ggr. | **Einzeln mit Guit.** — Braunschweig, Meyer. 5 sgr. ‖ Hamburg, Böhme. 5 ggr. ‖ Hannover, Nagel. 4 ggr. ‖ Als Hauptmotiv der Ouvertüre u. als N. 18, Chor u. Soli, in C. Blum's Liederspiel »Die Rückkehr in's Dörfchen«. Berlin, Schlesinger. Vollst. Cl.-Ausz. 2½ thlr.

Anmerkungen. a. Diese Scene in Liedform ist von schlagendstem dramatischen Effect. Ihre Ausgelassenheit, zwar höchst drastisch auftretend, hält sich aber dennoch stets in kunstgemässen Grenzen, indem zugleich eine wahrhaft geniale musikalische Erfindung W.'s ganze komische Kraft entwickelt. — **b.** Am 28. Oct. 1813 sagt das Tageb.: »Ecossaise gemacht für Brunetti aus dem Reigen v. Voss«. S. Anh. 46. — Ueber *Widmung, Zahl* und *Erscheinen* des Opus s. **42.** — *Rezension* in d. Lpz. A. Mus. Ztg. XVII. 191.

160.

N. 4 im
op. 30.

Minnelied. *»Der Holdseligen sonder Wank«*

Lied für eine Singstimme mit Begleitung des Pianoforte.

Text von Joh. Heinr. Voss. 4 Strophen.

Comp. 1813. 7. März zu Prag; *Tageb.* — *N. 4* im *op. 30;* Heft 5 der Gesänge.
Widmung s. **42.**

Der Hold-se-li-gen son-der Wank

Strophe: 17 Tacte. Ausg. Schlesinger.

Autograph: Unbekannt.

Ausgaben: Erste Orig.-Ausg. als N. 4 des Opus, zus. mit **42, 156, 157, 159, 161.** Berlin, Schlesinger. Opus: 1⅓ thlr. | Zweite Ausg., mit elegant. Titel. Ebend. Opus: 1⅓ thlr. | Als N. 14 im W.-Album. Ebend. Alb.: 1 thlr. n. ‖ Mannheim, Abelshauser. Opus: 18 ggr. | Als N. 144 im Arion. Braunschweig, Busse. ‖ Als N. 576 in Fink's musik. Hausschatz. Leipzig, Mayer u. Wigand. 4. Aufl. | Als N. 15 in »Ausgew. Lieder v. W.« Peters. Ausw.: 10 ngr. n. | Als N. 158 in A. Härtel's deutsch. Lied.-Lexik. Reclam jun. | **Einzeln.** — Berlin, Schlesinger. 2½ sgr. | Als N. 29 d. Prchtausg. hrsg. v. Jähns, 1869. Ebend. 2½ sgr. n. | **Mit Guit.** — Als N. 8 der Ges. v. W. arr. v. Gaude, zus. mit **166.** Hamburg, Cranz. 4 gr. | Als N. 7 Heft 4 d. Lieder etc. v. W. arr. v. Gaude. Ebend. Heft: 10 ggr.

Anmerkungen. Vielleicht das zarteste der kleinen Liebeslieder W.'s, ganz im Charakter altdeutschen Minnesanges; es erfordert ein feines Verständniss des Genres, welches jede nur annähernd grelle Färbung des Vortrags gern vermeidet. Die fast durchgehende 3tactige Periode ist bemerkenswerth als höchst wirksam; Schluss leis an den des Mailiedes in Euryanthe erinnernd. — Ueber *Widmung, Zahl* und *Erscheinen* des Opus s. **42** Anm. **b. c. d.** — *Rezension* in d. Lpz. A. Mus. Ztg. XVII. 191.

N. 2 im op. 30.

161.

Lied: *»Es stürmt auf der Flur,«*

auch betitelt: »Der innere Friede«; auch: »Der Grieche und sein Sohn«.
s. *Ausgaben.*

Für eine Singstimme mit Begleitung des Pianoforte.

Text von Fr. Rochlitz. Durchcomponirt.

Comp. 1813, 28. Mai zu Prag; *Tageb.* — *N. 2* im *op. 30;* Heft 5 der Gesänge.
Widmung s. **42.**

Es stürmt auf der Flur, es brauset im Hain, es

18 Tacte. Ausg. Schlesinger.

Autograph: Unbekannt.

Ausgaben: Erste Orig.-Ausg. als N. 2 des Opus, zus. mit **42, 156, 157, 159, 160.** Berlin, Schlesinger. Opus: 1½ thlr. | Zweite Ausg., mit elegant. Titel. Ebend. Opus: 1½ thlr. ‖ Mannheim, Abelshauser. Opus: 18 ggr. ‖ Als N. 1 in Heft 2 der Ausw. l. zus. mit **157.** Berlin, Schlesinger. 12½ sgr. | Als N. 12 im W.-Album. Ebend. Alb.: 1 thlr. n. ‖ Als N. 116 im Arion. Braunschweig, Busse. ‖ Als N. 13 in »Ausgew. Lieder v. W.« Leipzig, Peters. Ausw.: 10 ngr. n. | Einzeln. — Berlin, Schlesinger. 5 sgr. | Als N. 27 d. Prchtausg. hrsg. v. Jähns. 1869. Ebend. 2½ sgr. n. | Als N. 117 in d. Ausw. für Alt od. Barit. Ebend. 5 sgr. | Als N. 178 d. Ausw. II. für Sopr. od. Ten. in G transpon. Ebend. 5 sgr. ‖ Als N. 14 in Ausw. beliebt. Ges. d. berühmtesten Componisten. Hamburg, Böhme. 4 gr. ‖ Als: Messenienne »Le Grec et son Fils«. Leipzig, Kistner: als N. 4 in Livr. 1, Recueil de Romances. Liv.: 20 ngr. franz. u. deutsch. Text. | **Mit Pfte. u. Guit.** — Als: »Der Grieche und sein Sohn«. In Commission bei Hedler, Frankfurt a. M. 36 xr. | **Mit Guit.** — Als: »Der innere Friede«. Arr. v. Gaude: Hamburg, Cranz. 4 gr.

Anmerkungen. Dies Lied vertritt vielleicht am schönsten, unter allen dieser Gattung bei W., die tief gemüthvolle Beschränkung des eignen Selbst gegen die Aussenwelt im Streben nach reiner Humanität und innerem Frieden. Wenn das Gedicht bei aller Schönheit manches Gezwungene im Ausdruck bietet, so verlöscht die Composition jeden Eindruck hiervon durch ihren milden natürlichen Fluss, in welchem sich Anmuth mit tiefem Ernst eng verbindet. Das Lied scheint bei W. aus einer stillen Einkehr bei sich zur Zeit ernsten körperlichen Leidens hervorgegangen zu sein, was ihn kurz vorher vom 12. bis 23. Mai an das Krankenlager fesselte. — Ueber *Widmung, Zahl* und *Erscheinen* des Opus etc. s. **42** Anm. **b. c. d.** — Vergl. Lpz. A. Mus. Ztg. XVII. 191.

— — — — — —

—— 1814. ——

Unge-
druckt.

162.

Umarbeitung und Instrumentirung des Duetts *»Ein jeder Geck sucht zu gefallen,«*

aus dem Singspiel von J. Weigl: »Die Verwandlungen« für 2 Soprane
(Julie u. Anna).

Begleitung: 2 Flöten, 2 Hörner, 2 Violinen, 2 Violen u. Bass.

Instrum. 1814, 13. Febr. zu Prag (s. *Anm.* a.) zur Aufführung der gleichtextigen Operette von Ant. Fischer: »Die Verwandlungen«.

Moderato. Julie u. Anna. — Anna. Sopr. II.

2 Violen.

Ein je - der Geck sucht zu ge - fal - len,

44 Tacte. Autogr.

Autograph: Partitur. Im Besitz des Inhabers und vormal. Directors des Prager Ständischen Theaters Thomé. (1863. J.) Ich fand das Autograph eingebunden in die Partitur der Fischer'schen »Verwandlungen«; in einer Notiz auf p. 1 desselben bezeichnete ich es als W.'s Manuscript. Dir. Thomé hat es nachmals in seine Autographen-Sammlung aufgenommen. 2 Bogen starkes gelblich graues Querformat; p. 1 bis 4: 16zeilig, p. 5 bis 7: 12zeilig, p. 8 leer.

Ausgaben: Keine.

Anmerkungen. a. W.'s Tageb. sagt: Prag 1814, 13. Febr. »Probe von den Ver-»wandl. dann das Duett notirt«. (Abends): »Duett instrumentirt bis ½ 12 Uhr.« Bei dieser Probe hatte sich wahrscheinlich die Nothwendigkeit einer Umarbeitung und Neu-Instrumentirung des Duetts ergeben, weshalb sie W. noch am selben Tage ausführte; denn das Singspiel sollte am 27. in Scene gehen, was durch Lina Brandt's (Julie) Krankheit verhindert wurde, worauf es erst am 12. März mit Beifall zum 1. Male gegeben wurde. — **b.** Weigl's Composition ist nicht unwesentlich durch W.'s Bearbeitung im Ganzen umgeschmolzen, sehr wesentlich aber in der Instrumentirung; auch beginnt und schliesst bei Weigl der C-Tact, wo W. ²/₄-Tact hat. Im Textbuch hat dies Duett die N. 4; im Autograph W.'s war es mit N. 5 überschrieben. Die Arie, enthalten in der nächstfolgenden Nummer **163**, war eingelegt, weshalb die Nummer des Duetts sich änderte.

163.

Unge-druckt.

Instrumentirungen und Bearbeitung der Ariette »*Ihr holden Blumen*« auch »*O bau' auf meine Treue nur*« (s. Anm. d.)

als Einlage in die Parthie der »Julie« (Sopran) zum Singspiel »Die Verwandlungen« von Anton Fischer.

Begleitung: 2 Flöten, 2 Clarinetten, 2 Hörner, 2 Fagotte, 2 Violinen, Viola, Cello u. Bass. Instrum. 1814, 21. Febr. zu Prag; *Tageb.* Zum zweiten Mal neu instrumentirt 1816, 6. Nov.; *Tageb.* Beide Male für Lina Brandt, Sängerin am Ständ. Theater zu Prag, W.'s nachmalige Gattin. (*s. Anm. a. u. b.*)

Allegretto.

Fl. Solo. — Julie.

Ihr hol - den Blu-men, ihr hol - den Blu-men, mit

55 Tacte. Autogr.

Autograph: 2 Partituren. *Partitur N. I.* Im Besitz des Inhabers u. vormal. Directors des Prager Ständ. Theaters Thomé. (1863. J.) Ich fand das Autograph eingebunden in die Partitur der Fischer'schen »Verwandlungen«; in einer Notiz auf p. 1 desselben bezeichnete ich es als W.'s Manuscript. Dir. Thomé hat es nachmals in seine Autographen-Sammlung aufgenommen. Die Ueberschrift »Aria. N. 4. Einlage«, so wie fast die ganze Singstimme in Noten und Text, sind von fremder Hand; nur in 8 Tacten steht in den Noten eine zweite Lesart, so wie in 7 Tacten der Text von W. vermerkt; Querfolio. — *Partitur N. II.* Ohne Textworte. Im Besitz von F. W. Jähns. Quer-Octav; dünnes festes 10zeiliges Briefpapier; 9zeilige Partitur; kleine Schrift. 7 beschriebene Seiten, p. 8 leer; mit Rothstift überschrieben »Allegretto. N. 3« von fremder Hand. (s. Anm. **b.**)

Ausgaben: Keine.

Anmerkungen. a. *Beide* obige *Bearbeitungen* weichen in der Instrumentirung durchweg sehr wesentlich von einander ab, in der Melodie nur unbedeutend in 7 Tacten. Die erste Bearbeitung war Einlage in die p r a g e r Partitur dieses Singspiels von A n t. F i s c h e r; die zweite war Einlage in die b e r l i n e r Partitur desselben Singspiels, comp. v. J. Weigl. Die Ariette ist also weder von Fischer, noch von Weigl. Von w e m sie componirt sei, habe ich, trotz andauernder Nachforschungen, bisher nicht zu ermitteln vermocht. Sehr characteristische Züge Weber'scher Art finden sich mannigfach darin, namentlich am Schlusse; sie ist durchweg so reizvoll in ih m eigenthümlicher Melodie, Harmonie und Gestaltung, so voll dramatischen Lebens, dass man versucht wird, anzunehmen, er habe mehr Theil an ihr, als nur Instrumentirung und Anpassung des Gesanges an die Stimme von Lina Brandt. Dennoch können jene characteristischen Merkmale zum Theil schon durch W.'s Bearbeitung herbeigeführt sein, denn der Annahme, dass die Ariette auch von W. c o m p o n i r t sei, steht das Factum entgegen, dass in der Partitur *I* die Singstimme nebst den Worten von fremder Hand geschrieben sind, obwohl auch dies ein d i r e c t e r Beweis nicht ist, dass auch die Singstimme nicht W.'s Composition sei. — **b.** W.'s *Tageb.* sagt bezüglich der P a r t i t u r *I*: Prag. 1814, 17. Febr. »Zur Brandt »wegen der Verwandlungen.« 20. »c o m p o n i r t« (vielleicht die Ariette?) 21. »Arie in »die Verwandlungen instrumentirt.« — Bezüglich der P a r t i t u r *II* sagt das Tagebuch: Berlin. 1816, 6. Nov. »für Lina« (jetzt W.'s Braut) »Lied in die Verwandlungen aufge-»setzt«. Die Partitur *II* verdankt also ihre Entstehung dem Umstande, dass »die Ver-wandlungen« anfänglich nicht für das damalige berliner Gastspiel von Lina Brandt in's Auge gefasst, und die Partitur der Ariette folglich in Berlin nicht zur Stelle war, weshalb W. eine neue Partitur schrieb, die nun eine von der prager ersten sehr verschiedene Gestalt empfing, und in der er den Text wegliess, als im Gedächtniss seiner Braut aufbe-wahrt. Zum b e r l i n e r Repertoir gehörten indess die W e i g l' schen »Verwandlungen«, im Text vollkommen gleich mit Fischer's gleichnamigem Singspiel; so trat denn Lina Br. dort in Weigl's Singspiel auf, aus welchem ja schon in Prag das Duett **(162)** in Fischer's Operette aufgenommen worden. Deshalb findet sich auch in der berliner Partitur der Weigl'schen »Verwandlungen« zwischen Heinrichs Liede »Ein Jeder betrügt« und dem Duett »Ein jeder Geck sucht« **(162)** die handschriftliche Bemerkung des Dirigenten »Ein-gelegte Arie von Mlle. Brandt«. — Dass W. die kleine Arie im Tagebuch »Lied« nennt, ist eine zufällige Flüchtigkeit im Ausdruck, die mitunter dort vorkommt, z. B. bei Nen-nung der gleich grossen Ariette **194**, die er im Tagebuch ebenfalls »Lied« bezeichnet. — **c.** In der Partitur der F i s c h e r' schen »Verwandlungen« am Theater zu Frankfurt a. M. findet sich die Ariette n i c h t; sie wurden dort 1810 bis 1813 gegeben, wohl aber ist auch in dieser Partitur vermerkt, dass nach dem Terzett N. 2 eine Arie eingelegt wurde; unbezweifelt für die erste Sopranistin, da für diese nur ein kurzer französischer Chanson sich ursprünglich in diesem Singspiele vorfindet. — **d.** Die Ariette wurde 1863, 26. Juni in L o n d o n durch Kapellmstr. J. v. B e n e d i c t, W.'s Schüler, in einem Monstre-Concert als »Werk W.'s« *aufgeführt*, und zwar mit dem, vor Auffindung des ursprünglichen Textes, von F. W. Jähns verfassten Texte »O lau' auf meine Treue nur!« — (s. **191** Anm. **a.** u. Anh. 96.)

164.

Canon: *»Zu dem Reich der Töne schweben.«*

für 1 Singstimmen. Text auf C. M. v. W e b e r von F. W. Gubitz.

Comp. 1814, 26. Aug. zu Berlin; s. *Autogr.*

»Canone a 1 Voci. in Berlin d: 26. August nach dem Concert bey Tische comp: Text von Gubitz; auch sogleich g e m a c h t.« (*Bemerk. im Autogr.*)

Zu dem Reich der Tö - ne schwe-ben, Freunde, lasst uns heut! Las - set

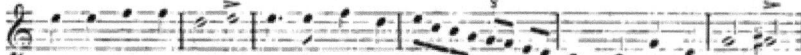

un-sren We-ber le-ben, der uns heut er - freut, — zu dem Reich der Tö-ne schweben,

D. C.

Freunde, lasst uns heut! — Las-set un-sren We-ber le-ben, der uns heut er-freut!

Autograph: Im Besitz von F. W. Jähns. Zus. mit **165, 166, 167,** ebenfalls in Autograph. ½ Bogen graugelblichen 12zeiligen Querfolios; grosse Schrift. (s. **111.** Autogr.)

Ausgabe: Typendruck; im Volkskalender v. F. W. Gubitz. Berlin. 1862. p. 38.

Anmerkung. Obigem Abdruck durch Gubitz voraus geht folgende Bemerkung von demselben: »Nach einem der sehr besuchten Concerte W.'s in Berlin sass er unter Freunden und Freundinnen, die von seinen Tondichtungen, von seiner Meisterschaft in Phantasieen auf dem Pianoforte geistig und gemüthlich angeregt waren, in einem Gasthause bei einem einfachen Mahl. Es ward uns ein unvergesslicher Abend. Ehe wir auf des Meisters Wohl tranken, wurde der Vorschlag gemacht: ich möchte sogleich die Zeilen zu einem Canon angeben, W. ihn componiren, die anwesenden Sänger und Sängerinnen würden ihn dann vortragen. Rasch entstandene Reime und Notensatz benutzte man zum Lebehoch für W.« Siehe auch Gubitz' Erlebnisse, Bd. II. p. 189—190.

165.

N. 1 im zweiten op. 53.

Lebenslied am Geburtstage. »*Freunde, dass Glut liebend uns trage.*«

für 4 Männerstimmen mit Pianoforte.

Text von F. W. Gubitz. 6 Strophen.

›Comp. 1811, 30. Aug. in Berlin zum Geburtstage des Geh. StaatsR. Jordan.‹ ʼAutogr.)
N. 1 im zweiten op. 53: Festgesänge für 4 Männerstimmen; Heft 12 der Gesänge. s. Anm.

Allegro vivace.

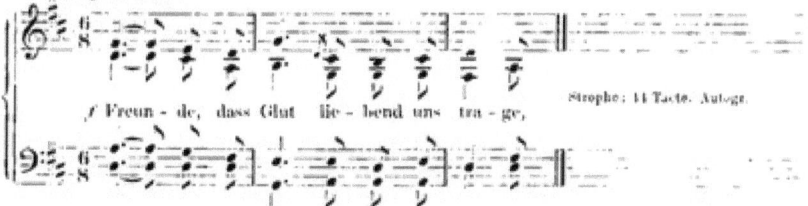

Strophe: 44 Tacte. Autogr.

f Freun - de, dass Glut lie - bend uns tra - ge,

Autograph: Im Besitz von F. W. Jähns, zus. mit **164** auf erster und **166** u. **167** auf zweiter Seite eines starken grossen gelblichen 12zeiligen halben Querfoliobogens; grosse Schrift. (S. **111** Autogr.) Es zeigt die Tempobezeichnung »Allegro vivace«, die der 1. Ausg. fehlt.

Ausgaben: Erste Orig.-Ausg. als N. 1 des Opus. zus. mit **218** u. **228.** Berlin. Schlesinger. 1½ thlr. Als N. 1 in N. 3 der Ges. für 4stimm. Männer-Gesang. Part. u. Stimm. 8°. zus. mit **228.** Ebend. ½ thlr.

Anmerkungen. Das kräftige, anmuthig lebendige Lied ist mit Unrecht weniger bekannt geworden. — Das Heft trägt im Stich die *Opus-Zahl* 53; dieselbe trägt auch das Heft Festgesänge für 4 Männ.-St. mit **165, 218** u. **228.** Das geschriebene Werk-Verz. W.'s giebt diesen Festgesängen das op. 57, welche Opus-Zahl im Stich kein Werk W.'s trägt. — Schlesinger sendete an W. das erste *gestochene* Exemplar dieses Opus am 26. Aug. 1819.

Gebet um die Geliebte. *»Alles in mir glühet, zu lieben!«*

Lied für eine Singstimme mit Begleitung des Pianoforte.

Text von F. W. Gubitz. 2 3 Strophen. (s. *Autogr. u. Anm.* a.)

Comp. 1811, 1. Sept. zu Berlin; *Autogr.* — **N. 6** im *op. 47*; Heft 10 der Gesänge.

Molto passionato. (s. *Anm.* a.)

Al - les in mir glü - het zu lie - ben!

1 Strophe mit D. C. u. Coda zus. 36 Tacte. Autogr.

Autograph: Im Besitz von F. W. Jähns, zus. mit **167** auf zweiter und **164** u. **165** auf erster Seite eines starken grossen gelblichen 12zeiligen halben Querfoliobogens. Grosse Schrift. (S. **111** Autogr.) Ein zweites Autograph von älterem Datum wird sich im Nachlass des Dichters befinden. (s. *Anm.* **b.**)

Ausgaben: Erste Orig.-Ausg. als N. 6 des Opus, zus. mit **189, 192, 196, 197, 198.** Berlin, Schlesinger. Opus: 1 thlr. 4 gr. | **Einzeln.** — Als N. 55 d. Prchtausg. hrsg. v. Jähns. 1869. Ebend. 2½ sgr. u | Als N. 190 im Arion. Braunschweig, Busse. u In Gubitz' Volkskalender v. 1862, p. 36. Typendruck. Berlin, Verein-buchhandlung. | **Mit Guit.** — Zus. mit **160**; arr. v. Gaude: Hamburg, Cranz. 4 gr.

Anmerkungen. a. Ein inniges, leidenschaftlich bewegtes Lied; voll Reiz ist die Verbindung der schönen Melodie mit der wogenden und doch so glatt flüssigen Figur der Begleitung. — **b.** Das Autograph in meinem Besitz und die Ausgabe Schlesinger sind sich gleich bis auf die Tempobezeichnung — hier molto passionato, dort Allegro molto pass. — und darauf, dass im Autogr. die zweite Str. Reprise ist, welche der Stich ausgeführt giebt. — Die Ausgabe Gubitz aber ist vom Autogr. in meinem Besitz verschieden, wie folgt: 1.) Ueberschrift lautet: »Gebet an Amor«. 2.) Statt der 2 Str. des Autogr. giebt diese Ausgabe zwar nur eine Strophe unter den Noten, aber das Gedicht mit 3 Str., besonders gedruckt auf p. 39 des Volkskalenders; in der Coda des Liedes steht noch die letzte Silbe der dritten Str., die Musik fasst also auch alle 3 Strophen in's Auge. Ausserdem hat 3.) das Gedicht der Ausg. Gubitz vielfach andere Lesarten gegen die Ausg. Schlesinger. Demnach ist die 3strophige Fassung wohl die ursprüngliche gewesen und auch die Composition derselben früher niedergeschrieben, als das in meinem Besitz befindliche Autograph, und der Dichter hat nach ihr den Abdruck im Volkskalender veranlasst. Eben diese Fassung wird auch die in Gubitz' Abdruck gebrachte dritte Tempobezeichnung »Vivace e molto pass.« getragen haben; meine Nachfrage um dieselbe bei den Hinterbliebenen des Dichters war ohne Erfolg, da denselben die Manuscripte aus jener Zeit jetzt noch nicht zugänglich. Die von W. schon 1811 notirte und erst später edirte Umarbeitung des Textes könnte auf seinen Wunsch Gubitz damals vorgenommen haben. — **c.** *Rezension* des Opus in d. Lpz. A. Mus. Ztg. XX. 557, worin es auch im Intell.-Bl. S, als neu **erschienen**, angekündigt wird. — S. noch *W.'s Brief* an Rochlitz in **189** Anm. **a.**

Canon: *»Scheiden und leiden ist einerlei.«*

Für 4 Singstimmen. Text von — ? (s. *Anm.* **b.**)

Comp. 1811, 1. Sept. bei Berlin; s. *Autogr. u. Anm.* **a.**

Andante.

§

Scheiden und lei - den ist ei - ner-lei. Weh', wer in bei - den

sucht zwei-er-lei, weh' dem, der in bei-den sucht zweier-lei! Weh'

Ja! Scheiden und lei - den ist gleich. Ja! *D. C.* 16 Tacte. Autogr.

Autograph: Im Besitz von F. W. Jähns. Zus. mit dem Autogr. von **164, 165,**
166. ¹/₂ Bogen graugelblichen 12zeiligen Querfolios; grosse Schrift. (*s.* 111 *Autogr.*)

Ausgaben: Keine. Hier zum ersten Male gedruckt.

Anmerkungen. Das Autograph ist von W. überschrieben: »Canone a 4 Voci.
»comp. d. 4¹ Sept. 1814 im krummen Sande nach Pankow«. Der krumme Sand ist eine
Stelle auf der Hälfte des Weges zwischen Berlin und dem nahen Dorfe Pankow, an welchem letzteren Orte die W. befreundeten Familien Jordan-Friedel und Pierre Jordan im
Sommer wohnten. — Der *Text* dieses schönen Canons soll von W. selbst herrühren;
er nimmt jedenfalls Bezug auf seine anderen Tages bevorstehende Abreise von Berlin.

168.

N. 2 im op. 42.

Lützow's wilde Jagd. *»Was glänzt dort im Walde im Sonnenschein?«*
Lied für 4 Männerstimmen.
Text aus »Leyer und Schwert« von Theodor Körner. 6 Strophen.

Comp. 1814, 13. Sept. auf dem Schlosse Tonna im Gotha'schen; *s. Autogr.* — *N. 2*
im *op. 42;* Heft 7 der Gesänge. — Heft 2 der Gesänge aus »Leyer und Schwert«.

Allegro molto.

p Was glänzt dort im Wal-de im Son-nen-schein? Hör's

Strophe : 21 Tacte.
Autogr.

Autograph: Im Besitz von F. W. Jähns. Partitur der Str. 1; die übrigen 5 nur
mit Ten. I ausgeschrieben, auf p. 1 u. 2 des Autographs der 10 Lieder aus »Leyer und
Schwert«, Heft I (op. 41) u. II (op. 42). Grosses starkes gelbliches 12zeiliges Querfolio; grosse Schrift. Das Autogr. der 10 Lieder ist Reinschrift, sehr wahrscheinlich
bestimmt zu einer Fortsetzung des verscholl. grün. Heftes (*s.* 111 *Autogr.*), und hat 20
volle Seiten; nur die letzten 3 Zeilen von p. 20 sind unbeschrieben.

Ausgaben: Singstimmen mit Pfte. ad libit. — Erste Orig.-Ausgabe als *N.* 2 des Opus.
zus. mit 169 bis 173, mit Körner's Bildniss auf d. Titel. Berlin, Schlesinger. Opus: 2 thlr.
| Neue Orig.-Ausg. in 8°. in *N.* 2 in Lief. I d. Ges. für 4stimm. Männ.-Gesang. zus. mit 172
u. 173. Ebend. ³/₄ thlr. ‖ Als *N.* 141 im Orpheus. Braunschweig, Busse. ‖ Als *N.* 8 Heft 2
von »Alte u. neue Männerlieder« hrsg. v. Greef. Essen, Baedeker. ‖ Als *N.* 561 in Fink's mu-
sik. Hausschatz. Leipzig, Mayer u. Wigand. 1. Ausg. | Als *N.* 893 in A. Härtel's deutsch.
Lied.-Lexik. Reclam jun. | Als *N.* 178 in L. Schubert's Concordia; in A dur. Schäfer. | **Ein-**
zeln. — Als »Lützow's wild hunt«. London, Chappell u. C. 1¹. 6ᵈ. | Als »Lützow's wild chase«.
Novello u. C. ‖ Als »Dieu conduit les noirs chasseurs«. Paris, Richault. 4 fr. 50 c. | **Für 4**
Männ.-St. mit Pfte. od. Guit. ad lib. — Wien, Cappi u. Diabelli. 45 xr. | **Für 1 St. mit Pfte.**
od. Guit. — Als *N.* 1 im Opus. Berlin, Schlesinger. Opus: ¹/₂ thlr. | Als *N.* 1 in Heft 6A der
Ausw. I, zus. mit 169 u. 170. Ebend. ¹/₂ thlr. | **Für 1 St. mit Pfte.** — Als *N.* 40 d. Prchtausg. hrsg.
v. Jähns. 1869. Ebend. ³⁰/₄ sgr. *n.* | Als *N.* 17 im W.-Album. D dur. Ebend. Alb.:1 thlr. *n.* |
Als *N.* 10 d. National-Lieder. Ebend. 5 sgr. | Pacz. 5 sgr. ‖ In D: Hamburg, Böhme. 6 ggr.
| Wien, Diabelli u. C. 15 xr. | Witzendorf. 15 xr. | **Für 1 St. mit Guit.** — Als *N.* 1 im Opus.
Berlin, Schlesinger. Concha. 4 sgr. | **Einzeln.** — Concha. 4 sgr. | **Für 1 St. ohne Begl.** — Als
N. 194 A in »Liederbuch für Künstler«. Vereins-buchhandlung. | **Für Pfte. ohne Worte.** — Arr.
v. Hahn. Schlesinger. 4 gr. | Leicht arr. v. Wagner. Ebend. 7¹/₂ sgr. | Als »Heroïde mit dem
»Schwertlied« (**169**, zus. v. Liszt. Ebend. ⁵/₆ thlr. ‖ Bearb. v. Th. Kullak. Als op. 111 *N.* 4.

Leipzig, Kistner. ²/₄ thlr. | **Für Guit. ohne Worte.** — Berlin, Concha. 4 gr. | **Für Harmonie-Musik.**
Arr. v. Neithardt: 2 Kenthörn., 3 Hörn., 2 Tromp., 4 Pos., zus. mit **169.** Ebend. ¹/₃ thlr.
Arr. für 2 Clarinetten, 2 Hörn. u. Fagott, zus. mit **169** u. **173** u. »Der treue Tod« v. Giuliani.
Leipzig, Peters. 12¹/₂ ngr.

Anmerkungen. a. Das *Tagebuch* W.'s weist leider im Laufe des Jahres 1814
mehrere empfindliche Lücken auf; die grösste vom 1. Aug. bis 31. Dez. fällt in die Zeit
der Composition der Lieder aus »Leyer u. Schwert«. In einem Briefe W.'s an die B r a u t
v. 15. Sept. 1814 aus Tonna jedoch heisst es sehr characteristisch über Lützow's Jagd
u. Schwertlied: »den 13. komponirte ich 2 neue Lieder«. Diese schlichte Art des Ausdrucks, fast genau gleichlautend mit Aeusserungen über diese neuen Schöpfungen in 3
andern Briefen W.'s, an Rochlitz, Gottfr. Weber und Lichtenstein, schliesst aber keineswegs aus, dass W. die Bedeutsamkeit der beiden Lieder vollständig erkannt habe; es
geht dies beispielsweise schon daraus hervor, dass er »Lützow's Jagd« ein Jahr später als
einen der Gipfelpunkte seiner grossen Cantate »K a m p f u n d S i e g« benutzt hat. Jedenfalls sehr treffend sagt W.'s Sohn M a x M a r i a im »Lebensbild« seines Vaters I, 465 in Bezug auf jene briefliche Notiz: »Mit den beiden hier so einfach erwähnten Liedern war die
Blüte aufgegangen, die der Sonnenschein des grossen National-Enthusiasmus in Berlin
aus W.'s Seele hervorgelockt hatte, die neue Bahn eingeschlagen, die ihn gradewegs auf
den Höhepunkt eines herrlichen Seitenpfades seines Talentes, an die Pforten des Ruhmes
und der echtesten wohlbegründetsten Popularität führen sollte; es waren keine andern, als
»Lützow's wilde Jagd« u. das »Schwertlied«, die, wie der tönende Athemzug der Begeisterung
selbst, aus dem dunkeln, waldesgrünen Arbeitszimmerchen im alten Schlosse Tonna in die
ideen- und thatenwogende Welt hinausbrausen sollten«. — **b.** Wenn diese Lieder, so
wie überhaupt sämmtliche aus »Leyer und Schwert« von W. componirten, bis zum heutigen
Tage noch als Hauptrepräsentanten des musikalischen Ausdrucks deutschen Patriotismus
unübertroffen dastehen, so ist ihre Wirkung auf die Zeit, für die sie u n m i t t e l b a r geschrieben wurden, eine natürlich doppelt tiefe und gewaltige gewesen. — Einige Mittheilungen aus *W.'s Briefen* mögen hier Platz finden, als Reflexe dieser Wirkung auf
W. selbst. Prof. Lichtenstein in Berlin schreibt er von Prag 4. Febr. 1815: »Ich
»machte in meinem Concerte d. 6. Janr. drei von den Körner'schen Liedern, die Furore
»machten«; an Gottfr. Weber vom Janr. d. J.: »ich machte 3 davon« (der Lieder), »mit
»16 Männerstimmen in meinem Concert aufgeführt, die Da Capo gerufen wurden, etwas hier
»in einem Conzerte Unerhörtes«. An die G a t t i n schreibt er 1. Oct. 1820 aus Kopenhagen,
als er Einkäufe von chinesischem Thee und Ingwer gemacht und dies mittheilt: »habe
»überhaupt viel mit China zu thun: in C a n t o n s i n g t m a n L ü t z o w ' s w i l d e J a g d!«
— In der Berliner Voss'schen Ztg. 1816 N. 77 steht ein Gedicht auf Lützow's Jagd bei
Gelegenheit der hier mit höchstem Enthusiasmus aufgenommenen Aufführung von **168,
169, 173** im königl. Opernhause am 18. Juni u. 1. Juli. — **c.** Von der Handlung
Schlesinger in Berlin wird das Opus *angekündigt:* 1816, 9. März. — **S.** auch Max v.
Weber's »Lebensbild« W.'s I, Abschnitt 11, p. 150 ff., ferner 457, 520, 525; II, 248.

N. 6 im
op. 42.

169.

Schwertlied. »*Du Schwert an meiner Linken,*«

Für 4 Männerstimmen.

Text aus »Leyer und Schwert« von Theodor Körner. 16 Strophen.

Comp. 1814, 13. Sept. auf dem Schlosse Tonna im Gotha'schen; *Autogr.* — *N. 6* im
op. 42; Heft 7 der Gesänge. — Heft 2 der Gesänge aus »Leyer und Schwert«.

Autograph: Im Besitz von F. W. Jähns. Partitur der Str. 1 (von den übrigen 15 nur die Worte) auf p. 3 u. 4 des Autographs der 10 Lieder op. 11 u. 42 aus »Leyer u. Schwert«. Grosses starkes gelbliches 12zeiliges Querfolio; grosse Schrift. *S.* **168** *Autogr.* u. **111** *Autogr.*

Ausgaben: Singstimmen mit Pfte. ad lib. — Erste Orig.-Ausg. als N. 6 des Opus, zus. mit **168** u. **170** bis **173**, mit Körner's Bildniss auf dem Titel. Berlin, Schlesinger. Opus 2 thlr. | Neue Orig.-Ausg. in 8°. in N 2 in Lief. II d. Ges. für 4stimm. Männ.-Gesang, zus. mit **170.** Ebend. ⅚ thlr. ‖ Als N. 15 im Orpheus, Braunschweig, Busse. ‖ Als N. 9 in Heft 2 »Alte u. neue 4stimm. Männ.-Lieder« hrsg. v. Greef. Essen, Baedeker. ‖ Als N. 60b in Bd. 11 v. V. Schurig's »Liederperlen«. Dresden, Meinhold. Bd. 2 thlr. ‖ Als N. 560 in Fink's Mus. Hausschatz, Leipzig, Mayer u. Wigand. 1. Ausg. | Als N. 206 in A. Härtel's deutsch. Lied.-Lex. Reclam jun. ‖ Als: »Avant la bataille« »Déjà l'airain résonne«, abwechselnd mit »Sohn der Ruhe« **285** als »Nous devons périr peut-être«. Paris, Brandus u. Dufour. | **Einzeln.** — Als »A mon épée«, Richault. 4 fr. 50 c. | **Für 1 St.** Als N. 3 mit den 5 andern N. des Opus. Berlin, Schlesinger. Op.: 15 sgr. Als N. 3 in Heft 6 A der Ausw. I, zus. mit **168** u.**170**. Ebend. 8 gr. | **Einzeln für 1 St. mit Pfte. od. Guit. ad lib.** — Wien, Diabelli u. C. 45 xr. | **Für 1 St. mit Pfte.** — Als N. 19 im W.-Album. Berlin, Schlesinger Lienau. Alb.: 1 thlr. u. | Als N. 44 d. Prchtausg. hrsg. v. Jähns. 1869. Ebend. 2½ sgr. u. ‖ In A moll als N. 60 a in Bd. 11 v. V. Schurig's »Liederperlen«. Dresden, Meinhold. Bd.: 2 thlr. ‖ Als N. 23 in L. Schubert's Concordia. In G. Leipzig, Schäfer. | **Für 1 St. mit Guit.** — Berlin, Schlesinger Lienau. Das Opus 1½ thlr. | **Für Harmonie-Musik ohne Worte.** — 2 Kenthörn., 3 Hörn., 2 Tromp., 4 Pos. zus. mit **168**. Ebend. 10 sgr. | Für 2 Clarinetten, 2 Hörn., Fagott, zus. mit **168**, **174** u. »Der treue Tod« v. Giuliani. Leipzig, Peters. 12½ sgr. | **Für Pfte. allein.** — Als »Heroide« mit **168** v. Liszt. Berlin, Schlesinger. ⅚ thlr.

Anmerkungen. Die »Eisenbraut« des Heldensängers hat der Tondichter in einen klingenden Harnisch gehüllt, dessen Blitzen noch heut jedes deutsche Herz durchflammt. Nach »Lützows Jagd« gebührt dem Schwertliede wohl der erste Preis unter sämmtlichen Liedern von »Leyer u. Schwert«. — *S.* **168.** Anm. a. u. b. — S. auch Max v. Weber's »Lebensbild« W.'s. I. Abschnitt 14. p. 450 ff., ferner 465. 487. 523.

170.

Nr. 4 im op. 42.

Männer und Buben. *»Das Volk steht auf, der Sturm bricht los!«*

Lied für 4 Männerstimmen mit Begleitung des Pianoforte.

Text aus »Leyer und Schwert« von Theodor Körner. 7 Strophen.

Comp. 1814, 23. Sept. zu Altenburg; *Tageb.* — *N. 4 in op. 42;* Heft 7 der Gesänge. Heft 2 der Gesänge aus »Leyer und Schwert«.

Strophe; 28 Tacte. Autogr.

Autograph: Im Besitz von F. W. Jähns. Partitur der Str. 1; die übrigen 6 nur mit Ten. I ausgeschrieben; auf p. 4 bis 7 des Autographs der 10 Lieder op. 11 u. 42 aus »Leyer u. Schwert«; grosses starkes gelbliches 12zeiliges Querfolio; grosse Schrift. *S.* **168** *Autogr.* u. **111** *Autogr.*

Ausgaben: Singstimmen mit Pfte. ad libit. — Erste Orig.-Ausg. als N. 4 des Opus, zus. mit **168, 169, 171, 172, 173**, mit Körner's Bildniss auf d. Titel. Berlin, Schlesinger. Opus 2 thlr. | Neue Orig.-Ausg. 8°. in N. 2, Lief. II d. Ges. für 4stimm. Männ.-Ges., zus. mit **171** u. **169**. Ebend. ⅚ thlr. ‖ Als N. 142 in A. Härtel's deutsch. Lied.-Lexik. Leipzig, Reclam jun. | **Einzeln.** — Als »Les Braves et les Lâches«. Paris, Richault. 4 fr. 50 c. | **Für 1 St. mit Pfte. od. Guit.** — Als N. 2 mit den andern des Opus. Berlin, Schlesinger. Opus: 15 sgr. Als N. 2 in Heft 4 A der Ausw. I, zus. mit **168** u. **169**. Ebend. 8 gr. | **Für 1 St. mit Pfte. od. Guit. ad lib.** — Wien, Diabelli u. C. 1 fl. 15 xr. | **Für 1 St. mit Pfte.** — Als N. 42 d. Prchtausg. hrsg. v. Jähns. 1869. Berlin, Schlesinger Lienau. 3¾ sgr. u. | **Für 1 St. mit Guit.** — Im Opus. Ebend. Opus: 15 sgr.

Anmerkungen. Frisch und genial, wie alle übrigen dieses Cyclus, malt dies Lied in seinen lebendig wechselnden Rhythmen besonders kräftig und ergreifend: bald den begeisternden Zuruf an die Muthigen, bald den bittern Hohn für die Feigen. — S. 168. Anm. a. u. b. — S. auch Max M. v. Weber's »Lebensbild« W.'s. I. Abschnitt 11. p. 450 ff., ferner 466.

171.

N. 5 im op. 42.

Trinklied vor der Schlacht. »*Schlacht, du brichst an!*«

Für 4 Männerstimmen.

Text aus »Leyer und Schwert« von Theodor Körner. 6 Strophen.

Comp. 1814, 19. Oct. zu Prag; *Autogr.* — *N. 5 im op. 42;* Heft 7 der Gesänge. Heft 2 der Gesänge aus »Leyer und Schwert«.

Autograph: Im Besitz von F. W. Jähns. Partitur der Strophe 1; von den übrigen 5 nur die Worte; auf p. 7 des Autographs der 10 Lieder op. 41 u. 42 aus »Leyer u. Schwert«. Grosses starkes gelbliches 12zeiliges Querfolio; grosse Schrift. S. 168. *Autogr.* u. 111. *Autogr.*

Ausgaben: Singstimmen mit Pfte. ad lib. — Erste Orig.-Ausg. als N. 5 des Opus, zus. mit 168, 169, 170, 172, 173, mit Körner's Bildniss auf dem Titel. Berlin, Schlesinger. Opus: 2 thlr. | Neue Orig.-Ausg. in 8°. in N. 2 in Lief. II d. Ges. für 4stimm. Männ.-Gesang, zus. mit 169 u. 170. Ebend. ⅚ thlr. ‖ Als N. 55 im Orpheus, Braunschweig, Busse. | Einzeln. — Als »Chanson à boire avant la bataille«. Paris, Richault. 1 fr. 50 c. | Für 1 St. mit Pfte. od. Guit. — Als N. 6 mit den andern des Opus, Berlin, Schlesinger. 15 sgr. | Als N. 3 im Heft 6B der Ausw. I, zus. mit 172 u. 173. Ebend. 6 gr. | Für 1 St. mit Pfte. od. Guit. ad lib. — Wien, Diabelli u. C. 45 xr. | Für 1 St. mit Pfte. — Als N. 43 d. Prchtausg. hrsg. v. Jähns, 1869, Berlin, Schlesinger (Lienau). 2½ sgr. n. | Für 1 St. mit Guit. — Im Opus, Ebend. 15 sgr.

Anmerkungen. Kräftig und muthdurchdrungen, doch auffallend knapp in der Form; dadurch vielleicht der vollen eindringlichen Wirkung der übrigen Lieder aus »Leyer u. Schwert« etwas entbehrend. — S. 168. Anm. a. b.

N. 1 im op. 42.

172.

Reiterlied I. (♩ = 181.) »*Frisch auf mit raschem Flug!*«

Für 4 Männerstimmen.

Text aus »Leyer u. Schwert« von Theodor Körner. 6 Strophen.

Comp. 1814, 20. Oct. zu Prag; *Autogr.* — *N. 1 im op. 42;* Heft 7 der Gesänge. Heft 2 der Gesänge aus »Leyer und Schwert«.

Autograph: Im Besitz von F. W. J ä h n s . Partitur der Strophe 1 ; von den übrigen 5 nur die Worte ; auf p. 8 u. 9 des Autographs der 10 Lieder op. 41 u. 42 aus »Leyer u. Schwert«. Grosses starkes gelbliches 12zeiliges Querfolio; grosse Schrift. *S.* 168 *Autogr.* u. 111 *Autogr.*

Ausgaben: Singstimmen mit Pfte. ad lib. — Erste Orig.-Ausg. als N. 1 des Opus , zus. mit **168, 169, 170, 171, 173**, mit Körner's Bildniss auf d. Titel. B e r l i n , S c h l e s i n g e r . Opus: 2 thlr. | Neue Orig.-Ausg. in 8°. in Heft 2 in Lief. 1 d. Ges. für 4stimm. Männ.-Gesang, zus. mit **168** u. **173**. Ebend. ³/₄ thlr. ‖ Als N. 92 im Orpheus. Braunschweig. Busse. ‖ Als N. 586 in Fink's musik. Hausschatz. Leipzig, Mayer u. Wigand. 4. Ausg. | Als Husarenlied : »Es flammt mein Herz, es schwillt mein Muth«. Text von Herwegh. Ebend. | **Einzeln, 4stimm.** — Als »Chant de cavalier«. Paris, Richault. 4 fr. 50 c. | **Für 1 St. mit Pfte. od. Guit.** — Als N. 1 der andern des Opus. Berlin, Schlesinger. Opus: 15 sgr. | Als N. 1 im Heft 6 B der Ausw. 1, zus. mit **171** u. **173**. Ebend. 6 gr. | **Für 1 St. mit Pfte. od. Guit. ad lib.** — Wien, Diabelli u. C. 15 xr. | **Für 1 St. mit Guit.** — Im Opus. Ebend. Opus: 15 sgr.

Anmerkungen. Die kecke Frische eines kampfmuthigen Herzens ist der besondere Stempel dieses Liedes. — S. **168**. Anm. **a.** u. **b.**

<h2 style="text-align:center">173.</h2>

Gebet vor der Schlacht. *»Hör' uns, Allmächtiger!«*　　N. 3 im
Lied für 4 Männerstimmen.
Text aus »Leyer und Schwert« von Theodor Körner. 3 Strophen.
Comp. 1814. 21. Oct. zu Prag; *Autogr.* — *N. 3 im op. 42;* Heft 7 der Gesänge.
Heft 2 der Gesänge aus »Leyer und Schwert«.

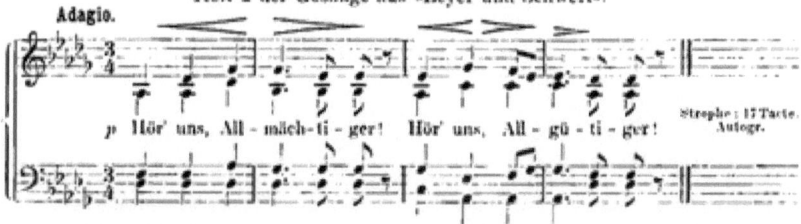

Autograph: Im Besitz von F. W. J ä h n s . Partitur der Strophe 1 ; die 2ᵗᵉ nur in den Worten, die 3ᵗᵉ nur mit Ten. 1 ausgeschrieben ; auf p. 9 u. 10 des Autographs der 10 Lieder op. 41 u. 42 aus »Leyer u. Schwert«. Grosses starkes gelbliches 12zeiliges Querfolio; grosse Schrift. Das Autograph hat als Ueberschrift »Adagio«, wo der Stich »Adagio non troppo« zeigt. *S.* 168 *Autogr.* u. 111 *Autogr.*

Ausgaben: Singstimmen mit Pfte. ad lib. — Erste Orig.-Ausg. als N. 3 des Opus, zus. mit **168** bis **172**, mit Körner's Bildniss auf d. Titel. B e r l i n , S c h l e s i n g e r . Opus: 2 thlr. | **Partitur u. Stimmen.** — Neue Orig.-Ausg. in 8°. in N. 2 in Lief. 1 d. Ges. für 4stimm. Männ.-Gesang, zus. mit **168** u. **170**. Ebend. ³/₄ thlr. | **Partitur.** — Als N. 943 in Fink's musik. Hausschatz in Cdur. Leipzig, Mayer u. Wigand. 1. Ausg. | **Einzeln.** — Als »Avant la bataille«. Paris, Brandus u. Dufour. 25 c. | Als »Prière«. Richault. 4 fr. 50 c. | **Für 3 Stimmen.** — Als »Prayer before battle«. London, Chappell u. C. | **Für 1 St. mit Pfte. od. Guit.** — Als N. 5 mit den andern des Opus. Berlin, Schlesinger. 15 sgr. | Als N. 2 im Heft 6 B der Ausw. 1, zus. mit **171** u. **172**. Ebend. 6 gr. | **Einzeln für 1 St. mit Pfte. od. Guit. ad lib.** — Wien, Diabelli u. C. 30 xr. | **Für 1 St. mit Pfte.** — Als N. 18 in W.-Album. Berlin, Schlesinger Lienau . Alb.: 1 thlr. u. | Als N. 41 d. Prchtausg. hrsg. v. Jähns. 1869. Ebend. 2½ sgr. u. | Als N. 1 im Heft 8 des musik. Blumenkörbchens. Prag, Bohmann's Erben. ‖ Im Opus. Berlin, Schlesinger. Opus: 15 sgr. | **Für Harmonie-Musik.** — 2 Clarinetten, 2 Hörn. u. Fag.. zus. mit **168** u. **169** in Cdur. »Der treue Tod« v. Giuliani. Leipzig, Peters. 12½ ngr. | **Für Harmonium.** — Arr. v. Fröhlich. Stuttgart, Zumsteeg.

Anmerkungen. Erhabene Feierlichkeit zeichnet dies Lied nicht nur vor allen andern von »Leyer u. Schwert« aus, sondern sie findet sich auch in gleichem Maasse kaum in einem andern W.'schen Musikstück. Der düstre Hintergrund, auf dem diese Feierlichkeit ruht, steigert ihre unwiderstehliche Wirkung. Von besonderer Schönheit sind der mächtige Eintritt des Edur, sowie das allmählige Wiederhervortreten der Haupttonart zum Schlusse. — S. **168**. Anm. **a.** u. **b.** — S. auch Max v. Weber's »Lebensbild« W.'s 1, 523.

174.

Gebet während der Schlacht. *»Vater, ich rufe dich!«*

Für eine Singstimme mit Begleitung des Pianoforte.
Text aus »Leyer und Schwert« von Theodor Körner. Durchcomponirt.
Comp. 1811, 19. Nov. zu Prag; *Autogr.* — *N. 1* im *op. 41;* Heft 6 der Gesänge.
Heft 1 der Gesänge aus »Leyer und Schwert«.

Autograph: Im Besitz von F. W. Jähns; befindlich auf p. 10 bis incl. 15 des Autographs der 10 Lieder aus »Leyer u. Schwert« op. 41 u. 42. Grosses starkes gelbliches 12zeiliges Querfolio; grosse Schrift. *S.* 168 *Autogr.,* ferner 111 *Autogr.* Für den Autographenfreund ein Prachtstück durch die reine charactervolle Schrift; sie zeigt in schärfster Klarheit, allein in der rechten Hand der Begleitung, eine durch die 95 Tacte des Ganzen fast ununterbrochen fortrollende Zweiunddreissigstel-Passage mit gegen drittehalb Tausend ausgeschriebenen Zweiunddreissigsteln.

Ausgaben: Erste Orig.-Ausg. als N. 1 des Opus, zus. mit 175, 176, 177. Berlin, Schlesinger. Opus: 1 thlr. 6 gr. | Einzeln. — Als Heft 4 der Ausw. 1. Ebend. 14 gr. | Als N. 35 d. Prchtausg. hrsg. v. Jähns. 1869. Ebend. 6¾ sgr. n. | Als »Prière pendant la bataille«. Auch deutsch. Ebend. 12½ sgr. ‖ Als »La Prière pendant la bataille«. Paris, Brandus u. Dufour. 6 fr. | Als »Prière pendant la bataille«. Richault. 5 fr.

Anmerkungen. *Characterisirung.* Diese gewaltige musikalisch-dramatische Wiedergabe des Gedichts ist doppelt bemerkenswerth, durch ihre erhabene Melodik wie durch den Reichthum der jeder Wendung des Textes folgenden Modulationen der Begleitung. Dennoch ist diese Composition weniger bekannt geworden, als die desselben Textes von Himmel, die oft, als von W. herrührend, genannt wird. (Anh. 118.) Wenn zwar diese letztere zweckentsprechend und namentlich in Gesang wie in Begleitung leicht ausführbar ist, so steht die Weber'sche doch auf einer Höhe grossartigen Stiles in Gesang wie Begleitung, mit der die Himmel'sche freilich nicht entfernt zu vergleichen ist. Die allerdings schwierige Begleitung der W.'schen (jene, unter Autograph, erwähnte ununterbrochene Zweiunddreissigstel-Passage, bei genügender Technik unübertrefflich wirkend,) erschwert die Ausführung bedeutend. In Bezug auf ebendieselbe enthält ein *Brief W.'s* an Rochlitz vom 11. März 1815 aus Prag eine merkwürdige Mittheilung; sie lautet: »— — nur »wünschte ich, dass Sie in dem Gebet während der Schlacht in der Clavier-Begleitung »nicht etwa ein Schlachten-Gemälde sehen sollten; nein, das Mahlen liebe ich nicht; »aber die wogende Empfindung in der Seele des Betenden während der Schlacht, indem »er in einzelnen betenden, andächtigen langen Akzenten zu Gott mit gepresster Seele »ruft — die wollte ich schildern«. — W. ist als musikalischer Denker viel zu bedeutend, als dass man dergl. Aeusserungen, namentlich wenn sie an eine kritische Grösse wie Rochlitz gerichtet sind, einfach verwerfen sollte, falls man sich nicht mit ihnen einverstanden erklären kann. Dennoch scheint es mir, als ob jene Erklärung W.'s als ein Beispiel dafür angesehen werden dürfte, wie selbst der Componist eine der wirklichen Leistung zuwiderlaufende Ansicht über sein Werk hegen könne. Denn — giebt die Singstimme für sich allein hier nicht schon das, was W. als Schilderung »der wogenden »Empfindung in der Seele des Betenden« bezeichnet? Ist dagegen die wie Schlachten-Donner und -Tosen daherrollende Begleitung wohl wirklich im Stande, als Ausdruck jener Empfindung zu gelten? Kann sie in der That als etwas anderes angesehen werden, als nur der malerisch-dramatische Hintergrund der Scene? — Das Opus *erschien* im Janr. 1815. — S. 168, Anm. **a.** u. **b.** — S. Max v. Weber's »Lebensbild« W.'s I, 167, 178.

N. 2 im
op. 41.

175.

Abschied vom Leben. *»Die Wunde brennt,«*

Für eine Singstimme mit Begleitung des Pianoforte.

Text aus »Leyer und Schwert« von Theodor Körner. Durchcomponirt.

Comp. 1814, 20. Nov. zu Prag; *Autogr.* — *N. 2 im op. 41;* Heft 6 der Gesänge.
Heft 1 der Gesänge aus »Leyer und Schwert«.

Adagio ma non troppo.

Die Wunde brennt, die blei-chen Lip-pen be-ben. —

53 Tacte. Autogr.

Autograph: Im Besitz von F. W. Jähns; p. 16 u. 17 des Autographs der 10
Lieder aus »Leyer und Schwert« op. 41 u. 12. Grosses starkes gelbliches 12zeiliges
Querfolio; grosse Schrift. *S. 168 Autogr.*, ferner 111 *Autogr.*

Ausgaben: Erste Orig.-Ausg. als N. 2 des Opus, zus. mit **174, 176, 177.** Berlin,
Schlesinger. Opus: 1 thlr. 6 gr. | **Einzeln.** — Als N. 36 d. Prchtausg. hrsg. v. Jähns. 1869.
Ebend. 2½ sgr. n. | Als »Adieu à la vie«. Auch deutsch. Ebend. 5 sgr. ‖ Hamburg, Böhme.
1 gr. ‖ Als »Adieu à la vie«. Paris, Brandus u. Dufour. 3 fr. | Ebenso. Richault. 2 fr. 50 c.

Anmerkungen. Dem geharnischten Pathos der übrigen Lieder von »Leyer u. Schwert«
steht hier eine tiefe, ideal verklärte Innerlichkeit gegenüber; zugleich ist das Stück von
wunderbarer Harmonik und hohem Reiz des Klanges und wie **130** eines jener seltenen
Beispiele gelungener Composition des Sonetts. — Das Opus *erschien* 1815 im Janr. —
S. **168.** Anm. a. u. b.

N. 3 im
op. 41.

176.

Trost. *»Herz, lass dich nicht zerspalten«*

Nach Abschluss des Waffenstillstandes 1813.

Für eine Singstimme mit Begleitung des Pianoforte.

Text aus »Leyer und Schwert« von Theodor Körner. 5 Strophen.

Comp. Ende 1814 zu Prag; *Autograph ohne Angabe des Tages der Composition.*
N. 3 im op. 41; Heft 6 der Gesänge. — Heft 1 der Gesänge aus »Leyer und Schwert«.

Moderate assai.   *tranquillo parlando.*

mezza voce.

Herz, lass dich nicht zer - spal - ten

Strophe:
10 Tacte
mit sm. 2 T.
Autogr.

Autograph: Im Besitz von F. W. Jähns. Auf p. 18 des Autographs der 10 Lieder aus »Leyer u. Schwert« op. 41 u. 12. Grosses starkes gelbliches 12zeiliges Querfolio; grosse Schrift. *S. 168 Autogr.*, ferner 111 *Autogr.*

Ausgaben: Erste Orig.-Ausg. als N. 3 des Opus, zus. mit **174, 175, 177.** Berlin,
Schlesinger. Opus: 1 thlr. 6 gr. | **Einzeln.** — Als N. 37 d. Prchtausg. hrsg. v. Jähns. 1869.
Ebend. 2½ sgr. n. | Als »Consolation«. Auch deutsch. Ebend. 5 sgr. ‖ Desgl. Paris, Brandus
u. Dufour. 3 fr. | Als »Consolation après la trève«. Richault. 20 fr. 50 c.

Anmerkungen: Besonders markig im Rhythmus; herb und grollend, wie es das Gedicht fordert, in Melodie und Harmonie. — Das Opus *erschien* 1815 im Janr. — S. **168**. Anm. **a. u. b.**

177.

Mein Vaterland. *»Was ist des Sängers Vaterland?«*

Für eine Singstimme mit Begleitung des Pianoforte.

Text aus »Leyer und Schwert« von Theodor Körner. Durchcomponirt.

Comp. Ende 1814 zu Prag; *Autogr. ohne Angabe des Tages der Composition.*

N. 4 im op. 41; Heft 6 der Gesänge. — Heft 1 der Gesänge aus »Leyer und Schwert«.

Andantino.

Autograph: Im Besitz von F. W. Jähns. Auf p. 18, 19 u. 20 des Autographs der 10 Lieder aus »Leyer u. Schwert« op. 41 u. 42. Grosses starkes gelbliches 12zeiliges Querfolio; grosse Schrift. Nach dem sechsundfunfzigsten Tacte bricht es ab mit »der Verzweiflung Donner«, somit fehlen an diesem Autograph 49 Tacte. S. **168** *Autogr.* u. **111** *Autogr.*

Ausgaben: Erste Orig.-Ausg. als N. 4 des Opus, zus. mit **174, 175, 176.** Berlin, Schlesinger. Opus: 1 thlr. 6 ggr. | **Einzeln.** — Als Heft 5 der Ausw. I. Ebend. 10 sgr. | Als »Mon pays«. Auch deutsch. Ebend. 10 sgr. | Als N. 38 d. Prchtausg. hrsg. v. **Jähns.** 1869. Ebend. 3½ sgr. u. | Hamburg, Böhme. 6 ggr. | Als »Where is the minstrels Fatherland«. Auch deutsch. London, Ashdown u. Parry. 2s. | Williams. 2s. | **Einzeln mit Guit.** — Hamburg, Böhme. 6 sh.

Anmerkungen. Begeisterte Declamation und Rhythmik, wie kühne harmonische Wendungen zeichnen auch dies von Vaterlandsliebe durchglühte Lied aus. Von überraschender, oft hinreissender Wirkung ist namentlich die zum Schluss jeder Strophe eintretende Wendung nach der Haupttonart; ist die dritte Strophe schon gross und mächtig, so steigert sich der Ausdruck in der fünften bis zum Erhabenen, wenn es heisst: »Die Knechte will es niederschlagen, den Bluthund aus den Gränzen jagen und frei die freien Söhne tragen, oder frei sie betten unter'm Sand — das will mein Vaterland!« — Das Opus *erschien* im Janr. 1815. — S. **168.** Anm. **a. u. b.**

—— 1815. ——

178.

Scena ed Aria.

op. 52.

»*Ah, se Edmondo fosse l'uccisor!*« »*Ha, sollte Edmund selbst der Mörder sein?*«
zu Méhul's Oper »Helene«.
Für eine Sopranstimme.

Begleitung: 2 Flöten, 2 Oboen, 2 Clarinetten, 2 Hörner, 2 Fagotte, 2 Trompeten,
2 Pauken, 2 Violinen, 2 Violen, Violoncell u. Bass.

Comp. 1815. 1. Janr. zu Prag für Mad. Therese Grünbaum, Tochter Wenzel Müller's, Erste Sängerin des Ständ. Theaters zu Prag; *Tageb.* — *op. 52.*

Andante: ♩ = 92. | Andante con moto: ♩ = 100. | Allegro: ♩ = 144. J.

Autograph: Partitur; im Besitz von Frl. A. Büry in Berlin (1866. J.) 5 geheftete Bogen, gelblich grau, 12zeilig, Querfolio. Titel: »Scena ed Aria zur Oper Helene
geschrieben für Madam Grünbaum. d 1 Janr. 1815 vollendet von Carl Maria von Weber. 1815. Prag. op. 52«. Die folgende Seite leer. Die nun folgenden 17 Seiten enthalten die Partitur in mittelkleiner Schrift. Nach der Fermate H dur, Tact 65 Allegro, Text
in sehr kleiner schwärzerer Schrift, ebenso eine zweite Lesart der Schluss-Passage. Der
zweite Satz hat nur Andante, im Stich: Andante con moto.

Ausgaben: Erste Orig.-Ausg. **Clav.-Ausz. u. Orchester-Stimmen.** Mit ital. Text. Berlin.
Schlesinger. 2 thlr. 10 sgr. | Mit ital. u. deutsch. Text v. C. Grünbaum. Ebend. 2½ thlr.
| **Clav.-Ausz. ohne Orch.-Stim.** — Mit ital. Text. Ebend. 15 sgr. | Als Heft 24 N. 1 in Ausw. 1.
Ebend. 10 gr. Die ersten Orig.-Ausgaben enthalten viel sinnentstellende Druckfehler. | Neue
Prchtausg. bearb. nach W.'s Clav.-Arrangement u. Partitur v. F. W. Jähns. Mit ital. u. deutsch.
Text; letzterer von C. Grünbaum. Ebend. Lienau. 7½ sgr. n.

Anmerkungen. a. Zuvörderst sind bei dieser fünften der 6 grossen ital. Concert-
arien W.'s **93, 121, 126, 142, 178, 181,** an *Einzelheiten* hervorzuheben: der grossartige Schluss »Nò, nò etc.« des Recitativs; die schöne Cantilene des Andantes und dessen
Wendungen nach F, D u. A dur; der düstre Eingang des Allegros mit dem unheimlichen
1-maligen Hornstoss auf c im dritten Viertel; das nun folgende C dur auf dem »disprez-
ziam tua crudeltà« zum 1. Mal, wie der vorzügliche melodische und harmonische Fluss
dieses ganzen Allegro's, der schliesslich in den C dur-Passagen der Stimme in Achteln
u. denen des Orchesters in Sechszehnteln imponirend ausströmt; Einzelheiten. die Rochlitz nach einer Aufführung des Werks 1818 zu Dresden in der Lpz. A. M. Ztg. XX,
134 zu einem *Gesammturtheil* so fasst zusammenfasst: »Die Arie ist originell, sowohl
in der Declamation als in den melodischen Motiven, voll Ausdruck, wahrhaft characteristisch und auch durch wohlbedachte Mannigfaltigkeit kunstreicher Gänge und
Modulationen sehr anziehend«. — **b.** W.'s *Tageb.* sagt: Prag. 1815, 1. Janr. »Abends
»die Arie zu Helene ganz vollendet.« 4. »Helene zum 1. Male, ging gut. Die Grünbaum
»war heiser, sang aber doch die für sie in den 2ten Act componirte Arie recht gut,
»und sie machte Wirkung.« (An diesem Tage, dem Benefiz der Mad. Ther. Grünbaum, wurde die Arie also *zum ersten Male* aufgeführt.) — Hosterwitz, 1819, 25. Juni:
»Clavier-Auszug der Arie zu Helene vollendet«. Dresden, 1822, 17. Oct.: »Arie Grün-
»baum *an Schlesinger* geschickt«. — S. noch das über W.'s ital. Gesangs-Compositionen
im Allgemeinen Gesagte **181.** Anm. d.

op. 10.
(op. 37.)

179.

»Air Russe« (Schöne Minka) »varié pour le Pianoforte

et dédié A Son Altesse Impériale, Madame la Grande-Duchesse Marie Paulowne, Princesse
héréditaire de Saxe-Weimar.«

op. 40. (s. *Ausg.*) — N. 9 der Variationen=Werke für Pfte. — 9 Variationen.

Comp. 1815, 5. April zu Prag; *Tageb.*

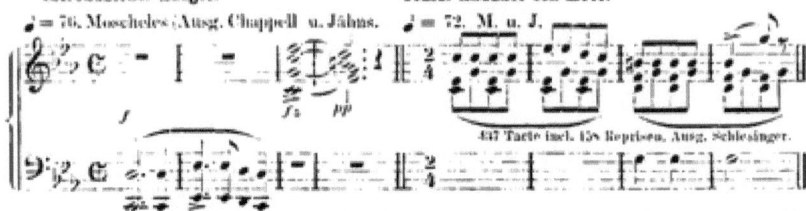

Introduzione. Adagio.   Tema. Andante con moto.

(Var. 1 u. 2: ♩= 72. J. | Var. 3. ♩= 60. J. | Var. 4. ♩= 66. M. ♪ = 58. J. | Var. 5: ♪= 132. M.
u. J. | Var. 6: ♪= 120. J. | Var. 7: ♪= 76. M. u. J. | Var. 8. ♪= 132. M. ♪= 126. J.
Var. 9: ♩= 96. M. ♩= 80. J.)

Autograph: Unbekannt. 1840 befand es sich noch im Besitze von W.'s Wittwe,
umfasste 3 Bogen und war damit complett.

Ausgaben: Erste Orig.-Ausg. Berlin, Schlesinger. 20 ggr. Die gestochene Opus-
Zahl ist 40; von der Verl.-Hdlg. ist sie in den Exempl. mit 37 überschrieben | Neue Ausg.
ebenso: 22½ sgr. | Neueste Prchtausg., revid. v. C. Reinecke als op. 37. Schlesinger (Lienau.
10 sgr. *n.* | Braunschweig, Litolff. 4 sgr. | Ebend. als N. 12 in W.'s Composit. für Pfte. al-
lein, zus. 1½ thlr. ‖ Leipzig, Peters: In W.'s »Compositions«. N°. 13 Num. zus. 12 ngr. *n.*
Ebend. in »Oeuvr. compl. pour Pfte. seul de W.« 8°. 20 Num. zus. 25 ngr. *n.* ‖ London, Chap-
pell u. C. Edit. by J. Moscheles. 4°. | Cramer u. C. Ebenso. ‖ Paris, Brandus u. Dufour. 6 fr.
| Lemoine. 6 fr. | Richault. 4 fr. 50 c. ‖ Concurr.-Ausg.: Wien, Haslinger. 54 xr. *n.* = 12 ngr. |
Leidesdorf. Als N. 7, Tome 1 in »Oeuvr. compl. de W.« ‖ Wolfenbüttel, Holle. 4 sgr.

Anmerkungen. a. *Characterisirung.* Unter allen Variationen=Werken W.'s
hat das vorliegende die grösseste Ausdehnung; denn ausser der Introduction zum Thema
zählt es 9 Variationen. Durch diesen Umfang in Verbindung mit dem Umstande, dass
Introduction, Thema und sieben Variationen in Moll stehen, erklärt sich wohl eine gewisse Monotonie, die sich in diesem Werke, ungeachtet vieler charactervoller Schönheiten
desselben, fühlbar macht. Das sehr prägnante Thema hat die zwar ebenso strenge wie
interessante Führung des Canto firmo in 5 Variationen, bald in der Ober-, bald in der
Unterstimme, herbeigeführt, was, so kunstreich W. dabei arbeitet, dennoch etwas vom
Wesen der Wiederholung empfinden lässt. Abgesehen davon treten aber die erwähnten
Schönheiten besonders hervor in: Var. 1 mit ihren tief schwermüthigen, sanft bewegten
Gängen; in Var. 3, ganz im Character fester Entschlossenheit, ihrer Ueberschrift risoluto
gemäss; in Var. 4, die namentlich in ihrem 1. Theile eine tiefe Vereinsamung rührend ausspricht; in der sanft dahingleitenden Var. 6, die das Cdur zum 1. Mal überaus wohlthuend
einführt; in der grossartig schwer-ernsten Var. 7 mit dem mächtigen Canto firmo im
Bass, und in der wildfenrigen Var. 8. — Var. 9, ein sehr brillantes verhältnissmässig
langes Espagnuolo, zeigt im Mittelsatz das russische Thema, welches dann mit dem
zu Anfang neu eingeführten Motiv mannigfach abwechselt, aber weniger sich damit
eigentlich verbindet. — Noch ist der Eigenthümlichkeit der 25 Tacte langen Introduction zu gedenken, worin in 11 Tacten derselben die verschiedenen Motive der
Variationen 1, 3, 5, 2, 6, 8, 7 u. 9 vorgeführt werden. — **b.** W.'s Tageb. bringt folgende *Compositions-Daten:* Prag, 1811, 1. Janr. »gearbeitet an den Variat. Cmoll«.
1815, 26. 27. März ebenso; 5. Apr.: »Variationen Cmoll vollendet«. 7. Apr.: »Varia-
»tionen ganz im Reinen vollendet«. — **c.** *Opus-Zahl.* W.'s gedr. u. geschr. Werk-
Verz. wie das gestochene Exemplar der 1. Orig.-Ausg. geben dem Werke das Op. 40;
die Verlagshandlung hat in dieser 1. Ausgabe das op. 40 mit 37 aus unbekannten
Gründen überschreiben lassen; ihre späteren Ausgaben geben dem Werk das op. 37.

wie fast alle anderen Handlungen. — Am 18. Apr. 1815 sendet W. das Manuscr. zum
Stich; am 20. Sept. erhält er Exemplare von Schlesinger, bei dem das Werk bereits im
Juli *erschienen* war. — S. noch Max v. Weber's »Lebensbild« W.'s I, 354 u. 429; —
auch A. B. Marx' Kompositionslehre III, 517.

180.

Ohne op.-Zahl.

Dreistimmige Burleske. »*Drei Knäbchen lieblich ausstaffiret*«

-Notirt- 1815, 15. Juli zu München für W.'s Freund **H e i n r i c h B a e r m a n n** daselbst.
(s. *Autogr.*)

Satz 1 u. 2: — 2 Tenore. Recit. $^3/_4$: — Bass; Presto $^2/_4$: — 2 Tenore.)

Drei Knäbchen lieb - lich aus - staf - fi - ret　hat un - ser Freund schon
3 Sätze mit Recit. zwischen 2 u. 3, zus. 49 Tacte, incl. 6 Tacte Repr. Autogr.

Autograph: Im Besitz von F. W. Roeth, Vorsteher der Allgemeinen (Augsburger) Zeitung zu Augsburg. Ein halber Hochfoliobogen; gelblich, 12zeilig, stark; p. 1
ganz beschrieben, mittelgrosse Schrift.

Ausgaben: Abgedruckt in L. Nohl's Musiker-Briefen p. 281—283. Leipzig, Duncker u. Humblot. 1867. — Es steht darin »Menschen« statt »Welschen« und »haar« statt »brav«
des Autographs.

Anmerkungen. Nach W.'s Tageb. ist diese Piece ein Scherz desselben, bestimmt
zum Namenstage seines Freundes Heinr. Baermann in München bei W.'s Aufenthalte daselbst vom 15. Juni bis 5. Sept. 1815. Baermann beabsichtigte damals eine
Kunstreise, worauf sich hauptsächlich die burlesken Textworte W.'s zu Motiven aus der
Zauberflöte beziehen; mit drastischer Komik sind daraus benutzt Theile des Andante
im Quintett N. 6, des Anfangs des ersten und des Schluss-Chors des Finale II, so wie
des das letztere einleitenden Recitativs.

181.

»Scena ed Aria dell' Opera Ines de Castro.«

op. 51.

»Non paventar mia vita«. »Lass jeden Zweifel entschwinden!«
Für eine Sopranstimme.

Begleitung: 2 Flöten, 2 Clarinetten, 2 Hörner, 2 Fagotte, 2 Violinen, 2 Violen.
Violoncell u. Bass.

Comp. 1815, 22. Juli zu München (*Tageb. u. Autogr.*) in die Oper Ines de Castro,
Autogr. u. Anm. **b.** — Für Mad. Helene Harlas, Erste Sängerin an der Königl.
Oper zu München; *Autogr.* — op. **51.**

Allegro. ♩ = 132. Jähns.　　　　Andante con moto. ♩ = 72. J.

Non pa-ven-tar, mi - a　vi - ta,
Lass je-den Zweifel entschwinden!

Sei tu　sempre il mio te-
Dir nur bleibt mein Herzer-
Zus. 192 Tacte. Autogr.

Schluss-Satz Allegro vivace: ♩ = 72. J.

Autograph: **a.** *Partitur I* im Besitz der K. Bayr. Bibliothek zu München.
(1863. J.) Dünner Pappband, dunkelbraun u. schwarz gesprenkelt mit Cattun-Rücken
und Ecken; kleines Querfolio, fast Quart; 20 Seiten; 10zeilig. Pag. 1. Titel: »Scena

ed Aria | dell Opera | Ines de Castro | composta per uso della Signora | Harlas | da | Carlo Maria di Weber. | *&&* « Unten: »Monaco 17—22. Juli 1815.!« Pag. 2: leer. P. 3 bis 19: die Partitur. Die Arie schliesst p. 18. Auf p. 19 stehen 3 Tacte zum Ersatz für Tact 6 bis 8 vor dem Schlusse, die W. gestrichen. Im Autogr. ist der 1. Satz mit »Allegro« bezeichnet, was im Stiche fehlt, der zweite mit »Andante« statt des »Andante con moto« im Stich, der dritte mit » Allegro vivace« statt des » Allegro« im Stich. — **b.** *Partitur II* im Besitz von Frl. Jungh in Riga. In Bezug auf diese Partitur findet sich in meinen älteren Notizen über W.'s musik. Nachlass nichts als die Bemerkung: »Geheftet; Klein-Octav-Format«.

Ausgaben: Erste Orig.-Ausg. **Clav.-Ausz. u. Orchester-Stimmen.** Mit ital. Text. Berlin, Schlesinger. 2 thlr. | Mit ital. u. deutsch. Text: letzterer v. C. Grünbaum. Ebend. 2 thlr. **Clav.-Ausz. ohne Orch.-St.** — Mit ital. Text. Ebend. 11 gr. | Für Contra-Alt als Heft 22 d. Ausw. 1. Ebend. 14 gr. Die ersten Orig.-Ausg. sind incorrect. | Neue Prchtausg. bearb. nach W.'s Clav.-Arrangement u. Partitur v. F. W. Jähns; mit ital. u. deutsch. Text. Ebend. (Lienau.) 7½ sgr. n. ¶ Braunschweig, Spehr. 8 gr. ¶ Hannover, Bachmann. 8 gr.

Anmerkungen. a. Das melodische Prinzip macht sich in dieser Arie besonders geltend. Es prägt sich nicht nur in dem empfindungsvollen Andante, sondern selbst in dem modulatorisch erregten Allegro noch in breit gehaltenen Motiven aus, die nur erst am Schlusse sich, der dem Stile dieser Gattung angehörigen, virtuoseren Behandlung der Stimme zuwenden. Rochlitz spricht dies in ähnlicher Weise aus, indem er in d. Lpz. A. Mus. Ztg. XX. 795 über das Werk *im Allgemeinen* sagt: »Ein ernstes Concertstück. Lebendiger, inniger und feiner Ausdruck zeichnen es ganz vorzüglich aus; man wird sich aber auch mancher originellen und trefflichen Wendung der Melodie und Harmonie erfreuen, und eine vorzügliche Sängerin findet Gelegenheit genug, sich hervorzuthun, wenngleich nicht mit gewöhnlichen Bravaden, etc.« — S. ferner noch Lpz. A. Mus. Ztg.: XXIV, 561 u. XXV, 396; auch Berliner A. Mus. Ztg. (Marx) I, 217. — **b.** Der *Text* dieser Arie berührt die Episode von Inez de Castro in Camoëns' Lusiaden, enthalten im 3. Gesange derselben. (S. 142. Anm. **a.**) Er könnte irgend einer Oper dieses Namens entnommen sein, worauf die Titel des Autographs wie des Stichs »dell' Opera Ines de Castro« hinzuweisen scheinen; jedenfalls hat W. sich niemals mit Composition einer Oper »Ines de Castro« beschäftigt. — **c.** W.'s *Tageb.* sagt: München, 1815, 9. Juli »comp. an der Scene für die Harlas«. 19. »Den ganzen Tag zu Haus. Arie vollendet »scizzirt.« 20. 21. »instrumentirt.« 22. »Scene für die Harlas vollendet.« Dresden, 1817, 26. Oct.: »Gearbeitet Klavier Auszug der Arie in F«. 27. »Arie *zum Stich* an »Schlesinger geschickt.« — Zum *ersten Male* öffentlich aufgeführt wurde die Arie in W.'s Concert zu München 1815, 2. Aug. — **d.** Indem der Kreis der 6 grossen *ital. Concert-Arien W.'s* mit der vorliegenden schliesst, sei in Bezug auf s e i n e s ä m m t l i c h e n 14 italienischen Gesangs-Compositionen (Arien: **93, 121, 126, 142, 178, 181**; Duette: **107, 123, 125**; Canzonetten: **88, 108, 120, 124**, Cantate **221**) bemerkt, wie sie insgesammt Zeugniss ablegen für sein Studium italienischen Gesanges und seine Kunst, für denselben in grösserem wie kleineren Stile zu schreiben. Er war vollkommen dieser Schreibart Herr, an die er freilich nur vorübergehend, von Zeit zu Zeit, mehr durch äusserliche als innre Gründe bewogen, herantrat, um endlich sich für immer und ganz zu d e m Zweige seiner Kunst zu wenden, zu welchem ihn, von Anbeginn seiner Laufbahn, sein ihm ureigner Genius trieb, und von welchem ihm bestimmt war, sich unvergängliche Lorbeern zu pflücken.

op. 34.

182.

Grosses Quintett für Clarinette, 2 Violinen, Viola und Violoncell.

Auch als: »W.'s drittes Quintett«, als »Grand Duo« und als »Sonate« s. Ausgaben u. Anm. **e.**

Comp. 1815, 25. Aug. zu München; s. *Anm.* **b.** — Gewidmet seinem Freunde H e i n r i c h B a e r m a n n »Premier Clarinette de Sa Majesté le Roi de Bavière« laut Titel der 1. Orig.-Ausg. — *op. 34.* — N. 5 der Werke für Clarinette.

Autograph. Partitur. Im Besitz von Max M. Frhrn. v. Weber zu Wien.
(1870. J.) 6 geheftete Bogen ziemlich hohen, mittelstarken, gelblichgrauen Querfolios;
16zeilig. 22 in 15 Zeilen beschriebene Notenseiten; kleine Schrift; p. 24 leer; P. 1:
Titel «Quintetto | per il Clarinetto principale | Due Violini | Viola | e | Violoncello.
composto | per uso del Suo Amico | Enrico Baermann | da | Carlo Maria di Weber
☙☙ | op. 34». — Satz I: p. 2 bis 8 incl.: zum Schluss die Bemerkung: »d 20. März
«1813 in Prag vollendet«. — Satz II: p. 9—10: zum Schluss »Berlin d 22. März 1812«.
— Satz III: p. 11—14 (⅓): am Schluss des Menuetto befinden sich 2 Tacte General-
Pause, die in der ersten Ausg. für Pfte. u. Clar. fehlen. — Satz IV: p. 14 (⅓) bis 23 (⅓):
zum Schluss »Vollendet d. 21. August 1815 in München«. (S. Anm. e.) — *Abschrif-*

25 *

ten: Carl Baermann, K. Bayr. Hofmusiker zu München, Sohn Heinr. Baermann's, besitzt eine Copie der Partitur, auf welche W. den Titel geschrieben. Derselbe ist dem des obigen Autographs gleich, nur heisst es hier »de Weber« und die Opus-Zahl fehlt; innen befinden sich mehrfach Vortragsbezeichnungen von W.'s Hand. — Eine Copie des Rondo's in meinem Besitz enthält ebenfalls viele dergl.

Ausgaben: Erste Orig.-Ausg. in Stimmen. Berlin, Schlesinger. 1 thlr. 16 ggr. | Neue Ausg. »corrigé par l'Auteur«. Ebend. 1 thlr. 16 ggr. | Neueste Prchtausg., revid., metronom. u. hrsg. v. C. Baermann. 1871. Ebend. 27½ sgr. n. ‖ Paris, Richault, 9 auch 15 fr. | Als Quintett für 2 Violinen, 2 Violen u. Cello. — Als »9ᵗᵉˢ Quintett« v. W. Ebend. 12 fr. | Für Clar. u. Pfte. — Berlin, Schlesinger. 1½ thlr. | Neueste Prchtausg. 1870, Revid. u. hrsg. v. Carl Baermann. Ebend. 25 sgr. n. ‖ Als »Sonate« Paris, Richault. 9 fr. | Als »Grand Duo«: Ebend. 12 fr. **Für Clar. oder Violine u. Pfte.** — Ebend. 9 fr. | **Für Violine u. Pfte.** — Prchtausg. 1870, Arr. v. Fr. Hermann: Berlin, Schlesinger (Lienau). 25 sgr. n. | **Für Pfte. allein.** — Als »Sonate arr. par C. F. Ebers«: Leipzig, Hofmeister. 20 ggr. s, deshalb Anm. **e.**

Anmerkungen. a. Zuvörderst gehört hieher das **109** Anm. **a.** über W.'s sämmtliche Clarinett-Werke im Allgemeinen Gesagte. — **b.** Dies *Werk* hat sich mehr die dankbare Bewährung eines nach allen Seiten hin glänzenden Virtuosenthums der Clarinette zur Aufgabe gestellt, als die Gestaltung eines Instrumental-Quintetts im engeren Sinne des eigentlichen Kammerstils, wenngleich viel des Interessanten auch nach letzterer Seite sich darbietet und fesselt, namentlich am Schlusse des ersten und im Mittelsatze des vierten Satzes. Als Spitze des Werkes erscheint das höchst reizende Menuetto, Capriccio Presto, von Humor und Grazie erfüllt. Das Adagio ist zwar so anziehend melodisch gehalten, wie W. stets seine Clarinett-Adagios behandelt; doch macht sich das virtuose Element hier geltender, als in ähnlichen Fällen. Dem Rondo gebührt wohl die zweite Stelle im Ganzen nach Form und Inhalt. — In der musikalischen Literatur der Clarinette wird jedenfalls dies Quintett bleibend eine der hervorragendsten Stellen einnehmen. — **c.** An *Compositions-Daten* bringt W.'s Tagebuch folgende: Jegisdorf (in der Schweiz) 1811, 14. Sept. »— Am Quintett für Bär. (mann) angefangen »zu compe.« — Berlin, 1812, 22. März »Das Adagio ins Quintett vollendet und ausge- »schrieben«. — Prag, 27. 29. Janr. 14. 17. 19. März »am Quintett gearbeitet« — Wien, 13. Apr. » Bärmann's Geburtstag; ihm das Quintett geschenkt bis auf das Rondo.« — München, 1815, 21. 22. Aug. »Rondo vom Quintett gearbeitet.« 23. 24. »Rondo vollendet »scizzirt.« 25. »Rondo Quintett vollendet.« — Zum *ersten Male* vollständig ausgeführt wurde das Werk am 26. Aug. 1815 in München bei Heinr. Baermann. — **d.** Das Quintett *erschien* im Juli 1816; im Aug. wird es von Schlesinger im Intell.-Bl. 7 der Lpz. A. Mus. Ztg. XVIII angekündigt, und am 13. Aug. sendet W. es gestochen an Baermann. — **e.** Schliesslich muss hier noch mitgetheilt werden eine Verwahrung von Seiten W.'s gegen das oben unter »Ausgaben« genannte höchst willkürliche und rücksichtslose *Arrangement* von C. F. Ebers, betitelt: »Sonate pour le Pfte. arr. d'un Quintuor pour Clarinette par C. F. Ebers de Ch. M. de Weber«, welches von nur wenigen anderen dergl. Verballhornungen übertroffen wird, obwohl das Arrangir-Wesen und Unwesen einzelnes Unglaubliche zu allen Zeiten geleistet hat und noch leistet. (S. Anh. 106) W. erliess 1816, 22. Nov. im Intell.-Blatt 10 (v. Dez.) in der Lpz. A. Mus. Ztg. XVIII über das Arrangement von Ebers im Wesentlichen Folgendes: »— es bleibt mir »bei der nicht zurückgenommenen fehlerhaften, unrichtigen, das Original-Werk verstüm- »melnden und dessen Sinn häufig zerstörenden Herausgabe (dieses Arrangements) nichts »übrig, als mich aufs Feyerlichste vor derselben zu wahren, indem ich anzeige, dass »1ᵗᵉⁿˢ an 11 Stellen Melodieformen unnöthigerweise geändert sind und 2ᵗᵉⁿˢ an »einer Stelle 1 Tact, an der 2ᵗᵉⁿ 11 Tacte, an der 3ᵗᵉⁿ 1 Tact, an der 4ᵗᵉⁿ 8 Tacte, an »der 5ᵗᵉⁿ 1 Tact und an der 6ᵗᵉⁿ 4 Tacte fehlen«. — Noch viel rücksichtsloser als das Machwerk von Ebers war dessen Erwiderung im Intell.-Blatt 11 ebend., deren Charakter sich durch den Ausspruch kennzeichnet: es stünde Jedem frei, zu arrangiren, wie er wolle — wogegen sich freilich nichts weiter sagen lässt, als dass der Arrangeur in diesem Falle nur nicht allemal dergl. Thaten »freier« Kunst drucken lassen dürfe.

183.

„Mein Weib ist capores,"

Komisches Lied für Baryton zu Anton Fischer's burleskem Singspiel »Der travestirte
Aeneas«. 3 Strophen.

Begleitung: 2 Piccoli, 2 Clarinetten, 2 Hörner, 2 Fagotte, 2 Trompeten, 2 Pauken,
2 Violinen, Viola, Violoncell, Bass.

Comp. 1815, 30. Sept. zu Prag; *Tageb.* — Für Seewald, Mitglied des Ständ. Theaters daselbst.

Autograph: Unbekannt.

Ausgaben: Keine. Die nur die erste Strophe enthaltende **Abschrift** nach dem Autograph im Archiv des Prager Ständ. Theaters ist Eigenthum von dessen ehemal. Direktor Thomé daselbst; nach dieser Abschrift nahm ich die meinige.

Anmerkungen. a. Das *Lied* ist vortrefflich; es sprudelt von echt Weber'scher originaler Komik. Der Schluss im Jodel-Falsett bis zum hohen Tenor *h'* wirkt fast noch drastischer als der Jodel-Refrain des humoristischen Prachtstücks »Sagt mir an, was schmunzelt ihr?« **(159.)** — W.'s *Tagebuch* sagt 8. Oct. 1815, als das Lied *zum ersten Male* im Aeneas gesungen wurde: »mein Lied sang Seewald« (Aeneas) »schlecht und es »gefiel nicht«. Dieser Misserfolg kann auch nur dadurch erklärt werden, dass Seewald, mehr Schauspieler als Sänger, wohl wahrscheinlich der Pointe des Liedes im Falsett nicht gewachsen war. — **b.** Das *Buch* des Singspiels ist vollständig gedruckt als »Der travestirte Aeneas. Farce in 3 Acten nach dem Lateinischen des Virgil von K. L. Gieseke, Mitglied des Wiedener Theaters. Wien bei Andr. Schmidt. 1800. Musik bei Caspar Weiss, Mitglied desselben Theaters in der Partitur zu haben«. Der *Text* zum vorliegenden Liede, in der Abschrift mit No. 3, Auftritt 4 bezeichnet, befindet sich nicht darin, wohl aber ein anderer an dessen Stelle in ganz von jenem verschiedenen Versmaasse. W.'s Composition ist also jedenfalls Einlage gewesen.

184.

»Frau Lieserl juhe!«

Zweistimmiges *Tanzlied*, »Ländler« für Bass u. Sopran; zu Ant. Fischer's burleskem Singspiel: »Der travestirte Aeneas«. 2 Strophen.

Mit Begleitung des Orchesters; von demselben sind nur beide Violinen u. Bass erhalten.

Comp. 1815, 1. Oct. zu Prag; *Tageb.*

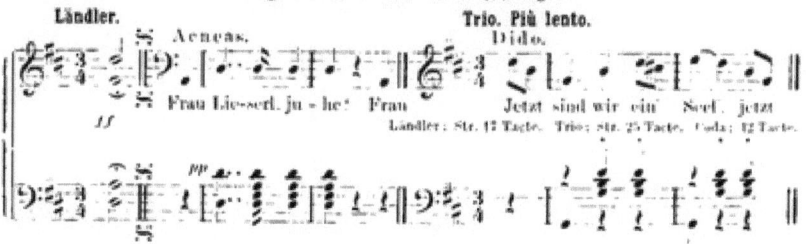

Autograph: Unbekannt.

Ausgaben: Keine. Ueber die Umarbeitung zu einem »Deutschen« Original-Walzer) s. **185.** - **Abschrift** der vollständigen Partitur habe ich in Prag nicht erhalten können; nur die Singstimmen, 2 Violinen u. Bass fanden sich in Copie vor, wovon ich Abschrift nahm.

Anmerkungen. a. Ein im Ländler derb heitres, im Trio sehr graziös melodisches Tanzlied, wahrscheinlich von W. selbst später zu einem »Deutschen« Walzer arrangirt, in welcher Form es gestochen ist. (s. **185.**) — **b.** Das Tagebuch giebt am 1. Oct. 1815 die Notiz: »Lied in den Aeneas gemacht«. Es kann hier kein anderes gemeint sein, als das vorliegende, denn das für Seewald geschriebene **(183)** war schon am 30. Sept. componirt.

Ohne p.-Zahl.

185.

»Deutscher.« Auch »Original-Walzer«.

Für 2 Violinen, Viola, Bass, 1 Piccolo, 1 Flöte, 2 Oboen, 2 Clarinetten, 2 Fagotte, 2 Hörner, 2 Trompeten, 2 Pauken.

Comp. 1815, 1. Oct. zu Prag als zweistimmiges Tanzlied zu dem burlesken Singspiel: »Der travestirte Aeneas«, v. Ant. Fischer; danach als »Deutscher« (Walzer) arrangirt für das Orchester einer Prager Musikgesellschaft.

Deutsch. Kräftig.   **Trio.** Wiegend.

dolce   138 Tacte, incl. 82 Tacte Reprisen. Ausg. Trautwein.

Autograph: Unbekannt.

Ausgaben: Erste Orig.-Ausg. als »Original-Walzer« in Orchester-Stimmen. Berlin, Trautwein-Guttentag. 25 sgr. | **Für Pfte.** — Arr. v. Jähns. Ebend. 7½ sgr.

Anmerkungen. a. W.'s Wittwe erhielt auf ihren Wunsch die Partitur des Walzers 1811 von Prag, dessen Trio von grosser Anmuth; durch wen, ist mir unbekannt. Er ist dem 2stimmigen Tanzliede »Frau Lieserl« **(184)** bis auf folgende unwesentliche Abweichungen gleich: 1.) Der Anfang findet im Auftact statt, wo das Lied den vollen Tact mit einer Accord-Fermate beginnt; 2.) Die Wiederholungen von Theil 1, 2 u. 3 fehlen im Liede; 3.) Verschiedenheiten in 21 Tacten der 2 Violinen u. des Basses; die andern Instrum.-Stimmen konnten nicht verglichen werden, da sie dem Liede fehlen; 4.) Ein im Walzer fehlender Fermaten-Tact des Trio's, den das Lied beim Uebergange zum Trio-Thema im Liede hat. — **b.** Für welche Prager Musikgesellschaft der Walzer arrangirt wurde, ist nicht mehr zu erfahren gewesen. Dass W.'s Instrumentirung vorliegt, ist wohl zweifellos, obwohl das Tageb. keine Notiz darüber bringt. — Neuerdings habe ich ermittelt, dass das Trio des Walzers schon um 1830 als das eines Favorit-Walzers für Pfte. abschriftlich in Umlauf war. — Vergl. noch **184** Anm. **a**; ebenso Lpz. A. Mus. Ztg. Jahrg. XXXXVIII. p. 398; auch Max v. Weber's »Lebensbild« W.'s I, 509.

Nachl.

186.

Lied: »Wer stets hinter'n Ofen kroch.«

Für Baryton mit dreistimmigem Männerchor und Orchester.

Zum patriotischen Festspiel »Lieb' und Versöhnen oder die Schlacht bei Leipzig« von F. W. Gubitz. Durchcomponirt.

Begleitung: 1 Piccolo, 1 Flöte, 2 Clarinetten, 2 Hörner, Trommel, 2 Fagotte, 2 Trompeten, 2 Pauken, 2 Violinen, 2 Violen. Bass.

Comp. 1815, 10. Oct. zu Prag; *Tageb.*

Vivace.

p leggermente staccato

Randolph. Baryton.

Wer stets hin-ter'n O - fen kroch,

86 Tacte. Ausg. Vereins-Buchhdlg.

Autograph: Unbekannt.

Ausgaben: Erste Orig.-Ausg. in **Orchester-Partitur**, zus. mit **186** und noch drei anderen Liedern von Wollank, Hellwig u. Rungenhagen zu diesem Festspiele, Typendruck in 4°. Berlin, Vereinsbuchhandlung. 1 thlr. | **Clav.-Ausz.** von Jähns als N. 95 d. Prchtausg. hrsg. v. demselben, 1869, Berlin, Schlesinger (Lienau). 2½ sgr. a.

Anmerkungen. a. Dies wie das folgende Lied **187** zählen zu den patriotischen Gesängen W.'s und nehmen unter ihnen eine wesentliche Stelle ein, so unbekannt sie geblieben, da sie erst am Ende der 30ger Jahre in Orchester-Partitur erschienen sind. Für die Scene bestimmt, sind sie rein dramatisch gehalten, besonders das vorliegende, in dem ein kecker, kampflustiger Jüngling mit seinen Genossen die Feiglinge verspottet, die bei Rettung des Vaterlandes zu Haus bleiben. Der musikalische Ausdruck ist höchst glücklich getroffen, durchweg frisch und kriegsmuthig. — **b.** W. schrieb diese u. die folgende Nummer zur *ersten Aufführung* von Gubitz' Festspiel in Prag 18. Oct. 1815. In Berlin wurde dasselbe erst am 3. u. 17. April 1816 gegeben, wozu W. noch eine Ouvertüre oder eine kurze musikalische Einleitung schrieb. (S. **54**. Anm. **e**.) — In einem Briefe an Gänsbacher v. 20. Janr. 1816 aus Prag sagt W. »ich musste zu einem »Stücke von Gubitz 3 Lieder mit Orchester componiren« — wohl nur ein Schreibfehler, wenn diese Notiz nicht etwa mit den in der Anm. **e**. zu **54** dargelegten Verhältnissen zusammenhängt. — Die Partitur-Ausg. ist sehr fehlerhaft; der Clav.-Ausz. Prchtausg. Schlesinger (Lienau) ist correct.

187.

Nach l.

Lied: »*Wie wir voll Glut uns hier zusammenfinden.*«

für Tenor mit Orchester zum patriotischen Festspiel »Lieb' und Versöhnen oder die Schlacht bei Leipzig« von F. W. Gubitz. 4 Strophen.

Begleitung: 1 Flöte, 2 Clarinetten, 2 Hörner, 2 Trompeten, 2 Pauken, 2 Violinen, 2 Violen, Bass.

Comp. 1815. 12. Oct. zu Prag: *Tageb.*

Allegro moderato. Fest u. kräftig.

Wie wir voll Glut uns

Autograph: Unbekannt.

Ausgaben: Erste Orig.-Ausg. in **Orchester-Partitur**, zus. mit **186** u. noch drei andern Liedern zu diesem Festspiele von Wollank, Hellwig u. Rungenhagen. Typendruck in 4°. Berlin, Vereinsbuchhandlung. 1 thlr. | **Clav.-Ausz.** von Jähns als N. 94 d. Prchtausg. hrsg. von demselben. Schlesinger (Lienau). 2½ sgr.

Anmerkungen. a. u. b: s. die Anm. **a. b.** zur vor. N. **186.** — **c.** Das Lied muss mit seiner Innigkeit u. seinem edlen Feuer jedes deutsche Herz treffen; namentlich der Schluss wirkt begeisternd, da, wo plötzlich die Begleitung schweigt, um nach den letzten, allein gesungenen Tacten des Sängers, wieder mächtig einzuschlagen. Diese Wirkung wird besonders statt finden bei der ersten Strophe, welche lautet: »Wie wir voll Glut uns hier zusammen finden, sei Deutschland auch von Einigkeit durchflammt! Uns können Fried' und Freiheit nicht entschwinden, ist treu sich, was aus Einem Blute stammt. So werden Deutsche sich zum eignen Walle; sind einig sie, gehn Deutsche über Alle!« -- **d.** Das Lied ist später von W. *benutzt* zu seiner Fest-Cantate: »L'Accoglienza« u. zwar: Tact 1 bis 6 des Liedes zur Cantate No. V. Allo. Tacte 10—18, 20—22, 107—114: — die 4 Coda-Tacte des Liedes zur Cant. No. IV. Tacte 21—24, 68—71, 148—151.

op. 45.

<h2 style="text-align:center">188.</h2>

<h3 style="text-align:center">Concertino für Horn mit Orchester.</h3>

1 Flöte, 2 Clarinetten, 2 Hörner, 2 Fagotte, 2 Trompeten, 2 Pauken, 2 Violinen, Viola, Cello u. Bass. (Solo-Horn über den Bässen notirt.)

Umgearbeitet zu der gestochenen Ausgabe; 1815, 31. Aug. zu München nach der Composition vom 6. Nov. 1806 für W.'s Freund Dautrevaux; *s. Autogr.* — **op. 45.**

(Dies Concertino steht an dieser Stelle, chronologisch betrachtet, am unrichtigen Orte; es musste den hier vorstehenden 5 Nummern vorangehen, also N. 183 tragen. Um grössere Irrthümer rücksichtlich des bereits Gedruckten zu vermeiden, wurde die chronologisch nicht genau richtige Stellung beibehalten.)

Autograph: Das der ersten Gestalt von 1806 (siehe oben) ist unbekannt; das der vorliegenden Umarbeitung des Werkes in Besitz von Max M. Frhrn. v. Weber zu Wien. (1870, J.) Partitur. Geheftet. 36 Seiten; 12zeiliges nur in 11 Zeilen beschriebenes dünnes bläuliches Octav-Format mit kleiner, höchst sauberer Schrift, nicht alle Tempo- und Vortrags-Bezeichnungen der Ausg. Peters enthaltend. Pag. 1: Titel »Concertino | per il Corno principale | con tutto L'Orchestro | composto | da | Carlo Maria di »Weber. | ✗✗ Unten am Rande: »In Carlsruhe in Schlessien d. 6. November 1806 »für meinen Freund Dautrevaux componirt, gänzlich umgearbeitet für Hrn. Rauch in

«München, im August 1815«. Von p. 1 bis p. 31 incl. ganz von W.'s Hand. Die 4 letzten Schlusstacte, die die Ausg. Peters zeigt, fehlen; dafür hat W.'s Freund, G. Roth jun., k. Sächs. Kammermusiker, einen zweitactigen Schluss hinzugefügt u. wahrscheinlich auch selbst gesetzt; der Schluss der Ausg. Peters ist unbezweifelt der W.'sche Original-Schluss; p. 36 leer. Der Satz in ⁶/₄ nach den 4 einleitenden ¹/₄ Tacten Adagio zu Anfang hat keine Tempobezeichnung; in der Ausg. Peters ist er mit »Andante« überschrieben.

Ausgaben: Erste Orig.-Ausg. **in Orchester-Stimmen.** Leipzig, Peters. ¹/₂ thlr. ‖ Paris, Richault. 12 fr. | **Für Plte. zu 4 Hdn.** — Leipzig. Peters. 1 thlr.

Anmerkungen. a. W.'s bekannte grosse Kenntniss der Eigenthümlichkeiten der Orchester-Instrumente zeigt sich ebenfalls in diesem dem Horne gewidmeten Werke. *Rochlitz* sagt über dasselbe Lpz. A. Mus. Ztg. XXI. 116 unter Anderm: »— Es ist weit kürzer als ein gewöhnliches Concert, macht doch ein wahres Ganze und auch ein solches, worin sich ein guter Solospieler, der Kürze ungeachtet, von mehreren Seiten zeigen und vortheilhaft hervorthun kann. Es besitzt die Vorzüge des Interessanten, Originalen, brav Gearbeiteten in bedeutendem Grade«; — »noch besonders hervorzuheben ist das schöne Recitativ für Horn in der Cadenz der letzten Variation, (es sind deren 4) dessen origineller, imposanter und gewaltig spannender Schluss namentlich zu rühmen ist«. — **b.** Es ist bei ebenerwähnter *Schlusscadenz* des Recitativs einer aussergewöhnlichen Benutzung des Horns zu gedenken, die freilich mehr ein selten gebrauchter künstlerischer Spezial-Effect desselben, als im Wesen der wahren künstlerischen Anwendung dieses Instruments begründet ist. Diese Cadenz ist in der Ausg. Peters in zwei Lesarten gegeben, deren erste einfach die tiefsten Töne des Horns mit mächtiger Wirkung einherschreiten lässt. Die zweite Lesart giebt ein vom Solo-Horn allein auszuführendes drei- resp. vierstimmiges Sätzchen von 7 Tacten, welches den Beweis liefert, dass schon vor jetzt 55 Jahren diese kunststückartige Benutzung des Horns bekannt war, die darin beruht, dass der Bläser zu dem g e b l a s e n e n Ton noch einen zweiten s i n g t, zu denen, bei vollkommner Reinheit der Intonation beider, sich ein dritter u. vierter aus akustischen Gründen hinzugesellen. So wurde also schon von W. ein Horneffect vorgeschrieben, der später dergestalt dem Publikum fremd geworden war, dass er in den 50ger Jahren, von dem berühmten V i v i e r auf's Neue vorgeführt, überall eine aussergewöhnliche Sensation erregte. — **c.** Als »Musik-Intendant« des Herzogs Eugen von Württemberg zu Carlsruhe in Schlesien componirte W. 1806, 6. Nov. dies Concertino für seinen Freund, den Canzellisten des Herzogs, C. D a n t r e v a u x, der zugleich ausgezeichneter Hornist in dessen Capelle war. Als sich am Hofe von Carlsruhe zufällig vornehme Gäste befanden, wurde das Concertino *zum ersten Male* aufgeführt, von W. aber darauf bei Seite gelegt, bis 1815 der Hornvirtuos R a u c h in München W., bei dessen Aufenthalte daselbst, um eine Composition für Horn anging. W. arbeitete nun das alte Concertino von 1806 am 29. u. 31. Aug. 1815 zu seiner jetzigen Gestalt »g ä n z l i c h« um. (*S. Autogr.*) — **d.** Es ist hier noch des *vierhändigen Arrangements*, Ausg. Peters, zu erwähnen als Gegensatz des bei **182** gedachten Arrangements von Ebers; das des Horn-Concertino's kann nemlich als Beispiel eines zwar s e h r freien, aber dennoch zweckmässigen und verständigen gelten. Das Horn bietet in seiner verhältnissmässig tiefen Lage und durch die engeren Schranken, die seinen Melodieformen gezogen sind, für die Uebertragung in ein, wenn auch vierhändiges, Pianoforte-Arrangement besondere Schwierigkeiten dar, die hier in feiner und geschickter Weise gelöst sind. Die Freiheit der Behandlung war fast überall durch die Natur des Horns wohlbegründet; in jenem Quintett-Arrangement von Ebers wird diese Freiheit, zumal in Rücksicht auf die für die Wiedergabe auf dem Pianoforte so bequeme Natur der Clarinett-Parthie, zur unbegründetsten Willkür. — W. erhielt das *gestochene* Exemplar 4. Dez. 1818. — Vergl. Anh. 29. — S. auch Max v. Weber's »Lebensbild« W.'s. I, 114, 493.

Ballade: *»Was stürmet die Haide herauf?«*

Für eine Singstimme mit Begleitung der Harfe (oder des Pfte.) zu dem Trauerspiele von
Georg Reinbeck: »Gordon und Montrose oder der Kampf der Gefühle«.
6 Strophen; die sechste besonders componirt.

Comp. 1815, 12. Nov. zu Prag; *Tageb.*

Was stür-met die Hai-de her-auf? Ist's
Alle Strophen zus. 88 Tacte. Ausg. Schlesinger.

Autograph: Unbekannt. (s. Anm. **b.**)

Ausgaben: Erste Orig.-Ausg. als N. 3 des Opus, zus. mit **166, 192, 196, 197, 198.**
Berlin, Schlesinger, Opus: 1 thlr. 1 gr. | Als N. 22 im W.-Album. Ebend. Alb.: 1 thlr. *x.*
Als N. 24 in »Ausgew. Lieder v. W.« Leipzig, Peters. Ausw.: 10 ngr. *x.* | **Einzeln mit Pfte. —**
Als Heft 10 d. Ausw. 1. Berlin, Schlesinger. 8 gr. | Als N. 52 d. Prchtausg. hrsg. v. Jähns.
1869. Ebend. 33/4 sgr.

Anmerkungen. a. Die ausdrucksvolle, obwohl sehr kurzstrophige Ballade, deren
sechste Strophe nur von den andern verschieden componirt ist, wurde *zum ersten Male*
in dem genannten Trauerspiele öffentlich ausgeführt am 18. Nov. 1815. W. schreibt darüber an Gänsbacher 1816, 20. Janr.: »— sie machte viel Wirkung und gefiel sehr«. —
W's Brief an Rochlitz auf dessen Rezension über das die Ballade enthaltende op. 47
(Lpz. A. Mus. Ztg. XX. p. 557) enthält folgende Aeusserung: »— ich eile, Ihnen mein
»Herzlichkeit für die Anzeige meiner Balladen etc. zu danken. Sie ist mit so viel Ein-
»sicht, Tiefe u. Ergreiffen der Sache gemacht und mit so wohlwollendem Ernst, dass sie
»mir viel Freude gemacht hat. Ich fühle auch die Wahrheit des Gerügten; ob ich aber
»deshalb meinen Weg ändern oder nach dieser Ansicht hin und wieder ebnen kann, weiss
»ich nicht, und das kann nur die Folge beweisen. Dass ich immer mehr nach Klarheit
»und Rundung strebe, bin ich mir wahrhaft bewusst, und glaube es auch in meinen Ar-
»beiten fortschreitend beweisen zu können. So möge denn der Himmel das Uebrige thun
»und die Frucht nach und nach reifen, der eine andere Form zu geben, ich nicht für erlaubt
»halten würde. — So bestimmt sich selbst schätzend durfte, bei aller ihm tief innewohnenden Bescheidenheit, wohl ein Künstler sprechen, der bereits im Pulte die erste Hälfte
seines Freischützen ruhen hatte. — **b.** In d. Lpz. A. Mus. Ztg. XXXI befindet
sich hinter p. 765 ein vollständiger Abdruck der Ballade, auf p. 765 aber eine Erklärung dazu. Danach gab W. die Ballade einst dem Dichter derselben, Reinbeck, der
sie dem Sänger Häser in Stuttgart »anvertraute« (weshalb sie vielleicht das jetzt
verschollene Autograph war). Von der Redaction der Ztg. wurde hiebei vergessen, dass
diese Ballade schon 1818 erschien, u. mit dem op. 47 im Jahrg. XX. 557 *beurtheilt*
worden, also keineswegs ein »ungedrucktes« Werk war.

190.

Kampf und Sieg.

Cantate zur Feier der Vernichtung des Feindes im Juni 1815 bei Belle-
Alliance und Waterloo.
Für 4 Solo-Stimmen (S. A. T. B.), Chor (S. A. 2 T. 2 B.) und Orchester.
Text von Wohlbrück.

Begleitung: 2 Piccoli, 2 Flöten, 2 Oboen, 2 Clarinetten, 2 Fagotte, 4 Hörner, 3 Posaunen, 2 Trompeten, 2 Pauken, Trommel u. Türkische Musik, 2 Violinen, 2 Violen,
Cello u. Bass.

Comp. 1815, 19. Dez. zu Prag; *Tageb.* (s. *Anm.*) — op. 44.

Autograph: Vollständige Partitur. Im Besitz von Max M. Frhrn. v. Weber, K. K. Hofrath zu Wien. (1869. J.) Broschirt, in grünem Umschlag, ¹/₃ Zoll stark, kleines Quer-Quartformat, dünnes festes gelbliches Papier, unbeschnitten; durchweg kleine schwarze Schrift; eins der schönsten und saubersten Autographe W.'s. 116 Seiten; p. 116 leer. P. 1: Titel »Kampf und Sieg. | Cantate | zur | Feyer der Vernichtung des Feindes im Juni 1815 | bey | Belle-Alliance und Waterloo. | Gedichtet von Wohlbrück in Musik gesezt | von | Carl Maria von Weber. | ⁎, ꞌⁱ Am untern Rande: »vollendet d 11. December 1815 in Prag | zum 1male aufgeführt d 22ᵗ eodem«.

Ausgaben: Erste Orig.-Ausg. Vollständige Orchester-Partitur. Mit dem ursprünglichen u. einem für den deutsch-französ. Krieg von 1870 etwas geänderten Text. Berlin, Schlesinger (Lienau). 1 thlr. n. | Orchester-Stimm. — Ebend. 1870. 6 thlr. | Chor-Stimm. — Mit ursprüngl. u. geänd. Text. Ebend. 1 thlr. | Solo-Stimm. | Ebens. Ebend. 15 sgr. | Clav.-Ausz. vom Compon. — Mit d. ursprünglichen Text. Ebend. 3 thlr.⁸ sgr. | Neue Prchtausg. mit dem für den Krieg von 1870 etwas geänderten Text. Ebend. 1 thlr. n. | Clav.-Ausz. ohne Worte zu 2 Hdn. arr. Ebend. 20 sgr. n.

Anmerkungen. a. Characterisirung. Urtheile. Wir haben es hier mit einem Werke W.'s zu thun, das bei zwar nur ³/₄ stündiger Dauer doch fast die Bedeutung einer von W.'s späteren Opern hat, da es auf dem Gebiete der höheren Cantate ebenso einen Gipfelpunkt seines Schaffens bezeichnet, wie jene auf dem der dramatischen Composition; zugleich ist es der Gipfelpunkt des musikalischen Ausdrucks seines ächt deutschen patriotischen Herzens bei vollster Entwicklung seiner künstlerischen Originalität und bei vollendeter Meisterschaft in Beherrschung aller technischen Mittel. — W. hatte die Bahn eines deutschen Sängers schon 1812 mit seinem »Kriegs-Eid« betreten, 1814 durch die Lieder aus »Leyer u. Schwert« das gesammte deutsche Vaterland mit sich fortgerissen und 1815 gab er — nach den kleineren frischen Compositionen zu Gubitz' »Schlacht bei Leipzig« — in »Kampf und Sieg« seinen patriotischen Empfindungen eine im höheren Sinne durchgeführte nach allen Richtungen hin vollendete grossartige Kunstgestalt. — Er selbst hat zugleich den Standpunkt, auf den er sich mit seinem Werke stellen und für welchen er den Hörer stimmen wollte, näher bezeichnet in einem höchst bemerkenswerthen eingehenden Aufsatze über dasselbe, enthalten in seinen hinterlassenen Schriften II. 161 ff., abgedruckt in Max M. v. Weber's »Lebensbild« W.'s III. 91 ff., auf welchen Aufsatz ich hier angelegentlich verweisen muss. Derselbe ist überschrieben: »Meine Ansichten bei Composition der Cantate Kampf und Sieg. Für meine Freunde niedergeschrieben. Prag. 26. Juni 1816«. — Leider liegen erschöpfende Kritiken des Werkes nicht vor. Zweier Berichte über Aufführungen desselben sei jedoch hier gedacht: 1.) des über die in Prag am 22. Dez. 1815 in der Lpz. A. Mus. Ztg. XVIII. 154, der dem Werke hohe Anerkennung zollt; 2.) des über die Aufführung in Berlin unter W.'s eigner Leitung am 18. u. 23. Juni 1816 in N. 71 der Berliner Vossischen Zeitung von 1816. Dieser Bericht nennt die Composition »genial, reich an Phantasie, gross und kühn ausgeführt«; er giebt darauf eine Scizze des Ganzen, in welcher es unter Andrem heisst (NB. hier unter Hinweglassung alles auf die Ausführenden Bezüglichen): »Der erste Völkerchor (N. 2) wird durch eine Introduction (N. 1) vorbereitet, welche das Losreissen der höllischen Zwietracht, die neue Unterbrechung des erkämpften Friedens schildert. Der »Glaube« (Bass) tröstet in einem sanften Solosatze (N. 3), welcher durch zarte Cello-Soli in einen melodiereichen 3stimm. Gesang (N. 4) übergeht, indem sich »Liebe« (Sopran) und »Hoffnung« (Tenor) an den »Glauben« anschliessen. Voll innigen Gefühles ist die Stelle »Eintracht ist Siegespfand«. Der Kriegerchor (N. 5) fällt mächtig und in kurzen Rhythmen voll Entschlossenheit und Kampflust ein; ein aus der Ferne tönender militärischer- (österreichischer Grenadier-) »Marsch »Freundes Jubelklang« mischt sich darein. »»Es naht der Feind mit wilder Wuth«« wird wild gemalt, aber zuversichtlich schliesst der Chor: »»Mit Gott sei unser Werk gethan!«« — Aus der Ferne ein kecker verwegener Marsch des Feindes (N. 6); sehr kunstvoll ist dazwischen der Gesang der Krieger aus Theodor Körner's Gebet »Wie auch die Hölle braust« verwebt. Nun beginnt (mit N. 7) der Sturmschritt, Trommeln treten ein, der Angriff, die Schlacht, der heisse Kampf, die Bedrängniss der Krieger, das Klagen der Verwundeten, der Uebermuth des Feindes wird hier in so gewaltigen Tonmassen ausgedrückt, dass deren Beschreibung unmöglich ist. Nur muss als eine sehr glückliche Idee das erst schwache, dann immer mehr überhand nehmende »»Ah, ça ira!«« des Feindes angeführt

werden, welches zuletzt wieder ganz erdrückt wird, als die Preussischen Flügelhörner
(N. 8) den herannahenden, mächtigen Succurs verkünden«. (Hier hatte W. den schönen
und kühnen Gedanken auf den Worten »O Himmelslust in Todesdrang, das ist Freundes
muthiger Schlachtgesang!« den Refrain aus seinem berühmten Liede »Lützows Jagd« eintreten zu lassen.) »Nun wird (in N. 9) das erneute Schlacht- und hier Ton-Gewühl
immer heisser und wilder, bis zu dem jubelnden Ausruf gesteigert »»Hurrah! Er flieht!««
(der Feind.) — Hier tritt der Siegesmarsch mit bis dahin nicht gebrauchter Janitscharen-
Musik und das »»Heil dir im Siegerkranz«« ein. Die Schlacht endet — ihr Rauschen
vertönt. In diesem malerischen Theil der Musik sind durchaus keine kleinlichen spie-
lenden Mittel angewandt und dennoch wird der höchste Effect erreicht; das Ganze ist
wohlgeordnet und verständlich. Der nun folgende Schluss der Cantate ist von besonderem lyrischen Werthe. Der Völkerchor (N. 13) schliesst mit dem kunstreich durchgeführten Thema des imponirenden »»Herr Gott Dich loben wir!«« majestätisch, und dessen
Wirkung wird noch erhöht durch die, blos mit Solo-Singstimmen dazwischen wiederkeh-
rende Bitte »Gieb und erhalte den Frieden der Welt!«« — **b.** *Zur Geschichte der*
Composition und der anfänglichen Aufnahme des Werkes gehörig, stehe hier Folgendes:
1.) Aus W.'s *Tagebüchern*. Sie sagen: München, 1815. 26. Juli: »Idee zu der grossen
»Siegescantate gefasst. Zu Wohlbrück. Mit ihm darüber gesprochen«. — 2. Aug.: »Wohl-
»brück brachte den ersten Entwurf der Cantate«. 17. »1sten Chor notirt«. 19. »Terzett
»N. 4 notirt«. Prag, 18. Sept.: »Gearb. an der Fuge«. 25. »Fuge vollendet seizirt«.
19. Oct.: »An der Cantate angefangen zu instrumentiren«. 22. »N. 1, 2 u. 3 vollendet«.
26. Nov.: »Idee gefasst, zum Concert am 2. Xbr die Cantate zu vollenden«. 27. »N. 5
»vollendet«. 1. Dez.: »Schlacht vollendet seizirt«. 2. »Recit. »Söhne des Ruhms« bis
»unter ihnen« vollendet«. — 4. »Schlusschor und Fuge vollendet«. 7. (Das Ganze) »Voll-
»endet in der Partitur seizirt«. 8. »1ste Schlacht vollendet«. 11. Dez.: »Die Kantate
»vollendet bis auf die Posaunen bis 1 Uhr«. 19. »Um 11 Uhr Probe von meiner Cantate,
»dann die Posaunen noch vollends gesetzt«. 22. »Meine Cantate, ging sehr gut und machte
»grosse Wirkung. mit sangen Mad: Czeka, Grünbaum, Böhler, Kainz, Brandt (W.'s
»Braut) Allram ;« (die Herren) Kainz, Grünbaum, Dorisch, Feliski. Mitspielten: Bocklet,
»3 von Wrtby, Sagora etc. sie spielt 3/4 Stunden. Dies ergriff endlich das Volk«. — 1816,
30. Mai: »Clav.-Auszug der Cantate vollendet«. — 2.) Aus *Briefen* W.'s: a.) An die
Braut in Prag: 1815, 27. Juli. München — Ich bleibe hier bis zu Ende meines Urlaubs.
»Ich habe seit gestern die Idee zur Ausführung eines grossen Werkes, das viele Thätigkeit
»und Anstrengung erfordert, gefasst, und das hält mich fest. Nach meinem Concert mache
»ich alle Abschiedsvisiten und gehe nicht mehr aus meinem Zimmer«. Im Briefe v. 28. Juli.:
»den 26ten«. — nach Tische fasste ich die Idee zur Siegescantate der Schlacht bei Belle-
»Alliance und beschäftigte mich den ganzen Tag mit Entwerfung des Plans«. 4. Aug.
(nach W.'s Concert am 2.) » — Das Liebste ist mir, dass jetzt alles so Schlag auf Schlag
»geht, und ich dann« (nach einem Concert am 8ten in Augsburg) »meine Arbeit an der
»Siegescantate ohne weitere Unterbrechung anfangen und vollenden kann. Gott schenke
»mir dazu heitren Sinn und Kraft, denn ich möchte gern etwas dieser grossen Begeben-
»heit Würdiges leisten«. b.) An Gottfried Weber. München, 20. Aug.: » — ich
»wollte nun weiter reisen, als eine grosse Idee mich packte, der zu Lieb ich meine wei-
»tere Reise aufgab und sogleich zu arbeiten anfing. Ich schreibe neulich eine Cantate
»zur Feyer der Schlacht bei Belle-Alliance; ein treffliches Gedicht von Wohlbrück«. —
» — Du kannst denken, wie sehr mich solche Arbeit, die meinen Ruf in der Welt be-
»gründen kann, Tag und Nacht beschäftigt; und — Gott sei Dank! seit den wenigen
»Tagen, dass ich daran denke, fühle ich das Wiederkehren meiner Kraft, und dass ich
»der Welt noch etwas nützen kann«. — c.) An Rochlitz. München, 27. Aug.:
» — Das Gedicht meiner Cantate hat die Tendenz, die Sie wünschen. nie würde ich
»mich zu einem Lob- und Preiss-schreyenden Gelegenheits-Gedicht. wo alle Augenblick
»Vivat Blücher, Vivat Wellington etc. vorkömmt, hergegeben haben. Ich werde Ihnen
»eine Abschrift davon schicken und bin Ihres Beyfalls gewiss«. d.) An Gänsbacher.
Prag, 1816, 20. Janr.: » — ich fasste also den 26. Nov. den mächtigen Entschluss, den
»22. Dez. meine Cantate aufzuführen. Da war keine Minute Zeit zu verlieren; denn
»herausschreiben, probiren etc., was frisst das Alles für Zeit! Ich arbeitete also in voller
»Anstrengung, und auf einmal wieder mit Lust, alle Nächte bis 2—3 Uhr und wurde richtig

«den 18^t X^{br} fertig. Bei meinen vielen Dienstgeschäften und Proben war das gewiss
«eine Riesenaufgabe». — An ebend. nach der ersten Aufführung von Kampf und Sieg am
22. Dez. in Prag: »— Dann kam die Cantate, die $^3/_4$ Stunden spielte. Sie ging vor-
«trefflich, voll Feuer und Leben. — Ich habe mich Gottlob in keinem Effect betrogen,
«und ich glaube, Du würdest mit dem Ganzen zufrieden seyn, denn es ist manche glück-
«liche Idee hineingewachsen. — Zuletzt packte es denn auch das kalte Volk, und sie
«mussten loslegen, sie mochten wollen oder nicht«. — e.) An Gottfried Weber.
Prag, 1816, 2. Febr.: »im 2ten Theil (des Concerts am 22. Dez. 1815): meine Cantate,
«deren Text ich vorher declamiren liess und unmittelbar darauf anfangen« — ein sehr
empfehlenswerthes Verfahren bei Aufführungen ähnlicher Werke, wo der Inhalt des
Textes vorweg den Hörern unerlässlich nothwendig ist! — f.) An Gänsbacher.
Prag, 1816, 4. Aug.: »— Nach Bremen wurde eine Partitur von mir verlangt zur Jah-
«resfeyer der Schlacht, 18. Juni. Dies brachte mich auf den Gedanken, dem Könige
«von Preussen dasselbe vorzuschlagen. Er genehmigte es, und ich ging zu Anfang Juni nach
«Berlin, um es selbst aufzuführen — wo es mit grossen Enthusiasmus aufgenommen
«wurde; — die ganze Kapelle gab mir die grössten Beweise von Anhänglichkeit und Ach-
«tung«. Auch hier wurde das Gedicht unmittelbar vor Ausführung der Musik gesprochen. — c. Vier Stellen dieser Cantate sind zu erwähnen als mit andern Werken W.'s
in Verbindung stehend; es sind 1.) die frappante, düster brütende Accordfolge der
Tacte 18 u. 19, 20 u. 21 in N. 7, die er im II. Finale der Euryanthe unmittelbar
vor den Worten Lysiart's »Verleih mein Recht mir« zu höchster Wirkung verwendet, und
die nach dieser Verwendung ihm vielfach nachgeschrieben wurde, z. B. im 4. Finale,
Tact 27 bis 30 des Poco Andante $^3/_4$ bei Eintritt der Mönche in Meyerbeer's Hugenotten; 2.) die rollende Bassfigur der Tacte 11 bis 28 in N. 8, die wir nicht nur
wiederfinden in W.'s Silvana N. 16 Tact 3 u. ff. und Tact 91 u. ff., sondern auch in
W.'s Abu Hassan N. 7 Tact 27 u. ff., wie ferner als bewunderungswürdig benutztes
Vorbereitungs- und Steigerungs-Mittel kurz vor dem Schlusssatz F moll des zweiten Finales der Euryanthe; 3.) die an die vorgenannte Stelle in N. 8 von »Kampf und Sieg«
sich unmittelbar anschliessende, schon Anm. a. bei dem Bericht über die Berliner Aufführung hervorgehobene Einführung des Schluss-Refrains (9 Tacte) von »Lützow's
Jagd« auf den Worten in N. 8 »O Himmelslust in Todesdrang!«, wo, nach dem frivolen
»Ah, ça ira« des Feindes, Preussische Jäger erscheinen — ebenfalls eine Wendung von ergreifendster Wirkung; und 4.) der Eintritt des »God save the King« nach der Nieder-
lage des Feindes mit der schwungvollen Begleitung der Streichinstrumente gegen die Bläser,
welche Behandlung dieser Volkshymne W. später zum Schluss seiner »Jubelouvertüre« genau ebenso wieder eintreten liess. — d. Der Text der Cantate wurde für
England von Beresford übersetzt; zum Behuf einer Aufführung zur Feier der Schlacht
von Königgrätz wurde von Prof. F. Sieber in Berlin ein neuer Text dazu verfasst und
die Composition vom K. Preuss. Musik-Director Wieprecht für die Preuss. Militär-
Musikchöre arrangirt. — In der jetzt (1870 Oct.) bei Schlesinger (Lienau) zu Berlin erscheinenden vollständigen Partitur und in der neuen Ausgabe des Clav.-Auszugs nebst
Chorstimmen ist der Text, im Hinblick auf den deutsch-französischen Krieg der Gegenwart, ebenfalls geändert und zwar, obwohl genügend für den Zweck, dennoch möglichst
wenig, was bei W.'schen Compositionen besonders erwünscht, da der Componist stets
sehr streng den Wortausdruck ins Auge fasst. — Angekündigt wurde das Werk durch
Schlesinger 1817 in der Vossischen Zeitg. N. 15 am 17. Febr. — S. auch Max v. W.'s
»Lebensbild« W.'s I, p. 415, 481, 83, 86, 88, 91—93, 503—7, 15, 17, 19, 20, 22—
25, 46. — Ferner Lpz. A. Mus. Ztg. XVIII. 498. XXIII. 124. XXXVIII. 91.
XXXXIV. 943.

— 1816. —

191.

Tedesco.

Für 1 Piccolo , 2 Oboen , 2 Clarinetten , 2 Hörner , 2 Fagotte , 2 Trompeten , 2 Pauken,
2 Violinen u. Bass.

Comp. 1816, 20. Janr. zu Prag; *s. Autogr. — Ungedruckt.*

Autograph: Partitur. Im Besitz von F. W. Jähns. 1½ Bogen dünnes bläuliches Klein-Post-Octav , 10zeilig ; 5 Seiten , sehr kleine , höchst saubere Schrift ; p. 6
leer, nur unten kurze Notiz von meiner Hand. P. 1 überschrieben mit : »Tedesco. comp.
d 20. Januar 1816 in Prag für die Liebichschen Bälle, Weber«. (S. Anh. 50.)

Ausgaben: Keine.

Anmerkungen. a. W.'s *Tagebuch* sagt: Prag , 1816 , 20. Janr.: »Walzer für
Liebich instrumentirt. Ddur«. 21. Jan.: »Auf die Redonte. meine Walzer gehört«.
Dass aber das Tedesco (= Deutscher, deutscher Walzer) nicht nur von W. blos instrumentirt, sondern von ihm auch componirt sei, spricht die Ueberschrift zum Autograph
durch das »comp.« zweifellos aus. Die im Tagebuch hier gebrauchte Bezeichnung »instrumentirt« erinnert an das »instrumentirt«, bei der Ariette 163 zu Fischer's »Verwandlungen« gebraucht, von der nicht ganz unwahrscheinlich , dass W. sie auch componirt habe.
— **b.** Zum Ballo N. 4 seiner Preciosa hat W. aus obigem Tedesco später im Ganzen
12 Tacte (ohne Reprise) **benutzt**, und zwar vom Theil I Tact 1, 2, 5, 6 (die sich auch
schon in **143** vorfinden): zum Ballo Theil II u. VI, Tact 1 u. 2; — vom Tedesco
Theil II Tact 1 bis 6 incl.: zum Ballo Th. III, VII u. VIII Tact 1 bis 6; — vom Ted.
Th. V ganz: zum Ballo Th. IV ganz; — vom Ted. Th. VI alle 16 Tacte: zum Ballo
Th. V Tact 1 bis 8 u. 17 bis 24; — die Theile V u. VI des Tedesco hat W. ausserdem
zum zweiten Hauptthema des Allo. der Preciosa-Ouvertüre verwendet, C. Blum dieselben aber zu dem Duett N. 15 in seinem Liederspiele »Die Rückkehr in's Dörfchen«
mit Melodieen von W. (S. Anh. 120.)

N. 4 im op. 47.

192.

Der Jüngling und die Spröde. *»Weile, Kind,«*

Lied (auch Zwiegesang) mit Begleitung des Pianoforte.

Text von F. W. Gubitz. Durchcomponirt.

Comp. 1816, 26. Febr. zu Prag; *Tageb.* — *N. 4 in op. 47;* Heft 10 der Gesänge.

Autograph: Unbekannt.

Ausgaben: Erste Orig.-Ausg. als N. 1 des Opus, zus. mit **166, 189, 196, 197, 198.** Berlin, Schlesinger. Opus: 1 thlr. 1 gr. | **Einzeln.** — Als Heft 11 d. Ausw. I. Ebend. 10 gr. | Als N. 53 d. Prchtausg. v. Jähns. 1869. Ebend. 3⅓ sgr. a. | Als N. 72 im Arion. Braunschweig. Basse. ‖ Stuttgart, Göpel. In F transp. | **Mit Pfte. od. Guit.** — Hamburg. Cranz. 6 gr.

Anmerkungen. Dies Lied voll Schelmerei u. Grazie ist, in Bezug auf das »Er« und »Sie« darin, auch abwechselnd von einer Männer- und einer Frauen-Stimme auszuführen, wodurch seine Wirkung vielleicht noch erhöht wird; von e i n e m Sänger gegeben, erfordert es eine doppelte Tüchtigkeit in feinen Vortrage. R o c h l i t z nennt das Lied »schalkhaft naiv« in der *Rezension* des Opus Lpz. A. Mus. Ztg. XX. 557, worin es auch im Intell.-Bl. S als *neu erschienen* angekündigt wird. — S. noch *W.'s Brief* an Rochlitz in **189** Anm. a.

193.

Canon: »*Weil Maria Töne hext,*«

Für 3 Singstimmen. Text von F. W. Gubitz.

Comp. 1816, 21. Juni zu Berlin; *Tageb.* (s. *Anm.*)

Ungedruckt.

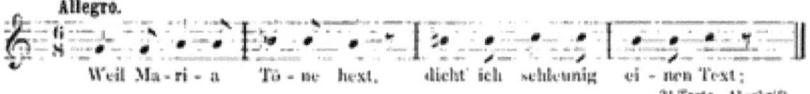

Weil Ma - ri - a Tö - ne hext, dicht' ich schleunig ei - nen Text;

21 Tacte. Abschrift.

Autograph: Unbekannt.

Ausgaben: Keine. — **Abschrift** nach dem Autograph nahm F. W. Brauer, Tonkünstler zu Dresden, danach ich die meinige.

Anmerkungen. W.'s Tageb. sagt 1816, 21. Juni, Berlin: »Abends bei der Koch«. (s. **133.** Anm. b.) »Canon gemacht mit Gubitz, a tre: »Weil Maria Töne hext« C dur ⁶/₈«. Derselbe ist also eine der Vocalcompositionen W.'s, die ihre Entstehung den heitren berliner geselligen Kreisen verdanken, denen sich W. in den Jahren 1812, 14 u. 16 so innig zu verbinden gewusst hatte. Diese Bemerkung gilt also zugleich für **131—137, 140, 156, 164—167, 200—203.** Vergl. besonders **164.** Anm. — Der *Text* obigen Canons heisst vollständig: »Weil Maria Töne hext, dicht' ich schleunig einen Text; träte hier nicht Eilen ein, könnt' der Text wohl besser sein«.

194.

Ariette der Lucinde

Ungedruckt.

für L. Huber's komisch-romantisches Volksmärchen in 3 Aufzügen mit Gesang »Das Sternenmädchen im Maidlinger Walde«. Musik von Ferd. Kauer.

Begleitung: 2 Flöten, 2 Oboen, 2 Clarinetten, 2 Hörner, 2 Fagotte. 2 Violinen, 2 Violen, Cello u. Bass; 2 Trompeten u. 2 Pauken im Anhange.

Comp. 1816, 4. Aug. zu Prag; *Tageb.*

(Text fehlt im Autograph.)

Autograph: Partitur. Im Besitz von F. W. Jähns. Klein-Octav-Querformat; dünnes festes Briefpapier; 10zeilig, sehr saubere kleine Schrift. 8 volle Seiten. Anhang von Trompeten und Pauken auf p. 8.

Ausgaben: Keine. — Das Buch des Stückes erschien bei A. M. Schmidt. Wien, 1802.

Anmerkungen. a. Mit dieser komischen Ariette wurde das oben genannte Huber-Kauer'sche Singspiel 1816, 1. Aug. *zum ersten Male* in Prag gegeben. Das Tageb. sagt darüber: 1816, 1. Aug. »Mittag bei Lina« (seiner Braut, Sängerin zu Prag) »Lied für Sie »in das Sternenmädchen gemacht, Abends instrumentirt«. 4. »Abends zum 1. Male das Stern. »Mädch. Das Lied gefiel sehr«. Dass W. hier die Ariette »L i e d« nennt, ist eine zufällige Flüchtigkeit im Ausdruck, die mitunter im Tageb. vorkommt, z. B. auch bei Nennung der gleich grossen Ariette 163. — **b.** Nach Mittheilungen von W.'s Wittwe an mich schrieb er die Ariette der Lucinde an Stelle der ursprünglichen Nummer, welche für seine damalige Braut zu hoch lag und mit unbequemen Coloraturen überhäuft war. — Die kleine Composition ist dadurch merkwürdig, dass sie einige hervorstechende *Themate* des »*Freischütz*« enthält. Dadurch entstand schon zur Zeit der ersten Aufführungen desselben in Prag das Gerücht, dass »viele Nummern des Freischütz bereits zwischen 1813 u. 1816 in Prag componirt seien«, ein Gerücht, welches in neuster Zeit von musik. Zeitschriften wiederholt wurde, obwohl alles an Motiven in Prag zu anderem Zweck Entstandene und später zum »Freischütz« Benutzte sich im Ganzen auf n u r 16 Tacte reducirt, ein »Componiren vieler Nummern des Freischütz« überhaupt aber deshalb un-möglich war, weil W. das Gedicht desselben erst von Kind am 3. März 1817 in Dresden erhielt, nachdem er Prag im Sept. 1816 für immer verlassen hatte — wie ich dies Alles ausführlicher in N. 27 der »S i g n a l e für die musik. Welt« von 1864 besprochen habe. — Es war eben — wie wir dies wiederholt in dieser meiner Arbeit sehen — eine eigen-thümliche Seite von W.'s Talent, musikalische Ideen, (oft von nur 2 bis 3 Tacten, ja einmal sogar von 1 Tact, [s. Silvana, alte Arie N. 4]) die in seinen ungedruckten Manuscripten enthalten waren, an geeigneter Stelle in späteren Werken mit höchster Wirkung zu ver-wenden, wie eben die Ariette für Lucinde einige glänzende Beispiele davon giebt; denn die Tacte im Freischütz 5 bis 12 der Arie »Trübe Augen«, die Tacte 55 bis 56 ebendort auf »Lass in öden Mauern«, ferner die Tacte 11 u. 15 im Duett N. 6 auf »in solch altem Eulennest« lassen sich kaum schlagender diese Dichtung musikalisch wiedergebend den-ken, als es hier mit Elementen geschehen, die, wie die Arie der Lucinde, ursprünglich einem ganz anderen Werke angehören.

195.

Romanze. »*Ein König einst gefangen sass,*«
Für eine Singstimme mit Begleitung der Guitarre.
Romanze N. 1 zum Schauspiel »D i a n a v o n P o i t i e r s« von Castelli. 3 Strophen. (s. Anm. b.)
Comp. 1816, 21. Aug. zu Prag; *Tageb.* — *Ohne Opus-Zahl.*

Andantino con moto.

Autograph: Unbekannt.

Ausgaben: Erste Orig.-Ausg. mit Guit. Berlin, Schlesinger. in N°. 2 gr. | Als N. 98 d. Prachtausg. hrsg. v. Jähns mit **Pfte.-Begleit.** v. dems. Schlesinger (Lienau). 2½ sgr. n. | Als N. 15 d. W.-Album. Ebend. mit Pfte. Alb.: 1 thlr. n. | **Mit Guit. u. Pfte.-Begl.** v. J. Otto. Zus. mit 223 u. **195.** Leipzig, Friese. 6 gr.

Anmerkungen. a. In dem Schauspiel, das mit dieser schönen charaktervollen Romanze *zuerst* in Prag am 1. Sept. 1816 gegeben wurde, singt König Franz I. die ersten beiden Strophen, Diana von Poitiers die dritte, worauf sie plötzlich abbricht. Dem Gan-zen einen Abschluss zu geben, hat der Herausgeber der Ausgabe Schlesinger (Lienau) eine vierte Strophe hinzugefügt. — **b.** Die Ausgabe Friese giebt nur die erste

Strophe; für das *d* im Bass des achten Tactes vor dem Schlusse muss *dis* stehen; auch ist das Datum der Composition, der 29. Aug., darin ein unrichtiges; das richtige ist der 21., wie W.'s Tagebuch feststellt. Den 21. Janr. 1822 sendete er die Romanze *zum Stich* an Schlesinger. — Ueber eine zweite Romanze zu diesem Schauspiel s. Anh. 62.

196.

Mein Verlangen. *»Ach, wär' ich doch zu dieser Stund'«*

Lied für eine Singstimme mit Begleitung des Pianoforte.
Text von Friedr. Förster. Durchcomponirt.

Comp. 1816, 22. Sept. zu Prag; *Tageb.* — *N. 5* im *op. 47;* Heft 10 der Gesänge.

Autograph: Unbekannt.

Ausgaben: Erste Orig.-Ausg. als N. 5 des Opus, zus. mit **186, 189, 192, 197, 198.** Berlin, Schlesinger. Opus: 1 thlr. 4 gr. | Als N. 23 im W.-Album. Ebend. Alb.: 1 thlr. *n.* | **Einzeln.** — Als Heft 12 d. Ausw. I. Ebend. 4 gr. | Als N. 54 d. Prchtausg. hrsg. v. Jähns. 1869. Ebend. 2½ sgr. *n.* ‖ Als N. 37 im Arion. Braunschweig, Busse. ‖ Als N. 22 in »Ausgew. Lieder v. W.« Leipzig, Peters. Ausw.: 10 ngr. *n.* ‖ Als »Ah, were I at the present hour« »Mein Verlangen«. London, Ashdown u. Parry. 1*s*. 6*d*. | **Mit Guit.** — Arr. v. Gaude: Hamburg, Cranz. 1 gr. | **Für Orgel zu 4 Hdn.** — Als Andantino in Book IX in Hiles' short voluntaries. London, Novello. Book: 1*s*. 3*d*.

Anmerkungen. Eins der zartesten Lieder aus der Periode vollständiger Reife des Componisten. — Rochlitz nennt es »zärtlich lieblich« in der *Rezension* des Opus Lpz. A. Mus. Ztg. XX. 557, worin es auch im Intell.-Bl. 5, als neu erschienen, *angekündigt* wird. — S. noch W.'s Brief an Rochlitz in **189.** Anm. a.

197—198.

197. Die gefangenen Sänger. *»Vöglein, einsam in dem Bauer,«*

Lied für eine Singstimme mit Begleitung des Pianoforte.
Text von Max von Schenkendorf. Durchcomponirt.

198. Die freien Sänger. *»Vöglein hüpfet in dem Haine,«*

Lied für eine Singstimme mit Begleitung des Pianoforte.
Text von Friedr. Förster. 3 Strophen.

Beide comp. (»notirt«) 1816, 23. Oct. zu Berlin; *Tageb.* — *N. 1* u. *2* im *op. 47* »Balladen u. Lieder« Heft 10 der Gesänge.

197. N. 1. Die gefangenen Sänger.   **198. N. 2. Die freien Sänger.**

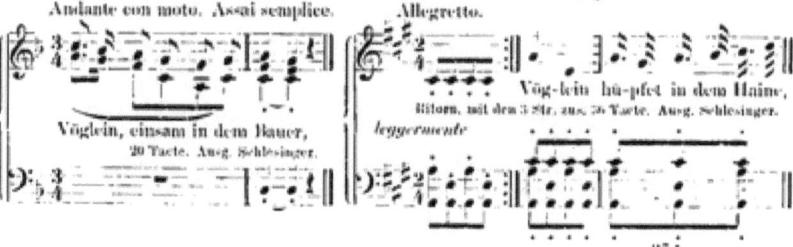

Autograph: Unbekannt.

Ausgaben: Erste Orig.-Ausg. Beide als N. 1 u. 2 des Opus, zus. mit **166, 189, 192, 196,** Berlin, Schlesinger. Opus: 1 thlr. 4 gr. | **Beide zus. besonders abgedruckt** als Heft 9 d. Ausw. 1. 6 gr. ‖ N. 1 als N. 50, N. 2 als N. 7 im Arion. Braunschweig, Busse. ‖ N. 1 als N. 820 in Fink's musik. Hausschatz. Leipzig, Mayer u. Wigand. 1. Ausg. | N. 1 u. 2 als N. 19 u. 20 in «Ausgew. Lieder v. W.» Peters. Ausw.: 10 ngr. u. | **Jede N. einzeln.** — N. 1 als N. 50, N. 2 als N. 51 in d. Prelitausg. v. Jähns, 1869. Berlin, Schlesinger (Lienau), Jedes 2½ sgr. u. | N. 2 als N. 5 in C. Blum's Liederspiel »Die Rückkehr ins Dörfchen«. Ebend. Clav.-Ausz. 2⅓ thlr. | **Mit Guit.** — Arr. v. Gaude: Hamburg, Cranz. Beide zus. 5 sgr.

Anmerkungen. Ein Zwillings-Liederpaar von feinem Reiz in Bau, Melodie, Harmonie; hervorstechend durch Originalität; beide Lieder scharf gezeichnete Contraste, das erste schwermüthig, vereinsamt; das zweite elastisch, flüchtig wie ein davon flatternder Vogel. — Zuerst *angekündigt* im Opus in der Lpz. A. Mus. Ztg. XX. 1818. Intell.-Bl. 8. *Besprochen* darin p. 557 von Rochlitz. — 8. noch W.'s Brief an diesen in **189.** Anm. a.

199.

Grosse Sonate für Pianoforte. Asdur, N. II. *op. 39.*

Comp. 1816. 31. Oct. zu Berlin; *s. Anm.* d. — Gewidmet »en Marque d'estime et d'amitié A Monsieur François Lauska, Compositeur et Professeur de Piano à Berlin«.

Allegro moderato con spirito ed assai legato.

♩. = 116; [??? Moscheles, Ausg. Chappell. | ♩. = 92: F. Kroll. — ♩. = 69: Ausg. »Format Lemoine«. | ♩. = 84—88: Jähns.

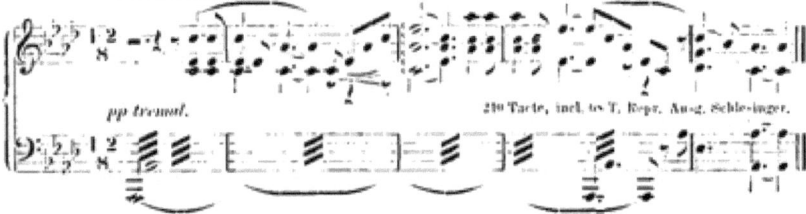

pp tremol. 210 Tacte, incl. to T. Repr. Ausg. Schlesinger.

Andante. ♩ = 96 [12?] Moscheles. — ♪ = 92: F. Kroll. — ♪ = 104: Lemoine. — ♪ = 84 bis 88: Jähns.

p 130 Tacte. Ausg. Schlesinger.

Menuetto. Capriccio. ♩. = 108: Moscheles. — ♩. = 88: F. Kroll. — ♩. = 104: Lemoine. — ♩. = 100: Jähns.

Presto assai. **Trio.**

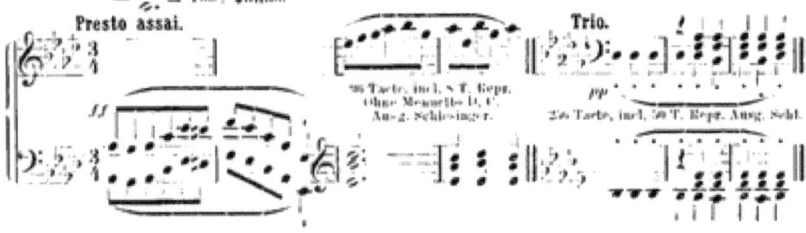

ff 96 Tacte, incl. 8 T. Repr. Ohne Menuetto D. C. Ausg. Schlesinger. *pp* 26 Tacte, incl. 50 T. Repr. Ausg. Schl.

Moderato e molto grazioso. ♩ = 100; Moscheles. — ♩ = 100. F. Kroll. — ♩ = 112; Lemoine. — ♩ = 112. Jähns.

Autograph: Unbekannt.

Ausgaben: Erste Orig.-Ausg. Querfolio. Berlin, Schlesinger. 1½ thlr. | Edit. orig. nouv. et corrigée. Hochfolio. Ebend. 1½ thlr. | Als N. 2 in Bd. II der Gesammt-Ausg. von W.'s Werken; neueste, correcte, elegante u. billige Prchtausg. 1868. Hochfolio. Revid. v. C. Reinecke. Ebend. 17½ sgr. *n.* | Der Band II mit den 4 Sonaten zus. Ebend. 1¾ thlr. *n.* ‖ Amsterdam, Theune u. C. 2 Gl. 50 cs. ‖ Kritisch revid. u. für d. Selbststudium mit Fingersatz, so wie mit technischen u. Vortragserläuterungen versehen v. Franz Kroll. Berlin, Fürstner. 22½ sgr. ‖ Braunschweig, Litolff. 8 sgr. | Alle vier grossen Sonaten op. 24, 39, 49 u. 70 zus. Ebend. 15sgr. ‖ Leipzig, Breitkopf u. Härtel. Hochfolio. 21 ngr. *n.* | Alle 4 Sonaten zus. Ebend. 1 thlr. Furberg. 20 ngr. | Cur. de Mus., Peters'. Alle 4 Sonaten. 8°. 12 ngr. | Desgl. in 4°. Ebend. 15 ngr. | In W.'s »Oeuvr. compl. p. Pfte.« 20 Num. 8°. Ebend. 25 ngr. *n.* | Alle 4 gr. Sonaten mit op. 12, 24, 62, 65, 72 u. 79 zus. Ebend. 8°. 1 thlr. *n.* | Stoll. 20 ngr. ‖ Hrsg. u. metronom. v. J. Moscheles: London, Chappell u. C. 7s. | Cramer u. C. ebenso. 7s. ‖ Mailand, Ricordi. In Bd. 7 von »L'arte antica«. Bd.: 7 fr. ‖ Offenbach, André. 2 fl. 21 xr. ‖ Paris, Brandus u. Dufour. 9 fr. | Lemoine, Gr. Form. 9 fr. | Ebend. »Format Lemoine.« 1 fr. 50 c. | Meissonnier fils. 9 fr. | Richault. 9 fr. | M. Schlesinger. 9 fr. | Schonenberger. In N. 5, Vol. 6, Bibl. class. des Pianist. av. Biogr. de l'Auteur et Analyse raisonnée de ses Oeuvr. p. Fétis. Vol. à 7 fr. *n.* ‖ Wien, Haslinger. | Leidesdorf [Berka u. C.. Als N. 2, Tome II des »Oeuvr. compl. de W. pour Pfte.« ‖ Wolfenbüttel, Holle. 8 sgr. | Adolph Henselt hat diese Sonate für Pfte zu 2 Händen besonders bearbeitet, dieselbe jedoch noch nicht veröffentlicht. | **Zu 4 Hdn.** — Arr. v. F. W. Jähns: Berlin, Schlesinger. 1½ thlr. ‖ Arr. v. Mockwitz: Leipzig, Kistner. 1½ thlr. | Arr. v. Roubier: Paris, Richault. 12 fr. | **Als »zweites Quintett«** von W. **für 2 Violinen, 2 Violen u. Bass.** — Richault. 12 fr. | **Daraus einzeln zu 2 Hdn.** — Menuetto. Capriccio facilité p. Brissler. G dur.

Anmerkungen. a. Zuvörderst gehört hieher das in der Einleit. p. 8 und das **138.** Anm. a. über W.'s 4 grosse Pfte.-Sonaten im Allgemeinen Gesagte. — **b.** Zur *Characterisirung* von op. 39, der vorliegenden Sonate in As, ist im Besondern zu bemerken: Sie verhält sich zu ihrer Vorgängerin in C dur, op. 21, wie etwa W.'s Opern »Euryanthe« und »Freischütz« sich zu einander verhalten. Wenn Letztere einfach den Kern deutschen Wesens in uns musikalisch zum Bewusstsein bringt, so erhebt Erstere uns recht eigentlich in die Welt der Romantik. Dasselbe kann von der As-dur-Sonate gelten; denn Alles was W. nach letztgenannter Richtung hin kennzeichnet, findet sich in diesem Clavierwerke zu höchster und feinster Blüthe entfaltet; farbenreiche Melodie und Harmonie, wie kühne Rhythmik, alles getragen von seelenvollem Fantasieschwunge. Dieser durchzieht selbst den reizenden Humor des unvergleichlichen Menuetto mit seinem dem Wesen des Menuetts eigentlich widerstrebenden Elemente, und zwar in ganz gleicher Weise, wie derselbe schon das erste Allegro und das Adagio der Sonate ausschliesslich beherrscht und sich erst im Schlusssatz zu anmuthsvoller Grazie auflöst. — **c.** *Rochlitz' Kritik* über dies Werk und über die ³/₄ Jahr später erschienene Sonate in Dmoll, op. 49, ist, abgesehen von ihrem Werthe an und für sich, hier nicht zu übergehen, weil sie zugleich Veranlassung gegeben hat zu einer *brieflichen Erwiederung W.'s*, die einen trefflichen Beleg giebt für des Letzteren Eigenthümlichkeit gegenüber einer Beurtheilung, »wie sie sein soll«. *Rochlitz* sagt nämlich in der Lpz. A. Mus. Ztg. XX. 684 unter Anderm über jene beiden Sonaten: »Der Verfasser hat in jeder und dann wieder in jedem Satze derselben, sich über die erwählten, ihm eigenthümlichen und stets bedeutenden Motive ganz und vollständig aussprechen wollen bis zur Erschöpfung des Gegenstandes: und zwar hat er das thun wollen nicht nur von Seiten kunstvoller Ausführung: was aber die Zuthat hiezu anlangt, so hat er es gewollt in grösster Fülle von Harmonie und Figuren, ohne alle Rücksicht auf mehre oder mindere Schwierigkeit für den Vortrag, nur dass dieser möglich und den vorzüglichsten

Eigenschaften des Instruments angemessen bleibe. In Betracht dieser Momente gehören
beide Werke, so sehr verschieden sie übrigens von einander und auch wieder von den
früheren ähnlichen desselben Meisters sind — unter das Ausgezeichnetste, was in dieser
Gattung überhaupt vorhanden ist, und unter das Eigenthümlichste, ja Individuellste gleichfalls. Dies Eigenthümliche und Individuelle erstreckt sich auch auf die Spielart dieses
Künstlers und schliesst selbst gewisse Fertigkeiten mit ein, die Herrn v. Weber zum
Bewundern zu Gebote stehen, aber selbst allen Virtuosen kaum zugemuthet werden
können, was dann die Ausführung hin und wieder ausserordentlich erschwert. Dabei darf
jedoch nicht unerwähnt bleiben, dass Herr v. W. nirgends schwierig schreibt, um schwierig zu schreiben: sondern man sieht leicht, wie überall damit etwas für den Ausdruck oder für die Kunst der Fortführung oder wenigstens für Symmetrie und Consequenz
in der Aufstellung — mithin etwas für die Sache selbst erreicht wird«. — Auf die
einzelnen Sätze der Asdur-Sonate speciell übergehend, scheint Rochlitz, bei grosser
Würdigung aller vier Sätze derselben, dem »Menuetto capriccio« jedoch den Vorzug zu
geben, indem er ferner sagt: »Dieser Satz ist ein fast sechs (enge) Seiten ununterbrochen
fortströmender Erguss einer leidenschaftlichen, heftig aufgeregten Seele und doch mit bewunderungswürdiger Festigkeit zusammengehalten — er ist ohne Zweifel eins der originell-
sten, trefflichsten und effectvollsten Stücke dieser uns so werth gewordenen Gattung, seit
Haydn sie eingeführt, nachdem C. Ph. E. Bach sie geschaffen hatte. Es ist dieser Satz so
bestimmt und so vollständig, was er sein will und soll, dass sich eben nichts weiter darüber
sagen lässt, als: er ist es«. In der speciellen Besprechung der Dmoll-Sonate, op. 49,
äussert, bei grosser Anerkennung namentlich des dritten Satzes (**206**. Anm. **b.**), Rochlitz
Bedenken gegen beide erste Sätze in Bezug auf Fluss und Symmetrie, die ihm darin hie und
da zu mangeln scheinen. Auf die Kritik beider Sonaten erfolgte nun obengedachte briefliche *Erwiederung W.'s*, von Dresden, 16. Oct. 1818, welche lautet: — »Mit welchem
»Antheil und Nuzzen, welcher Freude habe ich Ihre treffliche Beurtheilung meiner bei-
»den letzten Sonaten gelesen. Wenn immer so der Beurtheilende mit dem Schaffenden
»Hand in Hand ginge, gerne und liebevoll dem gewählten Wege folgend, freudig jeden
»guten Aussichtspunkt belobend, liebend vorsichtig auf die schadhaften oder gefährlich
»werden könnenden Stellen hindeutend. — was könnte da nicht alles Gutes in der Kunst
»gedeihen! Sie haben warlich den wahren Freund zum Richter erwählt, und
»ich war auf ein viel schärferes und hin und wieder missbilligenderes Urtheil gefasst, das
»ich mir selbst wohl schärfer gebe, als irgend Jemand. So wie Sie es nun gestellt haben,
»haben Sie aber doch vollkommen Ihren Zweck erreicht; denn eine Andeutung ist schon
»hinlänglich bey dem, was ohne diess schon in mir fragt; so wie es bei der Richtung
»der Säule nur wenig bedarf, um den Ausschlag zum geraden Stehen zu geben, ist sie
»einmal im Aufrichten begriffen. Diesen Ausschlag aber nun so schonend zu geben und
»auf das Fehlende oder Zuviel so hinzudeuten, dass zugleich deutlich nur die Sorg-
»falt und Liebe für das Ganze hervorleuchtet, das kann auch nur ein Mann, der so fühlt
»wie Sie, und so Herr über das ist, was er aussprechen will. Das Wenige, was Sie aus-
»stellten, unterschreibe ich vollkommen, obwohl ich wohl auch meine Gründe oder Ent-
»schuldigungen dafür beibringen könnte, die aber, gegen die Wahrheit des Tadels gehal-
»ten, gar nicht erst der Mühe werth sind, ausgesprochen zu werden, wenigstens schrift-
»lich nicht, mündlich vielleicht einmal«. (Das Original des Briefes, der diese schöne
Stelle enthält, ist in meinem Besitz.) Vergl. Gubitz' Erlebnisse Bd. II, p. 191—194.
— **d.** An *Compositions-Daten* dieses Opus giebt W.'s Tagebuch folgende: Prag,
1811, 16. 17. Febr. »comp. Rondo in As«. 21. Apr.: »Menuett in As aufgeschrieben«.
Berlin, 1816, 25. Febr. »componirt Sonate«. 3. 4. 5. Apr.: »An der Sonate gearbeitet«.
Prag, 2. Sept.: »Adagio Cmoll in die Asdur Sonate vollendet gedacht«. Berlin, 29. Oct.:
»Sonate in As, erstes Allo: ganz vollendet«. 31. »Adagio zur As vollendet, also die
»ganze Sonate«. — **e.** Das Opus *erschien* im Dez. 1816. Gegen den 21. Dez. muss
W. das erste gedruckte Exemplar empfangen haben, denn es heisst an diesem Tage im
Tagebuche: »Bei Lauska, und ihm die ihm dedicirte Sonate in As gebracht, worüber
»er eine unendliche Freude hatte; sie ihm vorgespielt. *Zum ersten Male* ganz vorgetragen hat W. die am 31. October vollendete Sonate wahrscheinlich am 10. Nov.
d. J., denn das Tageb. sagt hier: »Bei Jordan-Friedel die Sonate in As gespielt«. —
S. auch Max v. Weber's »Lebensbild« W.'s I, 366. 429. 531. 536.

200—203.
Die Temperamente beim Verluste der Geliebten.

ed. 46.

200. Der Leichtmüthige. — 201. Der Schwermüthige. — 202. Der Liebewüthige. —
203. Der Gleichmüthige.

Vier Gedichte von F. W. Gubitz, für eine Singstimme mit Begleitung des Pianoforte,
die ersten drei durchcomponirt, das vierte: 8 Strophen. (1. Ausg.)

Comp. 1816, 3. Nov. zu Berlin; *Tageb.* (Vergl. *Anm.* b.) — *N. 1, 2, 3, 4* des *op. 46.* —
Heft 9 der Gesänge.

200. N. 1. Der Leichtmüthige.   **201.** N. 2. Der Schwermüthige.

202. N. 3. Der Liebewüthige.   **203.** N. 4. Der Gleichmüthige.

Autograph: Unbekannt.

Ausgaben: Erste Orig.-Ausg.: Die 4 Nummern in einem Heft als op. 46. Berlin,
Schlesinger, 1 thlr. | Einzeln. — N. 1: als Heft 8 d. Ausw. 1. Ebend. 8 gr. | Als N. 46 d.
Prchtausg. hrsg. v. Jähns, 1869. Ebend. 3⅓ sgr. n. — N. 2: als N. 47 ders. Prchtausg. 2½
sgr. n. ‖ Als N. 49 d. ausgew. Lieder. Leipzig, Breitkopf u. Härtel. Heft: 18 ngr. n. | Als
N. 18 in »Ausgew. Lieder v. W.« Peters. Ausw.: 10 ngr. n. ‖ Als »Lonely flowers«. London,
Williams. 2s. ‖ Stuttgart, Zumsteeg. 18 xr. — N. 3: als N. 48 d. obigen Prchtausg. Berlin,
Schlesinger (Lienau). 3¾ sgr. n.

Anmerkungen. a. Das Werk gehört in die Reihe derjenigen W.'s, die mit hohem
Unrechte von der musikalischen Welt fast vergessen sind, obwohl es *4 Charaterstücke*
ersten Ranges enthält. Eine Nummer überbietet die andere an schlagender Wahrheit des
Ausdrucks; sie sind zugleich höchst dankbare Aufgaben für Sänger und Begleiter, beide
als fertig und ausdrucksvoll vorausgesetzt. W.'s ganzer Humor entwickelt sich hier in
allen ihm vorzugsweise in hoher Meisterschaft zugänglichen Nüancen; bald sprudelnd, wie
beim Leichtmüthigen, bald polternd, wie beim Liebewüthigen, bald in burlesker Trägheit
sich hinschleppend, wie beim Gleichmüthigen, durchschimmert dieser Humor am feinsten
und nur ganz heimlich den musikalischen Ausdruck der hochgetriebenen Schwärmerei
des Schwermüthigen. — **b.** Dies opus wurde schon 1815 von W. begonnen. Das
Tageb. sagt darüber: 1815, 16. Nov.: »Der Leichtmüthige und Wüthige von Gubitz —
Ideen dazu gefasst«. Erst 1816, 3. Nov. heisst es: »Temperamente vollendet notirt«. —
c. Von Schlesinger *angekündigt* wird das Werk in der berliner Voss'schen Zeitung
1817, N. 15.

204.

Grand Duo concertant pour Pianoforte et Clarinette.

Comp. 1816, S. Nov. zu Berlin: *s. Anm. b.* — *op. 48;* N. 6 der Werke für Clarinette.

Allegro con fuoco. ♩ = 108. Moscheles. — ♩ = 116. Carl Baermann. (s. 169. Anm. a.)

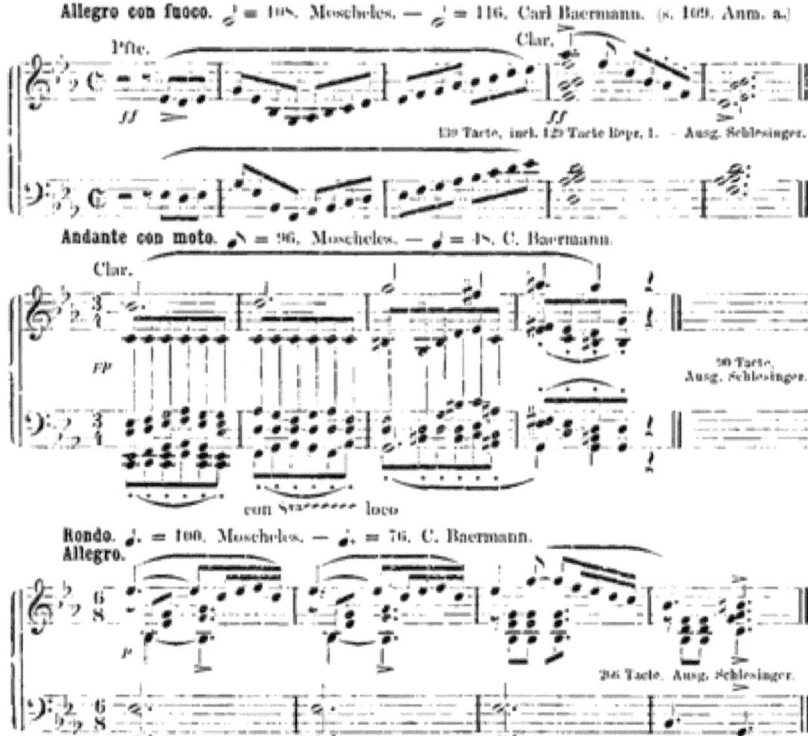

Andante con moto. ♪ = 96. Moscheles. — ♩ = 48. C. Baermann.

Rondo. ♩ = 100. Moscheles. — ♩. = 76. C. Baermann.
Allegro.

Autograph: Unbekannt.

Ausgaben: Erste Orig.-Ausg. Berlin, Schlesinger. 1½ thlr. | Neueste Prchtausg.
1870. Partitur u. Clar.-Stimme. Revid., metronom. u. hrsg. von Carl Baermann. Ebend. 25 sgr. u.
Paris, Brandus u. Dufour. 12 fr. | Richault. 7 fr. 50 c. | **Für Pfte. u. Violine.** — Arr. v.
Fr. Hermann, Prchtausg. 1870. Partitur u. Violin-Stimme. Berlin, Schlesinger (Lienau).
25 sgr. u. ‖ Paris, Brandus u. Dufour. 12 fr. | Richault. 7 fr. 50 c. | **Für Pfte. u. Clar. oder
Violine.** — Edit. by J. Moscheles: London, Chappell u. C. 10s. 6d. | Cramer u. C. Ebenso. |
Paris, Lemoine: en -Format Lemoines in Partitur. | **Für Pfte. u. Viola.** — Arr. v. Ney: Paris,
Richault. 9 fr. | **Für Pfte. u. Cello.** — Arr. v. M. Ganz: Berlin, Schlesinger. 1½ thlr. ‖ Paris,
Richault. 7 fr. 50 c. | **Für Pfte. allein zu 4 Hdn.** — Arr. v. Jansen: Berlin, Schlesinger. 1½
thlr. ‖ Hamburg, Cranz. 1½ thlr. ‖ Paris, Richault. 9 fr.

Anmerkungen. a. Zuvörderst und ganz besonders gehört hicher das **109. Anm. a.**
über W.'s sämmtliche Clarinett-Werke im Allgemeinen Gesagte. — **b.** Das,
was Rochlitz *über* dies *Duo*, die letzte Arbeit W.'s für obligate Clarinette, in der
Lpz. A. Mus. Ztg. XX. 412 ausspricht, ist so treffend u. vollständig erschöpfend, dass
das Wesentlichste davon hier folgen möge. Es lautet: » — Ein origineller und feuriger
Geist und zugleich ein zartes inniges Gefühl geht durch das Ganze: eine beharrliche
gründliche Ausarbeitung ohne alle Pedanterie und Schwerfälligkeit zeigt sich überall
etc. — Der harmonische und melodische Theil jedes Satzes stehen in schönem und
wohlerwogenen Verhältnisse gegeneinander; beide Instrumente sind mit vollkommner
Kenntniss derselben und der einem jeden wesentlichen Vorzüge behandelt, beide trefflich

verbunden, beide auch ungefähr in gleichem Grade beschäftigt und geltend gemacht etc.
— Das Werk besteht aus einem feurigen, in Einem Gusse fortströmenden Allegro aus
Es, einem ungemein zarten, aber keineswegs weichlichen Andante aus C moll und einem
heitren, zum Theil sehr pikanten Rondo aus Es, in dem sich ganz besonders männliche
Fröhlichkeit mit tiefem Ernst und sogar wehmüthigen Anklängen gar wunderbar und effectreich vermischt. etc.« — C. W.'s Tageb. giebt an *Compositions-Daten:* München,
1815. 5. Juli »Rondo in Es für Fortep. und Klar. vollendet«. 6. »getheilt«. 11. »Abends
»comp.« für die Sonate mit Clar. und Clavier skizzirt«. 19. »Adagio für Cl. u. Cl. instru-
»mentirt«. — 1816. Berlin, 5. Nov.: »Duo in Es ersten Theil notirt«. 8. »Allegro in
»Es zum Clar. Pfte. Duo vollendet«. — 1817. Berlin, 19. Juni: »Von Schlesinger
»Exempl. *gestochen* erhalten«.

205.

op. 44.

Bei der Musik des Prinzen Louis Ferdinand von Preussen.

»Düst're Harmonieen hör' ich klingen.«
Text aus »Leyer und Schwert« von Theodor Körner. Durchcomponirt.
Comp. 1816. 26. Nov. zu Berlin; *Tageb.* — *op. 43;* Heft 8 der Gesänge.
Heft 3 der Gesänge aus »Leyer und Schwert«.

Allegro moderato.

Autograph: Unbekannt.

Ausgaben: Erste Orig.-Ausg. als op. 43, mit Titel-Vignette, Körner's Monument dar-
stellend, u. poetischem Vorwort in W.'s Namen v. Clem. Brentano. Berlin, Schlesinger.
1¼ thlr. | Als Heft 7 der Ausw. 1. Ebend. 1 thlr. 5 sgr. | Als N. 45 d. Prchtausg. hrsg. v.
Jähns. 1869. Ebend. 6¾ sgr. «

Anmerkungen. a. Es war ein schöner Gedanke W.'s, sich die *Aufgabe* zu stellen, Körner's begeistertes Gedicht auf den Preussischen Prinzen Louis Ferdinand —
welcher, nach vielen Richtungen hin, besonders auch auf dem Gebiete der musikalischen
Kunst, hochbegabt, zu früh für das Vaterland auf dem Felde der Ehre starb — mit Musik
zu versehen, die (zum grösseren Theile) aus den Tonschöpfungen des tiefbetrauerten Helden
entnommen war. Diese Aufgabe löste unser Meister trotz ihrer Schwierigkeit so befrie-
digend wie schön durch die ihm besonders inne wohnende Kraft, jede Kunsterscheinung
auf das Innigste zu durchdringen. Die ihm in der Composition ausschliesslich angehörende
Singstimme verband er natürlich und wirkungsreich mit Motiven aus verschiedenen In-
strumental-Werken des Prinzen, vorzugsweise aus dessen F moll-Quartett. An 7 Stellen,
mit 103 Tacten, tritt aber W. in Gesang und Begleitung zugleich selbstschaf-
fend auf, so dass auch nach dieser Seite dem Ganzen »eine Autorschaft aufgeprägt wird.
Es ist ein farbenreiches Bild, in welchem aus dem von W. ganz eigens Gegebenen als
besonders schöne Momente die Stellen zu bezeichnen sind: »Wilder Geist, jetzt hast du
überwunden« und »Und des Himmels siegverklärte Schöne« am Schluss. — **b.** Im
Stich-Exemplar des Werkes hat W. seine Arbeit am Ganzen noch besonders gekennzeichnet, indem er sagt: »Dieses ganze Tonstück ist grösstentheils mit aus den Werken
»des Prinzen entlehnten Ideen und Melodieformen durchwebt, ja eigentlich darauf ge-
»gründet und : im weiteren Sinne : daraus gebaut. Zur nähern Notiz dienen die Zeichen
»P. L. u. C. M.« Die erste dieser Bemerkungen blieb jedoch im Stiche der ersten Ausgabe fort.

op. 49.

206.

op. 49.

Grosse Sonate fur Pianoforte. D moll. N. III. op. 49.

Comp. 1816, 29. Nov. zu Berlin; s. Anm.

Allegro feroce. ♩ = 96: Moscheles, Ausg. Chappell. — ♩ = 152: F. Kroll. — 𝅗𝅥 = 55: Jähns.

109 Tacte, incl. 124 T. Repr. Ausg. Schlesinger.

Andante con moto. ♪ = 112: Moscheles. — ♪ = 96: F. Kroll. — ♪ = 112: Jähns.

tranquillo

113 Tacte. Ausg. Schlesinger.

Rondo. Presto. [»Allo. di Bravura« s. Anm.] ♩. = 104: Moscheles. — ♩. = 84: F. Kroll. ♩. = 92 (con anima = 80: Jähns.

Con molto vivacità.

354 Tacte, incl. 8 Tacte Repr. Ausg. Schlesinger.

Autograph: Unvollständig erhalten im Besitz der Frau Pastor Maria Hoffmeister, — W.'s Pathe, Tochter von W.'s Freunde, Prof. Hinr. Lichtenstein — zu Wienrode bei Blankenburg im Harz. (1868. J.) — Es ist unbezweifelt die erste Aufschrift; auch ist nicht danach gestochen, denn jedes Stecherzeichen fehlt darin. Aus der Aufeinanderfolge der Sätze in diesem Autograph, in dem einer eng an den andern anschliesst, bestätigt sich auch die Reihenfolge, in welcher, übereinstimmend mit W.'s Tagebuchs-Notizen, dieselben nach einander componirt sind. Bekannt sind vom Autogr. nur 3 Blätter. Blatt I enthält p. 3 u. 4. Grünlich weisses, mittelstarkes, sehr hohes und breites Querfolio, ursprünglich wahrscheinlich zur Niederschrift eines 4händigen Claviersatzes bestimmt, da sich über jede 4 Zeilen Tactstriche erstrecken, später von W. auch für diese Sonate benutzt. Pag. 3 hat 24 Zeilen, ausserdem noch 2 unvollständige, unten nachträglich noch frei hinzugezogene. Sie zeigen den ersten Satz der Sonate von Tact 49 bis 314 (in Zählung der gestochenen Orig.-Ausg.), dabei sechs durchstrichene Tacte; Pag. 4 mit 24 Zeilen trägt den Schluss des 1. Satzes von Tact 315 bis 409, ausserdem Tact 1 bis 72 des 3. Satzes (1 Tacte »bis« doppelt mitgezählt); ein darauf geklebtes Zettelchen mit 9 Tacten der Sonate zeigt auf seiner Rückseite 14 autographische Tacte aus der Prinzipalstimme des Concertinos für Horn, op. 45. — Blatt II trägt die Pag. 5 u. 6. Querfolio, grau, mittelstark, mittelgross; beide Seiten 16zeilig. P. 5 enthält von Satz 3 die Tacte 73 bis 252 (incl. der durch Ziffern notirten Reprisen), p. 6 die Tacte 253 bis 452 (desgl.), 3 Tacte sind durchstrichen. — Blatt III trägt die Pag. 7 u. 8, in Papier, Format u. Zeilen gleich mit Blatt II. Auf p. 7 die Tacte 453 bis zum Schluss-tact 554. Der l e t z t e Satz ist mithin in diesem Autograph der einzig vollständige; in der Tactzahl ist er mit dem Stich ganz gleich.

Ausgaben: Erste Orig.-Ausg. Querfolio: Berlin, Schlesinger. 1½ thlr. | Edit. orig. nouv. et corrigée. Hochfolio. Ebend. 1½ thlr. | Als N. 3 in Band II der Gesammt-Ausg. v. W.'s Werken; neueste, correcte, elegante u. billige Prachtausg. 1868. Hochfolio. Revid. v. C. Reinecke. Ebend. 17½ sgr. u. | Der B a n d II mit den 4 Sonaten zus. Ebend. 1½ thlr. ‖ Amsterdam, Theune u. C. 2 Gl. 50 cs. ‖ Kritisch revid. u. für d. Selbststudium mit Fingersatz sowie technischen u. Vortragserläuterungen versehen v. Franz Kroll: Berlin, Fürstner. 22½ sgr. Erscheint 1871.' ‖ Braunschweig, Litolff. 8 sgr. | Alle 4 gr. Sonaten, op. 24, 39, 49 u. 70 zus. Ebend. 15 sgr. ‖ Leipzig, Breitkopf u. Härtel. Hochfolio. 21 ngr. u. | Alle 4 gr. Sonaten zus. 8°. Ebend. 1 thlr. u. | Forberg. 17½ ngr. | Bur. de Mus. (Peters: Alle 4 Sonaten. 8°. 12 ngr. | Desgl. in 4°. Ebend. 15 ngr. | In W.'s -Oeuvr. compl. p. Pfte.« 20 Num. 8°. Ebend. 25 ngr. u. | Alle 4 gr. Sonat. mit op. 12, 21, 62, 65, 72 u. 79 zus. 8°. Ebend. 1 thlr. u. | Stoll. 20 ngr. ‖ Hrsg. u. metronom. v. J. Moscheles: London, Chappell u. C. 6′. | Cramer u. C. Ebenso. 6′. ‖ Mailand, Ricordi. 7 fr. ‖ Paris, Brandus u. Dufour. 9 fr. | Lemoine, Gr. Format. 9 fr. | Meissonnier fils. 9 fr. | Richault. 9 fr. | M. Schlesinger. 9 fr. | Schonenberger. In N. 3 Vol. 6 in »Bibl. class. des Pianist. av. Biogr. de l'Auteur et Analyse raisonnée de ses oeuvr. par Fétis«. Vol. à 7 fr. u. ‖ Wien, Haslinger. | Leidesdorf. Berka u. C. | Als N. 3 Tom. 11 des »Oeuvr. compl. de W. p. Pfte.« ‖ Wolfenbüttel, Holle. 8 sgr. | A d o l f H e n s e l t hat diese Sonate für Pfte. zu 2 Händen be-sonders bearbeitet, dieselbe aber noch nicht veröffentlicht. | **Zu 4 Händen.** — Arr. v. F. W. Jähns: Berlin, Schlesinger. 1½ thlr. ‖ Paris, Richault. 12 fr. | **Als »5tes Quintett«** von W. **für 2 Violinen, Viola u. 2 Bässe.** — Ebend. 12 fr. | **Einzeln daraus.** — » **Satz III zu 2 Hdn.** als »Allegro di Bravura« 's. unten Anm. e.| Berlin, Schlesinger. 17½ sgr. ‖ Revu et cor-rigé par Ch. Czerny: Braunschweig, Litolff. 4 sgr. | Ebenso: Spehr. 14 ggr. ‖ Ebenso: Ham-burg. Christiani. | Steinmetz. ‖ Ebenso: Hannover, Bachmann. 14 ggr. ‖ Ebenso: Paris, Le-moine. 5 fr. ‖ Ebenso: Wien, Diabelli u. C. 45 xr. | Leidesdorf. Als N. 13 in »Oeuvr. compl. de W.'s Tom. I. | Ebenso: Spina. 45 xr. | b′ **Satz III zu 4 Hdn.** als »Allegro di Bra-vura«. Arr. v. Ch. Czerny: Braunschweig, Spehr. 25 sgr. ‖ Hamburg, Steinmetz. 1 thlr. ‖ Han-nover, Bachmann. 20 sgr.

Anmerkungen. a. Zuvörderst gehört hieher das in der Einleit. p. 8 und das in 138 Anm. a. über W.'s 4 grosse Pfte.-Sonaten im Allgemeinen Gesagte. — **b.** Zur *Characterisirung* von op. 49, der vorliegenden Sonate in D moll, ist im Be-sonderen zu bemerken: Das dämonische Element muss als dasjenige bezeichnet werden, was in derselben vorwiegend zum Ausdruck gelangt. Zwar erhält es, durch die Gegenthemata des 1. u. 3. Satzes und das Hauptthema des zweiten, Gegengewichte von anmuthsreicher und inniger Melodik, durch das dritte Hauptthema des dritten Satzes sogar von übermüthigem Humor — schliesslich wird dennoch alles von jenem unablässig drängenden Strome des Dämonischen überflutet. — Den innern Zusammenhang von Manchem in dieser Sonate, namentlich der einzelnen Theile der zweiten Hälfte des An-dante, aufzufinden und wiederzugeben, ist eine der schwereren Aufgaben bei Vortrag W.'scher Werke. An dieser Stelle sind contrastirende Elemente so eng aneinander ge-reiht, dass eine Verschmelzung derselben durch den Vortrag nur ermöglicht werden kann durch ein beharrliches Studium des Geistes, der durch das Ganze geht. S. R o e h l i t z darüber in der Asdur-Sonate 199 Anm. c. Die besondere Besprechung des 3. Satzes unserer D moll-Sonate durch diese Kritik von Rochlitz, die an jenem eben bezeichneten Orte entbehrlich war, finde jedoch hier ihre Stelle. Sie lautet: »Das Rondo presto ist wahrhaft gross und ganz originell. Es sprudelt in ächtem Humor bald wild und fort-reissend, bald schleicht es anmuthig ins Herz, bald springt es possierlich umher. Diese drei äusserst heterogenen Ingredienzien finde ich nemlich in den drei Hauptideen, wie sie im Laufe des Stücks immer, und fast immer gesteigert wiederkehren. Der Höchstabste-chenden dieser drei Hauptideen ungeachtet, ist dieser Satz doch auf seinen 12 Seiten so eng, nicht nur für das Gefühl, sondern auch für den Verstand, zusammengehalten, bildet solch ein in sich fest abgeschlossenes Ganze, dass man es nicht ohne Bewunderung und lebhafte Freude hören und den wahrhaft trefflichen Meister darin gar nicht verkennen kann. — Was sich mit dem Cello-Solo (darf man so sagen) auf dem Pianoforte Reizendes leisten lasse, ist wohl schwerlich von irgend Jemand so dargelegt worden, wie auf Seite 20 unten und Seite 21, wo dieser Satz wieder vorkömmt; etc.;« (Taet 57 bis 103.) — **c.** An *Compositions-Daten* giebt W.'s Tagebuch folgende: Berlin, 1816, 9. Nov. »Allo. in D moll angefangen«. 11. »Ersten Theil in D moll vollendet«. 12. »Gearbeitet »Allo: D moll«. 13. »Allo. D moll geendet«. 22. »Rondo in D♯ vollendet«. 27. »gear-»beitet Andante in D moll Sonate«. 29. »Andante B dur in D moll-Sonate vollendet und »somit die ganze Sonate«. — **d.** Aus dem Autograph ergeben sich drei *Correcturen* im Andante für alle Ausgaben, incl. die neusten: 1.) das 3te Sechszehntel *d* in der Linken steht überall statt eines Viertels (mit ^) in der Rechten; 2.) Das ♮ vor dem 5ten Zweiunddreissigstel *H* soll schon vor dem 3ten Zweiunddreissigstel *H* stehen; die 3te Correctur betrifft nur die älteren Ausgaben: die 5 Octaven in der Linken müssen dort eine Terz tiefer stehen, also heissen: *G A B c d* con 8va bassa. — **e.** Das Rondo Presto dieser Sonate ist sehr bekannt unter dem Namen „*Allegro di Bravura*“, auch unter demselben herausgegeben vom Verleger der Orig.-Ausgabe, nachdem, so betitelt, eine der monströsesten Erscheinungen im Arrangir-Wesen die Welt der Clavierspieler heimgesucht hatte. Sie ist dem Titel nach verfasst von Carl Czerny, obwohl kaum anzunehmen, dass dieser geschickte Musiker sich zur Herstellung eines solchen Machwerks hergegeben haben dürfte, in welchem das ursprüngliche Opus durch unglaubliche Aenderungen, Zusätze und Weglassungen aller Originalität und alles Reichthums der Behandlung entkleidet ist, ohne es etwa in der Ausführung gegen die erste Gestalt wesentlich zu erleichtern, was doch zunächst als der Zweck von dergl Zerarbeitungen angegeben zu werden pflegt. (S. Anhang 106.) — — W. spielte diese Sonate *zum ersten Male* ganz: wahrscheinlich 1816, 31. Nov. in Berlin »bei Krausen«, wie das Tageb. sagt. Die Frau dieses Hauses war die geb: Amalie Sebald, über welche 41 des Anhanges spricht. — Das erste *gestochene* Exemplar des op. 19 erhielt W. 1817, 25. Sept. — S. auch Max von Weber's »Lebensbild« W.'s I, 516. 536.

207.

op. 38.

Divertimento assai facile per la Chitarre ed il Pianoforte.

Comp. 1816, 3. Dez. zu Berlin; s. Anm. e. — *op. 38.*

Autograph: Unbekannt.

Ausgaben: Erste Orig.-Ausg. Berlin, Schlesinger. 20 ggr. ‖ Paris, Brandus u. Dufour. 5 fr. | Richault. 6 fr. | **Mit Guit. od. Violoncello.** — Hrsg. v. Jgn. Moscheles: London, Chappell u. C. 4s. | Cramer u. C. Ebenso. | **Für Pfte. allein zu 4 Hdn.** — Paris, Richault. 2 Livr. à 9 fr. | **Für die Orgel zu 4 Hdn.** — »Andante con moto« daraus: London, Novello u. C. Als N. 5 in Book VII in Hiles' short voluntaries.

Anmerkungen. a. Dies Opus enthält 4 Stücke *kleinen Stils,* die bei gefälligen, anmuthigen Melodieen und einfacher harmonischer Behandlung beide Instrumente angenehm und dankbar verbunden zeigen. Von der Clavier-Parthie darf das »assai facile« des Titels gelten; die Guit. erfordert schon einen fertigen Spieler. — Das erste Andante ist sehr wahrscheinlich das, was W. schon in Prag 1811. 5. März für Resi Brunetti schrieb; die überaus leichte Begleitung vermehrt noch diese Wahrscheinlichkeit; vergl. Anh. 53. — **b.** Die in *London* herausgekommene *Ausgabe* von J. Moscheles bringt in der Clavier-Parthie Noten-Zusätze in 71 Tacten, von denen 20 über das Maass gebräuchlicher Redaction hinausgehen; in Var. 5 wird sogar für beide Instrumente ein neuer Tact hinzufügt; die Guitarre-Parthie ist sonst ganz unberührt geblieben. Da der Gebrauch dieses Instruments in den letzten Jahrzehnten merklich in Abnahme begriffen, so ist von Moscheles zu dieser Ausgabe eine sehr gute Violoncell-Begleitung geschrieben worden, die in anerkennenswerther Weise für die Guitarre eintritt, wie denn, abgesehen von der freilich weitgehenden Ueberarbeitung des Ganzen, das hingebende und gelungene Eingehen desselben auf das Werk hervorgehoben werden muss. — **c.** An *Daten* über die Composition giebt W.'s Tageb. folgende: Berlin, 1816, 30. Nov. 1. 2. 3. Dez.: »Am Divertimento gearbeitet«. — 1817, 10. Janr. erwarb Schlesinger das Opus. W. sendete es *zum Stich* am 27. Oct. — S. auch Max v. Weber's »Lebensbild« W.'s I, 536.

———— 1817. ————

208.

Abschied. *»O Berlin, ich muss dich lassen,«*

N. 4 im op. 51.

Volkslied für 2 Singstimmen mit Begleitung des Pianoforte.
Text aus »Fliegendes Blatt«. 7 Strophen.

Comp. 1817, 5. Janr. zu Berlin: *Tageb.* — *N. 4* im *op. 54;* Heft 11 der Gesänge. Sammlung I der Volkslieder. — Gewidmet der »Frau Professorin Victoire Lichtenstein, geb. Hotho«, Gattin von W.'s Freunde, Prof. H. Lichtenstein zu Berlin.

Mit Handwerks-Burschen-Pathos.

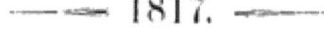

Str.: 9 Tacte. Ausg. Peters.

Autograph: Unbekannt.

Ausgaben: Erste Orig.-Ausg. als N. 1 des Opus, zus. mit **209, 211, 212, 231, 232, 233.** Leipzig, Peters. Opus: 20 ngr. Als N. 44 in Fink's musik. Hausschatz. Mayer u. Wigand. 1. Ausg. ‖ Als N. 202 im Arion. Braunschweig, Busse. **Einzeln.** — Als N. 59 in Prachtausg. hrsg. v. Jähns. 1869. Berlin, Schlesinger Lienau. 2½ sgr. a. | **Mit Guit.** — Leipzig. Peters. Opus: 12 ggr.

Anmerkungen. Die Ueberschrift des Liedes: »Mit Handwerks-Burschen-Pathos« giebt den Maassstab für Character, Beurtheilung und Ausführung auch dieser Lieder-Posse; derb drastischem Vortrage ist hier die Bahn frei gegeben. Mit Rücksicht auf W.'s bevorstehende Abreise von Berlin zur Zeit der Composition des Liedes, ist dasselbe noch besonders als ein Abschieds-Scherz für seine dortigen Freunde anzusehen. — S. Rochlitz' *Urtheil* über das Heft: XXII. 16 d. Lpz. A. Mus. Ztg. und **209.** Anm. **a.** und **b.**, *Gestochen* erhielt W. dasselbe von Peters: 1818, 4. Dez.

209.

N. 2 im op. 54.

Quodlibet. *»So geht es in Schnützelputz-Häusel;«*

Volkslied für 2 Singstimmen mit Begleitung des Pianoforte.

Text aus Büsching's u. v. d. Hagen's »Deutsche Volkslieder«. 4 Strophen.

Comp. 1817, 5. Janr. zu Berlin: *Tageb.* — *N. 2 im op. 54;* Heft 11 der Gesänge. — Sammlung I der Volkslieder. — Widmung s. **208.**

Vivace assai.

So geht es in Schnützel-putz - Häu-sel; es

Str. 23 Tacte. Ausg. Peters.

Autograph: Unbekannt.

Ausgaben: Erste Orig.-Ausg. als N. 2 des Opus. zus. mit **208, 211, 212, 231, 232, 233.** Leipzig, Peters. Opus: 20 ngr. | Als N. 31 in Fink's musik. Hausschatz. 1. Ausg. Mayer u. Wigand. || Als N. 57 d. Prchtausg. hrsg. v. Jähns. 1869. Berlin. Schlesinger (Lienau). 3⅓ sgr. n. | **Mit Guit.** — Leipzig, Peters. Opus: 12 ggr.

Anmerkungen. a. Eine der muthwilligsten Liederpossen W.'s. — In der *Rezension* von Rochlitz über das ganze Heft (Lpz. A. Mus. Ztg. XXII. 16) fehlt ein spezielles Urtheil über diese Nummer: nur über deren Nachspiel, wie über das von **211**, heisst es: »Die längeren und sehr possierlichen Nachspiele zu 2. u. 5. machen in ihrer Originalität und genauen Bezeichnung des im Ganzen herrschenden Sinnes einen zu vortheilhaften Eindruck, als dass man daran erinnern möchte, wie sie beim wahren Volksliede nicht stattfinden sollten«. Ueber das Heft im Allgemeinen sagt Rochlitz: »Der Componist bläst in des Knaben Wunderhorn und fast überall mit nicht wenigem, mehrmals mit ganz vorzüglichem Glück etc. Die schönsten Nummern scheinen Ref. N. 3. 5. u. 7.« — **b.** W.'s *Tagebuch* sagt 1817, 5. Janr.: »Volkslieder aufgeschrieben«, Abschied : o Berlin und: »so gehts in Schnützelputz-Häusel«. Beiläufig bemerkt ersieht man auch hieraus W.'s richtige Schreibart: »Schnützel etc.«, wie auch in Büschings etc. »Deutsche Volkslieder« steht; die Ausg. Peters hat »Schmützelputz-Häusel«. — Das erste *gestochene* Exemplar dieses Opus erhielt W. von Peters am 4. Dez. 1818.

210.

N. 2 im op. 64.

Mailied. *»Tra, ri, ro! Der Sommer, der ist do!«*

Volkslied für 2 Singstimmen mit Begleitung des Pianoforte.

Text im Volksmunde. 6 Strophen.

Comp. 1817. 6. Janr. zu Berlin; *Tageb.* — *N. 2 im op. 64;* Heft 11 der Gesänge. — Sammlung II der Volkslieder »mit neuen Weisen versehen, Fräulein Louise Reichardt in Hamburg zugeeignet«. S. Anm. **b.**

Allegretto.

Tra, ri, ro! Der Som - mer, der ist do!

Alle Strophen zus. 84 Tacte. Ausg. Schlesinger.

Autograph: Unbekannt.

Ausgaben: Erste Orig.-Ausg. als N. 2 des Opus, zus. mit **230, 234, 235, 249, 255, 257, 258.** Querfolio. Berlin, Schlesinger. Opus: 1 thlr. | Neue Ausg. Hochfolio. Ebend. Opus: 25 sgr. | Im Heft für Alt od. Baryton untransp. Ebend. Opus: ⅚ thlr. || Hamburg. Böhme. Opus: 14 ggr. | In einer Ausg. ohne Verlagsort, der die N. 8 des Opus fehlt || Als Heft 13 der Ausw. I, zus. mit **234.** Berlin, Schlesinger. 8 gr. || Als N. 13 im Arion Braunschweig, Busse. | Als N. 755 in A. Härtel's deutsch. Lied.-Lexik. Leipzig. Reclam jun. | Als N. 887 in A-dur in 1. Schubert's Concordia. Schäfer. || Als Arie mit Chor N. 12, Duo mit Chor N. 17 u. als Schlusschor mit Soli N. 19 in C. Blum's Liederspiel: »Die Rückkehr in's Dörfchen«. Berlin. Schlesinger. Clav.-Ausz. 2¼ thlr. | **Einzeln.** — Als N. 61 d. Prchtausg. hrsg. v. Jähns, 1869. Ebend. 2⅓ sgr. n. | **Mit Guit.** — Ebend. Op. 22¹⁄₂ sgr.

Anmerkungen. a. Diese *Composition* ist der frohsinn-sprühende Naturlaut eines recht eigentlichen Volksliedes. — **b.** Louise Reichardt, bekannt als treffliche Lieder-componistin, war die Tochter des ehemaligen berliner K. Kapellmeisters J. F. Reichardt. — Die ersten *gestochenen* Exemplare des Opus erhielt W. 23. Dez. 1822.

211.

Alte Weiber. *»'s is nichts mit den alten Weibern.«*

Volkslied mit Begleitung des Pianoforte.
Text aus »Der kleine, feine Almanach«. 4 Strophen.
Comp. 1817, 7. Janr. zu Berlin; *Tageb.* — *N. 5 im op. 54;* Heft 11 der Gesänge. — Sammlung I der Volkslieder. — Widmung s. **208.**

Autograph: Unbekannt.

Ausgaben: Erste Orig.-Ausg. als N. 5 des Opus, zus. mit **208, 209, 212, 231, 232, 233.** Leipzig, Peters. Opus: 20 ngr. || Als N. 60 d. Prchtausg. hrsg. v. Jähns, 1869. Berlin, Schlesinger Lienau. 2½ sgr. n. | **Mit Guit.** — Leipzig, Peters. Opus: 12 ggr.

Anmerkungen. Auch dies Stück gehört zu den besonders gelungenen Lieder-Possen W.'s, und es finden darauf treffend Anwendung die allgemeinen wie speziellen *Bemerkungen* von Rochlitz in d. Lpz. A. Mus. Ztg. XXII. 16. (s. **209.** Anm. **a.**) — *Gestochen* erhielt W. das Opus von Peters 1818, 4. Dez.

212.

Liebeslied. *»Ich hab' mir eins erwählet.«*

Volkslied für eine Singstimme mit Begleitung des Pianoforte.
Text aus »Fliegendes Blatt«. 4 Strophen.
Comp. 1817, 8. Janr. zu Berlin; *Tageb.* — *N. 3 im op. 54;* Heft 11 der Gesänge. — Sammlung I der Volkslieder. — Widmung s. **208.**

Autograph: Unbekannt.

Ausgaben: Erste Orig.-Ausg. als N. 3 des Opus, zus. mit **208, 209, 211, 231, 232, 233.** Leipzig, Peters. Opus: 20 ngr. ‖ Als N. 21 d. ausgew. Lieder W.'s. Ebend. Ausw.: 10 ngr. n. ‖ Als N. 25 im W.-Album. Berlin, Schlesinger Lienau. Alb.: 1 thlr. n. ‖ Als N. 58 d. Prchtausg. hrsg. v. Jahns. 1869. Ebend. 2½ sgr. n. ‖ Als N. 50 Bd. 1 in V. Schurig's »Liederperlen«. Dresden, Meinhold. Bd.: 2 thlr. ‖ Als N. 1 in »Ausgew. Lieder v. W.« Leipzig, Breitkopf u. Härtel. Ausw.: 18 ngr. n. | **Mit Guit.** — Peters. Opus: 12 ggr. | **Für Singstimme allein.** — Als N. 162 in: Liederbuch für Künstler. Berlin, Vereinsbuchhandlung.

Anmerkungen. a. Ein Lied von hoher Einfachheit, dabei tiefsinniger Zärtlichkeit. Der Vergleich mit **235** »Mein Schatz ist auf die Wanderschaft hin« liegt bei dieser Eigenschaften nahe und beide Lieder erscheinen als ***Gegenstücke,*** indem sie zwei Bilder darbieten, von denen das letztere den tiefen Schmerz einer hoffnungslosen Liebe in fast farblosen Umrissen zeichnet, das erste aber ruhiges Glück und stille Hoffnung in liebewarmen Tönen malt. Selbst das anscheinend zufällige Emoll jenes Liedes und das Edur des vorliegenden, so wie die Uebereinstimmung im Text an einer Stelle — die Erwähnung »der falschen Zungen« — lassen eine Verschwisterung beider empfinden. — **b.** Wie werth nun das vorliegende Lied W. selber gewesen, geht aus zwei ***Briefstellen*** an seine Braut hervor. 1817, 9. Janr. schreibt er dieser von Berlin: »ich sang einige Volkslieder, die ich komponirt habe. Namentlich gefiel eines sehr, das ich für Dich erst gestern komponirt hatte u. hier beilege. Es ist so einfach und herzlich wie meine Liebe. Sing' es fleissig und glaube dabei fest, dass Du immer Deinen Muks bei allem Arbeiten, Treiben und Thun umschwebst«. (Muks und Mukkin waren gegenseitige Kose-Namen zwischen ihnen.) Am 11. Apr. schreibt W. ferner von Dresden nach Prag, in Hoffnung baldiger Vereinigung mit seiner Lina: »— bleib ehrlich und fromm, bis dass ich wiederkomm'; 5 Monat gehen bald herum!« — (Vergl. hiemit die dritte Strophe des Liedes.) — Wie W. aber auch den Kern desselben zu grösserer musikalischer Entwicklung befähigt fand, hat er zwei Jahre später dadurch bewiesen, dass er es zu dem fast feinsten seiner Variationen-Werke ausprägte, das wir von ihm, und zwar als N. 6 in den reichen »Huit pièces à 4 mains op. 60« besitzen. — (S. Thema variato daselbst; auch **209.** Anm. a.) — Das erste ***gestochene*** Exemplar des Opus erhielt W. von Peters 1818, 1. Dez. — S. Lpz. A. Mus. Ztg. XXII. 16.

213.

N. 4 (6)
im op. 66.

Wunsch und Entsagung. *»Wenn ich die Blümlein schau'.«*
Lied für eine Singstimme mit Begleitung des Pianoforte.

Text von Castelli. 5 Strophen.

Comp. 1817. 21. Febr. zu Dresden: *Tageb.* — *N. 4* im *op. 66;* Heft 15 der Gesänge.

Allegro. Mit Laune.

Wenn ich die Blüm-lein schau', wünsch' ich mir ei - ne Frau.

Strophe 1 — 4. Jede 10 Tacte. Strophe 5 - 12 Tacte. Ausg. Schlesinger.

Autograph: Unbekannt.

Ausgaben: Erste Orig.-Ausg. als N. 6 des Opus, zus. mit **48, 66, 134, 217, 238.** Querfolio. Berlin, Schlesinger. Opus: 18 ggr. Neue Ausg. Hochfolio. Als N. 5 des Opus. Ebend. 17½ sgr. ‖ Hamburg, Böhme. Opus: 12 ggr. ‖ Als N. 3 im W.-Album. Berlin, Schlesinger Lienau. Alb.: 1 thlr. n. ‖ Als N. 209 im Arion. Braunschweig, Busse. ‖ Als N. 8 in »Ausgew. Lieder v. W.« Leipzig, Breitkopf u. Härtel. Zus. 18 ngr. n. | Als N. 33 in »Ausgew. Lieder v. W.« Peters. Ausw.: 10 ngr. n. ‖ Als Heft 16 A der Ausw. 1, zus. mit **217** u. **48.** Berlin, Schlesinger. 6 gr. | **Einzeln.** — Als N. 74 d. Prchtausg. hrsg. v. Jahns. 1869. Ebend. 2½ sgr. n. | Alte Ausg. Ebend. 5 sgr. | Für Alt od. Bariton in F, zus. mit **217.** Ebend. 5 sgr. | **Mit Guit.** — Zus. mit **134,** arr. v. Gaude. Hamburg, Cranz. 5 sgr.

Anmerkungen. Ein besonders seines scherzhaften Textes wegen beliebtes Liedchen. — W. sendete das Opus **zum Stich** 1819. 26. Aug.

214.
Musik zu König Yngurd.

Trauerspiel in 5 Acten von A. Müllner.

11 Nummern. N. 1 bis 10 für resp. 1 Horn bis 10 Hörner, 2 bis 6 Trompeten, 3 Posaunen in resp. ein- bis vierfacher Besetzung, Trommel oder Pauken; N. 11 für eine Mezzosopran-Stimme ohne Begleitung.

Comp. 1817, 12. (u. 23.) April zu Dresden; *Tageb. u. Anna.* a.

Act II. N. 1. Scene 2. Knaut. Nach |: *»Dass*
man die Beine sieht gen Himmel ragen.«:
Allegro. Horn.

N. 2. Droll. Nach : *»dass was passirt, wobei sie*
sollen helfen.«:.
Allegro. Horn.

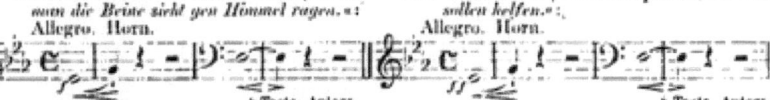

5 Tacte. Autogr.   8 Tacte. Autogr.

N. 3. Droll. Nach |: *»'s ist Wasserlärm!«:|*
Allegro. 4 Hörner.

24 Tacte. Autogr.

N. 4. Scene 5. Stimmen ausserhalb.
Nach |: *»Heil und langes Leben!«:|*
Allegro.

N. 5. Scene 8. Brunhilde. Nach : *»dass der Kampf*
beginne!« :
Vivace assai.

4 Tromp.   4 Hörner.   15 Tacte. Autogr.
Trommel.

Instr.: 4 Tromp., 4 Hörner, doppelt
besetzt, Trommel oder Pauken.

ff possibile   Tromp.   6 Tacte, excl. D.C. Autogr.
Hörner.   Tromp.   Posaunen.

Instr.: 6 Tromp., 2 Hörner u. 3 Pos., doppelt besetzt.

Act III. N. 6. Scene 1. Erichson. Nach
|: *»Kraft, sich auszulassen, fehlt.«:|*
Allegro.

Tromp.   11 Tacte. excl. D.C. Autogr.
Hörner.

Instr.: 2 Tromp., 2 Hörn., dopp. besetzt.

N. 7. Scene 2. Erichson. Nach |: *»Ihr liegt's in*
euren Hals!«:|
Moderato assai.

Hörner.   8 Tacte, excl. D.C. Autogr.
Hörner.

Instr.: 4 Hörn., dopp. besetzt.

N. 8. Scene 4. Nach |: *»Yngurd lebe!«:|*
Vivace.

Tromp.
Hörn.
Pos.

16 Tacte, excl. Repr. Autogr.

Instr.: 4 Tromp., 6 Hörn., 3 Posaun., dopp. besetzt.

N. 9. Scene 8. Asia. Nach |: »Des Staraes Spiel.« :   Ganz wie **N. 5.**

Act IV. N. 10. Scene 1. Asia. Nach |: »Oskar!« :|

Instr.: 6 Tromp., dopp. besetzt.

Act V. N. 11. Scene 7. Lied der Brunhilde. Nach |: »wenn ich es überlebe!« :|
Ganz willkürlich.   cresc.

Lasst den Knaben nicht den Raben! Tragt ihn fort, weiter — weiter! Dort senkt ihn ein!
Ohne Begleitung.   31 Tacte. Autogr.

Autographe: *1.* Vollständige Partitur im Besitz von F. W. Jähns. 3 geheftete
Bogen; starkes weisses 10zeiliges grosses Querfolio; 11 Seiten beschrieben, letzte leer;
grosse schwarze Schrift; p. 1: Ueberschrift »Musik zu dem Trauerspiel König Yngurd von
»Adolph Müllner — componirt von Carl Maria von Weber«. Alle Nummern mit den dazu
gehörigen Stichworten; N. 11 überschrieben mit : »: Bemerkung des Componisten :
»Die Musik zu diesem Liede soll nur eine Andeutung sein, in wie fern eine melodische
»Form dazu brauchbar sein könne; sie will gleichsam nur die musikalischen Umrisse
»oder Gränzlinien geben, in deren Tondeklamation die vortragende Künstlerin sich
»zu bewegen hat; denn es versteht sich wohl von selbst, dass es nicht im gewöhnlichen
»Sinne gesungen werden darf. Stets bleibt es eigentlich und hauptsächlich der Künst-
»lerinn überlassen, es — durch diese musikalische Andeutung aufgeregt — in sich neu
»erschaffend vorzutragen. — Vielleicht ist es gut, erst bei § den Ton vorherrschend werden
»zu lassen, am bestimmtesten aber bei 🎵«. — *II.* Partitur 2 der N. 8 und N. 11.
Im Besitz von F. W. Jähns ½ Bogen kleineren festen gelblichen 13zeiligen Querfolios. P. 1: 3 Zeilen leer, p. 2: 4 halbe und 7 ganze Zeilen leer. — N. 11 steht voran;
die obige hier ebenfalls befindliche »Bemerkung des Componisten« auf p. 2 zeigt einige
unwesentliche Abänderungen gegen Partitur 1. — N. 8 enthält in Tact 7, 13, 14, 15
einige Abweichungen gegen Autograph *1.* Dies muss jedoch als das endgültige betrachtet werden, da nicht zu zweifeln, dass es die spätere, wie W. sagt »in's Reine ge-
»brachte« Niederschrift ist. (s. Anm. **a.**)

Ausgaben: Keine.

Anmerkungen. a. 10 Nummern dieser Musik wurden in der Nacht vom 12. zum
13. Apr. 1817 vollständig *componirt*, eine 11te, — welche, ist nicht festzustellen —
am 23. April. Die Musik war zwar vom Gen.-Intend. des berliner Hoftheaters bei W.
bestellt; der Letztere wollte sie jedoch schon bei der ersten Aufführung des Yngurd in
Dresden am 14. Apr. verwenden, und so wurde die Composition, von der W. durch
übermässige Berufsgeschäfte bis dahin abgehalten war, in einigen Nachtstunden 2 Tage
vor der dresdener Aufführung vollzogen. Erst für den Yngurd in Berlin schrieb er eine
sich als nothwendig ergebende 11te Nummer hinzu. Das *Tageb.* sagt darüber: Dresden,
1817, 12. Apr.: »Die Nacht gearbeit. Musik zu Yngurd«. 11. »zum 1sten Male Yngurd
»mit meiner Musik«. 23. »Musik zu Yngurd in's Reine gebracht und noch 1 Stück dazu ge-
»schrieben«. — Auf des Grafen Brühl Wunsch an W., eine *Ouvertüre* dazu zu schreiben,
schlug dieser ihm eine Ouvertüre »Zum Beherrscher der Geister« vor, welche bei
deren darauf erfolgender Benutzung auch als eine dazu sehr passende anerkannt wurde.
Die ausserdem gewünschte Composition von Entre-Acts unterblieb, wie die folgende Stelle
des Briefes von *W. an den Grafen Brühl* ausweist, mit dem er Diesem Buch und Musik
zu Yngurd am 25. Apr. sendet: »— Die Musik hat ihre Wirkung (bei der dresdener Auf-
»führung) nicht verfehlt und wird es hoffentlich in Berlin mit der noch stärkeren Besetzung

»auch thun. Indem ich die Zahl der Hörner, Trompeten etc. beisetzte, wollte ich damit
»nur das Verhältniss bestimmen und können sie zu grösserer Wirkung füglich verdoppelt
»und verdreifacht werden. Die Klappen-Flügelhörner habe ich nicht benutzt, da Sie wohl
»die Güte hatten, mir deren Scala zuzusenden, aber ohne Bemerkung, in welchem Tone
»sie stehen. Ganz passende Entreacts zu schreiben fehlt es mir an Zeit und — Lust«. —
b. Die *Musik* ist ungeachtet der Eile, mit der sie geschrieben werden musste, sehr gelungen. Sie besteht hauptsächlich in kürzeren, in die Handlung eingreifenden Sätzen
für Blechinstrumente, die sich der düstern Welt des Stücks in mächtigen, wildgewalti-
gen Zügen zu imponirender Wirkung anpassen. Alle 10 Nummern sind von eigenthümlicher Erfindung, die bei der Beschränkung des instrumentalen Materials nicht leicht
war, da nicht einmal Klappenhörner von W. benutzt wurden. N. 11 aber, ein Gesang
der wahnsinnig werdenden Brunhilde, an und für sich eine tief characteristische, rein
auf sich gestellte Melodie, hat zugleich Gelegenheit gegeben zu sehr interessanten öffentlichen *Erörterungen* zwischen Dichter und Componisten. Sie sind im Zusammenhange vollständig zuerst in W.'s hinterl. Schrift. III, p. 25 u. ff., neuerdings
aber in korrecterem Abdruck in Max v. Weber's »Lebensbild« W.'s III, 155 u. ff. mitgetheilt und haben nicht nur in ihrer speziellen Beziehung auf den Gesang der Brunhilde, sondern auch dadurch eine allgemeinere Bedeutsamkeit, dass W. den missbilligen-
den Aeusserungen Müllner's über die musikalische Declamation des Gesanges in eingehender Weise darin entgegentrat. Diese Entgegnung giebt wichtige Kunde von W.'s
Ansichten über musikalische Declamation, Bedeutung des musikalischen und Rede-Ac-
centes in derselben und über musikalisches und declamatorisches Gewicht der Silben, und
sie wird dazu dienen, manchen seiner musikalischen Declamation gemachten Vorwurf
zu entkräften, denn seine tiefen und geistvollen Anschauungen in den streitigen Punkten
werden hier klar und ausführlich von ihm dargelegt. — Müllner's Besprechung dieser
Sache, die ich im Autograph besitze, enthält nur ungefähr den dritten Theil dessen, was
er in N. 169 der Eleganten Ztg. 1817 als Musikbeilage darüber drucken liess, indem das
mit seiner Unterschrift versehene Autograph Müllner's schon mit den Worten schliesst
»des Componisten Kunst, in der ich leider ein Laie bin«. Das nun im gedruckten Aufsatz Müllner's Folgende, im Autographe Fehlende, möchte auch kaum seiner Feder entflossen sein, so sehr trägt es den Stempel eines auf dem Felde der Akustik erfahrenen
Mathematikers. Deshalb besonders sah sich W. wohl veranlasst, in der geschehenen
gründlichen Weise wiederum öffentlich zu antworten, wie dies bald darauf der Fall war. —
S. oben Autograph.

215.

Unge-
druckt.

Instrumentirung des Recitativs und der Cavatine für Sopran von Paer

»Von dir entfernt, Geliebter,«

Begleitung: 2 Flöten, 2 Oboen, 2 Hörner, 2 Fagotte, 2 Violinen, Viola u. Bass.
Instrum. 1817, 15. April zu Dresden für das K. Hoftheater daselbst als Einlage in Méhul's Oper »Helene«, zunächst für die Aufführung mit Frau Weixelbaum.
22. Apr. 1817.

Autograph: Partitur, Im Besitz des K. S. Hoftheater-Archivs zu Dresden. W.'s Instrumentirung ist von dessen Hand eingetragen in eine den Bass vollständig, Violine I nur mit 8, V. II mit 3, Fagott mit 2 Tacten, Oboen mit ½ Tact enthaltende Partitur von Copistenhand. W.'s Handschrift darin: mittelgross u. blass; die des Copisten gross und schwarz; 5½ Bogen 10zeiliges starkes gelbliches Querfolio.

Ausgaben: Keine.

Anmerkungen. Die Instrumentirung ist leicht gehalten und Bedacht nehmend auf das vollständigste Hervortreten der Singstimme.

216.

Instrumentirung des Recitativs und Duetts für Sopran u. Tenor von Nasolini *»Ja, Liebe, ich bin entschlossen!«*

Begleitung: 2 Hörner, 2 Oboen, 1 Flöte, 2 Fagotte, 2 Violinen, Viola u. Bass.

Instrum. 1817, 20. April zu Dresden für das K. Hoftheater daselbst als Einlage in Méhul's Oper »Helene« (s. vor. Nummer: Titel) für Frau u. Herrn Weixelbaum.

Autograph: Partitur. Im Besitz des K. S. Hoftheater-Archivs zu Dresden. W.'s Instrumentirung ist von dessen Hand eingetragen in eine den Bass (excl. 16 Tacte) und Violine I nur mit 13 Tacten enthaltende Partitur von Copisten-Hand; p. 5 zeigt noch eine dritte fremde Handschrift. 8 Bogen. In allem Uebrigen ist das Autograph gleich mit dem der vorigen Nummer.

Ausgaben und Anmerkungen. Wie in voriger Nummer.

217.

Das Veilchen im Thale. *»Ein Veilchen blüht im Thale.«*

Lied für eine Singstimme mit Begleitung des Pianoforte.

Text von Friedr. Kind. 4 Strophen.

Comp. 1817, 12. Mai in Dresden; *Tageb.* — *N. 1 im op. 66;* Heft 15 der Gesänge.

Andante con moto.

Ein Veilchen blüht im Tha - le, er - wacht am Mor-gen-strah - le, so
Strophe: 16 Tacte. Ausg. Schlesinger.

Autograph: Unbekannt.

Ausgaben: Erste Orig.-Ausg. als N. 1 des Opus, zus. mit **48, 66, 134, 213, 238**. Querfolio. Berlin, Schlesinger. Opus: 18 ggr. | Neue Ausg. des Opus. Hochfolio. Ebend. Opus: 17½ sgr. ‖ Hamburg, Böhme. Opus: 12 ggr. ‖ Als N. 12 im Arion. Braunschweig, Busse. ‖ Als N. 18 in Bd. 1 v. V. Schurig's »Liederperlen«. Dresden, Meinhold. Bd.: 2 thlr. ‖ Als N. 54 in »Ausgew. Lieder von W.« Leipzig, Peters. Ausw.: 10 ngr. ‖ Als Heft 16 A der Ausw. 1. zus. mit **48** u. **213**. Berlin, Schlesinger. ⅝ gr. | **Für Alt od. Baryton.** — In Des, zus. mit **213**. Ebend. 7½ sgr. **Einzeln.** — Zuerst erschienen als Beilage zu G. W. Becker's Taschenb. zum gesell. Vergnügen. 1818 hrsg. v. F. Kind. Leipzig, Göschen. ‖ Alte Ausg. in 4°. Berlin, Schlesinger. 2 ggr. | Neue Ausg. Hochfol. Ebend. 5 sgr. | Als N. 71 d. Prchtausg. hrsg. v. Jähns. 1869. Ebend. 2½ sgr. u. **Einzeln mit Pfte. od. Guit.** — In 8°. Mainz, Schott. 8 xr. ‖ München. Falter u. S. | **Mit Guit.** — Arr. v. Gaude, zus. mit **213**. Hamburg, Cranz. 5 sgr. | **Mit Guit. einzeln.** — Bonn. Simrock. 50 c. ‖ München, Falter. 8 xr. ‖ Als N. 7 im musik. Blumenkörbchen in D. Prag, Bohmann's Erben. | **Als Duettino.** — Als N. 3 in C. Blum's Liederspiel: »Die Rückkehr ins Dörfchen«. Berlin, Schlesinger. Clav.-Ausz. 2⅓ thlr.

Anmerkungen. Der Reiz dieses schönen Liedes ruht besonders im Schmelz seiner Melodie, die sich in immer neuen schmeichelnden Wendungen an Stimme wie Ohr schmiegt. — Sein Anfangstact findet sich wieder in Tact 25 des Arioso »Durch die Wälder« im Freischütz, dessen Composition W. um die Zeit eben begonnen hatte, als er auch das vorliegende Lied schrieb. — Er sendete das Opus *zum Stich* 1819, 26. Aug.

218.

Zwei Kränze zum Annen-Tage. *»Flüstert lieblich, Sommerlüfte.«*

N. 3 im op. 53.

Für 4 Männerstimmen mit Begleitung des Pianoforte.

Text von Fr. Kind. Durchcomponirt.

Comp. 1817, 21. Juli zu Dresden; *Tageb.* (*s. Anm. b.*) — *N. 3* im *op. 53*; s. *Anm. c.*
Heft 12 der Gesänge. — Widmung *s. Anm. c.*

Andante.

dolce

Flü - stert lieb - lich, Som - mer - lüf - te,
16. Tacte. Ausg. Schlesinger.

Autograph: Unbekannt.

Ausgaben: Erste Orig.-Ausg. Pfte.-Begl. mit einer darübergesetzten Hauptstimme. Als N. 3 im Opus, zus. mit **165** u. **228**. Berlin, Schlesinger. Opus: 1½ thlr.

Anmerkungen. **a.** Diese schöne *Composition* ist mit grossem Unrecht ziemlich unbekannt geblieben. Als Grund davon muss angesehen werden zunächst der Character des Textes als eines Gelegenheits-Gedichtes zu einem, wenn auch fürstlichen Familienfeste; sodann die fehlerhafte, für den Gebrauch zugleich überaus unpraktische Ausg. 1., welcher erst jetzt eine fehlerfreie und brauchbarere folgen wird. Das e r s t e Ensemble als Eingang muss zu den schönsten 1stimmigen Sätzen gezählt werden, die je aus unsres Meisters Feder für Männergesang flossen, nicht nur wegen seines hohen Liebreizes melodischerseits, sondern vorzüglich wegen des unübertrefflichen Wohllautes der Harmonieen in dem sanft bewegten sich An- und Durcheinander-Schmiegen der Stimmen. Es ist ein Satz, den das Ohr bei seiner Wiederkehr mit erhöhtem Genuss empfängt und der freilich von keinem andern im Verlauf des Stückes mehr erreicht wird, das jedoch stets anmuthig, am Schlusse glänzend, zugleich überall sehr dankbar für die Sänger ist. — Die Tacte 8 u. 9 des Allo. finden wir wieder als Tacte 7 u. 8 im Allo. der Ouvertüre und im Animato des Quartetts zu W.'s O b e r o n , sowohl in den Stimmen als in den an diesen Stellen so brillant wirkenden Violin-Passagen. — **b.** W.'s Tageb. giebt an *Daten* über die Composition folgende: Dresden, 1817, 5. Juli. »Das Gedicht auf die Mariannen zum 26. erhalten«. 19. »An der Annenfeier gearbeitet«. 20. »gearb. am Annentage«. 21. »Annentag vollendet«. 29. »Clav. Stimme zum Annentage gesetzt«. 3. Aug.: »den Prinzessinnen Marianen die Annen-Cantate geschickt«. — **c.** Die *Aufführung* fand statt: am 26. Juli, dem Namenstage der Prinzessinnen Maria A n n a , Schwester des Königs Friedr. Aug. I. v. Sachsen und Maria A n n a Carolina, Tochter des Prinz. Max v. Sachsen, verlobt mit d. Erbgrossherz. Leopold v. Toscana. W. schreibt über diese Aufführung seiner Braut 27. Juli von Dresden: »Gestern stand ich um 4 Uhr auf, die Herren Micksch, »Wilhelmi und Bergmann frühstückten bei mir u. nun ging's nach Pillnitz etc. Wie die »Prinzen beim Frühstück sassen, gingen die Thüren auf und unsre Musik fing an. Du »kannst nicht glauben, welche Freude, Rührung u. Ueberraschung diess hervorbrachte und »mit welcher wirklich unbeschreiblichen Liebenswürdigkeit sämmtliche Hoheiten sich nah- »men. Der Gesang musste natürlich wiederholt werden und es fehlte nicht viel, dass meine »Sänger auch mit geschlossundeu (mitgeweint) hätten.« etc. »Des Dankens war kein »Ende; die Prinzessinnen baten um die Musik, und die junge Braut sagte, dass sie die- »sen Morgen nie vergessen werde und er einer der schönsten und fröhlichsten ihres Le- »bens sei.« etc. — Abgesehen dass W. seine Musik auswendig begleitete, da er die Begleitung erst 3 Tage später niederschrieb, (s. oben **b.**) so scheint er auch eine der Singstimmen in der Ausführung mit übernommen zu haben, da weder obige Briefstelle noch die betreffende Tagebuchs-Notiz der Mitwirkung des vierten nöthigen Sängers erwähnt. — Wegen *Opus-Zahl* und *Erscheinen* des Heftes s. **165.** Anm. — S. auch Max v. Weber's »Lebensbild« W.'s II, 107.

219.

op. 55.

Sieben Variationen über ein Zigeuner-Lied für das Pianoforte.

Comp. 1817, 26. Aug. (15. Oct.) zu Dresden; *Tageb. u. Anm.* **b.** — *op. 55.* — N. 10 der Variationen-Werke für Pfte.

Thema. Moderato.

*) Die nun noch folgenden zwei Tacte des Thema's haben die Textworte: »Tychat mange kinawel«.

Autograph: Jetzt unbekannt. Nach Notizen von mir aus d. J. 1840 über dasselbe bestand es in nicht mehr als ½ Bogen Querfolio, beide Seiten in sehr kleiner Schrift. — Eine für den Stecher bestimmte Copie mit von W. geschriebenem Titel und Innen-Notizen wurde im Oct. 1869 in Leipzig bei List u. Franke versteigert.

Ausgaben: Erste Orig.-Ausg. B e r l i n , Schlesinger. 16 ggr. | Neue Ausg. Ebend. 12½ sgr. Neueste Prachtausg. 1868 in der Gesammt-Ausg. von W.'s Pianof.-Werken, hrsg.

v. C. Reinecke u. E. Rudorff. Ebend. 5 sgr. ‖ Braunschweig, Litolff. 2½ sgr. | Mit andern
21 Composit. W.'s für Pfte. allein zus. Ebend. 1½ thlr. 10. ‖ Hamburg, Böhme. 7 ggr. ‖ Hannover, Bachmann. 6 ggr. ‖ In »Oeuvr. compl. de W. pour Pfte. seul.« Leipzig, Peters. 80.
20 Num. zus. 25 ngr. n. | In W.'s »Compositions p. Pfte.« 80. 13 Num. zus. 12 ngr. n. ‖ Als
»Variat. on an air from Preciosa« op. 55, s. Anm. c. Edit. by J. Moscheles: London, Chap-
pell u. C. 2s. 6d. | Cramer u. C. Ebenso. ‖ Als »Var. sur un air de Preciosa.« Paris, Brandus
u. Dufour. 4 fr. 50 c. | Als »Caprice et Var. sur un thème de Preciosa, op. 55,« ? Lemoine.
4 fr. 50 c. | Als »Var. sur un thème Bohémien.« Richault. 5 fr. | Maur. Schlesinger. 1 fr. 50 c.
Posen, Simon. 8 ggr. ‖ Wien, Haslinger. Concurr.-Ausg. 25 xr. = 5 ngr. | Als N. 9 in
Tome 1 des Oeuvr. compl. Leidesdorf. ‖ Wolfenbüttel, Holle. 2½ sgr. | **Arr. zu 4 Hdn.** —
Hamburg, Cranz. 10 sgr.

Anmerkungen. a. Unter W.'s Variationen-Werken ist dies das letzte. Es
hat nicht den prächtigen Glanz, den lieblichen Zauber, nicht den Farbenreichthum und die
edel-virtuosenhafte Benutzung des Instruments, wie die drei Hauptwerke W.'s dieser
Kategorie (**53, 141, 265**); dennoch sieht man überall des Meisters Hand, nur in andrer
Weise. Treffend ist es gewürdigt von *A. B. Marx*, der in seiner Compositionslehre III.
599, 1. Ausg. sich dahin ausspricht: W. scheine in den einzelnen Variationen desselben
Momente aus den Lebenszuständen des nomadischen, von seiner List und Kühnheit in
wilder Grazie und Kraft das Leben gewinnenden Zigeunervolks aufgegriffen und in seinen
Weisen angedeutet zu haben. Auch erwähnt Marx ebend. im Abschnitte »Character-
Variation« p. 77 der kunstreichen Form der Var. 4, von der er sagt: »W. hat hier das
Thema« (im ersten Theile) »zu einem 2stimmigen Kanon in der Unterquinte benutzt etc.,
eine barocke hier aber von W. eben so geistreich als sachgemäss benutzte Form«; (der
zweite Theil wird dann als 2stimmiger Kanon in der Octave behandelt.) Siehe ferner
noch ebend. II, 291. — **b.** W.'s *Tageb.* sagt: Dresden, 1817, 26. Aug. »Variat. in c
»vovy deh czowate vollendet.« 15. Oct.: »Variationen in C vollendet (auf-)geschrieben.«
17. »General Watzdorff zu mir. — Die Variationen dem General Watzdorff gebracht;
»dafür erhalten — 10 ♯ (Duc.)« — Sie waren also bestellt und der General Watzdorff
war es, durch den die Bestellung an W. gelangte. Ob jener auch der eigentliche Bestel-
ler war, hat sich nicht ermitteln lassen. — Interessant wäre es, zu wissen, aus welcher Quelle das auch seinen Worten nach ächte Zigeuner-Lied geflossen; denn »diese
sind *ächtes Zigeunerisch*, nur in der Schreibweise corrumpirt und deshalb etwas dunkel
in ihrer Bedeutung«; so lautet nämlich der Ausspruch des gelehrten Linguisten Prof.
Steinthal zu Berlin, dem ich die W. zur Bearbeitung übergebene Original-Nieder-
schrift des Liedes zur Prüfung vorgelegt hatte, und zwar in derselben Lesart, wie sie
sich oben unter dem Thema vorfindet. — **c.** W. scheint das Lied als ein »polni-
sches« bezeichnet gewesen zu sein, denn so nennt er es in einem Briefe an die Braut
vom 30. Aug. 1817 gleich nach Composition der Variationen. Später hat er wohl dessen
wahre Nationalität erfahren und danach den Titel festgestellt. Das ist aber zugleich der
Grund geworden, weshalb einige französische und die englischen Ausgaben (Brandus,
Lemoine, Chappell, Cramer) das Thema, als der »Preciosa« entnommen, auf ihren Titeln
bezeichnen, obwohl es mit dieser Musik in gar keinem Zusammenhange steht. — Diese
Var. waren es auch, die W. am 21. Oct. mit einigen andern seiner Composition an Jos.
Strauss nach Prag zur Herausgabe in dessen »musikalischem Fruchtgarten« sendete.
(S. darüber **73—76**.) — Die Ausgabe Lemoine giebt dem Opus die falsche Zahl 53 statt
der richtigen 55. — *Zum Stich* sendet W. die Var. an Schlesinger nach Berlin 1819,
26. Aug. — S. auch Max v. Weber's »Lebensbild« W.'s II. 112.

220.

Musik zu Donna Diana.

Lustspiel von Moreto.

Dazu: Solo für zwei Guitarren.

Comp. wahrscheinlich im Sept. 1821 zu Dresden, als »Donna Diana« daselbst am 2. Oct.
1817 zum ersten Male gegeben wurde.

*Unge-
druckt.*

Guitarre I.

Guitarre II.   8 Tacte. Autogr.

Autograph: Im Besitz des K. Sächs. Hoftheater-Archivs zu Dresden. (1863. J.) ½ Bogen grau-gelbliches Querfolio; mittelkleine Schrift. P. 1: 8 Zeilen leer, 2 beschrieben; p. 2: Copie der letzten 2 Tacte einer fremden Partitur. Namenszeichnung W.'s fehlt.

Ausgaben: Keine.

Anmerkungen. a. Dass das kleine Stück von W. componirt sei, lässt sich nach dem vorhandenen Autograph nicht bezweifeln, wenngleich sich über dasselbe keine Notiz in W.'s Tageb. befindet, eine Auslassung, welche in dessen 17 Jahrgängen von 1810 an nur in äusserst wenigen Fällen vorkommt. — **b.** Der gänzliche Mangel von Autographen wie von Notizen betreffs irgend welch anderer zu Donna Diana von W. geschriebener Musik ist der Grund, dass *5 Stücke* dazu, die sich im Hoftheater-Archiv zu Dresden befinden und bei den Aufführungen benutzt werden, als **nicht von W.** herrührend betrachtet werden können, obwohl die Rede geht, diese Stücke seien Compositionen von ihm. Zufolge gütiger, sehr gründlicher, auf meine Bitte angestellter Nachforschungen des Herrn Dr. Leopold v. **Sonnleithner** zu Wien hat es sich herausgestellt, dass 2 dieser Stücke, (N. 1 u. 2 hier unten) die auch an den Bühnen zu Wien u. Berlin in Donna Diana benutzt werden, entschieden **nicht** von W., sondern von **Adalb. Gyrowetz** componirt sind. Es sind dies:

1.) Act III. Scene 3. Gastons Rundgesang.

   Moderato.

                Lasst Fe - ni - sens Lob er - tö - nen,   16 Tacte.

Mit Guit., 1 Fl., 2 Cl., 2 Fag., 2 Tromp., 2 Pkn.

2.) Act III. Scene 3. Lied mit Guitarre.

Guit.

                Darf sich mei - ne Lie - be zei - gen,   21 Tacte.

Die drei **andern** Stücke, nur in **Dresden**, nicht in Berlin und Wien benutzt, sind folgende:

3.) Act II. Scene 11, nach |: *»Wir fangen an, wenn er ganz nah' uns ist.«* :|

   Romanze, ohne Gesang, für 1 Guit. und Harfe :?.

   p   17 Tacte.

4.) Act II. Scene 5. Marsch, für 3 Trompeten.   **4.) Menuett,** für Flöte, Viola u. Guitarre.

3 Tromp.   und 2 Pkn.   Fl.

Pkn.   f   p   3   Viola. p
                                                       Guit.

              16 Tacte.   36 Tacte,
                                                                     ohne Repr.

N. 3 könnte von W. herrühren; bei N. 1 u. 5 ist dies jedoch weniger wahrscheinlich, namentlich von N. 1. Ehe nicht bestimmte Beweise für sie als Arbeiten W.'s vorliegen, sind sie als solche sehr anzuzweifeln.

221.

L'Accoglienza. (Der Fest-Empfang.)

* Unge-
druckt.*

Cantata in occasione del felice Imeneo delle A. A. J. J. e R. R. Leopoldo di Toscana e
Maria Anna Carlina di Sassonia. — Parole del Signor Celani. — 29. Ottobre 1817, Dresda.»
(Titel des gedruckten Fest-Programms.)

Für 6 Solostimmen (2 Sopr. I, 1 Sopr. II, 1 Ten., 2 Bässe) und gemischten Chor.

Begleitung: 2 Flöten, 2 Oboen, 2 Clarinetten, 2 Hörner, 2 Fagotte, 2 Trompeten,
2 Pauken, Bass-Posaune, 2 Violinen, Viola, 2 Violoncelli und Bass.

Comp. 1817, 8. Oct. zu Dresden; *Tageb.* (s. *Anm.* a. u. e.)

N. 5. Arie e Recit. Genio.

Die ganze Cantate hat 705 Tacte.

Autograph: Partitur, im Besitz des Bureau de Musique (Peters) zu Leipzig. (1867. J.) 12 Bogen: pag. 1 bis 68 u. 71 bis 71; seit 1815, bis wohin ich es vollständig gesehen, fehlt ½ Bogen mit p. 69 u. 70. (s. Anm. g.) Geheftet: die letzten 4½ Bogen lose. Ohne jeden Titel: die bei der Aufführung der Musik ausgeführte Ouverture wie jede Spur von Vorhaltung einer solchen fehlen. (s. Anm. e.) Vergilbtes Querfolio; mittelgrosse und mittelschwarze enge klare Schrift. N. 1, 2 u. 3: in der Partitur u. im Papier 12zeilig, N. 4 u. 5: Part. 13-, Papier 15zeilig, N. 6 u. 7: Part. u. Pap. 16zeil. Die erste Seite von N. 7 (p. 55) ist von W. mit einem starken Querstrich durchzogen, daran die Bemerkung »Zum Oberon benutzt. C. M. v. Weber. (s. Anm. b.) Am Schluss von W.'s Hand: »Vollendet Dresden d 8. October 1817. Soli Deo Gloria!«

Ausgaben: Keine.

Anmerkungen. a. Die *Veranlassung* zu dieser Composition war die Vermählung der Przss. Maria Anna Carolina v. Sachsen mit dem Erbgrossherz. v. Toscana am 29. Oct. 1817 zu Dresden. Der trockne, undramatische, überaus wortreiche Text der Cantate (s. Anm. b.) war nicht ermuthigend für W.; dazu kam die erschwerende momentane Situation. Da nemlich Morlacchi, Kapellmeister an der italienischen Oper zu Dresden, gerade verreist war, wurde W. die Composition der Cantate übertragen und zwar in einer von Arbeit beispiellos überhäuften, und wegen W.'s persönlicher Verhältnisse ausserdem für ihn besonders schwierigen Zeit; denn nach Morlacchi's Abreise hatte W., ausser der ihm zustehenden Leitung der deutschen Oper, nicht nur zugleich den Dienst an der italienischen, sondern auf ihn fiel nun auch die doppelte Directions-Thätigkeit bei der katholischen Hofkirche, die die Kapellmeister weit über 150 mal im Jahre in Anspruch nahm, ferner die Musik-Aufführungen an der Königl. Tafel zu Pillnitz, die bisher in des erkrankten Kirchencompositeurs **Schubert's** Händen gelegen hatten. Dazu kamen W.'s bevorstehende Heirath und die dadurch verursachten vielfachen Geschäfte, äusserliche Störungen und Unbequemlichkeiten, da bei der Abwesenheit der Braut, die Last der ganzen Einrichtung der zukünftigen Häuslichkeit auf ihm lag, so dass er, »umgeben von dem »Lärm der Maurer, Tischler, Maler, Tapezierer und Scheuerfrauen« die Composition auszuführen hatte. Und dennoch sollte diese in n u r 1 4 T a g e n vollendet sein! Obwohl die fürstliche Vermählung sich verzögerte, und die Arbeit an Ausdehnung fast der an der Preciosa gleich wurde, vollzog sie W. dennoch in nur 15 Tagen. Er schrieb darüber an Gänsbacher 28. Aug. 1818: »Zu Michaeli hatte ich auf die Vereinigung mit meiner geliebten »Lina gehofft; aber das sollte mir auch nicht so leicht gemacht werden. Die Vermäh-»lungsfeier unsrer Prinzessin Marianne kam dazwischen, wozu ich eine grosse Cantate »schreiben musste; da zogen sich die Präliminarien in die Länge, und ich war in der »peinlichsten Lage; ich musste hier mein Quartier von Grund aus neu einrichten; diese »Anordnungen, dazu componiren, eine Gelegenheitssache, und hier meine erste Arbeit — »es war um toll zu werden!« — b. Durch diese äusserst schwierig liegenden Verhältnisse erklärt es sich, dass in keinem Werke W.'s die *Benutzung* älterer, von ihm bei Seite gelegter Arbeiten seiner Composition so v i e l f a c h als hier eintrat. Von 705 Tacten des ganzen 7 Nummern enthaltenden Werks sind (nach Abzug 13 wiederholter Tacte von 137 überhaupt benutzten) 124 aus älterem Material W.'s entlehnt; *a.* aus seiner Oper **Peter Schmoll** (von 1801); *b.* aus der Ouvertüre hiezu, als **Ouvertüre in Es** »à plusieurs instruments« (von 1807.); *c.* aus dem Quintett von W.'s unvollendeter Oper **Rübezahl** (1804) und *d.* aus dem Liede **187** in W.'s Musik zu Gubitz's Festspiel »**Lieb**' und **Versöhnen**« (1815) und zwar zu N. 1 von »L'Accoglienza« : 24 Tacte aus Schmoll, Terzett N. 14 (auch enthalten in der Ouvertüre zu Schmoll und deren Umarbeitung) — zu N. 3 der Cantate : 21 Tacte aus Rübezahl; zu N. 4 : 17 Tacte aus d. Ouvert. in Es; 4 T. aus Lieb' und Versöhnen; zu N. 5 : 26 T. ebendaraus, 7 T. aus Arie N. 8 aus Schmoll und 4 T. aus dem 11. Finale derselben Oper; zu N. 7 d. Cantate : 32 Tacte aus d. Ouvertüre in Es und schliesslich 2 T. aus d. Schmoll-Finale 11. (Siehe die specificirte Aufführung des Benutzten in den betreffenden Werken **8, 47, 54, 187.**) Die Benutzung beschränkt sich natürlich nur auf das M o t i v : die Verwendung desselben ist frei und von der Hand des fertigen Meisters; namentlich ist die Instrumentirung überall umgeschmolzen. Dabei waltet der natürlichste Zusammenhang im Ganzen, alles scheint Ein Guss. — Aber nicht nur diese innige Verschmelzung des an 21 verschiedenen Stellen in der Cantate auftretenden älteren Materials gelang W. in vollkommenster Weise, sondern es strömten ihm dabei zugleich ganz n e u e musikalische Gedanken in so frischer Fülle zu, dass ihm die als ephemer gedachte Arbeit sogar zu einer Fundgrube bei s p ä t e r e n Werken wurde. So erscheint der Chor der Toscaner (N. 6) als die später fast ganz ungeändert in den *Oberon* aufgenommene reizende N. 21, Chor u. Ballet »Für dich hat Schönheit«, zu welcher er nur 24 Tacte mit neuem Inhalte hinzufügte, von Hüon's Zwischengesängen abgesehen — und so ist Rezia's berühmte Cabaletta zum Sclavenchor im Finale I dieser Oper (Tact 37 bis 47) bei wenigen geänderten Noten der N. 3 der »L'Accoglienza« (Tact 38—48) entnommen; auch zu der Theater-Musik zu Spontini's **Olimpia** (**305**), 1825 in Dresden aufgeführt, entlehnte W. daraus 14 Tacte. — Diesem eigenthümlichen Zuge seiner künstlerischen Feinfühligkeit für den Werth und die Passlichkeit von bei Seite gelegtem Material im entsprechenden Momente, diesem Zuge, dem wir nicht selten begegnen, verdanken wir also die Erhaltung von so manchem Schönen und Schönsten in seinen Hauptwerken, das ohne diese Seite seiner Begabung mit Demjenigen verloren gegangen wäre, was, wie das Vorliegende, durch seinen Character als Gelegenheits-Composition von vorn herein gewissermaassen der Vergessenheit überantwortet gewesen sein würde. — c. Da dem Autograph die vor dem Werke aufgeführte *Ouvertüre* fehlt, eine Abschrift von »L'Accoglienza« am dresdener Hoftheater auch nicht aufzufinden war, so könnte man besorgen, diese Ouvertüre sei verloren gegangen. Aus einem Referat der Lpz. A. Mus. Ztg. XIX, 835 geht jedoch hervor, dass sie keine andre gewesen sein kann, als die schon Anm. b. genannte, zu **Peter Schmoll** umgearbeitete »in Es« (**54**). Jenes

30 *

Referat sagt unter Anderm: »Die Ouvert. steht in Es dur und Hr. v. W. wusste in sie
die Hymne« (N. 1. Quartett) »zu legen. welche dem Ganzen als Einleitung dient und« (in
der Ouvertüre) »ein Andante ist, von welchem der Componist mit einem bloss von der
Flöte gegebenen Uebergange in die Tonica zurückgeht, worauf das Thema des Allegro
wieder beginnt, was« (in der Cantate) »den Final - Chor eingeschlossen enthält«. Diese
Bemerkungen sind genau auf die »Ouvertüre in Es 54« zutreffend, und darum ist jeder
Zweifel gehoben, ob W. diese Ouvertüre zu der von »L'Accoglienza« benutzt habe. —
d. Eine Seizze des Inhaltes der *Dichtung*, so wie der Gestaltung der *Composition* folge hier. Die Cantate beginnt mit einer Begrüssung des festlichen Tages durch
die allegorischen Gestalten von Ackerbau, Wissenschaft, Kunst und Handel (Sopr., Alt,
Ten., Bass) in einem schönen von Celli und Blasinstrumenten begleiteten Quartett (N. 1)
aus dem sich ein Recitativ (N. 2) und ein zweites Quartett (N. 3) entwickeln, durch
welche vornehmlich der Verdienste des Hauses Toscana auf den genannten Culturgebie-
ten gedacht wird. Der nun erscheinende Genius von Florenz (Sopr.) wendet sich darauf
an die Braut in einem langen Recitativ (N. 4), das trotz seiner ausserordentlichen Ausdehnung von 102 Tacten dennoch den Hörer durch seine in dasselbe verflochtenen instrumentalen Episoden in immer reger Spannung erhält. Nach einer nun eintretenden
brillanten Arie des Genius (N. 5), bei deren Beginn sich die Wolken im Hintergrunde
der Scene theilen und die Gärten von Boboli mit dem Blick auf Florenz erscheinen
lassen, geben der Genius und die vier allegorischen Gestalten, indem sie in Wolken davon getragen werden, die Bühne frei. Diese erfüllen nun mit lautem Festes-Jubel Tos-
kaner jeden Alters und Geschlechtes unter Führung eines Greises: grosser Chor mit
Bass-Solo, (N. 6.) Dies Musikstück ist eine der glänzendsten und reizendsten der musikalischen Nummern der Cantate. Ein Recitativ des Greises leitet hierauf in ein Gebet des
Chors (N. 7) über, an das sich ein mit allem vocalen und orchestralen Schmuck ausge-
statteter jubelvoller letzter Chor schliesst, der das Ganze beendet. — Bei der feierlichen
Aufführung am 29. Oct. 1817 im grossen Opernhause zu Dresden vor dem Hofe und
einer glänzenden Versammlung, wobei dem Werke eine enthusiastische Aufnahme zu
Theil ward, wurden gesungen: Ackerbau von Mad. Mieksch, Wissenschaft von Frau v.
Biedenfeldt, Kunst von Hrn. Benelli, Handel von Hrn. Benincasa; der Genius von Mad.
Sandrini, der Greis von Hrn. Bassi. — **c.** W. erhielt den Text der Cantate am 21.
Sept. 1817. Sein *Tagebuch* meldet an demselben Tage schon: »An der Kantate gear-
»beitet«. Darauf am 22. »den ganzen Abend gearbeitet an der Cantate. Chor in A
»(N. 6.) geschrieben«. 23. »früh und Abends Cantate gearb.« 24. »Abends bei Mieksch
»gearbeitet, da bei mir geweisst wurde; Hymne in C«. 25. »gearb. an Cantate Schluss-
»chor und Quartett in B«. 26. »Quartett in B vollendet«. 27. »Recitative vollendet«.
30. u. 1. Oct.: »instrumentirt; bis zum Quartett ganz vollendet«. 3. Oct.: »gearb. u.
»ewig gestört worden. Abends die Arie vollendet seixzirt; dann der Sandrini die Arie
»vorgesungen«. 4. »gearb.« (3 mal notirt). 5. »gearb. probirt mit Benincasa«. 6. »Mit
»Bassi probirt. Chorprobe der Kant.« 7. »den ganzen Tag bis 1 gearb.« 8. »Kantate
»vollendet«. 29. »Abends: meine Kantate. — ging Alles vortrefflich und gefiel«. —
f. Eine wortgetreue deutsche *Uebersetzung* des Textes, geeignet, der Composition
untergelegt zu werden, giebt es nicht; die im Festprogramm mitgetheilte ist, obwohl me-
trisch, zum Unterlegen gänzlich unbrauchbar. Nur zu N. 7 findet sich im Autograph,
von W. eingetragen, ein den Stimmen untergelegter Text bezüglich einer anderweitigen
Feier am Sächs. Hofe. — Vor etwa 15 Jahren schrieb Rich. Pohl einen sehr guten deutschen Text dazu unter dem Titel: »Frühlingsfeier«. Der Druck der Cantate mit demselben
unterblieb damals, wahrscheinlich weil die Verwendung früherer Werke darin und die
Benutzung für Oberon aufgefunden worden. — **g.** Bei der vom Bureau de Musique zu
Leipzig beabsichtigten aber nicht erfolgten Herausgabe von »L'Accoglienza«, als einer
Cantate mit allgemein passendem Text, sind übrigens im musikalischen Theil die im
Autograph fehlenden 2 Seiten, p. 69 u. 70, von W. Kalliwoda sehr zweckmässig für
Sinn und Fluss der Sache *ergänzt* worden. — S. auch Max v. Weber's »Lebensbild«
W.'s II, 121—26. 128.

222.

Lied: »*Hold ist der Cyanenkranz.*«

zum ländlichen Lust- und Festspiel »Der Weinberg an der Elbe« von Fr. Kind zur Feier
der Vermählung der Przss. Maria Anna Carolina v. Sachsen mit dem Erbgrossherz. Leopold v. Toscana.

Für 4 gemischte Solo- u. Chor-Stimmen mit Begleitung von 2 Flöten, 2 Oboen, 2 Clarinetten, 2 Fagotten, 2 Hörnern, 2 Trompeten, 2 Pauken, 2 Violinen, Viola, Cello u. Bass.

5 Strophen.

Comp. 1817, 3. Nov. zu Prag; *Tageb.* (*s. Anm. a.*)

Autograph: Unbekannt.

Ausgaben: Zuerst erschienen in Partitur als Beilage zu »Malerische Schauspiele«
N. 11: »Der Weinberg an der Elbe« von Fr. Kind. Musik: 7 Seiten, Trombe e Timpani a
parte auf p. 8. Typendruck. 4°. Leipzig, Göschen, 1817. | Erste Orig.-Ausg. im Musik-Handel
nach obigem Abdruck: Partitur mit »Solo-«, Chor- u. Orchester-Stimmen in 8° als N. 11 der
nachgelass. Werke, Leipzig, Bureau de Musique, Peters.² 1 thlr. | Partitur allein. —
Ebend. 5 ngr. | Singstimmen allein. — Ebend. 5 ngr. | Mit Pfte.-Begl. — Arr. v. Enke. Ebend.
5 ngr. | Für Pfte zu 4 Hdn. ohne Worte. — Arr. v. Horn. Ebend. 7½ ngr.

Anmerkungen. a. Dies kurze, frisch-fröhliche, brillant instrumentirte Lied wurde
wie die grosse Festcantate »L'Accoglienza« zu oben genannter Vermählungs-Feier in das
von Fr. Kind dafür geschriebene Festspiel componirt. Die Composition war aber von
W. zuerst nicht vollzogen worden, weil anfänglich die Aufführung des Stückes unter-
bleiben sollte; als aber diese am Tage vor W.'s Abreise zu seiner Hochzeit dennoch
plötzlich befohlen wurde, schrieb W. das Lied in der Nacht vor seinem Hochzeitstage in
Prag, worauf die *erste Aufführung* desselben im Festspiele am 15. Dez. zu Dresden statt
fand. — **b.** Im Rückblick auf Anm. **b.** der Cantate »L'Accoglienza« enthält dies kleine
Stück, so wenig es bekannt geworden sein mag, ein Samenkorn zu sehr hervorleuchtenden Blüten in zweien seiner späteren Hauptwerke. Die 4 Tacte 18 bis 21 des Liedes
bilden den Grundgedanken des Anfangsmotivs zu »Einsam bin ich nicht alleine« in W.'s
Preciosa (1820), aus dessen Umrissen wiederum später (1825—26) die noch feiner
vergeistigten Melodieenzüge des zweiten Hauptmotivs (Adur) der Oberon-Ouvertüre
hervorgingen, zuerst in Hüon's Arie N. 5 dieser Oper auftretend. Aber auch einer Ver-
bindungspassage von 1½ Tacten vor eben erwähntem Motiv unsres Liedes ist zu gedenken, die W. wohl aus dem Liede **(187)** zu »Lieb' und Versöhnen« (von 1815) in Erinnerung geblieben war und die hier wiedererscheint. — Es wäre zu wünschen gewesen, dass
man bei der neuen Ausgabe das Gelegenheitliche aus dem ohnehin schwachen Texte gegen
allgemeiner Anwendbares vertauscht hätte. Der jetzige Text bildet für die weitere
Verbreitung ein Hinderniss. — S. auch Max v. Weber's »Lebensbild« W.'s II, 121.
129. 130.

—— 1818. ——

223.

Romanze: **Alkanzor und Zaide.** *»Leise weht es,«*

Für eine Singstimme mit Begleitung der Guitarre.

Zum Schauspiel »Das Nachtlager von Granada« von Fr. Kind. Strophen s. *Anm. e.)*

Comp. (1818, im Janr.) *s. Anm.* **b.**

Autograph: Unbekannt.

Ausgaben: Zuerst mit **Guit.-Begleit.** des Compon. u. der des **Pfte.** v. Otto zus. mit 195 u. 225 unter d. Titel: 3 Gesänge aus W.'s musik. Nachlass. Dresden, Friese. 6 gr. ‖ Als N. 97 d. Prehtausg. hrsg. u. mit Pfte.-Begleit. v. Jähns. 1869. Berlin, Schlesinger Lienau. 2½ sgr. *n.*

Anmerkungen. a. Die von der Guitarre begleitete Melodie ist seltsam originell. Wenngleich schwermüthig, doch leidenschaftlich bis zu dem zwei mal auftretenden dreimaligen Klageruf in den Tönen c'' g'' a'' — ist sie dennoch mit allerlei kleinen krausen Figürchen, ja selbst mit einem langen Triller versehen, obwohl sie im Schauspiel von der **Hirtin** Gabriele gesungen wird. Die Erklärung dieser befremdenden Originalität ist, dass die **Melodie** eine *ächt spanische.* Die Verwendung derselben erscheint bei dem National-Character des Dramas sehr zweckgemäss, um so mehr als der Verfasser desselben an W. spanische Volks-Musik überlassen, die Prof. Hasse in Dresden aus Spanien für Kind's Almanach mitgebracht hatte. (s. Kind's »Freischütz-Buch« p. 96.) Eine, diese nationale Beziehung nicht beachtende, augenscheinlich misswollende Kritik trat in N. 16 der Eleg. Zeitung von 1816 auf, gegen welche W. am 20. März d. J. eine schlagende *„Berichtigung"* in die Abendzeitung schrieb, die ihn in seiner, wenn es darauf ankam, scharfen Entgegnungsweise allzu interessant characterisirt, als dass sie hier zurückgehalten werden dürfte. Sie lautet: »Ein Hr. K. hat in einem Bericht aus Dresden mit fast »heimtückischer Lust das Kunststück versucht, mit anscheinender Ruhe und Unbefangen»heit Dichtung und Aufführung des Nachtlagers von Granada von Kind herabwürdigend »zu entstellen und dabei mit nicht ungewandter Feder recht zweckmässig zu verschweigen, »zu umgehen oder herauszuheben gewusst, was an und für sich gut, aber, so zusammen»gestellt, als das Entgegengesetzte erscheinen muss. Meines Amtes ist es hier nur »als Beleg zum Ebengesagten des »feinen Liedchens, worin die kunstgewandte Hirtin es »selbst an dem schweren Triller nicht ermangeln lässt« zu erwähnen. Ich bedaure, zu »Gunsten des Hrn. K. recht sehr, dass die spanischen Hirten oder Spanier überhaupt »anders singen, als Hr. K. es sich in den Kopf gesetzt hat. Diese Melodie ist ein ächt »spanischer National-Gesang, so wie auch die Ballade (der Text) selbst. (s. »Ursinus.) Die Kehlen der Italiäner und Spanier geben vermöge ihrer angebornen Ge»schmeidigkeit ihren Gesangswendungen andere Formen als die unsrigen, und was der »Deutsche oft erst durch Kunst seinem Organe abgewinnen muss, ist dort natürliche »Gabe, daher in spanischen und italiänischen Liedern oft ganze Passagen artiger Figuren »auf einzelnen Sylben gesungen werden; ja fast jedes Seguidillos mit einem Triller an»fängt und endiget. — Welches Ursprungs sind also Hrn. K.'s Rügen, die der Unwissen»heit oder des bösen Willens? Leider wird man genöthigt, das Letztere zu glauben«. — **b.** W.'s Tagebuch giebt keinen Nachweis über das **Compositions-Datum** des Stückes; es scheint jedoch kurz vor der ersten Aufführung des Schauspieles am 22. Janr., also wohl Mitte des Monats 1818 entstanden zu sein. — **c.** Da die *Dichtung* der Ausgabe Friese in dem Archiv des dresdener Hoftheaters ohne jeden Abschluss und fast inhaltslos ist, so habe ich der neuen Prachtausgabe Schlesinger (Lienau) eine zweite Strophe zugegeben, die jenen Abschluss erstrebt.

224.

Missa sancta. N. I. In Es.

Ohne op.-Zahl. (op. 75)

Für 4 Solostimmen (Sopr., Alt, Ten., Bass) und vierstimmigen gemischten Chor
(im Sanctus achtstimmig).

Begleitung: 2 Flöten, 2 Oboen, 2 Clarinetten, 2 Hörner, 2 Fagotte, 2 Trompeten.
2 Pauken, 2 Violinen, 2 Violen, Cello und Bass.

Zur Feier des Namenstages S. M. des Königs Friedrich August I. von Sachsen.
Offertorium dazu s. **226.**

Comp. 1818. 23. Febr. zu Dresden; *Tageb.* (*s. Anm. c.*) — *Ohne Opus-Zahl* gedruckt; in W.'s gesch. Werk-Verz. mit *op. 75* gezählt; *s. Anm. d.*

Instr.: 2 Fl., 2 Ob., 2 Cl., 2 Hörn., 2 Fag., 2 V., 2 Violen, Cello, Bass.

Autograph: Partitur. Im Besitz von F. W. Jähns; einst ein Geschenk der Wittwe W.'s an F. W. Brauer, Tonkünstler zu Dresden, früheren Lehrer der Söhne W.'s, nachmaligen treubewährten Freund von dessen Hinterbliebenen, † 20. Sept. 1870. Dies schöne Autograph ist seitdem durch gütige Schenkung seitens der Wittwe meines langjährigen trefflichen Freundes, der Frau Julie Brauer zu Dresden, an mich über-gegangen. Dunkel violetter Pappband mit braunem Leder; in Papier und Schrift höchst ähnlich der Original-Partitur des »Freischütz« (277). Der innere Titel (Autogr.) auf p. 1 lautet: »Missa sancta in Musicam translata a Carlo Maria de Weber.« Zum Schluss die Bemerkung: »Soli Deo Gloria. C: M: v: W: | Vollendet d. 23. Februar 1818 in »Dresden und der Feyer | des Namenstages unsres erlabenen Monarchen geweiht, zu | wel-»chem Zwekke die Messe auch d. 1¹ März zum 1¹ Male in der Königl. Hofkirche aufge-»führt wurde.« Der Deckel-Titel ist von Copisten-Hand und lautet: No. 1. Missa sancta in Musicam translata a Carolo Maria de Weber. Ao. 1818. — Im Ganzen 70 Seiten, je 15 Zeilen; nur das Benedictus hat 5 zehnzeilige Seiten; nach dem Kyrie p. 12, nach dem

Credo p. 16 : leer, eben so p. 70. — In der Privat-Bibliothek S. M. des Königs von Sachsen zu Dresden befindet sich das Widmungs-Exemplar an den König Friedr. Aug. I. von Sachsen von Copisten-Hand; dessen Titel und Schlussbemerkung, W.'s Handschrift. lauten: »Missa in Musicam translata a Carolo Maria de Weber ≈≈≈« — »Soli »Deo Gloria. C: M: d: Weber. II. 1818«. Der Deckel-Titel ist von Copisten-Hand und dem innern autographischen gleich. — In der Abschrift im Besitz der Königl. Bibliothek zu Berlin ist von W.'s Hand hinzugesetzt 1.' »con moto« zur Ueberschrift »Andante« des Credo ; 2.) »non troppo lento« zur Ueberschrift »Largo« des Benedictus.

Ausgaben: Partitur für vollständiges Orchester mit dazu gegebener Orgelstimme 'ohne Offertorium 226 : Paris, Richault. Catal. I à 48 fr. Catal. II à 36 fr. | **Orchester- u. Singstimmen einzeln.** — Zusam. Wien. Haslinger. 8 fl. || Paris, Richault. Cat. I à 48 fr. Cat. II à 36 fr. | **Singstimmen einzeln.** — London, Novello u. C. 5. 13 d. | **Mit Begleitung der Orgel od. des Clav.** — Nach der Partitur arr. betitelt : C. M. v. Weber's Mass in E flat with an accompaniment for the Organ arranged from the full score. London, A. Novello 6s. | **Für Pfte. zu 4 Hdn. ohne Worte.** — Nach der Orig.-Part. arr. v. F. W. Jähns. Wien, Haslinger. 2 fl. 30 xr. **Einzeln für Orgel allein.** — Fuge aus dem Gloria »Cum sancto spiritu« als N. 19 in »Select Organ pieces«. London, Novello u. C.

Anmerkungen. a. *Characterisirung. Urtheil.* Der 8. März 1818 brachte die erste Aufführung dieses merkwürdigen Werkes, so reich an höchsten Schönheiten, wie ganz besonders den Stempel künstlerischer Originalität unsres Meisters tragend. Im Allgemeinen haben nur wenige grosse öffentliche Aufführungen (W. selbst leitete nur 3 in Dresden) die Bekanntschaft mit dem Werke der grösseren musikalischen Welt vermitteln können; selbst das einfache Hülfsmittel eines Clav.-Auszuges fehlt, und das vierhändige Pfte.-Arrangement ohne Worte von F. W. Jähns, obwohl aus der genauen Kenntniss der Partitur hervorgegangen, kann natürlich dazu nicht vollgenügend erscheinen; die Partitur, erst später zu hohem Preise in Paris erschienen, ist nicht bequem erreichbar — vor Allem fehlt die Bekanntschaft mit dem tönenden Werke in seiner herrlichen Instrumentation, um ihm die allgemeine Anerkennung zu verschaffen, deren es würdig ist. — Der feinsinnige und gründliche A. P. Benelli, Schüler Pater Martini's, sagt im Eingange seiner sehr ausführlichen Beurtheilung des Werkes in der Lpz. A. Mus. Ztg. XX. 325: »Ich kenne unter den zahlreichen Missen ausgezeichneter Meister unserer Tage kaum einige, in welchen so ausdrucksvolle Melodieen mit so eigenthümlicher und trefflicher Harmonie, so feierliche und kirchliche Andacht mit solchem Glanz der neueren Tonkunst, so viel bedachtsamer Ernst mit solch feuriger Genialität verbunden wären, und auch nicht eine, welche diese in diesen vereinigten Punkten und im Ganzen genommen, überträfen. Zwar haben unterrichtete Kunstfreunde in einigen Sätzen des Werkes viel Künstlichkeit bemerken wollen, ich aber muss gestehen, dass ich diese Meinung keinesweges theile. etc.« Hierauf heisst es am Schlusse: »Besondere Anerkennung verdient noch, dass der Komponist, ohngeachtet seiner Fülle von Ideen und seiner Gründlichkeit der Ausarbeitung, gewusst hat, sich im Ganzen so kurz zu fassen oder vielmehr so gedrängt zusammen zu halten«. — Bei dem grossen Kirchenconcert in Berlin, 10. Sept. 1827, worin Mozart's freilich mangelhaft gegebener »Davidde penitente« der Messe W.'s vorausging, neigte, nach L. Rellstab's Bericht (Berlin, Voss. Zeitg. N. 215), »die Schaale des Beifalls fast zu Gunsten des W.'schen Werkes«. — Nun macht es aber für den genauen Kenner dieser Messe einen beklemmenden Eindruck, wenn sie zuweilen als eine Arbeit bezeichnet wird, an die W. sich selbst herangezwungen habe. Dass sie unter erschwerenden Umständen, Ueberfülle von und Unannehmlichkeiten im Dienst entstand, davon giebt freilich W.'s Tagebuch aus jener Zeit den Beleg. nicht aber das Werk, das so frei seinem Geiste entstammt, wie nur seiner besten eines. Da das Publikum aber die Eigenthümlichkeit dieses Genius, wie sie auch in der Esdur-Messe deutlich hervortritt, später vorwiegend aus seinen dramatischen Werken kennen und lieben lernte, so wurde (zumal die Messe erst nach W.'s Tode bekannter geworden) jene Eigenthümlichkeit des W.'schen Genius, den man kurzweg als »dramatisch« bezeichnete, nun, indem man rückwärts schloss, auf die Messe bezogen, obwohl sie doch jenen dramatischen Werken vorausgegangen war. Den Stempel seines Geistes trägt sie, nicht aber speziell den seiner Dramen. Die Unterstellung jenes dramatischen Characters bedeutet ebensowohl einen Vorwurf, wie jene schon von Benelli zurückgewiesene Bezeichnung als künstlich. Leider aber beherrscht die Tradition solcher Vorwürfe bis heut die Kritik, weil das Correctiv wirklichen Hörens fehlt. So sind das glänzende Gloria, das mächtige und kunst-

reiche Credo, das erhabene Sanctus, das süss eindringliche Benedictus von so
hoher Schönheit, Würde und Grösse, dass die kühl gemessene Erwähnung des Werkes
der neuerdings über W. ausführlicher redenden Musikschriften ungerechtfertigt erscheint.
Zugegeben, dass W.'s dramatischer Genius in dasselbe hineinreflectirte, aber einen Zwang,
eine unpassende Verwendung äusserlicher (instrumentaler) Mittel, einen Mangel an
kirchlicher Würde der Arbeit zuzusprechen, ist hart. Dass W. auch hier, wie überall,
noch Weber war, ist ein Umstand, der jede künstlerische Originalität trifft, um so
leichter bemerkbar, je ausgeprägter und frischer sie selber ist. Des wahren Schönen,
was W. auch bei dem vorliegenden Werke gab, ist soviel, dass es, um gerechter Anerkennung gewiss zu sein, nur wiederholter Vorführung desselben bedarf. — Wie ernst
es dem reifen Künstler mit der Sache gewesen, beweisen manche *briefliche Mittheilungen W.'s* an seine Freunde, in denen er »des Fleisses, der Sorgfalt, Liebe u. Andacht«
erwähnt, mit denen er die Arbeit vollzogen. Möge einiges dahin Gehörige hier Platz
finden, da es zugleich die äusserlichen Bedingungen bei Composition einer Messe für die
katholische Hofkirche zu Dresden berührt und interessante Anhaltspunkte für die eben
vorliegende darbietet. So schreibt W. an Gänsbacher 21. Dez. 1818, als letzterer
eine Messe für Dresden zu schreiben beabsichtigt: »Vor Allem mache sie so kurz als
»möglich und vergiss nicht, einige ausgeführte Sopran-Solo's für unsern trefflichen Castra-
»ten Sassaroli. Du musst ihm aber Freiheit lassen, auch sehr in breitem Maasse für
»unsre Kirche schreiben, da sie entsetzlich wiederhallt und alle schnellen Rückungen sich
»verwirren, auch Trompeten u. Pauken sehr sparsam angewendet sein wollen. Man liebt
»zwar sehr das Galante hier bei Hofe; daran wirst Du Dich aber eben so wenig wie ich
»kehren, in so fern es unwürdig dem erhabenen Orte und Worte würde; und das Herz
»giebt ja auch von selbst Lieblichkeit«. Ferner am 26. Dez. 1822 an denselben: »Ver-
»giss nicht, dass uns're Kirche sehr gross ist und ungebührlich schallt; kleine Figuren
»sind undeutlich, ein langer Vorschlag frisst die Hauptnote. Cherubini'sche, Beethoven-
»sche Musik z. B., die schnell modulirt, die Stimmen sehr verschränkt und schnell har-
»moniewechselnd ist, würde bei uns einem Katzengeheule gleichen. Grosse, breite
»Figuren! Alles in Massen, aber auch wieder einzelne (breite) Töne eines Blasinstru-
»mentes wirken sehr. Die Sänger sind Italiäner, also nie recht fest, daher alles so sang-
»bar, wie möglich. Der Altist ist ein Hund. Soprano (Sassaroli) »vortrefflich im gross-
»artigen Gesang; Athem wie ein Pferd. Vergiss nicht, ihn ein f'' oder g'' ad libit.
»aushalten zu lassen. Von g' bis a'' h'' bewegt er sich am besten. Tüchtige Fugen sind
»wir gewohnt«. Hier unverkennbar die Normen, nach denen W. selbst, namentlich seine
Esdur-Messe schrieb, in der an unzähligen Stellen zutreffende Belege für diese Weisun-
gen an seinen Freund aufzufinden sind. — An Lichtenstein schreibt W. 1818,
14. Mai: »— in diesem Gewirre drängte mich noch die Nothwendigkeit, dem Könige
»eine Messe zu schreiben, eine Arbeit, die ich mit Liebe begann, erfüllt von der Grösse
»meines Gegenstandes und im Bestreben, in dieser Gattung nichts Gewöhnliches oder
»Mittelmässiges zu liefern. Anhaltende Anstrengungen liessen mich diese Arbeit d.
»1. März vollenden« (incl. Offertorium **226**) »die den 8ᵗ zum ersten Male u. d. 21. zum
»2. Male gegeben wurde. Die allgemeine Sensation und Theilnahme, die sie erregte, war
»mir ein schöner Lohn, und der Brillantring, den mir der König übergeben liess, konnte
»mich deshalb erfreuen, weil vor mir keiner in seinen Diensten stehender Kapellmeister
»sich einer ähnlichen Auszeichnung zu erfreuen hatte«. Ferner an Lichtenstein 8. Juli,
1818: »Wenn ihr meine Messe hört, so gedenkt meiner in Liebe, denn sie kam ganz aus
»meinem Herzen u. ist das Beste, was ich geben kann. könnte mancherlei darüber sagen,
»bin aber zu faul dazu. Hört sie!« — Ja, höre man das Werk, höre man es wiederholt
und ganz, und seiner selbst würdig ausgeführt — die vollste und allgemeinste Anerkennung wird ihm bald nicht mehr fehlen; tragen doch alle Theile desselben (das »Dona«
vielleicht ausgenommen) selbst zu einer begeisterten Aufnahme die Berechtigung in sich.
(Vergl. die Einleit. p. 7.) — Jener oben erwähnten ersten Aufführung in der Garnison-
kirche zu **Berlin**, Sept. 1827, folgten daselbst eine zweite im königl. Opernhause am 25.
Nov. desselben Jahres unter Spontini's Direction, eine dritte zu Mozart's 50ˢᵗᵉⁿ Todes-
tage, 5. Dez. 1841, die jüngste, 6. Nov. 1870, durch den Jähns'schen Gesang-Verein am
Flügel, beide unter meiner Leitung. — **b.** Von älterem, aus der Oeffentlichkeit entweder
verschwundenen oder bei Seite gelegten Material W.'s trat auch hier eine *Benutzung* seinerseits ein. Diese fand in der Esdur-Messe der Art statt: Aus den 6 Fughetten (1—6)

— W.'s Erstem Werke, 1798 in Salzburg erschienen — wurden in ihren Hauptmotiven benutzt: N. 1 zur Fuge des Sanctus der Messe »Osanna«; N. 2 zur Fuge des Gloria »Cum sancto spiritu« bei umgewandeltem ³₄ in den ⁴₄-Tact; N. 6 zum Credo »Et incarnatus est«; ausserdem aus W.'s ungedruckter Trauermusik für Heigel (116) 1.) die letzten 6 Tacte des ersten Adagio zum Schlusse des 1. u. 2. Theiles des Kyrie der Messe; 2.) Das Andante zum zweiten Theile ebendort. — **c.** An *Compositions-Daten* giebt W.'s Tagebuch folgende: Dresden, 1818. 4. Jan.: »Messe angefangen. Kyrie«. 6. »Kyrie »vollendet entworfen«. 11. »g'earb.) Gloria«. 17. »am Gloria g.« 24. »desgl. 27. 28. »am Credo g.« 30. »Credo grösstentheils vollendet«. 31. »Credo fast fertig«. 5. Febr.: »Kyrie ganz vollendet«. Am Credo g.« 6. »Credo instrumentirt«. 8. »Credo vollendet«. 9. »Agnus Dei instrumentirt«. 10. »Agnus Dei vollendet«. 11. 12. »g. Osanna Fuge«. 13. »Sanctus«. 14. »Sanctus vollendet scizzirt«. 15. »g. Sanctus«. 16. »Sanctus und »Osanna vollendet«. 17. »g. cum sancto«. 18. »Fuge vollendet entworfen«. 19. »Fuge »u. Gloria instrumentirt«. 21. »Gloria vollendet«. 22. »Abends Benedictus entworfen«. 23. »Benedictus instru. und somit die Missa vollendet. Soli Deo Gloria«. — **d.** Bei Herausgabe von W.'s zweiter Messe in G (251) wurde dieser die *N. 1* gegeben, welche der vorliegenden *in Es* zukommt, da die letztere fast ein Jahr früher als jene geschrieben wurde. — *Ohne op.-Zahl* erschienen, trägt die Esdur-Messe in W.'s geschriebenem Werk-Verz. die Op.-Zahl *75*, mit welcher aber das bei Schlesinger gestochene Fagott-Concert (127) versehen ist. — S. auch Max v. Weber's »Lebensbild« W.'s II, 152—155.

225.
»Sei gegrüsst, Frau Sonne, mir,«

Nachl.

Zweistimmiges Lied für Tenor und Bass. (Mit Begleitung —? *s. Anm.* **a.**)
Zu dem romantischen Spectakel-Lustspiel »Die drei Wahrzeichen« v. Holbein. 4 Strophen.
Comp. 1818, 26. Febr. zu Dresden; *s. Anm.* **a.** *u.* **b.** — *Ohne Opus-Zahl.*

Konrad u. **Stürmer** singen.

Sei ge - grüsst, Frau Son - ne, mir, find'st mich schon im Frei-en;

Strophe ? 8 Tacte. Ausg. Friese.

Autograph: Unbekannt.

Ausgaben: Erste Orig.-Ausg. mit Pfte. u. nur der ersten Strophe, zus. mit 195 u. 233 unter dem Titel: »3 Gesänge aus W.'s musikal. Nachlass.« Dresden, Friese. 6 gr. ‖ Als N. 693 in A. Härtel's deutsch. Lied.-Lexik. Leipzig. Reclam jun.

Anmerkungen. a. W.'s *Tageb.* erwähnt dieses kurzen unbedeutenden Liedchens im Volkston bei Notirung der Berechnung der für das dresdener Hoftheater durch ihn »arrangirten Sachen« am 30. Apr.; dabei könnte es den Anschein gewinnen, als sei das Lied selbst ursprünglich vorhanden gewesen und etwa eine Orchester-Begleitung von ihm dazu geschrieben worden. Die Composition ist jedoch zu kurz, als dass W. bei seiner Anspruchslosigkeit nach dieser Seite überhaupt ein Honorar gefordert haben würde, wenn das Stück nur ein Arrangement und nicht eine Composition gewesen wäre: denn selbst die an diesem Tage mit aufgezählten umfangreichen Instrumentirungen von 215 u. 216 berechnet er der Theatercasse nicht. Die Bezeichnung »arrangirte Sachen« ist vollends nicht maassgebend, denn unter dieser führt er am selben Datum die Musik zum »Weinberg etc.« (222) und die zu »Yngurd« (214) auf, die erwiesen seine Compositionen sind. — **b.** Das *Datum* der Composition des Liedes »26. Febr. 1818«, welches die Ausgabe Friese mitgetheilt, ist sicher das richtige, da überhaupt dies Datum durch den Verleger nicht noch besonders vermerkt worden wäre, wenn es sich nicht im Autograph oder in der Copie, wonach der Stich erfolgte, befunden hätte; ausserdem stimmt es auch mit der ersten Aufführung des Lustspiels am 1. März. — **c.** Das dem dresdener Hoftheater-Archiv gehörige Buch des Stücks zeigt *4 Strophen* des Liedes; darüber steht: »Beide (Konrad u. Stürmer) arbeiten und singen«. Ueber Str. 3 steht »Stürmer«, über

Str. 1 »Beide; etwas schneller«. — Dass die in der Ausg. Friese enthaltene **Pfte.-Begleitung** von W. herrührt, ist nicht wahrscheinlich.

226.

Unge-
druckt.

Offertorium. *»Gloria et honore.«*

zu W.'s »Missa sancta N. I in Es« für Solo-Sopran und 4stimm. gemischt. Chor.
Begleitung: 2 Flöten, 2 Oboen, 2 Clarinetten, 2 Hörner, 2 Fagotte, 2 Trompeten,
2 Pauken, 2 Violinen, Viola und Bässe.

Comp. 1818, 1. März zu Dresden: *Tageb.* (Siehe Ueberschrift zu **224.**)

Allegro. ♩ = 120. Jähns.

Autograph: Partitur. Im Besitz von F. W. Jähns. Schenkung der Frau Julie Brauer in Dresden an mich. (S. 224 *Autogr.* Band, Papier, Schrift übereinstimmend mit der Messe N. I in Es (**224.**) 8 volle 16zeilige Querfolioseiten, mit p. 1 beginnend, nur überschrieben »Offertorium a 5 vocis«. Zum Schluss steht: »Vollendet d. 1t. März 1818 in Dresden. »Carl Maria Fhr. von Weber | Soli Deo Gloria!« Der Titel auf dem Deckel von Copistenhand lautet: No. 1. Offertorium a 5 Vocibus scriptum a Carolo Maria de Weber. Ao. 1818.

Ausgaben: Keine. — In die bei Richault in Paris erschienene Partitur der Esdur-Messe ist das Offertorium nicht aufgenommen.

Anmerkungen. Dies Offertorium ist ein äusserst brillanter Satz, in seinem Sopran-Solo der Stimme des kunstfertigen (in Anm. **a.** zu **224** erwähnten) Sopranisten Sassaroli an der dresdener Hofkirche angepasst, wie in musikalischer Behandlung den Wünschen des Königs Fr. Aug. I., der es liebte, diesen Sänger bei Aufführungen von Messen in einem brillanten Solosatze zu hören; die deshalb, wenn auch nicht vorwiegend angewendeten Solo-Passagen rauben jedoch den breiten grossen Rhythmen und schönen harmonischen Wendungen des Ganzen nichts von ihrer Wirkung. Auf ein und derselben Stufe mit der Messe in Es **224** dürfte das Offertorium aber nicht stehen. — W.'s Tageb. giebt an *Compositions-Daten:* Dresden, 1818, 26. Febr. »Offertorium comp.« 28. »Offertorium notirt«. 1. März: »Abends gearb. bis 12 Uhr. Offertorium vollendet«.

227.

(Unge-
druckt.)
s. Ausg.

Tanz und Gesang nebst Andantino (s. *Anm.* b.)

»In Provence blüht die Liebe«

zum Schauspiel »Das Haus Anglade« von Th. Hell (C. Winkler).
Tenor-Solo mit Chor (Sopr., Ten., Bass). 3 Strophen, und Tanz.
Begleitung: 2 Flöten, 2 Clarinetten, 2 Fagotte, 2 Violinen, Viola, Bässe.
Comp. 1818. 1. April zu Dresden; *Tageb.*

Autograph: Nur von Tanz und Gesang bekannt. Partitur; im Besitz von Max M. Frhrn. v. Weber zu Wien. (1870. J.) 2 Bogen 10zeiliges starkes gelbliches Querfolio; ziemlich grosse Schrift; geheftet. Pag. 1 beginnt mit der Ueberschrift: »Tanz und Gesang zu dem Schauspiel Das Haus Anglade von Theodor Hell«. P. 7 ist der Text von Strophe 2 u. 3 angeschrieben; p. 8 : leer.

Ausgaben: Unter obiger Gestalt keine. s. Anm. a.

Anmerkungen. a. Dieser heitere, bei kräftigen Rhythmen anmuthig bewegte *Tanz und Gesang* besteht in der Einleitung aus einem Ritornell zum Tanz provenzalischer Landleute, worauf ein Troubadour das Lob der Provence singt, in das später das Landvolk einstimmt; danach tritt der Tanz wieder ein, der jede Strophe abschliesst. Die Motive dieser Musik sind spanischen Ursprungs. Dies beweist sich aus Folgendem: W. hat sie nämlich zwei Jahre später zu seiner »Preciosa«, in N. 9 darin, als »Ballo I benutzt, von welcher Nummer er selbst in seinen hinterlass. Schrift. III 63 angiebt, dass es sämmtlich »lauter ächt spanische Melodieen« seien. Für »Anglade« hat der musikalische Stoff obige Form angenommen, der sich in »Preciosa« einfach zu Tänzen des spanischen Landvolks gestaltete; rein musikalisch betrachtet sind sich beide Formen fast gleich. — **b.** Im Archiv des dresdner Hoftheaters befindet sich ausser jenem »Tanz und Gesang« noch ein »Marsch« und eine »Balletmusik zu »Anglade« und zwar nur in Orchester-Stimmen. Diese Balletmusik besteht in 4 Sätzen, deren letzter ein Andantino F dur $\frac{6}{8}$ ist. Der Marsch wie die 3 ersten Sätze des Ballets sind nicht als W.'s Composition anzusehen; auch ist es kaum wahrscheinlich, dass sie etwa auch wie der »Tanz und Gesang« aus spanischen National-Motiven durch W. gestaltet worden; sie sind vielmehr als von einem jetzt nicht mehr nachzuweisenden Componisten herrührend anzunehmen. Nur der letzte Satz, das *Andantino* $\frac{6}{8}$, F dur, ist ohne Zweifel W.'s Composition. In diesem ist nämlich das erste Motiv von »Tanz und Gesang« behandelt, welches Stück auf der Scene der Marsch- und Ballet-Musik zu folgen hat. Zu diesem Zwecke knüpft W. mit dem von ihm componirten und in F dur beginnenden Andantino an den vorhergehenden Fdur-Satz der Balletmusik an und modulirt nun nach Gdur, worin »Tanz und Gesang« steht. Diese Ueberleitung ist zugleich so fein und gedrängt, wie W. dergl. so meisterhaft zu gestalten wusste, z. B. die Ueberleitung vom Walzer zur Max-Arie im Freischütz und die der Eglantinen-Arie N. 8 in das erste Finale der Euryanthe. — Nachträglich ist noch darauf hinzuweisen, dass von Seiten W.'s selbst nicht einmal eine Instrumentirung von Marsch und Balletmusik anzunehmen ist. Diese umfasst nämlich 22 sehr enggeschriebene Seiten Partitur; W. aber berechnete für seine »Musik zu Anglade« der Hoftheater-Casse zu Dresden nur den doppelten Betrag des Honorars, welches er derselben für das 5stctige Liedchen **225** ohne Begleitung angesetzt hatte. (S. Anh. 86.)

228.

N. 2 im
op. 53.

»Schöne Ahnung ist erglommen« auch »Schmückt das Haus mit grünen Zweigen« auch »Singet dem Gesang zu Ehren« und andere Texte.

Lied für 4 Männerstimmen mit Pianoforte ad libitum.
Erster Text von Fr. Kind. 4 Strophen.

Comp. 1818, 11. April zu Dresden; *Tageb.* (s. Anm. c.) Widmung s. ebendaselbst. — *N. 2* im *op. 53;* s. Anm. b. Heft 12 der Gesänge.

Strophe: 18 Tacte. Ausg. Schlesinger.

Autograph: Unbekannt.

Ausgaben: Die 4 Männerstimmen, Pfte.-Begl. ad lib. mit hinzugefügtem Ten. I. — Erste Orig.-Ausg. als N. 2 des Opus, zus. mit 165 u. 218. Berlin, Schlesinger. Opus: 1½ thlr. **Partitur ohne Begl. u. Stim.** — Als N. 653 »Singet dem Gesang« in Fink's musik. Hausschatz. Leipzig. Mayer u. Wigand. 1. Aufl. **Partitur u. Stimmen ohne Begl.** — Betitelt: Den Gästen. »Schmückt den Saal«, zus. mit 165; in 8°. Berlin, Schlesinger. ½ thlr. **Einzeln in Part. u. Stimm.** — Als »Singet dem Gesang zu Ehren«. 8°. Ebend. 12½ sgr. **Für gemischte Stim. mit Pfte. ad lib.** — Arr. v. Jähns. Part. u. Stimm. Schlesinger. 7½ sgr. **Für 1 Stimme mit Pfte. od. Guit.** — Arr. v. Schauer, betitelt: Das Ständchen »Lasset laut den Sang ertönen«. Berlin, Horn. 5 sgr. **Für 1 St. mit Pfte.** — Als »Schmückt das Haus mit grünen Zweigen«, arr. v. Jähns, als N. 92 in der Prechtausg. v. dems. 1869. Berlin, Schlesinger Lienau. 2½ sgr. u. Ebenso im W.-Album als N. 12. Ebend. Alb.: 1 thlr. u. **Für 1 St. mit Guit.** — Stuttgart, Zumsteeg. 9 xr.

Anmerkungen. a. Dies volksthümliche und doch so schwungvolle, echt deutsche *Festlied* ist nächst »Lützow's Jagd« u. »Schwertlied« wohl der bekannteste aller vierstimmigen Männergesänge W.'s. Die heit're Festlichkeit des Anfangs, die schöne Melodie des Mittelsatzes, die prächtige Ausweichung nach Ces und der glänzende Schluss bei durchweg grosser Sangbarkeit haben ihm diesen Ehrenplatz errungen, so dass kaum ein deutsches Fest, sei es gross oder klein, ohne dasselbe vorübergeht. Bei der für weitere Kreise gänzlichen Unbenutzbarkeit der ursprünglichen Dichtung ist eine hier nicht aufzuzählende Menge von Texten für diese Composition entstanden. Der »Schmückt das Haus mit grünen Zweigen« anfangende dreistrophige hat die meiste Verbreitung gefunden. Er schliesst sich nur äusserst wenig dem Urtext an und rührt vom verstorbenen Geh. Hofrath Henri Illaire zu Berlin her; er mag diese Popularität gewonnen haben, weil er sich sehr würdig mit der Musik verbindet und zugleich mit Leichtigkeit, je nach Gelegenheit, umformen lässt. So ist es denn verwunderlich, dass erst eine Ausgabe allerneuster Zeit diesen fast allgemein gesungenen Text mit dem Liede im Druck veröffentlicht. S. Prachtausg. Schlesinger (Lienau). Der Text der Ausgabe Horn »Lasset laut« ist unbedingt der am meisten verunglückte, wie denn der der alten Octav-Ausgabe Schlesinger »Schmückt den Saal« nach dieser Richtung kaum glücklicher genannt werden kann. — **b.** Die Ausgabe Horn giebt dem Liede die Ueberschrift »Ständchen«. Diese Ueberschrift trägt aber auch W.'s Serenade: »Horch leise, horch Geliebte« in einigen Ausgaben, wie denn auch sein Wiegenlied »Schlaf Herzenssöhnchen« in der Ausgabe Schott als Ständchen: »Entschlummre schön Liebchen« erschien, wobei noch des »Italiänisches Ständchen« benannten Variationen »Solfeggio's »Sieche l'inganno« W.'s schliesslich gedacht sei. — **c.** W.'s *Tageb.* sagt: Dresden, 1818. 11. Apr. »Lied von Kind zum Geburtstage des Prinzen »Maximilian comp. Es dur. 2 Tenori 2 Bassi«. 13. »Prinz Max gratulirt. Abends bei »Sr. Hoheit dem Pr. Max gesungen, viel Freude gemacht und gehabt«. — Wegen *Opus-Zahl* und *Erscheinen* des Heftes s. 165. Anm. — S. auch Max v. Weber's »Lebensbild« W.'s II, 155, 171.

229.

Lied der Hirtin. »*Wenn die Maien grün sich kleiden*«

Für eine Singstimme mit Begleitung des Pianoforte.

Text von Fr. Kind. 7 Strophen.

Comp. 1818. 23. April zu Dresden; *Tageb.* — N. 5 im op. 71; Heft 17 der Gesänge.

Allegro.

Wenn die Mai-en grün sich kleiden und ge - löst die Quelle rinnt.

Str.: 24 Tacte. Ausg. Schlesinger.

Autograph: Unbekannt.

Ausgaben: Erste Orig.-Ausg. als N. 5 des Opus, zus. mit **28, 105, 243, 256, 267**. Berlin, Schlesinger. Opus: 1 thlr. ‖ Hamburg, Bohme. Opus: 12 gr. ‖ Als Heft 18 d. Ausw. 1 zus. mit **28**. Berlin, Schlesinger. 6 gr. ‖ Als N. 4 in C. Blum's Liederspiel »Die Rückkehr in's Dörfchen«. Ebend. Clav.-Ausz. 2½ thlr. ‖ Als N. 25 im Arion. Braunschweig, Busse. Als N. 13 d. ausgew. Lieder v. W. Leipzig, Breitkopf u. Härtel. Zus. 18 ngr. u. | Als N. 813 in L. Schubert's Concordia: Schäfer. | **Einzeln.** Zuerst erschienen als Beilage im Taschenb. zum gesell. Vergnügen v. Kind auf 1819. Typendr. Göschen. ‖ Als N. 84 d. Prchtausg. hrsg. v. Jähns. 1869. Berlin, Schlesinger-Lienau. 2½ sgr. u. ‖ Als N. 608 d. German Songs »Lied der Schäferin« »Now in green the hawthorn's budding«. London, Ashdown u. Parry. 2s. | Als Song »Say, my heart, wy wildly beating«, Cramer u. C. 2s. | Als Song of the Shepherdess. London u. Brighton, Augener u. C. 2s. | **Einzeln mit Guit.** — Arr. v. Gaude: Hamburg, Cranz. 4 gr.

Anmerkungen. a. Innige, zärtliche Empfindung bei pastoraler Haltung des Ganzen *characterisirt* dies Lied besonders; die Wendung nach dem H moll im Mittelsatz ist von vorzüglicher Feinheit. — **b.** W.'s *Tageb.* sagt: Dresden, 1818, 23. Apr.: »Nach »Tische Lied der Hirtin v. Kind comp. u. ihm gebracht. Um 5 Uhr zu Graf Vitzthum«. Auch diese Notiz liefert einen Beweis, wie innerlich fertig W. stets mit seinen Arbeiten war, da er hiernach wohl kaum 2 Stunden auf Notirung u. Abschrift des Liedes und den Besuch bei Kind verwendet haben kann. — W. sendet das Opus 71 an Schlesinger *zum Stich* 1819, 26. Aug.

230.

N. 4 im op. 64.

Gelahrtheit. *»Ich empfinde fast ein Grauen.«*

Für eine Singstimme mit Begleitung des Pianoforte.

Text von Martin Opitz. † 1639. 5 Strophen.

Comp. 1818, 3. Mai zu Dresden: *Tageb.* (*Anm.* **b.**) — N. 4 im op. 64: Heft 11 der Gesänge. — Sammlung II der Volkslieder »mit neuen Weisen versehen«. Widmung s. **210.**

Lebendig und derb.

Ich em-pfin-de fast ein Grauen, dass ich, Pla-to, für und für

Strophe: H Tacte. Ausg. Schlesinger.

Autograph: Im Besitz von F. W. Jähns. Der Text u. die 5 letzten Tacte fehlen. Zum Schluss eines 15zeiligen halben Bogens gelblichen Querfolios; kleine blasse Schrift, zus. mit den Autographen von **267** u. **278**.

Ausgaben: Erste Orig.-Ausg. als N. 4 des Opus, zus. mit **210, 234, 235, 249, 255, 257, 258**. Querformat. Berlin, Schlesinger. Opus: 1 thlr. | Neue Ausg. Hochfolio. Ebend. Opus: 25 sgr. | Im Heft für Alt od. Baryt. untransp. Ebend. Opus: ⅝ thlr. ‖ Hamburg, Bohme. Opus: 11 ggr. | In einer Ausg. ohne Verlagsort, der N. 8 fehlt. | Als Heft N. 11 in Ausw. 1 mit **235** u. **258**. Berlin, Schlesinger. 6 gr. | **Einzeln.** — Als N. 66 d. Prchtausg. hrsg. v. Jähns. 1869. Schlesinger-Lienau. 2½ sgr. u. | Für Alt od. Baryt. untransp. Ebend. 5 sgr. | Für Sopr. od. Ten. in B. Ebend. 5 sgr. ‖ Als N. 87 Bd. 2 in V. Schurig's »Liederperlen«. Dresden, Meinhold. Bd.: 2 thlr. | **Mit Guit.** — Berlin, Schlesinger. Opus: 22½ sgr.

Anmerkungen. a. Die kernige Entschlossenheit zu neuem, frischem Genuss des Lebens bei durchklingendem pedantischen Humor schmiegt sich der steifen Heiterkeit von Opitz' dichterischer Ausdrucksweise geschickt an. — **b.** W.'s *Tageb.* sagt: Dresden, 1818, 3. Mai »Lied für Gutschmidt« (Geh. Rath in Dr., W.'s Freund) »geschrieben«: »Ich empfinde fast ein Grauen«. — W. erhielt 1822, 23. Dez. das erste *gestochene* Exempl. des Opus.

231.

Volkslied: »Weine, weine, weine nur nicht!«

Für eine Singstimme mit Begleitung des Pianoforte.

Text im Volksmunde. Durchcomponirt.

Comp. 1818. 1. Mai zu Dresden; *Tageb.* (*Anm.* b.) — *N. 7* im *op. 54;* Heft 11 der Gesänge. — Sammlung I der Volkslieder. — Widmung s. **208.**

Autograph: Unbekannt.

Ausgaben: Erste Orig.-Ausg. als N. 7 des Opus, zus. mit **208, 209, 211, 212, 232, 233.** Leipzig, Peters. Opus: 20 ngr. ‖ Als N. 217 im Arion, Braunschweig, Busse. ‖ Als N. 1 in »Ausgew. Lieder v. W.« Breitkopf u. Härtel. Zus. 18 ngr. *n.* 1869. | Als N. 95 in Fink's musik. Hausschatz, Mayer u. Wigand. 1. Ausg. Sehr freie Umarbeitung.) | Als N. 556 in A. Härtel's deutsch. Lied.-Lexik. Reclam jun. | Als N. 362 in C dur arrangirt, mit hinzucompon. Refrain in 1. Schubert's Concordia. Schäfer. ‖ Als N. 9 Zwiegesang in C. Blum's Liederspiel »Die Rückkehr in's Dörfchen«, Berlin, Schlesinger. Clav.-Ausz. 2⅓ thlr. | **Einzeln.** — Als N. 62 d. Prechtausg. hrsg. v. Jähns. 1869. Ebend. 2½ sgr. *n.* | **Mit Guit.** — Leipzig, Peters. Opus: 15 ngr.

Anmerkungen. a. Der lachende Spott der Composition beleuchtet mit blitzendem Schlaglicht die drollige Leichtfertigkeit des Gedichts. — S. Rochlitz' *Urtheil* über das Heft: Lpz. A. M. Ztg. XXII. 16. auch 209 Anm. a. — **b.** W.'s Tageb. sagt: Dresden, 1818, 1. Mai »Weine nur nicht, die fromme Magd und Wenn ich ein Vöglein wär« »komponirt«. — Das Opus erhielt *gestochen* W. v. Peters 1818. 4. Dez.

232.

Die fromme Magd. »Ein' fromme Magd von gutem Stand«

Volkslied mit Begleitung des Pianoforte.

Text von Bartholomäus Ringwald (1531—1595), Prediger zu Langfeldt im Brandenburgischen. 4 Strophen.

Comp. 1818. 1. Mai zu Dresden; *Tageb.* (s. 231 *Anm.* a.) — *N. 1* im *op. 54;* Heft 11 der Gesänge. — Sammlung I der Volkslieder. — Widmung s. **208.**

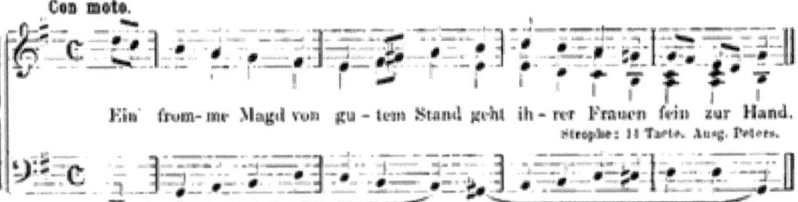

Autograph: Unbekannt.

Ausgaben: Erste Orig.-Ausg. als N. 1 des Opus, zus. mit **208, 209, 211, 212, 231, 233.** Leipzig, Peters. Opus: 20 ngr. ‖ Als N. 21 im W.-Album. Berlin, Schlesinger (Lienau). Alb. 1 thlr. *n.* ‖ Als N. 3 in W.'s ausgew. Liedern. Leipzig, Breitkopf u. Härtel. Zus. 18 ngr. *n.* | Als N. 23 in »Ausgew. Lieder v. W.« Peters. Ausw.: 10 ngr. *n.* ‖ Als N. 7 Duett in C. Blum's Liederspiel »Die Rückkehr in's Dörfchen«. Berlin, Schlesinger. Clav.-Ausz. 2⅓ thlr.

Einzeln. — Als N. 56 d. Prchtausg. hrsg. v. Jähns. 1869. Ebend. 2½ sgr. *n.* | Mit Guit. —
Leipzig, Peters. Heft: 12 ggr.

Anmerkungen. Der ehrbare Schritt und Schnitt des alten Gedichts sind in der
Composition sehr treffend wiedergegeben. — S. Rochlitz' *Urtheil* über das Heft: XXII.
16. der Lpz. A. Mus. Ztg. und **209 Anm. a.** — *Gestochen* erhielt W. dasselbe von
Peters 1818, 4. Dez.

233.

N. 6 im
op. 54

Volkslied: »*Wenn ich ein Vöglein wär*«

Für eine Singstimme mit Begleitung des Pianoforte.
Text im Volksmunde. 3 Strophen.
Comp. 1818, 1. Mai zu Dresden; *Tageb. 's. 231 Anm. a.*) — *N. 6 im op. 54:* Heft 11
der Gesänge. — Sammlung I der Volkslieder. — Widmung s. **208.**

Autograph: Unbekannt.

Ausgaben: Erste Orig.-Ausg. als N. 6 im Opus, zus. mit **208, 209, 211, 212, 231, 232.**
Leipzig, Peters. Opus: 20 ngr. ‖ Als N. 26 d. W.-Album. Berlin, Schlesinger Lienau.
Alb.: 1 thlr. *n.* ‖ Als N. 2 in W.'s ausgew. Liedern. Leipzig, Breitkopf u. Härtel. Zus.
18 ngr. *n.* | Als N. 25 in »Ausgew. Lieder v. W.« Peters. Ausw. 10 ngr. *n.* | Einzeln. — Als
N. 64 d. Prchtausg. v. Jähns. 1869. Berlin, Schlesinger Lienau. 2½ sgr. *n.* | Mit Guit. —
Leipzig, Peters. Opus: 12 ggr.

Anmerkungen. Vielleicht das einfachste und schmuckloseste aller Lieder W.'s,
und zugleich von tiefster Innigkeit; in der neugeschaffenen Melodie ungeschminktem
Volksgefühle auf das Reinste nachempfunden. Die formelle musikalische Behandlung,
namentlich das Verzichten auf jede Wiederholung am Schlusse, giebt auf das Getreueste
das Sich- in der Sehnsucht-Bescheiden des Gedichts wieder. — S. Rochlitz' *Urtheil*
über das Heft: XXII. 16. Lpz. A. Mus. Ztg. u. **209 Anm. a.** — *Gestochen* erhielt
W. dasselbe von Peters 1818, 1. Dez.

234.

N. 1 im
op. 64

Volkslied: »*Mein Schatzerl is hübsch*«

Für eine Singstimme mit Begleitung des Pianoforte.
Text aus »Fliegendes Blatt«. 2 Strophen.
Comp. 1818, 5. Mai zu Dresden; *Tageb. s. Anm. b.*) — *N. 1 im op. 64:* Heft 11
der Gesänge. — Sammlung II der Volkslieder »mit neuen Weisen versehen«.
Widmung s. **210.**

Autograph: Unbekannt.

Ausgaben: Erste Orig.-Ausg. als N. 4 des Opus. zus. mit 210, 230, 235, 249, 255, 257, 258. Querfolio. Berlin, Schlesinger. Opus: 1 thlr. | Neue Ausg. Hochfolio. Ebend. Opus: 25 sgr. | In D, im Heft für Alt od. Baryt. Ebend. Opus: ⅔ thlr. | Hamburg, Böhme. Opus: 14 ggr. | Als N. 27 im W.-Album. Berlin, Schlesinger Lienau . Alb. 1 thlr. u. | Als Heft 13 d. Ausw. 1, zus. mit 210. Ebend. 8 gr. | Als N. 184 d. Ausw. II. Ebend. 5 sgr, | Zus. mit 62 u. den W. untergeschobenen Liedern »Es singt ein Vöglein witt« Anh. 111) u. »Mein Schatz is a Reuter« (Anh. 114. | Hamburg, Bachmann. 10 sgr. | Als N. 107 in Fink's musik. Haus-schatz. Leipzig. Mayer u. Wigand. 1. Ausg. | Als N. 26 in »Ausgew. Lieder v. W.« Peters. Ausw.: 10 ngr. u. | Als N. 519 in A. Härtel's deutsch. Lied.-Lexik. | Reclam jun. | Als N. 38 in L. Schubert's Concordia. In Es, Bd. 1, Schäfer. | Als N. 10 im Arion. Braunschweig, Busse. . Als N. 10 in C. Blum's Liederspiel »Die Rückkehr in's Dörfchen«. Berlin, Schlesinger. Clav.-Ausz. 2½ thlr. | Einzeln. — Alte Ausg. Ebend. 2 gr. | Neue Ausg. Ebend. 5 sgr. | Als N. 63 d. Prchtausg. hrsg. v. Jähns. 1869. Ebend. 2⅓ sgr. u. | Für Alt od. Baryt. in D. Ebend. 5 sgr. | Mannheim, Heckel. 36 xr. (S. Anm. c. | Mit Pfte. od. Guit. — Zus. mit 72. Hannover, Bachmann. 1 ggr. | Zus. mit 137. Nagel. 1 ggr. | Mit Guit. — Im Opus: Berlin, Schlesinger. Opus: 22½ sgr. | Für 4 Männer-St. ohne Begl. — Als N. 54 in Heft 1 in »Erk's Volkslieder für 4 Männ.-St.« Essen, Baedeker.

Anmerkungen. a. Dies Lied kann als *Seitenstück zu* 137 betrachtet werden : sie unterscheiden sich jedoch beide dadurch, dass bei »I u. mein junges Weib« die volks-thümliche Derbheit realistischer, hier dagegen gemilderter hervortritt. Beide sind jedoch scharf gezeichnete Bilder süddeutschen Volkshumors und Lebens; das vorliegende ist ein besonders beliebtes dieser Gattung, was die vielen Ausgaben beweisen. — **b.** Das am 5. Mai 1818 in W.'s *Tagebuch* bemerkte »Volkslieder notirt« schliesst die Notirung von »Mein Schatzerl« wahrscheinlich mit ein ; welche andere W. an diesem Tage noch notirt habe, bleibt fraglich. Von allen 15 seiner Volkslieder waren vo r dem 5. Mai 1818 nur drei noch nicht, nach diesem Tage wurden 257 u. 258 am 20. Juli 1818 componirt ; es bleibt also für die Notirung unseres Liedes der 5. Mai mindestens wahrscheinlich. — **c.** *Strophe 2* ist später hinzugedichtet. —— Die Ausg. Heckel zeigt ein W. nicht zuge-höriges Vor - und Nachspiel. — *Gestochen* erhielt W. das Opus von Schlesinger 23. Dez. 1822.

N. 3 im
op. 64.

235.

Heimlicher Liebe Pein. *»Mein Schatz. der ist auf die Wanderschaft hin,«*
Volkslied für eine Singstimme mit Begleitung des Pianoforte.
Text im Volksmunde. 5 Strophen. (s. Anm. c.
Comp. 1818, 20. Mai zu Dresden ; *Tageb.* — *N. 3* im *op. 64 ;* Heft 14 der Gesänge. Sammlung II der Volkslieder. — Widmung s. 210.

Einfach und anspruchslos, mit gepresstem Gefühl vorzutragen.

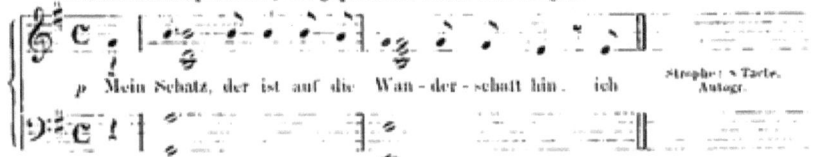

Autograph: Unbekannt.

Ausgaben: Erste Orig.-Ausg. als N. 3 des Opus. zus. mit 210, 230, 234, 249, 255, 257, 258. Querfolio. Berlin, Schlesinger. Opus: 1 thlr. | Neue Ausg. Hochfolio. Ebend. Opus: 25 sgr. | Im Heft für Alt od. Baryt. untransp. Ebend. Opus: ⅔ thlr. | Hamburg, Böhme. Opus: 14 ggr. | Als N. 1 Heft 14 d. Ausw. 1, zus. mit 230 u. 258. Berlin, Schlesinger. 5 sgr. | Als N. 28 im W.-Album. Ebend. Alb 1 thlr. u. | Als N. 27 in »Ausgew. Lieder v. W.« Leipzig. Peters. Ausw.: 10 ngr. u. | Einzeln. — Berlin, Schlesinger. 5 sgr. | Als N. 65 d. Prchtausg. hrsg. v. Jähns. 1869. Ebend. 2⅓ sgr. u. — Für Sopr. od. Ten. nach A moll transp. Ebend. 5 sgr. | Mit Guit. — Ebend. Opus: 22½ sgr. | Stimme ohne Begl. — Als N. 136 im Liederbuch für Künstler. Vereinsbuchhandlung. | Für 4 Männerst. ohne Begl. — Als N. 16 Heft 1 in Erk's Volksliedern. Essen, Baedeker.

Anmerkungen. a. Ein Lied , das die Naivetät des Volksgesanges auf's Ausserge-wöhnlichste mit der lyrischen Kraft der Kunstmusik verschmilzt; denn gewiss selten ist der seelische Ausdruck einer Kunstgestalt mit so einfachen Mitteln erreicht, als in dieser wunderbar gefühlstiefen kleinen Tonschöpfung, aus welcher trostlose Vereinsamung und hoffnungsloses Entsagen ergreifend zu uns reden. Der Gebrauch ganz eigenthümlich feiner Kunstmittel tritt uns in demselben entgegen, z. B. der Beginn mit G dur ; lächelnd in Thränen hebt damit die schmerzensreiche Erzählung an , und höchst kunstvoll wird dadurch die Monotonie des durch das Ganze gehenden E moll vermieden; wie tief in der Wirkung ist das C dur bei »todt« Str. 1 und bei »meinem Begräbniss« Str. 5 , erinnernd an das gleich wunderbare C dur bei : »So lag sie im Sarg« in der Wolfschluchtscene des F r e i s c h ü t z. — Die *Parallelität* des Liedes mit »Ich hab mir eins erwählet« ist bemerkenswerth und interessant. Siehe deshalb 212 Anm. **a.** — **b.** In den meisten früheren Ausgaben des Liedes ist die eigentliche *fünfte Strophe* zur vierten gemacht, und die eigentliche vierte zur fünften. Dieser grobe Fehler ist in den neuesten Ausgaben getilgt. — **c.** Diese Composition hat der Dichterin L. P o l k o den Stoff zu ihrem M ä r c h e n über W.: »Schneeglöcklein« gegeben, zuerst erschienen 1819 in N. 29 der Signale für die musik. Welt. Leipz., Senff. — W. erhielt die ersten Exemplare des Opus 61 *gestochen:* 1822, 23. Dez.

236.
Alla Siciliana.

N. 5 im *op. 60:* »Huit Pièces pour le Pianoforte à 4 mains.« 2 Livr.

Comp. 1818, zwischen dem 29. Mai u. 24. Oct. zu Klein=Hosterwitz oder Dresden.

(s. *Tageb. u Anm. b.*)

Allegro. ♩. =69: Moscheles. Ausg. Chappell. | ♩. = 81. Jähns.

111 Tacte excl.
12 Tacte Reprisen.
Ausg. Schlesinger.

Autograph. An dem Autograph Desjenigen, was zum rein musikalischen Inhalte dieses Stückes gehört, fehlen nur die letzten 8 Tacte; das Vorhandene, im Besitz von F. W. J ä h n s , besteht in 2 Bruchstücken. *Bruchstück I* zeigt davon in v i e r h ä n d i g e r P a r t i t u r Theil 1. 5, 6 u. 7. — ¹/₂ Bogen dünnes festes gelbliches 12zeiliges Querfolio, beide Seiten beschrieben; kleine Schrift. Auf p. 1 stehen voran 23 Tacte des letzten Satzes von op. 63 **(259)** in 5 Zeilen grösserer Schrift, danach 3 leere; diese 8 Zeilen sind von W. durchstrichen; die noch übrigen 4 Notenzeilen und sämmtliche der zweiten Seite bilden das 1. Bruchstück der Siciliana. — *Bruchstück II* gehört nicht unmittelbar zum Autograph der vierhändigen Siciliana. Es zeigt nemlich zwar die ersten 3 Theile derselben , aber in ihrer ursprünglichen Gestalt, als Tanz für 9 Blasinstrumente zu W.'s Musik zum Trauerspiel »Heinrich IV.« von E. Gehe gehörig **(237)**, aus welcher diese 3 Theile W. für die Siciliana entnahm. Sie füllen hier die ersten 10 Zeilen der zweiten 15zeiligen Querfolio-Seite des der ersten 6 Nummern der Musik zu Heinrich IV. enthaltenden Bogens; gelbliches Papier. kleine Schrift.

Ausgaben: Erste Orig.-Ausgabe als Pièce N. 5 in des Opus 60 zweitem Heft. à 1½ thlr.: Berlin, Schlesinger. | Neue Ausg. Ebenso. à 1½ thlr. Ebend. | Neue Prchtausg., revid. durch C. Reinecke. Ebend. Ebenso. à 12¼ sgr. u. ‖ Braunschweig, Litolff: In sammtl. Hand. Orig.-Composit. à 15 ngr.: die 8 Pièces allein 12½ ngr. u. ‖ Leipzig, Breitkopf u. Härtel: In des Opus zweitem Heft à 15 ngr. u. | Peters: In W.'s »Composit.-orig. p. Pfte. à 4 m.« F. Zus. 12 ngr. u. | London, Chappell u. C. Edited by J. Moscheles. In Book II. à 7°. | Cramer u. C. Ebenso. ‖ Paris, Brandus u. Dufour. | Lemoine. Im Liv. 2. à 9 fr. | Richault. Im Liv. 2. à 6 auch 9 fr. ‖ Wolfenbüttel, Holle. Im ganzen Opus: 12½ sgr. u. | **Einzeln.** — Als »Allegro alla Siciliana« : London, Chappell u. C. 2°. 6ᵈ. ‖ **Für 2 Hde.** — Zus. mit dem Scherzo des Trios op. 63, leicht arr. v. Brissler : Berlin. Schlesinger. 10 sgr.

Anmerkungen. a. Unter dem Titel *„Huit Pièces p. le Pfte. à 4 mains"* erschienen jene ausgezeichneten Cabinetstücke vierhändiger Clavier-Musik , von mässigem

32 *

Umfange zwar, die W. aber mit scharf ausgeprägter *Characteristik* und seltenem Reichthum eigenthümlicher Erfindung ausgestattet und zum op. 60 vereinigt hat, obwohl sie
untereinander keinerlei engere Beziehung haben und Jedes ein selbständig Abgeschlossenes für sich bildet. Ihrem Werthe nach sind sie noch lange nicht genügend gekannt und
gewürdigt; der Grund davon mag zuvörderst sein die ziemlich schwierige Ausführung
der meisten, namentlich die unerlässlich erforderliche verständnissvolle Feinheit im Vortrage aller, dann aber wohl auch die überaus störende Incorrectheit der ersten, bis
1867 einzigen Ausgabe. Es steht zu hoffen, dass sie in den neuen besseren Ausgaben
sich bald bei den Freunden bedeutungsvoller, feinsinniger Clavier-Musik eingebürgert
haben werden. — Wenn H. Riehl (in seinen »Musikalischen Characterköpfen« zweite
Folge p. 272) von diesen Stücken, die er »Sonatinen« nennt, sagt, dass sie »keine ächte
Kammermusik, sondern überwiegend auf lied- und tanzartige und opernhafte Motive gegründet seien«, so möge mir dieser gelehrte und geistreiche Forscher verzeihen, wenn
ich das Zutreffende seines Ausspruchs kaum bedingungsweise zugestehen kann, da derselbe
wenig auf den musikalisch poetischen Inhalt schliessen lässt, den grade diese reizvollen
Schöpfungen haben. Auch benannte ja W., der hier, wie stets, durch und durch Dra-
matiker war, diese seine 8 Characterstücke gar nicht »Sonatinen«, noch versah er sie
sonst mit einer Bezeichnung aus dem Reiche der Gestaltungen strenger Kammermusik;
sondern er betitelte sie (und zwar eben so wohlerwogen wie bescheiden) eben nur »Stücke«.
So sind sie denn auch nichts weniger als »Sonatinen«, die sie eben gar nicht sein wollen,
sondern sie sind — besonders aber die Nummern 1, 3, 4, 6 u. 7 — instrumentale
Characterbilder voll dramatischen Lebens und Webens und von einem Werthe und
einer Schönheit, dass sie in den Ruhmesstrahlen des Schöpfers von »Freischütz«, »Euryanthe« und »Oberon« wohl erbleichen, aber nicht erblinden können. — **b.** Das vorliegende »*Alla Siciliana*« ist das bescheidenste Stück von allen; dennoch ist in dessen
reizenden Mittelsätzen, ungeachtet allergrösster Beschränkung der darin aufgewendeten
Mittel, der Reichthum zu ahnen, den die andern Nummern der Sammlung enthalten.
Das Musikstück gehört mit seinen 3 ersten Theilen der Musik an, welche W. am
29. Mai, 2. u. 4. Juni 1818 zum Trauerspiel »Heinrich IV.« von E. Gehe schrieb,
worin es unter N. 2 als Tanz für Piccolo, 2 Oboen, 2 Clarinetten, 2 Hörner und 2 Fagotte auftritt. An diese 3 Theile dieses Tanzes schloss W. später an und verwob mit denselben 5 andere Theile der Siciliana und belegte das Ganze mit der Benennung »Alla
Siciliana«. Dies geschah in der Zeit bis zum 21. Oct. 1818, wo er laut seines Tageb. diese
Pièce mit andern Compositionen an Jos. Strauss nach Prag sendet, der dieselben als
Beitrag für eine von ihm herausgegebene Monatsschrift, »Musikalischer Fruchtgarten«,
von W. erbeten hatte. Das dahin Gehörige findet sich unter **73—76.** — In der Aus-
gabe von J. Moscheles, (London, Chappell u. C.) erscheint M.'s *Zusatz* von acht
Sechszehntel-Figuren in den Tacten 25—28 incl. nicht nur unnütz, sondern auch gegen
den Character des Ganzen. — Wegen der fehlenden Notizen über Weiterführung und
Abschluss der Arbeit habe ich diesmal den Beginn derselben als Richtschnur für die
chronologische Einreihung genommen. — Das Opus sendete W. an Schlesinger *zum
Stich* am 26. Aug. 1819. — S. auch Max v. Weber's »Lebensbild« W.'s II, 201 u. ff.

237.

Unge-
druckt.

Musik zu »Heinrich IV., König von Frankreich«.

Trauerspiel in 5 Acten von Eduard Gehe. 9 Nummern. — *Ungedruckt.*
Comp. 1818, 4. Juni zu Dresden; *Tageb.*

N. 1. Act I. Scene 1. Heinrich. Nach [: »aus jenen guten Tagen.« :]
Maestoso. »Vive Henry quatre.«

Instr.: 2 Picc., 2 Ob., 2 Cl., 2 Hörn., 2 Fag., 2 Tromp., Trommel.

N. 2. Tanz. Heinrich. Nach ǀ: »die ich gemacht, wohl anerkennen.« :ǀ

Allegro.

Auf dem
Theater.

3 Theile, 29 Tacte,
excl. 29 Tacte Repet. Autogr.
(s. Anm. b).

Instr.: 1 Picc., 2 Ob., 2 Cl., 2 Hörn., 2 Fag.

N. 3. Pasithea. Nach ǀ: »Lächle
drein, Sonnenschein!« :ǀ

Adagio.

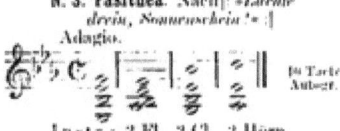

16 Tacte
Autogr.

Instr.: 2 Fl., 2 Cl., 2 Hörn.
(Auf dem Theater.)

N. 4. Pasithea. Nach ǀ: »Schau hin!« :ǀ

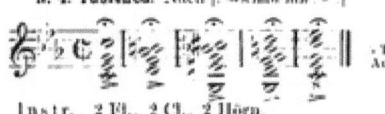

5 Tacte
Autogr.

Instr.: 2 Fl., 2 Cl., 2 Hörn.

N. 5. Pasithea. Nach ǀ: »sich im Zauberlichte!« :ǀ

12 Tacte, Autogr. (s. Anm. b).

Instr.: 2 Fl., 2 Cl.

N. 6. Act IV. Scene 2. Heinr. Nach ǀ: »Licht
der Weisheit« :ǀ

Vivace. Allegro.

Auf dem
Theater.

36 Tacte, excl. 36 T.
Reprisen. Autogr.

Instr.: 2 Cl., 2 Hörn., 2 Fag.

N. 7 u. 8. (N. 8 = Wiederholung von N. 7.) **Act V. Pasithea.** Nach ǀ: »im Augenblick der That.« :ǀ

Marcia.

Auf dem
Theater.

Clar.

Fag.

2 Theile, 16 Tacte, excl. 16 Tacte Repr. Autogr. (s. Anm. b)

Instr.: 2 Picc., 2 Ob., 2 Cl., 2 Hörn., 2 Tromp., 2 Pkn., 2 Fag.

N. 9. Krönungsmarsch. Ravaillac. Nach ǀ: »durch die Nacht!« :ǀ

Maestoso.

March: 2 Theile, 27 T., excl. 27 T. Repr. u. D. C. — Trio: 8 Tacte, excl. 8 T. Repr.
Copie, Dresdener Hof-
theater-Archiv.

Instr.: 2 Picc., 2 Ob., 2 Cl., 2 Hörn., 2 Fag., 4 Tromp., 1 Basspos., kleine Trommel,
2 Viol., Viola, Bässe, 2 Pkn.

Autograph: Fast vollständige Partitur; nur N. 9 unbekannt. — N. 1 bis 8 incl. im Besitz von F. W. Jähns. 1½ Bogen festes gelbliches 15zeiliges Querfolio; kleinere Schrift. Ueberschrift: »Musik zu dem Trauerspiel Heinrich der IV^te. von Eduard Gehe«. Pag. 1: 9 Zeilen leer; darauf unten Bemerkungen von mir. — N. 7 u. 8: Geschenk an mich seit Nov. 1870 von Herrn Felix Moscheles in London; ½ Bogen (p. 5 u. 6). P. 6 leer; auf p. 5: 2 Accoladen Partitur. Ueberschrift: »Marcia. V Act. No 7 u. 8«. Links auf verticaler Zeile: »Auf dem Theater, NB. in der Ferne und sehr »schwach«. Rechts unten: »: hört bei der Verwandlung auf und fängt wieder an nach den »Worten — Voigt: »die Ehre hatte ich Ihnen zu sagen, was sie von der Zukunft sprach, »es sei buchstäblich alles eingetroffen«. : — N. 8 ist also nur die Bezeichnung für die Wiederholung des Marsches nach der scenischen Verwandlung. (s. Anm. b.) N. 9 befindet sich nur als Copie im Hoftheater-Archiv zu Dresden.

Ausgaben: Keine.

Anmerkungen. a. Ueber diese Composition sagt W.'s *Tagebuch:* Dresden, 1818, 29. Mai u. 2. Juni »— gearbeitet. Musik zu Heinrich den IV^t«. 4. Juni: »Musik zu »Heinrich vollendet«. — **b.** Die im Marsch-Character gehaltene N. 1 dieser *Arbeit* ist eine wirkungsvolle Verwerthung der Melodie des Liedes »Vive Henry quatre«. N. 3 und 4 sind dagegen eine Reihe der Scene dienende Accorde ohne bemerkenswerthe Bedeutung. N. 2, 5, 6, 7, 8 u. 9 haben aber diese Bedeutung in ganz besonderem Grade gewonnen, in so fern W. dieselben bei einigen seiner späteren Werke mit grosser Wirkung benutzte, und zwar: N. 2 mit allen ihren Theilen zu den 3 ersten Theilen und der ersten Hälfte des 5ten Theiles der N. 5 »Alla Siciliana« seiner hochausgezeichneten »Huit Pièces à 1 mains. op. 60« (s. 236 Anm. b.) — ferner: N. 5 zu N. 9B im Oberon, unverändert, nur von Es nach F transponirt, bei einer Erscheinung desselben in Act II) einem kleinen Satze, den W. nicht in den Clav.-Ausz. dieser Oper aufnahm; — ferner: die ersten 2 Theile von N. 6 zu dem 1825 für die berliner Aufführungen der Euryanthe hinzucomponirten Pas de cinq, und zwar zum Presto ¹, C dur darin, in dessen Tacten 1 bis 28 u. 37 bis 44 der Ausg. Schlesinger. — Noch aber hat W. aus der Musik von Heinrich IV. die N. 7, 8 u. 9 zu einer der hervorragendsten Schöpfungen dieses Genres benutzt, zu dem prachtvollen Marsch im 3. Act seines Oberon, den Max M. v. Weber im »Lebensbilde« seines Vaters II, 157 so treffend characterisirt, indem er ihn »in Panzerschritten einhergehend, chevaleresk, und ein unübertreffliches Musterstück Weber'schen Musikcharacters und nobler, unangekränkelter Romantik« nennt. N. 7 u. 8 (s. *Autogr.*) zeigen die beiden ersten Theile des Oberon-Marsches, hier jedoch nur für 12 Blasinstrumente u. Pauken in Es dur, C Tact. N. 9 ist dagegen um einen 3ten Theil und das Trio erweitert und für grosses Orchester instrumentirt, ebenfalls in Es dur, C-Tact. Alle Theile dieser N. 9 wurden mit Ausnahme einer neuen Instrumentirung und der Umwandlung der Tonart Es in D von W. unverändert zum Oberon-Marsch verwendet; nur im 3ten Theile desselben änderte er die melodischen Motive (excl. das des letzten Tactes) unter Beibehaltung der Harmonie; ausserdem ist ebendort eine 3 Tacte betragende Verkürzung der N. 9 von Heinr. IV. eingetreten. — Dies Trauerspiel wurde mit W.'s Musik *zum erstenmale* am 6. Juni 1818 in Dresden aufgeführt. — Siehe auch Max v. W.'s »Lebensbild« W.'s II, 157.

238.

N. 2 im op. 66.

Lied: *»Rosen im Haare.«*

Für eine Singstimme mit Begleitung des Pianoforte.

Text nach dem Persischen des Hafis von Brener. 5 Strophen.

Comp. 1818, 5. Juli zu Klein-Hosterwitz bei Pillnitz: *Tageb.* N. 2 im *op. 66*; Heft 15 der Gesänge.

Vivace con fuoco e lusingando.

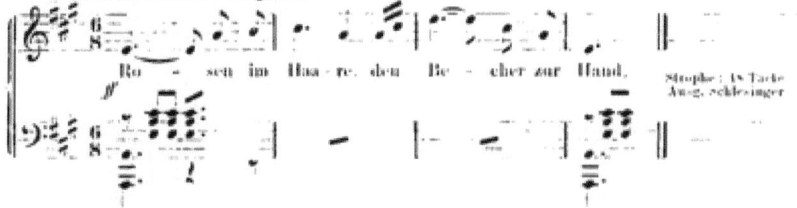

Ro - - sen im Haa-re, den Be - cher zur Hand.

Strophe : 18 Tacte
Ausg. Schlesinger

Autograph: Unbekannt.

Ausgaben: Erste Orig.-Ausg. als N. 2 des Opus, zus. mit 48, 66, 134, 213, 217. Quer-folio. Berlin, Schlesinger. Opus: 18 ggr. | Neue Ausg. Hochfolio. Ebend. 17½ sgr. || Hamburg, Böhme. Opus: 12 ggr. || Als N. 193 im Arion. Braunschweig, Busse. | Einzeln. — Berlin, Schlesinger. 5 sgr. | Als N. 72 d. Prchtausg. hrsg. v. Jähns, 1868. Ebend. 2½ sgr. u. Mit Guit. — Arr. v. Gaude, zus. mit 217. Hamburg, Cranz. 1 gr.; auch einzeln ebend.

Anmerkungen. Ein heitres Lied von Liebe, Rosen und Wein; mit anmuthigem Reiz sich auf und niederwiegend, im Allgemeinen nicht besonders characteristisch oder bedeutend. — Fr. Curschmann hat die Melodie mit 5 Brummstimmen, 1 Alt, 2 Tenoren u. 2 Bässen, als Begleitung versehen; in meinem Besitz handschriftlich von ihm. — W. sendete das Opus *zum Stich* 1819, 26. Aug.

239.

op. 56.

Scene und Arie zu Cherubini's Oper »Lodoiska«.

»*Was sag ich? Schaudern macht mich der Gedanke!*«

Für eine Sopranstimme.

Begleitung: 2 Flöten, 2 Clarinetten, 2 Hörner, 2 Fagotte, 2 Trompeten, 2 Pauken, 2 Violinen, Viola, Violoncell, Bass.

Comp. 1818, 7. Juli zu Klein-Hosterwitz bei Pillnitz; *Tageb.* — **op. 56.** — Für Mad. Milder-Hauptmann, Sängerin an der königl. Oper zu Berlin.

Allegro vivace. ♪ = 88; Jähns. — Adagio. ♪ = 66. | Allo. con fuoco. ♪ = 84; J.

Recit. Was sag' ich? Schaudern macht mich der Gedanke!

Autograph: Partitur; im Besitz von F. W. Jähns; 1 Bogen klein Quer-Octav; dünnes festes weisses Schreibpapier; 10zeilig; 15 Seiten ganz beschrieben, p. 16 nur mit Trombe u. Timpani a parte in 4 Zeilen; sehr kleine, klare, schwarze Perlschrift; das ganze Autograph ein Muster seltener Nettigkeit, dabei vollster Freiheit im Ductus. Ueberschrift: »Aria zur Oper Lodoiska von Cherubini. Act: 2. Sz: 2 gehörig. — Für »Mad: Milder componirt von Carl Maria von Weber, im July 1818. 3—7. Hosterwitz«. »Trombe e Timpanij si trovano al fine.«

Ausgaben: Erste Orig.-Ausg. **Clav.-Ausz.** vom Compon. **mit den Orchester-Stimmen:** Ber-lin, Schlesinger. 1 thlr. 18 gr. | **Clav.-Ausz. allein.** — Ebend. 10 gr. | Als N. 2 in Heft 21 der Ausw. 1. Ebend. 10 gr. | Neue Prchtausg. bearb. nach W.'s Clav.-Arrangement u. Partitur v. F. W. Jähns. Ebend. Lienau. 7½ sgr. u.

Anmerkungen. a. Diese *Composition* nimmt eine sehr hervorragende Stelle unter W.'s deutschen dramatischen Arien ein; sie ist der unmittelbare Vorläufer seiner späteren grossen Schöpfungen dieses Genres. Sie dürfte sich characterisiren als ein Strom tiefer Empfindung und hoher Leidenschaft, der anfangs in schmerzlich klagender, bald aber sich erhebender, immer höher und höher steigender seelischer Erregung mit fortreissender Gewalt zum Schlusse drängt. Trotz der streng zusammengehaltenen Steigerung des Stückes im Ganzen, besteht es zugleich aus einer Reihenfolge vorzüglich wirksam gegeneinander aufgestellter Contraste. So tritt entgegen dem unruhig zwischen Schrecken und Zagen hin- und hergeworfenen Recitativ: die schwermüthige Melodie des Adagio's mit seinen schönen Melismen in den Geigen u. dem Cello in E moll; dieser wieder das trostvolle G dur-Sätzchen mit den freudig leis klopfenden Sechszehnteln des Orchesters, und diesem darauf die prachtvolle Erhebung der Stimme auf der Dominante der Haupttonart im Schlusse des Adagio's; ferner tritt entgegen der innige, breit gehaltene Mittelsatz des Allegro's: dem Thema desselben und dem später in das Streichquartett so reizvoll vertheilten Begleit-Motiv in wogenden Achteln — bis wieder zu den grossen mächtigen Zügen, die das ganze lebensvolle Bild abschliessen. — Rochlitz' *Kritik* in der Lpz. A. Mus. Ztg. XXVII, p. 852 sagt: »Sie ist nicht bravourmässig, (was man so nennt) sondern ein durchgehends edel gehaltenes Characterstück. Nichts von laufenden Passagen und dergl., sehr wenig von blos ausschmückenden Verzierungen, aber desto mehr Anforderungen an Ton (an wohlklingenden, vollen, ausgearbeiteten Ton); manches Ungewöhnliche in Modulation u. Benutzung der Instrumente, ohne alle Bizarrerie etc. — kurz: es ist ein meisterhaftes Stück für eine meisterhafte Sängerin«. W.'s eigne Ansicht über die Arie giebt sich sprechend in folgenden *brieflichen Aeusserungen:* zuerst an Graf Brühl vom 9. Juli 1818: »Ich habe sie mit Liebe geschrieben, »und sollte einmal eingelegt werden und die herrliche von Cherubini wegbleiben, »so konnte die Arbeit gewiss in keine Hände kommen, die ehrfurchtsvoller gegen »den grossen Meister zu Werke gingen. Möge es mir gelungen sein, dem herr- »lichen Werke keinen Flecken gegeben zu haben, so bin ich hinlänglich belohnt.« — »sdann an Prof. Lichtenstein in Berlin, 8. Juli 1818 von Hosterwitz: »Erst heute habe »ich wieder eine Arbeit für Brühl vollendet. Eine Arie für Mad. Milder in die Lodoiska »von Cherubini zum 3. Aug. Es ist eine Sünde und Schade, dass sie die herrliche »von Cherubini nicht singt: doch begreife ich's, da sie gar nicht für ihre Stimmlage passt. »Sollte es denn einmal was Eingelegtes sein, so war's doch besser, dass ein deutsches »Herz, das den Meister hoch ehrt, es wagte, als dass so ein italiänisches lirum-larum »sein Gewässer in den Gewürzwein goss«. — **b.** Diese Arie wurde schon 1816 in Berlin von W. begonnen, also 1½ Jahr früher, als ihre eigentliche Vollendung fällt. W.'s *Tagebuch* sagt darüber: Berlin, 1816, 16. Dez. »Allo: der Arie in E♭ für die Milder »skizzirt«. 21. »gearb. an der Arie. Recitativ notirt«. 28. »Arie für die Milder vollendet »seizz. und dann zu ihr gesungen«. — Später: 1818, 3. Juli; Hosterwitz. »gearb. »Arie in Lodoiska«. 4. »Arie in Lodoiska vollendet skizzirt«. 6. »Instrumentirt an der »Arie in Lodoiska«. 7. »den ganzen Tag an der Arie und ihrer Abschrift gearbeitet. Arie vollendet«. 8. »früh Abschrift der Arie vollendet«. — So wurde denn also wohl die Arbeit der Arie 1816 durch Zurücklegung der Oper unterbrochen und erst 1818 im Juli von W. wieder aufgenommen, resp. umgeschmolzen, (weist doch der 4. Juli ein neues »Arie voll- »endet seizzirt« auf) denn am 3. Aug. d. J. sollte Lodoiska in Scene gehen u. ging auch in Scene — aber die Arie kam dabei nicht zur Aufführung. Die Milder musste sich ge- weigert haben, sie zu singen, obwohl Graf Brühl W. den Auftrag ertheilt, sie für diese Sänge- rin zu componiren. Dies geht aus einem *Briefe W.'s* v. 19. Febr. 1820 an Graf Brühl hervor, als Letzterer ihn aufgefordert, die Musik zu Preciosa zu schreiben, und worin es heisst: »Zum Beweise meines guten Willens die Versicherung, dass ich die Musik zu »Preciosa schreiben will etc. Zu einer Arie für eine Sängerin brächten mich Ew. »Hochgeb. schon schwerer; denn damals liess ich auch alles stehn u. liegen und — die »eigensinnige Nachtigall wollte das Futter nicht«. — Bei W.'s Aufenthalte in **London**, zwei Monate vor seinem Tode, sang die berühmte Carradori die Arie in deutscher Sprache unter seiner Leitung im dritten philharmonischen Concert am 3. April 1826. — Am 26. Aug. 1819 sendete W. Partitur und den von ihm am 25. Juni gefertigten Cl.-Ausz. an Schlesinger *zum Stich.* — S. A. B. Marx über diese Arie: Berliner Allgem. Mus. Ztg. II, N. 20.

Unge-
druckt.

240.

Chor: »Heil dir, Sappho!«

Zwei Soprane und Bass.

Zu Franz Grillparzer's Trauerspiel »Sappho«. Act 1. Scene 2.

Begleitung: 2 Flöten, 2 Oboen, 2 Clarinetten, 2 Hörner, 2 Trompeten, 3 Posaunen,
2 Pauken, 2 Fagotte.

Comp. 1818, 9. Juli zu Klein-Hosterwitz bei Pillnitz; *Tageb.*

Con moto maestoso. Tutte ben marcato. :|: das erste Mal ohne Chor :|

Autograph: Unbekannt.

Ausgaben: Keine. — **Abschriften** der Sing- und Orchester-Stimmen im Archiv des K.
S. Hoftheaters zu Dresden.

Anmerkungen. Die *Composition* geht durch ihre beiden Theile in schweren feierlichen Schritten und in fremdartigen, an die griechischen Tonarten erinnernden Modu-
lationen einher; die beiden letzten Tacte jedes Theiles werden von einem imposanten
Octaven-Schritt abwärts im Unisono aller Stimmen auf den Tönen e', e—e. E gebildet. Die
Wirkung des Ganzen muss auf der Scene eine sehr ausdrucksvolle sein; jedenfalls ist das
Musikstück so eigenthümlich fremdartig, dass W. als dessen Componist in keinem Zuge
desselben zu erkennen sein möchte. — Es gehört zu dem Triumphzuge der Sappho,
Act I Scene 2: die Bemerkung zu Anfang »Das 1ste Mal ohne Chor« scheint auszuspre-
chen, dass es bei Auftreten des Zuges erst als begleitender Marsch, später, vielleicht bei
Erscheinen der Sappho, als Chor benutzt werden soll. — Die *Worte* des Chors stehen
nicht im gedruckten Exemplare des Trauerspiels; nur der Ruf des Volks »Heil, Sappho.
Heil!« findet sich an dieser Stelle vor. — Betreffs einer von W. möglicherweise herrüh-
renden melodramatischen Harfenbegleitung zu Act I Scene 6 siehe Anh. 87.

241.

Natur und Liebe.

op. 61

»*Cantate* zur Feier des Augustus-Tages« (3. Aug., Namenstag des Königs Fr. August I.
von Sachsen) »in Pillnitz.«

Für 2 Soprane, 2 Tenore und 2 Bässe mit Begleitung des Pianoforte.

Text von Fr. Kind. 9 Nummern.

Mit einem zweiten Text von Herklots als: »**Freundschaft und Liebe**«. (*Anm. b.*)

Comp. 1818, 16. Juli zu Klein=Hosterwitz bei Pillnitz; *Tageb.* — *op. 61.* — Heft 13
der Gesänge.

N. 3. Duettino. 2 Soprane.
Allegretto grazioso.
Hol- de, zaub'risch schö- ne
31 Tacte. Autogr.

N. 4. Recit.
Tenor.
Ihr Hü-gel saht ihn
41 Tacte. Autogr.

N. 5. Tutti. (Chor.)
Allegro.
Rauschet, ihr Wel-len, er-hebt euch.
70 Tacte. Autogr.

N. 6. Recit.
Vivace. Bass.
Ja heut er - tönt
29 Tacte. Autogr.

N. 7.
Larghetto.
2 Sopr. Lasst ihr Nachti - gal-len
Ten. 1.
49 Tacte. Autogr.

N. 8. Recit.
Sopran.
Sie sind es ja, die all-verehrten Beide,
60 Tacte. Autogr.

N. 9 gleich mit **N. 1**; nur durch einen Tact Schlussaccord verlängert.

Autograph: Partitur. Im Besitz von Max M. Frhrn. v. Weber zu Wien.
(1870. J.) 2 geheftete Bogen u. 1½ Bogen lose; davon p. 1, 2, 5 bis 8: 16zeilig, 3,
4: 15zeil., 9: 12zeil., 10: 10zeil., p. 10 halbleer. Pag. 1, 2 u. 9 von W. mit
frei von ihm gezogenen Halb- und Ganzzeilen versehen. Allgemein fast kleine Schrift;
graugelbliches Querfolio. Der Titel besteht in der Ueberschrift auf p. 1: «N a t u r und
«L i e b e Kantate zur Feyer des Augustus Tags 1818 zu Pillnitz, gedichtet von Kind in
«Musik gesetzt von C. M. v. Weber». N. 9 ist, als Wiederholung von N. 1, nicht ausgeschrieben; dafür steht zum Schluss: «Da Capo, sin al Fine No 1 mit 2tem Text». — Ueberall
sind, mit Ausnahme von N. 3, bei Anfang jeder Nummer die Namen der am Tage der
ersten Aufführung singenden Personen vor die betreffende Notenzeile von W. gesetzt:
Sopr. 1 u. 2 «Mlle. Julchen Zuker» «Mad. Micksch»; Ten. 1 u. 2: «Hr. Bergmann» «Hr.
Wilhelmi»; Bass 1 u. 2 «Hr. Micksch» «Hr. Hellwig». — Dem Autographe beigelegt sind
die 6 Solo-Stimmen, geschrieben von W.'s Freundin, Frl. Fr. Koch, (s. **133.**) die um
diese Zeit Gast seines Hauses war. Alle diese Stimmen hat W. mit dem Namen des
betreffenden der vorher genannten Sänger, ausserdem mit Einigem an Noten u. Worten
versehen. — Die Privat-Bibliothek S. M. des jetzigen Königs v. Sachsen besitzt eine Copie
dieser Cantate mit oben angeführter Ueberschrift als Titel von W.'s Hand.

Ausgaben: Erste Orig.-Ausg. **Partitur.** Clavier-Parthie mit darübergesetzten 6 Singstimmen; ausserdem jede Stimme einzeln. Berlin, Schlesinger. Zus. 2⅓ thlr. In der
Partitur, wie einzeln, haben alle Singstimmen beide Texte, den von Kind und den von Her-
klots, s. Anm. 6.) — Dasselbe Werk als «The Offering of Devotion, a poem, adapted to the
celebrated cantata, Natur und Liebes, London, Cramer u. C. Complete 12ᵃ. — **Daraus einzeln:**
N. 1: Quartett «How blest the man», 2ᵃ. 6ᵈ. — **N. 2:** Rec. and air «The man may». 1ˢ. 6ᵈ. —
N. 3: Duet «Fraught with melodies» 2ᵃ. 6ᵈ. — **N. 4:** Rec. and air «But when», 2ᵃ. — **N. 5:**
Sestet «Whisper ye breezes». 2ᵃ. 6ᵈ. — **N. 6:** Rec. and air «The guilty». 2ᵃ. — **N. 7:** Quartett 2ˢ.
«Vice will find». 2ᵃ. — **N. 8:** Rec. and air «All hail». 2ᵃ. — **N. 9:** «Prais'd be the Lord». 3ᵃ.

Anmerkungen. a. Diese liebliche Blüte treuster Verehrung für seinen König und dessen Haus schuf W. mit eben so viel Liebe als Glück, wenngleich sie immerhin ein *Werk* kleinen Genres ist; wurde doch diese Gestaltung auch durch den Zweck bedingt, der kein andrer war, als die Königin mit einer kurzen Morgenmusik zu erfreuen, in der an Ihres Gatten Namenstage dessen Name mit Ihrem eignen und dem Ihrer Tochter, der Przss. Auguste, gefeiert werden sollte. Aus dem Rahmen des Ganzen, dem innig und würdevoll gehaltenen Tutti, welches als N. 1 u. 9 die Einleitung und zugleich den Schluss bildet, treten als besonders fesselnde Einzel-Bilder hervor: das liebliche Duett N. 3; das melodische, heiter-schwungvolle Sextett N. 5, in welchem sich das Thema in anmuthigster Weise durch die 4 Hauptstimmen, bald einzeln, bald mit andern Stimmen verbunden, hindurchschlingt; und das süss schmelzende Terzett mit abwechselndem Tutti N. 7 »Lasst, ihr Nachtigallen«, dessen Hauptgedanke in jedem von W.'s besten Werken von erobernder Wirkung gewesen wäre. Die Kleinheit der Dimensionen des Ganzen beeinträchtigt freilich die volle Befriedigung der einmal so bedeutsam angeregten Empfindung. — W.'s Tagebuch giebt an *Compositions-Daten* für dies Werk, das er »Der 3te August« nannte, die folgenden: Kl. Hosterwitz, 1818, 4. Juli: »Etwas am 3. August«. 11. »N. 2 u. 3 zum 3t. Aug: gemacht«. 13. »am 3t. August N. 4 u. 5 gemacht«. 15. »gearb. 3t. Aug: 6 u. 7«. 16. »3. August beendigt«. — **b.** Was der Verbreitung der liebenswürdigen kleinen Tonschöpfung in weiteren Kreisen als entgegenstehend zu betrachten ist, das sind beide *Texte*. Der ursprüngliche sehr gute von Kind, zur Composition zugleich so trefflich sich eignende, passt nicht zu allgemeinerer Anwendung, da er sich in engsten Beziehungen zum Sächs. Königshause bewegt, ja selbst so weit ins Spezielle geht, den Brand des Pillnitzer Schlosses zu berühren, der kurz zuvor stattfand. Der zweite Text von Herklots, »Freundschaft und Liebe« betitelt und zu allgemeinerer Anwendung verfasst, stösst durch seine Gesuchtheit und seinen abstracten Schwulst gradezu ab, abgesehen davon, dass er, mit Ausnahme weniger Stellen, vergebliche Anstrengungen macht, sich der Musik sinnig und angemessen zu verbinden. (Dieser zweite Text ist in den einzelnen Singstimmen zu oberst gesetzt.) — S. auch Max M. v. Weber's »Lebensbild« W.'s II. 175.

242.

Allegro. (»All' Ongarese« — auch »Alla Zingara«.)

N. 4 im op. 60: »Huit Pièces pour le Pianoforte à 4 mains«. 2 Livr.«

Comp. 1818, 25. Juli zu Klein Hosterwitz bei Pillnitz: *Tageb.*

Allegro tutto ben marcato. ♩ = 108: Moscheles. Ausg. Chappell. | ♩ = 92: Jähns.

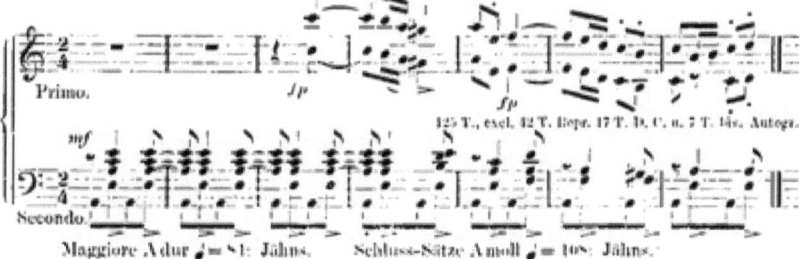

Primo. | *fp*

mf | 125 T., excl. 12 T. Repr. 17 T. D. C. u. 7 T. 14v. Autogr.

Secondo.

Maggiore A dur ♩ = 84: Jähns. | Schluss-Sätze A moll ♩ = 108: Jähns.

Autograph. Vierhändige Clavier-Partitur im Besitz von Max M. Frhrn. v. Weber zu Wien. (1870. J.); füllt p. 3 u. 4 eines graugelblichen 16zeiligen Querfoliobogens ganz und mit 16 Tacten (wovon 3 mit *bis* bezeichnet) die 8 ersten Zeilen eines andern, graugräulichen, 16zeiligen, etwas kleineren Querfoliobogens: kleine Schrift. Die Ueberschrift lautete zuerst »All' Ongarese«; später änderte W. das »All'« in »Allo.« um; das »Ongarese« blieb dann erst im Stiche fort.

Ausgaben: Erste Orig.-Ausg. als Pièce N. 4. zus. mit 248, 264 u. 253 in des Opus 60 erstem Heft, à 1⅓ thlr.: Berlin, Schlesinger. | Neue Ausg. Ebenso. à 1⅓ thlr. Ebend.

Neueste Prchtausg. revid. v. C. Reinecke; als »Alla Zingara«. Ebend. Ebenso. à 15 sgr. n. | Braunschweig. Litolff: In sämmtlichen thänd. Orig.-Composit. zus, à 15 sgr.; die 8 Pièces allein 12½ sgr. ‖ Leipzig, Breitkopf u. Härtel: In des Opus erstem Heft, à 18 ngr. n. | Peters: In W.'s -Composit. orig. p. Pfte. à 1 m.» 1°. Zus. 12 ngr. n. ‖ London. Chappell u. C. Edit. by J. Moscheles. In Book II. à 7°. | Cramer u. C. Ebenso. ‖ Paris, Brandus u. Dufour. | Lemoine. Im Livr. 1 : 9 fr. | Richault. Ebenso. 6 auch 9 fr. ‖ Wolfenbüttel, Holle. Im ganzen Opus à 12½ sgr. n. | Einzeln. — Als »Rondo all' Ongarese«: London, Chappell u. C. 1°. 6d. ‖ Trefflich instrumentirt für 1 Piccolo, 1 Flöte, 2 Oboen, 2 Clarinetten, 2 Fagotte, 2 Hörner, 2 Trompeten, Gr. Cassa, Triangel, 2 Violinen, Viola, Cello u. Bass von J. Töpler, Concertmeister in Coburg. Manuscr. Abschrift von demselben zu beziehen.

Anmerkungen. a. Siehe zuvörderst die allgemeinen Bemerkungen über sämmtliche Nummern der *Huit Pièces* à 4 mains, op. 60, 236 Anm. a. — **b.** Diese *N. 4,* (im Autogr. zuerst mit 2 gezählt) ist eine der interessantesten dieser Sammlung. Frappante Originalität und Frische sind allen Theilen des Ganzen aufgeprägt. Diese Eigenschaften durchdringen nicht nur den fast wild auftretenden ersten Theil und die wunderbar gelenkig, in eben so scharfen wie graziösen Zickzack-Wendungen sich hin und her werfende Melodie des zweiten, sondern auch die glänzende doppelt-contrapunktische Behandlung des 3. 1. u. 5. Theiles; ein neuer und pikanter Reiz aber mischt sich besonders in den 6. Theil, in das schmelzende Maggiore A dur, welchem sich die beiden Anfangstheile auf das Natürlichste verbinden, die als 7ter und letzter Theil wiederkehren und die Pièce beendigen. Diese Vorzüge gestatten wohl den Ausspruch, W. habe Weniges geschrieben, was dieser Nummer des op. 60 an kecker Ursprünglichkeit gleich komme. — **c.** W.'s *Tageb.* sagt 1818, 25. u. 27. Juli, Hosterwitz: »Ongarese gearbeitet«. 28. »ganz entworfen«. — **d.** Es ist nicht erklärlich, woher das Stück in der Ausg. Chappell u. C., ebenso auch in der Instrumentirung von Töpler (s. »Ausgaben«) die Bezeichnung *„All' Ongarese"* entnommen hat, welche nur das Autograph trägt und welche beim Stiche wegblieb. — W. sendete das Opus **zum Stich**: 1819, 26. Aug. — S. auch Max v. Weber's »Lebensbild« W.'s II, 201 u. ff.

N. 2 im op. 71.

243.

Bach, Echo, Kuss. *»Ein Mädchen ging die Wies' entlang,«*

Lied für eine Singstimme mit Begleitung des Pianoforte oder der Guitarre.
Zu Fr. Kind's idyllischem Schauspiel »Der Abend am Waldbrunnen«. 6 Strophen.
Comp. 1818, 29. Juli zu Klein-Hosterwitz bei Pillnitz; *Tageb.* — *N. 2 im op. 71;* Heft 17 der Gesänge.

Autograph: Unbekannt.

Ausgaben: Erste Orig.-Ausg. mit Pfte. od. Guit. als N. 2 des Opus, zus. mit **28, 105, 229, 256, 267.** Berlin, Schlesinger. Opus 1 thlr. ‖ Hamburg, Böhme. Opus 12 gr. ‖ Als Heft 17 d. Ausw. 1, zus. mit **256** u. **267.** Berlin, Schlesinger. 10 gr. | Einzeln mit Pfte. Als N. 35 im W.-Album. Ebend. Alb. 1 thlr. n. | Als N. 78 d. Prchtausg. hrsg. v. Jähns, 1869. Ebend. 2½ sgr. n. | Als N. 8 in C. Blum's Liederspiel »Die Rückkehr in's Dörfchen«. Ebend. Clav.-Ausz. 2½ thlr. ‖ Als N. 31 in »Ausgew. Liedern v. W.« Leipzig, Peters. Ausw.: 10 ngr. n. Mit Guit. — Zus. mit **62, 159, 229.** Hamburg, Cranz. 12 ggr.

Anmerkungen. Ein liebliches Lied-Idyll, den Wendungen des Gedichts fein angepasst, besonders da, wo es sich mit dem *as* in der Melodie dem C moll zuneigt. — In W.'s gedr. Werk-Verz. heisst es »Strass'« für »Wies'« im Stich. — Er sendete das Opus **zum Stich** 1819, 26. Aug. an Schlesinger.

244.

Jubel-Cantate

zur Feier des 50jährigen Regierungs-Antritts Sr. Majestät des Königs Friedr. Aug. I
von Sachsen am 20. Sept. 1818. Gedicht von Fr. Kind. »Erhebt den Lobgesang!«
Mit einem zweiten Texte von Amad. Wendt als »Ernte-Cantate« mit denselben Worten
beginnend.

Für 4 Solo-Stimmen (Sopr., Alt, Ten., Bass) und vierstimmigen gemischten Chor.

Begleitung: 2 Flöten, 2 Oboen, 2 Clarinetten, 4 Hörner, 2 Fagotte, 6 Trompeten,
2 Pauken, 3 Posaunen, 2 Violinen, Viola, Cello u. Bass.

Comp. 1818, 20. Aug. zu Klein-Hosterwitz bei Pillnitz; Tageb. (s. Anm.) — op. 58.
NB. Ohne Ouvertüre. (s. Anm. g. und Jubel-Ouvertüre 245.)

N. 5. Recit., Duettino (2 Sopr.), Chor und Bass-Solo.

Wohl furchtbar sind die Schrecken der Na-tur, doch tobt die Wuth des Kriegs nicht

Recit.

102 Tacte. Autogr.

N. 6. Recit. (Bass.)

Und sich', der Schutzgeist, der an Got-tes Throne   für

30 Tacte. Autogr.

(trem.)

N. 7. Chor u. Soli.

Molto vivace.

Schmü-cket die Tho-re mit Blü-then und Zwei-gen,

Trombe. Timp.   Soli.

169 Tacte. Autogr.

N. 8. Recit. (Tenor.)

So rief's in Al-ler Her-zen.

29 Tacte. Autogr.

N. 9. Chor.

Adagio.   Chor.   Maestoso con moto.

König! Mög an dei-nem Throne stets der

81 Tacte.
Autogr.

Da Capo aus 1845 Tacte. Autogr.

Autograph: Vollständige Partitur. Im Besitz von Max M. Frhrn. v. Weber zu Wien. (1870, J. Braun marmorirter Pappbd. Querfolio. 24 Bogen v. W. mit 1 bis 96 paginirt; p. 1, 88, 95 u. 96 leer. Pag. 89 bis 94 enthalten einen Anhang für Blechinstrumente und Pauken für sämmtliche Nummern. Das Autograph ist auf p. 2 bis 20, ferner auf p. 49 bis 87, wo es überall 16zeilig ist, eine der am engsten geschriebenen Partituren von W.'s Hand. Das Papier, überall gelblich, ist hier dünner als von p. 21

bis 48, wo es theils, 12-, theils 10zeilig, auch stärker und die Schrift grösser ist. — Unter dem Text von W.'s Hand steht an vielen Stellen noch ein zweiter, von Amad. Wendt, dem Dichter desselben, herrührend. (s. Ausgaben.) Ein dritter, englischer Text findet sich noch unter der Zeile des Contrabasses mit Bleistift geschrieben, den W. für die Aufführung des Werks in London verfassen liess. (s. Anm. h.) — Der Titel fehlt; die Bemerkung auf p. 1 »Jubel-Cantate etc.« ist von mir. Zum Schluss der Partitur p. 87 steht von W.'s Hand »Soli Deo Gloria. Carl Maria von Weber. Hosterwitz vom 7,—20. August 1818«.

Ausgaben: Vollständige **Partitur** mit den beiden Texten, als »Jubel-Cantate« von Kind u. als »Ernte-Cantate« von Wendt. Berlin, Schlesinger. 7 thlr. | **Clav.-Ausz.** vom Compon., nur mit dem Text von Kind und vorgesetzter Jubel-Ouvertüre. Ebend, 2¾ thlr.

Anmerkungen. a. Diese *Composition* nimmt unbedenklich unter W.'s derartigen Gelegenheits-Arbeiten für Sächs. Hoffestlichkeiten die erste Stelle ein. Jedoch auch in der Reihe seiner sämmtlichen Werke ist sie eine hochanerkennenswerthe Leistung voll Würde, Innigkeit, Feuer und Frische. So ist von erhebender Feierlichkeit gleich der »einleitende Chor in Es, N. 1 »Erhebt den Lobgesang! Orgel und Glockenklänge mit seiner auf- und niederschwingenden Geigenfigur und den mächtigen Bässen dazu, die in schweren halben Tactnoten den majestätischen Klang tiefer Glocken überraschend wiedergeben, worauf ein sanfter Mittelsatz in As die spätere Wiederkehr des Einganges mit erneutem Glanze hervortreten lässt. Hiebei ist noch zu bemerken, dass diese N. 1 in ähnlicher Weise, wie in der Cantate **241**, mit dem Schlusschor N. 9 zugleich einen Ring bildet, der das ganze Werk umschliesst und abrundet: nur steigert diese N. 9 die feierliche Wirkung noch durch eine plötzlich eintretende kirchliche Färbung bei dem Einfallen der andächtig um Segen für ihren König flehenden, nur von leisem Paukenwirbel begleiteten Singstimmen, worauf das Ganze mit prächtigem Wiederaufschwunge von Singstimmen und Orchester abschliesst. Von den im Verlauf des Werkes auftretenden Chören sind noch besonders hervorzuheben N. 4, der zum Gewitter, und N. 7 mit Solo-Quartett voll heitersten Jubels mit reizendem Hauptmotiv. Die Solo-Parthieen sind überall sinnig und dankbar, oft glänzend behandelt. — Bei alledem macht aber das Werk keinen Anspruch, etwa eine Art Oratorium zu sein, und *W.'s eigner Ausspruch* kennzeichnet dasselbe treffend, indem er an Jos. v. Sonnleithner in Wien, als dieser die Cantate zur Aufführung daselbst wünscht, von Dresden 11. Janr. 1822 schreibt: »Sie »werden aus dem hier erfolgenden Text der Jubel-Cantate ersehn, dass der Stoff aller»dings hier in Dresden ihr Theilnahme sicherte. Dasselbe kann ich schwerlich auswärts »hoffen, es sei denn, dass ein ganz ähnliches Interesse in sie hineingelegt werde. — »Ebenso ist die Musik dazu nur recht aus dem Herzen empfunden, und macht gar keine »Ansprüche auf tiefe Gelehrsamkeit oder auf Entwicklung musikalischer künstlicher Ver»flechtung und Ausarbeitung. Sie währt ungefähr ¾ Stunden. — Ich stelle es nun ganz »Ihrem Ermessen anheim, ob Sie nach alle diesem dem Werke noch Erfolg zutrauen »können. Es ist natürlich, dass ich eine billige Scheu vor Allem hege, was die mir so »freundlich geschenkte Gunst des Publikums gefährden könnte; es ist wohl besser, mir »selbst zu misstrauen, als der Nachsicht desselben zu viel zuzumuthen«. Mit dieser von W. selbst ausgesprochenen Ansicht über sein Werk, wie mit der von mir vorausgeschickten Characteristik desselben, stimmen die *Urtheile* überein, wie sie sich in der Lpz. A. Mus. Ztg. XX, 761 u. 786 und auch in Max v. Weber's »Lebensbild« W.'s II, 177 ausgesprochen finden. — **b.** Wie W. bei seiner oben mitgetheilten Ansicht über sein Werk, dennoch das Beste daran zu geben bestrebt gewesen, dies folgt aus einem *Briefe* an Rochlitz von Dresden 16. Oct. 1818, wo es heisst: »Ich hoffe, dass Sie in meiner »Jubel-Cantate und Jubel-Ouverture einen bedeutenden Schritt vorwärts zu jener mit »wenigen Mitteln wirkenden Klarheit finden werden, die allein endlich die wahre Run»dung und gediegene Ausprägung der Sache giebt, ohne dem innern Reichthum und der »Mannigfaltigkeit zu nahe zu treten. So helfe denn Gott!« W.'s Bestreben, auch bei dieser Gelegenheit Bestes zu leisten, stellt sich dadurch als besonders achtungswürdig hin, als er sich klar bewusst war, dass diese, wie alle ähnliche Festcompositionen mehr oder minder der Vergessenheit anheim zu fallen bestimmt seien. Er spricht dies deutlich gegen seinen Freund Gänsbacher aus, dem er am 24. Aug. 1818 von Hosterwitz schreibt: »Diese Gelegenheitsarbeiten, die nur Eintagsfliegen in der Kunst-

»welt sind, gehören zur Schattenseite eines Dienstverhältnisses und sind wegen ihrer »Vergänglichkeit immer eine trübe Arbeit, wenn man auch noch so treu ergeben und »liebend anhänglich demjenigen ist, für den man sie schreibt«. — Und wahrlich, W. hatte in seinem Dienstverhältniss zu Dresden damals mehr, als ein anderer Kapellmeister wohl sonst irgendwo, Gelegenheit, seinen edlen Genius in dergl. Eintagsfliegen-Arbeiten zu zersplittern; denn während seiner neunjährigen Dienstzeit in Dresden sind es — mannigfache musikalische Einlagen für Oper und Schauspiel daselbst ungerechnet, — allein *13 Compositionen* meist grösseren Umfanges, die er zu Hoffestlichkeiten auszuführen hatte, oft grade in höchster Hingabe begriffen an Tonschöpfungen, bestimmt, seinen Namen bei der Nachwelt zu begründen oder zu erhalten. Von diesen 13 Compositionen (**218, 221, 222, 228, 241, 244, 245, 246, 271, 283, 289, 290, 305**) waren, abgesehen von der Aufnahme einzelner Motive daraus in einige seiner späteren Werke, nur die J u b e l - O u v e r t ü r e als reines Instrumental-Werk u. das vierstimmige Lied »S c h ö n e A h n u n g i s t e r g l o m m e n« (**228**), d. h. in ihrer Eigenschaft als ganze Werke, die e i n z i g e n Arbeiten, die von der Folgezeit erfasst und erhalten wurden. Sämmtliche Texte oder die musikalische Form der übrigen jener 13 schlossen sie, trotz des edlen darin niedergelegten Materials, von allgemeinerer Benutzung aus, denn die Versuche mit zweien derselben, **241** u. **244**, sie bei ihrer Veröffentlichung der grösseren Musikwelt zugänglich zu machen, indem man neue Texte dazu verfasste, sind bezichentlich als misslungen oder nur halbgelungen zu bezeichnen. — **c.** Die vorliegende *Jubel-Cantate* gehört zu denjenigen Arbeiten W.'s, die durch die *Schnelligkeit*, mit der sie seiner schöpferischen Kraft, unbeschadet ihrem innern Gehalte, entsprangen, besonders merkwürdig erscheinen. Die Notizen seines Tagebuchs, (s. Anm. **d.**) bieten bewunderungswürdige Belege dafür. Wie bei »Autographe« bemerkt, ist dasselbe, seinem grössten Theile nach, eins der engst gehaltenen Manuscripte, die der Meister hinterliess. Dennoch i n s t r u m e n t i r t e er am 1**S**. Aug. s i e b e n u n d z w a n z i g S e i t e n dieses Manuscripts, an e i n e m T a g e, an welchem er Mittagsgäste hatte und am Abend einen offiziellen Besuch bei dem Bruder seines Chefs machte. Der folgende Tag weist auf's Neue f ü n f u n d z w a n z i g S e i t e n Instrumentirung auf — und nun sehe man die in fehlerloser Sauberkeit hingestellte Niederschrift der Partitur! Hier kann nur eine aus klarster innerer Anschauung fliessende Meisterschaft, wie spielend, die äussere Gestalt des ihm innewohnenden Tonbildes hingeworfen haben; es ist dies eine künstlerische That seltenster Art, vielleicht nur zu vergleichen mit der 1823 in 12 Tagen erfolgten Instrumentirung des ganzen ersten Actes der E u r y a n t h e, (136 sehr eng gestochene Seiten Partitur) oder mit einigen ähnlichen Leistungen Mozart's. Von diesem staunenswürdigen Beweise von W.'s Fertigkeit, zu instrumentiren, abgesehen, ist die Vollendung des *Entwurfs* der ganzen Cantate (1003 Tacte) in sieben Tagen (7. 8. 11. 12. 13. 14. 16. Aug. 1818) freilich an sich schon bewunderungswürdig, zumal er in diesem Zeitraum auch schon instrumentirt haben muss, da sonst dem Tage der gänzlichen Vollendung der Cantate gar 30 Seiten Instrumentirung zufallen würden. — Vergl. das F moll-Clarinettconcert **114**, für welches W. am 8. Mai 1811 sogar *18 Seiten und* ausserdem noch *4 Lieder* (zum »Minnesänger«) componirt«; ferner Euryanthe Anm. **c.** 1 u. 2. — **d.** Das T a g e b u c h W.'s selbst sagt nun: Dresden, 1818, 31. Juli »Gedicht zur Jubelkan-»tate erhalten von Kind«. Hosterwitz, 7. Aug.: »Jubel-Cantate gearbeitet«. 8. »Jub: Kant: »N. 1 vollendet entworfen« — »N. 2 entworfen«. 11. »N. 1 Dmoll entworfen«. »Nach Tische »wiedergearb.« 12. »N. 5. Recit. u. Duettino entworfen; ganzen Tag gearbeitet«. 13. »N. 5. »Chor Bdur entworfen«. 14. »N. 6 entworfen«. 16. »Gearb. Arie. N. 3. 4. 7. entwor-»fen und somit die Kantate vollendet scizzirt«. 17. »11 Seiten instr.« 18. »Weiss und »Frau kamen zu Mittag. 2 7 S e i t e n instr. Abends zum Hrn. Oberstallmstr.« 19. »25 »S e i t e n i n s t r.« 20. »Die grosse Jubiläums-Kantate Mittags 1 Uhr g ä n z l i c h v o l l-»endet, also vom 7. bis 20., wovon 2 Tage in Dresden abgehen. R e s t 11 T a g e. »Te deum laudamus«. 23. »gänzlich abgespannt«. — **c.** Der *zweite Text* zur vorliegenden Composition, als *»Ernte-Cantate«* von Amad. Wendt, entlehnt nach vielen Richtungen des zur Musik Passenden. Zum feierlich-prächtigen Jubel der Musik für das Regierungs-Jubiläum eines Königs eignet sich der pastorale Character, der kirchliche Ernst einer Cantate zu einer Ernte-Feier von vorn herein nicht, und möchte auch eine Verschmelzung möglich erscheinen, so beweist doch die Ausführung des Textes von

Wendt an vielen Stellen das Misslingen mindestens in diesem Falle. So konnte denn die erste Form der Cantate, als zu eingeschränkt das sächsische Volk in seinen Beziehungen zu seinem Könige betreffend, die zweite, als mit dem Geist der Composition nicht parallel gehend, sich nicht einbürgern. Hier können nur wahre Dichter helfen, die zugleich wahrhaft fein musikalisch fühlen. Hoffen wir auf sie, damit die schönen und lieblichen Schätze gehoben werden, die in diesen von W. selbst so ominös als »Eintags-»fliegen« gekennzeichneten Werken ruhen. — **f.** Fühlte nun W. das Bedenkliche solcher Arbeiten, so musste es ihm besonders schmerzlich sein, die grösste derselben, die Jubel-Cantate, an die er so viel Eifer, Ernst und Liebe bis zu äusserster körperlicher Abspannung gesetzt hatte, nicht einmal zu dem Zwecke verwendet zu sehen, für welchen sie zunächst bestimmt war, nemlich: vor seinem Könige am Tage des Jubiläums im grossen Opernhause zu Dresden aufgeführt zu werden. Sie war im Auftrage des General-Intendanten, nicht auf Befehl des Königs, geschrieben worden; der König aber genehmigte die Aufführung zur Feier im Opernhause nicht, sowohl als solcher persönlichen Huldigung abgeneigt, als auch der Vorführung italienischer Musik dabei zugeneigt. So wurde der musikalische Theil der Jubelfeier ein Concert, zwar im Opernhause, doch nur bestehend im Vortrag dreier italienischer ein-, zwei- u. vierstimmiger Vocal-Solo-Piècen und zweier Instrumental-Solo-Sätze, eingeleitet durch die noch kurz vorher am 11. Sept. zu diesem Concerte von W. componirte Jubel-Ouvertüre. Nur noch als Nachfeier konnte W. nun seine Jubel-Cantate in einem geistlichen Concert zum Besten der Armen in der Kirche von Neustadt-Dresden am 23. Sept. aufführen, wo sie aber eine begeisterte Aufnahme fand, obwohl sie aus dem glänzenden Festsaal in das ernste Gotteshaus entrückt und auf einen ihr fremdartigen Boden verpflanzt worden war. Die dresdener Abendztg. brachte in ihrer N. 231 ein Gedicht auf diese Aufführung. — **g.** Die dieser Aufführung der Jubel-Cantate ebenfalls vorausgegangene „Jubel-Ouvertüre", besonders aber die Vereinigung beider Werke bei Herausgabe der Clav.-Auszüges der Jubel-Cantate, nöthigt hier zu der Erklärung: dass die »Jubel-Ouvertüre« einen innern musikalischen Zusammenhang mit der Jubel-Cantate durchaus nicht hat, sondern ein vollständig selbständiges Werk ist. Den Beweis dafür wolle man in der Anm. c. zu der hier folgenden Jubel-Ouvertüre nachlesen. — **h.** Schliesslich ist hier noch der Aufführung der Cantate in London am 26. Mai 1826 bei W.'s letztem Concert, 10 Tage vor seinem Tode, zu erwähnen. Hampdon Napier hatte dazu einen *englischen Text* geliefert unter dem Titel »The Festival of Peace«: dies war nach denen von Kind und Wendt nunmehr der dritte, und er ist mit vielem Geschick verfasst, wie denn auch die Idee, die Musik auf eine »Friedensfeier« anzuwenden, eine bei weitem glücklichere genannt werden muss, als die frühere bezüglich einer »Erntefeier«. Die Carradori-Allan, die Cawse, Braham und Philipps hatten bei diesem Concerte die Soli u. die Cantate rief den lebhaftesten Beifall hervor. Der Chor N. 7 musste dabei wiederholt werden, und über ihn, wie über einige Freischütz-Themate war es, dass Moscheles in demselben Concerte mit grossem Erfolg am Pfte. improvisirte. (S. auch Max v. Weber's »Lebensbild« W.'s II. 696—699.) — Den *Clav.-Ausz.* vollendete W. 1819, 19. Juni; am 22. legte er den Text von Wendt der für Schlesinger bestimmten Copie der Partitur unter und sandte diese und den Cl.-Ausz. demselben *zum Stich* am 26. Aug. d. J. — S. auch Max v. Weber's »Lebensbild« W.'s II, 175—180.

245.
Jubel-Ouvertüre.

»Zur Feier des 50jährigen Regierungs-Antritts Sr: Majestät des Königs« Friedr. Aug. I. »von Sachsen am 20. Sept. 1818.«

Für 2 Flöten, 2 Oboen, 2 Clarinetten, 4 Hörner, 2 Fagotte, 3 Posaunen, 2 Trompeten. 2 Pauken, 2 Violinen, Viola, Violoncello u. Bass; dazu a parte: 2 Piccoli, 2 Flöten in 8va; ausserdem Triangel, Becken, türk. Trommel ad libit.

Comp. 1818, 11. Sept. zu Dresden; *Tageb. u. Autogr.* — *op. 59.*

Autograph: Partitur. Im Besitz der Privat-Bibliothek Sr. Majestät des Königs von Sachsen, zu Dresden. (1863. J.) Ein Heft in dünner braun marmorirter Pappe mit dem Aussen-Titel »Jubel-Ouvertüre. Partitur« von meiner Hand. 7 voll geschriebene Bogen, 15zeiliges Querfolio, kleinere Schrift, durchweg W.'s Autograph. Pag. 1. Innen-Titel, lautend: »Jubel-Ouvertüre zur Feyer des 50jährigen Regiernngs-»Antritts Sr: Maj: des Königs von Sachsen d. 20¹. September. 1818. componirt von »Carl Maria von Weber. op. 59. : Vom 2.—11. Sept. 1818: Aufgeführt »im Hofconzert im grossen Opernhause zu Dresden d. 20. Sept. 1818 — in der Neu-»städter Kirche bei dem von der Königl. Kapelle d 23. gegebenen Concerte für die Ar-»men«. Die Ouvertüre schliesst auf p. 27; dabei steht: »Dresden von 2.—11. Sept. »1818. Soli Deo Gloria«. Auf p. 28: »Anhang. Nur beim God save the King 2 Piccoli »con Oboi, 2 Flauti in 8ᵗᵃ; ad libitum Triangel, Bekken, Türk. Trommel.«, 9 Zeilen füllend. — Das Manuscript in der Königl. Bibliothek zu Berlin ist nicht W.'s Autograph, obwohl dies auf dem Einband angegeben steht, sondern rührt von der Hand eines dresdener Copisten her. Nur auf p. 1 oben sind von W. die Worte geschrieben: »und Türkische Musik«, unten: »zur Feyer des Regierungs-Jubiläums Sr. Majestät des »Königs von Sachsen geschrieben von Carl Maria Fhr. v. Weber. Königl. Sächs. Ka-»pellmstr. und Director der Königl. deutschen Oper.«, ausserdem p. 12 die Worte: »con »vivacità«, p. 13: »con anima«, p. 14: »leggermente«, p. 15: »leggermente«.

Ausgaben: Erste Orig.-Ausg. **Partitur.** Berlin, Schlesinger. 1³/₄ thlr. | Neue Ausg. 8⁰. Ebend. 1¹/₄ thlr. ‖ Als »Ouverture de Jubel«. Paris, Richault. 4 fr. u. | Als »Ouvert. céré-moniale«. Ebend. 1¹/₂ fr. ‖ **In Orchester-Stimmen.** Berlin, Schlesinger. 3 thlr. ‖ Als »Ouvert. de Jubel«. Paris, Richault. 18 fr. | **Für Infanterie-Harmoniemusik.** — Arr. v. Bousquet. Ebend. 15 fr. | **Für türk. Musik.** — Als »Ouvert. jubilaire«. 9stimmig arr. v. Rummel. Mainz, Schott. 5 fl. 24 xr. | **Für Streichquartett.** — Arr. v. Kessel: Berlin, Schlesinger. 25 sgr. | **Für 2 Pfte.'s zu 8 Hdn.** — Arr. v. Horn. Ebend. 1 thlr. | **Für Pfte zu 4 Hdn.** — Ebend. 20 sgr. | Neue Prchtausg. 1868. Ebend. 7¹/₂ sgr. u. ‖ Bonn. Simrock. 2 fr. | Neue Ausg. Bonn u. Berlin. Ebend. 7¹/₂ sgr. ‖ Braunschweig. Busse. 5 ggr. | Litolff. ²/₃ sgr. ‖ Auch in »Sämmtl. Orig.-Compos., à 4 m. u. 10 Ouvert.« Ebend. 1⁰. Zus. 1 thlr. 10 sgr. ‖ Hamburg, Böhme. 11 ggr. ‖ Leipzig, Peters. Alle 10 Ouvert. W.'s zus. 15 ngr. 1868. ‖ Offenbach, André. 1 fl. 12 xr. ‖ Paris, Lemoine. 6 fr. | Richault. 5 fr.: 6 fr.: 7 fr. 50 c. | Prag, Berra. 48 xr. ‖ Wien, Diabelli. 20 ggr. | Wolfen-büttel, Holle. 5 sgr. | **Für Pfte. zu 4 Hdn. mit Flöte, Violine u. Cello ad libit.** — Arr. v. Fr. Hermann. Leipzig, Fritzsch. 25 sgr. | **Für Pfte zu 2 Hdn.** — Clav.-Ausz. v. Compon. Ber-lin, Schlesinger. 12¹/₂ sgr. | Neue Prchtausg. Ebend. 5 sgr. u. | Als »Clavier-Partitur« v. F. Liszt. Ebend. 1 thlr. ‖ Bonn, Simrock. 1¹/₄ fr. | Neue Ausg. Bonn u. Berlin. Ebend. 5 sgr. | Braun-schweig, Busse. 2¹/₂ sgr. | Litolff. 2¹/₂ sgr. | Alle 10 Ouvert. zus. Ebend. 10 sgr. ‖ Hannover, Bachmann. 10 ngr. ‖ Leipzig, Forberg. 5 ngr. | Peters. Alle 10 Ouvert. W.'s zus. 12 ngr. | Siegel. 12¹/₂ ngr. | Stoll. 5 ngr. ‖ London, Cramer u. C. 2s. ‖ Paris, Lemoine. Als »Ouvert. du Jubilé«. 6 fr. | Richault. 3 fr. | Schonenberger. 8⁰, 65 c. ‖ Prag, Berra. 30 xr. ‖ Wien, Diabelli. 45 xr. ‖ Wolfenbüttel, Holle. 2¹/₂ sgr. | **Für Pfte., Violine u. Cello.** — Bearb. v. J. Weiss mit 5 andern Ouvert. Berlin, J. Weiss. 5 ngr. | **Für Pfte. mit Flöte od. Violine u. Cello.** — London, Cramer u. C. 1⁸. | **Für Pfte. u. Violine.** — Bearb. v. J. Weiss mit 5 andern Ouvert. Berlin, J. Weiss. Zus. 20 sgr. ‖ Hamburg, Cranz. ‖ Hannover, Bachmann. 16 ggr. | **Für Pfte. u. Violon concertant.** — Arr. v. Kessel: Berlin, Schlesinger. 1 thlr. | **Für Pfte. u. Flöte od. Violine ad libit.** — Als »Jubilee Overture«. London, Cramer u. C. 3s. | **Für Pfte. u. Flöte.** — Berlin, Schle-singer. | **Für 2 Violinen.** — Bearb. v. J. Weiss mit 5 andern Ouvert. Berlin, J. Weiss. Zus. 15 sgr. | **Für 1 Violine.** — Bearb. v. J. Weiss. Ebenso. Ebend. 10 sgr.

Anmerkungen. a. Characterisirung. Unter den zehn Ouvertüren unsres Mei-sters sind es vier, welche die musikalische Welt aller Zonen zu immer erneuter begei-

sterter Anerkennung bewegen: es sind Freischütz-, Euryanthe-, Oberon- und Jubel-
Ouvertüre; sie bilden zusammen ein strahlendes Viergestirn erster Grösse. Wohl Niemand kann in Bezug auf das vorliegende Werk, das älteste der eben genannten, unberührt
bleiben von der feierlichen und doch so heitern Würde des einleitenden Adagio, von dem
gewaltigen Feuerstrom des prächtig hereinbrechenden Presto mit seinem reizvollen, in
süssem Melodie-Schmelz froh pulsirenden Gegenthema, von dem durch markerschütternde
Bässe getragenen und von kühnen Geigenpassagen durchfluteten »God save the King« am
Schlusse, das, in seiner unerreichten Grösse als allbekannter Ausdruck begeisterter Volks-
stimmung, in dieser Anwendung die Wirkung des Ganzen auf ihren Gipfel hebt! —
Abgesehen von der erprobten Macht des Werkes im Concertsaale, wo würde, bis auf den heutigen Tag, ein patriotisches Fest gefeiert, bei
welchem diese Klänge nicht die Empfindungen des Volkes zu künstlerisch verklärtem
Ausdruck brächten? Dies war auch der Grund, weshalb W. in seiner Cantate »Kampf
und Sieg«, auf demselben Punkte höchsten innerlichen Aufschwungs angekommen, das
erhabne Lied in ganz gleicher Weise musikalisch einführt und behandelt. Selbstverständlich ist bei dieser Stelle, dass, soll sie zu vollster Geltung gelangen, eine möglichst
starke Besetzung der Streichinstrumente nothwendig wird, da diese die ganze Massen-
Wucht sämmtlicher Blas- und Schlag-Instrumente, die das »God save the King« geben, zu
durchdringen haben. — Die Aufnahme der Ouvertüre ist zu allen Zeiten dieselbe geblieben, wie dies zunächst die *Kritiken* und Berichte der Lpz. A. Mus. Ztg. XX, 712, XXI,
19, XXIII, 119. 121, XXV. 399, XXIX, 107 u. XXXXIII, 975 darthun, und wie
dies noch besonders auch in Bezug auf **London** aus W.'s Mittheilungen an die Gattin 1826
hervorgeht, in denen er bei einer Aufführung am 20. März sagt: »Jubel-Ouv. ungeheuer
»aufgenommen: ich war schon vom Theater und wurde wieder geholt, sie da capo zu
»dirigiren«. — **b.** *W.'s Tageb.* sagt: Dresden, 1818, 2. Sept. »Gearb. Anfang der
»Ouverture in E♭«. 7. »Ouv. in E♭ vollendet entworfen«. 8. »Abends bis 11 Uhr instru-
»mentirt«. 11. »Ouvert. in E♭ vollendet«. 20. »Jubiläumstag. Abends das grosse Hof-
»Concert im Opernhause. meine Jubel-Ouvertüre gieng trefflich«. 23. Sept. (Grosses
Kirchen-Concert in Neustadt-Dresden) »Gieng alles gut, am besten aber meine Ouvertüre
»u. Kantate, die viele Wirkung machte«. (s. Anm. c. u. die vor. Nummer Anm. f.) »Gott
»sei dafür Dank«. 1819, 21. Juni: »Klavier-Auszug der Jubel-Ouvert: geendet«. —
c. Die Composition einer Jubel-Ouvert. war zur Jubiläums-Feier am 20. Sept. 1818
ursprünglich nicht beabsichtigt. W. componirte sie erst, als die Aufführung seiner für
diesen Tag eigens geschriebenen Jubel-Cantate aus den in meiner Besprechung derselben
(244) in Anm. f. daselbst entwickelten Gründen vom Könige **nicht** beliebt, und, statt
deren, nur ein Concert mit 6 einzelnen italienischen Vocal- und Instrumental-Solosätzen
befohlen wurde. Um dies Concert nun nicht ganz ohne musikalische Einleitung zu lassen,
die der Feier solch überaus seltenen Festes angemessen wäre, schrieb W. anfangs Sept.
noch diese Ouvertüre, die nun am Tage des Jubiläums am 20. im Opernhause, aber
zugleich bei der Aufführung der grossen Jubel-Cantate in der Kirche von Neustadt-Dresden am 23. ausgeführt wurde. Durch diese letzte **äusserliche** Verbindung beider
Werke erzeugte sich schon damals die Ansicht, sie sei die Ouvertüre ein der Cantate zu-
gehöriger, dieselbe einleitender Theil, eine Ansicht, die sich bis heut nur um so mehr
befestigt hat, als bei Herausgabe des Clav.-Auszugs der Jubel-Cantate die *Jubel-Ouvertüre* derselben vorgesetzt wurde, obgleich sie doch *ein an und für sich selbständiges Werk* ist, was W. schon durch die verschiedenen Opus-Zahlen 58 u. 59 klar ausspricht, welche beide Compositionen entschieden trennen. — Wie hätte aber W. wohl
auch einer in Es beginnenden und schliessenden Cantate eine Ouvertüre in E musikalisch
verbinden und dieselbe damit einleiten können?! Der letzte Zweifel an dem eigentlichen
Sachverhältniss wird am einfachsten durch folgende Aeusserung W.'s in seinem Briefe
an Rochlitz von Dresden 27. Sept. 1818 gehoben: »— Das grosse Concert im Opern-
»hause schien mir so dürftig ausgestattet, dass ich mich entschloss, noch eine recht eigent-
»liche Jubel-Ouvertüre dazu zu schreiben, welches ich auch glücklich zu Stande brachte«.
— **d.** Noch ist zu berichten, dass W. seine Eigenthümlichkeit: aus bei Seite gelegtem
Material älterer Compositionen von sich für neue Arbeiten Geeignetes am passenden Orte
wirkungsvoll zu **benutzen,** auch hier walten liess. Zu dem Mittelsatz in Achtel-Figuren
H dur der Ouvertüre, verwendete er Theile des Quintetts seiner 11 Jahre früher begon-

nenen, aber später von ihm aufgegebenen Oper Rübezahl; und zwar so: die Tacte 61 bis 64, 72 bis 75 des Quintetts zu den Tacten 135 bis 138 der Jubel-Ouvert., wie die Tacte 78 u. 88, 91 bis 101 des Quint. zu den Tacten 139 bis 158 der Ouv. — An Schlesinger *zum Stich* sendete W. Partitur und Clav.-Ausz. 1819, 26. Aug. — S. auch Max v. Weber's «Lebensbild» W.'s II, 178 bis 180.

246.
Musik zu Lieb' um Liebe.

Schauspiel in 1 Act
von Dr. Aug. Rublack «zur Feier des 50jährigen Regierungs-Antritts Sr. Majestät des Königs» Friedr. Aug. I. «von Sachsen, 20. Sept. 1818».

Für Solo-Sopran und Chor (S. A. 2 T. B.).

Begleitung: 2 Flöten, 2 Oboen, 2 Clarinetten, 2 Hörner, 2 Fagotte, 2 Trompeten,
2 Pauken, 2 Violinen, Viola und Bässe.

Comp. 1818, 11. u. 12. Sept. zu Dresden; *Tageb.*

N. 1. **Schiffer-Chor.** (2 Ten. u. 1 Bass.)
Ohne Begleitung. 3 Strophen.
Moderato.
O Va-ter-land, will-kommen un-sern
Str.: 7 Tacte. Abschrift.

N. 2. **Chor der Landleute.** (S. A. T. B.)
Allegro moderato.
Clar.
Der Saa-ten Keim
35 Tacte. Abschrift.
Corni.

N. 3. **Ländlicher Marsch.**
Marcia.
Bläser.
con sordino
16 Tacte ohne Repr. Abschrift.

N. 4. **Melodram.**
Oboi. Trombe.
Fag.
pp
Greis spricht:
«Ein hulbes Hundert» etc.
17 Tacte. Autogr.
Clar.
Corni. Timp.

N. 5. **Recit. Knabe.**
Viol. pizz.
pp
Sopr.
Mein Arm ist schwach,
15 Tacte. Autogr.
pizz.

N. 6. **Solo u. Chor.** 2 Str.
Sopr.
p cresc.
Dem Kö-nig Heil!
22 Tacte, ohne 18 T. Repr. Autogr.

Autograph: Unvollständige Partitur. (1867. J.) Die vollständige hat aus 10 Seiten bestanden, von denen p. 1 u. 2 verschollen sind. Das Bureau de Musique (Peters) zu Leipzig besitzt p. 3 bis 6 incl., mit den letzten 12 Tacten von N. 3 bis incl. Tact 4 von N. 5; ferner p. 9 u. 10 incl., mit den letzten 16 Tacten von N. 6.

Herr Carl Gurkhaus in Leipzig besitzt p. 7 u. 8 mit den letzten 11 Tacten von N. 5 und den ersten 6 von N. 6.

Ausgaben: Keine. — **Abschriften** der vollständigen Partitur besitzen das Archiv des K. S. Hoftheaters zu Dresden und Jähns.

Anmerkungen. a. W.'s *Tageb.* sagt über diese Composition: Dresden, 1818. 11. Sept. nach der Notiz über die Vollendung der Jubel-Ouvertüre »Nach Tische gear-»beitet für das Gelegenheitsstück von Rublack«. 12. »Musik zu Lieb' um Liebe vollen-»det: mit Lina spazieren. Abend Besuch bei S.« — **b.** Diese Notizen ergeben die un-mittelbar nach der grossartigen Schöpfung der Jubelouvertüre noch am Nachmittage des-selben Tages unternommene *Arbeit* an dieser schon am folgenden Vormittage vollendeten anspruchslosen Composition, von aber immerhin 6 Nummern, wenn auch sämmtlich in kleinem Stile. Freilich in einem Athem vom Höchsten zum Einfachsten. Die Musik ist jedoch nicht ohne Züge von Anmuth und Lieblichkeit: der ländliche Marsch ist wohl das gelungenste Stück darin. Der Schlusschor beendet das kleine Festspiel mit bescheide-nem Glanze.

247.
Arrangement von »God save the King«.

Unge-druckt.

als Gesang für 4 Männerstimmen »Den König segne Gott«.

Comp. vielleicht 1818.

Autograph: Im Besitz von F. W. Jähns. Ein aufgeklebter Streifen graugrünli-ches Notenpapier mit 4 Zeilen. Rechts oben »Handschrift vom Kapellmeister Carl Maria von Weber.«, Notiz von der Hand des vormal. K. Preuss. Kammersängers Stümer.

Ausgaben: Keine.

Anmerkungen. Der Stimmensatz ist neu und wohlklingend. Der Text lautet: »Den König segne Gott | Durch ihn steht unser Haus, | Sein lange noch. | Der Vater und der Sohn, | Die Enkel fanden schon, | Hier treuer Bildung Lohn. | Wir danken Gott«. Aller Nachforschungen ungeachtet ist es mir nicht gelungen, zu erfahren, zu welcher Gelegenheit und wann W. diese kleine Arbeit ausgeführt hat. Vielleicht steht sie in Beziehung zum Regierungs-Jubiläum Königs Fr. Aug. I. v. Sachsen; der Character der Handschrift ist dem des grösseren Theiles der Jubel-Cantate 244 sehr ähnlich.

248.
Moderato (auch »Arioso«).

N. 1 im op. 60.

N. 1 im op. 60: »Huit Pièces pour le Pianoforte à 4 mains«. 2 Livr.

Comp. 1818, 4. Oct. zu Dresden; *Tageb.* (*s. Anm. c.*)

Moderato. ♩ = 96, Moscheles. Ausg. Chappell. — ♩ = 92, Jähns.

88 Tacte. Autogr.

Autograph: Vierhändige Clavier-Partitur im Besitz von M a x M. Frhrn. v. W e b e r zu Wien. (1870. J.) Sie füllt die beiden ersten Seiten eines graugelblichen starken 16zeiligen Querfoliobogens, der auf p. 3 u. 4 die Pièce N. 1. jedoch nicht vollständig, enthält. Kleine Schrift, ungleiche Tinte; hie und da Radirungen, die sonst sehr selten in W.'s Autographen vorkommen. Ueberschrift: »Huit Pièces a quatre Mains, pour le »Pianoforte, composées par Charles Marie de Weber. Livre I. op. 60«.

Ausgaben: Erste Orig.-Ausg. als Pièce N. 1, zus. mit **264, 253** u. **242** in des Opus 60 erstem Heft à 1½ thlr.: B e r l i n, Schlesinger. | Neue Ausg. Ebenso, à 1⅙ thlr. Ebend. | Neueste Prchtausg., revid. v. C. Reinecke. Ebenso, à 15 sgr. u. Ebend. — Fernere Ausgabe siehe die des Allegro »All' Ongarese« **242.** | Einzeln. — Hrsg. v. J. Moscheles: London, Chappell u. C. Als »Arioso«. 1⁸. 6ᵈ.

Anmerkungen. a. Siehe zuvörderst die a l l g e m e i n e n B e m e r k u n g e n über sämmtliche Nummern der *Huit Pièces* à 4 mains, op. 60. **236** Anm. **a.** — **b.** *Diese Nummer* ist die am feinsten ausgearbeitete des op. 60. Eine wunderschöne mild-heitre Melodie voll glücklichsten Genügens bildet den Anfang und durchzieht fast das Ganze. Mit immer gesteigerter Theilnahme folgt man diesem Thema, indem bald unter, bald über ihm feingesponnene Melismen spielen, bis es sich endlich vollkräftig mit den mächtig zum Schlusse führenden Gängen im Bass verbindet und danach das Stück, sanft s i c h und die Hörer beruhigend, abschliesst. Der Mittelsatz in seinem ernsten leidenschaftlichen Aufschwunge hält Beginn und Ende des Ganzen, erfrischend mit beiden contrastirend, wirksam auseinander. — **c.** W.'s *Tageb.* sagt: Hosterwitz 1818, 25. Juli: »Ongarese in A moll· gearb.) »Andante in D♯ angefangen«. 29. »Andante D♯ (gearb.) »u. Adagio F angefangen«. 4. Oct.: »Moderato D♯ ³ , à 4 Mani vollendet«. Dies hier bei Composition von N. 4 (Ongarese) und von N. 3 (Adagio) des op. 60 genannte Andante kann nur das vorliegende Moderato sein, da W. um die Zeit des 25. u. 29. Juli 1818 sich mit keiner Composition beschäftigte, worin ein Andante D♯ vorkommt; die Zusammenstellung aber mit obigen beiden andern Nummern des op. 60 lässt kaum einen Zweifel, dass die am 4. Oct. mit Moderato bezeichnete Pièce dieselbe ist mit dem oben am 25. u. 29. Juli genannten Andante. — W. sendet das op. 60 *zum Stich* 1818, 26. Aug. — S. auch Max v. Weber's »Lebensbild« W.'s II, 201 u. ff.

N. 7 im
op. 64.

249.

»Ei, ei, ei, wie scheint der Mond so hell,«

Dreistimmiges Volkslied für 2 Tenore und Bass ohne Begleitung.

Gedicht im Volksmunde. 4 Strophen.

Comp. 1818 , 11. Oct. zu Dresden; *Tageb.* — *N. 7 im op. 64;* Heft 11 der Gesänge. Sammlung 11 der Volkslieder »mit neuen Weisen versehen«. — Widmung s. **210.**

Autograph: Unbekannt.

Ausgaben: Erste Orig.-Ausg. als N. 7 des Opus, zus. mit **210, 230, 234, 235, 255, 257, 258.** Querfolio. B e r l i n, Schlesinger. Opus: 1 thlr. | Neue Ausg. Hochfolio. Ebend. Opus: 25 sgr. | Im Heft für Alt od. Baryt. Ebend. Opus: 25 sgr. ∥ Hamburg, Böhme. Opus: 14 ggr. **Einzeln.** — Als N. 69 d. Prchtausg. v. Jähns. 1860. Berlin, Schlesinger Lienau¹. 2½ sgr. u. Hamburg, Cranz, Opus: 5 sgr. ∥ Als »Hail! all hail! thou merry month of May«: London, Novello u. C. 1¹⁄₂ᵈ. | **Mit Part. u. Stimmen.** — Berlin, Schlesinger. 5 sgr. | **Mit Pfte.** — Ebend. 5 sgr. | **Mit Guit.** — Ebend. Opus: 22½ sgr.

Anmerkungen. Der originelle bittersüsse Humor dieses kleinen Terzettes, der keineswegs an der Oberfläche liegt und erst bei genauerem Eingehen hervortritt, macht dasselbe zu einem sehr pikanten Tonbildchen, das, geistvoll gesungen, von ganz eigenthümlichem Reiz ist. Schon das, zusammengenommen, 12 mal in den 34 Tacten jeder Strophe vorkommende »Ei!« bietet dem Vortrage ein weites Feld für interessante Behandlung, da es abwechselnd bald fröhlich oder betrübt, bald gutmüthig oder neckend, bald kosend oder zürnend, bald vertrauend oder zweifelnd, aber stets mit feiner Schelmerei gepaart, gegeben werden kann. — Das Stück ist wohl eins von denen, die W. am 21. Oct. d. J. an Jos. Strauss nach Prag sendet. S. Anh. 73 bis 76. — *Gestochen* erhielt W. das erste Exemplar durch Schlesinger 23. Dez. 1822.

250.

Offertorium. »*In die solemnitatis*«

zu W.'s »Missa sancta in G. N. II«.

Für Solo-Sopran und vierstimmigen gemischten Chor.

Begleitung: 2 Flöten, 2 Oboen, 2 Clarinetten, 2 Hörner, 2 Fagotte, 2 Trompeten, 2 Pauken, 2 Violinen, Viola, Cello, Bass.

Comp. 1818, 18. Dez. zu Dresden: *Tagb.* (Siehe Ueberschrift zu **251.**)

Ungedruckt.

Tempo giusto. ♩ = 104. Jähns.

Autograph: Partitur im Besitz von Max M. Frhrn. v. Weber zu Wien. (1870. J.) In Band, Papier und Schrift übereinstimmend mit **251.** 7 volle, 15zeilige Seiten Querfolio mit p. 1 beginnend, von W. nur mit »Offertorium« überschrieben; eine Schlussbemerkung fehlt. Der Titel auf dem Deckel (Copistenhand.) lautet: »No 2. Offertorium« — übrigens wie der der folgenden No. **251.**

Ausgaben: Keine. — In der bei Tob. Haslinger in Wien erschienenen Partitur der Messe Gdur befindet es sich nicht.

Anmerkungen. Bei dieser *Composition* mussten für W. dieselben Bedingungen leitend werden, wie dies bei der Messe in G geschah. Man sehe darüber dort (**251**) Anm. a. — Da im Stile neuerer katholischer Kirchenmusik grade dem Offertorium eine besondere Freiheit in Anwendung glänzender Schreibart gestattet ist, hier aber die Wünsche des Königlichen Paares, für das es geschrieben wurde, nach dieser Richtung noch besonders zu berücksichtigen waren, so ist auch das vorliegende vorzugsweise so weit glänzend gehalten, als dies der Ort, für den es bestimmt, erlaubte. An und für sich ist es ein schön melodisches, gesanglich leichtes und doch wirkungsvolles Musikstück. — Siehe noch **251** Anm. **b.** u. **c.**

1819.

251.

Missa sancta. N. II. In G.

Für 4 Solo-Stimmen (S. A. T. B.) und vierstimmigen Chor (S. A. T. B.).

Begleitung: 2 Flöten, 2 Oboen, 2 Clarinetten, 4 Hörner, 2 Fagotte, 2 Trompeten, 2 Pauken, 2 Violinen, Viola, Cello und Bass.

Zur Feier des 50jährigen Jubel-Hochzeitsfestes des Königs Fr. Aug. I. von Sachsen und dessen Gemalin der Königin Maria Amalia Augusta am 17. Janr. 1819; deshalb auch »Jubelmesse« genannt.

Offertorium dazu s. **250.**

Comp. 1819, 4. Janr. zu Dresden: *Tageb.* (*s. Anm.* d.) — *Ohne Opus-Zahl gedruckt;* in W.'s geschr. Werk-Verz. mit *op.* **76** gezählt. (*s. Anm.* e.)

Kyrie. 4 Soli e Coro.
Moderato. ♩ = 80; Jähns.

Instr.: 2 Fl., 2 Ob., 2 Cl., 2 Hörn., 2 Fag., 2 Violinen, Viola, Cello u. Bass.

Gloria. 4 Soli e Coro.
Allegro vivace. ♩ = 112: J.

Instr.: 2 Fl., 2 Ob., 2 Cl., 2 Hörn., 2 Fag., 2 Tromp., 2 Pkn., 2 Violinen, 2 Violen, Cello und Bass.

Credo. Sopr.-Solo e Coro.
Allegro. ♩ = 120: J.

Instr.: Wie zum Gloria.

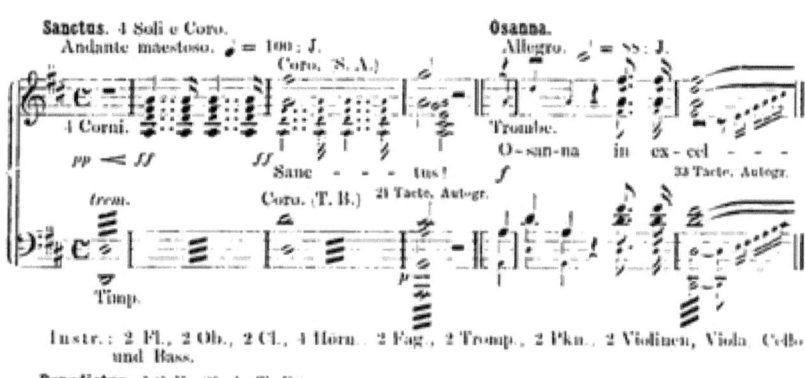

Instr.: 2 Fl., 2 Ob., 2 Cl., 4 Horn, 2 Fag., 2 Tromp., 2 Pkn., 2 Violinen, Viola, Cello und Bass.

Instr.: 2 Fl., 2 Cl., 2 Horn., 2 Fag., 2 Violinen, Viola, Cello und Bass.

Instr.: Wie zum Kyrie.

Autograph: Partitur. Im Besitz von Max M. Frhrn. v. Weber zu Wien. (1870. J.) In dunkel violettem Pappband mit braunem Leder; Querfolio, gelblich, mittelstark, fest; mittelgrosse, etwas blasse Schrift. Innerer Titel so wie Schlussbemerkung von W.'s Hand fehlen. Eine kurze Bemerkung auf der sonst leeren p. 1 »2te Messe etc.« ist von mir. Das Ganze umfasste 56 Seiten. Das Blatt mit p. 23 u. 24, ursprünglich leer, ist herausgeschnitten. Pag. 45 u. 56 leer. Papier und Partitur 15zeilig, bei Sanctus und Benedictus 16zeilig; im Kyrie von 15 Zeilen nur 11 benutzt. Auf dem Deckel von Copisten-Hand: No. 2. Missa a 4tro concertato coi Violini, Viola, Flauti, Oboi, Clarinetti, Corni, Trombe, Timpani, Fagotti, Organo e tutti Bassi di Carolo Maria de Weber. — In der Privatbibliothek S. M. des Königs von Sachsen befindet sich das Widmungs-Exemplar W.'s an das Königl. Jubelpaar; (eine Copie). Zum Schluss die autographische Bemerkung W.'s: »Soli Deo Gloria! Zur Feyer der Jubelhochzeit I. I. Königl. Majestäten d 17. Januar 1819, geschrieben Ende 1818. C. M. v. Weber«. Der innere Titel (Copie) lautet: Missa sancta quatuor vocibus constans, pleno et solemni choro celebrando autore Carolo Maria barone Webério. — Noch ein zweites copirtes Exemplar der

Partitur ist vorhanden mit folgender Schlussbemerkung von W.'s Hand: »Geschrieben »zu Dresden die l e t z t e n Monate des Jahres 1818 zur Feyer des Vermählungs-Jubiläums »Ihrer Majestäten. aufgeführt d. 17. u. 21¹. Januar 1819 in der katholischen Hofkirche. »Carl Maria von Weber«. Gelber Hlbfrzbd.; Rücken vergoldet. Der Titel (Copie) derselbe wie im vorerwähnten Widmungsexempl. Es wurde im Dez. 1868 bei List u. Franke zu Leipzig versteigert. Dies zur Verhütung von Verwechslungen mit dem vollständigen Autograph W.'s.

Ausgaben: Partitur für vollständiges Orchester mit hinzugegebener Orgelstimme, ohne Offertorium **250.** Erste Orig.-Ausg. Wien, Tob. Haslinger. 5 fl. 30 xr. (s. Anm. e.) | **Sämmtliche Stimmen einzeln.** — Ebend. Zus. 7 fl. | **Die Singstimmen einzeln.** — London, Alfr. Novello. 3°. 1¹/₂ᵈ. | **Die Stimmen der Streichinstr.** — Ebend. Zus. 5°. | **Die Stimmen der Blasinstr.** — Ebend. Zus. 3°. 1¹/₂ᵈ. | **Mit Clav.- od. Orgel-Begl.** Arr. v. H. Weiss. Ebend. 4°. 6ᵈ.

Anmerkungen. a. *Characterisirung.* W. kennzeichnet sein Werk selber am besten in einem Schreiben an R o c h l i t z von Dresden 16. Oct. 1818, indem er sagt: »Ich fange an, wieder an einer neuen Messe zu arbeiten, die ich Ihrer Majestät der Köni-»gin, der Jubelhochzeit zu Ehren, schreiben will. Habe ich in der ersten« **(224)** »ganz »meiner Ueberzeugung und dem tiefen Gefühl der Grösse des Gegenstandes mich hinge-»geben, so will ich jetzt mir eine froh und fröhlich k i n d l i c h bittend und jubelnd zum »Herrn betende Schaar denken«. Gab W. in dieser Aeusserung deutlich kund, von w e l c h-en Gesichtspunkten aus er diese Messe geschrieben, so spricht sich im selben Sinne auch die *Kritik* darüber aus. Sie zollt, (zunächst in der Lpz. A. Mus. Ztg. XXI, 109) derselben eine ähnliche Anerkennung wie der Messe in Es N. I, gedenkt jedoch besonders der Verschiedenheit beider Werke und stellt der Grösse und dem Pompe der erstern Arbeit die edle Lieblichkeit und den heitern Glanz gegenüber, der vorwiegend der zweiten beiwohnt. In der That durchdringen die letzterwähnten Eigenschaften die ganze G dur-Messe, nur 2 Stellen ausgenommen, die durch den erhabenen Ernst der Textworte W. veranlassten, sich zu s o l c h e r Tiefe in Auffassung und Ausdruck zu erheben, der Weniges in der Es dur-Messe gleichkommt. Es sind dies: das Tenor-Solo »Q u i t o l l i s p e c c a t a« im Gloria u. das Sopran-Solo »E t i n c a r n a t u s e s t« im Credo. — Aus den erwähnten Haupteigenschaften beider Messen ergiebt sich die noch jetzt in der dresdner Kapelle gebräuchliche Bezeichnung: »die g r o s s e« und »die k l e i n e«. — So ist denn auch in der G dur-Messe gleich das Kyrie von einer Freundlichkeit und Helle, die lebhaft an Haydn's Auffassung im Bereiche kirchlicher Composition erinnert. Das Gloria ergeht sich auf ähnliche Weise in schwungvoller Frische, die sich im Verlauf der Fuge eigenthümlich dadurch steigert, dass der Solo-Sopran dieselbe 2 mal mit brillanten Passagen (für den damaligen Sopranisten Sassaroli geschrieben) durchbricht, worauf sie erst dann vollständig zum Ende führt. Das Credo ist der reichste und ausgesponnenste Satz, in welchem eine Anzahl trefflicher Motive, in immer bedeutsamerer Weise auftretend, kunstreich verarbeitet sind. Das Sanctus trägt mehr einen heitern Glanz in breitgehaltenen Rhythmen, als jene erhabene Haltung, die das Sanctus der Messe in Es so bewunderungswürdig macht. Das Benedictus ist wohl die Perle des Ganzen u. nach allen Richtungen vollendet. Das schmelzende Hauptmotiv wird contrapunktisch durchgeführt und erhebt sich nach und nach zu dem für alle Stimmen gleich dankbaren und wohllautvollen harmonischen Zusammenwirken bis zum endlichen bedeutsam angeordneten Schlusse. Das Agnus Dei mit dem lieblichen Dona nobis ergeht sich ähnlich wie das Kyrie, steht jedoch gegen dasselbe zurück. — Die grosse Character-Verschiedenheit beider Messen ist ein neuer Beweis für den ausserordentlichen Reichthum an Erfindungskraft in W., eine Eigenschaft, die ihm, wie selten einem Künstler bis zu seinem Tode nicht nur verblieb, ja sich sogar zu mehren schien. Ungeachtet eben dieser Verschiedenheit beider Werke, und obwohl die Vorliebe des Königs Fr. Aug. I. zum heitren Stile, selbst in der Kirchenmusik, bei Composition der Messe in G bei W. maassgebend sein musste, hat er auch hiebei die Würde des »Ortes und Wortes« zu wahren verstanden, wie er dies hiebei die Stelle des Briefes an Gänsbacher ausspricht. (s. Mitte der Anm. **a.** in Messe Es dur **224.**) — **b.** Schuf unser Meister seine erste Messe unter dem Druck ungünstiger Situationen in seinen Dienstverhältnissen und überhäuft von Arbeit, so komponirte er grade diese von heitrem Festglanz durchleuchtete zweite unter schwerem häuslichen Leid, herbeigeführt durch die Krankheit der geliebten Gattin.

W. schreibt darüber an Lichtenstein 5. Febr. 1819: »Das war eine harte Periode »für mich, in der für mich alles todt war, ausser meiner allernächsten Umgebung und »Pflicht. — Wenn ich dann so bis 11—12 Uhr an meiner Frau Krankenbette den »Schmerz in mich gesogen hatte, musste ich noch in meine Arbeitsstube u. a r b e i t e n. »Den 17. u. 24. Janr. endlich wurde meine neue Missa mit Erfolg aufgeführt. Seit jener »Zeit bin ich aber gänzlich abgespannt. — Schliesslich sei noch erwähnt, wie unser Meister, ungeachtet dieser und ähnlicher ungünstiger Verhältnisse, sein eignes Schaffen ganz objectiv, wie ausser ihm selber stehend, zu eignem Frommen zu betrachten verstand. Als Beleg dafür kann folgender in oben angeführtem Brief an R o c h l i t z ebenfalls befindlicher Ausspruch dienen: »Ausserdem drükken mich noch manche angefangene klei»nere Arbeiten, die bei meiner noch etwas anhaltenden Verstimmung nicht recht gelingen »wollen. Diese Kleinigkeiten sind nur die Kinder glücklicher Augenblicke. Das G r ö s »sere reift unter L e i d e n und F r e u d e n«. — **c.** Bei der ersten *Aufführung* am 17. Janr. 1819 in der dresdener Hofkirche nach dem Te deum von Hasse, mit Sassaroli im Sopran, Buccolini im Alt, Benelli im Tenor und Benincasa im Bass als Soli, blieb das Offertorium **(250)**, welches W. zu dieser Messe componirt hatte, fort, wogegen ein solches von M o r l a c c h i, seinem Collegen im Kirchendienst, befohlen und eingelegt wurde. Besonders ausgezeichnet war die zweite Aufführung am 24. Janr., bei der man sie a l l e i n und, wie W.'s T a g e b. sagt, v o l l s t ä n d i g bei gehobener Theilnahme der Hörer gab, unter denen sich auch R o c h l i t z befand. — **d.** W.'s T a g e b. giebt an *Compositions-Daten:* Dresden, 1818, 25. Oct. »Abends gearbeitet Gloria«. 31. »Gloria vollendet »entworfen«. 9. Nov.: »g. (earbeitet) Credo«. 13. »Credo in B vollendet entworfen«. 21. »Benedictus. Osanna«. 22. »Abends g. Agnus Dei«. 3. Dez.: »Agnus Dei u. Dona nobis »entworfen«. 8. »Kyrie g dur vollendet«. 19. »Abends Sanctus u. Benedictus. Osanna »vollendet«. 20. »Agnus Dei, Dona nobis vollendet«. 29. »Rochlitz kam zu uns, ich »ging mit ihm meine neue Messe durch, erfreute mich seines Scharfblikkes und Mitge»fühls, änderte auch Einiges nach seiner Meynung«. 1819, 1. Janr.: »Abends 9 bis 1 Uhr. »Gloria vollendet«. 3. »Abends g. Credo. 12 Uhr«. 4. »Abends g. Missa gänzlich voll»endet. Ehre sei Gott in der Höhe. Ihm allein Lob und Dank dafür«. 17. »Jubelhoch»zeitfest. Um 11 Uhr Te Deum, dann meine neue Messe; gut. Offertorium von Mor»lacchi«. 21. »Meine Missa Jubilea vollständig gemacht, ging vortrefflich«. — **e.** Dieser Messe, nach W.'s Tode erschienen, wurde bei ihrer Herausgabe die Nummer I, der in Es dur die No. II zuertheilt, obwohl der *in G dur N. II*, der *in Es dur* die *N. I* zukommt, da diese letztere fast ein Jahr früher geschrieben, als die vorliegende in G dur. — Noch wolle man in manchen andern Beziehungen nachlesen die Anm. a. zur Esdur-Messe **224**; ebenso Max M. v. Weber's »Lebensbild« W.'s II, 183—185 u. 193; ferner Lpz. A. Mus. Ztg. XXXVII, 775.

252.

op. 62.

Rondo brillante per il Pianoforte. *op. 62.* »La Gaité.«
Comp. 1819, 29. Juni zu Klein-Hosterwitz bei Pillnitz: *Tageb.*

Moderato e con grazia. (leggermente.) ♪ = 132: Moscheles Ausg. Chappell u. Jähns.

191 Tacte. Autogr.

Autograph: Im Besitz von O. A. S c h u l z, Buchhändler in Leipzig. (1868. J.) 1 Bogen Querfolio, fest, stark, gelblich, unbeschnitten, 16zeilig: Schrift klein und klar. Die 2 letzten Zeilen von p. 4 leer. Ueberschrift: »Rondo brillante per Pianoforte. composto da Carlo Maria di Weber. op. 62«. Der Bezeichnung zu Anfang des gestochenen

Werks »Moderato e con grazia« ist hier noch ein »leggermente« hinzugefügt, eben so dem
Eintritt des zweiten Themas Tact 48 ein »espressivo«. In Tact 139 steht »molto staccato«
statt »staccato e cresc.« des Stichs. Die Tacte 13 bis 17 incl., 66 bis 76, 142 bis 148
sind leer gelassen; darin befindliche Buchstaben weisen auf schon Dagewesenes zurück,
das an seiner Stelle mit denselben Buchstaben bezeichnet ist; es sind die Tacte 1 bis 11.
Auf p. 1 u. 2 hat W. 4 Zeilen, auf p. 3: 6 Zeilen, auf p. 4: 2 nach dem rechten Rande
hin verlängert, auf p. 4 noch 6 Zeilen nach dem rechten und linken zugleich.

Ausgaben: Erste Orig.-Ausg. Querfolio. Berlin, Schlesinger. 1 thlr. | Neue Ausg.
Ebenso, Ebend. ³/₄ thlr. | Neue Ausg. Hochfolio. Ebend. ½ thlr. | Neueste Prchtausg., revid.
v. C. Reinecke, 1868. Hochfolio. Ebend. 5 sgr. n. | Kritisch revid. u. für d. Selbststudium mit
Fingersatz sowie mit technischen u. Vortragserläuterungen versehen v. Franz Kroll. Fürstner.
10 sgr. ‖ Amsterdam, Theune. ‖ Bonn, Simrock. 1³/₄ fr.; jetzt 6¹/₄ sgr. ‖ Braunschweig, Litolff.
1 sgr. ‖ Zus. mit op. 12, 21, 65, 72, Adieux u. Allo. di Bravura. Ebend. 4⁰. 12¹/₂ thlr. | Mit 21
andern Compos. v. W. für Pfte. allein. 4⁰. Ebend. Zus. 1¹/₂ thlr. | Meyer. 12 ggr. ‖ Dresden,
Meser. 15 ngr. ‖ Hamburg, Böhme. 12 ggr. ‖ Hannover, Bachmann. 12 ggr. | Nagel. 15 ngr. ‖
Leipzig, Breitkopf u. Härtel. 9 ngr. | Forberg. 7¹/₂ ngr. | Peters: Mit op. 12, 21, 65, 72 u.
79 zus. 15 ngr. | Zus. mit op. 12, 21, 62, 65, 72 u. 79. 4⁰. Ebend. 10 ngr. n. | In W.'s Com-
positions. 13 Num. 8⁰. Ebend. 12 ngr. n. | In W.'s »Oeuvr. compl. p. Pfte. seul«. 20 Num.
8⁰. Ebend. 25 ngr. n. | Siegel. 7¹/₂ ngr. | Stoll. 7¹/₂ ngr. | Als »Grand Rondeau brillant« à la
Gaité.« Edit. by J. Moscheles: London, Chappell u. C. 4⁰. | Cramer u. C. Ebenso. ‖ Mai-
land, Ricordi. In Bd. 7 von »L'arte antica«. Bd.: 7 fr. ‖ Offenbach a. M., André. 4 frcs. ‖ Paris,
Lemoine. 6 fr. | Als N. 134 im Panthéon des Pianist. »Form. Lemoine.« Ebend. 85 c. | Ri-
chault. 4 fr. 50 c., auch 6 fr. | Maur. Schlesinger. 4 fr. 50 c. ‖ Wien, Diabelli u. C. 45 xr. |
Haslinger. Concurr.-Ausg. 10 xr. = 8 ngr. | Als N. 10 in »Oeuvr. compl. de W.« Tome 1.
Leidesdorf. ‖ Wolfenbüttel, Holle. 4 sgr. ‖ Eine Ausg. ohne Druckort u. Verleger. 12 ggr. |
Zu 4 Hdn. arr. — Von Klage: Berlin, Schlesinger. 20 sgr. | In der neuesten Prchtausg. Ebend.
7¹/₂ sgr. n. ‖ Hamburg, Cranz. 15 sgr. ‖ Paris, Richault. 4 fr. 50 c.

Anmerkungen. a. Diese *Composition* hat sich in der Reihe brillanter Clavier-
Werke, trotz dem so gefährlichen Geschmackswechsel für dieselben, bis heut in steter
Gunst erhalten, und in der That ist es, obwohl ein der Virtuosität entschieden huldigen-
des Glanzstück, doch mit so fein graziösem ersten u. so anziehenden und für den Vortrag dankbaren melodischen zweiten Hauptmotiv ausgestattet, hat eine so fliessende abge-
rundete Gestalt und dabei so viel kecke Frische, dass durch diese Eigenschaften seine
Lebensfähigkeit für lange Zeit als vollkommen gesichert angesehen werden muss. Bei
Vortrag dieses Rondo's ist der Ueberschrift »Moderato e con grazia« besonders gerecht zu
werden, um die dabei gebräuchlich gewordene Ueberstürzung im Tempo zu vermeiden,
sollen die unablässig fliessenden Zweiunddreissigstel nicht einem wimmelnden Ameisen-
bau gleichen. — **b.** W.'s *Tagebuch* sagt: Hosterwitz, 1819, 26. Juni »Am Rondo
²¹/₃ in Es gearbeitet«. 29. »Rondo brillante in Es, op. 62 vollendet«. — W. sendete
das Opus an Schlesinger **zum Stich** 1819, 26. Aug.

N. 3
im op. 60.

253.

Adagio (auch »Andantino grazioso« und »Andante«).

N. 3 im *op. 60:* »Huit Pièces pour le Pianoforte à 4 mains«. 2 Livr.
Comp. 1819, 1. Juli zu Klein-Hosterwitz bei Pillnitz; *Tageb.*

Adagio. ♩ = 92: Jähns. — Moscheles setzt »Andantino grazioso« ♩ = 120. Ausg. Chappell.
(s. Autogr. u. Anm. d.)

57 Tacte, excl. D. C. des
1. Theils. Autogr.

Autograph: Im Besitz von Max M. Frhrn. v. Weber zu Wien. (1870, J.) Auf
den beiden ersten Seiten eines mit 5 u. 6 paginirten Bogens; dieser grau-grünlich, dünn,
fest, unbeschnitten 12zeilig. Der N. 3 voran steht noch auf p. 5 in 4 ganzen und 4

Viertel-Zeilen der Schluss von N. 4 der Huit Pièces op. 60; auf p. 6 : 4 leere Zeilen;
kleine klare Schrift. Die Wiederholung des 1. Theiles ist zum Schluss des zweiten mit
einem »Da Capo sin al Fine« angegeben. Die zweite Hälfte des Bogens wird von Theilen der N. 5 u. 6 eingenommen. — Das ursprüngliche Tempo »Andante« ist von W.
durchstrichen und mit Adagio ersetzt. (S. Ausgaben bei Chappell u. C.)

Ausgaben: Erste Orig.-Ausg. als Pièce N. 3 zus. mit **248, 264** u. **242** in des op. 60
ersten Heft, à 1½ thlr. Berlin, Schlesinger. | Neue Ausg. Ebenso, à 1½ thlr. Ebend.
Neueste Prchtausg., revid. v. C. Reinecke. Ebenso, à 15 sgr. n. — Fernere Ausgaben siehe
die des Allegro »all' Ongarese« **242.** | **Einzeln.** — Als »Andantino grazioso«, hrsg. v. J.
Moscheles: London, Chappell u. C. 2». | **Arr. für Orgel.** — Als N. 4 in N. 27 von Arrange-
ments from the Scores of the Great Masters for the Organ, with Pedal obbligato, betitelt:
»Andante, F major from Pfte. Duets op. 60«. London, Novello u. C. 2».

Anmerkungen. a. Siehe zuvörderst die allgemeinen Bemerkungen über
sämmtliche Nummern der *Huit Pièces* à 4 mains, op. 60. **236** Anm. a. — **b.** Dies
Stück ist durch den besonderen Contrast seiner 3 Theile vorzüglich gekennzeichnet. Der
erste ist von still betrachtendem *Character*; der schöne seelenvolle Melodie-Auf-
schwung bei dem »con anima« im achten und den folgenden Tacten erinnert an Aehnliches
in Euryanthe. Der zweite Theil mit seiner Unruhe in Melodie wie Begleitung, seinen
fremdartigen, fast wilden Herunterschlägen in die Quarte, die sich nach dem prächtig
durchbrechenden Esdur gemildert nach Bdur wenden, dann noch einmal zu ihrem Un-
gestüm in Dmoll zurückkehren, um schliesslich sich grollend zur Ruhe zu legen und so
sich wieder an den ersten Theil zu knüpfen — das Alles bringt jene Reihe höchst ver-
schiedenartiger Eindrücke hervor, die mit denen einer idyllischen Landschaft verglichen
werden könnten, in der plötzlich eine Schaar abenteuerlicher, halb wilder, halb ritterli-
cher Gestalten vorüberziehend erscheint und wieder verschwindet. — **c.** W.'s *Tageb.*
sagt: 1818. 29. Juli, Hosterwitz, »Adagio F angefangen«. 1819, 1. Juli. Hosterwitz:
»Adagio Fdur ³/₄. N. 3 zu den 8 Pièc. à 4 m: vollendet«. — **d.** Moscheles giebt
als *Tempo:* »Andantino«. Das ist der Intention W.'s zuwider; denn diesem war
das im Autograph ursprünglich von ihm notirte »Andante« noch zu schnell, weshalb er
es darin in »Adagio« umänderte, welches auch alle übrigen Ausgaben bringen. (s. oben
»Autogr.«) Das Tempo von Moscheles, die Achtel = 120 metronomisirt, verändert den
Character des Stücks wesentlich. — W. sendete das Opus an Schlesinger *zum Stich*
1819, 26. Aug. — Siehe auch Max v. Weber's »Lebensbild« W.'s II, 201 u. ff.

254.
Rondo (scherzando).

N. 8 im op. 60: »Huit Pièces pour le Pianoforte à 4 mains«. 2 Livr.
Comp. 1819, 3. Juli zu Klein-Hosterwitz bei Pillnitz; *Tageb.*

Autograph: Vierhändige Clavier-Partitur im Besitz von Max M. Frhrn. v. Weber
zu Wien. (1870. J.) Das Autograph steht zus. mit N. 1, 3, 4 und dem Thema und
dessen erster Variat. v. N. 6 der Huit Pièces, auf 2 zusammengehefteten 16zeilgen u. ¹/₂
losen 12zeiligen Querfoliobogen. Alles paginirt von 1 bis 10. Das Autogr. des »Rondo
scherz.« beginnt auf dem losen gelblichen ziemlich starken halben Bogen, p. 7 u. 8, und
geht dann weiter auf p. 9 u. 10 des gehefteten grau-grünlichen dünnern, kleineren Bogens, wo es auf p. 10 mit 3 Tacten in der 2. Accolade schliesst; kleine klare Schrift. —

Im Ganzen 327 Tacte incl. aller Reprisen, Da Capo's und *bis'*, übereinstimmend mit dem Stich.

Ausgaben: Erste Orig.-Ausg. als Pièce N. 8 zus. mit **236, 265** u. **266** in des Opus 60 zweitem Heft, à 1½ thlr. Berlin, Schlesinger. | Neue Ausg. Ebenso, à 1½ thlr. Ebend. | Neueste Prchtausg., revid. v. C. Reinecke. Ebenso. à 12½ sgr. *n.* — Fernere Ausgaben siehe die des »Alla Siciliana« **236.** | **Einzeln.** — Als »Rondo scherzando«, hrsg. v. Moscheles. London, Chappell u. C. 3s.

Anmerkungen. a. Siehe zuvörderst die allgemeinen Bemerkungen über sämmtliche Nummern der *Huit Pièces* à 1 mains, op. 60; **236** Anm. a. — **b.** Das „*Scherzando*" zu Anfang dieser Nummer ist nur ein Hinweis auf den Vortrag des Stücks, es ist zugleich der wahre Dolmetsch seines Inhalts. Scherz, Uebermuth, Neckerei, Trotz kreuzen sich darin, indem sie unablässig durcheinander flattern. — Bald zögern oder leise schmeicheln, bald vorwärts stürmen oder ungeduldig pochen, jetzt in einem Gusse behende, glatt und lächelnd dahin fliessen, dann wieder plötzlich stocken oder hastig und grollend zur Tiefe poltern — das sind die Eigenschaften des ziemlich lang ausgesponnenen, aber ununterbrochen fesselnden Musikstücks. — **C.** W.'s *Tagebuch* sagt: Dresden, 1818, 22. Mai »Rondo in B à 1 mains angefangen«. 22. Juli: »am Rondo »in B gearb.« 24. »Rondo a 4 in B vollendet entworfen«. Hosterwitz, 1819, 3. Juli: »Rondo in B ³⁄₄ N. 1 zu den 8 Pièe. à 1 m. vollendet«. Wegen des am 21. Juli 1818 vollendeten Entwurfs steht in W.'s gedruckt. Werk-Verz. dies Datum als das der Vollendung des Rondo's. — W. sendete es *zum Stich* 1819, 26. Aug. — S. auch Max v. Weber's »Lebensbild W.'s II, 201 u. ff.

255.

Abendsegen. *»Der Tag hat seinen Schmuck«*

Volkslied mit Begleitung des Pianoforte.

Text aus »Fliegendes Blatt«. 10 Strophen.

Comp. 1819, 8. Juli zu Klein-Hosterwitz bei Pillnitz; *Tagb.* — *N. 5* im *op. 64;* Heft 11 der Gesänge. — Sammlung II der Volkslieder »mit neuen Weisen versehen«. Widmung s. **210.**

Mit ruhiger Bewegung.

Der Tag hat sei-nen Schmuck auf heu-te weg-ge-than, es

Str.; 11 Tacte.
Ausg. Schlesinger.

Autograph: Unbekannt.

Ausgaben: Erste Orig.-Ausg. als N. 5 des Opus, zus. mit **210, 230, 234, 235, 249, 257, 258.** Querfolio. Berlin, Schlesinger. Opus: 1 thlr. | Neue Ausgabe. Hochfolio. Ebend. Opus: 25 sgr. | Im Heft für Alt od. Baryt. untransp. Ebend. Opus: 25 sgr. ‖ Hamburg, Böhme. 14 sgr. ‖ Als N. 29 im W.-Album. Berlin, Schlesinger Lienau. Alb.: 1 thlr. *n.* ‖ Als N. 28 in »Ausgew. Lieder v. W.« Leipzig, Peters. Ausw.: 10 sgr. *n.* | **Einzeln.** — Berlin, Schlesinger. 5 sgr. | Als N. 67 d. Prchtausg. hrsg. v. Jähns. 1869. Ebend. 2½ sgr. *n.* | In A für Sopran od. Ten. in Ausw. 11. Ebend. 5 sgr. | **Mit Guit.** — Ebend. Opus: 22½ sgr

Anmerkungen. Die stille Sammlung eines begnügten Herzens, wie diese das alte Gedicht im Volksmunde so schön ausspricht, ist auch in der Composition innig nachempfunden; indem letztere sich alles Schmuckes bescheidet, wirkt sie zugleich durch den Ausdruck sanften Ernstes höchst wohlthuend. — W. erhielt das Opus *gestochen* von Schlesinger 1822, 23. Dez.

256.

Triolett. *»Keine Lust ohn' treues Lieben!«*

Lied für eine Singstimme mit Begleitung des Pianoforte.

Text von Carl Förster. Durchcomponirt.

Comp. 1819, 8. Juli zu Klein-Hosterwitz bei Pillnitz; *Tageb.* — *N. 1 im op. 71;*
Heft 17 der Gesänge.

Autograph: Unbekannt.

Ausgaben: Erste Orig.-Ausg. als N. 1 des Opus, zus. mit **28, 105, 229, 243, 267.** Berlin, Schlesinger. Opus: 1 thlr. ‖ Hamburg, Böhme. Opus: 12 ggr. ‖ Als Heft 17 d. Ausw. I, zus. mit **243** u. **267.** Berlin, Schlesinger. 10 gr. ‖ Als N. 232 im Arion. Braunschweig, Busse. ‖ Als N. 11 in ausgew. Lieder. Leipzig, Breitkopf u. Härtel. Zus. 18 ngr. u. | **Einzeln.** — Berlin, Schlesinger. 5 sgr. | Als N. 77 d. Prchtausg. v. Jähns. 1869. Ebend. 2½ sgr. u. Deutsch. London, Chappell u. C. 1°. | Als »Thrut of heart«. Ebend. 2°. | **Mit Guit.** — Arr. v. Gaude. Zus. mit **130, 133** u. **157.** Hamburg, Cranz. 12 gr.

Anmerkungen. Eine der lieblichsten Liederschöpfungen W.'s, schön und überraschend bewegt in Melodie, Harmonie und Rhythmik. Die zur Composition selten benutzte Form des Trioletts ist darin musikalisch sehr glücklich ausgearbeitet. — W. sendet das Opus *zum Stich* 1819, 26. Aug. an Schlesinger.

257.

Liebesgruss aus der Ferne. *»Sind wir geschieden.«*

Volkslied für eine Singstimme mit Begleitung des Pianoforte.

Text aus »Fliegendes Blatt«. 4 Strophen.

Comp. 1819, 20. Juli zu Klein-Hosterwitz bei Pillnitz; *Tageb.* — *N. 6 im op. 64;*
Heft 14 der Gesänge. — Sammlung II der Volkslieder »mit neuen Weisen versehen«.
Widmung s. 210.

Autograph: Unbekannt.

Ausgaben: Erste Orig.-Ausg. als N. 6 des Opus, zus. mit **210, 230, 234, 235, 249, 255, 258.** Querfolio, Berlin. Schlesinger. Opus: 1 thlr. | Neue Ausg. Hochfolio. Ebend. Opus: 25 sgr. | Im Heft für Alt od. Baryt. in A transp. Ebend. Opus: 25 sgr. ‖ Hamburg, Böhme. 14 ggr. ‖ Als N. 30 im W.-Album. Berlin, Schlesinger Lienau. Alb.: 1 thlr. u. ‖ Als N. 29 in »Ausgew. Lieder v. W.« Leipzig, Peters. Ausw.: 10 ngr. u. | **Einzeln.** — Berlin, Schlesinger. 5 sgr. | Als N. 68 d. Prchtausg. hrsg. v. Jähns. 1869. Ebend. 2½ sgr. u. | In A für Alt oder Baryt. Ebend. 5 sgr. | **Mit Guit.** — Ebend. Opus: 22½ sgr.

Anmerkungen. Das einfache alte Gedicht, recht dem stillen Liebesleben des Volkes entsprossen, spiegelt sich in der innigen Haltung der Composition eben so schmucklos wie herzlich wieder. — W. erhielt die ersten *gestochenen* Exemplare von Schlesinger 1822, 23. Dez.

258.

Volkslied. *»Herzchen, mein Schätzchen,«*
Für eine Singstimme mit Begleitung des Pianoforte.
Text im Volksmunde. 5 Strophen.

Comp. 1819, 20. Juli zu Klein-Hosterwitz bei Pillnitz; *Tageb. u. gedr. Werk-Verz.*
N. 8 im *op. 64;* Heft 14 der Gesänge. — Sammlung II der Volkslieder »mit neuen
Weisen versehen«. — Widmung s. **210.**

Autograph: Unbekannt.

Ausgaben: Erste Orig.-Ausg. als N. 8 des Opus, zus. mit **210, 230, 234, 235, 249, 255, 257.**
Querfolio. Berlin, Schlesinger. Opus: 1 thlr. | Neue Ausg. Hochfolio, Ebend. Opus:
25 sgr. | Im Heft für Alt od. Baryt, untransp. Ebend. Opus: 25 sgr. || Hamburg, Böhme.
14 ggr. || Als N. 31 im Arion, Braunschweig, Busse. || Als N. 30 in »Ausgew. Lieder v. W.«
Leipzig, Peters. Ausw.: 10 ngr. u. | Im Heft 14 der Ausw. 4, zus. mit **235 u. 230.** Berlin,
Schlesinger, 8 gr. || Als 181A in Ausw. 11, zus. mit **234.** Ebend. 5 sgr. | **Einzeln.** — Als N. 70
d. Prchtausg. hrsg. v. Jähns. 1869. Ebend. 2½ sgr. u. | Für Alt od. Baryt. in C. Ebend.
5 sgr. | **Mit Guit.** — Ebend. Opus: 22½ sgr.

Anmerkungen. **a.** Für die alte Weise des Liebesliedchens, wie sie im Volksmunde
lebt, ist hier eine neue gegeben, die das Glück treuer, wenngleich heimlicher Liebe in
ihrer heitern Färbung entschieden treffender ausspricht als jene. — **b.** W.'s Tagebuch
sagt Dresden 20. Juli, 1819: »Volkslied, Ueberschwänglichkeit, D# ²/₁ comp.«, das
gedr. Werk-Verz. dagegen 20. Juli, 1819: »Volkslied D# ² , Herzchen mein Schätzchen«.
Das Lied hat also zuerst den für dasselbe freilich unpassenden Titel »Ueberschwänglichkeit etc.« getragen, den W. eben deswegen im gedr. Werk-Verz. und beim Stich wegliess.
Dass beide Titel ein u. dasselbe Lied bezeichnen, ist ausser Zweifel. — 1822, 23. Dez.
erhielt W. das erste **gestochene** Exemplar des Heftes.

259.

Trio für Pianoforte, Flöte und Violoncello.

Comp. 1819, 25. Juli zu Klein-Hosterwitz bei Pillnitz; *s. Anm. b.* — Gewidmet W.'s
Arzte und Freunde Dr. **Philipp Jungh** zu Prag; *s. Anm. b.* — *op. 63.*

Schäfers Klage. Andante espressivo.

Finale. Allegro.

Autograph: Das vollständig ausgeführte ist unbekannt. Von autographischen *Bruchstücken* finden sich: *1.)* eine Seizze von 37 Tacten des Finales, im Besitz von F. W. Jähns, die einige beim Stich nicht benutzte Lesarten zeigt; sie steht auf den 2 Seiten eines halben grau-grünlichen Hochfoliobogens, zusammen mit den Var. 2, 3 u. 4 der N. 6 (265) des op. 60 und 11 Tacten des Schlusses der verschollenen Ouvertüre zu »Rübezahl« (Copie) Anh. 27. — *2.)* 23 Tacte einer unvollendeten Reinschrift des Finales im Besitz von F. W. Jähns; die letzten 20 Tacte des ersten und die 3 ersten des zweiten Theiles dieses Finales stehen auf der obern Hälfte eines halben gelblichen Querfoliobogens, der im Uebrigen ganz mit dem Autograph des 3. u. 4. Theiles und den ersten 28 Tacten des 5. Theiles der N. 5 (236) des op. 60 erfüllt ist.

Ausgaben: Erste Orig.-Ausg. mit Stimmen in Querfolio. Berlin, Schlesinger. 1½/6 thlr. | Neue correcte Ausg. in **Partitur mit Stimmen.** Ebend. Hochfolio. 2⅓ thlr. | Neuere Ausg. Ebenso. Ebend. 1 thlr. ж. | Neueste Prchtausg. hrsg. v. E. Rudorff. 1869. Ebenso. Ebend. 1 thlr. ж. ‖ Hamburg, Böhme. 1 thlr. 4 ggr. ‖ Paris, Chanel. 7 fr. 50 c. | Pleyel. 7 fr. 50 c. | Richault. 12 fr. | **Für Pfte., Flöte ed. Violine u. Cello.** — Berlin, Schlesinger. 2⅓/6 thlr. | Neue Ausg., Part. u. Stimm, rev. u. hrsg. v. E. Rudorff. Ebend. 1 thlr. ж. ‖ London, Chappell u. C. Hrsg. v. J. Moscheles. 10s. 6d. | Cramer u. C. Ebenso. ‖ Paris, Lemoine. 15 fr. | **Für Pfte zu 4 Hdn.** — Arr. v. Jähns: Berlin, Schlesinger. 1½/6 thlr. ‖ Paris, Richault. 12 fr. | **Einzeln daraus für Pfte. zu 2 Hdn. allein.** — Satz II u. III facilité p. Brisster: Berlin, Schlesinger. à 10 sgr. | **Für Orgel zu 4 Hdn.** — Satz III als: »Les Soupirs du Berger«. N. 5 in Book 13 in Hiles' short voluntaries: London, Novello u. C. à Book. 1s. 3d.

Anmerkungen. а. Ein eben so reizendes wie eigenthümliches Werk. Der Reichthum seiner schönen musikalischen Ideen, in den letzten 3 Sätzen fast durchaus dramatischen Characters, wie seine Form als ächte Kammermusik bringen eine so besondere Wirkung hervor, wie sie auf diesem Felde selten ist. Als *Ganzes* ist es ein reich ausgeführtes Pastorale, das bei einer Fülle von bald ernsten, bald heitren Motiven sich, hier in schwermüthiger Klage, dort in lachender Lust ergeht, kurz, in allen Farben schimmert, am Schlusse aber den Hörer mit dem freundlichsten Gesammteindruck entlässt. Zum Ausdruck aller vorübergeführten Scenen war die Wahl von Flöte und Cello zum Pfte. eine höchst glückliche, und mit genauester Kenntniss ihrer Wirkungen wurden vom Componisten die Rollen an sie vertheilt. Alle 3 Instrumente kommen dadurch zu vorzüglichster Geltung und ihr Zusammentreten ist oft von hoher euphonistischer Schönheit. Einer vorzugsweisen Erwähnung werth ist die Gedankenfülle des *Finales*, das in ganz besonders überraschender Weise eine Menge bald pikanter, bald graziöser, bald rein fröhlicher Motive durch einander verwebt und verarbeitet, von denen das dritte Hauptthema Bdur, vom Cello gebracht und von spezifisch W.'schem Typus, mit wahrhaft erobernder Gewalt hervortritt. — Zu bemerken ist noch: 1.) dass das Pfte.-Motiv zu Anfang dieses Satzes sehr nahe verwandt ist mit dem frappanten Piccolo-Motiv in Caspar's Trinklied N. 4 im Freischütz und 2.) dass die von W. herrührende Ueberschrift zum Andante »Schäfers Klage« nicht etwa auf irgend ein so benanntes Gesangstück zielt, sondern nur den Gesammtcharacter dieses Satzes andeuten soll. — **b.** Ueber die Composition dieses Werkes bringt W.'s *Tagebuch* Folgendes: Dresden. 1818. 5. Apr. »Ganzen Tag zu Haus; gearbeitet Trio«. 12. Mai: »gearb. Trio: Rondo«. — Hosterwitz, 1819, 10. Juli: »Ersten Theil. Allo: G moll«. 13. »Trio G moll: Erstes Allo: vollendet entworfen, und »Scherzo«. 25. »Trio G moll Pf. Flauto, Violoncello vollendet«. — Ungeachtet des hier notirten »Vollendet« fehlt in diesen Daten doch das der Composition des Andantes.

W.'s Tageb. vom 16. Oct. 1813 u. 25. März 1815 giebt darüber den dahin gehenden Aufschluss, dass mit höchster Wahrscheinlichkeit dies 1819 nicht genannte Andante von W.
in eben diesen Tagen componirt und resp. zur Trio-Gestalt umgearbeitet, und zwar ebenfalls, wie später das ganze Trio, seinem Arzte und Freunde Dr. Jungh in Prag, einem
trefflichen Cellisten, gewidmet wurde. Dadurch vervollständigen sich die Daten über
Composition dieses Opus. Vergl. Anh. 42 u. 58. Siehe auch 61 Anm. e. — Schlesinger sendete die 2 ersten *gestochenen* Exemplare an W. 1820, 21. Juli. — S. auch Max
M. v. Weber's »Lebensbild« W.'s I, 311. 175. 516.

op. 65.

260.

»Aufforderung zum Tanze.

Rondo brillant für das Piano-Forte.

Seiner Caroline gewidmet.« (s. *Anm.* b.)

Comp. 1819, 28. Juli zu Klein-Hosterwitz bei Pillnitz; *Tageb.* — *op. 65.*

Moderato.　　　　　　　　　　**Allegro vivace.**

♩ = 88: Moscheles. Ausg. Chappell. | ♩ = 92:　♩. = 88: M. | ♩. = 80: I. | ♩. = 92: Kr. | ♩. = 88: J.
Ausg. Lemoine. | ♩ = 92: F. Kroll. |
♩ = 84 (88): Jähns.

Graziöso. p　　　　　　　　　　　　　　ff　　　　646 Tacte, incl. 185 T. Repr. im Allo. Autogr.

Autographe: *I. Vollständig;* im Besitz des General-Consuls G. M. Clauss zu
Leipzig. (1870. J.) 1 Bogen Querfol.; fest, stark, gelblich, unbeschnitten, 12zeilig,
Schrift durchweg klein, etwas ausgeblasst. Auf p. 1 als Ueberschrift: »Auffodrung zum
»Tanze. Rondo für das Pianoforte von C: M: v. Weber, op. 65«. Das Stück endet auf
p. 4, Zeile 9 u. 10; darunter die Bemerkung von W. »Hosterwitz d: 28t July 1819.
»C M v Weber«. Auf p. 1 sind 3 Zeilen, auf p. 2: 4, auf p. 3: alle nach rechts, p. 4:
alle nach links bis an den Rand des Papiers hin verlängert. Im Allgemeinen ist das
Autograph seinem Inhalte nach der Orig.-Ausgabe fast gleichlautend; diese zeigt einige
den Vortrag näher bestimmende Bezeichnungen, die W. wie gewöhnlich dem Stichexemplar bei dessen Absendung an den Verleger hinzugefügt hat. *II. Brouillon* in fast
vollendeter Ausführung im Besitz von F. W. Jähns. Es füllt 2 sich gegenüberliegende
Hochfolio-Seiten eines ordinären Conceptpapier-Bogens, dessen 20 Zeilen quer über die
ganze Breite desselben bis zu den äussersten Rändern hin damit beschrieben sind. Aus
diesem Brouillon geht hervor, dass W. die Composition mit dem F moll-Satze begonnen
haben dürfte, wonach zuvörderst alles bis zum gänzlichen Schlusse Folgende nieder-ge-
schrieben wurde. Dann erst scheint die Composition des Anfangs des Allegro vivace bis
zum ebengenannten F moll-Satze erfolgt zu sein, vor welchem in diesem Autograph nur
die letzten 9 Tacte des mit »Lusingando«, in andern Ausgaben mit »Wiegend« über-
schriebenen Satzes fehlen, so wie das das Ganze einleitende Moderato, die eigentliche
»Aufforderung«, welches demnach der zuletzt notirte Theil gewesen sein wird. Das
Brouillon zeigt abweichende Lesarten keine, nur hie und da einen unausgefüllten Accord. Auf den Rückseiten des Manuscriptes befindet sich der Schluss der N. 6 **(265)**
des op. 60, von der fünften Variation derselben an, und der erste Theil der N. 2 **(264)**
desselben Opus; nur die 4 letzten Tacte fehlen hieran.

Ausgaben: Erste Orig.-Ausg. Querfolio. Berlin, Schlesinger. 18 ggr. Darauf eine
Reihe von Ausgaben bis in die neueste Zeit. Ebend. 20 sgr. | Die neueste Ausg. ist ebend.
erschienen als N. 16 der correcten, eleganten u. billigsten Gesammt-Prachtausg. v. W.'s Clavier-
Compositionen, hrsg. v. C. Reinecke u. E. Rudorff. 1868. 6½ sgr. *n.* | Arr. in C dur für Di-
lettanten. Ebend. 17½ sgr. | Facilité p. Brissler. Ces-dur«. Ebend. 15 sgr. | Arr. par Ad.
Henselt, pour être joué dans les Concerts. Ebend. 25 sgr. ‖ Amsterdam, Theune u. C. 1 Gl. ‖
Kritisch revid. u. für d. Selbststudium mit Fingersatz sowie mit technischen u. Vortrags-

Erläuterungen versehen v. Franz Kroll: Berlin, Fürstner. 7½ sgr. | Philipp. Erleichtert. 7½ sgr. ‖ Bonn, Simrock. 2 fr., jetzt 7½ sgr. ‖ Braunschweig, Litolff. 3 sgr. | Zus. mit op. 12, 21, 62, 72, Adieux u. Allo. di Bravura. Ebend. 4°. 12½ sgr. | Mit 21 andern Compos. v. W. für Pfte. allein. 4°. Ebend. Zus. 1½ thlr. | Meyer. 10 ggr. ‖ Bremen, Präger. 12½ ngr. ‖ Dresden, Meser. 15 ngr. ‖ Frankfurt a. M., Dunst. 54 xr. ‖ Hamburg, Böhme. 15 ngr. ‖ Hannover, Bachmann. Zweckmässig erleicht. 10 gr. | Für Dilettanten in C dur. Ebend. 10 gr. | Ebenso. Nagel. 10 sgr. ‖ Kopenhagen, Lose u. Delbanco. 56 sh. ‖ Leipzig, Breitkopf u. Härtel. 9 ngr. *n.* Forberg. 6 ngr. | Peters: Zus. mit op. 12, 21, 62, 72 u. 79. 4°. 10 ngr. *n.* | In W.'s »Compositions«. 13 Num. 8°. Ebend. 12 ngr. *n.* | In W.'s »Oeuvr. compl. p. Pfte. seul«. 20 Num. 8°. Ebend. 25 ngr. *n.* | Mit Arabesken für den Concert-Vortrag v. C. Tausig: B. Senff. 25 ngr. | Siegel. 15 ngr. | Stoll. 7½ ngr. | Ebend. erleicht. 7½ ngr. ‖ Leipzig u. New-York, J. Schuberth. 7½ ngr. ‖ London, Augener u. C. 3s. 6d. | Hrsg. v. J. Moscheles: Chappell u. C. 3s. | Ebenso, Cramer u. C. 3s. | Eine andere Ausg. Ebend. 3s. | Williams. 3s. ‖ Mailand, Lucca. 3 fr. | Ricordi. 3 fr., auch 1 fr. | In Bd. 7 von »L'Arte antica«. Ebend. Bd.: 7 fr. ‖ Mainz, Schott. 48 xr. ‖ Mannheim, Heckel. Mit W.'s Portrait. 54 xr. ‖ München, Aibl. 54 xr. ‖ New-York, Scharfenberg u. C. 6 ggr. ‖ Offenbach, André. 54 xr. ‖ Paris, Brandus u. Dufour: 1) In Des. 5 fr. 2) in C. 5 fr. | Colombier. 5 fr. | A. Grus ainé. 5 fr. | Leduc. 5 fr. | Lemoine: 1) Gross Form. 5 fr. 2) »Form.-Lemoine«. 75 c. 3) Edition diamant; kl. 8°. 50 c. *n.* | Meissonnier fils: 1) 5 fr. 2) simplifié. 3 fr. | Pleyel. 5 fr. ‖ Ponsard. 5 fr. | Richault. 5 fr. | Schonenberger: 1) 4 fr. 50 c. 2) Als N. 6 Vol. 6 der Biblioth. class. des Pianist. av. Biogr. de l'auteur et analyse raisonnée de ses oeuvr. par Fétis. Vol.: 7 fr. *n.* | Maur. Schlesinger. 5 fr. Prag, Berra u. C. 36 xr. ‖ Wien, Haslinger. Concurr.-Ausg. 40 xr. = 8 ngr. | Diabelli u. C. 45 xr. ‖ Wolfenbüttel, Holle. 3 sgr. | **Zu 4 Hdn.** — Arr. v. Klage: Berlin, Schlesinger. 22½ sgr. | Amsterdam, Theune u. C. 1 Gl. 35 cs. ‖ Bonn u. Berlin, Simrock. 8¾ sgr. ‖ Braunschweig, Litolff. 6 sgr. | Spehr. 16 ggr. ‖ Hamburg, Böhme. 16 ggr. | Cranz 17½, auch 20 sgr. ‖ Hannover, Bachmann. 16 ggr. ‖ Mainz, Schott. 1 fl. 12 xr. ‖ London, Augener u. C. Arr. v. Horr. 4s. | Boosey u. C. 3s. 6d. ‖ Paris, Colombier. 6 fr. | Leduc. 6 fr. | Meissonnier fils. 6 fr. | Pleyel. 6 fr. | Richault. 6 fr. | **Für 2 Pftes. zu 4 Hdn.** — Arr. v. Brauer: Berlin, Schlesinger. 1 thlr. | **Für 2 Pftes. zu 8 Hdn.** — Arr. v. Horn. Ebend. 1⅓ thlr. | **Für Pfte. u. Violine.** — Arr. v. Ressel. Ebend. 25 sgr. ‖ Leipzig, Stoll. Arr. v. Siede. 15 ngr. ‖ Offenbach, André. Arr. v. Wichtl. 1 fl. 12 xr. ‖ Paris, Cotelle. 7 fr. 50 c. | Lemoine. 7 fr. 50 c. | Pleyel. 7 fr. 50 c. | **Für 2 Violinen.** — Bearb. v. A. Siede. Leipzig, Stoll. 15 ngr. | **Für Violine u. Violoncello.** — Arr. v. Kalliwoda: Berlin, Schlesinger. 25 sgr. | **Für Streichquartett.** — Arr. v. Ressel: Ebend. 25 sgr. | **Als 6tes Quintett** von W. **für 2 Violinen, 2 Violen u. Bass.** — Paris, Richault. 9 fr. | **Als Quintett für Flöte, 2 Violinen, Viola u. Vcello.** — Arr. v. Fischer: Hamburg, Böhme. 20 sgr. | **Für Harfe u. Pfte.** — Arr. v. Alvars: London, Boosey u. C. 3s. 6d. ‖ Arr. v. Graziani. Mailand, Ricordi. 6 fr. | **Für 1 Flöte.** — Arr. v. J. Gabrielski: Berlin, Schlesinger. 10 sgr. ‖ Offenbach, André. Arr. v. Wichtl. 1 fl. | **Für Zither.** — Arr. v. Ott: Mannheim, Heckel. In Heft 3 u. 4 des Mannheimer Zither-Journals, Jahrg. 1. 1857, à 2 thlr. *n.* | **Für Orchester. Partitur.** — Instrumentirt v. H. Berlioz: Berlin, Schlesinger. 3 thlr. *n.* ‖ Paris, Brandus u. Dufour. 24 fr. | **Orchester-Stimmen** des Arrangem. v. Berlioz: Berlin, Schlesinger. 3⅔ thlr. | **Für 1 Sopranstimme mit Pfte.** — Mit ital. Text: »Vieni, o cara«. Paris, Maho. ‖ Mit ital. u. deutsch. Text »Hörst du nicht« v. C. Grünbaum: Berlin, Schlesinger. 20 sgr. — Als Curiosität sei hier noch erwähnt: »Der Tanz für das Pfte. Seitenstück zur Aufforderung zum Tanz von C. M. v. Weber«. Ohne Autor. Berlin, Cosmar u. Krause. 12½ sgr. Geistlose, höchst elende Nachahmung.

Anmerkungen. a. Das Tagebuch W.'s enthält nur die folgenden beiden ***Compositions-Daten*** dieses Werks: Klein-Hosterwitz 1819, 23. Juli: »Aufforderung zum Tanz Desdur vollendet entworfen«. 25. »Aufforderung zum Tanz. Rondo p. Pfte. Desdur vollendet«. — Es ist zu bedauern, dass keine ausführlicheren Mittheilungen über die Enstehung dieser in der Geschichte der Clavier-Composition epochemachenden Schöpfung unseres Meisters als die vorstehenden uns aufbewahrt sind; errang es doch in kürzester Zeit einen fast beispiellosen Erfolg und behauptet sich bis auf den heutigen Tag in der warmen Anerkennung ***seines Werthes,*** der ***darin*** beruht, dass in dieser schönen musikalischen Dichtung nicht etwa ein Tanz, sondern ***der*** Tanz als poetische Idee und damit zugleich die reichen Gestaltungen, die diese Idee einschliesst, mit so seltnem Reiz, Adel und Glanz musikalisch dargestellt werden. Ausführlicher noch spricht dies der geistreiche Ambros in seinen »culturhistorischen Bildern aus dem Musikleben der Gegenwart« p. 201 aus, indem er sagt: »Wie ein Ton hellen Jubels und heitrer Poesie klang in die (damaligen) abgeschmackten oder schwerfälligen Schulmeister-Ballette C. M. v. W.'s »Aufforderung zum Tanz« hinein. Alles, was der deutsche Tanz Poetisches, Ritterliches, Zärtliches, Anmuthiges haben mag, ist in diesen lieblichen Melodieen ausgedrückt, vom unschuldig koketten Spiele, vom anmuthigen Wiegen bis zum Aufbrausen bacchantischer Lust, die sich aber gleich sittig mildert und mässigt; vom lieblichen Necken bis zum zärtlichen Worte der Liebe ist alles darin, das Einzelne immer wieder gebunden durch den frischen Jubelanfang des ersten Motivs. Wundersam schön und sinnig ist die Andante-Einleitung; — sie ist die erste Walzereinleitung der Zeit und dem Range nach, gegen welche die Geistesarmuth, das aufgesteifte anspruchsvolle Pathos der späteren Strauss'schen Walzer-Introductionen gewaltig absticht«. — **b.** *Gewidmet* hat W. sein reizendes weltbekanntes Werk »Seiner Caroline«, seiner liebenswürdigen, geistreichen Gattin, geb. Brandt, höchst ausgezeichneter Darstellerin im Fache des Naiven in Oper u. Schauspiel an der k. k. Landständischen Bühne zu Prag, welche sie verliess, um sich 1817 mit W. zu vermählen, als er die Stellung eines K. Sächs. Kapellmeisters zu Dresden angetreten. Sie war geboren zu Bonn am 19. Nov. 1796 und verstarb zu Dresden am 23. Febr. 1852. Mögen, nach Mittheilung der Frau v. Weber an mich, hier die *Bemerkungen W.'s* an »seine Caroline« Platz finden, die er bezüglich der Introduction u. des Schlusses dieses ihr gewidmeten Werkes gemacht, als er ihr dasselbe zum ersten Male vorgespielt. Introduction: »Erste Annäherung »des Tänzers« (Tact 1 bis 5), »dem eine ausweichende Erwiderung der Dame wird« (5—9). »Seine dringender gestellte Aufforderung« (9—13; der kurze Vorschlag *c* und der lange *as'* sind hier sehr bedeutsam); »Ihr nunmehriges Eingehen auf seinen Wunsch« (13—16). »Nun reden sie eingehender; Er beginnt« (17—19); »Sie antwortet« (19—21); »Er mit »erhöhtem Ausdruck« (21—23); »Sie wärmer zustimmend« (23—25); »Jetzt gilt's dem »Tanz! Seine directe Ansprache bezüglich darauf« (25—27); »Ihre Antwort« (27—29); »ihr Zusammentreten« (29—31); »ihr Antreten; Erwartung des Beginns des Tanzes« (31— 35). — (Der Tanz.) — Schluss: »Sein Dank, Ihre Erwiederung, ihr Zurücktreten — »Stille«. — **c.** W. schickte die Correctur der »Aufforderung« am 16. Juli 1821 an Schlesinger und erhielt am 31. Juli das *erste gedruckte* Exemplar. — S. auch Max v. Weber's »Lebensbild« W.'s I, 395. II, 201. 204 u. ff.

261.

N. 5 im op. 68.

Gute Nacht. *»Bald heisst es wieder »»Gute Nacht!««*
Lied für 4 Männerstimmen, ohne Begleitung.
Text von K. F. L. Kannegiesser. 4 Strophen.

Comp. 1819, 29. Juli zu Klein-Hosterwitz bei Pillnitz; *Tageb.* — *N. 5 im op. 68;* Heft 16 der Gesänge. — Heft 3 der Gesänge für 4 Männer-Stimmen. — Widmung s. **132.**

Bequem. (Gemüthlich. s. *Autogr.*)

Bald heisst es wie-der »Gu-te Nacht!«

Str.: 20 Tacte. Autogr.

Autograph: Im Besitz des General-Consuls G. M. Clauss zu Leipzig. (1870. J.) Zus. mit **262** u. **263** auf 1 Bogen dünnen Queroctavs. 12zeilige 4 Seiten füllende Partitur; sehr kleine Schrift. »Gute Nacht« auf p. 1 u. 2 mit 1¼ Seite. Die Ueberschrift: »Bequem«; im Stich: »Gemüthlich«.

Ausgaben: Erste Orig.-Ausg., Partitur u. Stimmen, als N. 5 des Opus, zus. mit **132, 262, 263, 284, 285,** Berlin, Schlesinger. Opus: 2 thlr. ∥ Paris, Maur. Schlesinger. ∥ Wien, Steiner. ∥ Zus. mit **285** als N. 6, Lief. II d. Ges. für 4stimm. Männ.-Gesang. 8°. Berlin, Schlesinger. 17½ sgr.

Anmerkungen. a. Ein gemüthvolles frisches Lied, edler Geselligkeit geweiht, voll interessanter Bewegung in den Stimmen wie in der Modulation. — **b.** *W. schreibt* bei Sendung der 3 Lieder **261, 262, 263** von Hosterwitz 1819, 2. Aug. an den Dichter, Gymnasial-Director zu Breslau: » — Bei »Gute Nacht« bitte ich blos den 7ten Tact des »2ten Tenors so: *c h b b a' a* ausschreiben zu lassen; es trifft sich besser. Dass es in der »Partitur anders steht, ist der Korrektheit zu Ehren, und obige Schreibart stehe den

»Schwache zu Liebe«. — **c.** In Kannegiesser's Handexemplar seiner Gedichte, Breslau bei Schöne 1821, finden sich von des Dichters Hand folgende Aenderungen im Text dieses Liedes: Str. 1. Z. 3. »Wir haben *viel gescherzt*«, Str. 2. Z. 4: »*Alltäglich, ernst und öde*«, Str. 3. Z. 2: »*Hier plaudern, trinken, singen*«, Z. 4: »*Was hilft es zu erringen*«, Z. 7. u. 8: »*Und, was erfüllt das Herz, ausströmet himmelwärts*«. — Entschiedene Verbesserungen, bei neuer Auflage des Liedes anzuempfehlen. — W. sendet das Widmungs-Exemplar an Wollank 1823, 1. März; das Opus wird demnach Ende Febr. d. J. *erschienen* sein.

262.

Nr. 3 im op. 68.

Freiheitslied. *»Ein Kind ist uns geboren!«*

Lied für 4 Männerstimmen, ohne Begleitung.

Text von K. F. L. Kannegiesser. 2 Strophen.

Comp. 1819, 29. Juli zu Klein-Hosterwitz bei Pillnitz; *Tageb.* — *N. 3 im op. 68*; Heft 16 der Gesänge. — Heft 3 der Gesänge für 4 Männer-Stimmen. — Widmung s. **132.**

Freudig u. fest. (Im Autogr.) »Frisch u. freudig« im Stich. *(s. Autogr.)*

Ein Kind ist uns ge - bo - ren! Ein Kind ist uns ge - bo - ren!

Stra 34 Tacte. Autogr.

Autograph: Im Besitz des General-Consuls G. M. Clauss in Leipzig. (1870, J.) Zus. mit **261** u. **263**. 1¾ Seiten 4zeilige Partitur auf p. 3 u. 4 des Autogr. Die Ueberschrift lautet im Autogr. »Freudig u. fest«; im Stich dagegen: »Frisch u. freudig«. Die zweite Str. ist von W. in den Worten mit rother Tinte geschrieben. S. 261 *Autogr.* des Weiteren.

Ausgaben: Erste Orig.-Ausg., **Partitur u. Stimmen**, als N. 3 des Opus, zus. mit **132, 261, 263, 284, 285.** Berlin, Schlesinger. Opus: 2 thlr. ‖ Paris, Maur. Schlesinger. ‖ Wien, Steiner. ‖ Zus. mit **284.** Partit. u. Stimm. 8°. Berlin, Schlesinger. 17½ sgr. ‖ Als N. 41 im Orpheus. Braunschweig, Busse.

Anmerkungen. a. Eine *Composition*, ganz in der Weise der Lieder von »Leyer u. Schwert« gehalten, kraftvoll, »freudig und fest«. Die wiederholten Rufe »Freiheit« zum Schluss, namentlich der vorletzte in A dur, sind von mächtiger Wirkung; sie erinnern zugleich an den Schluss von »Lützow's Jagd«. — **b.** *W. schreibt* an den Dichter 1819, 2. Aug.: »— Hätte mich das Freiheitslied« (das schon Zelter componirte) »nicht besonders ergriffen, ich würde es nicht gesetzt haben, da es gegen meine Grundsätze ist, »etwas schon componirtes nochmals zu schreiben. Es liegt darin eine Art Arroganz, die »ich überall, am meisten aber am Künstler, hasse. Da ich's aber nun einmal gethan »habe, wollte ich's Ihnen auch nicht vorenthalten«. — Ferner: »Im Freiheitsliede werden wohl die ersten Tenore das 1. Mal in 3ten Tacte versucht sein, *fis* statt *f* zu singen«; ferner in Rücksicht darauf, dass dies wie das vorige Lied **261**, beide in C dur stehen: »Wenn Sie die Lieder singen, so bitte ich, sie nicht beide aufeinander folgen zu lassen. »Die Gleichheit der Tonart verschwemmt die Frische des Eindruckes«. — **c.** In Kannegiesser's Handexemplar seiner Gedichte, Breslau, C. Schöne, 1821, findet sich von des Dichters Hand folgende *Variante* im Schluss der zweiten Strophe vermerkt: »*Wirst du auch sterblich sein* | *Wie Menschenkinder? Nein!* | *Nein! Freiheit, jung und roth, Freiheit kennt keinen Tod!*« — Bei neuer Auflage des Liedes anzuempfehlen. — W. sendet das Widmungs-Exemplar an Wollank 1823, 1. März; das Opus wird demnach Ende Febr. d. J. *erschienen* sein.

263.

Ermunterung. »Ja, freue dich, so wie du bist«

Lied für 4 Männerstimmen, ohne Begleitung.
Text von K. F. L. Kannegiesser, 5 Strophen.

Comp. 1819, 29. Juli zu Klein-Hosterwitz bei Pillnitz: *Tageb.* — *N. 2* im *op. 68:*
Heft 16 der Gesänge. — Heft 3 der Gesänge für 4 Männer-Stimmen. — Widmung s. **132.**

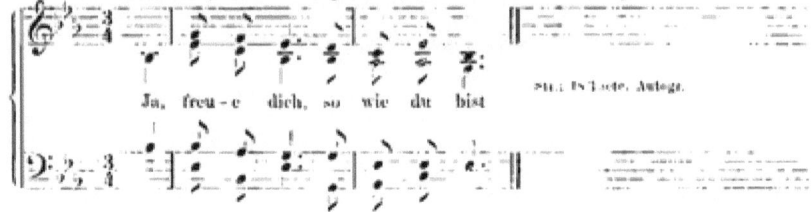

Autograph: Im Besitz des General-Consuls G. M. Clauss in Leipzig. (1870. J.)
Zus. mit **261** u. **262**, $\frac{2}{4}$ u. $\frac{1}{2}$ Seiten 4zeiliger Partitur auf p. 2 u. 3 des Autographs.
Die Ueberschrift lautet hier: »Gemüthlich, aber ja nicht zu langsam«, im Stich dagegen:
»Moderato con moto«. Weiteres s. **261** *Autogr.*

Ausgaben: Erste Orig.-Ausg., **Partitur u. Stimmen**, als N. 2 des Opus zus. mit **132,
261, 262, 284, 285.** Berlin, Schlesinger. Opus: 2 thlr. ‖ Paris, Maur. Schlesinger.
‖ Wien, Steiner.

Anmerkungen. a. Das schöne Gedicht ermuntert zu edler Fassung und muthigem
Zusammenhalten des eignen Selbst. Die Composition schliesst sich durch kernige Haltung
und ernste Frische dem Texte würdig an. — **b.** *W. schreibt* an den Dichter 1819,
2. Aug.: »Beim Anfange der 2ten Strophe müssen die Sänger durch deutliches Declamiren uns Beiden nachhelfen: denn die Kürze der Sylben »Ja, freue dich« im Verhältniss
»zu den langen »Du liebst Gott, Menschen etc.« und der verschieden fallende Einschnitt
»macht dies besonders nöthig«. — Ferner: »Wenn es Ihnen möglich ist, wäre es
»wohl am besten, immer nur ein Lied an einem Abend zu geben, man geniesst es besser
»und giebt sich auch mehr Mühe, es zu verdauen, wenn man nicht von der Neugier gleich
»zu den folgenden gejagt wird, wo denn immer nur eines obenauf bleibt«. W. sendete
das Widmungs-Exemplar an Wollank 1823, 1. März: das Opus wird demnach Ende
Febr. d. J. *erschienen* sein.

264.

Allegro auch »Alla Militare«.

N. 2 im *op. 60:* »Huit Pièces pour le Pianoforte à 4 mains« 2 Livr.
Comp. 1819, 10. Aug. zu Klein-Hosterwitz: *Tageb.*

Autograph: Nur der erste Theil der vierhändigen Clavier-Partitur, bis auf die fehlenden 4 Schlusstacte, ist bekannt und im Besitz von F. W. Jähns. Er nimmt mit 8 ganzen und 1 halben Zeilen die untere Hälfte der einen Seite eines ganzen 20zeiligen gelblich grauen Concept-Bogens Schreibpapier ein, auf dessen oberer Hälfte die letzten 3 Variationen von N. 6 der Huit Pièces op. 60 und auf dessen Rückseite in 22 Zeilen sich der Entwurf der »Aufforderung zum Tanze« op. 65 **265** im Autograph befinden, alles jedoch in über die sich gegenüber liegenden Halbseiten ununterbrochen fortgeschriebenen Notenzeilen.

Ausgaben: Erste Orig.-Ausg. als Pièce N. 2, zus. mit **248, 253, 242** in des Opus 60 erstem Heft, à 1½ thlr. Berlin, Schlesinger. | Neue Ausg. Ebenso, à 1½ thlr. Ebend. Neueste Prehtausg., revid. v. C. Reinecke. Ebenso, à 15 sgr. n. Ebend. — Fernere Ausgaben siehe die des »All' Ongarese« **242**. | **Einzeln.** Als »Alla Militare«, hrsg. v. J. Moscheles. London, Chappell u. C. 3s.

Anmerkungen. a. Siehe zuvörderst die allgemeinen Bemerkungen über sämmtliche Nummern der »Huit pièces à mains« op. 60 in **236** Anm. a. — **b.** Graziauftretendes frisches Wesen im ersten Hauptthema; volksthümliche Treuherzigkeit und Innigkeit in dem schönen, mit dem gebrochenen Accord in vier Sechszehnteln beginnenden zweiten Abschnitt des zweiten Hauptthemas; gelenkiges Anschmiegen der Passagen an die interessante Durchführung des zuerst im Bass des neunten Tacts erscheinenden, scharfmarkirenden Motivs — dies Alles sind die Elemente dieser in munterer und natürlicher Vollkraft sich ergebenden *Composition*. Dass man in England dieselbe »Alla militare« zubenannt hat, ist somit leicht erklärlich und im Allgemeinen auch zutreffend. — **c.** W.'s *Tageb.* sagt: 1819, 10. Aug. Hosterwitz »Allo. C dur $\mathbb{C}$. a 4. M: und »Marcia g moll a 4 M: vollendet, auch Variat. in E♭«. — W. sendete das Opus *zum Stich* 1819, 26. Aug. — S. auch Max v. Weber's »Lebensbild« W.'s H. 201 u. ff.

265.

Tema variato (auch »Air national varié«).

N. 6 im op. 60.

Sieben Variationen über W.'s Lied: »Ich hab' mir eins erwählet« **212**.
N. 6 im op. 60: »Huit Pièces pour le Pianoforte à 4 mains.« 2 Livr.

Comp. 1819, 10. Aug. zu Klein-Hosterwitz bei Pillnitz: *Tageb.*

Andante. *»Ich hab' mir eins erwählet.«*

♪ = 92: Moscheles. Ausg. Chappell. | ♪ = 104: Jähns.

Primo. Tema variato.

Seconde.

51 Tacte. Autogr.

Autograph: Vierhändige Clavier-Partitur. Davon besitzt Max M. Frhr. von Weber zu Wien: Das *Thema und Variat. 1:* 4 halbe und 4 ganze Zeilen auf 16zeiligen, dünnen, graugrünlichen Querfolio; kleine Schrift; Schluss eines Bogens, auf dem voranstehend sich noch der Schluss von N. 4, N. 3 ganz und der Schluss von N. 8 des op. 60 befinden. Alle übrigen Variat. im Besitz von F. W. Jähns. *a.)* *Var. 2, 3 u. 4* auf p. 1 eines halben Bogens; graugrünliches Concept-Schreibpapier, Hochfolio 20zeilig, kleine Schrift. Vorausgeht auf 4 ganzen und 1 Drittel-Zeilen ein Stück Partitur-Entwurf des letzten Satzes des gr. Trio's op. 63, in welchem zugleich einzelne Tacte aus dem 1. u. 2. Theile der N. 2 **264** des op. 60 hineingeschrieben sind. Die Rückseite dieses halben Bogens hat 11 Zeilen; davon sind 10 Zeilen mit andern Theilen obigen Trios op. 63 erfüllt, 4 Zeilen aber mit der ersten Violine des Schlusses der ursprünglichen Gestalt von W.'s Ouvertüre zur unvollendeten Oper »Rübezahl« (Copie), dem einzigen bekannten Ueberrest derselben. (s. Anh. 27.) — *b.)* *Var. 5, 6 u. 7* auf dem oberen

Theil der einen Seite eines graugelblichen Concept-Schreibpapierbogens mit 20 Noten-zeilen, die sämmtlich über beide Seiten des ausgebreiteten Bogens ununterbrochen fort-geschrieben sind; kleine blasse Schrift. Die Variat. 5, 6 u. 7 nehmen davon 4 ganze u. 4 halbe Zeilen ein. Der untere Theil dieser Doppelseite enthält den grössten Theil des 1. Satzes der N. 2 **264** des op. 60. Die Rückseite der Doppelseite ist von dem Entwurfe der »Aufforderung zum Tanze« erfüllt. S. 260.

Ausgaben: Erste Orig.-Ausg. als Pièce N. 6 zus. mit **236, 266** u. **254** in des Opus 60 zweitem Heft, à 1½ thlr. Berlin, Schlesinger. | Neue Ausg. Ebenso, à 1½ thlr. Ebend. Neueste Prachtausg., revid. v. C. Reinecke. Ebenso, à 12½ sgr. n. — Fernere Ausgaben siehe die des »Alla Siciliana« **236.** | **Einzeln.** — Als »Air national varié«, hrsg. v. Moscheles. London, Chappell u. C. 2s, 6d.

Anmerkungen. a. Siehe zuvörderst die allgemeinen Bemerkungen über sämmtliche Nummern der *Huit Pièces* à 4 mains op. 60 in **236** Anm. a. — **b.** *Diese Variationen* sind mit denen über »Vien quà, Dorina bella« und »Joseph« die ausgezeich-netsten Werke W.'s im Bereiche dieser von ihm mit besonderer Vorliebe gepflegten musikalischen Gestaltungen. Das Thema **212** ist, obwohl tief-innig, doch sehr einfach. Durch diese Variationen enthüllt sich erst sein stiller Reichthum, indem sie es vielseitig beleuchten und in mannigfache Farben tauchen. — Var. 1. characterisirt sich durch ihre schöne, sich dem Thema schmelzend und bedeutsam anschmiegende Führung der Mittelstimmen; Var. 2 durch die oft nur in kleinen Partikeln hingeworfenen Zweiund-dreissigstel-Figuren, die das Thema wie durch einen in Tropfen aufgelösten, flüssigen Schleier hindurchschimmern lassen. Var. 3 fesselt durch die ausdrucksvolle schön ge-schwungene Cello-Passage, die, in Triolen lebhaft pulsirend, bald dem Thema über ihr entgegeneilt, bald ihm zu entfliehen scheint, aber stets vom edelsten Wohlklange daran gefesselt bleibt. — Im Minore, der Var. 6, wirft sich ein kurzes Motiv, das ruhelos und niedertost, dem Thema entgegen, wie ein über Klippen hinstürmender Katarakt. Ihr folgt die Schluss-Variation mit dem im Mittelsatze so wunderbar im Tenor durch-klingenden Thema unter den leis darüber zitternden Accorden, wonach es, wie auf ge-glätteter Welle getragen, endlich still und leise vom Hörer scheidet — »und in dem glatten See weiden ihr Antlitz alle Gestirne«. — W.'s *Tageb.* sagt: Hosterwitz, 1819, 7. Aug. »Var. in E♭ à 4 m vollendet entworfen«. 10. »Allo. Cdur ℭ à 4 M: und Marcia gmoll à 4 M: vollendet, auch Variat. in E♭.« — **d.** Das Autogr. zeigt bei Var. 2 in Tact 3 als vierzehntes Zweiunddreissigstel: *fis'*, in Tact 4 als neuntes Zweiunddreissig-stel: *h'* und in Tact 6 vor *c'*, dem dreizehnten Zweiunddreissigstel: ein ♯; dies sei be-merkt wegen der in den neusten Ausgaben vorkommenden sehr störenden Abweichungen resp. *gis'*, *a'* u. *c'* von der allein *richtigen Lesart fis'*, *h'* und *cis'* des Autographs. — W. sendete das Opus *zum Stich* 1819, 26. Aug. — S. auch Max v. W.'s »Lebens-bild« W.'s II, 204 u. ff.

266.

Marcia (auch »Marcia funebre«, »Trauermarsch«).

N. 7 im op. 60: »Huit Pièces pour le Pianoforte à 4 mains«. 2 Livr.

Comp. 1819, 10. Aug. zu Klein-Hosterwitz bei Pillnitz: *Tageb.*

Maestoso. Marcia. ♩ = 84: Moscheles. Ausg. Chappell. | ♩ = 100: Jähns.

Primo. *f*

161 Tacte, incl. 28 T. Repet., excl. des D. C. des Marsches. Ausg. Schlesinger.

Secondo.

Autograph: Unbekannt.

Ausgaben: Erste Orig.-Ausg. als Pièce N. 7 zus. mit **236**, **265** u. **254** in des Opus 60 zweitem Heft, à 1½ thlr. Berlin, Schlesinger. | Neue Ausg. Ebenso, à 1½ thlr. Ebend. | Neueste Prachtausg., revid. v. C. Reinecke. Ebenso, à 12½ sgr. n. — Fernere Ausgaben siehe die des »Alla Siciliana« **236.** | Einzeln. — Als »Marcia funebre«, hrsg. v. Moscheles: London, Chappell u. C. 2s. 6d.

Anmerkungen. a. Siehe zuvörderst die allgemeinen Bemerkungen über sämmtliche Nummern der *Huit Pièces* à 4 mains, op. 60 in **236** Anm. **a.** — **b.** Dieser „*Marsch*" ist ein ächter »Trauermarsch« und als solcher einer der bedeutendsten auf diesem Felde. Sein rein musikalischer Gehalt ist eben so hervorragend, wie sein poetischer. Die erhabene Trauer, die auf dem 1. u. 2. Theile ruht, erscheint wie die düster-schmerzliche Klage um einen gefallenen Helden, der gegenüber die 3. u. 4. Theil mild aufrichtende Tröstung bringen. In diesen Theilen, dem Trio, erhebt sich, unter fortgesetzt leis erbebenden Accorden in Sechszehntel-Triolen, das Lied des ewigen Friedens in einem zweistimmigen Hornsatze voll einfachster aber süssester Melodie, worauf die Wiederholung der Anfangstheile das Ganze zu tragischer Einheit abschliesst. — Es ist nicht erklärlich, warum dieser Trauermarsch nicht schon längst, ähnlich dem aus Beethoven's Asdur-Sonate, zu einer typischen Gestalt dieser Gattung geworden ist. Schliesst er doch alle Elemente edler Volksthümlichkeit in sich und ist er doch zugleich durchaus orchestral gedacht, so dass er nur auf die Hand eines lebenden Meisters zu harren scheint, der durch eine würdige Instrumentirung desselben dem dahingeschiedenen das schönste Todtenopfer bringen würde. — **c.** Die meisten *Ausgaben* bringen leider auch dies Stück incorrect. Aber eine ganz unmotivirte, nicht unwesentliche Aenderung hat sich eingeschlichen. Es sind nemlich ganz willkürlich und sehr zum Nachtheil der Wirkung dieser Stelle in einen gebrochenen G moll - Accord *G B D* umgeändert; die 3 kleinen Zweiunddreissigstel-Noten *G A B* (die so vortrefflich das Rollen einer gedämpften Trommel malen), und zwar bei den neuesten Ausgaben: in Tact 5 u. 7 Theil I, bei den alten und neueren: in Tact 19 u. 21. Die londoner Ausg. von Moscheles giebt im Theil I die richtige Lesart, eben so die Ausg. Litolff. — **d.** W.'s *Tagebuch* sagt: Hosterwitz, 1819, 10. Aug. »Allo. C dur ₵, à 4 M: und Marcia g moll à 4 M: vollendet, auch Variat. in E♭«. Am 11. Aug. folgt noch die Bemerkung: »8 Pièces à 4 mains vollendet«. An welcher der welchen der 8 Nummern die op. 60 an diesem letzten Tage W. noch die Hand angelegt, um sie gänzlich abzuschliessen, ist nicht weiter ersichtlich. — Er sendete das Opus *zum Stich* 1819, 26. Aug. S. auch Max v. Weber's »Lebensbild« W.'s II, 201 u. ff.

267.
Das Mädchen an das erste Schneeglöckchen.
»Was bricht hervor wie Blüthen weiss«
Für eine Singstimme mit Begleitung des Pianoforte,
Text von Fr. v. Gerstenbergk, genannt Müller. Durchcomponirt.

N. 3 im op. 71.

Comp. 1819, 23. Aug. zu Klein-Hosterwitz bei Pillnitz. — *N. 3* im *op. 71;* Heft 17 der Gesänge.

Autograph: Im Besitz von F. W. Jähns. Auf einem halben Bogen festen graugelblichen 15zeiligen Querfolios in kleinerer, ziemlich blasser Schrift, p. 1 u. die 3 ersten Zeilen v. p. 2 füllend; zus. mit den Autographen von **230** u. **278**. (s. dort.) Der Titel des Autographs u. der Ausg. 1 von **267** lautet: »Das Mädchen an das erste Schnee-glöckchen im kalten März 1814. von Gerstenbergk, genannt Müller. d 23. August. 1819. Hosterwitz«.

Ausgaben: Erste Orig.-Ausg. als N. 3 des Opus, zus. mit **28, 105, 229, 243, 256**. Berlin, Schlesinger, Opus; 1 thlr. ∥ Hamburg, Böhme, Opus; 12 gr. ∥ Als Heft 17 d. Ausw. 1, zus. mit **256** u. **243**. Berlin, Schlesinger. 10 gr. │ Als N. 36 im W.-Album. Ebend. Alb.: 1 thlr. u. ∥ Als N. 41 im Arion, Braunschweig, Busse. ∥ Als N. 12 in »Ausgew. Lieder von W.« Leipzig, Breitkopf u. Härtel. Zus. 18 ngr. u. │ Als N. 35 in »Ausgew. Lieder von W.« Peters. Ausw.: 10 ngr. u. ∥ Als N. 73 in d. Samml. »Sjung« betitelt: Flickan och Snö-klockan. »Hvem är du blomma.« Stockholm, A. Hirsch. │ **Einzeln.** — Berlin, Schlesinger, 7½ sgr. u. │ Nach A moll transp. als N. 230 in der Ausw. 11. Ebend. 7½ sgr. │ Als N. 79 d. Prachtausg. hrsg. v. Jähns, 1869. Ebend. 2½ sgr. u. ∥ Hamburg, Cranz, 2 gr.

Anmerkungen. a. Diese *Composition* ist unter allen lyrischen Gesängen W.'s viel-leicht die vollendetste, weil sie eben so tief empfunden, wie in Melodie, Harmonie, Rhyth-mik und Wohlklang von sehr hoher Schönheit ist. Es liegt ein wunderbarer Duft über dem Ganzen, dessen feinster Hauch sich wohl bei den Worten »Schneeglöckchen ist's« und »seines Mondes etc.« mit dem $\frac{6}{4}$ Accord E moll auf »Mondes«, freilich nur dem be-merklich macht, der dergl. nachempfinden kann oder will; denn so seltsam es klingen mag, so ist doch nicht abzuleugnen, dass so Mancher sich gegen das Nachempfinden einer so zarten Lyrik sträubt, in der ja wohl etwas von der verrufenen »Sentimentalität« ver-steckt sein könnte, die so oft Gegenstand des Spottes ist; denn wie diese sich freilich in unzähligen Compositionen älterer und neuerer Zeit darbietet, verdient sie vollständig diesen Spott; die edle Sentimentalität aber ist der Grundzug aller feineren lyrischen Empfindung und das vorliegende »Schneeglöckchen« ist ein edelster Repräsentant dieser Richtung. Doch auch der, der sich dem wunderbar feinen lyrischen Hauche des ersten Theiles desselben entgegen stellen wollte, wird sich von dem mehr dramatischen Zuge, der den zweiten Theil durchdringt, gern und ohne Widerstreben zu der warmen und unbedingten Hingabe bewegen lassen, die dieser seltnen Schöpfung W.'s nicht versagt werden darf. Der Eintritt des Es dur nach der zweiten Fermate, der Aufschwung bei »Siehst du die heim'schen Gluten«, das sanfte zu Grabe-Läuten und »Gehen des Schlusses — das alles sind unwiderstehliche Momente, die jedem fühlenden Herzen verständlich werden, jeden Kunstfreund ergreifen, den besonderen Freund W.'scher Muse aber mit bewundernder Rührung erfüllen. — **b.** W.'s *Tagebuch* sagt: »Vollendet Hosterwitz «1819. 23. Aug. Schneeglöcklein G moll«. Sein gedruckt. Werk-Verz. dagegen: »15. Aug. »Lied: Schneeglöcklein von Müller-Gerstenbergk. G moll«. Letzteres Datum ist wohl das der Conception, denn ersteres wird ja als das der Vollendung ausdrücklich bezeich-net. — W. sendete das Opus 1819, 26. Aug. *zum Stich* an Schlesinger.

268.

»Polacca brillante per il Pianoforte.«

(Auch »Grande Polonaise brillante«, auch »4. Hilarité« genannt.)

Comp. 1819, 25. Aug. zu Klein-Hosterwitz bei Pillnitz; *Tageb.* — *op. 72; Anm. a.*

Allegro vivace. Mit Keckheit vorzutragen. $\downarrow$ = 112: Moscheles. Ausg. Chappell. │ $\downarrow$ = 104: Ausg. Lemoine. │ $\downarrow$ = 92: Fr. Kroll. Ausg. Fürstner. │ $\downarrow$ = 100: Jähns.

Autograph: Unbekannt.

Ausgaben: Erste Orig.-Ausg. Querfolio. Berlin, Schlesinger. 16 ggr. | Neue Auflage. Ebend. 2⁰ ꝰℬr. 16 ggr. | Neueste Prchtausg., revid. v. C. Reinecke. Ebend. 5 sgr. n. | Als »Für das Pfte. effectuirt v. Ad. Henselt«. Ebend. 5 thlr. | Als »Für Pfte. u. Orchester von Fr. Liszt instrumentirt mit dem Largo der Gr. Polonaise Es dur op. 21 59« für Pfte. allein. Ebend. 1 thlr. | Als »Für den Unterricht mit Bezeichnung der Applicatur bearb. v. Brissler«. Ebend. 12½ sgr. | Amsterdam, Theune u. C. | Kritisch revid. u. für d. Selbststudium mit Fingersatz sowie mit technischen u. Vortrag-erläuterungen versehen v. Franz Kroll: Berlin, Fürstner. 10 sgr. | Bonn u. Berlin, Simrock. 6½ sgr. | Braunschweig, Litolff. 5 sgr. | Zus. mit op. 12, 21, 62, 65, Adieux u. Allo. di Bravura. Ebend. 1⁰. 12½ sgr. | Mit 21 anderen Compos. v. W. f. Pfte. allein. 1⁰. Ebend. Zus. 1½ thlr. | Meyer. 8 ggr. | Dresden, Meser. 15 ngr. | Hamburg, Böhme. 10 ggr. | Hannover, Bachmann. 8 ggr. | Nagel. 10 sgr. | Leipzig, Breitkopf u. Härtel. 9 ngr. | Forberg. 6 ngr. | Peters. 1⁰. Zus. mit op. 12, 21, 62, 65 u. 79. 10 sgr. n. | In W.'s »Compositions«. 13 Num. 8⁰. Ebend. 12 ngr. n. | In W.'s »Oeuvr. compl. p. Pfte. seul«. 20 Num. 8⁰. Ebend. 25 ngr. n. | Siegel. 12½ ngr. | Stoll. 7½ ngr. | London. Edit. by J. Moscheles als »L'Hilarité«. 2ˢ. 6ᵈ. | Cramer u. C. Ebend. | New-York, Scharfenberg u. Luis. 6 ggr. | Mailand. Ricordi. In Bd. 7 von »L'Arte antica«. Bd.: 7 fr. | Paris, Lemoine. 5 fr. | Ebend. im »Format Lemoine«. 75 c. n. | Pleyel. Als »Grande Polonaise brillante«. 4 fr. 50 c. | Richault. 1 fr. 50 c. | Schonenberger. Als »N. 1 im Vol. 6 der »Bibliothèque classique des Pianistes avec Biogr. de l'auteur et analyse raisonnée de ses Oeuvr. par Fétis«: zus. mit op. 6, 21, 39, 49, 65 u. 79. Vol. Pr. 7 fr. n. 8⁰. | Prag, Berra. 36 xr. | Wien, Diabelli u. C. 45 xr. | Haslinger. Concurr.-Ausg. 15 xr. 10 ngr. | Leidesdorf. In »Oeuvr. compl. de W. als N. 12. | Wolfenbüttel. Holle. 5 sgr. | **Für Pfte. u. Orchester.** — Mit dem Largo der Gr. Polon. Es dur op. 21 59 instrum. u. arr. v. Fr. Liszt. Partitur. Berlin, Schlesinger. 1 thlr. Orchester-Stimmen dazu. — Berlin, Schlesinger. 1 thlr. | **Für 2 Pfte.'s zu 8 Hdn.** — Ebend. 1½ thlr. | **Für 2 Pfte.'s zu 4 Hdn.** Arr. v. Pflughaupt. Ebend. 2 thlr. | Arr. nach Liszt von Horn. Ebend. 2 thlr. | **Für Pfte. zu 4 Hdn.** — Arr. v. Marezoll. Ebend. 20 sgr. | Neueste Prchtausg. arr. v. Kluge. Ebend. 7½ sgr. | Hamburg, Cranz. 10 sgr. | Hannover, Bachmann. 14 ggr. | Paris, Richault. 6 fr. | **Für Pfte. u. Flöte.** — Braunschweig, Spehr. 12½ sgr. | Hannover, Bachmann. 10 ggr. | **Für 2 Flöten.** — Zus. mit Gr. Polon. op. 21 59. Braunschweig, Meyer. 20 ngr. **Für 1 Flöte.** — Ebenso. Ebend. 12½ ngr. | **Als Streich-Quartett.** — Arr. v. Ressel: Berlin, Schlesinger. 20 ngr.

Anmerkungen. a. *Characterisirung.* W. unterschied seine beiden prächtigen Cla-vier-Werke op. 21 und 72 durch die Bezeichnungen »Grande Polonaise« und »Polacca brillante«, denn der letzteren ist vorwiegend der Character des Glänzenden aufgeprägt. Mit Ausnahme des 3. Theiles, des Cantabile, welches, wie vor sich hinträumend, das später so mächtig sich entwickelnde kleine Motiv einführt und erst leise fortspinnt, ist Alles glänzend darin — nicht nur die prachtvolle Energie und zuweilen wilde Kühnheit der beiden ersten Haupttheile, so wie die auf- und abfliegende Sechszehntel-Triolen-Passage, sondern auch das hold wiegende, zuerst in Cis dur auftretende Motiv. So ist das Ganze ein glanzvolles Characterstück, dessen blitzende Spiegelfläche nur hie und da abgedämpft wird durch Milderungen, die gleich mattgeschliffenen Facetten, die Lichtfülle desselben unterbrechen. — **b.** W.'s *Tageb.* sagt: Hosterwitz 1819, 10. Juli »gearbeitet ersten Theil Allo. g moll (Trio op. 63) »und Polacca in E♯«. 25. Aug.: »Polacca »in E♯ vollendet«. — **c.** Zu gedenken ist noch der eigenthümlichen Freiheit, die sich Fr. Liszt genommen, als er diese Polacca für Pfte. mit Orchester instrumentirte, indem er sie durch das Largo der Es dur-Polonaise op. 21 (59) einleiten lässt; eine Zusammenstellung, die mindestens als nicht glücklich bezeichnet werden muss. Diese sonst so herrliche Einleitung zum op. 21 verliert zuvörderst nicht unwesentlich durch die Transposition aus Es moll nach E moll; ihre Wirkung wird aber nochmals geschwächt durch eine sehr rhapsodisch gehaltene, darauf folgende zweite Einleitung in 3 Abschnitten (zusammen 15 Tacte), die trotz zweier aus beiden Werken darin benutzten Motive diese Werke doch nur sehr äusserlich mit einander verbindet. — *Zum Stich* sendet W. das Opus 1819, 26. Aug. — S. auch Max v. Weber's »Lebensbild« W.'s II, 201 u. ff.

N. 2 im op. 80.

269.

Sehnsucht. (Weihnachtslied.) *»Judäa, hochgelobtes Land«*

Lied für eine Singstimme mit Begleitung des Pianoforte.

Text von K. F. L. Kannegiesser. 5 Strophen.

Comp. 1819, 13. Sept. zu Dresden; *Tageb.* — *N. 2 im op. 80:* Heft 18 der Gesänge.

Innig und einfach.

Ju - dä - a, hochge - lob - tes Land und

Str.: 19 Tacte. Autogr.

Autograph: Im Besitz von Frau Heliodora von Schimpff zu Dresden. (1865, J.) Zus. mit 270 u. 282 auf p. 1 eines 10zeiligen graugelblichen halben Querfoliobogens. Str. 2, 3 u. 4 zum Schluss von Str. 1 daneben geschrieben.

Ausgaben: Erste Orig.-Ausg. als N. 2 des Opus, zus. mit 270, 274, 275, 278, 282. Berlin, Schlesinger. Opus: 20 gr. | Als Heft 26 d. Ausw. I, zus. mit 270 u. 282. Ebend. 8 gr. | Als N. 38 im W.-Album. Ebend. Alb.: 1 thlr. n. | Einzeln. — Als N. 84 d. Prachtausg. hrsg. v. Jähns. 1869. Ebend. 2½ sgr. n. ‖ Als musikal. Beilage in Kannegiesser's Gedichten, p. 151. Breslau, Schöne. 1824.

Anmerkungen. a. Dies Lied, so schön dessen innige Melodie und so wohlklingend es im Ganzen ist, gehört doch zu denjenigen, die nicht ganz glücklich zwischen geistlichem und weltlichem Stile schweben. Nur bei Dichtungen ausschliesslich katholischer Richtung scheint diese Behandlungsweise berechtigt, wofür zahllose Beweise den Beleg geben. Der allgemein religiöse Inhalt vorliegenden Gedichts sollte jedoch eine schwankende musikalische Haltung wohl ausschliessen. — **b.** *Variante.* In des Dichters gedrucktem Handexemplar finden sich für die 2 Schlusszeilen von Str. 4 folgende von dessen Hand als Ersatz bemerkt: »*Doch ach, der Traum, dahin ist er — die Sehnsucht lässt uns nimmermehr*«. Die Ueberschrift: »Sehnsucht« ist passend in »Weihnachtslied« verändert. — W. sendete das op. 80 *zum Stich* an Schlesinger 1822, 17. Oct.

270.

N. 3 im op. 80.

Elfenlied. »*Ich tummle mich auf der Haide.*«

Lied für eine Singstimme mit Begleitung des Pianoforte.

Text von K. F. L. Kannegiesser. 3 Strophen aneinander.

Comp. 1819, 5. Oct. zu Dresden; *Tageb.* — *N. 3* im *op. 80*; Heft 18 der Gesänge.

Molto vivace.

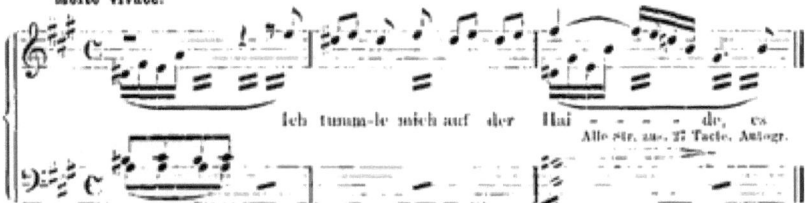

Ich tumm-le mich auf der Hai - - - - de, es

Alle Str. zus. 27 Tacte. Autogr.

Autograph: Im Besitz von Frau Heliodora von Schimpff zu Dresden. (1865, J.) Zus. mit 269 u. 282 auf p. 1 und mit 2 Tacten auf p. 2 eines 10zeiligen graugelblichen halben Querfoliobogens. Nur 1 Strophe ist ausgeschrieben, der Schluss ist als Coda mit 5 Tacten besonders notirt.

Ausgaben: Erste Orig.-Ausg. als N. 3 des Opus, zus. mit 269, 274, 275, 278, 282. Berlin, Schlesinger. Opus 20 gr. | Als Heft 26 d. Ausw. I, zus. mit 269 u. 282. Ebend. 8 gr. ‖ Als N. 5 in »Ausgew. Lieder v. W.« Leipzig, Breitkopf u. Härtel. Zus. 18 ngr. n. | Als N. 37 in »Ausgew. Lieder v. W.« Peters. Ausw.: 10 ngr. n. | Einzeln. — Als N. 85 d. Prachtausg. hrsg. v. Jähns. 1869. Berlin, Schlesinger Lienau. 2½ sgr. n. ‖ Als Beilage zu Kannegiesser's Gedichten, p. 13. Breslau, Schöne. 1824.

Anmerkungen. a. In dieser Composition ist die liebliche »Jagd« nach dem erstrebten und doch immer wieder entweichenden Elfenkindchen, in der bewegten Melodie wie im graziösen Arbeiten der Begleitung, reizend gemalt. — **b.** *Variante.* In dem gedruck-

ten Handexemplar des Dichters hat dieser in Str. 1. »*Augenweide*« statt »meine Freude«
als Abänderung bemerkt. — W. sendete das op. 80 *zum Stich* an Schlesinger 17. October 1822.

Unge-
druckt.

271.

Musik und Gesang. »*Du hoher Rautenzweig.*«

Zu einem Prolog von Th. Hell (C. Winkler), gesprochen von Mad. Schirmer als »Genius
des Orts« bei erstem Erscheinen des neuvermählten Paares, des Prinzen Friedr. August II.
nachmal. Königs, v. Sachsen und Carolina, geb. Erzherzogin v. Oesterreich, im k. Hoftheater
zu Dresden, 11. Oct. 1819.

Für 1stimm. gemischten Chor mit Begl. von 2 Flöten, 2 Clarinetten u. 2 Fagotten.

Comp. 1819, 8. Oct. zu Dresden ; *Tageb.*

Autograph: Partitur. Im Besitz des K. S. Hoftheater-Archivs zu Dres-
den. (1863. J.) 1 volle Seite 12zeiliges gelblichgraues Querfolio; kleine blasse Schrift ;
zweite Seite des halben Bogens leer. Ueberschrift: »Musik zum Prolog des 11. comp.
»11. 9ᵇʳ 1819«.

Ausgaben: Keine. — Abschrift in meinem Besitz.

Anmerkungen. **a.** Nach einer sanften melodischen Einleitung von 11 Tacten durch
die genannten Blasinstrumente führt der Chor das »God save the King« aus, worauf der In-
strumentalsatz wiederkehrt und mit hinzugefügter Coda abschliesst. — **b.** Der *Prolog*
ging der Vorstellung von »Cervantes in Algier« von Kuffner voraus; er besteht aus 8 Otta-
verimen, zwischen deren beiden letzten die Musik eintritt; sodann der Gesang auf den
Worten: »Du hoher Rautenzweig, blüh' Deinen Ahnen gleich in reinstem Glück! In
gleicher Tugend Werth, in gleichem Reiz verklärt, hat Seligkeit gewährt Dir das Geschick«. Der Prolog findet sich vollständig abgedruckt in N. 249 der dresd. Abendztg.
v. 1819.

272.

Doppel-Canon für 4 Singstimmen. Ohne Text.

In Ludw. Spohr's Stammbuch.

Comp. 1819. 21. Nov. zu Dresden. *Tageb.*

Ohne
op.-Zahl.

Doppel-Canon a 4.

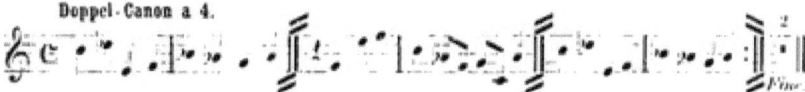

Autograph: *I.* In L. Spohr's Stammbuch wie vorstehend notirt und unterzeichnet:
»Ihr Carl Maria von Weber. Dresden d 25. 9ᵇʳ 1819«. — *II.* In W.'s Tagebuch in
sehr kleiner Schrift wie nachstehend, nach der Notiz am 21. Nov. 1819: »Canon in
Spohr's Stammbuch gemacht«.

Doppel-Canon a 4.

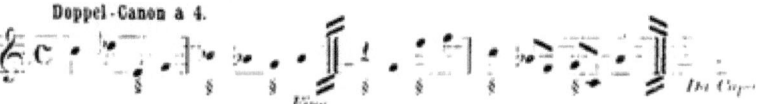

Ausgabe: Facsimilirt in Spohr's Selbstbiographie. Bd. II, p. 112.

1820.

273.

Agnus Dei. Chor für 2 Soprane und Alt.

Begleitung: 2 Flöten, 2 Clarinetten, 2 Hörner und 2 Fagotte.
Zum Trauerspiele »*Carlo*« in 4 Acten von Georg, Grafen von Blankensee.
Comp. 1820, 13. Febr. zu Dresden; *Tageb.*

Autograph: Unbekannt.

Ausgaben: Keine. — **Abschrift** in meinem Besitz.

Anmerkungen. a. Diese *Composition* begleitet im letzten Acte des Trauerspiels hinter der Scene einen besonders tragischen Auftritt, zu welchem sie, mit ihrem Ausdruck reuiger Wehmuth, einen wirksamen Hintergrund zu bilden sehr geeignet ist. Da nur e i n e Aufführung des Dramas stattfand, 5. April 1820 zu Berlin) so kann ich diesen Schluss allein ziehen aus der Vergleichung der Dichtung mit der Musik, die, während das Autograph verschollen, nur in der einen Copie erhalten zu sein scheint, die vor Jahren zufällig in meinen Besitz überging. Vorwiegend besteht die Composition in getragenen Accorden der Stimmen wie der Blasinstrumente; über diesen Accorden in der Einleitung, im Schluss und an 3 verschiedenen Stellen, wo die Stimmen schweigen, ergeht sich die erste Flöte zuweilen in monoton gehaltenen langsamen Achtel-Figuren, zuweilen führt diese Flöte, mit der 1. Clarinette vereinigt, Melodicen-Züge ein, die etwas belebter declamirt sind, immer aber den schon erwähnten Ausdruck tiefer Wehmuth festhalten, der das Ganze durchdringt. Eine besonders ausgezeichnete Stelle nimmt die Composition unter W.'s Arbeiten dieses Genres nicht ein; in seinem geschr. Werk-Verz. ist dieselbe nicht genannt, wie freilich die meisten dergl. Gelegenheits-Sachen nicht. — **b.** Die Ankündigung des Dramas bei seiner Aufführung zu Berlin hat den Zusatz: »Die zur Handlung gehörige Musik ist von C. M. v. Weber,« und in der Lpz. A. Mus. Ztg. XXII, 337 heisst es darüber: »Carlo wurde nur einmal gegeben; ich erwähne den Sterbling nur wegen der zur Handlung gehörigen Musik von C. M. v. Weber, bei der sich b e s o n d e r s (? der kirchliche Gesang auszeichnet«. Danach scheint **noch mehr** Musik von W. zu Carlo geschrieben gewesen oder aus Anderem seiner Composition, vielleicht nach seiner Angabe, benutzt worden zu sein. Das *Tageb.* W.'s sagt 1820, 13. Febr. n u r: »Agnus Dei Emoll für 2 Soprane u. Alt zu Blankensee's Trauerspiele gemacht«. Im berliner Hoftheater-Archiv hat sich keine Spur von anderem zu Carlo von W. Componirten oder etwa Benutzten auffinden lassen.

274.

Schmerz. »*Herz, mein Herz, ermanne dich!*«

Lied für eine Singstimme mit Begleitung des Pianoforte.
Text von Georg, Graf von Blankensee. 6 Strophen.
Comp. 1820, 11. Febr. zu Dresden; *Tageb.* — *N. 4 im op. 80:* Heft 18 der Gesänge.

Lento.

Herz, mein Herz, er - man - ne dich,

Autograph: Im Besitz von F. W. Jähns, auf dem Abschnitt eines grau-gelblichen Querfoliobogens, mit 8 Zeilen versehen, wovon 3 ganz, 3 zum vierten Theil beschrieben und 2 ganz leer sind; ziemlich kleine Schrift ohne Namen u. Datum. Unten rechts von des Dichters Hand die Bemerkung: »v. Carl Maria v. Weber, Compositions-Manuscript meines Liedes, mir geschenkt«. Auf der Rückseite befinden sich die letzten 10 Tacte der ersten Bearbeitung des Schlusschors von W.'s »Der Erste Ton« in Chor und Streich-instrumenten, (s. **58** Autogr. II.) — Es hat noch ein zweites Autograph dieses Liedes in Octav-Format gegeben, von dem eine Facsimilirung mit darübergesetztem Portrait W.'s in Meissen »Steindruck bei Klinkicht, lithographirt von J. Steinmetz, erschien. Die facsimilirte Ueberschrift lautet hier: »Schmerz. Lied von C. Graf. v. Blankensee. Musik von C. M. von Weber«. Das *f* auf Muth ist hier nur ein Achtel mit darauf folgender Sechszehntel-Pause; in Tact 5 u. 6 haben *d*, *e* und das erste *B* noch die untere Octave dazu. Sonst sind beide Autographe ganz gleich gewesen. Das zuletzt erwähnte war wohl dasjenige, dessen W.'s Tagebuch 1822, 29. Juni mit den Worten gedenkt: »Lied von »Blankensee für Kind's Taschenbuch abgeschrieben«.

Ausgaben: Erste Orig.-Ausg. als N. 4 des Opus, zus. mit **269, 270, 275, 278, 282.** Berlin, Schlesinger. Opus: 20 gr. | Als N. 9 im W.-Album. Ebend. Alb.: 1 thlr. *n*. ‖ Als N. 38 in »Ausgew. Lieder v. W.« Leipzig, Peters, Ausw. 10 ngr. *n*. | **Einzeln.** — Als N. 86 d. Prchtausg. hrsg. v. Jähns, 1869, Berlin, Schlesinger. 2½ sgr. *n*. ‖ Als Facsimile litho-graphirt. Meissen, Klinkicht. s. Autogr. Schluss. ‖ Als Beigabe zu Kind's Taschenb. z. gesell. Vergnügen. Leipzig, Göschen. 1823.

Anmerkungen. Dies Stück von 9 kurzen Tacten ist, wenngleich ein nur überaus kleines Bild, doch von tragischer und dramatischer Haltung, wie W. dergleichen oft, von engstem Rahmen umspannt, so meisterhaft zu zeichnen verstand. Die zwei vorletzten Tacte in erster Strophe »Zum Sterben sei bereit!« erinnern lebhaft an Adolar's ergrei-fenden Ausruf: »Bleibe hier allein!« in Euryanthe III, Scene 1. — *Zum Stich* sendete W. op. 80 an Schlesinger 17. Oct. 1822.

275.

An Sie. *»Das war ein recht abscheuliches Gesicht,«*
Für eine Singstimme mit Begleitung des Pianoforte.
Text von Wargentin. Durchcomponirt.
Comp. 1820, 28. Febr. zu Dresden; *Tageb.* — **N. 5** im *op. 80*; Heft 18 der Gesänge.

Sehr lebhaft.

f Das war ein recht ab-scheuli-ches Ge-sicht, das

molto crescendo

Autograph: Unbekannt.

Ausgaben: Erste Orig.-Ausg. als N. 5 des Opus, zus. mit **269, 270, 274, 278, 282**. Berlin, Schlesinger. Opus: 20 gr. | **Einzeln.** — Als N. 87 d. Prchtausg. hrsg. v. Jähns. 1860. Ebend. 2½ sgr. *u.* ‖ Braunschweig, Spehr. 4 gr. ‖ Hamburg, Cranz. 4 gr. ‖ Hannover, Bachmann. 4 gr.

Anmerkungen. Eine erregte, ernstlich gemeinte Strafpredigt an eine unholde Geliebte ist als Gegenstand eines *Gedichts* schon an sich ein Curiosum, wie viel mehr die *Composition* eines solchen, wäre sie selbst die beste. Welche Veranlassung es gewesen, die W. schon am 28. Febr. bewog, den erst am 1. Febr. im Morgenblatt erschienenen Text in Musik zu setzen, ist unbekannt. Vielleicht war es gerade W.'s Originalität, die durch den anscheinend ungefügigen Inhalt der Worte angezogen wurde, wie denn die Composition ungezwungen und rasch genug dahinfliesst und sogar einige sehr gelungene Momente aufweist, z. B. den Anfang und die Stellen mit »Hohn« und »Seitenblick«. Wer sich aber durch die gebräuchliche Liebeslieder-Ueberschrift »An Sie« angezogen fühlt, dürfte sich arg getäuscht sehen. — *Zum Stich* wurde das op. 80 von W., am 17. Oct. 1822 an Schlesinger gesendet.

U ng--
druckt.

276.

Musik für die Harfe zu E. v. Houwald's Trauerspiel »**Der Leuchtthurm**«.
4 Nummern.
Comp. 1820, 19. April zu Dresden: *Tageb.*

Melodramatisch.

N. 1. Act I, Scene 2. Dorothea. Nach : »ein *Licht zu geben:*]　Andante.

Harfe

6 Tacte. Autogr.

Dorothea spricht: Es schaut der Leuchtthurm in die Nacht.

N. 2. Scene 6. Dorothea. Nach : »send aus *deine Hülfe hel«:*]　Andante.

Harfe in der Ferne

8 Tacte. Autogr.

Wird in Scene 7 wiederholt nach : »Verlassner kann«:

N. 3. Act II, Scene 1. Largo.

9 Tacte. Autogr.

Gesprochen: Es tritt der Tag zum Thor hinaus.

N. 4. Scene 10. Ulrich. Nach : »lass *uns rufen«:*]　Allegro.

4 Tacte. Autogr.

Autograph: Im Besitz des K. Sächs. Hoftheater-Archivs zu Dresden. (1868. 4.) 1/1 Bogen 12zeiliges, graugelbliches Querfolio; mittelkleine Schrift. Pag. 2 nur in 6 Zeilen beschrieben. Ueberschrift auf p. 1: »Harfe zum Leuchtthurm von Houwald«. Zum Schluss auf p. 2 unten: »d 19t Aprill 1820. C. M. v. Weber«.

Ausgaben: Keine.

Anmerkungen. Die Musik wurde bei der ersten Aufführung des Stückes 26. Apr. 1820 ausgeführt. N. 1 u. 3 sind melodramatische Begleitungen der Worte in Act I, Scene 2 u. Act II, Sc. 1; N. 2 u. 4 Zwischenspiele zu Act I, Sc. 6 u. Act II, Sc. 10. Alles dem Zweck wohl angepasst, doch ohne weitere Bedeutung.

277.
Der Freischütz.

Romantische Oper in 3 Aufzügen. Text von Friedrich Kind.

Im Stich *ohne Opus-Zahl;* in W.'s geschr. Werk-Verz. als *op. 77* gezählt.

Weber's achtes dramatisches Werk.

Comp. 1820, 13. Mai zu Dresden; *Autogr.* (1821, 28. Mai zu Berlin; s. Autogr. *I.,*
Bemerk. zu N. 13, u. Anm. c.)

Ouvertüre. Ohne Nummer im Autogr. wie in allen Ausgaben.

Adagio. ♩ = 52: Jähns. *(s. Anm. g.)*   Molto vivace. ♩ = 108: J.

Instrumentirung: 2 Fl., 2 Ob., 2 Cl., 4 Hörn., 2 Fag., 2 Tromp., 2 Pkn., 3 Pos.,
2 Violinen, Viola, Cello u. Bass.

Act I. N. 1. Introduction. Chor. (S. A. T. B.) **Kilian.** *»Victoria!«*

Molto vivace. ♩ = 96: J. Chor.   Allegretto. ♩ = 116: J.

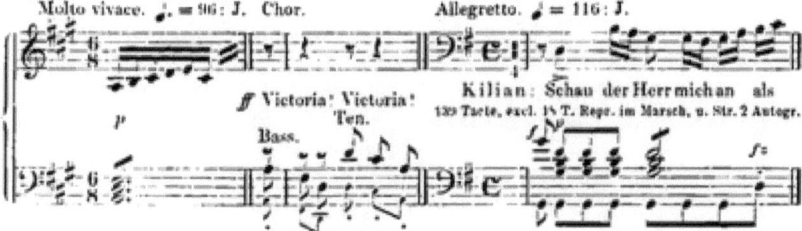

Instr.: 1 Picc., 1 Fl., 2 Ob., 2 Cl., 2 Hörn., 2 Fag., 2 Tromp., 2 Pkn., 2 Violinen,
Viola, Bässe. Auf dem Theater: 1 Cl., 1 Tromp., 2 Hörn., 2 Violinen, Cello.

N. 2. Terzett u. Chor. Max, Caspar, Cuno, Chor (S. A. 2 T. 2 B.). *»O diese Sonne!«*

Allegro moderato.   Allegro.   Poco più moderato.
♩ = 92 [96]: J.   ♩ = 132: J.   ♩. = 104 [108]: J.

Instr.: 2 Fl., 2 Ob., 2 Cl., 4 Hörn., 2 Fag., 2 Violinen, Viola, Bässe.

N. 3. Scene und Arie. Max. «*Nein, länger trag' ich nicht die Qualen,*»

Zu N. 3. Max. «*Durch die Wälder, durch die Auen*»

Instr.: 2 Fl., 2 Ob., 2 Cl., 4 Hörn., 2 Tromp., 2 Fag., 2 Pku., 2 Violinen. Viola, Bässe.

N. 4. Lied. Caspar. «*Hier im ird'schen Jammerthal*»

Instr.: 2 Picc., 2 Ob., 2 Fag. 2 Violinen. Viola, Bässe.

N. 5. Arie. Caspar. «*Schweig!*»

Instr.: 2 Picc., 2 Ob., 2 Cl., 4 Hörn., 2 Fag., 3 Pos., 2 Tromp., 2 Pku., 2 Violinen. Viola, Bässe.

Act II. N. 6. Duett. Agathe, Aennchen. *»Schelm! Halt fest!«*

Allegro grazioso. Leggiermente. ♪ = 76 (80); ♩.

Instr.: 2 Fl., 2 Cl., 2 Hörn., 2 Fag., 2 Violinen, Viola, Cello u. Bass.

N. 7. Ariette. Aennchen. *»Kommt ein schlanker Bursch gegangen.«*

Aennchen: Kommt ein schlanker Bursch ge - gan - gen,

Instr.: 2 Fl., 2 Ob., 2 Hörn., 2 Fag., 2 Violinen, Viola, Cello u. Bass.

N. 8. Scene u. Arie. Agathe. *»Wie nahte mir der Schlummer.«*

Andante. ♩ = 66; ♩.   Adagio. ♩ = 63; ♩.

Wie nah - te mir der Schlummer,   Lei - se, lei - se,

(Andante. ♩ = 76 (80). | Agitato: ♪ = 92 | Vivace con fuoco: ♩ = 100; ♩.)

Instr.: 2 Fl., 2 Ob., 2 Cl., 4 Hörn., 2 Fag., 2 Violinen, Viola, Cello u. Bass.

N. 9. Terzett. Agathe, Aennchen, Max. *»Wie? Was? Entsetzen!«*

Allegro. ♩ = 69; ♩.

Agathe: Wie?   Was? Ent - se - tzen!

Andantino: ♪ = 76. ♩. | Allo. vivace: ♪ = 96 (100). ♩.

Instr.: 2 Fl., 2 Cl., 2 Hörn., 2 Fag., 2 Violinen, Viola, Cello u. Bass.

38 *

N. 10. Finale. Caspar, Max, Chor (S. A. T. B.). »*Milch des Mondes fiel auf's Kraut,*«

(Agitato: ♩ = 104. | Allegro: ♩ = 84. | Andante: ♩ = 80. (s. Anm. g. | Nach »*Riesenfaust*«: ♩ = 132. | Vivace: ♩ = 138. | Agitato assai. ♩ = 140. | Allegro moderato ♩ = 108 (112). | Chor »*Durch Berg und Thal*« 6/8: ♩. = 116. | Presto: ♩ = 120: J.

Instr.: 2 Picc., 2 Fl., 2 Ob., 2 Cl., 4 Hörn., 2 Fag., 3 Pos., 2 Tromp., 2 Pkn., 2 Violinen, Viola, Bässe.

Act III. N. 11. Entr'-Act.

Instr.: 2 Fl., 2 Ob., 2 Cl., 2 Fag., 4 Hörn., 2 Tromp., 2 Pkn., 1 Pos., 2 Violinen, Viola, Bässe.

N. 12. Cavatine. Agathe. »*Und ob die Wolke sie verhülle,*«

Instr.: 2 Cl., 2 Hörn., 2 Fag., 2 Violinen, Viola, Cello solo, Bässe.

N. 13. Romanze und Arie. Aennchen. »*Einst träumte meiner sel'gen Base,*«

Instr.: 2 Fl., 2 Cl., 2 Horn., 2 Fag., 2 Violinen, 1 Viola oblig., Viola, Bässe.

N. 14. Im Autogr. N. 13. **Volkslied. Chor der Brautjungfern** S. A. mit Solo Sopran. »*Wir winden dir den Jungfernkranz*«

Andante e quasi Allegretto. ♩ = 76: J.

I n s t r.: 2 Fl., 2 Ob., 2 Hörn., 2 Fag., 2 Violinen. Viola. Bässe.

N. 15. Im Autogr. N. 14. **Jäger-Chor.** 2 T. 2 B. »*Was gleicht wohl auf Erden dem Jäger vergnügen.*«

Molto vivace. ♩ = 116: J.

I n s t r.: 2 Fl., 2 Ob., 2 Cl., 2 Fag., 4 Hörn., 2 Tromp., 2 Pkn., 1 Pos., 2 Violinen. Viola, Bässe.

N. 16. (Im Autogr. N. 15.) **Finale. Agathe, Aennchen, Max, Ottokar, Caspar, Cuno, Eremit und Chor** S. A. T. B.). »*Schaut, o schaut!*«

Allegro. ♩ = 132: J.

Un poco più maestoso: ♩ = 104. | Moderato: ♩ = 80. | Più maestoso. »*Nun der* ♩ = 104
Con fuoco: ♩ = 108. | Poco più moto: ♩ = 112. | Andante con moto: ♩ = 78.
| Andante quasi Allegretto: ♩ = 76. | Largo maestoso: ♪ = 80. | Allegro vivace:
♩ = 116: Jähns.

I n s t r.: 2 Fl., 2 Ob., 2 Cl., 4 Hörn., 2 Fag., 2 Violinen. Viola. Bässe.

Die Oper hat im Ganzen 3071 Tacte, excl. 48 Tacte Reprisen. Die Wiederholung von Gesangstrophen ist dabei nicht mitgezählt.

Autographe: — *I. Vollständige Partitur.* Im Besitz der öffentlichen König l. B i b l i o t h e k zu B e r l i n. (1870. J.) Pappband in grünem, sogenannten Göttinger-Glanz-Papier, ohne Aussen-Titel, äusserlich stark abgenutzt und bereits etwas lose im Band. Durchweg festes starkes gelbliches Querfolio; mittelgrosse Noten- u. Text-Schrift; nur N. 13 (Romanze u. Aria Aennchens) ist auf 6 Bogen festes klein-Post-Octav. Querformat, notirt und befindet sich zwischen beide ersten Seiten des Volksliedes »Wir winden dir« eingeklebt. Im Ganzen 292 Seiten; davon leer: p. 21, 92, 108. 237, 252, 292. — P. 1: Titel »Der Freischütze. | Romantische Oper in drey Aufzügen. | Gedicht, von Fried. Kind. | Musik von Carl Maria von Weber. | ⚹ | Dresden. vollendet d: 13¹ May. 1820«. Die Worte »Der Freischütze« sind über die hier befindlich gewesene, später weggradirte frühere Benennung der Oper »Die Jägersbraut« (s. Anm. b.) fortgeschrieben: zu dem F ist noch das alte J benutzt. —— Das ganze Autograph enthält nur einige wenige Correcturen und gleicht darin allen übrigen Manuscripten W.'s, selbst seinen Scizzen, die ebenso nur höchst selten Aenderungen zeigen. — Bemerkungen zum Autograph: 1.) des Acts I. — Zur Ouvertüre. In Tact 6 u. 7, 183 u. 181 des Molto vivace ₵, die Clavier-Auszüge haben ₵, und in Tact 1 u. 2, 6 u. 7 des Allegro con fuoco ₵ von N. 3 (Max' Arie) geht die Viola synkopisch schreitend den Vierteln der Bässe nach; bei derselben Stelle in Tact 1 u. 2 des Molto vivace der Ouvertüre hat W. diese auch hier befindlich gewesenen Synkopen weggradirt und statt ihrer 7 nicht synkopirte Viertel gesetzt, die mit den 7 des Cello, dem einzigen Basse, zusammengehen, vielleicht um dem nur mit 1 Violine, Viola u. Cello neu eintretenden Tempo mehr Sicherheit zu geben. — Zum Schluss auf vertikaler Zeile: »Vollendet d: 13¹ May 1820 »in Dresden. und somit die ganze Oper. Soli Deo Gloria. C. M. v. Weber«. — Zu N. 1 auf p. 81 u. 82. Auf p. 81 zwei achtzeilige Partitur-Accoladen, auf p. 82 nur eine; der hier noch übrige Raum mit Str. 2 u. 3 des Liedes und dem dazwischen fallenden Dialoge beschrieben. —— Neben den ursprünglichen Schluss der dritten Lied-Strophe »Mein Gebetbuch, Katherle, | Karte, meine Bibel« hat W. später gesetzt: ») oder: Würfel. Karte. Katherle — meine Bilder-Fibel«. — Zu N. 3. Tact 50 bis 53 incl. hat W. in der Tenor-Posaune den Tenor- mit dem Alt-Schlüssel irrthümlich vertauscht: in letzterem gelesen, geben die Noten das richtige fis-gis (1 mal). — Zum Schluss der Nummer auf vertikaler Zeile: »Erster Act vollendet Dresden d: 30¹ Nov. 1819. ¾, auf 12 Uhr »Nachts. T: D: L.« (⚹ Te deum laudamus.) — 2.) des Acts II. — Titel: »Der Frei- »schütze. Zweyter Aufzug.« ⚹ »Unter »Der Freischütze« steht noch die alte Benennung »Die Jägersbraut«, jedoch durchstrichen. — Zu N. 8. Zum Schluss auf vertik. Zeile: »Voll- »endet d 9¹ X^br 1819. Dresden«. Zum Schluss von N. 9 ebenso: »vollendet d: 13 X^br »1819 Dresden«. — 3.) des Acts III. — Titel: Bei Aenderung des »Zweyter« in »Dritter« genau derselbe wie bei Act II. — Zu N. 12. Das bis zum heutigen Tage noch nicht ganz ausser Gebrauch gekommene falsche »sich« statt des richtigen »sie« in der Anfangs- zeile »Und ob die Wolke sie verhülle« findet sich ebensowohl hier in W.'s Autograph, wie in dem mir meinem Besitz befindlichen des Dichters und ersten gedruckten »Arien- buche« Berlin 1821. — Zu N. 13. Nachcomponirte Romanze u. Arie. (s. oben Thematica.) Zum Schluss auf vertikaler Zeile: »Entworfen d: 25¹ März 1821 in Dresden. voll- »endet Berlin d 28 May«. (s. Anm. c.) — Zu N. 14. (im Autogr. mit N. 13 bez.) Sie um- fasst p. 235 bis 211 incl. Auf p. 240 steht von W. ausgeschrieben der Text v. Str. 2, 3 u. 1 des Liedes, dann der Dialog: hierauf folgen p. 211 die aus dem Liede einzeln wieder- holten 6 Tacte und der Dialog bis zur Bemerkung »: mit gedämpfter Stimme :«; dann erst Schlussgesang und Nachspiel. — Zum Schluss von N. 15 (im Autogr. mit N. 14 bez.) Text der zweiten Strophe besonders ausgeschrieben. — Zu N. 16. (im Autogr. mit N. 15 bez.) Vom Adagio maestoso »Eremit« bis zum Andante quasi Allegretto ⁶⁄₈ die 3 Posaunen roth und klein notirt auf den 3 Chorzeilen über den Bässen. — Zum Schluss auf vertikaler Zeile: »Ende der Oper. Soli Deo Gloria. C. M. v. Webers«. — Auf p. 291: Anhang zum Finale; 1 Tacte Trombe u. Timpani. — Papier 10zeilig. Partitur 9zeilig: in N. 12. Pap. u. Part. 10z. in N. 7, 13 u. 11 15. Pap. 12z. Part. 11z. in N. 6. — Pap. u. Part 12z. in N. 3, 5, 9 u. 11. — Pap. 16z. Part. in 2 achtzeil. Accoladen (p. 82 nur eine) in N. 1. — Pap. u. Part. 16z. in Ouvert. N. 1, 2, 5, 10, 15 14 u. 16 15. — —

II. Scizzen. 1.) Im Besitz von Adolf von Henselt zu St. Petersburg. Aus dem Duett N. 6 die Stelle von: »ent«behren in solch altem« bis incl. des Tactes vor »Grillen sind mir« (zum 1. Male) auf p. 1 von 116. Genau beschrieben ebendort bei »Autogr.« — 2.) Im Besitz von F. W. Jähns. Die Instrumentirung der Stelle »Leise, leise« in Agathen's Arie N. 8 Adagio. (Cello fehlt.) 181², Tact, auf einem Streifen gelblichen dünnen Quer-Octav; darunter noch eine Scizze zu 8 Tacten von N. 2 der unvollendet hinterlassenen Oper W.'s »Die drei Pinto's«; auf der Rückseite desgl. zu 8 Tacten von N. 1 ebendaraus. — 3.) Im Besitz von Max M. Frhrn. v. Weber zu Wien. Entwurf der

Stelle im Finale N. 10: 5 Tacte vor »Du weisst, dass meine Frist« bis »Morgen Er oder
Du!« Singstimme mit einigen Andeutungen der Begleitung. Bei der Stelle »Noch hab'
ich keinen Theil an ihr« 2 unbekannte, nicht hieher gehörige zweistimmige ¹⁄₂ Tacte;
darunter 2 ganze Zeilen mit scizzirten Motiven zu den »Drei Pinto's«; die Rückseite mit
ebendergl. u. einem in den 3 Stimmen ausgeführten Theile des Terzetts in N. 3 ebendaraus.
12 Zeilen, ganz beschrieben. — Das Autograph der vollständigen Partitur (*N. 1*,
s. oben, Autographe), wurde S. M. dem Könige Fr. Wilh. IV. von Preussen durch W.'s
Wittwe, Carolina von Weber, für die Musikalien-Sammlung der öffentlichen Königl. Bibliothek zu Berlin bestimmt, übersendet. Der König richtete darauf folgendes Schreiben an
die Geberin: »Ich habe mit Ihrem Schreiben vom 25. v. Mts. die von Ihnen für die Musikalien-
Sammlung der Königl. Bibliothek in Berlin bestimmte Original-Partitur des Freischütz
empfangen und kann es mir nicht versagen, Ihnen für dies Geschenk von seltenstem
Werthe, welches die schöpferische Kraft und die hohe Meisterschaft Ihres verewigten
Gatten in das glänzendste Licht setzt und fortan unter den handschriftlichen Schätzen der
Sammlung, der es sogleich einverleibt worden, eine würdige Stelle einnehmen wird,
meinen aufrichtigen und verbindlichsten Dank zu erkennen zu geben. Potsdam 22. Nov.
1851. Friedrich Wilhelm«.

Ausgaben: *I. In ursprünglicher Gestalt:* **Vollständige Orchester-Partitur.** — Erste
Orig.-Ausg. mit W.'s von Feckert lithogr. Bildniss; 1843. Berlin, Schlesinger. 18 thlr. |
Neue revid. Ausg. Ebend. 8 thlr. *u.* ‖ Als »Robin des Bois ou Les Trois Balles«. Opéra en 3
actes, imité de »Der Freischütz« Paroles de Castil-Blaze. 76 Bogen. Paris, Castil-Blaze. 80 fr. |
Chorstimmen. — London, Novello u. C. 5s. | **Vollständige Orchester-Stimmen.** — Als »Robin des
Bois«. Paris, Castil-Blaze. 74 Bogen. 80 fr. | **Orchester-Partitur der Ouvertüre.** — Erste Orig.-
Ausg. in 8º. Berlin, Schlesinger. 1¹⁄₂ thlr. ‖ Paris, Richault. 4 fr. 50 c. *u.* | **Orchester-
Stimmen der Ouvertüre.** — Erste Orig.-Ausg. Berlin, Schlesinger. 2¹⁄₂ thlr. ‖ Carlsruhe, Velten.
3 fl. 12 xr. ‖ Lyon, Arnaud. 9 fr. ‖ Paris, Brandus u. Dufour. 20 fr. | Cotelle. 15 fr. | Dufaut
u. Dubois. 9 fr. | Richault. 9 fr. | Maur. Schlesinger. 9 fr. | Schonenberger. 9 fr.

II. Arrangements: **A. Arrangements der Oper mit Text.** **1)** **Clavier-Auszüge.**
(*Mit deutschem Text.*) Erste Orig.-Ausg. v. Compon.: Berlin, Schlesinger. 6¹⁄₂ thlr. *u.* |
Neue Ausg. mit W.'s Bildniss. Ebend. 3¹⁄₂ thlr. *u.* | Neueste Ausg. 1865. Ebend. Schlesinger
Liénau. Hochfolio. 1 thlr. *u.* ‖ Braunschweig, Litolff. 1 thlr.; dann 16 sgr. | Ohne Finale:
Meyer. 2²⁄₃ thlr. ‖ Hamburg, Cranz; ohne Finale. 2 thlr. 16 ggr. ‖ Leipzig, Peters. *u.* 1¹⁄₂ thlr.
Arr. v. Zulehner: Mainz, Schott. 7 fl. Geraume Zeit der billigste und deshalb verbreitetste
aller Clavier-Auszüge, leider aber auch durch die Art seines Arrangements dem Originale
gegenüber der unwürdigste. ‖ Wien, Diabelli u. C. 9 fl. | Mechetti. 8 fl. | Spina. 9 fl. | Weigl.
Wolfenbüttel, Holle. 1 thlr. | *Deutsch u. franz.* Edition populaire; franz. Text von A.
van Hasselt u. B. Rongé. Braunschweig u. New-York, Litolff. 21 sgr.; jetzt 15 sgr. | *Franz.*
Als »Le Freischütz«, Opéra romantique en 3 actes et 5 tableaux; paroles françaises rhythmées
par A. van Hasselt et J. B. Rongé: Brüssel, André u. Hasselt. ‖ Als »Robin des Bois«. Paris,
Brandus u. Dufour. 10 fr. *u.* | Maur. Schlesinger. 10 fr. *u.* ‖ Mit Berlioz Recitativen. Ebend.
10 fr. *u.* | *Deutsch u. ital.* Als »Der Freischütz« = Il franco arciero. Berl., Schles. 3¹⁄₂ thlr.
Ital. Als »Il franco bersagliere«. Mailand, F. Lucca. ‖ Als »Il franco arciero«. Paris, Bran-
dus u. Dufour. 4º. 10 fr. *u.* | Ebenso. Maur. Schlesinger. 10 fr. *u.* | *Deutsch u. engl.* Lon-
don, Boosey u. C. 6s. | *Engl.* Cramer u. C. Text v. Logan. 15s. — **2)** **Alle Nummern einzeln.**
✳ **Mit Pfte.** — | *Deutsch.* Erste Orig.-Ausg. v. Comp. Berlin, Schlesinger. ‖ Mainz,
Schott. | *Deutsch u. ital.* Berlin, Schlesinger. | *Ital.* Paris, Brandus u. Dufour. | *Deutsch
u. engl.* London, Boosey u. C. | *Engl.* Cramer u. C. | ✳ **Mit Guit.** — Arr. v. C. Blum:
Berlin, Schlesinger. ‖ Arr. v. Hübner: Braunschweig, Spehr. ‖ Breslau, Förster. ‖ Arr. v. Born-
hardt: Hamburg, Böhme. | Cranz. ‖ Arr. v. Kalow: Leipzig, Klemm. ‖ Mainz, Schott. ‖ Arr.
v. Diabelli: Wien, Diabelli u. C. | Spina. — **3)** **Diverse Nummern einzeln.** (Wegen Ueberfülle
des Stoffs können die Nummern hier nicht einzeln benannt werden.) ✳ **Für 4 Männerstimmen ohne
Begleitung.** — Berlin, Schlesinger. ‖ Braunschweig, Busse. Im »Orpheus«. ‖ Freiburg, Herder.
In Heft I der »Polyhymnia«. — | ✳ **Mit Pfte.** — *Text deutsch.* Arr. v. Compon. Berlin,
Schlesinger. ‖ Amsterdam, Theune u. C. ‖ Braunschweig. Im musik. Magazin a. d. Höhe.«
Meyer. ‖ In V. Schurig's »Liederperlen«: Dresden, Meinhold. ‖ Hamburg, Böhme. | Cranz. |
Hannover, Bachmann, | Nagel. ‖ Leipzig, Klemm. | In Fink »Musik. Hausschatz«. Mayer u.
Wigand. | Reclam jun: In A. Härtel's »Deutsch. Lied.-Lex.« | In Schubert's »Concordia«. Schäfer.
| Siegel. ‖ London, Boosey u. C. | Cramer u. C. ‖ Mainz, Schott. ‖ München, Aibl. ‖ Paris, Gé-
rard. ‖ Prag, Berra. Christ. u. Kuhe. ‖ Wien, Mechetti. | Witzendorf. | *Deutsch u. franz.*
Amsterdam, Theune u. C. ‖ Mainz, Schott | *Franz.* Paris, Choudens. | *Ital.* London, Cra-
mer u. C. ‖ Als »Aus »Il Bersagliere«. Mailand, Ricordi ‖ Paris, Richault. | Schonenberger. |
Spanisch. Ebend. | *Deutsch u. engl.* London u. Brighton, Augener u. C. | London, Cra-
mer u. Co. | *Engl.* Novello u. C. | *Deutsch u. dänisch.* Dän. Text v. Oehlenschläger.
als »Sange of Operaen »Jaegerbruden« oder »Friskytten«: Kopenhagen, Lose u. Olsen. —
NB. Volkslied N. 11 zuerst mit deutschem Text noch vor Aufführung der Oper gedruckt in
Kind's Taschenb. zum gesell. Vergnügen. 1822. p. 396. Leipzig, Göschen. — Cavat. N. 12 als

»Lied eines Verbannten«. Text v. Hoffmann v. Fallersleben: Berlin, Schlesinger. 7½ sgr. | ⁂ **Mit Guit.** — *Deutsch.* Ebend. ‖ Breslau, Weinhold. ‖ Hamburg, Böhme. | Cranz. ‖ Hannover, Bachmann. | Nagel. ‖ Leipzig, Klemm. ‖ London, Chappell u. C. | Cramer u. C. | (*Deutsch u. dänisch.* Kopenhagen, Lose u. Olsen.

B. Ouvertüre einzeln, in Arrangements. ⁂ **Partitur für vollständige Militärmusik.** — Arr. v. Weller: Berlin, Schlesinger. 2⅔ thlr. ‖ »For large band« (für vollst. Milit.-Mus.). London, Boosey u. C. 8s. | ⁂ **Für Infanterie-Harmonie-Musik in Stimmen.** — Paris, Richault. 15 fr. | ⁂ **Als Septette.** 1) **Für Blasinstrumente.** — London, Boosey u. C. 5s. | 2 **Für 2 Violinen, 2 Violen, Flöte, Cello u. Contrabass.** — Paris, Richault. 12 fr. | ⁂ **Als Streichquintett mit Begl. von Blasinstr. ad libit.** (Für 2 Violinen, Viola, Cello u. Contra-Bass mit Flöte, 2 Clarinetten, 2 Hörnern, Fagott, Trompeten u. Pauken ad lib. — Arr. v. Küffner: Offenbach a. M., André. 2 fl. 30 xr. ⁂ **Als Quintette. 1 Für Flöte, 2 Violinen, Viola u. Bass.** — Hamburg, Böhme. 16 ggr. ‖ Hannover, Bachmann. ½ thlr. | 2 **Für Harfe, Pfte., Flöte, Violine u. Cello.** — Paris, Richault. 6 fr. | Schonenberger. 7 fr. 50 c. | ⁂ **Als Quartette. 1 Für 2 Violinen, Viola u. Cello.** — Arr. v. Henning: Berlin, Schlesinger. ⅚ thlr. | Arr. v. Pössinger. Ebend. ½ thlr. ‖ Arr. v. Sippel: Braunschweig, Spehr. 12 gr. ‖ Mainz, Schott. 1 fl. 12 xr. ‖ Paris, Dufaut u. Dubois. 4 fr. 50 c. | Janet u. C. 4 fr. 50 c. | Maur. Schlesinger. | Schonenberger. ‖ Wien, Weigl. 1 fl. | 2 **Für Flöte, Violine, Viola u. Bass.** — Arr. v. Gabrielsky: Berlin, Schlesinger. ‖ Arr. v. Küffner: Mainz, Schott. 1 fl. 12 xr. ‖ Offenbach a. M., André. 54 xr. ‖ Paris, Brandus u. Dufour. 6 fr. ‖ Wien, Artaria u. C. | Weigl. 1 fl. | 3 **Für Harfe, Pfte. mit Flöte u. Cello.** — Arr. v. Bochsa u. Hummel. London, Boosey u. C. 6s. | 4 **Für Harfe, Pfte., Flöte oder Violine u. Cello.** — Hannover, Bachmann. 12 ggr. | Paris, Schonenberger. 7 fr. 50 c. | ⁂ **Für 3 Pfte.'s zu 12 Hdn.** — Arr. v. J. Moscheles. (Blieb Manuscript; s. Anm. f. zum Schluss.) | ⁂ **Für 2 Pfte.'s zu 8 Hdn.** — Arr. v. M. G. Schmidt: Berlin, Schlesinger. 1¼ thlr. ‖ Arr. v. Decourcelle: Paris, Brandus u. Dufour. 12 fr. | ⁂ **Für 2 Pfte.'s zu 4 Hdn.** — Arr. v. Horn: Berlin, Schlesinger. 1 thlr. | ⁂ **Für Pfte. zu 4 Hdn.** — Arr. v. Horn: Ebend. 1 thlr. | Neue Ausg. Ebend. 20 sgr. | Neue Ausg. arr. v. Klage: Ebend. 1868. 7½ sgr. *n.* | Neueste Ausg. arr. v. Jähns: Ebend. 1871. 7½ sgr. *n.* ‖ Amsterdam, Theune u. C. ‖ Bonn, Simrock. 2 fr. | Bonn u. Berlin, ebend. 8¾ sgr. ‖ Braunschweig, Litolff. 5 sgr. *n.* In »Sämmtl. Orig.-Compos. à 4 m. u. 10 Ouvert.« 4°. Ebend. Zus. 2⅓ thlr. | Spehr. 14 ggr. | Frankfurt a. M., Dunst. 1 fl. 12 xr. ‖ Hamburg, Böhme. 14 ggr. | Arr. v. Stiehl: Cranz. 16 ggr. ‖ Hannover, Kruschwitz. 16 ggr. | Nagel. 20 ngr. ‖ Leipzig, Forberg. 10 ngr. | Peters: Alle 10 Ouvert. W.'s. ½ thlr. | Siegel. 17½ ngr. 1868. | Arr. v. Latour: London, Chappell u. C. 4s. | Arr. v. Compton. Cramer u. C. 3s. 6d. | Arr. v. Rimbault. Ebend. 4s. | Arr. v. Burrowes: Williams. 4s. ‖ London u. Brighton, Augener u. C. ‖ Arr. v. Heuschkel: Mainz, Schott. 1 fl. | Neue Ausg. Ebend. 54 xr. ‖ München, Falter. 1 fl. 12 xr. ‖ Offenbach a. M., André. 1 fl. 12 xr. ‖ Paris, Brandus u. Dufour. 7 fr. 50 c. | Dufaut u. Dubois. 4 fr. 50 c. | Haury. 4 fr. 50 c. | Arr. v. Vilbac: Lemoine. 7 fr. 50 c. | Im »Format Lemoine« N. 20, Serie II, Panthéon des Pianistes. Ebend. 1 fr. *n.* | Meissonnier fils. 7 fr. 50 c. | Prilipp. 7 fr. 50 c. | Richault. 6 fr. | Schonenberger. 4 fr. 50 c. ‖ Prag, Berra. ‖ Wien, Artaria u. C. 48 xr. | Cappi u. C. 1 fl. 15 xr. | Diabelli u. C. 1 fl. 15 xr. | Haslinger. 1 fl. | Leidesdorf. 16 ggr. | Mechetti. 1 fl. | Mollo. 48 xr. | Weigl. 1 fl. | Witzendorf. 1 fl. 15 xr. ‖ Wolfenbüttel, Holle. 5 sgr. | ⁂ **Für Pfte. zu 4 Hdn. mit Violine u. Cello.** — Arr. v. Hermann: Leipzig, Fritzsch. 25 ngr. | ⁂ **Für Pfte. zu 4 Hdn. mit Violine.** — Berlin, Schlesinger. ½ thlr. | ⁂ **Für Pfte. zu 2 Hdn.** — Erste Orig.-Ausg. arr. v. Compon. Berlin, Schlesinger. 10 sgr. | Transcrite par Ad. Henselt. Ebend. 1 thlr. | Arr. in Clavier-Partitur v. Liszt. Ebend. 1 thlr. | Uebertragen v. Leop. v. Meyer. Ebend. ⅔ thlr. | Leicht mit Fingersatz v. E. D. Wagner. Ebend. ½ thlr. | Neueste Ausg. arr. v. Compon. 1868. Ebend. 5 sgr. *n.* ‖ Augsburg, Gombart. 45 xr. ‖ Bonn, Simrock. 1½ fr. ‖ Bonn u. Berlin, ebend. 6¾ sgr. ‖ Braunschweig, Litolff. 2½ sgr. | Alle 10 Ouvert. W.'s. 8°. Ebend. Zus. 10 sgr. | Meyer. 1 ggr. | Spehr. 8 gr. ‖ Hamburg, Böhme. 10 gr. | Leicht arr. Cranz. 8 gr. ‖ Hannover, Kruschwitz. 8 gr. | Nagel. 8 gr. ‖ Kopenhagen, Lose u. Olsen. 40 shl. ‖ Leipzig, Forberg. 5 ngr. | Hofmeister. 8 gr. | Peters. Alle 10 Ouvert. W.'s. 12 ngr. | Siegel. 12½ ngr. | Stoll. 5 ngr. ‖ London, Boosey u. C. 1s. | Cramer u. C. 3s. 6d. | Arr. v. Hatton: Ebend. 3s. | Mills. 4s. | Williams. 2s. 6d. ‖ London u. Brighton, Augener u. C. ‖ Mailand, Ricordi. 2 fr. 50 c. ‖ Mainz, Schott. 36 xr. ‖ München, Falter. 48 xr. ‖ Offenbach a. M., André. 36 xr. ‖ Arr. v. Vilbac, »Format Lemoine«: Paris, Lemoine. 75 c. *n.* | Ebend. 6 fr. | Ebend. 5 fr. | Ebend. 3 fr. 75 c. | Transcrite p. Leop. de Meyer: Meissonnier fils. 7 fr. 50 c. | Petitbon. 3 fr. | Pleyel. 4 fr. 50 c. | Richault. 5 fr. | Maur. Schlesinger. 3 fr. 75 c. | Schonenberger. 8°. 60 c. *n.* | Sieber. 2 fr. 75 c. ‖ Prag, Berra. 24 xr. ‖ Wien, Artaria u. C. 36 xr. | Cappi u. C. 45 xr. | Diabelli u. C. 45 xr. | Haslinger. 45 xr. | Mechetti. 30 xr. | Mollo. 45 xr. | Arr. v. Schmid: Weigl. 45 xr. | Witzendorf. 45 xr. ‖ Wolfenbüttel, Holle. 2½ sgr. | ⁂ **Für Pfte. u. Violine.** — Berlin, Schlesinger. ½ thlr. | Arr. v. Diabelli mit Violon concertant: Ebend. ⅔ thlr. ‖ Mainz, Schott. 1 fl. ‖ Paris, Brandus u. Dufour. (Viol. ad lib.) 5 fr. | Janet u. C. 4 fr. 50 c. | Joly. (Viol. ad lib.) 3 fr. 75 c. | Meissonnier fils. (Viol. ad lib.) 4 fr. 50 c. | Schonenberger. (Viol. ad lib.) 6 fr. ‖ Wien, Diabelli u. C. 1 fl. | ⁂ **Für Pfte., Violine u. Flöte.** — Arr. v. Stiehl: Hamburg, Cranz. 12 gr. ‖ Paris, Maur. Schlesinger. 3 fr. 50 c. | ⁂ **Für Pfte. u. Flöte.** — Berlin, Schlesinger. (Flöte ad lib.) ‖ London, Chappell u. C. 3s. | ⁂ **Für Pfte. u. Flöte (od. Violine).** — Arr. v. Hatton: Cramer u. C. 1s. | ⁂ **Für Pfte., Flöte (od. Violine) u. Cello.** — Mills. 6s. | ⁂ **Für Pfte. u. Harfe.** Arr. v. Atwood: Ebend. 5s. | ⁂ **Für Harfe mit Flöte (od. Violine) u. Cello.** — Paris, Schonenberger. 7 fr. 50 c. | ⁂ **Für 2 Violinen.** — Berlin, Schlesinger. 17½ sgr. ‖ Kopenhagen, Lose u. Olsen. 48 shl. ‖ Offenbach a. M., André. 36 xr. ‖ Paris, Brandus u. Dufour. 2 fr. 50 c. | Dufaut u. Dubois. 3 fr. | Gérard u. C. 3 fr. | Janet

u. C. 2 fr. 50 c. | Schonenberger. 3 fr. ‖ Wien. Diabelli u. C. 45 xr. | Weigl. 36 xr. | ✻ **Für 1 Violine.** — London, Boosey u. C. 1s. ‖ Paris, Lafleur. 50 c. | ✻ **Für 4 Flöten.** — Braunschweig, Spehr. 16 ggr. | ✻ **Für 3 Flöten.** — Paris, Brandus u. Dufour. 4 fr. 50 c. | Arr. v. Mossmann: M. Schlesinger. 3 fr. 75 c. | ✻ **Für 2 Flöten.** — Arr. v. Berens: Hamburg, Cranz. 10 sgr. ‖ Lyon, Arnaud. 2 fr. 50 c. ‖ Mailand, Ricordi. 2 L. ‖ Paris, Dufaut u. Dubois. 3 fr. | Petit. 2 fr. 25 c. | Petitben. 3 fr. | Richault. 4 fr. 50 c. | Schonenberger. 2 fr. ‖ Wien. Weigl. 30 xr. | ✻ **Für 1 Flöte.** — Wien, Weigl. 15 xr. | ✻ **Für Flöte od. Violine.** — Braunschweig, Spehr. 12 gr. | ✻ **Für Flöte, Violine u. Guit.** Wien, Diabelli u. C. 45 xr. | ✻ **Für Guit. u. Flöte (od. Violine).** — Arr. v. Diabelli: Berlin, Schlesinger. 15 sgr. ‖ Bonn, Simrock. 2 fr. Wien, Diabelli. 45 xr. | ✻ **Für Guit. u. Violine.** — Paris, Richault. 3 fr. 75 c. | ✻ **Für 2 Clarinetten.** — Paris, Dufaut u. Dubois. 3 fr. | Schonenberger. 3 fr. | ✻ **Für Cornet à piston (Saxhorn).** — Paris, Cotelle. 3 fr.

C. Arrangements ohne Text. 1) Die vollständige Oper mit Ouvertüre, auch nur eine Anzahl Nummern zusammen. ✻ **In vollständiger Partitur für Militär-Musik.** — Arr. v. Weller: Berlin, Schlesinger. Mit Ouvert. 11⅔ thlr. | **Als Nonett für 2 Flöten, 2 Ob., 2 Clar., 2 Hörn. u. Fag.** — Arr. v. Flachs: Leipzig, Hofmeister. 2⅓ thlr. | ✻ **Als Quartette. 1) Für 2 Violinen, Viola u. Cello.** — Arr. v. Henning: Berlin, Schlesinger. 5 thlr. ‖ Arr. v. Küffner: Mainz, Schott. 5 fl. 36 xr. ‖ Als »Robin des Bois«: Paris, Cotelle. 30 fr. | Janet u. C. 18 fr. | Maur. Schlesinger. 18 fr. | Schonenberger. 12 fr. ‖ Wien, Artaria u. C. 2 fl. | Arr. v. Pössinger, ohne Ouvert. u. Fin.: H. 7 fl. | **2) Für Flöte, Violine, Viola u. Cello.** — Arr. v. Küffner: Mainz, Schott. 5 fl. 36 xr. ‖ Paris, Cotelle. 30 fr. | Janet u. C. 18 fr. | M. Schlesinger. 18 fr. ‖ Wien, Artaria u. C. 2 fl. | Arr. v. Pössinger: Weigl. 6 fl. | ✻ **Für Pfte. zu 4 Hdn.** — Arr. v. Klage: Berlin, Schlesinger. 4 thlr. | Arr. v. Diabelli: Ebend. 4 thlr. | Neue Ausg. Ebend. 1½ thlr. | Neueste Ausg. Schlesinger (Lienau). 25 sgr. ‖ Augsburg, Gombart. ‖ Braunschweig, Litolff. 28 sgr., jetzt 17½ sgr. ‖ Hamburg, Cranz. 3⅓ thlr. ‖ Arr. v. Herbert: Leipzig, Seitz. 5 thlr. Offenbach a. M., André. 5 fl. 24 xr. *n.* ‖ Arr. als »Robin des Bois« v. Decourcelle: Paris, Gérard. 7 fr. 50 c. ‖ Arr. v. Diabelli: Wien, Diabelli u. C. 6 fl. | Arr. v. Payer: Mechetti. 4 fl. | Arr. v. Schmid: Weigl. 3½ thlr. | ✻ **Für Pfte. zu 2 Hdn.** — Berlin, Schlesinger. 2⅔ thlr. Neue vollständige Ausg. Ebend. 3¼ thlr. | Neueste Ausg. Ebend. 25 sgr. | Leicht v. Diabelli: Ebend. 1⅙ thlr. ‖ Barcelona, Vidal y Roger. ‖ Braunschweig, Litolff. 8°. 10 sgr. ‖ Leipzig, Peters. ½ thlr. ‖ Arr. v. Rimbault: London, Chappell u. C. 5s. | Arr. v. Devaux: Cramer u. C. 6s. ‖ Mailand, Ricordi. ‖ Mainz, Schott. 2 fl. *n.* ‖ Paris, Schonenberger. 5 fr. *n.* ‖ Wien, Cappi u. Diabelli. 6 fl. | Arr. v. Diabelli: Diabelli u. C. 6 fl. | Arr. v. Leidesdorf: Haslinger. 4 fl. | Arr. v. Payer: Mechetti. 4 fl. | Arr. v. Schmid: Weigl. 5 fl. 45 xr. | ✻ **Für Pfte. u. Violine.** — Arr. v. Brand: Mainz, Schott. 6 fl. | ✻ **Für Pfte. mit Violine od. Flöte ad lib.** — Paris, Richault. 24 fr. | ✻ **Für Pfte. u. Flöte.** — Arr. v. L. Horzitzky: Berlin, Schlesinger. | ✻ **Für Pfte. u. Czakan.** — Ebend. 1⅙ thlr. ‖ Wien, Diabelli. 45 xr. | ✻ **Für Harfe, Flöte (od. Violine) u. Cello.** — Paris, Schonenberger. En 3 suites, chaque à 10 fr. 50 c. | ✻ **Für 2 Violinen.** — Arr. v. Henning: Berlin, Schlesinger. 3 thlr. | Arr. v. Diabelli: Ebend. 1⅔ thlr. ‖ Arr. v. Busch: Offenbach a. M., André. 1 fl. 30 xr. ‖ Als »Robin des Bois«: Paris, Dufaut u. Dubois. 7 fr. 50 c. Richault. 5 fr. | Maur. Schlesinger. 9 fr. | Schonenberger. 7 fr. 50 c. ‖ Arr. v. Diabelli: Diabelli u. C. 2 fl. 30 xr. ‖ Arr. v. Pössinger: Weigl. 1 fl. 30 xr. | ✻ **Für 1 Violine.** — Paris, Lafleur. 1 fr. 75 c. *n.* | ✻ **Für 3 Flöten.** — Paris, Brandus u. Dufour. 7 fr. 50 c. | Arr. v. Mossmann: Maur. Schlesinger. 7 fr. 50 c. | ✻ **Für 2 Flöten.** — Arr. v. L. Horzitzky: Berlin, Schlesinger. 1½ thlr. | Arr. v. Diabelli: Ebend. 1 thlr. ‖ Braunschweig, Spehr. 14 ggr. ‖ Mailand, Ricordi. 4 L. ‖ Arr. v. Küffner: Mainz, Schott. 1 fl. 30 xr. ‖ Paris, Dufaut u. Dubois. 7 fr. 50 c. | Maur. Schlesinger. 7 fr. 50 c. | Richault. 7 fr. 50 c. ‖ Wien, Diabelli u. C. 1 fl. 45 xr. | Arr. v. Pössinger: Weigl. 1 fl. 30 xr. | ✻ **Für 1 Flöte.** — Arr. v. Diabelli: Berlin, Schlesinger. 1⅓ thlr. ‖ Braunschweig, Spehr. 8 ggr. ‖ Hannover, Bachmann. 10 ggr. ‖ München, Falter. 48 xr. ‖ Paris, Pleyel. 2 Livr. à 3 fr. 75 c. | Maur. Schlesinger. 4 fr. 50 c. ‖ Wien, Diabelli u. C. 1 fl. ‖ Wolfenbüttel, Holle. 4 sgr. | ✻ **Für Flöte (od. Violine) u. Guit.** — Arr. v. Diabelli: Berlin, Schlesinger. 1⅔ thlr. ‖ Paris, Richault. 9 fr. ‖ Arr. v. Diabelli: Wien, Diabelli u. C. 2 fl. 30 xr. | Spina. 2 fl. 30 xr. | ✻ **Für 2 Clar. u. Fag.** — Arr. v. Sundelin: Berlin, Schlesinger. 3⅓ thlr. | ✻ **Für 2 Clarinetten.** — Paris, Schonenberger. 7 fr. 50 c. | ✻ **Für Cornet à piston (Saxhorn).** Arr. v. Sinsoilliez: Paris, Lafleur. 1 fr. 75 c. | ✻ **Für 2 Guit.** — Arr. v. Diabelli: Berlin, Schlesinger. 1⅓ thlr. ‖ Ebenso. Wien, Diabelli. 2 fl. | ✻ **Für 1 Guit.** — Arr. v. Diabelli: Berlin, Schlesinger. ⅔ thlr. ‖ Ebenso. Wien, Diabelli. 1 fl. | ✻ **Für Guit. u. Violine.** — Offenbach a. M., André. 1 fl. 3 xr. ‖ Paris, Dufaut u. Dubois. 4 fr. 50 c. | ✻ **Für Guit. u. Czakan.** — Arr. v. Diabelli: Berlin, Schlesinger. 1 thlr. ‖ Ebenso. Wien, Diabelli u. C. 1 fl. 30 xr. | ✻ **Für Czakan u. Pfte.** — Ebend. | ✻ **Für 1 Czakan.** — Arr. v. Diabelli: Berlin, Schlesinger. ½ thlr. ‖ Ebenso. Wien, Diabelli u. C. 45 xr. | ✻ **Für 2 Czakans.** — Wien, Diabelli u. C. 1 fl. 15 xr. — **2) Diverse Nummern einzeln, auch mehrere zusammen, jedoch ohne Ouvertüre.** (Wegen Ueberfülle des Stoffs können die Nummern hier nicht einzeln benannt werden.) — ✻ **Für vollständige Militär-Musik.** — Leipzig, Hofmeister. ‖ Arr. v. Streck: München, Streck. | Paris, Richault. | ✻ **Als Nonett für Harmonie-Musik.** — **Für 2 Clar., 2 Ob. (oder 2 Clar. in C), 1 Flöte, 2 Hörn. u. 2 Fag.** arr. v. Brod: Paris, Petit. | ✻ **Als Septette. 1) Für Terzflöte, Clar., Bassethorn, 2 Hörn. u. 2 Fag.** — Arr. v. Küffner: Mainz, Schott. | **2) Für 2 Clar., 2 Ob. (od. 2 Clar. in C), 1 Flöte, 2 Hörn. u. 2 Fag.** — Arr. v. Brod: Paris, Petit. | ✻ **Als Sextett für 2 Clar., 2 Hörn. u. 2 Fag.** — Paris, Petit. | ✻ **Als Quintett für Harfe u. Pfte. mit Flöte, Violine u. Cello ad lib.** — Paris, Petit. | ✻ **Als Quartette. 1) Für 2 Violinen, Viola u. Cello.** — Wien, Steiner. | **2) Für Harfe,**

Pfte. mit Flöte od. Violine u. Cello ad lib. — Paris, Schonenberger. | ✳ Für 2 Violinen. — Mailand, Ricordi. ‖ Mainz, Schott. ‖ Offenbach a. M., André. ‖ Paris, Brandus u. Dufour. | Richault. ‖ Wien, Diabelli u. C. | ✳ Für Pfte. zu 4 Hdn. — Berlin, Schlesinger. ‖ Hamburg, Böhme. Mainz, Schott. ‖ Offenbach a. M., André. ‖ Wien, Artaria u. C. | Haslinger. | Steiner. ✳ Für Pfte. zu 2 Hdn. — Berlin, Schlesinger. | X. 3 u. 8 bearb. v. Ad. Henselt. Ebend. | Paez. Augsburg, Gombart. ‖ Leicht v. Bornhardt: Braunschweig, Meyer. | Spehr. | Breslau, Weinhold. ‖ Erfurt, Bartholomäus. ‖ Hamburg, Böhme. | Cranz. ‖ Hannover, Bachmann. ‖ Kruschwitz. | Kopenhagen, Lose u. Olsen. | London, Novello u. C. ‖ Magdeburg, Lehmann. ‖ Mailand, Ricordi. ‖ Mainz, Schott. ‖ München, Aibl. | Falter. ‖ Paris, Aulagnier. ‖ Prag, Berra. ‖ Wien, Artaria u. C. | Cappi u. C. | Diabelli u. C. | Haslinger. | Mollo. | Steiner. | Weigl. | Witzendorf. | ✳ Für Pfte. u. Flöte. — Arr. v. Köhler: Hamburg, Böhme. | ✳ Für Pfte. u. Flöte ad lib. — London, Cramer u. C. | ✳ Für Pfte., Harfe u. Flöte od. Violine. — Offenbach a. M., André. | ✳ Für Pfte. u. Harfe. — London, Cramer u. C. | ✳ Für 4 Flöten. — Braunschweig, Spehr. | Hannover, Bachmann. | ✳ Für 2 Flöten. — Ebend. ‖ Magdeburg, Lehmann. ‖ Mailand, Ricordi. Mainz, Schott. ‖ Offenbach a. M., André. ‖ Paris, Richault. | Schonenberger. | ✳ Für 1 Flöte. — Offenbach a. M., André. | ✳ Für 2 Clarinetten. — Paris, Dufaut u. Dubois. | ✳ Für 1 Clarinette. — Paris, Joly. | ✳ Für Cornet à piston Saxhorn. — Paris, Schonenberger. | ✳ Für Guit. — Lyon, Arnaud. ‖ Mainz, Schott. ‖ Paris, Joly. ‖ Prag, Marouschek. | ✳ Für Guit. u. Violine. — Offenbach a. M., André ‖ Paris, Richault. | ✳ Für Guit. mit Violine ad lib. — Offenbach a. M., André. ‖ Paris, Dufaut u Dubois. | ✳ Für Guit. u. Flöte. - Braunschweig, Spehr. ‖ Hannover, Bachmann. ‖ Lyon, Arnaud. ‖ Offenbach a. M., André. | ✳ Für Guit. u. Flöte ad lib. — Mailand, Ricordi. | ✳ Für Guit. u. Flöte od. Violine. — Mainz, Schott. | ✳ Für Harfe. — London, Cramer u. C. ‖ Paris, Schonenberger. | ✳ Für Zither. — Nürnberg, Schmid. | ✳ Für Orgel zu 4 Hdn. — London, Novello u. C. | ✳ Für Harmonium. — London, Chappell u. C. ‖ Stuttgart, Zumsteeg. | ✳ In der Lpz. A. Mus. Ztg. 1821 p. 829 wird eines Arrangements von Stücken für die Maultrommel jews-harp erwähnt.

Anmerkungen. a. *Characterisirung*.

Es war Mozart, der mit seiner »Zauberflöte« einen bis dahin niemals dagewesenen künstlerischen wie volksthümlichen Erfolg errang; doch so gross derselbe auch war, der des »Freischütz« überbot ihn. Die Geschichte der Oper hat von keiner gleichen, so allgemeinen enthusiastischen Erregung zu berichten, als von derjenigen, die dies Werk bei seinem ersten Erscheinen hervorrief. Aber nicht nur wegen dieses augenblicklichen Durchschlagens, sondern vorzüglich wegen der Nachhaltigkeit seines ersten Erfolges, die in seinem wahren Kunstwerthe beruht, zählt der Freischütz zu den Hauptwerken unserer vornehmsten dramatischen Tonmeister. Schon ein halbes Jahrhundert ist er der Liebling des deutschen Volkes, und zwar trotz der schroffen Antipathieen bei den Gegnern jeder Neuentwickelung, trotz der Einwirkung erregtester Parteileidenschaft im Anfang seiner Laufbahn, trotz der unglaublichen Entstellungen und Verstümmelungen bei seinen Aufführungen wie in seinen gedruckten Ausgaben, und endlich trotz des in späterer Zeit über ihn hereingebrochenen Geschicks, fast überall zu einer Art von rettendem Lückenbüsser verwendet zu werden. Dies Werk war es, durch das sich W. als Träger eines neuen Princips für das musikalische Drama, als den eigentlichen Schöpfer der romantischen Oper verkündete. (S. Einleitung p. 3.) — Obgleich die Sprache, in der der Freischütz componirt wurde, keine Weltsprache war, wie Gluck's und Mozart's Französisch und Italienisch, so wurde er dennoch eine Weltoper, denn, nachdem er das Vaterland, das ihn gebahr, schnell erobert hatte, zog er eben so siegreich über die ganze civilisirte Welt. Deutschland anlangend, dürfte sich in demselben kaum eine Stadt finden, die ihn nicht gegeben hätte. Von den stolzen Räumen königlicher und fürstlicher Bühnen bis zum kleinen Winkeltheater herab, überall erklang seine Musik mit immer gleichem Erfolge; der glänzende Concertsaal, das fürstliche Prunkgemach, das Studirzimmer des Künstlers wie das des Gelehrten, der trauliche Familienkreis, das bescheidene Stübchen des entzückten Studenten, die stille Klause des Dorfschulmeisters, ja Feld und Wald tönten von ihr wieder. Und weiter: wohin in Europa die musikalische Kunst gedrungen, da haben die Freischütz Weisen sich hingefunden und sich einen Boden gewonnen, der fortan von deutscher Kunstempfindung und Gefühlstiefe betrachtet bleibt; weithin über das Weltmeer flogen sie, ja, um den Erdball (s. Anm. d. Schluss) und wo dort nur deutsche Zungen reden, da sind jene Klänge, die die Herzen lebendiger schlagen machen und das deutsche Vaterland in seinen tiefsten Farben vor die Seele zaubern. So wurde der Freischütz zugleich ein glänzender Vorfechter deutschen Geistes; denn man kann von ihm mit Recht behaupten, dass er die deutscheste aller Opern ist. (S. Anm. d. Paris.) So deutsch auch »Zauberflöte«, »Entführung«, Spohr's »Faust«, so schliessen sie doch mancherlei ein, das in italienischem Boden wurzelt, wogegen dem ganz deutschen »Fidelio« wieder die zündende Gewalt beim Volke fehlte. Des Freischütz Reise um die Welt war ein Eroberungszug innerlichsten deutschen Wesens; freilich nicht im beschränkt nationalen Sinne, sondern in dem Sinn, in welchem das deutsche Volk seinen **Schiller** zugleich den **deutschesten** Dichter und den grossen **Kosmopoliten** nennt. Die ideale Verklärung, die schlagende Wahrheit der Characteristik, mit Einem Worte, die Tiefe **rein menschlichen Empfindens**, das sind die Eigenschaften, die überall zünden und die Herzen fesseln. Die dramatische Sprache Schiller's wie W.'s Musik gehen aber auf diesen künstlerischen Kernpunkt des Lebens, auf das Leben des Gemüthes; vor allem im Freischütz ist keine einzige Gefühlsäusserung um der theatralischen Staffage willen da, sondern jede entquillt der unmittelbarsten Nothwendigkeit. Solche Sprache ist eben **allgemein verständlich**, sollte selbst manche Nationalität nach gewissen Seiten hin dies Verständniss erschweren. Uns **Deutsche** traf diese Sprache mit doppelter Gewalt, denn wir hatten zugleich die meiste Empfänglichkeit für jenen Hauch des Ahnungsvollen und Dämonischen, der alle Theile der Oper, auch die heterogensten, wie ein verwandtschaftlicher Zug durchdringt; denn in staunenswürdiger Weise hat W. es verstanden, in jeder einzelnen Scene ein und denselben Farbenton durchschimmern zu lassen, sie in ein und dieselbe Gesammtbeleuchtung zu rücken — bei aller Einfachheit des Ausdrucks und benutzten Mittels um so unwiderstehlicher in seiner Wirkung. — Das Alles schuf den unermesslichen Erfolg! Nur der, der jene Zeit erlebt, kann davon erzählen, erschöpfend schildern — kaum! —— Und nun die Wirkung dieser Musik auf **Kunst und Künstler**? — Auch hier musste sie eine gewaltige sein. Die anfänglich erstandene Gegnerschaft verschwand bald unter der Hingabe einer jugendlichen Künstlerwelt an den Zauber des Ursprünglichen in Melodie, Harmonie und Instrumentation. Bis ins kleinste Details neugestaltet stand Form und Ausdruck des musikalischen Dramas vor den erstaunten Kunstjüngern. Was jetzt nach fünfzig Jahren bereits Eigenthum **Aller** geworden, trat damals, wie einst bei jenen oben erwähnten Kunstheroen, mit frischbefruchtender Gewalt ins Leben. — Es liegt nahe, hier auf die Spitzen aller Nachfolgerschaft W.'s zu blicken, indem wir nur auf die beiden ersten seiner Hauptwerke eine solche Ausschau ausdehnen. Da finden wir als jene Spitzen, zunächst im Gefolge des Freischützen: **Marschner** (Vampyr, Heiling), **Meyerbeer** (Robert) und **Wagner** (Fliegender Holländer), sodann der Euryanthe: wieder Meyerbeer (Hugenotten) und Wagner (Tannhäuser, Lohengrin) (s. Einleitung p. 2 »Leitmotiv« u. unten Anm. f.). Wie W. selbst auf **Mendelssohn** und **Schumann** im Allgemeinen gewirkt, wenn auch in diesen nur in feinster vergeistigter Umbildung empfangener Eindrücke — wer dürfte dies verkennen? — Das sind in Kürze **Erfolg und Wirkung** der Kunst unsres Meisters, zuerst hervorgerufen von seinem »Freischütz«, Wirkungen, die bis zum heutigen Tage fortbestehen, und wenn auch, im Verlaufe der Zeit, immer weniger klar lebendig im Bewusstsein der grossen Welt, so doch stets neu sich erzeugend, wie Kreise auf dem Spiegel der Flut.

b. *Zur Geschichte des Textes der Oper.* Was die alte **Volkssage** vom Freischützen anlangt, so wurzelt sie hinsichtlich des »wilden Jägers« wohl in grauester Vorzeit des germanischen Stammes. Fr. Kind theilt in seinem »Freischütz-Buch« (Leipzig, Göschen, 1843) unter »Erläuterungen aus Sprache und Geschichte« p. 211 manches dahin Gehörige mit. Aug. Apel aber war es, der in Gemeinschaft mit Fr. Laun (1. Theil ihres »Gespenster-Buches« Leipzig, Göschen, 1810) die betreffende Volkssage »der Freischütz« erscheinen liess. Welch eigne Anziehung auf anderweitige literarische und künstlerische Benutzung sie ausübte, beweist sich durch die Verwendung derselben zu einem Schauspiele dieses Namens von A. **Gleich**, Sept. 1817 in Wien gegeben, und die von L. **Spohr** intendirte Composition einer gleichnamigen Oper, von der dieser jedoch abstand, als er erfuhr, dass W. bereits eine solche unternommen. Besonders bemerkenswerth ist es zugleich, dass W. schon 1810 die Composition des Freischütz-Stoffes ins Auge fasste. Gleich nach dem Erscheinen des »Gespensterbuches« in demselben Jahre fanden er und sein Freund Alex. v. **Dusch** es auf dem Schlosse Neuburg bei Heidelberg, wo beide sich damals im Sommer aufhielten, zufällig vor. Bald war ein Scenarium des »Freischütz« entworfen, von Dusch wurden sogar einige Scenen niedergeschrieben. Die Fortführung der Sache unterblieb, da Dusch sich durch dringende Arbeiten daran verhindert sah, und W. wendete sich bald nachher der Composition seines »Abu Hassan« zu, dessen Textbuch er seit Anfang des Jahres in Händen hatte. — So waren denn am

13. Janr. 1817. wo W. als K. S. Kapellmeister nach Dresden kam, seit der Vollendung
des Abu Hassan am 12. Janr. 1811 genau sechs Jahre vergangen. In dieser ganzen Zeit
hatte die dramatische Composition bei ihm geruht: denn obwohl es ihn unablässig zu
derselben gedrängt hatte, war es ihm doch nicht gelungen, eine Operndichtung zu finden,
die seinen Wünschen entsprach. Am 10. Oct. 1816 hatte W. auf seiner Reise von Prag nach
Berlin in Dresden den nachmaligen Dichter des Freischützen, F r i e d r i c h K i n d kennen
gelernt, und schon neun Tage nach seiner Ankunft in Dresden 1817 finden wir ihn bei
Kind »zum Thee«, wie es in W.'s Tagebuche heisst, womit in Kürze die Vereinigung
dresdener Dichter und Künstler gemeint ist, die unter dem Namen »Dichterthee«, später
»Liederkreis«, zum Zwecke literarischer und künstlerischer Bestrebungen sich regel-
mässig, und bei den verschiedenen Mitgliedern der Gesellschaft umgehend, zusammenfand.
Nachdem W. am 19. Febr. d. J. wieder hiebei mit Kind zusammengetroffen, schreibt
er seiner Lina, der Braut, Sängerin in Prag am 20.: »Heut Abend im Theater sprach
ich Friedr. Kind: den hatte ich gestern so begeistert, dass er gleich heute eine Oper für
mich angefangen hat. Morgen gehe ich zu ihm, um den Plan in's Reine zu bringen.
Das Süjet ist trefflich, schauerlich und interessant: der Freischütz. Ich weiss nicht, ob
du die alte Volkssage kennst«. In der That finden wir W. andern Tags, am 21. laut
Tageb., bei Kind zu einer dreistündigen Conferenz über den »P r o b e s c h u s s«, denn so
sollte die neue Oper benannt werden, und — nach sieben Tagen liegt das Gedicht beendet vor. Am 23. empfängt W. von Kind den 1. Act, am 26. findet die Lesung des zweiten, am 1. März die des Endes der Oper statt. W. schreibt an Lina darüber an diesem
Tage: »Zu Kind, der — stelle dir vor — schon mit der g a n z e n O p e r f e r t i g i s t. Es
hat ihm keine Ruhe gelassen; er war so erfüllt von seinem Stoff, dass er alles liegen
liess und Tag und Nacht arbeitete. Sie ist abermals umgetauft worden und heisst nun
»d i e J ä g e r s b r a u t«. Ich hoffe, es soll von grosser Wirkung sein. Es ist viel Abwechslung darin und Gelegenheit, auch den grössten scenischen Apparat von Decorationen
etc. anzubringen, doch auch so, dass man sie überall geben kann. Im Ganzen ist der Character schauerlich, kommt auch der S p a n d l t a n k e r l« (österreich. Scherzname für Teufel)
»drin vor als s c h w a r z e r J ä g e r. Gelt, möchtst gern die Geschichte wissen? Muss Dir's
wohl schicken!« — Hier hören wir von dem zweiten Namen der Oper: »Die Jägersbraut«.
Er wurde von W. bis ins Jahr 1820 beibehalten, wo er ihn, also noch vor Aufführung der
Oper, schliesslich auf Vorschlag des Grafen Brühl, des Intendanten der Berliner Hofbühne,
in »D e r F r e i s c h ü t z« umwandelte. — Aber noch eine andere wesentlichere Veränderung wurde vorgenommen, und zwar mit der Dichtung, die anfänglich 4 Acte umfasste,
und dies auf Anregung der Braut W.'s. Sie, die Bühnenkundige, war es, auf deren
dringenden, immer wiederholten Vorschlag zwei die Oper ursprünglich eröffnende Scenen
zwischen Eremit und Agathe, gänzlich verworfen wurden und der Anfang in der jetzt
bestehenden Weise festgestellt ward. Die Verhandlungen gingen darüber hin und wider
bis zum 24. Mai, wo W. an Lina schreibt: »Um 10 Uhr früh zu Kind, und da sassen
wir über der Jägersbraut bis 1 Uhr. Aber nun! hoffe ich, kriegt sie ein ander Gesicht
und wird gewiss viel Wirkung thun. Auch der Schluss wird etwas anders und besser.
Diese Verbesserung habe ich Dir, mein guter Schneefuss, eigentlich zu danken; denn
Du fasstest zuerst den kühnen Gedanken, den ganzen ersten Akt« (der ersten Bearbeitung in 4 Acten, der bis zum Beginn des jetzigen ersten reichte und jene Scenen zwischen Eremit und Agathe enthielt) »wegzuwerfen und auch den Einsiedler. — Wett,
wett!« Weg!«schriest du immer. Nun ist er zwar nicht g a n z wett! aber er erscheint
erst, wo Agathe vom Schusse scheinbar getroffen, in seine Arme sinkt, und versöhnt
und heilet das Ganze. Kind geht nun frisch darüber her und ich dann auch. Ich sammle
schon allerlei Ideen, die ihre Schuldigkeit thun sollen«. — Heinrich M a n n s t e i n vindi-
cirt in seinen »handschriftlichen Denkwürdigkeiten etc.« auszugsweise mitgetheilt in der
Leipz. Neuen Zeitschrift für Musik unter Brendel's Redaction 1863 in N. 15 p. 123 u. ff.
daselbst) dem berühmten Gesanglehrer Joh. M i k s c h, von 1820 an Chordirector in Dresden unter W. den Gedanken, die eben besprochenen Anfangsscenen der Oper zu verwerfen, und zugleich das Verdienst, W. zu Annahme desselben bestimmt zu haben. Als
eigentlicher Sachverhalt bleibt jedoch unbedingt wohl derjenige anzusehen, der nach W.'s
eben angezogenem Briefe als solcher sich ergibt. — K i n d war es schwer geworden, in
diese Aenderung zu willigen; auch hat er in den verschiedenen Ausgaben seines Frei-

schütz - Textes denselben jedesmal mit jenen nicht componirten ersten Scenen drucken lassen, zum letzten Male in seinem schon erwähnten »Freischütz-Buch«, welches ausser der Operndichtung eine ziemliche Menge interessanten Stoffes in Bezug auf die Sache enthält. Vielleicht ist diese seine Mittheilung der in der Composition fortgebliebenen Scenen der Grund der immer wieder auftauchenden Nachfrage wegen einiger von W. componirt-, aber nicht veröffentlicht-seinsollender Stücke zum Freischütz. Ueber jeden Zweifel hinaus steht jedoch fest, dass Alles, was er zu dieser Oper componirte, auch veröffentlicht wurde und nicht das kleinste Stück davon nicht zum Drucke gelangte. (S. Anm. **d.** London.'

e. *Zur Geschichte der Composition der Oper.* Der Freischütz ist unter allen Opern W.'s diejenige, an der er am längsten geschrieben. Nicht dass etwa die Quelle des Schaffens ihm hiebei träger geflossen sei — nein, wie bei seinen übrigen Schöpfungen sprudelte sie ihm rasch und reichlich; aber ihr Lauf wurde erschwert, zu Zeiten vollständig gehemmt durch Hindernisse mannigfaltigster Art. Diese waren zuvörderst die grosse Last des Dienstes, die auf ihm ruhte, — er hatte die neue deutsche Oper in Dresden von Grund aus herzustellen, und dies neben seinem Kirchen-Dienste und dem am Hofe unmittelbaren — dann die von diesem Dienste untrennbaren nöthigen Gelegenheits-Compositionen zu Hoffestlichkeiten aller Art; ferner die Erfüllung eingegangener Verpflichtungen betreffs der Lieferung einer sehr namhaften Anzahl bedeutender Compositionen; denn W. schrieb vom 2. Juli 1817 bis zum 13. Mai 1820 noch nebenher: 2 grosse Messen (mit 14 Nummern), 2 grosse Festcantaten 16 N.', 3 kleinere Festmusiken 10 N.), die Jubelouvertüre, die Musik zu 14 verschiedenen Theaterstücken mit 27 Nummern, die grosse Arie zu Lodoiska, 29 Lieder, 5 bedeutende Clavierwerke (17 Sätze), 1 Solfeggien und die Clavier-Auszüge seiner Oper Abu-Hassan, der grossen Jubelcantate und zweier grossen Concert-Arien, »einige Clavier-Etüden« ungerechnet, im Ganzen also 121 unter sich höchst verschiedene Arbeiten **während der Composition des Freischützen**, und derselben gänzlich heterogen, ohne dass der bewunderungswürdig festgehaltene Gesammtton derselben im Geringsten dadurch gelitten hat. — In Folge dess zerfiel nun die Composition dieser Oper in vier Perioden: 1., 1817, vom 2. Juli bis 25. Aug. 2.) 1818, 17. bis 22. Apr., 3., 1819, 13. März (Pause) 17. Sept. bis 20. Dez. 4.) 1820, 20. Febr. bis 13. Mai. — Die einzelnen *Compositions-Daten* giebt das Tagebuch wie folgt: 1817, Dresden, 2. Juli »die erste »Note von der Jägersbraut aufgeschrieben«. 3. »Schluss des Duetts in A♯ notirt«. 12. »Duett in A♯ vollendet seizzirt«. 6. Aug.: »Notirt N. 2. bis zum ⁵/₆«. 7. »Gearb. an »N. 2«. 10. »N. 2 vollendet seizzirt«. 25. »Gearbeitet Arie der Agathe in E♭ Allegro«. — 1818. 17. Apr.: »An der Arie N. 3 gearb.«. 21. »Abends gearb. N. 3. Arie«. 22. »Aria N. 3 vollendet entworfen«. — 1819. 13. März: »Aria Dmoll N. 5 in die Jägers-»braut seizzirt. 1. Act der Jägersbraut entworfen«. 17. Sept.: »Terzett N. 10 in der »Jägersbraut vollendet entworfen«. 23. Oct.: »zu instrumentiren angefangen an der »Jägersbraut«. 11. u. 16. Nov.: »gearb. Finale des 2ᵗᵉⁿ Acts«. 27. »Introduction voll-»endet«. 28. »N. 2 vollendet«. 29. »N. 3 vollendet«. 30. »N. 1 u. 5 und somit den »Ersten Act der Jägersbraut vollendet«. 1. Dez.: »N. 6 Duett vollendet«. 2. »N. 7 »Arietta vollendet«. 9. »N. 8. Scene der Agathe vollendet«. 13. »Terzett N. 9 vollen-»det«. 17. »Finale N. 10 entworfen«. 20. »Cavatine N. 12 entworfen und Chor N. 13« (Jungfernkranz). — 1820. 22. Febr.: »Gearb. Ouverture« Entre-Act. 5. März: »Gearb. Entre-Act«. 17. »Entre-Act vollendet«. 21. »Volkslied vollendet«. 21. »Jäger-»chor N. 14 (15) vollendet«. 26. »Cavatine Asdur N. 12 vollendet«. 29. »Neues »Duett im 2. Finale zwischen Caspar und Samiel gemacht«. 18. Apr.: »Finale des 2ᵗᵉⁿ »Acts gänzlich vollendet«. 22. »3ᵗᵉˢ Finale notirt«. 23. »3ᵗᵉˢ Finale vollendet notirt«. 5. Mai: »22 Seiten (!!) am letzten Finale instrumentirt«. 6. »Finale N. 15 vollendet«. 7. »An der Ouverture gearbeitet«. 11. »Ouverture gearbeitet«. 13. Mai: »Ouverture »der Jägersbraut vollendet u. somit die ganze Oper. Gott sei gelobt und ihm »allein die Ehre«. 14. »Sonntag — getauft zenst«. — 1821. 25. März: »Romanze des »Aennchen von Kind erhalten und sogleich entworfen«. 25. Mai. Berlin: »Romanze u. Arie »No: 13 zum Freischütz vollendet« — und zwar auf Wunsch der Sängerin des Aenn-»chens, Mlle. Eunike in Berlin, die noch auf eine zweite Arie drang. Den Clavierauszug der Oper vollendet W. 1820 am 17. Juni: am 25. sendet er ihn an den Verleger desselben, A. M. Schlesinger in Berlin und erhält von diesem das erste gestochene Exemplar am 5. Nov. d. J. mit dem Honorar von 220 Thlrn. (Notiz aus W.'s Opern-Honorar-Buch.) — Dem Zweck der vorliegenden Arbeit zu entsprechen: W., den Menschen, aus seinem künstlerischen Schaffen heraus sich spiegeln zu lassen und so ihn als solchen in seinen Werken wieder zu finden, möge hier Folgendes von grösserem Umfange aus *brieflichen Mittheilungen* von ihm seinen Platz finden. — Am 28. Mai 1817, also noch im Stadium innerlichen Schaffens am Freischützen, schreibt W. seiner Braut: »Mein vielge-»liebter Muks, Schneefuss und Schnuckeduzer. Ich muss heut mit einem schweren Be-»kenntniss zu dir kommen, welches du wohl nie von deinem Carl erwartet hättest; und »doch befiehlt mir, meiner eignen Ruhe wegen, mein ehrliebendes Gefühl, dir alles zu »entdecken. Ja, liebe Lina, ich kann es nicht länger bergen, dass mich seit einem Paar »Tagen eine andere unwiderstehliche Neigung abgehalten hat, dir zu schreiben. Ein »Mädchen, dessen Liebreiz ich dir nicht zu erzählen im Stande bin, hat mich ganz ge-»fesselt, und mit zwey Worten sei es gesagt, sie ist sogar meine Braut. Doppelt frevel-»haft erscheint dies Vergehen, weil sie auch Braut eines Andern ist. Aber dies Alles »hilft nicht nur nichts, sondern kettet mich unbegreiflicher Weise nur noch fester an sie. »Ja! ich muss dir alles entdecken: Nur Sie lebt in meiner Phantasie, jeden Augenblick »schwebt ihr Bild mir vor; mit glühender Liebe umfasse ich sie, und auch ihre Gegen-»liebe scheint mir gewiss; denn sie verlässt mich keinen Augenblick, ja, sie hat ihres »Vaters Haus verlassen, um nur mir anzugehören. Giebt es grössere Beweise von »Liebe? Ich erkenne es aber auch. In ihrer Blösse ist sie zu mir gekommen, ich will sie »mit meinem Herzblut nähren und kleiden mit dem Besten, was ich habe. Sie hat eine »unwiderstehliche Neigung zum Theater, und ich will ihr dazu verhelfen, obwohl ich alle »Gefahren kenne, die ihr da drohen. O meine geliebte Agathe, wirst du mir treu bleiben? »rufe ich oft aus. — Du kennst nun meine ganze Schuld — richte — aber verdamme »mich nicht! Wer kann für sein Gefühl, und wenn sie mich ganz gefangen hält, kann »ich dann Briefe schreiben?! — O ich bitte um Verzweiflung!!!! Alle Thränen, die »ich für sie weine, fallen wie Schwere-Noten aufs Papier — o! O!! — Nun!??? — — »Etsch! Etsch! Etsch! Es sollte mich sehr wundern, wenn du nicht auf eine halbe Se-»cunde ein ängstliches Gesicht gekriegt hättest! — Ja, aber es ist wahr, Mukin, die ver-»dammte Jägersbraut spukt mir recht im Kopfe, und wie es mir immer geht: wenn »ich so eine Riesenarbeit vor mir sehe, so verliere ich Anfangs allen Muth und verzweifle »fast daran, es zu Stande zu bringen und komme mir wie ein Ochs vor, dem nichts ein-»fallen will. Es geht aber denn doch am Ende, und diese oft bewährte Erfahrung tröstet »mich. Die Oper (der Text) ist wirklich vortrefflich geworden durch die neue Bear-»beitung: kurz, gedrängt, schönes Finale und andre Ensemble-Stücke; und nun glaube »ich, dass in dieser Gattung noch keine existirt. Gott gebe seinen Seegen dazu: das »entsetzliche Aufgaben darin und mein Kopferl wird mir oft brummen, schadt aber nitz«. Am 11. Juni schreibt W. wieder an Lina: » — ich sitze tief in meine Jägersbraut ver-»loren. Aber es ist kurios, wie die Vorliebe zu Allem, was nur in der entferntesten Be-»ziehung auf meine Mukin steht, sich so auffallend bewährt. Das Aennchen, das so ganz »deine Rolle wäre, zieht mich vor Allem an, und ich muss unwiderstehlich diese Sachen zu-»erst componiren, wobei du mir immer lebhaft vor Augen schwebst. Du wirst also meist »darin dein Portrait in einem neckischen, spitzbübischen Pumpernickel wiederfinden. »Wenn ich nur einmal die erste Note niedergeschrieben hätte, damit ein Anfang da wäre: »so lange das nicht geschehen ist, graut mir entsetzlich vor der ungeheuren Arbeit.«*) Am 21. Aug. schreibt er ferner an die Braut: »Gestern den 20. den ganzen Vormittag gear-

---

* Dies erinnert an einen andern Ausspruch W.'s im Briefe aus Gotha vom 1. Nov. 1812 an seinen Freund Lichtenstein in Berlin: — »ich bin ohnediess immer so gewissenhaft und »auf der Folter, wenn ich arbeite. Oft verzweifle ich an mir selbst und meinem Genius und »glaube mich zu schwach, ein Werk nach der Grösse meiner Ansicht, meines Wunsches voll-»enden zu können.« — aber auch an folgenden Ausspruch Beethoven's in einem Briefe aus Baden vom 9. Juli 1822 an Fr. Rochlitz werden wir hiebei erinnert, als ihn die Composition der neunten Sinfonie und der Missa solemnis beschäftigte und er sagt: »Seit langer Zeit bringe »ich mich nicht mehr leicht zum Schreiben. Ich sitze, und sinne und sinne; ich hab's lange, »aber es will nicht aufs Papier. Es graut mir vor dem Anfange so grosser Werke. Bin ich »dann drin, da geht's wohl«. — Mitgetheilt in Rochlitz »Für Freunde der Tonkunst«. Bd. 4. p. 258; auch in Ant. Schindler's Biographie Beethoven's. 3. Aufl. Bd. II. p. 51.

»beitet und recht viel an dich gedacht; ich arbeite nemlich an einer Scene der Agathe, »wo ich immer noch nicht das Feuer, die Sehnsucht, die Gluth erreichen kann, die mir »dunkel dazu vorschwebt; sie heisst am Ende nemlich: ‚All' meine Pulse schlagen, und »das Herz wallt ungestüm‘, hier folgt im Originale alles bis zum Schluss der Arie‘ ‚Gelt, »das ist schön? Ja, wenn's nur schon fertig wäre!« — Am 30.: »Den 27. die Arie comp., »deren letzte Strophe ich dir geschickt habe. Es soll etwas Feuer darin sein, und du »sollst seiner Zeit darüber urtheilen«. Seinem Freunde, Professor H. Lichtenstein in Berlin, schreibt er unter Anderm am 21. März 1821, nachdem also die Proben des Freischütz in Berlin bereits begonnen hatten, und mit Hinblick auf seine daselbst am 14. März d. J. zuerst gegebene Preciosa: »Ich glaube es gern, dass Ihr aus Manchem im »Freischützen nicht klug werden konntet. Es sind Dinge darin, die in dieser Weise noch »nie auf der Bühne waren, die ich daher ohne den mindesten Anhalt an schon Vorhande- »nes gänzlich aus meiner Phantasie schaffen musste. Gott gebe nur, dass ich das Rechte »getroffen. — Ich freue mich sehr, auch von dir zu hören, dass die Preciosa durchaus »gefiel: es ist ein guter Vorläufer für den Freischützen, denn es war doch manches Ge- »wagte darin, nach gewöhnlicher Handwerks-Ansicht«.

d. *Aufführungen.* Carl, Graf von Brühl, General-Intendant der königl. Schauspiele zu Berlin, ein Mann von hochgebildetem Geiste und edelstem Herzen, W.'s persönlicher Freund, hatte diesen schon 1818 bestimmt, den von W. damals seit einem Jahr etwa begonnenen »Freischütz« zuerst, und zwar als erste Oper in dem Schauspielhause in Scene gehen zu lassen, welches durch Schinkel zu Berlin eben neu erbaut wurde. So geschah es, dass dieser epochemachende Freischütz einem der herrlichsten Kunst- tempel die musikalische Weihe gab. — Singende Personen der Oper sind: So- prane: 1. Agathe, 2. Aennchen, 3. Brautjungfer; Tenore: 4. Max, 5. Ottokar; Bässe: 6. Kuno, 7. Caspar, 8. Eremit, 9. Kilian; Chor: Sopr., Alt, 3 Tenore, 2 Bässe — bei eben erwähnter Aufführung gesungen: 1. 2. u. 3. von Mad. Caroline Seidler. geb. Wranitzky, Mlle. Johanna Eunike u. Mlle. Henriette Reinwald, spätere Mad. Valentini; 4. u. 5. von den Herren Stümer u. Rebenstein; 6. bis 9. von den Herren Wauer, Blume, Gern u. Wiedemann; eine Rollenvertretung, die in solcher Vortrefflichkeit, rücksichtlich ihrer Gesammtheit und ihres Zusammenwirkens, wohl kaum irgendwo wieder statt gefunden, besonders in Bezug auf die Namen Seidler, Eunike und Blume, deren Träger »geborne Repräsentanten« ihrer Parthieen genannt werden mussten. Diese Erste aller Aufführungen des »Freischütz«, der ich beizuwohnen so glücklich war, fand 1821, und zwar am 18. Juni, dem Jahrestage von Belle-Alliance statt. Wie Deutschland einst an diesem Tage sich vom Joche der Fremdherrschaft be- freite, so entwand sich an ihm, 6 Jahre später, die deutsche Musik, der grade in diesem Momente besonders einflussreichen Herrschaft fremdländischer Kunstelemente; stand dem schlichten deutschen W. doch der geharnischte Spontini unmittelbar gegenüber, hinter diesem der mit berückenden Schmeichellauten vielleicht noch gefährlicher gewaffnete Rossini. In dem durch W. siegreich bestandenen Kampfe wurde dem deutschen Volke wiederum, und wie noch nie zuvor, das Bewusstsein gewonnen, auch in der musikalisch dramatischen Kunst seine eigne Stelle einzunehmen (s. Einleitung p. 4), zumal es einge- denk war, dass dieser »Freischütz« dem Sänger jener Vaterlandslieder entstammte, von denen nur kurze Zeit vorher ganz Deutschland wiederhallte. — Nachdem jetzt (November 1870, wo diese Zeilen dem Drucke übergeben werden) nahezu fünfzig Jahre seitdem ver- flossen, und wir in der noch grössere, für die Wiedergeburt unsres einigen grossen Vater- landes noch bedeutendere Zeit eingetreten sind, erscheint es wie ein prophetischer Finger- zeig, dass dies deutscheste aller musikalisch-dramatischen Werke grade in Berlin ins Leben trat, von hier aus alle heimathlichen Gauen in der Anerkennung deutscher Kunst vereinigte und den deutschen Ruhm weit über sie hinaus in alle Welt trug — gleichwie jetzt, wieder von Berlin aus, der Genius Deutschlands seinem Volke den Weg freige- geben hat, sich in hochherrlichem Ruhme zu endlicher fester Vereinigung für immer um ihn zu schaaren. — W.'s Tagebuch bringt an diesem 18. Juni folgende Notizen: »Abends »als erste Oper im neuen Schauspielhause: Der Freischütz. Wurde mit dem unglaub- »lichsten Enthusiasmus aufgenommen. Ouvertüre und Volkslied da Capo verlangt, über- »haupt von 17 Musikstücken 14 lärmend applaudirt, alles ging aber auch vortrefflich und »sang mit Liebe. ich wurde herausgerufen und nahm Mad. Seidler und Mlle. Eunike mit heraus, da ich der andern nicht habhaft werden konnte. Gedichte und Kränze flogen. — — — Soli Deo Gloria. — Drei Tage darauf meldet W. seinem Dichter von Berlin aus den glücklichen Erfolg, indem er schreibt: »Mein vielgeliebter Freund und Mitvater. Victoria können wir schiessen. Der Freischütz hat in's Schwarze getroffen. Die gestrige zweite Vorstellung gieng eben so trefflich wie die erste und der Enthusiasmus war abermals gross; zu morgen, der 3ten, ist schon kein Billet mehr zu haben. Kein Mensch erinnert sich eine Oper so aufgenommen zu sehen, und nach der Olimpia« (von Spontini, zum 1. Male am 11. Apr.), »für die Alles gethan wurde, ist es wirklich der vollständigste Triumph, den man erleben kann. Sie glauben aber auch nicht, welches Interesse das Ganze einflösst und wie vortrefflich alle Theile spielten und sangen. Was hätte ich darum gegeben, wenn Sie zugegen gewesen wären. Manche Scenen wirkten bei weitem mehr, als ich geglaubt, z. B. der Abgang der Brautjungfern. Ouvertüre und Volkslied wurde Da Capo verlangt; ich wollte aber den Gang der Handlung nicht unterbrechen lassen«. — »Ein bitter Tropfen in den Freudenbecher«, wie W. selbst sagt, war aber ein am Abend der ersten Vorstellung aus den Logen verstreutes anonymes Gedicht, das in seinen Schlusszeilen »Und wenn es auch keinem Elephanten gilt, du jagst wohl nach andrem edleren Wild!« direct einen Ausfall gegen Spontini einschloss. Der in dessen Olimpia auf der Bühne erscheinende Elephant war, als augenfälligstes Merkmal des äusserlichen Pompes dieser Oper, schon vielfach Gegenstand spöttelnder Bemerkungen geworden. In dieser ungehörigen Weise direct zu Gunsten W.'s angewendet, stachelte jenes Gedicht die Abneigung Spontini's gegen W. zu einer, wenn auch lange geheimen, doch später um so offneren und für W. nachtheiligeren Gegnerschaft auf. W. fühlte sogleich das Bedenkliche jener Huldigung und erliess schon am andern Tage, d. 19. Juni, für Ausführung und Aufnahme seiner Oper einen öffentlichen Dank, an dessen Schluss es heisst: »Ich würde den Beifall eines solchen Publikums nicht verdienen, wenn ich nicht hoch zu ehren wüsste, was hoch zu ehren ist. Ein Witzspiel, das einem berühmten Manne kaum ein Nadelstich sein kann, muss in dieser Weise für mich gesprochen, mehr verwunden als ein Dolchstich. Und warlich, bei dem Vergleich mit dem Elephanten könnten meine armen Eulen und andern harmlosen Geschöpfe sehr zu kurz kommen«. Obwohl schon damals Fr. Förster als Verfasser jenes Gedichts genannt wurde, als welchen derselbe sich auch in einem Briefe v. 21. Oct. 1861 an mich ausdrücklich bekannt so hielt doch der durch den Triumph des Freischützen schon erregte Spontini, selbst ungeachtet jener öffentlichen Ansprache W.'s, diesen Letzteren für den Verfasser »jenes Pasquills auf Olimpia«, wie wir dies später bei der Aufführung der Euryanthe in Berlin sehen werden. Die Hoffnung W.'s, in Berlin eine dauernde Stellung zu gewinnen, wurde durch diese Verhältnisse vollends vereitelt. — Den 1. Juli kehrte W. von seinem Triumphe in Berlin nach Dresden zurück. Hiebei ist eines schönen Zuges zu gedenken, dessen Mittheilung ich dem treuen Freunde des W.'schen Hauses, dem K. S. Kammermusiker G. Roth verdanke. Beim Oeffnen eines Koffers nemlich fand sich obenaufliegend der bei der ersten Aufführung dem Componisten gespendete Lorbeerkranz. Schnell ergriff W. ihn, und schmückte damit Mozart's Büste neben seinem Arbeitspulte, indem er ausrief: »Der gehört Dir!« — Neben den enthusiastischen Verehrern des »Freischütz« nach seinem Erscheinen in Berlin treten unter den Gegnern desselben besonders Zelter und E. T. A. Hoffmann hervor, Letzterer jedoch in ganz anderer Weise als Ersterer. Zelter verwirft in einem Briefe an Goethe (beider Briefwechsel III, p. 192) kurzweg das Ganze, unter Anderm mit den Worten: »Von eigentlicher Leidenschaft habe vor allem Gebläse wenig gemerkt. Die Kinder und Weiber sind toll und voll davon. Teufel schwarz, Jugend weiss, Theater belebt, Orchester in Bewegung, und dass der Componist kein Spinozist ist, magst Du daraus abnehmen, dass er ein so kolossales Nichts aus eben benanntem Nihilo erschaffen hat, etc.« — Hoffmann's Gegnerschaft gilt dagegen mehr, wie er in der berliner Vossische Zeitung 1821 N. 76 u. 77 sagt, der frazzenhaft poetischen Richtung jener Zeit: ihr angehörig erklärt er das Gedicht des Freischütz und geisselt es in schärfster Weise. Dass dies eben durch den Verfasser der »Elixiere des Teufels« und anderer Werke dieser Richtung geschieht, ist freilich seltsam und erregt starke Bedenken, wogegen sein Urtheil, als das eines trefflichen musikalischen Componisten von ganz anderer und wesentlicherer Bedeutung erscheint. Seine Anerkennung, dem musikalischen Theile der Oper gegenüber, gipfelt in Folgendem: »Seit Mozart ist nichts Bedeutenderes für die

deutsche Oper geschrieben als Beethoven's »Fidelio« und dieser »Freischütz«. W.
hat, so scheint es, alle in unzählige Lieder- und Instrumental-Compositionen zerstreuten
Strahlen seines erstaunenswerthen Genius kühn in einen Brennpunkt gesammelt, denn
mit allen seinen längst berühmten Eigenthümlichkeiten finden wir den interessanten Geist
hier wieder. etc.« »Die Meisterschaft in den Liedern und Chören der Oper ist so gross
und bewundernswerth, dass W. sich durch sie jetzt gewiss seinen Platz für die Un-
sterblichkeit gesichert haben würde — wäre der ihm nicht längst gewiss«. Hoffmann's
Ausstellungen an dem Werk sind dagegen in der Hauptsache folgende: der zweite Act
habe »nur *ein* vollendetes Musikstück«, die grosse Scene der Agathe; bei der
Wolfsschluchtscene, »dem Culminationspunkte der »»romantischen«« Oper, müsse vor
Allen den Decorateurs und Maschinisten »der gefühlteste Dank« gezollt werden, worin
alle »weiche Seelen« einstimmen würden; das Finale des dritten Acts ginge in den
Fehlern des Dichters so ziemlich verloren; das Haupt- und Schluss-Motiv der Ouverture
(zugleich das der grossen Scene der Agathe) »erscheine als ein Spontini'sches (!) und
der »böse Geist« habe auch aus Neckerei einen Augenblick die Vestalin in den Jägerchor mit eingeflochten« etc. — Nach 18 Monaten brachte der 25. Dez. 1822 schon
die funfzigste Vorstellung der Oper auf der berliner Bühne. Schon! denn damals war es
noch nicht Gebrauch wie jetzt, ein und dasselbe Werk an 50 und mehr aufeinanderfol-
genden Abenden unausgesetzt zu geben. Graf Brühl hatte W. eingeladen, diese Vorstellung selbst zu dirigiren, und W.'s Freunde hatten, an ihrer Spitze Lichtenstein, ein
Fest ihm zu Ehren veranstaltet. W. war aber verhindert, nach Berlin zu kommen und
sendete Lichtenstein folgendes Schreiben an die zu jener Feier versammelten Freunde,
das den Bescheidnen so liebenswürdig wie sprechend zeichnet: »Wenn jemals der Wunsch
»zu billigen war, des Fortunatus Wünschhütlein zu besitzen, so konnte er gewiss Nie-
»mand weniger verargt werden, als mir Armen, Reichen, wegen dem Grund seiner Ver-
»zweiflung Beneidenswürdigen. — Durch eine Reihe von Jahren habt Ihr meine Versam-
»melte mir so zahllose Beweise inniger Theilnahme, liebender Nachsicht und treuer
»Freundschaftswärme gegeben, habt den wohl oft wunderlichen Kauz so gerne gehätschelt,
»ermuthiget, erhoben, und ihm die rauhe Bahn zu ebnen gesucht, dass er es wohl für
»eine seiner schönsten Freuden auf Erden halten dürfte, den Abend, den Ihr seinem
»Andenken weiht, durch des Wünschhütleins Macht eine Stunde in Eurer Mitte hausen
»zu dürfen, um in seiner treuen Umarmung Euch fühlen und in seinen Augen lesen lassen
»zu können, wie über Alles wohlthuend ihm diese Erneuerung so manchen unvergess-
»lichen Abends ist, der einwirkend auf sein ganzes Seyn war. — Da es aber nichts hilft,
»dass ich singe »Wenn ich ein Vöglein wär« oder »Samiel hilf!« rufe, welches ich nun
»vollends gar für nichtig halte, so weiss ich doch, dass ich der Fortunatus — wenn
»auch ohne Wünschhütlein — bin! Denn man zeige mir noch einen Weber, der solche
»billige und ihn liebende Kaufherrn hat, als ich, die mit dem Herzen empfangen, was das
»Herz gegeben und somit auch aus diesen wenigen Zeilen den innigen Dank und die un-
»wandelbare Treue für sie herausfühlen werden, die kein Wort und kein Ton wiederzu-
»geben im Stande sind, die nur das Leben bewährt und auch nur mit ihm von mir schei-
»den werden. — Und nun mein Lebewohl aus der Ferne, indem es mich unwiderste-
»lich dazu drängt, Euch mit Matthisson zuzurufen: Fühlt Ihr beim seeligen Verliehren
»In treuer Freundschaft Zauberland Ein lindes geistiges Berühren Wie Zephirs Kuss an
»Lipp' und Hand. Und wankt der Kerze flakkernd Licht: — Das ist mein Geist, o zwei-
»felt nicht! — Dresden, am 18. Dez. 1822. Carl Maria von Weber.« — Als Graf
Brühl am 3. Januar. 1823 aber W. aufforderte, ihm eine Quittung über 100 Thlr. zuzusenden »als nachträgliches Honorar für den Freischütz bei der 50ten Aufführung desselben«, schreibt W. jenem am 13. d. Mts.: »Allerdings hat mir Hr. Professor Lichten-
»stein die Beweise der mich innig erfreuenden und rührenden Theilnahme meiner Freunde
»erzählt und dabei ausdrücklich erwähnt, mit welcher Vorsorge und Güte Sie, mein
»innigst verehrter Herr Graf, sich dabei in jeder Weise gezeigt und das Ganze durch
»Ihre Gegenwart geschmückt haben. Empfangen Sie dafür meinen herzlichsten und besten
»Dank. — Werden Sie nun aber nicht zürnen und mich wohl gar dünkelhaft schelten,
»wenn ich Sie bitte, die Summe von 100 Thlrn. ablehnen zu dürfen? Ich bin es seit
»Jahren so gewohnt geworden, in Ihnen mehr den ächten Freund der Kunst, alles Guten
»und Schönen, und den meinigen — als wie den Vorsteher einer Kunst-Anstalt — zu

»schen, dass ich nothwendig aus dem Herzen zu Ersterem sprechen muss. Er möge mich
»bei Letzterem vertreten. — Offenherzig bekenne ich daher, dass mich dieses Aner-
»bieten tief geschmerzt hat. Bei der Oeffentlichkeit, die leider jetzt in der Welt Allem
»Begleiter ist, kann es nicht fehlen, dass auch dies bekannt würde. Denken Sie Sich
»einen Artikel folgenden Inhalts: »»Die in 18 Monaten gefundene 50malige Wieder-
»»holung des Freischütz, wurde von unsrer geehrten General-Intendantur öffentlich be-
»»zeichnet. Dieser in den Annalen des Theaters so seltne Fall verdiente auch eine beson-
»»dere Auszeichnung, zumal, da dem Vernehmen nach, diese 50 vollen Häuser der Kasse
»»einen Ertrag von 50000 Thlrn. gebracht haben sollen««. (Laut amtlicher Quelle belief
sich derselbe für die ersten 51 Vorstellungen auf 37015 Thlr. is. J. V. Teichmann's liter.
Nachlass p. 145. Stgrt. Cotta. 1863.}) »»Man hat daher dem Komponisten ein
»»Geschenk von 100 Thlrn. angewiesen.«« — — »Dies ist also der Lohn —
»würde man sagen, — die Auszeichnung, die ein deutscher Komponist, der Kapellmeister
»eines benachbarten Königshauses — in Verhältnissen lebend, die ihn über Geldsorgen
»erheben — von der ersten deutschen Kunstanstalt. von dem, das vaterländische Talent
»so warm beschützenden Director derselben erlangen kann, wenn er einen bisher uner-
»hörten Erfolg erreicht hat. — Ich, der ich Ew. Hochgeboren Gesinnungen für mich
»persönlich kenne, weiss wohl, dass dies nicht Ihnen zuzuschreiben ist, dass Sie, trotz
»aller Macht und Ansehns, sich auch Verhältnissen beugen müssen, und, nach Ihrem
»Willen, Ihrer Einsicht, mich gewiss eben so in Verlegenheit gesetzt haben würden durch
»das Uebermaass Ihrer Güte, als es jetzt Gegentheils geschieht durch das, zu dem Sie
»sich veranlasst fühlten. — Aber was soll ich den täglich mich mündlich und schriftlich
»bestürmenden Anfragen, das Freischütz-Jubiläum betreffend, entgegenstellen? — Das
»freundliche Wort von Ihnen, das Bewusstsein Ihrer Liebe für mich, war mir genug.
»Wenn nichts Andres geschah, lag es gewiss nicht an Ihrem Willen, und dabei wollen
»wir es auch lassen; so will ich es betrachten, so will ich Jedem antworten. Ich bin nun
»einmal ein Deutscher. Was ist da zu erwarten: Möchten Sie doch, mein innig verehrter
»Herr und Freund, in meiner Seele lesen können und die kalten Buchstaben nicht miss-
»verstehen. Stets wird Dank und Liebe für Sie in mir leben«. — W.'s eigentliche Ansicht
über dies Anerbieten Graf Brühl's erhellt aus folgender Aeusserung in seinem Briefe vom
14. Janr. an Lichtenstein, dem er sein Schreiben an jenen abschriftlich mitgetheilt
hatte. »Ich glaube fest«, sagt er, »dass der Graf viel Gutes für mich im Sinne hatte, aber
»nicht durchdringen konnte und vielleicht jetzt nur diesen Brief und dies Aner-
»bieten mir schreiben liess. um Anderen zu zeigen, was aus solcher
»Geringschätzung hervorgehen müsse. Sollte man es nicht verschwören, in
»Deutschland Opern zu schreiben!« — — Das in 2 Raten 1820 u. 1821 von der Berliner Hofbühne W. für den »Freischütz« gezahlte Honorar betrug 80 Friedrichsdor. (Notiz
aus W.'s Opern-Honorar-Buch.) Nach seinem Tode am 5. Juni 1826 gab die Neun-
undneunzigste Vorstellung dieser Oper zu Berlin am 6. Nov. d. J. ihre volle Einnahme
von 1912½ Thlrn. an seine Hinterbliebenen ab; die hundertste folgte darauf am 26.
Dez. d. J., die zweihundertste am 26. Dez. 1840; gleich nach derselben wurden W.'s
Wittwe 100 Ducaten zugestellt, und zwar auf Befehl Königs Fr. Wilhelm's IV. nach dem
Vorschlage des kunstsinnigen Verehrers W.'s, des damaligen Gen.-Intendanten der berliner Hofbühne, Grafen W. v. Redern, nachmaligen Oberst-Kämmerers Sr. Maj. —
Der 10. März 1855 brachte die dreihundertste Vorstellung. Bis zum 15. Dezember 1870
haben 353 Aufführungen auf den berliner Hofbühnen statt gefunden. Die ersten 200
hatten laut amtlicher Quelle (Teichmann's Nachlass p. 116) eine Einnahme von nahezu
94000 Thlrn. gebracht. Auch auf dem Kroll'schen Theater zu Berlin und in neuester
Zeit auf drei anderen kleineren Volksbühnen daselbst wurde die Oper vielfach wiederholt
gegeben; ebenso, jedoch mit italienischem Text, auf dem Königsstädtischen Theater daselbst, zuerst im Dez. 1849. — Wenn im Folgenden noch einer Anzahl von Aufführungen an anderen Orten gedacht wird, so geschieht dies besonderer dabei eingetretener Umstände wegen. Der Enthusiasmus für das Werk war, wo es auch erschien, derselbe.
Ueberall gelang es ihm, die Hindernisse zu bezwingen, die sich ihm anfänglich entgegen-
stellten. Sein Kern war so bedeutend und unverwüstlich, dass an der äusseren Gestalt
die wunderlichsten, ja unglaublichsten Entstellungen vorgenommen werden konnten,
ohne dass es selber darüber seine Macht verlor. — So ist zuerst von der Aufführung in

Wien zu berichten, wo der Freischütz schon am 3. Oct. 1821 zum Namensfeste des Kaisers
gegeben wurde. An Lichtenstein schreibt W. darüber 18. Oct. von Dresden : «— In
»Wien gehn sie aber schön mit ihm um; vom Hörensagen habe ich, dass man zwey
»Kleinigkeiten herausgestrichen hat, nämlich bloss den Samiel und das Kugel-
»giessen ! — ! — ! « Aber nicht nur waren verwandelt worden der Samiel in eine
blosse »Stimme eines bösen Geistes«, die Freikugeln in bezauberte Bolzen, die in einem
hohlen Baume aufgefunden wurden, der Eremit in einen weltlichen Einsiedler — sondern die Oper wurde auch im musikalischen Theile derartig entstellt und verstümmelt —
z. B. »die Romanze Aennchens im 3ten Akt ohne Bratsche« und bei »»Nero»» aus«,
wie W. schreibt — dass, als derselbe sie am 18. Febr. selbst dort hört, sein Tagebuch
in Bezug darauf ein dreifach unterstrichenes »Der Freischütz. Ach Gott !« enthält. — Schon nach den 3 ersten Vorstellungen im Oct. 1821 hatte W. von Barbaja,
dem Pächter des Kärthnerthortheaters in Wien, die Aufforderung erhalten, für dasselbe
eine neue Oper zu schreiben. Um das Sängerpersonale kennen zu lernen, war W. dort-
hin gegangen, und am 3. März 1822 dirigirte er seinen Freischütz selbst, nachdem es
ihm gelungen, auch in den scenischen Hauptsachen die bisherigen Anordnungen mehr
ihrer ursprünglichen Gestalt gemäss umändern zu dürfen, indem ihm namentlich der
Samiel und das Kugelgiessen gestattet wurden. Die Aufnahme der Oper war eine noch
enthusiastischere, obwohl dies kaum möglich geschienen hatte. »Niemand«, so schreibt
W. an die Gattin 9. März 1822 von Wien. »erinnert sich, einen solchen aus dem Herzen
»kommenden, allgemeinen, ohne den geringsten Widerspruch errungenen Triumph er-
»lebt zu haben.» etc. »Der Buckel that mir ganz weh vor lauter Verbeugungen, und ich
»wusste sie gar nicht mehr dankbar genug aufzutreiben.« — Dieser Erneuerung des berliner Triumphes zu Wien steht Spohr mit vollständigem Befremden gegenüber, indem er
in seiner Selbstbiographie Bd. 2 p. 118 u. 149 sagt : »Da ich das Compositionstalent
W.'s bis dahin nicht sehr hoch hatte stellen können, so war ich begreiflicherweise nicht
wenig gespannt, diese Oper kennen zu lernen, um zu ergründen, wodurch sie in den
beiden Hauptstädten Deutschlands einen so enthusiastischen Beifall gefunden habe« etc. —
»Die nähere Bekanntschaft mit ihr löste mir das Räthsel ihres ungeheuren Erfolges freilich
nicht, es sei denn, dass ich ihn durch die Gabe W.'s, für die Fassungskraft des grossen
Haufens (!) schreiben zu können, erklärt finden wollte«. — Viel besser wurde W.'s
Leistung erkannt durch Beethoven, der bis dahin W. ziemlich unbeachtet gelassen
hatte. Fr. Rochlitz sagt in der Lpz. A. Mus. Ztg. Jahrg. 1828 p. 192 : »Als W.'s
Freischütz in Deutschland Alles in Bewegung zu setzen anfing, studirte Beethoven ihn
fleissig durch und nahm dann, wie es ihm gebührte, ein derb entscheidendes Wort darüber.
Er pries mit grosser Lebhaftigkeit erst Weber im Allgemeinen, indem er sagte : »»Das
sonst weiche Männel, ich hätt's ihm nimmermehr zugetraut! Nun muss der W. Opern
schreiben, grade Opern, eine über die andre und ohne viel daran zu knaupeln !« (Dann
über die Oper im Besonderen :) »— Der Caspar, das Unthier! Steht da, wie ein Haus!
Ueberall wo der Teufel die Tatzen reinstreckt, da fühlt man sie auch !« (Rücksichtlich der
musikalischen Kühnheiten der Wolfschluchtscene :) »Ja damit ist's freilich auch so ; aber
mir geht's dumm damit. Ich sehe freilich, was W. will; aber er hat auch verteufeltes
Zeug hineingemacht ! Wenn ich's lese — wie da bei der wilden Jagd — so muss ich
lachen — und es wird doch das Rechte sein. So was muss man hören, nur hören ;
aber da — ich —« (die Wehmuth über seine Taubheit liess ihn verstummen). — Wenn
das lebhafte wiener Publikum von vornherein eine wärmere Empfänglichkeit für Kunst-
erscheinungen zur Stelle bringt, so war es bei weitem schwerer, den kühleren Dresdener
zu enthusiasmiren; dennoch geschah dies in ungewöhnlichem Maasse, ja man ging bei
der ersten Aufführung der Oper am 26. Januar 1822 in **Dresden** so weit, für W. einen
grossen mit Gedichten behängten Lorbeerbaum, vom Publikum über das Parterre heran-
geschoben, an das Dirigentenpult zu stellen, Etwas für Dresden nie Dagewesenes.
Tieck's Ausspruch, der Freischütz sei das unmusikalischste Getöse, das je über die
Bühne getobt sei, verscholl sparlos in dem allgemeinen Jubel. — Auch in **Kopenhagen**,
wo der Freischütz anfänglich an 28. Jänn. 1822 zum Geburtsfest des Königs gegeben werden sollte, sträubte man sich gegen die Annahme des Samiel, um so mehr, als die Königin
eine dahin gehende Aenderung wünschte. So schlug denn der Uebersetzer des Textes,
der Dichter Oehlenschläger einen Ausweg ein, über den sich W. in einem Briefe an

seine Lina von Wien aus, am 11. März wie folgt äusserte: »— Oehlenschläger hat das Stück »sehr glücklich übersetzt; um jedoch die Teufelsmaske des Samiel etwas zu mildern, »hat er ihn als das böse Fatum, als den Rächer und Vergelter des Bösen aufgestellt, und »als Gegenstück zu ihm tritt Titania als Beschützerin der Unschuld auf. Diese beiden »haben eine neu hinzugefügte Scene; sonst ist nichts geändert. Aber Titania in den »böhmischen Wäldern?!! nach dem 30jährigen Kriege?!! Nun, wer weiss, vielleicht hat »sie wieder Händel mit Oberon gehabt und ihn als Marketenderin mitgemacht; ja am »Ende ist die Gustel von Blasewitz die Titania eben gewesen. O ihr Götter!!! Nun, »meinetwegen!« Als Lieblingsoper der Bewohner Kopenhagen's ist der Freischütz — dänisch »Jägersbruden« (auch »Fryskytten«) — seit dem 26. Apr. 1822 bis zum 29. Sept. 1862 100mal daselbst aufgeführt worden. — **Paris.** — Castil-Blaze, Componist, Mitglied des Pariser Conservatoriums, Operndichter und Musikalien-Verleger, als musikalischer Schriftsteller Verfasser der geschätzten Werke »L'Opéra en France«, Paris 1820, und eines »Dictionnaire de Musique«, Paris 1821, liess es nicht dabei bewenden, sich des Verlagsrechtes des Freischütz in so weit zu bemächtigen, dass er diese Oper in Partitur und Stimmen nach- oder vielmehr vor-druckte — denn eine Partitur derselben erschien rechtmässig erst 1849 bei Schlesinger in Berlin — sondern er verstümmelte auch ihre Dichtung und Composition in so weitgreifender Weise, dass es an Beispielen fehlt, wo ein wirklich gelehrter und gebildeter Musiker dies an einer Oper durchgeführt und diese seine derartige Bearbeitung als eine der ursprünglichen Gestalt künstlerisch gemässe der Kunstwelt darzubieten gewagt hat. Diese Bearbeitung, wenn er sie auch »Imitation« nennt, ist, von einem solchen Manne, in dieser Weise vollführt und in Paris (1825) zur Aufführung gebracht, ein so rücksichtsloses, die Würde der Kunst so tief verletzendes Vergehen, dass es nicht hart genug verurtheilt werden kann. Ausführliches darüber bringt G. Weber's Caecilia, Bd. 4 p. 170. — Hector Berlioz, ein glühender und geistreicher Verehrer W.'s, dem die Verunstaltung des Werkes tief schmerzte, dem auch als Franzosen der Dialog desselben widerstrebte, hatte das Verlangen, es in würdiger Gestalt, jedoch mit Umgehung des Dialogs, dem Pariser Publikum vorzuführen. Auf seine Veranlassung schrieb Pacini eine sehr treue französische Uebersetzung des Freischütz mit Recitativen an Stelle des Dialogs, welche letztere Berlioz eigens dazu componirte, wie sie der bei Maurice Schlesinger in Paris gestochene Clavier-Auszug giebt. Die Aufführungen auf dem Theater de l'Opéra (zum 1. Mal 7. Juni 1841) waren für dessen Casse zwar vortheilhaft, wurden jedoch ohne Sorgfalt betrieben, und, indem man zugleich eine längere Abwesenheit Berlioz' von Paris benutzte, das Werk aufs neue durch alle mögliche Aenderungen fast unkenntlich zu machen, erschien es, nachdem es einige Zeit geruht, wieder am 5. Apr. 1850 zu Berlioz' grosser Unzufriedenheit. — 1853 veranlasste eine dieser Aufführungen einen merkwürdigen Prozess, dessen unten (Anm. k. Curiosa) nähere Erwähnung geschieht. — Schon W. konnte, trotz jener Verstümmelung der Oper durch Castil-Blaze, dennoch seiner Gattin von Ems aus am 3. Aug. 1825 schreiben: »Der »junge Schlesinger aus Paris kann mir nicht genug sagen, welch Furore der Freischütz »in Paris fortwährend macht, und beschwört mich, sobald als möglich hinzugehn und »eine Oper zu schreiben«. Der Beweis aber, dass selbst der Einfluss der Zeit und die Vereitelung von Berlioz' Bestrebungen am französischen Volke glücklich vorüber gingen, ist dessen bis heut unveränderte Vorliebe für W.'s Musik und dessen richtige Erkenntniss des Geistes derselben, und kaum ist diese Erkenntniss treffender gezeichnet, als in folgenden Worten eines pariser Essayisten, der vor etwa drei Jahren schrieb: »Die Musik W.'s hat »etwas Aetherisches, Uebersinnliches; sie ist die tönende Mystik der deutschen Berge und »Wälder; an ihr erkennt man den Charakter der deutschen Nation, nicht an Goethe's »Werther, wie Napoleon I. gemeint hat; denn die Leiden des jungen Werther verlocken »heut zu Tage keinen jungen Deutschen mehr, eine Pistole gegen sich zu richten, indess »W.'s Freikugeln nach wie vor ihren Zauber ausüben«. — Auch Berlioz' Aufsatz über die Musik des »Freischütz« in seinen hinterlassenen Schriften (deutsch von Rich. Pohl, Leipzig, Heinze, 1865, P. 280—286) zeugt von so tiefem Verständniss des Werkes, dass der Anfang seiner interessanten Beurtheilung an dieser Stelle Platz finden möge, ehe wir die pariser Aufführungen verlassen. Er lautet: »Es ist in der That schwer, mag man bei der alten oder neuen Schule nachsuchen, eine in jeder Hinsicht so tadellose Partitur zu finden, wie die des Freischütz; eine Partitur, die von einem Ende bis zum andern so gleichmässig interessant ist, deren Melodie in den verschiedenen Formen, worin er sie kleidet mehr Frische besitzt, deren Rhythmen ergreifender, deren harmonische Erfindungen zahlreicher, hervorstechender, deren Massenaufwand an Stimmen und Instrumenten energischer ohne Anstrengung, süsser ohne Ziererei sind. Vom Beginn der Ouvertüre bis zum letzten Accord des Schlussfinales ist es mir unmöglich, einen Tact ausfindig zu machen, dessen Auslassung oder Veränderung mir wünschenswerth erschiene. Die Einsicht, die Einbildungskraft, das Genie glänzen allseits mit solch strahlender Kraft, dass bloss das Auge des Adlers, ohne geblendet zu werden, sie zu ertragen vermöchte, wenn nicht eine unerschöpfliche wie maasshaltende Empfindsamkeit den Glanz milderte, und den sanften Schutz seines Schleiers über den Hörer ausbreitete«. — »Man müsste ein dickes Buch schreiben, um jede der einzelnen Schönheiten, woran das Werk so reich ist, besonders zu schildern.« — Der Aufführung in **London** stellten sich anfangs nachhaltige Schwierigkeiten entgegen, die schliesslich nur durch Zugeständnisse überwunden wurden, die man dem Geschmacke des dortigen Publikums machen musste. William Hawes, mit J. Welsh Inhaber einer der grössten Musikalien-Handlungen Londons (jetzt Cramer u. Comp.) hatte 1823 die Partitur des Freischützen von W. erworben, und er war es, der mit begeisterter Ausdauer sich für die Aufführung der Oper daselbst verwendete und welchem jene Weltstadt diese eigentlich verdankt. Mit seinen, anfänglich auf grossen Widerstand stossenden, aber immer wiederholten Vorschlägen vermochte er zuletzt nur durchzudringen, als er, als Mitglied der Theater-Direction, seine Einwilligung gab, dass eine Anzahl von »Ballads« (Gesängen) in die Oper eingelegt werden dürften. So wurde denn Einiges dergl. von W.'s Composition und Einiges von deutschen Volksliedern dazu benutzt; von Ersterem (laut Cramers u. C. Musik-Catalog von 1851, unter den »zum Freischütz gehörigen Nummern« aufgeführt): »Wenn die Maien (229) als; »Say my heart, why wildly beating«, bei den damaligen Aufführungen besonders beliebt; von Letzteren: »Dronten im Unterland« als »Then to day drive care away«; ferner »der Schweizerbub« als »Thro' the gay path of life«, ebenso mehrere weniger bekannte deutsche Lieder als: »Love, good night«, »Oh fortune we hail thee«, durch welche Einlagen wohl ebenfalls, wie aus den im Schluss von Anm. **b.** erwähnten Gründen, die irrige Ansicht hervorgegangen sein mag, als habe W. noch mehr als die 17 authentischen Nummern zum Freischütz componirt. — So seltsam ausgestattet und ausserdem, wie anderswo, wiederum umgestaltet und entstellt, ging nun die Oper 1824 am 3. Juli zu London in Scene und wieder hatte sie trotzdem die überall gleiche Wirkung, so, dass bald Aufführungen in allen Theilen Englands folgten und schon am 18. Aug. d. J., durch den Director des Coventgarden-Theaters daselbst W. eine Aufforderung erhielt, eine Oper für dies Theater zu schreiben. Als W. den in Folge dess von ihm componirten »Oberon« 1826 dort aufführte und zugleich auch die Musik zum »Freischütz« in den sogenannten »Oratorien« leitete, schrieb er seiner Gattin nach seinem ersten Auftreten in letzteren am 9. März 1826 von London: »— um 7 Uhr endlich meine erste öffentliche Erscheinung vor dem überfüllten Hause. »Smart führte mich an meinen Platz, und nun — liebe Lina, hat alle Beschreibung ein »Ende. Was sind Donner von Applaus, Sturm und all Ausdrücke, die man ge-»brauchen könnte, gegen die Wirklichkeit. Das Rufen, Jubeln, mit Hüten und Tüchern »Schwingen und Flaggen des ganzen Hauses nahm kein Ende und man erinnert sich kei-»nes ähnlichen Enthusiasmus. Endlich begann die Ouvertüre — wiederholt, und so »noch 3—4 Nummern. Am Ende derselbe Jubel bis ich verschwand. Das Ganze ging »sehr gut, manches trefflich; kurz, es war ein herzerhebender und wahrhaft erschüt-»ternder Empfang. Männer vom ersten Range erwarteten mich auf der Treppe, ich musste »noch in mehrere Logen und wurde gehätschelt und versorgt mit einer Herzlichkeit wie »noch nirgends«. Auch nur einzig in London war es, wo W. die Huldigung eines präch-tigen Ehrengeschenkes wurde und zwar noch vor der Aufführung seines Oberon, immer nur im Hinblick auf den Freischützen. Diese war durch seinen Verehrer W. Hawes vermittelt, und wurde ihm feierlich als solche dargebracht eine grosse massiv silberne Vase mit betreffender, ausführlich W.'s Verdienste um die Kunst aussprechender gesto-chener Inschrift. — — 1824 zu **St. Petersburg** gegeben, wurde die Oper bald darauf auf dem russischen Theater daselbst verboten; es gaben sie jedoch **Riga** 1823 und **Moskau** 1825. **New-York** in neuester Zeit, Winter 1870, durch die Musikgesellschaft Arion als Monstre-Aufführung im Theater. — Indem hier eine weitere Angabe der Orte, an denen der

Freischütz auf der Bühne oder im Concertsaal erschien, aufgegeben werden muss, sei nur noch zweier durch Fr. Gerstäcker besprochener Aufführungen gedacht: einer brieflich gegen mich erwähnten zu **New-Orleans** 1867 an einem Sonntage als Geistliche Musik: »Sacred Music: Der Freischütz« — und einer andern am 7. Aug. 1852 zu **Sidney** (Ost-Australien) in Gerstäcker's Reisen, Cotta Bd. 1 p. 442, wozu ein Aufsatz desselben Autors in N. 11 des »berliner Sonntagsblattes« von 1868 ein interessantes Seitenstück hinsichts der Verbreitung der Oper darbietet unter dem Titel: »Der Freischütz in **Valdivia**-Chile, südwestliches Amerika, Gebiet der araukanischen Indianer«. — Wenden wir uns schliesslich von diesem äussersten Süden zum äussersten Norden, so begegnen wir von dorther einer Kunde, die unsrem Meister bei seinem Aufenthalte in London noch geworden ist, der nemlich, dass auch auf den **Orkadischen Inseln** und am Eingange der **Hudsons-Bai** die Weisen seines »Freischütz« erklungen sind. (Kind's Freischütz-Buch p. 266.) Wohl war sein Weg ein Zug über den Erdball!

e. *Uebersetzungen* des Textes der Oper Behufs ihrer Aufführung sind 16 zu nennen: 3 in's **Französische**, *a.*) durch Castil-Blaze und Sauvage in Paris, betitelt »Robin des Bois ou Les trois Balles«; *b.*) durch Pacini unter H. Berlioz' Einflusse, ebend., als »Le Freischütz«; *c.*) durch A. van Hasselt u. B. Rongé in Brüssel als »*Le Freischütz*«; 2 in's **Italiänische**, *a.*) durch Prof. Rossi in Linz als »Il franco arciero«, Paris bei Maurice Schlesinger; *b.*) als »Il franco bersagliero«, Mailand bei F. Lucca durch — (?); 5 in's **Englische**, *a.*) durch Logan, London, Cramer u. C.; *b.*) durch Cornwall Barry; *c.*) als »Freischütz-Robin« in New-York durch — (?): *d.*) als »The wild huntsman of Bohemia« in New-Orleans durch — (?); *e.*) eine sich ganz an den Grundtext haltende, zur beabsichtigten Benefiz-Vorstellung für W. unter seiner Leitung in London am 5. Juni 1826, dem Tage, an welchem er daselbst verstarb, durch — (?); 1 in's **Holländische** 1827 als »Het vrijhot or de zwarte Jager« durch — (?); 1 in's **Dänische** durch Oehlenschläger in Kopenhagen als »Jaegerbruden« auch »Fryskytten«; 1 in's **Schwedische** 1821 durch Esaias Tegnér; 1 in's **Russische** durch Sotow; 1 in's **Polnische** 1826 als »Wolny Strzlec« durch Adalb. Boguslawsky, Warschau bei Glücksburg; 1 in's **Böhmische** 1821 durch Director Stiepaneck in Prag.

f. *Ouvertüre.* Schon bei W.'s früheren Opern wurde nachgewiesen, wie deren Ouvertüren Belege seien für dessen Eigenthümlichkeit, dieselben vorwaltend aus Motiven der Oper selbst zu gestalten. Dies trat bei der Ouvertüre des »Freischütz« in ganz besonders epochemachender und folgenreicher Weise hervor. Sie rollt in wahrhaft bewunderungswürdiger Weise den Inhalt der Oper vor dem Hörer auf: dabei scheint Alles so, als sei es eine ursprünglich frei hervorquellende Ton-Schöpfung, in keinem andern als dem eignen Zusammenhange stehend; und dennoch sind fast drei Viertel ihres Inhalts der übrigen Oper entlehnt, denn von den 342 Tacten derselben gehören 219 genau so, wie sie sich in der Oper befinden, der Ouvertüre an, was eine frühere Kritik veranlasste, sie »sachregisterhaft« (!) zu nennen. Mit ihrem Erscheinen entspann sich jener grosse Streit über Ouvertüren-Gestaltung, der selbst heut noch nicht erloschen ist. Die Praxis hat hiebei mit den drei glanzsprühenden Edelsteinen der Ouvertüren zu Freischütz, Euryanthe und Oberon die Theorie so sehr verdunkelt, dass die Berechtigung der von W. eingeschlagenen und von unzähligen Nachahmern wiederholten Form ausser Zweifel gesetzt zu sein scheint. — *Zum Ersten Male* erklang die wunderbare Schöpfung der Ouvertüre zum Freischütz in einer unter W. von der dresdener Capelle ausgeführten Probe, deren eigentlichen Zweck W.'s Tagebuch nicht angibt. Sie war zugleich das Erste, was er seinem neuen Werke, 25 Tage nach dessen Vollendung, überhaupt hörte. Man sollte annehmen dürfen, dass sie ihn in ihrer Originalität und Gewalt hätte überraschen, ja erschüttern, mindestens erregen müssen — hatte diese neue Welt von Melodie und Harmonie in diesem instrumentalen Gewande sein äusseres Ohr doch noch niemals vernommen; — aber kein Hinweis auf irgend einen besonderen Eindruck davon auf ihn findet sich, ausser dem einzigen schlichten Worte »gut« in seinem Tagebuche vom 16. Juni 1820 nach der Bemerkung darin: »¾ 10 Uhr die Ouvertüre der Jägersbraut vollständig probirt«. Der ganz in sich fertige Künstler hatte durch die Wirkung seiner Arbeit nicht überrascht werden können; er wusste, was er hören würde, da er eben wusste, was er geschrieben hatte. — Zum ersten Male öffentlich aber erklang diese deutscheste aller Ouvertüren nicht auf deutschem Boden, sondern zu **Kopenhagen** am 5. Oct. 1820,

als W. Norddeutschland und Dänemark concertgebend bereiste, und zwar fast ³⁄₄ Jahre vor der ersten Aufführung der Oper in Berlin. Die zweite öffentliche Aufführung der Ouvertüre fand auf dem Rückwege von jener Kunstreise in Braunschweig am 31. Oct. statt. Sie rief eine Beurtheilung in der Lpz. A. Mus. Ztg. XXIII, p. 214 hervor, in welcher sie »genial, phantasiereich und eines höchst bedeutenden Kunstwerkes kecker Vorredner« genannt wird, »der alles zu erschöpfen scheine, was man in characteristischer Hinsicht von einer Opern-Ouvertüre verlangen könne«, ein um so mehr von grosser Urtheilsschärfe zeugender Ausspruch, als die Oper selbst ja noch gänzlich unbekannt war und die Ouvertüre als solche sich selbst vertreten musste. Ehe die Oper am 18. Juni 1821 zu Berlin in Scene ging, gab W. die Ouvertüre nochmals vereinzelt zu Dresden in einem Concerte seines Freundes H. Baermann am 18. Dec. 1820, wobei sie wiederholt werden musste. Schliesslich sei noch eines Arrangements für 3 Pfte.'s zu 12 Händen von Moscheles gedacht, welches am 13. Apr. 1825 in Paris von 6 Meistern dieses Instrumentes vorgetragen wurde, wie sich gleiche wohl nur höchst selten zusammenfinden: von »F. Mendelssohn-B., Herz, Pixis, C. Pleyel, Schunke und Moscheles«. —
Die im Freischütz so neu und wirkungsreich auftretenden *Leitmotive* (s. Einleitung p. 2 u. 13, deren viele die Ouvertüre in sich vereinigt, seien eben deshalb auch hier genannt. Es sind: *(Leitmotive der Situation)* In *N. 1* Spottchor, Tact 12—15: verwendet *zu* N. 10. Wolfsschlucht, vor dem Hinabsteigen von Max zu Caspar, erstes Andante, Tact 18—21. — Ferner in N. 10, Finale II, Tacte 24 bis 27 vom Schluss bei Caspar's Ausruf »Samiel! Hilf! Sieben!«: *zu* den 4 Tacten in N. 16, Fin. III bei den Worten des Chors »Er hat dem Himmel selbst geflucht! Vernahmt ihr's nicht? Er rief den Bösen!« *(Leitmotive der Person)* In *N. 3* Arie, Moderato, T. 45 bis 46, Samiel's erstes Auftreten: *zu* N. 10, Sostenuto, T. 43—44, 46—47; Agitato, T. 27—29; zweites Andte., T. 2—3, 11—12; Finale III, un poco più maestoso, T. 18 —19; tempo I^mo nach Moder., T. 9—13. — Ferner in N. 3, Allo. con fuoco, T. 59 —70: *zu* N. 10, Agit. ass., T. 12—17. — Ferner in N. 3, Allo. con fuoco, T. 80—88: *zu* N. 10, Agit. ass., T. 8—12. — In *N. 4* Lied, T. 13—15: *zu* N. 5 Allo. T. 88— 90, 92—94; N. 10 Allo. T. 18—19, Andte. T. 10—11. — In *N. 5* Arie, Allo. T. 31—32: *zu* N. 10, Presto, T. 17—25. — In *N. 8* Arie, Vivace con fuoco, T. 12—13 56—57.: *zum* Finale III, Schlusschor, T. 37—38, 42—43. — Ferner in N. 8, Viv. c. f., T. 63 (65): *zu* Fin. III, Schl.-Chor, T. 16, 18. — Ferner in N. 8, Viv. c. f., T. 56—61: *zu* Fin. III, Schl.-Chor, T. 1—6, 9—14. — Ferner in N. 8, Viv. c. f., T. 63—71: *zu* Fin. III, Schl.-Chor, T. 16—25. (Im Ganzen 11 Leitmotive.)

g. Meine oben bei den Thematen der Oper gegebenen *Metronomisirungen* dürften um deswillen zuverlässig erscheinen, als sie sich dem dahin gehenden Urtheile maassgebender Persönlichkeiten eng anschliessen, z. B. dem der Frau C. Seidler in Berlin, welche die »Agathe« unter W. in Berlin einstudirte und diese Parthie bis 1837 daselbst 91 mal gesungen hat: meinerseits fussen sie auf unauslöschlichen Eindrücken, empfangen durch vielmaliges Hören dieser Oper zur Zeit ihrer allerersten Aufführungen in Berlin: die ersten 3 Male unter W.'s eigner Direction, dann lange Jahre daselbst unter der der königl. Kapellmeister Seidel und Schneider, und zwar in genauem Anschluss an die ihnen 1821 durch W. vorgeführten Tempi. Rücksichtlich eben des »Freischütz«, von dessen vielen damaligen Vorstellungen ich kaum eine versäumt habe, kann ich mit nahezu voller Sicherheit einstehen für die Uebereinstimmung meiner obigen Metronomisirung mit den von W. selbst damals genommenen Tempi, von denen man leider jetzt auf vielen Bühnen in so auffallender und das Werk beeinträchtigender Weise abweicht. Die hiedurch am meisten beschädigten Stellen der Oper pflegen zu sein a) durch zu *langsames* Tempo: Adagio der Ouvertüre — der Satz in N. 2 »Durch die Wälder« — Jägerchor N. 15. — b) Durch zu schnelles Tempo: Allegro der Ouvertüre, namentlich deren Schluss. — N. 1. In N. 2 Allo. »Jetzt auf! In Bergen« — besonders aber: Più moderato »Lasst lustig die Hörner erschallen!« bis zum Schluss. — In N. 9 Satz 1 u. 3. — In N. 10 Andante »Wie dort sich. Wetterwolken ballen«. — NB. Im Autograph wie in sämmtlichen Ausgaben fehlt die Bezeichnung »stringendo« zu dem unmittelbar nach dem eben genannten Andante bei den Worten »und hier« eintretenden Leitmotiv aus Caspar's Trinkliede Tact 13 u. 14. Dies Stringendo steht in N. 10 im Autograph wie in den Ausgaben bei demselben Motiv nach Caspar's Worten »Gesegn' es Samiel!« obwohl hier sogar Allegro vorausgeht. —

Ferner das Sextett H dur «Die Zukunft soll« im Finale III. — (Vergl. Einleitung p. 12 unten, vorzugsweise aber Euryanthe **291** Anm. e.)

h. *Vermeintliche Entlehnungen.* Zu allen Zeiten ist Bedeutendes, Aussergewöhnliches Gegenstand der Verkleinerungssucht gewesen. So beschränkte man sich nicht darauf, diese Oper W.'s an und für sich herabzusetzen, sondern man hat ihr auch den Vorwurf der Benutzung fremden Gutes gemacht. Für den Verständnissvollen, für den, der das innere Wesen eines eigenthümlichen Geistes sich zu erschliessen im Stande ist, der den Blick des Auges misst nach der aus ihm hervorleuchtenden Beseelung, und nicht nach der mit dem Zollstock gemessenen Oeffnung desselben — für solche Beurtheiler sind die nachfolgenden Bemerkungen freilich unnöthig. Dennoch mag zunächst hier des als des hauptsächlichsten W. vorgeworfenen Plagiats gedacht sein. — Die Melodie der 3 Tacte 12, 13, 14 des Allo. vivace E dur der grossen Arie Agathens N. 8 auf den Worten «Süss entzückt entgegen», die zugleich den Anfang des zweiten Haupt- und des Schluss-Motives der Ouvertüre wie der Oper bilden, wird als dem D dur-Concert op. 8 von Ludw. Böhner (Leipzig, Breitkopf u. Härtel 1814) entnommen, bezeichnet. Die Melodie-Noten sind dieselben hier wie dort, obwohl die letzten 4 Achtel des dritten Tacts bei W., rein musikalisch genommen, schon einen ganz andern Sinn als bei Böhner geben, in so fern bei Letzterem auf jenen 4 Achteln schon der Terz-Quarten-Accord der Dominante eintritt, wodurch die Ausdehnung des Plagiats sich also auf 2½ Tact beschränken würde. — Man nehme jedoch das Concert zur Hand; man vergleiche die Unbedeutendheit des Motivs darin, welchem Böhner nicht einmal die Rechte eines zweiten Hauptthemas, wie es als solches doch anfänglich in der Tonart der Dominante auftritt, einräumt, — man vergleiche diese Unbedeutendheit mit der grossartigen und hinreissenden Aufgipfelung der Leidenschaft, wie diese bei W. mit dem Motive quaest. eintritt; man sehe ferner, wie dasselbe bei Böhner und wie es bei W. weitergeführt wird, wie schaal es bei Jenem verläuft, wie es sich dagegen bei W. aus sich selbst zur seelenvollsten Cantilene erweitert; — ferner: gesetzt, W. habe wirklich dies Concert einmal gehört, ja sogar näher gekannt, — ist es glaubhaft, dass er, bei der Fülle des originalen Reichthums, wie er sie im Freischütz und in seinen übrigen Werken der Welt darreichen konnte, dass dieser W. hier, kümmerlich beschränkt, um 2½ Tact hätte auf Borg gehen müssen? Ist es möglich, dies anzunehmen? Ist dieser besonders in G. Schilling's Universal-Lexikon der Tonkunst Bd. 6 p. 830 (Stuttgart 1838) öffentlich ausgesprochene Vorwurf jenes Plagiats nicht höchst verdächtigen Charakters, wenn der Verfasser die gröbste Unwahrheit hinzufügt, indem er sagt: »Es ist wenig bekannt, aber erwiesen, dass W. diejenigen Melodieen, welche hauptsächlich dieser Oper einen Weg über alle grossen und kleinen Theater Europa's bahnten, aus einem Clavier-Concert des pp. Organisten Böhner entlehnte; dieses ist die Thatsache bis auf die Note hin zu erweisen erbötig« — da im Gegensatz zu dieser Behauptung das ganze Böhner'sche Concert, ausser jenen anscheinend gleichen drittehalb Tacten, auch nicht einen einzigen, selbst nicht den kleinsten Zug in sich schliesst, den der Freischütz enthielte, oder der sonst nur an ihn erinnerte. Hier spukt augenscheinlich die bittere Abneigung der Mittelmässigkeit gegen das Grosse, indem sie nicht einmal die nackte Lüge scheut. — Wie schon oben bemerkt, wird der Verständnissvolle jene zuerst erwähnte äusserliche Uebereinstimmung zwischen W. und Böhner richtig zu würdigen wissen, derjenige aber, der in der Note nichts sieht, als den Punkt an einer Stelle des Systems, wird sie dennoch missdeuten; die Missgunst freilich wird sie verurtheilen. — Böhner's persönliche Meinung über diese Angelegenheit geht aus zwei Mittheilungen hervor, deren erste ein Brief Rich. Zeune's in Berlin an W.'s Sohn enthält und welche lautet: »— Im Juni 1859 sprach ich mit Böhner in Jena selbst über die bewusste Stelle. Ich suchte seine Meinung hierüber zu provociren, indem ich ihn bat, mir das bekannte Motiv auf ein Albumblatt zu schreiben zur Erinnerung an ihn. Er verweigerte dies jedoch, da man dann irrthümlich glauben könne, er wolle damit sagen, W. habe ihn benutzt. Dieser letzten Annahme trete er aber ganz bestimmt entgegen, indem (wie es vorkommen könne, dass zwei Schriftsteller, ohne es zu wissen, eine gleiche Idee fassten) auch Tonkünstler gleiche Melodieen, ohne dass der Eine von dem Andern eine Ahnung hätte, erzeugen könnten. — Dies waren, wenn auch vielleicht nicht dem getreuen Wortlaute, doch dem Sinne nach, Böhner's Aeusserungen hierüber. Die zweite Mittheilung über dessen persönliche Ansicht bringt eine Erklärung des königl. Musik-Directors C. Stein zu Wittenberg in N. 294 der berliner Spener'schen Zeitung von 1862. Dieser lernte Böhner in Ilmenau 1860 kennen und erzählt: »— Im Laufe des Gesprächs berührte ich die allgemein verbreitete Anekdote, nach welcher Böhner mit einem derben Knotenstocke zu Weber in dessen Wohnung gedrungen sei und denselben wegen der ihm entwendeten Melodie im Freischütz zur Rechenschaft gezogen habe; Böhner erklärte offen und ehrlich, es sei kein wahres Wort daran; mit W. wäre er nie zusammengetroffen, auch würde er es gar nicht für Unrecht halten, wenn dieser sein Motiv benutzt hätte; ausserdem seien die beiderseitigen Bearbeitungen ganz verschieden«. — Der verdienstvolle Musik-Gelehrte C. F. Weitzmann in Berlin sagt hiezu in seiner »Geschichte des Clavierspiels und der Clavierliteratur« (Stuttgart, Cotta 1863) p. 124: »Böhner's (nach dem eben Gesagten ihm also untergeschobene) »Behauptung, C. M. v. Weber habe die schönsten Stellen seines Freischützen einem seiner Clavierconcerte, dem in D dur op. 8, entnommen, machte eine Zeit lang grosses Aufsehn. Bei näherer Untersuchung aber findet man, dass jener angebliche Raub nur die 2 Tacte betrifft, welche in der genannten Oper unter Anderm von der Agathe zu den Worten »»Süss entzückt entge —«« NB. nur bis zur ersten Note dieser Silbe — gesungen werden und aus den mit Doppelschlägen verzierten Tönen eines gebrochenen Dreiklanges bestehen. W. aber beginnt seine populärsten Melodieen häufig mit den gebrochenen Tönen eines Dreiklangs, die sogar ohne melodische Verzierungen auftreten, wie z. B. in ,Was glänzt dort vom Walde im Sonnenschein', ,Einsam bin ich nicht alleine', dem Mittelthema der Preciosa-Ouvertüre u. anderen«, zu denen ich nur noch hinzufüge: »Schöner grüner Jungfernkranz«, Hauptthema des Presto der Jubelouvertüre, Duett Euryanthe »Hin nimm die Seele mein«, Arie daraus: »Zu ihm! Zu ihm!«, in Oberon: die Anfänge — des Chors und Ballets N. 21, des Allegro-Satzes von Fatime's Romanze »Al, Al«, des Schluss-Satzes H dur im zweiten Finale, des Allegro des Duetts N. 17, des letzten Allegretto u. Allegro der nachcomponirten Arie Hüon's, sämmtlich Beispiele, die noch vielfältig zu vermehren wären. Durch Weitzmann wird die streitige Sache von einer neuen, durch ihre Beobachtungsschärfe höchst beachtenswerthen Seite beleuchtet, der ich mich ebenfalls vollkommen anschliesse. Doch genug davon! — Ein Andres ist es mit der Behauptung, dass W. gewisse Volksmelodieen zu seinem »Freischütz« benutzt habe. Hier wird dem Componisten schon ein andrer Boden angewiesen, auf welchen sich zu stellen, auch dem geistreichsten möglich, ja, unter Umständen nothwendig werden kann. Dass W. z. B. den Bauernmarsch in der Introduction des 1. Actes einem »alten erz-trivialen« böhmischen Marsche nachgebildet hätte, wie Prof. Ambros in Prag dies ausspricht, könnte nur als ein höchst glücklicher Griff in das Wesen der Realität gelten, wenn man an dieser Stelle seines Werkes durch Verpflanzung jenes, wenn auch umgebildeten, kleinen Stückes möglich drastisch zu characterisiren; W. hätte in diesem Falle sehr wohl gewusst, wie die dürftige Beschränktheit von dessen volksthümlichem musikalischen Kerne seiner übrigen Kunstschöpfung einen doppelt wirksamen Hintergrund geben müsse, wie wir von einem Dichter wohl in ähnlicher Weise ein Kern-Wort aus dem Volksmunde in eine bedeutungsvolle Dichtung verwebt finden. Beiläufig sei noch erwähnt, dass Anderen »der Freischütz-Marsch nach dem Titus geschnitzt erscheint«, ebenso dass Sartorius (Caecilia III 286) mittheilt, es werde der Freischütz-Marsch gar im Rochus-Pumpernickel begründet gefunden. (Vergl. noch Anh. 51.) — Betreffs der Melodie des »Jungfernkranz«, von Manchen für ein altes Volkslied erklärt, ist die Begründung dieser Behauptung noch beizubringen. Dadurch, dass W. diese Nummer seiner Oper in derselben »Volkslied« benannte und dies Lied noch vor dem Erscheinen der Oper Kind's Taschenb. zu gesell. Vergnüg. (Leipz., Göschen) ebenfalls unter der Ueberschrift »Volkslied« zum Abdruck überliess, ist dieser Beweis noch nicht geführt, da W. bekanntlich eine Anzahl von »Volksliedern« (op. 54) notorisch »neu«componirt, »mit neuen Weisen versehen« hat, ohne sie anders als nur »Volkslieder« zu benennen. Hat er in »Jungfernkranz« wirklich eine alte Melodie benutzt, so ist sie von ihm jedenfalls dem geistreichen Umbildungsprozess unterworfen worden, den er bei Benutzung von National-Melodieen stets angewendet hat. — Das Trinklied »Hier im ird'schen Jammerthal« auf eine alt-hebräische Melodie zurückführen zu wollen, mag ein Beleg sehr gelehrter Bestrebungen sein, deren Unfruchtbarkeit aber in eins zusammenfällt mit dem daraus zu erkennenden Mangel an Verständniss der eigensten Eigenthümlichkeit von W.'s schöpferischer Kraft, als welcher vorzugsweise entsprossen grade dies Characterstück angesehen werden muss. — Wenn nun schliesslich noch behauptet worden ist, dass manches Motiv der Freischütz-Musik bereits in früherer Zeit gehört worden sei, so beruht dies einfach auf dem Umstande, dass dergl. wirklich in der Zeit von W.'s Kapellmeisterschaft in Prag (von 1813 bis 1816) zu gelegentlichen Zwecken von ihm componirt und dann später zum »Freischütz« verwendet worden ist, wie er es stets liebte, nicht veröffentlichtes Material seiner Composition nachmals wieder zu verarbeiten; dahin gehören hier: a) die 2 Tacte im Duett N. 6 auf den Worten »in solch altem Eulennest«, b) die 8 Tacte zu Anfang der Arie N. 13 »Trübe Augen« und schliesslich c) die 2 Tacte ebendarin »Lass in öden Mauern«, welche sämmtlich sich in der nur im Autograph vorhandenen, 1816 in Prag als Einlage in Kauer's »Sternenmädchen« geschriebenen Ariette 194 vorfinden. Wie überraschend wirksam W. diese hier ganz unbedeutend und vorübergehend auftretenden Motive für den Freischütz benutzt hat, so dass sie wie durch des Letzteren Textworte direct hervorgerufen zu sein scheinen, das giebt freilich Zeugniss von einer auch nach dieser Seite hin eigenthümlichen und seltnen Begabung. Indem ich auf meine »Berichtigung«, betreffend das Datum der Composition von W.'s Freischütz in N. 27 der leipziger »Signale« von 1861, die diese Angelegenheit eingehend bespricht, hinweise, bleibt noch zu gedenken jener zwei dämonischen Fermaten auf dem, einen Trugschluss bildenden Sextenaccord von Fismoll am Schluss der Arie Caspar's auf den Worten »die Rache gelingt«, die sich ursprünglich genau so vorfinden am Schluss der von W. verworfenen Arie N. 1ᵃ zur Silvana. Wie in dieser, sich kurz hintereinander folgend, stehen sie im Freischütz, um, hier wie dort, nach den gleichen, zum dritten Male wiederkehrenden vorhergegangenen Accorden endlich den Ganzschluss folgen zu lassen. — Möge hier als Schlussstein zu den »vermeintlichen Entlehnungen« des Freischützen noch ein Wort Goethe's stehen, welches dessen Unterhaltungen mit dem Weimarschen Kanzler v. Müller (Cotta 1870) enthalten. Müller sagt p. 110: »Als ich, 1826 24. Juni, von der Behauptung des Journals des Débats sprach, dass eine Melodie aus dem Freischütz Motive aus Rousseau's Musik enthalte, schalt Goethe lebhaft alles solches Nachgrübeln über Parallelstellen. Es sei ja Alles, was gedichtet, argumentirt, gesprochen werde, allerdings schon dagewesen; aber wie könne denn eine Lectüre, eine Conversation, ein Zusammenleben bestehen, wenn man immer opponiren wolle; »das habe ich ja schon im Aristoteles, Homer u. dergl. gelesen«. — — Seien hiemit die Akten über W.'s »Mein und Dein« geschlossen! Freuen wir uns, dass Er der Unsre ist!

i. *Literatur*. Im Laufe der Zeit haben W.'s Bühnenwerke, besonders aber »Der Freischütz«, auch eine Literatur hervorgerufen. Es ist der Mittheilung derselben an dieser Stelle noch diejenige angeschlossen, die auf die Uebersiedelung der Asche W.'s von London nach Dresden und dessen Standbild in letzterer Stadt Bezug nimmt. Auf Vollständigkeit können diese Mittheilungen, wie auch die folgende Anmerkung k. Curiosa! nicht entfernt Anspruch machen und nur als ein bescheidener Beitrag zur Kenntniss der Literatur über W. im Allgemeinen sollen sie gelten. — **1. Allgemeines.** — Ambros, A. W., »Culturhistorische Bilder aus dem Musikleben der Gegenwart«. 2. Aufl. Leipzig, Matthes. 1860. p. 42 u. ff. — Becker, C. F., Organist in Leipzig, »Carl Maria v. Weber« mit lithogr. Portr. Ohne Verlagsort. — Blaze, Henri, »Die poetische u. musikalische Romantik in Deutschland«. N. 37 u. 38. 1846. Berliner musik. Ztg. C. Gaillard. — Börne, L., Schriften. Hamburg. Bd. 15, p. 199. — Brackel, Harald v., »Festspiel zum Andenken C. M. v. W.'s« Abgedr. in d. dresd. Abendztg. 1843. N. 37—38. — Busby, Thom., »Allgem. Geschichte der Musik«; deutsch von Michaelis. Bd. 2, p. 339 u. 617. Leipzig, Baumgärtner. 1822. — Busse, Hugo, in Prag. »C. M. v. Weber, 5aktiges Lebensbild«. Als Manuscript gedruckt. Wo — ? Angekündigt in der Neuen freien Presse; Wien, Oct. 1870. — Carpani: »Lettere sulla Musica di Rossini«. Roma. 1826. — Döring, Dr. H., »C. M. v. Weber's Biographie u. Characteristik nebst Verzeichniss seiner sämmtl. Werke«. Wolfenbüttel, Holle. — Fétis, F. J., p. 425 bis 434, Theil 8 in »Biographie universelle de Musiciens et Bibliographie Générale de la Musique«. Edit. II. Paris, Firmin Didot. 1865. — Flögel, C. F., »Geschichte des Grotesk-Komischen«. Breslau 1788. Neu bearb. v. Ebeling. Leipzig, Werl. 1862. p. 405. — Gedichte. Sehr zahlreiche in den verschiedensten Zeitschriften. — 26 Gedichte auf C. M. v. Weber in Fr. Kind's »Freischützbuch« p. 177 bis 210. Leipzig, Göschen. 1843. — Gerber, E. L., p. 525 u. 526, Theil 4 in »Neues histor.-biogr. Lexikon der Tonkünstler«. Leipzig, Kühnel. 1814. — Gumprecht, O., »C. M. v. Weber« in »Unsere Zeit«. 4. Jahrg. 16. u. 19. Heft. 2 Artikel. Leipzig, Brockhaus. — Harmonicon, Engl. Musikschrift. London. Vol. 6, p. 146. 1826. — Honegger, J. J., »Grundsteine einer allgem. Culturgeschichte der neuesten Zeit«. Bd. 11, p. 125. Leipzig. J. J. Weber. 1869. — Jagemann, L. v., »Dithyrambus auf die Manen des Tondichters C. M. v. Weber. In N. 204 u. 205 des frankfurter Konversationsblattes. 1835. —

J. G., »Lebensabriss C. M. v. Weber's«, Englisch, in Evans' Music Rooms, Coventgarden, p. 10, London. — Jovialis: »Die Gegenkaiser«, ›Ein historisches Schauspiel mit unterlegten Musikstücken«. N. 111 in »Atellanen«. »Eine kleine Sammlung dramatischer Dichtungen.« Stuttgart u. Tübingen, Cotta. 1836. Hierin unter den Personen: C. M. v. Weber als »Hans der Weber, ein Spielmann.« — La Mara (pseudon. für »Maria Lipsius« : »Musikalische Studienköpfe« p. 3. Leipzig, Weissbach. 1868. — Lobe, J. C., »Musikal. Briefe eines Wohlbekannten«. Bd. 1, p. 115 ff. Bd. II, p. 84 ff. Leipzig, Baumgärtner. 1852. — Desselben: »Der Meister u. der Jünger« in N. 43, 1861 der Gartenlaube, nebst Copie in Holzschnitt nach de Keyser's berühmten Bilde »C. M. v. Weber's letzte Augenblicke«. Leipzig, Keil. — Literary Gazette (The), Londoner Zeitschrift. 1826. p. 330. — L. S., »Lebensbeschreibung von C. M. v. Weber«, mit Portr. 4°. Gotha, Hennings. — Marx, A. B., »C. M. v. Weber« in der Musik-Zeitschrift »Cäcilia«. 1828, p. 169 ff. Mainz, Schott. — Rau, Heribert, »C. M. v. Weber«. Culturgeschichtlich-biographischer Roman. 3 Theile. Leipzig, Thomas. 1865. Im Allgemeinen viel Erdichtetes; 2te Hälfte 3ten Bandes fast gänzlich erdichtet. — Reissmann, A., »Allgemeine Geschichte der Musik«. 3. Bd. p. 227, 298—304. Leipzig, Fues. 1864. — Desselben: »Grundriss der Musikgeschichte«. München, Bruckmann. 1865. — Rellstab, L., »C. M. v. Weber« in G. Weber's »Cäcilia«. Bd. 7, p. 1 ff. — Desselben: »Aeltere Musikzustände Berlins«, Ueber Weber in N. 5, 8, 11, 1855, der berliner Mus.-Ztg. Bote u. Bock. — Riehl, W. H., »Musikalische Charakterköpfe«. 2. Folge. Darin: »Spohr, Weber u. Meyerbeer«; p. 132 u. ff., und »C. M. v. Weber als Claviercomponist«; p. 260 u. ff. — Rungenhagen, C. F., »Nachrichten aus dem Leben und über die Musik-Werke C. M. v. Weber's. Mit Bildniss. Berlin, Trautwein. 1826. — Sartorius, J., »Musik-Cultur à la mode« in G. Weber's »Cäcilia«. Bd. 3, p. 285 ff. — Schilling, G. Dr. »Encyclopädie der gesammten Musik. Wissenschaften oder Universal-Lexikon der Tonkunst«. Theil 6, p. 827—831. — Schindler, Ant. In »Biographie von L. van Beethoven«. 3. Aufl. Theil II, p. 330—337; und »Weber als Kritiker Beethoven's«. Münster, Aschendorff. 1860. — Schmidt, Dr. H., »Weber's Bild«. Festspiel mit Musik. (Gedruckt — wo !? Aufgeführt in München 23. Apr. 1815. — Smith, Paul, »Etudes sur Ch. M. de Weber. D'après la biographie écrite par son fils«. In d. Gazette musicale de Paris N. 27, 29, 38, 43, 45, 48, 53, (1865.) N. 4, 13 u. ff. 1866.) Paris, Brandus et Dufour. — Sternau, C. O., »2 Balladen dem Andenken C. M. v. Weber's«. Dresden u. Leipzig, Arnold. 1841. — Storch, L., ›Joh. Andr. Stumpff«, Lebensskizze. Eleg. Ztg. N. 28. 1849. Leipzig, Schäfer. — Turquety, Ed., Gedicht »Insomnie de Carlo Maria Weber«. ›Londres, 1826. In desselben ›Poésie Catholique« p. 239. Paris, Delaunay. 1836. — Weber, Carl Maria von: »Hinterlassene Schriften«. 3 Bde. Hrsg. v. Th. Hell. Dresden u. Leipzig, Arnold. 1828. — Desselben: »Briefe an *Gottfried Weber*« in des letztern »Cäcilia«. Bd. 7, p. 20—40; u. Elsend. Bd. 15, pag. 50—58. Mainz, Schott. — Desselben: »Briefe an *J. Gänsbacher*« in L. Nohl's Musikerbriefen, p. 175—296. Leipzig, Duncker u. Humblot. 1867. — Desselben »Briefe an Fr. *Kind*« in Kind's »Freischütz«-Buch«, p. 159—176. Leipzig, Göschen. 1843. — Desselben »44 Briefe an *Franz von Mosel* in Wien«; dabei 1 an Dr. *Jungh* in Prag. ›Autograph in der k. k. Hofbibliothek daselbst. Gedr. in der Allg. Wiener Musikztg. v. Dr. Aug. Schmidt ; Jahrg. 1846 in N. 118—121 incl., aus den Jahren 1813, 15, 16, 17, 18, 21, 22, 24 u. 25. — Desselben »12 Briefe an *Ignaz Susann* in der Wiener Zeitschrift für Kunst, Literatur, Theater etc. in N. 1, 2, 3, 4, 5 u. 6, Hrsg. v. Schickh. Wien. — Desselben »3 Briefe an Fr. *Treitschke* in Wien«. ›Autograph in der k. k. Hofbibliothek daselbst. Mitgetheilt in der Allg. Wiener Musikzeitg. v. Dr. Aug. Schmidt; Jahrg. 1847 in N. 110 aus den Jahren 1820 u. 21. — Weber, Max Maria von: »Carl Maria von Weber. Ein Lebensbild«. 3 Bde. Leipzig, Keil. 1864. — Züricher Allgemeine Musik-Gesellschaft: ›Neujahrsgeschenk an die Zürcher'sche Jugend auf das Jahr 1836. Leben u. Werke C. M. v. Weber's. — Ohne Autor: »Abriss ›Kurzer‹, einer Biographie unsres C. M. v. Weber's. Aus dem Beobachter von Paris u. London gezogen«, in der Berliner Allg. Musik-Ztg. N. 24, 1826. ›Marx.‹ Berlin, Schlesinger. — »Erinnerung an C. M. v. Weber.« N. 12 u. 13, 1861, in der Berliner Musik-Ztg. ›Echo«. Schlesinger. — »Erinnerungen an Maria v. Weber«. Allg. Augsburger Ztg. N. 28. 1827. — »La Soeur de Weber.« N. 39, 1835, in der Gazette musicale de Paris. Paris. Maur. Schlesinger. Vollkommene Erdichtung.) — H. Den Freischütz betreffend. — Apel, Aug., »Der Freischütz«. Besonders abgedr. Leipzig, Fleischer. 1824. — Apel, A., und Fr. Laun, »Gespensterbuch«. 1. Bdchn. Leipzig, Göschen. 1810. — Beethoven's Ausspruch über den Freischütz. Leipz. Allg. Mus. Ztg. Jahrg. 1828, p. 492. — Berlioz, Hector, Gesammelte Schriften. Autorisirte deutsche Ausgabe v. Rich. Pohl. Ueber den Freischütz: Bd. 1, p. 280—286. Leipzig, Heinze. 1865. — Biaggi, G. A., »Del Melodramma. Le Origini : Carlo Maria Weber, il Freischütz«; in der Monatschrift ›La Nuova Antologia«. Anno III, Vol. IX, Fascicolo XI. Firenze. Novembre 1868, p. 530—545. — Brühl, Carl Graf, Vorwort zu : »Neueste Kostüme auf beiden königl. Theatern in Berlin«. 13. Heft mit den Kostümen zum »Freischütz«. Berlin, L. W. Wittich. 1822. — Döringer, P., Dichtung »Zur Weber-Feier bei der 301sten Aufführung des »Freischütz« auf den königl. Bühnen zu Berlin, 22. Dez. 1858. Als Manuscr. gedruckt bei R. v. Decker, Berlin. — Fouqué, Fr. de la Motte-, »Auch ein Gespräch über den Freischützen«. Zeitg. f. die eleg. Welt. 1822. N. 183, p. 85. — Förster, Fr., Gedicht »Dem Hrn. Kapellmstr. C. M. v. Weber. Am Tage von Belle Alliance 1824«, bei der ersten Vorstellung des »Freischütz« in Berlin aus den Logen ins Publikum gestreut, welches schliesslich W.'s Uebersiedlung nach Berlin vereitelte. Siehe hier 277 Anm. d. Abgedr. in Kind's »Freischütz-Buch« p. 185. — Gartenlaube: Zeitschrift. Leipzig, Keil. 1869, p. 642 ff.

»Der Freischütz im Westen Nordamerika's in der Stadt Milwaukee im Staate Wisconsin. — Gedichte» auf den Freischütz in Fr. Kind's »Freischütz-Buch«, Leipzig, Göschen, 1843. — Gerle, W. A., »Der braune Jäger«, Erzählung in »Freimüthigen für Deutschland« von Müchler u. Symanski, N. 68, Prag 1819. — Gerstäcker, Fr., Nr. 41, »Berliner Sonntagsblatt« 1868, Berlin, Franz Duncker. — Desselben »Reisen«, 4. Bd., p. 112, Stuttgart, Cotta. — Desselben »18 Monate in Süd-Amerika«, 2. Bd., p. 350, Leipzig, Costenoble. — Hahn, Edm., »Der Dichter des Freischütz« in »Bilder aus der Dichter- u. Künstlerwelt«, Leipzig, Matthes, 1870, p. 183—185 u. 198—200. — Harmonicon The, Londoner Musik-Zeitschrift; 1824, p. 192, 214 u. 243. — 1825, p. 70. — 1826, p. 154. — Hell, Th. 'K. Winkler«, »Ueber die Celebrität des Freischützen überall, besonders in England«. In der Dresdner Abendztg. 1824, Artistisches Notizblatt N. 20 zu N. 261. — Hoffmann, E. T. A., Beurtheilung des »Freischütz« nach dessen ersten Aufführungen in Berlin; in N. 76 u. 77 der Berliner Voss'schen Ztg. — Hysel: »Das Theater zu Nürnberg«, p. 152, Nürnberg, im Selbstverlag. 1863. — Jähns, F. W., »Berichtigung betreffend das Datum der Composition von W.'s Freischütz« in N. 27 der Signale für die Musikalische Welt, Leipzig, Senff, 1864. — Dieselbe mitgetheilt und besprochen von Flodoard Geyer in der Berliner Spener'schen Ztg. N. 151, 1864. — Kind, Fr., »Der Freischütz. Oper«, Leipzig, Göschen. 1822. Danach in mehreren Auflagen; die dritte 1823. Ausgabe letzter Hand im » *Freischütz-Buch* « mit A. Apel's Schattenrisse, 37 Original-Briefen W.'s an Kind, Facsimile eines Autogr. W.'s, einer biograph. Novelle, 26 Gedichten auf W., Erläuterungen aus Sprache u. Geschichte und Miscellen, Leipzig, Göschen, 1843. — Desselben: »Ueber 2 Aufführungen des Freischützen in Dresden«, Abendztg. 1822, N. 46 ff. u. N. 168 ff. — Desselben: Monatsschrift »Die Muse«, Mai 1822, 2tes Bds. 2tes Heft, Leipzig, Göschen. — Desselben: »Theaterschriften«, Bd. 1, Grimma, Göschen-Beyer, 1827 — Lobe, J. C., »Gespräche mit C. M. v. Weber« besonders über dessen Freischütz; in »Fliegende Blätter für Musik« 1. Heft p. 27 ff., 2. Heft p. 119 ff. — Mannstein, H., Ueber C. M. v. Weber in seinem Verhältniss zu Joh. Miksch, in »Aus den Denkwürdigkeiten der Churfürstl. u. Königl. Hofmusik zu Dresden im 18. u. 19. Jahrhundert«, Neue Zeitschrift für Musik Brendel, Leipzig, 1863, N. 15—18, — Marx, A. B., »Der Freischütz als Volksoper«, Berliner Musik-Ztg. Jahrg. II, p. 195, Berlin, Schlesinger. — Morning Chronicle (The), vom 23. u. 30. Juli 1824, London. — Neukomm, Edmond, »Histoire de Freischütz« Paris, Faure, 1867. — Orphea, Taschenbuch für 1824 mit 8 Kupfern zum Freischütz v. Ramberg, Leipzig, E. Fleischer. — Quarterly musical Magazine and Review, London, Biographie und Analysis des »Freischütz«; in Vol. 6, p. 384—404, 1824. — Schmidt, J. P.: »Ueber die erste Vorstellung des »Freischütz« in Berlin«. Im »Freimüthigen«, 1824, N. 25 —27, Berlin, Schlesinger. — J. V. Teichmann's literarischer Nachlass. Stuttg., Cotta, 1863, p. 145 ff.: Ueber den Freischütz am Berliner Hoftheater. — Weber, Max M. v., Ueber den Freischütz in dessen »Carl Maria v. Weber. Ein Lebensbild«, Bd. I, p. 202 u. Bd. II, Abschnitt 17 bis 23 incl. — Weichselbaumer, Dr.: »Bemerkungen durch den Freischützen veranlasst« in Fr. Kind's Monatsschrift »Die Muse«, Bd. 4, Heft 2, 1822, Nov. p. 27. — Ohne Autor: »Ueber die Musik zum Freischützen«. In N. 10 ff. 1823 der Harmonia, Hamburg.

— **III. Euryanthe betreffend.** — Bäuerle, A., »Ueber Euryanthe« in dessen Allgem. Theaterztg. von 1823, N. 131. Wien, Tendler. — Chezy, Helmina von: »Entwurf eines Scenarium der Euryanthe; Operndichtung für C. M. v. Weber«. N. 137 u. 138 der Wiener Zeitschrift für Kunst, Literatur, Theater etc. Wien, Schickh, 1823. — Derselben: »Auch ein Wort über Euryanthe« in N. 131 der Allg. Theaterztg. v. Bäuerle, Wien, Tendler, 1824. — Einige Gedichte auf Euryanthe. Ebendaselbst, in N. 130 u. 131 von —?. Ferner in der Dresd. Abendztg. 1824, v. Th. Hell in N. 79 u. 82. — In N. 3, 1826, ebend. v. M. G. Saphir — Kanne, F. A., Rezension über Euryanthe in Wien; in N. 88—94 in Kanne's Allg. musik. Ztg. 1823. Wien, Strauss. — »Prolog von —? zur Vorstellung der Oper Euryanthe in Berlin, 7. Febr. 1845, für Weber's Denkmal in Dresden«. Gedr. bei R. v. Decker. — Rochlitz, Fr., Sein ausgezeichnetes Urtheil über Euryanthe in einem Briefe, grösseren Theils mitgetheilt hier in **291**, Anm. d. Leipzig. — Schindler, Ant., in »Biographie L. van Beethoven's«, p. 99 u. 100 Note, 1. Aufl. Münster, Aschendorff, 1840. — In demselben Werk, 3. Aufl. Ebend. 1860, Theil II, p. 56, 227. — Desselben: »Beethoven in Paris«, ebend. 1842, über Euryanthe p. 102—126. — Seyfried, Ign. v., Ueber Euryanthe in N. 134 u. 135, 1823 im »Sammler«, Wien, Strauss. — Weber, Carl Maria v., Tempobezeichnungen nach Mälzel's Metronom zur Oper Euryanthe nebst dazu gehörigem Aufsatze von demselben. W.'s Papieren entnommen u. zum erstenmal hrsg. v. F. W. Jähns, Leipz. Allg. Musik. Ztg. Breitkopf u. Härtel, 1848, p. 114. — Weber, Max M. v., Ueber Euryanthe in dessen »Carl Maria v. Weber. Ein Lebensbild«, Bd. II, 23., 24. u. 25. Abschnitt, p. 352—369, Leipzig, Keil, 1864. — Wendt, Amad., »W.'s Euryanthe in Berlin. 1825« Gründlichste u. bedeutendste Beurtheilung dieser Oper. Berliner Musikztg. 'Marx N. 1—7, 1826, Berlin, Schlesinger. — Ohne Autor: Euryanthe besprochen in N. 134 u. 135 in Schickh's Zeitschrift für Kunst, Literatur, Theater etc. Wien, 1823. — **IV. Oberon betreffend.** — Berlioz, Hector: »Gesammelte Schriften«. Autorisirte deutsche Ausgabe v. Rich. Pohl, Ueber Oberon: Bd. I, p. 297—302, Leipzig, Heinze, 1865. — Desselben: »Ueber W.'s Oberon«, Aus dem Französischen v. J. K. In der Berliner Musikztg. »Echo«, N. 34—36, 1857. — Im Berliner »Freimüthigen«, N. 89, 1826. Erste Vorstellung des Oberon in London. — **H. Th. C.,** »Andeutungen über die dramatische Composition der Weber'schen Oberon« Berliner Musik-Ztg. »Echo«, N. 27, 1855. — Marx, A. B., »Ueber Weber's Oberon« in G. Weber's »Cäcilia«. Bd. 7, p. 154 ff. Mainz, Schott. — Morning Chronicle, London. 1826, 12. u. 13. April. — Rochlitz, Fr., »Oberon. Oper v. C. M. v. Weber«. Beurtheilung in

der Leipz. Allg. Mus. Ztg. Breitkopf u. Härtel. 1827, N. 15 u. 16. — Stepel's Allg. Musik.
Anzeiger. 1826—27, p. 73, Frankfurt a. M. — Weber, Max M. v., Ueber Oberon in dessen
»Carl Maria v. Weber. Ein Lebensbild«. Bd. II, 25.—27, Abschnitt incl. p. 578—689. —
V. Preciosa und andere Werke W.'s betreffend. — Die Allgemeine Musikalische
Zeitung, Leipzig bei Breitkopf u. Härtel, 50 Jahrgänge von 1798 bis 1848, eine grosse
Anzahl von Urtheilen und Berichten über die Werke Weber's enthaltend. Das in 3 Theilen
1819, 1829 u. 1849 ebend. erschienene, dazu gehörige Register giebt eine vollständige Ueber-
sicht dieser Urtheile. Berichte u. sonstigen Notizen über Weber und seine Werke. — 2 Ge-
dichte. Auf W.'s Jubel-Cantate **244.** Dresd. Abendztg. N. 234, 1818; auf das Adagio des Es-dur-
Concerts **155.** Dresd. Abendztg. v. 9. Apr. 1821. — Harmonicon. Engl. Musikschrift.
London. 1825, p. 39. — Jähns, F. W., Abhandlung »Ob die Oper ›die drei Pinto's‹« —
v. C. M. v. Weber von demselben vollendet hinterlassen sei oder unvollendet«. Berliner
Voss'sche Ztg. 1867, N. 138. — Dieselbe abgedr. in N. 25, 1867 der Neuen Berl. Mus.-Ztg. ›Bock.‹ —
Nochmals in N. 54 u. 55 von Zellner's Blättern für Theater, Musik u. bildende Kunst. Wien. 1867. —
Desselben: »Ueber C. M. v. Weber's Geburts- u. Todes-Tage«, in der Neuen Berliner Musikztg.
›Bock.‹ 1853, N. 40 u. 1854, N. 21. — Desselben: »Ueber 18 Favorit-Walzer Weber's«, in N. 50
der Allg. Mus. Ztg. Neue Folge, 2. Jahrg. Leipzig, Breitkopf u. Härtel. — Pasqué, E.,
»Abu Hassan«, Lpz. A. Mus. Ztg. Neue Folge, II, N. 7. — Pulko, L., »Schneeglöcklein«.
Ein Märchen. In N. 29 der »Signale für die musik. Welt«. Leipzig, Senff. 1849. — Reis-
siger, C. G., »Weber's letzter Gedanke«. In N. 35 der Neuen Berliner Musikztg. ›Bock.‹
Berlin. 1855. — Sternau, O., Verbindender Text zu Weber's Musik zu Preciosa. Berlin,
Schlesinger. 1850. — Weber, Max M. v., »Wie und wo Körner's Leyer und Schwert von C. M.
v. Weber componirt wurde«. In N. 39 u. 40 der Berliner Mus.-Ztg. »Echo« von 1863, Schle-
singer. — Desselben: Ueber Preciosa in seinem »Carl Maria von Weber. Ein Lebensbild«
Bd. II, p. 237—241 u. 277. Leipzig, Keil. 1864. — Weitzmann, C. F., Geschichte des
Vierspiels u. der Clavier-Literatur. Stuttgart, Cotta. 1863, p. 123 »über das Concertstück v. W.«,
p. 124 »über Böhner's Clav.-Concert op. 8 in Bezug auf das Hauptmotiv der Arie der Agathe im
Freischütz«. —— **VI. Weber's Tod betreffend.** — Von sehr vielen nur einige Gedichte in
der Dresdn. Abendztg. 1826: — Von Th. Hell in N. 11 der Einheimischen der Abendztg.
v. 15. Juni. Von The—nia in N. 154. Von L. Benicke in N. 157. — Aufsatz »Traum« in N. 159 -
160 von —? — Von G. Moltke in N. 174. — Von Arthur vom Nordstern in N. 14 des Einheimischen v. 31. Juli. Abendztg. — Im Berliner »Freimüthigen« von Traug. Barchewitz; in N. 130,
1826. — Literary Chronicle The. London. 1826, p. 361: »Necrology of C. M. v. Weber.
— Möglich, L. »Zum Gedächtniss C. M. v. W.'s für 1 Bassst. u. Pfte. v. einem Freunde der
Tonkunst«. Hamburg, Böhme. — Quarterly Musical Magazine and Review The. London. 1826, Vol. 8, p. 121, 122, 131. »Obituary of C. M. v. Weber.« — Schiller, J. E.,
»Sängers Abschied« etc. auf K. M. v. W.'s Tod mit Melodien des unsterbl. Meisters für eine
Singst. bearb. Salzburg, Mayr. — Times, London. 1826, 6. Juni. — **VII. Weber's Grab-
stätte in London und die Uebersiedelung seiner Asche nach Dresden (1844) betreffend.** —
W. J. S. E.; Aufsatz »C. M. v. Weber« in N. 54 der Beiblätter zu den Dresdner Correspon
denz-Nachrichten der Abendztg. — Gartenlaube: »C. M. v. Weber's letzte Augenblicke«.
Copie in Holzschnitt nach de Keyser's berühmten Oelbilde. Leipzig, Keil. 1864, N. 43. — Gers-
dorff, R. v., »Ueber W.'s Grabstätte in London«. Berliner Voss'sche Ztg. 1841, N. 248. —
Illustrirte Zeitung. 1845, N. 90. »Carl Maria v. Weber«; mit 5 Holzschnitten: Portrait,
Ausschiffung des Sarges in Hamburg, Moorfield's Kapelle in London, W.'s Wappen, W.'s
Ruhestatt in Dresden. Leipzig, Weber. — Morgenblatt. 1842, N. 228 u. 289. »Nach Moor-
fields Chapel«. Artikel V in »Empfindsame Reisen«. Stuttgart, Cotta. — Gesänge bei dem
Empfange und der Beisetzung der sterblichen Ueberreste W.'s in Dresden, 14. u. 15. Dec.
1844. Dresden, gedr. bei Teubner. — Wagner, Rich., »Trauersinfonie zur Beisetzung W.'s in
Dresden arr. nach Melod. d. Euryanthe«. Dresden, Meser. 1844. —— **VIII. Weber's Erzstandbild
zu Dresden betreffend.** — Dresdener constitutionelle Zeitung. 1860, N. 236. »Eine
Erinnerung an C. M. v. Weber.« — Dresdener Journal. 1860, N. 239. »Die Enthüllungs-
feier des Denkmals für C. M. v. Weber.« — Dasselbe. 1860, N. 137. »Rechnungsabschluss
von Seiten des Comités über Uebersiedelung und Beisetzung der Asche und Errichtung eines
Monumentes für C. M. v. Weber.« — Echo. Berliner Musikztg. Schlesinger.' 1860, N. 42
»Eine Erinnerung an C. M. v. Weber bei der Feier der Enthüllung des Erzstandbildes des
unsterblichen Tondichters, 11. Oct. 1860 zu Dresden.« — Jähns, F. W., »Das Monument
»Carl Maria von Weber« in Dresden«, in der Berliner Musikztg. »Echo« Schlesinger. 1858.
N. 43; abgedr. 1858 in N. 71 der Berliner Voss'schen Ztg. — Desselben: »Die Enthüllung
des Erz-Standbildes C. M. v. Weber's in Dresden«. Berliner Spener'sche Ztg. 1860, N. 248. —
Jähns, Max, »Zur Weber-Feier. Gedicht bei Enthüllung des Erzstandbildes etc.« 1860. Ber-
lin, gedr. bei Boesche. — Illustrirte Zeitung. Leipzig. J. J. Weber, 1860, N. 904. »Das
Weber-Denkmal zu Dresden«, mit 2 Illustrationen: Die Enthüllung etc. u. Weber's Todten-
maske. — Ebendaselbst. 1865, N. 1147: »Das Weber-Haus« zu Klein-Hosterwitz bei
Dresden. Mit Illustration: Das Weber-Haus. — Kühne, Gust., »Enthüllungsfeier des Denk-
mals für C. M. v. Weber«. 4 Festgesänge. Drei componirt von Dr. Jul. Rietz, K. S.
Kapellmstr., einer von C. M. v. W. — Nürnberger Blätter für Theater, Kunst etc. 1844,
N. 96. »Das Monument C. M. v. Weber's in Dresden«. — Prolog zur Vorstellung der Oper Euryanthe
für Weber's Denkmal in Berlin 1845, 7. Febr. Gedr. bei R. v. Decker. — Weber, Max M. v.,
»C. M. v. Weber und sein Denkmal«. Gartenlaube 1862, N. 6, 7 u. 8. Mit Illustration: Das
Weber-Denkmal in Dresden. Leipzig, Keil.

k. *Curiosa*. Richard Wagner: Brief desselben über die Entstellungen des Frei-schütz zu Paris. In der Abendztg. 1841, N. 169; siehe auch Kind's »Freischütz-Buch«, p. 234, Note. — Fürst Pückler-Muskau: »Briefe eines Verstorbenen«. Bd. 4, p. 163 u. 263, Stutt-gart, Hallberger, 1831. — Fr. Gerstäcker: »Der Freischütz in Dresden«; in N. 136, 138 u. 139 der Münchener »Fliegenden Blätter« v. 1847. — Gartenlaube, 1869, p. 483: »Der Freischütz. Theatralische Rückerinnerung v. M.« — Fr. Reuter's Erzählung: »Wie den Mecklenburger Bauern der Freischütz gefiel« etc., in dessen »Reise nah Belligen«. Lud-wigslust, Hinstorff. — Maurice S....: »Ein Concertabend in Coventgarden. Eine londoner Skizze«. Darin Mittheilung über eine »grosse Orchester-Selection aus W.'s Freischütz« in Mel-lon's Concerte am 23. Nov. 1866 mit »obligatem Saal-Feuerwerk zur Wolfsschluchts-Musik«, bei der im verdunkelten Raume »aus dem Tactirstocke des Dirigenten Flammen und Raketen heraussteigen«; mitgetheilt in N. 387 des berliner Fremdenblattes, 1866. — Pariser Con-stitutionnel v. 19. Oct. 1863: Aufführung der Berlioz'schen Bearbeitung des Freischütz an der Kais. Academie zu Paris am 9. Oct., besprochen durch Thaddäus Graf Tyszkiewicz, der diese Aufführung zum Gegenstand eines Prozesses machte, allen Ernstes geführt bei den Pa-riser Gerichten gegen die kais. Academie; ausführlich mitgetheilt durch den berliner »Publi-cisten« v. 28. Dez. 1853. — Das von J. M. Firmenich in dessen »Germaniens Völkerstimmen« Bd. 2, p. 184 mitgetheilte Gedicht: »Der Freischütz in der Mundart der Landleute in der Gegend von Erfurt«, 69 siebenzeilige Strophen. Berlin, Schlesinger, 1846. — »Der Frei-schütz oder der wilde Jäger in der Wolfsschlucht«. Mit 12 Vignetten. Bayrisches Volksbuch. 6. Aufl. München, Wild'sche Druckerei. Parcus. — Hysel: »Das Theater in Nürnberg«. Darin erwähnt: »Freischütz-Toiletten der Damen« ad acta der in Berlin 1822 Mode geworden en genähten »Stroh-Kiepen mit grünen Jungfernkränzen«; ferner: »Nürnberger Freischütz-West en, Freischütz-Halsbinden, Freischütz-Bier, Freischütz-Rauch- und Schnupf-Tabak«. — Director Carl's Posse: »Staberl als Freischütz«. — »Der Freischütz or the Seventh Bullet; a travestie of this popular opera with the Songs, Music etc., illustrated with 12 Etchings, by George Cruik-shank«. Pr. 5s. 6d. Publ. by C. Baldewyn, Newgate-Street, London. — Septimus Globus' in London »Freischütz-Travestie«, besprochen in der Lpz. A. Mus. Ztg. 1821, p. 829. — Mittheilung der berliner Spener'schen Ztg., März 1870, wonach der Theat.-Dir. Obstfelder den Freischütz als Schauspiel gab und auf dem Zettel bemerkte: »Da die Musik nur die Hand-lung stört, so wird dieselbe weggelassen«. — Miscellen: N. 15, 16, 17, 20, 22, 24 u. 26 in Kind's »Freischütz-Buch«, p. 243 u. ff.

278.

Der Sänger und der Maler. *»Ei, wenn ich doch ein Maler wär',*

Für eine Singstimme mit Begleitung des Pianoforte.

Text von —? 4 Strophen.

Comp. 1820, 21. Juni in Cosel's Garten zu Antonstadt-Dresden; *Tageb.*

N. 6 im op. 80; Heft 18 der Gesänge.

Autograph: Das der Strophen 1, 2 und 3 im Besitz von F. W. Jähns, auf p. 2 eines 12zeiligen, graugelblichen halben Querfoliobogens zwischen dem Autogr. von 230 u. 267. Text und Str. 4 fehlen. Da noch auf derselben Zeile, wo das Autogr. unsres Liedes schliesst, das von 230 beginnt, so scheint die Durchcomponirung der vierten Str. anfänglich von W. nicht intendirt gewesen und erst später ausgeführt worden zu sein.

Ausgaben: Erste Orig.-Ausg. als N. 6 des Opus, zus. mit 269, 270, 274, 275, 281. Berlin, Schlesinger. Opus; 20 gr. | Einzeln. — Als Heft 21 der Ausw. 1. Ebend. 1 gr. | Als N. 88 d. Prchtausg. hrsg. v. Jähns. 1869. Ebend. 2½ sgr. n.

Anmerkungen. Ein glücklicher Sänger, welcher fühlt, nur sein Lied, und nicht eines Malers Pinsel, könne würdig die Geliebte feiern, ist der Gegenstand des heitern Gedichts, das W. mit gleich liebenswürdiger Frische musikalisch wiedergegeben hat, un-beschadet dadurch, dass er zuvor, wie sein Tagebuch meldet, an demselben Tage 18 18 Briefe geschrieben, von denen mindestens die Mehrzahl bedeutenderen Inhalts gewesen sein muss, da sie an sehr namhafte Adressaten gerichtet waren. — Weber sendete das op. 80 *zum Stich* am 17. Oct. 1822 an Schlesinger.

279.

Preciosa.

Schauspiel in 4 Acten von Pius Alex. Wolff, mit Musik.

Im Stich *ohne Opus-Zahl*. In W.'s geschr. Werk-Verz. als *op. 78* gezählt.

Weber's neuntes dramatisches Werk.

Comp. 1820, 15. Juli zu Dresden (in Cosel's Garten, Antonstadt-Dresden): *Tageb.*

Abkürzungen in Bezug auf die Numerirung der einzelnen Musikstücke:

Aut. = Original-Partitur. (Autograph.)

g. P. = gedruckte Partitur. Berlin, Schlesinger.

a. Cl.-A. = alter Clavier-Auszug, Berlin, Schlesinger.

n. Cl.-A. = neuer Clavier-Auszug von F. W. Jähns, Berlin, Schlesinger (Lienau). 1869.

Als N. 1. Ouvertüre. (Ueberall ohne Nummer.)

Instrumentirung: 2 Fl., 2 Ob., 2 Cl., 2 Hörn., 2 Fag., Tambourin, Triangel, kl. Trommel, Schellen, 2 Tromp., 2 Pkn., 2 Violinen, Viola, Cello u. Bass.

Act I. N. 2. Zigeuner-Marsch hinter der Scene, dann **Chor** »Heil Preciosa!« auf der Scene.

Instr.: Wie bei der Ouvertüre.

N. 3. Melodrama. Preciosa.

Allegro con anima e fuoco: ♩ = 116. | Moderato grazioso ♩ = 90. J.

Instr.: 2 Fl., 2 Ob., 2 Cl., 2 Hörn., 2 Fag., 2 Violinen, Viola, Bässe.

N. 4. Ballo. (Tanz.)

Instr.: 2 Fl., 2 Ob., 2 Cl., 2 Hörn., 2 Fag., 2 Tromp., 2 Pkn., 2 Violinen, Viola, Bässe.

N. 5 im Aut. — N. 5ᵃ = g. P. — Fehlt im a. Cl.-A. — N. 5ᵇ = n. Cl.-A.
Melodrama. Preciosa. Volk. Nach den Worten der **Wiarda:** »Kinder, kommt!«
Vivace assai. ♩ = 138: ♩.

Allegro con anima e fuoco: ♩ = 116.
Instr.: Wie in N. 4.

Act II. N. 6. Früher N. 5 im Aut. — g. P., a. Cl.-A., n. Cl.-A. = N. 5.
Zigeuner-Chor. (S. A. T. B.) »Im Wald, im Wald, im frischen grünen Wald,«
Moderato. ♩ = 96: ♩.

Instr.: 2 Piccoli, 2 Cl., 4 Hörn. im Orch., 4 Hörn. auf dem Theater, 2 Fag., Triangel,
Tambourin, Schellen, kleine Trommel, 2 Violinen, Viola, Bässe.

N. 7. Früher N. 6 im Aut. — g. P., a. Cl.-A., n. Cl.-A. = N. 6.
Lied der Preciosa. »Einsam bin ich nicht alleine,«
Larghetto. ♪ = 96: ♩.

Instr.: 1 Flöte u. 3 Hörner auf dem Theater, 2 Violinen, Viola u. Cello im Orchester.

N. 8. Früher N. 7 im Aut. — g. P., a. Cl.-A., n. Cl.-A. = N. 7.

Fröhliche Musik hinter der Scene nach den Worten des Hauptmanns: »forschten wir nicht weiter nach.«

Vivace. ♩ = 132: J.

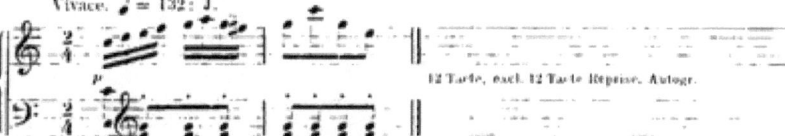

12 Tacte, excl. 12 Tacte Reprise. Autogr.

Instr.: 2 Piccoli, 2 Cl., 2 Horn., Triangel, Becken, kl. Trommel, Tambourin, 2 Fag.

N. 9. Früher N. 8 im Aut. — g. P., a. Cl.-A., n. Cl.-A. = N. 8.

Zigeuner-Chor. S. A. T. B. »Die Sonn' erwacht!«

Moderato. ♩ = 100: J.

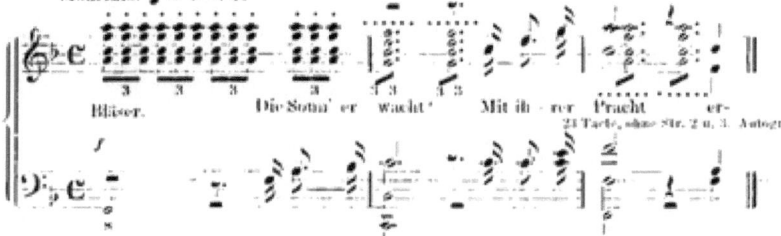

Bläser.   Die Sonn' er wacht!   Mit ih rer Pracht   er-

23 Tacte, ohne Str. 2 u. 3. Autogr.

Instr.: 2 Fl., 2 Ob., 2 Cl., 2 Horn., 2 Fag., Triangel, Schellen, kleine Trommel etc. 2 Violinen, Viola, Bässe.

Act III. N. 10. Früher N. 9 im Aut. — g. P., a. Cl.-A., n. Cl.-A. = N. 9.

Ballo. (I, II, III.)

I. Allegro. ♩ = 116: J.   II. Andante. ♩ = 76: J.   III. Molto vivace. ♩ = 108: J.

Zu». 77 Tacte, excl. 34 T. Repr. u. excl. zweimaligen D, C, von N. I hinter N. II u. III. Autogr.

Instr.: 2 Fl., 2 Ob., 2 Cl., 2 Fag., 2 Violinen, Viola, Bässe.

N. 11 im Aut., früher N. 10 desselben: **Zigeuner-Marsch.** Im Autogr. wird auf denselben nur hingewiesen mit den Worten: »: wie bei N. 2 hinter der Scene : — In der gedr. Part. = *0.* — Im n. Cl.-A. nur darauf verwiesen als N. *0*, insofern er = mit dem Zigeuner-Marsch in N. 2. — Im a. Cl.-A. fehlt der Marsch ganz.

Act IV. N. 12. Als solche früher N. 11, im Aut., enthaltend a Chor u. Ballet »Es blinken« b Zigeuner-Marsch, auf diesen nur verwiesen als = mit dem in N. 2. c Melodram. — In der g. P. zählt Chor u. Ballet nebst Zigeuner-Marsch mit N. 10, das Melodram mit N. 11. — Im a. Cl.-A. haben Chor u. Ballet, Zigeuner-Marsch u. Melodrama zus. die N. 11.

a.) Chor u. Ballet. »Es blinken so lustig die Sterne« und **b.) Zigeuner-Marsch.**

Allegro grazioso. ♩ = 116: J.   Sopr.

Alt.

Chor: Es blin - ken so lu - stig die Ster - ne in's

aber hierauf folgende Zigeuner-Marsch ist in N. 2.)

Ten.

Bass.

Chor: 49 Tacte. Autgr.

Instr.: Wie die Ouvertüre.

c.) Melodrama. Im Aut. zu N. 12 gehörig. — In der g. P. und dem n. Cl.-A. als N. 11. —
Im n. Cl.-A zu N. 11 gehörig. (Vergl. die Numerirung der vor. Nummer.)
Preciosa, Donna Clara, Wiarda, Hauptmann, Zigeuner. Alle nur sprechend.

Nachdem Preciosen ent- / gegen applaudirt ist, fällt / das Orchester ein.)

Gott, wo bin ich! Meinen / Blicken welch ein Schau- / spiel stellt sich dar?

Wird der Ahnung / still Entzücken

mir auf einmal / laut und wahr?

Melodrama: 62 Tacte. Autogr.

(Allegro 3/4: ♩ = 108. | Allegro 4/4: ♩ = 116. | Vivace: ♩ = 138: J.)
Instr.: Wie bei Nr. 12.

Die Musik zur Preciosa hat im Ganzen 828 Tacte, excl. 155 Tacte Reprisen. Auch
die D. C. und die Wiederholung von Gesangstrophen sind dabei nicht mitgezählt.

Autograph: Vollständige Partitur. Im Besitz von **Max M. Frhrn. v. Weber**
zu Wien. (1870. J.) 9 ungebundene Lagen mit 6, 2, 3, 1, 2, 1, 1, 2 u. 4 Bogen = 88
Seiten. Graugelblich festes Querfolio, mittelgrosse saubere Noten- und Textschrift ohne
jede Correctur. Nach der blauen durchgehenden Paginirung (von mir) sind leer: p. 24,
56, 57 u. 88. — Titel auf p. 1: »Preciosa | Schauspiel in 4 Abtheilungen , mit Gesang
und Tanz. | von | Wolf. | Ouverture und zur Handlung gehörige Musik | von | Carl
»Maria von Weber« | ⁓ | Dresden im Juny 1820. | — *Bemerkungen* zum **Autograph**: *Zur Ouvertüre.* Bei »Zigeuner-Marsch« steht »: nach einer ächten Zigeuner-
»Melodie.« — *Zu N. 5.* Diese Nummer ist ein nach dem Stich des alten Clav.-Aus-
zuges später zugesetztes Melodram; W. veränderte deshalb alle folgenden Nummern, indem
er die neue über die alte hinschrieb; im alten Clav.-Ausz. fehlt sie demnach; die später
gestochene Partitur hat dies Stück als N. 5ª, der neueste Orig.-Clav.-Ausz. (Berlin,
Schlesinger-Lienau 1869) als N. 4ª. Die letzten 12 Tacte dieses Melodrams sind in der Orig.-
Partitur nicht von W.'s Hand; als gleich mit den Tacten 57 bis 60, und 109 bis incl. 116
der Ouvertüre liess er sie vom Copisten eintragen. — *Zu N. 10.* Zum Ballo III 9/8 stehen
2 Hörner und 2 Pauken im Anhang p. 70. — *Zu N. 11.* Die Wiederholung des Zigeunermarsches unter dieser Nummer ist nicht ausgeschrieben; es wird auf sie nur hingewiesen, ebenso in *N. 12.* — Bei späterer Wiederholung ein und derselben Instrumentation einzelner Stellen weisen nur rothe Ziffern oder Buchstaben rückwärts auf die betreffenden, vollständig instrumentirten u. ebenso bezeichneten Stellen. Dies findet statt
in N. 1 auf p. 17, 18, 19, 22 für p. 10, 11, 12. 22; in N. 2 auf p. 28 für 27; in N. 4
auf p. 47, 48 für p. 45, 46, 47; in N. 6 auf p. 59 für p. 59; in N. 7 auf p. 61, 62 für
p. 61; in N. 12 auf p. 72, 73, 74, 75 für 71 u. 73. — Papier u. Partitur 10zeilig in N. 3;
Pap. 12z., Part. 11z. in N. 4; Pap. u. Part. 12z. in N. 1 u. 5; Pap. u. Part. 14z. in N. 2;
Pap. 16z., Part. 14z. in N. 8; Pap. 16z., Part. 7z. in N. 7, 2 Accoladen auf der Seite; Pap.
16z., Part. 8z. in N. 10, 2 Accoladen auf Seite 67, 68, 69, u. ebenso ebend., aber nur 1 Accolade auf Seite 70 nebst 2zeil. Anhang Corni u. Timp. zu Ballo III; Pap. 16z., Part. 14z. in
N. 9 u. 12; Pap. 16z., Part. 15z. in N. 6.

Ausgaben: *I. In ursprünglicher Gestalt:* **Vollständige Orchester-Partitur.** — Erste
Orig.-Ausg. 8º. Berlin, Schlesinger. 8 thlr. n. | Neue revid. Ausg. Ebend. 6 thlr. n. |
Chorstimmen. — Ebend. 12 sgr. n. | **Partitur der Ouvertüre.** — Erste Orig.-Ausg. 8º. Ebend.
1½ thlr. || Paris, Richault. Petit form. 4 fr. 50 c. n. | **Orchester-Stimmen der Ouvertüre.** —
Berlin, Schlesinger. 2 thlr. 5 sgr. || Paris, Richault. 12 fr.

II. Arrangements: **A. Arrangements der Musik mit Text.** 1) **Clavier-Auszüge.** —
Erste Orig.-Ausg. arr. v. Compon. Berlin, Schlesinger. 1¾ thlr. | Neue vervollständigte
Prchtausg. nach des Compon. Clav.-Ausz. u. der Orig.-Partitur, neu bearbeitet v. F. W. Jähns.
1867. Berlin, Schlesinger-Lienau. ½ thlr. n. || Braunschweig, Litolff. ½ thlr. | Mit deutsch.
u. franz. Text von van Hasselt u. Rongé. Ebend. 1½ thlr. | Hamburg, Böhme. 1 thlr. |
Cranz. 1½ thlr. || Leipzig, Peters. 10 ngr. || Wolfenbüttel, Holle. 1⅓ thlr. — **2 Alle Num-
mern einzeln mit Pianoforte.** Erste Orig.-Ausg. v. Compon. Berlin, Schlesinger. | Neue
vervollständigte Prchtausg. v. F. W. Jähns (s. 1.) — **3 Diverse Nummern einzeln.** (Wegen
Ueberfülle des Stoffes können die Nummern hier nicht einzeln benannt werden.) ✳ Für 4 Männerstimmen allein.
— Berlin, Schlesinger. || Braunschweig, Busse. N. 22 im Orpheus. || Essen, Baedeker. In Erk's

»Volkslieder f. 4 Männ.-St.« Heft 2. ‖ Freiburg, Herder. In der »Polyhymnia«. ‖ Leipzig, Mayer u. Wigand. In Fink's »Hausschatz.« | (*Mit franz. Text.*) Paris, Brandus u. Dufour. | ✻ **Mit Pfte.** — Berlin, Schlesinger. | Neue Prchtausg. v. F. W. Jähns. Ebend. (s. I.). | **N. 7:** Als Nr. 91 in der neuen Prchtausg. v. W.'s Liedern. Ebend. | **N. 7:** Als N. 41 im W.-Album. Ebend. | Als N. 15 in C. Blum's »Rückkehr in's Dörfchen«. Anh. 121. Ebend. ‖ Braunschweig, Spehr. ‖ Hamburg, Böhme. | Cranz. | Jowien. ‖ Hannover, Nagel. ‖ Leipzig, Mayer u. Wigand. In Fink's »Hausschatz«. | Reclam jun. In A. Härtel's »Deutsch. Lied.-Lexik.« | In L. Schubert's »Concordia«; Schäfer. ‖ N. 10 Ballo 1 als Duett »O warbling birds«: London, Chappell u. C. 1s. 6d. ‖ Magdeburg, Lehmann. ‖ Mannheim, Heckel. ‖ München, Aibl. ‖ Prag, Berra. ‖ Wien, Diabelli u. C. | (*Holländisch u. deutsch.*) Amsterdam, Theune u. C. | (*Dänisch.*) Kopenhagen, Lose. | (*Englisch.*) London, Ashdown u. C. | Chappell u. C. | Cramer u. C. ‖ London u. Brighton, Augener u. C. | (*Franz.*) Paris, Richault. | ✻ **Mit Pfte. od. Guit.** (*Deutsch, franz. u. holländ.*) Amsterdam, Theune u. C. | ✻ **Mit Pfte. u. Guit.** — Erfurt, Suppus. ‖ Mainz, Schott. ‖ Mannheim, Heckel. | ✻ **Mit Guit.** — Berlin, Schlesinger. ‖ Hamburg, Böhme. | Cranz. ‖ Mannheim, Heckel. | (*Engl.*) London, Ashdown u. Parry.

B. Ouvertüre einzeln, in Arrangements. ✻ **Partitur für vollständige Militärmusik.** — Arr. v. Weller: Berlin, Schlesinger. $2\frac{1}{2}$ thlr. | ✻ **Für Infanterie- u. Harmonie-Musik in Stimmen.** — Paris, Richault. 15 fr. | ✻ **Als Nonett für Harmonie-Musik.** — Wien, Lithographisches Institut. 1 thlr. | ✻ **Als Quintett für Flöte, 2 Violinen, Viola u. Cello.** — Hamburg, Böhme. 16 ggr. — ✻ **Als Quartett. 1 Für 2 Violinen, Viola, Cello (auch mit Contra-Bass).** — Berlin, Schlesinger. $\frac{5}{6}$ thlr. ‖ Mainz, Schott. 1 fl. 12 xr. ‖ Offenbach a. M., André. 54 xr. ‖ Wien, Lithogr. Institut. $\frac{1}{2}$ thlr. | **2 Für Flöte, Violine, Viola u. Cello.** — Arr. v. Gabrielsky: Berlin, Schlesinger. | **3 Für Harfe, Pfte. mit Flöte od. Violine u. Cello.** — Arr. v. Hummel: Paris, Schonenberger. 6 fr. | ✻ **Für 2 Pfte.'s zu 8 Hdn.** — Arr. v. Horn: Berlin, Schlesinger. $1\frac{1}{4}$ thlr. | ✻ **Für 2 Pfte.'s zu 4 Hdn.** — Arr. v. Horn: Ebend. 1 thlr. | ✻ **Für Pfte. zu 4 Hdn. mit Violine u. Cello.** — Arr. v. Fr. Hermann: Leipzig, Fritzsch. $\frac{5}{6}$ thlr. | ✻ **Für Pfte. zu 4 Hdn.** — Arr. v. Klage: Berlin, Schlesinger. $\frac{2}{3}$ thlr. | Neue Prchtausg. nach W.'s Clav.-Ausz. u. d. Orig.-Part. bearb. v. F. W. Jähns. 1867. Ebend. $\frac{1}{4}$ thlr. ‖ Bonn u. Berlin, Simrock. 10 sgr. ‖ Braunschweig, Litolff. 5 sgr. | In »Sämmtl. Orig.-Compos. à 4 m. u. 10 Ouvert.« 4°. Ebend. $1\frac{1}{3}$ thlr. ‖ Frankfurt a. M., Dunst. 1 fl. 12 xr. ‖ Arr. v. Rodatz: Hamburg, Böhme. 14 ggr. | Arr. v. Stiehl: Cranz. 16 ggr. ‖ Leipzig, Peters: Alle 10 Ouvert. W.'s zus. 15 ngr. 1868. | Forberg. $\frac{1}{3}$ thlr. | Siegel. $17\frac{1}{2}$ sgr. | Arr. v. Latour: London, Chappell u. C. 4s. | Arr. v. Lord: Cramer u. C. 3s. 6d. ‖ London u. Brighton, Augener u. C. ‖ Mainz, Schott. 1 fl. ‖ München, Falter. 1 fl. ‖ Offenbach a. M., André. 1 fl. 12 xr. ‖ Paris, Lemoine. 6 fr. | Arr. v. Vilbac: Ebend. | Prilipp. 7 fr. 50 c. | Richault. 6 fr. ‖ Prag, Berra. 48 xr. ‖ Wien, Diabelli u. C. 1 fl. | Leidesdorf. 16 gr. | Weigl. 1 fl. ‖ Wolfenbüttel, Holle. 5 sgr. | ✻ **Für Pfte. zu 2 Hdn.** — Arr. v. Compon.: Berlin, Schlesinger. $12\frac{1}{2}$ sgr. | Neue Prchtausg. nach W.'s Clav.-Ausz. u. d. Orig.-Part. bearb. v. F. W. Jähns. Ebend. 1867. 5 sgr. ‖ Bonn u. Berlin, Simrock. $7\frac{1}{2}$ sgr. ‖ Braunschweig, Litolff. $2\frac{1}{2}$ sgr. | Alle 10 Ouvert. W.'s, Ebend. 10 sgr. ‖ Meyer. 4 ggr. | Spehr. 8 ggr. ‖ Frankfurt a. M., Dunst. 27 xr. ‖ Hamburg, Böhme. 8 ggr. | Cranz. 8 ggr. ‖ Hannover, Bachmann. 8 ggr. | Nagel. 8 ggr.; auch 4 ggr. ‖ Kopenhagen, Lose u. Olsen. 48 shl. ‖ Leipzig, Forberg. 5 ngr. | Hofmeister. 8 ggr. | Peters: Alle 10 Ouvert. W.'s zus. 12 ngr. | Siegel. $12\frac{1}{2}$ ngr. | Stoll. 5 ngr. ‖ London, Cramer u. C. 2s. 6d. | Arr. v. Hatton: Ebend. 2s. 6d. | Arr. v. Watts: Mills. 1s. ‖ London u. Brighton, Augener u. C. ‖ Mainz, Schott. 36 xr. ‖ München, Aibl. 45 xr. ‖ Offenbach a. M., André. 36 xr. ‖ Paris, Lemoine. 5 fr. | Maur. Schlesinger. | Schonenberger. 8°. 55 c. *n.* ‖ Prag, Berra. 36 xr. ‖ Wien, Diabelli u. C. 45 xr. | Leidesdorf. 10 gr. | Lithogr. Institut. 8 gr. | Weigl. 30 xr. ‖ Wolfenbüttel, Hartmann. 8 gr. | Holle $2\frac{1}{2}$ sgr. | ✻ **Für Pfte. mit Violine ad lib.** — Paris, Brandus u. Dufour. 4 fr. 50 c. | Schonenberger. 3 fr. | ✻ **Für Pfte. u. Flöte od. Violine ad lib.** — Paris, Maur. Schlesinger. 3 fr. 50 c. | ✻ **Für Pfte. mit Flöte u. Violine.** — Arr. v. Stiehl: Hamburg, Cranz. 12 ggr. | ✻ **Für Pfte. mit Flöte od. Violine u. Cello.** — Arr. v. Hatton: London, Cramer u. C. 3s. 6d. | Mills. Jede Stimme 1s. | ✻ **Für Pfte. mit Flöte ad lib.** — London, Chappell u. C. 2s. 6d. | ✻ **Für 3 Flöten (od. 2 Flöten mit Violine).** — Arr. v. Berens: Hamburg, Cranz. $12\frac{1}{2}$ sgr. ‖ Paris, Brandus u. Dufour. 1 fr. 50 c. | Maur. Schlesinger. 3 fr. 45 c. | ✻ **Für 2 Flöten.** — Hannover, Bachmann. 8 ggr. | Nagel. 10 sgr. | ✻ **Für 2 Violinen.** | Offenbach a. M., André. 36 xr.

C. Arrangements ohne Text. 1 Die vollständige Musik, auch nur eine Anzahl Nummern zusammen. ✻ **In vollständiger Partitur für Militär-Musik.** — Arr. v. Weller: Berlin, Schlesinger. $3\frac{2}{3}$ thlr. | ✻ **Als Quartette. 1 Für Streichquartett.** — Arr. v. Küffner: Mainz, Schott. 2 fl. 30 xr. | **2 Für Flöte, Violine, Viola u. Cello.** — Ebend. 2 fl. 30 xr. | ✻ **Für Pfte. zu 4 Hdn.** — Arr. v. Klage: Berlin, Schlesinger. 2 thlr. | Arr. v. Diabelli: Ebend. $1\frac{2}{3}$ thlr. | Neue Ausg. arr. v. Klage: Ebend. $\frac{2}{3}$ thlr. ‖ Mainz, Schott. 3 fl. ‖ München, Falter. 3 fl. ‖ Arr. v. A. Diabelli: Wien, Diabelli u. C. 2 fl. 30 xr. | ✻ **Für Pfte. zu 2 Hdn.** — Arr. v. Klage: Berlin, Schlesinger. $1\frac{1}{6}$ thlr | Neue Ausg. Ebend. $12\frac{1}{2}$ sgr. *n.* ‖ Braunschweig, Litolff. 10 sgr. ‖ Frankfurt a. M., Dunst. 1 fl. 24 xr. ‖ Hamburg, Böhme. 2 Mk. ‖ Leipzig, Peters, 1868. 10 ngr. | Arr. v. Rimbault: London, Cramer u. C. 2 books; jedes 3s. | Arr. v. Watkins in 2 books, jedes 4s: Ebend. ‖ Mainz, Schott. 1 fl. 21 xr.; jetzt 15 xr. *n.* ‖ München, Falter. 1 fl. 21 xr. ‖ Wien, Diabelli u. C. 1 fl. 30 xr. | Weigl. 1 fl. 45 xr. | ✻ **Für 2 Flöten.** — Arr. v. Plothow: Hamburg, Christiani. 16 ggr. | Steinmetz. 20 sgr. ‖ Offenbach a. M., André. 45 xr. | ✻ **Für 1 Flöte.** — Arr. v. A. Diabelli: Berlin, Schlesinger. $\frac{2}{3}$ thlr. ‖ Hamburg, Cranz. $\frac{1}{2}$ thlr. ‖ Wien, Diabelli u. C. 1 fl. ‖ Wolfenbüttel, Holle. 4 sgr. — **2 Diverse Nummern der Musik**

zusammen, ohne Ouvertüre und einzeln. (Wegen Ueberfülle des Stoffs können die Nummern hier nicht einzeln benannt werden.) ✳ Als Quartette. ‖ Als Streichquartett. — Arr. v. Küffner: Mainz, Schott. | 2. Für Harfe, Pfte. mit Flöte od. Violine) u. Cello ad lib. — Arr. v. Bochsa u. Hummel; Paris, Schonenberger. 10 fr. 50 c. | ✳ Für 2 Pfte.'s mit Orch. — F. Mendelssohn-Bartholdy et Moscheles: Duo concertant en Variations brillantes sur la Marche Bohémienne, tirée de Preciosa de Ch. M. de Weber. Leipzig, Kistner. 3½ thlr. | ✳ Für 2 Pfte.'s zu 4 Hdn. ohne Orch. — Dasselbe Werk. Ebend. 1²⁄₃ thlr. | ✳ Für Pfte. zu 4 Hdn. — Augsburg, Gombart. ‖ Braunschweig, Spehr. ‖ Frankfurt a. M., Dunst. ‖ Hamburg, Jowien. ‖ Leipzig, Hofmeister. | F. Mendelssohn-B. u. Moscheles: Duo concertant etc. 's. oben. Kistner. 1⅙ thlr. | Peters. ‖ Mainz, Schott. ‖ Arr. v. Diabelli: Wien, Diabelli u. C. | ✳ Für Pfte. zu 2 Hdn. — Berlin, Schlesinger. | Lischke. | Paez. ‖ Bonn, Simrock. ‖ Braunschweig. ‖ Erfurt, Bartholomäus. ‖ Hamburg, Böhme. | Cranz. | Jowien. | Schuberth u. C. ‖ Hannover, Bachmann. ‖ Kopenhagen, Lose. ‖ Mainz, Schott. ‖ Offenbach a. M., André. ‖ Prag, Berra. ‖ Wien, Diabelli u. C. | Weigl. | ✳ Für Pfte. u. Flöte. — Arr. v. Peile; nochmals v. Rinbault: London, Cramer u. C. | ✳ Für Harfe, Flöte od. Violine u. Cello. — Paris, Schonenberger. | ✳ Für 2 Violinen. — Offenbach a. M., André. | ✳ Für 2 Flöten. — Ebend. | ✳ Für 1 Flöte. — Wolfenbüttel, Holle. | ✳ Für Guit. u. Flöte. — Hannover, Nagel. | ✳ Für 2 Guit. | Breslau, Förster. | Weinhold. | ✳ Für 1 Guit. — Berlin, Schlesinger. | ✳ Für Harmonium. — Stuttgart, Zumsteeg. | ✳ Für Cornet à piston. — Paris, Schonenberger.

Anmerkungen. a. Characterisirung. Wenn zwischen der Vollendung des »Abu Hassan« und dem Beginne des »Freischütz« ein Zeitraum von 6 Jahren verfloss, in welchem W.'s Genius diesem ersten seiner vier unsterblichen dramatischen Werke entgegenreifte, so waren nach Vollendung ebendesselben nur zwölf Tage entschwunden, als dieses Genius Fittige sich bereits einer neuen Schöpfung, der »Preciosa«, zuwendeten; sie waren zur höchsten Kraft erstarkt, und so konnten sie sich, wie spielend und wie im Vorüberfliegen, in einer neuen fremden Region wiegen und das Werk, das aus jener Kraft hervorging, in all' die andersartige, lebendige Farbenglut, in den eigenthümlich funkelnden Glanz tauchen, die es von seinem Vorgänger, dem deutschen Waldliede, wesentlich unterscheiden und es, als einer ganz andern Gattung angehörig, stempeln. — Ist es ein besonders characteristisches Zeichen des W.'schen Genius, scharf einzelne Individuen im Reiche der Töne zu zeichnen, so wird in gleicher Weise die viel schwierigere Aufgabe von ihm beherrscht, die Nationalität der Völker in seinen musikalischen Bildern festzuhalten. Dies zeigt sich nicht nur in den von kleinerem Rahmen eingeschlossenen, rein instrumentalen Compositionen, den Siciliano's, Espagnuolo's, Russe's, Ongarese's, Polacca's, Masurek's, Tarantella's — sondern es zeigt sich auch in der unvergleichlich durchgeführten Characteristik von W.'s dramatischen Arbeiten, dem deutschen Freischütz, der spanisch-zigeunerischen »Preciosa«, dem orientalischen Element des »Oberon« und »Abu Hassan«, obgleich der deutsche Ernst alle durchdringt und zusammenhält und dadurch eben die Schärfe der Umrisse und die Ticte der Farben herstellt. — So war es denn natürlich, dass Preciosa, mit diesen Eigenschaften frappant ausgestattet, den Kreis der erstaunten Hörer ergriff; denn wo war bis dahin das Wesen zigeunerischer und spanischer Motive in so tiefgehender, prächtig erglänzender Tonmalerei vorgeführt worden? Der Erfolg des Schauspiels Preciosa wurde deshalb so ausserordentlich, weil seine Musik ausserordentlich war. Zwar nach dem »Freischütz« geschrieben, wurde sie dennoch für diesen zu einem höchst bedeutungsvollen und glücklichen Vorredner, da sie schon 3 Monate vor ihm über die Bühne ging. Die unvergleichlichen vier Chöre, Preciosa's süss schwärmerisches Lied, die ergreifenden Melodramen (namentlich N. 3), die reiche Ouvertüre, wieder aus Thematen der übrigen Musik gewebt, wurden vorzugsweise mit Enthusiasmus begrüsst und haben ihre Wirkung, ähnlich der des »Freischütz«, jetzt 50 Jahre bewährt. Wie dieser sind sie Eigenthum nicht nur des deutschen Volkes geworden, sondern sie haben auch, gleich ihm, den Lauf durch die Musikwelt diesseit und jenseit des Ozeans vollbracht und werden voraussichtlich, wie er, als unvergängliche Schätze deutschen Geistes in der Tonkunst, derselben für immer erhalten bleiben.

b. Zur Geschichte des Textes und der Composition. Der Stoff des Schauspiels entstammt der ersten jener zwölf spanischen, 1613 in Madrid erschienenen Novellen des Cervantes. In Prosa bearbeitet hatte denselben Wolff, als dramatischer Darsteller Goethe's berühmter Schüler, schon 1811 zu einem Schauspiel »Preciosa«, in welches er zugleich die komische Figur des Pedro nach dem Urbilde des Dorfschulzen in Shakespeare's »Viel Lärmen um Nichts« verwob. Nachdem es in demselben Jahre bereits in Leipzig mit Beifall gegeben, sandte Wolff sein Werk 1811 mit der Bitte um dessen Aufführung an Iffland nach Berlin. Sie unterblieb aus dem eigenthümlichen Grunde, dass, wie Iffland Wolff meldet (s. Teichmann's Nachlass p. 345), zur Zeit eine grosse Mordbrennerbande, von einem schönen Mädchen ange-führt, Berlin's Umgegend unsicher gemacht habe und jetzt ihr Urtheil erwarte. — Als Wolff später seinem Schauspiele die bekannte Form in Versen gegeben und Graf Brühl 1820 dasselbe zur Aufführung angenommen hatte, wendete dieser sich auf Wolff's Wunsch mit der Bitte um Composition der dazu gehörigen Musik an W., denn die 1811 von Eberwein in Weimar dazu componirte befriedigte Wolff in keiner Weise. W., grade damals in den Abschluss seines »Freischütz« vertieft, ging nur ungern darauf ein, gab je-doch schliesslich seine Zusage an Gr. Brühl, indem er diesem am 20. Febr. 1820 schreibt: »— Zum Beweise meines guten Willens die Versicherung, dass ich die Musik zu Preciosa »schreiben will. Ich habe es zwar eigentlich verschworen, Musik zu Schauspielen zu »schreiben, denn es ist besonders deshalb misslich, weil einem ein Gedicht recht wohl »gefallen kann, ohne grade zur Komposition anzusprechen. Aber was »wird man nicht gerne thun, um einem Director wie Graf Brühl und einem Künstler wie »Wolff seine Achtung zu beweisen. Zu einer Arie für eine Sängerin brächten mich Ew: »Hochgeboren schon schwerer; denn damals liess ich auch Alles stehn und liegen, und »die eigensinnige Nachtigall wollte das Futter nicht«. (Vergl. Arie für Mad. Milder **239.**) Am 8. Mai schreibt W. wieder an Brühl und sagt unter Anderm: »Nun geht es mit »Macht über Preciosa her — das ist ein schweres und bedeutendes Stück Arbeit, über »eine halbe Oper!« — Am 25. Mai arbeitet er bereits an der Musik, die er am 15. Juli vollendet. Er hatte indess ein grosses und lebendiges Interesse an dieser Arbeit gewon-nen, so, dass er sein bestes Selbst derselben zuwendete. Durch Oberbibliothekar Ebert in Dresden wurde er auf zigeunerische National-Melodieen aufmerksam gemacht; früher schon übergeben hatte ihm Kind die für dessen Almanach von Professor Hasse mitge-brachte spanische Volksmusik mancherlei Gattung, aus welchem Material W. nun mit seiner gewohnten wunderbar glücklichen Gestaltungskraft das Passende für Preciosa um- und seiner neuen Schöpfung anbildete. W.'s Sohn spricht in seinem »Lebensbild« I. 238 aus, dass die Originale jener zur Preciosa verwendeten Melodieen noch vorhanden seien; dies ist leider ein Irrthum. Wohl haben sich in W.'s Nachlass spanische Original-Gesänge in der Niederschrift eines augenscheinlich spanischen Copisten vorgefunden, aber von der zur Preciosa benutzten Musik ist nichts darunter. — Wenn man aus dem erhaltenen, auf das verschollene spanische Material schliessen darf, so ist dies ein höchst dürftiges gewesen. Es ist sehr zu bedauern, dass überhaupt alle dergl. Original-Themata, die W. zu man-chen seiner Werke benutzte, nicht erhalten worden sind, mit Ausnahme zweier zum »Oberon« und eines zu seiner unvollendeten Oper »die drei Pinto's« verwendeten. (S.: »Oberon« **306** N. 6 u. 22 u. Anm. e., 2. und: »Die drei Pinto's« im Anhang 5, N. 1 und Anm. d.) Die durchaus in dem ihm grade eigenthümlichen Geiste auftretende Erschei-nung aller solcher von ihm benutzten nationalen Original-Motive, wo sie auch vorkom-men mögen, lässt auf einen tiefeingreifenden und schöpferischen Umbildungsprozess des Gegebenen schliessen.

c. **W.'s Bemerkungen zu seiner Preciosa-Musik** in einem Brief an Wolff, bei denen er genau diejenigen Stücke bezeichnet, denen fremde Original-Motive zu Grunde liegen, (abgedruckt in W.'s hinterl. Schriften 3. Bd. p. 63—64) sind so mit-theilenswerth, dass sie hier folgen. Sie lauten: »Die Ouvertüre beginnt mit einem die »spanische Nationalität bezeichnenden Satze. Der Zigeuner-Marsch, nach einer ächten »Melodie geformt«, (der Ausdruck »geformt« ist wichtig und dürfte geeignet sein, meine oben ausgesprochene Ansicht von W.'s Umbildungsweise von Gegebenem als einer tief-greifenden und schöpferischen, zu bestätigen) »schliesst sich ihm an, woraus sich ein »feurig strömendes Allegro entwickelt, den fröhlichen Schluss bezeichnend und grössten-»theils Preciosens und Spaniens Eigenthümlichkeit vereinend. — Der Chor No. 2 korre-»spondirt mit dem Anfangssatze der Ouvertüre. — No. 3. Ich habe hier der Preciosa »auch eine Notenzeile gegeben und hin und wieder mit kleinen Noten den Rhythmus be-»zeichnet, dem sich da die Deklamation der sich ungestört fortbewegenden Musik fügen »und anschliessen muss. Hinwiederum habe ich die jedesmalige Sylbe oder das Wort »unterstrichen, bei welchem das Orchester eintreten muss. Das Beste bleibt dabei freilich »in die Hand des Dirigenten gegeben, dem sein Gefühl sagen muss, wo die Zwischen-»sätze rasch der Deklamation folgen und sich anschliessen müssen, oder wo sie der

»den Uebergang bildende Leiter zu einem anderen Gefühle sind. — No. 1. (Ballo) wild
»und üppig. Den eigentlichen Tanz Preciosens denke ich mir erst bei dem Eintritte des
»Hornsolo's. — No. 5. (»Im Wald«) Ganz auf den Echo-Effekt gestellt. Da es fast un-
»thunlich war, die ganze Wahrheit des Echo's in Wiederholung aller Stimmen zu geben,
»so hielt ich mich an das in der Natur begründete, leichtere, in der Ferne schallende des
»Horntons. Dabei setze ich voraus, dass die Zigeuner das Echo schon kannten und, es
»gleichsam neckend, ihre Melodieen danach abtheilten, wie man wohl im wirklichen
»Leben thut. Dabei würde es sich also gut machen, wenn die Zigeuner nach den Sätzen,
»die das Echo wiederholt, sogleich lauschende Bewegungen machten, als auf etwas gewiss
»Erwartetes. — No. 6. (»Einsam«) Hier schien es mir der Wirkung zuträglicher, erst die
»Hörner, dann die Flöten eintreten zu lassen: die Hörner auf der einen, die Flöten auf der
»anderen Seite, auf der Scene Preciosa mit dem begleitenden Orchester als Mittelpunkt,
»hoffe ich, soll es freundlich wirken. — No. 7. (Fröhliche Musik) Lustig. — No. 8.
»(»Die Sonn' erwacht«) Im Schluss dieses Chors habe ich am Ende nur leise die Melodie
»des Zigeunermarsches verwebt, daher ihr Fortziehen wohl da erst beginnen müsste. —
»N. 9. (Ballo.) Lauter ächt spanische Melodieen. Natürlich alles der Anordnung des
»Balletmeisters anheim gestellt. — Für No. 11 (Melodram darin) gilt das bei No. 3 Gesagte.
»Hier werden Sie manchen Anklang schon früher gebrauchter Melodieen finden, die das
»Ganze organisch verbinden«.

d. An *Compositions-Daten* sind uns durch W.'s Tagebuch folgende aufbewahrt:
Dresden, 1820, 14. März: »Brief von Wolff nebst der Preciosa erhalten«. 25. Mai u.
1. Juni: »gearb. Preciosa«. 23. Juni: »Ouverture zu Preciosa entworfen«. 28. »No. 3
»zu Preciosa vollendet«. 29. »Gearb. Preciosa«. 3. Juli: »Ersten Act der Preciosa voll-
»endet«. 1. »N. 5, 6, 7 zu Preciosa vollendet«. (Im neuen Clav.-Ausz. N. 4, 5, 6.)
9. »Pr. vollendet entworfen«. 15. Juli: »**Preziosa gänzlich vollendet**«. 1821,
29. März: »An Schlesinger Ouvertüre der Pr. geschickt im Clavierauszuge«. — 23. Apr.:
»Ouvert. Pr. von Schlesinger erhalten«. 13. Sept.: (bereits am 14. März war Pr. zum
1. Mal aufgeführt) »Am Schluss-Melodram des 1. Acts der Pr. gearb.« (N. 4ᵃ im neuen
Clav.-Ausz.) 13. »An Wolff geschrieben nebst neuem Schluss des 1. Acts der Pr.« —
Ganz gegen seine Gewohnheit finden wir hier W. mit Composition der Ouvertüre v o r der
Beendigung des grössern Theils des Ganzen beschäftigt. Dies lässt den Schluss ziehen,
dass diesmal alles Uebrige wohl noch mehr als sonst v o r der Niederschrift bereits wiederum in W. innerlich geordnet lag, als dass irgend eine äussere Veranlassung ihn grade
so früh zum Entwurfe der Ouvertüre zog, wo nur ein kleiner Theil der übrigen Arbeit
notirt sein konnte. — Die Notiz auf W.'s Autograph der Partitur »Dresden im Juny
1820« erweist sich zugleich nach obigen Tagebuchs-Notizen als ungenau; ein bei ihm
selten vorkommender Fall.

e. *Benutztes.* Nur Ballo N. 9 (die spätere N. 10) enthält, nach W.'s Bemerkungen
über die Preciosa-Musik (s. Anm. c.), spanische Original-Melodieen. Der Allegro-Satz
dieser Nummer war übrigens schon einmal von ihm, und zwar zu dem Chor zum »Haus
Anglade« (227) benutzt. Andrerseits enthält Preciosa in ihrem Ballo N. 1 wieder aus älterem, von ihm zurückgelegten ungedruckten Material Benutztes. Diese Nummer ist nemlich grösserentheils das bereits 1816, 20. Janr. von ihm in Prag geschriebene »Tedesco«
in 8 Theilen (191). W. hat davon 42 Taete (ohne Reprisen) benutzt und zwar: vom
Tedesco Theil 1, Tact 1, 2, 5, 6, (die sich z u e r s t in N. 1 (143) seiner 6 Favorit-Walzer
vorfinden): zum Ballo Theil 2 u. 6, Tact 1 u. 2: — vom Tedesco Theil 2, Tact 1 bis
6 incl.: zum Ballo Theil 3, 7 u. 8, Tact 1 bis 6; — vom Ted. Th. 5 ganz: zum Ballo
Th. 4 ganz; — vom Ted. Th. 6, alle 16 Taete: zum Ballo Th. 4, Tact 1 bis 8 incl. und
17 bis 24. — Die Theile 5 u. 6 des Tedesco hat W. a u s s e r d e m zum zweiten Hauptthema des Allegro der Preciosa-Ouvertüre verwendet, C. Blum dieselben aber wieder
zu dem Duett N. 15 in seinem Liederspiele zu Melodieen von W. »Die Rückkehr ins
Dörfchen« Anh. 121. — Gewiss irrthümlich wird W. ein Lied »Einsam, nein das
bin ich nicht« (Anh. 98) zugeschrieben; hier liegt wohl eine Verwechslung mit Preciosa's Lied »Einsam bin ich nicht alleine« vor.

f. Die *Ouverture* anlangend hat W. wieder mannigfach Motive der übrigen Musik
zu derselben benutzt und kunstreich verwebt: a.) den ganzen Zigeunermarsch in N. 2, wie
zugleich das Hauptmotiv desselben: *zum* ersten Hauptmotiv des Allegro der Ouvertüre; —

b.) Die Orchesterbegleitung des Chors in N. 2, Tact 1 bis 29 : *zu* Tact 9 bis 11 der Ouv.; — *c.*) Theil 3 u. 4 aus dem Ballo N. 4: *zum* zweiten Hauptthema des Allegro der Ouv.; — *d.*) Melodram in N. 12, Allegro, T. 1 bis 4: *zu* T. 1—2, 5—6 der Einleitung der Ouv.

g. An *Leitmotiven* der Musik (s. Einleitung p. 2) sind zu nennen: *a.*) Zigeunermarsch in N. 2, Tact 3—1: *zum* Melodram N. 5, Tact 1, 29, 33, 34, 36, 37 und: *zum* Melodram N. 12, T. 44, 49, 51, 59, 61. — *b.*) Derselbe Marsch, T. 3 bis 6 : *zu* N. 9 Chor, T. 11 bis 21. — *c.*) Der ganze Marsch in N. 2: *zu* N. 11 u. dem Marsch N. 12ᵇ. — *d.*) N. 3, Melodr., T. 31 bis 38: *zu* N. 5, T. 12 bis 19, 34 bis 41. (Im Ganzen 4 Leitmotive.)

h. Die Erste aller *Aufführungen* der »Preciosa« fand am 11. März 1821 auf der Königl. Hofbühne zu **Berlin** statt, und zwar im k. Opernhause, da das neue Schauspielhaus noch nicht eröffnet war. — Ausser dem Chor (S. A. T. B.) ist an singenden Personen nur noch Preciosa mit ihrem einzigen, aber weltbekannt gewordenen Lied »Einsam« zu nennen, welches von deren erster Darstellerin, Mad. Stich, nachmal. Crelinger, auch gesungen wurde. — Wie schon erwähnt ebnete Preciosa's Musik in glücklichster Weise den Boden für den im Juni d. J. auf derselben Bühne erscheinenden Freischütz. Rasch gewann jene die Herzen des Publikums, (man denke beispielsweise nur der zu »geflügelten Worten« gewordenen Stellen des Dialogs — »Leb' wohl, Madrid!« und »Herrlich, etwas dunkel zwar, aber 's klingt recht wunderbar!«) und so war denn auch die Nachricht, dass sie in Berlin gefalle, für W. von grossem Werthe, weshalb er am 21. März seinem dortigen Freunde, Prof. H. Lichtenstein, das schon (in Anm. c. zum Freischütz) mitgetheilte characteristische Wort schrieb: »Preciosa ist ein guter Vorläufer für den Freischütz, denn es war doch manches »Gewagte darin nach gewöhnlicher Handwerksansicht«. — Seit jener ersten Aufführung der Preciosa in Berlin ist sie bis zum 26. Dez. 1870 auf den königl. Bühnen daselbst 81 mal, und auf den meisten übrigen deutschen Theatern vielfältig gegeben worden, freilich in, für die Popularität des Stücks, immer noch mässiger Zahl der Wiederholungen, die sich jedoch durch die Schwierigkeit der Besetzung der Parthie Preciosa's erklärt, deren Darstellung eine Schauspielerin erfordert, die zugleich Sängerin und Tänzerin ist. Demohnerachtet wird Berlin durch das W. besonders warm verehrende **Kopenhagen** in der Zahl der Aufführungen übertroffen, denn, von Boie in's Dänische übersetzt, wurde Preciosa in letzterer Stadt seit dem 22. Oct. 1822 bis 7. April 1862 91mal aufgeführt. — Wie **Paris** sich durch Verstümmelung, ja halbe Vernichtung des »Freischütz« ausgezeichnet hat, so geschah dies auch betreffs der »Preciosa« auf dem Théâtre lyrique. Bei ganz veränderter Fabel des Stücks wurde sie hier als komische Oper und in einen Act zusammengedrängt 1858 gegeben, nachdem schon 1826 am Théâtre Royal de l'Odéon ein Versuch mit einer Castil Blaze'schen Bearbeitung derselben gemacht worden war, der aber so vollkommen missfiel, dass nicht zu Ende gespielt werden konnte. (S. Lpz. A. Mus. Ztg. 1826 p. 83.) — Preciosa's Musik durcheilte zugleich mit dem »Freischütz« die Welt: von den unzähligen Orten, wo sie ferner gegeben wurde, seien hier nur genannt: 1821 Breslau, Carlsruhe, Cassel, Prag; 1822 Braunschweig, Cöln, Darmstadt, Dresden (zuerst 27. Juni), München; 1823 Danzig, Frankfurt a. M., Hamburg, Königsberg, Leipzig, Mannheim, Nürnberg, Riga, Stuttgart, Strasburg, Weimar, Wien (Burgtheater und Theater an der Wieden); 1825 London; 1829 Bremen; 1832 Meiningen; 1834 Dessau; 1836 Warschau; 1869 San Francisco, nach Schurz's Reise-Notizen »Vom Mississippi zum stillen Ozean«. — Wo wären aber die Hauptweisen Preciosa's nicht hingedrungen? Wo kennt man namentlich nicht »Einsam« und »Im Wald!«?

i. Zu dieser immer allgemeineren Verbreitung hat ein von O. Sternau verfasster *»Verbindender Text«* (Berlin, Schlesinger, 1850) nicht unwesentlich beigetragen, indem dieser alles den Gang des Stückes Betreffende in den Vortrag eines einzelnen Vorlesers legt und die stets jugendfrische Composition dadurch geeignet macht, mit allgemeinem Verständniss im Concertsaale gegeben zu werden, — eine darum besonders willkommne Form der Vorführung rücksichtlich der oben erwähnten Schwierigkeit bei Besetzung von Preciosa's Parthie und des nunmehrigen Wegfalls des scenischen Apparates. — Das, was O. Gumprecht bei Gelegenheit einer solchen Aufführung zu Berlin 1868 ausspricht, ist sehr bedeutungsvoll; möge es unsere Mittheilungen über Preciosa beschliessen. Er sagt: »Die Weisen, die W. zur Dichtung gefügt, sind erfüllt und durchdrungen von dem Zauber jener, dem innern Drang entspringenden Freiwilligkeit, die allein den Gebilden der Kunst die rechte Weihe zu geben vermag. Grade für Preciosa ist ein solcher Ausspruch dieses kundigen Kritikers darum so bedeutungsvoll, weil demselben die Anschauung zu Grunde liegend erscheint nicht nur von W.'s ureigner Schöpferkraft im Allgemeinen, sondern auch für diejenigen Fälle, wo unser Meister es so wohl verstanden hat, das, was der Fremde entsprossen, auf den heimathlichen Boden fest und zu immer frischer Blüthe zu verpflanzen. —— Vergl. noch Max M. v. Weber's «Lebensbild» W.'s I, 382, II, 237 ff. u. 434, ferner **277** Anm. i. *Literatur* V., auch einen Ausspruch Rahel's Varnhagen über Preciosa in A. Lewald's Allgem. Theat.-Revue, Stuttgart, Cotta. Jahrg. 2, p. 72, und A. B. Marx, Berliner Allg. Mus. Ztg. Jahrg. 2, p. 37.

—— 1821. ——

280.

Lied: *»Sagt, woher stammt Liebeslust?«*

Für 2 Soprane und 1 Alt (Soli) und 2 Soprane und 1 Alt (Chor) mit Begleitung der Guitarre.

Text von Shakespeare in: »Der Kaufmann von Venedig«. Act III, Sc. 2.

Comp. 1821, 10. Janr. zu Dresden; *Tageb.*

Erste Stimme.

Guitarre.

Sagt, wo-her stammt Lie-bes-lust?

47 Tacte. Autogr.

Autograph: Im Besitz des K. Sächs. Hoftheater-Archives zu Dresden. (1863. J.) 1 volle Seite Querfolio: grünlich grau, unten eingerissen, fleckig, 12zeilig. Ueberschrift: »Lied zum Kaufmann von Venedig«, comp. von Carl Maria von Weber. Dresden am 10. Januar 1821«, p. 2, 3 u. 4 leer.

Ausgaben: Keine.

Anmerkung. Dies bescheidene kleine Stück schmiegt sich dem Moment des Dramas mit grosser Feinheit an; es wurde zum 1. Male ausgeführt auf der Dresdener Hofbühne bei Vorstellung des »Kaufmann von Venedig«, 1. Febr. 1821.

281.

Lied von Clotilde. *»Wenn Kindlein süssen Schlummers Ruh«*

Lied für eine Singstimme mit Begleitung des Pianoforte.

Text von Clotilde von Nostitz und Jänkendorf. 3 Strophen.

Comp. 1821, 29. Janr. zu Dresden; *Autogr.* —— N. 1 im *op. 80*: Heft 18 der Gesänge.

Andantino.

p Wenn Kindlein süs-sen Schlummers Ruh' nicht in der Wie-ge fin - det,

strophe: 20 Tacte. Autogr.

Autograph: In Besitz von Frau Heliodora von Schimpff, geb. Nostiz und Jänkendorf zu Dresden, Schwester der Dichterin. (1865. J.) Zus. mit **269** und **270** auf
p. 2 eines 10zeiligen grau-gelblichen halben Querfoliobogens. Vom Gedicht nur eine Strophe
untergelegt. Einige kleine Abweichungen im Pfte. gegen den Stich; Vortrags-bezeichnungen fehlen; Ueberschrift: »Lied von Clotilde von Nostiz. comp. d 29. Januar 1821«.

Ausgaben: Erste Orig.-Ausg. als N. 1 des Opus. zus. mit **269, 270, 274, 275, 278.**
Berlin, Schlesinger. Opus: 20 gr. | Als Heft 20 der Ausw. 1. Ebend. ‿ gr. | Als N. 37
im W.-Album. Ebend. Alb.: 1 thlr. ⁿ. ‖ Als N. 28 im Arion. Braunschweig, Busse. ‖ Als
N. 38 in Bd. II v. V. Schurig's »Liederperlen«. Dresden, Meinhold. Bd.: 2 thlr. ‖ Als N. 36 in
»Ausgew. Lieder v. W.« Leipzig, Peters. Ausw.: 10 ngr. ⁿ. | **Einzeln.** — Zuerst als Beilage der
Wiener Zeitschr. für Kunst, Literatur, Theater u. Mode, N. 33 im zweiten Quartal v. 1822.
hrsg. v. J. Schikh. ‖ Als Beilage im Taschenb. zum gesell. Vergnügen v. Kind. p. 147. 1822.
Leipzig, Göschen. ‖ Als N. 83 d. Prchtausg. hrsg. v. Jähns. 1869. Berlin, Schlesinger Lienau.
2½ sgr. ⁿ. | **Mit Pfte. od. Guit.** — Hamburg, Cranz. 4 gr.

Anmerkungen. a. Eins der vorzüglichsten Lieder W.'s, welches durch das schöne
Gedicht, wie durch die innige, tief deutsche Weise der musikalischen Wiedergabe desselben
zu einem Lieblinge des deutschen Volkes geworden ist. — **b.** Nur durch das Autograph
ist das Datum der Composition erhalten. W.'s Tagebuch giebt es nicht, indem es nur
sagt: »1821. 13. April. Abends Liederkreis bei Nostiz. ich brachte Clotilde ihr Lied«.
— **c.** Es existiren viele Exemplare der ersten Ausgabe des Op. 80, in denen sich statt
dieses Liedes eine leere Seite zeigt. Es ist wahrscheinlich durch die Verlagshandlung
eine Zeit lang zurückgezogen worden, da W. am 20. März 1822 dasselbe mit **285** an
Schikh in Wien abgetreten hatte. (s. Ausg. *einzeln*.) — W. sendete das Opus 80 *zum
Stich* an Schlesinger 17. Oct. 1822.

282.
»Concert-Stück,

Larghetto affettuoso, Allegro passionato, Marcia e Rondo giojoso, für das Pianoforte
mit Begleitung des Orchesters.«

(2 Flöten, 2 Oboen, 2 Clarinetten, 2 Hörner, 2 Fagotte, 2 Trompeten, 2 Pauken, 1 Bass-
Posaune, 2 Violinen, 2 Violen, Violoncell u. Bass.)

»Ihrer Königl. Hoheit der Durchlauchtigsten Prinzessin Marie Auguste von Sachsen in
tiefster Ehrfurcht zugeeignet.«

Comp. 1821, 18. Juni zu Berlin; *Tageb. s. Anm. b.* — *op. 79.*

[Più moto. ♩ = 104: C. M. v. W. — Moscheles hat in der Ausg. Chappell ♩ = 161:
entschieden ein Druckfehler.]

Autographe: *I. Vollständige Partitur;* im Besitz von **Charles Voss**, Pianisten und Componisten in Paris. (1836. J.) Quer-Quartformat: 3 zusammengeheftete Lagen; graugelbliches Querfolio ohne Deckel oder Umschlag. Von p. 1 bis 63 paginirt; p. 62 u. 63 u. die letzte Seite ohne Pag. (64) leer, da die Musik nur bis p. 61 incl. geht. Der Titel auf p. 1 lautet: »**Konzert-stück** für das Pianoforte | componirt | von | Carl Maria von We-ber. | ⚬⚬⚬ op. 79«. Auf p. 61 auf vertikaler Zeile am Schlussstrich: »Vollendet Berlin d: 18¹ Juny 1821. Kleine höchst saubere Schrift; Taetstriche und Rastrirung aus freier Hand von W. selbst gezogen. Die metronomischen Bezeichnungen sind von W. später mit blauschwarzer Tinte eingetragen. Das ganze Autograph ist ein Prachtstück an Nettigkeit und ganz ohne Correctur. — *II. Bruchstück des Entwurfs:* Die ersten 72 Tacte des »Larghetto«. Sie finden sich im Autograph der Entwürfe zu W.'s unvollendet hinterlassener Oper »**Die drei Pinto's**«. Ausführliches darüber s. Anhang 5 (»Die drei Pinto's«) Autograph. (Mitte.)

Ausgaben: Erste Orig.-Ausg. **Orchester-Partitur.** Leipzig, Bureau de Musique Peters. 8⁰. 2¹/₃ thlr. | **Für Pfte. mit Orchester-Stimmen.** — Ebend. 3 thlr. | Siegel. 3 thlr. || Paris, Brandus u. Dufour. 18 fr. | Lemoine. 15 fr. | Richault. 21 fr. | Maur. Schlesinger. 18 fr. | **Für Pfte. ohne Stimmen.** — Leipzig, Peters. 1¹/₆ thlr. | Neueste Ausg. 1868, zus. mit W.'s 4 gr. Sonaten und op. 12, 21, 62, 65, 72. Ebend. 1 thlr. *n.*; ohne die Son. ¹/₂ thlr. *n.* | Zus. mit op. 12, 21, 62, 65 u. 72. Ebend. 8⁰. 12 ngr. *n.* | In W.'s »Pièces à 2 m. p. Pfte.« revid. v. L. Köhler. 4⁰. 6 Num. Ebend. 10 ngr. *n.* | In W.'s »Concerts p. Piano«. 3 Num. 8⁰. Ebend. 12 ngr. *n.* | In W.'s »Pièces p. Piano«. 13 Num. 8⁰. Ebend. 12 ngr. *n.* | In W.'s »Oeuvr. compl. p. Pfte.« 20 Num. 8⁰. Ebend. 25 sgr. *n.* || Berlin. Schlesinger (Lienau). Pracht-ausg. hrsg. v. E. Rudorff. 1868. 15 sgr. *n.* | Kritisch revid. u. f. d. Selbststudium mit Finger-satz sowie mit technischen und Vortragserläuterungen versehen v. Franz Kroll: Fürstner. Er-scheint 1871. || Bonn u. Berlin, Simrock. 15 sgr. || Braunschweig. Litolff. 8 sgr. | Die 3 Pfte.-Concerte op. 11. 32 u. 79 zus. Ebend. 20 sgr. || Hannover, Nagel. 24 sgr. || Leipzig, Breit-kopf u. Härtel. 18 ngr. *n.* | Für Concertvortrag mit den »pre-chenden Varianten und Ausführungsvorschriften bearbeitet v. H. v. Bülow: Senff. 1¹/₃ thlr. 1869. | Siegel. 1 thlr. 5 ngr. 1868. | Stoll. 15 ngr. || Hrsg. v. J. Moscheles als »Celebrated Concert-Stück«: London, Chappell u. C. 6⁰. | Cramer u. C. Ebenso. | T. Welsh als »C. M. V. (sic) Weber's Celebrated Concert-Stück for the Pfte. as Performed at the Philharmonic & other Concerts by Mr. C. Neate, also by Mr. F. Mendelssohn«. 6⁰. || Als »Grand Concert de Salon«: Paris, Colombier. 9 fr. | Als »Morceau de Salon«: Brandus u. Dufour. 9 fr. | Ebenso in Vol. 6 des »Bonnes traditions des Pianistes«: Flaxland. Vol. 7 fr. *n.* | Ebenso. Richault. 9 fr. | Ebenso. Maur. Schlesinger. 9 fr. | Ebenso als N. 7 Vol. 6 der »Biblioth. class. des Pianist. av. Biogr. de l'auteur et analyse raisonnée de ses oeuvr.« p. Fétis. Vol.: 7 fr. *n.* | Als »Le Croisé«: Cotelle. 9 fr. | Ledue. 9 fr. | Meissonnier fils. 9 fr. | Als »Le Croisé Concert Stück« morceau de salon: Lemoine, en »Format Lemoine«. 1 fr. 35 c. || Wolfenbüttel, Holle. 8 sgr. | **Für Pfte. zu 4 Hdn.** — Arr. v. G. Schmidt: Leipzig, Peters. 1¹/₂ thlr. || Paris, Richault. 10 fr. | **Für 2 Pfte.'s zu 4 Hdn.** — Arr. v. G. Schmidt: Leipzig, Peters. 1²/₃ thlr. | **Für Pfte. mit Streichquartett.** — Arr. v. F. W. Brauer: Ebend. 1⅚ thlr. | **Für Pfte. u. Violine.** — Paris, Brandus u. Dufour. 10 fr. | Maur. Schlesinger. 10 fr. | **Einzeln daraus für Pfte.** — Marsch u. Finale: London, Cramer u. C. 3⁰. | Marsch allein: Augener u. C. 2⁰. || Wien, Haslinger. Concurr.-Ausgabe 20 xr. = 3 ngr.

Anmerkungen. a. Die *Idee* zu dieser prachtvollen Composition beschäftigte W. schon 1815. Am 14. März d. J. schrieb er von Prag an Rochlitz: » ich habe jetzt »ein Clavier-Concert in F moll im Plan. Da aber die Moll-Concerte ohne bestimmte, er-»weckende Idee beym Publikum selten wirken, so hat sich so ganz seltsam in mir unwill-»kührlich dem Ganzen eine Art Geschichte untergeschoben, nach deren Faden die Stücke »sich reihen und ihren Character erhalten, und zwar so detaillirt und gleichsam drama-»tisch, dass ich mich genöthigt sehen werde, ihnen folgende Titel zu geben: Allo; »Trennung. Adagio. Klage. Finale, höchster Schmerz, Trost, Wieder-»sehen, Jubel. — Da ich alle betitelten Tonbilder sehr hasse, so wird es mir höllisch »sauer, mich selbst an diese Idee zu gewöhnen, und doch drängt sie sich mir unwider-»stehlich immer wieder auf, und will mich von ihrer Wirksamkeit überzeugen. auf jeden »Fall möchte ich an keinem Orte, wo man mich nicht schon kennt, damit zuerst auftreten, »aus Furcht verkannt und unter die musikalischen Charlatans gerechnet zu werden. Was »halten Sie davon?« Rochlitz' Antwort ist leider nicht aufbewahrt; im Werke selbst, wie in dessen Titel, ist aber an dieser Idee festgehalten. — Dadurch *unterscheidet* sich dies Concertstück höchst wesentlich von seinen beiden Vorgängern, dem Concert in C, op. 11 **(98)** und dem in Es, op. 32 **(155)**. Die von W. selbst als solche bezeichneten dramati-schen Elemente haben die vorliegende Composition, das dritte und letzte seiner Concerte, in durchgreifender Weise durchdrungen, ja, es wird eigentlich ganz von ihnen getragen. — Wie W.'s musikalische Entwicklung ein Drängen nach dramatischer Bethätigung in seiner Kunst darthut, so tritt dieselbe, als im Bereich der Clav.-Composition gewissermaassen an ihrem Endpunkte angekommen, hier in klarster Weise zu Tage. Wenn in dem Concert, N. 1 (in C), W. fast noch ganz dem Kammerstile zugewendet ist, zeigt er sich bei seinem zweiten, dem in Es, schon sehr merklich in einem freieren, bis zu einem gewissen Grade ausgebildeten dramatischen Leben und Bewegen in Form und Inhalt. So bildet also, wie schon bemerkt, N. 3, das Concertstück, den Abschluss dieses Zuges zum dramatischen Elemente auf dem Gebiete von W.'s Clavier-Compositionen. — Die Darstellung des musikalischen *Inhalts des Concertstückes* durch C. F. W e i t z m a n n in dessen »Geschichte des Clavierspiels und der Clavier-Literatur (Cotta 1863)« lässt zwar diese eigenthümliche Stellung desselben unter den W.'schen Concerten unberührt, ist aber an sich so vortrefflich, dass sie hier in der Hauptsache mitgetheilt werden muss. Sie lautet p. 123 »— Als einen Nachklang der ruhmvollen Erhebung Deutschlands haben wir W.'s so bedeutendes Concertstück zu betrachten. Das Orchester beginnt mit einem banger Erwartung vollen Larghetto in F moll, dessen getragene Melodie sodann das Clavier übernimmt und mit schnell verhallenden Harmonieen begleitet. In dem folgenden Allegro passionato wird die Stimmung unruhiger und erregter; ein trostvoller Hoffnungsstrahl, der Mittelsatz in As dur, bricht herein; bald aber ziehn die trüben Wolken dichter und bewegter einher, und der Satz wird in leidenschaftlichster Aufregung zu Ende geführt. Jetzt ertönt, wie aus der Ferne, ein von Blasinstrumenten leise angestimmter Marsch. Das Clavier tritt kühn in denselben hinein, und das volle Tutti des Orchesters lässt ihn endlich als energisch markigen Siegesmarsch erscheinen. Leise und suchend beginnt das Clavier, stärker und bewegter werden seine Gänge, bis er bei fortgesetzter Steigerung mit voller Entzückung in den letzten Satz, Presto assai F dur, hineinstürmt. Die glanzsprühenden Passagen drücken innigste Wonne und höchsten Jubel aus und stempeln schliesslich dies Concertstück zum effectvollsten und hinreissendsten aller bis dahin erschienenen Tonwerke ähnlicher Gattung«. — **b.** W.'s Tagebuch giebt folgende **Daten über die Composition** dieses Werkes: Dresden, 1821, 25. Febr. »Abends »Concert F moll vollendet gedacht«. Berlin, 31. Mai: »Gearbeitet Conzertstück«. Das am 1. 3. 6. 7. 15. u. 16. Juni notirte »Gearbeitet« ist nur auf das Concertstück zu beziehen, da die zum Freischützen (der in diesen Tagen seiner ersten Aufführung entgegenging) nachcomponirte Arie des Aennchens N. 13 schon am 28. Mai vollendet und deren Clavier-Auszug erst am 1. Aug. niedergeschrieben wurde, auch W. sich mit einer andern Composition zur Zeit nicht beschäftigte. Am *18. Juni* wurde das »Conzertstück für das »Pianoforte *vollendet*«. Es war der denkwürdige Tag der ersten aller Aufführungen des »F r e i s c h ü t z«. Zum ersten Male öffentlich spielte W. das Concertstück in seinem Concerte am 25. Juni in Berlin. Das Tageb. sagt darüber: »Abends Concert im Saale des Schau-»spielhauses. Ich spielte *zum 1sten male* mein Concertstück mit ungeheurem Beifall«. Am 29. Juni spielte er das C.-St. zum zweiten Male im Concert von Sedlaczek »mit dem »unglaublichsten Beifall«. — **c.** W. war als Clavier-Virtuos eines ganz besonderen Crescendos mächtig, welches er durch alle Steigerungsgrade bis zu einer für den Hörer erschütternden Wirkung zu treiben die Fertigkeit besass. So ergriff er einst damit den greisen Wieland in Weimar am 1. Nov. 1812 auf ihn selbst überraschende Weise, denn er notirte darüber in seiner lakonischen Art in das Tagebuch: »— bei Amalia Schopen-»hauer. Gespielt. Wielands herzliche Theilnahme. Seine Bitte um das »⸺ und sein »Emporgezogenwerden dabei. (S. auch Max v. Weber's »Lebensbild« W.'s I. 382.) Dies Crescendo, wiederholt von W. öffentlich in freie Fantasieen verwoben, privatim zuweilen auf besonderen Wunsch, wie damals vor Wieland, vereinzelt und jedesmal zu hohem Staunen der Hörer ausgeführt, hat W. nun schliesslich in dem grossen Crescendo-Satz des Concertstücks (Tact 68 bis 85) in Notenschrift niederlegen wollen, so weit dies möglich; denn wie wirkungsreich es das folgende Allegro passionato auch einleitet, so mag das volle Geheimniss der Ausführung von dergl. aussergewöhnlich wirkenden Besonderheiten wohl zu einem nicht unbedeutenden Theile in eigenthümlichen persönlichen Bedingungen beruhen. — W. erhielt das erste *gedruckte* Exemplar des Werks am 9. Juli, 1823. — S. noch Max v. Weber's »Lebensbild« W.'s II, p. 311, enthaltend J u l. v. B e n e d i c t 's interessante M i t t h e i l u n g e n über Composition des Concertstücks.

43 *

Unge-
druckt.

283.

Cantate: »*Du, bekränzend uns're Laren.*«

Zum Geburtsfest der Herzogin Maria Amalia von Zweibrücken, Schwester Königs Friedr.
Aug. I. von Sachsen.

Für 4 Solostimmen (2 Sopr., T., B.) und vierstimmigen gemischten Chor mit Begleitung
des Pianoforte und der Flöte.

Text von Friedr. Kind.

Comp. 1821, 16. Sept. zu Dresden; *Tageb.*

N. 1. Andante maestoso.

N. 2. Arioso. Grazioso.

N. 3. Bass-Solo.   **N. 4. Canon.** 1 Solo-Stimm. u. Chor.

N. 5. Tenor-Solo.

N. 6. Terzett S. A. T. u. **Tutti.**

Bass-Solo.

Seht ihr an der El - be Stran - de

19 Tacte. Abschrift.

N. 7. Sopran-Solo.

Allegro.

Recit.

In sol-cher Laube

17 Tacte. Abschrift.

N. 8. Finale.

Allegretto.

Tutti.

Sän - ge und Tän - ze,

141 Tacte, incl. 1 Tacte Reprise. Autogr.

Autograph: Unvollständig. N. 2, excl. der 4 ersten Tacte, sowie N. 3 bis 7 incl. im Besitz des Bureau de Musique (Peters) zu Leipzig. (1865. J.) Dies Autograph besteht in 3 Bogen 12zeiligen graugelblichen Querfolios; 12 volle Seiten, kleinere Schrift. Die fehlende N. 1 und die 4 Tacte von N. 2 sind in einer Abschrift von der Hand von W.'s Freunde, des K. S. Kammer-Musikers G. Roth, beigefügt. Zum Schluss des autographischen Fragments hat Roth bemerkt: »Die Original-Handschrift zu dem hier fehlenden Finale (N. 8) ist vom Componisten selbst entnommen«. Dies Autograph der N. 8 ist im Besitz von F. W. Jähns. 1½ Bogen, mit dem vorigen Autograph in Papier und Schrift gleich; 5½ 16zeilige Seiten Notenschrift, überschrieben »N. 8. Finale«. Schräg nach oben im leeren Raume der Singstimmen gleich Anfangs die Bemerkung: »Zum Schlusse des 1¹. Aktes der Euryanthe benutzt 1823. C. M. v. Weber«. Auf der fünften und sechsten Seite ist unter Alt mit Bleistift der Text zu Euryanthe, Finale I an der betreffenden Stelle, gesetzt: »Fröhliche Klänge, Tänze, Gesänge« etc. (s. unten). Auf der letzten halben notenleeren Seite befinden sich noch folgende Notizen W.'s, aus denen die Besetzung der Cantate in den Soli bei deren Aufführung am 26. Sept. zu Pillnitz hervorgeht: »4 Solo Stimmen. Sopr. 1ᵐᵒ Mlle. Funk. Sopr. 2ᵈᵒ Mad. Haase. Tenore Herr »Bergmann. Basso Herr Mayer«. (Im Chore waren noch die Damen Häkker, Hunt und die Herren Keller und Wilhelmi thätig.) Ferner: »In die Solo-Stimmen werden noch »die Chöre geschrieben. 4 Chorstimmen: Sopr., Alt, Tenore, Basso. Flöte«. (von dem ausgezeichneten Virtuosen A. B. Fürstenau geblasen) »Pfte. nicht«. (d. h. auszuschreiben.) — So hatte denn W. selbst, wie Roth oben sagt, das Autograph dieser N. 8 der Cantate »entnommen«, und zwar um es zum 1. Finale der Euryanthe zu benutzen, worauf es dem Convolut der merkwürdigen »Entwürfe zu Euryanthe« verblieb, welches im Jahre 1836 als Geschenk der Wittwe des Meisters in meine Hände überging.

Ausgaben: Keine. **Abschrift,** die vollständige, in meinem Besitz. Das Eigenthumsrecht des Werkes hat das Bureau de Musique zu Leipzig.

Anmerkungen. a. Diese *Cantate* nimmt zunächst unser besonderes Interesse durch ihr Finale N. 8 (Solo mit Chor und obligater Flöte) in Anspruch, welches W. unverändert in den Schlusssatz des ersten Finales der Euryanthe aufnahm, wo es durch den unwiderstehlichen Zauber seiner beiden Hauptmotive demselben den glücklichsten Abschluss giebt und als einer der heitersten Sterne am Himmel der neueren dramatischmusikalischen Kunst noch heut erglänzt. Aber auch durch ihre übrigen Nummern wird diese Cantate jeden Hörer fesseln, namentlich durch das höchst innige, in sanftem Flusse dahingleitende Arioso mit obligater Flöte N. 3, das bedeutungsvolle Solo für Bass N. 5, den trefflichen Canon N. 4 und das durch seine Stimmführung ausgezeichnete Terzett mit Chor N. 6. Bei seiner Aufführung fand das Werk von Seiten des Hofes die wärmste Aufnahme. W.'s *Tageb.* sagt über dasselbe: Dresden, 1821, 3. 7. 9. 13. 11. Sept.: »Kantate gearbeitet«. 16. »Kantate zum 26. vollendet«. 26. »Um 6 Uhr Abends zur Prinzessin Therese. Kantate aufgeführt«. 3. Oct.: »Von der Frau Herzogin Amalia eine goldne Dose mit Ihrer Namens-Chiffre erhalten«. — **b.** Obwohl der *Text* der Cantate bei weitem allgemeiner gehalten ist, als bei allen übrigen Gelegenheits-Compositionen für den k. Sächsischen Hof, so ist doch auch hier zu wünschen, dass sich ein ächt musikalisch-dichterischer Sinn fände, den Text zu einem bedeutsameren, inhaltsvolleren Ganzen umzuschmelzen; freilich stets eine schwierige Aufgabe, bei W. noch schwieriger als sonstwo, da die feinen Beziehungen seiner Musik zum Wort möglichst gewahrt werden müssen.

284.

N. 6 im op. 68.

Husarenlied. »*Husaren sind gar wack're Truppen,*«
Lied für 4 Männerstimmen ohne Begleitung.
Text von Adalbert vom Thale (pseud. für C. v. Decker). 10 Strophen.
Comp. 1821. 25. Oct. zu Dresden; *Tageb.* — *N. 6 im op. 68;* Heft 16 der Gesänge. — Heft 3 der Gesänge für 4 Männer-Stimmen. — Widmung s. **132.**

Autograph: Unbekannt.

Ausgaben: Erste Orig.-Ausg. **Partitur u. Stimmen,** als N. 6 im Opus, zus. mit **132, 261, 262, 263, 285.** Berlin, Schlesinger. Opus: 2 thlr. g Paris. Maur. Schlesinger. Wien, Steiner. ‖ Zus. mit 262. Part. u. St. 8°. Berlin, Schlesinger. 17½ sgr. | Als N. 41 im »Orpheus« mit nur 7 Strophen. Braunschweig, Busse. ‖ Als N. 567 in Fink's »Musik. Hausschatz«. Leipzig, Mayer u. Wigand. 1. Ausg. | Als N. 568 ebend. mit einem zweiten Text: »Ich habe mir das Burschenleben«. | Als N. 316 in A. Härtel's »Deutsch. Lied.-Lexik.« Reclam jun.

Anmerkungen. Die Composition des hübschen Gedichtes ist so munter, beweglich und kurz angebunden wie die Truppe, die in ihr sich selber besingt. — W. sendete das Widmungs-Exemplar an Wollank 1823, 24. März; das Opus wird demnach Ende Febr. d. J. *erschienen* sein.

— 1822. —

285.

Schlummerlied. *»Sohn der Ruhe, sinke nieder.«*
Lied für 4 Männerstimmen ohne Begleitung.
Text von Castelli. 3 Strophen.

Comp. (1822. Mitte März) zu Wien; *s. Anm.* **b.** — *N. 4* im *op. 68;* Heft 16 der Gesänge. — Heft 3 der Gesänge für 4 Männerstimmen. — Widmung *s.* **132.**

Andante.

sempre pianissimo

Sohn   der   Ru — he,   sin — ke   nie — der.

Strophe 16 Text». Ausg. Schlesinger

Autograph: Unbekannt.

Ausgaben: Erste Orig.-Ausg., **Partitur u. Stimmen**, als N. 4 des Opus, zus. mit 132, 261, 262, 263, 284. Berlin, Schlesinger. Opus: 2 thlr. ‖ Paris, Maur. Schlesinger. ‖ Wien, Steiner. ‖ Zus. mit 261 als N. 6 Lief. II in »Ges. für vierstimm. Männ.-Gesang«. Berlin, Schlesinger. 17½ sgr. ‖ Als N. 8 im »Orpheus«. Braunschweig, Busse. ‖ **Einzeln.** — Zuvor auch erschienen als musik. Beilage der von J. Schikh herausgegebenen »Wiener Zeitung für Theater, Kunst, Literatur u. Mode«. 1822. II. Quartal. ‖ **Vierstimmig mit Pfte. od. Guit. ad lib.** - Wien, Diabelli u. C. 30 xr. ‖ **Für 1 Stimme mit Pfte. od. Guit.** — In G dur transp. zus. mit 67. Hannover, Bachmann. 4 ggr. Sehr mangelhaftes Arrangement. ‖ **Für 1 Stimme mit Pfte.** — Als N. 712 in A. Härtel's »Deutsch. Lied.-Lexik«. Leipzig, Reclam jun. ‖ Als N. 729 in Es dur in L. Schubert's »Concordia«: Schäfer. ‖ **Für Pfte. ohne Worte.** — Als N. 2 in Liszt's Transcriptionen, betitelt: »Schlummerlied v. W. mit Arabesken«: Kistner. 15 ngr.

Anmerkungen. a. Diese *Composition* erschliesst eine wundersame, räthselvolle Romantik, die eben so gemahnt an die »mondbeglänzte Zaubernacht« des Dichters, wie an den schwülen, lichtdurchzitterten Mittagszauber, während dessen »der Pan schläft«. Die unbeschreibliche Wirkung nach beiden bezeichneten Richtungen wird zunächst vermittelt durch die gewählte Tonart, H dur, wesentlich aber hervorgerufen durch die langgezogenen Töne der süssschwellenden Melodie in der 1., 2. u. 4. Stimme, begleitet von der ununterbrochen in Sechszehnteln auf- und niederwallenden Bewegung der dritten. Der Gipfel der Wirkung wird erreicht, wenn der erste Tenor in Tact 12 u. 13 die hohe Lesart (das *cis''*) zu geben vermag. **b.** In W.'s Tagebuch ist die Composition dieses Liedes nicht vermerkt. Es lässt sich annehmen, dass es Mitte März 1822 in Wien *geschrieben sei*, wo W. sich damals aufhielt, um das Sängerpersonal kennen zu lernen, für welches er seine Euryanthe zu schreiben hatte, und wo er zugleich am 19. März ein Concert gab, in dem dies Lied von Jäger, Rosner, Seipelt und Forti gesungen und von ihm am Pfte. mit Zwischenspielen begleitet wurde. Indem der Text von dem Wiener Theaterdichter Castelli herrührt, lässt sich annehmen, W. habe die Dichtung wohl dort erst von demselben erhalten und kurz vor dem Concerte componirt, wenn nicht Castelli vielleicht zu einer ihm von W. mitgetheilten musikalischen Scizze diese Dichtung nachträglich verfasste, wie man aus dem Beisatze zum Texte dieses Liedes in Castelli's gesamm. Werken III, 151 schliessen möchte, welcher lautet: »Zu C. M. v. Weber's Musik gedichtet«. — **c.** W. überliess an Schikh das Schlummerlied wie das Lied 281 zum Druck in dessen Zeitschrift (s. Ausgaben), wodurch beide Lieder ein Jahr, resp. ein halbes Jahr früher darin erschienen, als bei Schlesinger in den op. 68 u. 80. — Beide Ausgaben von Schlesinger, in Folio wie in Octavo, haben im 13. Tact des 4. Tenors ein höchst sinnentstellendes *gis* statt eines *ais*. — Das Widmungs-Exemplar sendete W. an Wollank 1823. 4. März; das Opus wird demnach Ende Febr. d. J. *erschienen* sein.

Ohne
op.-Zahl.

286.

Das Licht im Thale. »*Der Gaishirt steht am Felsenrand,*«
Ballade für eine Singstimme mit Begleitung des Pianoforte.
Text von Fr. Kind. 14 Strophen.
Comp. (1822, Mitte) zu Dresden; *s. Anm.* — *Ohne Opus-Zahl.*

Einfach erzählend.

Der Gais-hirt steht am Fel-senrand, ein Dirn-lein naht im Pil-ger-ge-wand.

Strophe: 8 Tacte. Ausg. Göschen.

Autograph: Unbekannt.

Ausgaben: Zuerst erschienen als Beilage zu C. W. Becker's Taschenb. zum gesell. Vergnügen auf das Jahr 1823, hrsg. v. Fr. Kind. Typendruck. p. 238. ‖ Als N. 95 d. Prchtausg. hrsg. v. Jähns. 1869. Berlin, Schlesinger (Lienau . 2½ sgr. *n.* | Als N. 43 im W.-Album. Ebend. Alb.: 1 thlr.

Anmerkungen. In W.'s schriftlichem Nachlass fehlt jede Andeutung über diese kleine unbedeutende Composition; dennoch ist nicht zu bezweifeln, dass sie von W. herrührt, da sie Kind unter dessen Augen und Namen veröffentlichte. Da die Ballade im Taschenbuch auf das Jahr 1823 enthalten war, welches jedoch schon 1822 erschien, ist es nicht unwahrscheinlich, dass sie auf Kind's Bitte kurz vor Erscheinen des Taschenbuchs, also etwa Mitte 1822, componirt worden, wobei übrigens W. durchgehends 2 von Kind's Strophen in eine zusammenzog.

287.

op. 70.

Grosse Sonate für Pianoforte. E moll. N. IV. *op. 70.*
Comp. 1822, 29. Juli zu Dresden; *s. Anm.* — Gewidmet »dem Herrn Hofrath
Friedrich Rochlitz«.

Moderato. ♩ = 144 [???: Moscheles, Ausg. Chappell. | ♩ = 126: F. Kroll. | ♩ = 116: Jähns.

con duolo

269 Tacte, incl. 72 T. Repr. Autogr.

Menuetto. ♩. = 112: Moscheles. — ♩. = 112, das Trio ♩ = 100: F. Kroll. | ♩. = 112: Jähns.
Presto vivace ed energico.   **Trio.** Leggeremente murmurando.

ff   201 Tacte, incl. 10 T. Repr. Ohne M. D. C. Autogr.   pp   124 Tacte, incl. 72 T. Repr. Autogr.

bis

Andante quasi Allegretto. ♩ = 66: Moscheles. | ♪ = 120: F. Kroll. | ♩ = 66: Jähns.
Consolante.

Finale. La Tarantella. ♩ = 104: Moscheles. | ♩ = 96: F. Kroll. | ♩ = 96: Jähns.
Prestissimo.

Autograph: Vollständig. Im Besitz von Fräulein Elise Einert zu Strehlen bei Dresden. (1868. J.) Ein Heft von 5 Bogen Querfolio; gelblich, fest, 10zeilig. Auf der sonst leeren Titelseite: »Sonate in E mol. Originalhandschrift von C. Maria von Weber; von dessen Wittwe zum Geschenk erhalten. F. W. Brauer«. (Tonkünstler, Lehrer der Söhne Weber's, bewährter Freund seiner Hinterbliebenen. ✝ 1870 zu Dresden, der das Autograph der jetzigen Besitzerin verehrte.) Die letzten 3 Seiten leer. P. 2 bis 16 incl. ganz, p. 17 zur Hälfte beschrieben. Die Wiederholung des Menuetto von Tact 3 an ist nur durch ein »Da Capo dal S.« bezeichnet, wogegen es in der Orig.-Ausg. ganz ausgestochen ist. In Satz I sind W.'s spätere Aenderungen auf kleinen Blättchen eingeklebt; sie wurden sämmtlich in den Stich aufgenommen. Man ersieht daraus, dass ein Tact im Autograph (1ste Lesart) an Stelle der beiden Tacte 92 u. 93 des Stichs gestanden hat; ebenso standen 4 Tacte Autograph (1ste Lesart) für 7 Tacte 121 bis 127 des Stichs, ferner ein Tact Autograph (1ste Lesart) für die beiden Tacte 184 u. 185 des Stichs.

Ausgaben: Erste Orig.-Ausg. Querfolio. Berlin, Schlesinger. 1½ thlr. | Edit. orig. nouv. et correcte. Hochfolio. Ebend. 1¼ thlr. | Als N. 1 in Bd. II der Gesammt-Ausg. v. W.'s Werken; neueste, correcte, elegante u. billige Prachtausg. Hochfolio, 1868. Revidirt v. C. Reinecke. Ebend. 17½ sgr. n. | Der Band II mit den 4 Sonaten zus. Ebend. 1¼ thlr. n. | Amsterdam, Theune u. C. 2 Gl. 50 cs. | Kritisch revidirt u. für d. Selbststudium mit Fingersatz sowie mit technischen u. Vortragserläuterungen versehen v. Franz Kroll: Berlin, Fürstner. 22½ sgr. Erscheint 1871. | Braunschweig, Litolff. 8 sgr. | Alle 4 gr. Sonaten, op. 24, 39, 49, 70 zus., Ebend. 15 sgr. | Leipzig, Breitkopf u. Härtel. Hochfolio, 21 ngr. n. | Alle 4 Sonaten zus., 8°, 1 thlr. | Forberg. 17½ ngr. | Bur. de Mus., Peters. Alle 4 gr. Sonaten zus. 8°, 12 ngr. | Desgl. in 4°. Ebend. 15 ngr. | In W.'s Oeuvr. compl. p. Pfte.: 20 Num. 8°. Ebend. 25 ngr. n. | Alle 4 grossen Sonaten mit op. 12, 24, 62, 65, 72 u. 79 zus. 8°. 1 thlr. n. | Stoll. 15 sgr. Hrsg. u. metronomisirt von J. Moscheles: London, Chappell u. C. 6°. | Cramer u. C. Ebenso. 6°. | Paris, Brandus u. Dufour. 9 fr. | Lemoine. 9 fr. | Richault. 9 fr. | Wien, Haslinger. | Leidesdorf. Berka u. C. »Oeuvr. compl. p. Pfte. seul du W.« N. 4. Tome II. | Steiger. | Wolfenbüttel, Holle. 8 sgr. | Zu 4 Hdn. — Arr. v. F. W. Jähns: Berlin, Schlesinger. 1½ thlr. | Arr. v. Roubier: Paris, Richault. 12 fr. | Als viertes Quintett von W. für 2 Violinen, 1 Viola u. 2 Bässe. — Ebend. 12 fr. | Einzeln daraus: a. Satz III. Facilité par Brissler: Berlin, Schlesinger. 10 sgr. | Derselbe unverändert als »Célèbre Andante«: Potsdam, Liehmer. 10 sgr. London, Chappell u. C. 2°. | Cramer u. C. 2°. | b. Satz IV. »La Tarantella«: Berlin, Schlesinger. 20 sgr. | Für Orgel zu 4 Hdn. — Satz III als N. 1 in Book XII in Hiles short voluntaries: London, Novello u. C. Book 4 à 1°. 9d.

Anmerkungen. a. Zuvörderst gehört hieher das in der Einleit. p. 8 und das **138** Anm. a. über W.'s grosse Pfte.-Sonaten im Allgemeinen Gesagte. — **b.** Zur *Charakterisirung* von op. 70, der vorliegenden Sonate in E moll, diene Folgendes:

Tiefe Schwermuth ist der Grundton ihres Wesens, der selbst die farbenhellsten Theile des Bildes mehr oder weniger trübt. Dunkle verwegene Gewalten in siegreichem Kampfe mit holdesten Geistern gewinnen jenem Ausdruck tiefer Trauer immer wieder neuen Boden, und diese Trauer ist gemischt ebenso in die anscheinend trosterfüllte Stimmung des Andante consolante, wie in den rasenden Zug des Schlusssatzes, der Tarantella, wenngleich hier von wundem Humor verhüllt. — Satz I u. III sind in ihren einzelnen Theilen beim Vortrage besonders schwierig zu einheitlichem Ganzen zu verschmelzen. — Eine ausgeführte Kritik giebt die Lpz. A. Mus. Ztg. nicht. — **C.** An **Compositions-Daten** für dies Werk giebt das Tagebuch die folgenden: Hosterwitz (bei Pillnitz) 1819, 28. Aug. »Scherzo in die Emoll notirt«. 31. »Allegro der Sonate Emoll vollendet«. Dresden, 1820, 28. Nov.: »Sonate Emoll den ganzen Tag gearbeitet«. Dresden, 1822, 5. Febr.: »Andante in die Emoll Sonate vollendet entworfen«. 6. »Andante zur Emoll »Sonate vollendet«. 29. Juli: »Sonate Emoll gänzlich fertig geschrieben«. — Schon am 11. Aug. 1819 erwarb Schlesinger in Berlin die Sonate käuflich von W.

Theilweis ungedr.

288.

Marcia vivace für 10 Trompeten.

Comp. 1822, 29. Juli zu Dresden: *Autogr.* (Siehe *Autogr.* u. *Anm.*)

Autograph: Partitur im Besitz von F. W. Jähns, zu dem Convolut sämmtlicher Entwürfe der »Euryanthe« gehörig, in ebendesselben Besitz. ½ Bogen grau gelblichen 10-zeiligen Querfolios, dunkel-schwarze mittelgrosse Schrift. Auf p. 1 der Marsch auf 6 Zeilen und noch 1 Zeile Violine I des Schlusses von Duett N. 7 zu Euryanthe; p. 2, aus demselben Duett, Singstimmen der Euryanthe und Eglantine, letzte 12 Tacte 4/4 und erste 26 Tacte 6/8. Ueberschrift »für das Königl: Preuss: Leib Regiment. Schwarze Husaren. Obristlieutenant v: Helemann. Herrnstadt in Schlesien. comp. Dr. d: 29ᵗ. July 1822«.

Ausgaben: Mit Ausnahme des zu Euryanthe Verwendeten — keine.

Anmerkungen. Die Bestimmung des Marsches ergiebt W.'s oben mitgetheilte Ueberschrift. Bei Composition der Euryanthe er die beiden letzten Theile desselben zum 3. und 4. Theile der Einleitung des Finale 1, später zum 1. Chor ebend. und zwar fast unverändert, nur für grosses Orchester instrumentirt. Der nicht benutzte erste Theil ist unbedeutend.

Ungedr.

289.

Musik und Chöre »Den Sachsen-Sohn vermählet heute«

zu einem Festspiel von Ludw. Robert zum feierlichen Empfange des neuvermählten Paares, des Prinzen, nachmal. Königs Johann von Sachsen und seiner Gemalin, geb. Prinzessin Amalia Auguste v. Bayern, K. K. M. M. aufgeführt am 28. Nov. 1822 auf dem königl. Hoftheater zu Dresden.

Für vierstimmigen gemischten, resp. dreistimmigen Frauen- und drei- u. vierstimmigen Männer-Chor mit Begleitung von 2 Flöten, 2 Oboen, 2 Clarinetten, 4 Hörnern, 2 Fagotten, 2 Trompeten, 2 Pauken, 1 Bass-Posaune, 2 Violinen, 2 Violen, 2 Vcelli. u. Bass.

Comp. 1822, 13. Nov. zu Dresden; *Tageb.*

Autograph: Partitur im Besitz von Max M. Frhrn. v. Weber zu Wien. (1571. J.) Blauer Pappband mit darin dem Autograph vorgesetzter Copie der Ouvertüre zu W.'s Oper Silvana. (s. Anm. a.) Die Ouverture wie das Autograph hat keinen Titel. Auf dem Deckel die Bemerkungen mit Tinte, dieselben mit Bleistift auf dem Vorblatt des Bandes, so wie sämmtliche übrige Bleistift-Notizen rühren von mir her, mit Ausnahme der Stichworte von W.'s Hand auf p. 11. Die Copie der Ouvertüre nimmt 27 Seiten ein, danach folgt das vollständige Autograph auf 27 Seiten festen, theils 12-, theils 16zeiligen graugelblichen Querfolios; mittelgrosse Schrift, vollkommen reines Manuscript; leer: zur Hälfte p. 16 u. 17, ganz p. 28.

Ausgaben: Keine.

Anmerkungen. a. Tief in seine grossartigste Tonschöpfung, Euryanthe, versenkt, hatte W. während derselben die 6 Nummern der vorliegenden Musik als *Zwischen-Arbeit* zu schreiben, deren Text mehr als alle andern zu Sächs. Hoffestlichkeiten den Stempel des Gelegenheitlichen trägt. Aehnlich der Cantate »L'Accoglienza« **(221)** ist er wiederum eine Begrüssung des fürstlichen Paares von Seiten der verschiedenen Stände, des Nähr-, Lehr- und Wehr-Standes, (mit Jungfrauen- und allgemeinem Chor) unter Betheiligung mythologischer und allegorischer Gestalten wie Aurora, der Musen, Vergangenheit und Zukunft. — Auch in dieser Composition finden wir den fertigen Meister, der in einigen flüchtigen Stunden seinem Genius diese liebliche und farbenreiche Frucht abgewinnt. Nach W.'s Tagebuch beginnt seine Arbeit daran durch eine Conferenz mit dem Dichter am 29. Oct. — Wie eilig die Composition vollzogen wurde, geht zunächst daraus hervor, dass W. als Ouverture die seiner alten Oper Silvana *benutzte* und zwar unverändert, nur mit Hinzufügung zweier Clarinetten und einer Bassposaune, und dass er ferner zu *N. 1*, einem lediglich instrumentalen Satze, das Adagio seiner zweiten, damals noch ungedruckten, Sinfonie **(51)** verwendete, indem er dasselbe bei Hinweglassung von 17 Tacten (21 bis 34, 46 bis 48) neu instrumentirte, wodurch ein höchst anmuthiges Musikstück entstand, das an Haltung und Zusammenhang das Adagio der Symphonie bei weitem übertrifft. — *N. 2* ist ein frischer, freudiger Gruss des allgemeinen Chors von mannigfaltiger Färbung, jedoch nicht gerade hervorstechend erfunden. Bemerkenswerth an ihm sind die Tacte 54 bis 57, welche gleich sind mit dem mehrfach wiederkehrenden Motiv der Rezia, zuerst in den Tacten 46 u. 49 im Allegro con moto des 1. Finale im Oberon, ebenso mit dem Motiv der Tacte 23—25, 27—29 des 1. Satzes des Quintetts **(46)** in W.'s unvollendet gelassener Oper Rübezahl von 1804. — In *N. 3* tritt der Lehrstand in einem Chor für 2 Tenore und 1 Bass auf, der durch seine sinnige Instrumentirung (2 Celli, 2 Hörner, 2 Fagotte und C.-Bass) von besonders schöner Klangwirkung sein muss. — *N. 4*, ein dreistimmiger Mädchenchor, das feinste Stück des Ganzen, ist eine neue und eigenthümliche Gestaltung. Sehr zu bedauern ist es, dass W. diese Nummer später nicht in einem Werk benutzt hat, dem eine Zukunft bestimmt war. Der nicht lange Chor ist von einer solchen Lieblichkeit und Schmiegsamkeit, zugleich so reizvoll instrumentirt, dass seiner bei dem Besten gedacht werden darf, was W. nach dieser Richtung geschrieben. — *N. 5*, Chor des Wehrstandes, später allgemeiner Chor, ist das wenigst bedeutende Stück, obwohl kräftig und herzlich im Ausdruck. — Von *N. 6* ist dagegen ebenfalls zu bedauern, dass sie W. nicht später verwendete, so edel melodisch, so mächtig bewegt, so interessant instrumentirt ist sie. — **b.** Die *Aufführung* des Festspiels, die, als Nachfeier der Vermählung am 21. Nov., am 25. im Hoftheater zu Dresden stattfand, scheint ohne besondere Wirkung vorüber gegangen zu sein, denn W.'s Tagebuch giebt am 25. nur die Notiz: »Abends das Festspiel. ging so so. kaltes Publikum«. Am 30. fand die Wiederholung statt, die besser ausgefallen zu sein scheint, da das Tagebuch sie mit »Gut« bezeichnet. An *Compositions-Daten* hat es nur die folgenden: Dresden, 7. Nov. »gearb. Festspiel«, 10. »Festspiel vollendet entworfen«, 13. »Musik zu dem »Festspiel zur Vermählung des Prinzen Johann vollendet«. — S. auch Max v. Weber's »Lebensbild« W.'s II, 112—13.

— 1823. —

290.

Unge-
druckt.

Kleine Cantate. »*Wo nehm' ich Blumen her,*«

Zur Feier des Geburtsfestes der Frau Prinzessin The re s e, nachmaligen Königin v. Sachsen
als Gemalin Königs Anton.

Für 3 Solostimmen (Sopr., Ten. u. Bass) mit Begleitung des Pianoforte.

Text von Th. Hell (C. Winkler).

Comp. 1823, 9. Janr. zu Dresden; *Tageb.*

Wo nehm' ich   Blumen her,
17s Tacte. Autogr.

Autograph: Vollständiger Entwurf im Besitz von F. W. Jähns. 1½ Bogen
mit 5½ Seiten Noten; 15zeiliges gelbliches Querfolio, kleinere Schrift. Singstimmen
vollständig verzeichnet, von der Begleitung nur wenig, doch so viel, dass die Scizze sich
im Sinne der Intention des Componisten nicht schwer ergänzen liesse. Ueberschrift
wie sonstige Bemerkungen fehlen.

Ausgaben: Keine.

Anmerkungen. a. W. componirte diese kleine Cantate auf Anregung des Prinzen
Friedrich August, nachmal. Königs Fr. Aug. II. v. Sachsen, in dem Momente, wo die kritischen Berathungen über die endgültige Gestaltung des dritten Acts der Euryanthe mit L.
Tieck und C. Förster grade gipfelten, und ihm die musikalische Wiedergabe des kleinen
auf zarter Blumendeutung hauptsächlich beruhenden Gedichtes sehr fern liegen musste.
Dennoch entstand ein liebliches musikalisches Gebilde von Fluss und Wohlklang, dem
freilich in der Erfindung hervorstechende Eigenschaften nicht beizuwohnen scheinen,
über dessen vollständige Ausführung aber kein schliessliches Urtheil abzugeben möglich,
weil diese von W. überhaupt nicht vollzogen wurde. Zeitmangel verhinderte die Notirung
der Clavier-Begleitung, die W. bei der Aufführung (s. Anm. c.) aus der Idee und nach einigen Andeutungen seines Entwurfes hinzufügte. — **b.** Die Cantate zerfällt in 2 verbundene
Haupttheile, in einen Sopran-Solo-Gesang und ein Terzett durch Hinzutritt eines Tenors
und eines Basses. Eine kurze Einleitung in E dur führt ein Recitativ und darauf folgenden E moll-Satz ⁶⁄₈ ein, worauf ein Allegretto ⁴⁄₄ E dur, strophenartig abgetheilt, eine
Arie vertritt; nun folgt ein Wechselgesang zwischen den Männerstimmen und dem Sopran
in C dur ¹⁄₄, ein Ensemble ⁶⁄₈ schliesst das Ganze. Alles ist sinnig, klangreich, gesangvoll. — **c.** W.'s *Tageb.* giebt nur folgende Notizen: Dresden. 1823. 6. Janr. »Gearb.
»für Pr. Therese«. 9. »Geburtstags-Cantate für Prinzessin Therese fertig componirt«.
14. »Um ⁵⁄₄ S zur Prinzessin Amalia. Prinzessin Therese zu ihrem Geburtstage über-
»rascht mit der kleinen Kantate, gedichtet von Winkler »Wo nehm ich Blumen her«.
»Funk, Bergmann und Siebert sangen es gut. Die Herrschaften waren sehr erfreut«. —
S. auch Max v. Weber's »Lebensbild« W.'s II, 462.

291.

Euryanthe.

Grosse heroisch-romantische Oper in 3 Aufzügen. Dichtung von Helmina von Chezy, geb. Freiin v. Klencke. Vom Componisten gewidmet Sr. Majestät dem Kaiser von Oesterreich. Franz I. Im Stich *ohne Opus-Zahl*. In W.'s geschr. Werk-Verz. als *op. 81* gezählt. Weber's zehntes dramatisches Werk.

Comp. 1823, 29. Aug. zu Klein-Hosterwitz bei Pillnitz (19. Oct. zu Wien); *s. Anm. c. 1.*)

Ouvertüre. (Im Autogr. ohne Nummer.) Die metronomischen Bezeichnungen rühren von Carl Maria von Weber selbst her. (s. Anm. e.)

Allegro marcato, con molto fuoco: ♩ = 92. (Im Autogr. ohne Tempobezeichnung.)
(Largo: ♩ = 52. Tempo 1mo assai moderato: ♩ = 88, stringendo bis zum Thema in Es.)

273 Tacte. Autogr.

Instrumentirung: 2 Fl., 2 Ob., 2 Cl., 4 Hörn., 2 Fag., 3 Pos., 2 Tromp., 2 Pkn., 2 Violinen, Viola, Cello, Bass.

Act I. N. 1. Introduction. Chor: *»Dem Frieden Heil!«* **Tanz u. Recit. König, Lysiart, Adolar.**

Moderato maestoso: ♩ = 92.　　Chor. S. u. A. Später　　Ernster Reigen: ♩ = 96. (Recit.)
　　　　　　　　　　　　　2 Ten. u. 2 Bässe.

Dem Frie - den Heil!　　　ff Mit dem noch folgenden Recit. zus.
　　　　　　　　　　　　　177 Tacte ohne Repr. Autogr.

Instr.: 2 Fl., 2 Ob., 4 Hörn., 2 Fag., 2 Tromp., 2 Pkn., 2 Violinen, Viola, Bässe.

N. 2. Romanze. Adolar. *»Unter blüh'nden Mandelbäumen,«*

Andante con moto: ♩ = 72.

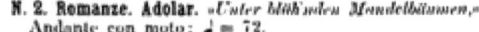

Un-ter blüh'n-den Mandel - bäu-men, an der Loi - re grü-nem Strand,
　　　　　　　　　　　　　　　　　　　　75 Tacte. Autogr.

Instr.: 2 Fl., 2 Cl., 2 Hörn., 2 Fag., 2 Violinen, Viola, 2 Celli, Bass.

N. 3. Chor. *»Heil Euryanth's!«* **Recitativ. Adolar, Lysiart, König.** *»Ich trag' es nicht!«*

Allegro: ♩ = 116.　　Agitato assai: ♩ = 104. *»Des Meeres Grund«*: ♩ = 69.*)

Recit. Lysiart: Ich trag' es nicht!
　　　　　　　　　　　Zus. 85 Tacte. Autogr.

Instr.: 2 Fl., 2 Ob., 2 Cl., 4 Hörn., 2 Fag., 2 Tromp., 2 Pkn., 2 Violinen, Viola, Cello, Bass.

*) Das »Andante« zu Anfang des Recit. »Ich trag' es nicht« im Orig.-Clav.-Ausz. bei Steiner steht an falscher Stelle; es muss erst bei »Hör' an«, Graf Adolars stehen.

N. 4. Scene u. Chor. Adolar, Lysiart, König. Chor: 2 Ten., 2 Bässe.) »Wohlan! du kennst«

Instr.: 2 Fl., 2 Ob., 2 Cl., 2 Hörn., 2 Fag., 2 Tromp., 2 Pkn., 3 Pos., 2 Violinen, Viola, Bässe.

N. 5. Cavatine. Euryanthe. »Glöcklein im Thale,« u. **Recit. Euryanthe, Eglantine.** »So einsam«

Instr.: 2 Fl., 2 Ob., 2 Cl., 2 Hörn., 2 Fag., 2 Violinen, Viola, 2 Solo-Celli, Cello u. Bass.

N. 6. Aria. Eglantine. »O mein Leid ist unermessen« u. **Recit. Euryanthe, Eglantine.** »Freundin! Geliebte!«

Instr.: 2 Fl., 2 Ob., 2 Cl., 2 Fag., 3 Pos., 4 Solo-Violinen, 2 Violinen rip., Viola, Cello u. Bass.

N. 7. Duett. Euryanthe, Eglantine. »Unter ist mein Stern gegangen,«

Instr.: 2 Fl., 2 Cl., 2 Hörn., 2 Fag., 2 Violinen, Viola, Cello u. Bass.

N. 8. Scene u. Arie. Eglantine. *»Bethörte, die an meine Liebe glaubt,«*

Allegro: ♩ = 160. Tempo. *»Braut«:* ♩ = 100.)

(*»O der Gedanke«:* ♩ = 100.)

Instr.: 2 Fl., 2 Ob., 4 Hörn., 2 Fag., 2 Violinen, Viola, Cello u. Bass. — 4 Trompeten auf der Bühne.

N. 9. Finale. Chor. S. A. 2 T. 2 B.) Euryanthe, Eglantine, Bertha, Rudolf, Lysiart. *»Jubeltöne, Heldensöhne«*

Instr.: 2 Fl., 2 Ob., 2 Cl., 4 Hörn., 2 Fag., 2 Tromp., 2 Pkn., 2 Violinen, Viola, Cello u. Bass. — 4 Trompeten auf der Bühne.

Act II. N. 10. Scene u. Arie. Lysiart. *»Wo berg' ich mich?!«* u. Recit. Eglantine, Lysiart. *»Der Gruft entronnen«*

Arie. Allegro con fuoco: ♩ = 92.

And. con moto I: ♩ = 66. Allegro: ♩ = 160.

And. c. moto II: ♩ = 80.) Viv. feroce: ♩ = 132.)

Instr.: 2 Fl., 2 Ob., 2 Cl., 4 Hörn., 2 Fag., 2 Tromp., 2 Pkn., 2 Violinen, Viola, Cello u. Bass.

N. 11. Duett. Eglantine, Lysiart. *»Komm denn, unser Leid zu rächen!«*

Allegro energico: ♩ = 144. Con strepito: ♩ = 104.)

Instr.: 2 Ob., 4 Hörn., 2 Pkn., 3 Pos., 2 Violinen, Viola, Cello u. Bass.

N. 12. Arie. Adolar. »Wehen mir Lüfte Ruh'?«

Larghetto non lento: ♩ = 54. Allegro: ♩ = 120.

Instr.: 2 Fl., 2 Cl., 2 Fag., 2 Violinen, Viola, Cello u. Bass.

N. 13. Duett. Euryanthe, Adolar. »Hin nimm die Seele mein.«

Allegro animato: ♩ = 96. »Seufzer wie« ♩ = 76. | Vom
Tempo von N. 12: ♩ = 144. Thema wieder Tempo 1tes.
Schluss accelerando. Eur., Adolar.

Instr.: 2 Fl., 2 Ob., 2 Cl., 2 Hörn., 2 Fag., 2 Tromp., 2 Pkn., 2 Violinen, Viola,
Cello u. Bass.

Bemerkung W.'s zur Metronomisirung dieses Duetts N. 13: »In diesem Duette wogt die
Leidenschaft in allen ihren Nüancen auf und ab. Das Gefühl der Sänger und des Dirigenten
muss in glühendem Vorwärtsstreben oder innigem Anhalten allein den wahren Vortrag bestimmen. Die Erfahrung hat mich gelehrt, dass zu viel Vorschriften leicht die Ursache sind,
das Musikstück zu einem Zerrbilde zu machen. Wenn nicht das Rechte getroffen werden
kann — dann lieber in Einem Strome fortgezogen, als dieses Hyper-Gefühl«

N. 14. Finale. Chor. (2 T. 2 B.) **Euryanthe, Adolar, Lysiart, König.** »Leuchtend füllt die
Königshallen«

Allegro moderato. Chor: ♩. = 84. | Poco più moto: ♩ = 60. | Allegro: ♩ = 100. |
Larghetto: ♩ = 52. | Con fierezza: ♩ = 100. | Maestoso assai: ♩ = 66. | Allegro
ma non troppo: ♩ = 144. | Con tutto fuoco ed energia: ♩ = 160.

Instr.: 2 Fl., 2 Ob., 2 Cl., 4 Hörn., 2 Fag., 3 Pos., 2 Tromp., 2 Pkn., 2 Violinen,
Viola, Cello u. Bass.

Act III. N. 15. Introduction, Recit. u. Duett. Euryanthe, Adolar. *«Hier weilest du.»*
Adagio non lento: ♩ = 66. | Allegro: ♩ = 160. | Ritenuto. 2 Tacte nach *«Abgrunds*
Grauen» ♩ = 66. | Moderato: ♩ = 88. | Più moto: ♩ = 138. | Agitato: ♩ = 96. |
Non tanto Allegro: ♩ = 88. | Presto: ♩ = 116.)

Instr.: 2 Fl., 2 Ob., 2 Cl., 2 Hörn., 2 Tromp., 1 Bass-Pos., 2 Fag., 2 Violinen, Viola,
Cello u. Bass.

N. 16. Scene. Euryanthe, Adolar. *«Schirmende Engelschaar.»*
Molto passionato: ♩ = 152. | Poco rit.: ♩ = 132. | Vivace: ♩ = 160.

Instr.: 2 Fl., 2 Ob., 2 Cl., 2 Hörn., 2 Tromp., 1 Bass-Pos., 2 Fag., 2 Violinen,
Viola, Cello u. Bass.

N. 17. Scene u. Cavatine. Euryanthe. *«So bin ich nun verlassen.»*
Largo: ♩ = 50. | Cavatine. Largo: ♩ = 66. | Più moto:
♩ = 66. Allo. marcato: ♩ = 100.

Instr.: 1 Fl., 2 Fag., 2 Violinen, Viola, Cello u. Bass. — 1 Hörn. u. 1 Bass-Pos. auf
der Bühne.

N. 18. Jägerchor. 2 T., 2 B. *«Die Thale dampfen»* **König.**
Tempo nach der Original-Partitur:
Allegro marcato des Schlusssatzes von N. 17, nicht Allo. maestoso, wie die meisten
Ausgaben zeigen: ♩ = 100.

Instr.: 4 Hörn., 1 Bass-Pos.   Instr.: 2 Violinen, Viola, Bässe.

N. 19. Duett u. Chor. Euryanthe, König. Chor: 2 T. 2 B.» »*Lasst mich hier in Ruh' erblassen,*»

Larghetto: ♪ = 100. »Die letzten Tacte ein wenig anhalten.« W.

Euryanthe.

Lasst mich hier in Ruh' er - blassen,

Bassi pizz. con 8va.

34 Tacte. Autogr.

Instr.; 2 Fl., 2 Ob., 2 Cl., 2 Hörn., 2 Fag., 2 Violinen, Viola, Bässe.

N. 20. Aria mit Chor. Euryanthe. »*Zu ihm! Zu ihm! O weilet nicht!*»

Allegro con fuoco: ♩ = 160. »Poco riten.: ♩ = 144.«

Zu ihm! Zu ihm! Zu ihm! O wei-let nicht!

101 Tacte. Autogr.

(»Bei dieser Arie gilt ebenfalls alles zu N. 15 bereits Bemerkte.« W.)

Instr.: 2 Fl., 2 Ob., 2 Cl., 2 Hörn., 2 Fag., 3 Pos., 2 Tromp., 2 Pkn., 2 Violinen, Viola, Bässe.

N. 21. Scene u. Chor. S. A. T. B. **Bertha, Adolar.** »*Der Mai, der Mai*»

Allegretto: ♪ = 80. Allegro non tanto: ♩ = 152. | Allegro: ♩ = 152.«

Scherzando. Bertha.

Ritornell. (20 Tacte.) Der Mai, der Mai

Zus. 131 Tacte, ohne Strophe 2 u. 3. Autogr.

Instr.: 2 Fl., 2 Cl., 2 Fag., 2 Violinen, Viola, Cello u. Bass.

N. 22. Chor S. A. T. B. **mit Solo. Adolar.** »*Vernichte kühn das Werk der Tücke,*»

Allegro: ♩ = 152.

S. u. A.

Ver-nich-te kühn das Werk der Tü-cke,

39 Tacte. Autogr.

T. u. B.

Instr.: 2 Fl., 2 Ob., 2 Hörn., 2 Fag., 2 Violinen, Viola, Bässe.

15 *

N. 23. Hochzeitsmarsch u. Scene mit Chor. 'S. A. 2 T. 2 B. **Eglantine, Adolar, Lysiart.**
»Das Frevlerpaar!«
Maestoso energico ma con moto: ♩ = 63. [Allo. mod.: ♩ = 138. | Largo: ♩ = 50. | Più
moto: ♩ = 92. | Vivace: ♩ = 160.] Allo. mod.: ♩ = 104. | Vivace: ♩ = 152.]

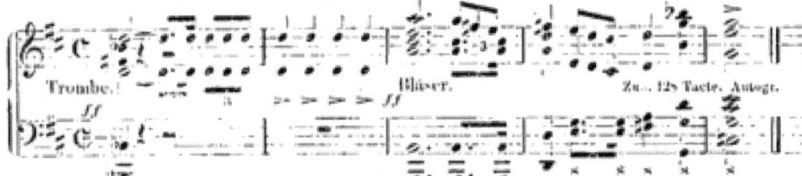

Instr.: 2 Picc., 2 Ob., 2 Cl., 2 Hörn., 2 Fag., 2 Tromp., 2 Pkn., 3 Pos. auf der
Bühne. — Im Orchester: 2 Fl., 2 Ob., 2 Cl., 4 Hörn., 2 Fag., 3 Pos., 4 Solo-
Violinen, 2 Violinen rip., Viola, Cello u. Bass.

N. 24. Duett mit Chor. S. A. 2 T. 2 B. **Adolar, Lysiart.** *»Trotze nicht, Vermessener!«*

Con impeto: ♩ = 100.

Instr.: 2 Fl., 2 Ob., 2 Cl., 4 Hörn., 2 Fag., 3 Pos., 2 Tromp., 2 Pkn., 2 Violinen,
Viola und Bässe.

N. 25. Finale. Euryanthe, Eglantine, Adolar, Lysiart, König, Chor. S. A. T. B. *»Lasst ruhn
das Schwert.«*
Maestoso con moto: ♩ = 108. Agitato: ♩ = 96. | Con furia: ♩ = 126. | Mod. assai:
♩ = 92. | Poco più moto: ♩ = 138. [Molto pass.: ♩ = 112. | Presto marc.: ♩ = 160.]

Instr.: 2 Fl., 2 Ob., 2 Cl., 4 Hörn., 2 Fag., 3 Pos., 2 Tromp., 2 Pkn., 4 Solo-Violinen, doppelt besetzt, 2 Violinen rip., Viola, Cello u. Bass. — 4 Hörn., 4 Bass-
Posaune auf der Bühne.

Pas de cinq ohne Nummer zu N. 24. Nachcomponirt 18. Dez. 1825.
Pas de cinq.

Instr.: 2 Fl., 2 Ob., 2 Cl., 2 Hörn., 2 Fag., 2 Violinen, Viola, Cello u. Bass.
Die Oper hat im Ganzen 4462 Tacte ohne Reprisen und ohne Wiederholung von Ge-
sangsstrophen. Incl. 88 Tacte Reprisen: 4550 Tacte.)

Autographe: — *I. Vollständige Partitur.* Im Besitz der dresdener Privat-Bibliothek Sr. Majestät des Königs v. Sachsen. (1570. J.) Obwohl hie und da Strich-arten, auch Vortragsbezeichnungen, fehlen, ist diese Partitur doch ein Autograph von selten-ster Schönheit in kleiner, vollkommen gleichmässiger, dunkelschwarzer Schrift, fast gänz-lich ohne Correctur, bei characteristischem festen Ductus dennoch frei und flüssig, und er-regt um so mehr Bewunderung, als W. die Instrumentirung seiner Original-Partituren stets ohne irgend eine andere Vorarbeit vollzog, als seine erste, nur Singstimme und Bass oder die Andeutung eines obligaten Instrumentes enthaltende Scizze. S. Anm. c. 2.) — Starker roth und violett marmorirter Band. Rücken und Ecken in rothem Juchten-Leder mit Vergoldung, in desgl. Futteral. Rücken-Titel: »C. M. v. Weber. Euryanthe. Original-Partitur.« 376 Seiten. Davon besonders paginirt: Ouvertüre mit p. 1 bis 21 incl., Act I mit p. 1 bis 126, Act II mit p. 1 bis 104, Act III mit p. 1 bis 110 und der in Berlin nach-componirte Pas de cinq mit p. 1 bis 12; darin noch lose eingelegt ein halber und ein ganzer Bogen mit 6 Seiten der später von W. für Wien und Dresden vorgenommenen Kürzungen (s. Anm. c. 4.): im Ganzen also, mit den Kürzungen, 382 Seiten. Festes gelbliches Querfolio; der Pas de cinq hat bläuliches, kleineres und dünneres Querfolio mit sehr flüchtiger Schrift. Leere Seiten: Ouvertüre: p. 1, 22, 23, 24; Act I: p. 125, 126; Act III: p. 107 bis 110. Vor dem Ganzen kein Titel. Zum Schluss von Act 1 »Ende des Ersten Acts. Hosterwitz d. 25t. May 1823. in 12 Tagen instrumentirt«. s. Anm. c. 1. und 2.); vor Act II »Euryanthe, Zweiter Act«; zum Schlusse desselben »Ende des zweiten Acts. beendiget Hosterwitz d. 17t. July 1823. C. M. v. Weber«: vor Act III »Euryanthe. Dritter Act«; zum Schlusse in vertikaler Zeile: »Vollendet »Hosterwitz den 29ten August 1823 und somit die ganze Oper exclusive der Ouvertüre. »— Soli Deo Gloria. C. M. v. Weber.«: über dem Pas de cinq: »Pas de cinq zur »Oper Euryanthe. Nach No 20. — Von No 21: 26 Tacte. — Papier und Partitur: 19-zeilig in N. 24 u. 25; 17zeil. in N. 20; 16zeil. in Ouvertüre, N. 1 u. 9; 12zeil. in N. 11, 13, 15, 16, 19, 22 u. Pas de cinq; 10zeil. in N. 2. — Papier 12zeil., Partitur 10zeil. in N. 7; Pap. 12z., Part. 6z. in N. 17 u. 18. — Pap. 16z. in N. 3; 14z. in N. 4; 12z. in N. 5, 6, 8 u. 12: Zahl der benutzten Zeilen in diesen letzten 6 Nummern verschieden. Zahl der Zeilen auf dem Papier zwischen 19 u. 12 bei verschiedener Zahl der benutzten Zeilen zwischen 12 u. 19: in N. 10, 11, 21 u. 23. — *II. Entwürfe* W.'s zur Euryanthe. Im Besitz von F. W. Jähns. 17 ganze, 13 halbe und 1 Viertel-Bogen, auf 34 losen Blättern mit 96 Sei-ten. Festes gelbliches Querfolio von mir roth paginirt: p. 11 bis 20, 35 bis 36, 57 bis 60 ist das Papier dünner u. weisser; kleine klare Schrift; p. 3, 6, 8, 10, 37, 40, 50, 71, 87 u. 96 leer. Auf p. 1 des von W. um das Ganze gelegten Manuscript-Bogens Aufschrift von W.'s Hand »Entwürfe zu Euryanthe von mir. Carl Maria von Weber. 1823«. Die Nummern der Oper sind ziemlich häufig durcheinander geschrieben. Von W. diesen Entwürfen beigelegt ist auch das Autograph der ganzen vollständig ausgeführten N. 8 der Cantate 283, die er in dieser Form, fast ganz ungeändert, zum Schlusse des 1. Finales ver-wendete. (s. Anm. c. 3.) Auf p. 1 dieser N. 8 enthalten 3 schräge Querzeilen die Bemer-kung W.'s »Zum Schlusse des 1. Aktes der Euryanthe benutzt. 1823. C. M. v. Weber.«: am Schlusse noch »Dresden den 16. September 1821. C. M. v. Weber«. Die ursprüngliche Besetzung. von W. mit Bleistift notirt, füllt den untern Raum der letzten 6 Zeilen dieses Stücks. — Das Ganze ist der fast vollständige Entwurf der Oper; es fehlt nur darin: das Ritornell zu N. 1, 1 Tact in N. 9, der Schlusstact des Ritornells zu N. 12 und der Satz in N. 14 von »Ich grüss' Euch« bis »hoff' es fest«, alles zusammen 56 Tacte. Die Scizzirung besteht hauptsächlich in der vollständigen Niederschrift der Singstimmen: selten notirt sind die Orchester-Bässe dazu, fast stets aber obligat auftretende Instrumente, bei reinen Orchester-Sätzen nur Geigen und führende Blasinstrumente, zuweilen die Bässe, selten etwas von Mittelstimmen: Clarinetten, Hörner, Trompeten stets in der ihnen eignen Schreibart. Mit sicherster Hand ist alles hingestellt. Aenderungen finden sich nur äusserst wenige, in der Ouvertüre die meisten, indem 24 Tacte zwischen Tact 32 und 33 ganz verworfen wurden, wie gleichfalls die erste, gegen die spätere Gestalt umgekehrte Lesart der 4 Anfangstacte des Fugato (s Anm. c. 5.); in der ganzen übrigen Oper werden 65 Tacte von mehr oder weniger wesentlichen Aenderungen betrof-fen, zusammen also 89 Tacte, gegen die 1162 der Oper eine fast verschwindende Zahl. An nicht zu Euryanthe Gehörigem finden sich in diesen Entwürfen vor: Theile aus **106, 116, 127, 283, 288, 306** die 5 ersten Tacte Meermädchen-Lied Oberon für Clarinett

u. 2 Hörn.), Anh. 3 und Anh. 4 ganz. — *III. Clavier-Auszug des Pas de cinq.* Im Besitz des vormal. Inhabers der Schlesinger'schen Musikalien-Verlagshandlung zu Berlin, Heinrich Schlesinger daselbst. Ein durch den Stecher vielfach mit schwarzen und rothen Ziffern versehener, beschmutzter Bogen Querfolio; grünliches, dünneres 12zeiliges Papier; p. 1 bis 3 ganz beschrieben, p. 4 leer; kleinere Schrift.

Ausgaben: *I. In ursprünglicher Gestalt:* **Vollständige Orchester-Partitur.** — Erste Orig.-Prachtausgabe mit dem nachcomponirten Pas de cinq u. den Kürzungen W.'s zunächst für Wien u. Dresden, ferner einem Vorworte des Herausgebers, Professors E. Rudorff, mit W.'s wichtigem Aufsatze über Tempi, deren Behandlung u. metronomische Bezeichnung (s. Anm. •). Eine Ausgabe seltenster Schönheit u. Correctheit. 1866. Berlin, Schlesinger (Lienau). 15 thlr. *n.* | **Partitur der Ouvertüre einzeln.** — Erste Orig.-Ausg. in 8°. Ebend. 1¾ thlr. *n.* | **Orchester-Stimmen der Ouvertüre.** — Erste Orig.-Ausg. Wien, Steiner u. C. (Haslinger.) 3 fl. ‖ Berlin, Schlesinger. 2 thlr. ‖ Paris, Brandus u. Dufour. 20 fr. | Richault. 12 fr. | Maur. Schlesinger. 10 fr.

II. Arrangements: **A. Arrangements der Oper mit Text. 1) Clavier-Auszüge.** — Erste Orig.-Ausg. arr. v. Compon.: Wien, Steiner u. C. 10 fl. | Neue Ausg. Ebend. (Haslinger. 9 fl. ‖ Neu arr.: Berlin, Schlesinger (Lienau). 4⅔ thlr. ‖ Braunschweig, Litolff. 1 thlr.; jetzt 15 sgr. ‖ Arr. v. Büttinger: Freiburg, Herder. 3⅔ thlr. ‖ Wolfenbüttel, Holle. 1 thlr. | (*Deutsch. u. franz. Text*): Paris, Brandus u. Dufour. 8°. 8 fr. *n.* | (*Engl.*) Arr. v. Devaux: London, Cramer u. C. 6ˢ. — **2) Alle Nummern einzeln.** ❊ **Mit Pfte.** — Arr. v. Compon.: Wien, Steiner u. C. | Neue Ausg. Haslinger. ‖ Berlin, Schlesinger (Lienau). | (*Deutsch u. franz.*) Paris, Brandus u. Dufour. | ❊ **Mit Guit.** — Wien, Steiner u. C. (Haslinger). — **3) Diverse Nummern einzeln.** | ❊ **Für 4 Männerstimmen.** — N. 48 u. 100 im »Orpheus«. Braunschweig, Busse. ‖ In Heft 1 der »Polyhymnia«: Freiburg, Herder. ‖ N. 634 in Fink's »Musik. Hausschatz«: Leipzig, Mayer u. Wigand. 1. Aufl. | ❊ **Mit Pfte.** — Braunschweig, Musikal. Magazin auf der Höhe. ‖ In V. Schurig's »Liederperlen«: Dresden, Meinhold. ‖ Hamburg, Böhme. | Cranz. ‖ Hannover, Bachmann. | Nagel. ‖ N. 792 in Fink's »Musik. Hausschatz«: Leipzig, Mayer u. Wigand. 1. Aufl. | In L. Schubert's »Concordia«: Schäfer. | Siegel. | (*Engl.*) London, Boosey u. C. | Chappell u. C. | Cramer u. C. | ❊ **Mit Guit.** — Bonn, Simrock. ‖ Braunschweig, Spehr. ‖ Hamburg, Böhme. ‖ Hannover, Bachmann. | Nagel.

B. Ouvertüre einzeln, in Arrangements. ❊ **Für Infanterie-Musik.** — Arr. v. Bosquet: Paris, Richault. 15 fr. | ❊ **Als Quintett für Harfe u. Pfte. mit Flöte, Violine u. Cello.** — Paris, Dufaut u. Dubois. 7 fr. 50 c. | Arr. v. Bochsa u. Hummel: Schonenberger. 7 fr. 50 c. | ❊ **Als Quartette. 1) Für Streichinstr.** — Wien, Haslinger. 1 fl. ‖ Arr. v. Ressel: Berlin, Schlesinger. 25 sgr. ‖ Arr. v. Sippel: Braunschweig, Spehr. 16 ggr. ‖ Hannover, Bachmann. 16 ggr. ‖ Paris, Richault. 6 fr. | **2) Für Flöte, Violine, Viola u. Cello.** — Wien, Haslinger. 1 fl. ‖ Braunschweig, Spehr. 16 ggr. ‖ Hannover, Bachmann. 16 ggr. ‖ Paris, Richault. 6 fr. | **3) Für Pfte., Harfe, Flöte u. Cello ad lib.** — London, Boosey u. C. 6ˢ. | ❊ **Als Trio. 1) Für Pfte. mit Flöte (Violine) u. Cello.** — Ebend. 4ˢ. | **2) Für Pfte., Flöte u. Violine.** — Hamburg, Böhme. 17½ sgr. | Arr. v. Winkler: Cranz. 15 sgr. | Leicht: Ebend.: 20 sgr. ‖ Paris, Schlesinger. 3 fr. 75 c. | ❊ **Für 2 Pfte.'s zu 8 Hdn.** — Arr. v. Horn: Berlin, Schlesinger. 1½ thlr. ‖ Arr. v. Wittmann: Leipzig, Hofmeister. 1⅓ thlr. | ❊ **Für 2 Pfte.'s zu 4 Hdn.** — Arr. v. Horn: Berlin, Schlesinger. 1 thlr. | ❊ **Für Pfte. zu 4 Hdn. mit Violine u. Cello.** — Arr. v. Fr. Hermann: Leipzig, Fritzsch. 25 ngr. | ❊ **Für Pfte. zu 4 Hdn. mit Flöte u. Cello.** — Arr. v. Bruguier: London, Chappell u. C. 5ˢ. | ❊ **Für Pfte. zu 4 Hdn.** — Erste Orig.-Ausg. Wien, Steiner u. C. 1 fl. | Wohlf. rechtmäss. Orig.-Ausg.: Ebend. 80 xr. ‖ Arr. v. Horn: Berlin, Schlesinger. 1 thlr. | Neue Ausg., arr. v. Klage: Ebend. ½ thlr. | Neueste Ausg. Ebend. ¼ thlr. *n.* ‖ Bonn, Simrock. 2 fr. | Neue Ausg. Ebend. 7½ sgr. *n.* ‖ Braunschweig, Litolff. 5 sgr. | In »Sämmtl. Orig.-Compos. à 4 m. u. 10 Ouvert.« Ebend. 4°. Zus. 1⅓ thlr. | Spehr. 20 sgr. ‖ Leicht arr. v. Oesterreich: Frankfurt a. M., Fischer. 1 fl. 12 xr. ‖ Hamburg, Böhme. ⅔ thlr. | Cranz. 17½ sgr. ‖ Hannover, Bachmann. 16 ggr. | Nagel. 17½ sgr. ‖ Leipzig, Forberg. ½ thlr. | Peters: Alle 10 Ouvert. W.'s zusam. ½ thlr. | Siegel. ⅔ thlr. | Stoll. 10 ngr. ‖ London, Augener u. C. | Arr. v. Harris: Cramer u. C. 3ˢ. 6ᵈ. | Arr. v. Rimbault: Ebend. 4ˢ. ‖ Mailand, Ricordi. 3 fr. 50 c. ‖ Paris, Lemoine. 6 fr. | Ebenso, Ebend. 7 fr. 50 c. | En »Form. Lemoine«, arr. v. Vilbac. Ebend. 1 fr. 15 c. | Prilipp. 7 fr. 50 c. ‖ Richault. 4 fr. 50 c. | Ebend. 6 fr. | Arr. v. Hummel: Schonenberger. 4 fr. 50 c. ‖ Wolfenbüttel, Hartmann. 14 gr. | Holle. 5 sgr. | ❊ **Für Pfte. zu 2 Hdn.** — Erste Orig.-Ausg., arr. v. Compon.: Wien, Steiner u. C. 45 xr. | Wohlfeile rechtmäss. Orig.-Ausg. Ebend. 50 nxr. = 10 sgr. | Zum Concert-Vortrag arr. v. C. M. v. Bocklet: Ebend. 45 xr. ‖ Neueste Ausg. Berlin, Schlesinger. 5 sgr. *n.* ‖ Transcrite à l'usage des Concerts par Adolphe Henselt, mit W.'s Portr.-Vignette: Ebend. 1 thlr. ‖ Bonn, Simrock. 1½ fr. | Neue Ausg. Ebend. 6¼ sgr. ‖ Braunschweig, Litolff. 2½ sgr. | Alle 10 Ouvert. W.'s. Ebend. 10 sgr. | Spehr 12½ sgr. ‖ Erfurt, Suppus. 12 gr. ‖ Frankfurt a. M., Dunst. 54 xr. ‖ Hamburg, Böhme. 15 sgr. | Leicht arr.: Cranz. 12½ sgr. ‖ Hannover, Bachmann. ⅓ thlr. | Nagel. 12½ sgr. | Langensalza, Schulbuchhandlung. ⅓ thlr. ‖ Leipzig, Forberg. 5 ngr. | Peters: Alle 10 Ouvert. W.'s zus. 12 ngr. | Siegel. ½ thlr. | Stoll. 5 ngr. ‖ London, Augener u. C. ‖ Cramer u. C. 3ˢ. | Arr. v. Hatton. 2ˢ. 6ᵈ. ‖ Mainz, Schott. 40 xr.; jetzt 36 xr. | Leicht arr.: Ebend. 48 xr. ‖ Mannheim, Heckel. 48 xr. ‖ Paris, Lemoine. 5 fr. | Arr. v. Vilbac: Ebend. »Form. Lemoine«. 75 c. *n.* | Schonenberger. 8°. 65 c. *n.* ‖ Prag, Berra. 15 xr. ‖ Wolfenbüttel, Hartmann. ⅓ thlr. | Holle.

$2^1/_2$ sgr. | ※ **Für Pfte. mit Violine ad lib.** — Paris, Brandus u. Dufour, 5 fr. | ※ **Für Pfte. u. Flöte od. Violine.** — Hamburg, Böhme, 11 ggr. | ※ **Für 2 Violinen.** — Wien, Haslinger, 1 fl. ‖ Hannover, Bachmann, 8 ggr. | ※ **Für 4 Flöten.** ※ Ebend. 16 ggr. | ※ **Für 2 Flöten.** — Wien, Haslinger, 1 fl. ‖ Arr. v. Wagner: Bonn, Simrock, 8 ggr. ‖ Braunschweig, Spehr, 8 ggr. ‖ Hamburg, Cranz, 10 sgr. ‖ Hannover, Bachmann, 8 ggr. | Nagel, 8 ggr. ‖ Paris, Richault, 3 fr. 75 c.

C. Arrangements ohne Text. 1) Die vollständige Oper mit Ouvertüre, auch nur eine Anzahl Nummern zusammen. — ※ **Für 11- (auch 9-) stimmige Harmonie: 2 Ob., 2 Clar., 2 Hörn., 2 Fag., Contrafagott mit 2 Tromp. ad lib.** — Wien, Steiner u. C. (Haslinger), 6 fl. | ※ **Als Quartette. 1) Für Streichinstr.** — Wien, Haslinger, 4 fl. ‖ Paris, Richault: 2 Suiten, jede 15 fr. — **2) Für Flöte, Violine, Viola u. Cello.** — Wien, Haslinger, 4 fl. ‖ Paris, Richault: 2 Suiten, jede 12 fr. | ※ **Für Pfte. zu 4 Hdn.** — Wien, Haslinger, 8 fl. ‖ Berlin, Schlesinger (Lienau), $1^2/_3$ thlr. *n.* ‖ Leipzig, Peters, $22^1/_2$ ngr. *n.* | ※ **Für Pfte. zu 2 Hdn.** — Wien, Haslinger, 4 fl. Neue Ausg. Ebend. 1 thlr. ‖ Berlin, Schlesinger (Lienau), 1 thlr. *n.* ‖ Braunschweig, Litolff. 8°. 10 sgr. *n.* ‖ Leipzig, Peters, $^1/_3$ thlr. *n.* ‖ Mainz, Schott, 2 fl. *n.* ‖ Paris, Schonenberger, 5 fr. *n.* | ※ **Für 2 Violinen.** — Wien, Haslinger, 1 fl. 30 xr. | ※ **Für 2 Flöten.** — Wien, Haslinger, 1 fl. 30 xr. — **2) Diverse Nummern einzeln, auch mehrere zusammen, jedoch ohne Ouvertüre.** (Wegen Ueberfülle des Stoffs können die Nummern hier nicht einzeln benannt werden.) — ※ **Für Harmonie-Musik.** — Paris, Richault, Airs: zus. 24 fr. | ※ **Als Septett für Flöte, 2 Clar., 2 Hörn., 2 Fag.** — Mainz, Schott, 3 fl. | ※ **Als Quartett für Harfe, Pfte., mit Flöte (od. Violine) u. Cello ad lib.** — Paris, Schonenberger. Zus. 10 fr. 50 c. | ※ **Für Pfte. zu 4 Hdn.** — Wien, Haslinger. ‖ Braunschweig, Spehr. ‖ Hamburg, Böhme. | Cranz. | ※ **Für Pfte. zu 2 Hdn.** — Wien, Haslinger. ‖ Berlin, Schlesinger. Besonders zu vermerken sind die ausgezeichneten Bearbeitungen von N. 1, 7, 12 u. 13 durch Adolph Henselt. ‖ Bonn, Simrock. ‖ Braunschweig, Meyer. | Spehr. ‖ Cöln, Eck u. C. ‖ Erfurt, Bartholomäus. | Meyer. ‖ Hamburg, Böhme. | Cranz. ‖ Hannover, Bachmann. | Nagel. ‖ Mainz, Schott. ‖ Offenbach a. M., André. ‖ Wolfenbüttel, Hartmann. | ※ **Für Pfte. u. Flöte.** — Arr. v. Jansa: Wien, Haslinger. | ※ **Für 2 Violinen.** — Paris, Richault. | ※ **Für 1 Violine.** — Wien, Haslinger. | Cappi. | ※ **Für 2 Flöten.** — Paris, Richault. | ※ **Für Guit.** — Arr. v. Mertz: Wien, Haslinger. | ※ **Für Orgel zu 4 Hdn.** — Romanze N. 2 in »Hiles' short voluntaries« Book VI. London, Novello u. C. Book 1 s. 3 d. | ※ **Für Physharmonika od. Aeolodikon.** — Wien, Haslinger. | ※ **Für Harmonium.** — Arr. v. Fröhlich: Stuttgart, Zumsteeg.

Anmerkungen. 1). *Characterisirung.* Gleich nach den ersten Aufführungen des »Freischütz« in Wien im Oct. 1821 empfing W. von Barbaja, dem Pächter des damaligen dortigen Kärnthnerthor-Theaters die Aufforderung, für dasselbe eine Oper zu schreiben. W. ging darauf ein, und aus den zahlreichen ihm zur Wahl gestellten Dichtungen griff er die »Euryanthe« heraus. Was ihn dabei leitete, lässt sich deutlich erkennen. Zunächst bot Euryanthe in der That eine Fülle grade derjenigen poetischen Motive, zu deren musikalischer Verkörperung W. sich ganz besonders berufen fühlte. Für den genialen Characterbildner ergab sich die lockende Aufgabe, vier verschiedene, bestimmt gezeichnete Gestalten in lebhaftester, ja leidenschaftlichster Entwicklung durchzuführen und auseinander zu halten; den Ton der Ritterlichkeit, der unleugbar eine hervorragende Seite von W.'s künstlerischer Gefühls- und Ausdrucksweise bildete, hier war Gelegenheit, ihn auf das Wirksamste anzuschlagen, ausklingen zu lassen und die stolzen Hallen einer Königsburg mit dem adligen Klange seiner Chöre zu erfüllen; und dabei rauschte hinter diesen Hallen auch wieder sein alter klang- und sangreicher Freund, der grüne, duftige Wald; und Wald und Burg waren umsponnen von den ätherischen Fäden einer geheimnissvollen Geisterwelt, jener Welt, zu der sich W. allezeit unwiderstehlich hingezogen fühlte. — Die Gesammtwirkung dieser Elemente hätte wohl schon an sich genügt, die Dichtung der Euryanthe für W. reizvoll und fesselnd zu machen; aber bestimmend wirkte bei der Wahl auch wohl der Umstand, dass dieser Stoff eben Gelegenheit bot, die bisher von ihm vorzugsweise innegehaltenen engeren und bescheideneren Kreise des Wald- und Jägerlebens zu vertauschen mit höher greifenden, den grossen Verhältnissen der Scene an einem Königshofe — mit einem Worte, dass er Gelegenheit bot zu einer Oper im grossen Styl. Waren doch in jener exclusiven Minderheit, welche Opposition machte gegen den Freischütz, Stimmen laut geworden, welche diesen letzteren für eben nicht viel mehr, als ein gelungenes Singspiel erklärten, und welche in ihrer kritischen Animosität schliesslich so weit gingen, W.'s Fähigkeit, eine grosse Oper zu schreiben, nicht undeutlich in Zweifel zu ziehen. Dem gegenüber glaubte der Componist des Freischützen, den Beweis führen zu müssen, dass seine Kraft noch über dies »Singspiel« hinausreiche und der grossartigsten Kunstform der Oper gewachsen sei. — Und wie hat W. diesen Beweis geführt? — Durch die vollständigste und charactervollste Ausgestaltung aller einzelnen, ihm in der Dichtung gebotenen Elemente, durch eine an den entscheidenden Punkten hervortretende dramatische Energie, welche kaum übertroffen worden ist. —

Im »Freischütz« war das Dämonische das alles durchdringende Prinzip, in der »Euryanthe« ist es das Vornehm-Edle, das Adlig-Ritterliche. Ueberall klingt dieser Grundton durch: in den zarten, gefühlstiefen lyrischen Gestalten der lichten, wie in den glühend dramatischen Characteren der düstren Seite; er tönt in den grossen Arien Adolar's wie Euryanthens und ihrem Duett; er geht auch in den dunkelsten Parthieen niemals verloren: nicht in Eglantinens grosser Arie und ihrem Duett mit Lysiart, nicht im gewaltigen Finale des zweiten Acts. Die musikalische Literatur besitzt Weniges, das in Bezug auf dramatische Kraft neben dies Finale gestellt werden kann. In ihm, wie schon im letztgenannten Duett, erhebt sich W. zum Gipfel aller seiner Leistungen auf dem Felde grossartiger Characterzeichnung, Formgestaltung und Steigerung der künstlerischen Mittel. — W. hatte sich durch sein ausdauerndes Streben nach dem Höchsten zum Höchsten befähigt, und darum sich auch dazu verpflichtet gefühlt. Er kannte seine Kraft; in der Euryanthe aber entwickelte er sie; mit vollem Bewusstsein stellte er sich eine äusserst schwierige Aufgabe und löste sie — durch Beharrlichkeit. Denn — hatte W. der Gaben auch viele empfangen, so erschuf er sich an geistigem Besitzthum eben soviel, und wenn ihm der Freischütz frei gegeben war — die Euryanthe erwarb er sich; jener kam ihm, diese rief er herbei; der Freischütz erwuchs ihm, Euryanthe erzog er sich; diese zeigt darum mehr bewusst Gestaltetes, jener mehr Gefühltes. In Euryanthe gelangt W. zur Selbstvollendung; ohne sie ist er eben so wenig zu denken, als ohne den Freischütz; wohl eher dürfte den Oberon fehlen. In der Euryanthe erhebt sich seine künstlerische Individualität zur höchsten Meisterschaft. So wird man denn auch vorzugsweise bei dem »Freischütz« des Hörens, bei »Euryanthe« des Studirens nicht müde; denn jener ist eben so schön als tief, diese eben so tief als schön; beide erscheinen als Kunstwerke von gleichem Gewicht, nur jedes mit einem verschiedenen Schwerpunkte. — Leider sind die Dichterwerke, welche ihnen zum Grunde liegen, durchaus nicht von gleichem Werthe, und dies entschied den Erfolg der Opern in der Welt. Bei dem Mancherlei, was gegen die Dichtung des Freischütz gesagt worden ist und gesagt werden kann, bleibt sie doch folgerichtig, klar und rund in sich; das Gedicht der Euryanthe, bei Allem, was es für musikalische Benutzung Günstiges und Anlockendes gab, bleibt unzusammenhangend, unklar, unsymmetrisch. Diese Mängel konnte auch die grösste musikalische Meisterschaft nicht unbedingt bezwingen, denn selbst die gewaltigste Aeusserung dramatischer Kraft hilft nicht fort über den Mangel an dramatischer Logik. Dieser drängt sich bei jeder Darstellung unerbittlich auf und stört den Eindruck. Für den musikalischen Kenner dagegen bleibt die Composition ein Werk von unerschöpflicher Wahrheit, Innigkeit, Pracht und Tiefe. Wenn der Freischütz unvergänglich fortleben wird im Herzen des Volks, wird Euryanthe in gleicher Weise fortwirken in der That der Künstler. (Vergl. Anm. d. Berlin: Schluss.)

b. *Zur Geschichte des Textes der Oper.* Der Stoff der Oper stammt aus einer alt-französischen Erzählung des 13. Jahrhunderts, handschriftlich in der Staats-Bibliothek zu Paris, betitelt: »Histoire de Gérard de Nevers et de la belle et vertueuse Euryant de Savoye, sa mie«. Schon Boccaccio benutzte sie zu einer Novelle, wie Shakespeare zu seinem Drama »Cymbeline«; später gab sie Graf Tressan in seiner »Bibliothèque de Romans« französisch, jedoch sehr entstellt heraus. Helmina von Chezy übertrug die alte Erzählung getreu dem Urtexte und veröffentlichte sie solchergestalt im 2. Bande der von Fr. Schlegel herausgegebenen »Sammlung romantischer Dichtungen des Mittelalters«, Leipzig bei Junius 1804 als »Geschichte der tugendsamen Euryanthe«. 1823 liess die Uebersetzerin sie nochmals drucken, jedoch gekürzt und in grüder Abschwächung ihres ursprünglichen Inhalts. Nach der W. gewordenen Aufforderung, für Wien eine Oper zu schreiben, theilte ihm Frau v. Chezy unter mehreren andern auch den Stoff der Euryanthe mit, wonach W. sich für diesen entschied, unbezweifelt auf Grund jener unter Anm. a. dargelegten, seiner eigenthümlichen Begabung in so vielen Punkten entgegenkommenden Eigenschaften. Diese Vorzüge nahmen W. dergestalt für sich ein, dass er nicht nur übersah, wie es dem Stoff an eigentlicher, aus dem Character der Personen folgender Handlung mangele und die Entwicklung sich aus zufälligen Ereignissen zusammensetze, sondern auch, dass besonders ein Umstand der Benutzung dieses Stoffes zu einer Oper fast unübersteigliche Hindernisse in den Weg legen musste. In der ursprünglichen Fabel wird nemlich der Beweis der Schuld Euryanthens dadurch begründet, dass Gundrieth, ihre »Hofmeisterin«, dem Grafen Lysiart Gelegenheit giebt, Euryanthen im Bade zu belauschen und sich dabei zu überzeugen, diese trage unter ihrer rechten Brust ein »Maal in Form und Farbe eines Veilchens«. Ein solcher Angelpunkt der Handlung ist nun aber auf der modernen Bühne nicht darstellbar, ja nicht einmal erzählbar. Er musste ersetzt werden, und dies geschah in sehr wenig geschickter Art durch das bei allen Aufführungen stets unverständlich bleibende Geheimniss vom Ringe und durch das beharrliche und durchaus unbegründete Schweigen der beschuldigten Euryanthe. Jener zarte Punkt der Original-Fabel freilich vertrug keine öffentliche Erörterung, und Euryanthe konnte und musste schweigen; was aber hindert sie in der Oper, dem Adolar und dem ganzen Hofe gegenüber auszusprechen, Eglantine habe sie verlockt, das Geheimniss des Ringes dieser, ihrer vermeintlichen Freundin, anzuvertrauen? — So grosse Unzuträglichkeiten entgingen denn auch schliesslich weder W. noch seinen Freunden. — Um den zusammenhaltenden Gedanken, welcher an den geheimnissvollen Ring anknüpft und dessen Träger die Gestalten Emma's und Udo's sind, stärker hervortreten und zum sinnlichen Bewusstsein des Publicums gelangen zu lassen, fasste er sofort die Idee, (s. auch Gottfr. Weber's Caecilia Bd. 7 p. 11) in der »Mitte der Ouvertüre die Scene zu öffnen« und einen »Pantomimischen Prolog« zu geben, welchen zwei der vorhandenen Umarbeitungen folgendermaassen characterisiren: »Schauplatz: Das Innere von Emma's Gruftgewölbe; ihre Bildsäule knieend neben ihrem Sarge, über den sich ein Baldachin im Stile des zwölften Jahrhunderts erhebt. Euryanthe betend am Sarge. Emma's Geist schwebt flehend vorüber. Eglantine belauscht das Ganze«. Dieser bildlichen Episode während des Largo der Ouvertüre hatte dann, nach L. Rellstab's damals hinzutretendem Vorschlag, im 3. Acte, unmittelbar vor dem Schlusse der Oper, Emma's und Udo's nun versöhnende Erscheinung zu entsprechen, welche bei der schönen Gesangstelle Adolar's »Ich ahne Emma« (die wie manche andere auch in Worten von W. herrührt) stattfinden und abermals den Zusammenhang der Ereignisse mit der hinter ihnen wirkenden Geisterwelt zur Anschauung bringen sollte. Beides wäre gewiss von günstiger Wirkung gewesen, unterblieb aber anfänglich aus Abneigung des Dichterin und des wiener Regisseurs gegen decorative Effectmittel; nur einige Bühnen (z. B. Berlin in den 30er Jahren und Dessau) benutzten später diese Anordnung mit Erfolg. Freilich konnte sie immerhin den Gang der Handlung nur verdeutlichen, zu einer vollständigen Begründung derselben war auch jenes Mittel unzureichend. Schon Tieck rieth deshalb ernstlich zur Beibehaltung der alten Fabel und verwies dabei auf Shakespeare's Cymbeline. Er wie Carl Förster (der Uebersetzer des Petrarca, in Dresden) lehnten jedoch eine directe Betheiligung an der Umgestaltung des Textes der Euryanthe ab. Letzterer schreibt darüber am 2. Febr. 1823: »Nachmittags brachte Freund Weber die Oper Euryanthe von der Chezy, mit deren Composition er beschäftigt ist. Er bat mich, den 3. Act und vor Allem den Schluss zu ändern. Er las mir das Ganze in seiner jetzigen Gestalt (die arme Chezy hat den Text neunmal verändert) vor. Die ersten Acte sind vortrefflich, voll schöner Stellen, kräftiger Lieder und vieler Characteristik. Der letzte Act jedoch bedarf der Nachhülfe, und W. hat Manches selbst mit geschickter Hand anders geordnet und verbessert. Es war ein grosser Genuss, ihn nach der Lesung so einsichtsvoll über das Stück sprechen zu hören und über die Arbeit des Componisten, die Weise, wie er dabei verführt etc.« — Die Arbeiten der Chezy und W.'s am Text gingen in Folge von Tieck's und Förster's Ablehnung unablässig fort und die Zahl der Umarbeitungen stieg zuletzt auf elf. (S. H. v. Chezy's Aufsatz in N. 131 von Bäuerle's Theaterzeitung. 1823, Wien.) Drei derselben besitze ich, eine ist Autograph der Dichterin; alle weisen mannigfache Aenderungen von W.'s Hand auf. Die Scene vom Hochzeitsmarsch, Act III, bis zum Schluss der Oper scheint hauptsächlich ihm ihre Gestalt zu verdanken. Zwei sehr ähnliche Entwürfe dieser Scene in W.'s Autograph, deren einen ich ebenfalls besitze, sind mit dem componirten Texte fast gleichlautend. — Das Buch der Oper erschien 1824 zu Wien bei Wallishausser. Es hat bei allen seinen Mängeln, neben jenen für W. speziell günstigen Seiten des Stoffs, eine an vielen Stellen anerkennenswerthe, eben so innige wie kräftige, für musikalische Benutzung oft sehr dankbare Diction. W. hatte seiner Zeit nicht unterlassen, die Dichterin zu möglichster Mannigfaltigkeit der Formgestaltung ihrer Verse anzuregen, indem er ihr schrieb: »Wenn es an das Ausarbeiten des Textes geht, machen Sie mir in Gottes Nahmen das Leben mit schwierigen Versmaassen, unerwarteten Rythmen etc. recht sauer, das zwingt die Gedanken auf neue

»Wege und lockt sie aus ihren Schlupfwinkeln heraus«. Sie hat nicht ermangelt, seiner Aufforderung Folge zu leisten und bei vielem dankbar zu Behandelnden ihm auch vieles Spröde und Ungelenke hingestellt. Was den Text von Euryanthens Cavatine N. 5 »Glöcklein im Thale« anlangt, so hatte sie diesen schon 1812 in ihren Gedichten »der Enkelin der Karschin« (Bd. 1 p. 36, Aschaffenburg) als »Abenddämmerung: Glöckchen im Thale« erscheinen lassen. (s. Hoffmann v. Fallersleben: »Unsre volksthümlichen Lieder« N. 381 p. 60.) Diese erste Fassung des Gedichts wurde bereits früher von einem mir Unbekannten in Musik gesetzt. — Schliesslich sei hier noch auf einen Aufsatz über den Text der Euryanthe von St. Schütze in Gottfr. Weber's Caecilia, Bd. 2, p. 42 aufmerksam gemacht. S. auch Max M. v. Weber's »Lebensbild« W.'s II, p. 355 bis 363, 371 bis 380.

　　c. *Zur Geschichte der Composition der Oper.* **1.)** Am 15. Dez. 1821 erhält W. von der Dichterin den 1. Act der Oper, am folgenden 31. Janr. eine Umarbeitung desselben, am 6. Febr. den Abschluss des Textes in erster Gestalt. Am 11. reist er nach Wien, um seine dortige Sängerpersonal für seine neue Oper kennen zu lernen. Unbezweifelt beschäftigt ihn auf der Reise, wie in Wien selbst, die Conception derselben im Allgemeinen. Am 17. Mai beginnt er in Hosterwitz die Composition mit dem Entwurfe der As dur-Arie Adolar's und setzt sie ziemlich ununterbrochen daselbst fort bis Ende Augusts. Hier tritt eine Pause ein, zunächst veranlasst durch Composition zweier Fest-Cantaten für den K. Sächs. Hof (einer grösseren, **289**, und einer kleineren, **290**). Mitte Januars 1823 nimmt er die Arbeit an Euryanthe wieder auf und vollendet sie, excl. der Ouvertüre, am 29. Aug. 1823 zu Klein-Hosterwitz im Hause des Winzers Felsner, seinem geliebten Sommeraufenthalte nahe bei Pillnitz; erst in Wien, ganz kurz vor der Aufführung der Oper am 25. Oct., vollendet er am 19. die Ouvertüre. In Berlin schreibt er 2 Jahre später am 18. Dez. 1825 noch einen Pas de cinq zu den am 25. dort beginnenden Aufführungen. Diese Daten zeigen W.'s Thätigkeit an Euryanthe im grossen Ganzen; es ergeben sich daraus für die Composition dieses mächtigen Werkes, excl. Ouvertüre, **elf Monate**, von denen 43 Tage an seine **Instrumentirung** gesetzt wurden; wiederum Zahlen, die zu grösstem Erstaunen auffordern gegenüber dem Umfange der Arbeit und der W. dafür knapp zugemessenen Musse in seinen Zeit und Sammlung raubenden Dienstgeschäften neben wiederholt auftretenden Kränkeln. Von den in W.'s Tagebüchern enthaltenen speziellen *Compositions-Daten* seien nur die hauptsächlichen hier genannt; es sind: 1822. Hosterwitz, 17. Mai »Aria Adolar As dur »entworfen«. 20. »Arie in As. Adagio notirt und somit die ganze Arie vollendet »entworfen«. 26. »Pfingst-Sonntag. Duett: Eglantine-Lysiart H dur ganz entworfen«. 14. Juni: »Introd. Recit. u. Ensemble in Es dur entworfen«. 21. »No. 1—6 vollendet entworfen«. 26. »Gearb. Vision, Recit. H dur«. 27. »Duett a dur entworfen«. 5. Aug.: »Idee zu der Arie der Euryanthe im 3ten Act: »Zu ihm!« gefasst«. Dresden, 24. Oct.: »Arie E dur der Eglantine entworfen«. 26. »Cavatine C dur »Glöcklein im Thale entworfen«. 1823. Dresden, 1. Febr.: »Gearb. Finale. »2ter Act«. 25. »Schluss des Finales F moll geschrieben«. 7. März: »Arie Lysiart »gearb.« 12. »Abends gearb. Anfang des 2ten Acts etc.« 20. »den 3ten Act redigirt. »Idee zum Jagdchor«. 22. »Idee: Duett Adol. Eury.« 28. »Mailied gemacht«. 9. April: »gearb. Ensemble D♯ Trozze nicht«. 3. Mai: »Ersten Akt vollendet ent-»worfen«. Hosterwitz, 15. Mai: »Introd. bis zur Cavatine in C vollendet«. 17. »Ca-»vatine C dur vollendet«. 25. Sonntag. »um 10 Uhr in die Kirche. Frau v. Chezy »nebst — — « (Söhnen) »Mittag da. Trozdem 11 Seiten instrum. und somit den Ersten »Act vollendet. id est in 12 Tagen instrumentirt. o Hosterwitz! O Ruhe!« 28. »Ideen. »Schirmende Engelschaar«. 6. Juli: »Duett a moll ganz entworfen«. 17. »2. Act »gänzlich beendigt«. 8. Aug.: »Finale des 3. Actes beendiget und somit die ganze »Oper entworfen excl: Ouv: Soli Deo Gloria!« 29. Aug.: »8 Seiten instr. und somit »Abends 6 Uhr die Oper Euryanthe beendiget, exclusive der Ouverture. Gott »gebe seinen Seegen, denn alles kommt ja doch nur von ihm!!!« 1. Sept.: »gearb. »Ouverture«. Wien. 6. Oct.: »Abends gearb. Ouverture«. 13. u. 14. »gearb. Ouver-»ture«. 15. »Ouverture beendigt im Entwurf«. 19. Oct.: »Ouverture beendiget. Soli »Deo Gloria«. 1825. Berlin, 17. Dez.: »Balletstück Pas de 5 entworfen«. 18. »Balletstück beendiget«. — Die Instrumentirung der Oper beginnt W. inzwischen am 1. Apr. 1823; von den 324 Seiten derselben (excl. Ouvertüre, Pas de cinq und Kürzungen — vergl. Autogr. der Partitur) schreibt er die letzte am 29. Aug., womit er sie vollendet. Vom 16 bis 19. Oct. vollzieht er in Wien die Instrumentirung der Ouvertüre und schliesst damit das ganze Werk. Während der Composition der Ouvertüre und noch einige Tage nachher beschäftigt ihn die Abfassung des Clavier-Auszuges 11 Tage, zwischen dem 1. September u. 23. October. (Ueber diesen s. Gottfr. Weber's Caecilia Bd. 3 p. 49.) — *2.)* In Rückblick auf so ausserordentliche Arbeitsfähigkeit, wie sie aus der Kürze der Zeit zum Schaffen eines so grossen Werkes spricht, ist die Weise, in welcher sich dies vollzog, *die Arbeitsform*, bemerkenswerth. Nach Mittheilungen von W.'s Wittwe an mich schuf er still und rastlos innerlich fort, wenig nur im Zimmer, hauptsächlich auf Morgenspaziergängen um Dresden oder auf der Brühl'schen Terrasse daselbst, am liebsten im schönen Keppgrunde bei Hosterwitz. Die Worte zur Gesangscomposition trug W. in solchem Falle jederzeit bei sich; den Text der Euryanthe hatte er sich dazu in kleinster Schrift eigenhändig copirt; dies sein vollständiges Manuscript der beiden ersten Acte (in meinem Besitze) füllt nur 8 sehr kleine Octav-Seiten, auf denen die Folge der Tonarten noch verzeichnet steht. Erst wenn das zu Componirende vor dem innern Auge feste Form gewonnen hatte, erst dann schritt er zur Notirung des Entwurfs, der jedoch stets in allerknappster Form gehalten war. (Vergl. Autogr. der Entwürfe.) Nach diesem Entwurfe, ohne jede weitere Vorarbeit, instrumentirte später der Meister mit jener bewunderungswürdigen Schnelle und Sicherheit, die seine Wittwe mir gegenüber wiederholt mit dem »Schreiben eines Briefes« verglichen hat. So stehn wir also beispielsweise nicht mehr so befremdet vor der uns durch sein Tagebuch aufbewahrten Mittheilung, dass der erste Act einer solchen Partitur in 12 Tagen instrumentale Gestalt gewann. Einer solchen! Hatte W. schon im Freischütz eine orchestrale Neuschöpfung von staunenerregender Wirkung dargeboten, bei Euryanthe griff er noch tiefer. Seine Instrumentirung prägt sich hier in einer Feinheit aus, wie weder vor noch nach dieser Oper. Abgesehn, dass dies im Allgemeinen von derselben gilt, so finden sich doch die Resultate seiner bewunderungswürdigen Bekanntschaft mit der Technik und Characteristik der einzelnen Instrumente zu so geistreicher Anwendung darin ausgebeutet, dass der mit den Mitteln auch dieses Kunstzweiges wirkende Seelenmaler dies sein Werk in das schärfste Licht stellt. A. B. Marx hat in seiner »Compositions-Lehre« Bd. 4 an einzelnen Beispielen mit grosser Feinfühligkeit seine Beobachtungen hierüber dargelegt. Es sind daraus besonders hervorzuheben die über den Hochzeitsmarsch p. 557, Adolar's zweite Arie p. 549, Euryanthens Erzählung vom Ringe p. 572 u. die Entrade des Finale I, p. 512; es sei deshalb hier noch besonders darauf aufmerksam gemacht. — *3.)* Bei Composition der Oper *Benutztes.* Dass bei so ausserordentlichem Schaffens-Reichthum und solcher Leichtigkeit der Herstellung der letzten schriftlichen Ausdrucks W. auch bei Euryanthe zu einigen seiner früheren Arbeiten zurückgriff, kann hier aufs Neue als Beweis gelten, wie dies nicht etwa aus einer gewissen Bedürftigkeit seinerseits hervorging, sondern dass er eine glückliche Uebersicht behielt über Alles, was er einmal geschrieben hatte und was in der ursprünglichen Gestalt nicht zur Veröffentlichung, wohl aber für andere Fälle geeignet war, um ihm, oft in glänzendster Weise, dienstbar zu werden. Für Euryanthe fand dies statt mit der letzten Nummer (8) der 1821 für die Herzogin von Zweibrücken geschriebenen Cantate **283**. Diesen darin für Solo und Chor mit Pfte. und Flöte geschriebenen Satz legte er in das überraschend dazu geeignete 1. Finale unsrer Oper, worin derselbe einen der reizendsten Lichtblicke bildet und als solcher sich vorzugsweise die Gunst des grossen musikalischen Publikums erwarb. Wer wäre auch nicht gefesselt und zugleich freudig bewegt worden von jenem schwungvoll heitern Motiv »Fröhliche Klänge« dieses Finales und dessen hinreissender Cabaletta Euryanthens »Sehnend Verlangen«? Fast unverändert und mit fast gleichen Worten findet es sich in jener Cantate vor. — Ausserdem hat W. zu dem 3. u. 4. Theil des Ritornells (Ballets) und dem Satze Tact 33 bis 64 des Anfangschors dieses Finales den 3. u. 4. Theil des Marsches **288** aus dem Jahre 1822 verwendet, wie er ferner zu dem 1825 in Berlin zu Euryanthe nachcomponirten Pas de cinq, zum 1. Theile von dessen Presto und zu dessen Schlusssatz (den Tacten 1 bis 28, 69 bis 84) ebenfalls benutzte die beiden ersten Theile der N. 6 seiner Musik zu E. Gehe's Trauerspiel Heinrich IV. **237** aus dem Jahre 1818. Auch die 4 Anfangstacte des 2. Theiles des Andantes eben dieses Pas de cinq finden

sich , jedoch aus dem $^3/_1$- in den $^2/_1$-Tact umgeschmolzen, vor : in dem Andante II von
N. 4 der Festcantate »L'Accoglienza« (221) und im Andante II von W.'s Recitativen zu
Spontini's »Olimpia« (305). — 4.) Hier sind nun noch die nach der ersten wiener Aufführ-
rung, wie die zum Behufe der spätern dresdener, von W. vorgenommenen *Kürzungen* der
Oper zu besprechen. Wenn zugestanden werden muss, dass die ursprüngliche Länge der
Oper eine allerdings nicht unbedeutende ist , so tritt sie darin gegen andre , namentlich
neuere , immerhin zurück; doch steht fest , dass es vortheilhaft für das Werk gewesen
sein würde, wäre das Gedicht hie und da kürzer gefasst worden. Die sämmtlichen Kürzungen aber , die W. nach der ersten Aufführung der Oper , darin vornahm , (die durch
andre Theater , ohne ihn , ausserdem noch vorgenommenen zählen hiebei nicht) heben
nicht den Uebelstand , und es sind ihrer noch zu wenig der gerügten Zeitdauer des Ganzen gegenüber , da sie zusammen kaum eine Viertelstunde Musik betreffen; durch sie
wurde die schon undeutliche Fabel nur noch unfasslicher, manche Verbindung zerrissen,
manches Musikstück lückenhaft. — W. musste in Hinsicht auf sein wiener Publicum
sich entschliessen , »zum Messer zu greifen«, wie er sagt, so sehr es innerlich ihm auch
widerstrebte. Wenn er sich in Briefen an die Gattin , Lichtenstein, den Grafen Brühl
damit einverstanden zu erklären scheint , so s c h e i n t dies eben nur so, und konnte nur
äusserlich sein. W. war ein viel zu folgerichtiger Bildner , als dass er so leicht und so
bald für besser anerkannt hätte, was den Zusammenhang seiner ersten Arbeit oft empfind-
lich verletzen musste. Der stets besorgten Gattin gegenüber giebt er sich zwar als einverstanden damit; aber im Brief vom 28. Janr. 1824 an Graf B r ü h l , den Intendanten
der berliner Hofbühne, der ihn aufforderte, nach den wiener Aufführungen nochmals zu
kürzen, liest man deutlich seine eigentliche Meinung. Hier heisst es : —— Der Klavier-
»Auszug ist« (nach den Kürzungen in Wien) »unangetastet geblieben und hier« (in Dresden) »habe ich später noch die Vision der Euryanthe sehr zusammengedrängt. Im 3. Act
»ist ebenfalls ein Recitativ der Euryanthe weggefallen; es wäre also nur noch möglich,
»die 1te Scene des 3ten Acts zwischen Euryanthe und Adolar zusammen zu drängen.
»Dies will ich versuchen. S o n s t etwas »streichen zu wollen, hiesse den Don Carlos aus
»dem Don Carlos streichen, und Mad. Seidler« (Euryanthe) »würde sich selbst alle Glanz-
»punkte rauben. In einem so organisch verbundenen Ganzen , wie eine grosse Oper ist,
»gehört es überhaupt zu den Schwierigsten, etwas herauszunehmen, wenn der Componist
»von Haus aus über sein Werk gedacht hat, etc.« — In dem »unangetastet«, dem »sehr
»zusammengedrängt«, dem »möglich« verräth sich schon merkbar das Widerstreben, womit
jene Kürzungen von ihm vorgenommen wurden ; aus dem Vergleich mit dem Don Carlos
spricht es unverkennbar. —— Die vortreffliche Ausgabe der bei Schlesinger (Lienau) in
Berlin 1868 durch Prof. E. R u d o r f f herausgegebenen Partitur giebt die Oper in ihrer
vollständigen und ursprünglichen Gestalt. Aber auch die W.'schen Kürzungen sind theils
in der A n z e i g e des in N. 17 ganz Ausfallenden , theils in den 5 Abtheilungen *a* bis *e*
des A n h a n g e s 1 besonders gegeben; dieser bezieht sich : auf die Schluss-Recitative
von N. 5 u. 6 und auf N. 12, 15 u. 16. Zufolge dieser Kürzungen treten in N. 5:
3 Tacte für 15 derselben ein, in N. 6: 15 für 22, in N. 12: 3 für 11, in N. 15: 44 für
122, in N. 16: 3 für 15; mit den in N. 17 ausfallenden 22 beträgt die Summe aller
W.'schen Kürzungen 172 Tacte. Sie wurden von W. ausgeführt theils nach der ersten
wiener Aufführung am 25. Oct. 1823, theils im Janr. 1824 vor der ersten dresdener am
31. März. — Leider hat man aber später auf verschiedenen Bühnen noch allerlei a n d r e
(nicht von W. ausgegangene) K ü r z u n g e n für nöthig befunden, die theilweis bis zum
heutigen Tage fortbestehn und ungehörig erscheinen müssen, und von denen ich als
Ohrenzeuge (an verschiedenen Orten und zu verschiedenen Zeiten) berichte. S i e
b e t r e f f e n: Die Weglassung von Eglantinens kleiner Arie N. 6; die tiefeinschnei-
dende Streichung des herrlichen Satzes »Lass mich empor zum Lichte wallen« bis
»Verleih mein Recht mir« im 2. Finale: die des mächtigen Chors N. 22 »Vernichte
kühne«, sogar incl. der den Chor einleitenden letzten 16 Sechszehntel der 22, die
dem Ausrufe Adolar's »Allwaltender, wo ist dein Blitz?« so prächtig einschlagend folgen ; ferner die Ausscheidung eines grossen Theils des Mittelsatzes einer der Haupt-
nummern der Oper, des Chors N. 21 »Trotze nicht«, und schliesslich die Streichung fast
des ganzen Mittelsatzes des Schlusschors. — Aber hiemit ist das Maass der Kürzungen
noch nicht gefüllt. Das Unglaublichste geschah in denen, die C o n r. K r e u t z e r, damals

Kapellmeister in Wien, über das Werk verhängte. Er war es, der durch Streichung aus demselben die Stelle in Lysiart's Arie N. 10 »Was soll mir« bis »Entflieh!« wie die schöne Introduction zu Adolar's Arie, von Tact 6 an, entfernte, der, bei Transponirung der Introduction dritten Acts N. 15 nach C moll, die letzten 22 Tacte derselben herausschnitt, incl. Euryanthens Recitativ bis Adolar's Eintritt bei »Hier ist der Ort«, ferner das ganze folgende Duett »Du klagst mich an«, ferner den 5. bis 10. Tact vor Euryanthens Cavatine N. 17 »Hier dicht am Quell« wie gleichfalls den ergreifenden Satz Adolar's im 3. Finale von »Nein! gebt ihn frei!« bis zum Eintritt des Jagdchors hinter der Scene, und ebenfalls Kreutzer war es, der dem Werk eins seiner blitzendsten Juwele entriss: die ganze N. 8, Eglantinens grosse Scene und Arie »Bethörte«, — in Summa 352 Tacte, also über noch ein Mal so viel, als das, was schon W. strich, mit diesem zusammengenommen fast ein A c h t e l der Oper. Das heisst, mit W. gesprochen, freilich thatsächlich »den Carlos aus dem Carlos streichen«, und das geschah mit seinem grossartigsten Werke, mit einem der edelsten Werke deutscher Kunst d u r c h einen d e u t s c h e n Componisten. Obige Mittheilungen gründen sich auf Notizen von W.'s Hand in einem Clavier-Auszuge der Oper im Besitze von Frau J. Brauer in Dresden, von W. überschriebn: » Dieser Clavierauszug enthält die treue »Darstellung der vortrefflichen Wiener Beschneidung durch die Einsicht des Herrn »Kapellmeister Conradin Kreutzer. C. M. v. Weber«. — Dies von W. eigenhändig abgegebene Urtheil über Kreutzer's Streichungen stimmt freilich nicht mit d e m, was der Letztere in einem Briefe an Schindler (in dessen »Beethoven in Paris«) betreffs seiner, Kreutzer's, Kürzungen der Euryanthe sagt, wonach W. später dieselben »adoptirt« habe. Die Partituren der Bühnen von Dresden und Berlin zeigen eben so wie eine mir von W.'s Wittwe aus dessen Nachlasse geschenkte und zum Versandt an andre Theater bestimmte Partitur einzig nur die von W. selbst in Wien und Dresden vollzogenen Kürzungen. Die Kürzungen K r e u t z e r' s, die W. ausdrücklich und eigenhändig mit schneidendem Spotte als eine » vortreffliche Beschneidung« stempelte, diese kann er wohl unmöglich in Dresden benutzt und in die Welt umhergeschickt haben; es ist dies nicht anzunehmen, selbst wenn diese Behauptung sich in einem a n d e r n Werke als S c h i n d l e r' s Buche vorfände, der so viel Feindseliges und Unrichtiges über W. auszusprechen stets beflissen war. Das Wahre an der Sache ist: Kreutzer hatte seine Kürzungen allerdings an W. gesendet, W. aber diese keineswegs »in Dresden und an andern Theatern zur Aufführung gebracht«, mit welchen Worten Kreutzer dies an Schindler schreibt. (s. Schindler's »Beethoven in Paris«, Münster, Aschendorff. 1. Aufl. 1840. p. 107.) — Vergl. schliesslich 306 Anm. d. Hamburg. — 5.) Die *Ouvertüre*, (welche, nach J. v. Benedict's Mittheilung, W. seinen übrigen Ouvertüren, wie die Euryanthe überhaupt allen seinen früheren und spätern Werken, vorzog) wenn sie sich auch, wie W.'s andre Opern-Ouvertüren, wieder auf Motive aus dem musikalischen Gesammt-Inhalte des Werks stützt, schöpft diesmal doch weit weniger als sonst aus dem Melodieenquell des Ganzen. Nur das Motiv der Arie Adolar's auf »O Seligkeit« wird zum zweiten Hauptthema in der Dominante und kehrt entsprechend zum Schluss in der Tonica wieder, und die nach der Staetigen glänzenden Eingangsfigur der Ouvertüre im neunten Tact eintretende Gesangsstelle Adolar's »Ich bau' auf Gott« wird allein an diesem Orte vollständig gebracht, später nicht wieder; nur das Motiv des ersten Tacts davon wird später, obwohl umgekehrt, zum Anfangstact des Themas des Fugato; ausserdem enthält das dem Fugato vorausgehende Largo das Wesentlichste des Recitativs zum Schluss von N. 6 »Die ihr der Liebe Thränen«, jener Geschichte von »Emma's Ringe«. — Nach J. v. B e n e d i c t' s Mittheilungen (s. Max M. v. Weber's »Lebensbild« W.'s II, 160. 513) wäre dies Largo anfänglich von W. nicht für die Ouvertüre intendirt gewesen; erst als die bildliche Episode während derselben (s. oben Anm. b. zur Gesch. des Textes, Mitte) für die ersten wiener Aufführungen vorläufig angenommen worden wäre, sei W. — das mir vorliegende Manuscript v. Benedict's sagt »noch vor der General-Probe« — zur Composition dieses Largo für die Ouvertüre geschritten, welches auch derselben verblieben wäre, nachdem die Aufnahme jener Episode wieder fallen gelassen worden; ursprünglich sei die Ouvertüre »nur ein feuriges Allegro in einem Tempo in der Art der zum Beherrscher der Geister« gewesen. Dem gegenüber musste es befremden, dass A.) Herr Dr. Leop. v. S o n n l e i t h n e r in Wien auf meine Anfrage mich benachrichtigte, die alten Orchester-Stimmen der wiener Oper von 1823 enthielten durchaus nichts von einer solchen Aenderung, welche sie doch hätten enthalten müssen, namentlich, wenn

erst bei der General-Probe dieselbe vorgenommen worden, B.) dass der Original-Entwurf
der Ouvertüre in meinem Besitze keine andre Gestalt zeigt, als die der gedruckten Ausgaben; denn nur an zwei Stellen giebt er verworfene Lesarten: α) jene bei Beschreibung
des Autographs der Entwürfe schon erwähnten 24 Tacte bald nach dem Anfang und β)
4 Tacte, die das Thema des Fugato bei seinem ersten Eintritt umgekehrt gegen seine
spätere Gestalt im Stich zeigen; diese beiden einzigen Aenderungen des Entwurfs
stehen aber in gar keiner Beziehung zum Largo. — In gleicher Weise musste es befremden, dass nach v. Benedict's Mittheilung (Max v. Weber's »Lebensbild« W.'s II, 460)
W. den Schluss des zweiten Finales »Du gleissend Bild« dreimal umgearbeitet habe, da
sich im erwähnten Autograph der »Entwürfe zu Euryanthe« dieser sich einzig nur in der
bekannten gedruckten Form vorfindet. — Auf meine an Herrn v. Benedict in London gerichtete Anfrage, ist mir von demselben erwidert, dass seinen Mittheilungen an
Frhrn. Max v. Weber von 1861 über das vermeintliche Einfügen des Largo in die Ouvertüre zur Zeit der Niederschrift derselben in Wien (und namentlich vor der Generalprobe)
vielleicht eine irrige Ansicht zu Grunde liegen möge, hervorgerufen durch nahezu dreissig
verflossene Jahre seit W.'s erster Beschäftigung mit Euryanthe. Den Ausspruch aber hält
Hr. v. B. aufrecht, dass in jener Zeit von dieser Ouvertüre eine ihm mitgetheilte Idee W.'s
in Form eines ursprünglich durchgehenden Allegro-Satzes bestanden habe, so wie eine,
wenn auch wohl nicht schriftlich ausgeführte, doch in der Idee mehrfach umgewandelte
Form des Schlusssatzes des zweiten Finales. — J. v. Benedict's Mittheilungen betreffen
also unfehlbar eine Zeit der innern Arbeit W.'s an diesem Werke, ehe er derselben
einen schriftlichen Ausdruck gegeben hatte. — G.) An Leitmotiven (s. Einleitung p. 2)
sind in Euryanthe folgende zu nennen: In N. 4. Con fuoco, Tact 1 bis 19: zu N. 14,
Finale II Allegro ₵, Tact 16 bis 31. — In N. 5. Recit. Moderato assai T. 1 bis 3
(auch 5, 8, 30): zu N. 6, Recit. Allo. T. 1 bis 3; zu N. 8, Allo. T. 2 bis 4, 7, 9, 12 bis
17, 15, 18; Allo. fiero, T. 9 bis 10, 13 bis 22; zu N. 14, Finale II, Allo. T. 46 bis
17, 50 bis 51; zu N. 19, T. 17 bis 19. — In N. 6. Largo, T. 1 u. ff.: zu Finale III,
erstes Largo, T. 1 u. ff., zweites Largo, T. 1 u. ff. — In N. 13. Einleitung vom Duett,
Allo.: zu Fin. III, Allo., nach dem Jägerchor; ferner in N. 13. Allo. animato, T. 1
bis 4: zu N. 5, Poco più moto T. 1 bis 4, in tempo T. 1 bis 4; ferner in N. 13, Allo.
anim. T. 26 bis 29: zu Fin. III, Anim. T. 9 bis 12; ferner in N. 13, T. 77 bis 82:
zu Fin. III anim. T. 19 bis 24. — In N. 18, Jägerchor, T. 17 bis 18 (19 bis 20; auch
schon in N. 17 im Allo. mod. T. 1, 4, 13): zu Fin. III, Jägerchor T. 3, 5. (Im Ganzen
8 Leitmotive.)

d. *Aufführungen.* Singende Personen der Oper sind: 1. Euryanthe, 2.
Eglantine, 3. Bertha: Soprane; 4. Adolar, 5. Rudolph: Tenore; 6. Lysiart, 7. König
Ludwig: Bässe, nebst Chor: Sopr., Alt, 2 Tenore u. 2 Bässe. Die Erste aller Auf-
führungen fand statt am 25. Oct. 1825 zu **Wien**, auf dem dortigen Kärnthnerthor-Hof-
Operntheater. Bei derselben wurden gesungen: 1, 2, 3 von Mlle. Henriette Sontag, Mad.
Therese Grünbaum, geb. Müller, Wenzel Müller's Tochter, u. Mlle. Teimer; 4, 5 von
den Herren Haizinger u. Rauscher; 6, 7 von den Herren Forti u. Seipelt. — Schon
Anfangs des Jahres 1822, als W. den Freischütz in Wien mit einem den berliner noch
überbietenden Erfolg, zum Benefiz der Schröder-Devrient als Agathe am 11. März neu
einstudirt, aufführte, ruft er in seinem Tagebuche aus: »ich zittre vor der Zukunft!«
und am 18. April äussert er brieflich an **Lichtenstein**: »Der verdammte Freischütz wird
»seiner Schwester Euryanthe schweres Spiel machen, und manchmal bekomme ich flie-
»gende Hizze, wenn ich daran denke, dass der Beifall eigentlich nicht mehr steigen kann.
»— Nun, wie Gott will; ich thue, was ich nicht lassen kann, wie ich immer gethan, und
»schaue nicht rechts noch links, sondern auf das mir selbst gesteckte Ziel.« — Die Stellung seiner Euryanthe wurde aber noch schwieriger dadurch, dass unmittelbar vor ihrem
Erscheinen auf dieser wiener Bühne eine der glänzendsten italienischen Operngesellschaf-
ten, die vielleicht je zusammen gewirkt hat, unter Rossini's und Carafa's Leitung ihre
Vorstellungen eben beendet hatte. Das wiener Publikum war durch diese in einen Taumel
versetzt worden, nach welchem wohl eine Abspannung eintreten konnte, unmöglich aber
eine bleibende erneute Anspannung zu Gunsten eines deutschen Werkes, das den entgegengesetzten Pol bildete zu den in höchster künstlerischer Vollkommenheit eben ausgeführten italienischen Opernschöpfungen. Wer konnte bei W.'s Euryanthe nur schon die

Fodor und Lablache jener Vorstellungen ersetzen? Dennoch musste der Kampf gekämpft werden; wieder galt es deutsche Kunst und ihre Ehre! — So ging denn W. obwohl ernst doch muthig daran. Zu ihm stand, mit geringen Ausnahmen, die Elite jener hochgebildeten Kreise der wiener Kunstfreunde, die allzeit gewusst haben, den stolzen Ruhm der Stadt zu wahren, die sich unauflöslich die Namen Haydn, Mozart, Beethoven knüpfen. Aus dem treuen Beistande dieser wahren Freunde und Kenner der Kunst erklärt sich hauptsächlich der trotz jener ungünstigen Lage der Verhältnisse anfänglich so ausserordentliche Erfolg der Oper, da das grosse Publikum zu diesem Erfolge sich unbewusst mit fortgerissen sah. Aber welche Kennerschaar, sei sie auch noch so bedeutend und begeistert, vermag die urtheilslosere, stets überwiegende Masse bleibend nach sich zu ziehen? So erklärt sich wieder aus diesem Umstande der Mangel an Nachhaltigkeit des anfangs auflodernden Enthusiasmus für Euryanthe in Wien. Bei ähnlichem Ergebniss an andern Orten haben unbedingt ähnliche Verhältnisse entschieden. Jetzt haben sich diese Wogen gelegt, und es ist wohl nicht mehr unentschieden, dass das Werk sich diejenige Stellung für immer errungen hat, die oben in Anm. a. zu bezeichnen versucht worden ist. — Die Proben zu Wien gaben schon vielfach Zeugniss von der begeisterten Theilnahme der Besten für W.'s neue Schöpfung. Im ausübenden Personale bis auf den Chor hinab zeigte sich die seltenste Hingabe an die Sache; hingerissen von der Hoheit und Tiefe des Werkes arbeitete alles an der Verkörperung desselben mit freudiger Erregung, Rührung, ja Selbstvergessenheit, wie folgende Mittheilung W.'s an die Gattin dies ausspricht, indem er am 10. Oct. 1823 schreibt: »— Um 10 ging ich in die Chorprobe, wo ich viele »Freude erlebte. Die Direction ist ganz verwundert, Dinge zu erleben, die nie da waren. »z. B. dass die Choristen, statt bald wieder wegzulaufen, selbst um Wiederholungen und »Verlängerung der Probe bitten«. Bei so viel Wärme für sein Werk konnte er ferner schreiben: »Mit jeder Probe bekommen die Leute mehr Lust an ihren Parthieen. Die »Grünbaum sang heute ihren Part ott Noth, meine Rührung über »das eigne Geschreibsel zu verbergen, weil sie es mit so viel Gefühl vortragen. Vertrau »Du nur auf Gott und meine Euryanth'!« — Nach 15 Proben erfolgte die Aufführung. Es muss von mir darauf verzichtet werden, aus dem überreichen Stoffe der Berichte der wiener Tagesblätter selbst nur Einzelnes hier beizubringen, und ich verweise desshalb auf das bei 277 unter Literatur III bereits Mitgetheilte; die betreffenden brieflichen Nachrichten W.'s an seine Gattin, so interessant und lebendig sie sind, müssen ihrer Ausführlichkeit wegen ebenfalls unberücksichtigt bleiben; Max M. v. Weber hat einen Theil davon im »Lebensbild« seines Vaters Bd. II, p. 528 bis 532 gegeben. In gedrängtester Form stellt sich der wiener damalige Erfolg der Oper in W.'s Briefe aus Dresden an Lichtenstein vom 13. Nov. 1823 dar. Er sagt darin: »— Ich habe in Wien 4 »Vorstellungen der Euryanthe erlebt, wovon ich 3 dirigirte. Mit jeder stieg die Theil- »nahme und der Beifall des Publikums, das schon anfing, einzelne Stellen freudig heraus- »zuheben. Der Jägerchor wurde alle Abend 3 mal gesungen, immer einige Sänger nach »ihren Musikstükken hervorgerufen, ich nach jedem Acte. Ja sogar in der 4ten Vorstel- »lung, wo Kreutzer dirigirte und ein ganz anderes Publikum war': Allerheiligen: wurde »ich aus dem Logenwinkel, wo ich zuhörte, herausgestöbert, und musste nach jedem Acte »erscheinen, überströmt vom Sturmesgebrause der Bravos, so dass ich in diesen 4 Vor- »stellungen 11 mal herausgerufen wurde. Den ersten Abend spielte die Oper bis 10 Uhr »— von 7 Uhr an — die andern, wo ich einiges in den Rezitativen gekürzt hatte bis 9¾. »Dass der Neid sein Haupt mächtig erhebt, kannst Du Dir denken. Er scheut die Lüge »nicht. So hatte man nach Prag geschrieben, die Oper hätte 11 Uhr gedauert, etc.« (Kreutzer's oben, bei 4 »Kürzungen«, erwähnter Brief an Schindler sagt, sie habe von 7 bis ³/₄11 gewährt.) »Alle Musikstükke, die den ersten Abend nicht vollkommen anerkannt »wurden, erhielten die folgenden Vorstellungen vollen Beifall. 17 Gedichte der besten »Köpfe Wiens, bewiesen mir die wahre Theilnahme aller Guten. Was mir die besten »Meister wie Weigl, Gyrowetz, Seyfried, Mosel, Abbé Stadler etc. sagten, lässt sich nicht »wiederholen, weil es mich so hoch stellt, dass ich noch roth werde, wenn ich daran »denke.« — Die Wiener Kritiken spielten in allen Farben. So lobend oder tadelnd sie sind, alle sind mehr oder minder oberflächlich; keine ist zu vergleichen mit dem Musterstück einer eben so strengen wie warmen Beurtheilung von Amad. Wendt in N. 2 bis 7 der berliner Allg. Mus. Ztg. von 1826 nach den dresdener und berliner Aufführungen;

auf diese sehr ausführlich gehaltene Arbeit muss hier besonders aufmerksam gemacht
werden als auf das Beste, was der Form und Sache nach über Euryanthe gesagt worden
ist. Die Extreme der wiener Kritik in Bezug auf Lob und Tadel der Oper bieten sich dar
in Griesinger's Referat in der Abendzeitung und dem in Schickh's Zeitschrift für Kunst,
Literatur und Mode; dazwischen liegen die Urtheile Kanne's in der Allg. Wiener Mus.-
Ztg., Seyfried's im »Sammler« und Anderer. Keines hat den Werth der erwähnten Wendt-
schen Kritik und sie stehen ebenfalls weit hinter der unten bei den leipziger Aufführungen mitgetheilten von Roehlitz zurück. — Beethoven's Theilnahme war sehr gross;
nach der ersten Aufführung der Oper, als er erfuhr, die Aufnahme derselben sei eine
enthusiastische gewesen, rief er aus: »Das freut mich, das freut mich ! So muss der Deutsche über den italiänischen Singsang zu Recht kommen!« Fr. Schubert's privatim
ausgesprochenes Urtheil über Euryanthe steht wohl vereinzelt da, indem es bis an die
äusserste Grenze des nur einigermaassen Begründeten ging. Nach Benedict's Mittheilungen an W.'s Sohn lautete es im Wesentlichen: »Das ist keine Musik. Da ist kein
Finale« (!) »kein Ensemble nach Form und Ordnung — das geht alles auf den Effect! —
Und der schimpft auf Rossini? — Das ist herbe ascetische Musik!« — Aussprüche,
über welche die Freunde W.'scher Muse sich beruhigen werden, da es derselbe Mann,
wenn auch mit Recht berühmte Künstler war, der vom Freischütz geurtheilt hatte, das
Duett von Agathe und Aennchen ausgenommen, sei kein Musikstück darin, das einem
gewissenhaften Musiker genügen könne. Hier muss man ausrufen »Richtet nicht, damit
etc.« Diese Urtheile Schubert's sind mindestens Beweise, dass er, der 26-Jährige, eben
so gut über W. irren konnte, als der 23jährige W. über Beethoven's »Eroica«, obwohl man
Schubert sein Urtheil eher verzeihen, als W. das seine, wovon noch nachher. (Vergl.
»Franz Schubert« von Kreissle v. Hellborn. Wien, C. Gerold. 1865. p. 243 bis 246.) —
In der unübertroffenen Leistung von Henr. Sontag als Euryanthe vereinigen sich alle
Meinungen; auch ist diese Parthie in solcher Vollkommenheit in Gesang und Spiel zugleich wohl niemals wieder zu Ohr und Anschauung gekommen, wie von dieser seltensten aller bühnenkünstlerischen Grössen der Neuzeit, Wilhelmine Schröder-Devrient
nicht ausgenommen. Auch die Trefflichkeit der Grünbaum als Eglantine wurde allgemein anerkannt. — Dennoch war, wie schon bemerkt, der Erfolg der Oper in Wien ein
nachhaltiger nicht. Nach 20 Vorstellungen wurde sie zurückgezogen und erst in späterer Zeit ist ihr wahrer Werth auch in Wien vollständig erkannt und bis zum heutigen
Tage vollständig gewürdigt. — Noch vor der Aufführung der Oper fällt *W.'s Besuch
bei Beethoven* am 5. Oct., der hier nicht übergangen werden kann, da von W.'s Gegnern mannigfach darüber gefabelt worden ist. W.'s Brief an die Gattin vom 6. Oct.
erzählt den Hergang der Sache wie folgt: — »Ich musste gestern um 6 Uhr wieder her-
»aus, weil um 7½ die Parthie nach Baaden verabredet war; diese fand auch statt mit
»Haslinger, Pieringer und Benedict, aber leider in dem schändlichsten Regenwetter. Die
»Hauptsache war: Beethoven zu sehen. Dieser empfing mich mit einer Liebe, die rüh-
»rend war; gewiss 6—7 mal umarmte er mich auf das Herzlichste und rief endlich in
»voller Begeisterung »Ja, du bist ein Teufelskerl, ein braver Kerl!« Wir brachten den
»Mittag miteinander zu, sehr fröhlich und vergnügt. Dieser rauhe zurückstossende Mensch
»machte mir ordentlich die Cour, bediente mich bei Tische mit einer Sorgfalt wie seine
»Dame etc., kurz, dieser Tag wird mir immer höchst merkwürdig bleiben, so wie Allen,
»die dabei waren. Es gewährte mir eine eigne Erhebung, mich von diesem grossen Geiste
»mit solcher liebevollen Achtung überschüttet zu sehen. Wie betrübend ist seine Taub-
»heit. Man muss ihm Alles aufschreiben«. (Vergl. L. Rellstab's Aufsatz »Carl Maria von
Weber« in G. Weber's Caecilia Bd. 7 p. 18. 19.) — Wenn ich hier nochmals auf
Schindler zurückkomme, den, wie seine Visitenkarte sagte, »Ami de Beethoven« ex
professo, so geschieht dies nur wegen einiger Behauptungen desselben, die den Verkehr W.'s
mit Beethoven betreffen, zunächst wegen der in seiner »Biographie Beethoven's« (Münster,
Aschendorff, 1. Aufl. 1840 p. 99), dass W. seine Euryanthe jenem mit der Bitte vorgelegt habe, er möge »nach Gutdünken« Aenderungen darin vornehmen. Nachdem man
Schindler mannigfach deshalb angegriffen hatte, gab er in seinem »Beethoven in Paris«
(p. 102 bis 126, 1. Ausg. 1840) weitläufige Erörterungen darüber. Diese sind aber ein
solches Conglomerat von ineinander geschacheltem, richtig und unrichtig, halb und ganz
wahr sein Könnendem, aber auch factisch Unwahrem, dass es ein Bändchen für sich fül-

len würde, alles das zu entwirren und klar zu legen. Hiemit genug davon! Nur noch eines andern Ausspruches Schindler's sei gedacht: W. habe Beethoven die Partitur der Euryanthe »in tiefster Devotion« vorgelegt und der Letztere selbst habe ihm (Schindler) dies Factum »mit eben diesen Worten« mitgetheilt (Note auf p. 99 seiner Biographie Beethoven's u. p. 102 in dessen »Beethoven in Paris« 1. Aufl. 1840). Abgesehn davon, wie fern es Beethoven's grossem Character liegen musste, sich in so kleinlicher Weise Schindler gegenüber zu äussern — denn wahrlich, sie ist sehr unbeethovensch — lag unserm W. ein Wesen »tiefster Devotion« eben so fern, bei aller Bescheidenheit, die er besass, bei aller Verehrung, die ihn, namentlich später, für Beethoven erfüllte; denn seit 1809, wo er, noch fast ein Jüngling, in N. 309 des Morgenblattes jenen zwar humoristischen. in Bezug auf die »Eroica« freilich urtheilsunreifen Aufsatz veröffentlichte, waren 14 Jahre verflossen, in denen eine Flut von Erfahrungen und Studien diesen reichen Geist geklärt und gereift, des Freischütz Töne aber seinem Namen einen Weltruf errungen hatten. Ohne Beethoven oder Weber Unrecht zu thun, ist diese letztere Behauptung Schindler's wohl unbedingt in die Reihe derjenigen Fabeln zu setzen, mit denen man besonders W.'s Kunstleben so reich auszustatten bemüht gewesen ist und sich noch bemüht. — An Honorar brachte Euryanthe dem Componisten von Seiten der wiener Opern-Direction 1080 Gulden, der Clavier-Auszug bei Steiner in Wien 200 Ducaten. — — Schon im Nov. 1823 sollte Euryanthe in **Dresden** zur Aufführung kommen. Hier hatte Wilhelmine Schröder-Devrient die Parthie derselben. Ihrer bevorstehenden Niederkunft wegen, musste die Oper verschoben werden, die danach am 31. März 1824 zum ersten Male in Dresden gegeben wurde. Dass hier nicht, wie in Wien, die Erwartungen von derselben überreizte waren, machte ihre Wirkung desto bedeutender. Mit grosser Wärme, Hingabe und Verständniss von Anfang an aufgenommen, ist die Erkenntniss ihres Werthes im Laufe der Zeit daselbst nur gestiegen und zu einer wahren begeisterten Verehrung des Werkes geworden. Die bewundernsgwürdige Leistung der Schröder-Devrient zeichnete freilich jene ersten Aufführungen besonders aus, obwohl diese Sängerin im Gegensatz zu Henr. Sontag die Parthie der Euryanthe vorwiegend als Heroine gab. Neben ihr verschwanden die Träger der andern Hauptparthieen, wenngleich Mad. Funk als Eglantine sehr Gutes leistete. Diesen Aufführungen folgten bald überaus anerkennende Beurtheilungen der Oper von verschiedenen Seiten, in Philippi's Dresdner Merkur (1824 N. 43), in der Dresdener Abendzeitung, in letzterer auch poetische Huldigungen. Wenn Tieck im Gegensatze zu seinen Aeusserungen über den Freischütz sich dahin aussprach, dass diese Oper Sachen enthielte, um die Gluck und Mozart W. beneiden könnten, wie dies W.'s Brief an Lichtenstein vom 1. Apr. 1824 berichtet, so sprach die für Euryanthe begeisterte Schröder-D., obwohl erst in späterer Zeit, über die Dichtung aus, indem sie in einem mir zugehörigen Briefe an Fr. v. Raumer sich drastisch dahin äussert: »Oft hat es mir in den Fingern gejuckt, durch eine wohlangebrachte Maulschelle dem wahnsinnigen Machwerk der Helmina ein Ende zu machen; doch Weber's Meisterklänge hielten die erhobene Hand zurück, und man giebt für sie gern seinen letzten Lebenshauch.« — — Die Aufführungen in **Leipzig**, von Mitte Mai 1824 an, waren in Bezug auf ächte Kritik von besonderem Gewicht. Da Amad. Wendt's mustergültige und erschöpfende s. oben Wien) ihrer Ausdehnung wegen nicht gebracht werden kann, so stehe Rochlitz's brieflich W. mitgetheilte Ansicht über Euryanthe hier; der Vorwurf etwaiger Eingenommenheit für das Werk ist ihr wahrlich nicht zu machen; um so mehr ist ihr Ernst Bürge für Aufrichtigkeit und Wahrheit dessen, was sie unbedingt Anerkennendes über dasselbe sagt. Das Wesentlichste davon ist Folgendes: »Leipzig, 25. Mai 1825. — ich habe gestern Euryanthe gehört. — Glauben Sie nicht, ich wolle mich über das Werk umständlich ergiessen — das könnte nur mündlich geschehen — noch Ihnen mein und des zahlreichen Auditoriums Entzücken vormalen — das thun Andere. Ich beschränke mich auf einige abgebrochene Sätze aus meiner innersten Ueberzeugung, wie sich diese gebildet hat in mir, dem Unvorbereiteten, der nur gesammelt mit allen Kräften seines Wesens hörte, so viel er's vermochte, sich dessen klar bewusst blieb, was sich vor und in ihm begab, und diesen Morgen es sich zurecht rückte. — Das Werk ist in seiner Art so vollkommen, was es sein will und soll, als irgend eines, das vorhanden ist: es hätte darum auch überall dafür erkannt werden müssen, bestünde das Publikum entweder aus ganz Unbefangenen, die blos dem Eindrucke sich hingäben, oder aus wahrhaft Gebildeten, die jedes

Vollkommne in seiner Art aufzulassen, und mithin die Arten zu unterscheiden verständen und dazu geneigt wären. Solch ein Publikum giebt es jetzt nirgends. Warum drang Euryanthe nun in Wien wenig, an einigen Orten fast gar nicht, in Dresden und Leipzig so gewaltig durch? Zufälliges, nebenbei Mitwirkendes unerwähnt, darum: weil man an jenen Orten theils mit leerem, ganz oberflächlichen Wesen, theils mit bestimmten und falschen Erwartungen daran ging: hier mit Aufmerksamkeit und Achtung im Allgemeinen. — In seiner Art, sagte ich. Diese Art ist aber nicht, was man allbeliebt, allgefällig nennt, kann es, wird es nie sein, und es wäre nicht einmal gut (auch für die Tonkunst nicht) wenn sie es würde. Sie hat der Massen, sie hat des Hoch=, ja Höchstgespannten — dem Ausdrucke nach, des Leidenschaftlichen — der Ausdrucksmittel, des Fremdartigen und auch Gewaltsamen, zu viel. Vornämlich der zweite Act. Wie die Dichtung nun ist, und wie der Componist den ersten Act schon in dieser Hinsicht gesteigert, konnte er, der zweite Act, freilich nicht anders werden, als er ist; aber man hätte die Dichtung nicht so lassen dürfen; man hätte Zwischensätze herbeischaffen müssen — nicht schwache, aber solche, wo der Zuhörer, ohne zu sinken, zu Athem kommen konnte, wie das im 1. Act geschehen ist. Auch die menschliche Empfänglichkeit hat ihre Gränzen. Ich meines Theils bin keiner der unfähigsten oder schlechtesten Zuhörer: mit höchster Befriedigung, mit Entzücken hatte ich und wie man soll — das Einzelne im Ganzen, das Ganze im Einzelnen — den gesammten 1. Act und im 2. die unvergleichliche Scene und Arie des Lysiart gehört: nun aber war ich auf eine Weile erschöpft. Mein Gefühl und mein Ohr konnten nicht mehr mit, wie bis dahin: nur das Finale riss mich wieder empor; dann machte die Pause wieder neue Fassung möglich, und so wirkte der 3. Act wieder, wie er sollte: doch war ich bis spät in die Nacht in einer Art freilich beglückendem Fieber«. — — »Einzelnes hebe ich nicht aus, das werden Andere die Fülle thun: von dem aber, was ich sonst noch über das Ganze zu sagen hätte, erwähn' ich mit kurzen Worten dreierlei. Was Männer, die wissen, was sie sagen, Styl und Haltung eines Werkes nennen — jenes mehr auf das Technische, dies mehr auf den Ausdruck gewendet — das besitzt Ihr Werk (und eben auf hoher, schwieriger Stufe!) in einem Grade, dass ich erstaune und freudig bewundere. Wie Sie anfangen, so bleiben, so enden Sie; und diesem gemäss sind auch die heitren Stücke so wie die kleineren Soli und Chorgesänge, meister- und musterhaft abgestuft. Das hat Ihnen, seit Mozart entschlafen, auch nicht Einer, auch nicht in einem einzigen Werke gleich gethan; und was gleichfalls unter jene Begriffe gehört — in ächt dramatischer und ächt theatralischer Characteristik nähert sich Ihnen auch nicht einmal irgend Einer. — Ihre Recitative, mögen Sie nun die Art, sie zu behandeln, blos aus sich selbst geschöpft, oder aus Studien nach dem grössten Meister dieses Fachs — nach Gluck — sich angebildet haben, sind unvergleichlich und eine wahre Seelenweide für den, der so was zu erkennen und zu geniessen versteht. — Von Seiten des Reizes (des sinnlich Erregenden, Schmückenden, Wohlgefälligen) stelle ich Ihre ganz eigne Instrumentation und jene kleinen (aus Mangel an Gelegenheit in dieser Oper nur etwas seltenen) eben so originellen als lieblich hinreissenden, sogenannten Cabaletten, besonders für die Euryanthe obenan. — Von der Ausführung nur so viel: Man hatte sich die grösseste Mühe gegeben und bot alle Kräfte auf; die Sontag war trefflich und wahrhaft liebreizend; alles ging vollkommen sicher: aber das Orchester nüancirte noch nicht genug, und bei verschiedenen Sängern reichten Kräfte und Bildung nicht aus. Die Chöre waren nur mässig stark, aber nicht nur pünktlich, sondern auch den Situationen angemessen. Die Aufmerksamkeit des Publikums war gleich gespannt vom Anfang bis zum Ende, der Beifall, fast für jedes Stück, einmüthig und selbst bei einzelnen, ganz vorzüglichen Stellen eines Stücks kurz und lebendig hervorbrechend. Hätten Sie doch hier sein können! — Jetzt zu Ihrem lieben Briefe! Doch nein, ich muss wenigstens noch hinzusetzen, wenn auch unnöthig, dass ich nicht nur mich innigst freue, sondern stolz darauf bin, dass der Meister der Euryanthe mein Freund ist, und auch, dass ihm mein Urtheil auch etwas gilt. Rochlitz.« — Der ersten Aufführung der Oper zu Berlin, 23. Dez. 1825, folgte eine Reihe derselben, die durch hohe Vortrefflichkeit eines unvergleichlichen Ensembles einen grossen Einfluss auf allgemeine Anerkennung des Werkes ausübten, und Wiens wegen war dies von besonderer Wichtigkeit; es rechtfertigte sich vollkommen, was W. an Graf Brühl am 4. Dez. 1823 schrieb: »ich bin überzeugt, dass »diese Oper erst in Berlin in allen ihren Intentionen hervortreten wird«. — Mad. Seid-

ler, geb. Wranitzky, und Mad. Schulz (Kilitschky) als Euryanthe und Eglantine, so wie
Bader und Blume als Adolar und Lysiart — welche Träger des Werks! So ausgezeichnet die beiden Frauen, besonders in der gesanglichen Leistung, Blume besonders in
der Darstellung waren, so übertraf sie jedoch Bader nach allen Richtungen; er war
der Adolar, wie er sein soll. W. selbst bestätigt dies, indem er bei Beginn der
Proben der Gattin schreibt: »Bader durchaus herrlich!« und nach der 1. Aufführung:
»Die Seidler, Schulz und Bader waren ganz ausserordentlich; einen solchen Adolar
»habe ich noch nicht gehabt«. Bader's wunderbare, jeden dramatischen Gefühlsausdruck
beherrschende, höchste Kraft mit herzeroberndem Schmelz vereinigende Stimme verband sich
aber auch mit seiner begeisterten, eben so edlen, wie feurigen Darstellung zu hinreissendstem
Wirkung. — W. war zur Leitung der Oper nach Berlin gekommen, aber schon äusserst
erschöpft; hier wurde ihm sein letzter grosser Triumph vor dem durch den Oberon in
London. Schon sichtlich hatte der Todesengel seine zusammengefallne Gestalt berührt
und nur mit grösster Anstrengung leitete er die Proben und beide erste Aufführungen.
Aber sein Geist hielt den Körper noch aufrecht zu der grossen Arbeit für und in London,
nach welcher er seiner ewigen Heimath wieder zueilte, denn seine irdische zu erreichen
sollte ihm nicht mehr vergönnt sein. Das Schlimmste vorahnend legte die Kritik in Berlin (durch Marx, Rellstab, Saphir, Gubitz u. A.) doppelt reiche Kränze auf das dieser
Hauptstadt weit über zwei Jahre hinaus vorenthaltene Werk; doppelt reich auch wohl
deshalb, um die Schuld zu sühnen, die an demselben durch die unbegreiflichen Kämpfe
um seine Auf- oder Nicht-Aufführung begangen war, Kämpfe, hervorgerufen durch einen
wohlgemeinten, wenn auch nicht ganz vorsichtigen Schritt des Grafen Brühl, aber ausgesponnen durch Spontini, jenen grossen und hochgefeierten, doch auf W.'s Ruhm eifer-
süchtigen Meister zu jener langen Reihe unerquicklicher Erörterungen und W. tiefergrei-
fender Kränkungen, für deren ausführliche Darstellung hier der Raum fehlt, die jedoch
in der berliner Musikgeschichte unvergessen bleiben werden. Das Hervortretendste hat
W.'s Sohn im »Lebensbilde« seines Vaters Bd. II p. 546 ff. u. 555 ff. gegeben, worauf
hier verwiesen wird. — Den eben erwähnten Verhältnissen gegenüber ist doppelt rüh-
mend der Treue und des unermüdlichen Eifers des Grafen Brühl für W.'s Sache zu gedenken. Allem ihn dabei ebenfalls schwer und scharf Berührenden trat der edle Mann
standhaft und unbeirrt in wahrer Selbstverleugnung entgegen. So stattete er denn auch das
Werk mit alle dem aus, was ihm für dessen Werth und für die Würde der Königlichen
Kunst-Instituts angemessen erschien, durch welches es hier zur Anschauung gelangte. —
Zugleich sei bemerkt, dass ausser dem Pas de cinq, von W. für diese Aufführung geschrieben, später Musik-Director G. A. Schneider noch ein Balletstück aus Silvana ein-
legte. — Zelter's Antipathien gegen W. und Euryanthe, wie früher gegen den Freischütz, dürfen hier zur Vervollständigung des musikalischen Zeitbildes nicht unberücksichtigt bleiben, da seine aus dieser Abneigung fliessenden, an Goethe mitgetheilten Urtheile
über Euryanthe in seinem Briefwechsel mit Goethe veröffentlicht wurden. Sie geben
Zeugniss dafür, dass, »wie«, nach brieflicher Aeusserung W.'s gegen Lichtenstein, »oft die
»besten Frauen nicht zusammen gebracht werden könnten«, dies auch zuweilen mit den besten
Männern der Fall ist. Bei dem ersten Berichte an Goethe über die erste Aufführung der
Oper und das unter Zelter's Vorsitz W. danach gegebene Festmahl hält Zelter ein Urtheil
über das Werk selbst noch zurück; aus dem Brief von Colberg 11. Oct. 1827 spricht es
unverhohlen, indem er Goethen schreibt: »Die Musik zur Euryanthe setze ich über die
des Freischützen (den ich freilich nicht ausstehen kann; auch ist wie in allen Weber'schen
Compositionen, viel Gesuchtes, Gespritzeltes, aus feinen Häppchen Zusammengesetztes.
Schwieriges und Fremdartiges darin. Ertrotzte Lebhaftigkeit und dazwischen gute Stellen
und ein Fleiss, den ich mit Schrecken bewundere, weil's der ganze Bettel nicht verdient«. —
— Die jüngsten in Berlin stattgehabten Aufführungen im Oct. 1869 haben treffliche und
den Gegenstand durchdringende Urtheile der dortigen Kritik hervorgerufen. Wir heben
aus ihnen nur die von G. Engel und O. Gumprecht hervor. Der Erstere sagt u. A.
Voss'sche Ztg. N. 241: »Weber ist der Erste, der für das, was uns in dem jetzigen Jahrhundert als Inbegriff deutscher Jungfräulichkeit erscheint, die musikalische Ausdrucksweise erfand. Vergebens sucht man bei Gluck, Haydn, Mozart und Beethoven nach etwas
Aehnlichem. Es musste die Periode der Romantik vorangegangen sein und die moderne
deutsche Lyrik ihre ersten Versuche gemacht haben, bevor daran zu denken war, dass

auch in der Musik sich dieser Typus ausprägen konnte. Die Weber'schen Frauenfiguren beruhen auf jenem Cultus der Liebe, der in der Jungfrau etwas Heiliges, Göttliches erblickt, das von der groben Materialität des Irdischen in einem geringeren Grade berührt ist, als das männliche Wesen, das daher auch bestimmt ist, ein stilles, beschauliches Leben der edelsten Empfindungen und der reinsten Herzensgüte zu führen und auf das Gesammtleben der Menschheit durch sein blosses Dasein verklärend und reinigend zu wirken. Wenn schon in der Gestalt Agathens dieser Ton angeschlagen wurde, so findet er sich in der Euryanthens gleichsam in eine höhere Potenz versetzt«. — Aus O. Gumprecht's Kritik stehe auszugsweise Folgendes, das zugleich eben so schön als wahr den Blick auf die Wirkungen der Euryanthe auf die Kunstschöpfungen der Neuzeit ausgeübt hat. Er sagt in N. 481 der National-Zeitung: »Kaum eine andre musikalisch-dramatische Schöpfung der letzten fünfzig Jahre eröffnet so mannigfaltige Perspectiven in die gesammte folgende Entwicklung. Es ist, als ob wir von einem hohen Berge weit hinaus in die Lande schauten. Allenthalben sprudeln und rauschen die Quellen, um nach den verschiedensten Richtungen hin Fruchtbarkeit und Gedeihen in die Thäler zu tragen. Wie die Schumann'sche Lyrik vielleicht den wesentlichsten Theil ihrer Nahrung aus dieser einen Partitur gesogen, so birgt sie bereits alles in sich, was das Wagner'sche Musikdrama an künstlerischer Lebensfähigkeit aufzuweisen hat. Meyerbeer übersetzte aber unseren Weber in's Französische und gründete so jene Schule, die gegenwärtig in Gounod ihren vornehmsten Vertreter gefunden«. — — Unter den an anderen Orten erfolgten Aufführungen muss hier einiger gedacht werden, die Veranlassung wurden zu Aeusserungen W.'s, welche hier nicht vorenthalten werden dürfen; zuerst der Aufführung zu **Carlsruhe** im Mai 1821, wo die Oper nicht gefiel und wonach W. dem dortigen Kapellmeister **Danzi**, seinem alten treuen stuttgarter Freunde, nicht ohne Bitterkeit am 26. Mai u. A. schreibt: »— Das jetzige Kunsttreiben ist so wunderlich durcheinander »gewirbelt, die eigentliche Andacht der Hörer und Ausführer so fast gänzlich erloschen, »und man will vor der Kunst nur gleich einer Bajadere gekizzelt sein, dass ich mich »ordentlich wundere, wenn's einmal wo anders ist und ein ernstes Streben wirklich »eingreift. In Dresden war dies der Fall. Wie's weiter wird, wollen wir abwarten, und »am Ende muss es ja nicht sein, dass man Opern macht. Am Ermunterndsten und Trö-»stendsten ist mir das, was Sie selbst mir über Euryanthe sagen. Sie wissen, dass eigent-»lich nur Ihr Beifall, Ihre Aufmunterung mich in Stuttgart der Kunst erhielten, und wie »theuer und wichtig mir daher jedes Wort von Ihnen, dem Treumeynenden, ist. Dem »Zeitgeist habe ich übrigens gewiss nicht huldigen wollen: habe ich es doch gethan, so »hat mich der Teufel unbewusst geritten, obwohl ich grade im Modulationspunkt sehr »strenge über mich wache: aber ich will's gewiss noch mehr thun, lasse ich mich wieder »zu einer Oper verführen.« etc. — Als Euryanthe in **Cassel** in Scene gehen soll, schreibt W. an Spohr 12. Janr. 1824: »— Wenn Sie Euryanthe bekommen, so sehen Sie sie »mit Nachsicht des Freundes an. Gepriesen ist sie allerdings von Manchem worden, von »noch Mehreren aber angefeindet. Beide mögen in der Sache zu viel thun, und es wird »noch manches Wort sich darüber hin und her kreuzen. — Wie gern möchte ich einmal recht »ausführlich mit Ihnen plaudern, besonders auch über meinen letzten Aufenthalt in Wien, »der wunderlich interessant war. Welch ein Gähren der Gemüther, welche vorsätzliche »Widerspänstigkeit mancher Klassen in Kunstsachen. — Die Welt liegt wohl im Argen. »Lasst uns Geduld haben und die Ohren steif halten!« — Als 1824 von Seiten des **Breslauer** akademischen Musik-Vereins W. gemeldet wurde, dass derselbe vorhabe, die Musik der Euryanthe im Concertsaale zu geben, erwiederte er diese Meldung am 20. Dez. 1824 unter Anderm mit Folgendem: »— Euryanthe ist ein rein dramatischer Ver-»such, seine Wirkung nur von dem vereinigten Zusammenwirken aller Schwester-»künste hoffend, sicher wirkungslos, ihrer Hülfe beraubt. Diese Ueberzeugung hatte »sich, ehe vielfältige Wünsche, wie die Ihrigen, an mich gelangten, die ich zum Theil »befriedigte, oder willkührliche Lust Einzelnheiten oder das Ganze ohne Anfrage dem »Publikum vorführte. Die Erfahrung bestätigte meine Ueberzeugung. Das Werk liess »nicht nur kalt, ja es erregte Missfallen, denn nicht geringe Erwartungen brachte das mir »gewogene Publikum mit. Vergleichungsweise erlauben Sie mir nur als Beispiel anzuführen, »ob Sie Sich irgend welche Wirkung auch von der gelungensten Aufführung einer Iphi-»genie von Gluck im Concertsaale versprächen? Und dies ist ein anerkanntes Meister-

»werk und allgemein **gekannt**, wodurch die Phantasie des Hörers ergänzend und hin-
»zufügend wirken kann. Sie, meine Herren, in Ihrem reinen Eifer für die Kunst, würden
»es sich selbst nicht vergeben können, wenn Sie meine Worte bestätigt fänden und sich
»den Vorwurf machen müssten, durch diese Concertaufführung den Glauben an deutsche
»Kunst bedeutend erschüttert zu haben. —«. — Was **Paris** anlangt, so geschah dort ganz
Aehnliches, wie früher bei Freischütz und Preciosa, jetzt bei Euryanthe. Wieder war es
Castil-Blaze, der sich ohne Weiteres der Letzteren bemächtigte und sie in seiner
Uebersetzung und mit der von ihm (!) nach dem Clavier-Auszug (!) hergestellten In-
strumentirung — weil ihm die Erwerbung der Partitur von Seiten des Componisten zu
kostbar erschien — dem Director der Theater de l'Odéon und de l'Opéra comique, dem
Chevalier Picquencourt, für letztere Bühne (!) anbot. Als W. dies erfuhr und sich deshalb
von Dresden aus am 4. Janr. 1826 an beide Herren wendete, erfolgte nicht einmal eine
Antwort, und W. hörte nichts darüber, bis ihm eines Tages mitgetheilt wurde, dass Euryanthe auf dem Theater de l'Odéon in Scene gehen werde. Auf seine erneute Vorstellung
dagegen blieb ebenfalls jede Antwort aus. — Die Aufführung des Werks an der grossen
Oper zu Paris im Mai 1831 scheint wenig Erfolg gehabt zu haben, obgleich die Lpz. A.
Mus. Ztg. v. 15. Juni d. J., freilich nur kurz, das Gegentheil berichtet. 1857 dagegen
fand sie auf dem Théâtre lyrique lebhaften Beifall trotz einer wieder ächt französischen
Umgestaltung. Einem Berichte darüber in N. 212 der berliner Voss'schen Ztg. sei Folgendes entnommen : »Der Text war durch St. Georges und Leuven wesentlich umgeändert. Die Ringgeschichte wurde entfernt und die alte Fabel mit der Aenderung hergestellt,
dass Lysiart, durch Eglantine in Euryanthens Schlafgemach geführt, diese belauscht,
wobei er das Maal derselben entdeckt. Eglantine ist in Zarah, eine Zigeunerin, verwandelt ; die Namen Adolar und Lysiart sind mit Odoard und Reynold vertauscht, zwei
Schildknappen, als komische (!) Figuren, eingeschaltet. Sämmtliche Recitative wurden
gestrichen und an ihre Stelle Dialog gesetzt ; im 3. Act 4 Nummern entfernt, dagegen
Berlioz' Arrangement der Aufforderung zum Tanz und der Zigeuner-Marsch aus Preciosa
eingeschoben : einzelne Gesangsnummern erhielten eine andre Stellung. — Ouvertüre,
Adolar's Romanze, der Ensemble-Satz »Ich bau' auf Gott«, das 1. Finale, der Jägerchor
u. s. w. elektrisirten das Publikum«. — Das war W.'s Euryanthe in Paris. Wahrlich, in
Rücksicht auf deutsche Pietät gegen fremdländische musikalische Werke dürfen wir,
wenn auch wohl zuweilen leider, ausrufen : »Wir sind doch bess're Menschen!« — In
London wurde die Oper am 30. Juni 1825 und zwar ebenfalls mit grossem Beifalle gegeben, eben so in **Strassburg** und **Stockholm**. — Von deutschen Bühnen, welche Euryanthe aufführten, ist zunächst hier noch **Frankfurt** a. M. mit ganz besonders enthusiasti-
scher Aufnahme zu nennen. Als W. einer der dortigen Vorstellungen am 25. Aug. 1825
auf seiner Rückreise von Ems nach Dresden als Zuhörer beiwohnte, wurde er, wie sein
Tagebuch meldet, »stürmisch herausgerufen und mit Trompeten- und Paukenschall em-
»pfangen«. — Ausserdem erschien Euryanthe auf den Bühnen von **Bremen, Cöln, Darmstadt,**
Dessau, Hamburg, Hannover, München, Prag, Rudolstadt, Stuttgart, Weimar und **Wiesbaden**; ferner
in **Danzig, Greifswald** und **Königsberg**, in diesen drei Städten anfänglich nur im Concertsaale,
eben so in **Breslau**, jedoch mit Rücksicht auf W.'s oben mitgetheilte Ansicht über eine solche
Art der Aufführung, dort erst nach dessen Tode. — Obige Mittheilungen und Betrachtungen
über die Aufführungen der Euryanthe mögen mit dem geschlossen sein, was der treffliche
Ambros in Prag auf p. 45 seiner »culturhistorischen Bilder aus dem Musikleben der
Gegenwart« über diese zweite grosse dramatische Schöpfung W.'s sagt. Es lautet :
»— W.'s grösstes Werk, Euryanthe, trat in directe Beziehungen zur offiziellen Literatur-
Romantik. Sein Textbuch ist auf romantischem Boden gewachsen« — »und es war kein
geringes Verdienst W.'s, den Mondscheinphantomen (des provençalischen Ritter- und
Damenhofes der Euryanthe) Fleisch und Blut gegeben zu haben. Besonders Eglantine
ist eine dämonische, grossartige Gestalt geworden, wie sie in solcher Weise die Musik
früher noch nie geschildert. Ortrud im Lohengrin ist danach geformt, selbst bis auf den
wilden, triumphirenden Ausbruch am Schlusse beider Opern. Auch Telramund wäre
ohne Lysiart kaum entstanden. Euryanthe ist ein wahres Epoche-Werk — Wagner wurzelt in dieser Partitur, nicht minder der von jenem grundverschiedene Marschner,
nicht minder der von beiden wieder grundverschiedene Meyerbeer, insoweit er nicht
italiänische und französische Elemente in sich aufgenommen hat.«

c. W.'s ausgezeichneter Aufsatz über *Behandlung der Tempi und deren me-*
tronomische Bezeichnung in allgemeiner wie in besonderer Beziehung auf Euryanthe,
von mir zuerst herausgegeben in N. 8 der Lpz. A. Mus. Ztg. von 1848, jetzt auch vor
die Partitur der Oper (Berlin, Schlesinger-Lienau, hrsg. v. E. Rudorff) gedruckt, wurde
durch die erste Einstudirung derselben in Leipzig hervorgerufen, als der dortige Musik-
rector Präger W. um Mittheilung der metronomisch bezeichneten Tempi ersuchte. Indem
W. seinen Wunsch erfüllt, fügt er hinzu: »— Noch erlaube ich mir einige Bemerkungen im
»Allgemeinen, die sich mir unwillkürlich bei vorstehender Arbeit aufdrängten. — Die
»Individualität des Sängers ist die eigentliche unwillkürliche Farbengeberin jeder Rolle.
»Der Besitzer einer leichtbeweglichen biegsamen Kehle und der eines grossartigen Tones
»— beide werden ein und dieselbe Rolle ganz verschieden geben; der Erstere gewiss
»durchaus um mehrere Grade lebendiger als der Andere: und doch kann durch Beide der
»Componist befriedigt werden, insofern sie nur nach ihrem Maassstabe die von ihm ange-
»gebene Gradation der Leidenschaften richtig aufgefasst und wiedergegeben haben. Dass
»nun aber der Sänger sich nicht zu viel gehen lasse und blos das wolle, was ihm beim
»ersten Blicke bequem erscheint, ist die Sache des Dirigenten. — Bei dem eigentlichen
»Passagen-Wesen namentlich ist es nothwendig, darauf zu sehen, dass nicht um dieser
»oder jener Roulade willen die Bewegung des ganzen Tonstückes leide. Wer z. B. die
»letzten Passagen in der Arie der Eglantine nicht mit loderndem Feuer vortragen kann,
»vereinfache sich lieber diese Stelle, als dass die Leidenschaftlichkeit des ganzen Musik-
»stücks erkältet werde. Wer die racheschnaubende Arie der Elvira im Opferfest nicht
»auch ebenso singen kann, wird dem Werke weniger schaden, wenn er sie weglässt, als
»wenn er sie gleich einem ruhigen Solfeggio dem Hörer giebt. — Die schwierigste Auf-
»gabe wird es überhaupt immer sein und bleiben, Gesang und Instrumente in der rhyth-
»mischen Bewegung (Tact) eines Tonstükkes so zu verbinden, dass sie ineinander ver-
»schmelzen und letztere den ersten heben, tragen und seinen Ausdruck der Leiden-
»schaft befördern; denn Gesang und Instrumente stehen ihrer Natur nach im Gegensatze.
»— Der Gesang bedingt durch Athemholen und Artikuliren der Worte schon ein ge-
»wisses Wogen im Tacte, dem gleichförmigen Wellenschlage vielleicht zu vergleichen.
»Das Instrument (besonders das Saiteninstrument) theilt in scharfen Einschnitten,
»gleich Pendelschlägen die Zeit. Die Wahrheit des Ausdrucks fordert das Ver-
»schmelzen dieser entgegengesetzten Eigenthümlichkeiten. — Der Takt (das Tempo)
»soll nicht ein tyrannisch hemmender oder treibender Mühlenham-
»mer sein, sondern dem Musikstükke das, was der Pulsschlag dem
»Leben des Menschen ist. — Es giebt kein langsames Tempo, in dem
»nicht Stellen vorkämen, die eine raschere Bewegung forderten, um das Gefühl des
»Schleppenden zu verhindern. — Es giebt kein Presto, das nicht ebenso im Gegen-
»satze den ruhigen Vortrag mancher Stellen verlangte, um nicht durch Uebereilen die
»Mittel zum Ausdrucke zu benehmen. — Durch das hier Gesagte glaube aber um Him-
»melswillen Niemand sich zu jener tollhäuslerischen Vortragsart berechtigt, welche ein-
»zelne Takte nach Willkür verzerrt, und dem Zuhörer eine eben so unerträglich pein-
»liche Empfindung erzeugt, als wenn er einen alle Gliedmaassen so gewaltsam verren-
»kenden Gaukler sieht. Das Vorwärtsgehen im Tempo, eben so wie das Zurück-
»halten, beide dürfen nie das Gefühl des Rückenden, Stossweisen oder Gewaltsamen
»erzeugen. Es kann also in musikalisch-poetischer Bedeutung nur perioden- und
»phrasenweise geschehen, bedingt durch die Leidenschaftlichkeit des Ausdruckes. —
»In einem Duett z. B. können zwei mit einander kontrastirende Charactere auch verschie-
»dene Characterisirung ihrer Gefühlsweise fordern. Das Duett zwischen Licinius und
»dem Oberpriester in der Vestalin kann das Beispiel geben. Mit je mehr Ruhe alle Sätze
»des Oberpriesters, mit je mehr fortströmender Gewalt dagegen die Reden des Licinius
»gegeben werden — desto anschaulicher werden die Charactere hervortreten, desto grösser
»wird die Wirkung sein. — Für Alles dies haben wir in der Musik keine Bezeichnungs-
»mittel. Diese liegen allein in der fühlenden Menschenbrust, und finden sie
»sich da nicht, so hilft weder der nur grobe Missgriffe verhütende Metronom, noch helfen
»diese höchst unvollkommnen Andeutungen, die ich in der Reichhaltigkeit des Stoffes um
»Vieles weiter auszuführen versucht sein könnte, warnten mich nicht aufgedrungene Er-
»fahrungen, in deren Folge ich sie jetzt schon als überflüssig und nutzlos betrachte und

»gemissdeutet fürchten muss. — Mögen sie nun aber dastehen! Einzig veranlasst durch
»freundliche Anfrage. — C. M. v. Weber. Dresden d. 9. März 1824.« —— (Vergl.
Max M. v. Weber's »Lebensbild« W.'s. Bd. II. Abschnitt 23 u. 24.) — Rücksichtlich
der die Euryanthe betreffenden *Literatur,* so weit dieselbe mir bekannt geworden,
siehe **277,** Anm. i., p. 324.

———

——— 1824. ———

292.

Ohne
»p.-Zahl.

Romance : *»Elle était simple et gentilette,«*
(Refrain : *»Du moins alors je la voyais.«*)
Für eine Singstimme mit Begleitung des Pianoforte.
Text von Ferd. de Cussy. 3 Strophen.
Deutsch von C. Grünbaum als: *»Sie war so hold.«*
Comp. 1824, 23. Aug. zu Klein-Hosterwitz bei Pillnitz; *Tageb.* (s. *Autogr. u. Anm.* b.)
Ohne Opus-Zahl.

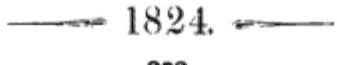

Str.: 24 Tacte.
Autogr.

Elle é - tait sim - ple et gen-ti - let - te,
Sie war so hold, sie war so rei - zend,

Autograph: Im Besitz des Buchhändlers Charavay zu Paris. ½ Bogen gelblichen
12linigen Querfolios. Mittelgrosse Schrift; auf p. 1 für die Romanze neun, für Abweichungen bei Str. 2 u. 3 zwei Zeilen beschrieben. Ueberschrift: »Du moins je la voyais«
»Paroles de Chevalier Ferd. de Cussy. Hosterwitz 23. Aug. 1824. C. M. v. Weber.
»80 ♪«

Ausgaben: Zuerst erschienen als: Te voir encore: »Cédant au charme de ta prière«.
Paris, Richault. 3 fr. ‖ Mit dem Text von de Cussy. Amsterdam, Theune u. C. 1864. 40 cs.
‖ Mit dems. Text u. einem deutschen v. C. Grünbaum, zum ersten Mal in Deutschland gesto-
chen 1860 als N. 96 d. Prchtausg. hrsg. v. Jähns. Berlin, Schlesinger (Lienau). 2½ sgr. *n.*
Als N. 44 im W.-Album. Ebend. Alb.: 1 thlr. *n.* ‖ In L. Schubert's »Concordia« Bd. 4, p. 134
als: »Sie war so wonnig anzuschauen« in Adur mit hinzugesetzten 2 Tacten Ritornell.

Anmerkungen. a. Die graziöse, gesanglich sehr dankbare Romanze ist die *einzige
Arbeit W.'s* während der 17 volle Monate andauernden Pause im Schaffen zwischen der Vollendung seiner »Euryanthe« am 29. Aug. 1823 und dem Beginn des »Oberon«
am 29. Junr. 1825, einer Pause, die nicht nur ein Beweis hoher körperlicher Erschöpfung,
sondern zugleich der Vorbote seines Todes war, der ⅔ Jahre später bereits erfolgte. Die
Composition der Romanze würde ebenfalls unterblieben sein, wenn W. von dem Verfasser des Gedichts, der ihm von Paris Aufforderungen zu Arbeiten und Einladungen
dahin brachte, nicht fast dazu genöthigt worden wäre. — **b.** W.'s *Tagebuch* sagt:
1824, 18. Aug. Hosterwitz »Brief erhalten von de Cussy«. 23. »Romance von Chv. de
»Cussy 'Du moins je te voyais' in Asdur componirt«. 16. Dez.: »Romanze von Cussy
»ausgearbeitet«. 17. »Cussy geschrieben nebst Romanze durch Portal (franz. Gesand-
ten) »geschickt«. Die gänzliche Vollendung derselben durch die fertige Niederschrift
trägt also ein viel späteres Datum, als das auf dem Autogr. befindliche ist. — **c.** Die
pariser Ausgabe hat vor den drei zusammenhangend ausgestochenen Strophen noch ein
Vorspiel, was von F. Burgmüller herrührt und auch im Autograph fehlt.

1825.

293.

Reiterlied II. (I: 172.) *»Hinaus! Hinaus zum blut'gen Strauss!«*

Für 4 Männerstimmen mit Begleitung des Pianoforte ad libitum.

Text von Dr. Emil Reiniger. 1 Strophe. (Ausgaben.)

Comp. 1825, 19. Febr. zu Dresden (*Tageb.*) für den Dichter; s. *Anm.*

Sehr rasch und feurig.

ff Hin - aus! Hin - aus zum blut'-gen Strauss! 22 Tacte. Abschrift. (s. Ausgaben.)

Autograph: Jetzt unbekannt.

Ausgaben: Ob und wo das Lied erschienen, ist mir nicht gelungen zu ermitteln; doch soll es gedruckt sein. — **Abschrift** nach dem Autograph nahm früher F. W. Brauer, Tonkünstler zu Dresden, danach Jähns; dieselbe wies nur eine Strophe auf.

Anmerkungen. Das Lied ist ein heiterer, vom Geiste der Lieder aus »Leyer und Schwert« durchwehter Ruf zum Kampf. — W.'s Tageb. sagt 19. Febr. 1825 »Brief von Reiniger erhalten. Abends Reiterlied componirt«. 23. »An Dr. Reiniger geschrie-ben, nebst Soldatenlied«.

294.

Schützenweihe. *»Hörnerschall! Ueberfall!«*

Lied für 4 Männerstimmen mit Begleitung des Pianoforte ad libitum.

Text vom K. Sächs. Oberstlieutenant A. Oertel. 1 Strophe.

Comp. 1825. 20. Juni in Cosel's Garten zu Antonstadt-Dresden; *Tageb.*

f Hör-nerschall! Ue - ber-fall! Donnernder Ge - schütze Hall! 15 Tacte. Abschrift. s. Ausgabe.

Autograph: Jetzt unbekannt.

Ausgaben: Nach Mittheilung des Dichters steht die Composition gedruckt in den »Melodieen« zu dem von Dr. Carl Weitershausen herausgegebenen »Liederbuch für deutsche Krieger und deutsches Volk.« Zweite Auflage. Darmstadt, Jonghaus, P. 376, Anh. 2. — **Abschrift** nach dem Autograph nahm früher F. W. Brauer, Tonkünstler in Dresden, danach Jähns.

Anmerkungen. Auch dies Lied W.'s ist von dem Geiste erfüllt, der alle seine Kriegslieder so belebend, die meisten so fortreissend, einige unwiderstehlich und begeisternd wirken lässt. Das im vorliegenden Liede gleich anfangs rasch auftretende Motiv mit der darauf folgenden Pause, wie die wiederholten Einschnitte durch Pausen in der heftig andringenden Rhythmik, wodurch für die Empfindung die aufregende Wirkung von durch das Ganze gehenden Synkopen erzeugt wird, bildet den characteristischen Zug dieser Composition. — Sie war W.'s letztes Lied und mit ihr schloss zugleich der Cyclus seiner patriotischen Tondichtungen, deren er im Ganzen achtzehn geschrieben, und an deren Spitze die grosse Sieges-Cantate, Lützows Jagd, Schwertlied und »Hör' uns Allmächtiger« stehen.

Zehn Schottische National-Gesänge,

von C. M. v. Weber versehen

mit Vorspielen, Gesangsbegleitungen und Nachspielen
für Flöte, Violine, Violoncello und Pianoforte.

Deutscher Titel: siehe Erste Orig.-Ausg. Leipzig, Probst.

Texte von R. Burns, W. Scott, J. Richardson, T. Pringle, W. Smyth, D. Vedder u. Machnell;
deutsch von A. vom Nordstern, Breuer, C. Förster, E. Gehe, Th. Hell u. F. Kuhn.

Comp. 1825, zwischen 10. Febr. u. 15. Sept. zu Dresden; *Tageb.* (*s. Anm. c. u. d.*) —
Widmung auf der deutschen Ausgabe Probst: »Den Dichtern« (der deutschen Texte) »in
Achtung u. Liebe zugeeignet vom Tonsetzer«.

295. N. 1. »The soothing shades«, von T. Pringle. 3 Strophen. = **Scene im Mondschein,** von
Arthur vom Nordstern. 3 Strophen. **Comp.** 1825, 10. Febr.

296. N. 2. The Troubadour, v. Walter Scott. 4 Strophen. = **Der Troubadour,** v. Ed. Gehe.
2 Strophen. **Comp.** 1825, 11. Febr.

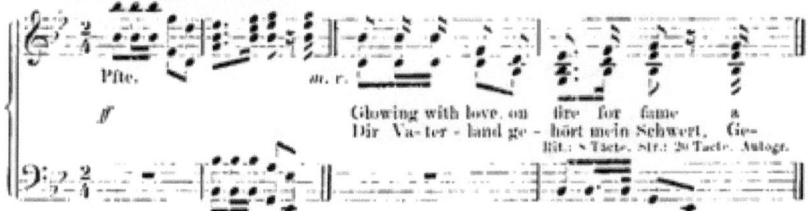

297. N. 3: »O poortith cauld«, v. Robert Burns. 3 Strophen. = **Ein entmuthigter Liebender,**
v. Carl Förster, 3 Strophen. **Comp.** 1825, 12. März.

298. N. 4. Bonny Dundee, v. Robert Burns. 2 Strophen. = **Ein beglückter Liebender,** v. Carl Förster. 3 Strophen. **Comp.** 1825, 20. März.

Hievon eine zweite Bearbeitung; s. Anm. d.

299. N. 5. »Yes thou may'st walk«, v. J. Richardson. 3 Strophen. = **Das liebenswürdige und standhafte Mädchen,** v. Breuer. 2 Strophen.

300. N. 6. »A soldier am I«, v. W. Smyth. 4 Strophen. = **Der fröhliche Soldat,** v. Th. Hell. 3 Strophen.

301. N. 7. »John Anderson, my jo.« Altes Gedicht; die zwei letzten Strophen v. Rob. Burns. = **Ein altes Ehepaar, welches sich an vergangene glückliche Zeiten erinnert,** v. Th. Hell. 5 Strophen.

302. **N. 8.** »O my Love's like the red red rose«, v. R. Burns. 2 Strophen. = **Bewunderung,**
v. Breuer. 3 Strophen. **Comp.** 1825, 26. Juni.

Grazioso amoroso con moto.

O my Love's like the red red rose, that's
Mein Mäd-chen ist so rein und hold, so

Rit.: 8 Tacte. Str.: 28 Tacte. Ausg. Probst.

303. **N. 9.** »Robin is my joy, mi dear«, v. Dav. Vedder. 1 Strophen. = **Treue,** v. F. Kuhn.
4 Strophen. **Comp.** 1825, 26. Juni.

Andante quasi Allegretto.

Ro - bin is my joy, mi dear
Wie der Himmel fest ge - gründet

Rit.: 4 Tacte. Str.: 28 Tacte. Autogr.

304. **N. 10.** »Whar ha'e ye been a' day«, v. Macnnell. 7 Strophen. = **Glühende Liebe,** v.
Arthur von Nordstern. 3 Strophen. **Comp.** 1825, 26. Juni.

Andantino amoroso.

Where ha'e ye been a day
Dein bin ich: Ein schö-nes Wort,

Rit.: 4 Tacte. Str.: 12 Tact. Autogr.

Autograph: Von den 10 Liedern N. 5 bis 8 incl. unbekannt. N. 1 bis 4, *Partitur a,* im Besitz der Frau Wittwe des Musikdirectors Kunze zu Dresden. (1869. J.)
N. 9 u. 10. *Partitur b,* im Besitz von F. W. Jähns. — *a.* N. 1 bis 4: 1 graugelblicher
12zeiliger Querfoliobogen; 4 volle Seiten, kleine, sehr deutliche, schwarze Schrift. Allgemeine Ueberschrift: »Schottische National-Melodien mit Begleitung von C. M. v.
»Weber«. Bei N. 2, 3, 4 fehlt der Text; N. 1 hat die erste schott. Strophe von W.'s.
die erste deutsche von G. Roth's Hand, (s. 283. Autogr.) aus dessen Nachlass das
Autograph stammt. Ausser der Ueberschrift jedes Liedes, wie diese der Stich enthält,
findet sich noch eine besondere; bei N. 1: »O komm, Geliebter, und weile nicht, denn
der Tag ist zur Ruhe gegangen«; bei N. 2: »Mein Arm ist im Dienste des Vaterlands,
mein Herz in dem Haine bei der Geliebten«; bei N. 3: »Kalte Armuth und rastlose Liebe,
ihr beide zerstört meinen Frieden«; bei N. 4: »Ihr allein sind ihre Reize fremd; ihr
schönster Schmuck ist ihr bescheidenes Betragen«. — *b.* N. 8 u. 9: 1/2 graugrünlicher.
10zeiliger Querfoliobogen; 2 volle Seiten; mittelgrosse schwarze Schrift; Zusätze zur
Ueberschrift der gestochenen Ausg. Probst — bei N. 9: »Robin ist mein Einziger, denn
ich weiss wohl, dass er mich liebt«; zu N. 10: »Dein bin ich. meine treue Schöne, meine
liebliche Nancy«.

Ausgaben: Erste Orig.-Ausg. mit deutschen Texten **und Flöte, Violine, Cello u. Pfte.-Begl. in einzelnen Stimmen.** Titel: »Schottische National-Gesänge mit neuen Dichtungen von Arthur vom Nordstern, Breuer, Carl Förster, Ed. Gehe, Theodor Hell und Friedrich Kuhn mit Begleitung der Flöte, Violine, des Violoncello und Pianoforte von Carl Maria von Weber. Den Dichtern in Achtung und Liebe zugeeignet vom Tonsetzer«. Ohne op.-Zahl; erschienen 14. Juli 1826. Leipzig, Probst. 1 thlr. 12 gr. | **Nur mit arrangirter Pfte.-Begl.** — Ebend. 1 thlr. | **Einzeln daraus.** — N. 6 als Duo N. 6 in C. Blum's Liederspiel »Die Rückkehr in's Dörfchen«. Berlin, Schlesinger. Clav.-Ausz. 2⅓ thlr. ‖ Erste Orig.-Ausg. mit schott. u. engl. Texten, **mit Pfte. u. Andeutungen der besonders erschienenen Begl. v. Flöte, Violine u. Cello.** Eine Gesammt-Ausg. fehlt; die 10 Lieder sind zerstreut enthalten in: New Edition, 1831—1838 ff. with improvements. The Melodies of Scotland with Simphonies and Accompaniments for the Pianoforte, Violin etc. by Pleyel, Haydn, Beethoven, Weber, Hummel etc. The Poetry chiefly by Burns. The Whole collected by G. Thomson. F. A. G. E. In 5 Volumes: Edinburgh by the Proprietor G. Thomson, and Vol. I, III, V, London by Th. Preston, (Vol. II, IV) London by Conventry and Hollier. Price, the Vol. 15s. — N. 1 der Ausg. Probst steht in Vol. V als N. 210, von W. zum zweiten Mal bearbeitet, in Cmoll (s. Anm. d.); N. 2 in Vol. III als N. 125; N. 3 in I, 2do N. 17; N. 4 in N. I, 45, von W. zum zweiten Mal bearbeitet (s. Anm. d.); N. 5 in I, 2do N. 41; N. 6 in II, N. 65; N. 7 in II, N. 51; N. 8 in II, N. 89; N. 9 in II, N. 60, nach F transponirt; N. 10 in II, N. 90. | **Die Flöten- u. Violinstimme übereinandergestellt, besonders,** sind in derselben Ordnung enthalten in: Violin and Flauto accompaniment to the Select Collection of Scottish airs. In 5 Volumes: Edinburgh, by the Proprietor G. Thomson and London by Conventry and Hollier. Price, the Vol. 2s. | **Die Violoncell-Stimme besonders** ist enthalten in: Violoncello Accompaniment to the Select Collection of Scottish airs. In 5 Volumes: Edinburgh, by the Proprietor G. Thomson and London by Th. Preston. Price: the Vol. 2s.

Anmerkungen. a. George Thomson, Musikalienverleger und Kunstfreund in Edinburgh, zugleich eifriger Sammler schottischer Original-Melodieen und Herausgeber derselben, hatte seit 1792 nach und nach Pleyel, Koželuch, J. Haydn, Beethoven und Hummel veranlasst, Ritornelle und Begleitungen von Clavier, Violine und Cello zu einer grossen Anzahl dieser Melodieen zu componiren. So übernahm auf seine Aufforderung denn auch W. 1825 eine solche Arbeit an 10 schottischen National-Gesängen, bei welcher er dem Claviere, der Violine und dem Cello seiner Vorgänger noch eine Flöte hinzufügte. Diese Lieder vertheilte nun Thomson bei einer neuen Ausgabe der »Melodies of Scotland« von 1831—1838 etc. in der oben unter »Ausgaben« mitgetheilten Weise, indem er in seiner Vorrede von Edinburgh 1. März 1831 bemerkt: dass hauptsächlich die von Weber und Hummel bearbeiteten Gesänge es seien, die er der letzten Ausgabe einverleibt habe zum Ersatz für die aus der früheren Ausgabe ausgeschiedenen, die weniger günstig aufgenommen worden seien. — **b.** Die *Bedeutung* und Schwierigkeit *der Arbeit* ist nur dem ersichtlich, der sich näher mit ihr bekannt gemacht hat. Wie W. die Aufgabe und zugleich das Verdienst Haydn's, eines seiner Vorgänger darin, zu würdigen verstand, geht zuvörderst aus folgender Aeusserung in einem *Briefe* aus Dresden vom 21. Febr. 1825 an seinen Freund Prof. Lichtenstein in Berlin hervor: »Man hat mir schottische Lieder geschickt, zu denen ich das Accompagnement setzen soll, wie es früher Joseph Haydn gethan; ich habe es übernommen, weil es mich ehrt und rührt, dem grossen Manne in Etwas Nachfolger sein zu dürfen«. Noch eingehender spricht W. dies gegen Thomson selbst in einem ursprünglich englisch geschriebenen Briefe aus Dresden vom 30. Juni wie folgt aus: »— ich fühle mich unendlich geschmeichelt durch Ihre Einladung, meine Versuche den Werken des grossen »Meisters Haydn hinzuzufügen. Empfangen Sie anbei die 10 schottischen Gesänge, von »denen ich aufrichtig wünsche, dass sie Ihren Erwartungen genügen mögen. Sie werden »ihren Werth nicht messen nach den Musterschöpfungen meines grossen Vorgängers. Ich »habe von Ihrer Erlaubniss, einige Noten in den Melodieen zu ändern, keinen »Gebrauch gemacht, weil die kleinste Abweichung vom Originale sie ihrer eigent»lichen Natur beraubt haben würde«. — Dennoch löste W. seine Aufgabe in ausgezeichneter Weise und hat es verstanden, einige dieser fremden Blüthen auf deutschem Boden heimisch zu machen, indem er bei strengster Unterordnung unter das Original dennoch seine Eigenthümlichkeit dem Ganzen zu verschmelzen wusste. Trefflich sind seine harmonischen Wendungen bei oft grosser Ungefügigkeit und Seltsamkeit der schottischen Melodieführung; die Behandlung der begleitenden Instrumente ist bei aller Natürlichkeit oft überraschend und voll reizenden Wechsels, dabei für alle gleich dankbar, immer aber von schöner Klangwirkung. Als besonders gelungen sind wohl N. 3, 4, 7 u. 8 hervorzuheben. — **c.** W.'s Tagebuch giebt an *Compositions-Daten* der einzelnen Lieder nur folgende : Dresden, 1825, 10. Febr. »Schottisches Lied No. 1 gemacht«. 11. »Schot-»tisches Lied N. 2«. 12. März: »Schottisches Lied No. 3 gemacht«. 20. »Schottisches »Lied No. 4 gemacht«. 26. Juni: »8tes, 9tes, 10te« Schottisches Lied gemacht«. 29. »Brief entworfen an Thomson«, dem er am 30. die Gesänge sendet. 7. Sept. »Brief von »Thomson erhalten«. 15. »An Thomson geschrieben nebst neuen Ritornellen«. (s. unten Anm. d.) Somit ist diese Arbeit zwischen dem 10. Febr. und 26. Juni (resp. 15. Sept.) entstanden ; das Datum der Composition von N. 5, 6 u. 7 hat er im Tageb. nicht ver-merkt. — **d.** Schon als Beethoven seine Bearbeitung von 62 irischen National-Ge-sängen mit Clavier-, Violin- und Cello-Begleitung 1812 an Thomson sendete, waren es 9 von diesen, deren Ritornelle und Accompagnements Letzterer von Beethoven geän-dert wünschte. (Vergl. A. v. Thayer's chronol. Verzeichn. der Werke Beethoven's. Berlin, Ferd. Schneider. 1865. p. 101.) Auch von W. wünschte Thomson die Aen-derung zweier Nummern der Bearbeitungen der 10 Gesänge. W. sendet ihm diese neuen Bearbeitungen unter dem 15. Sept. 1825 und schreibt ihm dazu unter Anderm: »Ich »habe die Ehre, Ihnen hiebei die beiden Ritornelle zu schicken, welche, wie ich hoffe, »nach Ihrem Wunsche ausgefallen sind. Es ist mir unmöglich, Sie gänzlich zu befriedi-»gen; es beruht auf meiner Untauglichkeit, auf Bestellung zu komponiren«. — Die bei-den *neuen Bearbeitungen* treffen N. 1 u. 4; sie sind sehr vereinfacht. N. 1 'Erwar-ten des Geliebten im Mondschein) jetzt in Cmoll und im Nachspiel um einen Tact ge-kürzt, hat, obwohl es an Durchsichtigkeit der Klangwirkung gewonnen, durch allzu scharfe Umrisse aber an dem Dufte verloren, den die Scene beansprucht: N. 4 aber hat durchaus an Wirkung eingebüsst. In die Ausgabe Probst gab W. seine ursprünglichen Bearbeitungen dieser beiden Nummern. Die Themata der zweiten Bearbeitungen von N. 1 u. 4 folgen hier:

N. 1. Zweite Bearbeitung von **295.**   N. 4. Zweite Bearbeitung von **298.**

Pfte.   Pfte.
Die Aenderungen der Begl. z. Gesange beginnen erst mit T. 3,   Die Begl. z. tirs. ist geblieben, das Gsla ist gründet.

Andantino quasi Allegretto.   Allegretto espressivo.

— **e.** In der Pfte.-Parthie der *Ausgabe Thomson* 1831—38 ist in der Begleitung der Melodieen zur Ergänzung der fehlenden 3 anderen Begleit-Instrumente einiges hie und da *geändert* oder hinzugesetzt gegen die Original-Lesart der Pfte.-Parthie, wie sie an und für sich als 4. Instrumental-Stimme ursprünglich geschrieben wurde und wie sie die Ausgabe Probst bringt. Die Vor- und Nachspiele (»Simphonies«) dieser Pfte.-Par-thie (Ausg. Thomson) sind meistens Arrangements nach der Partitur. Ganz weggelassen darin ist das Vorspiel zu N. 5, so auch in den andern Begleit-Instrumenten. — Abge-sehn, dass die zweite Bearbeitung von N. 1 das ursprüngliche Dmoll mit Cmoll vertauscht, ist auch N. 9 aus G— nach Fdur transponirt. — Betreffs der Tempo- und Vortrags-bezeichnungen zu Anfang jeder Nummer stimmt nur N. 2 mit der Ausg. Probst überein. Bei allen übrigen Nummern der Ausgabe Thomson weichen diese Bezeichnungen von denen der Ausg. Probst in allen 5 Stimmen vielfach ab: bei N. 5 z. B. steht im Gesange u. Pfte.: »Con molto passione«. in Flöte u. Violine: »Grazioso con anima ed espressivo«. im Cello: »Andante espressivo«. — In allen diesen Beziehungen ist die *Ausg. Probst* als maassgebend zu betrachten, 1.) weil W. das Stichexemplar der schott. Gesänge an Probst laut Tageb. erst am 6. Febr. 1826 sendet, also über ½ Jahr später, als er dasselbe an Thomson schickte, W. mithin jene Tempobezeichnungen möglicherweise noch geändert haben kann; 2.) weil das Autograph von N. 9 (s. Autogr.) mit der Tonart von N. 9 in der Ausg. Probst und das Autogr. von N. 1, 2, 3, 4, 9 u. 10 mit den Tempobezeich-nungen eben dieser Nummern übereinstimmt; und 3.) weil die Pfte.-Begleitung der Ausg. Probst mit den beigegebenen 3 Instrumental-Stimmen allein die ursprüngliche Lesart der Pfte.-Begleitung bringt. — Auffallend ist noch in der Ausg. Thomson bei

N. 3 der Wegfall der für schottische Melodieen so characteristischen Synkope in den
Tacten 1, 3, 5, 7 u. 11, in welchen sie stets 2 gleiche Achtel zeigt, wo die Ausg. Probst
eine $^1/_{16}$ und eine $^3/_{16}$ Note bringt. — Zu bemerken ist noch, dass die Ausg. Thomson
von 2 durch W. bearbeiteten Gesängen noch frühere Bearbeitungen von Koželuch in N. 44 (1) und N. 47 (1) (d. i. N. 3 u. 5 der Ausg. Probst) enthält. —

305.

Unge-
druckt.

Musik und Recitative für Bass- u. Sopran-Stimme.

»Doch welche Töne steigen jetzt hernieder.«

zum 3. Act der Oper *Olimpia* von Spontini.

Mit Begleitung zweier Orchester auf dem Theater (rechts: 2 Flöten, 2 Clarinetten, 2 Fagotte, 2 Hörner, 2 Trompeten u. Bass-Posaune; links: 2 Flöten, 2 Oboen, 2 Clarinetten,
2 Fagotte, 2 Hörner, 2 Trompeten, Bass-Posaune, 2 Violinen, 2 Violen, Cello u. Bass).

Text von Th. Hell (C. Winkler) mit 26 Zeilen.

Comp. 1825, 29. Oct. zu Dresden (*Tageb.*, s. *Anm. a.*) zur Fest-Aufführung dieser Oper
bei Gelegenheit der Vermählungsfeier des Prinzen Max v. Sachsen mit der Infantin
Luise v. Lucca, am 12. Nov. 1825 zu Dresden.

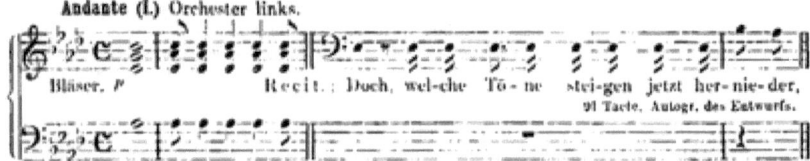

Autograph der vollständigen Partitur — unbekannt, das des Entwurfs; im Besitz
von Max M. Frhrn. v. Weber zu Wien. (1870. J.) Dasselbe befindet sich auf p. 23
u. 24 der Original-Entwürfe zu W.'s Oberon, p. 23 ganz, von p. 24 nur 4 Zeilen füllend;
graugelbliches, 20zeiliges Querfolio; kleine schwarze Schrift, von W. kreuzweis mit
Bleistift durchstrichen.

Ausgaben: Keine. — Die copirten Stimmen im Besitz des K. S. Hoftheaters zu
Dresden. Daraus zusammengestellte Partitur im Besitz von Jähns.

Anmerkungen. **a.** W.'s *Tageb.* sagt: Dresden, 1825, 26. Nov. »gearbeitet zur
»Festlichkeit in die Olimpia. O!!! — «. 29. »Zur Festlichkeit das Recit. vollendet.«
— Das »O!!!« zum Schluss der Notiz vom 26. ist characteristisch und vielsagend. Es giebt
Kunde von den bittern Empfindungen, die W. erfüllten, als er durch die Festaufführung
jener Oper bei obengenannter Vermählungsfeier veranlasst wurde, seine höchst drän-
gende Arbeit am Oberon zu unterbrechen und nun die eigne schöpferische Thätigkeit
mit dem Werke des Mannes zu verbinden, der in seiner Stellung als fast allmächtiger
Beherrscher des Musikwesens der damaligen königl. Oper zu Berlin, W.'n schwere
und kränkende Hindernisse in den Weg zu legen gewusst, selbst nach dem Welt-
Erfolge des »Freischütz«, oder wohl eigentlich eben deswegen; hatte doch der Freischütz die Wirkung der einen Monat früher zum 1. Male in Berlin gegebenen Olimpia in hohem Grade abgeschwächt, weshalb W.'s Euryanthe, in Folge von Spontini's
Schritten gegen dieselbe, erst Ende 1825 über die berliner Bühne ging, nachdem sie zum
1. Male bereits October 1823 in Wien aufgeführt worden. (s. 277 u. 291 Anm. d.
Berlin.) — Doch mit eben der strengen Pflichttreue, mit der W. die schwierige Einstudirung der Olimpia leitete, unterzog er sich auch der Composition der durch jene Festlichkeit dazu nöthig gewordenen Recitative, welche nach Cassander's Vermählung mit
Olimpia den Oberpriester und der in ihrem Tempel erscheinenden Dinna zuertheilt und
zum Schlusse der Oper überzuleiten bestimmt waren. Die grosse Wortmenge in denselben — eine Begrüssung und Segensspendung an das Prinzliche Paar — wusste W. durch
eingestreute Instrumental-Sätze und ein ansprechendes Cantabile B dur $^1/_4$ glücklich zu
verhüllen, obwohl die Arbeit eine besondere künstlerische Bedeutung nicht hat. Sie war
die letzte seiner 13 Gelegenheits-Compositionen für K. Sächs. Hoffestlichkeiten. —

b. W. griff auch hier, wenn auch nur in 14 Tacten, zu einer früheren Arbeit zurück, die eine ähnliche Veranlassung hatte. Aus der N. 4 derselben, der italiänischen Cantate «L'Accoglienza» entnahm er nämlich Tact 1 bis 7, 13 bis 15 des Andante und Tact 1 bis 4 des vorletzten Allegro zu den Tacten 1 bis 7 des zweiten Andante, 1 bis 3 des dritten und zu Tact 1 bis 4 des Allegro der Olimpia-Musik, für welche er vom Könige v. Sachsen einen kostbaren Brillantring empfing.

1826.

306.

Oberon.

Ohne op.-Zahl.

Romantische Oper in 3 Akten. Nach dem englischen Original-Text des James Robinson Planché, deutsch von Th. Hell, pseud. für Carl Winkler (s. Autogr. III).
Weber's elftes dramatisches Werk.

Comp. 1826, 10. April zu London; *s. Autogr. I. u. Anm. c.*

Abkürzungen in Bezug auf die Numerirung der einzelnen Musikstücke:
Aut. = Original-Partitur. (Autograph.)
O.-Cl.-A. = Manuscript des Original-Clavier-Auszuges. (s. Autogr. III.)
a. Cl.-A. = alter Clavier-Auszug, Berlin, Schlesinger.
n. Cl.-A. = neuer Clavier-Auszug, Berlin, Schlesinger (Lienau).
P.-C. = Partitur-Copieen, von W.'s Wittwe an die Theater versendet.

Ouvertüre. Ohne Nummer; im Aut, n. Cl.-A., P.-C. = N. 1; im a. Cl.-A. — fehlt im O.-Cl.-A.
Adagio sostenuto. ♩ = 88; Jähns. Allegro con fuoco; ♩ = 126 (132); J.
2 Vlni.

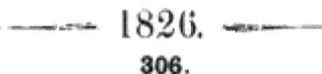

Horn. *ppp*
Saiten con Sordini. Cello.
dolce Viola.

p   *f*   *ss*

221 Tacte. Clav.-Ausz. Schlesinger.

Instrumentirung: 2 Fl., 2 Ob., 2 Cl., 4 Hörn., 2 Fag., 3 Pos., 2 Tromp., 2 Pkn., 2 Violinen, Viola, Cello u. Bass.

Act I. N. 1: Aut., O.-Cl.-A., n. Cl.-A., P.-C. = N. 2: a. Cl.-A.
Elfenchor. Mit 3 Solo-St. (Chor: S. A. T.) »Light, as fairy foot« »Leicht, wie Feentritt«
Andante quasi Allegretto. ♩ = 76; J.

ppp Horn.   *pp*

Viola.

Light, as fai - ry foot   can fall,   Fl. Cl.
Leicht, wie Fe - en-tritt   nur geht,

79 Tacte. Autogr. d. Clav.-Auszuge.

Instr.: 2 Fl., 2 Cl., 1 Horn, 2 Violinen, Viola, 2 Celli.

N. 2: Aut., O.-Cl.-A., n. Cl.-A., P.-C. = N. 3: a. Cl.-A.
Arie. Oberon. »Fatal oath!« »Schreckensschwur!«
Molto agitato. ♩ = 104; J.   Oberon.

mf

Fa - tal oath!
Schre-ckens - schwur!

76 Tacte.
Autogr. des Clav.-Ausz.

Instr.: 2 Fl., 2 Ob., 2 Cl., 2 Fag., 2 Violinen, Viola u. Cello.

N. 3: Aut., n. Cl.-A., P.-C. = N. 4: a. Cl.-A. — Fehlt im O.-Cl.-A.

Vision. Rezia. *»O, why art thou sleeping,«* *»Warum musst du schlafen.«*

Andantino. ♪ = 100: J. — Quasi a piacere.

Instr.: 2 Cl., 2 Fag., 1 Horn u. Guitarre.

N. 4: Aut., O.-Cl.-A., n. Cl.-A., P.-C. = N. 5: a. Cl.-A.

Ensemble. Oberon, Hüon, Scherasmin, Chor. (S. A. T.) *»Honour and joy«* *»Ehre und Heil«*

Allegro maestoso. ♩ = 120: J.

(Allegro con fuoco: ♩ = 88. J.)

Instr.: 2 Fl., 2 Ob., 2 Cl., 4 Hörn., 2 Fag., 3 Pos., 2 Tromp., 2 Pkn., 2 Violinen, Viola, Cello u. Bass.

N. 5: Aut., O.-Cl.-A., n. Cl.-A., P.-C. = N. 6: a. Cl.-A.

Arie. Hüon. *»From boyhood trained in battle field«* *»Von Jugend auf in dem Kampfgefild«*

Allegro energico. ♩ = 72: J.

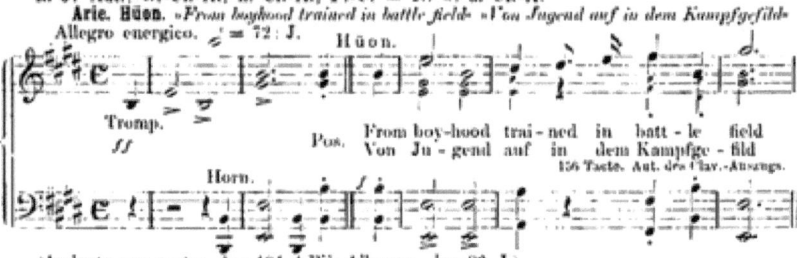

(Andante con moto: ♩ = 104. | Più Allegro: ♩ = 92. J.)

Instr.: 2 Fl., 2 Ob., 2 Cl., 4 Hörn., 2 Fag., 2 Tromp., 2 Pkn., 1 Bass-Pos., 2 Violinen, Viola, Cello u. Bass.

N. 6: Aut., O.-Cl.-A., n. Cl.-A., P.-C. = N. 7: a. Cl.-A.

Finale. Rezia, Fatime, Chor. *»Haste, gallant knight,«* *»Eil', edler Held,«*

Allegro viv. ♩ = 69: J.   Recit. Rezia.   Arie. Allo. con moto. ♩ = 92: J.

(Agitato: ♩ = 138. | Allo. vivace: ♩ = 130. | Tempo di Marcia: ♩ = 126. J.)

Instr.: 2 Fl., 2 Ob., 2 Cl., 2 Hörn., 2 Fag., 2 Tromp., 2 Pkn., 2 Violinen, Viola, Cello u. Bass. — Auf dem Theater: 2 Ob., 2 Cl., 2 Fag., Becken, Triangel, gr. Trommel.

Act II. N. 7: Aut., n. Cl.-A., P.-C. = N. 9: a. Cl.-A. — Ohne Nummer im O.-Cl.-A.

Türkenchor. 2 T., 2 B. «Glory to the Caliph» «Ehre sei dem mächt'gen Kalifen»

Allegro feroce ma pesante. ♩ = 108: J.

Instr.: 2 Picc., 2 Ob., 2 Cl., 4 Hörn., 2 Fag., 1 Bass-Pos., 2 Tromp., 2 Pkn. in H D, Becken, Triangel, grosse Trommel, 2 Violinen, Viola, Bässe.

N. 8: Aut., n. Cl.-A., P.-C., O.-Cl.-A. = N. 9: a. Cl.-A.

Kleiner Marsch. Allegretto grazioso. ♩ = 108: J. (Rezia wird auf die Scene geführt.)

Instr.: 2 Fl., 2 Cl., 2 Hörn., Triangel, Tambourins, 2 Fag.

N. 9A: Aut. u. P.-C. — Fehlt im O.-Cl.-A., a. Cl.-A., n. Cl.-A.

Melodram. Scene 2, nach den Worten des Sarazenen: «Here's that shall bring assistance.» «Halt! dies hier wird uns Beistand herbeirufen.»

Allo. furioso. ♩ = 72: J.

Instr.: 2 Picc., 2 Ob., 4 Hörn., 2 Fag., 3 Pos., 2 Tromp., 2 Pkn., 2 Violinen, Viola, Bässe. (Auf dem Theater: 2 Fl., 2 Cl.)

N. 9B: Aut. — Fehlt sonst überall.

Melodram. Scene 2, nach Oberon's Stichwort: «Enough!» «Doch genug!»

Andante. ♩ = 96: J.

——— 386 ———

N. 9 C: Aut. — In P.-C. verschieden, bald 9 B, bald 9 C bezeichnet. — Fehlt sonst überall.

Melodram. Scene 2, nach Oberon's Stichwort: *»Be true, and triumph!«* *»Sei treu und du wirst siegen!«*

2 Flöten.

2 Clar.

12 Tacte, Autogr. Partitur.

N. 10: Aut., a. Cl.-A., P.-C. = N. 9: O.-Cl.-A., u. Cl.-A.

Arietta. Fatime. *»A lonely Arab maid.«* *»Arabiens einsam Kind.«*

Andante amoroso. ♪ = 100: J.

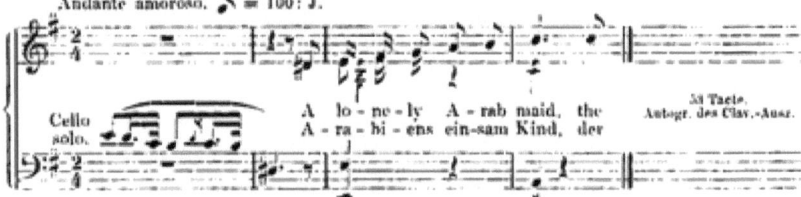

Cello solo.

A lo - ne - ly A - rab maid, the
A - ra - bi - ens ein - sam Kind, der

53 Tacte.
Autogr. des Clav.-Ausz.

Instr.: 2 Fl., 2 Cl., 2 Fag., 2 Violinen, Viola, Cello u. Bass.

N. 11: Aut., a. Cl.-A., P.-C. = N. 10: O.-Cl.-A., u. Cl.-A.

Quartett. Rezia, Fatime, Hüon, Scherasmin. *»Over the dark blue waters,«* *»Ueber die blauen Wogen.«*

Allegro con grazia. ♩ = 116: J.

Hüon, Scherasmin.   Animato. ♩ = 126: J.   Rezia, Fat.

dolce

Over the dark blue waters,
Ueber die blauen Wo - gen,

Zus. 89 Tacte.
Autogr. des Clav.-Ausz.

A - ler - te!
An Bord denn!

2 Fag.

Bassi.

Instr.: 2 Ob., 2 Cl., 2 Hörn., 2 Fag., 2 Tromp., 2 Pkn., 2 Violinen, Viola, Bässe.

N. 12: Aut., a. Cl.-A., O.-P., O.-Cl.-A. = N. 11: u. Cl.-A.

Scene: Solo u. Chor; Sturm. Puck, Oberon, Chor (S. A. T. B.). *»Spirits of air«* *»Geister der Luft«*

Andante marcato. ♩ = 80: J.

Puck.

ff

Spi - rits of air and
Gei - ster der Luft und

237 Tacte.
Autogr. des Clav.-Ausz.

con 8va   con 8va

Allegro pesante: ♩ = 126. | Presto agitato: ♩. = 116. | Allegro: ♩ = 138. J.

Instr.: 2 Fl., 2 Ob., 2 Cl., 4 Hörn., 2 Fag., 2 Tromp., 2 Pkn., 3 Pos., 2 Violinen, Viola, Bässe.

N. 12 A: Preghiera. (Gebet. **Ohne Nummer.** Aut. u. P.-C. = N. 13. a. Cl.-A. = N. 12. n. Cl.-A. — Fehlt im O.-Cl.-A.
Adagio. ♪ = 80: ♩.

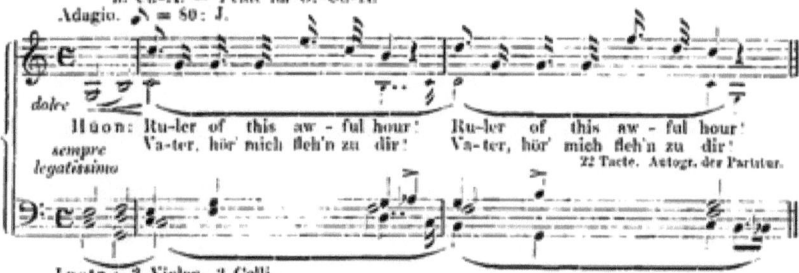

Instr.: 2 Violen, 2 Celli.

N. 13: Aut., n. Cl.-A., P.-C. = Als 2ter N. 12 im O.-Cl.-A. = N. 14: a. Cl.-A.
Scene und Arie. Rezia. »Ocean!« »Ozean!«
Largo assai. ♩ = 66: ♩.

(Allo. con moto: ♩ = 72. | Riten. un poco: ♩ = 108 [112]. | Andante maest., ma con moto: ♩ = 112. | Allegretto: ♩ = 80. | Allo. mod.: ♩ = 88. | Presto e. fuoco: ♩ = 72. ♩.)
Instr.: 2 Fl., 2 Ob., 2 Cl., 4 Hörn., 2 Fag. 3 Pos., 2 Pkn., 2 Violinen, Viola, Cello u. Bass.

N. 14: Aut. — Fehlt sonst überall.
Melodram. Vor Scene 5, nach Abdallah's Stichwort: »To the booth, I say!« »In's Boot, befehl' ich!«
And. con moto. ♩ = 120: ♩.

Instr.: 2 Fl., 2 Clar., 1 Horn.

N. 15: Aut., a. Cl.-A., P.-C. = N. 11: n. Cl.-A. — Ohne Nummer: O.-Cl.-A.
Finale II. Meermädchen, Oberon, Chor der Elfen und Wassernymphen (2 S. 1 A. 2 T.).
»O, 't is pleasant« »O, wie wogt es sich«
Andante con moto. ♪ = 132 [138]: ♩.
Violino con sordino. Meermädchen.

(Allegretto: ♩ = 112. | Vivace: ♩. = 92 [96]. | Allegro giojoso assai: ♩ = 120. ♩.)
Instr.: 2 Fl., 2 Ob., 2 Cl., 2 Hörn., 2 Fag., 2 Violinen (1 Solo-Violine), Viola, Cello u. Bass.

Act III. N. 16: Aut. a. Cl.-A., P.-C. = N. 15. n. Cl.-A. — Fehlt im O.-Cl.-A.
Romanze. Fatime. »O Araby, dear Araby,« »Arabien, mein Heimathland.«

Instr.: 2 Fl., 2 Cl., 2 Fag., 2 Violinen, Viola, Bässe.

N. 17: Aut., a. Cl.-A., P.-C. = N. 16: n. Cl.-A. — Ohne Nummer im O.-Cl.-A.
Duett. Fatime u. Scherasmin. »On the banks« »An dem Strande der Garonne«

Instr.: 2 Fl., 2 Ob., 2 Hörn., 2 Fag., 2 Violinen, Viola, Bässe.

N. 18: Aut., a. Cl.-A., P.-C. = N. 17: n. Cl.-A. — Ohne Nummer im O.-Cl.-A.
Terzettino. Fatime, Hüon, Scherasmin. »And must I then dissemble!« »So muss ich mich verstellen!«

Instr.: 2 Fl., 2 Cl., 4 Hörn., 2 Fag., 2 Tromp., 2 Pkn., 1 Bass-Pos., 2 Violinen, Viola, Bässe.

N. 19: Aut., a. Cl.-A., P.-C. = N. 18: n. Cl.-A. — Fehlt im O.-Cl.-A.
Cavatine. Rezia. »Mourn thou, poor heart,« »Traure, mein Herz,«

Instr.: 2 Cl., 2 Fag., 2 Violinen, Viola, Cello u. Bass.

N. 20: Aut., a. Cl.-A., P.-C. = N. 19 n. Cl.-A — Fehlt im O.-Cl.-A.
Rondo. Huon. »I revel in hope« »Ich jub'le in Glück«
Allegro vivace assai. ♩ = 108 : J.

Instr.: 2 Fl., 2 Ob., 2 Cl., 2 Hörn., 2 Fag., 2 Violinen, Viola, Cello u. Bass.

N. 21: Aut., a. Cl.-A. P.-C. = N. 20 n. Cl.-A. — Ohne Nummer im O.-Cl.-A.
Chor und Ballet mit Huon. Chor (2 S. 1 A.). »For the that beauty« »Für dich hat Schönheit«
Allegretto. ♪ = 92 [96] : J.

Instr.: 2 Fl., 2 Ob., 2 Cl., 2 Hörn., 2 Fag., 2 Tromp., 2 Pkn., Triangel, Tambourins, Bass-Pos., 2 Violinen, Viola, Bässe.

N. 22: Aut., a. Cl.-A., P.-C. = N. 21 n. Cl.-A. = Fehlt im O.-Cl.-A.
Finale III. Rezia, Fatime, Huon, Scherasmin, Chor S. A. T. B.). »Hark! What notes are swelling?« »Horch! Welch Wunderklingen?«
Allegro. ♩ = 92 : J.

(Allo. furioso ♩ = 72. Allo. maest. ♩ = 120. J.)
Instr.: 2 Picc., 2 Fl., 2 Ob., 2 Cl., 4 Hörn., 2 Fag., 2 Tromp., 2 Pkn., Banda mit Trommel militaire, 3 Pos., 2 Violinen, Viola, Cello u. Bass.

Marsch dieses Finale's als **N. 22** im n. Cl.-A.
Marcia maestoso. ♩ = 108 : J. Allegro vivace. Schlusschor: ♩ = 112. J.

N. 23; N. Cl.-A. — Im Aut. a. Cl.-A. u. P.-C. ohne Nummer. — Fehlt im O.-Cl.-A.

Scene u. Arie. Hüon. Nachcomponirt. »Yes, even Love to fame must yield!« Ja, selbst die Liebe weicht dem Ruhm!»

Allegro moderato. ♩ = 144: J.

Yes, e - ven Love to fame must yield!
Ja, selbst die Lie - be weicht dem Ruhm!

212 Tacte. Autogr. Partitur.

Più Allegro: ♩ = 152. | Andante: ♩. = 50. | Allegretto: ♩ = 116. | Allegro: ♩ = 138. J.)
Instr.: 2 Fl., 2 Ob., 2 Cl., 2 Fag., 2 Hörn., 2 Tromp., 3 Pos., 2 Pkn., 2 Violinen, Viola, Cello u. Bass.

Die Oper hat im Ganzen 4180 Tacte, excl. 96 Tacte Repr. u. D. C. Die Wiederholung von Gesangstrophen ist dabei nicht mitgezählt.

NB. Bei der im Verlauf des Folgenden gebrauchten Nennung der Nummern der einzelnen Stücke der Oper ist stets die Nummer der Original-Partitur gemeint.

Autographe: — *1: Vollständige Partitur,* seit 1815 im Besitz der öffentlichen Kais. Bibliothek zu St. Petersburg (1854. J.), jedoch ohne die nach dem vorläufigen Abschluss der Oper noch nachcomponirten Stücke für die Parthie des Hüon: die Arie »Yes, even Love« und die Preghiera »Ruler«, welche beide nicht in den Besitz dieser Bibliothek übergingen. — Das Autograph ist, wie das der Euryanthe, von höchster Sauberkeit, vollständiger Gleichmässigkeit, in fliessender, dabei fester, nur noch etwas kleinerer, dunkelschwarzer Schrift gehalten; Text englisch; es bestand 1868 noch aus 21 ungehefteten Lagen festen gelblichen Querfolio's mit 228 Seiten. (Siehe hier unten [unter 4.)] die Nachrichten über dies seltene Autograph.) — Von dieser Partitur hat Act 1 72 mit Bleistift paginirte Seiten; davon sind leer: p. 16, 44 u. 72. Pag. 1 zeigt Folgendes von der Hand von W.'s Sohn: »Original-Partitur zu »Oberon«, romantische Oper in 3 Acten von Carl Maria von Weber. Seiner Majestät, dem Allerdurchlauchtigsten, Grossmächtigsten, Allergnädigsten Kaiser und Herrn Alexander II, Kaiser von Russland etc. etc. etc. in tiefsterEhrfurcht überreicht vom Sohne des Componisten Max Maria Frhrn. von Weber. 1855«. — Act II hat 80 Seiten; leer p. 1 u. 80. — Act III hat 76 Seiten; leer p. 20, 28, 40, 55, 56, 57 u. 76. Das Ganze liegt in einem reichgearbeiteten Carton von rothem Saffian mit auf Gold gepressten farbigen Arabesken an den Ecken. Auf der Vorderseite: »Oberon von Carl Maria von Weber«. Innerhalb des Cartons liegt auf dem Autograph ein loses Blatt, worauf: »Oberon, romantische Oper von Carl Maria von Weber. Des Componisten eigenhändig geschriebene Partitur. 1826«. — Besondere Bemerkungen von W.'s Hand im Autograph sind folgende: Am Schlusse der Ouvertüre »Vollendet d 9. April 1826. »Vormittags ¾ auf 12 Uhr und somit die ganze Oper Oberon. Soli Deo Gloria!!! C. M. v. Weber«. — Nach N. 1 (des Autogr.) »Geendigt d 11. Sept. 1825 im Kosel'schen »Garten« (Antonstadt Dresden) «C. M. v. Weber«. — Nach N. 4 »Beendiget d 11. Nov. »1825. Dresden«. — Nach Finale I: »Den ersten Akt beendiget Dresden den 18. November 1825. C. M. v. Weber«. — Nach N. 16 »Beendigt London den 21. März 1826 »Nachts 11 Uhr. C. M. v. Weber«. — Nach N. 21 »Beendigt Dresden den 25. Januar »1826. C. M. v. Weber«. — Das Autograph der für die londoner Aufführungen auf Wunsch des den Hüon singenden Braham nachcomponirten Scene und Arie »Yes even Love« besitzt Herr Kunze, Mitglied des Concert-Orchesters zu Rotterdam. Dasselbe umfasst 4 geheftete Bogen festen graugelblichen 14zeiligen Querfolios; die 2 letzten Seiten leer. Englischer Text von W.'s, deutscher von Th. Hell's Hand; der letztere weicht von dem des deutschen Clavier-Auszuges ab und beginnt mit »Ja, wenn die Lieb' dem Ruhme weicht«. Zum Schluss von W.'s Hand: »Beendigt London d: 6. April »1826 ½4 Uhr Nachmittags«. Durchweg sehr kleine schwarze klare Schrift; p. 1 be-

schmutzt. — Das Autograph der ebenfalls für Braham nachcomponirten Preghiera
»Ruler« besitzt Max Maria Frhr. v. Weber zu Wien in 1 Bogen festen gelblichen 15zei-
ligen Querfolios; nur p. 1 beschrieben; kleine schwarze klare Schrift. Zum Schluss in 2
vertikalen Zeilchen: »London d 10 Aprill 1826. C. M. v. Weber«; zuletzt componirtes
Stück der Oper, zugleich die letzte aller bekannten vollständig niedergeschriebenen Compositionen und musikalischen Autographe W.'s, da der von ihm kurz vor seinem Tode
componirte Song aus Lalla Rookh, der nur aus einem Entwurfe bestand, gänzlich verschollen zu sein scheint. (s. **308.**) — Gottfried Weber spricht in seiner Caecilia Bd. 7,
p. 179 von der Original-Partitur des Oberon als 1828 in seinem Besitze befindlich;
mit welchem Grunde ist mir nicht ersichtlich; ich habe das Autograph dieser Partitur
nur im Besitze von W.'s Wittwe und seinem Sohne Max in dem Zeitraum von 1836 bis
1854 gekannt, wonach Letzterer es 1855 S. M. dem Kaiser von Russland verehrte. —
II: Entwürfe zum Oberon von W.'s Hand. 1.) Im Besitze von Max M. Frhrn. v.
Weber zu Wien (1871. J.) 4 ganze und 7 halbe Bogen und ein 2 Zoll breiter Streifen,
an p. 1 geklebt; festes gelbliches 20zeiliges Querfolio; kleine feste, obwohl fliessende
Schrift; Einiges mit Bleistift; überall englischer Text. Notirt sind vollständig nur die
Singstimmen, ausserdem hie und da ein Instrumental-Bass oder ein obligates Instrument,
nach welchem Entwurf W. unmittelbar die Partitur niederschrieb. Vergl. Euryanthe **291**
bei Autograph »Entwürfe« u. Anmerk. e. 2.) Die 30 von mir roth paginirten Seiten des
Ganzen geben die Nummern der Oper nicht in fortlaufender Reihenfolge; oft stehen
Theile derselben zerstreut zwischen anderen Nummern. Es sind in diesen Entwürfen, der
Tactzahl nach, vollständig vorhanden: N. 1, 2, 1, 6, 7, 8, 9 a u. b, 10, 11, 12, 13, 15.
17 u. 18. Bei N. 3 fehlen die 2 Schlusstacte der Original-Partitur. In Bezug auf die
Zeitdauer der einzelnen Nummern hat N. 1 die Bemerkung W.'s: »1 M« (bedeutet 1
Minuten), N. 2 Arie: »2 M«, N. 4 Ensemble »5 M«, N. 6 Fin. I: »13 M«. — Ausser-
dem enthalten die Entwürfe auf p. 14 ein unbekanntes Motiv von 4 Tacten, auf p. 23 u.
24 aber den vollständigen Entwurf der zu Spontini's Olimpia 1825 componirten Recitative. (**305.**) — Die erste Idee zum Meermädchen-Liede in Fin. II N. 15 (5 Tacte für
Clarinett u. 2 Hörner) ist nicht enthalten in diesen Entwürfen zu Oberon, sondern in
denen zu Euryanthe auf p. 49 (vergl. **291** Autogr. »Entwürfe«) — mithin stammt dies
Motiv wohl aus den Jahren 1822 oder 23. — 2.) Dr. Julius Rietz, k. Sächs. Kapellmeister zu Dresden, besitzt aus diesen Entwürfen einen halben auf beiden Seiten beschrie-
benen Bogen; derselbe ist in Papier, Zeilenzahl, Schrift und Art der Notirung den übrigen gleich und enthält die Scizze von Hüon's Arie N. 5 »From boyhood« (»Von Jugend
auf«) vollständig; dabei von W.'s Hand mit Bleistift: »5 M«(inuten Dauer). Auf. p. 2
befinden sich auf Zeile 1 u. 2 die ersten 6 Tacte des Sturms, jedoch in C moll; ausserdem unten noch 6 unbekannte Tacte, von W. mit Bleistift notirt. P. 1 trägt als Ueberschrift
eine Dedication dieses Stückes Autograph an den K. Sächs. Hofsänger Tichatschek von
Seiten des Freihrn. Max v. Weber. — 3.) Den Entwurf von N. 21, Chor u. Ballet (zuletzt
1869. J.), den mir W.'s Wittwe 1836 schenkte, habe ich später meiner Stiftung zum
Andenken W.'s (Album, Bildniss und eigenhändiger Briefe desselben) hinzugefügt, welche
sich in dem 1865 mit erzner Votiv-Tafel durch mich versehenen Sommerhause W.'s zu
Klein-Hosterwitz bei Pillnitz befindet. Der Entwurf dieser N. 21 füllt die 2 Seiten
eines halben einzelnen gelblichen 20zeiligen Querfoliobogens, in der Tactzahl mit dem
Clavier-Auszuge übereinstimmend. — 4.) In Besitz von Felix Moscheles in London
(dem Sohne von Ignaz Moscheles) befinden sich ein Dreiviertel- und ein halber Bogen
Entwürfe. (1869. J.) Schrift und Papier wie bei 1.) — Der Dreiviertel-Bogen enthält den Entwurf des dritten Finales, excl. Schluss-Chor, von Tact 5 an, so wie die
ersten 43 Tacte von N. 20, nebst 2 durchstrichenen. — Der halbe Bogen enthält den
Entwurf von N. 16 u. 19, unterhalb von N. 19 noch die Tacte 107 bis 114 des Allegro der
Ouvertüre. Der bekanntlich streitige Tact 113 des letzteren hat hier in den Sechszehnteln der Violinen dieselbe Lesart, welche die erste noch zu W.'s Lebzeiten im Stich
begonnene Orig.-Ausgabe des Clav.-Auszuges, so wie die durch W.'s Wittwe versendeten
Partitur-Copieen im Besitze des berliner K. Hoftheaters und des deutschen Verlegers des
Oberon zeigen, nemlich: fis'', cis'', h', g', e', g', h', fis'', g'' fis'', welche Lesart sich aber
in späteren Ausgaben mannigfach geändert vorfindet. — Im Entwurfe von N. 19 selbst
steht in der Singstimme des neunzehnten Tacts deutlich ein ♭ vor d'', im zwanzigsten Tact

deutlich ein ♮ vor *d"*, eine Lesart, die W. im zwanzigsten Tact später mit *des"* vertauscht zu haben scheint, denn jene erste Orig.-Ausgabe des Clav.-Auszuges, und alle sonst erschienenen Ausgaben, so wie die oben erwähnten Partituren zeigen sowohl im neunzehnten wie im zwanzigsten Tact ein *des"*. — Die im E n t w u r f befindliche Lesart ♮*d"*, Tact 20, erscheint jedenfalls hart, das *des"* dagegen von hoher Feinheit und Neuheit, rücksichtlich der Situation und der dazu gehörigen Worte »as P e r i s o n perfume I feeds on its sighs«, »wie P e r i's v o n D u f t leb' von Seufzern ich so«. Leider kann aus dem Autograph der Partitur aber weder über den weiter oben erwähnten Tact 113 im Allegro der Ouvertüre, noch über diese Stelle in N. 19 eine Entscheidung entnommen werden; denn überhaupt ist die Orig.-Partitur seit etwa einem Jahre wegen Umbauten in der Kais. Bibliothek zu St. Petersburg nicht zugänglich, im Speziellen aber fehlte zuletzt (April 1869) die Ouvertüre des kostbaren Autographs bis auf die letzten 10 Tacte; bis etwa anfangs des Jahres 1868 war das Autograph der Ouvertüre noch vollständig. — Diese Notizen sind das Ergebniss directer Nachforschungen, die von sachverständigen musikalischen Persönlichkeiten in St. Petersburg zu Gunsten meiner Arbeit unternommen wurden. — — Rücksichtlich a l l e r vorhandenen Orig.-E n t w ü r f e zum Oberon sind mithin vollständig: N. 1, 2, 4, 5, 6, 7, 8, 9 a u. b, 10, 11, 12, 13, 15, 16, 17, 18 u. 21; an der Ouvertüre fehlen 213 Tacte, an N. 3: 2, an N. 19: 6, an N. 20: 98, an N. 22: 16, zusammen 365 Tacte; ganz fehlen: N. 9c, 14. Ferner, wie schon oben bemerkt, die Preghiera und die Scene u. Arie »Via, even Love«, beide ohne Nummer. Nach Ign. Moscheles' Mittheilungen ging Einiges davon in Besitz des hochverdienten unlängst verstorbenen Begründers der »Philharmonic Society« zu London, Sir George S m a r t, über, dessen Gast W. damals bis zu seinem (W.'s) Tode gewesen. (Vergl. hiezu noch **237** Anm. b. über N. 7, 8 u. 9 ebendieser Nummer.) — *III: Clavier-Auszug.* (1871. J.) Im Besitze von Max M. Frhrn. v. Weber zu Wien. Unvollständig. 12 einzelne Lagen = 10½ Bogen; starkes gelbliches Querfolio. Act II vollständig. In Act I fehlt die Ouvertüre und N. 3. Von Act III liegen nur N. 17, 18 u. 21 vor. Alles Uebrige fehlt. Von W.'s Hand ist nur die Clavier-Parthie, von der Th. Hell's der deutsche Text, von der eines dresdener Copisten sind die Singstimmen und der englische Text. W. hat nicht selten die deutsche Uebersetzung verworfen und in diesem Manuscript umgeändert. — Die Urschrift des C l a v i e r - A u s z u g e s der *Ouvertüre* sandte W. am 18. Apr. 1826 an seinen deutschen Verleger Schlesinger in Berlin. Sie ist ein merkwürdiges Autograph dadurch, dass sie in höchst kleiner Schrift auf die 2 ersten und ⅔ der dritten Seite eines klein-Quartformatigen Briefbogens vollständig von W. notirt worden. Zum Schluss derselben befanden sich noch 3—4 Zeilen Brief an Schlesinger; aussen stand die Adresse. Die Tempo- und Vortragsbezeichnungen waren nicht von W.'s, sondern schienen von F ü r s t e n a u 's Hand, seines treuen Freundes und Begleiters nach u. in England. Den jetzigen Besitzer dieses seltnen Autographs habe ich nicht ausfindig machen können; alle meine desfallsigen vielfachen Nachforschungen haben kein Resultat gehabt.

Ausgaben: *I. In ursprünglicher Gestalt:* **Vollständige Orchester-Partitur.** Der Stich derselben für die Schlesinger'sche Musik.-Handlung (R. Lienau) in Berlin steht bevor. | **Partitur der Ouvertüre, einzeln.** — Ebend. ℔. 1¾ thlr. n. ‖ Paris, Richault. 4 fr. 50 c. | **Orchester-Stimmen der vollständ. Oper.** — Paris, Richault. 60 fr. n. ‖ **Orchester-Stimmen der Ouvertüre.** — Berlin, Schlesinger. 2½ thlr. ‖ Paris, Brandus u. Dufour. 20 fr. ‖ Richault. 15 (18) fr. | **Chor-Stimmen.** — London, Novello u. C°. 2°.

II. Arrangements: A. Arrangements der Musik mit Text. 1) **Clavier-Auszüge.** — Erste Orig.-Ausg. vom Compon. *Mit engl. Text.* London, Welsh u. Hawes, jetzt C r a m e r , Beale u. Wood. Ohne die Arie Hüon's N. 5, mit der dafür für Braham componirten Scene u. Arie »Yes, even Love«. 15°. ‖ Erste Orig.-Ausg. vom Compon. für Deutschland. *Mit deutschem Text.* Berlin, Schlesinger. Mit der Arie N. 5: 6½ thlr.; mit noch hinzugefügter Arie »Yes, even Love« 7 thlr. ‖ Zweite billige Orig.-Prchtausg. bearb. nach W.'s Clavier-Arrangement u. Partitur v. F. W. Jähns, mit Arie N. 5 u. Arie »Yes, even Love«. Schlesinger Lienau. 1⅓ thlr. n. ‖ Mit leichter Begleitung arr. v. Wustrow. Ebend. 3⅔ thlr. | Bonn u. Berlin, Simrock. 1 thlr. ‖ Hamburg, Böhme. Mit Hinweglassung der Chöre: 3½ thlr. ‖ Prag, Berra. ‖ Wien, Th. Weigl. ‖ Wolfenbüttel, Holle. 1 thlr. | [*Deutsch, englisch.* Braunschweig, Litolff. 1 thlr. | *Deutsch u. franz.* Paris, Brandus u. Dufour. ℔. 10 fr. n. | *Deutsch, engl. u. franz.* Braunschweig, Litolff. 24 sgr. | [*Franz.* Paris, Lemoine. 12 fr. n. | ℔. Arr. p. Castil-Blaze »pour la conduite de l'orchestre«. Richault. 40 fr. n. | [*Ital. u. deutsch.* Paris, Brandus u. Dufour. 4°. 10 fr. n. — **2) Alle Nummern einzeln mit Pianoforte.** — *Engl.* Erste Orig.-Ausg. arr. v. Compon. London, Welsh u. Hawes, jetzt C r a m e r u. C°. | *Deutsch.* Desgl. Berlin, Schlesinger. | Neue billige Prchtausg. bearb. nach W.'s

Clav.-Arrangem. u. der Partitur v. F. W. Jähns. Ebend. | Mit leichter Begl. v. Wustrow. Ebend. | (*Franz.*) Paris, Brandus u. Dufour. | (*Deutsch u. ital.*) Ebend. — **3. Diverse Nummern einzeln.** (Wegen Ueberfülle des Stoffs können die Nummern hier nicht einzeln benannt werden.) ❊ **Mit Pfte.** (*Englisch.*) London, Cramer u. C.; auch Hüon's Arie N. 5 als Song: »I'd weep with thee«. 2s. | (*Deutsch.*) Berlin, Schlesinger. Auch Arie »Elf, edler Held« aus N. 6 für Mezzo-Sopran in As dur. ‖ In V. Schurig's »Liederperlen«: Dresden, Meinhold. ‖ Frankfurt a. M., Dunst. ‖ Hamburg, Böhme. | Cranz. ‖ Hannover, Nagel. ‖ Mannheim, Heckel | (*Dänisch.*) Kopenhagen, Lose. | (*Franz.*) Paris, Choudens. | Lemoine. | Richault. | (*Ital.*) London, Cramer u. C. | Novello u. C. | (*Schwedisch.*) Stockholm, Hirsch. | ❊ **Mit Guit.** (*Deutsch.*) Berlin, Schlesinger. ‖ Frankfurt a. M., Dunst. ‖ Hamburg, Cranz. ‖ Hannover, Bachmann. ‖ Mannheim, Heckel. | ❊ **Für 6 Chor-Stimmen, 2 S. 2 T. 2 B.,** Lied der Meermädchen u. Geisterchor. Arr. v. C. Gounod. Berlin, Fürstner. Part. u. Stimm. $1\frac{1}{3}$ thlr.; jede Stim. $3\frac{3}{4}$ sgr. *NB.* Die von J. v. Benedict für die Londoner Aufführungen der Jahre 1860 u. ff. hinzucomponirten Recitative und anderen Piècen sind in Partitur abschriftlich zu haben bei Schlesinger in Berlin. Mehr darüber s. unten Anm. d. »London«.

B. Ouvertüre einzeln, in Arrangements. ❊ **Partitur für vollständ. türk. Militär-Musik.** — Arr. v. Weller: Berlin, Schlesinger. $3\frac{5}{6}$ thlr. | ❊ **Für Infanterie-Musik in Stimmen.** — Paris, Richault. 15 fr. | ❊ **Für 10 bis 12 Blasinstr. in Stimmen.** — Arr. v. Weller: Berlin, Schlesinger. $1\frac{1}{2}$ thlr. | ❊ **Als Septett für 2 Violinen, 2 Violen, Flöte, Cello u. »Double-Bass«.** — Arr. v. Crouch: London, Cramer u. C. 5s. | ❊ **Als Quintett für Flöte, 2 Violinen, Alto u. Cello.** — Arr. v. Berens: Hamburg, Böhme. 20 ggr. | ❊ **Als Quartette. 1) Für Streichinstr.** — Arr. v. Henning: Berlin, Schlesinger. $\frac{5}{6}$ thlr. | Arr. v. Pössinger: Ebend. $\frac{2}{3}$ thlr. ‖ Arr. v. Pössinger: Wien, Artaria u. C. 1 fl. | Diabelli u. C. 1 fl. | **2) Für Flöte, Violine, Viola u. Bass.** — Arr. v. Gabrielsky: Berlin, Schlesinger. $\frac{2}{3}$ thlr. ‖ Wien, Artaria u. C. 1 fl. | ❊ **Als Trio. 1) Für Pfte., Violine u. Cello ad lib.** — Arr. v. Wichtl: Offenbach, André. 1 fl. 12 xr. | **2) Für Pfte., Flöte u. Violine.** — Arr. v. Wichtl: Ebend. 1 fl. 30 xr. | **3) Für Pfte., Flöte u. Guit.** — Arr. v. Muscarelli: London, Cramer u. C. 1s. | **4) Für Harfe mit Flöte u. Cello ad lib.** — Arr. v. Bochsa: Ebend. 5s. | ❊ **Für 2 Pfte.'s zu 8 Hdn.** — Arr. v. M. G. Schmidt: Berlin, Schlesinger. $1\frac{1}{6}$ thlr. ‖ Arr. v. M. G. Schmidt: Paris, Brandus u. Dufour. 12 fr. | ❊ **Für 2 Pfte.'s zu 4 Hdn.** — Arr. v. Horn: Berlin, Schlesinger. 1 thlr. ‖ Arr. v. Pirkhert: Carlsruhe, Creuzbauer. 1 fl. 4 xr. | ❊ **Für Pfte. zu 4 Hdn. mit Violine u. Cello.** — Arr. v. Fr. Hermann: Leipzig, Fritzsch. $\frac{5}{6}$ thlr. | ❊ **Für Pfte. zu 4 Hdn.** — Arr. v. J. P. Schmidt: Berlin, Schlesinger. $27\frac{1}{2}$ sgr. | Arr. v. Wustrow: Ebend. $27\frac{1}{2}$ sgr. | Neue Ausg. Ebend. $7\frac{1}{2}$ sgr. *n.* ‖ Bonn, Simrock. 2 fr.; jetzt $8\frac{3}{4}$ sgr. ‖ Braunschweig, Litolff. 5 sgr. | In »Sämmtl. Orig.-Compos. zu 4 Hdn. u. 10 Ouvert.« 4°. Ebend. Zus. $1\frac{1}{3}$ thlr. ‖ Hamburg, Böhme. 16 gr. ‖ Leipzig, Forberg. 10 ngr. | Peters: Alle 10 Ouvert. W.'s 15 ngr. *n.* | Siegel. $\frac{2}{3}$ thlr. ‖ Arr. v. Atwood: London, Cramer u. C. 4s. ‖ Mannheim, Heckel. 1 fl. 3 xr. ‖ Offenbach, André. 1 fl. 30 xr. ‖ Paris, Lemoine. 6 fr. | Arr. v. Vilbac, gr. Format. Ebend. 7 fr. 50 c. | Arr. v. Vilbac, »Format Lemoine«. Ebend. 1 fr. ‖ Meissonnier fils. 7 fr. 50 c. | Prilipp. 7 fr. 50 c. | Richault. 7 fr. 50 c. ‖ Prag, Berra. 48 xr. ‖ Stockholm, Hirsch. 1 Rdr. ‖ Wien, Artaria u. C. 1 fl. ‖ Wolfenbüttel, Holle. 5 sgr. | ❊ **Für Pfte. zu 2 Hdn.** — Erste Orig.-Ausg. für England, arr. v. Compon. London, Welsh u. Hawes, jetzt Cramer u. C. 3s. 6d. ‖ Erste Orig.-Ausg. für Deutschland, arr. v. Compon. Berlin, Schlesinger. $\frac{1}{2}$ thlr. | Neueste Prachtausg. hrsg. v. Jähns. Ebend. 5 sgr. *n.* | Leicht arr. v. E. D. Wagner: Ebend. $\frac{1}{4}$ thlr. | Als Clavier-Partitur v. Liszt: Ebend. 1 thlr. | Transcrite p. Adolphe Henselt, mit W.'s Bildniss-Vignette. Ebend. 1 thlr. ‖ Bonn, Simrock. $1\frac{1}{2}$ fr.; jetzt 5 sgr. ‖ Braunschweig, Litolff. $2\frac{1}{2}$ sgr. | Alle 10 Ouvert. W.'s. Ebend. 10 sgr. | Meyer. 4 ggr. ‖ Hamburg, Böhme. 8 gr. | Cranz. 10 sgr. | Kopenhagen, Lose. 48 sh. ‖ Leipzig, Forberg. 5 ngr. | Peters: Alle 10 Ouvert. W.'s. 12 ngr. *n.* Siegel. $12\frac{1}{2}$ ngr. | Stoll. 5 ngr. ‖ Mailand, Ricordi. 3 fr. ‖ Mainz, Schott. 36 xr. ‖ Mannheim, Heckel. 36 xr. ‖ Paris, Lemoine. 5 fr. | Arr. v. Vilbac, gr. Format. Ebend. 6 fr. | Arr. v. Vilbac, »Form. Lemoine«: Ebend. 75 c. *n.* ‖ Schonenberger. 8°. 60 c. *n.* ‖ Prag, Berra. ‖ Wien, Artaria u. C. 30 xr. ‖ Wolfenbüttel, Holle. $2\frac{1}{2}$ sgr. | ❊ **Für Pfte. u. Violine.** — Berlin, Schlesinger. $\frac{3}{4}$ thlr. ‖ Mit Violine ad lib. arr. v. Wichtl: Offenbach, André. 1 fl. ‖ Paris, Brandus u. Dufour 5 fr. | ❊ **Für Pfte. u. Flöte.** — Berlin, Schlesinger. $\frac{3}{4}$ thlr. ‖ Arr. v. Wichtl: Offenbach, André. 1 fl. | ❊ **Für Pfte. mit Flöte od. Violine concertante.** — Berlin, Schlesinger. $\frac{1}{2}$ thlr. ‖ Arr. v. Hemmerlein: London, Cramer u. C. 3s. 6d. | ❊ **Für 2 Violinen.** — Arr. v. Henning: Berlin, Schlesinger. $\frac{2}{3}$ thlr. | ❊ **Für 3 Flöten.** — Arr. v. Gabrielsky: Ebend. $\frac{3}{4}$ thlr. | ❊ **Für 2 Flöten.** — Ebend. $\frac{1}{2}$ thlr. ‖ Arr. v. Berens: Hamburg, Cranz. 8 gr. ‖ Hannover, Bachmann. 10 ggr. | ❊ **Für Pfte. u. Harfe.** — Arr. v. Bochsa: London, Cramer u. C. 5s.

C. Arrangements ohne Text. 1) Die Oper. ❊ **In vollständ. Partitur mit Ouvertüre für vollständ. türkische Militär-Musik.** — Arr. v. Weller: Berlin, Schlesinger. 21 thlr. 10 sgr.; jetzt 16 thlr. | ❊ **10- bis 12stimmig für Blasinstr.** — Arr. v. Weller: Ebend. $8\frac{1}{4}$ thlr. | ❊ **Als Quartett. 1) Für Streichinstr.** — Arr. v. Henning: Ebend. 5 thlr. ‖ London, Cramer u. C. Mit Ouvertüre. 21s. ‖ Wien, Artaria u. C. 4 fl. | **2) Für Flöte, Violine, Viola u. Bass.** — Arr. v. Gabrielsky: Berlin, Schlesinger. $5\frac{1}{3}$ thlr. ‖ Wien, Artaria u. C. 4 fl. | ❊ **Für Pfte. zu 4 Hdn.** — Arr. v. Wustrow: Berlin, Schlesinger. 6 thlr. | Neue Ausg. Ebend. $1\frac{2}{3}$ thlr. ‖ Leipzig, Peters. 15 ngr. ‖ Arr. v. Herbert: Paris (Leipzig, bei Seitz). 5 thlr. | ❊ **Für Pfte. zu 2 Hdn.** — Arr. v. Wustrow. Berlin, Schlesinger. 4 thlr. | Neue Ausg. Ebend. 1 thlr. ‖ Braunschweig, Litolff. 12 sgr. *n.*; jetzt 10 sgr. *n.* ‖ Leipzig, Peters. 10 ngr. *n.* ‖ London, Chappell u. C. 5s. | Arr. v. Devaux: Cramer u. C. 6s. ‖ Mainz, Schott. 2 fl. *n.* ‖ Paris, Schonenberger; gr. Form. 5 fr. *n.* ‖ Wien, Artaria u. C. 5 fl. | Weigl. | ❊ **Für Pfte. mit Violine od. Flöte ad lib.** — Paris, Richault.

2⅓ fr. | ✳ **Für 2 Violinen.** — Arr. v. Henning: Berlin, Schlesinger. 3 thlr. | ✳ **Für 1 Violine.** — Arr. v. Henning: Ebend. ⅔ thlr. | ✳ **Für 2 Flöten.** — Arr. v. Gabrielsky: Ebend. 4⅙ thlr. — ✳ **Für 1 Flöte.** — Arr. v. Gabrielsky: Ebend. 1½ thlr. ‖ Wolfenbüttel, Holle. 4 sgr. | ✳ **Für Harfe u. Pfte.** — Arr. v. Bochsa: London, Cramer u. C. 3 Books à 10ˢ. 6ᵈ. — **2 Diverse Nummern.** (Wegen Ueberfülle des Stoffs können die Nummern hier nicht einzeln benannt werden.) — ✳ **Für Pfte. zu 4 Händen.** — Alle Nummern einzeln: Berlin, Schlesinger. | ✳ **Für Pfte. zu 2 Hdn.** — N. 1, 13, 15 Meermädchen-Lied u. N. 21 bearbeitet v. Adolf Henselt; dieselben erleichtert v. E. D. Wagner: Berlin, Schlesinger. ‖ Braunschweig, Meyer. ‖ Carlsruhe, Creuzbauer. ‖ Erfurt, Bartholomäus. ‖ Hamburg, Böhme. ‖ Cranz. ‖ London, Chappell u. C. ‖ München, Aibl. ‖ Paris, Schonenberger. ‖ Stuttgart, Zumsteeg. | ✳ **Für Pfte. u. Violine.** — Arr. v. Baker: London, Cramer u. C. | ✳ **Für 2 Violinen.** — Arr. v. Küffner: Mainz, Schott. | ✳ **Für 2 Flöten.** — Arr. v. Küffner: Ebend. ‖ Paris, Richault. | ✳ **Für 1 Flöte.** — Wolfenbüttel, Holle. | ✳ **Für Harfe mit Flöte u. Cello ad lib.** — Arr. v. Bochsa: London, Cramer u. C. | ✳ **Für Harfe.** — Arr. v. Labarre: Paris, Schonenberger. ‖ Arr. v. Bochsa: London, Cramer u. C. | ✳ **Für Harmonium.** — Arr. v. Rimbault: Ebend. ‖ Arr. v. Fröhlich: Stuttgart, Zumsteeg. | ✳ **Für Zither.** — Mannheim, Heckel.

Anmerkungen. ᴀ. *Characterisirung.* Keiner von W.'s Opern gegenüber sind wir so sehr auf Betrachtung der bei Composition derselben vorliegenden und leitenden Verhältnisse angewiesen, als bei seinem letzten grossen dramatischen Werke, dem Oberon. — Nach dem in der Kunstgeschichte beispiellosen Erfolge des Freischützen hatte man der Euryanthe mit Erwartungen entgegengesehen, die über jedes Maass hinausgingen. Dies war an sich gefährlich, selbst wenn W. auf dem Boden geblieben wäre, auf dem ihm das allgemeine Urtheil die Meisterschaft zusprach; bei der, in Rückblick auf den Freischütz, vollständigen Andersartigkeit der Euryanthe in Gestalt und Inhalt, blieben aber jene Erwartungen des grossen Publikums zum Theil unerfüllt. Die daraus folgende Kühle desselben war für W.'s feine Empfindung niederdrückend; aber fast erbitternd wirkte die durch den Erfolg des Freischützen bisher niedergehaltene, jetzt jedoch mit um so feindseligerer Kritik hervortretende Gegnerschaft mancher Kunstgenossen. Das körperliche Leiden W.'s, dessen Keime sich langsam, aber desto unheilvoller entwickelt hatten, trat nunmehr in den Vordergrund und äusserte sich zuvörderst in einer Abneigung gegen jedes musikalische Produciren seinerseits, welche jenen erschreckenden, in W.'s bisherigen Leben unerhörten, 16 Monate währenden Stillstand im Schaffen zur Folge hatte. — Es bedurfte eines äusseren Anstosses, um sein Schweigen zu brechen. Kemble, der Director des londoner Coventgarden-Theaters, machte ihm den Vorschlag, für diese Bühne einen »Faust« oder einen »Oberon« zu schreiben. W.'s Krankheit nahm indess einen immer ernsteren Character an, und ein Besuch Marienbads 1824 blieb resultatlos. Er begann wohl zu ahnen, dass seines Daseins Stern sich dem Untergange zuneige, dass er alles, was er noch thun wolle, bald thun müsse, und er fühlte auch, eine letzte grosse künstlerische That sei nothwendig. Dazu konnte ihm seiner Familie Zukunft keineswegs so gesichert erscheinen, wie sie der sorgsame Gatte und Vater stets erwünscht und erstrebt hatte; seine pekuniären Verhältnisse hatten sich erst nach dem Freischütz in merklicher Weise gehoben; der londoner Vorschlag versprach, sie für immer günstig zu gestalten, und so beschloss er denn, die Frist, von der er wohl fühlte, dass sie ihm kurz zugemessen sei, auszunutzen zur Abrundung seines Wirkens und zum Wohle der Seinen. Er nahm Kemble's Vorschlag an, und so wie Spohr einst von der Composition des »Freischütz« abstand, als er W. damit beschäftigt wusste, (277 Anm. d., Wien) so gab W. nun, Spohr gegenüber, den Faust auf und wählte Oberon. — Wenn es nun aber auch feststeht, dass es zunächst äusserliche Impulse waren, denen W. folgte, als er die Composition desselben übernahm, so soll damit doch durchaus nicht gesagt sein, dass er deshalb etwa geringere Ansprüche an sich als Künstler irgendwie zu stellen geneigt gewesen sei; man darf nicht einmal annehmen, dass er auch nur diese Möglichkeit in's Auge gefasst, oder dass er sich etwa besonders habe zusammennehmen müssen, um nicht nachzulassen im Streben nach dem Edelsten und Höchsten; — dergleichen sich überhaupt in's Bewusstsein zu rufen, lag ganz ausser dem Kreise seines Wesens. Einen grossen künstlerischen Nachtheil musste er allerdings mit voller Erkenntniss in den Kauf nehmen, wenn er die Vortheile geniessen wollte, die ihm ein englisches Publikum versprach; er musste das Opfer bringen, sich in Bezug auf die Gestalt der Dichtung den Forderungen des englischen Geschmackes anzuschliessen und seine Kunstschöpfung diesem zu verbinden. Dadurch aber wurde das Werk, was seinem innern poetischen Vorwurfe nach, so ganz W.'s Anlagen und Neigungen entsprach, leider in seiner allgemeinen Kunstform beeinträchtigt.

Dieser auf dem Werke liegende Schatten konnte nicht vollständig gelichtet, nicht überall siegreich niedergekämpft werden durch den Glanz und die Herrlichkeit dessen, was er aus dem tiefen Borne schöpfte, der ihm bei Aufnahme der Composition plötzlich eben wieder so reichlich floss, wie sonst. — Von allen übrigen Unzuträglichkeiten des Textes abgesehen, sei hier nur darauf hingewiesen, wie wenig vom Dichter dafür gesorgt worden, dass an den bedeutungsvollsten, für die Entfaltung der Musik höchst geeigneten Momenten der Oper diese auch wirklich eintreten konnte. Die Steifigkeit und Ungelenkheit der Dichtung musste ohne Frage auch Stockungen in den musikalischen Lebenspuls des Ganzen bringen und anfangs fragendes Erstaunen, im Wiederholungsfalle Ermüdung und Interesselosigkeit erzeugen. Die nach peinlich leeren Sprechscenen wiederbeginnende Musik befremdet zuweilen eben so sehr, wie umgekehrt der unvermittelt eintretende Dialog; kurz — der musikalisch-dramatische Zusammenhang geht der Oper ab, und das ist ein nicht genug zu beklagender Mangel gegenüber all dem Reichthum von Schönheit, Reiz und zauberhaftem Farbenglanz, den der Meister seinem Oberon verliehen. — Wir kannten W. als Sänger frommer, tiefinniger und begeisterter Liebe, adliger Ritterlichkeit, als den Maler heitern wie düstren Wald-Lebens und Webens, als den Darsteller tief leidenschaftlicher Seelenzustände, finstren dämonischen Wirkens und Waltens — im Oberon klingt alles dies an, und dennoch sind auch wieder ganz neue Saiten angeschlagen. Hier zaubert er uns — wie mit Berührung eines lichten Lilienstabes — bald in das luftige Reich der Elfen, bald in das lachende oder wildfantastische Haus der Najaden und Gnomen und versetzt uns kühnen Sprunges jetzt in den farbenschillernden Orient mit all seinem abenteuerlichen Gestaltenreichthum, jetzt zu des Abendlandes ernsten und gemüthvoll-heitern Bildern. Und für so grosse Mannigfaltigkeit hatte er immer neue künstlerische Formen, namentlich für jenes duftige Geisterweben, wie es ähnlich nie zuvor musikalisch dargestellt war, und wie es nur der zartesten und liebevollsten Naturbeobachtung entstammen kann. Originalität und Natürlichkeit, Frische und Anmuth, Feuer und Adel, Heiterkeit und Grazie paaren sich zu einem wundervoll bewegten Reigen, dessen heitre Pracht den Oberon von W.'s anderen beiden grossen Werken wesentlich unterscheidet, nicht zu gedenken der in Hinblick auf diese wieder neuen und eigenthümlichen Erfindungen im Reiche der Instrumentation. — Und das Alles schuf ein langsam Sterbender! Mit zitternder Hand griff er noch einmal in das volle goldne Saitenspiel, das bald auf immerdar verstummen sollte.

b. *Zur Geschichte des Textes der Oper.* Die Fabel zu Wieland's »Oberon« ist bekanntlich der altfranzösischen Novelle »Huon de Bordeaux« der »Bibliothèque bleue« entnommen. Wielands Gedicht diente J. R. Planché, dem Dichter des englischen Operntextes, als Grundlage desselben, mit dem er jedoch noch Elemente aus Shakespeare's »Sturm« und »Sommernachtstraum« verwob. Er sendete dem Componisten seine Dichtung actweise zu, aber ohne ihm eine Uebersicht über dieselbe im Ganzen zu geben. Letzterer konnte demnach nur über Einzelheiten mit dem Dichter verhandeln, zumal die höchste Eile geboten war. So blieb das Gedicht mit all den Mängeln behaftet, die es leider zum Nachtheile der Composition an sich trägt: Ueberhäufung mit Dialog, episodische Scenen, blos sprechende Personen und eine Ueberfülle von scenischen Verwandlungen, kurz — Unruhe und Buntheit. — Von den Componisten brieflichen Besprechungen mit dem Dichter über Einzelheiten mag hier Einiges in wortgetreuer Uebertragung des englischen Original-Manuscripts W.'s Platz finden. Am 6. Janr. 1825 schreibt er an Planché: »— Der »Zuschnitt einer englischen Oper ist gewiss sehr verschieden von dem einer deutschen, »denn eine englische ist mehr ein Schauspiel mit Gesängen — aber dennoch finde ich »im ersten Act des Oberon nichts, was ich geändert wünschen möchte, ausgenommen das »Finale. Der Chor scheint mir an dieser Stelle etwas hergeholt, und er kann daher das »Interesse des Publikums, durch Rezia's Gefühlsäusserungen noch in Anspruch genom»men, nicht erregen. Darum möchte ich Sie um einige Worte mehr bitten für Rezia, voll »Freude und Hoffnung, welche sich mit dem Chore so vereinigen liessen, dass ich diesen »als Rezia's Ergüssen untergeordnet behandeln könnte«. Am 19. Febr. schreibt W. dem Dichter ferner: »— Auch diese beiden Acte« — der zweite und dritte — »sind voll von »den grössten Schönheiten; ich umfasse das Ganze mit Liebe, und werde mich bestre»ben, nicht hinter Ihnen zurückzubleiben. Dieser Anerkennung Ihres Werkes können Sie »um so mehr Glauben schenken, da ich wiederhole, dass der Zuschnitt des Ganzen

»allen meinen Ideen und Grundsätzen sehr fremdartig erscheint. Die Einmischung so
»vieler Hauptpersonen, welche nicht singen, die Weglassung der Musik in den wichtigsten
»Momenten: alle diese Dinge berauben unsren Oberon des Namens einer Oper und werden
»ihn untauglich machen für alle andern Bühnen Europas, was ein schlimmer Umstand
»für mich ist; aber — gehen wir darüber fort! — Die Scene zwischen Scherasmin und
»Fatime im 2ten Act und die sehr reizende Arie der Letzteren müssen nothwendig weg-
»fallen, damit das Quartett unverzüglich folgen kann: so auch der Chor der Seeräuber;
»dagegen füllen wir die Zeit, welche wir durch diese Kürzung gewinnen, durch ein Duett
»zwischen Hüon und Rezia am besten aus, da das Fehlen eines solchen Stückes sehr
»bedauert werden würde und die Scene auf der öden Küste den passendsten Schauplatz
»dafür bietet. Zwar empört sich mein musikalisches Gefühl dagegen, dass der Moment,
»wo das liebende Paar sich findet« (2te Scene des 2ten Acts), »ohne Töne vorübergehen
»soll; allein — die Oper erscheint mir schon zu lang. Nun wünsche ich noch eine
»komische Arie für Scherasmin, wenn er das Horn entdeckt, in welche Fatime ihre
»Klagen mischt und welche so durch einen Contrast die Scene schliesst. — Mein werther
»Herr, was würden wir nicht hervorbringen, wenn wir in Einer Stadt lebten! — Noch
»bitte ich zu beobachten, dass der Componist auf den Ausdruck des Gefühls mehr giebt,
»als auf bildliche Redeweise; den ersten mag er entwickeln in allen seinen Abstufungen,
»aber Verse wie: ,wie der Tropfen in der Tulpe thaugetränktem Liebesschooss‘ oder in
»Hüon's Gesang: ,wie Hoffnungen schnell erblassen, falsche Freunde uns verlassen,
»wenn die Sonne des Glücks uns verlässt‘ dürfen nur einmal gesagt werden. Sie sehen,
»dass ich mit Ihnen rede wie mit einem alten Bekannten, und ich hoffe wenigstens, dass
»Sie meine Worte so aufnehmen werden«. — Am 3. Dez. schreibt W. ferner: »Ich kann
»Ihnen nun Bericht über unsren Oberon abstatten. Zwei Acte sind beendigt. Der erste
»ist vollständig geblieben, wie Sie ihn geschrieben haben, und auch im 2ten habe ich
»Ihren Wunsch erfüllt und ,Arabiens einsam Kind‘ noch componirt. ,Arabien, mein
»Heimathland‘ hätte ich gern dafür herausgelassen; aber dieser Gesang soll uns nicht
»entzweien. Ich werde ihn zuerst vornehmen, wenn ich in England bin. Das Duett
»zwischen Rezia und Hüon, welches Sie die Güte gehabt haben, mir zu schicken, habe
»ich nicht in Musik gesetzt, weil, so schön es ist, es doch in dieser Situation nicht wirk-
»sam sein kann. Die übrigen kleinen Veränderungen, welche ich mir erlaubt, hoffe ich,
»werden von Ihnen gebilligt werden«. — Planché's vollständige Dichtung wurde mit bei-
gegebenem Bildniss W.'s in einem besonderen Bändchen in London bei Hunt und Clarke
1826 gedruckt. Th. Hell in Dresden vollzog die deutsche Uebersetzung, jedoch erst
nach der Composition W.'s auf den englischen Worten. Letzterer versah Th. Hell's
Arbeit schliesslich mit mehrfachen Aenderungen; es zeigt dieselben das Manuscript des
Clavier-Auszuges, welches W. zur Text-Unterlage an den Uebersetzer gesendet und dann
zur Durchsicht wieder zurück erhalten hatte. Diese Hell'sche Uebersetzung ist von einem
Anonymus wiederum in's Englische zurück übertragen (s. unten Anm. d. London). —
Eine italiänische Uebersetzung der componirten Stücke erschien mit dem Clavier-
Auszuge der Oper zu Paris bei Brandus und Dufour, eine andere zu London bei Ham-
mond mit J. v. Benedict's später zur Oper hinzugefügten Recitativen und andern Piècen
(s. Anm. d. London); eine französische Uebersetzung von van Hasselt und Rongé
zum Clavier-Auszuge in Paris bei Richault, auch in Braunschweig bei Litolff, eine andre
desgl. in Paris bei Brandus und Dufour, wie ferner eine ebendort von Castil-Blaze; die
dänische für die Aufführung der Oper in Kopenhagen rührt von Oehlenschläger her.

c. Zur Geschichte der Composition der Oper. 1.) Schon die 1801 von W.
unternommene Composition der Oper »Rübezahl« mit ihrem Apparat von Gnomen, Nymphen und Genien deutet seine Neigung an, der Darstellung dieser phantastischen Welt
seine Kunst dienstbar zu machen. Wegen der Nichtvollendung dieser Oper war aber
jener eigenthümliche Zug seines künstlerischen Seelenlebens nicht zur Ausgestaltung gelangt: er blieb indess beständig in ihm lebendig und still geschäftig. Eine Kunde davon
ist uns erhalten worden durch die Mittheilung eines der Jugendfreunde W.'s, des Grossherz. Baden'schen Ministers Alex. v. Dusch, in Rückblick auf ihr Zusammenleben im
Schlosse Neuburg 1810. Sie lautet: »Es ist mir noch jetzt [1860] gegenwärtig, wie
Carl Maria einmal spät Abends mir die Melodie eines Elfenchors vorsang, wie er ihm
damals im Kopfe herumging, und ich meine fast, es müsse sich davon etwas im Oberon

vorfinden«. — 1817 finden wir W.'s ganzes künstlerisches Wesen gesättigt mit jenem Zuge, so schreibt er den Freischütz, bald darauf Euryanthe mit Emma's und Udo's ruhelosen Schatten im Hintergrunde; am Ende seiner siegreich durchlaufenen Bahn aber war ihm gestattet, im holden Bilde von Oberon's Feenreiche jenem mächtigen, einst so früh schon zu selbständiger Gestaltung drängenden Elemente die freieste Entwicklung zu geben. Die Welt hatte jenen Zug nach und nach würdigen gelernt und so trug ihm das ferne Albion den schönen duftigen Stoff entgegen, der, mit des Meisters süssesten Weisen durchwoben, zu seinem Schwanengesange geworden ist. — Schon 1822 hatte W. Kunde davon erhalten, dass England eine Oper von ihm erwünsche; aber Euryanthe lag ihm vor und harrte ihrer Vollendung; erst danach, und als im Sommer 1824 (15. Aug.) durch Kemble der directe Auftrag, eine Oper für das Coventgarden-Theater in London zu schreiben, an ihn gelangte, nahm er denselben an. Die Gründe, die ihn trotz grosser körperlicher Abspannung dazu bestimmten, die Verhältnisse, die diese Annahme doppelt schwierig, ja bedenklich machten, aber seine Zusage dennoch herbeiführten, sind oben in Anmerk a. bereits besprochen. — Am 21. Aug. schrieb er Kemble, dass er die Composition des Oberon übernehmen würde, dass es ihm jedoch unmöglich sei, bis Ostern 1825 diese zu vollziehen, weshalb die Aufführung derselben bis zur Saison von 1826 hinausgeschoben werden müsse. Nachdem Kemble sich damit einverstanden erklärt, gab sich nun W. mit allem Ernste des wahren Künstlers an die Lösung der Aufgabe. Als solcher musste er einsehen, dass eine Oper für England auch nur in englischer Sprache componirt werden dürfe. Dem Genius des Volkes konnte er nur gerecht werden, wenn er den Genius der Sprache in sich aufgenommen. Aber diese war ihm fremd. So legte er denn mit bewunderungswürdiger Treue gegen seine Aufgabe den ersten Grundstein zur Lösung derselben dadurch, dass Er, der auf dem Gipfel künstlerischen Welt-Ruhmes Stehende, Er, der Kranke, mit Arbeit Ueberladene, sich den ernstesten Sprachstudien unterwarf. Nicht wie ein selbstbewusster Meister lernte er, obenhin etwa, in der Ueberzeugung, mit einer halben Kenntniss sei für ihn und die Verhältnisse schon genug gethan; er lernte buchstäblich wie ein streng beflissener Schüler. Seine schriftlichen Exercitien, eine namhafte Anzahl Foliobogen, beginnen mit Niederschrift des englischen Alphabets und dessen Aussprache, und schliessen mit Behandlung schon recht schwieriger Aufgaben. Es waren 153 Lectionen, die er bei dem Engländer Carey in den frühen Morgenstunden nahm, die erste am 20. Oct. 1824, die letzte am 11. Febr. 1826, 5 Tage vor seiner Abreise nach London. Zu nebenhergehender Uebung übersetzte er sämmtliche zur Composition bestimmte Verse der Oper und copirte ausserdem das ganze Original-Manuscript des Dichters, incl. alles Dialogs, wörtlich. Die betreffenden Schriftstücke sind sämmtlich erhalten und im Besitze von W.'s Sohne. In nicht zu langer Frist führte er bereits seine londoner Correspondenz englisch, anfänglich noch vom Lehrer unterstützt; die vollste Anerkennung über diese seine sprachlichen Leistungen wurde ihm aber später in England selbst zu Theil. — Ich habe bei diesem Gegenstande um desswillen länger verweilt, um W.'s Ernst in allen Dingen zu zeigen, um mancherlei zu allen Zeiten über ihn Ausgesprochenem gegenüber zu treten. Wahrlich, ein Mann, der auf solcher Ruhmesstaffel solch eifrige Sprachstudien macht, eines seiner Werke wegen, der kann es wohl niemals mit Manchem in seiner Kunst so leicht genommen haben, wie hie und da gemeint worden. Er war ein ächter Künstler, der immer ein ächter Mann ist. — Unterdess hatte ihm Planché am 30. Oct. 1824 den 1. Act des Oberon gesendet; den 18. Janr. 1825 folgte der 2te, am 1. Febr. der 3te. »Die ersten Ideen zu Oberon« wurden von W. wie sein Tagebuch sagt am 23. Janr. 1825 gefasst; die Instrumentirung wurde angefangen am 8. Sept., Act I beendigt am 18. Nov., Act II bis zum Finale am 27. Nov., dies Fertige am 6. Janr. 1826 nach London gesendet, das am Act II noch Fehlende beendigt am 22. Janr. Inzwischen hatte er den 3ten Act am 10. Janr. 1826 begonnen mit dem Duett N. 16; am 3. Febr. sendet er dasselbe mit dem Terzettino N. 18 und dem Chor und Ballet N. 21 nach England. Noch in Dresden entwirft er das 3te Finale, vollendet jedoch das ganze Werk erst in London mit der nachträglichen Composition der Preghiera zum 2ten Act am 10. Apr., 2 Tage vor der Aufführung am 12. Apr. 1826. — Von den in W.'s Tagebuch enthaltenen speziellen *Compositions-Daten* mögen hier die wichtigsten folgen. Es sind: Dresden 1825, 27. Febr. »Huon's Aria No. 5 ersten Akt des Oberon beendigt entworfen. Erstes Stück. Gott gebe seinen Segen!« 5. März.

»Elfenchor No. 1 entworfen.« 9. »Aria des Oberon entworfen. Cmoll. Nr. 3.« 13. »An-
»fangschor des Ensembles No. 1 entworfen.« 17. »Ensemble No. 4 im Entwurfe been-
»digt. — 19. Sept. »gearbeitet Finale 1ten Akts.« 6. Oct. »Romanze No. 8 Emoll und ⅜
»notirt.« 9. »Quartett Ddur Nr. 9 notirt.« 16. »Grosse Scene der Reiza gänzlich entworfen.«
22. »Ensemble Puck und Geister Dmoll beendigt entworfen.« 23. »Chor der Türken
»Hmoll No. 7 entworfen.« 24. »Marsch der Reiza entworfen.« 18. Nov. »den Ersten Akt
»des Oberons beendigt.« 27. »2ten Act bis zum Finale beendigt.« 7. Janr. 1826. »Finale
»des 2ten Akts im Entwurfe beendigt.« 10. »Duett: Scherasmin und Fatima entworfen.«
13. »Chor und Ballet mit Huon im 3ten Akt entworfen a ⅖.« 22. »2ten Akt ganz be-
»endigt.« 26. »Duett: Fatima und Scherasmin beendigt.« 2. Febr. »Overtura im Ent-
»wurfe des Allegro beendigt.« 11. »Finale des 3. Akts entworfen.« 19. März. »Finale
»3. Akts beendigt.« 23. »Rondo für Braham vollendet.« 24. »Rondo 3. Akts beendigt.«
25. »Cavatina Reiza Fmoll entworfen.« 26. »— vollendet.« 28. »Romanze Fatima 3. Akt
»entworfen.« 29. »— vollendet.« 5. Apr. »Arie für Braham beendigt entworfen.« 6. »—
»vollendet.« 9. April, Sonntag: »um ¾ auf 12 Uhr die Overtura zu Oberon vollendet.
»Die ganze Oper Gott sei Dank!« 10. »Preghiera für Braham entworfen.« 11. Apr.
»Preghiera instrumentirt.« — Es ist hier noch zu gedenken, dass der Chor zu No. 24,
Chor und Ballet mit Huon, ursprünglich von W. für gemischte Stimmen componirt worden
war. Noch vor der Aufführung änderte er ihn dahin um, dass er die gemischten Stimmen
in 2 Soprane und 1 Alt verwandelte. Die Scene lässt letzteres unbedingt passender erscheinen, obwohl der stimmliche Vollklang in ersterer Lesart glänzender wirken wird. Dieselbe
ist von dem ursprünglichen Verleger der Oper (Schlesinger [Lienau], Berlin) der neusten, von
mir herausgegebenen Pracht-Ausgabe des Cl.-Ausz. (1868) im Anhange beigefügt worden.
— Die *Instrumentirung* der 231 enggeschriebene Seiten umfassenden Partitur, incl.
der — wie W. an die Gattin schrieb »in einem Sitz« instrumentirten — grossen Scene
für Braham, begann mit dem 8. Sept. 1825 und schloss mit dem 11. Apr. 1826. Die
Abfassung des *Clavier-Auszuges* liegt zwischen dem 15. Janr. und 25. Apr. 1826. —
Wie bei dem Freischütz fällt in die Arbeit am Oberon wieder eine Reihe diesem Werke
gänzlich fremder, ja heterogener Compositionen. Es sind: die Bearbeitung von 10 schottischen National-Melodieen für G. Thomson in Edinburgh, durch welche er diese mit
Vor- und Nachspielen und einer vollständigen Begleitung seiner Erfindung versah, geschrieben für Flöte, Violine, Cello und Clavier (295—304) : ferner : die beiden Lieder für
1 Männerstimmen (293, 294); ferner : eine Anzahl Walzer (Anh. 84) für I. K. H. die
Frau Kronprinzessin Elisabeth von Preussen in Ems geschrieben ; ferner : die für die
dresdener Aufführungen seines Abu Hassan nachcomponirte Arie »Hier liegt, welch
martervolles Loos!«, 106 N. 8 (10); dann die zur Fest-Aufführung von Spontini's
Olimpia in Dresden zum 3. Act derselben componirte Musik (305); schliesslich :
das Balletstück. Pas de cinq, zu den Aufführungen der Euryanthe in Berlin (291,
zu N. 21). — *2.)* Werfen wir nun wie bei W.'s andern Opern den Blick auf
Einzelnes, was seine *Correspondenz in Bezug auf die Composition des Oberon*
darbietet. Es wird wie dort dazu dienen, seine Thätigkeit als Componist nach manchen Seiten hin näher zu beleuchten und deren Würdigung zu vermitteln. — Am
18. Dezember 1822 schon schreibt er an Professor H. Lichtenstein nach Berlin:
»— unterdessen hat man mir auch angetragen, eine Oper für London zu schreiben. Du
»siehst, dass es mir nicht an Gelegenheit fehlt, durch Vielschreiberei dummes Zeug zu
»liefern. Ich lasse mich aber nicht irren und warte auf die gute Stunde«. Den 30. Dez.
1824 schreibt er dem Freunde wieder : »— habe ich endlich von London den 1ten Akt
»des Oberon erhalten, der mir sehr wohl gefällt. Die Verse sind musikalisch und flies-
»send, das Ganze auf Pracht berechnet. Was hilft mir aber Ein Akt, da man mir nicht
»einmal den Plan des Ganzen mitgeschickt hat.« Am 6. Janr. äussert er sich in gleichem
Sinne Kemble gegenüber, indem er diesem schreibt : »Ehe ich nicht bekannt bin mit
»der Ausdehnung und dem Character aller musikalischen Nummern kann ich weder die
»Steigerung des Effektes noch die eigenthümliche Färbung jedes einzelnen Stückes be-
»rechnen. Ohne die sichere Uebersicht des Ganzen kann sich meine Fantasie unmöglich
»entfalten oder an Einzelheiten gebunden werden.« — Indem hier auf die brieflichen Mittheilungen W.'s an Planché, die oben »zur Geschichte des Textes der Oper« gegeben
wurden, zurückgewiesen wird, da deren Inhalt auch die Geschichte der Composition der-

selben eingehend berührt, folge als deren Ergänzung hier noch eine Aeusserung W.'s an Lichtenstein. Sie dient zugleich als Beweis, wie W., wenn er auch bereits am 23. Janr. 1825 mit Ausbildung seiner »Ideen zu Oberon« erfüllt war, doch auch bei dieser Oper, wie bei seinen früheren, längere Zeit schon innerlich arbeitete. Noch am 1. Sept. schreibt er diesem Freunde: — Bis Ende Febr. muss der Oberon fertig sein, »und noch steht keine Note auf dem Papier« (d. h. in Partitur, denn N. 1, 2, 1 u. 5 waren flüchtig entworfen). »Das wäre noch so arg nicht; aber — der Dienst und 100000 »Störungen von Aussen und auch wohl mitunter von Innen! Nun, Gott wird helfen!« — Als W. aber, nach London gekommen, noch sehr gegen seine Meinung 2 Musikstücke dem beliebten Braham, seinem Hüon, zu Gefallen, componiren musste — die grosse Scene statt Hüon's ursprünglicher Arie N. 5 — und die Preghiera im 2. Acte — schreibt er am 31. März der Gattin von London: »— Durch die Scenen im Freischütz« (die er in den sogenannten ‚Oratorien' [Concerte im Coventgarden-Theater] wiederholt aufzuführen hatte) »sind die Leute ganz toll geworden und die Sänger faseln von nichts An»derm als Recitativen, Andante's und Allegro's etc. Dies ist denn auch dem Braham in »den Kopf gestiegen und er bettelt um eine grosse Scene statt seiner ersten Arie, die »allerdings etwas hoch ist. Erst war mir der Gedanke ganz fatal und ich wollte nichts »davon hören. Endlich versprach ich, wenn die Oper fertig sei, und mir so viel Zeit »übrig bliebe, wolle ich's thun. Nun habe ich also diese grosse Scene, ein Schlachten»gemälde und was weiss ich alles, vor mir liegen und gehe mit dem grössten Widerwillen »daran. Was ist aber zu thun? Braham kennt sein Publikum und ist der Abgott des»selben. Ich muss dem Erfolg zu Liebe überhaupt ein Stück Arbeit mehr nicht scheuen »— also — frisch hinein gebissen in den sauren Apfel. Und die erste Arie hab' ich so »lieb! — für Deutschland lasse ich alles, wie es ist, denn ich hasse die Arie im Voraus, »die ich — hoffentlich heute noch — machen werde. — So! nun habe ich dir auch mein »Leiden geklagt; — will mir auch ein Herz fassen und gleich dran gehn! Also Ade für »jetzt! Ich gehe in die Schlacht!« — Noch am selben Vormittage schreibt er wieder: »— Nun! Die Schlacht ist zu Ende, d. h. die Hälfte der Scene. Nachmittag hoffe ich »noch, die Türkinnen jammern, die Französinnen jubeln und die Krieger Victoria schreien »zu lassen«. — *3.)* Aus eigner wie fremder Sphäre von W. *zum Oberon Benutztes* liegt Mehreres vor, das zu interessanten Betrachtungen Veranlassung giebt. Das namentlich, was fremder Abstammung ist, stellt hier, wie nirgends sonst wo, W.'s geniale Aneignungs- und Umbildungsweise in das hellste Licht. Von dem ihm eigens Zugehörigen zuerst. — Bei Composition des Schlusschors seines Oberon griff er sehr weit, in das Jahr 1801, zurück. Die Tacte 5 bis 32 — also die Stelle von »Heil sei dem Helden« bis »Mähr' soll erblühn« (2tes Mal) finden sich in den ersten 20 Tacten des Schlusschors »Vivace« seiner Jugendoper Peter Schmoll [1801] (8, N. 20) vor, und zwar ganz unverändert, für Oberon nur reicher instrumentirt. Wer ahnt wohl bei diesem glänzenden Musikstücke, dass dessen wesentlichsten Theil die Hand eines kaum 15jährigen Jünglings schrieb? — Die reizende N. 21 im Oberon, Chor und Ballet mit Hüon »Für dich hat Schönheit« ist dagegen entnommen der grossen ital. Festcantate »L'Accoglienza« (221), in der sie sich als N. 6 ursprünglich, und zwar ganz unverändert, vorfindet; nur 24 Tacte mit neuem Inhalte und Hüon's Zwischensätze sind hinzugekommen. — Aber noch einmal wendete W. sich dieser Cantate zu. Die reizende Cabaletta Rezia's in Tact 37 bis 17 des 1sten Finales zum Chor der Haremswächter im Hintergrunde der Scene weist mit geringen Aenderungen in N. 3 derselben Festcantate die Parthie des Genius des Ackerbaues in den Tacten 38 bis 18 auf. Jener Chor aber, mit dem sich diese Cabaletta so reizvoll und erstaunenswürdig verbindet, ist in seinem Anfangsmotiv einer ganz fremden Welt entsprossen: hier haben wir ein ächt arabisches Thema vor uns. Carsten Niebuhr giebt in seiner »Reise nach Arabien etc.« (Kopenhagen, Möller 1774) auf der dem 1. Theil angehängten Tab. XXVI die Noten eines Motivs, welches genau so, nur in Ddur, an der ebengenannten Stelle im Oberon steht. Daneben befinden sich Abbildungen des von den Arabern »Seméndsje«, von den Griechen »Rebab« benannten Streichinstruments, mit 2, auch 3 Saiten bezogen, von dem Niebuhr p. 178 sagt: »Dies ist das gewöhnliche Instrument der Fiedler, die mit den egyptischen Tänzerinnen umhergehen, und die dabei stehenden Noten sind die Melodie von einem Liede, welches die Tänzerinnen zu der Seméndsje sangen und oft wiederholten«. — In gleicher Weise hat W. die

Tacte 5 bis 8, 13 bis 18 entnommen dem »Essai sur la musique« von La Borde, Paris 1780, Vol. I p. 385; sie stehen daselbst unter der Ueberschrift »Danse turque« wie hier unter a. folgt:

a.) La Borde.

b.) Weber. Oberon, Finale III.

F. H. v. Dalberg hat dieselbe in seiner Uebersetzung von W. Jones »Ueber die Musik der Indier« (Erfurt 1810) unter der Ueberschrift »Eine türkische Arie« mit Hinzufügung der Tempobezeichnung »langsam« und mit mehreren falschen Noten abdrucken lassen. — Aus Vergleichung obiger Notenzeilen b., der betreffenden Stelle im Oberon, mit den Zeilen a., dem ursprünglichen Originale, ersieht man W.'s für Oberon mit dem Originale vorgenommene Aenderungen. Sie sind zweierlei Gattung: erstens, eine Weglassung, die des Tacts 5 des Originals; zweitens, eine Umbildung, die des zweitheiligen Tactes des Originals, von Tact 6 an, in den dreitheiligen Tact dieses Finale-Theiles der Oper. Letztere Art der Umbildung hat W. öfter angewendet; Beispiele sind: das »cum sancto spiritu« im Gloria seiner Es dur-Messe (224) in Rücksicht auf N. 1 der 6 Fughetten (1); ferner Theil II des Andante im Pas de cinq zu N. 21 der Euryanthe (291) in Rücksicht auf das Andante II der N. 4 der Cantate »L'Accoglienza« (221). — Abgesehen davon giebt aber die Benutzung dieser beiden orientalischen Themata (die sie enthaltenden Werke liefert W. laut Tagebuch am 18. Oct. 1825 an die k. Bibliothek zu Dresden zurück) einen deutlichen Beleg für die geistreiche Ausbeutung solcher Quellen seinerseits. Wie schlagend ist die Wirkung jenes ersten zur Musik der apathischen Haremswache verwendeten, wie erstaunlich die des zweiten zur Darstellung des von toller Tanzwuth Ergriffenwerdens; kaum hätten glücklichere Motive erfunden werden können, als sie hier gefunden wurden, und dann freilich in höchst genialer Weise benutzt zu werden. Auch ein Thema der Romanze der Fatime, N. 16 des Oberon (wahrscheinlich das im ²/₁), soll arabischen Ursprungs sein; denn der Referent der berlinischen Vossischen Zeitung spricht dies — was jedoch noch zu beweisen wäre — in einer Kritik des Oberon in No. 161 von 1828 mit den Worten aus: »Die Melodie dieses Araberliedes wurde uns, freilich etwas einfacher (?) »nebst vielen ähnlichen vor einigen Jahren vom Dänischen Residenten in Algier mitgetheilt«. — An dieser Benutzung der beiden ersten besprochenen orientalischen Themata ergiebt sich für den aufmerksamen Beobachter noch folgende Bemerkung: Beide beginnen mit Grundton, Secunde und Terz einer Scala. Dieser *Terzgang* ist nun überraschenderweise das **Grundmotiv von vielen Stellen** der Musik dieser Oper, wo es gilt, den *Orient* zu characterisiren und das *Feenreich*, das in ihm zunächst seine Heimath hat. Hier haben wir zwar das einzige *Leitmotiv* (s. Einleit. p. 2.) im Oberon, aber eines von ganz besonderer Art und tiefgehender Bedeutsamkeit: denn es ist (wie es in keiner andern Oper W.'s vorkommt) ein Leitmotiv nicht nur für eine einzelne Person oder Situation, sondern für eine Reihe von Personen, für eine Reihe von Situationen und Scenen bestimmten Characters. In geistreicher Weise ist ihm solchergestalt zugleich alles Ermüdende der blossen Wiederholung genommen, indem es bald selbstständig und klar auftritt, bald mehr oder weniger sich verhüllend da, wo es sich mit anderen Elementen in immer neuer Weise verschmilzt. So ergiebt sich dies Grundmotiv jenes Terzganges als gewissermaassen Leitmotiv höherer Gattung. Wie es ursprünglich jenen Thematen eigen ist, wie es selbst schon da ausgesponnen wird, wo und nachdem es die Nationalmelodieen einführte, so finden wir es wieder: in den

3 Anfangstönen der Ouvertüre, denen von Oberon's Zauberhorn, die wie im Adagio so auch im Allegro derselben in diesem Sinne zweimal wiederkehren und später jedesmal, wo Oberon's Beistand durch das Zauberhorn herbeigerufen wird (z. B. in den im Clav.–Auszuge nicht enthaltenen Nummern 9 A u. 14); wir finden es als Einleitung des Elfenchors N. 1, nur umgekehrt; es leitet die Bassfigur zu Anfange von Oberon's Arie N. 2 ein; ebenso, doch wieder umgekehrt, beginnt es Oberon's Gesang bei dessen erstem Worte »Schreckensschwur« in dieser Nummer, wie es mannigfach anderweitig darin auftritt; es ist das Hauptmotiv des Türkenchors zu Anfang des 2ten Acts; es klingt in dem »Wohlgemuth! Wohlgemuth!«, in dem »Segelt fort« des grossen Geisterchores am Schlusse dieses Actes wieder; es leitet N. 3, die Vision Rezia, ein; es spricht lebhaft erregt aus ihren drei Ausrufen im Anfang des 1. Finales »Eil', edler Held« und des 2ten Allegro vivace darin »Sagt' ich's nicht?«; es spricht tief schwermüthig in den Blasinstrumenten des Zwischenspiels und Schlusses von deren Cavatine »Traure mein Herz«, wie im Andante des Duetts N. 17, wenn Fatime die Sehnsucht nach ihrer Heimath in dieselben Töne kleidet; ja wir hören sie den Muschelhörnern, die den Gesang der Meermädchen begleiten, entsteigen, wie sie in gleicher Weise die flüchtige Geigenfigur des Ritornells zum Presto agitato von N. 12 durchzittern. — Welch eine wunderbare Consequenz! Ob sie bewusst innegehalten, ob unbewusst, ob beides der Fall — wer wagt darüber zu entscheiden? Wer kann davon erzählen, wo der Genius empfangen oder gegeben hat? Es bleibt eben sein geheimnissvolles Walten. — — In diesem Sinne hieher gehörig sei denn auch schliesslich eines Momentes *aus W.'s Leben* gedacht, von dem mir durch den treuen Freund des W.'schen Hauses, den K. S. Kammermusiker G. Roth, vor Jahren Mittheilung gemacht worden; betrifft es doch ebenfalls ein sogenanntes »Benutztes«, obwohl direct aus dem grossen Reiche der Natur. — Es war ein heisser Mittag im hohen Sommer 1824, zur Zeit der ersten innern Beschäftigung W.'s mit Oberon. W. und Roth befanden sich, vom Dienst in Pillnitz kommend, am Ausgange des Keppgrundes in der Nähe von W.'s Sommerhause zu Hosterwitz. Ueberall tiefste Stille in dem weiten Landschaftsbilde, das unter der Berglehne, auf der sie wandelten, vor ihnen ausgebreitet lag; kein Laut, nicht einmal eines Vogels Zwitschern in der Luft; nur ein feines Singen, ein kaum hörbares Surren und Schwirren der sich tummelnden Insektenwelt. Plötzlich ergreift W. Roth's Arm, legt rasch den Finger auf den Mund, um ihn darauf wieder lebhaft empor zu heben und auf das belebte Schweigen in der Natur zu deuten, und dazu flüstert er kurz und leise: »Oberon!« — Giebt es liebliche kleine Bilder aus der Welt des Schaffens grosser Künstler, das ist wahrlich ein solches. Dem feinsinnigen Lauscher haben sich vielleicht die ersten Umrisse seines wunderbaren Elfenchores im Oberon in diesem Momente erschlossen; in ihm keimten vielleicht die Klänge zu den Worten dieses Chors »Jagt die wirre Mücke fort, lasst die Bien' nicht summen dort! Auf der Lilien Lager liegt Oberon in Traum gewiegt«; denn die wahre Künstlerseele ist es, die die Beobachtung in das Kunstwerk verwandelt.

d. *Aufführungen.* Singende Personen der Oper sind: 1. Rezia, 2. Meermädchen: Soprane; 3. Fatime: Mezzo–Sopran; 4. Puck: Alt; 5. Hüon, 6. Oberon: Tenöre; 7. Scherasmin: Baryton; Chor: 2 Soprane, 2 Alte, 2 Tenore, 2 Bässe. — Die Erste aller Aufführungen fand statt am 12. Apr. 1826 zu **London** auf dem Coventgarden–Theater daselbst. Bei derselben wurden gesungen 1. u. 2. von Miss Paton u. Miss Gownell; 3. von Mad. Vestris; 4. von Miss Cawse; 5. u. 6. von Mr. Braham u. Mr. Bland; 7. von Mr. Fawcett. — W. war dazu am 16. Febr. von Dresden über Paris nach London gereist. Schon lange vor seiner dortigen Ankunft wurde diese, als bevorstehend, durch die Presse verkündet. In Dover sah er sich von Seiten des Directors des Passbüreaus mit grösster Auszeichnung bewillkommnet und aller sonst persönlich zu beobachtenden Formalitäten überhoben. Am 5. März in London angekommen, wurde ihm schon Tags darauf ein glänzender Empfang von Seiten des Publikums zu Theil. Bühne und Sänger, für die er schon vor Oberon schrieb, kennen zu lernen, besuchte er am Abend das Theater. Am 7. meldet er darüber der Gattin: »— Um 7 Uhr fuhren wir nach »Coventgarden, wo Robroy, eine Art Oper nach Walter Scott, gegeben wurde. Ein pracht-»voll dekorirtes, nicht übermässig grosses Haus. Wie ich so an den Logenrand trete, »um es ordentlich zu beschen, ruft auf einmal eine Stimme: »Weber! Weber ist hier!«

»und obgleich ich mich schnell zurückzog, brach doch ein solches Jubeln, Applaudiren,
»Vivatrufen aus, das gar kein Ende nehmen wollte, so, dass ich mich mehrere Male
»zeigen und unterschiedliche Bückerle machen musste. Nun wollten sie durchaus die
»Ouvertüre zum Freischütz haben etc. und jedesmal, wenn ich mich sehen liess, ging der
»Sturm los. Zum Glück begann die Ouvertüre des Robroy, und es wurde nach und nach
»wieder Ruhe etc.« — — »Nun kann ich dir auch freudig versichern, dass du wegen
»Sänger und Orchester ganz ruhig sein kannst. Miss Paton ist eine Sängerin vom aller-
»ersten Range, die die Rezia göttlich singen wird; Braham desgl., aber in ganz andrer
»Art. Dann sind noch andre sehr gute Tenoristen da, und ich begreife nicht, was die
»Leute Uebles dem englischen Gesange nachsagen. Die Sänger haben vollkommen gute
»italienische Schule, schöne Stimmen und Ausdruck. Das Orchester ist nicht ausgezeich-
»net, aber doch brav; die Chöre recht gut; kurz ich glaube jetzt schon über den Erfolg
»des Oberon sicher sein zu können.« — Am 9. März hörte er die ersten Töne aus demselben
in einer Chorprobe, der er beiwohnte; er fand gute Vorstudien und konnte am 12. schon
seiner Lina schreiben: »Gestern Probe mit den Solo-Sängern bei mir gehabt zu meiner
»völligen Zufriedenheit. Auf Dekorationen und Maschinerie wird sehr viel verwendet;
»was ich davon gesehen habe, ist sehr sinnreich, und die Costüme sind vom Dichter mit
»grosser Fantasie angegeben. Die Elfen werden fast aussehen wie Bienen, Schmetterlinge
»oder Blumen«. — Am 17. schreibt er ferner: »— Von 12 bis jetzt (3 Uhr) habe ich Probe
»gehabt. Die Paton sang zum erstenmale ihre Parthie; entzückend schön. Der Effekt
»des 1. Finales ist ausserordentlich und eben so des 2ten mit meinen Elfen. Wenn die
»ganze Geschichte fertig gekocht ist, möchte ich dich wohl herzaubern können. Heute
»sah ich auch die Dekoration, wo Puck die Geister zusammenruft. Da sind 8—10 prati-
»kable Felsen wie Häuser, alles auf Rollen, die sich alle öffnen und mit Geistern bevöl-
»kert sind und wegverwandeln mit allen diesen Menschen in die offne See«. — Am
12ten April 1826 endlich wird der Oberon zum Ersten Male gegeben und W. schreibt
unmittelbar nach der Aufführung noch um ³⁄₄12 Uhr Nachts darüber der Gattin: »Meine
»innigstgeliebte Lina! Durch Gottes Gnade und Beistand habe ich denn heute Abend
»abermals einen so vollständigen Erfolg gehabt, wie vielleicht noch
»niemals. Das Glänzende und Rührende eines solchen vollständigen, ungetrübten
»Triumphes ist gar nicht zu beschreiben. Gott allein die Ehre!!! Wie ich in's
»Orchester trat, erhob sich das ganze überfüllte Haus und ein unglaublicher Jubel, Vivat-
»und Hurrah-Rufen, Hüte- und Tücher-Schwenken empfing mich und war kaum wieder
»zu stillen. Die Ouvertüre musste wiederholt werden; jedes Musikstück 2—3mal mit
»grösstem Enthusiasmus unterbrochen. Braham's Arie da Capo. Im 2ten Akt Fatime's
»Romanze und das Quartett da Capo. Am Ende mit Sturmesgewalt mich herausgerufen,
»eine Ehre, die in England noch nie einem Componisten widerfahren ist. Das Ganze
»ging auch vortrefflich, und alle waren ganz glücklich um mich herum. — So viel für
»heute, mein geliebtes Leben, von deinem herzlich müden Manne, der aber nicht hätte
»ruhig schlafen können, hätte er dir nicht gleich den neuen Segen des Himmels mitge-
»theilt. Gute, gute Nacht! Möchtest du doch heute den glücklichen Ausgang ahnen
»können!« — Am nächsten Morgen setzt er unter Anderm noch hinzu: »— Nach solchem
»Triumph tritt eine gewisse wohlthätige Beruhigung ein, dass ein grosser Schritt in der
»Welt abermals abgethan ist. Auf jeden Fall war ich hier bei Oberon auf einem viel un-
»sicherern Standpunkte, als bei meinen früheren Werken. Die Eifersucht der Theater,
»das höchst erregbare Publikum, das immer an Opposition gewöhnt ist und sich darin
»gefällt, und die Ereignisse den Tag vorher, (der Paton war ein Stück Dekoration auf den
»Kopf gefallen, weshalb sie die General-Probe nicht mitmachte), das Alles machte den
»Erfolg doppelt schätzenswerth.« »Die Paton sang herrlich, und die Vorstellung griff
»so ineinander, mit solchem Feuer und Liebe, wie du wohl weisst, dass meine Musik das
»Glück hat, bei den Menschen hervorzubringen. Wie oft habe ich dabei an dich ge-
»dacht!« — Der Beifall verblieb auf gleicher Höhe bei den, wie er Lina schreibt, »in
»ununterbrochener Reihe und bei immer überfüllten Häusern« stattfindenden Wiederholungen der Oper; die 28ste nennt er ihr als am 29ten Mai statt gehabt; die ersten 12
hatte er selbst dirigirt. — An Honorar erhielt W. von Kemble 500 ₤. — Das Interesse
des Publikums gab sich während dieser Zeit nochmals lebhaft und überraschend kund
bei einer Gelegenheit, wo sein neues Werk nur indirekt eine Verbindung zwischen Pu-

blikum und Componisten bildete. Er schrieb darüber am 30. April nach Dresden:
»— Gestern war denn ein interessanter Tag, die erste Vorstellung von meines sogenann-
»ten Rivals B i s h o p ' s Oper »Aladin«. Mit Mühe waren Plätze zu bekommen. Einer der
»Inhaber des Theaters bot mir aber seine Loge an und machte mir sogar die Visite vorher.
»Wir assen alle zu Hause und fuhren dann in Drurylane. Kaum trat ich in die Loge
»und wurde gesehn, als das ganze Haus aufstand und mich mit dem grössesten Enthu-
»siasmus empfing. Diess in einem f r e m d e n Theater, an d i e s e m T a g e zeigte recht
»von der Liebe der Nation und freute mich sehr«. — Dieser lebhaften Theilnahme des
englischen Publikums stehen manche Aeusserungen der englischen Kritik entgegen. Nach
ihnen ist die Musik des Oberon schwer und zuweilen melodielos; Ersteres wäre durch die
Originalität und Tiefe des Werks, bei Mangel genauerer Bekanntschaft mit demselben leicht
erklärlich, Letzteres ist dies nicht, da Oberon melodiöser, als manches Andere von W. —
In dem von Max v. Weber »Lebensbild W.'s« II, 686 mitgetheilten Referat des »H a r -
m o n i c o n« heisst es unter Anderm: »— Von der Musik bemerken wir hier im Allgemeinen, dass sie mehr auf das wissenschaftliche Urtheil der Kenner, als auf die grosse Menge
berechnet ist. Sie ist nicht ohne Melodie — wie Manche behaupten — (?), doch ist diese
für ungeübte Hörer durch eine fast übermächtige Fülle der Begleitung meist verdeckt.
Wir hörten die Probe und bewunderten viele Particeen; wir wohnten der ersten Aufführung bei und bemerkten Manches, was uns am Abend zuvor entgangen war, und wir
zweifeln nicht, dass öfteres Hören uns Schönheiten offenbaren werde, die bis jetzt unsrer
Aufmerksamkeit entgingen, welche noch zwischen Drama, der Musik, dem Bühnen-
schmuck und den auftretenden Personen getheilt war«. (Wahrlich mehr naiv-aufrichtig,
als einer kritischen Stimme würdig!) »Herr v. W. führte selbst das Orchester an. Er
wurde mit einer Wärme empfangen, die selten, vielleicht n i e, in einem Theater übertroffen worden ist; viele Beifallszeichen ringsumher mit bewillkommnenden Hüten und
Tüchern und jedem andern Merkmale der Gunst, bezeugten die starke Vorliebe des
Publikums für diesen Meister.« Aehnliche Aeusserungen erfüllen andere Londoner Zeit-
blätter aus jenen Tagen. Gründliche, erschöpfende Kritiken fehlen. Wieder ist es der
treffliche R o c h l i t z, der mit feinem Sinne und echter Kennerschaft eine das Werk gründlich beleuchtende und umfassende Beurtheilung bei Gelegenheit der Aufführung des Werkes
zu Leipzig schrieb. (S. unten »Leipzig«.) — Unter den s p ä t e r n Aufführungen des Oberon zu
L o n d o n sind zuvörderst bemerkenswerth die mit d e u t s c h e m Texte durch d e u t s c h e
Sänger mit der H e i n e f e t t e r als Rezia und Haizinger als Hüon, unter Direction
des Hess. Hofkapellmeisters G a n z i. J. 1841; das betreffende Libretto (London bei
Schloss) zeigt ausser dem deutschen Texte noch einen englischen, der aber nicht der
von Planché herrührende ursprüngliche, sondern von einem unbekannten Verfasser wort-
getreu Th. H e l l' s deutscher Uebersetzung des Textes von Planché nachgebildet ist. —
Von besonderer Bedeutung aber waren die Aufführungen der Jahre 1860 u. ff. auf Her
Majesty's Theatre in i t a l i e n i s c h e r Sprache, deren erste am 3. Juli 1860 mit der
T i e t j e n s als Rezia und der A l b o n i als Fatime stattfand und zwar mit einem enthusiastischen Beifalle, der sich durch die ferneren Aufführungen in demselben Jahre und
den folgenden ungeschwächt erhalten hat. Durch dabei vorgenommene Aenderungen
wurde nicht nur der mangelhafte Dialog vermieden, der Gang der Oper im Allgemeinen
verbessert, sondern auch eine Intention W.'s zur Geltung gebracht, an deren Ausführung
ihn die ursprüngliche Gestaltung der Oper verhindert hatte. Zu diesem Zwecke war von
P l a n c h é eine Reihe von mit andern Piècen verbundenen Recitativen gedichtet und von
M a g g i o n e in's Italienische übersetzt worden. Julius v. B e n e d i c t, W.'s berühmter Schüler, hat für diese Recitative theils neu componirte, theils aus W.'schen Motiven (Preciosa, Euryanthe, Oberon, D-Sonate) construirte und in dieselben auf das
Wirkungsvollste noch verflocht: 1) Das Duett mit Chor N. 24 aus E u r y a n t h e, »Trotze
nicht«, hier zwischen Hüon und dem in dieser Bearbeitung singenden Babekan; 2) das
Duett N. 13 daraus »Hin nimm« an Stelle eines von W. einst mit grossem Bedauern aufgegebenen Duetts zwischen Rezia und Hüon (s. pag. 396 oben); 3) die für D e u t s c h-
l a n d ursprünglich geschriebene Arie des Hüon N. 5, hier dem O b e r o n zur Ausführung
durch den ausgezeichneten Gesangs-Virtuosen B é l a r t gegeben, und zwar nach Hüon's
Kampf mit den Piraten in dem Sinne einer ermuthigenden Mahnung zu weiterer Standhaftig-
keit; und 4) die Arie N. 6 »O mein Leid« der Eglantine aus Euryanthe, hier von Roschana

gesungen. (Am 9. März 1870 kam diese Bearbeitung Benedict's auch in **Philadelphia** in der
»American Academy of Music« zur Aufführung.) Wie bedenklich alle Ueberarbeitungen und
Umgestaltungen von Meisterwerken durch Andere jederzeit gelten müssen, so war doch hier
dergleichen eher zu wagen, da der Organismus des Gedichts von Grund aus als
ein mustergültiger leider n i c h t vorlag, und hier die Neugestaltung mit der grossen Liebe
und demjenigen feinen Sinne für den Geist der musikalischen Composition unternommen
wurde, die in den meisten derartigen Fällen zu fehlen pflegen. (S. unten »Hamburg«.) — —
Die erste Stadt in D e u t s c h l a n d, die den Oberon in ursprünglicher Gestalt und würdiger
Weise (s. unten W i e n) auf die Bühne brachte, war das um die musikalische Kunst
schon hochverdiente **Leipzig.** Es geschah dies unter K ü s t n e r ' s Oberleitung. Die ersten
12 Vorstellungen daselbst fallen zwischen den 23. Dez. 1826 und den 11. Mai 1828.
R o c h l i t z bestätigt in seiner Kritik (Leipz. Allg. Mus. Ztg. 1827. N. 15 u. 16) die
Trefflichkeit dieser Aufführungen. Auf sein Urtheil über das Werk selbst kann hier nur
verwiesen werden. Es fasst sich jedoch in folgenden Bemerkungen zum Schlusse des Auf-
satzes zusammen, wo es heisst: »— Sollten wir nun schliesslich noch ein ganz allgemeines
Urtheil über diese Oper fällen, so würde es kurz also lauten: Sie ist, wie jede Weber'sche,
von seinen andern Opern geschieden und für sich bestehend: sie ist mithin auch so zu
betrachten. Zu dem, was sie ward, war er durch den Dichter — mehr veranlasst als geführt, und dabei mehr eingeschränkt, als erhöhet. Das Vorzüglichste, was sie enthält,
musste W. sich selbst aussinnen und auch allein ausbilden: dies aber ist ihm unvergleichlich, doch auch das Andre achtungs- und beifallswerth gelungen. Von jenem nahm
das Werk den in ihm herrschenden Character milder Freundlichkeit, zarter Heiterkeit an,
ohne darum rascher, energischer Kraft und eines wahrhaft begeisterten Schwunges zu
entbehren. Es regt uns auf, gleich von seinen ersten Tönen an, zu einem geistvollen,
innerlichst belebenden und erfreulichen Spiele im Reiche der Phantasie und reiner, lei-
denschaftsloser Empfindungen; verflicht uns immer mehr in dieses Spiel und lässt von
ihm uns nicht los, bis es uns überhaupt entlässt. So ist sein Gesammteindruck keinesweges aufreissend, erschütternd, bestürmend, sondern hebend, bewegend, beruhigend«.
— Ob übrigens bei diesen leipziger Aufführungen W.'s Intention rücksichtlich der Elfen-
scene am Schlusse des 2. Acts beachtet worden, die er »mit allen Reizen einer südlichen
mondhellen Nacht ausgestattet hinter einem S c h l e i e r dargestellt« wünschte (wie v. K ü s t-
n e r in »34 Jahre meiner Theater-Leitung«, Leipzig, Brockhaus p. 22 mittheilt), habe ich
nicht in Erfahrung bringen können. — In **Berlin** den Oberon persönlich aufzuführen,
war W. vom Intendanten Grafen B r ü h l dringend eingeladen worden. Der schon todes-
matte Meister konnte, in Rücksicht darauf, der Gattin gegenüber noch scherzen, indem
er ihr von London den 24. April schrieb: »— Man erwartet mich im Sommer in Berlin,
»den Oberon selbst wieder aufzuführen. Doch nein! Ich wüsste nicht, was mich dazu
»bewegen könnte. Ruhe, Ruhe ist jetzt mein einziges Feldgeschrei und soll es wohl für
»lange bleiben. Ich habe alle das K u n s t g e t r e i b e **so satt,** dass ich keine grössere
»Herrlichkeit kenne, als wenn ich ein Jahr ganz unbemerkt als ein Schneider leben
»könnte, meinen Sonntag hätte, einen guten Magen und heitren, ruhigen Sinn«. —
Doch wenn es auch nicht so ernst mit seiner Weigerung, nach Berlin zu kommen, gemeint gewesen wäre — sein unerbittliches Geschick trat dazwischen. Er sah die deutsche
Heimath niemals wieder und schied von dieser Erde am 5. J u n i i n L o n d o n, still und
sanft im Schlafe. Die Trauer über seinen Verlust war tief und allgemein; in Deutsch-
land natürlich empfand man ihn am schmerzlichsten. — So war denn auch in Berlin das
Verlangen nach dem Genuss seines letzten Werkes ein übergrosses. Hielt man den
Meister doch grade hier besonders hoch; ehe er noch hier den Grundstein zu seinem
Weltruhme mit dem Freischützen gelegt, kannte und liebte man ihn schon in dieser Stadt;
geistig war er mit ihr vorzugsweise verbunden gewesen, und sie hatte sein Wachsen und
Werden mit inniger Theilnahme verfolgt. So wurde denn auch die Verzögerung der Auf-
führung seines Oberon hier doppelt empfunden; denn wie man nach dem Freischütz neun
Vierteljahre auf die Euryanthe geharrt hatte, so verging genau dieselbe Zeit, bis Oberon
zu Berlin in Scene ging. Wie damals so jetzt kannte die Berliner Musikwelt aus dem
Clavier-Auszug die Oper schon genau. Eine treffliche Aufführung durch H e i n r. D o r n,
den spätern Berliner Hofkapellmeister, im Hause des deutschen Original-Verlegers
A. M. S c h l e s i n g e r, dann wieder öffentliche Aufführungen der vollständigen Musik

des Oberon durch das Militärmusikchor von Fr. Weller, hatten diese Kenntniss noch
besonders vermittelt. So mehrte sich nur die Ungeduld, das Werk in seiner Urgestalt
kennen zu lernen. Die Gründe der Verzögerung waren grösstentheils andre, als die bei
Euryanthe wirkenden. Der treu sorgende Graf Brühl hatte die Aufführung der Oper
gleich anfangs als für die Berliner Hofbühne selbstverständlich angesehen und die Erwerbung der Partitur von W.'s Erben angerathen. Auf das von diesen geforderte Honorar von 800 Thalern (welches schliesslich das königl. Theater auch zahlte) wurde anfänglich nicht eingegangen, und so geschah es, dass die Direction des königstädtischen
Theaters zu Berlin schnell das Eigenthumsrecht erwarb. Darauf wurde diesem Theater
die Befugniss streitig gemacht, den Oberon auf ihrer Bühne geben zu dürfen. Das gab
Veranlassung zu den verwickeltsten Verhandlungen. (Siehe Berliner Conversations-Blatt
1828, N. 12 u. 13.) Endlich erschien die Oper am 2. Juli 1828 im königl. Opernhause zu Berlin, feinsinnig und freigebig ausgestattet mit all der Pracht, all der Schönheit decorativer Ausstattung, die diese Bühne zu allen Zeiten ausgezeichnet haben;
Schinkel hatte die Entwürfe zum Elfensaal der Introduction und zur Aussicht auf Bag-
dad in genialer Meisterschaft geliefert; von Seiten der Sänger und des Orchesters war
sie in gleicher Weise vorzüglich. Nun brach der lang verhaltene Enthusiasmus doppelt
feurig hervor. Einer der ältesten Berichte, weil am Tage nach der ersten Aufführung
geschrieben, folge hier, indem er den Eindruck schildert, den sie auf eine bedeutsame
literarische Persönlichkeit ausübte. Der Dichter Michael Beer, ein Bruder Meyerbeer's, war es nämlich, der an den Uebersetzer des Oberon, einen der Vormünder von
W.'s Söhnen, Th. Hell (Winkler) in Dresden 3. Juli 1828 schrieb: »— Ich eile, Ihnen
anzuzeigen, dass gestern Abend Oberon vor dem überfüllten Opernhause mit dem grössesten und seltensten Erfolge dargestellt worden ist. Die Liebe, mit der sich in der That
alles beeiferte, den Schwanengesang unsres verewigten Freundes wiederklingen zu lassen,
hatte etwas Rührendes und Erschütterndes. Das Publikum empfand es und rief Alle
hervor. Im Laufe der Darstellung wurde ausser der Ouvertüre das reizende Quartett im
2ten Acte und das Duett zwischen Scherasmin und Fatime da Capo verlangt und gesungen.
Der Enthusiasmus, den das Werk erregt hat, war nicht, wie man glauben durfte, ein
Erzeugniss der Ostentation und Parteisucht. Es war die reinste Empfindung der heitersten Herzen, die sich wenigstens des geistigen, ewigen Lebens dessen erfreuten, der
uns allen leider zu früh entrissen worden. Oberon ist, wenn Sie von mir nach einmaligem
Hören ein Urtheil fordern, ein reizendes, ich möchte sagen, liebenswürdiges Werk, das
vielleicht in einzelnen Theilen Freischütz und Euryanthe an Tiefe und Grossartigkeit
nachsteht, nirgend aber an fantastischer Frische und geistvoller Anmuth. — Die Ausstattung war so geschmackvoll und reich, und namentlich die Decorationen und Anordnungen der 1sten Scene von zauberhafter Wirkung. — Von hoher Freude war Graf
Brühl, der begeisterte Freund des geschiedenen Meisters, erfüllt durch die glänzende
Aufnahme der Oper. Seine unermüdliche Thätigkeit und Liebe für die Sache fand darin
ihren Lohn, wie er dies in einem Briefe an W.'s Wittwe, der mir vorliegt, rührend ausspricht. — Die Kritik, an ihrer Spitze Marx und Saphir, stimmte in diese dem Werke
gezollte Anerkennung mit geringen Beschränkungen ein. — Seit der ersten Aufführung
ging die Oper bis heut, 9. Febr. 1871, 178 mal über die Berliner Bühne. — Von Seiten des
Berliner Original-Verlegers A. M. Schlesinger war der Klavier-Auszug des Oberon W. mit
1500 Thlrn. honorirt worden. — — Auf dem Hofoperntheater zu **Wien** kam Oberon erst
1829 am 4. Febr. zum ersten Male, und zwar nach der Original-Partitur und in der
Original-Gestalt, zur Aufführung und ist, vielfach gegeben, seitdem mehrere Male neu
in Scene gesetzt, wie dies jetzt wiederum in dem neuen wiener Opernhause nächstdem be-
vorstehen soll. Der Zeit nach ging Wien in der Aufführung dieser Oper eigentlich
Berlin voran. Wie wenig aber die hochgebildeten musikalischen Kunstfreunde Wiens
diese Priorität in Anspruch nehmen dürfen, wird sich erklären, wenn man den Zettel
des Josephstädter Theaters daselbst vom 20. März 1827 (an welchem Tage der Oberon
auf dieser Bühne zum ersten Male gegeben wurde) liest, auf welchem es unter Andrem
heisst: »nach der Hell'schen Uebersetzung aus dem Englischen des Planché, von Meisl
bearbeitet; Musik von C. M. v. Weber: nach dem Clavier-Auszuge instrumentirt, vermehrt und abgeändert von Franz Gläser zum Benefiz desselben«. Wenn diese Verball-
hornung auch nicht spurlos vorübergegangen wäre, so konnte sie wohl schon an und für

sich an dieser Stelle als gewissermaassen u n g e s c h e h e n betrachtet werden. — —
In **Paris** kam die Oper nur langsam zum Durchbruch. 1826 wurde dem dortigen Publikum die Bekanntschaft damit durch die Aufführung der O u v e r t ü r e eröffnet; sie ging damals spurlos vorüber; 10 Jahre später, von H a b e n e c k im Conservatoire vorgeführt, riss sie zur höchsten Bewunderung hin. Bei der grossen Concurrenz-Aufführung seitens der Musikchöre der verschiedenen europäischen Armeen feierte mit derselben Ouvertüre am 21. Juli 1867 ebendort die K. Preussische Militär-Musik durch die Musikchöre zweier K. Garde-Regimenter unter Leitung ihres General-Directors W. W i e p r e c h t jenen damals durch die Welt schallenden Triumph. — Aber etwa um 1844 schon wurden in Paris in den Concerten des Conservatoriums Elfenchor und Finale I, noch später 2 andre Stücke mit Enthusiasmus aufgenommen. Nur zweimal dagegen wurde, mit Wilhelmine S c h r ö d e r - D e v r i e n t als Rezia, die g a n z e Oper deutsch im Theater Favart (jetzt Opéra comique) ohne besondere Wirkung, freilich auch musikalisch sehr nachlässig und äusserlich sehr schlecht ausgestattet, gegeben, bis sie 1857 im Théâtre lyrique mit höchst glänzendem Erfolge auf Berlioz' Anregung unter Deloffre's Direction vollständig zur Aufführung gelangte und W.'s Namen, dem das französische Volk schon immer mit Vorliebe huldigte, neue Lorbeern brachte. B e r l i o z sagt nach diesen Aufführungen unter Anderm:
«— Was W.'s Instrumentation anlangt, so will ich blos anführen, dass sie reich, mannigfaltig und von bewunderungswürdiger Originalität ist. Ein feiner kritischer Sinn ist ausserdem eine seiner hervorragenden Eigenschaften. Nirgends dem guten Geschmack zuwider laufende Mittel, Rohheiten, Widersinnigkeiten. Ueberall ein reizendes Colorit, eine lebhafte, aber harmonische Klangfülle, eine maasshaltende Kraft und tiefe Kenntniss der Natur jedes Instrumentes, seiner verschiedenen Charaktere, seiner Sympathieen und Antipathieen mit den andern Gliedern der Orchesterfamilie; überall endlich Festhalten der innigsten Beziehungen zwischen Theater und Orchester, nirgends ein zweckloser Effect, ein ungerechtfertigter Accent. — Man macht W. aus seiner Behandlungsweise der Singstimmen einen Vorwurf; leider ist der Vorwurf gegründet. Oft bürdet er ihnen Tonfolgen von ausserordentlicher Schwierigkeit auf, welche kaum für ein anderes Instrument als für das Pianoforte passen dürften. Aber dieser Fehler — welcher übrigens nicht so weit geht, wie man behauptet — hört auf, einer zu sein, wenn die Eigenheit der Gesangstelle eine dramatische Tendenz hat. Dann wird sie im Gegentheile zur Schönheit; nur in den Augen der S ä n g e r bleibt der Componist tadelnswerth, weil sie gezwungen sind, sich M ü h e zu geben, und sich Studien zu widmen, welche die banale Musik ihnen nicht auferlegt». — »Unter den 22 Stücken, aus denen die Partitur des Oberon besteht, finde ich kein einziges schwaches. Erfindungskraft, Eingebung, Kenntniss, gesunde Einsicht machen sich überall geltend, und fast widerwillig führen wir vorzugsweise vor den andern Musikstücken vor:« »Hier werden nun genannt: N. 1, Hüon's Arie N. 5, Finale I N. 6, Türkenchor N. 7, Hüon's Gebet, Rezia's Scene N. 13, Meermädchenlied und Schlusschor des Finales II, Fatime's Romanze N. 16, Duett N. 17, Terzettino N. 18 und Ballet und Chor N. 21.) «— Die Zuhörer verlangten vier Musikstücke und die Ouvertüre da capo; die Menge, welche drei Stunden lang mit Entzücken diese Musik von so ganz neuem Geiste genossen hatte, verliess das Theater in einem Zustande wahrer Berauschung. Das ist, ich wiederhole es, ein Erfolg, ein erhabener, grosser Erfolg etc.« (S. Berlioz' hinterlassene Schriften, deutsch von Rich. Pohl. Leipzig, Heinze, 1864. Bd. I p. 287—302.) — In **Hamburg** ist 1866 die Oper mit immer erneutem Erfolge gegeben. Theodor G a s s m a n n hatte sie dazu einer durchgreifenden Umwandlung unterworfen, in so fern die Handlung vereinfacht, der Dialog gekürzt, Episoden und nur sprechende Personen ganz gestrichen und die früheren 16 Verwandlungen auf 8 reducirt waren. Dies Arrangement soll vortrefflich wirken. Unbezweifelt aber ist die M u s i k dabei u n b e r ü h r t geblieben und der musikalische Lebensnerv nicht verletzt worden, wie dies gegentheils in neuster Zeit auf einigen deutschen Bühnen geschehen ist, indem man den Schluss-Theil des 3. Acts der Oper vom grossen Marsche an und incl. desselben, so wie den Schluss-Theil des 2ten Finales, der auf das Lied des Meermädchens folgt, wegliess und als Ersatz für letztere Weglassung ein W a n d e l b i l d vorüberziehen liess, zu welchem das Meermädchenlied unausgesetzt wiederholt wurde, bis sich das Bild vollständig abgerollt hatte. Wenn Hüon's Rondo N. 20 bei Aufführungen des Oberon ausfällt, so kann dies nicht wesentlich nachtheilig wirken, weil sein Verlust unter allen Stücken der Oper am

wenigsten schwer wiegen wird; wenn aber Nummern wie die oben genannten **Perlen** des
Werkes unterdrückt, verstümmelt oder durch unmotivirte Wiederholung zur Ungestalt
ausgedehnt werden, so ist es wohl gerechtfertigt, hier darauf hinzuweisen, um von ähn-
lichen künstlerischen Attentaten abzumahnen. (Siehe Euryanthe **291** Anm. c. 4: Kür-
zungen.) — Ausser den in vorgenannten Städten stattgehabten Aufführungen giebt die
Lpz. A. Mus. Ztg. bis zum Schlusse 1818 noch Kunde von solchen zu: **Bremen, Breslau,
Dessau, Danzig, Darmstadt, Dresden, Cassel, Coburg, Colmar, Frankfurt a. M., Gotha, Königsberg,
Magdeburg, Mannheim, Meiningen, München, Prag, Putbus, Riga, Rom** (hier Theile der Oper),
Strassburg und **Wiesbaden.** — Doch welche Bühne von Belang hätte später den Oberon
nicht gegeben? Ja, in den Concertsaal drang er vielfach. Von ausserdeutschen Orten
seien in dieser Beziehung laut jener Quelle nur **Amsterdam, Paris, Versailles, York, Bologna** und
Rom genannt. Die neuste derartige Aufführung im Laufe dieses Jahres darf hiebei nicht
übergangen werden, die zu **New-York** durch die Gesellschaft für Kirchenmusik (?) mit grossem Orchester und stark besetztem Chor unter Leitung des Dr. Pech.

c. Innerhalb der dieser meiner Arbeit enge gezogenen Grenzen ist mir, nach Hinweis auf das unter **277** Anm. f. im Allgemeinen über W.'s Ouvertüren Gesagte, nur noch
gestattet, zu gedenken des treffend und lebendig characterisirenden Ausspruches von
A m b r o s in Prag über die *Ouvertüre* des Oberon, den er p. 16 in seinen trefflichen
»kulturhistorischen Bildern aus dem Musikleben der Gegenwart«, zugleich im Hinblick
auf die romantische D i c h t e r s c h u l e, thut, indem er sagt: »Die Ouvertüre zu Oberon ist
eins der brillantesten Orchesterstücke, die es giebt; im Adagio wieder die »mondbeglänzte Zaubernacht« voll fliegender Rosendüfte aus den Wundergärten des Orients —
wer Heine's Klangbildertalent hat, dem wird es sein, als sähe er glänzende Kuppeln,
phantastische Minarets, Palmenwälder, reizende Frauen, saracenische und abendländische
Ritter in Kampf und Spiel und alle fremden Wunder des Morgenlandes wie in einer
blendenden Luftspiegelung an sich vorüberschweben. Die an ähnlichen Eindrücken nicht
grade armen Dichtungen der Romantiker kommen an bezaubernder Wirkung dagegen
nicht in Vergleich«. — Wenn Ambros seinen Aufsatz, der dies Wort über die Ouvertüre
enthält, mit dem Ausspruche schliesst »W.'s Opern sind ein nicht veraltendes Gut, ein
werther Besitz des deutschen Volks und wirken noch mit der frischesten Lebendigkeit
und Unmittelbarkeit«, so mag zum Schlusse der Betrachtungen über dies sein letztes
grosses Werk, mit dem er von seinem reichen Leben so glorreich schied, angewendet sein
auf ihn, als M e n s c h e n wie als K ü n s t l e r, Hamlet's schönes Wort: »Er war ein M a n n:
nehmt Alles nur in Allem; wir werden nimmer seines Gleichen sehn!« — — S. auch
Max v. Weber's »Lebensbild« W.'s II, Abschnitt 26 u. 27, p. 591 u. ff. Ferner Stöpel's
allgemeiner musikal. Anzeiger. Frankfurt a. M. 1826—27, p. 73, und Marx' »Ueber
Oberon« in d. Cäcilia VII, p. 174 u. ff.

307.

Marsch.

N. s u.
N. 13.
Nachlass.

a.) Für Harmonie-Musik; b.) Für grosses Orchester mit Chor (S. A. 2 T. B.).
»Zu den Floren des böhmischen Heerdes.« s. Ausgaben.

Comp. (1826 im Mai. — ? in den beiden letzten Theilen (s. Anm.); in den beiden
ersten bereits 1801. S. **9 — 14.** Anm. b. u. d.)

a.) **Maestoso.**

Instr. Flöte, 2 Ob., 2 Cl., 2 Hörn., 2 Tromp., 2 Fag. u. Bass-Pos. *f*

b.) **Maestoso.**

Beim Trio: Mädchenchor allein; beim Da Capo: voller gemischter Chor. Bis zum Eintritt des Letztern: Begleitung obiger Harmonie-Musik *a.)* Bei Eintritt des vollen Chors: Begleitung des vollen Orchesters: Flöte u. Picc., 2 Ob., 2 Cl., 2 Hörn., 2 Tromp., 2 Fag., Bass-Pos., 2 Pkn., 2 Violinen, Viola u. Bässe.

Autograph: Unbekannt.

Ausgaben: Erste Orig.-Ausg. **Für Harmonie-Musik.** Auflage-Stimmen (s. a.) als N. 8 der nachgelass. Werke: Leipzig, Bureau de Musique Peters, 15 ngr. | Desgl. Erste Orig.-Ausg. **Für grosses Orchester** mit Chor «Zu den Fluren des heimischen Heerdes». Partitur. (s. b.) Ebend. 10 ngr. | **Orchester-Stimmen dazu.** — Ebend. 25 ngr. | **Singstimmen.** — Ebend. 6 ngr. **Für Pfte. zu 4 Hdn.** — Ebend. 7½ ngr. | **Für Pfte. zu 2 Hdn.** — Ebend. 5 ngr.

Anmerkungen. Während W.'s Anwesenheit in London 1826 wurde demselben die ehrenvolle Einladung zu dem jährlich stattfindenden Festmahl der Royal Society of Musicians am 13. Mai zu Theil. Moscheles' mir vorliegender eigenhändiger Bericht darüber lautet: »Bei den musikalischen Vorträgen, die dabei gegeben werden, wird gewöhnlich einer der Fest-Märsche für Blasinstrumente aufgeführt, welche fremde Componisten ersten Ranges wie Haydn, Winter, Spohr, für die Gesellschaft componirt haben. W. war nicht gegenwärtig. Es wurde aber ein neuer Marsch seiner Composition zum 1. Mal gegeben. Er war beiläufig wie folgt:« — Die nun hier folgenden 2 Notenzeilen geben die ersten zwei Theile des Marsches N. 5 der Six petites Pièces faciles à 4 mains op. 3 (9—14), 1801 componirt, grade wie sie obiger Marsch mit und ohne Chor aufweist. Von einem Trio erwähnt Moscheles nichts. Der bei Peters erschienene Marsch giebt jedoch in seinen beiden Gestalten ein Trio mit 2 Theilen, welches aber ein gänzlich anderes ist, als das Trio in Op. 3; auch die Tonarten sind verschieden:

Trio des Marsches N. 8 u. 13 des Nachl.   Trio des Marsches N. 5 in op. 3.

— Schon seiner körperlichen Auflösung nahe und unlustig, etwas durchweg Neues zu schaffen, benutzte W. den Marsch N. 5 seines Op. 3, und es ist wohl als gewiss anzunehmen, dass er ihn erst jetzt zu diesem Festmahl instrumentirte, auch eben so sicher, dass er das neue heitre Trio in F den ersten Theilen des alten Marsches hinzufügte, da ihm das alte, obwohl es viel interessanter als das neue ist, zu ernst zu dem vorliegenden Zwecke erscheinen mochte; dass er aber einen gemischten Chor mit deutschem Texte (von einem englischen verlautet vollends nichts) hätte darüber legen sollen, dazu war wohl damals keinerlei Veranlassung, und in Rücksicht dessen findet sich auch nicht die kleinste Andeutung in seinen hinterlassenen Notizen. Auch giebt Rich. Pohl, welcher W.'s der Handlung Peters theilweis abgetretenen musikalischen Nachlass 1853 derselben übermittelte, in seiner mir vorliegenden Aufzählung der einzelnen Piecen, den Titel des Marsches wie folgt: »A March, composed for the Society of Musicians of Great Britain by C. M. v. Weber, and performed at the Aniversary Dinner in Saturday May 13. 1826 (c dur)« und die Instrumentirung des Marsches, NB. für Harmonie-Musik. — Auch obige Mittheilung von J. Moscheles spricht nur von Blasinstrumenten. Die Instrumentirung für Harmoniemusik ist übrigens genau beibehalten bei der für grosses Orchester mit Chor, und nur dieser und die Streichinstrumente nebst den Pauken sind hinzugefügt. So entstammt diese letztere Gestalt (Orchester mit Chor), wenn sie von W. herrührt, denn wohl auch nicht dieser Londoner Periode, denn in den 19 Tagen vom 13. Mai, der den Marsch für Blasinstrumente nothwendig machte, bis zum Todestage W.'s (5. Juni), wie fern musste dem mit Arbeiten aller Art Beladenen da eine dergl. Arbeit liegen, zu der er ausserdem noch einen Text (von wem und für wen?) hätte beschaffen müssen. — Möglich, dass er den Marsch schon vor Jahren in der Gestalt mit Chor zu irgend einem Zwecke instrumentirte, derselbe sich dann im Nachlasse W.'s später vorfand und bei Erwerbung anderer dazu gehöriger Arbeiten W.'s von Seiten der Handlung Peters in deren Besitz überging, obwohl Rich. Pohl in oben erwähnter Aufzählung des derselben übersendeten Nachlasses nichts davon sagt. Das Original-Manuscript ist jedenfalls nicht in dem Besitze dieser Handlung; der spätere Stich erfolgte nach einer Copie. Mein in den vierziger Jahren verfasstes Verzeichniss des handschriftl. musikal. Nachlasses W.'s weist den Marsch in keinerlei Gestalt auf. — Er ist übrigens ein kräftig heitres Musikstück und mit Chor am Clavier namentlich durch seine leichte Ausführbarkeit zu empfehlen. — S. auch Max v. Weber's »Lebensbild« W.'s II, p. 695.

308.
Gesang (»Song«) der Nurmahal aus Lalla Rookh.

Gedicht von Thomas Moore.

»From Chindara's warbling fount I come«

22 Zeilen aus: »Das Licht des Harems«. Durchcomponirt.

Für eine Sopranstimme mit Begleitung des Pianoforte.

Ungedr.
Letzte
Compos.
W.'s.

Comp. 1826, 25. Mai zu London; *Tageb.* — Für die Sängerin Miss Stephens, nachmalige Countess of Essex; *s. Autogr., Ausg. u. Anm.*

Autograph: Die ursprüngliche Besitzerin desselben, die verwittwete Countess of Essex, geb. Miss Stephens, 1826 zu London Opern- und Concert-Sängerin, liess mir in einem Schreiben, London 18. Febr. 1868, anzeigen, dass das Autograph ihr verloren gegangen sei. Ignaz Moscheles, dem es dort, gleich nachdem W. es schrieb, bekannt geworden, glaubte, nach seinen schriftlichen Mittheilungen an mich, dass es auf 4 Seiten verzeichnet gewesen, deren Zeilen-Zahl ihm aber nicht mehr erinnerlich. Das Folgende gab er jedoch mit Sicherheit: »Gewöhnlichstes deutsches Querfolio: kleine Schrift; nur die Singstimme mit engl. Text complett; für Begleitung und Zwischenspiele Raum gelassen; einige Noten im Bass angedeutet, doch ohne Bezifferung; keine Ueberschrift oder Schlussbemerkung, kein Datum, keine Namenszeichnung; keine Tactstriche im Raume für die Zwischenspiele.«

Ausgaben: Keine. — Als die Besitzerin des Autographs und des Eigenthumsrechts an der Composition (s. Anm.) 1863 Moscheles eine Copie des Autographs, wie seiner eignen ihr früher zugestellten Vervollständigung desselben (s. Anm. sendete, gestattete sie demselben,

wie dieser mir von Leipzig 19. März 1868 meldete, dessen Herausgabe. Bei Moscheles' Tode
war dieselbe noch nicht erfolgt, wohl aber hat er mir 1863 eine **Abschrift** des Ganzen an-
vertraut, ausgeführt durch den jungen Componisten von grossem Rufe Seymour Sullivan in
London und auf der Titel-Seite versehen mit das Stück betreffenden ausführlichen Notizen
von der Hand Sir George Smart's, Gründers der »Philharmonic Society« in London, bei welchem W. 1826 wohnte und starb.

Anmerkung. Der vorliegende »Song« bringt *die letzten Töne unsres Meisters;* seine
melodienreiche Seele entsendete sie wie einen mildheitern Abschiedsgruss, als sie schon
ihre Flügel zu lüften begann, um wenige Tage darauf für immer zu entschweben. Obwohl
nur der Gesang des holden Abschiedsliedes von W. vollständig aufgezeichnet worden
war, so ist uns seine Gestalt, und mit ihr der Eindruck des Ganzen, doch treu aufbewahrt
worden von des Meisters innigem Verehrer, den ein freundliches Geschick ihm damals
an die Seite stellte. Ignaz Moscheles war es, der bei W.'s Anwesenheit in London
in vielfache, ja tägliche künstlerische Berührung zu ihm trat, und der des edlen Freundes
letztes Werk, kurze Zeit nach dessen Tode, mit einer würdigen, ganz in dessen Geiste
gehaltenen vollständigen Begleitung versah. Abgesehn von Moscheles' eigener ausgezeichneter Künstlerschaft, vermochte er dies mehr als jeder Andre damals; denn er
hatte ja diese Arbeit Weber am Abend seines letzten Concertes selbst die Sängerin
Miss Stephens begleiten hören, für die der schon im letzten Stadium seines Leidens
Stehende sie geschrieben. Noch erfüllt von dem empfangenen Eindrucke, noch in klarer
innerer Anschauung der Eigenthümlichkeit von W.'s Behandlung derselben, der er wohl
bang und ahnungsvoll aufmerkend gelauscht, vollzog Moscheles treu das Werk, und
ergänzte es so glücklich und schön, wie es jetzt vor uns liegt. — Der Grund, dass es
bis jetzt noch nicht gedruckt erschien, war das von der Lady Essex bisher gewahrte
Eigenthumsrecht; denn dass W. den Gesang für sie, obwohl mit grossem Widerstreben,
geschrieben, geschah auf Wunsch eines Mr. Ward Parlamentsmitgliedes für London)
gegen ein von diesem gezahltes Honorar. Nach der schon unter »Ausgaben« oben gemachten Mittheilung von Moscheles an mich, hatte Lady Essex demselben die Veröffentlichung gestattet, und ist zu wünschen, dass diese durch seine Hinterbliebenen baldigst
veranlasst werde. — — Die Composition selbst ist voller Reiz und Schönheit: noch
einmal ist der Meister ganz Gesang, bald schmelzend, bald jubelnd, bald klagend,
bald jauchzend, und durch alles dies geht jener eigenthümliche Zug, der bei W.
einzig nur noch im Oberon waltet, etwas seiner früheren Schöpfungen trägt und das mit der Sprache des Volkes zusammenzuhangen scheint, für welches er diesmal schrieb. — — Schlagen wir nun zum Schluss, und hier zum letzten
Mal, die theuren Blätter der bei meiner Arbeit so oft benutzten *Tagebücher* W.'s auf. Sie
reden mitten in den Tagen schwersten Leidens, mitten im letzten Kampfe (der nicht nur
dem Menschen, Gatten und Vater, nein, auch dem Künstler auf dem Gipfel seines Ruhmes so unsäglich schwer werden musste) sie reden in — Scherzworten, denn sie lauten:
London, 1826, 23. Mai »— mich zu componiren enjonirt für Stephens. — Abends
»wieder gezwickt, vergebens.« 24. »— gearbeitet für Miss Stephens.« 25. »— um 5 Uhr
»auf. Song für die St: entworfen; mit ihr um 2 Uhr durchgesungen.« — Am Tage darauf
war W.'s Concert in Argyll Rooms. Hiebei wurde der Song von Miss Stephens gesungen und von W. auf Claviere frei begleitet. Sein Biograph, sein Sohn Max Maria, sagt
hierüber eben so kurz als schön: »Es waren seine letzten Töne. Die klang- und wonne-
reiche Hand hat nie die Tasten eines Instrumentes mehr berührt«. — — In der Nacht
vom 4. zum 5. Juni (1826) hatte W. vollendet. Hinter ihm lag ein Leben selten reich
an Freud' und Leid, Kampf und Sieg, getragen von seinen zwei Wahlsprüchen: »Beharrlichkeit führt zum Ziel!« und »Wie Gott will!«

Anhang.

32*

I. Unvollständige Compositionen.

A. Unvollständig gewordene.

1. *Das Waldmädchen* (auch »Das stumme Waldmädchen«, auch »Das Mädchen im Spessarwalde«), Oper in 2 Acten. Text von Karl Ritter von Steinsberg. Weber's zweites dramatisches Werk. — Comp. 1800 Oct. ?) zu Freiberg in Sachsen. s. Anm. **a.** u. **b.**

Bruchstück a. Schluss desselben, einer Arie der Silvana; er beginnt wie folgt:

Instr.: 2 Fl., 2 Cl., 2 Violinen, Viola, Bass.

Bruchstück b. u. c.

Bruchstück b. »N. 17. Terzetto.« Mathilde, Krips, Arbander. »Diese Frechheit dieser Trug.«
Allegro vivace.

Instr.: 2 Fl., 2 Ob., 2 Hörn., 2 Tromp., 2 Pkn., 2 Violinen, Viola, Bass. (Von fremder Hand steht über der obersten Notenzeile: »Hiezu Fagotts«.)

Autograph: Bruchstücke der Partitur: *I.* Zwei Bruchstücke im Besitz von Max M. Frhrn. v. Weber zu Wien. (1870. J.) *a.* Schluss einer Sopran-Arie und *b.* Anfang eines darauf unmittelbar folgenden Terzetts; zusammen $6\frac{1}{2}$ geheftete mit »75« bis incl. »80« bezeichnete Bogen von je 4 Seiten. Die zweite Hälfte des Bogens 80 bildet die Fortsetzung des Terzetts und zugleich das Autograph *II.*, das dritte Bruchstück *c.*, im Besitz von F. W. Jähns. Alles klein Hochfolio; Papier ziemlich dünn, aber fest; an den Seiten überall unbeschnitten, meist auch oben und unten. Die Ueberschrift des Autographs *I* auf p. 1 von Bogen 75 »Aeltestes musikalisches Original-Manuscript von C. M. v. Weber etc.« eben so wie die Bemerkung am untern Rande der ersten Seite der 2ten Hälfte des 80sten Bogens (Autogr. *II*) »Aus dem ältesten bekannten musikalischen Original-Manuscript etc.« rühren von mir her. Das Ganze zeigt durchweg die damalige unsichre, diesmal sehr flüchtige Handschrift des Knaben, in der Note besonders spitz gehalten, die aber ebensowohl mit der steifen Schrift von zwei Briefen von 1797 und 1798 an seinen Lehrer Heuschkel übereinstimmt, als in Noten wie Buchstaben mit den beiden autographischen Partituren von W.'s dritter Oper »Peter Schmoll« von 1801. Das Ganze zeigt mancherlei Correcturen, die Arie namentlich deren viele, auch einiges von andrer Hand, z. B. Bemerkungen von W.'s Vater. Das Bruchstück der Arie, der nur der erste Bogen zu fehlen scheint, zeigt 14 Zeilen pro Seite in 2 Accoladen; das Bruchstück des Terzetts beginnt mit Bogen 78 und ist 12zeilig in Papier und Partitur; über der ersten Notenzeile von fremder Hand: »hiezu Fagotts«.

Ausgaben: Keine. — **Abschrift** besitzt Jähns.

Anmerkungen. **a.** Der Direktor der Karlsbader deutschen Schauspielergesellschaft, Ritter Karl v. Steinsberg, der Dichter des Textes, hatte den Knaben Carl Maria und dessen Vater Franz Anton v. W. 1799, als diese von München nach Freiberg übersiedelten, in Karlsbad kennen gelernt. Als er mit seiner Truppe im August 1800 nach Freiberg in Sachsen kam und Vater und Sohn dort wiederfand, wurde dies Veranlassung, dass Carl Maria Steinsberg's »Waldmädchen« höchst wahrscheinlich im October d. J. componirte. Meine eifrigen und wiederholten Nachforschungen nach dieser Composition in Freiberg, Chemnitz, Weimar, Prag und Wien sind vergeblich gewesen, und sie scheint mit dem Buch der Oper gänzlich verschollen bis auf das oben erwähnte autographische Fragment, das nicht nur als ältestes bekanntes musikalisches Manuscript W.'s, sondern auch in anderen Beziehungen interessant ist. (S. weiter unten.)

b. Die Oper wurde *zum Ersten Male aufgeführt* zu **Freiberg** am 24. Nov. 1800 und zwar durch die Steinsberg'sche Truppe. Die Nachricht, dass ihre erste Aufführung zu Chemnitz im October 1800 durch die »Stenz'sche Truppe« stattgefunden habe (s. Max v. Weber's »Lebensbild« W.'s I, 53) hat keine Wahrscheinlichkeit für sich. Nach der von mir in Chemnitz genommenen genauen Einsicht des »Chemnitzer Anzeigers« von 1800 u. 1801 hat eine Stenz'sche Truppe in dieser Zeit dort überhaupt nicht gespielt. Thatsächlich gab nach dieser Quelle die A. Seeburg'sche Truppe im Oct. 1800 dort Theater-Vorstellungen; der Stenz'schen wird in jenem »Chemnitzer Anzeiger« nirgends erwähnt, wohl aber der Ankunft der Steinsberg'schen am 26. Nov. und der Eröffnung ihrer Vorstellungen am 27. Nov., so wie der Aufführung des »Waldmädchens« von Steinsberg und W. am 5. Dez. 1800 daselbst. Auch aus der Mittheilung von W.'s Vater, Fr. Anton v. Weber, an Kirms (s. Anm. **e.**), indem er von Freiberg 10. Dez. 1800 demselben schreibt, dass

die Oper »am Freytage (5. Dez.) nun in Chemnitz auch« gegeben wäre, geht hervor,
dass sie vor diesem 5. Dez. also schon anderwärts aufgeführt sein musste: dies konnte
aber nur in Freiberg gewesen sein, wo sie von W. im Oct. componirt worden, wo
Steinsberg, der Dichter derselben, Theater-Director war und sie, laut Mittheilung der
N. 2 der »Freyberger gemeinnützigen Nachrichten« von 1801, auch am 24. Nov. 1800
durch die Steinsberg'sche Truppe gegeben wurde. Der *Theaterzettel* der ersten chemnitzer Aufführung am 5. Dez. fehlt; Hofrath E. Pasqué in Darmstadt giebt jedoch in
seinem Werke: »Goethe's Theater-Leitung in Weimar«, Bd. I, p. 27 einen Auszug jenes
Zettels und damit zugleich die Quelle für Kenntniss von Titel, Personen und Rollen-
Besetzung der 12 Tage früher von derselben Truppe gegebenen Oper. Er
lautet auszüglich: »**Chemnitz**. Mit hoher Erlaubniss wird heute Freytags den 5. Dez.
1800 von der Karlsbader deutschen Schauspieler Gesellschaft aufgeführt: Das stumme
Waldmädchen. Eine romantisch-komische Oper in zwey Aufzügen von R. v. Steinsberg, in Musik gesetzt von Herrn Karl Maria B.(aron) von Webers,« (sic) »13 Jahr alt, ein
Zögling von Haydn«. Die Besetzung der Rollen war folgende: »Fürst Arbander: Hr. Gro-
mann; Mathilde, seine Tochter: Mad. Saifert; Prinz Sigismund v. Mathusien: R. v. Steinsberg; Fürst Hartor: Hr. Assmann; Ritter Wensky: Hr. Löser; Rechter, ein Waldmann:
Hr. v. Harrer; Silvana, das Waldmädchen: Mad. Spania: Kunigunde, Mathil-
dens Kammerfrau: Mad. Löser; Konrad Witzlingo, Fürst Hartor's Stallmeister: Hr.
Krüger; Krieps, Prinz Sigismund's Jagdknappe: Hr. Seidel«. Ausserdem führt der
Zettel noch »mehrere geharnischte Ritter, Jäger, Damen beym Turnier und Fakkeltanz
und viele Knappen und Reisige« auf. Unterzeichnet »Karl, Ritter von Steinsberg«. — Drei
der hier aufgeführten Personen der Oper finden sich in W.'s viertem dramatischen Werke,
der Oper »Silvana«, wieder: Silvana, Mathilde (obwohl, bei den 5 in den bekannten 2 Acten der Original-Partitur der Silvana vorkommenden Fällen, nur 1 Mal so
genannt) und Krieps (in den Autographen vom Waldmädchen wie von Silvana: »Krips«;
s. Silvana, Anm. a.). Bei der Freiberger Aufführung hiess die Oper nur »Das Waldmädchen«, bei der in Wien jedoch »Das Mädchen im Spessartwalde«. (S. unten Anm. e.)

e. Die Oper entsprach weder in Freiberg noch Chemnitz den gehegten Erwartungen.
In beiden Städten, besonders in Freiberg, entspann sich deshalb eine *Polemik* zwischen den Rezensenten und dem Componisten, die einen merkwürdigen Beitrag zur Geschichte der Opernkritik bildet, zugleich aber auch ganz dazu angethan wäre,
ein höchst unvortheilhaftes Licht auf C. M.'s jugendlichen Character zu werfen — wenn
man nicht mit Bestimmtheit annehmen müsste, dass dessen Vater, Franz Anton, der
Verfasser jener Antikritiken gewesen sei, in welchen dieser in unverständiger Ver-
götterung des talentvollen Sohnes weder Unbescheidenheit noch Unwahrheit schonte.
Schon dem Stile nach sind diese Antikritiken dem erst 14 Jahr alt gewordenen Knaben
unmöglich zuzusprechen, da dieser Stil nicht nur mit dem anderer bekannten Schriftstücke Franz Anton's vollständig übereinstimmend ist, sondern auch den Stempel des mit
Behandlung von dergl. Dingen vertrauten Mannes an sich trägt. Dass Carl Maria, unter
solchen Einflüssen erwachsen, sich dennoch zu dem edlen Character entwickelte, zu dessen Haupzügen die Bescheidenheit gehörte, der er in Ringen und Ruhm bis an sein
Ende treu blieb, ist doppelt anerkennenswerth, da dieser Character wahrlich nicht das
Erziehungs-Resultat seines Vaters war. Die erwähnte Polemik ist von solcher Aus-
dehnung, dass es unmöglich, sie auch nur auszugsweise hier mitzutheilen. Ihrer Merk-
würdigkeit wegen stehe hier mindestens der nöthige Nachweis über dieselbe. In den
»Freyberger gemeinnützigen Nachrichten für das Sächs. Erzgebirge für 1801« beginnt sie in
N. 2 mit der Anzeige der Opern-Aufführung in Freiberg und einer mässig anerkennenden
und mässig tadelnden, immerhin aber aufmunternden kurzen Kritik und in N. 3 als Carl
Maria's, d. h. Franz Anton's, des Vaters, kurze, schon in hohem Tone abweisende Erwide-
rung, und setzt sich fort in N. 4 als des dem Stadt-Musikus und Dirigenten der Oper,
C. G. Siegert, »Abgenöthigte Rechtfertigung«; in N. 5 als des Cantors J. G. Fischer
»Abgeforderte Erklärung« vom 21. Jan. 1801; in N. 7 als W.'s ausführliche, masslos
kecke und unbescheidene »Beantwortung«, der eine »Abfertigung« in einer Zeile von
Seiten Fischer's folgt; in N. 9 als Siegert's »Letztes Wort« und schliesslich in N. 10 als
W.'s matte Entgegnung mit zwei Zeilen lateinischen Citats am Schlusse. — Im »Chem-
nitzer Anzeiger« von 1801 finden sich über diese Sache in N. 5 eine »Berichtigung«, dem

Referat in N. 2 der Freyb. Nachrichten und C. M. gegenüber; in N. 8 eine kurze Bemerkung gegen die Oper und eine dergl. Zurechtweisung für C. M.; in N. 9 noch eine nachträgliche tadelnde Erinnerung für denselben, sämmtlich von Kretschmar, Herausgeber des chemnitzer Anzeigers. — Max M. v. Weber theilt diese Polemik, von welcher ich zugleich in ihren Quellen eingehende Kenntniss genommen, auszugsweise mit; siehe dessen »Lebensbild« W.'s I, p. 55—64. — Nach dem in W.'s Autograph erhaltenen *Bruchstück* der Oper scheinen die über das ganze Werk ausgesprochenen tadelnden Bemerkungen nur gerechtfertigt: denn dies Bruchstück bezeugt zwar gute Anlagen, doch auch die leicht erklärliche Unreife des 13jährigen Componisten. *C. M. v. W.* sagt in seiner 1818 geschriebenen kurzen Selbstbiographie *über diese Arbeit* (s. dessen hinterl. Schriften I, Vorrede p. VIII, Dresden 1828) : »— Ich schrieb« (in Freiberg) »die Oper: »das Waldmädchen, welche im Nov. 1800 auch da gegeben wurde und sich dann später »weiter verbreitete, als mir lieb sein konnte (in Wien 14 mal gegeben, in Prag in's »Böhmische übersetzt und in Petersburg mit Beifall gesehen), da es ein höchst un- »reifes, nur vielleicht hin und wieder nicht ganz von Erfindung leeres Produkt war, von »dem ich namentlich den 2. Akt in 10 Tagen geschrieben hatte : eine der vielen unseligen »Folgen der auf ein junges Gemüth so lebhaft einwirkenden Wunder-Anekdoten von »hochverehrten Meistern, denen man nachstrebt«. Die hier gemachte Mittheilung W.'s, dass er den zweiten Act der Oper in 10 Tagen componirt, widerspricht direct der Behauptung in N. 7 der »Freyberger Nachrichten«, wonach er diesen in 4 Tagen geschrieben haben soll, ein Grund mehr, den Weber'schen Antheil an jener Polemik, als direct vom Vater C. M.'s ausgegangen, zu betrachten, der die Unwahrheit selbst in so weit nicht scheute, das Geburtsjahr seines Sohnes in dieser N. 7 mit 1787, statt des wahren Jahres 1786, anzugeben, nur um ihn möglichst als musikalisches Wunderkind hinzustellen.

d. Der *Clavier-Auszug* der Oper ist ebenfalls verschollen, denn obwohl W. einen solchen der Handlung André in Offenbach in einem Schreiben vom Nov. 1801 zum Verlage offerirt, hat sich doch weiter keine Spur von demselben aufgefunden.

e. Aus dem von E. Pasqué mitgetheilten Schreiben Fr. Anton's v. W. an den Leiter der Intendanz des Weimarer Hoftheaters, Kirms, geht hervor, dass auf Verlangen des Letzteren durch Fr. A. v. Weber der erste Act der Oper nebst Buch den 21. Febr. 1801 nach Weimar gesendet worden war. Ueber den Verbleib dieser Partitur hatte Fr. A. v. W. am 24. Apr. 1801 noch keine Nachricht von Kirms. Fest steht, dass die Oper in Weimar nicht gegeben wurde, und, im Falle die Partitur dort geblieben war, dieselbe wahrscheinlich beim Brande des dortigen Theaters 1825 mit zu Grunde ging, denn bei meinen Nachforschungen in Weimar 1865 habe ich nichts davon auffinden können. — **In Wien** wurde die Oper in drei Acten auf dem Theater der Leopoldstadt zuerst am 4. Dez. 1804 gegeben. (s. Anm. **b.**) Sie scheint gefallen zu haben, denn es sind authentische, von mir in Wien eingesehene Belege vorhanden, nach welchen mindestens die Aufführungen am 4., 5., 6., 7., 9., 10., 11. u. 29. Dez. 1804 erwiesen sind. Da die Darstellerin der Silvana. Mlle. Poeschl, mit Jahresschluss 1804 die Bühne verliess, ruhte die Oper bis 6. Juni 1805, von wo an sie, neu einstudirt, wieder in Scene ging. Ueber die weiteren Aufführungen in Wien fehlen dem betreffenden dortigen Carl-Theater-Archive die Nachrichten. — Siehe noch Max v. Weber's »Lebensbild« W.'s I, 50 bis 55. — Ueber die *Benutzung* dieser Oper *zu W.'s* späterer *»Silvana«* siehe dort **(87)** Anm. **a.** u. **f.**

2. *Rübezahl.* Oper in zwei Aufzügen. Text von J. G. Rhode. Vierte Oper Weber's.

Von dieser Oper scheinen nur Ouvertüre (Anh. **27**), N. 3: Geisterchor **44**, N. 4: Recit. u. Arie **45** und N. 10: Quintett **46** vollendet gewesen zu sein. Von der Ouvertüre sind nur 11 Tacte erhalten, N. 3 u. N. 10 ganz, an N. 4 fehlen 2 Seiten Partitur. Die Ouvertüre arbeitete W. später zu der »Ouvertüre zum Beherrscher der Geister« gänzlich um. (s. **122.**)

3. *Kleiner Chor:* »Deo Rosa, Gottes-Rose« für 2 Tenore und
2 Bässe mit Pfte.-Begl. Text von Th. Hell (C. Winkler) s. unten.
Comp. 1821. (Oct.)

Das **Autograph** befindet sich auf p. 79 der Entwürfe zu Euryanthe. im Besitz von
F. W. Jähns. Das Pianoforte ist nur in Tact 1, 3, 4, 11 u. 12 notirt. Ein in sich ab-
geschlossenes lebhaftes Sätzchen. Es gehört offenbar einer grösseren verschollenen Com-
position an, wahrscheinlich zu Ehren der Prinzessin, nachmal. Königin Theresia v.
Sachsen; darauf scheint die Bemerkung in W.'s Tagebuch zu deuten: 1821, 9. Oct. »Von
Winkler Gedicht zu Theresia erhalten«, verglichen mit dem Text des Satzes: »Deorosa,
Gottes-Rose, sieh', aus deinem Blüthenschoosse sprosst der Name Theresia, Deorosa! «

4. *Bruchstück.*

Das **Autograph** steht mit Bleistift (Tact 1 bis 4 mit Tinte) geschrieben auf p. 48 der
Entwürfe zu Euryanthe im Besitz von F. W. Jähns zwischen Theilen der an dieser Stelle
befindlichen Scizzen der Cantate **283**. Es ist nicht ersichtlich, wozu der Satz gehören
kann; zu der Cantate steht er in keiner Beziehung.

———

B. Unvollendet gebliebene Compositionen.

5. *Die drei Pinto's.* Scherzhafte Oper in drei Aufzügen. Text
von Theodor Hell (Karl Winkler). Weber's zwölftes dramatisches
Werk. Composition begonnen: 1820, 28. Febr. zu Dresden. Unvollendet; nur die ersten 7 Nummern sind entworfen, davon N. 6 zuletzt
am 8. Nov. 1821.

Act I. N. 1. Introduction. Chor der Dienerschaft des Don Pantaleon. Clarissa, Laura, Panta-
leon. »*Wisst ihr nicht, was wir hier sollen?* «

Chor. (S. A. T. B.)

Wisst ihr nicht, was wir hier sol-len?

Wisst ihr nicht, was wir hier sol-len?

Weiss es

Pantaleon.

Be-

ru-fen hab' ich dich hie-her, mein Kind!

Chor.

Wel-che

Wonne, welch' Ent-zü-cken, wel-che Won-ne, welch' Ent-zü-cken!

Vollständig entworfen. Zus. 357 Tacte. Autogr.

Instrumentirung: 2 Fl., 2 Ob., 2 Cl., 2 Hörn., 2 Fag., 2 Violinen, Viola, Bässe.

N. 2. Recit. u. Arie. Clarissa. *»Ach! Wenn dies du doch vermöchtest,«*

Recit.

Arie.

Ach! wenn dies du doch vermöchtest,

Bitorn. Wonnig

süs-ses Hoff - nungs-träu-men

Ach, wie so ban - ge

8va bassa

ist dies Klopfen, auf der Wange rinnen Tro-pfen heisser Thränen, heisser Thränen.

Vollständig entworfen. Zus. 180 Tacte. Autogr.

N. 3. Duett u. Terzett. Clarissa, Gomez, Laura. »Ja, sie wird die Fesseln brechen,«

N. 4. Duett. Inez, Gaston. »Wir, die den Musen dienen,«
Seguidillos à dos.

N. 5. Terzett. Gaston, Pinto, Ambrosio. »Also frisch, das Werk begonnen!«

Bis auf den Schlussaccord vollst. entworfen. Zus. 261 Tacte, incl. Repr. u. des zweiten Entwurfs einer Stelle. Autogr.

N. 6. Finale. Ines, Gaston, Pinto, Chor der Dienerschaft des Wirthshauses. *»auf das Wohlsein uns'rer Gäste!«*

Inez.

Auf das Wohlsein uns'rer Gä-ste!

Gaston.

Schenkt ein, schenkt ein! Heut soll der Wein in vol - len Strö-men flies - sen! Müsst Al - le mit ge-nies - sen! Glä-ser her-bei! Trin-ket nur frei! Heut soll der Wein in vollen Strömen flies - - sen! Was

Inez.

Chor. (S. A. T. B.)

A - ber tragt ihn leis' und sacht, dass der Schlä-fer nicht erwacht! Dort soll

Inez. **Inez.**

er zur Ru-he gehn, Lei-se, lei-se, lei-se, sacht, leis-se Chor: wis - sen nicht, wie ihm ge-schehn.

Vollständig entworfen. 396 Tacte. Autogr.

Act II. N. 7. Duett. Gaston, Ambrosio. *»Nun da sind wir,«*

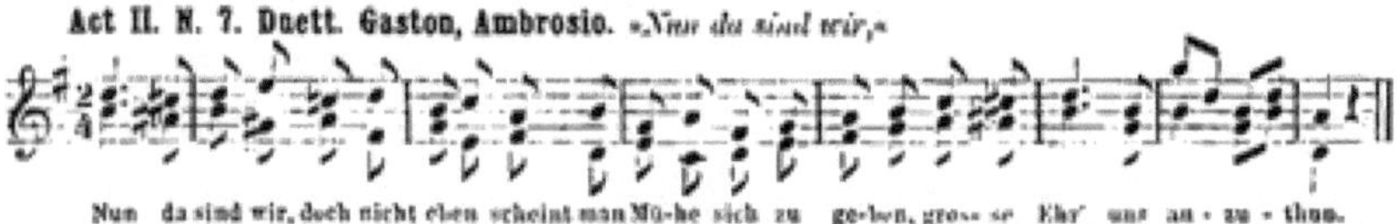

Nun da sind wir, doch nicht eben scheint man Mü-he sich zu ge-ben, gros-se Ehr' uns an - zu - thun.

Vollständig entworfen. 155 Tacte.

Alle Nummern des vorhandenen Entwurfs, bei Einzählung der späteren Bearbeitungen incl. der Reprisen, zusammen **1691** Tacte; sonstige unaufgenommene Notirungen: 78 Tacte. Alles zusammen also **1769** Tacte. (S. Anm. a.)

Autograph der Entwürfe zu dieser Oper in Besitz von Max M. Frhrn. v. Weber zu Wien. (1570. J.) 7 ganze und 5 halbe Quer- und $\frac{1}{2}$ Hochfolio-Bogen mit 40 von mir roth paginirten Seiten; Papier fest, durchweg 16zeilig mit Ausnahme v. p. 21 u. 22 (9zeil.) und 25 bis 28 incl. (12zeil.). Ueberall kleine, oft sehr kleine, flüssige, bald blasse, bald dunklere, zuweilen Bleistift-Schrift mit wenigen Aenderungen; ohne Titel; p. 2, 24, 29, 36, 39 u. 40 leer; p. 1—26, 29 bis 31 mehr oder weniger bis zu $\frac{1}{2}$ Zoll am untern Rande angenagt; kleine Blättchen finden sich angeklebt, zwei an p. 35, eins an p. 7 u. 31. Der Bogen mit p. 1, 2, 39, 40 umschliesst das Ganze. Er trägt auf p. 1 die einzige vorhandene Seite Partitur der Oper. Sie enthält die ersten 18 Tacte der Introduction, das vollständige Ritornell zum darauf eintretenden Chor »Wisst ihr nicht« mit einigen auf das Autograph bezüglichen Bemerkungen von mir. Mit p. 3 beginnen die Entwürfe, deren einzelne Theile, wie dies auch bei denen zu Euryanthe und Oberon der Fall, ziemlich oft durcheinander geschrieben sind; wie diese enthalten sie auf die Zeit der Composition und die Zeitdauer der einzelnen Nummern bezügliche Bemerkungen. Es sind folgende: zum Schluss von *N. 2* »$7\frac{1}{2}$ Min: d 31. Julj 1821«; über *N. 4* »Dresden d. 17—18. 8^{br} 1821«; zum Schluss von *N. 6* »9 Minuten«; zu *N. 7* »15^t 8^{br} 1821. Dr.« (s. Anm. b.) Auf mehreren Blättern befinden sich frühere oder spätere Bearbeitungen einiger Stellen, auch einiges als zu den vorhandenen Entwürfen gehörig nicht Nachweisbares. — Von der Oper erweislich völlig Fremdem befindet sich auf der damit ganz erfüllten p. 17: W.'s Original-Entwurf der Clavier-Parthie der ersten 72 Tacte seines Concertstücks op. 79 bis incl. Tact 1 des Poco a poco più moderato darin, die ersten 37 mit Tinte, dann 36 mit Bleistift notirt, jetzt ziemlich verloschen, zusammen 73, einer mehr als der Stich, weil dort der 58ste und 59ste Tact des Entwurfs zusammengezogen sind; ferner findet sich an Fremdem auf p. 22: das Coda der Sopran-Chorstimme zu **116** in Copie; auf p. 26: W.'s Original-Entwurf der Scene zwischen Caspar und Samiel im 2. Act des Freischütz, 57 Tacte von Agitato $^3/_4$ bis 2 Tacte vor Allegro $^4/_4$. — Die eingeklebten Blättchen enthalten auf ihrer Rückseite — das zu p. 7: 4 unbekannte Tacte (Clarinettpassage); das zu p. 35: die Tacte 13 bis 22 der Clavier-Parthie des Clav.-Ausz. von N. 3 aus »Kampf und Sieg«. Ausserdem liegt den Entwürfen ein Octav-Blatt bei, worauf die Zeitdauer der componirten Stücke mit Ausnahme von N. 7 vermerkt ist, zugleich die Tonarten sämmtlicher Nummern, ebenso die Tactarten von N. 10 u. 12. Das Blatt ist vom Dichter, unbezweifelt nach Notizen des Componisten, niedergeschrieben. Es findet sich hier unten vollständig mitgetheilt unter Anm. e.

Ausgaben: Keine. — C. G. Reissiger hat die Begleitung des Satzes im Duett N. 3 »So wie Blumen« nach dem Entwurfe für Orchester (4 Hörn., 2 Fl., 2 Ob., 2 Cl. (1 solo), 2 Fag., 2 Violinen, Viola, Celli u. Bässe) und auch im Clav.-Ausz. bearbeitet; in letzterer Gestalt ist dieser Satz gedruckt als N. 1 des vom Serre'schen Schiller-Verein herausgegebenen Weber-Albums. — Von W.'s Entwürfen sind 4 Abschriften vorhanden: 1.) eine von Copisten-Hand genau dem Original nachgeschrieben, worin auch das nicht zur Oper Gehörige enthalten, auch die kleinen Blättchen genau ebenso wie im Original; jedes Blatt ist mit Th. Hell's eigenthümlichem Namen »K. Winkler« von ihm versehen und den Erben desselben gehörig; 2.) 3.) u. 4.) von meiner Hand: 2.) in meinem Besitz, sie enthält nur das zur Oper Gehörige; die Nummern und Sätze der Oper sind darin in der gehörigen Reihenfolge nacheinander verzeichnet, sonst genau gleich mit dem Original; 3.) ist im Besitz von W.'s Sohne in Wien, 4.) der Erben Meyerbeer's; bei den beiden letzteren Copieen ist das in den Entwürfen Befindliche ebenso in der gehörigen Reihenfolge notirt, aber auch zugleich zu einer regelrechten Partitur zusammengestellt, so weit dies nach den vorhandenen Angaben in den Original-Entwürfen möglich wurde.

Anmerkungen. a. Die Beschäftigung W.'s mit dieser Oper hat schon vor Abschluss der Composition des Freischütz begonnen, und noch zur Zeit, als die der Euryanthe beschlossen wurde, arbeitet er daran, worauf dann aber die schriftliche Thätigkeit dafür eingestellt wird. Die Absicht, die Pinto's zu vollenden, wurde von da ab zwar nicht aufgegeben, selbst gegen Ende d. J. 1524 noch nicht; mit dem 5. Nov. 1821 jedoch wurde die letzte Note des Vorhandenen aufgeschrieben. Dennoch umfasst das im Entwurf Vollendete schon 1769 Tacte, also 596 (ein Drittel) mehr, als W.'s ganze Oper Abu Hassan mit 1298 Tacten. Dies Bruchstück auf dem Felde dramatischer *Composition* fordert aber nicht nur seiner Ausdehnung, sondern seines bedeutungsvollen Inhaltes wegen, so weit sich derselbe aus der beschränkten Form beurtheilen lässt, zu eingehendster Betrachtung auf, und so mögen denn die Resultate aus meiner eignen Betrachtung hier gegeben sein. — Unleugbar ist die Nichtvollendung der Oper als ein sehr schwerer Verlust zu beklagen. Wie jedes von W.'s 4 berühmtesten dramatischen Werken ein ganz bestimmt Eigenthümliches, von den drei andern gänzlich Gesondertes ist, eben so sind die Pinto's wieder ein völlig Selbstständiges, keinem der vier erwähnten Aehnliches. Die Oper ist, wenngleich sie, als komische, schon im Abu Hassan in derselben Gattung einen Vorläufer hat, doch auch von diesem ganz verschieden, nicht nur durch W.'s gereifte Meisterschaft, sondern wieder durch den besondern allgemeinen Farbenton, in den er sie zu kleiden wusste. Mit ihr hätte sich der Kreis seines künstlerischen Wirkens nach dieser Seite hin erst vollends abgerundet; ihre Vollendung fehlt, um ihn auch in dieser Gattung als grossen dramatischen Componisten zu kennzeichnen. Wenn wir schon seine Meisterschaft auf dem Felde des Humors durch sein Aennchen und seinen Scherasmin (Krips in Silvana, Abu Hassan im Allgemeinen und viele seiner Lieder und Gesänge nicht zu vergessen) kennen gelernt haben, so hatte er hier Gelegenheit, diesen Humor in allen Farben und Nüancen spielen zu lassen. — Werfen wir dazu einen Blick auf das *Buch der Oper*, dessen Stoff in einer Novelle »Der Brautkampf« von Dr. C. Seidel in der Dresdener Abendzeitung von 1819 N. 299 bis 302 incl. enthalten ist. Don Pantaleon de Pacheco zu Sevilla (Bass) hat seine Nichte Clarissa (Sopr.) brieflich versprochen mit seines Freundes Don Numo de Fonseca, Sohne Don Pinto de Fonseca (Bass), einem ungeschlachten, schwerfälligen, bornirten Tölpel, den aber Pantaleon, Clarissa und Laura, deren heitere Zofe (Sopr.), nicht persönlich kennen. Pinto kommt auf der Reise zur Braut in ein Wirthshaus, wo er den Abenteuer suchenden Studenten Don Gaston (Tenor) antrifft; diesem theilt er den Zweck seiner Reise mit. Gaston beschliesst darauf, unter Pinto's Namen bei Pantaleon und Clarissa aufzutreten. Pinto wird deshalb von Gaston mit Hülfe von dessen verschmitztem Diener Ambrosio (Bass) und der schelmischen Wirthstochter Inez (Sopr.) in ein Trinkgelage gezogen, in Folge dess Pinto im Wirthshause zu bleiben genöthigt ist. Gaston eilt nun mit dessen Legitimationsschreiben an Pantaleon nach Sevilla. Hier findet er, noch ehe er Pantaleon sieht, den Don Gomez (Tenor), Clarissens Geliebten. Gomez, dem sich Gaston als den wahren Pinto vorstellt, beschwört ihn, seine Liebe nicht zu durchkreuzen; Gaston verspricht dies, doch immer noch, ohne seinen wahren Namen zu nennen, und bestimmt Gomez, sich mit Hülfe von Pinto's Empfehlungsschreiben bei Pantaleon für den erwarteten Pinto auszugeben, ihn selber aber als seinen Freund vorzustellen. Beide werden dabei feierlich von Pantaleon empfangen und Gomez nun mit der in das Geheimniss von Gomez und Gaston eingeweihten Clarissa verlobt. Plötzlich erscheint der wahre Pinto vor dem Gitter des Hauses. Gaston erklärt ihn der Dienerschaft gegenüber zwar für einen Anverwandten der Pinto's, doch sonst für einen ränkesüchtigen Eindringling; so wird Pinto nicht eingelassen. Bei einem Feste, was Pantaleon den Verlobten zu Ehren veranstaltet, erscheint endlich Numo de Fonseca, Pinto's Vater. Pinto, der hiebei ebenfalls Einlass gewonnen, wird als der ächte Pinto erkannt, Gomez als der einfach-, Gaston als der doppelt-falsche. Alle werden verziehen, Gomez und Clarissa werden ein Paar. — *W.'s Musik* zu diesem Stoff hätte ein national gefärbtes Bild gegeben voll heiterster Grazie, übermüthigsten Scherzes, schlagendster Komik jeden Genres. — Welch dramatisch belebte Introduction ergiebt sich, im Hinblick auf die vorliegenden Entwürfe, schon durch den trefflich gezeichneten Chor der neugierigen Dienerschaft, in deren und Laura's Gegenwart Pantaleon Clarissen feierlich ihre Verlobung mit Pinto erklärt; wie drastisch ist der musikalische Ausdruck der schwülstigen Redeweise des ahnenstolzen Alten (welche bei allen ihren Abschlüssen ein komisches *Leitmotiv* in 6 Noten bringt, die schon vorher, den erwarteten Pantaleon persiflirend, auftreten, und zwar am Ende jedes einzelnen der 3, die Introduction einleitenden Chorsätzchen); wie lebendig ist der Ausdruck der ängstlichen Bestürzung Clarissens, der heiter mutheinsprechenden Trostesworte Laura's, verbunden mit den jubelnden Glückwünschen des Chors. Bei N. 5 welch' eine geniale Idee, das reizend-prächtige Geigen-Solo zu Gaston's graziösem Vortanze bei der Nachahmung dieses Tanzes von Seiten Pinto's in Cello und Contrabass zu versetzen und damit den stolpernden plumpen Bräutigam so unnachahmlich zu malen; dazu die carikirte Zärtlichkeit des, Pinto's Braut dabei vorstellenden Ambrosio vor dem brillanten Ensemble zum Schlusse dieses Stückes! Vornehmlich aber welch ein sprühender Humor in Solostimmen, Chor und Orchester des Finales bei dem Trinkgelage zu dessen Ende, wo Pinto trunken fortgetragen wird; welcher Melodieen-Zauber im Schlussgesang! Nur dieser drei Nummern sei hier erwähnt, die sich, trotz ihrer unvollkommnen Gestalt, als mit diesen Eigenschaften deutlich versehen darstellen.

Ja, es ist wahrlich bedauernswerth, dass der Meister nicht mindestens das im Entwurf
Vorhandene instrumentirt hat; es wäre ein theilweiser Ersatz für den jetzt ganz unersetz-
lichen Verlust gewesen. Aber der Schatz ist nicht zu heben. Meyerbeer, der es unternommen hatte, zum Besten von W.'s Erben die Oper zu vollenden, erklärte dies auch
mir gegenüber und zwar mit dem bezeichnenden Zusatze »Hier z. B. ist eine nicht zu
enträthselnde Stelle; die Lösung von dergl., wie bei unzähligen Fällen in seinen Werken,
ist nur eine Note; diese eine aber wusste nur Er, und ohne sie war zuweilen reizlos,
was durch sie zu höchster Wirkung gelangte.«

　　b. W.'s Tagebuch zeigt an *Compositions-Daten* des Vorhandenen der Oper die
folgenden: Dresden 1820, 28. Febr. »Bei Winkler wegen neuer Oper«. 13. Apr.
»Winkler aufgesucht, um ihm für den schönen 1ten Act des Brautkampfs« (erster Name
der Pinto's — s. Anm. a.) »zu danken«. — 9. Mai. »2ten Act der Pinto's erhalten«.
(Hier wird die Oper zum ersten Male so genannt.) — 27. Mai »gearbeitet 3 Pinto's«
(NB. Am 13. hatte W. den Freischütz vollendet, am 25. die Preciosa begonnen.) — 28.
»Pinto's«. — 23. Juli. »Letzten Act« (der Pinto's) »erhalten«. — 24. »An Winkler
»durch Bassenge 20 ♯« (Ducaten) »angewiesen für die Pinto's«. (Dasselbe Honorar, was
W. an Kind für den Freischütz, an H. v. Chezy für Euryanthe zahlte.) — 1821. 9. Janr.
»Conferenz mit Winkler wegen der 3 Pinto's«. — 19. »gearb. Pinto's«. — 21. »Ganzen
»Tag gearb. Introduction Pinto's entworfen«. 18. Apr. »Conferenz mit Winkler wegen
»3. Act«. — 11. Juli. »Introduction gearb.«. — 31. Aug. »gearb. Terzett H♯«.vollen-
»det entworfen«. — 15. Oct. »Duett G dur No. 7 entworfen«. — 18. Nov. »1 C dur ³/₄«
»entworfen«. — 28. »Finale des 1. Acts gearb.« — 8. Nov. »Finale N. 6 vollendet ent-
»worfen und hiemit den 1. Act«. — 1824. 20. Sept. »*gePintot*« (letzte Notiz!). Das
Autograph bringt hiezu noch »den 31. Juli 1821« für Composition des Entwurfs von
Clarissens Arie N. 2. — Das ist Alles, was an Notizen über die Arbeit an der Oper
vorhanden ist, und es ist wichtig in Rücksicht auf die vermeintliche Vollendung derselben.
(s. Anm. e). Die in obigen Daten enthaltene Notiz vom 18. Apr. 1821 scheint mit den-
jenigen scenischen und wörtlichen Umänderungen zusammenzuhangen, die sich von des
Dichters Hand in einer Copie des Buchs der Oper vorfinden, und die vier und eine halbe
Scene des 3. Acts, darunter das grosse Quintett N. 13, in Wegfall bringen. (Vergl.
Anm. e bei 3.)

　　c. *W.'s Briefe* enthalten einige, rücksichtlich der Pinto's interessante Stellen, von
denen besonders jene nicht unwichtig sind, die das Liegenlassen der Arbeit daran berühren. Am 18. Oct. schreibt W. an Prof. Lichtenstein: »— Seit 8 Tagen hüte
»ich das Zimmer. Gestern habe ich mir einen Backzahn ausreissen lassen. Sobald ich
»wieder ein bischen Ruhe habe, geht es auch schon wieder, und in den 8 Tagen habe ich
»ein Paar recht frische lustige Musikstükke in die 3 Pinto's gemacht, denen man hoffent-
»lich die Zahnoperation nicht ansehen soll«. Es war das von Heiterkeit übersprudelnde
Duett N. 7 dabei. Und dies unter Unwohlsein und Zahnleiden und ohne dass jene Arbeiten grade drängten! Dieser kleine Zug ist wahrlich ein Beitrag zu der Erkenntniss
von W.'s geistiger Kraft über seinen Körper, aus welcher die Composition seiner beiden
letzten grossen Werke, namentlich die des Oberon den erlöschender Lebensflamme seines
Schöpfers sich einzig als möglich erklärt. — Am 17. Mai 1824 schreibt W. an Lichtenstein ferner: »— an die Pinto's denke ich so wenig jetzt, als überhaupt an Musik. Hab's
»recht satt, und werde wohl so bald keine grössere Arbeit vornehmen«; und am 6. Sept.
wieder an denselben »— Die Lust zur Arbeit ist noch nicht recht wieder gekommen. Ich
»sehe zwar die Pinto's zuweilen von der Seite an (*gePintot* den Anm. b.), aber
»recht ermannen kann ich mich nicht«. Schliesslich am 23. Dez. »— Mit den Pinto's ist
»es ein eigen Ding. Auf jeden Fall suche ich sie diesen Winter zu beendigen«. — Da
aber kam der Oberon.

　　d. *Benutztes* aus eigner Erfindung zeigt sich in dem Thema des Satzes der Arie
der Clarissa N. 2 »Wonnig süsses«, welches sich in den ersten 4 erhaltenen Tacten des am
31. Juli 1818 componirten, jetzt verschollenen Solfeggio vorfindet. Von Fremdem
hat W. zu dem Duett N. 4 ein ächt spanisches Thema verwendet, dessen Anfang
A. Thayer in seinem chronolog. Verzeichn. der Werke Beethoven's p. 112 (Berlin,
Ferd. Schneider 1865) mittheilt. Beethoven's Bearbeitung dieses Themas ist nicht
gedruckt; die Berliner K. Bibliothek bewahrt das Autograph davon; es zeigt das Thema

vollständig; danach stimmt W.'s Entwurf von N. 4 der Pinto's in den Tacten 1 bis 4,
12 bis 15 u. in Tact 17 in der Melodie überein mit Tact 1 bis 9 des spanischen Originals,
in Tact 1 u. 3 auch in dessen 2ter Stimme.

     e. Ueber die nach W.'s Tode in London besonders viel, aber auch noch jetzt nicht
selten besprochene *vermeintliche Vollendung der Oper* habe ich eingehende Untersuchungen angestellt, deren Resultat ich bereits in N. 138 der berliner Vossischen Zeitung
von 1867 veröffentlichte. (Auch abgedruckt in der Neuen berliner Musikztg. Bote u. Bock
1867, N. 25, und in Zellner's Blättern für Theat., Musik u. bildende Kunst. Wien 1867,
N. 52 u. 53, bei Sommer.) Bei der Wichtigkeit der Sache folgt *mein Aufsatz* hier vollständig: »Bekanntlich hatte C. M. von Weber 1821 die Composition einer komischen
Oper »Die drei Pinto's«, Text von Th. Hell (C. Winkler), unternommen. Sie enthielt
17 Musik-Nummern, von denen nach W.'s Tode nur s i e b e n im Entwurf vorgefunden
wurden, mit deren Benutzung Meyerbeer bald darauf den Plan fasste, die Oper zu vollenden, einen Plan, den er aber später wieder aufgab, da ihm das vorhandene Material
schliesslich doch nicht genug Anhalt gebend erschien. — Es geht nun seit W.'s Tode
die Rede, dass die Oper in vollendeter, mindestens n a h e z u fertiger P a r t i t u r vor-
h a n d e n gewesen, diese Partitur aber in London nach des Meisters Hinscheiden daselbst
spurlos verschwunden sei. — Was m i c h betrifft, so hege ich im Gegensatz dazu die feste
U e b e r z e u g u n g, d a s s d i e s W e r k n i e m a l s v o l l e n d e t war. — Wenn ich nun
versuchen will, das über diese Sache gebreitete Dunkel aufzuhellen, so muss ich für
meine Berechtigung dazu anführen, dass ich mich nicht nur mit dem vorhandenen musikalischen Material im Autograph auf das Eingehendste beschäftigt, sondern dass ich Einsicht habe in jedmögliche anderweitige Hülfsmittel betreffs dieses Gegenstandes, wie nur
eben des Meisters Tagebücher, vielfache Correspondenzen und sonstige schriftliche Hinterlassenschaft sie darbieten können. Rücksichtlich meiner Beschäftigung mit dem musikalischen Material gestatte ich mir die zusätzliche Bemerkung, dass es mir unter Anderm
seiner Zeit vergönnt war, auf M e y e r b e e r's Wunsch nach W.'s schwierig zu entziffern-
dem Autograph eine partiturgerechte Zusammenstellung von über 200 Seiten herzustellen,
um Meyerbeer bei der beabsichtigten Vollendung der Oper jederzeit über das Vorhandene
einen leichteren Ueberblick zu ermöglichen. — Möge es mir deshalb im Interesse
deutscher Kunst erlaubt sein, das F ü r und W i d e r in dieser Sache ausführlicher darzu-
legen. *I.)* Als hauptsächlichste Quelle f ü r das Bestandenhaben einer mindestens n a h e z u
f e r t i g e n P a r t i t u r kann gelten: eine Mittheilung des verewigten Geh. Rathes Prof.
Lichtenstein in Berlin, des vielleicht vertrautesten Freundes W.'s, eines seltnen Mannes
von zugleich fein gebildetem musikalischen Geiste, über dessen Ansicht betreffs der Vollendung der Pinto's die jetzt auch schon dahingeschiedene Wittwe W.'s ja sogar so weit
hinausging, dass sie, oft auch gegen mich, nur von der v o l l s t ä n d i g e n Vollendung
der Partitur sprach. — *Ad I (a.)* Was zuvörderst diese Mittheilung Lichtensteins anlangt, die sich nach und nach in weiteren Kreisen verbreitete, so ist dieselbe in einem
V o r w o r t enthalten, das er zu einer Reihe von 78 zusammengehefteten Briefen W.'s an
ihn als Einleitung dazu verfasste. Sie lautet wörtlich: »Mir allein spielte er« (Weber,
bei Gelegenheit seines Aufenthaltes zu Berlin vom 7. bis 29. Dez. 1823 behufs der
Aufführung der Euryanthe daselbst und trotz seiner Krankheit) »noch die f a s t v o l l -
e n d e t e Partitur des Oberon vor und erklärte mir seine ganze I n t e n t i o n im De-
tail. Auch die P a r t i t u r der komischen Oper: Die drei P i n t o's zeigte er mir f a s t
v o l l e n d e t. Sie ist in England verloren gegangen. Ein Heft Brouillons von einzelnen
Stücken ist alles, was sich von diesem merkwürdigen Werk noch wieder auffinden lassen,
die Hoffnung aber ist nicht verloren, es noch dereinst aus dem Nachlass eines reichen
Curiositäten- und Handschriftensammlers wieder aufstehen zu sehen«. — Zur Beleuchtung der in dieser Mittheilung enthaltenen Nachricht von der nahezu erfolgten
Vollendung zunächst der P i n t o's sei bemerkt, dass dem Convolute Original-Brouillons,
welches die Entwürfe der ersten 7 Nummern der Oper enthält, ein B o g e n Notenpapier
z u m U m s c h l a g e dient, dessen erste obere Seite die Orchester-Einleitung der Introduction zu Act I, 18 Tacte, in vollständiger P a r t i t u r aufweist; die übrigen 3 Seiten
dieses Umschlag-Bogens sind leer. Aus diesem Umstande ist sicher für Lichtenstein
wie für W.'s Wittwe der Irrthum entsprungen, anzunehmen, dies Convolut der Entwürfe,
(umschlossen von einem Bogen, der zufällig die erste Seite Partitur enthielt) habe auch

zugleich die vollendete oder fast vollendete Partitur in sich geborgen, und, als sich später statt dieser vermeintlichen Partitur nur jene Entwürfe vorfanden, diese sei in London verlorengegangen, welcher Irrthum besonders bei W.'s Wittwe, einer wenngleich hochausgezeichneten Frau, dennoch um so leichter Boden gewonnen haben dürfte, als sie für eine Annahme der Art nicht schwer zugänglich war. — *Ad I (b.)* Es verdient aber auch ferner Beachtung, was Lichtenstein von der Partitur des Oberon bei dieser Gelegenheit sagt, dass sie nemlich, grade wie die der Pinto's, damals schon fast voll-endet unter »»W.'s detaillirter Erklärung seiner ganzen Intention«» zu seiner Kenntniss gelangt sei. Diese Bemerkung lässt zuvörderst in Bezug auf die Pinto-Partitur einen schwer wiegenden Schluss ziehen für meine Beweisführung gegen ihre selbst nur nahezu erfolgte Vollendung. Denn — bis zum 27. Nov. 1825 war, wie aus W.'s Tagebüchern ersichtlich (s. oben Anm. b.), die Partitur des Oberon nur bis zum Finale des 2ten Acts vollständig fertig, excl. Ouvertüre und Preghiera N. 12. Von allem Uebrigen war, wie dieselbe Quelle ebenfalls ausweist, noch nicht eine Note vorhanden, nicht einmal im Entwurf; der damals noch nicht componirte Theil der Oper betrug also noch die grössere Hälfte derselben, denn nach dem neusten gestochenen Clav.-Auszuge (Schlesinger-Lienau) nimmt darin das Fehlende 55 Seiten, das Vollendete 44 ein. Erst am 7. Janr. 1826 beendigte W. den Entwurf des 2. Finales und am 22. Janr. die Instrumentirung desselben. Inzwischen hatte er die Composition des 3. Actes am 10. Janr. mit dem Duett Nr. 16 begonnen. Von da ab componirte er noch die Nummern 17, 20 u. 21 in Dresden, die Nummern 12, 15, 18, 19, 21 u. 23 und die Ouvertüre in London. Im Ganzen schrieb er also nach jenem seinen berliner Aufenthalte noch zwölf Nummern. Wenn nun Lichtenstein das im Dez. 1825 von W. ihm Vorgespielte den fast voll-endeten Oberon nennt, obwohl die grössere Hälfte noch gar nicht componirt war, so darf demselben Ausdrucke, von den Pinto's gebraucht, an denen, laut Tagebuchs, von 17 Nummern noch 10 fehlten, eine entscheidende Wichtigkeit wohl ebenfalls nicht beigelegt werden. Zugleich ist darauf aufmerksam zu machen: es lag zwischen den Mittheilungen von Seiten W.'s aus dem Oberon und den Pinto's an Lichtenstein und den Aufzeichnungen des Letzteren behufs jenes Heftes W.'scher Briefe an ihn eine Reihe von grade neuntehalb Jahren (Dez. 1825 u. Juni 1833), in denen begreiflicherweise mancher Eindruck sich so leicht verschieben und an seiner Deutlichkeit verlieren konnte, so sehr Bewunderung und treue Anhänglichkeit ihn auch gepflegt haben mochten. — *Ad I (c.)* Wie aber (in noch weiterer Anknüpfung an Lichtenstein's Worte) W.'s Er-klärung seiner »Intentionen« in Rücksicht auf den ganzen Oberon beim Vorspielen des kaum zur Hälfte fertigen Werkes die Vorstellung von dem vollendeten bei Ersterem hinterlassen haben konnte, so wird jene bei den Pinto's ebenfalls nicht unterbliebene Erklärung der Intentionen W.'s bei der musikalischen Vorführung auch dieser Oper (von der mir Lichtenstein wiederholt gesprochen hat) wohl eine ähnliche Wirkung auf diesen hervorgebracht und dem Gedanken einer gleichfallsigen Vollendung auch dieses Werkes Vorschub geleistet haben. — *II.)* Als anscheinend fernere Quelle für die Annahme einer vollständigen Vollendung der Pinto-Partitur hat sich bei den Entwürfen dazu ein Schriftstück aufgefunden, das aber nur den Uneingeweihte als einen Beweis für eben solche Annahme ansehen konnte, obgleich es grade höchst geeignet ist, als Beleg für das Gegentheil zu dienen. Es ist eine Copie der verloren gegangenen eigenhändigen Notizen W.'s von der Hand des Dichters Th. Hell, enthaltend die tabellarische Auf-zeichnung der Ton- und Tactarten, wie der Dauer der einzelnen Nummern der Oper. Diese Aufzeichnung lautet genau wie folgt: (Tabelle I.) »Ouvertüre. 2/4 (Tact.) D 2/4 (N.) 1.) Introduction 9 M(inuten) B. 4/4. 3/4. 6/4.« (Tactarten der verschiedenen Sätze dieser Nummer.) »— 2.) Aria. Clarisse 7½. 1½. D. C. 3/4.« (Die Ziffern 7½ und 1½ deuten an: Dauer = 7½ Minuten, sie kann aber wohl um 1½ Minute variiren. Das Autogr. des Entwurfs zeigt zum Schluss nur »7½ Min:«) — »3.) Duett u. Terzett. 9. 2.« (wie bei 2.) zu lesen.) »Es. 4/4. 3/4. — 4.) Canz. Gaston. (u. Inez) 5. C. 3/4. — 5.) Terzetto. 9. 3.« (wie bei 2.) zu lesen.) »H. 2/4. 4/4. — 6.) Finale. 9. D. 4/4. 6/4.« (Hierunter ein Summir-Strich; unter diesem:) »70« (Min.) Darunter »14 M.(inuten) Dialog. — Act. II. 7.) Duetto. G. 2/4. — 8.) Aria. Gomez. C. — 9.) Duett. A. — 10.) Aria. Pinto. E. 2/4. 2/4. — 11.) — mit Chor. Es. — 12.) Finale. F. 3/4. 5/6.« (Dies 5/6 ist als Tactart unerklärlich: gewiss soll es die Dauer, 5 bis 6 Minuten, andeuten, und ist nur irrthümlich nach den Tonarten gesetzt, wo bei den übrigen Nummern die Tactarten stehen, statt es an die bisher dafür innegehaltene Stelle vor die Tonart zu setzen.) — »Act III. 13.) Quintetto. E. $\frac{2}{4}$. 14.) Aria. Pant(aleon). C. — 15.) Romanze. As. — 16.) Finale. D.« — Darunter noch eine Tabelle der wie-vielmaligen Wiederkehr der Haupttonart jeder einzelnen Nummer, wie folgt: (Tabelle II.) »4(mal, »D«(dur.) »4 B. 2 Es. 3 C. 1 H. 1 G. 1 A. 2 E. 1 F. 1 As.« — NB. Sämmtliche auf Tactarten und Dauer bezügliche Bezeichnungen sind mit Bleistift geschrieben und scheinen in der Copie durch Th. Hell nachgetragen zu sein. — Zu nothwendiger Würdigung dieser Tabellen sei bemerkt, dass W., ehe er an die Composition eines so umfassenden Werkes, wie eine Oper es ist, ging, in weiser Berechnung erst jene wichtigen Verhältnisse von Folge und Wiederkehr der Ton- und Tactarten abzuwägen und sich dazu gern den obigen Tabellen ähnliche Notizen zu machen pflegte. Aber auch die Dauer der einzelnen Nummern musste ihm von Wichtigkeit erscheinen. Ton- und Tactarten-Verhältnisse konnte er freilich im Voraus genau bestimmen, ohne die Nummern wirklich componirt zu haben. Die Tonart gab ihm ja der Character der Dichtung, die Tactart das Versmaass derselben; die Dauer einer Gesangs-Nummer konnte aber freilich nur bestimmt werden, nachdem dieselbe mindestens im Entwurfe wirklich componirt war, wohingegen die Dauer einer rein instrumentalen Nummer, wie z. B. der Ouvertüre, die sich nicht nach einem gegebenen Text zu richten hat, in die Vorherbestimmung des Componisten gelegt werden kann; wie denn W. im vorliegenden Falle, die Ouvertüre auf nur ungefähr 5 Minuten auszudehnen, sich vorgesetzt zu haben scheint, um den schon langen, mit 70 Minuten veranschlagten Act nicht noch mehr zu verlängern. — So finden sich denn auch in der Tabelle I Ton- und Tactart, erstere durch alle Gesangsnummern, letztere auch bei zwei nicht componirten vermerkt, die Dauer aber einzig nur bei den wirklich componirten, mit Ausnahme der N. 7, deren Dauer (2½ Min.) er im Entwurfe selbst notirte. — III.) Aber noch eines Umstandes ist zu gedenken, als eines Beweises, dass nichts weiter componirt sei, als eben die 7 vorgefundenen Gesangsnummern. — In dem geschriebenen Libretto der Oper erweist sich das Quintett N. 13 im 3. Act als ein sehr ausgedehntes Stück für die musikalische Ausführung. Von des Dichters Hand nun ist diese Nummer dort durchstrichen und zum Wegfall bestimmt. Wäre dies Quintett von W. wirklich componirt gewesen, hätte es dabei wohl einige Wahrscheinlichkeit für sich, dass W. sich dazu verstanden haben würde, eine so grosse Arbeit verwerfen zu lassen, oder dass der Dichter es gewünscht haben könne, dass ein Componist wie W. eine solche Arbeit unterdrücken solle? — IV.) Abgesehn von diesen besonderen, bis hieher aufgeführten einzelnen Gesichtspunkten, ist im Allgemeinen noch darauf Rücksicht zu nehmen, welch ein gewissenhafter Mann W. in Bezug, namentlich auf seine schriftlichen Aufzeichnungen war. Dies ist besonders ins Auge zu fassen rücksichtlich seiner vom 26. Febr. 1810 bis zu seinem vorletzten Lebenstage, 3. Juni 1826, geführten Tagebücher. In diesen hat er, mit einigen höchst wenigen Ausnahmen, auch die kleinste Arbeit notirt: Entwürfe jeder Art, Ausführung wie Instrumentirung von entworfenen Werken, die eignen Clavier-Arrangements seiner Orchesterarbeiten; ja, er notirte zuweilen, dass er diese oder jene einzelne Idee zu irgend einer Composition gefasst habe. — In Bezug auf die Pinto's weisen nun aber diese Tagebücher auch nicht eine einzige Bemerkung auf, die über die Zahl der vorhandenen Stücke des Entwurfs hinausginge. Mit dem Duett N. 7 schliessen die Notizen, übereinstimmend mit dem Vorhandenen, ab. Sollte W. den Entwurf von 10 noch zu dieser Oper gehörigen Nummern, — noch mehr! — sollte er die Instrumentirung aller in den Tagebüchern zu verzeichnen unterlassen haben, da er dies bei allen seinen übrigen Werken mit scrupulösester Genauigkeit Tag für Tag gethan hat? Sollte er namentlich die Vollendung der einzelnen Acte, besonders aber den Abschluss der ganzen Oper in den Tagebüchern nicht notirt haben, wo er dies bei gleichen Fällen jederzeit in einer gewissen feierlichen Form des Wortausdrucks zu thun gewohnt war? — Nein! W. hat niemals mehr an dieser Oper geschrieben, als in den vorliegenden Entwürfen davon sich darbietet. — V.) Schliesslich wird W.'s folgende eigne briefliche Aeusserung an Gottfr. Weber vom 13. Febr. 1821 über die Nicht-Vollendung als unwiderlegbar gelten müssen: »Du hast's errathen! Ich schreibe gegenwärtig Nichts. Habe eine wahre

»Musik-Indigestion von den vielen Proben und Aufführungen in allen Sprachen und
»Arten. Im Sommer kommt vielleicht die Lust wieder, und dann beendige ich die 3
»Pinto's«. — Bis zum 13. Febr. 1824 also war die Oper unbedingt n i c h t vollendet.
Sehen wir, ob unserm Tondichter bis zu seinem Tode am 5. Juni 1826 in London Zeit
übrig blieb, dies Werk zu Ende zu bringen ! — Laut seiner Tagebücher war bei W. mit
dem 29. Aug. 1823, dem Tage der Vollendung seiner Euryanthe, bis zum 23. Janr. 1825,
dem Tage des Beginns der Composition seines Oberon, jener merkwürdige, 17 Monate
andauernde Stillstand im Schaffen eingetreten, in welchem er einzig nur eine kleine französische Romanze schrieb, und in der er ausserdem nur e i n m a l, am 20. Sept. 1824, an
die Pinto's gewissermaassen r ü h r t, was er characteristisch mit der lakonischen Bezeichnung »gePinto!« markirt. Nach diesem Stillstand folgte dann unmittelbar die Composition des O b e r o n, die, zusammengenommen mit den dahingehörigen Correspondenzen,
ernsten englischen Sprachstudien und sonstigen vielartigen Vorbereitungen, jede freie
Zeit zu etwanigen anderweitigen grösseren Arbeiten bis zu seinem Tode unerbittlich hin-
wegnahm. Nur einige kleinere Leistungen wurden ihm in diesen letzten Monden seines
Schaffens durch unabweisliche Umstände abgenöthigt, und damit waren die Pinto's weit
in den Hintergrund gedrängt und ihre Vollendung zur Unmöglichkeit geworden. —
Mit jener Andeutung einer momentanen flüchtigen Berührung der Pinto's in W.'s Tagebuch vom Jahre 1821 schwindet nun jede Spur einer ferneren Beschäftigung mit dieser
Oper. Ihre N i c h t v o l l e n d u n g kann füglich nicht länger bezweifelt werden, obgleich
dieselbe im Interesse edler Kunst tief zu beklagen ist; denn die hinterbliebenen Entwürfe
dazu lassen auf ein seines Schöpfers vollkommen würdiges Werk von ungewöhnlicher
Bedeutung in einer Sphäre schliessen, die der zu früh geschiedene Meister in s o aus-
schliesslicher Weise bis dahin zwar noch nicht betreten hatte, in der er aber der deutschen
Kunst neuen unvergänglichen Ruhm durch ein Werk gebracht haben würde, in welchem
sich trotz der leisgezogenen Umrisse der unvollendeten Gestaltungen dennoch deutlich
geistvollster Humor und anmuthsvollste Grazie den Rang streitig machen«.

II. Verloren gegangene Compositionen.

6—10. Aus den Jahren 1798 bis 1800:

6. »Die Macht der Liebe und des Weins.« W.'s e r s t e Oper. —
7. Eine musikalische Posse. (s. Anm. b.) *8. »Eine grosse Messe.«*
9. »Vierstimmige Gesänge« *10. »Canons.«*

a. Bei allen diesen Stücken fehlen nähere Bezeichnungen. Sie verbrannten mit
einem Schranke im Besitz von W.'s Lehrer, Joh. Nep. Kalcher, Hoforganisten in München, worin dieser die grösseren Compositionen seines Schülers aufbewahrte; räthsel-
hafterweise verbrannten nur sie, denn nichts vom Eigenthum Kalcher's als dieser Schrank
wurde vom Brande zerstört. — In. Sämmtliche obige Stücke zählt W. in seinem gedr.
Werk-Verz. Bd. III, 158 seiner hinterl. Schriften auf, nur nicht die Posse *7.* Dieser
geschieht in älteren Papieren von ihm Erwähnung, ferner in einem Aufsatze, (enthalten
in der Berliner Allg. Mus. Ztg. 1826, N. 24, v. 14. Juni. hrsg. v. Marx. Berlin, Schlesinger) betitelt: »Kurzer Abriss einer Biographie unsres Carl Maria von Weber; aus dem
Beobachter von Paris u. London gezogen«. Danach war die Posse eine sogenannte
»masque« (»a mask«, so viel wie musikalisches Possenspiel), neben der Oper »Die Macht
der Liebe und des Weins« und andern Tonstücken unter Kalcher's Augen componirt.
(S. auch Max v. Weber's »Lebensbild« W.'s I, 46, 48—49.)

11—19. Werke, bis 1800, 9. Dez. vorhanden:

11. 12. 13. »Drei leichte Trio à Violine, Viola et Violoncelle für
Dilettanten.« *14. »Sechs Variationen* für's Clavier oder Fortepiano.« *15. »Sechs dito.« 16. 17. 18. »Drei Clavier-Sonaten.«*
19. »Sechs dito Variationen über das Lied: L i e b e r A u g u s t i n.«

a. Obige Stücke, von welchen *11—18* zu denen gehören, die W. in seinem gedr.
Werk-Verz. (Hinterl. Schriften III, 158) unter dem Jahre 1799 aufführt, verbrannten

nicht mit Kalcher's Schranke (s. vor. N. Anh. *6—10*). W. bietet sie sämmtlich, wie oben betitelt, in einem Briefe aus Freiberg vom 9. Dez. 1800 der Handlung Artaria u. C. in Wien, obwohl vergeblich, zum Verlag an; sie waren also zu dieser Zeit noch vorhanden. — **b.** Die Variationen *14* u. *15* haben nichts gemein mit den 6 Variat. op. 2, Kalcher gewidmet, von W. selbst lithographirt (7), denn W. führt diese Variationen op. 2 in seinem gedr. Werk-Verz. hinterl. Schr. III, 158 unter dem Jahre 1800 **besonders** auf.

20—26. Werke, bis 1801, 25. Nov. vorhanden:

20. 21. 22. »*Drei Sonaten* für's Fortepiano.« **23.** »*Einige Variationen.*« **24. 25. 26.** »*Drei Trio's* für nicht ganz ungeübte Liebhaber zu 1 Violin, Viola u. 1 Violoncello.« — — »Ein Clavierauszug von meiner Oper »Das Waldmädchen«.« (S. Anm. b.)

a. Obige Stücke, von welchen *20—26* zu denen gehören, die W. in seinem gedr. Werk-Verz. unter dem Jahre 1799 aufführt, verbrannten ebenfalls nicht mit Kalcher's Schranke. (S. Anh. *6—10*.) W. bietet sie sämmtlich, wie oben betitelt, in einem Briefe aus Salzburg vom 25. Nov. 1801 der Handlung André in Offenbach, obwohl vergeblich, zum Verlag an; sie waren also zu dieser Zeit noch vorhanden. — **b.** Die 3 Sonaten *20—22*, die Variationen *23* sind wohl dieselben gewesen, die er schon der Handlung Artaria zum Verlag offerirt hatte. Die Trio's *24—26* scheinen ebenso mit denen unter Anh. *6—8* ein und dieselben zu sein. Da nun jedoch das gedr. Werk-Verz. W.'s »sechs Violin-Trio's« aufführt, so sind 3 von diesen 6 durch den unter Anh. *6—10* erwähnten Brand wohl ebenfalls vernichtet worden. — In Bezug auf die Ouvertüre zum Waldmädchen im Clav.-Ausz. s. Anh. *1*.

27. *Ouvertüre zur unvollendeten Oper: »Rübezahl«.* Als solche comp. 1804—5, vor ihrer Umarbeitung zur »Ouvertüre zum Beherrscher der Geister«.

Violino primo. (Die letzten Tacte der Ouvertüre.)

Das Einzige, was sich von dieser Ouvertüre erhalten hat, sind die obigen 11 Tacte; sie bilden den Schluss einer Violin-Ripienstimme von Copistenhand in meinem Besitz, auf der sich noch Variation 2 u. 3 zu N. 6 der 8 Pièces à 4 mains op. 60 und Skizzen von W.'s Hand zum Trio op. 63 befinden. Es ergiebt sich aus der Violin-Stimme das Dmoll des Schlusses der Ouvertüre in erster Gestalt, wogegen ihre Umarbeitung als Ouvertüre zum »Beherrscher der Geister« in Ddur schliesst. Dass wir auf dieser Violin-Stimme den Schluss der Ouvertüre zu »Rübezahl« mit höchster Wahrscheinlichkeit vor uns haben, folgt aus der Tactart 6/4 und den Motiven, die auch in der Umarbeitung derselben vorkommen; auch das Papier der Stimme ist dasselbe mit dem der erhaltenen Autographe von Rübezahl.

28. *Overtura Chinesa.* Ursprüngliche Gestalt der späteren Ouvertüre zu Schiller's Turandot. **Comp.** 1804—5. (W.'s gedr. Werk-Verz.) Zuerst aufgeführt in Breslau, 1. Juli 1806. (s. **75**. Autogr.)

Autograph: Unbekannt. — **Ausgaben, Abschriften:** Keine. — Vergl. im Allgemeinen mit **75**.

29. *Concertino für Horn,* in erster Gestalt, vor der Umarbeitung zu op. 45. **188.** **Comp.** 1806, 6. Nov. zu Carlsruhe in Schlesien. S. **188**. Autogr.)

Nach einer Notiz W.'s auf dem Autograph der Umarbeitung wurde diese Composition in ihrer ersten Gestalt für seinen Carlsruher »Freund C. Dautrevaux« geschrieben,
der als Canzelist des Herzogs Eugen v. Württemberg zugleich ein vorzüglicher Horn-
Virtuos war. W.'s Aufenthalt bei jenem Fürsten zu Carlsruhe in Schlesien vom Herbst
1806 bis Febr. 1807 hatte beide, W. und Dautrevaux, zusammengeführt. Bei einem
Hofconcerte wurde das Concertino zum ersten Male aufgeführt; es schloss sich vielleicht
dem Geschmacke Dautrevaux' allzusehr an, oder W. musste sich neuen Virtuosen-
Wünschen anpassen, weshalb er es 1815 für den Horn-Virtuosen Rauch gänzlich um-
arbeitete. (S. **188.**)

30. *Antonius (und Cleopatra).* Eine Burleske. Fünftes musika-
lisches Drama W.'s.' Comp. 1808 zu Stuttgart.

Ueber dies Product übermüthigster Humoristik W.'s sagt Max von Weber im »Le-
bensbild« seines Vaters, Bezug nehmend auf dessen Stuttgarter Lebensperiode, I, 160:
»— Da gab es Landparthieen und Festvorstellungen zu veranstalten, bei denen Hiemer«
(Dichter der Opern »Silvana« und »Abu Hassan« von W.) »meist die dramatischen Scherze,
Weber die Musik arrangirte. Zur Mitwirkung bei diesen oft geistvollen Spässen liessen
sich auch ernstere Männer wie Hofrath Lehr und Kapellmeister Danzi bereit finden.
Ein von Carl Maria erfundener Haupteffect wurde dabei erzielt, indem man die Frauen-
Rollen die Männer und umgekehrt darstellen liess«. — Ein noch erhaltener neckischer
Brief der ausgezeichneten Stuttgarter Schauspielerin Margar. Lang (mitgetheilt in Max v.
Weber's »Lebensbild« W.'s I, 161) lädt »zu einer Probe solcher zu des Tenoristen Krebs
Namenstage ausgearbeiteten Tollheit »»Antonius«« genannt, ein, bei der Weber
die Kleopatra, Hiemer die Octavia, Lehr die beissende Schlange, Danzi die Amme
der Kleopatra, die Sängerin Miedtke den Octavius und die kleine üppige Lang den
Antonius tragirte«.

31. *»Harmonie in B.«*

So führt W. in seinem gedr. Werk-Verz. eine Arbeit des Jahres 1808 auf, von
welcher jede Spur verschwunden ist. Sie muss der Zeit nach in Stuttgart entstanden sein
und könnte, ihrer Bestimmung nach, zu den vielen kleinen Musikstücken gehören, welche
die Stuttgarter königl. Hoftheater-Bibliothek aufbewahrt und die bei Hofe als Fest- und
Tafelmusik gebräuchlich waren. In den von diesen Compositionen unter der Benennung
»Harmonieen« erfüllten Bänden (die Stimmen der einzelnen Instrumente enthaltend) befinden sich 10 »Harmonieen in B«: N. 88, 92, 91, 107, 126, 127, 128 u. 145, N. 3
u. 9 im Anhange, bei denen allen der Componist nicht genannt ist und von denen eine
möglicherweise die obige von W. — Es ist dies um so wahrscheinlicher, als auch Danzi,
damals Kapellmeister in Stuttgart, W.'s Gönner und Freund, zu dem erwähnten Zwecke
mancherlei geschrieben hat, unter Anderm eine »Harmonie (Lied)« unter N. 121 von mir
aufgefunden, deren Thema W. später im op. 20 (**64**) und seiner ungedruckten Composition für A. v. Dusch (**94**) zu Cello-Variationen benutzt hat. (Vergl. noch Max v. Weber's »Lebensbild« W.'s I, 142.)

32. *»Chor.* Comp. 1810, 11. Aug. in Mannheim.«

So sagt W.'s Tagebuch. Es ist nach Erwägung aller dahin gehörigen Umstände kein
anderer als der Chor »Geld, Geld, Geld!« in W.'s Abu Hassan, wahrscheinlich als
dessen zuerst componirte Nummer (s. **106** Anm. a.), deren vollständige Ausführung aber
vorläufig unterblieb, da W. im September seine Silvana in Frankfurt a. M. einzustudiren
und im October die 6 Sonaten für Violine und Clavier **99—104** zu schreiben hatte.
Ein am 13. Aug. an Gänsbacher gerichteter Brief bringt gegen den Schluss den Ausruf
»Geld! Geld!«, was mit der vorausgesetzten Beschäftigung mit obigem Chor am 11. in
Zusammenhang stehen könnte.

33. *»Klavier-Auszug* vom *Admiral*

durchgesehen«, lautet eine Notiz W.'s in seinem Tagebuch von Darmstadt 25. Jan.
1811, eine zweite vom 29: »Klavier-Ausz. vom Admiral der Grossherzogin dedicirt und

»überschickt; den zu binden und Abu Hassan 3 mal — 6 fl.« Was »der Admiral« für ein Werk gewesen sei und von wem es componirt, ist mir, trotz meiner 1865 angestellten sorgfältigen Nachforschungen in der Grossherz. Hof-Bibliothek zu Darmstadt, nicht möglich gewesen aufzuklären. Der Klav.-Ausz. muss eine nicht ganz unbedeutende Arbeit gewesen sein, weil W. ihn sonst wohl nicht der Grossherzogin »dedicirt« hätte. An eine Composition W.'s selbst ist dabei wohl nicht zu denken, da obige Tagebuchs-Notiz das Einzige ist, was im ganzen bekannten schriftlichen Nachlass W.'s eines Musikwerkes »der Admiral« Erwähnung thut.

34. Drei Variationen. Comp. 1811, 11. Febr. zu Darmstadt.

In W.'s Tagebuch heisst es an diesem Tage: »Drei Variationen gemacht über der Grossherzogin ihr Thema«. — Bei meinen Nachforschungen in Darmstadt 1865 ist es mir nicht möglich gewesen, irgend etwas über dies Thema und diese Variationen zu erfahren. Auch in W.'s Nachlass hat sich nichts gefunden, was nur einigermaassen darauf hindeutete.

35. Canzonette: »Son troppo innocente nell' arte d'amar«. Comp. 1811, 12. Juli zu Starenberg bei München.

Das Tagebuch W.'s sagt an obigem Tage: »Früh eine Canz. a 3 comp. Poisl, Danzi »und ich mussten jeder eine machen. Danzi wurde um 2 Tacte früher fertig als ich; »ich comp. »son troppo innocente nell' arte d'amar«. Nach Max M. v. Weber's »Lebensbild« W.'s I, 271 wurde dies Wettcomponiren durch Fanny v. Wiebeking, W.'s ausgezeichnete und geistreiche Schülerin, angeregt. (S. 141.)

36. Canzonette: »D'ogni amator la fede e sempre mal sicura«. Comp. 1811, 16. Aug. auf Schloss Wolfsberg in der Schweiz.

Nichts als diese Notiz giebt W.'s Tagebuch über diese Composition. Nach Max M. v. Weber's »Lebensbild« W.'s I, 283 u. 285 hinterliess er dieselbe der liebenswürdigen Familie des Barons Hoggner als Andenken an seinen Aufenthalt auf Schloss Wolfsberg am Bodensee.

37. Arrangement der Orchester-Begleitung des Clavier-Concerts in C, op. 11 (98), zum Streich-Quartett. Geschrieben 1811, 26. Aug. zu Winterthur.

Autograph: Jetzt unbekannt. Ich sah es zuletzt 1840 im Nachlasse W.'s. — Ausgaben: Ob die bei André in Offenbach erschienene Quartett-Begleitung zur Clav.-Parthie dieses Concerts das Arrangement von W. ist, ist nicht festzustellen. Die Handlung hat darüber keine Belege. F. W. Brauer, vormals Tonkünstler in Dresden, hat ebenfalls ein solches Arrangement geschrieben, über welches er mir Nov. 1867 meldete, dass seines Wissens es sich noch ungedruckt in den Händen der Verlagshandlung befände. — Anmerkung. Als W. auf seiner Kunstreise 1811 im August nach Winterthur kam und dort obiges Concert öffentlich spielen wollte, fand er kein geeignetes Orchester zu dessen Begleitung; er entschloss sich desshalb, die Orchester-Parthie in eine Quartett-Begleitung umzuschmelzen. Wie unangenehm ihm diese Arbeit, spricht sein Tagebuch vom 26. Aug. deutlich aus mit den Worten: »Mein Concert zum Quartett arrangirt = Teufelsarbeit!«

38. Lied: Künstlers Liebesforderung. Text und Composition von C. M. v. Weber. Comp. 1811, 24. Sept. zu Jegisdorf bei Bern auf dem Schlosse des Grafen d'Ollory.

W. sagt im Tagebuch an diesem Datum: »Das Lied gedichtet und componirt: Künstlers Liebesfordrung. Der Dichtungs-Teufel war in mich gefahren; er stack mir zwischen »den Rippen; ich mochte wollen oder nicht, ich musste Verse machen«. Alex. v. Dusch, W.'s damaliger inniger Freund, kannte dies Lied noch, denn er nennt es in seinen Max Maria v. Weber für dessen »Lebensbild« seines Vaters gemachten Mittheilungen »schön, jugendfrisch und kernig«. — In Bezug auf die Dichtung treffen diese Eigenschaften zu, angenommen, das Gedicht C. M. v. Weber's ‚Künstlers Liebeswerbung‘ »Wer versteht denn die Götterkraft« (in dessen hinterlass. Schriften III, 151) sei mit »Künstlers Liebesforderung« ein und dasselbe gewesen, was höchst wahrscheinlich ist; nur würde sich »Liebeswerbung« schwer derartig haben musikalisch behandeln lassen, um es danach ein »Lied« zu nennen, eine Bezeichnung, mit der es W. freilich bei seinen Tagebuch-Notizen nicht immer genau nahm. — Beiläufig sei hier bemerkt, wie wenig übrigens W. bei seinen poetischen Erzeugnissen sich selber genügte; davon giebt Kunde eine autographische Notiz in meinem Besitze; sie lautet: »Ja, wer heisst mich denn Verse versuchen! Versuche die Götter nicht oder die Reime und die Füsse rücken als Eumeniden dir entgegen mit sinnverwirrenden Schlangenhäuptern. — So geht's! — Wer andrer »Leute Kinder unberufen tadelt, erfährt das grösseste Leid an den eignen — was ich je von schlechten Versen schlecht gefunden, zahlt sich mir doppelt heim an den eignen Kindern«. — Das wahrlich »jugendfrische und kernige«, überaus gelungene Gedicht ‚Künstlers Liebeswerbung‘ hat freilich keine Berechtigung, von dieser Selbstverurtheilung seines Autors mit betroffen zu werden.

39. Instrumentirung eines Adagio für Oboe, geschrieben 1811, 10. Nov. zu München.

Autograph: Unbekannt. — **Anmerkung.** W.'s Tagebuch sagt 1811, 10. Nov.: »Abends für Flad noch ein Adagio instrumentirt«. — Anton Flad war zu W.'s Zeit in München erster K. Hof-Musiker auf der Oboe daselbst. Was dies für denselben von W. instrumentirte Adagio anlangt, so habe ich darüber nichts erforschen können. In den Händen des Sohnes des verstorbenen Anton Flad, Herrn Anton Flad zu Landshut, befindet sich unter dem musikalischen Nachlass seines Vaters zwar W.'s Clarinett-Concertino op. 26 für Oboe von unbekannter Hand geschrieben, aber so sehr mangelhaft instrumentirt, dass diese Arbeit unmöglich als von W. herrührend angenommen werden kann.

40. Chor und Musik für den Geburtstag des Herrn Herz Beer, Vater Meyerbeer's. Text von Gley. Comp. 1812, 13. Mai zu Berlin.

W.'s Tagebuch sagt darüber: Berlin 1812, 30. Apr. »Chor zu Hrn. Beer's Geburtstag comp.« — 13. Mai. »Musik zu Hrn. Beer's Geburtstag comp.« — 18. »Hrn. Beer's Geburtstag. Wir weckten ihn auf mit Gesang. er hatte grosse Freude darüber«. Die Ausdrücke »Chor« und »Musik« lassen schliessen, dass die Composition wohl aus mehr als einem blossen Chor bestand.

41. »Walzer und Ecossaisen für Gustel Sebald aufgeschrieben.«

So sagt mit dem Zusatz »ihr Geburtstag« W.'s Tagebuch, Berlin, 1812, 22. Juli. — Ueber diese Tänze, die W. bei einer andern festlichen Gelegenheit laut Tagebuch unermüdlich »bis Mitternacht um 2 Uhr zum Tanze für das junge Volk« selbst »drosch«, fehlt jede weitere Nachricht, ungeachtet ich mich wiederholt an die betreffenden Quellen wendete. Amalie und Auguste Sebald, ausgezeichnete musikalische Dilettanten, gehörten einer W. befreundeten, kunstgebildeten berliner Familie an. Vorzugsweise zwischen Amalie, einer vorzüglichen Sängerin, und W. bestand ein Band gegenseitiger wärmster Verehrung und lebhafter Kunstpflege. Das innige Freundschafts-Verhältniss dauerte lange Jahre fort; Amalie hatte sich während dessen an den Justiz-Rath Krause in Berlin verheirathet.

42. Adagio und Variationen für Pfte. u. Cello?. Comp. 1813, 16. Oct. zu Prag.

Autograph: Unbekannt. — **Anmerkung.** W.'s Tagebuch sagt an obigem Tage: »Adagio und Variat. für Jungh componirt«. Dr. Jungh war W.'s Arzt und Freund und zugleich ein tüchtiger Cellist. So waren Adagio und Variationen wohl unbedenklich für Cello, etwa mit Pfte.-Begleitung, geschrieben. Das Adagio scheint die erste Gestalt des Andante »Schäfers Klage« in W.'s später Dr. Jungh ebenfalls gewidmetem grossen Trio für Flöte, Cello u. Pfte. Op. 63 gewesen zu sein. (S. deshalb Anh. 58 u. 259.) — Ueber die mit vorliegendem Adagio in Verbindung genannten Variationen lässt sich nicht einmal eine Vermuthung aufstellen und müssen sie als gänzlich verschollen betrachtet werden.

43—45. *Musik* zum Schauspiel *»Das österreichische Feldlager«:*
43: Ungarese; 44: Ouvertüre; 45: Quodlibet. Comp. Prag, 1813;
43: 21. Oct.; 44: »arrang. 22. Oct.«; 45: !.

Nach den vom Leipziger Schlachtfelde eingetroffenen Siegesnachrichten wurde von
der Prager Bühne in höchster Eile eine theatralische Feier veranstaltet, und zwar am
22. Oct. 1813 durch Aufführung von »Der Tag der Schlacht« von L. Robert und Absingung
des »Gott erhalte Franz den Kaiser«, den 24. u. 26. durch Aufführung des Schauspiels
»Das Oesterreichische Feldlager« mit Ouvertüre und Musik-Einlagen. Der Autor desselben war kein Geringerer als — Schiller, dessen »Wallenstein's Lager« in
Bezug auf das österreichische Kriegsheer schleunigst umgeformt worden war. Bei der
Eile war an eine eingehende musikalische Composition dazu nicht zu denken, und auch
nur durch W.'s Tagebuch, als die einzige Quelle, erhalten wir Kunde von folgenden
dazu gleichsam improvisirten Musikstücken: 1.) einem Ungarese, wie es heisst, am
21. Oct. von W. »mit Clement (dem Conzertmeister) in Compagnie componirt«, 2.)
einer von W. am 22. »arrangirten Ouvertüre« und 3.) einem »Quodlibet« für Chor,
von welchen Stücken N. 1 u. 3 bei der 2ten Aufführung wiederholt werden mussten.
Ob das Quodlibet von W. componirt oder nur arrangirt worden, lässt sich aus der
betreffenden Notiz des Tagebuchs nicht ersehen, da er es darin nur kurz »mein Quod-
»libet« nennt. Von diesen Musikstücken ist in den Archiven des Prager Theaters bei
meinen wiederholten Nachforschungen 1863, 64, 65 und 67 keine Spur zu Tage getreten, und müssen dieselben als verschollen betrachtet werden.

46. *Ecossaise.* Arrangement aus W.'s Liede »Reigen«. N. 6 in
op. 30. **159.**

W.'s Tagebuch sagt: Prag, 1813, 28. Oct. »Ecossaise aus dem Liede »Reigen« Sagt
»mir an, was schmunzelt ihr für Brunetti gemacht«. — Als W. in Prag an der Spitze der
Kapelle des dortigen Theaters stand, fungirte ein Tänzer Brunetti als Balletmeister an
demselben. Seine Gattin Therese, geb. Frey, erst Tänzerin, ging später zum Schauspiel
über, und an ihr nahm W. in der ersten Zeit seines Prager Aufenthaltes ein warmes Interesse. Ob nun obiges »Brunetti« auf die Letztere oder deren Gatten sich bezieht, ist
(wie in allen ähnlichen Fällen bei Nennung dieses Namens) nicht zu bestimmen, da W.
in seinem Tagebuche Frauennamen fast überall ohne den Zusatz »Frau« oder »Mlle.«
notirte. — Das obige 1813, 3. März zu Prag componirte charactervolle Gesangstück,
was mehr eine liedartige Scene als ein eigentliches Lied, erregte, wahrscheinlich durch
seine tanzartigen Melodien und Rhythmen, bei einem der beiden Gatten den Wunsch,
es als Tanz bearbeitet zu sehn, worauf W. diesem Wunsche willfahrte. Für den Balletmeister bestimmt, wäre es wohl für Bühnenzwecke verwendet worden, vielleicht auch für
die Liebichschen Bälle. (S. Anh. 50.) — In der Ecossaisen-Gestalt ist es verschollen. —
S. **159.**

47. *»Arbeit«* für das *»Concert«* von Clement am 15. Nov. 1813«.

W.'s Tagebuch sagt: »Prag, 1813 am 9. 10. 11. u. 12. Nov. bis 12 Uhr« (Nachts)
»gearbeitet für Clement«. — Dieser war Concertmeister und Vice-Musikdirigent an der
Prager Kapelle. Am 15. Nov. gab er Concert, zu welchem W. diese Arbeit unstreitig
vollzogen hat. Was für eine Arbeit dies war, ob W. vielleicht in Clement's Concert-
stücken änderte oder instrumentirte, oder ob sie vielleicht eine für diesen von W. selbst
componirte Pièce war, ist mir nicht möglich gewesen, zu erfahren, da jedes Handschriftliche davon verschollen.

48. *Chor* zu Shakespeare's *Romeo und Julia.*

W.'s Tagebuch sagt 1813, 9. Dez. Prag: »Chor zu Romeo und Julie für Bayer ge-
»macht« (Abends) »Ins Theater, Bayer's Benefiz. Rom. und Julie. Chor singen lassen.« Jede
sonstige Nachricht über diese Composition fehlt. Meine wiederholten Nachforschungen
im Archiv des Ständ. Theaters zu Prag haben kein Resultat gehabt. Der Chor kann nur
kurz gewesen sein, da er am Tage der Aufführung componirt, copirt und einstudirt
wurde. — Bayer war ein ausgezeichnetes Mitglied dieser Bühne.

49. Arrangement einer Ballet-Musik.

W.'s Tagebuch sagt: Prag, 1814, 5. Janr. »Zu Brunetti« (s. Anh. 46). »Ballet-
»Musik arrangirt«. Wozu diese an der Prager Bühne nöthig war, ist nicht mehr festzustellen gewesen. Das Autograph ist verschollen; auch Abschriften habe ich im Archiv
des Prager Theaters nicht aufgefunden.

50. Instrumentirung eines Walzers.

W.'s Tagebuch sagt: Prag, 1814, 13. Janr. »— ich fing an, den Walzer für Brunetti« (Anh. 46) »zu instrumentiren«. 14. »gearbeitet für Brunetti«. — Diese Instrumentirung ist unternommen entweder zur Benutzung auf der Prager Bühne oder zu den von
Brunetti geleiteten Redouten-Bällen daselbst, nach dem Director des Theaters Liebich die
»Liebich'schen« genannt. Das Autograph ist verschollen; Abschriften, keine aufgefunden.

51. Walzer in C.

W.'s Tagebuch sagt: Prag, 1814, 1. Febr. »Walzer in C comp. für Brunetti«
(Anh. 46). Dieser Walzer scheint für die »Liebich.'schen Bälle« (s. vor. Num.) bestimmt
gewesen zu sein, für welche W. mehrere geschrieben hat. Dies scheint mindestens aus
seinem Tagebuche hervorzugehn, wo es am 21. Janr. 1816 heisst: »auf die Redoute; meine
Walzer gehört« (s. 191). Autograph verschollen, auch Abschriften nicht aufgefunden.

52. Instrumentirung des »Alt-Vater«.

W.'s Tagebuch sagt: Prag, 1814, 9. Febr. »Alt-Vater instrumentirt für Brunetti«.
(Anh. 46.) »Alt-Vater« scheint ein Tanz gewesen zu sein, dessen Instrumentirung Bru-
netti für die Prager Bühne oder die »Liebich'schen Bälle« (s. Anh. 50) bedurfte. Ueber
Namen und Sache hat sich Bestimmtes nicht ergeben; vielleicht ist der »Alt-Vater« der
Tanz zu dem alten Liede »Und als der Grossvater die Grossmutter nahm«. Autograph
und Abschriften fehlen.

53. Andante für Guitarre und Pfte., comp. 1814, 8. März zu Prag.

W.'s Tagebuch sagt an diesem Tage »Andante mit Chitarra und Fortepiano comp.
für Brunetti's Geburtstag« (Anh. 46). Von W. wurde dies kleine Stück geschrieben
für die Tochter der Brunetti's, »Resi« genannt, die er längere Zeit im Clavierspiel heimlich unterrichtet hatte; am nächsten Geburts- oder Namenstage, am 19. März, überraschte er damit die Eltern, wobei er die Guitarre-Parthie selbst ausführte, auf welchem
Instrumente er Meister war. Das vorliegende Andante ist höchst wahrscheinlich das
1te Andante des »Divertimento assai facile per la Chitarra ed il Pianoforte«, op. 38 (207),
das durch seine sehr leichte Clavier-Begleitung sich von den andern Stücken dieses Opus
merklich unterscheidet, wodurch die Annahme sehr unterstützt erscheint, dass es ein-
und dasselbe mit dem für »Resi« geschriebenen Andante sei. — Autograph und Abschriften fehlen.

54. Marsch für die Prager Schützengarde.

W.'s Tagebuch sagt: Prag 1814, 28. April. »Marsch für die Schützengarde aufgesetzt«. 30. »um 10 Uhr Probe von dem Marsch«. Meine 1863 unternommenen Nachforschungen wegen dieses Marsches bei der Prager Schützengarde sind fruchtlos geblieben.
— W. benutzte in seinem Freischütz zu dem »Bauernmarsch« Act I, Scene 1 einen
alten böhmischen Marsch, dessen Urgestalt Ambros in seinen »culturhistorischen Bildern
aus dem Musikleben der Gegenwart« p. 47 mittheilt, und dabei bemerkt, dass W. ihn
während seiner Kapellmeisterschaft in Prag (1813—16) kennen gelernt haben möge; er
(Ambros) habe ihn in seiner Kindheit (1820—24) in Prag oft gehört, wie man ihn auch
jetzt noch aus böhmischen Dorfschenken und auf Jahrmärkten erklingen hören könne. —
So ist es denn nicht unmöglich, dass W. veranlasst worden ist, diesen alten Marsch
zunächst für die Prager Schützengarde »aufzusetzen« (deutet der Ausdruck »aufgesetzt«
doch auf schon vorhanden Gewesenes hin), und dass er ihn dann als Bauernschützen-
marsch im »Freischütz« angewendet hat, indem er auch hier das Volksthümliche am
rechten Orte schlagend eintreten liess. — Autograph und Abschriften fehlen.

55. Canon,

brieflich gesendet von W. an seinen Freund H. Lichtenstein in Berlin von Prag 1814, 5. Juni mit den Worten: »Müller bringt auch einen neugebackenen Canon mit«. Es war der Clarinett-Virtuos Iwan Müller, der damals in Prag concertirte; an ihn kann als Componisten des Canons nicht gedacht werden; in Lichtenstein's Nachlass hat sich jedoch kein Canon vorgefunden, der mit dem obigen in Verbindung gebracht werden könnte.

56. »Comp. *Savoy'sches Lied*.«

So sagt W.'s Tagebuch Prag. 1815, 4. Febr. Diese Composition ist gänzlich verschollen. Ein Dichter Savoy ist nicht bekannt. Die Schreibart des Tagebuchs »Savoy'sches Lied« ist also wohl als »Savoyisches Lied« zu deuten, da W. es ja liebte, die Nationalitäten in seinen Tonschöpfungen darzustellen. Ob es sich hier um einen Gesang oder ein Instrumental-Stück im Savoyischen National-Character handeln würde, muss natürlich ganz ausser Frage bleiben.

57. Composition an einem Clarinett-Concert »für Hermstedt«.

W.'s Tagebuch sagt: Prag, 1815, 4. Febr. »comp. Savoysches Lied und am Clar. Concert für Hermstedt«. — Ein Clarinett-Concert von W., dem ausgezeichneten Clarinett-Virtuosen Hermstedt dedicirt, giebt es nicht. Von den 6 Werken W.'s für obligate Clarinette sind 5 seinem Freunde Heinr. Baermann gewidmet: Concertino op. 26 — Variationen mit Pfte. op. 33 — 1stes u. 2tes Concert op. 73 u. 74, sämmtlich 1811 componirt, und Quintett mit Streich-Instr. op. 34, comp. 1812—13 u. 15. Das 6te Werk für Clarinett, das Duo concertant mit Pfte. op. 48, trägt keine Dedication; von demselben wurden Adagio und Rondo 1815, 5., 11. u. 19. Juli, das 1ste Allo. 1816, 5. u. 8. Nov. componirt. Nur dies Op. 48 wäre also bei W.'s Tagebuchs-Notiz vom 4. Febr. 1815 zu berücksichtigen. — In der That findet sich aus der Zeit, wo W. 1812 mit Hermstedt zusammentraf, in W.'s Tagebuch desselben Jahres am 28. Sept. die Bemerkung: »Hermstedt will ein Concert von mir haben und für 2 Jahr Eigenthum 10 Louisd'or geben: ich versprach ihm, eins zu schreiben«. An der Ausführung dieses Versprechens wurde W. unzweifelhaft durch die überhäuften Geschäfte seiner mit 1813 beginnenden Stellung als Kapellmeister zu Prag verhindert, bis 1815 Hermstedt nach Prag kam und am 16. u. 17. Febr. daselbst 2 Concerte gab, das 2te mit W. gemeinschaftlich. Die Anwesenheit Hermstedt's gab also die Veranlassung, dass W. die Composition des von Jenem schon 1812 gewünschten Concert's begann, wie unsere Notiz vom 4. Febr. 1815 es sagt. Von diesem Anfang ist in W.'s Nachlasse, als für Hermstedt bestimmt bezeichnet, nichts aufgefunden, aber auch von einer Fortführung des in diesem Sinne Begonnenen im Verlauf des Tagebuchs nirgends eine Notiz vorhanden. Wohl aber bringt dasselbe die oben angeführten Notizen über die Composition des Duo's, op. 48, zwischen dem 5. Juli 1815 u. 8. Nov. 1816. So ist es denn nicht unwahrscheinlich, dass W. am 4. Febr. 1815 das Concert für Hermstedt begann; bei Fortsetzung der Arbeit aber erwies sich vielleicht diese als in der Anlage ungeeignet zu dem bestimmten Zweck, das Duo ging nun daraus hervor, und die Composition des Concerts war aufgegeben. Dass W. das an Stelle des Concerts für Hermstedt entstandene Duo weder diesem, noch seinem von ihm so hochgestellten Baermann dedicirte, ist wohl eine zarte Rücksicht gegen beide rivalisirende Virtuosen gewesen.

58. Umarbeitung eines Adagios für Flöte, Viola (Violoncell) und Pfte.

Autograph wie Abschriften unbekannt. W.'s Tagebuch sagt: Prag am 23. März 1815: »Adagio für Flöte, Viola und Pfte. umgearbeitet zu Jungh's Geburtstag«, am 25. »Mittag bei Jungh. sein Geburtstag. ich gab ihm das Adagio und wir spielten es nach »Tische«. Dr. Jungh, W.'s Arzt und Freund, war trefflicher Dilettant auf dem Cello; schon 1813, 16. Oct. hatte W. demselben ein »Adagio und Variat.« componirt (Anh. 42) selbstverständlich für dessen Instrument, etwa mit Pfte. Um so mehr ist anzunehmen, dass in obigem Titel »Viola« nur ein Schreibfehler in der Abkürzung von »Viole.« ist. — Obiges Adagio ist noch nach zwei Seiten hin bemerkenswerth. Zuerst in Rücksicht auf das »Adagio und Variat.« Anh. *42*, welches W. 1813, 16. Oct. ebenfalls für Jungh componirte. Es ist nicht unwahrscheinlich, dass eben dies letztere Adagio es war, das W. für Jungh zu der neuen Gestalt in Rede umschmolz, da er doch nur eine schon vorhandene Composition »umarbeiten« konnte. Warum er zu Cello u. Pfte. noch eine Flöte hinzunahm, liesse sich dadurch erklären, dass grade um die Zeit der Umarbeitung die beiden Flötenvirtuosen Caspar und Anton Fürstenau und der berühmte Cellist Dotzauer sich in Prag aufhielten, mit denen er daselbst häufig im Hause des Bankier Kleinwächter musicirte. — Zweitens ist unser Adagio aber auch in Bezug auf W.'s dem Dr. Jungh 1820 gewidmetes grosse Trio, Op. 63 für Flöte, Cello u. Pfte. zu betrachten. Die Wiederholungen der Dedication dieses Werks lassen nemlich vermuthen, dass das erste 1813 dem Dr. J. gewidmete Adagio (mit Variat.) später in die Trio-Gestalt von 1815 für ebendenselben umgearbeitet, dann aber auch schliesslich 1820 in Gestalt des Andantes in das Op. 63 aufgenommen worden sei. Die letztere Annahme wird fast zur Gewissheit durch den Umstand, dass unter den über die Composition des grossen Trios im Tagebuch befindlichen Daten sich nicht ein einziges befindet, was von der Composition des Andante (Adagio) darin berichtete. Es muss also bei der späteren Vollendung des Op. 63 als schon vorhanden angenommen werden. — Vgl. Anh. *42* und **259**.

59. Balletmusik.

Autograph und Abschriften verschollen. W.'s Tagebuch sagt 1815, 15. Juni: »— Das Ballet gemacht in Hradeck auf dem Schloss der Gräfin«. Es war wohl für die Prager Bühne bestimmt. — Das Schloss Hradeck (auf dem Schlachtfelde von Königgrätz gelegen) gehörte der Gräflich Desfours'schen Familie, bei der W. sich zu Anfang seiner Reise nach München vom 9. bis 17. Juni aufhielt.

60. Ouvertüre zu »Lieb' und Versöhnen oder: Die Schlacht bei Leipzig«. Schauspiel von F. W. Gubitz.

Die hierüber schwebenden Fragen und Zweifel finden ihre Besprechung in **54.** Anm. d.

61. »Arie, gearbeitet für Fischer, 1816, 27. Juni.«

So lautet die Notiz des W.'schen Tagebuchs. W. war damals am Berliner Hoftheater mit dem berühmten Bassisten Jos. Fischer zusammengetroffen und scheint für diesen demnach eine Arie entweder componirt oder bearbeitet zu haben. — Eine andere Notiz des Tagebuchs vom 13. Aug. d. J. aus Prag deutet darauf hin, dass es die Bearbeitung einer Arie, und zwar einer zur Vestalin war, die F. wohl von W. gewünscht hatte, denn es heisst »An Fischer geschrieben nebst Arie aus der Vestalin«. — Eine dritte Notiz in einem Brief an Gänsbacher vom 17. Dez. d. J. ist mit jenen beiden ersten schwer in Verbindung zu setzen, da in derselben, 4 Monate nach Absendung jener Arie aus der Vestalin, nochmals eine Arie für Fischer, und zwar bestimmt ausgesprochen als Composition W.'s, erwähnt wird, indem es heisst: »Jetzt schreibe ich noch 2 Arien für die Milder (**239**) und Fischer«. — Es sind diese Data hier nur mitgetheilt, um etwanigen Forschungen in Zukunft Anhalte zu geben.

62. Romanze N. 2: »Sei unbekümmert, o Frankenland« zu Castelli's Schauspiel: »Diana von Poitiers«, Act II, Auftr. 7. 1 Strophe. Comp. 1816, 2. Sept. zu Prag.

W.'s Tagebuch giebt zu diesem Datum noch die Notiz: »Kurze Romanze noch zu Diana von Poitiers gemacht«. Dies Schauspiel enthält 3 Romanzen; die 1ste ist die unter **195** besprochene; die 3te wird nur recitirt; die 2te obige vom Könige gesungene einstrophige kann also nur die von W. »noch« componirte »kurze« gewesen sein. Sie ist verschollen.

63. Trompeten zum Marsch in Nic. Isouard's Oper »Aschenbrödel Cendrillon«.

W.'s Tagebuch sagt Dresden, 1817, 21. Juli »Aschenbrödel-Marsch Trompeten gesezt nach Koburg«. Weder W.'s hinterlassene Papiere noch meine Nachforschungen in

Coburg haben von dieser Arbeit etwas an's Licht gefördert. Nach Max v. Weber's »Lebensbild« W.'s nur ist festgestellt, dass Graf Vitzthum, der Intendant der dresdener Hofbühne, im Auftrage des Herzogs von Coburg für einen Ritteranzug in jener Oper bei W. die Copie des darin befindlichen Marsches bestellte, worauf dieser zu demselben Trompeten hinzu instrumentirte.

64. Lied: *Sehnsucht und Wiederhall*. »Wann stärkt wieder Klang der Lieder«. Text von G. A. E. von Nostitz und Jänkendorf (pseud. Arthur vom Nordstern). 3 Strophen. **Comp.** 1817, 26. Aug. zu Dresden.

W.'s Tagebuch sagt an diesem Tage: »Lied von Nostitz comp. Fmoll: Sehnsucht und Wiederhall«. Meine Nachforschungen 1864 bei des Dichters Hinterbliebenen in Dresden haben für mich zwar die Mittheilung des schönen Gedichtes herbeigeführt, nicht aber die eifrig versuchte Auffindung der Composition.

65. »*Chor etc.*« zu Grillparzer's Trauerspiel: »*Die Ahnfrau*«. Comp. 1817, 15. Sept. zu Dresden.

W.'s Tagebuch sagt wie oben »Chor etc. zur Ahnfrau comp.«. Meine wiederholten Nachforschungen nach demselben blieben ohne Erfolg. Bei den Aufführungen des Stücks zu Dresden (zum 1. Male am 18. Sept. 1817) ist der Chor zweifellos benutzt, denn das dortige K. Hoftheater-Archiv bewahrt eine der Direction 1818, 30. Apr. von W. eingereichte Honorar-Berechnung für diese Musik und einige andere kleinere für diese Bühne. Das »etc.« nach »Chor« im Tagebuch wird sich auf die kleine Einleitung beziehn, die im Drama den Chor vorbereiten soll, der inmitten des grossen Monologes des Jaromir hinter der Scene gesungen wird. Als solche wird aber nicht gelten dürfen ein Instrumental-Sätzchen, das sich in ebengenanntem Archive gleichfalls befindet, dessen Componist unbekannt, und welches als von W. herrührend angesehen worden. — Der Chor besteht aus 3 kurzen Strophen, deren ganze 1te lautet: »Auf, ihr Brüder! Senkt ihn nieder in der Erde stillen Schooss! In der Truhe finde Ruhe, die dein Leben nicht genoss!« — Wenn man annimmt, dass, wie wahrscheinlich, nur eine Strophe componirt war und die beiden andern auf denselben Noten gesungen wurden, so darf die Schlussfolgerung, der »Chor etc.« sei nur eine Composition von geringer Ausdehnung gewesen, darin seine Bestätigung finden, dass oben erwähnte Honorars-Berechnung eben auf eine Arbeit deutet, die etwa halb so umfangreich als die Musik zu »das Haus Anglade« war, denn das für die Musik zur Ahnfrau in jener Berechnung bemerkte Honorar beträgt genau die Hälfte des für die zum Haus Anglade angesetzten.

66. *Chor* zu Weigl's Singspiel »*Das Dorf im Gebirge*«. Comp. 1818, 27. Febr. zu Dresden.

W.'s Tagebuch sagt an diesem Tage: »Chor zum Dorf im Geb. gemacht«. — Das Singspiel wurde unter W.'s Leitung am 5. März zum 1. Male in Dresden gegeben. Von diesem Chor ist im dortigen Hoftheater-Archive keine Spur aufzufinden gewesen, weder in der aus der damaligen Zeit stammenden Partitur, noch im Souffleurbuch, noch im gedruckten Exemplar mit dem vollständigen Inhalt an Dialog und Gesangtexten. Dass keins der beiden letztgenannten Bücher eine Notiz enthält, findet vielleicht seine Erklärung dadurch, dass W. einen der vorhandenen Chortexte neu componirte. Eine blosse Umarbeitung oder Instrumentirung eines vorhandenen Chors ist W.'s Arbeit gewiss nicht gewesen, da er den »Chor« mit dem doppelten Preis von **225** der Hoftheater-Casse berechnet.

67—70. *Vier Solfeggien* für eine Singstimme. Comp. 1818, 29. Juli: N. 1, 2 u. 3; am 31.: N. 4 zu Klein-Hosterwitz bei Pillnitz; Tageb.

67. N. 1.   **68. N. 2.**   **69. N. 3.**

70. N. 4.

Gedr. Werk-Verz.

Von diesen Solfeggien scheint nichts erhalten zu sein, als obige Themata, zusammen 12 Tacte; mehr findet sich in W.'s gedr. Werk.-Verz. zu seinen hinterl. Schriften III, 168 nicht angegeben. Das Tagebuch sagt 29. Juli 1818 : »3 Solfeggien C dur. g moll. g dur«; ob nun nur gedacht oder componirt, oder scizzirt, oder vollendet notirt, wird dadurch nicht bestimmt ausgedrückt; dass aber W. sie als etwas mindestens fertig Gedachtes oder Scizzirtes behandelt hat, beweist obige Notirung der Thematen in seinem gedr. Werk-Verz. sowie die Aufführung der Solfeggien als Op. 69 in seinem geschr. Werk-Verz. Von Solf. N. 4 sagt das Tagebuch dagegen »Solfeggie in F comp.«. — Die thematische Notirung, wie sie sich in C. M. v. W.'s hinterl. Schriften vorfindet, ist etwas fehlerhaft : bei N. 3 fehlt die Vorzeichnung G dur, und das ♯ g im 3. Tact muss ein ♯ f sein : bei N. 4 fehlt die Vorzeichnung F dur. — In Bezug auf diese N. 1 ist noch zu bemerken, dass deren Thema sich ergiebt als Anfang der genau 3 Jahr später am 31. Juli 1821 entworfenen Arie N. 2 »Wonnig süsses Hoffnungsträumen« in W.'s komischer Oper »Die drei Pinto's, an deren Vollendung ihn der Tod verhinderte. In dem Convolute Scizzen zu dieser Oper befindet sich der Entwurf auch zu dieser Arie (s. Anh. 5). — Durch Kaufcontract vom 11. Aug. 1819 war das Eigenthumsrecht für die Solfeggien an Schlesinger in Berlin übergegangen.

71. Stück für Guitarre zu Max v. Klinger's, von Dr. A. Rublack bearbeitetem Trauerspiele »Die Zwillinge«. Comp. 1818, 15. Aug. zu Klein-Hosterwitz.

W.'s Tagebuch sagt an diesem Tage : »Guitarre zu den Zwillingen gemacht; an Hellwig geschrieben und ihm geschickt«. Hellwig war Hofschauspieler und Regisseur zu Dresden. In den Zwillingen, die am 18. Aug. dort zum 1. Male gegeben wurden, kam die kleine Arbeit W.'s mit zur Aufführung. Meine Forschungen in Dresden nach derselben waren ohne Resultat.

72—75. Drei Lieder und eine Canzonette.

W.'s Tagebuch sagt : Dresden 1818, 16. Oct. »Lieder notirt« und 24. Oct. »an Strauss geschrieben; geschickt 3 Lieder, Canz. und »♯ D ♯ a 1te« (mani) »Zigeuner »Variat«. — Joseph Strauss, ✝ 1867 als Hofkapellmeister zu Carlsruhe, Oheim des berühmten ältern wiener Joh. Strauss, 1817 Kapellmeister zu Brünn, lebte 1818 zu Prag. Dort gab er bei Enders, später Berra, heraus : »Musikalischer Fruchtgarten, Monatsschrift für Pfte., Gesang u. Guitarre«. Beiträge für diese zu liefern hatte er W. aufgefordert, worauf letzterer ihm obengenannte 4 Compositionen einsandte. — Bei meinem Aufenthalte in Prag (1867) hatte die Handlung Berra nichts mehr von diesem »Musikal. Fruchtgarten«. Wohl aber fand ich in der K. K. Universitäts-Bibliothek 3 Hefte davon, doch ohne irgend eine Composition C. M. v. W.'s, und ausserdem ebendort eine Anzahl Hefte eines andern musikal. Sammelwerkes, »Musikal. Blumenkörbchen« benannt, die theils bei Bohmann's Erben, theils bei Marouschek in Prag erschienen waren und wenn auch einige verstümmelte Gesangstücke mit Guitarre von W., jedoch nicht das Gesuchte enthielten. — Nach meiner Ansicht dürfte die Herausgabe obiger 4 Arbeiten W.'s durch Strauss überhaupt gar nicht erfolgt sein. Diese meine Ansicht gründet sich auf Folgendes : Jene Tagebuchsnotiz W.'s enthält nämlich noch den Nachsatz: »an Kleinwächter« (einen damaligen Prager Banquier) »geschrieben und Strauss an ihn angewiesen mit 25 ♯ (Ducat.)« ; wahrscheinlich war nun dies durch W. von demselben geforderte Honorar demselben zu hoch gewesen und somit die Herausgabe ganz unterblieben. Dies scheint sich dadurch zu bestätigen, dass W. schon einen Monat später (23. Nov.) seine »Zigeuner-Variat« nebst andern Werken, auch »Lieder« zum Verlage Schlesinger in Berlin offerirt, bei welchem auch bald darauf die Variationen als Op. 55 (219) so wie das »♯ D ♯ a 1m.« als Siciliano (236) (als N. 5 in den 8 Pièces à 1 m, Op. 60) erscheinen : ferner dadurch, dass die Prager Verlagshandlung jedenfalls der anderweitigen Herausgabe dieser Arbeiten W.'s entgegengetreten wäre, wenn sie ein Recht an ihnen gehabt hätte, so wie schliesslich durch den Mangel der Notirung von dem Empfang der geforderten 25 Ducaten im streng geführten Tagebuch W.'s. — Ob unter den Schlesinger offerirten »Liedern« nun vielleicht auch obige »3 Lieder« der Tagebuchs-Notiz W.'s sich befanden oder

nicht, ist nicht nachzuweisen, eben so wenig, welche von W.'s Liedern überhaupt diese
»drei« gewesen sind — Auch über die Canzonette, die W. an Strauss sendete, fehlt
jede Nachricht.

76. Lied: Der Harfner. »O Harfner, wo ziehst du so fröhlich hin?« Text von F. L. Kannegiesser `s. 261. Anm. b.`. 7 Strophen. Comp. 1819, 5. Oct. zu Dresden; Tageb.

Ueber die verschollene, auch von W. vielleicht gar nicht niedergeschrieben gewesene
Composition meldet sein Tagebuch: Dresden 1819, 5. Oct. »2 Lieder von Kanneg.
»comp. Elfenlied A dur. Der Harfner. H dur«. Als W. jedoch das Elfenlied und das
Lied 269 am 3. März 1820 an Kannegiesser (laut Tagebuch) sendet, erwähnt er vom
»Harfner« nichts. Der Text steht in K.'s Gedichten, Breslau, Schöne. 1824. I, 207.
Die Vorrede zu denselben erwähnt einer Composition des »Harfners« von Kretschmer
(s. 35. Ausg.), handschriftlich im Besitze der Hinterbliebenen des Dichters; (Strophe:
11 Tacte, 4 Tacte Coda.)

77. »Posaunen in Cherubini's Oper »Der Wasserträger«.

W.'s Tagebuch sagt: Dresden, 1820, 6. Janr. »Posaunen zum Wasserträger ge-
»setzt« — »Abends der Wasserträger, so so«. Die Notirung dieser Posaunen ist in der
von W. damals in Dresden benutzten Partitur dieser Oper nicht zu finden. Sie wird
deshalb von ihm in einzelnen Auflage-Stimmen notirt worden und mit ihnen verloren
gegangen sein, da auch solche im Dresdener Hoftheater-Archive fehlen.

78. Wiegenlied. Text von Breuer. Comp. 1821, 8. Janr. zu Dresden.

W.'s Tagebuch sagt an diesem Tage nur: »Wiegenlied von Breuer gemacht«. — Es
ist gänzlich verschollen, vielleicht hatte W. es gar nicht aufgeschrieben, weil er sonst
wohl »notirt« statt »gemacht« gesagt haben würde, wie er dies nach der Niederschrift gewöhnlich that.

79. Lied: Liebeserhörung. Text von Amadeus Wendt. Comp. 1821, 7. Febr. zu Dresden.

Das Tagebuch giebt nur Nachricht davon mit den Worten: 1821, 7. Febr. »Lied
»von Wendt gemacht A sdur, Liebes-Erhörung«. (S. Anh. 78.)

80. Etüden für Pianoforte.

W.'s Tagebuch sagt: Dresden. 1820, 7. Febr. »Ideen zu Etüden entworfen«. Er
hatte Schlesinger 6 bis 8 Etüden zu componiren zugesagt. Wie weit die Arbeit ausgeführt wurde, ist aus dem Tagebuch nicht ersichtlich; jedenfalls sind etwa vorhanden
gewesene Skizzen verloren gegangen, denn auch von der »Etude in F dur«, deren W. am
21. Oct. 1821 im Tagebuch als »entworfen« erwähnt, hat sich in seinem Nachlasse nichts
vorgefunden. Es ist sehr zu bedauern, dass er an der Ausführung dieser Etüden verhindert worden, da wir auf diesem Gebiete nichts von ihm besitzen.

81. Walzer »für die Kronprinzessin« (nachmalige Königin Elisabeth von Preussen) »aufgeschrieben«.

So sagt W.'s Tagebuch von Ems 1825, 17. Aug. Am Abend vorher hatte er
daselbst vor der Kronprinzessin bei der Gräfin Voss, »wo auch die Milder sang und (P. A.)
Wolff declamirte, Walzer gespielt«. Durch die Kronprinzessin wurde darauf eine Niederschrift derselben gewünscht. — Ungeachtet diese nach W.'s Tagebuch erwiesen stattfand, und mir gestattet wurde, den musikalischen Privat-Besitz Ihrer Majestät der Königin Elisabeth von Preussen 1865 der genauesten Durchsicht unterwerfen zu dürfen,
hat sich diese Niederschrift nicht auffinden lassen.

82. »Concertino für Violoncell mit Begleitung des Orchesters,
auch mit Quartett- oder Pfte.-Begleitung.«

So lautet es in einer Ankündigung der bevorstehenden Herausgabe nachgelassener
Werke W.'s durch die Handlung Schlesinger in Berlin v. 1. Oct. 1835. Das Concertino ist aber in keiner dieser Gestalten daselbst erschienen und diese Handlung vermag
keine weitere Auskunft zu geben. Wahrscheinlich war dies Stück, bei Verkauf einiger
nachgelassenen Werke W.'s an dieselbe, anfänglich mit eingeschlossen gewesen, später
aber von Frau v. Weber zurückgezogen, schliesslich jedoch 1853, nach deren Tode, mit
noch andern nachgelassenen Werken W.'s dem Bureau de Musique in Leipzig überlassen
worden, wo es darauf als Variationen für Cello mit Orchester (94) N. 9 des Nachlasses
erschienen sein dürfte.

III. Zweifelhafte Compositionen.

83. Ouvertüre in Esdur für Pianoforte. Comp. 1808—1809 (?) zu
Ludwigsburg. (?)

Autograph: Unbekannt. — Ausgaben: Keine. Abschrift: Im Besitz des Grafen
von Pocci, Oberst-Kämmerers Sr. Majestät des Königs von Bayern, zu München. —
Anmerkungen. Bis jetzt fehlen noch die directen Beweise für Aechtheit dieser Composition als Werk W.'s. Die Ueberschrift derselben auf dem copirten Exemplar »Ouverture von C. M. Weber« ist bemerkenswerth, auch deshalb, dass darin das »von« fehlt.
Ihr Inhalt widerspricht nicht gradezu der Annahme, dass sie etwa der Stuttgarter Periode
ihre Entstehung verdanke, zumal das seitlängs mit Bleistift geschriebene »Ludwigsburg« darauf hindeutet. Eigentlich »Weberisch« ist sie nicht; nur einzelne Züge darin
würden entschieden so zu bezeichnen sein. Dass das erste Thema des Hauptsatzes »Vivace«
sofort fugirend auftritt und ebenso im Laufe des Stücks wieder, bis zum Schlusse, dies
stimmt freilich mit W.'s damaliger Neigung zu fugiren überein, wie dies z. B. »der
Erste Ton« von 1808 besonders beweist; dennoch geht durch letztere Arbeit ein bei
weitem originalerer Geist, ja manche Arbeit aus noch früherer Zeit, z. B. die Polonaise
brillante Op. 21, die Variationen über »Vien quà, Dorina bella« sind entschiedene
Meisterwerke. — Das 2te Hauptthema des Vivace der Ouvertüre hat vollends eine gewisse weichliche Naivetät in seinen darin durchgehends angewendeten hüpfenden Triolen,
die so ausser W.'s Art liegt, dass man das Werk ihm nicht eher zusprechen kann, als
bis Beweise für seine Aechtheit als eines W.'schen vorliegen. Dennoch ist es eine fliessende und nicht uninteressant entwickelte Arbeit, die von Talent und Bildung zeugt.
Es ist etwas von Danzi's Weise, sich melodisch zu bewegen, darin, gemischt mit der
W.'s, harmonisch zu gestalten. Möglich, dass sie unter Danzi's Einfluss geschrieben ist,
dem W. sich als seinem musikalischen Rather und Freunde damals warm angeschlossen
hatte; vielleicht stammt sie auch aus einer viel früheren Zeit. Jedenfalls verdient sie
Beachtung, besonders aus dem Grunde, dass W. später einigemale in Correspondenz und
Tagebuch auf eine »Ouverture in Es« zurückkommt, mit welcher füglich weder die Ouvertüre zu Schmoll, noch deren Umarbeitung als »Ouverture à plusieurs instruments« (54)

gemeint sein kann. (S. dort.) Die hervorragendsten Reminiscenzen an W. sind die in Tact 13 und 14 in Vergleich mit Tact 16 bis 19 des Largo der Polonaise Op. 21 und die in T. 6 vor dem Schlusse der Ouvertüre in Vergleich auf den 3stimmigen Gang im Freischütz-Terzett N. 9 in Tact 11 u. 12 des Allo. vivace auf »Denk' an Agathens Wort«.

84. Zwölf Favorit-Walzer der Kaiserin von Frankreich, Marie Louise. Bei Ihrer Ankunft in Strassburg aufgeführt von der Kaiserl. Garde. Für das Pianoforte. Erste und zweite Lieferung. *Ohne Opus-Zahl und Autor-Namen.*

Ausgaben: Erste Orig.-Ausg. Querfolio: Leipzig, Bureau de Musique (Kühnel), à Lief. 8 ggr. | Neue Ausg. Ebend. (Peters.) à Lief. 8 ggr. | Neueste Ausg. Hochfolio. Ebend. à Lief. 15 ngr. ‖ Berlin, Schlesinger; Lief. 2 unter demselben Titel »Favoritwalzer etc.« Alte Ausg. 6 ggr. ‖ Lief. 1 **mit Flöte oder Violine.** Hamburg, Böhme. Vergriffen.

Anmerkungen. Wenn die obigen 12 Walzer unter die »zweifelhaften« Werke des Anhanges gesetzt wurden, so musste dies nur eben in Rücksicht auf den Mangel eines directen Beweises für sie als Werk W.'s geschehen, denn ihrem Inhalte nach sind sie unbedenklich als solches anzusehen. Ausführliches darüber s. **143—148** Anm. c. u. d. und Lpz. A. Mus. Ztg. Neue Folge. 1864 N. 50.

85. *Instrumentalsatz* zu Grillparzer's *»Ahnfrau«*, Akt 5; für 2 Flöten, 2 Fagotte, 2 Hörner.

9 Tacte. Copie im dresdener
Hoftheater-Archiv.

W. hatte für das dresdener Hoftheater zu diesem Trauerspiele einen »Chor etc.«, wie sein Tagebuch sagt, »componirt«. Leicht konnte deswegen ihm auch die Composition obigen, von unbekannter Hand im dresdener Hoftheater-Archiv befindlichen Satzes zugeschrieben werden, obwohl sein Autor bis jetzt nicht nachzuweisen; wohl eher ist dies Stück anzusehen als herrührend von Rastrelli, Musikdirector an der dresdener Hofbühne, da sich im dortigen Archive das Autograph eines andern von ihm zur Ahnfrau componirten Sätzchens in D moll ebenfalls befindet.

86. *Marsch und Ballet-Musik* zu Th. Hell's Schauspiel: *»Das Haus Anglade«*.

Ueber diese Musik siehe **227.** Anm. **b.**

87. *Harfenbegleitung* zu Sappho's Monolog in Grillparzer's Trauerspiel *»Sappho«*. Act I, Sc. 6.

Im dresdener Hoftheater-Archiv befindet sich, von Copistenhand geschrieben, obige, zum genannten Monolog gehörige melodramatische Begleitung, die bei den Worten »gehorchend jeglichem Wink« abschliesst. Einzelne geschlossene Accorde wechseln mit in Achtel-Triolen aufgelösten ab, wobei über letzteren melodische Andeutungen leise erklingen. Das kleine Stück muss bei grösster Einfachheit dennoch von guter Wirkung für die Scene sein. Dass es von W. herrührt, ist nicht unwahrscheinlich; dies aber als gewiss festzustellen, ist freilich die Auffindung des Autographs nothwendig. In W.'s Tagebuch findet sich nirgend eine Andeutung, dass er das Stück componirt habe; es sagt 1818, 9. Juli nur: »Chor zu Sappho gemacht« (240). Dasselbe sagt er in seinem gedr. Werk-Verz. mit Hinzufügung der 4 ersten Tacte der Bassstimme des Chors; auch sein Schreiben vom 2. Juli 1818 an Graf Brühl in Berlin, worin er demselben seine Composition zu Sappho zur Disposition stellt, spricht nur von einem »Chor zum Triumphzuge der Sappho«.

88. *»Polonaise (in Bdur)* composée par C. M. de Weber, arrangée pour le Pianoforte à 4 m. par Jacques Schmitt. Berlin, Christiani. 8 gr.«

5s Tacte ohne Repr.

Ich habe keine Spur für die Aechtheit der unbedeutenden Composition als W.'s Arbeit auffinden können; sie ist mindestens als sehr zweifelhaft anzusehen.

89. Polonaise in Cdur.

Diese Tacte wurden mir von Paris zugesendet mit der Anfrage, ob es begründet, dass sie das Thema einer Polonaise von W. seien, wie dort behauptet würde; Verleger und Druckort unbekannt. — Ich kenne keine mit diesem Thema, weder als selbständige Composition, noch in einer andern enthalten.

90. *»Walse militaire,* composée et arrangée p. le Pfte. par Ch. M. de Weber.«* Mainz, Schott. Mit Vignette und Andeutung der Instrumentirung. 8 xr.

Jedenfalls höchst zweifelhaft, ob von W.

91. *»Drei Walzer* von Weber« erschienen in den »Amusements: Auswahl vorzüglicher Tänze für Pfte.; mit Vignette. Hamburg u. Itzehoe, Schuberth u. Niemeyer«.

»Erster Walzer von Weber.«   »Zweiter Walzer von Weber.«

N. 1 u. 2, letzterer ziemlich lang, höchst zweifelhaft; N. 3 der bekannte sogenannte »Letzte Gedanke«, hier »Letzter Walzer von Weber«, längst erwiesen als C. G. Reissiger's Composition; N. 5 in dessen op. 26. (S. Anh. *104.*)

92. »*Zingarella. Oriska Walzer* di C. M. Weber ridotto per Pfte.
da G. Tutsch, danzato all' I. R. Teatro della Scala nel Ballo »Il
Diavolo a quattro«. Milano, Ricordi. 1 fr. 20.«

Tempo di Walz.   moderato.

Ein glatt hinfliessendes Tanzstück in Weise der Tyroler Ländler. Wohl als höchst
zweifelhaft zu betrachten, wenn mit »C. M. Weber« C. M. v o n W. gemeint ist.

93. *Walzer.*

6 Theile,
excl. D. C.

Autograph: Unbekannt. — **Ausgabe:** Offenbach a. M., André. 18 xr. Als N. 8
der »Danses Nouvelles«. — **Anmerkung.** Die Aechtheit dieses Walzers als von W. ist
durch nichts bewiesen; an sich ist er unbedeutend. Theil 5 erinnert an das Ritornell zu
N. 14 der Silvana.

94. »*Walzer aus der Oper Silvana* für Pfte. von C. M. v. Weber.
Bonn, Dunst u. C. 2½ sgr.«

N. 17.

Ob dieser Walzer von W., ist sehr zweifelhaft; aus Silvana, oder aus einem Thema
dieser Oper gebildet, ist er nicht.

95. *Lied:* »**Lebewohl, des Schicksals Ruf heisst Scheiden!**«
für 1 Singst. mit Pfte.

Langsam und tief bewegt.

10 Tacte.
Ausg.
Hofmeister.

Le - be - wohl! des Schicksals Ruf heisst Scheiden! Scheiden!

Die Ausgabe des Liedes 72: A n d e n M o n d »Sanftes Licht«, N. 2 in: 4 ausgewählte Gesänge von W.: Leipzig, Hofmeister, ²/₁ Fdur, giebt diesem Liede noch einen
zweiten Satz in Esdur ¹/₁, der sich im Stich unmittelbar mitten in der Zeile dem Fdur-
Satz unvorbereitet anschliesst. Die Ueberschrift beider Sätze lautet: »Aus Reinbeck's
Erzählungen«. Diese sind Leipzig 1809 bei Rein erschienen; deren N. 1 giebt p. 10
jedoch das Gedicht »Sanftes Licht« nur mit den 3 Strophen, die alle Ausgaben des Liedes
von W. auch haben, d. h. ohne das »Lebewohl«, und zugleich eine Composition von
»Sanftes Licht« durch einen Ungenannten. W.'s Composition von »Sanftes Licht« stand
als musikalische Beigabe im ersten Theil von Reinbeck's »Winterblüthen« und als Autograph im verscholl. grün. Heft (s. 27. Autogr.), jedoch ebenfalls ohne den Esdur-Satz
»Lebewohl«. Die Verlagshandlung Hofmeister weiss heut die Quelle nicht mehr anzugeben, aus welcher sie das Lied »Sanftes Licht« mit dem »Lebewohl« schöpfte und nur,
dass es am 1. Nov. 1814 erschienen sei. — Es ist nicht grade wahrscheinlich, dass der
Satz »Lebewohl« von W. herrühre. Jedenfalls gehört er n i c h t zum Liede »Sanftes
Licht«. Wie würde W. wohl dem Fdur desselben das Esdur des »Lebewohl« so schroff,
ohne jede Ueberleitung haben folgen lassen? Bei alledem ist es nicht ganz unmöglich,
dass es eine s e h r alte Arbeit W.'s sei, die zufällig erhalten wurde. Fraglich erscheint
sie besonders dadurch, dass das erwähnte verschollene grüne Heft sie nicht enthielt, in

welches W. alle seine älteren Liedcompositionen, bis zum Jahre 1802 zurück, zusammengeschrieben hatte. Auch ist das »Lebewohl« nicht enthalten in der ersten Original-Ausgabe von »Sanftes Licht« mit Guit.-Begl. N. 4, op. 13, Augsburg bei Gombart.

96. *Ariette:* »Ihr holden Blumen« auch »O bau' auf meine Treue nur« für Sopran; Einlage in Anton Fischer's Singspiel *»Die Verwandlungen«.* (1814, Febr.)

Die zwei etwas gegeneinander abweichenden Instrumentirungen dieser reizvollen Ariette sind erwiesen von W.; aus mehrfachen Gründen ist es nicht ganz unwahrscheinlich, dass, wenn auch die Composition nicht völlig von ihm herrührt, er mindestens einen nicht unwesentlichen Antheil an ihr habe. Meine andauernden Forschungen in Prag, Wien und Berlin haben die noch bestehenden dessfallsigen Zweifel nicht zu lösen vermocht. — Alles sonst dies interessante Stück Betreffende s. **163.**

97. *Zu Donna Diana.* Lustspiel von Moreto.

1.) Romanze für 1 Guitarre u. 1 Harfe. Ohne Gesang. — 2.) Marsch für 3 Trompeten und 2 Pauken. — 3.) Menuett für Flöte, Viola und Guitarre. — Vergl. deshalb **220,** wo auch die betreffenden Themata zu finden.

98. *Lied in der Fremde.* »Einsam? Nein, das bin ich nicht!« Text von Th. Hell. (C. Winkler.) 4 Strophen.

Dies Lied findet sich, als von W. componirt, unter N. 83 im Arion: Braunschweig, Busse; ferner als N. 426 in Fink's musikal. Hausschatz der Deutschen: Leipzig, Mayer u. Wigand, 1843; ferner als N. 225 in Aug. Härtel's deutschem Lieder-Lexikon: Leipzig, Reclam jun., 1865; auch findet es sich in Weitershausen's Liederbuch: Darmstadt 1830, so wie im Allgem. deutsch. Lieder-Lexikon: Leipzig, Hossfeld, 1811. — Das Gedicht stand, nach Hoffmann v. Fallersleben, zuerst im Morgenblatt 1814, p. 90; ich fand es auch in Th. Hell's »Sängers Reise«: Stuttgart 1816. I. — Die Composition dürfte etwas von dem Stempel einer viel früheren Periode W.'s an sich tragen, doch habe ich nirgends einen bestimmten Beweis dafür auffinden können, dass sie von W. herrühre, obwohl er zur Composition des Liedes leicht durch seine späteren Beziehungen zum Dichter in Dresden (von 1817 an) hätte veranlasst werden können.

99. *Lied: Erinnerung.* »Schweigend in des Abends Stille.« Mit Pfte. oder Guit. Text von Th. Körner.

Als Composition W.'s wurde dies Lied in einem Catalog von 1815—16 von J. A. Böhme in Hamburg angekündigt; ebenso später bei Cranz ebend. u. Bachmann in Hannover. Es ist nicht zu bestimmen, ob und wann in diesem Falle es von W. componirt sei; möglich, dass es zu den »einzelnen Liedern« gehört, die W., als 1802 »bei Böhme

gestochen«, in seinem gedr. Werk-Verz. aufführt. Nur eine sehr alte Arbeit W.'s
könnte es, seines Stiles wegen, sein, der dem der »Kerze« 27 ähnelt. Die Handlung
Böhme vermochte darüber keine Auskunft zu geben, da deren alte Verlagsartikel fast
sämmtlich bei dem Hamburger Brande 1842 verloren gingen. Das Gedicht ist, nach der
Hempel'schen Ausgabe von Körner's Gedichten 1868, II p. 38, jetzt zum ersten
Mal gedruckt erschienen, ein Grund mehr, die Aechtheit des Liedes als Composition
W.'s anzuzweifeln.

100. Lied: »Die fünf Eichen von Dallwitz«; auch »Die Eichen«. »Abend wird's, des Tages Stimmen schweigen.« Text von Th. Körner.

Larghetto affettuoso.

A - bend wird's, des Ta - ges Stim-men schweigen.

W. zugeschrieben wird dies Lied im Allgem. deutsch. Lieder-Lexikon (Leipzig,
Hossfeld. 1841. I, p. 2), welches nur die Gedichte, nicht die Musik enthält. Aug. Härtel's deutsch. Lieder-Lexikon, Leipzig, Reclam jun. 1865, giebt die Melodie und nennt
als deren Componisten Follen, den Dichter des Liedes. Sie ist jedoch von Silcher und
steht in dessen »Teutsches Liederbuch für Hochschulen« unter N. 15 und in »Deutsches
allgem. Commersbuch« p. 4 u. 5. Dieselbe Melodie bringt auch C. Bornhardt als N. 1
in 18 Liedern, betitelt »Theodor Körner's Gedichte Leyer und Schwert mit Melodien
und Guit.-Begleit. v. Bornhardt. op. 92. 2 Heftes. Davon sind 9 auch von W. componirt, die zu dessen berühmtesten gehören, deren keins aber hier mitgetheilt wird. —
So ist denn wohl aus dieser Zusammenstellung von 9 durch W. mit 9 von Andern componirten Texten der Irrthum entstanden, als sei W. auch der Componist der »Eichen«.
Eine Composition dieses Liedes durch W. aufzufinden, ist mir nicht möglich gewesen.

101. Lied (auch »Ständchen«). »Leise rauscht es in den Bäumen.« Text von Cäsar v. Lengerke.

Gefühlvoll.　　　　　　　　　　　　　　　　　　　　　13 Tacte.

Lei - se rauscht es in den Bäu-men, und die stil-le Lie-be wacht;

Dieses Lied steht als »componirt von C. M. v. Weber« unter N. 238 in L. Schubert's »Concordia«: Leipzig, Schäfer; ferner als »Ständchen« in A. Härtel's deutsch.
Lieder-Lexikon: (Leipzig, Reclam jun.) unter N. 170 als »Nach C. M. v. Weber«,
ebenso der Text desselben in »Neuestes Taschenliederbuch«, hrsg. v. E. Wallner: Erfurt, Bartholomäus, mit dem Beisatz »Comp. v. C. M. v. Weber. G moll«. — Ich habe
nirgends einen Beweis für die Aechtheit der Composition als der W.'s aufgefunden.

102. Serenade. »Lausch', o Geliebte.« Mit Pfte.-Begleit.

Larghetto.

Lausch', o Ge-lieb-te, dem To-ne der Sai - ten,

Diese Serenade ist nicht mit C. M. v. W.'s Serenade »Horch, leise horch, Geliebte«,
zu verwechseln; es könnte dies um so leichter geschehen, als zwei Compositionen jenes
Textes zu nennen sind, die eine, obige, betitelt »von Weber« gestochen Altona bei Ru-
dolphus, die andere, als von Bernh. Ans. Weber componirt, angekündigt in einem alten
Catalege von Böhme in Hamburg, jetzt vergriffen. Beide dürften vielleicht ein und dieselbe Composition sein.

103. Chor: »Zu den Fluren des heimischen Landes«. — Siehe Marsch 307.

IV. Untergeschobene Compositionen.

104. »Weber's Letzter Gedanke.« (»Dernière Pensée, W.'s letzter
Walzer, Dernière Valse, Last Idea, Last Waltz, Valse sentimen-
tale, etc. etc. etc.«)

Dies kleine Musikstück, das durch unzählige Ausgaben und Bearbeitungen der musikalischen Welt, besonders unter obigen Titeln, bekannt geworden, ist die N. 5 der
Danses brillantes pour le Pfte. op. 26 *von C. G. Reissiger*, W.'s Nachfolger als K. Sächs. Kapellmeister zu Dresden. Als J. P. Pixis in Paris bei Maur.
Schlesinger eine Fantasie über den sogenannten »Letzten Gedanken W.'s« hatte erscheinen
lassen und diese an Reissiger sendete, ohne zu wissen, dass eben derselbe der Componist
ihres Themas sei, legte Reissiger, wie ein Brief an Pixis dies ausspricht, kein Gewicht
auf derartige Ausnutzung des ihm »zu unbedeutend« erscheinenden Stücks; als aber die
Verbreitung desselben eine allgemeine wurde, und dessen Umgestaltungen, resp. Verstümmelungen, immer auf W.'s guten Namen, überhand nahmen, schrieb Reissiger
folgende Erklärung in die Lpz. A. Mus. Ztg. XXXI, p. 488: »Das unter dem Titel
»Dernière Pensée musicale de Ch. M. de Weber in Paris bei Pleyel u. C. (Propriété des
éditeurs)« erschienene Allegro energico ist nichts anderes, als ein von mir componirter
Walzer, welcher, in der Sammlung Danses brillantes p. le Pfte. op. 26 unter N. 5 befindlich, schon 1822 von mir componirt, 1824 im Bureau de Musique von Peters in
Leipzig erschienen und leider zu seinem Nachtheile etwas verändert ist. Dresden, 5. Juli,
1829. C. G. Reissiger«. — Den möglichen Grund, der die Veröffentlichung des Walzers als C. M. v. W.'s Arbeit hervorgerufen, schreibt Reissiger in oben erwähntem Briefe
an Pixis (wie dieser Letztere mir durch Maur. Schlesinger in Baden-Baden im Febr.
1869 von dort aus melden liess), dem Umstande zu, dass er (R.) die kleine Composition,
kurz vor W.'s Abreise nach London, Febr. 1826, diesem und dessen Gattin vorgespielt
und auf deren Bitte ihnen abschriftlich mitgetheilt habe, wonach sie wohl unter W.'s
Papiere gekommen wäre und, in denselben nach dessen Tode in London vorgefunden,
für dessen Composition gehalten sein könne. — Auch die berliner Bock'sche Musik-
zeitung bringt 1855 N. 35 aus der Niederrheinischen Mus.-Ztg. einen interessanten
Brief Reissiger's über diese Sache. — Der Titel, unter denen, und der Formen,
in welchen, mit und ohne Begleitung anderer Instrumente, der also ursprünglich Reissiger'sche Walzer für Pfte. unter W.'s Namen erschien, sind so mannigfache, dass
sie hier nicht alle ausführlich mitgetheilt werden konnten; dass er sogar zu ein- und
zweistimmigen Gesangspiecen verarbeitet worden, beweisen mehrere im Anhange
unter *113* genannte Ausgaben. S. noch Lpz. A. Mus. Ztg. XXXI, p. 439 u. 568.

105. »Les Adieux. (Lebewohl.) Fantaisie pour le Pfte. Oeuvre post-
hume.« *(op. 81.)*

Ausgaben: Zuerst: Leipzig, Hamburg u. Itzehoe, Schuberth u. Niemeyer: als op. 81 in der Original-Bibliothek N. 28 u. 29. 1 thlr. | Neue Ausg. Leipzig Hamburg u. New-York, Schuberth u. C. 1 thlr. | Neueste Ausg. Ebend. 10 ngr. | Amsterdam, Theune u. C. | Berlin, Schlesinger. 5 sgr. u. | Zus. mit op. 12, 21, 62, 65, 72 u. Allo. di Bravura: Braunschweig, Litolff. 4°. 12½ sgr. | London. Augener u. C. 4°. | Offenbach, André. 1 fl. | Wien, Haslinger: In der Concurrenz-Ausgabe v. Weber's beliebten Pfte.-Compos. 40 xr. = 8 ngr. | Als »Lebewohl«: Wolfenbüttel, Holle. 3 sgr. | **Zu 4 Hdn. —** Leipzig u. New-York, Schuberth u. C. 20 ngr.

Anmerkungen. Dies bald nach W.'s Tode erschienene Musikstück ist als sein Werk nicht anzusehen. Ein Autograph davon ist nicht bekannt. Der Stich der ersten Ausgabe wurde nur nach einer als Abschrift des Originals bezeichneten Manuscript ausgeführt. Es fehlt jede Andeutung dieser Composition in W.'s schriftlichem Nachlass. Sein geschriebenes Werk-Verzeichniss bezeichnet mit op. 81 die Oper Euryanthe. Das Stück ist nicht ohne Geschicklichkeit in äusserlicher Kenntniss W.'scher Eigenthümlichkeiten aus allerlei allenfalls an W. erinnernden Motiven locker zusammengestellt, hat aber dennoch (oder deshalb) im grossen Publikum Beifall gefunden, wie mehrfache Nachstiche beweisen. — S. Leipz. A. Mus. Ztg. XXXVIII, p. 731, wo es als Werk W.'s beurtheilt wird.

106. *Allegro di Bravura für Pfte.*, revu et corrigé par Charles Czerny.

Allegro con fuoco.

Introduction: 13 Tacte. Molto Allo. 269 Tacte ohne Repr. Ausg. Spohr.

Ausgaben: Früheste: Braunschweig, Spohr; revu et corrigé p. Ch. Czerny. 14 ggr. Hamburg, Steinmetz. ½ thlr. | Christiani. | Hannover, Bachmann: rev. et corrigé p. C. Czerny 14 ggr. | Paris, Lemoine. 5 fr. | Wien, Diabelli u. C. 45 xr. | Leidesdorf: In Oeuvr. compl. de W. N. 13. Tome I. | Neueste: Braunschweig, Litolff. 4 sgr. | Auch zus. mit op. 12, 21, 62, 65, 72 u. Adieux. Ebend. 4°. 12½ sgr. | Wien, Spina. 45 xr. | **Zu 4 Hdn. —** Arr. v. C. Czerny: Braunschweig, Spohr. 25 ngr. | Hamburg, Steinmetz. 1 thlr. | Arr. v. C. Czerny: Hannover, Bachmann. 20 ggr.

Anmerkungen. Das in diesen Ausgaben enthaltene Allegro di Bravura ist eine durchgehende *Entstellung* des Rondo Presto, Satz III von W.'s Sonate op. 49 in D, **206.** Zuvörderst wird es durch eine neu hinzugefügte Introduction von 13 Tacten eingeleitet; der ³/₄-Tact des ursprünglichen »Rondo presto« ist im Hauptsatze des Allo. di Bravura mit »Molto Allegro« und ebenso zwecklos mit dem ⁶/₄ vertauscht; ausserdem ist dies Molto Allegro um 40 der ³/₄-Tacte des Originals verlängert. Das ganze Machwerk aber erscheint, seinem innern Werthe nach, wie die Lösung der Aufgabe: ein geistreiches, edles und hoch originelles Werk fast durchgängig zu einer Sammlung von Gemeinplätzen umzuwandeln. Dass es von Carl Czerny herrühren sollte, wie der Titel anzudeuten scheint, ist kaum anzunehmen, da ein solches Musterstück von Verstümmelung und Verseichtigung dieses achtungswürdigen Musikers vollkommen unwürdig wäre. — Unter nachfolgenden Titeln ist *das ächte Original* obigen entstellten W.'schen Werkes erschienen: »Allegro di Bravura« bei Schlesinger in Berlin, 17½ sgr. Ebenso auch »Rondo presto« in der neuen Prehtausg. von W.'s Clavierwerken: Ebend. bei Schlesinger (Lienau), 7½ sgr. u. — Siehe noch **206** Anm. e.

107. »*Ouvertüre zur Ernte-Cantate von C. M. v. Weber.*«

Allegro risoluto.   **Con espressione.**

167 Tacte

Ausgaben: **Orchester-Stimmen.** Leipzig, Bur. de Mus. (Peters.) 1½ thlr. | **Für Pfte. zu 4 Hdn. —** Arr. v. Enke. Ebend. ½ thlr. | **Für Pfte. zu 2 Hdn. —** Arr. v. Enke. Ebend. 12½ ngr.

Anmerkungen. Neuerdings von der Verlagshandlung und mir angestellte Untersuchungen ergaben die Unächtheit des Werkes als W.'s, weshalb die Verlagshandlung dasselbe jetzt desavouirt und in ihre Gesammtausgabe der W.'schen Ouvertüren n i c h t aufgenommen hat. Im Ganzen befinden sich (ohne deren Wiederholung) 20 von W. herrührende Tacte darin, die theils aus der ital. Festcantate **221**, theils aus der Musik zu »Lieb« und Versöhnen« **187** stammen. — Da in Bezug auf den zweiten Text zu W.'s grosser Jubelcantate op. 58 dieselbe »E r n t e C a n t a t e« betitelt ist, so sei hier noch besonders bemerkt, dass obige Ouvertüre mit dieser Gestalt des op. 58 als Ernte-Cantate in gar keiner Verbindung steht, noch weniger mit der Jubel - O u v e r t ü r e op. 59, die unrichtigerweise oft als die zur Jubelcantate gehörige angesehen wird. S. **244** Anm. **e.**

108. »*Zwei Rondo's und ein Walzer* von C. M. v. Weber.« Hamburg, Cranz. 5 sgr.

Ganz entstellende, geistlose Arrangements von W.'s 3 Canzonetten op. 29.

109. »*Friedens-Hopser* von C. M. v. Weber«,

so lautet der naive Titel der zweiten Nummer zweier in Hamburg bei Cranz erschienenen Tänze. Er beginnt:

Dies kümmerliche Machwerk enthält nichts von W., als in seinem ersten Theile (Tact 1, 2, 3, 5 u. 6) die ersten 3 Tacte des Hauptmotivs aus dem Chor N. 7 in W.'s Jubelcantate op. 58, **244.** Der zweite Tanz trägt den Titel »Fest - Walzer aus Olimpia von Spontini«.

110. *Die Hölle auf Erden.*

Eine O p e r dieses Namens, componirt von W., soll nach seinem Tode in London aufgefunden sein; so berichtet eine kurze Notiz unter den Miscellen in der Lpz. A. Mus. Ztg. XXXXVII, p. 351, worin es heisst: »1ster, 3ter und 1ter Act sind fertig; im 2ten Act ist noch ein Chor zu instrumentiren«. — Alles leere Fabel.

111. *Ode an die Gottheit.*

Prof. H. L i c h t e n s t e i n , W.'s Freund, sagt p. 10 in seinem in Max v. Weber's »Lebensbild« W.'s 1, 360 theilweis abgedruckten Vorwort zu dem Convolut an ihn (L.) gerichteter Briefe W.'s: »Schon im Sommer 1814 kehrte W. nach Berlin zurück, um seine Cantate ,Kampf und Sieg' und die Körner'schen Lieder aufzuführen, 1815 auf wenige Tage mit seiner ,Ode an die Gottheit'.« — Bei der Wichtigkeit und sonstigen Zuverlässigkeit von Lichtenstein's Stimme im Allgemeinen, insbesondere aber in Bezug auf W., scheint es nöthig, der Irrthümer zu erwähnen, die diese Mittheilungen Lichtenstein's enthalten, erklärt dadurch, dass er sie 1833 niederschrieb, also 19 (resp. 17) Jahre nach der Berührung mit den erwähnten Werken. Das Jahr 1811 steht für 1816. Die Körner'schen Lieder wurden erst im letzten Drittel von 1814, Kampf und Sieg in zweiter Hälfte 1815 componirt. In Rücksicht aber darauf, dass Lichtenstein hier W.'n die Composition einer »Ode an die Gottheit« zuschreibt, »mit der er (W.) 1815 auf wenige Tage nach Berlin gekommen sei«, ist zu bemerken: Nirgendwo findet sich die Spur einer derartig betitelten Composition W.'s. Zu den bekanntesten Werken mit ähnlichem Titel gehören zwei: »Hymnus an die Gottheit« von M o z a r t und »Hymne an Gott« von M e y e r b e e r, Gedicht von Gubitz. Ersteres Werk führte W. 1821 zur Klopstock-Feier in Quedlinburg auf. Wahrscheinlich giebt L. den Titel »Ode an die Gottheit« der 1812 von W. componirten Hymne »I n s e i n e r O r d n u n g s c h a f f t d e r H e r r«, mit welcher W. bei seinem Aufenthalte in Berlin 1814 seine dortigen Freunde gewiss bekannt gemacht hat. 1815 war W. notorisch nicht einen Tag in Berlin.

112. Lied: *Das Mädchen am Ufer.* »Es singt ein Vögelein witt, witt, witt.« (Auch *La Mélancolie.*)

Es singt ein Vö-ge-lein witt, witt, witt, komm mit, komm mit'

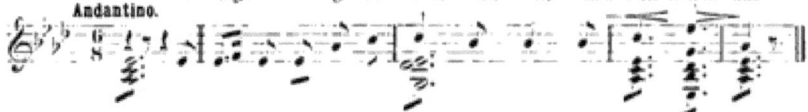

Ausgaben: Als Lied von W. im Arion N. 2: Braunschweig, Busse. ‖ Hannover, Bachmann. 4 ggr. | Nagel. 4 ggr. ‖ Als N. 663 in »Concordia«: Leipzig, Schäfer. ‖ Als »La Mélancolie« »L'oiseau semble dire en son doux langage«: Paris, Richault. 2 fr. 50 c.

Anmerkung. Dies Lied ist von Luise Reichardt in Hamburg componirt und befindet sich, ausser in obigen Ausgaben, in deren achter Liedersammlung Hamburg, Cranz. Der Text ist wahrscheinlich von Conz. Siehe Hoffmann von Fallersleben »Unsere volksthümlichen Lieder« N. 321.

113. Lied: *Das Herzeleud.* »Wie als i bin verwichen.« Text von Schritt.

Wie ich bin ver-wi-chen zu mein Dirn-del g'schlichen.

Als Composition W.'s: Berlin, Schlesinger; Leipzig, Siegel und in vielen andern deutschen Verlags-Handlungen; ferner als »Weber's Farewell«: London, Chappell u. C.; als »Song of the Dying child« (»Das sterbende Kind«) Ebend. Cramer u. C.; als »Last Song«: Footsteps of Angels »When the hours of day are numbred«. Ebend. Ewer; als: Air »Chi mai può vivere« Ebend. Cramer u. C.; als Duettino mit franz. Text ,Dernière pensée de W.' »Allons, plus de tristesse !« arr. v. Adam: Mainz, Schott. — Diese Gesänge sind sämmtlich Verwendungen des vielbekannten sogenannten »Letzten Gedankens von W.«, ursprünglich als N. 5 im op. 26 von C. G. Reissiger enthalten. (S. Anh. *104.*)

114. Lied: *Wehmüthige Erinnerung.* »Die Abendglocken klangen.« Für 1 Singstimme mit Pfte. Text von J. v. Eichendorff.

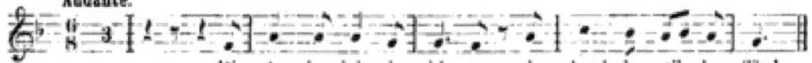

Die A - bendglo-cken klangen schon durch das stil - le Thal;

Als Composition von W. erschienen: Amsterdam, Theune u. C. 1831. Nach Mittheilungen der Verlagshandlung ist dies Lied nicht von W., sondern höchst wahrscheinlich von F. W. Wilms, dem Componisten des niederländischen Nationalliedes »Wien Neêrlands bloed enz«.

115. Volkslied: »Mein Schatz is a Reuter«.

Mein Schatz is a Reu-ter, a Reu-ter muss sein.

Als W.'s Composition erschien es in Braunschweig bei Spehr und Hannover bei Bachmann. Es ist nicht von W., wohl aber eine alte schwäbische Volksmelodie, die, vierstimmig bearbeitet, G. Reichardt als N. 3 in Heft II seiner Sammlung in den zwanziger Jahren herausgab, wodurch es auf's Neue sehr bekannt wurde.

116. Lied: *Schweizers Heimweh.* »Herz, mein Herz, warum so traurig!« Für 1 Singstimme mit Pfte. Text von J. R. Wyss. (1781—1830.)

Herz, mein Herz, war-um so trau-rig,

Dies Lied wird W. zugeschrieben als Thema einer Fantasie von Fr. Burgmüller; Bonn, Simrock; ferner als Song »Heart, my heart! why so mournful?« »Herz, mein Herz, warum so traurig?«: London, Ashdown u. Parry; ferner mit eben diesem deutschen Anfang: Ebend., Chappell u. C. unter »German and Swiss Songs«. — Es ist nicht von W., sondern vom Pfarrer Fr. Glück componirt, erschienen 1814, Leipzig, Breitkopf u. Härtel, in dessen 8 Liedern mit Pfte. p. 4; auch in Erk's Volksliedern I, Heft 6, N. 41. Dass die Composition W. zugeschrieben wurde, wird hervorgegangen sein aus der Aehnlichkeit der Anfangsworte des Liedes »Herz, mein Herz, ermanne dich!« **274,** mit denen des obigen, das wahrscheinlich aus demselben Grunde auch als von Beethoven componirt gilt wegen des ähnlichen Anfangs seines Liedes »Herz, mein Herz, was soll das geben?«

117. Dreistimmiger Gesang. »Hör' uns, Wahrheit.« 2 Ten., 1 Bass.

2 Ten.
1 Bass.

Hör' uns, Wahr-heit, wenn wir hier auf Er - den

Das Stück steht als »von C. M. v. Weber« im »Orpheus« N. 19: Braunschweig, Busse. Es ist aber von Bernh. Anselm Weber, dem berliner Kapellmeister, ✝ 1821, und wurde zuerst als N. 17 in »Böheim's Freimaurer-Liedern«, Berlin, 1798. I. gedruckt.

118. Lied: *Gebet während der Schlacht.* »Vater, ich rufe dich!« Für 1 Singstimme mit Pfte. Text von Th. Körner.

Va - ter, ich ru - fe dich!

Dies Lied wird sehr oft als von W. herrührend genannt. Es ist aber von Himmel und steht als N. 1 in dessen Kriegsliedern der Deutschen; Breslau, J. Max, 1813. Es ist nicht mit W.'s grossartig behandelter Composition **174** zu verwechseln.

119. Zu Donna Diana, Lustspiel von Moreto.

1.) Gaston's Rundgesang »Lasst Fenisens Lob ertönen«. 2.) Lied mit Guitarre »Darf ich meine Liebe zeigen«. — Beide Stücke sind von Adalb. Gyrowetz. — Ihre Themata s. bei **220.** u. Anm. **b.**

—

V. Die Rückkehr in's Dörfchen.

120. »Die Rückkehr in's Dörfchen.« Liederspiel in einem Aufzuge mit Melodieen von C. M. v. Weber. Aus dessen Liedersammlungen gewählt, arrangirt und instrumentirt von Carl Blum. Clavier-Auszug: Berlin, Schlesinger. 2⅓ thlr. — 1829 sechs Mal aufgeführt zu Berlin auf dem Königstädter Theater, zuerst 13. April; neu einstudirt, ebend., vom 7. Oct. 1855 an; mit Beifall gegeben zu Gotha, Königsberg,

Meiningen, Weimar. — Singende Personen: Emilie, Sopr.; Frau v. Wallen und
Rose, Sopr.; Hans, Tenor; Klaus und Heinrich, Bässe; Chor: Sopr., Alt, 2 Ten. u.
Bass. — Benutzt sind die W.'schen Motive (die Lieder fast überall vollständig)
in folgender Weise: Zur Ouvertüre: **159**, als Haupt-Motiv derselben; ferner Tanz der
Silvana aus Finale I u. Ballo N. 12 aus Silvana **87**; — zu N. 1, Tenor: **117**; —
zu N. 2, Ten.: **28**; — zu N. 3, Zwiegesang, Ten. u. Bass: **217**; — zu N. 4, Duo,
Ten. u. Bass mit Chor: Finale I Silvana **87**; — zu N. 5, Ten.: **198**; — zu N. 6, Duo,
Ten. u. Bass: **300**; — zu N. 7, Duett, Ten. u. Bass: **232**; — zu N. 8, Ten.: **243**; —
zu N. 9, Zwiegesang, Sopr. u. Ten.: **231**; — zu N. 10, Pantomime, Tanz u. Duo, Sopr.
u. Ten.: **234**; — zu N. 11, Zwiegesang: meiner Kenntniss nach keine Composition W.'s.
vielleicht von Carl Blum; — zu N. 12, Arie, Sopr., mit Chor u. Zwiegesang: **210** u.
Tanz der Silvana in Finale I **87**; — zu N. 13, Duettino, 2 Sopr.: **96**; — zu N. 14,
Zwiegesang, Bass u. Sopr.: Lied aus Silvana **87** (N. 11); — zu N. 15, Zwiegesang,
Sopr. u. Ten.: zweites Motiv des Allo. der Ouvertüre Preciosa u. Motiv des Ballo 4 daraus **279**; — zu N. 16, Sopr.: **73**; — zu N. 17, Duo, Ten. u. Bass mit Chor: **210**; —
zu N. 18, Ensemble, Sopr., Ten., 2 Bässe mit Chor: **159**; — zu N. 19, Schlusschor
mit Ten. u. Bass: **210**. — Im gedruckten Arien-Buch des Liederspiels ist N. 14 ein
Lied »Liebe, Liebe schleichet gerne« auf die Melodie von **112**; dadurch rücken darin von
dieser Nummer an die Nummern bis zum Schluss um eine vor gegen die des Clavier-
Auszugs; dennoch aber hat das Arienbuch wie der Clavier-Auszug gleichviel Nummern
(19), da in ersterem N. 18 u. 19 zu der N. 19 vereinigt sind. — Die Lpz. A. Mus.
Ztg. giebt XXXI, 711 eine Rezension des Liederspiels.

VI. Beabsichtigte Opern.

121. Bei Schluss dieses Buches dürfte die Mittheilung am Orte sein, welchen
dramatischen Dichtungen sich W. auf dem Pfade seines künstlerischen Wirkens behufs
ihrer Composition bald mehr, bald minder zugewendet hat, wobei es weder zu theilweiser,
noch weniger aber zu gänzlicher Ausgestaltung, namentlich schriftlicher Vollendung des von ihm in Betracht Gezogenen gekommen ist. Es folge deshalb das mir aus
verschiedenen authentischen Quellen bekanntgewordene Dahingehörige. Es ist: 1.) Das
Melodram »**Sappho**« von F. W. Gubitz. Zu demselben hatte W. dem Dichter die
Musik in Aussicht gestellt; als Gubitz sie nicht erhielt, wandte sie an B. A. Weber,
der sie dann auch componirte. Die zu Gubitz' Sappho von C. M. v. Weber beabsichtigte
Musik ist nicht mit der zu Grillparzer's »Sappho« 1818 wirklich von ihm componirten zu verwechseln. 2.) Die Oper »**Alfred**«, ebenfalls von Gubitz, ist Gegenstand ernster Beschäftigung von Seiten W.'s gewesen (vergl. Gubitz' Erlebnisse Bd. II, 196 u. den
Nachtrag 20); dieser wie 3.) der gleichfalls von ihm intendirten Composition einer **italienischen Oper** erwähnt W. brieflich gegen seine Braut am 26. Mai 1817; die Ouvertüre zu
Alfred, dessen fertige Dichtung er in Händen hatte, war nach seiner Aeusserung an Gubitz »vollständig im Kopfe fertig«, obwohl die musikalische Ausführung dieser Oper ebenso
unterblieb, wie die der Operntexte 4.) »**Alcindor**« von Fr. Kind (geschr. 1819, abgedruckt in dessen Theaterschriften Bd. I, Leipzig, G. J. Göschen, 1821), und 5.) »**Der
Cid**«, von ebendemselben, dessen Plan dieser am 23. Jan. 1821 an W. sendet; auch
die 6.) von Clem. Brentano 1814 zu einem Operntexte unternommene Bearbeitung
der »**Tannhäuser**«-Sage hatte seiner Zeit W. beziehentlich ihrer Composition in's Auge
gefasst. — — — Mit diesen Nachrichten über Arbeiten, die nur in der Idee des Meisters vorübergehend gelebt haben, scheiden wir denn auch von dem, was er zu bleibendem
Dasein wirklich geschaffen und vollendet, von unserm »Weber in seinen Werken«.

(Umstehend **Nachtrag.**)

57*

VII. Nachtrag.

Zusätze und Verbesserungen.

1.) Pag. 15. — Zu »Einige Abkürzungen Betreffendes« ist hinzuzufügen: Das neben »Comp.« stehende Datum unmittelbar vor dem in Noten gegebenen Anfang jeder Composition bezieht sich stets auf den Tag der Vollendung derselben.

2.) Pag. 15. — An demselben Orte: — (.... J.) mit davorstehender Jahreszahl in der Rubrik »Autograph« bedeutet: Gesehen vom Verfasser in dem angegebenen Jahre.

3.) Pag. 20. — Linke Spalte unten sind die Nummern 77 u. 78 bezüglich der damit bezeichneten zwei Compositionen zu vertauschen; das Duett erhält 78, die Arie 77.

4.) Pag. 21. — Linke Spalte oben: Die bei 237 stehenden Worte »In Provence blüht« müssen neben den Worten »Tanz u. Gesang« bei 227 stehen.

5.) Pag. 26. — Rechte Spalte Zeile 1 muss stehen 281 statt 282.

6.) Pag. 28. — Rechte Spalte oben vor »Concertstück« muss stehen 282 statt 281.

7.) Pag. 72. — In den »Ausgaben« von 56 (Momento capriccioso) ist in Zeile 7 nach »Reinecke« hinzuzusetzen: »Ebend.«

8.) Pag. 91. — Zeile 5 v. unten lies: war der — statt: ward er

9.) Pag. 127. Mitte der Seite. (Abu Hassan 106.) — Vor »— c.« ist einzufügen: Von *Entwürfen* zu dieser Oper ist nur bekannt ein Bruchstück des Duetts N. 4 im Besitz von F. W. Jähns auf p. 3 u. 4 eines graugrünlichen, 10zeiligen Querfoliobogens; meistens grössere Schrift. Es besteht aus den letzten 11 Tacten des Andante und den ersten 38 des Allegro. Nur Singstimmen, wie Ritornell u. Zwischenspiele der Violine I, sind notirt. Der übrige Raum des Bogens ist erfüllt mit Abschrift des »Turnierbanketts« (132) und einem vierstimmigen Arrangement des Liedes »Die Kerze« (27), beides von der Hand von Friederike Koch (s. 133. b).

10.) Pag. 138. (Clarinett-Concert N. I. Fmoll op. 73. 114.) Zeile 8 von unten ist zu lesen: »achtzehn eng geschriebene, ungewöhnlich breite Folioseiten (Partitur I)« statt: »acht und zwanzig eng geschriebene Folioseiten«.

11.) Pag. 169. — Zeile 9 von oben lies »Cesaris« statt »Cesiris«.

12.) Pag. 183. — (»Lützow's wilde Jagd.« Lied für 4 Männ.-Stimm. N. 2 in op. 42. 168.) Nach den beiden ersten Zeilen in »Ausgaben« fällt »Neue Orig.-Ausg. in 8°.« bis 3/4 thlr. | incl. fort; dafür ist zu setzen: »Partitur u. Stimmen. — Neue Orig.-Ausg. 8°. Als N. 3 in Heft 2, Lief. I d. Ges. für vierstimm. Männer-Gesang, zus. mit 172 u. 173. Ebend. 3/4 thlr. | Neueste Orig.-Ausg. 1870. Als N. 3 mit den übrigen 5 Lied. f. 4 Männer-Stimm. Ebend. (Lienau.) 12½ sgr. n. | In diversen Sammelwerken. —

13.) Pag. 191. (Scene u. Arie zu Méhul's »Helene«. op. 52. 178.) In der Ueberschrift ist nach »Sopranstimme« zu setzen: »Deutscher Text von J. C. Grünbaum«. — In »Autograph« ist Folgendes zu lesen: 1.) — nach »12zeilig«: »klein Quer-Quartformat« für »Querfolio«: 2.) — nach »op. 52.« statt alles unter »Autograph« noch Folgenden: »Die zweite und die letzte Seite leer; die dritte bis incl. neunzehnte Seite enthalten die Partitur in mittelkleiner, etwas vergilbter Schrift; diese, von Tact 66 des Allegro an, sehr klein und schwärzer, eben so in der zweiten Lesart der Schlusspassage der Singstimme. Satz 2 in Amoll hat nur »Andante«, wo im Stich »Andante con moto« steht. Das Autograph enthält nur den deutschen Text.« — Für alles unter »Ausgaben« Stehende: »Erste Orig.-Ausg. **Clav.-Ausz. u. Orchester-Stimmen.** Berlin, Schlesinger. 2¼ thlr. | **Clav.-Ausz. ohne Orch.-Stimm.** — Ebend. 15 sgr. | Als Heft 24 N. 1 in Ausw. I. Ebend. 10 gr. | Neue Prchtausg. bearb. nach W.'s Clav.-Arrang. u. Partitur v. Jähns. Ebend. Lienau.) 7½ sgr. n. — Alle Ausgaben mit ital. u. deutsch. Text. — In »Anmerkungen« Zeile 1 fällt »ital.« aus.

14.) Pag. 201. — Zeile 8 von oben lies »1½ thlr.« statt »½ thlr.«

15.) Pag. 261. — (Jubel-Cantate, op. 58. **244**) Zeile 17 von unten ist zu lesen: *»18 eng geschriebene, ungewöhnlich breite Folio-Seiten Partitur I*) instrumentirt« statt »sogar *18 Seiten*«.

16.) Pag. 321 (Freischütz **277**. Anm. h. Vermeintliche Entlehnungen.) ist Mitte der Seite unmittelbar vor den Worten »Doch genug davon!« einzuschalten: — Dass übrigens rücksichts dieser Weber-Böhner'schen Parallele die richtige Ansicht immer mehr Boden gewinnt, nachdem die falsche fast ein halbes Jahrhundert bestanden, beweist die treffende Bemerkung über diese Sache in einem vorzüglichen musikalischen Werke der neuesten Zeit, dem »Musikalischen Conversations-Lexikon, herausgegeben von H. Mendel unter Mitwirkung der literarischen Commission des berliner Tonkünstler-Vereins« (Berlin, Oppenheim. 1874), worin es Bd. II, p. 101 u. 102 heisst: »Unverstand von Dilettanten hat übrigens Böhner auf Kosten des grossen K. M. v. Weber mit dem Nimbus umkleiden wollen, in seinem D dur-Klavierconcerte die Hauptmelodie des ‚Freischütz' geschaffen zu haben; ebenso hat man Böhner lange Zeit für den Componisten des beliebten sogenannten Thüringer Volksliedes ‚Ach, wie wär's möglich dann' auszugeben versucht; allein so wie die erstere Behauptung bedeutungslos, so ist die letztere grundlos«.

17.) Pag. 323. (Freischütz. **277**. Anm. i, Literatur II.) Zeile 17 von unten ist vor »Beethoven's« zu setzen: Arnold, Yourij von: »Der Freischütz. Max. Agathe. Aennchen. Caspar. Opern-Charaktere in Bezug auf deren musikalisch-mimische Darstellung analysirt und beleuchtet«. Mit 18 erläuternden Zeichnungen. 10 Bogen. Leipzig, Voigt. 1869.

18.) Pag. 399. (Oberon. **306**. Anm. c. 3.) Benutztes.) Zeile 18 von unten nach »schrieb*« zu setzen: — Der prachtvolle Marsch des dritten Finales, wie die kurze Nummer 9 B im Oberon verdanken schon einer späteren Zeit ihre Entstehung. W. componirte Beides — den Marsch zum grössten Theile — 1818 zu E. Gehe's Trauerspiel »Heinrich IV.« (Siehe das Ausführliche hierüber **237**. Anm. b.) — Pag. 400. Ebendort. — Zeile 1 oben ist nach »13 bis 18« einzufügen: im dritten Finale.

19.) Pag. 107. — Im Titel lies »Landes« statt »Heerdes«; ebenso Pag. 108 oben im Gesangstexte.

20.) Pag. 451. (Beabsichtigte Opern. Anh. 121.) Zu der Notiz über die Oper Alfred habe ich noch hinzuzubemerken: »Im Febr. 1869 liess der hochbetagte Dichter derselben, F. W. Gubitz, mir noch schreiben: »Weber fand in meinem Gedicht viel Schwierigkeiten für den Componisten; vorherrschend eiferte sein hartnäckiger Widerspruch gegen eine Ouvertüre mit Gesang, mir nothwendig für den Zweck meines Grundgedankens durch Chöre der Engländer und Normannen«.«

21.) *Metronomische Bezeichnungen* von J. Moscheles u. F. W. Jähns sind folgende einzufügen:

a.) Pag. 36. (Variationen op. 2. **7**.) Thema. ♩ = 76: Moscheles. | Thema u. Var. 1. ♩ = 84: Jähns. ‖ Var. 2, 3 u. 4, ♩ = 76: J. ‖ Var. 5, ♩ = 84: J. ‖ Var. 6, ♩ = 76: J.

b.) Pag. 45 u. 46. — Six petites Pièces faciles; Pfte. à 4 m. op. 3, **9 — 14**.) *N. 1.* ♩ = 120: M. u. J. — *N. 2.* ♩ = 66: M. u. J. — *N. 3.* ♩ = 80: M. u. J. — *N. 4.* Andante. ♪ = 112: M. | ♩ = 112: J. ‖ Variat. 1. ♩ = 104: J. ‖ Var. 2. ♪ = 108: J. ‖ Var. 3. ♪ = 84: M. | ♩ = 112: J. — *N. 5.* ♩ = 112: M. u. J. — *N. 6.* ♩ = 104: M. u. J.

c.) Pag. 55. — Variat. Castor u. Pollux. op. 5. **40**. Thema. ♩ = 84: M. | ♩ = 100: J. | Var. 1. ♩ = 92: J. ‖ Var. 2. ♩ = 84: J. ‖ Var. 3. ♩ = 84: M. u. J. ‖ Var. 4, 5 u. 6, ♩ = 84: J. ‖ Var. 7. ♩ = 92: J. ‖ Var. 8. ♩ = 112: M. u. J.

d.) Pag. 57. — Variat. Samori. op. 6. **43**. Thema, Var. 1 u. 2, ♩ = 108: J. ‖ Var. 3, ♩ = 120: J. ‖ Var. 4. ♩ = 92: J. ‖ Var. 5. ♩ = 126: J. ‖ Var. 6, ♩ = 72: J. ‖ Coda, ♩ = 88: J.

e.) Pag. 67. — Variat. »Vien quà, Dorina«. op. 7. **53**. Thema. ♩ = 80: M. | ♩ = 80 [84]: J. ‖ Var. 1. ♩ = 80 [84]: J. ‖ Var. 2. ♩ = 96: M. | ♩ = 92: J. ‖ Var. 3, ♩ = 84: J. ‖ Var. 4. ♩ = 69: M. u. J. ‖ Var. 5, ♩ = 72: M. u. J. ‖ Var. 6, ♩ = 80: M. | ♩ = 52: J. ‖ Var. 7. ♩ = 100: M. u. J.

f.) Pag. 74. — Variat. Thème orig. F dur. op. 9. **55**. Thema. ♩ = 108: M. u. J. ‖ Var. 1. u. 2, ♩ = 108: J. ‖ Var. 3, ♩ = 120: M. u. J. ‖ Var. 4, ♩ = 108: M. u. J. ‖ Var. 5, ♩ = 88: M. | ♩ = 76: J. ‖ Var. 6, ♩ = 50: M. u. J. ‖ Var. 7, ♩ = 132: J.

g.) Pag. 77. — Variat. mit Violine. Norweg. Thema. op. 22. **61**. Thema. ♩ = 84: M. | ♩ = 76: J. ‖ Var. 1. ♩ = 76: J. ‖ Var. 2, 3 u. 4, ♩ = 84: J. ‖ Var. 5, ♩ = 80: J. ‖ Var. 6, ♩ = 76: J. ‖ Var. 7, ♩ = 69: J. ‖ Var. 8, ♩ = 76: J. ‖ Var. 9, ♩ = 92: M. u. J.

h.) Pag. 89. — Grand Quatuor. **76.**) Allegro. $\flat = 144$: M. | Adagio. $\flat = 58$: M. | Menuetto. $\flat = 104$: M. | Finale $\flat = 144$.

i.) Pag. 93 u. 94. — (Six Pieces. Pfte. à 4 m. op. 10. **81—86.**) *N. 1.* $\flat = 116$: M. | *N. 2.* $\flat = 126$: M. | Andante. (Thema.) $\flat = 80$: M. | *N. 3.* Var. 2. $\flat = 112$: M. ‖ Var. 3. $\flat = 84$: M. | *N. 4.* $\flat = 66$: M. | *N. 5.* $\flat = 54$: M. | *N. 6.* $\flat = 80$: M.

k.) Pag. 119 u. 120. (6 Sonaten mit Violine. 2tes op. 10. **99—104.**) Sonate II. **100.** Rondo Allegro. $\flat = 116$: M. | Sonate III. **101.** Allegretto moderato. $\flat = 88$: M. | Rondo. Presto. $\flat = 108$: M.

l.) Pag. 230. (Variat. Zigeunerlied. op. 55. **219.**) Thema. $\flat = 72$: M. u. J. ‖ Var. 1 u. 2. $\flat = 72$: J. | Var. 3. $\flat = 76$: M. | $\flat = 69$: J. ‖ Var. 4, 5 u. 6. $\flat = 72$: J. ‖ Var. 7. $\flat = 80$: M. u. J.

22.) In der Cotta'schen Buchhandlung zu Stuttgart hat 1870 Franz Liszt mit Vortrags-Andeutungen, Zusätzen und Varianten herausgegeben: »C. M. v. Weber's ausgewählte Sonaten u. Solostücke für Pfte. 2 Bände, Hochfolio. Bd. I = 2 thlr. oder 3 fl. 30 xr.; Bd. II = 1 thlr. oder 1 fl. 15 xr.« — Bd. I enthält die 4 grossen Sonaten in C, op. 24. **138.** | in As, op. 39. **199.** | in D, op. 49. **206.** | in E, op. 70. **287.** ‖ Bd. II enthält: Concertstück in F. op. 79. **282.** | Rondo brillante in Es, op. 62. **252.** | Aufforderung zum Tanz in Des, op. 65. **260.** | Momento capriccioso, op. 12. **56.** | Gr. Polonaise in Es, op. 21. **59.** | Polacca brillante, op. 72. **268.**

23.) Im »Bureau de Musique« (Leipzig, Kühnel) wurde 1810 folgende Arbeit W.'s gestochen, die ich noch hier aufzuführen für nothwendig halte, wenngleich sie keine Composition desselben ist. Der Titel lautet: »Zwölf Choräle von Sebastian Bach, umgearbeitet von Vogler, zergliedert von C. M. v. Weber«; mit dem Motto: »Recensere errores minimum — maximum est emendare opus, perficere inceptum.« (von Vogler auf W.'s Concept geschrieben). »20 gr.«; jetzt vergriffen. — 8 Spalten Text auf 4 Querfolio-Seiten, 12 Seiten Noten desgl. — Es ist eine am 21. Juni 1810, wenn auch unter dem directen Einflusse Vogler's verfasste, jedoch als Studie W.'s immerhin interessante Schrift, deren auch in der ersten Ausgabe seiner hinterl. Schriften (Leipzig u. Dresden, Arnold, 1828) fehlerhaft abgedruckter Text ebenfalls im dritten Bande von Max v. Weber's »Lebensbild« W.'s, zwar berichtigt, obwohl von der Orig.-Ausgabe Kühnel mehrfach abweichend, gegeben wird. Im Concept Carl Maria's steht die Bemerkung zu Choral VII von Gottfried Weber's, die zu IX zum grösseren Theile, und die zu X gänzlich von Vogler's Hand geschrieben.

VIII. Register der Namen und Sachen.

IX. Register der Gesangstexte (Textanfänge).

Eine kleinere Ziffer in ( ) neben der eine Oper oder ein grosseres Vocal-Werk bezeichnenden, fettgedruckten Zahl giebt die besondere Nummer innerhalb dieser Composition an. Diese Numerierung ist jedoch nur nach der im Autograph des Componisten befindlichen hier durchgeführt und es ist dabei auf keine in den gedruckten Ausgaben mehrfach geänderte Numerierung Rücksicht genommen.

X. Facsimilia der Handschrift Carl Maria von Weber's.

Vorbemerkung.

Kaum möchte es nöthig erscheinen, zu den hier folgenden acht Tafeln, welche mit der Nachbildung (dem Facsimile) von W.'s Handschrift erfüllt sind, etwas hinzuzufügen. Dennoch wird für den weniger Eingeweihten die Bemerkung am Platze sein, dass solche Facsimilia zunächst als Anhalt bei Feststellung der Aecht- oder Unächtheit eines angeblichen Original-Manuscripts (Autographs) dienen; auch dürfte grade bei der Handschrift W.'s solche Facsimilirung derselben in so vielfachen Belegen, wie sie hier dargeboten werden, besonders aus dem Grunde erwünscht scheinen, als W. nicht nur in seinen verschiedenen Lebensperioden, sondern auch selbst zu ein und derselben Zeit äusserst verschieden geschrieben hat, wie die Tafeln dies ausweisen. Diese geben die Schriftzüge W.'s in Gestalt und Grösse genau wieder; bei ihrer Herstellung haben in allen Fällen die Urschriften vorgelegen; nur N. 4 auf Tafel I und N. 1 auf Tafel II mussten nach verkleinerten Photographien der beiden Originale gefertigt werden, da das eine nicht erreichbar, das andre in ursprünglicher Grösse nicht verwendbar war. — Bei der Anordnung, in welcher die Tafeln zusammengestellt sind, wurde die chronologische Aufeinanderfolge erstrebt; aber nicht immer ist es möglich gewesen, sie inne zu halten vermöge der räumlichen Ausdehnung, welche die einzelnen Stücke gegenseitig beanspruchten. — Zu leichterer Orientirung ist jedem Stücke nicht nur die Jahreszahl hinzugefügt, sondern es wurde auch bei Briefen der Adressat, bei anderen Schriftstücken die Quelle, aus der sie stammen, angegeben. — Tafel I bringt nur Namenszeichnungen W.'s; II, III, IV geben nur briefliche oder sonstige schriftliche Fragmente, V, VI, VII, VIII vorwiegend Notenschrift. Ich bin, in Rücksicht auf die letzteren vier Tafeln, zugleich bestrebt gewesen, dem allgemeiner Bekannten hauptsächlich Raum zu gönnen, obgleich die Wahl in Bezug auf die grosse Fülle des mir vorliegenden Materials eine äusserst schwierige war. Möge sie hinter den Wünschen der Leser nicht allzusehr zurückgeblieben sein.

(Im Druck geschlossen Mitte März 1871.)

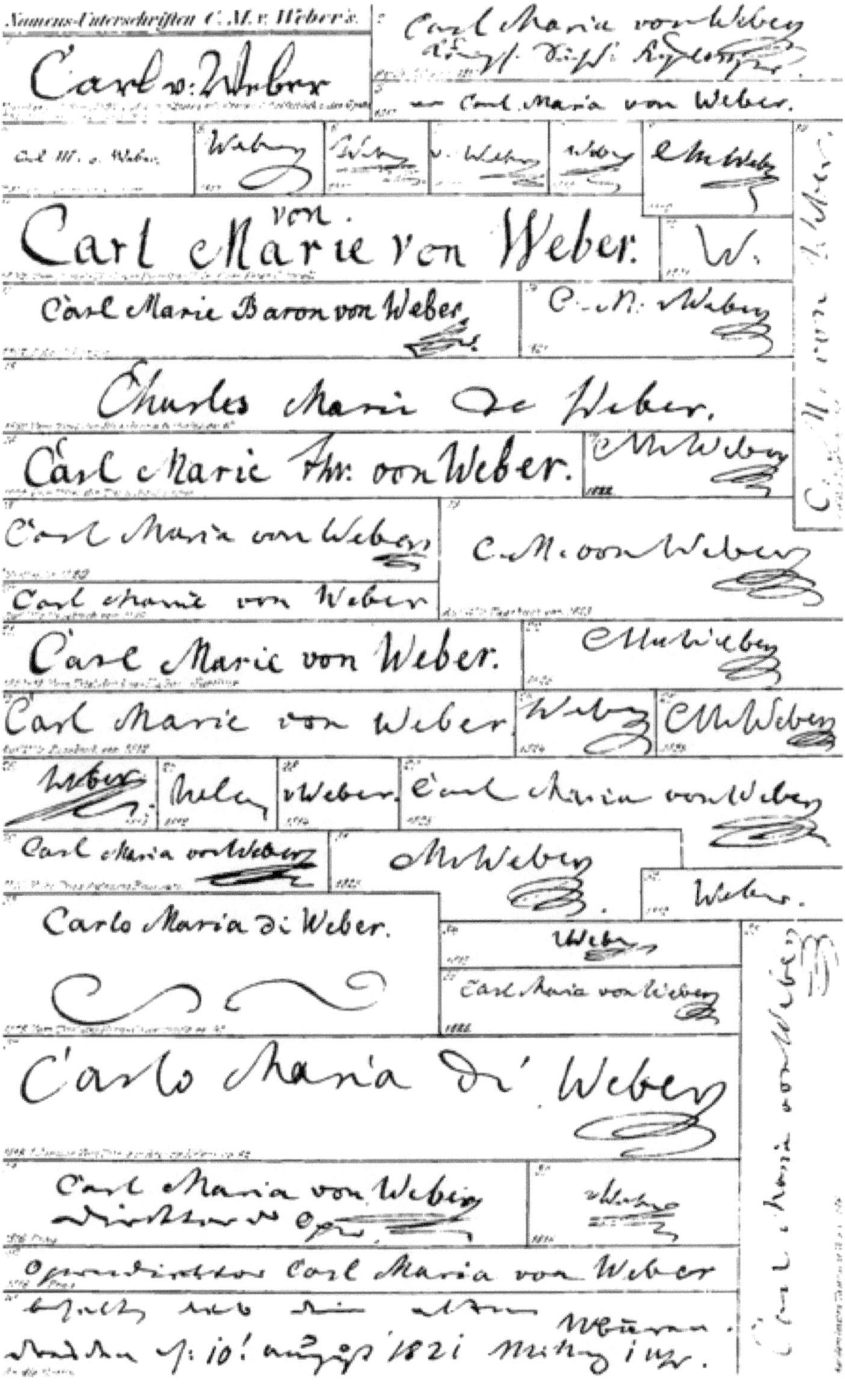

Carl v. Weber

Carl Maria von Weber

Carl Maria von Weber.

Carl M. v. Weber.

Carl Marie von Weber.

Carl Marie Baron von Weber.

C. M. Weber

Charles Marie de Weber.

Carl Marie M: von Weber.

Carl Maria von Weber

C. M. von Weber

Carl Marie von Weber.

Carl Marie von Weber.

v. Weber

Carl Maria von Weber

Carlo Maria di Weber.

Carlo Maria di Weber

Carl Maria von Weber

Carl Maria von Weber

Nürnberg 1792

Carl Maria von Weber

Nürnberg 8 9 7br 92.

September 1847.

Carl Maria von Weber

Dresden

Der Freyschütze

von Carl Maria von Weber.

Dresden 1820 18. Mai an dem Tage der Vollendung der Oper. Auf der Original-Partitur.

茶
扎

Taf. VII

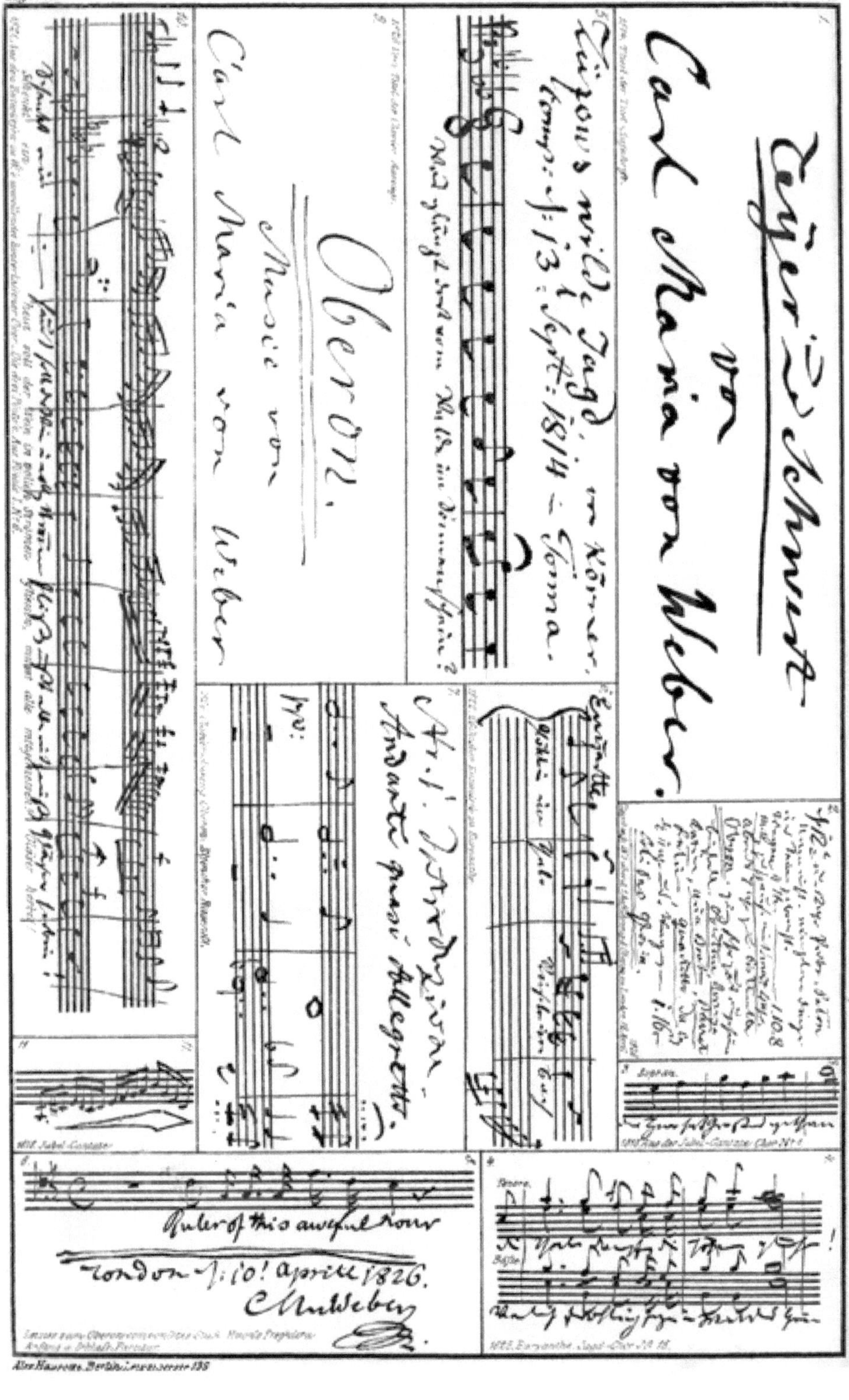

Leyer und Schwert
von
Carl Maria von Weber.
Oberon.
Music von
Carl Maria von Weber
Ruler of this awful hour
London 1: 10! aprill 1826.
CMvWeber

Im Verlage der **Schlesinger**'schen Buch- & Musikhandlung in **Berlin** erschienen folgende

Werke Carl Maria von Weber's,

nach dessen Original-Handschrift bearbeitet und herausgegeben

von

F. W. Jähns.

1)	**Zweite Sinfonie in C,** arrangirt für Pfte. zu 4 Händen. . .	2 Thlr.
2)	**Zweites Pianoforte-Concert in Es,** op. 32, f. Pfte. zu 4 Hdn. .	1½ Thlr.
3)	**Erste grosse Pianoforte-Sonate in C,** op. 24, f. Pfte. zu 4 Hdn. .	1½ Thlr.
4)	**Zweite** „ „ „ **in As,** op. 39, f. Pfte. zu 4 Hdn. .	1½ Thlr.
5)	**Dritte** „ „ „ **in D,** op. 49, f. Pfte. zu 4 Hdn. .	1½ Thlr.
6)	**Vierte** „ „ „ **in E,** op. 70, f. Pfte. zu 4 Hdn. .	1½ Thlr.
7)	**Grosses Trio** für Pfte., Flöte u. Violoncell. op. 63, f. Pfte. zu 4 Hdn.	1½ Thlr.
8)	**Grosses Quintett** aus der unvollendeten Oper »Rübezahl« für 1 Sopran e und 1 Bass: »Prinzessin«. — Clavier-Auszug. . .	1 Thlr.
9)	**Arie.** Rondo alla Polacca für Tenor: »Was ich da thu', das fragt Er mich?« zu Haiden's (Haydn's) Oper »Der Freibrief«. — Clavier-Auszug.	½ Thlr.
10)	**Duett** für Sopran u. Tenor: »Dich an dies Herz zu drücken« zu derselben Oper. — Clavier-Auszug	½ Thlr.
11)	**Hundert Lieder und Gesänge** mit Pfte. Kritisch revidirt. Pracht-Ausgabe. Zwei Bände; jeder 2 Thlr. . . . . zusammen	4 Thlr.
12)	**Preciosa.** Die vollständige Musik nebst Ouverture dazu, nach der Original-Partitur u. Weber's Clavier-Auszug in neuem vervollständigten Clavier-Auszuge. Pracht-Ausgabe.	½ Thlr.
13)	**Ouverture** zu Preciosa. Für Pfte. zu 4 Hdn. durchaus neu arrangirt. Pracht-Ausgabe	¼ Thlr.
14)	**Oberon.** Oper, nebst Ouverture. nach der Orig.-Partitur u. W.'s Clav.-Ausz. in neuem vervollständigten Clavier-Auszuge. Pracht-Ausgabe.	1½ Thlr.
15)	**Ouverture** zum Freischütz. Für Pfte. zu 4 Hdn. durchaus neu arrangirt. Pracht-Ausgabe	¼ Thlr.
16—21)	**Die 6 grossen Concert-Arien:** (op. 16), 50, 51, 52, 53 u. 56. In neuem Clavier-Auszuge. Pracht-Ausgabe. ½, ½, ⁵⁄₁₂, ½, ½, ¼ Thlr.	
22)	**Grosse Messe N. I, in Es,** für Pfte. zu 4 Hdn. ohne Worte (Wien, Haslinger).	2 fl. 30 xr.

Ferner

Ferner erschienen in demselben Verlage

an **Compositionen** von **F. W. Jähns:**

1) **Grosses Trio** für Pfte., Violine u. Vcello. op. 10 . . — $1\frac{1}{6}$ Thlr.

2) **Sechs Gesänge** für 1 Mezzo-Sopran-, Alt-, Bariton- oder Bass-Stimme mit Begl. des Pfte. op. 20. Enthaltend: 1) *Nachklang:* »Nun schweigt die Höh'«. 2) *Liebeswonne:* »Dein Auge hat mein Aug' erschlossen«. 3) *Liebestöne:* »Stumm ist der Schmerz«. 4) *Fromme Klage:* »Und wenn's einmal nun Abend wird«. 5) *Überall:* »Mein Mädel lebet überall«. 6) *Der Musikant:* »Ich bin ein Musikant«. . . . . — $\frac{3}{4}$ Thlr.

3) **Sechs Lieder und Gesänge** für 1 Bariton-, Bass-, Alt-, oder Mezzo-Sopran-Stimme mit Begl. des Pfte. und des Hornes oder Violoncellos ad libitum op. 25. Enthaltend: 1) *Sehnsucht nach dem Walde:* »Waldeshaus«. 2) *Wasserfahrt:* »Über mir der blaue Himmel«. 3) *Mein Loos:* »Ich habe einmal in zwei Augen gesehn«. 4) *Bei ihrem Scheiden:* »Nun willst du abermals von mir ziehn«. 5) *Zur Nacht:* »Schlafen will ich«. 6) *Röslein im Wald:* »Irgend und irgend im Wald«. — Mit Begleit. des Hornes oder Violoncellos. . . . . — 1 Thlr.
Mit Begleit. des Pfte. allein. . . . . — $\frac{2}{3}$ Thlr.

4) **Lied: In die Ferne** »Siehst du am Abend die Wolken ziehn?« für 1 Singst. mit Pfte.: op. 27. Nr. 1. . . . . — $\frac{1}{4}$ Thlr.

5) **Lied: Am Strande** »Tief in dem Schooss der Fluten« für 1 Singst. mit Pfte.: op. 27. Nr. 2. . . . . — $\frac{1}{4}$ Thlr.

6) **Lied: Die Königskugel** »War einst ein alter König« für 1 Singst. mit Pfte.: Op. 35. . . . . — $\frac{1}{6}$ Thlr.

7) **Dasselbe Lied** für Chor im Unisono mit Begleit. von Infanterie- u. Cavallerie-Musik (oder jeder derselben einzeln) arrangirt v. W. Wieprecht, Director der gesammten Musik-Chöre des K. Preuss. Garde-Corps. — $\frac{5}{12}$ Thlr.

8) **Lied: Germania** »Land des Rechtes, Land des Lichtes« für 1 Singst. mit Pfte.: Op. 36. . . . . — $\frac{1}{6}$ Thlr.

9) **Lied: Die Fahne auf dem Schlosse** »Auf des Schlosses hoher Zinne« für 1 Singst. mit Pfte.: Op. 38. . . . . — $\frac{1}{3}$ Thlr.

10) **Drei zweistimmige Lieder** für Mezzo-Sopran u. Bariton: 1) »Sei mir gegrüsst«. 2) »Hell wie ein Spiegel«. 3) »Um auszuruhn von seinem Wogen«. op. 39. . . . . — $\frac{11}{12}$ Thlr.

11) **Drei Gesänge** für 1 Singst. mit Begl. des Pfte.: op. 47. 1) »Veilchen sah ich halb verschneit«. 2) »Du liebst mich nicht«. 3) »Mir ist's als müsstest du mich zwingen«. . . . . — $\frac{3}{4}$ Thlr.

12) **Drei zweistimmige Lieder** für Alt (Mezzo-Sopran) und Bass (Bariton). op. 48. 1) »Ich stand in dunklen Träumen«. 2) »Ich bin die Rose auf der Au«. 3) »Es schlief ein Keim«. . . . . — $\frac{5}{6}$ Thlr.

13 u. 14) **Zwei deutsche Fest-Märsche** für d. Pfte.: zu vier Händen. (Erschienen März 1871.)
Nr. 1. Heeres-Auszug. op. 49. . . . . — $\frac{5}{12}$ Thlr.
Nr. 2. Heeres-Heimkehr. op. 50. . . . . — $\frac{5}{12}$ Thlr.

15 u. 16) **Dieselben Fest-Märsche** in Orchester-Stimmen jeder — 1 Thlr.

17) **Lied: Deutschland 1871.** »Land, das einst in alten Tagen« für 1 Singst. mit Pfte.: op. 51. (Erschienen April 1871.) . . . . . . — $\frac{1}{4}$ Thlr.

Im Verlage der **Schlesinger**'schen Buch- & Musikhandlung in **Berlin** erschienen:

C. M. v. Weber's Werke
in eleganter Band-Ausgabe.
Edition **Schlesinger**, Berlin.

			Thlr. Sgr.
Band I.	Claviercompositionen und Variationen à 2 ms. op. 1. 2. 4. 5.		
	6. 7. 9. 12. 21. 24a. 28. 37. 55. 62. 65. 72. 81. 6 Ecossaisen.		
	6 Walzer, Originalwalzer.	1	20
» II.	Claviersonaten à 2 ms. op. 24. 39. 49. 70.	1	20
» III.	Clavierconcerte à 2 ms. op. 11. 32. 79.	1	—
» IV.	Claviercompositionen à 4 ms. op. 3. 10. 12. 21. 60. 62. 65. 72.	1	20
V.	Claviersonaten à 4 ms. arr. v. F. W. Jähns. op. 24. 39. 49. 70.	2	—
VI.	Clavierconcerte à 4 ms. op. 11. 32. 79.	—	—
VII.	Ouverturen à 2 ms. Nr. 1—11.	—	25
» VIII.	Ouverturen à 4 ms. Nr. 1—11.	1	5
IX.	Clarinette mit Piano. op. 26. 33. 34. 48. 73. 74. . . .	3	—
IXa.	Violoncello mit Piano. op. 26. 33. 34. 48. 73. 74. . . .	3	—
X u. XI.	Sämmtliche Lieder (100) für 1 Stimme mit Piano (kritisch		
	revidirt v. F. W. Jähns) à	2	—

Weber-Album. 46 ausgewählte Lieder für eine Stimme mit Piano.
8⁰-Format.

Kritisch revidirt von **F. W. Jähns.**

Für **Sopran**, für **Alt.** Preis 1 Thlr. netto.

Opern und Cantaten in Partitur.

Der Freischütz. Romantische Oper. Vollständige Partitur.	Netto.	12 Thlr.
Euryanthe. Romantische Oper. Vollständige Partitur.	»	15 Thlr.
Oberon. Romantische Oper. Vollständige Partitur (U. d. Pr.) . . .	»	12 Thlr.
Preciosa-Musik. Vollständige Partitur.	»	6 Thlr.
Kampf und Sieg. Cantate zur Vernichtung des Feindes im Jahr 1815		
(1870). Vollständige Partitur.	»	4 Thlr.
Orchesterstimmen 6 Thlr. Chorstimmen 1 Thlr. Solostimmen ½ Thlr.		
Jubelcantate, auch **Erndte-Cantate.** Vollständige Partitur. . .	»	7 Thlr.

Opern u. Cantaten im Clavier-Auszuge.

			Thlr. Sgr.
Freischütz. Clav.-Auszug mit Text.	Netto.	1 —
do.	Piano solo.	»	— 25
do.	do. à 4 ms.	»	1 15
Oberon. Clav.-Auszug von F. W. Jähns, mit Text.	»	1 10
do.	Piano solo.	»	1 —
do.	do. à 4 ms.	»	1 20
Euryanthe. Clav.-Auszug mit Text.	»	1 20
do.	Piano solo.	»	1 —
do.	à 4 ms.	»	1 20
Preciosa. Clav.-Auszug von F. W. Jähns, mit Text.	»	— 15
do.	Piano solo.	»	— 12½
do.	do. à 4 ms.	»	— 20
Kampf und Sieg. Clav.-Auszug mit Text.	»	— 25

Dieselben eleg. gebunden pro Band 15 Sgr. mehr.

Theoretische Werke und Schriften über Musik
aus dem Verlage der **Schlesinger**'schen Buch- & Musik-Handlung in **Berlin**.

Alsleben, J., Ueber die Entwickelung des Clavierspiels und die verschiedenen Schulen auf dem Gebiet desselben. 1870. 5 Sgr.

Berlioz, H., Die moderne Instrumentation und Orchestration. Enthaltend eine genaue Lehre des Mechanismus, des Umfangs, des Klang- u. Ausdrucks-Charakters aller Instrumente nebst vielen Beispielen aus Partituren aller grossen Meister. — Gr. Traité d'instrumentation et d'orchestration moderne, conten. le tableau exacte de l'étendue, du timbre et du caractère expressif des divers instruments, accomp. d'un gr. nombre d'exemples en gr. partition. Zweite vermehrte u. verbesserte Ausgabe (Notenstich). Französ. u. deutscher Text. Deutsche Uebersetzung von J. C. Grünbaum. Netto 6 Thlr.
  Der Orchester-Dirigent. Die neuen Instrumente. Eine genaue Unterweisung in der Directionskunst, und eine Beschreibung der neuesten Instrumente. — Le chef d'Orchestre. Les nouveaux instruments. — Supplement zur Instrumentationslehre. Französischer u. deutscher Text. Deutsche Bearbeitung von J. C. Grünbaum. Netto 1 Thlr. 20 Sgr.

Drieberg, Fr. v., Wörterbuch der griechischen Musik, Harmonik, Rhythmik, Metrik, Kanonik, Melopöie, Rhythmopöie, Theater, Kampfspiele, Instrumente, Notirung etc., 7 Kupfer. 4⁰. 2 Thlr.

Dehn, S. W., Theoretisch-praktische Harmonielehre mit angefügten Generalbass-Beispielen. 8⁰. 2. Auflage. 2 Thlr.

Gassmann, Verbindender Text zu Meyerbeer's „Struensee". kl. 8⁰. 3 Sgr.

Lindner, Dr. E. O., Die erste stehende deutsche Oper. 2 Bände. (Bd. I. Text 8. Bd. II. 9 bisher ungedr. Compos. v. Keiser; gr. fol. in Partit. u. Clavier-Ausz.) 1855. complet 2 Thlr. Bd. I. 25 Sgr.

Marx, A. B., Die Kunst des Gesanges. Grosse Gesangschule. 4⁰. 2 Thlr.
——— ——— Ueber die Geltung Händel'scher Sologesänge für unsere Zeit. 4⁰. 5 Sgr.

Schulze, C., Kurzgefasste Geschichte der Oper. 1871. 5 Sgr.

Sternau, O. Verbindendes Gedicht zu C. M. v. Weber's Preciosa. kl. 8⁰. 3 Sgr.

Wagner, E. D., Musikalische Ornamentik oder die wesentlichen Verzierungs-Manieren im Vortrage der Vocal- und Instrumental-Musik gründlich erläutert. Mit vielen Beispielen. 1869. 8⁰. 2 Thlr.

Winterfeld, C. v., Johannes Gabrieli und sein Zeitalter. Zur Geschichte der Blüthe des heil. Gesanges im 16. Jahrh. und Entwickelung der Hauptformen unserer heut. Tonkunst, zumal in der Venetianischen Tonschule. 2 Vol. Text gr. 4⁰. und 1 Vol. Musik fol. Enth.: Geistliche und andere Tonwerke vorzügl. Meister des 16. u. 17. Jahrhunderts, von Giov. Gabrieli, H. Schütz, Palaestrina, Orlando Lasso, Claudio Merulo, Claudio Monteverde, Luca Marencio, Fürsten v. Venosa, theils vollständig, theils im Auszuge. 12 Thlr.

Zelter, Biographie des K. Fr. Chr. Fasch, mit Portrait v. Fasch nach Schadow. kl. 4⁰. 1801. 1 Thlr.

In demselben Verlage erscheint:

Echo, Berliner Musikzeitung 21ster Jahrgang. 1871. Herausgegeben von einem Verein theoretischer u. praktischer Musiker. Nebst einer regelm. Beilage: Aus dem Berliner Tonkünstler-Verein. Das reichhaltigste, interessanteste Musik-Journal Deutschland's! Inhalt: Leitartikel, Rezensionen, Nachrichten aus d. ganzen Welt. Potpourri, Literarisches, Todtenschau, Zeitungsschau, Inserate, Briefkasten etc. etc. Wöchentlich eine Nummer. 8⁰. 16 Seiten.
  Abonnementspreis jährlich 2 Thaler, bei directer Zusendung unter Zuschlag des Porto.
  Bestellungen in allen Postanstalten, Buch- und Musikhandlungen.

Berlin,
in der Schlesinger'schen Buch- & Musikhandlung.
Rob. Lienau.

Druck von Breitkopf und Härtel in Leipzig.